EUROPA-FACHBUCHREIHE
für wirtschaftliche Bildung

Büro 2.1

Kaufmann/Kauffrau für Büromanagement

Informationsband XL

Lernfelder 1 - 6

Bartnik Debus Hochmuth Keiser Kramer Schneider Scholz Schulte Steininger-Niederleitner

VERLAG EUROPA-LEHRMITTEL
Nourney, Vollmer GmbH & Co. KG
Düsselberger Straße 23
42781 Haan-Gruiten

Europa-Nr.: 74584

Verfasser

Dorothea Bartnik, 68782 Brühl
Martin Debus, 45659 Recklinghausen
Ilona Hochmuth, 09399 Niederwürschnitz
Dr. Gerd Keiser, 45897 Gelsenkirchen
Holger Kramer, 40764 Langenfeld
Alexander Schneider, 76857 Eußerthal
Annika Scholz, 45665 Recklinghausen
Dr. Walter Schulte, 45659 Recklinghausen
Monika Steininger-Niederleitner, 93049 Regensburg

Verlagslektorat

Anke Hahn

1. Auflage 2014

Druck 5 4 3 2 1

Alle Drucke derselben Auflage sind parallel einsetzbar, da sie bis auf die Behebung von Druckfehlern untereinander unverändert sind.

ISBN 978-3-8085-7458-4

Alle Rechte vorbehalten. Das Werk ist urheberrechtlich geschützt. Jede Verwertung außerhalb der gesetzlich geregelten Fälle muss vom Verlag schriftlich genehmigt werden.

© 2014 by Verlag Europa-Lehrmittel, Nourney, Vollmer GmbH & Co. KG, 42781 Haan-Gruiten
Umschlaggestaltung, Satz: Grafische Produktionen Jürgen Neumann, 97222 Rimpar
Umschlagfoto: ©Csaba Peterdi–shutterstock.com
Druck: Stürtz GmbH, 97080 Würzburg

Vorwort

Das vorliegende Unterrichtswerk ist ein neu konzipiertes Lehr- und Lernbuch für den neugeordneten Ausbildungsberuf **„Kaufmann/Kauffrau für Büromanagement"** und richtet sich an

- alle Berufsschulklassen mit verkürzter Ausbildung bzw.
- alle Bundesländer, die im ersten Ausbildungsjahr 6 Lernfelder unterrichten.

Der **Informationsband XL** ist Bestandteil des umfassenden Europa-Programms **Büro 2.1**. Dieses Programm wurde zur Entwicklung einer beruflichen Handlungskompetenz für die Bearbeitung von Geschäfts- und Büroprozessen in den kaufmännischen Abteilungen von Unternehmen der verschiedensten Wirtschaftsbereiche oder im öffentlichen Dienst erstellt.

Büro 2.1 ist als modernes Komplettprogramm konzipiert. Es folgt konsequent dem kompetenzorientierten Rahmenlehrplan nach dem **Lernfeldkonzept**. Die Unterrichtswerke des Programms (**Informationsbände** und **Arbeitshefte mit Lernsituationen** für jede Jahrgangsstufe jeweils mit **Lehrerlösungen**, **Informationsverarbeitung** in Excel, Word und PowerPoint, **Lernspiele** und **Prüfungsvorbereitung**) sind aufeinander abgestimmt. Sie sind gezielt an einer Didaktik ausgerichtet, die **Handlungsorientierung** betont und Lernende zu **selbstständigem Planen**, **Durchführen**, **Kontrollieren und Beurteilen** von Arbeitsaufgaben unter Berücksichtigung aller Kompetenzdimensionen führt. Dabei wird die berufliche Wirklichkeit als Ganzes mit ihren ökonomischen, ökologischen, rechtlichen und sozialen Aspekten erfasst.

Das Konzept von **Büro 2.1**, das handlungs- und fachsystematische Strukturen miteinander verschränkt, deckt alle Anforderungen des Ausbildungsberufes von der fachlichen Aufgabenerfüllung bis hin zu einem reflektierten Verständnis von Handeln in beruflichen Zusammenhängen ab. Ein Vorschlag für eine **kompetenzorientierte didaktische Jahresplanung** unterstützt die Arbeit im Bildungsgang.

Der vorliegende **Informationsband XL** umfasst die **Lernfelder 1 - 6** des Rahmenlehrplans.

Die Inhalte entsprechen konsequent den **Aufgabenprofilen des modernen Büromanagements**. Die Informationen sind schülergerecht, klar, übersichtlich, verständlich aufbereitet und werden anschaulich in zahlreichen Beispielen, Tabellen, Struktogrammen und kurzen, präzisen Zusammenfassungen präsentiert. **Aufgabenblöcke** zu jedem Lernfeld ergänzen die informativen Darstellungen. Die ausdrückliche Einbeziehung kommunikativer Aspekte (**Fachsprache** und **Fremdsprache als integrative Bestandteile**) sowie der **Informationsverarbeitung im Anwendungszusammenhang** unterstützt die Entwicklung einer ganzheitlichen, prozessorientierten Handlungskompetenz.

Die systematisierenden Sachdarstellungen stellen zudem die zur Bewältigung der **Lernsituationen** von **Büro 2.1** notwendigen **Wissensbestände** vollständig bereit; sie greifen aber auch verallgemeinernd über die Situationsbezüge hinaus, z. B. durch zahlreiche Hinweise auf Gesetzestexte.

Ihr Feedback ist uns wichtig!

Wenn Sie mithelfen möchten, dieses Buch für die kommenden Auflagen noch weiter zu optimieren, schreiben Sie uns unter *lektorat@europa-lehrmittel.de*.

Das Autorenteam freut sich auf Anregung und Unterstützung durch Kritik und wünscht erfolgreiches Arbeiten mit dem neuen Lehrwerk.

Herbst 2014 Autoren und Verlag

Inhaltsverzeichnis

LF 1: Die eigene Rolle im Betrieb mitgestalten und den Betrieb präsentieren 13

1 Die eigene Ausbildung aktiv mitgestalten 14
- 1.1 Ziele der Berufsausbildung 14
- 1.2 System der dualen Berufsausbildung 15
- 1.3 Berufsbildungsgesetz als Grundlage der Berufsausbildung 16
  - 1.3.1 Ausbildungsberufsbild 17
  - 1.3.2 Ausbildungsrahmenplan 19
  - 1.3.3 Ausbildungsplan 20
  - 1.3.4 Berichtsheft 20
  - 1.3.5 Prüfungsanforderungen 20
- 1.4 Weitere Grundlagen des Ausbildungsverhältnisses 22
  - 1.4.1 Ausbildungsvertrag 22
  - 1.4.2 Jugendarbeitsschutzgesetz 25
  - 1.4.3 Interessenvertreter der Auszubildenden und Beratungshilfen 28
  - 1.4.4 Tarifvertrag 29
  - 1.4.5 Förderung der Berufsausbildung und Wege zur weiteren Qualifizierung 30
- 1.5 Zusammenfassung und Aufgaben 31

2 Sich über Grundlagen wirtschaftlichen Handelns Klarheit verschaffen 34
- 2.1 Bedürfnisse 34
- 2.2 Güter 36
- 2.3 Wirtschaften 38
  - 2.3.1 Definition 38
  - 2.3.2 Elemente des Wirtschaftens 38
  - 2.3.3 Ökonomisches Prinzip 40
- 2.4 Produktion 41
  - 2.4.1 Wirtschaftliche Produktion und Produktivität 41
  - 2.4.2 Produktionsfaktoren 41
  - 2.4.3 Betriebswirtschaftliche Produktionsfaktoren 45
- 2.5 Der einfache Wirtschaftskreislauf 46
  - 2.5.1 Private Haushalte und Unternehmen 46
  - 2.5.2 Einfache Modelldarstellung 47
- 2.6 Erweiterter Wirtschaftskreislauf 48
  - 2.6.1 Banken im „evolutorischen" Wirtschaftskreislauf 48
  - 2.6.2 Staat im Wirtschaftskreislauf 49
  - 2.6.3 Ausland („Übrige Welt") im Wirtschaftskreislauf 50
- 2.7 Zusammenfassung und Aufgaben 52

3 Den betrieblichen Leistungsprozess beschreiben 55
- 3.1 Leistungsprozesse in Dienst- und Sachleistungsbetrieben 55
  - 3.1.1 Dienstleistungsbetriebe 55
  - 3.1.2 Sachleistungsbetriebe 58
- 3.2 Ziele des Unternehmens 60
- 3.3 Funktionsbereiche des Unternehmens 62
- 3.4 Betrieb und natürliche Umwelt 64
- 3.5 Standort des Betriebes 66
  - 3.5.1 Standortwahl 66
  - 3.5.2 Standortfaktoren 66
- 3.6 Zusammenfassung und Aufgaben 69

Inhaltsverzeichnis

4 Die Organisationsstruktur der Betriebe darstellen 72
    4.1 Grundbegriffe und Grundsätze der betrieblichen Organisation 72
    4.1.1 Aufbauorganisation 73
    4.1.2 Ablauforganisation 75
    4.2 Entscheidungsbefugnisse von Mitarbeitern 76
    4.2.1 Prokura 77
    4.2.2 Handlungsvollmacht 78
    4.3 Zusammenfassung und Aufgaben 79

5 Exkurs: Den eigenen Betrieb präsentieren –
Präsentationen vorbereiten, durchführen und nachbereiten 82
    5.1 Informationen und Informationsquellen suchen und bewerten 82
    5.1.1 Informationsbeschaffungsstrategie 82
    5.1.2 Elaborationsstrategie 83
    5.2 Eine geeignete Präsentationsform wählen 84
    5.2.1 Präsentationsformen 85
    5.2.2 Präsentationsregeln 86
    5.3 Präsentationen bewerten 90
    5.3.1 Bewertungsmethoden 90
    5.3.2 Bewertungsregeln 91
    5.4 Ein Handout zur Präsentation erstellen 93

LF 2: Büroprozesse gestalten und Arbeitsvorgänge organisieren 95

1 Die Arbeitsumgebung gestalten 96
    1.1 Die verschiedenen Büroformen 96
    1.1.1 Zellen- oder Kleinraumbüro 97
    1.1.2 Großraumbüro 98
    1.1.3 Kombibüro 99
    1.1.4 Team- oder Gruppenbüro 100
    1.1.5 Reversibles Büro 101
    1.1.6 Non-territoriales Büro 101
    1.2 Wichtige Vorschriften für die Arbeitsumgebung 102
    1.3 Ergonomische und ökologische Arbeitsumgebung 104
    1.3.1 Ergonomische Arbeitsumgebung 104
    1.3.2 Ökologische Arbeitsumgebung 106
    1.4 Einflussfaktoren einer effizienten Arbeitsumgebung 108
    1.4.1 Farben in der Arbeitsumgebung 108
    1.4.2 Akustik im Büro 109
    1.4.3 Licht im Büro 110
    1.4.4 Temperatur und Luft in der Arbeitsumgebung 110
    1.5 Zusammenfassung und Aufgaben 112

2 Gesundheitsgefahren erkennen und Strategien zur Bewältigung entwickeln 114
    2.1 Auslöser und Folgen von Gesundheitsgefahren im Büro 114
    2.2 Arbeitssicherheit im Büro fördern 115
    2.3 Psychische und physische Gesundheitsgefahren erkennen 116
    2.3.1 Stress im Büro 116
    2.3.2 Burnout-Syndrom 117
    2.3.3 Mobbing am Arbeitsplatz 118
    2.4 Maßnahmen zur Erhaltung und Förderung der Gesundheit 119
    2.5 Zusammenfassung und Aufgaben 120

Inhaltsverzeichnis

3 Arbeitsprozesse effizient und aktiv gestalten 123
    3.1 Zeitmanagement bei bürowirtschaftlichen Abläufen 123
    3.2 Methoden des Zeitmanagements 125
        3.2.1 Pareto-Prinzip 125
        3.2.2 ABC-Analyse 125
        3.2.3 Eisenhower Prinzip 126
        3.2.4 SMART-Methode 127
        3.2.5 ALPEN-Methode 127
    3.3 Mögliche Störungen, Zeitdiebe und Zeitfallen bei Arbeitsprozessen erkennen 128
    3.4 Techniken des Selbstmanagements kennenlernen 129
        3.4.1 Selbstkontrolle durch Selbstbeobachtung im Büro 129
        3.4.2 Zeitprotokoll als Analyseinstrument nutzen 130
    3.5 Zusammenfassung und Aufgaben 131

4 Termine im Büro organisieren 133
    4.1 Terminarten 133
    4.2 Koordinieren und überwachen von Terminen 134
        4.2.1 Koordinieren von Terminen 135
        4.2.2 Überwachung von Terminen 136
    4.3 Erstellen von Terminplänen 137
    4.4 Elektronischer Terminkalender 137
    4.5 Zusammenfassung und Aufgaben 139

5 Sitzungen und Besprechungen durchführen und nachbereiten 141
    5.1 Vorbereitung von Sitzungen und Besprechungen 142
    5.2 Durchführung von Sitzungen und Besprechungen 144
    5.3 Nachbereitung von Sitzungen und Besprechungen 144
    5.4 Kommunikation im Rahmen von Sitzungen und Besprechungen in einer fremden Sprache 146
    5.5 Zusammenfassung und Aufgaben 148

6 Informationswege im Unternehmen kennen und nutzen 150
    6.1 Arbeitsabläufe bei eingehenden Informationen 150
    6.2 Arbeitsabläufe bei ausgehenden Informationen 152
    6.3 Die Post im Unternehmen bearbeiten 153
        6.3.1 Posteingangsbearbeitung 153
        6.3.2 Postausgangsbearbeitung 157
    6.4 Auswahl zweckmäßiger Versandarten 159
    6.5 Zusammenfassung und Aufgaben 162

7 Schriftstücke und Dokumente verwalten 164
    7.1 Ordnungssysteme 165
    7.2 Gesetzliche und betriebliche Aufbewahrungsgründe 167
    7.3 Beleghafte Ablage (Registratur) 170
    7.4 Elektronische Archivierung 174
    7.5 Speichermedien 177
    7.6 Datenschutz und Datensicherheit 179
    7.7 Zusammenfassung und Aufgaben 183

8 Kommunikationsfähigkeit im Arbeitsalltag weiterentwickeln 185
    8.1 Verbale Kommunikation und nonverbale Kommunikation 187
    8.2 Kommunikationsregeln 190
    8.3 Selbstbild und Selbstwirksamkeit einschätzen 191
    8.4 Teamarbeit im Büro nutzen 192
    8.5 Zusammenfassung und Aufgaben 193

Inhaltsverzeichnis

LF 3: Aufträge bearbeiten 197

1 Den Geschäftsprozess der Auftragsbearbeitung analysieren 198
    1.1 Auftragsbearbeitung als Geschäftsprozess 198
    1.2 Rahmenbedingungen für einen reibungslosen Ablauf der Auftragsbearbeitung im Unternehmen.... 199
    1.3 Auswirkungen der Auftragsbearbeitung auf alle im Unternehmen beteiligten Bereiche 202
    1.3.1 Bedeutung der Auftragsbearbeitung für die Mitarbeiter 202
    1.3.2 Bedeutung der Auftragsbearbeitung für die Unternehmensleitung 203
    1.4 Zusammenfassung und Aufgaben 204

2 Betriebliche Rahmenbedingungen für die Erstellung von Angeboten sondieren 206
    2.1 Anfrage 206
    2.1.1 Bestimmte und unbestimmte Anfrage 206
    2.1.2 Inhalte einer Anfrage 207
    2.1.3 Rechtlicher Aspekt 208
    2.2 Prüfung anfragender Unternehmen 208
    2.3 Realisierbarkeit des Auftrags 210
    2.3.1 Realisierbarkeit eines Auftrags aus Sicht eines Handelsbetriebs 210
    2.3.2 Realisierbarkeit eines Auftrags aus Sicht eines Industriebetriebs 211
    2.3.3 Prüfung des Preis-Kosten-Verhältnisses 213
    2.4 Angebot 213
    2.5 Zusammenfassung und Aufgaben 216

3 Rechenarten zur Preisermittlung und Kalkulation beherrschen 218
    3.1 Dreisatzrechnung 218
    3.1.1 Dreisatzrechnung mit geradem bzw. direktem Verhältnis 218
    3.1.2 Anwendung der Dreisatzrechnung mit geradem bzw.
          direktem Verhältnis in einem Tabellenkalkulationsprogramm 219
    3.1.3 Dreisatzrechnung mit ungeradem bzw. indirektem Verhältnis 222
    3.1.4 Anwendung der Dreisatzrechnung mit ungeradem bzw.
          indirektem Verhältnis in einem Tabellenkalkulationsprogramm 223
    3.2 Prozentrechnungen mit Nutzung eines Tabellenkalkulationsprogramms 224
    3.2.1 Berechnung des Prozentwertes 225
    3.2.2 Berechnung des Prozentsatzes 227
    3.2.3 Berechnung des Grundwertes 228
    3.3 Preisberechnung und Preiskalkulation von Angeboten 231
    3.3.1 Positionen der Handelskalkulation 231
    3.3.2 Berechnungen der Handelskalkulation 232
    3.3.3 Berechnung des Kundenskontos und des Kundenrabatts 234
    3.3.4 Nutzung eines Tabellenkalkulationsprogramms zur Durchführung der Handelskalkulation 235
    3.3.5 Zusammenfassung und Aufgaben 238

4 Den Schriftverkehr normgerecht gestalten 241
    4.1 Normgerechte Gestaltung und Formulierung von Texten im internen
        und externen Schriftverkehr 241
    4.1.1 Grundoperationen 241
    4.1.2 Zeichenformatierung 242
    4.1.3 Absatzformatierung 243
    4.1.4 Gestaltung von Tabellen 244
    4.1.5 Dokumentformatierung 244
    4.1.6 Innerbetriebliche Schreiben 244
    4.1.7 Geschäftsbriefe nach DIN 5008 245
    4.1.8 Vordrucke/Vorlagen für handschriftliche und Online-Formulare 247

Inhaltsverzeichnis

    4.1.9   Programmierte Textverarbeitung 247
    4.2   **Erstellen der erforderlichen Dokumente der Auftragsbearbeitung** 248
    4.2.1   Abgleich Kundenauftrag und Angebot 248
    4.2.2   Auftragsbestätigung 249
    4.2.3   Versand der Ware – Durchführung der Leistung 251
    4.2.4   Lieferschein 253
    4.2.5   Rechnung 255
    4.2.6   Zahlungseingang überwachen 258
    4.3   **Formulare im internen Schriftverkehr am Beispiel Lieferschein** 259
    4.4   **Zusammenfassung und Aufgaben** 262

5 Schriftstücke unter Beachtung der Nachhaltigkeit vervielfältigen 265

    5.1   **Drucken** 265
    5.1.1   Druckerarten 265
    5.1.2   Druckermerkmale 266
    5.2   **Scannen** 267
    5.2.1   Scannerarten 268
    5.2.2   Scannen von Textdokumenten 268
    5.2.3   Scannen von Bilddokumenten 268
    5.3   **Dateiformate und Schutzmechanismen für Dateien** 268
    5.3.1   Dateiformate 268
    5.3.2   Dateiformat pdf 269
    5.3.3   Schutzmechanismen für Dateien 269
    5.4   **Kopierer und kopieren** 270
    5.4.1   Leistungsmerkmale von Kopiergeräten 270
    5.4.2   Kopierer als Kostenfaktor 272
    5.5   **Multifunktionsgeräte** 272
    5.6   **Nachhaltigkeit beim Drucken und Kopieren** 273
    5.6.1   Sinnvolles Drucken und Kopieren 273
    5.6.2   Recyclingpapiere 273
    5.6.3   Druckformate 273
    5.6.4   Wechseln und Recyceln von Tonerkassetten 274
    5.7   **Zusammenfassung und Aufgaben** 275

6 Betriebliche Kommunikationsmöglichkeiten nutzen 277

    6.1   **Telefon** 277
    6.1.1   Telefonanschlüsse in Unternehmen 277
    6.1.2   Leistungsmerkmale von Telefonanlagen 277
    6.1.3   Telefongespräche führen 279
    6.2   **E-Mail** 281
    6.2.1   Funktion und Bedeutung 281
    6.2.2   Normen und Signatur in geschäftlichen E-Mails 281
    6.2.3   HTML oder NurText als Nachrichtenformat 282
    6.2.4   E-Mail Programme 282
    6.2.5   Verschlüsselung und Authentifizierung 283
    6.2.6   DE-Mail 286
    6.2.7   Netiquette zur E-Mail Erstellung 286
    6.2.8   Anhänge 288
    6.2.9   Spam 288
    6.3   **Fax** 289
    6.3.1   Funktionsweise 289
    6.3.2   Nutzung in Unternehmen 289

Inhaltsverzeichnis

- 6.4 Internet 290
  - 6.4.1 WWW 290
  - 6.4.2 Suchmaschinen 290
- 6.5 Intranet 291
  - 6.5.1 Einzel- und Netzwerkarbeitsplatz 291
  - 6.5.2 Funktionsweise des Intranets 291
  - 6.5.3 Nutzung des Intranets 292
- 6.6 Software 293
  - 6.6.1 Betriebssystem 293
  - 6.6.2 Anwendungssoftware 293
  - 6.6.3 ERP-Programme 293
- 6.7 Video und Desktopkonferenzen 294
- 6.8 Wahl des richtigen Kommunikationsmittels 294
- 6.9 Zusammenfassung und Aufgaben 296

7 Bedeutung von Qualität, Effizienz, Kundenzufriedenheit erkennen und realisieren 298
- 7.1 Qualität 298
- 7.2 Kundenzufriedenheit 298
- 7.3 Kritik und Selbstkritik 299
- 7.4 Effizienz 299
- 7.5 Zusammenfassung und Aufgaben 300

8 Mit ausländischen Geschäftspartnern kommunizieren 301
- 8.1 Kommunikation in einer fremden Sprache 301
  - 8.1.1 Schriftlich kommunizieren 301
  - 8.1.2 Telefonieren/Telephone calls 304
- 8.2 Verhaltensregeln mit ausländischen Partnern 305
- 8.3 Zusammenfassung und Aufgaben 307

LF 4: Sachgüter und Dienstleistungen beschaffen und Verträge schließen 309

1 Grundlagen des Vertragsrechts beachten 310
- 1.1 Rechtsordnung 310
- 1.2 Rechtssubjekte – Rechts- und Geschäftsfähigkeit 311
- 1.3 Rechtsobjekte – Besitz und Eigentum 314
- 1.4 Rechtsgeschäfte 316
  - 1.4.1 Begriff und Arten der Rechtsgeschäfte 316
  - 1.4.2 Grundsätze der Vertragsfreiheit und Form der Rechtsgeschäfte 317
  - 1.4.3 Nichtigkeit und Anfechtbarkeit von Rechtsgeschäften 319
- 1.5 Wichtige Vertragsarten im Überblick 321
- 1.6 Kaufvertrag als Rechtsgeschäft 322
  - 1.6.1 Zustandekommen von Kaufverträgen 322
  - 1.6.2 Kaufvertrag als Verpflichtungs- und Erfüllungsgeschäft 325
- 1.7 Kaufvertragsarten 326
- 1.8 Besondere Regelungen für den Abschluss des Kaufvertrages 329
  - 1.8.1 Allgemeine Geschäftsbedingungen 329
  - 1.8.2 Fernabsatzverträge und elektronischer Geschäftsverkehr 330
- 1.9 Zusammenfassung und Aufgaben 332

2 Beschaffungsprozesse planen 337
- 2.1 Aufgaben, Ziele und Gegenstand der Beschaffungsplanung 337
- 2.2 Beschaffungsobjekte 339
- 2.3 Bedarfsplanung nach Art, Qualität und Menge 340

Inhaltsverzeichnis

- 2.3.1 Bedarfsermittlung nach Art und Qualität ... 340
- 2.3.2 Mengenplanung ... 340
- 2.3.3 Zeitplanung ... 342
- 2.4 Ermittlung und Auswahl von Lieferanten ... 344
- 2.5 Planung der Beschaffungskommunikation und des Lieferflusses ... 346
- 2.6 Intensität der Beschaffungsentscheidung ... 347
- 2.7 Zusammenfassung und Aufgaben ... 349

3 Beschaffungsprozesse durchführen ... 352
- 3.1 Beschaffungsanlässe ... 352
- 3.2 Anfrage ... 353
- 3.3 Angebot ... 354
  - 3.3.1 Inhalte des Angebots ... 354
  - 3.3.2 Angebotsvergleich ... 359
- 3.4 Bestellung ... 361
- 3.5 Zusammenfassung und Aufgaben ... 363

4 Beschaffungsprozesse kontrollieren ... 367
- 4.1 Bestellüberwachung und Wareneingangskontrolle ... 367
- 4.2 Bestandskontrollen und Lagerhaltung ... 367
  - 4.2.1 Aufgaben der Lagerhaltung, Lagerarten, Lagerorganisation ... 368
  - 4.2.2 Wirtschaftlichkeit der Lagerhaltung ... 370
- 4.3 Kaufvertragsstörungen bei der Beschaffung ... 373
  - 4.3.1 Mangelhafte Lieferung (Schlechtleistung) ... 373
  - 4.3.2 Lieferungsverzug (Nicht-Rechtzeitig-Lieferung) ... 380
  - 4.3.3 Annahmeverzug ... 382
- 4.4 Zusammenfassung und Aufgaben ... 385

5 Rechnungen prüfen und Zahlungen abwickeln ... 388
- 5.1 Rechnungsprüfung ... 388
- 5.2 Zahlungsabwicklung ... 389
  - 5.2.1 Zahlungsmittel, Zahlungsarten und Träger des Zahlungsverkehrs ... 389
  - 5.2.2 Formen der Barzahlung ... 390
  - 5.2.3 Halbbare Zahlung durch Zahlschein und Postnachnahme ... 392
  - 5.2.4 Bargeldlose Zahlung durch Überweisung ... 393
  - 5.2.5 Sonderformen des Überweisungsverkehrs ... 395
  - 5.2.6 Lastschriftverfahren ... 396
  - 5.2.7 Halbbare und bargeldlose Zahlung mit Scheck ... 398
  - 5.2.8 Elektronischer Zahlungsverkehr ... 401
- 5.3 Zusammenfassung und Aufgaben ... 408

LF 5: Kunden akquirieren und binden ... 413

1 Marketing zur Akquirierung und Bindung von Kunden planen ... 414
- 1.1 Marketing im Wandel der Zeit ... 415
  - 1.1.1 Wandel von Verkäufermärkten zu Käufermärkten ... 415
  - 1.1.2 Marketingkonzepte im Wandel der Zeit ... 416
- 1.2 Marketingkonzeption ... 418
  - 1.2.1 Bausteine einer Marketingkonzeption ... 418
- 1.3 Marketinginformationsbedarf und Situationsanalyse ... 422
- 1.4 Zusammenfassung und Aufgaben ... 425

2 Informationen mithilfe der Marktforschung gewinnen und auswerten ... 428
- 2.1 Gegenstand der Marktforschung und Marktforschungsprozess ... 428
  - 2.1.1 Gegenstand der Marktforschung ... 428

2.1.2	Marktforschungsprozess	429
2.2	Methoden der Marktforschung	430
2.2.1	Sekundärforschung	431
2.2.2	Primärforschung	432
2.2.3	Erstellung eines Fragebogens	438
2.2.4	Datenauswertung und Darstellung der Marktforschungsdaten	443
2.3	Zusammenfassung und Aufgaben	446

3 Marketinginstrumente einsetzen 451

3.1	Produkt-, Sortiments- und Servicepolitik	451
3.1.1	Produktpolitik	451
3.1.2	Sortimentspolitik	460
3.1.3	Servicepolitik	461
3.1.4	Zusammenfassung und Aufgaben	462
3.2	Preis- und Konditionenpolitik	465
3.2.1	Marktpreisbildung im Modell	465
3.2.2	Betriebliche Preispolitik	474
3.2.3	Konditionenpolitik	481
3.2.4	Zusammenfassung und Aufgaben	483
3.3	Kommunikationspolitik	487
3.3.1	Absatzwerbung	487
3.3.2	Verkaufsförderung (Sales Promotion)	496
3.3.3	Öffentlichkeitsarbeit (Public Relations)	497
3.3.4	Moderne Marketinginstrumente der Kommunikationspolitik	499
3.3.5	Grenzen der Werbefreiheit	502
3.3.6	Zusammenfassung und Aufgaben	506
3.4	Distributionspolitik	511
3.4.1	Absatzformen und Absatzorgane	511
3.4.2	Absatzwege	516
3.4.3	Zusammenfassung und Aufgaben	517

4 Einen Marketing-Mix entwickeln und kontrollieren 519

4.1	Elemente des Marketing-Mix	519
4.2	Kombination der Marketinginstrumente	520
4.3	Marketing-Controlling	521
4.4	Zusammenfassung und Aufgaben	523

LF 6: Werteströme erfassen und beurteilen 525

1 Grundlagen des betrieblichen Rechnungswesens kennenlernen 526

1.1	Werteströme und Geschäftsprozesse	526
1.1.1	Werteströme und Geschäftsfälle	527
1.1.2	Werteströme und Belege	531
1.2	Aufgabenbereiche des betrieblichen Rechnungswesens	533
1.3	Die kaufmännische Buchführungspflicht	534
1.4	Die Bilanz als Dokumentation von Vermögen und Kapital	537
1.5	Zusammenfassung und Aufgaben	539

2 Das System der doppelten Buchführung verstehen 543

2.1	Die Änderung der Bilanz durch Werteströme/Geschäftsfälle	543
2.2	Erfassen der Werteströme auf Konten	544
2.3	Exkurs: Eine kleine Geschichte der Buchführung	547
2.4	Buchen auf Bestandskonten	548
2.4.1	Das Prinzip der doppelten Buchführung	548

2.4.2	Buchungsregeln	549
2.5	Zusammenfassung und Aufgaben	551

3 Grund- und Hauptbuch führen 553
3.1	Buchungssatz (Grundbuch)	553
3.2	Grundbuch und Hauptbuch	556
3.3	Eröffnung und Abschluss der Bestandskonten	557
3.3.1	Eröffnungsbilanzkonto	557
3.3.2	Schlussbilanzkonto	559
3.3.3	Vom Eröffnungsbilanzkonto zum Schlussbilanzkonto	560
3.4	Zusammenfassung und Aufgaben	564

4 Auf Erfolgskonten buchen und die Gewinn- und Verlustrechnung erstellen 567
4.1	Erfolgskonten	567
4.2	Überblick: Das System der doppelten Buchführung mit Bestands- und Erfolgskonten	571
4.3	Zusammenfassung und Aufgaben	572

5 Kontenrahmen und Kontenplan als Organisationsmittel einsetzen 574
5.1	Der Aufbau des Industriekontenrahmens	574
5.2	Zusammenfassung und Aufgaben	576

6 Umsatzsteuer und Vorsteuer buchen 579
6.1	Das System der Umsatzsteuer	580
6.2	Buchhalterische Erfassung der Umsatzsteuer	583
6.3	Zusammenfassung und Aufgaben	586

7 Warengeschäfte buchen 589
7.1	Die aufwandsorientierte Buchung des Wareneinkaufs	589
7.2	Warenrücksendungen und Skonti im Einkauf und Verkauf	593
7.2.1	Warenrücksendungen	593
7.2.2	Skonti	595
7.3	Zusammenfassung und Aufgaben	598

8 Eigenkapitaländerungen erfassen 602
8.1	Eigenkapitaländerungen durch Privateinlagen und Privatentnahmen	602
8.2	Erfolgsermittlung durch Eigenkapitalvergleich	605
8.3	Zusammenfassung und Aufgaben	605

9 Anlagevermögen buchhalterisch erfassen 608
9.1	Ermittlung der Anschaffungskosten	608
9.2	Abschreibung von Sachanlagen	610
9.2.1	Berechnung der Abschreibung	611
9.2.2	Buchung der Abschreibungen	614
9.3	Verkauf von gebrauchtem Anlagevermögen	615
9.4	Zusammenfassung und Aufgaben	617

10 Den Jahresabschluss erstellen und den wirtschaftlichen Erfolg bewerten 620
10.1	Inventur	621
10.1.1	Durchführung der Inventur und Inventurarten	621
10.1.2	Inventurverfahren/Inventurvereinfachungsverfahren	622
10.2	Das Inventar	623
10.3	Zusammenhang zwischen Buchführung und Bilanz	625
10.4	Bewertung des wirtschaftlichen Erfolgs	626
10.5	Zusammenfassung und Aufgaben	630

Sachwortverzeichnis 636

Die eigene Rolle im Betrieb mitgestalten und den Betrieb präsentieren

LERNFELD 1

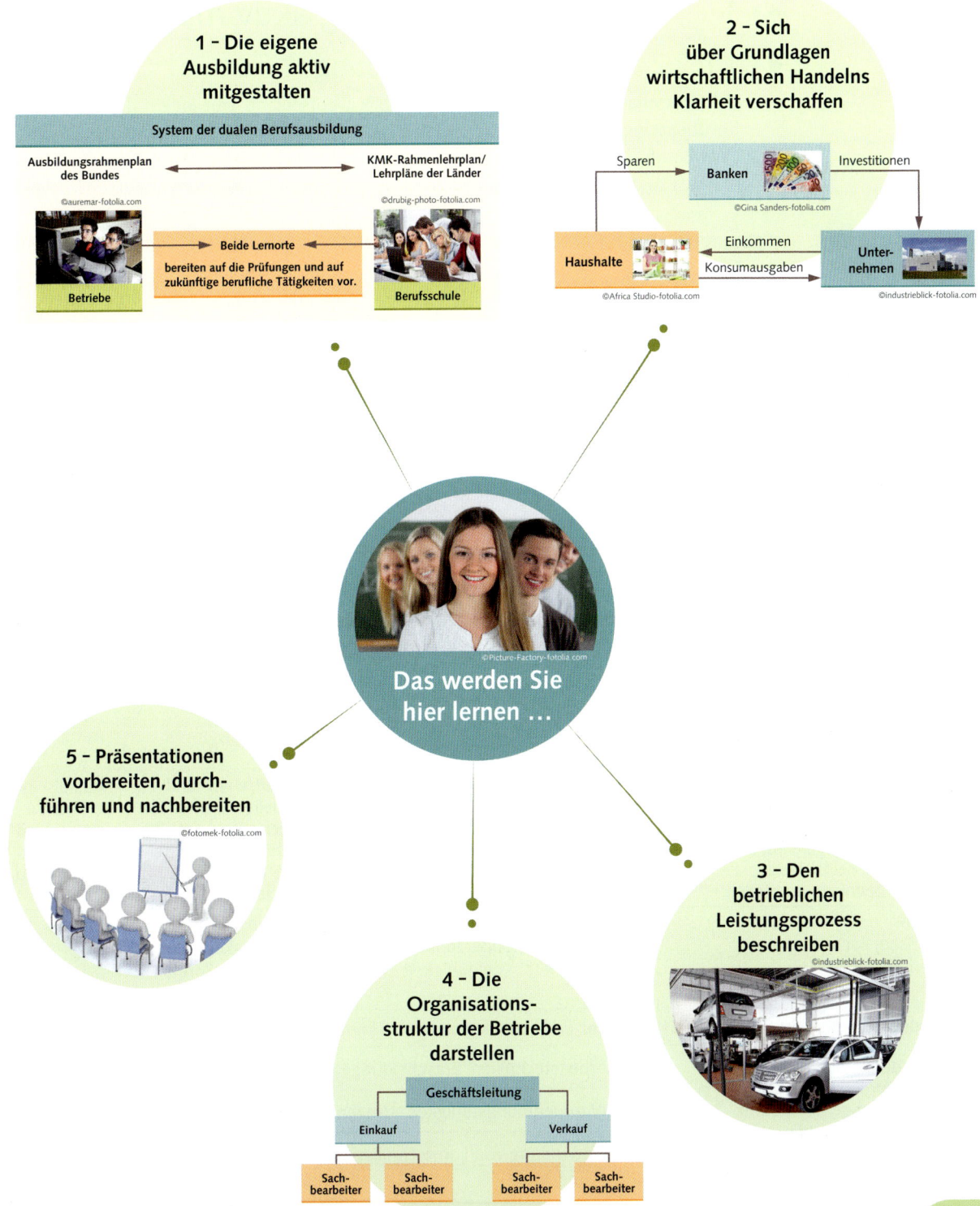

Die eigene Rolle im Betrieb mitgestalten und den Betrieb präsentieren

LERNFELD 1

Die eigene Rolle im Betrieb mitgestalten und den Betrieb präsentieren

1 Die eigene Ausbildung aktiv mitgestalten

1.1 Ziele der Berufsausbildung

Die Wirtschaftsordnung der Bundesrepublik Deutschland gibt jedem die Möglichkeit, frei über seine Berufsausbildung und über seine Berufstätigkeit zu entscheiden. Die Wahl einer Berufsausbildung ist ein erster Schritt, sich für die künftigen Ansprüche des Arbeitsmarktes zu qualifizieren, aber auch, eine persönliche Lebensperspektive zu entwickeln.

§ 1 BBiG
(3) Die Berufsausbildung hat die für die Ausübung einer qualifizierten Tätigkeit in einer sich wandelnden Arbeitswelt notwendigen beruflichen Fertigkeiten, Kenntnisse und Fähigkeiten (berufliche Handlungsfähigkeit) in einem geordneten Ausbildungsgang zu vermitteln. Sie hat ferner den Erwerb der erforderlichen Berufserfahrungen zu ermöglichen.

Die **betriebliche** und **schulische Ausbildung** soll auf berufliche und gesellschaftliche Aufgaben vorbereiten.

So führen neue Herausforderungen auf dem Arbeitsmarkt dazu, dass sich der berufliche Alltag der „**Kaufleute für Büromanagement**" ständig ändert.

Dabei wird der Arbeitsmarkt insbesondere geprägt durch Innovationen und Veränderungen im Bereich neuer Technologien, betrieblichen Anforderungen z. B. bei Kunden- und Lieferantenbeziehungen einschließlich des Logistikbereiches und der fortschreitenden Internationalisierung der Wirtschaftsbeziehungen.

Merke
Ziel der Ausbildung: Handlungsfähigkeit des Auszubildenden!

Diese Lage auf dem Arbeitsmarkt erfordert, dass der Auszubildende während seiner Ausbildung eine **umfassende Handlungskompetenz** in den Dimensionen von Fachkompetenz, Sozialkompetenz und Selbstkompetenz erwirbt.

Berufliche Handlungskompetenz		
Fachkompetenz	**Sozialkompetenz**	**Selbstkompetenz**
= Bereitschaft und Fähigkeit, auf der Grundlage fachlichen Wissens und Könnens Aufgaben und Probleme zielorientiert, sachgerecht, methodengeleitet und selbstständig zu lösen und das Ergebnis zu beurteilen.	= Bereitschaft und Fähigkeit, soziale Beziehungen zu leben und zu gestalten, Zuwendungen und Spannungen zu erfassen, zu verstehen sowie sich mit anderen rational und verantwortungsbewusst auseinander zu setzen.	= Bereitschaft und Fähigkeit, als individuelle Persönlichkeit die Entwicklungschancen, Anforderungen und Einschränkungen in Familie, Beruf und öffentlichem Leben zu klären, zu durchdenken …
Beispiele: Fachwissen, Fachsprache, PC-Kenntnisse …	**Beispiele:** Teamfähigkeit, Kooperationsbereitschaft, Fairness, Kritikfähigkeit …	**Beispiele:** Zuverlässigkeit, Verantwortungsbewusstsein, Sorgfalt, Einsatzfreude, Pflichtbewusstsein …
Methodenkompetenz, kommunikative Kompetenz und **Lernkompetenz** sind immanenter Bestandteil der drei Dimensionen.		
• Methodenkompetenz	z. B. Arbeitstechniken, Entscheidungen treffen, Informationen verarbeiten	
• kommunikative Kompetenz	z. B. Wahrnehmungsfähigkeit, Umgang mit Meinungsverschiedenheiten	
• Lernkompetenz	z. B. Entwicklung von Lerntechniken und Lernstrategien, lebenslanges Lernen	

Die eigene Ausbildung aktiv mitgestalten

1.2 System der dualen Berufsausbildung

Grundlage einer einheitlich geordneten Berufsausbildung für die Bundesrepublik Deutschland ist das **Berufsbildungsgesetz (BBiG)**. Es sieht unter anderem vor, dass die Berufsausbildung in den beiden **Lernorten Betrieb** und **Berufsschule** stattfindet.

§§§

§ 2 BBiG

Lernorte der Berufsbildung

Berufsbildung wird durchgeführt

- in Betrieben der Wirtschaft ...
- in berufsbildenden Schulen ...
- in sonstigen Berufsbildungseinrichtungen ...

LERNFELD 1

Merke

Als duale Ausbildung bezeichnet man die parallele Ausbildung in Betrieb und Berufsschule.

System der dualen Berufsausbildung

Ausbildungsrahmenplan des Bundes ←→ KMK-Rahmenlehrplan/Lehrpläne der Länder

Beide Lernorte bereiten auf die Prüfungen und auf zukünftige berufliche Tätigkeiten vor.

Betriebe — Berufsschule

Im **Betrieb** wird praktisch und berufsbezogen nach den Vorgaben des Ausbildungsrahmenplans auf Grundlage der für diesen Beruf geltenden **Ausbildungsordnung** gearbeitet.

In der **Berufsschule** wird überwiegend theoretisch, berufsbezogen und bereichsübergreifend nach den **Lehrplänen der Bundesländer** unterrichtet. Grundlage dieser Lehrpläne ist der von der Konferenz der Kultusminister erarbeitete Rahmenlehrplan (**KMK-Rahmenlehrplan**).

Merke

Betrieb und Berufsschule sind zur **Zusammenarbeit** verpflichtet!

Die duale Berufsausbildung erfordert eine **enge Zusammenarbeit zwischen Betrieb und Berufsschule**. Aus dieser Verpflichtung ergibt sich die Beachtung folgender Punkte:

→ Tariflich vereinbarter Urlaub soll grundsätzlich während der Schulferien gewährt werden.

→ Maßnahmen überbetrieblicher Ausbildung bedürfen der besonderen Genehmigung durch die Schulaufsicht bzw. die Schulleitung.

→ Auf Beurlaubung aus betrieblichen Gründen gibt es grundsätzlich keinen Rechtsanspruch.

→ Krankmeldungen für die Zeit des Berufsschulbesuchs sind an den Betrieb und an die Berufsschule zu richten.

→ Schulische Fehlzeiten sind dem Betrieb zur Kenntnis zu bringen.

→ Zeugnisse sind vom Ausbildenden zu unterzeichnen.

http://www.bmbf.de

Die eigene Rolle im Betrieb mitgestalten und den Betrieb präsentieren

LERNFELD 1

1.3 Berufsbildungsgesetz als Grundlage der Berufsausbildung

©vege-fotolia.com

Die Berufsausbildung in Deutschland wird insbesondere durch das **Berufsbildungsgesetz** geregelt. Es bildet die Grundlage für die betriebliche Ausbildung und stellt eine Orientierungshilfe für die **Ausbildungsbetriebe**, für die zuständigen **Kammern** sowie für die **Berufsschulen** dar. Es wird ergänzt durch weitere bedeutende Rechtsgrundlagen wie z. B. das Jugenarbeitsschutzgesetz, das Arbeitszeitgesetz, das Arbeitsschutzgesetz, das Mutterschutzgesetz und Tarifverträge.

> **Merke**
> **Kaufmännischer Auszubildender** ist, wer in einem kaufmännischen Betrieb zur Erlernung kaufmännischer Tätigkeiten angestellt ist.

§ 4 f. BBiG

Mit dem Abschluss des Berufsausbildungsvertrages sind Sie kaufmännische Auszubildende. Im Berufsbildungsgesetz sind die grundsätzlichen Inhalte der Ausbildung festgelegt. § 4 regelt die Anerkennung der Ausbildung, und § 5 bildet die Grundlage für die Inhalte der betrieblichen Ausbildung.

§ 5 BBiG

Die **Ausbildungsordnung** legt demnach für den jeweiligen Beruf folgende Inhalte fest:

Bezeichnung des Ausbildungsberufes	Kaufmann/Kauffrau für Büromanagement
Ausbildungsdauer	3 Jahre
Ausbildungsberufsbild	Gegenstand der Berufsausbildung (Fertigkeiten, Kenntnisse und Fähigkeiten)
Ausbildungsrahmenplan	Fertigkeiten, Kenntnisse und Fähigkeiten nach sachlicher und zeitlicher Gliederung
Ausbildungsplan	Gestaltung der betrieblichen Ausbildung nach den Vorgaben des Ausbildungsrahmenplans
Berichtsheft	Berichtsheft in Form eines Ausbildungsnachweises
Prüfungen	gestreckte Prüfung

Die Summe dieser Regelungen soll den Erwerb beruflicher Handlungsfähigkeit in der Ausbildung sichern.

Die für die Ausübung einer qualifizierten beruflichen Tätigkeit mindestens zu vermittelnden Fertigkeiten sind rechtsverbindlich im **Ausbildungsberufsbild** angegeben und im **Ausbildungsrahmenplan** zeitlich und sachlich näher bestimmt.

Nach diesen Vorgaben und den betrieblich-organisatorischen Gegebenheiten hat Ihr Ausbildungsbetrieb Ihren **Ausbildungsplan** zu bestimmen.

Die eigene Ausbildung aktiv mitgestalten

LERNFELD 1

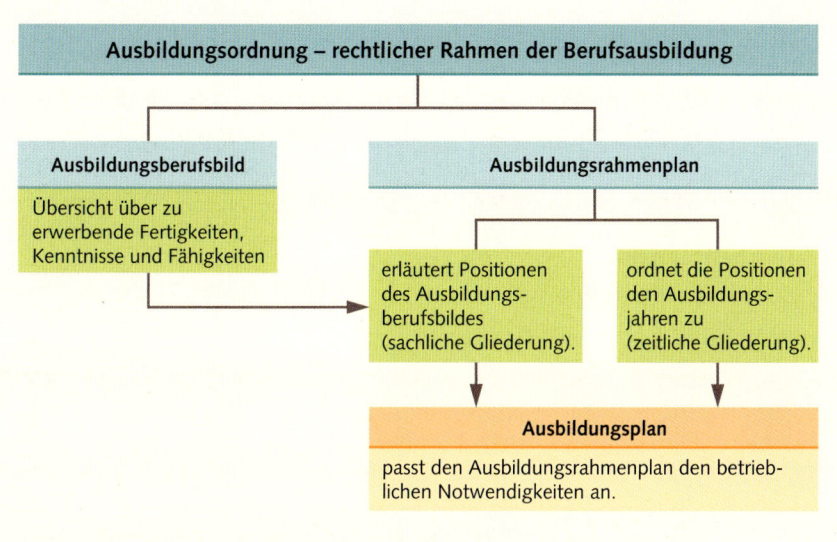

1.3.1 Ausbildungsberufsbild

Zum 01. August 2014 wurden die ehemaligen Ausbildungsberufe „Bürokaufmann/-frau", „Kaufmann/-frau für Bürokommunikation" und „Fachangestellte für Bürokommunikation im öffentlichen Dienst" in einer neuen Ausbildungsordnung zusammengeführt. Die Tätigkeiten im neuen Ausbildungsberuf **„Kaufmann/-frau für Büromanagement"** erstrecken sich auf alle kaufmännischen Aufgaben und Probleme in Betrieben unterschiedlicher Wirtschaftszweige, Branchen und Größen. Damit ist er ein sogenannter Querschnittsberuf.

Die moderne Struktur des Ausbildungsberufsbildes sieht einen Aufbau in **Kern-** (Pflichtqualifikationen) und **Wahlqualifikationen** mit Differenzierungsmöglichkeiten vor.

Die Berufsausbildung gliedert sich in folgende Abschnitte:

Abschnitt A	Abschnitt B	Abschnitt C
berufsprofilgebende Fertigkeiten, Kenntnisse und Fähigkeiten	weitere und vertiefende berufsprofilgebende Fertigkeiten, Kenntnisse und Fähigkeiten in zwei Wahlqualifikationen à fünf Monate	integrative Fertigkeiten, Kenntnisse und Fähigkeiten

Abschnitt A = Kernqualifikationen!

Abschnitt B = Wahlqualifikationen!

Abschnitt C = Kernqualifikationen!

Merke

Für die Ausbildung sind aus einer vorgegebenen Auswahlliste **zwei** Wahlqualifikationen zu wählen und im Ausbildungsvertrag festzulegen.

Die eigene Rolle im Betrieb mitgestalten und den Betrieb präsentieren

LERNFELD 1

Pflichtqualifikationen des Abschnitts A	
1	**Büroprozesse:**
1.1	Informationsmanagement
1.2	Informationsverarbeitung
1.3	Bürowirtschaftliche Abläufe
1.4	Koordinations- und Organisationsaufgaben
2	**Geschäftsprozesse:**
2.1	Kundenbeziehungsprozesse
2.2	Auftragsbearbeitung und Nachbereitung
2.3	Beschaffung von Material und externen Dienstleistungen
2.4	Personalbezogene Aufgaben
2.5	Kaufmännische Steuerung

Wahlqualifikationen des Abschnitts B	
1.	Auftragssteuerung und -koordination
2.	Kaufmännische Steuerung und Kontrolle
3.	Kaufmännische Abläufe in kleineren und mittleren Unternehmungen
4.	Einkauf und Logistik
5.	Personalwirtschaft
6.	Marketing und Vertrieb
7.	Assistenz und Sekretariat
8.	Öffentlichkeitsarbeit und Veranstaltungsmanagement
9.	Verwaltung und Recht
10.	Öffentliche Finanzwirtschaft

Pflichtqualifikationen des Abschnitts C	
1.	Ausbildungsbetrieb
2.	Arbeitsorganisation
3.	Information, Kommunikation, Kooperation

1.3.2 Ausbildungsrahmenplan

Jeder der im Ausbildungsberufsbild aufgeführten Positionen wird im **Ausbildungsrahmenplan** durch Aufzählung einzelner Tätigkeiten näher beschrieben (**sachliche Gliederung**) und den einzelnen Ausbildungsjahren zugeordnet (**zeitliche Gliederung**). Grundsätzlich gilt, dass die zu vermittelnden Fertigkeiten, Kenntnisse und Fähigkeiten sich in den einzelnen Ausbildungsjahren wiederholen und ein wachsendes Maß an Selbstständigkeit verlangen. Die folgende Übersicht zeigt ein Beispiel aus dem Ausbildungsrahmenplan:

Beispiel

Abschnitt A: Berufsprofilgebende Fertigkeiten, Kenntnisse und Fähigkeiten

Lfd. Nr.	Teil des Ausbildungsberufsbildes	Zu vermittelnde Fertigkeiten, Kenntnisse und Fähigkeiten
1	Büroprozesse (§ 4 Absatz 2 Abschnitt A Nummer 1)	
1.1	Informationsmanagement (§ 4 Absatz 2 Abschnitt A Nummer 1.1)	a) betriebliche Kommunikationssysteme auswählen und anwenden b) Grundfunktionen des Betriebssystems anwenden c) Nutzen des Einsatzes von elektronischen Dokumentenmanagementsystemen aufzeigen d) Nutzen und Risiken von Online-Anwendungen aufzeigen e) Wege der Informationsbeschaffung beherrschen f) Maßnahmen zur Datensicherung und Datenpflege veranlassen

Abschnitt B: Weitere berufsprofilgebende Fertigkeiten, Kenntnisse und Fähigkeiten in zwei Wahlqualifikationen von jeweils fünf Monaten

Lfd. Nr.	Teil des Ausbildungsberufsbildes	Zu vermittelnde Fertigkeiten, Kenntnisse und Fähigkeiten
1	Auftragssteuerung und -koordination (§ 4 Absatz 2 Abschnitt B Nummer 1)	
1.1	Auftragsinitiierung (§ 4 Absatz 2 Abschnitt B Nummer 1.1)	a) Kunden produktspezifisch und kaufmännisch beraten b) Angebotsgrundlagen und -alternativen mit dem Kunden entwickeln c) ergänzenden Service anbieten d) Kalkulationsdaten für Angebote einholen e) Angebote erstellen f) Auftragseingang prüfen, Auftrag bestätigen

Abschnitt C: Integrative Fertigkeiten, Kenntnisse und Fähigkeiten

Lfd. Nr.	Teil des Ausbildungsberufsbildes	Zu vermittelnde Fertigkeiten, Kenntnisse und Fähigkeiten
1	Ausbildungsbetrieb (§ 4 Absatz 2 Abschnitt C Nummer 1)	
1.1	Stellung, Rechtsform und Organisationsstruktur (§ 4 Absatz 2 Abschnitt C Nummer 1.1)	a) Zielsetzung, Aufgaben und Stellung des Ausbildungsbetriebs im gesamtwirtschaftlichen und gesamtgesellschaftlichen Zusammenhang beschreiben b) Rechtsform des Ausbildungsbetriebs erläutern c) organisatorischen Aufbau des Ausbildungsbetriebs mit seinen Aufgaben und Zuständigkeiten erläutern und Zusammenwirken der einzelnen Funktionsbereiche erklären d) Zusammenarbeit des Ausbildungsbetriebs mit Wirtschaftsorganisationen, Behörden, Verbänden und Gewerkschaften beschreiben

Die eigene Rolle im Betrieb mitgestalten und den Betrieb präsentieren

1.3.3 Ausbildungsplan

Der betriebliche Ausbildungsplan soll z. B. folgende **Mindestinhalte** enthalten:

→ Umsetzung und Konkretisierung der Berufsbildpositionen des Ausbildungsrahmenplanes,

→ Beschreibung des Arbeitsplatzes im ausbildenden Betrieb (ggf. Hinweise zu einem Ausbildungsverbund oder zu einer überbetrieblichen Einrichtung),

→ Vermittlung der Ausbildungsinhalte in zeitlicher Hinsicht,

→ Benennung von Ausbildern.

1.3.4 Berichtsheft

§ 14 BBiG

§ 43 BBiG

Nach den Vorgaben des Berufsbildungsgesetzes, der Ausbildungsverordnungen sowie der IHK-Prüfungsordnungen besteht für Auszubildende die Verpflichtung, Ausbildungsnachweise (Berichtshefte) regelmäßig zu führen. Diese müssen folgenden Anforderungen entsprechen:

→ Die Ausbildungsnachweise sind grundsätzlich wochenweise zu führen.

→ Sie enthalten stichwortartig die Ausbildungstätigkeiten, betriebliche Unterweisungen, Unterricht und Schulungen sowie die Inhalte des Berufsschulunterrichts.

→ Die Richtigkeit und Vollständigkeit der Angaben ist durch die Unterschrift der Ausbildungspartner zu bestätigen.

Tipp

Führen Sie Ihr **Berichtsheft** von Anfang an gewissenhaft, sauber und vollständig!

Die Ausbildungsnachweise sind nach Aufforderung durch die Kammer bzw. den Prüfungsausschuss rechtzeitig vor bzw. spätestens zur Abschlussprüfung vorzulegen.

Merke

Versäumnisse im Führen der Ausbildungsnachweise können zum Ausschluss von der Prüfung und zur Aberkennung der Prüfung führen!

1.3.5 Prüfungsanforderungen

Das Prüfungsverfahren ist vollständig neu geregelt. Die klassische Prüfung in Form einer Zwischen- und Abschlussprüfung wird abgelöst durch eine **gestreckte Prüfung** mit zwei bereits in die Endnote einfließenden Teilabschlussprüfungen. Darüber hinaus können leistungsstarke Auszubildende auf Antrag eine Zusatzqualifikation erwerben.

Teil 1	Teil 2	Zusatzqualifikation
Mitte der Ausbildung	Ende der Ausbildung	Ende der Ausbildung auf Antrag

Die eigene Ausbildung aktiv mitgestalten

LERNFELD 1

■ Teil 1

Prüfungsfach	Gewichtung	Prüfungszeit	Inhalte
Informations-technisches Büromanagement Nach 18 Monaten auf der Basis der ersten 15 Monate	25 %	120 Minuten schriftlich	1. Der Prüfling soll nachweisen, dass er im Rahmen eines ganzheitlichen Arbeitsauftrages Büro- und Beschaffungsprozesse organisieren und kundenorientiert bearbeiten kann. Dabei soll er nachweisen, dass er unter Anwendung von Textverarbeitung sowie Tabellenkalkulation recherchieren, dokumentieren und kalkulieren kann; 2. der Prüfling soll berufstypische Aufgaben schriftlich computergestützt bearbeiten.

■ Teil 2

Prüfungsfach	Gewichtung	Prüfungszeit	Inhalte
Kunden-beziehungs-prozesse	30 %	150 Minuten schriftlich	1. Der Prüfling soll nachweisen, dass er komplexe Arbeitsaufträge handlungsorientiert bearbeiten kann. Dabei soll er zeigen, dass er Aufträge kundenorientiert abwickeln, personalbezogene Aufgaben wahrnehmen und Instrumente der kaufmännischen Steuerung fallbezogen einsetzen kann; 2. der Prüfling soll berufstypische Aufgaben schriftlich bearbeiten.
Wirtschafts- und Sozialkunde	10 %	60 Minuten schriftlich	1. Der Prüfling soll nachweisen, dass er allgemeine wirtschaftliche und gesellschaftliche Zusammenhänge der Berufs- und Arbeitswelt darstellen und beurteilen kann; 2. der Prüfling soll fallbezogene Aufgaben schriftlich bearbeiten.
Fachaufgabe in der Wahlqualifikation 2 Varianten: (siehe unten) • Prüfungsaufgabe durch Prüfungsausschuss • Report	35 %	Fallbezogenes Fachgespräch 20 Minuten	Der Prüfling soll nachweisen, dass er • berufstypische Aufgabenstellungen erfassen, Probleme und Vorgehensweisen erörtern sowie Lösungswege entwickeln und begründen, • kunden- und serviceorientiert handeln, • betriebspraktische Aufgaben unter Berücksichtigung wirtschaftlicher, ökologischer und rechtlicher Zusammenhänge planen, durchführen und auswerten sowie • Kommunikations- und Kooperationsbedingungen berücksichtigen kann.

Zur Durchführung sind zwei Varianten des fallbezogenen Fachgesprächs möglich:

Variante 1: Prüfungsaufgabe durch Prüfungsausschuss	Variante 2: Report
Der Prüfling soll eine von zwei ihm vom Prüfungsausschuss zur Wahl gestellten praxisbezogenen Aufgaben bearbeiten und Lösungswege entwickeln; dem Prüfling ist eine Vorbereitungszeit von 20 Minuten einzuräumen. Das Fachgespräch soll die Dauer von 20 Minuten nicht überschreiten und wird mit einer Darstellung durch den Prüfling eingeleitet.	Der Prüfling soll für jede der beiden gewählten Wahlqualifikationen einen höchstens dreiseitigen Report über die Durchführung einer betrieblichen Fachaufgabe erstellen. Die Reporte werden nicht bewertet. Sie sind dem Prüfungsausschuss am ersten Tag von Teil 2 der Abschlussprüfung zuzuleiten. Aus den beiden betrieblichen Fachaufgaben wählt der Prüfungsausschuss **eine** Aufgabe als Grundlage für das Fachgespräch aus.

Die eigene Rolle im Betrieb mitgestalten und den Betrieb präsentieren

LERNFELD 1

■ Zusatzqualifikation

Nicht in Teil 2 gewählte Wahlqualifikationen können als Zusatzqualifikation im Rahmen der Abschlussprüfung auf Antrag gesondert geprüft werden. Für das Prüfungsverfahren gelten die Regelungen zur Fachaufgabe.

1.4 Weitere Grundlagen des Ausbildungsverhältnisses

Die Rahmenbedingungen für die Berufsausbildung bilden das **Berufsbildungsgesetz** und die **Berufsausbildungsverordnung**. Das Berufsbildungsgesetz schreibt den Abschluss eines Ausbildungsvertrages vor.

§§§

§ 10 BBiG
Wer andere Personen zur Berufsausbildung einstellt (Ausbildende), hat mit den Auszubildenden einen Berufsausbildungsvertrag zu schließen.

Darüber hinaus gibt es weitere **Schutzgesetze**, insbesondere das Jugendarbeitsschutzgesetz, die bei der individuellen Ausgestaltung des Arbeitsvertrages zu beachten sind.

1.4.1 Ausbildungsvertrag

Der Ausbildungsvertrag ist eine **schriftliche Vereinbarung** zwischen dem Ausbildenden und dem Auszubildenden. Ist der Auszubildende noch keine 18 Jahre alt (nicht volljährig), so ist der Vertrag auch von dem gesetzlichen Vertreter (Eltern oder Vormund) zu unterzeichnen. Die Vereinbarungen sind in das **Verzeichnis der Berufsausbildungsverhältnisse** bei der zuständigen Stelle, Industrie- und Handelskammer (IHK) bzw. Handwerkskammer (HWK), einzutragen.

§ 34 BBiG
§ 43 BBiG

Die Eintragung ist Voraussetzung für die Zulassung zur Prüfung.

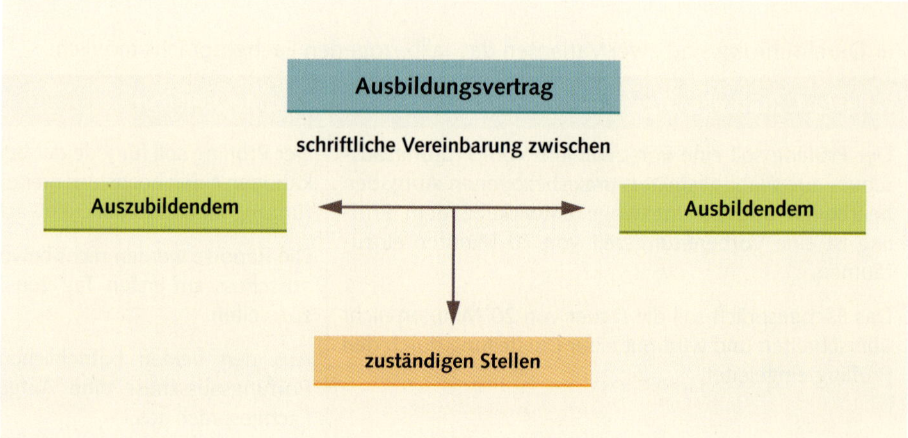

Ausbildungsvertrag
schriftliche Vereinbarung zwischen

Auszubildendem ⟷ **Ausbildendem**

zuständigen Stellen

Die eigene Ausbildung aktiv mitgestalten

Nach § 11 BBiG muss der Ausbildungsvertrag u. a. folgende Mindestanforderungen enthalten:

Mindestanforderungen	Erklärungen
Art, sachliche und zeitliche Gliederung sowie Ziel der Berufsausbildung	z. B. Ausbildungsberuf, Fachrichtung, Hinweise auf Ausbildungsordnung und Ausbildungsplan
Beginn und Dauer der Berufsausbildung	Dauer gemäß Ausbildungsordnung unter Berücksichtigung von Anerkennung und Verkürzung
Ausbildungsmaßnahmen außerhalb der Ausbildungsstätte	z. B. außerbetriebliche Maßnahmen wie Seminare, Lehrgänge und Schulungen
Dauer der regelmäßigen täglichen Ausbildungszeit	Regelungen durch Arbeitsrecht, Tarifverträge und Jugendarbeitsschutzgesetz
Dauer der Probezeit	Probezeit mindestens 1 Monat bis maximal 4 Monate
Zahlung und Höhe der Vergütung	Regelung durch tarifliche und gesetzliche Bestimmungen (z. B. Tarifvertrag)
Dauer des Urlaubs	Regelung durch tarifliche und gesetzliche Bestimmungen (z. B. JArbSchG)
Kündigungsvoraussetzungen	Bedingungen für eine Kündigung während und nach der Probezeit
Hinweise auf die Tarifverträge, Betriebs- oder Dienstvereinbarungen	Hinweise auf branchen- und betriebsspezifische Vereinbarungen

Aus dem Abschluss des Ausbildungsvertrags ergeben sich Pflichten von Ausbildendem und Auszubildendem.

Der Ausbildungsvertrag verpflichtet	
den **Ausbildenden** u. a. zur	den **Auszubildenden** u. a. zur
<ul><li>qualifizierten Ausbildung (planmäßig, zeitlich und sachlich gegliedert)</li><li>Fürsorge</li><li>Vergütung</li><li>Freistellung für den Berufsschulunterricht</li><li>Freistellung für Prüfungen</li><li>Bereitstellung von Arbeitsmitteln</li><li>Ausstellung eines Zeugnisses.</li></ul>	<ul><li>Lernpflicht</li><li>Einhaltung der Betriebsordnung</li><li>Bewahrung von Betriebsgeheimnissen</li><li>Befolgung von Anweisungen</li><li>Führen von Ausbildungsnachweisen (Berichtsheft)</li><li>Teilnahme an Ausbildungsmaßnahmen</li><li>Teilnahme am Berufsschulunterricht.</li></ul>

Beachte:
Ärztliche Untersuchung für jugendliche Auszubildende nach Jugendarbeitsschutzgesetz!

LERNFELD 1

Die eigene Rolle im Betrieb mitgestalten und den Betrieb präsentieren

LERNFELD 1

§ 20 BBiG
Probezeit
Das Berufsausbildungsverhältnis beginnt mit der Probezeit. Sie muss mindestens einen Monat und darf höchstens vier Monate betragen.

■ Probezeit

Die **Probezeit** von einem Monat bis zu vier Monaten dient dem gegenseitigen Kennenlernen und soll dem Auszubildenden und dem Ausbildungsbetrieb Auskunft darüber geben, ob die Voraussetzungen für eine erfolgversprechende Ausbildung gegeben sind. Auszubildender und Betrieb haben deshalb das Recht und die Pflicht, diese Voraussetzungen festzustellen und gewissenhaft zu prüfen, ob eine Fortsetzung des Ausbildungsverhältnisses sinnvoll ist. Eine begründete Aussage setzt voraus, dass der Auszubildende berufsbezogen eingesetzt wird und auch Rückmeldungen über seine Eignung erhält.

Eine **Verlängerung der Probezeit** ist möglich, wenn die Ausbildung (z. B. wegen einer Erkrankung) länger als ein Drittel der Probezeit unterbrochen wird.

■ Kündigung

Der Ausbildungsvertrag kann in folgenden Fällen gekündigt werden:

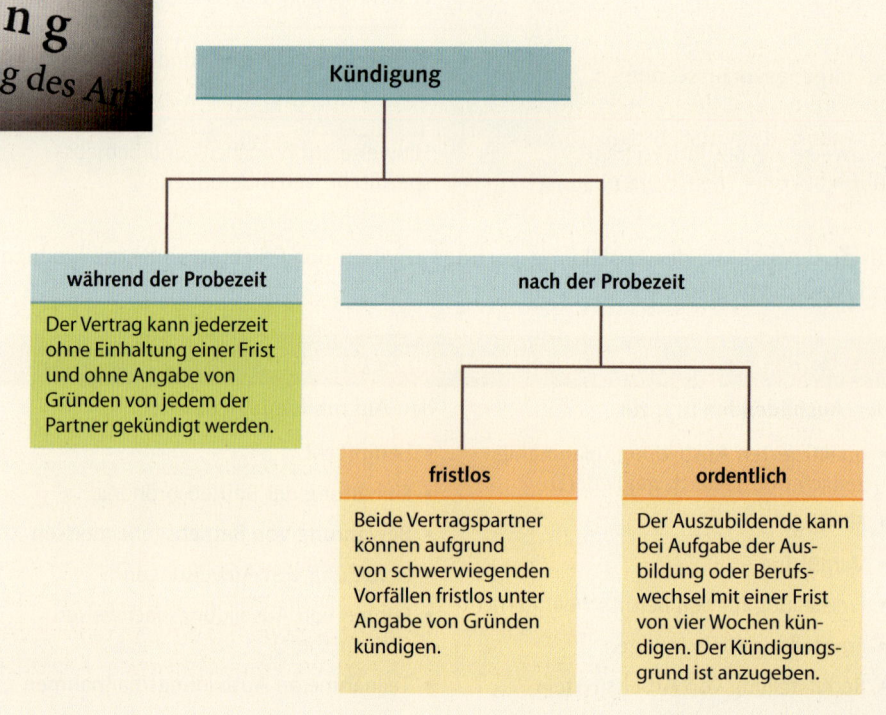

Kündigung

während der Probezeit
Der Vertrag kann jederzeit ohne Einhaltung einer Frist und ohne Angabe von Gründen von jedem der Partner gekündigt werden.

nach der Probezeit

fristlos
Beide Vertragspartner können aufgrund von schwerwiegenden Vorfällen fristlos unter Angabe von Gründen kündigen.

ordentlich
Der Auszubildende kann bei Aufgabe der Ausbildung oder Berufswechsel mit einer Frist von vier Wochen kündigen. Der Kündigungsgrund ist anzugeben.

Merke
Jede Kündigung muss schriftlich erfolgen!

Die eigene Ausbildung aktiv mitgestalten

■ Beendigung und Verkürzung oder Verlängerung des Ausbildungsverhältnisses

Zur **Beendigung des Ausbildungsverhältnisses** sieht das Berufsbildungsgesetz vor:

(1) Das Berufsausbildungsverhältnis endet mit dem Ablauf der Ausbildungszeit.

(2) Besteht der Auszubildende vor Ablauf der Ausbildungszeit die Abschlussprüfung, so endet das Berufsausbildungsverhältnis mit Bestehen der Abschlussprüfung.

(3) Besteht der Auszubildende die Abschlussprüfung nicht, so verlängert sich das Berufsausbildungsverhältnis auf seinen Wunsch hin bis zur nächstmöglichen Wiederholungsprüfung, höchstens um ein Jahr.

§ 21 BBiG

Merke

Wird der Auszubildende im Anschluss an die Ausbildung ohne weitere Vereinbarungen beschäftigt, so wird ein Arbeitsverhältnis auf unbestimmte Zeit begründet.

§ 24 BBiG

Unter bestimmten Voraussetzungen ist eine **Verkürzung der Ausbildungsdauer** möglich. Es handelt sich um Kann-Regelungen, die Gestaltungsmöglichkeiten der Ausbildungspartner beinhalten.

Wenn
- der Abschluss allgemeiner oder
- vollzeitschulischer beruflicher Bildungsgänge,
- berufliche Vorerfahrungen bzw.
- gute Leistungen in Betrieb und Schule

eine Verkürzung der Ausbildung nahelegen bzw. erfordern, so ist ein **Antrag** an die **zuständige Kammer** zu richten, die nach der jeweiligen Landesverordnung über den Antrag entscheidet.

Eine **Verlängerung der Ausbildungszeit** kann der Auszubildende beantragen, wenn die Verlängerung (z. B. wegen einer längeren Erkrankung oder Unterbrechung der betrieblichen Ausbildung) erforderlich ist, um das Ausbildungsziel zu erreichen.

1.4.2 Jugendarbeitsschutzgesetz

Das Jugendarbeitsschutzgesetz gilt für die Beschäftigung von Personen, die noch nicht 18 Jahre alt sind. Arbeitsbefreiungen für den Besuch der Berufsschule gelten auch für berufsschulpflichtige Auszubildende, die über 18 Jahre alt sind und bei Eintritt in die Berufsausbildung das 21. Lebensjahr noch nicht vollendet hatten. Für die Berechnung der Beschäftigungszeiten gelten im Einzelnen folgende Regelungen:

§ 1 JArbSchG

§ 15 BBiG

Die eigene Rolle im Betrieb mitgestalten und den Betrieb präsentieren

Paragraph	Thema	Inhalt
§ 4 JArbSchG	Arbeitszeit	Tägliche Arbeitszeit ist die Zeit vom Beginn bis zum Ende der täglichen Beschäftigung ohne Ruhepausen.
§ 8 JArbSchG	Dauer der Arbeitszeit	• Jugendliche dürfen nicht mehr als acht Stunden täglich und nicht mehr als 40 Stunden wöchentlich beschäftigt werden. • Wenn an einzelnen Werktagen die Arbeitszeit auf weniger als acht Stunden verkürzt ist, können Jugendliche an den übrigen Werktagen derselben Woche achteinhalb Stunden beschäftigt werden.
§ 9 JArbSchG	Berufsschule	Der Arbeitgeber hat den Jugendlichen für die Teilnahme am Berufsschulunterricht freizustellen. Er darf den Jugendlichen nicht beschäftigen • vor einem vor 9 Uhr beginnenden Unterricht, dies gilt auch für Personen, die über 18 Jahre alt und noch berufsschulpflichtig sind. • an einem Berufsschultag mit mehr als fünf Unterrichtsstunden von mindestens je 45 Minuten, einmal in der Woche. Auf die Arbeitszeit werden angerechnet: • Berufsschultage mit 8 Stunden, • die Unterrichtszeit einschließlich der Pausen.
§ 11 JArbSchG	Ruhepausen	Jugendlichen müssen im Voraus feststehende Ruhepausen ... gewährt werden. Die Ruhepausen müssen mindestens betragen • 30 Minuten bei einer Arbeitszeit von mehr als viereinhalb bis zu sechs Stunden, • 60 Minuten bei einer Arbeitszeit von mehr als 6 Stunden. Als Ruhepause gilt nur eine Arbeitsunterbrechung von mindestens 15 Minuten. Die Ruhepausen müssen in angemessener zeitlicher Lage gewährt werden, frühestens eine Stunde nach Beginn und spätestens eine Stunde vor Ende der Arbeitszeit. Länger als viereinhalb Stunden hintereinander dürfen Jugendliche nicht ohne Ruhepause beschäftigt werden.
§ 15 JArbSchG	5-Tage-Woche	Jugendliche dürfen nur an fünf Tagen in der Woche beschäftigt werden.
§ 32 JArbSchG	Erstuntersuchung	Ein Jugendlicher, der in das Berufsleben eintritt, darf nur beschäftigt werden, wenn • er innerhalb der letzten vierzehn Monate von einem Arzt untersucht worden ist (Erstuntersuchung) und • dem Arbeitgeber eine von diesem Arzt ausgestellte Bescheinigung vorliegt.
§ 33 JArbSchG	Erste Nachuntersuchung	Ein Jahr nach Aufnahme der ersten Beschäftigung hat sich der Arbeitgeber die Bescheinigung eines Arztes darüber vorlegen zu lassen, dass der Jugendliche nachuntersucht worden ist (erste Nachuntersuchung). Die Nachuntersuchung darf nicht länger als drei Monate zurückliegen.

Weitere Regelungen für die Anrechnung der Berufsschulzeit auf die betriebliche Ausbildungszeit:

→ Der Ausbilder ist verpflichtet, auch die **Pausen** in der Berufsschule und die **Wegezeiten** zwischen Berufsschule und Betrieb auf die Arbeitszeit anzurechnen.

→ **Erwachsene Auszubildende** können unter Beachtung von § 9 JArbSchG an jedem Tag nach bzw. vor der Berufsschule im Rahmen der betriebsüblichen Arbeitszeiten im Betrieb ausgebildet werden. Folgende Regelungen sind zu beachten (Bundesarbeitsgericht 2001).

Merke
Liegt der Berufsschulunterricht **innerhalb** der betrieblichen Ausbildungszeit, wird er voll auf die betriebliche Ausbildungszeit angerechnet.

Beispiel
Die betriebsübliche Ausbildungszeit liegt an allen Werktagen zwischen 7:30 Uhr und 17:00 Uhr. Der Berufsschulunterricht beginnt an zwei Wochentagen jeweils um 8:00 Uhr.

Merke
Liegt der Berufsschulunterricht **außerhalb** der betrieblichen Ausbildungszeit, wird er nicht auf die betriebliche Ausbildungszeit angerechnet.

Beispiel
Die betriebsübliche Ausbildungszeit findet bei Friseuren von dienstags bis samstags statt, der Berufsschulunterricht ist montags. Die gesetzliche Höchstarbeitszeit von 48 Stunden/Woche darf aber in keinem Fall überschritten werden.

Arbeitszeitregelungen für Erwachsene sind im **Arbeitszeitgesetz** (ArbZG) geregelt, z. B.:

ArbZG § 3: Arbeitszeit der Arbeitnehmer
Die werktägliche Arbeitszeit der Arbeitnehmer darf acht Stunden nicht überschreiten. Sie kann auf bis zu zehn Stunden nur verlängert werden, wenn innerhalb von sechs Kalendermonaten oder innerhalb von 24 Wochen im Durchschnitt acht Stunden werktäglich nicht überschritten werden.

ArbZG § 4: Ruhepausen
Die Arbeit ist durch im Voraus feststehende Ruhepausen von mindestens 30 Minuten bei einer Arbeitszeit von mehr als sechs bis zu neun Stunden und 45 Minuten bei einer Arbeitszeit von mehr als neun Stunden insgesamt zu unterbrechen. Die Ruhepausen nach Satz 1 können in Zeitabschnitte von jeweils mindestens 15 Minuten aufgeteilt werden. Länger als sechs Stunden hintereinander dürfen Arbeitnehmer nicht ohne Ruhepause beschäftigt werden.

ArbZG § 5: Ruhezeit
(1) Die Arbeitnehmer müssen nach Beendigung der täglichen Arbeitszeit eine ununterbrochene Ruhezeit von mindestens elf Stunden haben.

Die eigene Rolle im Betrieb mitgestalten und den Betrieb präsentieren

1.4.3 Interessenvertreter der Auszubildenden und Beratungshilfen

Die Ausbildung wird durch eine Vielzahl von Rechtsvorschriften in Betrieb und Schule geregelt. Sollte es dennoch zu **Meinungsverschiedenheiten** oder **Konflikten** kommen, so gibt es unterschiedliche Institutionen/Einrichtungen, die dafür sorgen, dass die ausbildungsrechtlichen Ansprüche durchgesetzt werden.

Institution	Erklärungen
Industrie- und Handelskammer, Handwerkskammer	Die Kammern sorgen nach den Vorgaben des **Berufsbildungsgesetzes** für die ordnungsgemäße Durchführung der betrieblichen Ausbildung. Sie prüfen die betrieblichen Voraussetzungen für eine erfolgreiche Ausbildung, betreuen und beraten die Betriebe, z. B. gehen Ausbildungsberater regelmäßig in die Betriebe. Die Kammern sind Ansprechpartner für die Auszubildenden in rechtlichen Fragen und vermitteln in Konflikten. Sie führen die Prüfungen durch, bieten Zusatzqualifikationen an, organisieren Auslandsaufenthalte u. v. a. m.
Betriebsrat	Der Betriebsrat hat nach den Regelungen des **Betriebsverfassungsgesetzes** (BetrVG) Mitwirkungs- und Mitbestimmungsrechte für alle Mitarbeiter. Die Mitwirkung umfasst insbesondere Informations- und Beratungsrechte in wirtschaftlichen und personellen Angelegenheiten (z. B. Förderung der Berufsausbildung).
Jugend- und Auszubildendenvertretung	Die Jugend- und Auszubildendenvertretung ist kein selbstständiges Organ, sondern dem Betriebsrat nachgeordnet. Sie vertritt die Interessen der Auszubildenden bei der **Überwachung** und **Einhaltung** der **Vorschriften** (z. B. Verpflichtung des Ausbildenden zu qualifizierter Ausbildung). Sie geben Anregungen (z. B. eine „Azubi-Stunde" in der Woche) und Beschwerden an den Betriebsrat weiter.
Gewerkschaften	Gewerkschaften treten für die **wirtschaftlichen** und **sozialen Interessen** ihrer Mitglieder ein. Sie schützen Auszubildende z. B. vor Ausbeutung oder ungerechtfertigter Entlassung.
Gewerbeaufsichtsämter	Die Gewerbeaufsichtsämter überwachen die **Arbeitszeiten** und **Tätigkeiten** von Jugendlichen (Aufsicht über die Einhaltung des Jugendarbeitsschutzgesetzes).
Berufsgenossenschaften	Die Berufsgenossenschaften haben die Aufgabe, für die Durchführung des **Arbeitsschutzes** durch den Arbeitgeber zu sorgen. Dazu zählt insbesondere die Einhaltung der **Unfallverhütungsvorschriften**.
Schülervertretung (SV)	Die SV vertritt die **Interessen** der Auszubildenden in der **Berufsschule**. Insbesondere bei schulischen Konflikten ist auch der SV-Verbindungslehrer ansprechbar.
ausbildungsbegleitende Hilfen (abH)	Ausbildungsbegleitende Hilfen **fördern kostenfrei** und **individuell** im Auftrag der Bundesagentur für Arbeit Auszubildende, die Unterstützung benötigen (z. B. Nachhilfeunterricht, Prüfungsvorbereitung).

Ein besonderer Beratungsbedarf ist gegeben, wenn eine drohende **Insolvenz des Ausbildungsbetriebs** oder die Einstellung des Geschäftsbetriebes die Ausbildung gefährdet. Auzubildende haben in diesem Fall grundsätzlich die Möglichkeit einer Kündigung. Andernfalls sollten sie zunächst ihre Arbeitskraft weiter anbieten und die Berufsschule besuchen und auf keinen Fall einem Verzicht auf die Zahlung der Ausbildungsvergütung zustimmen, um einen Anspruch auf Insolvenzgeld sowie auf Kranken- und Rentenversicherung aufrecht zu erhalten.

Eine Meldung an die **Argentur für Arbeit** ist erforderlich. Für die Weiterführung der Ausbildung sollten Betroffene Kontakt mit der **Berufsschule** und insbesondere mit der zuständigen **Kammer** aufnehmen, die in der Regel bei der Suche nach einem neuen Ausbildungsplatz hilfreich mitwirken und individuell die Auswirkungen auf das Prüfungsverfahren abwägen.

> **Tipp**
>
> Bei Insolvenz des Ausbildungsbetriebs:
> - **Kein Verzicht** auf Ausbildungsvergütung!
> - Agentur für Arbeit, Berufsschule und zuständige Kammer **informieren**!

1.4.4 Tarifvertrag

Bei der Gestaltung von Arbeitsverträgen/Ausbildungsverträgen sind insbesondere wesentliche Regelungen von Tarifverträgen zu beachten. Tarifverträge werden nach den Vorschriften des Tarifvertragsgesetzes (TVG) typischerweise von den **Tarifvertragsparteien** in eigener Verantwortung (**Tarifautonomie**) abgeschlossen. Die Tarifparteien sind auf der Seite der Arbeitgeber die **Arbeitgebervereinigungen/Arbeitgeberverbände** und auf der Arbeitnehmerseite die **Gewerkschaften**. In Ausnahmefällen können auch einzelne Arbeitgeber Vertragspartei sein.

> **§§§**
>
> **§ 1 TVG**
> **Inhalt und Form des Tarifvertrages**
> Der Tarifvertrag regelt die Rechte und Pflichten der Tarifvertragsparteien …

Ein Tarifvertrag regelt die **Rechte** und **Pflichten** der **Tarifvertragsparteien**, z. B.

- Art und Höhe der Entlohnung/Ausbildungsvergütung,
- Arbeitszeiten,
- Dauer des Jahresurlaubs,
- sonstige soziale Leistungen wie Urlaubsgeld.

Von den **Tarifbestimmungen** darf nur zugunsten der Arbeitnehmer abgewichen werden (**Günstigkeitsprinzip**). An die Regelungen von Tarifverträgen sind grundsätzlich nur die Mitglieder der Vertragsparteien gebunden. Häufig orientieren sich jedoch nicht tarifgebundene Unternehmen an den einschlägigen Tarifverträgen. Die Anwendung von tarifvertraglichen Regelungen kann auch **einzelvertraglich** zwischen Arbeitgeber und Arbeitnehmer vereinbart werden. Auf Antrag einer der Tarifvertragsparteien können bestimmte Tarifverträge vom Bundesministerium für Arbeit und Soziales oder vom jeweiligen Landesarbeitsministerium für allgemein verbindlich erklärt werden. Mit der **Allgemeinverbindlichkeitserklärung** werden auch die nicht tarifgebundenen Arbeitgeber und Arbeitnehmer an die jeweiligen Rechtsnormen gebunden.

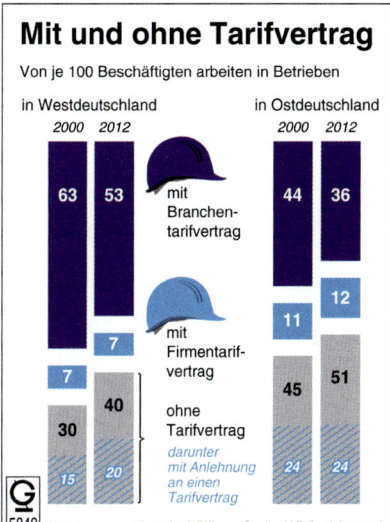

Im Hinblick auf die unterschiedlichen Regelungen in Tarifverträgen unterscheidet man insbesondere **Manteltarifverträge** (Rahmentarifverträge) und **Entgelttarifverträge** (Lohn- und Gehaltstarifverträge), nach dem Geltungsbereich auch Verbands- bzw. Flächen- und Firmentarifverträge.

Die eigene Rolle im Betrieb mitgestalten und den Betrieb präsentieren

Tarifverträge	Regelungen (Beispiele)
Der **Manteltarifvertrag** regelt die grundsätzlichen Arbeitsbedingungen. Er wird in der Regel für eine längere Dauer abgeschlossen (z. B. drei Jahre).	• Arbeitszeit • Zuschläge für Mehrarbeit • Urlaub • Probezeit und Kündigungsfristen
Entgelttarifverträge werden unterschieden in **Lohn- und Gehaltstarifverträge** mit häufig jährlichen Laufzeiten und	Lohn- und Gehaltstarifverträge • Löhne, Gehälter • Urlaubsgeld • Sonderzahlungen
in **Lohn- und Gehaltsrahmentarifverträge** mit etwa drei Jahren Laufzeit.	Lohn- und Gehaltsrahmentarifverträge • Einordnung von Tätigkeiten in Lohnarten und Lohngruppen

1.4.5 Förderung der Berufsausbildung und Wege zur weiteren Qualifizierung

■ Förderung der Berufsausbildung

Entwicklungen auf dem Ausbildungsmarkt und wirtschaftlicher Strukturwandel mit steigendem Qualifikationsniveau erfordern erhebliche Anstrengungen auf allen politischen und gesellschaftlichen Ebenen, um Jugendlichen eine berufliche Perspektive zu geben. Eine **Förderung** zusätzlicher **betrieblicher Ausbildungskapazitäten** wird u. a. durch folgende Maßnahmen angestrebt:

www.arbeitsagentur.de

→ vereinfachte fachliche Anerkennung von Ausbildern durch die Kammern;

→ Unterstützung der Betriebe durch die Möglichkeit einer Verbundausbildung, d. h., spezialisierte Betriebe, die nicht alle Ausbildungsinhalte vermitteln können, führen die Ausbildung gemeinsam mit anderen Betrieben durch;

→ Hilfen beim Übergang von der Schule in den Beruf durch z. B. Beratung, Praktika, Kompetenzcheck;

→ partnerschaftliche Ausbildung, d. h., die Ausbildung findet bei einem Bildungsträger und in einem Partner- bzw. Praktikumsbetrieb statt;

→ neue Wege bei Ausbildung und Qualifizierung für »unversorgte« Ausbildungsbewerber: z. B. besondere vollzeitschulische Ausbildungsgänge an den Berufsschulen;

→ Flexibilisierung des Berufsschulunterrichts: z. B. nur noch ein Berufsschultag im zweiten und dritten Ausbildungsjahr;

→ Ausbau von zweijährigen Ausbildungsberufen;

→ Verkürzungsmöglichkeiten von Ausbildungszeiten: z. B. durch Anrechnungen von schulischen Qualifikationen auf die Ausbildung.

Die eigene Ausbildung aktiv mitgestalten

■ Wege zur weiteren Qualifizierung

Die fortschreitende technische Entwicklung in den Bereichen der Informations- und Kommunikationstechnologien sowie die fortschreitende Internationalisierung der Wirtschaftsbeziehungen werden neben anderen Änderungen immer neue Anforderungen an die beruflichen Tätigkeiten stellen. Ergänzende berufliche Qualifizierungen und eine dauernde Weiterbildung werden daher unumgänglich sein.

©bluedesign-fotolia.com

Schon **während der Ausbildung** können u. a. folgende Weiterbildungsangebote wahrgenommen werden:

→ Wahlangebote der Berufsschule: Fremdsprachenzertifikate, Datenverarbeitungsqualifikationen, Erwerb der Fachhochschulreife, ggf. Stütz- und Förderkurse

→ Angebote/Zusatzqualifikationen anderer Träger: z. B. IHK/Handwerkskammer (Europa-Assistent/-in), Volkshochschulen, Bildungsträger, Berufsverbände.

Im **Anschluss an die Ausbildung** bieten sich die folgenden Möglichkeiten der Weiterqualifizierung:

→ Fachschulen/Fachakademien der Berufsschulen,

→ Kammern und freie Träger der Weiterbildung,

→ unter bestimmten Bedingungen auch ohne Hochschulreife ein Studium an Hochschulen für beruflich Qualifizierte.

Informationen über das vielfältige Weiterbildungsangebot erhalten Sie an Ihren Berufsschulen, bei der zuständigen Kammer (z. B. IHK/HWK) und unter anderem bei der Bundesagentur für Arbeit.

www.arbeitsagentur.de

1.5 Zusammenfassung und Aufgaben

Zusammenfassung

System der dualen Berufsausbildung

Betriebe und Berufsschule bereiten **gemeinsam** auf die Prüfungen und auf zukünftige berufliche Tätigkeiten vor.

Ausbildungsberufsbild: Übersicht über zu erwerbende Fertigkeiten, Kenntnisse und Fähigkeiten.

Ausbildungsrahmenplan: sachliche und zeitliche Gliederung der Positionen des Ausbildungsberufsbildes

Ausbildungsplan: passt den Ausbildungsrahmenplan den betrieblichen Notwendigkeiten an

Berichtsheft: ist regelmäßig zu führen und zur Abschlussprüfung vorzulegen.

Die eigene Rolle im Betrieb mitgestalten und den Betrieb präsentieren

LERNFELD 1

Prüfungen

gestreckte Prüfung:

Teil 1: Nach 18 Monaten findet eine Prüfung im Fach **„Informationstechnisches Management"** statt.

Teil 2: Am Ende der Ausbildung stehen ein schriftlicher Prüfungsteil in den Fächern **„Kundenbeziehungsprozesse"** und **„Wirtschafts- und Sozialkunde"** und ein mündlicher Prüfungsteil **(Fachaufgabe in der Wahlqualifikation)** an.

Eine **Zusatzqualifikation** am Ende der Ausbildung ist für leistungsstarke Auszubildende auf Antrag möglich.

Weitere Grundlagen des Ausbildungsverhältnisses

Ausbildungsvertrag: schriftliche Vereinbarung zwischen Auszubildendem und Ausbildendem; Eintragung ins Verzeichnis der Berufsausbildungsverhältnisse bei der zuständigen Stelle.

Probezeit: ein bis vier Monate

Beendigung des Ausbildungsverhältnisses:
- **innerhalb der Probezeit** jederzeit ohne Angabe von Gründen
- **nach der Probezeit** nur bei schwerwiegenden Vorfällen oder Aufgabe der Ausbildung

Ausbildungsrechtliche Regelungen und Interessenvertreter der Auszubildenden

Jugendarbeitsschutzgesetz gilt für Personen, die noch keine 18 Jahre alt sind (Regelungen u. a. zu Arbeitszeit, Berufsschule, Ruhepausen).

Manteltarifvertrag regelt die grundsätzlichen Arbeitsbedingungen und wird in der Regel für eine längere Dauer abgeschlossen (z. B. drei Jahre).

Lohn- und Gehaltstarifverträge mit häufig jährlichen Laufzeiten regeln u. a. Löhne, Gehälter, Urlaubsgeld, Sonderzahlungen.

Interessenvertreter der Auszubildenden: Industrie- und Handelskammer, Handwerkskammer, Betriebsrat, Jugend- und Auszubildendenvertretung, Gewerkschaften, Gewerbeaufsichtsämter, Berufsgenossenschaften, Schülervertretung (SV)

Förderung der Ausbildung und Wege zur weiteren Qualifizierung

Förderung zusätzlicher betrieblicher Ausbildungskapazitäten: z. B. Verbundausbildung, vollzeitschulische Ausbildungsgänge, Flexibilisierung von Berufsschulunterricht u. a. m.

Weiterbildungsangebote während der Ausbildung: z. B. Kurse zum Erwerb von Zertifikaten in der Berufsschule

Weiterbildungsangebote nach der Ausbildung: z. B. Fachschulen/Fachakademien der Berufsschulen, Kurse bei Kammern und freien Trägern der Weiterbildung, Studium an Hochschulen für beruflich Qualifizierte (u. U. auch ohne Hochschulreife)

Die eigene Ausbildung aktiv mitgestalten

Aufgaben

1. Prüfen Sie folgende Aussagen auf ihre Richtigkeit. Die Antwort ist jeweils zu begründen.

    (1) Lern- und Leistungsbereitschaft sind notwendige fachliche Kompetenzen, die von Auszubildenden erwartet werden.

    (2) Ein Ausbildungsvertrag kann schriftlich, mündlich und durch schlüssiges Handeln zustande kommen.

    (3) Die Vorgaben des Ausbildungsrahmenplans können im Ausbildungsplan den betrieblichen Gegebenheiten angepasst werden.

    (4) Die Probezeit, festgelegt im Berufsbildungsgesetz (BBiG), ist eine lästige Pflicht. Sinn dieser Regelung ist lediglich, beiden Seiten eine Kündigung des Ausbildungsverhältnisses zu erleichtern.

    (5) Nach Ablauf der Probezeit kann nur noch der Auszubildende kündigen.

    (6) Die Inhalte der Prüfungen beziehen sich allein auf die im Ausbildungsrahmenplan genannten Fertigkeiten, Kenntnisse und Fähigkeiten.

    (7) Nach dem Jugendarbeitsschutzgesetz gilt das Recht auf Freistellung für den Berufsschulunterricht auch für Auszubildende, die über 18 Jahre alt und berufsschulpflichtig sind.

    (8) Für die Vorbereitung auf die Abschlussprüfung ist nur die Berufsschule zuständig.

    (9) Das Berufsausbildungsverhältnis endet spätestens mit Ablauf der Ausbildungszeit.

    (10) Für eine erfolgreiche Berufsausübung ist Weiterbildung unerlässlich.

2. Beschreiben Sie Ihren individuellen Ausbildungsplan.

3. Erstellen Sie eine Auflistung der Ihnen bekannten Rechtsgrundlagen, welche für die Berufsausbildung bedeutsam sind.

4. Beschreiben Sie das Aufgabenprofil und die Arbeitsgebiete von Kaufleuten für Büromanagement.

5. Finden Sie Beispiele für Fertigkeiten, Kenntnisse und Fähigkeiten der Berufsbildpositionen A, B und C.

6. Bereiten Sie einen Kurzvortrag zum Thema »Ziele und rechtliche Grundlagen der Berufsausbildung« vor.

7. Erstellen Sie eine Übersicht über Beratungsmöglichkeiten, Fördermaßnahmen und Angebote zur weiteren Qualifizierung
    - an Ihrer Schule
    - im Ausbildungsbetrieb
    - durch andere Einrichtungen.

8. Erkunden Sie Möglichkeiten des Hochschulzugangs für beruflich Qualifizierte.

LERNFELD 1 — Die eigene Rolle im Betrieb mitgestalten und den Betrieb präsentieren

2 Sich über Grundlagen wirtschaftlichen Handelns Klarheit verschaffen

2.1 Bedürfnisse

Der Fachbegriff **Bedürfnisse** bezeichnet Wünsche, die erfüllt werden sollen. Dabei ist grundsätzlich davon auszugehen, dass die Menge der Bedürfnisse unbegrenzt ist.

> **Merke**
> Ein **Bedürfnis** ist das Empfinden eines Mangels, der beseitigt werden soll.

Bedürfnisse können nach unterschiedlichen Gesichtspunkten eingeteilt und genauer gekennzeichnet werden.

Kategorie	Einteilung	Beispiele
Dringlichkeit	**Existenzbedürfnisse** dienen zur Sicherung des Überlebens.	Essen, Trinken
	Zivilisationsbedürfnisse bedeuten, in einer bestimmten Gesellschaft entsprechend den üblichen Lebensstandards zu leben.	Theater besuchen, Musik hören
	Luxusbedürfnisse bedeuten, in einem sich von den üblichen Standards weit abhebenden »exklusiven« Stil zu leben.	exklusives Ledersofa
Fassbarkeit	**Materielle Bedürfnisse** können durch Sachgüter zufriedengestellt werden.	Kleidung, Auto
	Immaterielle Bedürfnisse sind nicht gegenständlich fassbar und haben keinen konkreten Bezug zu Gütern.	Anerkennung, Sicherheit, Rechte
Träger der Bedürfnisbefriedigung/ Art der Bedürfnisbefriedigung	**Individualbedürfnisse** Jeder Einzelne gilt grundsätzlich als verantwortlich für die Befriedigung.	Essen, Wohnen
	Kollektivbedürfnisse Die Gemeinschaft wird für die Befriedigung verantwortlich gemacht.	Sicherheit, Bildung

Aufgrund der Vielfalt der Bedürfnisse ist es sinnvoll, durch eine Einteilung eine gewisse Übersichtlichkeit zu schaffen. Dennoch ist die Einteilung auch problematisch und nicht immer trennscharf vorzunehmen. So ändert sie sich mit dem Alter des Menschen, mit der Zivilisation, in der er lebt, mit den Mitteln, die ihm zur Bedürfnisbefriedigung zur Verfügung stehen, und mit der Situation, in der sich die Person befindet.

Sich über die Grundlagen wirtschaftlichen Handelns Klarheit verschaffen

Eine weitere Vereinfachung stellt deshalb der Versuch dar, die Bedürfnisvielfalt in folgende Gegenüberstellung einzuteilen:

Primärbedürfnisse	Sekundärbedürfnisse
müssen unbedingt befriedigt werden, Essen, Schlafen, Wohnen usw.	können aufgrund des Einkommens, des sozialen Umfeldes usw. zusätzlich befriedigt werden, repräsentative Wohnungseinrichtung, modebewusste Kleidung usw.

In dieser Gegenüberstellung kommt bereits zum Ausdruck, dass sich der Mensch im Prozess der Bedürfnisbefriedigung wahrscheinlich und sinnvollerweise an einer **Rangordnung** bzw. Reihenfolge orientiert. Dabei kann unterstellt werden, dass er die vorhandenen Mittel (z. B. Einkommen) zunächst für – nach seiner Einschätzung – besonders wichtige Bedürfnisse einsetzt, und sich erst dann, wenn noch weitere Mittel zur Verfügung stehen, auf die nächsthöheren Bedürfniskategorien zubewegt.

Nach diesem Prinzip ist auch **MASLOW** vorgegangen, der aus dieser Rangordnung eine **Bedürfnispyramide** entwickelt hat. Dabei unterstellt er, dass die nächsthöhere Bedürfnisstufe erst dann in den Blick gerät, wenn die vorhergehende Stufe der Pyramide – zumindest überwiegend – befriedigt worden ist. Aber auch hier bleibt zu beachten, dass diese Rangordnung nicht allgemeingültig erstellt werden kann. Sie wird vielmehr für verschiedene Menschen unterschiedlich ausfallen können und auch bei einem einzelnen Menschen nicht zu jeder Zeit und in jeder Lebenslage gleich sein.

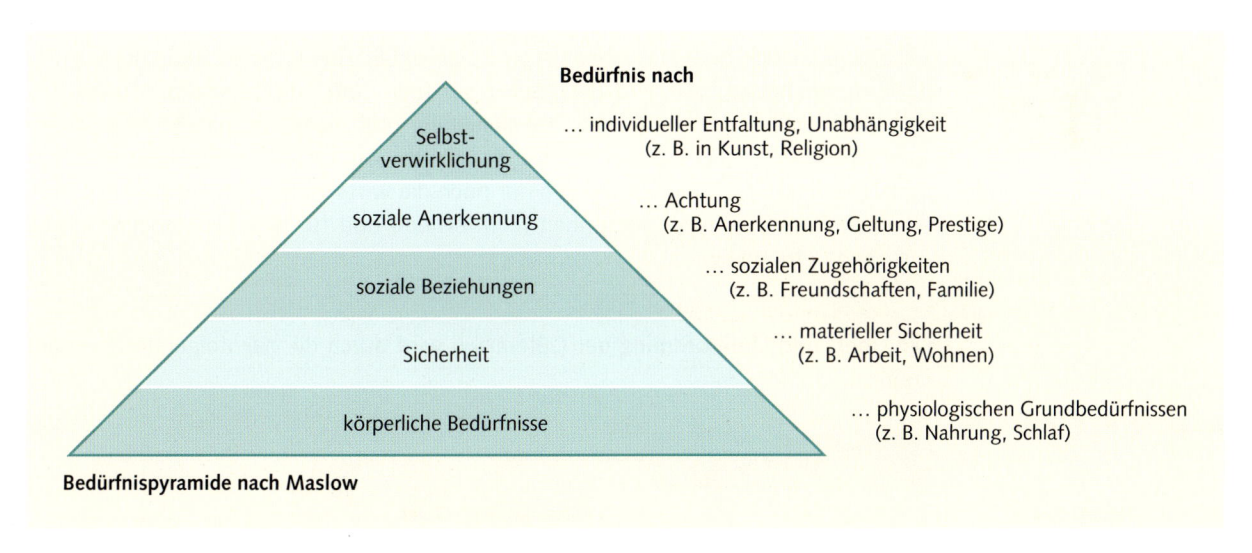

Bedürfnis nach

- Selbstverwirklichung — ... individueller Entfaltung, Unabhängigkeit (z. B. in Kunst, Religion)
- soziale Anerkennung — ... Achtung (z. B. Anerkennung, Geltung, Prestige)
- soziale Beziehungen — ... sozialen Zugehörigkeiten (z. B. Freundschaften, Familie)
- Sicherheit — ... materieller Sicherheit (z. B. Arbeit, Wohnen)
- körperliche Bedürfnisse — ... physiologischen Grundbedürfnissen (z. B. Nahrung, Schlaf)

Bedürfnispyramide nach Maslow

Werden Bedürfnisse konkretisiert, d. h., richten sie sich auf bestimmte Güter, so entsteht ein Bedarf: Das **Mangelgefühl** Hunger führt zu einem **Bedürfnis** zu essen; wird festgelegt, was gegessen werden soll, so ist ein **Bedarf** an Nahrungsmitteln bestimmt. In einer Geldwirtschaft ist allerdings nur der Bedarf unmittelbar wirtschaftlich wirksam, für den auch die finanziellen Mittel (Kaufkraft) zur Verfügung stehen. Kommt jetzt noch der Kaufentschluss hinzu, so wird in einer Marktwirtschaft aus dem Bedarf die **Nachfrage**. Wenn ein entsprechendes Angebot gegeben ist, kommt es zum **Kauf**.

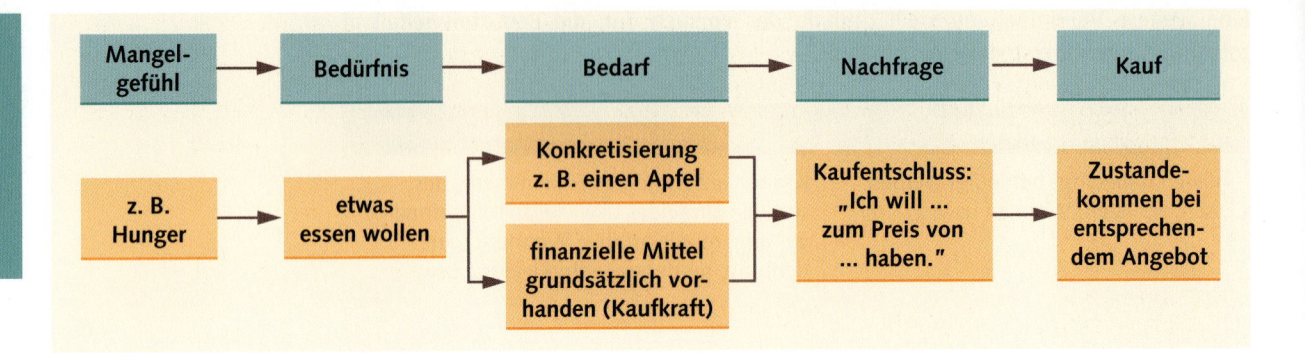

Die eigene Rolle im Betrieb mitgestalten und den Betrieb präsentieren

LERNFELD 1

Mangelgefühl → Bedürfnis → Bedarf → Nachfrage → Kauf

z. B. Hunger → etwas essen wollen → Konkretisierung z. B. einen Apfel / finanzielle Mittel grundsätzlich vorhanden (Kaufkraft) → Kaufentschluss: „Ich will ... zum Preis von ... haben." → Zustandekommen bei entsprechendem Angebot

2.2 Güter

Güter dienen uns als Mittel zur Bedürfnisbefriedigung. Zunächst können grundsätzlich freie Güter und wirtschaftliche Güter unterschieden werden.

Freie Güter	Wirtschaftliche Güter
• sind ohne Kosten • sind jederzeit verfügbar • haben keinen Preis.	• sind knapp • haben einen Bereitstellungsaufwand • sind mit Kosten verbunden • werden auf Märkten gehandelt • haben einen Preis.

Selbstverständlich finden wir heute fast ausschließlich wirtschaftliche Güter zur Bedürfnisbefriedigung, während der Zugriff auf freie Güter die Ausnahme bleibt. Die Auseinandersetzung z. B. über die Bereitstellung und Inanspruchnahme freier Güter wäre ein interessantes eigenes Thema, das für die weiteren Überlegungen hier aber auszuklammern ist. Vielmehr werden nur noch die **wirtschaftlichen Güter** betrachtet, die ihren Preis durch ihre Knappheit rechtfertigen und für die in irgendeiner Weise Aufwand betrieben wird.

Die Über- und Unterordnung der Güterarten wird durch die nachfolgende Übersicht deutlich:

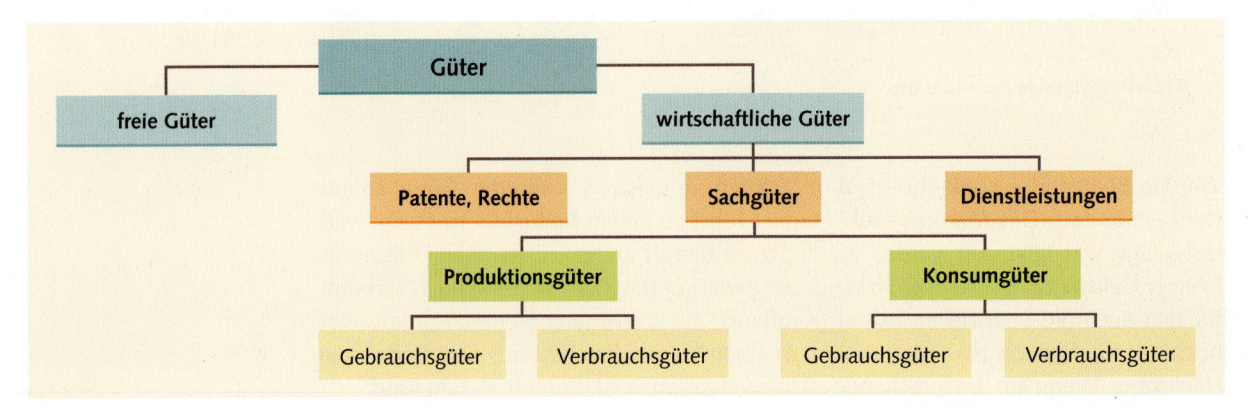

Güter
├── freie Güter
└── wirtschaftliche Güter
    ├── Patente, Rechte
    ├── Sachgüter
    │   ├── Produktionsgüter
    │   │   ├── Gebrauchsgüter
    │   │   └── Verbrauchsgüter
    │   └── Konsumgüter
    │   ├── Gebrauchsgüter
    │   └── Verbrauchsgüter
    └── Dienstleistungen

Die in der Übersicht dargestellten Güter können nach den folgenden Merkmalen genauer unterschieden werden.

Unterscheidungs-kriterium	Arten	Erläuterungen	Beispiele
Erscheinungs-formen der Güter	materielle Güter	Sachgüter wie dingliche Gegenstände und Waren	Auto, Handtuch
	immaterielle Güter	Dienstleistungen: Sie unterscheiden sich von Sachgütern dadurch, dass sie nicht lagerfähig sind, sondern unmittelbar zur Nutzung bereitstehen.	Leistungen eines Friseurs, eines Anwaltes
		Rechte	Nutzung von Räumen (gegen Mietzahlung)
		Patente und Lizenzen	Recht an der Herstellung eines Produktes, Weitergabe dieses Rechtes (Lizenz)
Verwendung in privaten Haushalten oder Betrieben	Konsumgüter	Sie werden in privaten Haushalten verwendet, unabhängig davon, wie langlebig oder wertvoll sie für die Versorgung des Haushaltes sind.	Möbel, Kartoffeln
	Produktionsgüter	Sie werden in Betrieben eingesetzt, um andere Güter zu produzieren.	Maschinen, Brennstoffe
Nutzungsdauer	Gebrauchsgüter	Es erfolgt eine mehrmalige, längerfristige Nutzung.	Möbel, Maschinen
	Verbrauchsgüter	Es findet eine kurzfristige, in der Regel nur einmalige Nutzung statt.	Kartoffeln, Brennstoffe

Güter lassen sich auch nach ihrer Beziehung zueinander gruppieren.

Unterscheidungs-kriterium	Arten	Erläuterungen	Beispiele
Unterscheid-barkeit	homogene Güter	gleichartige Güter: Aufgrund dessen verfügen sie tendenziell über einen „Einheitspreis".	Eier, Mehl, Benzin (jeweils vom gleichen Typ)
	heterogene Güter	verschiedenartige Güter: Häufig wird die Verschiedenartigkeit mit dem Ziel höherer Preise bewusst herbeigeführt.	PKW, T-Shirts (unterschiedlicher Marken)
Güter-beziehungen	komplementäre Güter	sich im Verbrauch oder in der Produktion ergänzende Güter	Auto – Benzin
	substitutive Güter	sich gegenseitig ersetzende Güter	Apfelsaft – Orangensaft, Butter – Margarine
Wertigkeit der Güter	superiore Güter	höherwertige Güter, die über den Grundbedarf hinausgehen	Ledercouch, Schmuck
	inferiore Güter	geringwertige Güter, die ausschließlich den Grundbedarf befriedigen können	Kartoffeln, einfacher Holzstuhl

2.3 Wirtschaften

2.3.1 Definition

Wir alle haben täglich mit Wirtschaft zu tun: Wir arbeiten und beziehen Einkommen, wir kaufen und geben Geld aus oder sparen vielleicht. Dementsprechend haben wir auch alle eine mehr oder weniger klare Vorstellung davon, was **Wirtschaften** heißt. Unter Fachleuten (hier: Ökonomen) ist es üblich und zweckmäßig, zur reibungslosen Verständigung möglichst genaue Begriffsbestimmungen (Definitionen) zu vereinbaren. Allerdings besteht auch unter Ökonomen keine völlige Einigkeit - und damit auch keine einheitliche Definition von »Wirtschaften«.

Das ist zurückzuführen zum einen auf unterschiedliche Wissenschaftsverständnisse und Lehrmeinungen, zum anderen darauf, dass die Vielzahl der möglichen Untersuchungsaspekte sich kaum in einer einzigen Definition angemessen einfangen lässt.

> **Merke**
>
> **Ein Definitionsvorschlag:**
>
> **Wirtschaften** heißt ein planvolles menschliches Handeln, das durch rationales (vernünftiges) Entscheiden über knappe Mittel zur Befriedigung von Bedürfnissen (Wünschen) führen soll.

2.3.2 Elemente des Wirtschaftens

Als wesentliche Elemente des Wirtschaftens lassen sich damit die folgenden Grundphänomene benennen:

→ **Knappheit der Mittel** (wirtschaftliche Güter),

→ **unbegrenzte Bedürfnisse** der Wirtschaftssubjekte,

→ **Notwendigkeit von Wahlentscheidungen** durch die Wirtschaftssubjekte.

Im Rahmen dieser Wahlentscheidungen wird sich das Wirtschaftssubjekt, ausgehend von seinen prinzipiell **unbegrenzten Bedürfnissen**, an seinen **Einkommensverhältnissen** sowie den **Güterpreisen** orientieren. Die Güterpreise bringen dabei die Knappheit der jeweiligen Güter zum Ausdruck.

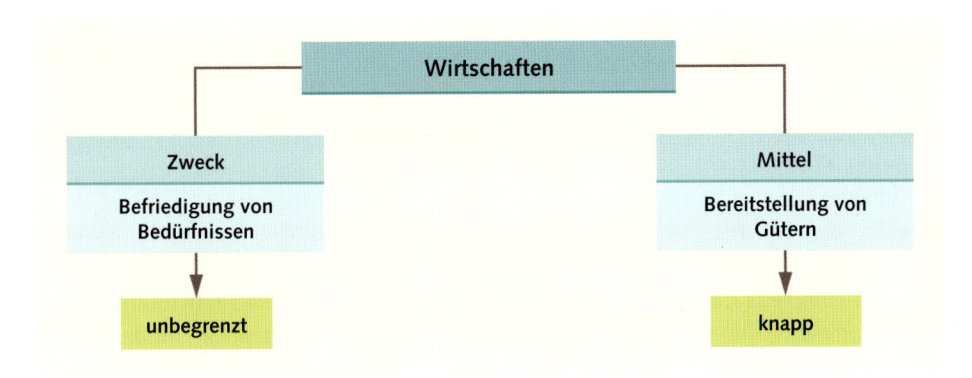

Sich über die Grundlagen wirtschaftlichen Handelns Klarheit verschaffen

LERNFELD 1

```
                    Wirtschaften
                   /            \
              Zweck              Mittel
         Befriedigung von    Bereitstellung von
           Bedürfnissen           Gütern
                |                   |
            unbegrenzt            knapp
```

Werden die **Bedürfnisse** nun in Beziehung zu **Einkommen** und **Güterpreisen** gesetzt, reduzieren sich die unbegrenzten Bedürfnisse auf einen konkreten **Bedarf**.

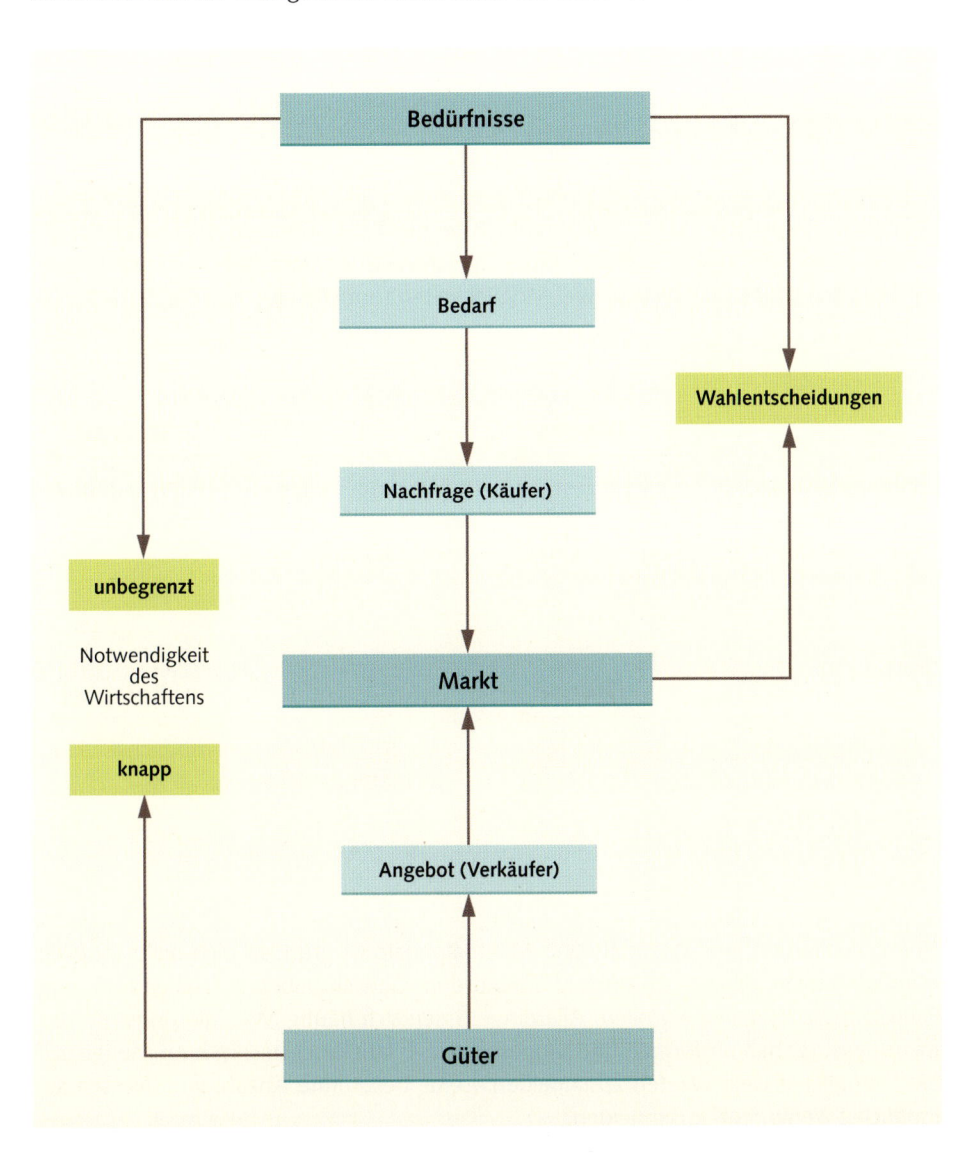

```
                        Bedürfnisse
                       /           \
                      |             |
                    Bedarf     Wahlentscheidungen
                      |
                Nachfrage (Käufer)
   unbegrenzt         |
                      |
  Notwendigkeit     Markt
  des Wirtschaftens  |
   knapp             |
                Angebot (Verkäufer)
                      |
                    Güter
```

39

Die eigene Rolle im Betrieb mitgestalten und den Betrieb präsentieren

LERNFELD 1

Haushaltsbudget

Zur **konkreten Nachfrage** wird der Bedarf, wenn sich Käufer (Nachfrager) und Verkäufer (Anbieter) in Verhandlungen auf einen **Preis** für ein bestimmtes Gut einigen.

> **Merke**
>
> **Bedarf** = Konkretisierung der Bedürfnisse durch Einkommen und Güterpreise

Die Wirtschaftssubjekte (hier: Käufer) nehmen bei ihren Wahlentscheidungen also einerseits die zur Verfügung stehenden Mittel (z. B. Haushaltsbudget) und andererseits die mit Preisen ausgestatteten Güter in den Blick. In dieser Entscheidungssituation steht folglich wieder der Gegensatz zwischen „Knappheit der Mittel" und „unbegrenzte Menge der Bedürfnisse" im Vordergrund.

Preise der Güter

2.3.3 Ökonomisches Prinzip

Wenn wir unterstellen, dass sowohl Unternehmen als auch private Haushalte und öffentliche Haushalte (Staat) wirtschaftlich vernünftige Entscheidungen treffen, die auch das Ziel verfolgen, möglichst keine Verschwendung vorzunehmen, um »gut zu wirtschaften«, lässt sich dies in zwei Möglichkeiten formulieren:

> **Merke**
>
> **Minimalprinzip:** Das Ziel ist festgelegt, und man will es mit möglichst geringem Mitteleinsatz verwirklichen.

> **Beispiel**
>
> Mit dem Pkw nach München fahren und dabei möglichst wenig Benzin verbrauchen.

> **Merke**
>
> **Maximalprinzip:** Die Mittel sind festgelegt, und man will damit möglichst viel erreichen.

> **Beispiel**
>
> Mit 20 Litern Benzin möglichst viele Kilometer zurücklegen.

Eine Kombination von Maximal- und Minimalprinzip ist grundsätzlich nicht möglich: Man kann nicht gleichzeitig einen Weltrekord im Gewichtheben aufstellen und seine Eiweißzufuhr minimieren wollen. Allerdings lassen sich häufig Maximierungs- in Minimierungsaufgaben umformen und umgekehrt: z. B. aus einer bestimmten Menge von Stoff möglichst viele Westen zuschneiden – eine bestimmte Anzahl von Westen aus möglichst wenig Stoff zuschneiden.

Sich über die Grundlagen wirtschaftlichen Handelns Klarheit verschaffen

LERNFELD 1

```
                        Ökonomisches Prinzip
                    |                        |
           als Minimalprinzip         als Maximalprinzip
           |              |           |              |
   gegeben: Ziel → gesucht: geringster   gegeben: Mittel → gesucht: größter
                   Mitteleinsatz                           Erfolg
   Mit dem PKW     … und dabei möglichst  Mit 20 Litern   … möglichst viele
   nach München    wenig Benzin           Benzin …        Kilometer
   fahren …        verbrauchen.                           zurücklegen.
```

2.4 Produktion

2.4.1 Wirtschaftliche Produktion und Produktivität

Die **Herstellung** und **Bereitstellung wirtschaftlicher Güter** betrifft zunächst – gemäß der vorangegangenen Güterübersicht – materielle und immaterielle Konsumgüter (z. B. Shampoo und Haarschnitt), aber auch materielle Produktionsgüter (z. B. Schere und Föhn des Friseurs). Zu denken ist allerdings auch an immaterielle Produktionsgüter wie z. B. ein patentiertes Produktionsverfahren oder die Qualifikationen, die bei Mitarbeitern über die Teilnahme am Produktionsprozess entstehen. Dies alles könnte man als erwünschten Güterausstoß (»**Output**«) bezeichnen.

Die menschliche Regie beim wirtschaftlichen Produktionsprozess zeigt sich darin, dass eine planvolle Kombination von Einsatzgütern (»**Input**«) erfolgt.

Das Verhältnis von Güterausstoß (»Output«) zu Gütereinsatz (»Input«) gilt als Maßstab für die Produktivität:

Merke

$$\text{Produktivität} = \frac{\text{Produktionsergebnis (Output)}}{\text{Arbeitseinsatz (Input)}}$$

Wirtschaftliche Produktion bedeutet die Herstellung und Bereitstellung von wirtschaftlichen Gütern durch Kombination von Einsatzgütern (Input).

2.4.2 Produktionsfaktoren

Im Produktionsprozess eingesetzte Güter bezeichnet man als **Produktionsgüter** bzw. **Produktionsmittel**. Die Vielfalt dieser Einsatzgüter wird üblicherweise auf wenige grundlegende **(Produktions-)Faktoren** zurückgeführt. Diese gehen – so die gängige Auffassung – beim Einsatz nicht selbst in die produzierten Güter ein; sie bleiben als Produktionsfaktoren zur produktiven Nutzung über längere Zeiträume erhalten.

Die eigene Rolle im Betrieb mitgestalten und den Betrieb präsentieren

LERNFELD 1

> **Merke**
>
> Als volkswirtschaftliche **Produktionsfaktoren** unterscheidet man traditionell:
> - Boden (Natur);
> - menschliche Arbeit;
> - (Real-)Kapital (Hilfsmittel).

Boden (Natur) und menschliche **Arbeit** gelten als **ursprüngliche** (originäre) **Produktionsfaktoren**. Aus diesen wurde als dritter Faktor das (Real-)**Kapital** im Sinne von erstellten Hilfsmitteln (produzierten Produktionsmitteln wie Werkzeuge, Maschinen) geschaffen. Dieser dritte Produktionsfaktor wird deshalb auch als **abgeleiteter (derivativer) Faktor** bezeichnet.

Die Beziehungen der drei Produktionsfaktoren können demnach folgendermaßen dargestellt werden:

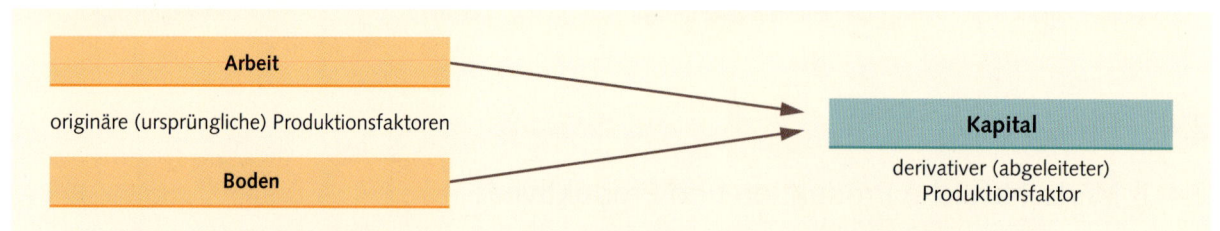

Arbeit	
originäre (ursprüngliche) Produktionsfaktoren	→ Kapital
Boden	derivativer (abgeleiteter) Produktionsfaktor

Die folgende Darstellung zeigt den Zusammenhang von Gütereinsatz und Güterausstoß:

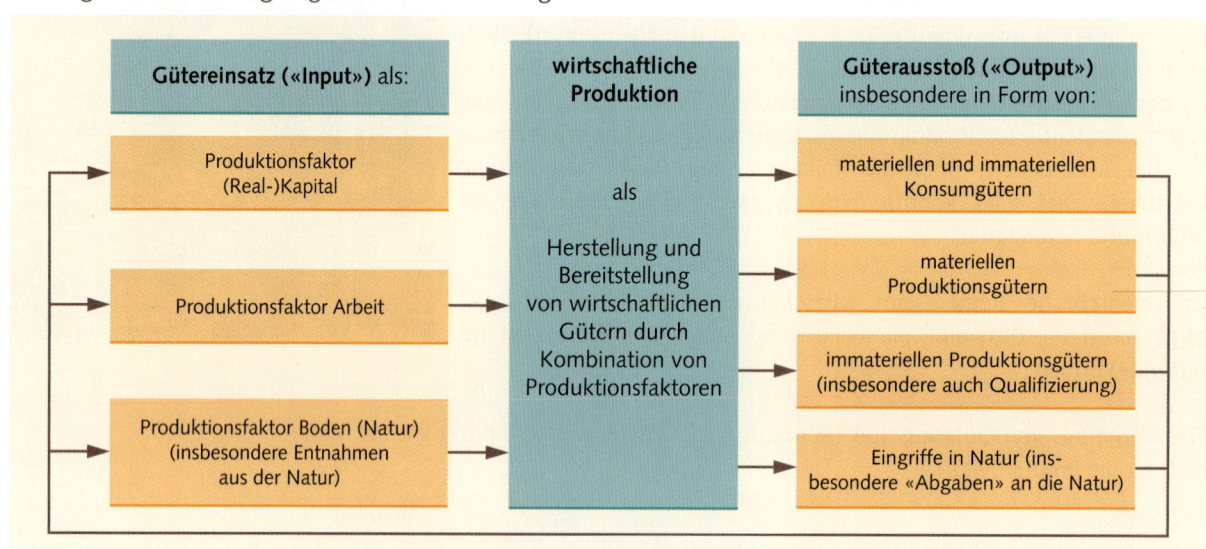

Gütereinsatz («Input») als:	wirtschaftliche Produktion	Güterausstoß («Output») insbesondere in Form von:
Produktionsfaktor (Real-)Kapital	als Herstellung und Bereitstellung von wirtschaftlichen Gütern durch Kombination von Produktionsfaktoren	materiellen und immateriellen Konsumgütern
Produktionsfaktor Arbeit		materiellen Produktionsgütern
		immateriellen Produktionsgütern (insbesondere auch Qualifizierung)
Produktionsfaktor Boden (Natur) (insbesondere Entnahmen aus der Natur)		Eingriffe in Natur (insbesondere «Abgaben» an die Natur)

Bei der Befassung mit Produktionsfaktoren steht immer auch die Frage nach dem **Entgelt für das Zur-Verfügung-Stellen** im Raum. Wer Boden für die Nutzung (das »Ziehen von Früchten«) zur Verfügung stellt, kann dafür grundsätzlich **Pacht** verlangen; er bezieht damit eine »Bodenrente«. Wer Kapital zur Verfügung stellt, kann **Zinsen** fordern (z. B. der Vermieter eines Bürohauses – in altmodischer Sprache – einen »Mietzins«). Für Erwerbsarbeit erwartet man **Lohn**.

■ Der Produktionsfaktor Boden (Natur)

Die für uns heute eher befremdlich wirkende Engführung von Natur auf den Begriff »Boden« lässt sich nur historisch erklären. Sie entstammt einer Auseinandersetzung um die wirtschaftliche Bedeutung der Landwirtschaft im 18. Jahrhundert. Im Mittelpunkt stand der **Anbauboden**.

Sich über die Grundlagen wirtschaftlichen Handelns Klarheit verschaffen

Im Laufe der wirtschaftlichen Entwicklung (Industrialisierung, Wandlung zur Dienstleistungsgesellschaft) wurde der Boden dann auch und gerade als **Abbauboden** und als **Standortboden** in den Blick genommen.

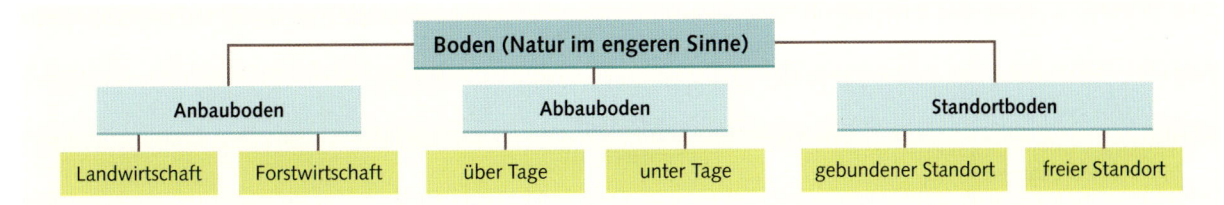

```
                    Boden (Natur im engeren Sinne)
        ┌───────────────────┼───────────────────┐
     Anbauboden          Abbauboden          Standortboden
     ┌────┴────┐         ┌────┴────┐         ┌────┴────┐
Landwirtschaft Forstwirtschaft  über Tage unter Tage  gebundener Standort  freier Standort
```

■ Der Produktionsfaktor Arbeit

Der Produktionsfaktor **Arbeit** umfasst grundsätzlich jegliche menschliche Arbeit, die für den Prozess der Produktionsherstellung zur Verfügung steht und auf das Ziel gerichtet ist, Einkommen für die individuelle Bedarfsdeckung zu erzielen.

Erwerbsarbeit umfasst **entgeltliche, selbstständige** oder **unselbstständige** Tätigkeit, die auf die Herstellung und Bereitstellung von Sachgütern und Dienstleistungen gerichtet ist. Das Entgelt für Erwerbsarbeit wird üblicherweise zusammenfassend als Lohn bezeichnet.

Gängige Unterscheidungsmöglichkeiten für Erwerbsarbeit sind z. B.

nach dem Grad der Selbstständigkeit:	selbstständige oder unselbstständige Tätigkeit
nach der Beanspruchung von Fähigkeiten:	(vorrangig) körperliche oder geistige Arbeit
nach dem Grad an erforderlichen Qualifikationen:	gering qualifiziert bis hoch qualifiziert
nach den damit verbundenen Entscheidungsmöglichkeiten:	leitend (dispositiv) oder ausführend (exekutiv)
nach der Einbeziehung in Sozialversicherungspflicht:	sozialversicherungspflichtig oder nicht sozialversicherungspflichtig

Es bereitet durchaus große Schwierigkeiten, den gesamten Umfang der tatsächlichen Erwerbsarbeit einer Volkswirtschaft zu erfassen. So weicht ein Teil der Erwerbstätigen in die **Schattenwirtschaft** aus, indem sich die Arbeitsleistung und das zugehörige Entgelt der Belastungen durch Steuern und Sozialabgaben entzieht. Wesentlichster Teil der Schattenwirtschaft ist die sogenannte „Schwarzarbeit".

Im **offiziellen Arbeitssektor** können deshalb nur die zur Verfügung stehenden Arbeitsmarktdaten erfasst werden. So kann in der Statistik der Bundesanstalt für Arbeit nur die Zahl der gemeldeten Erwerbstätigen sowie der registrierten Arbeitslosen verarbeitet werden. Demgegenüber werden in einem **inoffiziellen Sektor** Arbeitskräfte tätig sein, die nicht angemeldeten Tätigkeiten nachgehen (z. B. Schwarzarbeit). Diese beiden Arbeitsmarktsektoren überlappen sich dort, wo „**soziale Dienste**" einerseits feste Bestandteile der Erwerbsarbeit sind, andererseits aber auch als ehrenamtliche Tätigkeiten unentgeltliche Beiträge leisten (z. B. Telefonseelsorge, Pflege innerhalb der Familie).

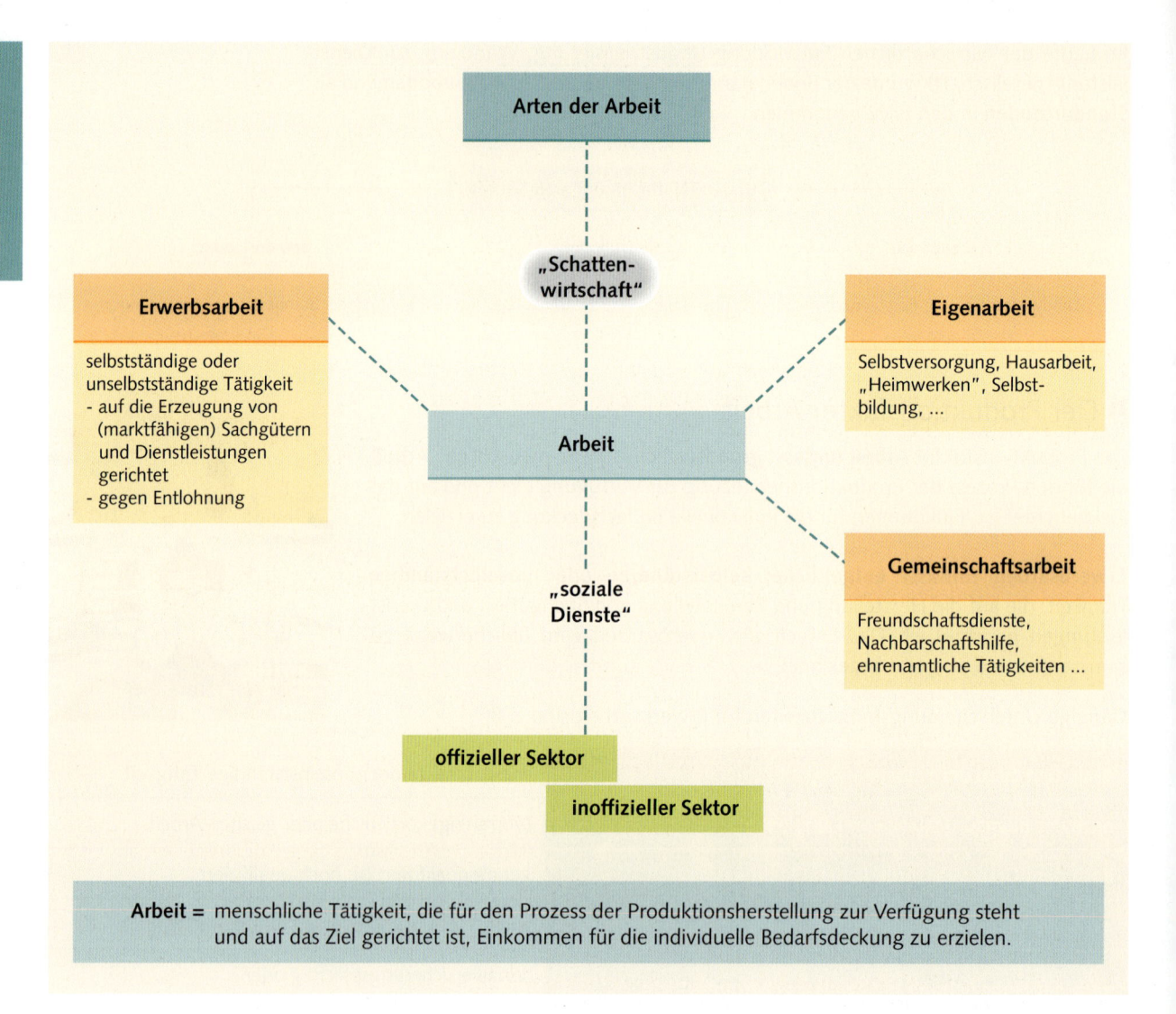

Die eigene Rolle im Betrieb mitgestalten und den Betrieb präsentieren

LERNFELD 1

Arten der Arbeit

Erwerbsarbeit
selbstständige oder unselbstständige Tätigkeit
- auf die Erzeugung von (marktfähigen) Sachgütern und Dienstleistungen gerichtet
- gegen Entlohnung

„Schattenwirtschaft"

Eigenarbeit
Selbstversorgung, Hausarbeit, „Heimwerken", Selbstbildung, ...

Arbeit

Gemeinschaftsarbeit
Freundschaftsdienste, Nachbarschaftshilfe, ehrenamtliche Tätigkeiten ...

„soziale Dienste"

offizieller Sektor
inoffizieller Sektor

Arbeit = menschliche Tätigkeit, die für den Prozess der Produktionsherstellung zur Verfügung steht und auf das Ziel gerichtet ist, Einkommen für die individuelle Bedarfsdeckung zu erzielen.

■ Der Produktionsfaktor Kapital

Umgangssprachlich ist der Begriff **Kapital** zumeist gleichbedeutend mit Geld. In der Fachsprache wird dagegen zumindest unterschieden zwischen **Geldkapital** (Finanzkapital) und **Sachkapital** (Realkapital). Im Zusammenhang »produktiver Leistung« steht dabei (zunächst) das Sachkapital im Vordergrund.

Sachkapital umfasst dabei herkömmlich insbesondere materielle Güter, die hergestellt worden sind, um damit andere Güter zu produzieren (»produzierte Produktionsmittel« wie Werkzeuge, Maschinen, Fabrikhallen). Aber auch Vorräte der Unternehmen und z. B. das Straßennetz – als öffentliches Gut – zählen dazu. Seit einiger Zeit ist eine Ausweitung auch auf immaterielle Produktionsgüter (z. B. Patente und Lizenzen, Software) durchaus üblich.

In einer modernen (Geld-)Wirtschaft verläuft der Prozess der Kapitalbildung in mehreren Schritten:

Sich über die Grundlagen wirtschaftlichen Handelns Klarheit verschaffen

Merke

- Es wird **Geldkapital** gebildet, indem Einkommen nicht für den Konsum verwendet, sondern gespart werden.
- **Geldkapital** kann investiert werden, z. B. umgewandelt werden in **Sachkapital**.
- Der Investor muss nicht selbst gespart haben; er kann sich das Geldkapital in Form von Krediten beschaffen; die Kreditgeber müssen wiederum nicht unbedingt selbst gespart haben – das Geld kann aus dem Geldschöpfungsprozess des »Bankensystems« stammen.

Wer Kapital zur Verfügung stellt, kann eine Verzinsung erwarten, entweder über die Gutschrift des vereinbarten Zinssatzes oder über die Beteiligung am Gewinn des Unternehmens.

Merke

$$\text{Rentabilität (\%)} = \frac{\text{Gewinn} \cdot 100}{\text{eingesetztes Kapital}}$$

So kann die erwartete bzw. erreichte Rentabilität sowohl für private Investoren wie für Betriebe ein sinnvolles Kriterium sein, um sich zwischen den Alternativen „klassische Geldanlage" bei Kreditinstituten (z. B. Kauf von Wertpapieren) und „eigentliche Investition" (z. B. in Sachkapital) zu entscheiden.

2.4.3 Betriebswirtschaftliche Produktionsfaktoren

In der Betriebswirtschaftslehre (BWL) werden üblicherweise **vier Produktionsfaktoren** ausgewiesen, die anders abgegrenzt sind als die volkswirtschaftlichen.

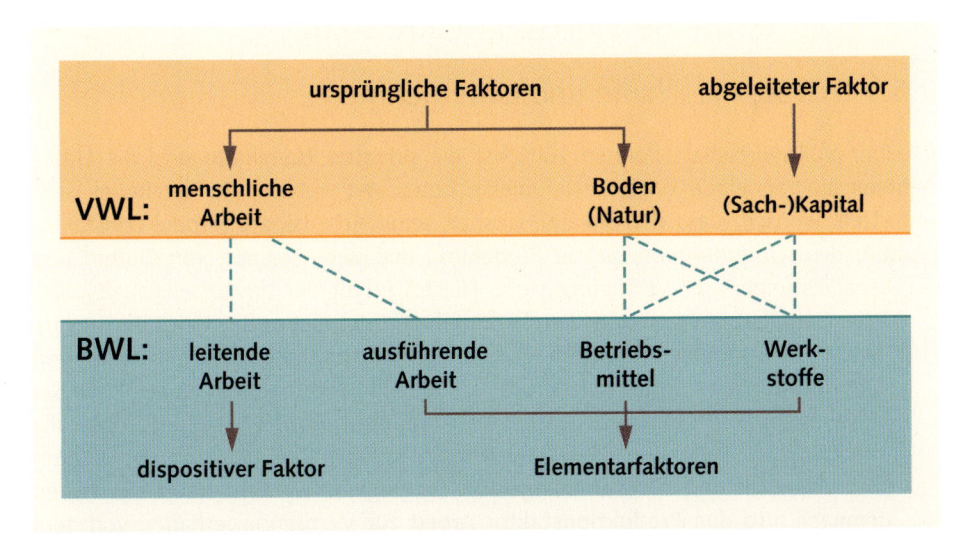

	ursprüngliche Faktoren		abgeleiteter Faktor
VWL:	menschliche Arbeit	Boden (Natur)	(Sach-)Kapital
BWL:	leitende Arbeit / ausführende Arbeit	Betriebsmittel	Werkstoffe
	dispositiver Faktor	Elementarfaktoren	

→ Die menschliche Arbeit wird aufgespalten in **ausführende** und **leitende Arbeit**; letztere hat für die Kombination der Elementarfaktoren zu sorgen.

→ Boden (Natur) ist kein selbstständiger Produktionsfaktor, sondern geht in anderen auf: insbesondere in **Werkstoffen** als Rohstoffe (z. B. Holz), Hilfsstoffe (z. B. Leim, Lack) oder Betriebsstoffe (z. B. Strom/Energie) – und über deren Verwendung auch in produzierten **Betriebsmitteln**.

→ Sachkapital ist investiert in **Werkstoffen** (z. B. Rohstofflager) und **Betriebsmitteln** (z. B. Werkshalle, Maschinen).

Ein Unternehmer wird in der Regel versuchen, die für ihn kostengünstigste Kombination der Produktionsfaktoren vorzunehmen. Häufig kann das Einsatzverhältnis der Produktionsfaktoren in gewissen Grenzen verändert werden (Substitution). Dabei müssen allerdings technische Gegebenheiten (z. B. Produktionsverfahren) und gesellschaftliche Vorgaben (z. B. Arbeitszeitregelungen, Arbeitsschutz, Entsorgungsrichtlinien) berücksichtigt werden.

Beispiel

→ Eine Steigerung der Lohnkosten kann z. B. dazu führen, dass einzelwirtschaftlich die Anschaffung arbeitssparender Maschinen vorteilhaft wird (kapitalintensivere Produktion).

→ Staatliche Umweltschutzvorschriften (z. B. zur Entsorgung) können ein bestimmtes Produktionsverfahren so verteuern, dass eine Umstellung des Verfahrens kostengünstiger wird.

Im ersten Fall sind Entlassungen allerdings nur dann betriebswirtschaftlich rational, wenn der eigene Beitrag zu den Kosten der Arbeitslosigkeit vergleichsweise gering ist. Im zweiten Fall ist nicht ohne Weiteres auszuschließen, dass sich ein Ausnutzen von „Grenzwerten" oder sogar deren Überschreitung einzelwirtschaftlich „rechnet". Dies sind typische Probleme, die bei öffentlichen Gütern auftauchen.

2.5 Der einfache Wirtschaftskreislauf

2.5.1 Private Haushalte und Unternehmen

In einer Volkswirtschaft können zunächst die **privaten Haushalte** und die **Unternehmen** als handelnde Wirtschaftssubjekte betrachtet werden. In der Regel kann unterstellt werden, dass der private Haushalt seine Arbeitskraft (Produktionsfaktor Arbeit) dem Unternehmen für die Produktion und Bereitstellung von Gütern und Dienstleistungen zur Verfügung stellt. Hierfür erhält der private Haushalt Lohn- bzw. Gehaltszahlungen von dem Unternehmen. Im Gegenzug tätigt der private Haushalt von seinen erzielten Einkommen Konsumausgaben für Güter und Dienstleistungen, die er wiederum von einem Unternehmen bezieht. Dieser Zusammenhang kann auch unter der Annahme getroffen werden, dass alle privaten Haushalte und alle Unternehmen mit der Bereitstellung von Gütern und Dienstleistungen zusammengefasst (aggregiert) werden. Haushalte stellen demnach also den **Produktionsfaktor Arbeit** zur Verfügung, erhalten von dem

Unternehmen dafür das **Faktoreinkommen (Lohn/Gehalt)**, private Haushalte tätigen **Konsumausgaben**, dafür erhalten sie **Konsumgüter** von den Unternehmen.

Diese systematische Beziehung wird üblicherweise wie folgt dargestellt:

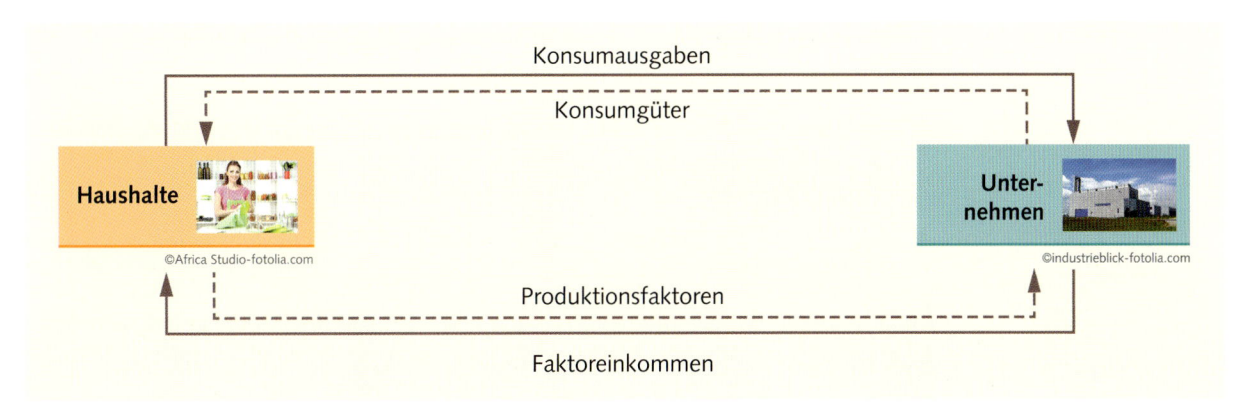

[Diagramm: Kreislaufmodell zwischen Haushalten und Unternehmen mit den Strömen Konsumausgaben, Konsumgüter, Produktionsfaktoren und Faktoreinkommen]

Als Kreislaufströme werden in diesem ersten Modell nur Beziehungen zwischen privaten Haushalten einerseits und Unternehmen andererseits dargestellt.

Diese Zusammenfassung (Aggregation) macht das Kreislaufmodell übersichtlich. Allerdings »verschwinden« dadurch die vielfältigen wirtschaftlichen Beziehungen zwischen den einzelnen Betrieben innerhalb des Sektors Unternehmen (innersektorale Verflechtungen im Sinne von wechselseitigen Vorleistungen). Entsprechendes gilt für die privaten Haushalte.

> **Beispiel**
>
> Im Modell nicht zu sehen ist z. B.: Herr Müller kauft von Frau Schmidt einen gebrauchten PC.

2.5.2 Einfache Modelldarstellung

In der bisherigen Modelldarstellung stehen den Geldströmen (Konsumausgaben und Faktoreinkommen) noch Güter- und Faktorströme gegenüber (Konsumgüter, Produktionsfaktoren).

In einer weiteren Vereinfachung des Modells wird unterstellt, dass jedem Realstrom (Güter und Produktionsfaktoren) der wertmäßig entsprechende Geldstrom entgegenläuft.

Nach dieser Unterstellung kann deshalb aus Vereinfachungsgründen auch die Vereinbarung getroffen werden, dass in der Darstellung eines Wirtschaftskreislaufes immer **lediglich** die **Geldströme** abgebildet werden. Die dahinterliegenden Realströme werden vernachlässigt. Die Umsetzung dieser Annahme führt dann zu der folgenden Modelldarstellung:

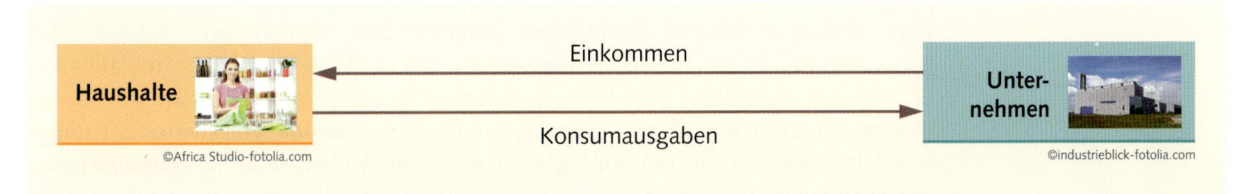

[Diagramm: Vereinfachtes Kreislaufmodell mit Haushalten und Unternehmen, Geldströme Einkommen und Konsumausgaben]

Die eigene Rolle im Betrieb mitgestalten und den Betrieb präsentieren

Dieses Modell wird als **einfacher Wirtschaftskreislauf** bezeichnet, in dem die Grundbeziehungen einer Volkswirtschaft schematisch verdeutlicht werden.

Bei genauerer Betrachtung beinhaltet das Modell eine Reihe bedeutsamer Modellannahmen **(Modellprämissen)**:

- Es werden ausschließlich **monetäre Ströme** (Geldströme) betrachtet.
- Haushalte konsumieren das **gesamte Einkommen** (damit: Sparen = 0).
- Der **Staat** findet noch **keine Berücksichtigung** (keine Unterscheidung von Brutto- und Nettoeinkommen, da keine Steuern und Abgaben an den Staat in Abzug gebracht werden).
- Zwischen der **Produktion** und dem **Konsum** der Güter besteht **keine Zeitspanne** (Zeitbedarf = 0).

In der weiteren Betrachtung werden nach und nach einzelne Modellprämissen wieder aufgegeben, wodurch die Modelldarstellung zwar zunehmend komplexer wird, zugleich dadurch aber eine realitätsnähere Abbildung gelingt.

2.6 Erweiterter Wirtschaftskreislauf

2.6.1 Banken im „evolutorischen" Wirtschaftskreislauf

■ Konsumverzicht

> **Merke**
> Der **Konsumverzicht** besteht darin, dass nicht das gesamte Einkommen für Konsumzwecke ausgegeben wird (wie bisher unterstellt), sondern ein Teil des Einkommens zurückgelegt wird (Sparen), um dann ggf. eine größere Anschaffung zu tätigen.

In einem ersten Erweiterungsschritt wird die Annahme aufgegeben, dass die Haushalte das gesamte Einkommen konsumieren (vgl. Modellprämissen). Hierdurch wird aber zugleich unterstellt, dass die privaten Haushalte als Konsumenten einen bestimmten Konsumverzicht üben, da sie nun nicht mehr alle Einkommen für Konsum ausgeben.

■ Anlage des Gesparten

> **Merke**
> Von den **Banken** können diese gesparten Geldeinheiten als Investitionen an die Unternehmen weitergegeben werden, die hierdurch den Produktionsfaktor Kapital erweitern bzw. modernisieren können.

Die Rücklagen werden in der Regel nicht bar aufbewahrt, sondern bei Banken (Kapitalsammelstellen) hinterlegt.

©electriceye-fotolia.com

Dem bisherigen Modell (Haushalte, Unternehmen) werden jetzt entsprechend Banken als Kapitalsammelstellen hinzugefügt. Der einfache Wirtschaftskreislauf einer ursprünglich **statischen**, sich nicht weiterentwickelnden Volkswirtschaft wird damit in eine **dynamische**, sich mit Wachstum weiterentwickelnde Volkswirtschaft umgewandelt. Diese Art der sich entwickelnden Volkswirtschaft wird als **„evolutorische" Volkswirtschaft** bezeichnet.

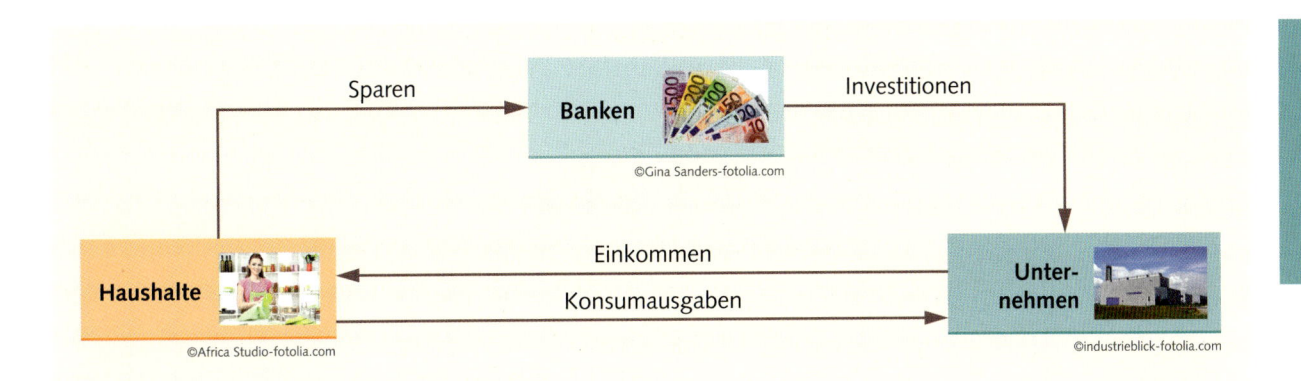

Sich über die Grundlagen wirtschaftlichen Handelns Klarheit verschaffen

2.6.2 Staat im Wirtschaftskreislauf

In den bisherigen Überlegungen wird davon ausgegangen, dass die privaten Haushalte die gesamten Einkommen (Löhne und Gehälter) entweder konsumieren oder sparen können. Diese Annahme ist insoweit unrealistisch, als lediglich das **verfügbare Einkommen** konsumiert bzw. gespart werden kann. Bislang ist aber unterstellt worden, dass das Bruttoeinkommen dem verfügbaren Nettoeinkommen entspricht. Diese Modellannahme wird nun aufgegeben und damit das Modell des Wirtschaftskreislaufes nochmals erweitert.

Von den Einkommenszahlungen der Unternehmen werden die Anteile für die **Steuern** sowie die **Sozialversicherungen** abgezogen bzw. einbehalten.

Hier wird nun angenommen, dass diese einbehalten Zahlungen an den Staat fließen. Da auch die Unternehmen Steuern an den Staat zahlen (z. B. Gewerbesteuern), weist ein Zahlungsstrom von den Unternehmen zum Staat.

Die Einnahmen verwendet der Staat selbst wieder für Zahlungen an die privaten Haushalte und die Unternehmen.

Dabei ist zu unterscheiden, ob es sich hierbei um Zahlungen mit oder ohne Gegenleistungen handelt. Zahlungen ohne Gegenleistungen werden als **Transferzahlungen (Sozialleistungen/Subventionen)** bezeichnet.

Zahlungsströme	Beispiele
Transferzahlungen des Staates an Haushalte (Sozialleistungen)	Kindergeld, Wohngeld, Hartz IV-Zahlungen
Zahlungen des Staates an Haushalte **mit Gegenleistungen**	Personalausgaben für Angestellte und Beamte
Transferleistungen des Staates an Unternehmen (Subventionen)	Hilfen für die Landwirtschaft, Unterstützung für den Kohlebergbau
Zahlungen des Staates an Unternehmen **mit Gegenleistungen** (Konsumausgaben des Staates)	Straßenbau, Schulmöbel

Die eigene Rolle im Betrieb mitgestalten und den Betrieb präsentieren

Das komplexe **Modell einer evolutorischen Volkswirtschaft mit Staat** hat dann folgendes Aussehen:

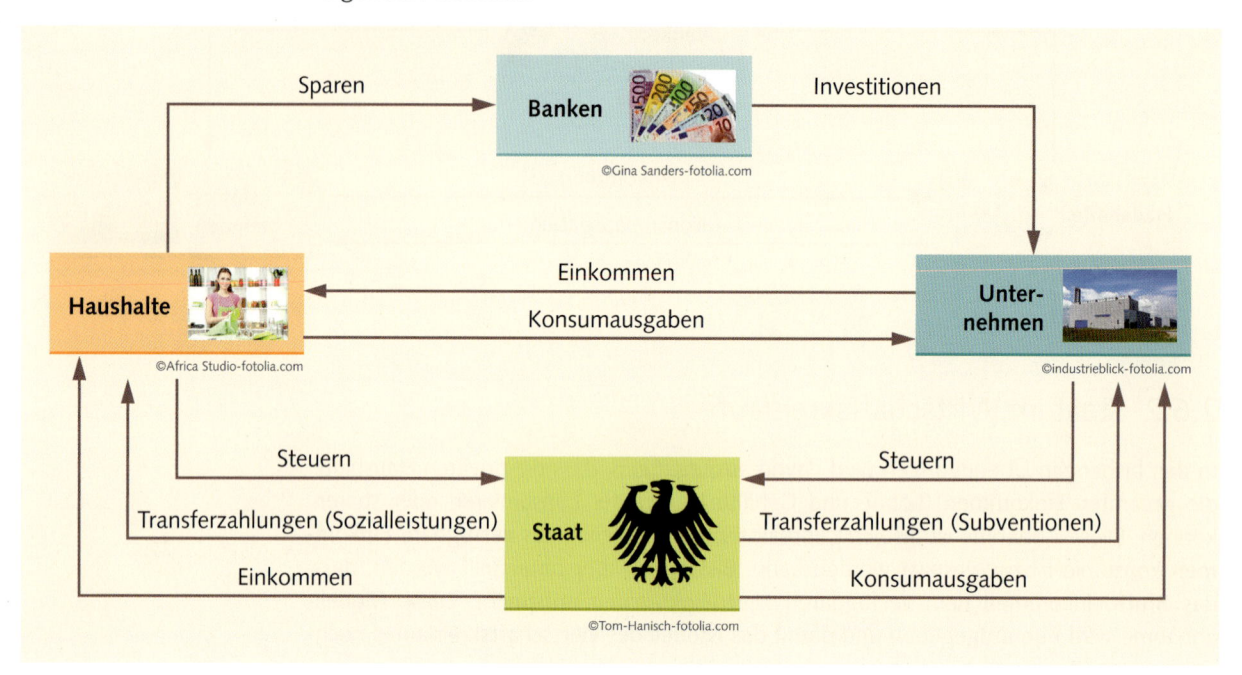

2.6.3 Ausland („Übrige Welt") im Wirtschaftskreislauf

Um die Modelldarstellung des Wirtschaftskreislaufes der komplexen Realität weiter anzupassen und dadurch die Volkswirtschaft in allen ihren Verknüpfungen darzustellen, ist es erforderlich, als letzte Prämisse aufzugeben, dass die Volkswirtschaft ausschließlich in inländischen Beziehungen abläuft.

Realistisch ist es, dass eine Volkswirtschaft in internationale Verflechtungen eingebunden ist. Hierzu werden die folgenden **Annahmen** getroffen:

→ Alle **Ausfuhren** von Gütern und Dienstleistungen werden als **Exporte** bezeichnet und führen gleichzeitig zu einem Zufluss an Geldeinheiten in das Inland.

→ Alle **Einfuhren** an Gütern und Dienstleistungen werden als **Importe** bezeichnet und führen zu einem Abfluss an Geldeinheiten.

→ Die **Importe und Exporte** werden ausschließlich über die Unternehmen abgewickelt.

→ Da in dem Modell des Wirtschaftskreislaufes immer nur Geldströme dargestellt werden, zeigt der Geldstrom des Güter- und Dienstleistungsexportes vom Ausland zu den inländischen Unternehmen und der Geldstrom des Güter- und Dienstleistungsimportes von den Unternehmen zum Ausland.

Sich über die Grundlagen wirtschaftlichen Handelns Klarheit verschaffen

LERNFELD 1

Das komplexe **Modell einer offenen, evolutorischen Volkswirtschaft mit Staat** hat dann folgendes Aussehen:

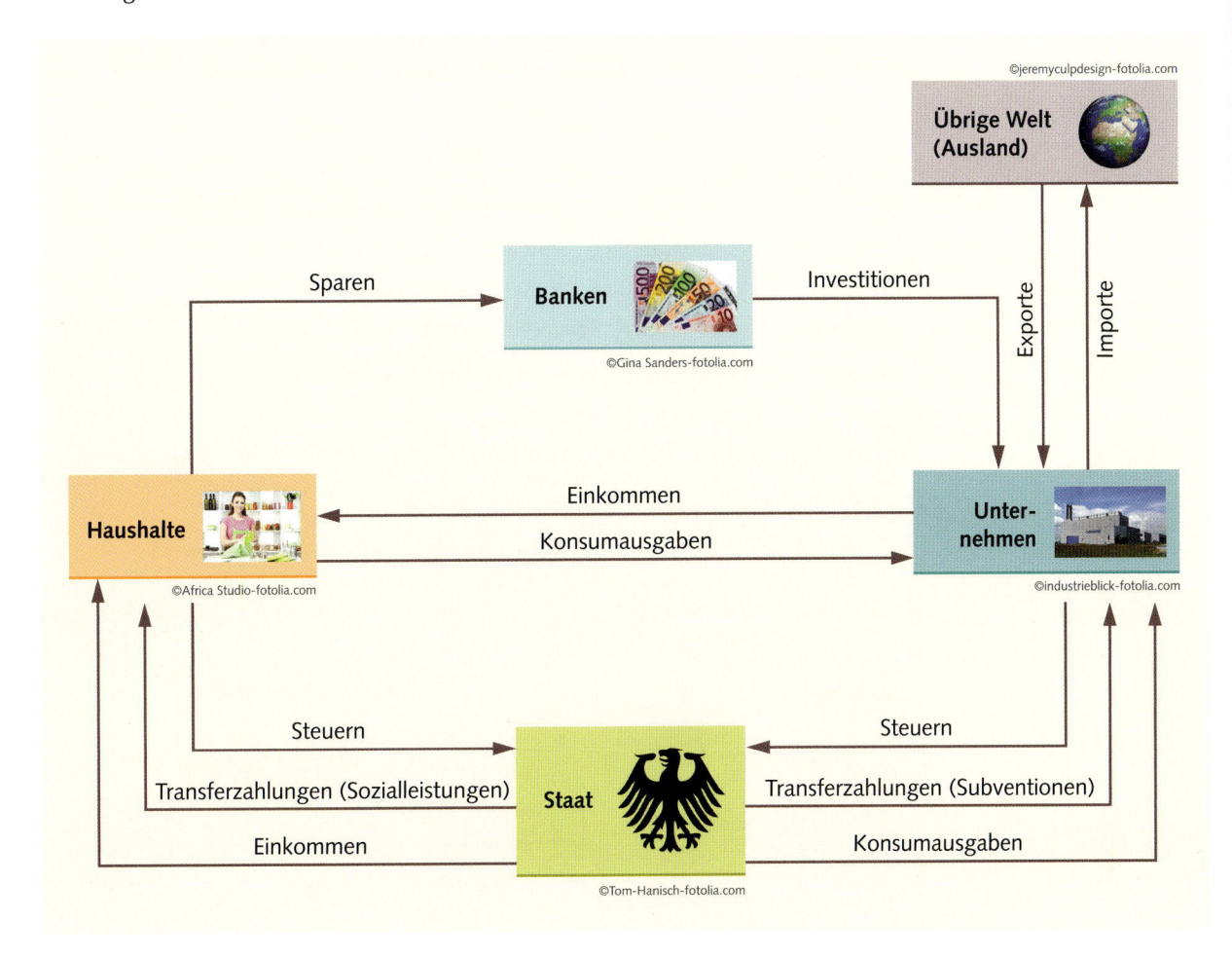

[Diagramm: Wirtschaftskreislauf mit den Akteuren Haushalte, Unternehmen, Banken, Staat und Übrige Welt (Ausland). Beziehungen: Haushalte → Banken (Sparen), Banken → Unternehmen (Investitionen), Unternehmen → Haushalte (Einkommen), Haushalte → Unternehmen (Konsumausgaben), Unternehmen ↔ Übrige Welt (Exporte/Importe), Haushalte → Staat (Steuern), Staat → Haushalte (Transferzahlungen (Sozialleistungen)), Staat → Haushalte (Einkommen), Unternehmen → Staat (Steuern), Staat → Unternehmen (Transferzahlungen (Subventionen)), Staat → Unternehmen (Konsumausgaben)]

Die Exporte in Beziehung gesetzt zu den Importen stellen den **Außenbeitrag** einer Volkswirtschaft dar. Für den Außenbeitrag sind grundsätzlich drei Situationen vorstellbar:

→ **Exporte = Importe**: Der Außenbeitrag ist **ausgeglichen**. In der Summe werden gleich viele Geldeinheiten der Volkswirtschaft zufließen wie abfließen.

→ **Exporte > Importe**: Hier handelt es sich um einen **Exportüberschuss**. In dieser Situation fließen mehr Waren aus der Volkswirtschaft ins Ausland ab als hereinfließen. Dadurch vergrößert sich die inländische Geldmenge. Wirtschaftlich wird sich hieraus in der Regel eine stärkere Beschäftigung (sinkende Arbeitslosigkeit) und eine Tendenz zu Preissteigerungen ergeben (Inflation).

→ **Exporte < Importe**: In dieser Situation sprechen wir von einem **Importüberschuss**. Hierbei ergibt sich ein stärkerer Warenzufluss und ein größerer Geldmengenabfluss. Die inländische Geldmenge sinkt. Als Folge könnte deshalb die Beschäftigung sinken (steigende Arbeitslosigkeit) und eine zunehmende Preisstabilität eintreten.

2.7 Zusammenfassung und Aufgaben

Zusammenfassung

Bedürfnisse

Bedürfnis = Empfinden eines Mangels, der beseitigt werden soll.

Bedürfnisse werden unterteilt nach:

Dringlichkeit:	**Existenz-, Zivilisations-, Luxusbedürfnisse**
Fassbarkeit:	**materielle-, immaterielle Bedürfnisse**
Art/Träger:	**Individual-, Kollektivbedürfnisse**

oder pauschal nach: **Primär-, Sekundärbedürfnisse**

Bedarf: Konkretisierung eines Bedürfnisses entsprechend der Kaufkraft

Nachfrage: Fällen eines Kaufentschlusses

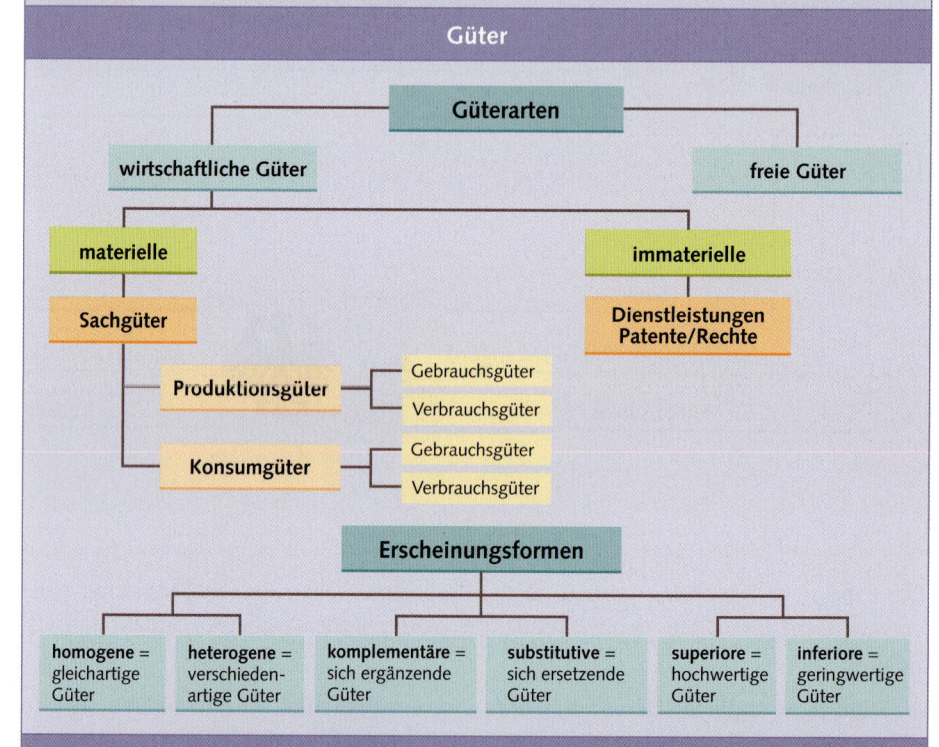

Güter

```
                        Güterarten
                       /          \
            wirtschaftliche Güter   freie Güter
              /          \
         materielle    immaterielle
            |              |
         Sachgüter    Dienstleistungen
            |         Patente/Rechte
            ├── Produktionsgüter ── Gebrauchsgüter
            │                       Verbrauchsgüter
            └── Konsumgüter ──────── Gebrauchsgüter
                                    Verbrauchsgüter
```

Erscheinungsformen

| homogene = gleichartige Güter | heterogene = verschiedenartige Güter | komplementäre = sich ergänzende Güter | substitutive = sich ersetzende Güter | superiore = hochwertige Güter | inferiore = geringwertige Güter |

Wirtschaften

Die **Notwendigkeit des Wirtschaftens** ergibt sich durch die **Unbegrenztheit** der Bedürfnisse und der **Knappheit** der Güter. Wirtschaftssubjekte treffen im Rahmen des Wirtschaftens **Wahlentscheidungen**.

Das **ökonomische Prinzip** ist als Maximal- und Minimalprinzip umsetzbar.
Maximalprinzip: Mit gegebenen Mitteln möglichst viel erreichen.
Minimalprinzip: Bestimmte Ziele mit möglichst geringen Mitteln erreichen.

Produktivität misst das Verhältnis von Output zu Input (z. B. Stück/Stunde).

Sich über die Grundlagen wirtschaftlichen Handelns Klarheit verschaffen

Produktionsfaktoren

Der Produktionsfaktor **Arbeit** umfasst grundsätzlich jede Form menschlicher Arbeit und wird vor allem nach **selbstständiger** Arbeit und **unselbstständiger** Arbeit unterschieden.

Der Produktionsfaktor **Boden** erscheint als **Anbauboden** (Land-/Forstwirtschaft), **Abbauboden** (Bergbau) und **Standortboden** (Standortflächen).

Der **Produktionsfaktor Kapital** ergibt sich aus produzierten Gütern (Produktionsmitteln) und wird als derivativer (abgeleiteter) Faktor aus den Produktionsfaktoren Boden und Arbeit verstanden.

Betriebswirtschaftliche Produktionsfaktoren: Arbeit (leitende, ausführende), Betriebsmittel, Werkstoffe

Wirtschaftskreislauf

Im Wirtschaftskreislauf werden **ausschließlich monetäre Ströme** (Geldströme) dargestellt.

Der **einfache Wirtschaftskreislauf** (Haushalte, Unternehmen) ist dadurch gekennzeichnet, dass alle Einkommen konsumiert werden. Diese Volkswirtschaft kann sich nicht weiterentwickeln (statische Wirtschaft).

Der einfache Wirtschaftskreislauf (Haushalte, Unternehmen) wird durch Sparen (= Konsumverzicht) und Investitionen (Anlage des Gesparten) zu einem **erweiterten Wirtschaftskreislauf** einer evolutorischen Volkswirtschaft weiterentwickelt, in der Wachstum möglich ist.

Um das Modell realitätsnäher zu machen, wird der **Staat** mit Steuereinnahmen, Transferzahlungen, Konsumausgaben und Einkommen in den Wirtschaftskreislauf eingefügt.

Um den Wirtschaftskreislauf einer **offenen Volkswirtschaft** abzubilden, werden **Exporte** (Ausfuhren) und **Importe** (Einfuhren) hinzugefügt.

Aufgaben

1. Prüfen Sie die nachfolgenden Aussagen auf ihre Richtigkeit. Die Antwort ist jeweils zu begründen.

   (1) Die Rangordnung der Bedürfnisse eines Menschen bleibt immer gleich.

   (2) In der Bedürfnishierarchie von Maslow steht an höchster Stelle die Selbstverwirklichung.

   (3) Mit zunehmendem Wohlstand in einer Gesellschaft nimmt die Anzahl der knappen Güter ab.

   (4) Dienstleistungen werden in Gebrauchs- und Verbrauchsgüter eingeteilt.

   (5) Wenn ein Hersteller sein Produkt sowohl als Markenartikel als auch als „No-Name-Produkt" verkauft, so handelt es sich um ein homogenes Gut.

   (6) Substitutive Güter können sich wechselseitig ersetzen.

   (7) Die Produktionsfaktoren Boden (Natur) und Arbeit gelten als „ursprünglich", der Produktionsfaktor Kapital als „abgeleitet".

Die eigene Rolle im Betrieb mitgestalten und den Betrieb präsentieren

LERNFELD 1

(8) Das Minimalprinzip liegt vor, wenn für gegebene Konsumausgaben möglichst preiswert eingekauft werden soll.

(9) Man sollte sich bemühen, gleichzeitig nach dem Minimal- und nach dem Maximalprinzip zu handeln.

(10) Wirtschaften ist erforderlich, da unbegrenzte Bedürfnisse auf knappe Güter treffen.

2. Grenzen Sie die Begriffe Bedürfnis, Bedarf, Nachfrage gegeneinander ab.

3. Welche Güterbeziehung besteht zwischen:
   - Taxi und Bus im Nahverkehr,
   - Katalysatoren und bleifreiem Benzin,
   - Benzin und Heizöl,
   - Autos und Straßen,
   - Bleistift und Lippenstift?

4. Ökonomisches Prinzip

   Begründen Sie, warum die Formulierung „mit geringstmöglichen Mitteln den größtmöglichen Erfolg erreichen" nicht dem ökonomischen Prinzip als Minimal- oder Maximalprinzip entsprechen kann.

5. a) Beschreiben Sie die volkswirtschaftlichen Produktionsfaktoren.

   b) Stellen Sie den Zusammenhang von Gütereinsatz, Kombination von Produktionsfaktoren und Güterausstoß dar.

   c) Erläutern Sie, warum es Schwierigkeiten bereitet, den gesamten Umfang der tatsächlichen Erwerbsarbeit einer Volkswirtschaft zu erfassen.

6. Inwieweit ist Konsumverzicht als wesentliche Voraussetzung von Investitionen anzusehen?

7. Nehmen Sie zu folgenden Aussagen begründet Stellung:

   (1) Sowohl Geldströme als auch Realströme werden in einem Wirtschaftskreislauf abgebildet.

   (2) Wenn die Annahme aufgegeben wird, dass die privaten Haushalte die gesamten Einnahmen konsumieren, ergibt sich die Möglichkeit von Investitionen.

   (3) Subventionen sind staatliche Transferleistungen ohne Gegenleistungen der Empfänger.

   (4) Im Wirtschaftskreislauf einer „evolutorischen" Volkswirtschaft wird angenommen, dass die privaten Haushalte alle Einkommen konsumieren.

   (5) In einer offenen Volkswirtschaft werden die Exporte und Importe als Geldströme hinzugefügt, sodass die Importe von den Unternehmen ins Ausland laufen.

3 Den betrieblichen Leistungsprozess beschreiben

Kaufleute für Büromanagement sind qualifiziert für Büro- und Geschäftsprozesse in unterschiedlichen Wirtschaftszweigen, Branchen und Betriebsgrößen. Die Vielzahl der Betriebe beteiligt sich in unterschiedlichster Weise an der bedarfsgerechten Versorgung der Wirtschaftssubjekte. Sachgüter werden hergestellt und verteilt, Dienstleistungen werden bereitgestellt, damit Bedürfnisse befriedigt werden können.

©DOC RABE Media-fotolia.com

3.1 Leistungsprozesse in Dienst- und Sachleistungsbetrieben

Während **Sachleistungsbetriebe** materielle Güter produzieren, stellen **Dienstleistungsbetriebe** ihre Leistungen als immaterielle Güter auf allen Stufen des Wirtschaftsprozesses zur Verfügung. In einer Volkswirtschaft, deren Märkte sich ständig ausdehnen und deren Zweige sich immer weiter spezialisieren, stellen sie die notwendigen Verbindungen her. Nach vorherrschender Auffassung gehören zum Dienstleistungssektor alle Bereiche außerhalb der eigentlichen Warenproduktion, so z. B. **alle Formen des Handels**, **Banken**, **Versicherungen** und **Transportunternehmen** sowie sonstige **gewerbliche Serviceleistungen** (z. B. Zeitarbeitsfirmen) bis hin zu **personenbezogenen Dienstleistungen** (z. B. Ärzte) und **sozialen Einrichtungen**. Auch die **öffentliche Verwaltung** beteiligt sich mit einer Vielzahl von Dienstleistungen an der Versorgung der Bürger.

3.1.1 Dienstleistungsbetriebe

■ Handelsbetriebe

Zu den Dienstleistungsbetrieben gehören insbesondere die **Handelsbetriebe** (z. B Groß- und Einzelhandel). Gerade in unserer hochentwickelten Industriegesellschaft mit einem ständig wachsenden Warenangebot und dem Anstieg des privaten Verbrauchs gewinnt der **warenverteilende Sektor** eine immer größere Bedeutung.

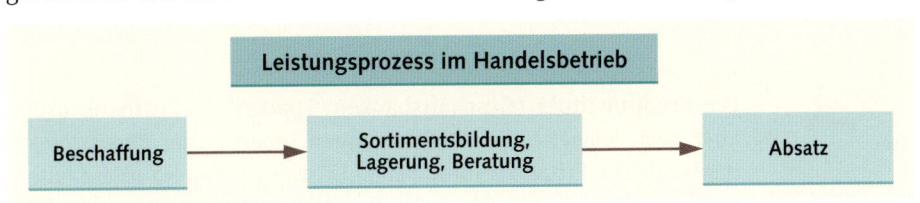

Leistungsprozess im Handelsbetrieb

Beschaffung → Sortimentsbildung, Lagerung, Beratung → Absatz

Hauptaufgabe des Handels ist es, die **Herstellung** von Produkten für einen anonymen Markt **mit dem Verbrauch** zu **verbinden**. Daraus ergeben sich verschiedene Funktionen des Handels.

Funktionen des Handels

- Überbrückungsfunktion
- Sortimentsfunktion
- Lagerhaltungsfunktion
- Vermittlungs- und Beratungsfunktion

LERNFELD 1

55

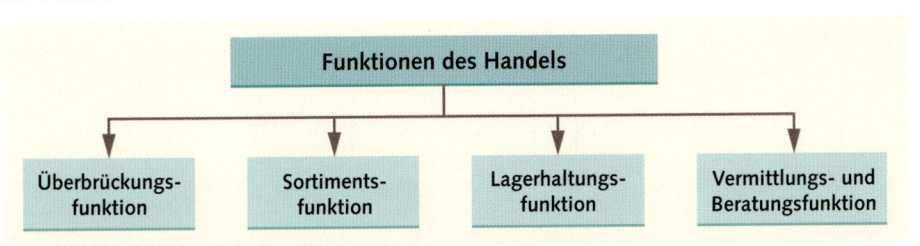

Die eigene Rolle im Betrieb mitgestalten und den Betrieb präsentieren

LERNFELD 1

Überbrückungsfunktion	Die Herstellung von Produkten und ihr Verbrauch stimmen in der Regel **zeitlich** und **räumlich** nicht überein. Der Handelsbetrieb überbrückt die räumliche Entfernung z. B. zwischen Hersteller und Endverbraucher (**Raumüberbrückung**) und stellt die gewünschte Ware dem Verbraucher zum Bedarfszeitpunkt zur Verfügung (**Zeitüberbrückung**).
Sortimentsfunktion	Der Handelsbetrieb wählt aus einer Fülle von **Erzeugnissen** unterschiedlicher **Art**, **Qualität** und **Ausführung**, die in großen Mengen vom Hersteller für einen anonymen Markt produziert werden, für seine Kundschaft ein absetzbares Sortiment aus. Je nach Branche (z. B. Getränke), Betriebsform (z. B. Discounter) und Kundenkreis entscheidet der Händler über seine **Sortimentsstruktur** (z. B. breites und flaches Sortiment mit vielen Warengruppen und relativ geringer Auswahl innerhalb der jeweiligen Warengruppe).
Lagerhaltungsfunktion	Zum Zwecke der **Überbrückung** und **Sortimentsbildung** ist eine **Lagerhaltung** erforderlich, damit der Verbraucher in der Lage ist, seinen Bedarf unmittelbar und bequem in der gewünschten Menge und Auswahl zu decken. Stufen des Handels (z. B. Großhandel) sowie Transportsysteme (z. B. Apotheken-Schnellbelieferung) spielen hier eine wichtige Rolle.
Vermittlungs- und Beratungsfunktion	Der Handelsbetrieb tritt als **Vermittler** zwischen **Hersteller** und **Verbraucher** auf. Aufgrund seiner Marktübersicht und Marktstellung informiert er die Produzenten und berät die Verbraucher. Er sorgt mit dafür, dass Güter erzeugt werden, die auch tatsächlich abgesetzt werden können.

■ Banken und Versicherungen

Wie bereits im volkswirtschaftlichen Modell des Wirtschaftskreislaufs und in dem betriebswirtschaftlichen Funktionsmodell dargestellt wurde, bedingen die vielfältigen güterwirtschaftlichen Beziehungen einen funktionierenden **Geldkreislauf**.

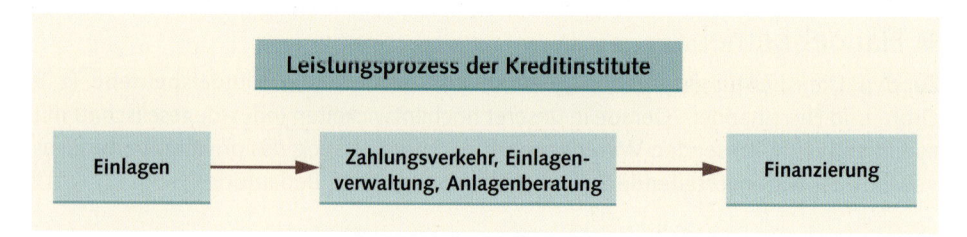

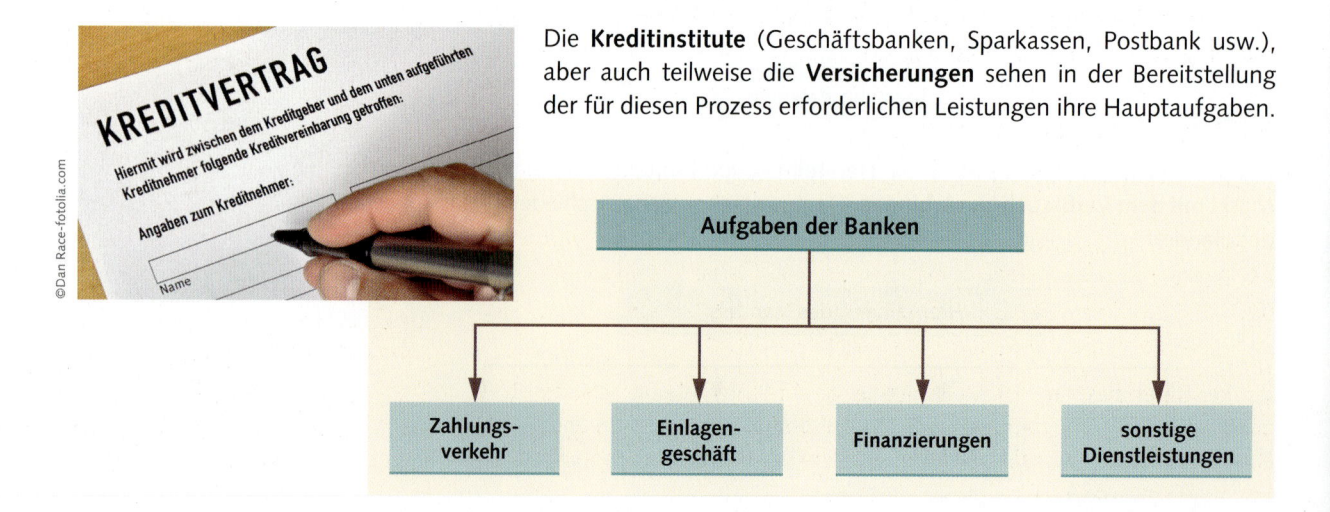

Leistungsprozess der Kreditinstitute

Einlagen → Zahlungsverkehr, Einlagenverwaltung, Anlagenberatung → Finanzierung

Die **Kreditinstitute** (Geschäftsbanken, Sparkassen, Postbank usw.), aber auch teilweise die **Versicherungen** sehen in der Bereitstellung der für diesen Prozess erforderlichen Leistungen ihre Hauptaufgaben.

Aufgaben der Banken
- Zahlungsverkehr
- Einlagengeschäft
- Finanzierungen
- sonstige Dienstleistungen

Den betrieblichen Leistungsprozess beschreiben

Zahlungsverkehr	Die Banken sind die wichtigsten Träger des **halbbaren** und **bargeldlosen Zahlungsverkehrs** und beschaffen erforderliche in- und ausländische Zahlungsmittel für den **Barzahlungsverkehr**.
Einlagengeschäft	Sie **sammeln** von Haushalten und Unternehmen zeitlich befristete **Einlagen** (Sichteinlagen, Termineinlagen, Spareinlagen) und verzinsen sie in der Regel.
Finanzierungen	Die angesammelten Finanzmittel können wiederum den Haushalten als Geld und Unternehmen als **Kapital** zu **Finanzierungszwecken** zur Verfügung gestellt werden.
sonstige Dienstleistungen	Kreditinstitute führen auch **Wertpapiergeschäfte** durch. Dazu gehören neben dem Kauf und Verkauf von Wertpapieren auch deren Verwahrung und Verwaltung sowie eine fachkundige **Anlagenberatung**. Darüber hinaus übernehmen Kreditinstitute auch sonstige Dienstleistungen wie z. B. die Vermittlung von **Bausparverträgen, Versicherungen, Kreditkarten**.

Versicherungen sammeln Kapital durch die Erhebung von Beiträgen (Prämien) als Preis für den gewährten Versicherungsschutz. Das Risiko eines Versicherungsschadens wird dabei auf die gesamte Versicherungsgemeinschaft verteilt, um die Versicherungsleistung bei Auftreten eines einzelnen Schadens sicherzustellen.

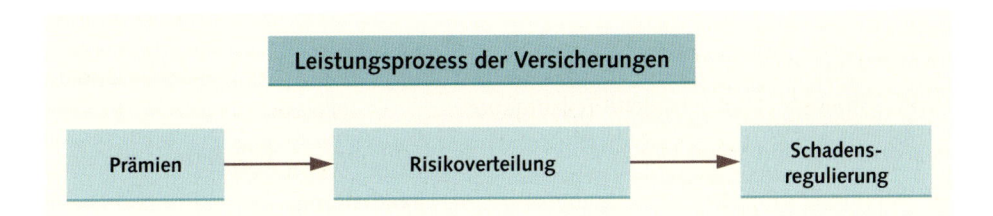

Leistungsprozess der Versicherungen

Prämien → Risikoverteilung → Schadensregulierung

■ Verkehrsbetriebe

Verkehrsbetriebe führen den **Transport** von **Personen** und **Gütern** durch. Hauptaufgabe der Verkehrsbetriebe ist es, Personen und Güter zum richtigen Zeitpunkt an den richtigen Ort zu transportieren.

Neben der Durchführung des Warentransports umfassen die Dienstleistungen der Verkehrsbetriebe insbesondere Beratungstätigkeiten über Transportmöglichkeiten und Vermittlung von Frachtverträgen.

■ Öffentliche Verwaltung

Die öffentliche Verwaltung ist einerseits mit ihren **Behörden** (z. B. Kreisverwaltung) zuständig für die weisungsgebundene Ausführung von Rechtsvorschriften, andererseits nimmt sie Aufgaben, die in der Regel von privaten Betrieben nicht angeboten werden, durch ihre **öffentlichen Betriebe** (z. B. Stadtwerke) wahr. Die Preise für ihre Dienstleistungen sind deshalb nicht marktorientiert und nicht immer kostendeckend.

Ihr Leistungsspektrum ist vielschichtig und betrifft die verschiedensten Lebensbereiche der Bürger: z. B. **Gesundheitswesen** (Krankenhäuser), **Hygiene-Schutz** (Kanalisation, Müllabfuhr), **Ernergieversorgung** (Gas, Wasser, Elektrizität).

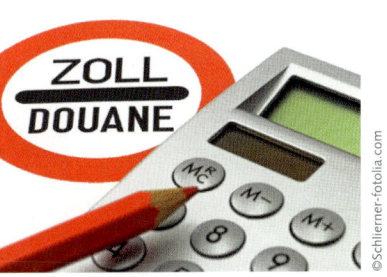

3.1.2 Sachleistungsbetriebe

Die Verarbeitung von Roh-, Hilfs- und Betriebsstoffen sowie vorgefertigten Teilen zu Gebrauchs- und Verbrauchsgütern ist die zentrale Aufgabe der Sachleistungsbetriebe. Sachleistungsbetriebe werden unterteilt in

→ **Industriebetriebe** und
→ **Handwerksbetriebe**.

Industriebetriebe sind eher **groß**, **kapitalintensiv** und verfügen über eine **maschinelle** bzw. **automatische Fertigung** (z. B. Fahrzeugbau).

Handwerksbetriebe sind eher **klein**, **personalintensiv** und fertigen **manuell** (z. B. Schreinerei).

Im Produktionsbetrieb werden die betriebswirtschaftlichen Produktionsfaktoren (Arbeit, Betriebsmittel und Werkstoffe) zur Erstellung materieller Produkte möglichst wirtschaftlich miteinander kombiniert. Durch diese Fertigung (Produktion im engeren Sinne) unterscheidet sich der Sachleistungsbetrieb grundlegend vom Dienstleistungsbetrieb.

Zur Produktion als Hauptaufgabe des Sachleistungsbetriebes kommen insbesondere im Industriebetrieb verschiedene Teilaufgaben:

→ Forschung und Entwicklung,
→ Planung des Produktionsprogramms,
→ Fertigungsplanung,
→ Fertigungs- und Qualitätskontrollen,
→ Lagerhaltung.

Leistungsprozess im Sachleistungsbetrieb

betriebswirtschaftliche Produktionsfaktoren → Kombination der Produktionsfaktoren → Sachgüter

■ Leistungserstellung im Industriebetrieb

Im Industriebetrieb unterscheidet man unterschiedliche **Fertigungsverfahren** und unterschiedliche **Organisationsformen der Fertigung**.

Fertigungsverfahren

Fertigungsverfahren	Merkmale/Beispiele
Einzelfertigung	Herstellung eines Produktes einmalig nach den Wünschen der Auftraggeber: z. B. Schiffe, Brücken, individuelle Häuser, Spezialmaschinen.

Den betrieblichen Leistungsprozess beschreiben

Fertigungsverfahren	Merkmale/Beispiele
Mehrfachfertigung als Serienfertigung	Herstellung von **mehreren gleichartigen Produkten**; nach Erreichen einer bestimmten Stückzahl wird eine neue Serie aufgelegt, die eine Umrüstung der Produktionsanlagen erfordert: z. B. Autos, Möbel, elektronische Geräte.
Sortenfertigung	Herstellung von **Produkten**, die sich aufgrund des verwendeten Materials und ihrer Herstellung nur **unwesentlich unterscheiden**: z. B. Bekleidung aus unterschiedlichen Stoffen, Werkzeuge in unterschiedlichen Größen.
Massenfertigung	Herstellung des **gleichen Produktes** (einfache Massenfertigung) bzw. **verschiedener Produkte** (mehrfache Massenfertigung), die einander sehr **ähnlich** sind, auf gleichen Produktionsanlagen in sehr großen Stückzahlen: z. B. Elektrizität, Gas, Wasser, Schwefelsäure, Flaschen, Bleistifte, Schokolade.

Organisationsformen der Fertigung

Der Fertigungsablauf erfordert eine rationelle Organisation der räumlichen Anordnung der Betriebsmittel, der Zuordnung der Arbeitsplätze sowie der Gestaltung des Fertigungsdurchlaufs. Dabei unterscheidet man verschiedene Organisationsformen:

Organisationsformen der Fertigung	Merkmale/Beispiele
Werkstattfertigung	Zusammenfassung von Maschinen und Arbeitsplätzen mit gleichartigen Arbeitsverrichtungen in einer fertigungstechnischen Einheit (Werkstatt). Eignung insbesondere für Einzelfertigung, häufig auch für Klein- und Gruppenfertigung.
Fließfertigung	Anordnung der Maschinen und Arbeitsplätze nach dem Fertigungsablauf (z. B. Automobilherstellung).
Gruppenfertigung	Kombination der Werkstatt- und Fließfertigung: Maschinen und Arbeitsplätze werden verschiedenen Fertigungsabschnitten zugeordnet.

■ Leistungserstellung im Handwerksbetrieb

Im Gegensatz zu Industriebetrieben haben sich **Handwerksbetriebe** auf individuelle Arbeiten für einzelne Auftraggeber spezialisiert. Neben meist **manuellen Leistungen** in der Be- und Verarbeitung werden auch **Reparaturarbeiten** ausgeführt. In vielen Fällen gehören zusätzlich Dienstleistungen von der Planung bis zur Beratung zum Leistungsspektrum.

Die eigene Rolle im Betrieb mitgestalten und den Betrieb präsentieren

3.2 Ziele des Unternehmens

Zielbündel
- wirtschaftliche Ziele
- soziale Ziele
- ökologische Ziele

Die Erhaltung des Unternehmens ist grundsätzlich das oberste wirtschaftliche Ziel. Dies schlägt sich in der Zielsetzung nieder, einen längerfristigen Gewinn zu erwirtschaften. Die **Gewinnerzielung** gilt als zentrales Kriterium für Markterfolg. Das Gewinnziel des Unternehmens findet seine Ausgestaltung in vielfältigen – auch kurzfristigen – wirtschaftlichen Zielsetzungen: z. B. **Umsatzsteigerung**, **Zahlungsfähigkeit**, **Wettbewerbsfähigkeit** und **Wachstum**.

Die Realisierung der **wirtschaftlichen** Ziele kann allerdings nur unter Beachtung der innerbetrieblichen und außerbetrieblichen Bedingungen gewährleistet werden. So sind die Interessen und Ansprüche der Arbeitnehmer durch Festlegung **sozialer** Ziele zu berücksichtigen und das Streben nach einer umweltorientierten Unternehmensführung ist in **ökologischen** Zielsetzungen zu formulieren.

■ Wirtschaftliche Ziele

Zur Beurteilung des wirtschaftlichen Erfolges werden in der Regel Maßstäbe herangezogen, mit deren Hilfe das Erreichen der gesetzten Ziele gemessen werden kann. Solche Maßstäbe sind z. B. **Produktivität**, **Wirtschaftlichkeit**, **Rentabilität** und **Liquidität**.

Merke

Die **Produktivität** misst die Beziehung zwischen dem erzielten Ergebnis (Output) und den eingesetzten Mitteln (Input) in realen Größen.

$$\text{z. B. Arbeitsproduktivität} = \frac{\text{Produktionsergebnis (z. B. Stück)}}{\text{Arbeitseinsatz (z. B. Stunden)}}$$

Die **Wirtschaftlichkeit** gibt an, welche Leistung (z. B. in Form von Umsatzerlösen) sich pro eingesetztem Euro Kosten ergeben hat.

$$\text{Wirtschaftlichkeit} = \frac{\text{Leistung (EUR)}}{\text{Kosten (EUR)}}$$

Rentabilität drückt aus, mit welchem Prozentsatz sich das eingesetzte Kapital verzinst hat.

$$\text{z. B. Eigenkapitalrentabilität} = \frac{\text{Gewinn} \cdot 100}{\text{Eigenkapital}}$$

Liquidität ist die Fähigkeit, den fälligen Zahlungsverpflichtungen stets nachkommen zu können.

$$\text{z. B. Barliquidität} = \frac{\text{flüssige Mittel} \cdot 100}{\text{kurzfristige Verbindlichkeiten}}$$

■ Soziale Ziele

Soziale Ziele berücksichtigen vor allem die **Interessen** und **Ansprüche** der **Arbeitnehmer**. Beispiele sind **Sicherung der Arbeitsplätze**, **menschenwürdige Arbeitsbedingungen**, **gerechte Entlohnung**, **Mitbestimmung**. Diese konkurrieren häufig mit wirtschaftlichen Zielen (Zielkonflikt). Sie müssen – auch in Abhängigkeit von äußeren Bedingungen (z. B. Konjunktur) – konkretisiert und immer wieder überprüft werden.

Den betrieblichen Leistungsprozess beschreiben

■ Ökologische Ziele

Bewusstseinswandel und Sachzwänge sowie ständig verschärfte gesetzliche Auflagen bewirken eine wachsende Aufmerksamkeit für den **Schutz der Umwelt**, z. B. Reinhaltung von Luft und Gewässern, Schonung von Ressourcen und Recycling von Wertstoffen in den Betrieben.

Ein vorausschauendes, innovatives betriebliches **Umweltkonzept** schließt den Ertrag keinesfalls aus. Umweltschutz muss sich an ganzheitlichen Lösungen von der Produktentwicklung bis zum Recycling orientieren. Dies bedeutet eine Abkehr von einer Unternehmenspolitik des Durchlaufs von Stoffen zu einer **Politik der Wiederverwertung**. Das hat Auswirkungen auf die gesamte Unternehmenskonzeption von dem unternehmerischen Zielsystem bis zur tatsächlichen Umsetzung in den einzelnen Funktionsbereichen des Unternehmens.

> **Merke**
>
> Das Unternehmen der Zukunft wird nicht nur an der Qualität seiner Leistungen und Produkte, sondern auch an den **Maßstäben** einer **ökologischen Betriebsführung** gemessen.

LERNFELD 1

Heute verstehen es schon viele Unternehmen, die Erfordernisse des Umweltschutzes mit den Zielen ihres Unternehmens zu vereinbaren – und mehr noch: Einige profitieren sogar davon.

Insbesondere große Unternehmen haben sogenannte **Corporate-Responsibility-Konzepte** entwickelt, um transparent zu machen, inwieweit sie ihrer umfassenden unternehmerischen Verantwortung z. B. im Hinblick auf Umwelt, Gesellschaft und Mitarbeiter nachkommen.

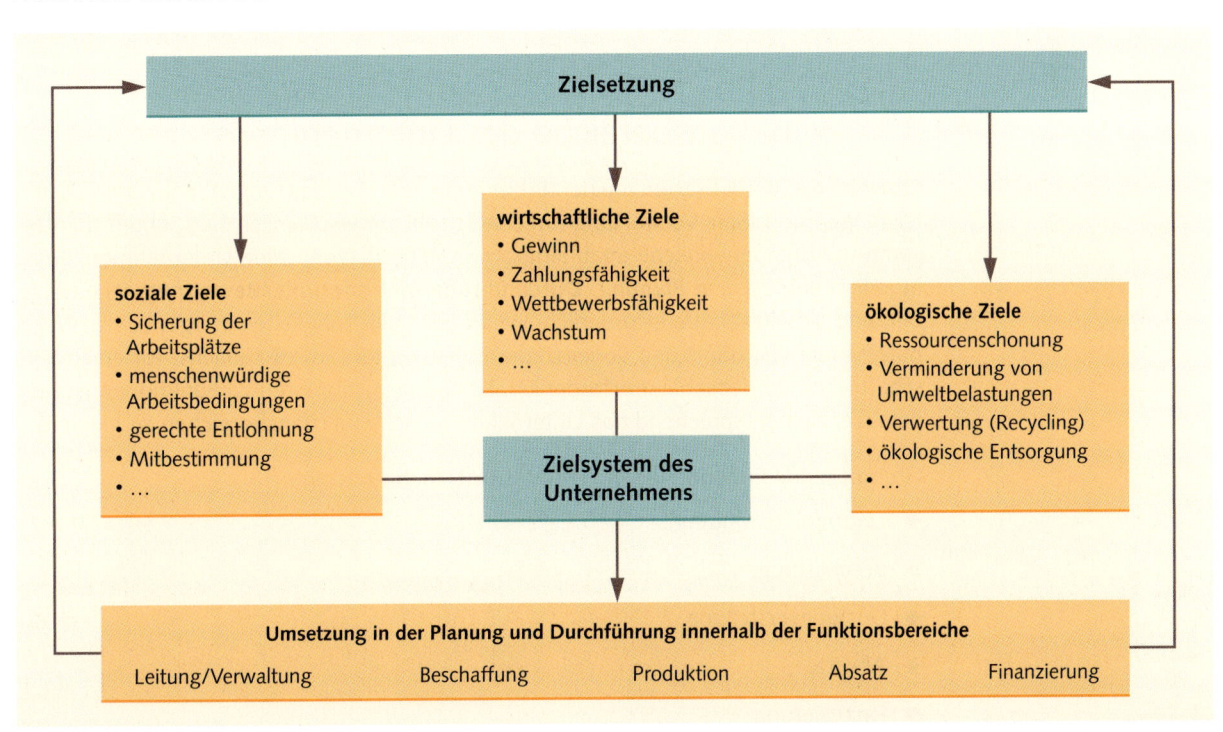

Zielsetzung

soziale Ziele
- Sicherung der Arbeitsplätze
- menschenwürdige Arbeitsbedingungen
- gerechte Entlohnung
- Mitbestimmung
- ...

wirtschaftliche Ziele
- Gewinn
- Zahlungsfähigkeit
- Wettbewerbsfähigkeit
- Wachstum
- ...

ökologische Ziele
- Ressourcenschonung
- Verminderung von Umweltbelastungen
- Verwertung (Recycling)
- ökologische Entsorgung
- ...

Zielsystem des Unternehmens

Umsetzung in der Planung und Durchführung innerhalb der Funktionsbereiche

Leitung/Verwaltung — Beschaffung — Produktion — Absatz — Finanzierung

61

Die eigene Rolle im Betrieb mitgestalten und den Betrieb präsentieren

■ Zielharmonie, Zielkonflikt, Zielindifferenz

Wirtschaftliche, soziale und ökologische Ziele sind miteinander vernetzt.

Ergänzen sich die Ziele, so liegt **Zielharmonie** vor.

Beispiel

> Verbesserungen der Beschaffungsorganisation im Bereich der Transportwege, der Transportträger und der Lagerhaltung führen zu Kostensenkung und Schonung der Umwelt.

Behindern oder schließen sich die Ziele gegenseitig aus, so liegt ein **Zielkonflikt** vor.

Beispiel

> Der Wunsch nach z. B. Gehaltserhöhung, verbessertem Kündigungsschutz, Reduzierung der Arbeitszeit bei vollem Lohnausgleich kann bei abflauender Konjunktur die Wirtschaftslage eines Unternehmens gefährden.

Von **Zielindifferenz** spricht man, wenn die Verfolgung bestimmter Ziele sich gegenseitig nicht beeinflusst.

Beispiel

> In der Finanzbuchhaltung sollen Kosten gesenkt werden und Werbeausgaben werden erhöht.

3.3 Funktionsbereiche des Unternehmens

Obwohl die Betriebsarten in der Erbringung von Sachleistungen und/oder Dienstleistungen und ihrer Verwertung am Markt sehr unterschiedlich sind, findet man bestimmte Aufgabenbereiche unabhängig vom Betriebstyp in allen Unternehmen. So ist in jedem Betrieb eine **Planung**, **Durchführung** und **Kontrolle/Bewertung** aller Aufgaben und Arbeitsabläufe erforderlich. Wenn auch alle Tätigkeiten in irgendeiner Weise miteinander verknüpft und voneinander abhängig sind, ist es zunächst für einen wirtschaftlichen Betriebsablauf erforderlich, bestimmte Tätigkeiten zu Funktionen zu bündeln und dementsprechend das Unternehmen nach **Funktionsbereichen** zu gliedern.

Grundlegende **Funktionsbereiche eines Unternehmens** sind:

➔ Leitung/Verwaltung,

➔ Beschaffung,

➔ Leistungserstellung,

➔ Absatz,

➔ Finanzierung.

Den betrieblichen Leistungsprozess beschreiben

Leitung/Verwaltung

Die **Leitungsaufgabe** umfasst Entscheidungen zur **Steuerung**, **Koordination** und **Überwachung** des **Zusammenwirkens aller Grundfunktionen**.

Sie ist verantwortlich für die verbindliche Festlegung der **Unternehmensziele**, die **Planung** des betrieblichen Geschehens sowie deren **Durchsetzung** und **Kontrolle**.

In der **Koordination der betrieblichen Funktionsbereiche** wird die Unternehmensleitung von der **Verwaltung** unterstützt. Diese ist insbesondere für die Aufbereitung von Daten des Rechnungswesens für betriebliche Entscheidungen verantwortlich.

Auch das **Personalwesen** kann zu den Aufgaben der Verwaltung gerechnet werden. Konkrete Aufgaben des betrieblichen Personalwesens ergeben sich aus der Bereitstellung, dem Einsatz und der Betreuung der Mitarbeiter.

Zu den Aufgabengebieten des Personalwesens gehören insbesondere:
- Personalbedarfsplanung
- Personalbeschaffung und -einsatz
- Personalentwicklung und -betreuung
- Personalfreisetzung und
- Personalorganisation.

Beschaffung	Leistungserstellung	Absatz
Die **Beschaffung** im weitesten Sinn ist verantwortlich für die **Bereitstellung** der betriebswirtschaftlichen **Produktionsfaktoren**. Dazu zählen: • Betriebsmittel (z. B. Maschinen, Werkzeuge, Büroausstattung) ebenso wie der • Produktionsfaktor Arbeit, der neben den zu beschaffenden eigenen Arbeitskräften auch fremdbezogene Dienstleistungen umfasst. Im engeren Sinn beschäftigt sich der Beschaffungsbereich aber mit dem **Einkauf** insbesondere **von Materialien**: Roh-, Hilfs- und Betriebsstoffen sowie Teilen bzw. Handelswaren.	Die **Leistungserstellung** hat die Aufgabe, die **betrieblichen Produktionsfaktoren** so zu kombinieren, dass die gewünschte Leistung (z. B. ein Produkt) entsteht. Zu den Aufgabengebieten gehören insbesondere: • Produktionsprogramm- und Fertigungsplanung • Produktionsdurchführung und -kontrolle • Lagerung von unfertigen und fertigen Produkten. In einem weiteren Sinn umfasst die Leistungserstellung nicht nur die Herstellung von Sachgütern, sondern auch die **Bereitstellung von Dienstleistungen**.	Der **Absatz** hat die Aufgabe, Produktion und Beschaffung marktbezogen zu lenken und für die **Verwertung von** erstellten oder zu erstellenden **Leistungen** bzw. gegebenenfalls von fremdbezogenen Handelswaren **am Markt** zu sorgen. Zu seinen Aufgaben gehören u. a.: • Produkt-, Sortiments- und Servicepolitik • Preispolitik • Kommunikationspolitik • Distributionspolitik. Die **Marktforschung** liefert die dazu notwendigen Informationen.

Finanzierung

Aufgabe der **Finanzierung** ist es, das Unternehmen ständig mit ausreichendem Geldkapital zu versorgen. Daneben gehört es auch zu den Aufgaben der Finanzierung, für kurzzeitig frei werdende Gelder Anlagemöglichkeiten zu suchen.

■ Zusammenwirken der Funktionsbereiche

Die Funktionsbereiche eines Unternehmens sind eng miteinander verknüpft, sie stehen in einer wechselseitigen Abhängigkeit zueinander. Entscheidungen in einem Funktionsbereich wirken sich immer auch auf die anderen Funktionsbereiche des Unternehmens aus. Die optimale Verwirklichung der Unternehmensziele verlangt deshalb eine **Abstimmung aller Bereiche** des Unternehmens zu einer Gesamtstrategie.

Die eigene Rolle im Betrieb mitgestalten und den Betrieb präsentieren

LERNFELD 1

Beispiel

Die Anfrage eines Kunden wird geprüft z. B. hinsichtlich der Produktionsmöglichkeiten, der Beschaffung und des Einsatzes von Produktionsfaktoren, der Lagerung von Materialien und Fertigteilen sowie der Kalkulation des Preises und Terminierung der Zahlungseingänge. Ein Angebot wird daraufhin erteilt.

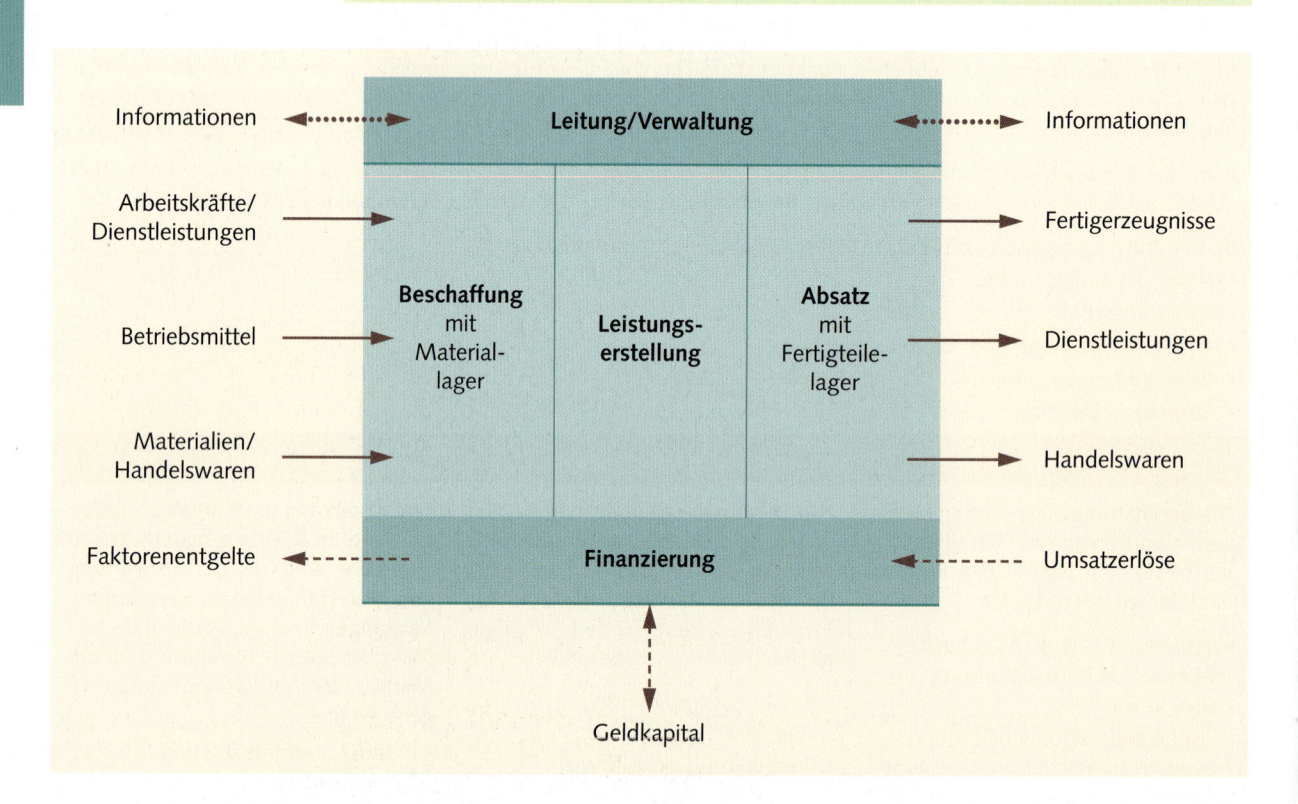

Informationen → Leitung/Verwaltung ← Informationen
Arbeitskräfte/Dienstleistungen → → Fertigerzeugnisse
Betriebsmittel → Beschaffung mit Materiallager | Leistungserstellung | Absatz mit Fertigteilelager → Dienstleistungen
Materialien/Handelswaren → → Handelswaren
Faktorenentgelte ← Finanzierung ← Umsatzerlöse

Geldkapital

•• 3.4 Betrieb und natürliche Umwelt

Die **Vermeidung** bzw. **Reduzierung** von **Umweltbelastungen** durch Umweltverschmutzungen, Ressourcenverknappung und Klimaänderungen erfordern ein **Umweltmanagement** für einen nachhaltigen Schutz der menschlichen Lebensgrundlagen.

EMAS (Eco Management and Audit Scheme) der Europäischen Union ist das weltweit anspruchsvollste System für **nachhaltiges Umweltmanagement**. Es bietet Organisationen die Möglichkeit, sich freiwillig an dem EG-weiten System für Umweltmanagement und Umweltbetriebsprüfung zu beteiligen. Der Begriff »Audit« (Prüfung von Qualitätsmerkmalen) weist darauf hin, dass es sich um eine **systematische umwelttechnische** und **umweltgerechte** Betriebsprüfung handelt. Diese wird regelmäßig von unabhängigen, staatlich autorisierten Umweltgutachtern durchgeführt; die »Umweltleistungen« werden in einer »Umwelterklärung« veröffentlicht. Mit der Zertifizierung gemäß **Öko-Audit** verpflichten sich die Teilnehmer zu einer kontinuierlichen Verbesserung ihrer Umweltschutzleistungen.

Betriebliches Umweltmanagement umfasst eine Fülle von möglichen Umweltschutzmaßnahmen in allen Funktionsbereichen des Unternehmens.

Umweltschutz und Beschaffung	• Umweltverträglichkeitsprüfung der bezogenen Materialien, z. B. hinsichtlich ihrer ökologischen Folgen bei der Herstellung, Nutzung und Beseitigung; • Anlegen ökologischer Maßstäbe bei der Lieferantenauswahl; • Ersetzen von umweltschädlichen Einsatzfaktoren, Handelswaren oder Energien durch umweltfreundliche Alternativprodukte; • Verbesserung der Beschaffungsorganisation im Bereich der Transportwege, der Transportträger und der Lagerhaltung.
Umweltschutz und Leistungserstellung	• Berücksichtigung zukünftiger ökologischer Rahmenbedingungen einschließlich gesetzlicher Bestimmungen bei aktuellen Investitionsentscheidungen; • Ersatz traditioneller Herstellungsmöglichkeiten durch neue, ökologisch vorteilhafte Fertigungsverfahren; • Einbeziehung fertigungstechnischer Einrichtungen, die zu einer Verringerung des betriebsbedingten Verbrauchs von Wasser, Energie und sonstigen Einsatzstoffen führen sowie Abfall, Schadstoffe und Lärm reduzieren; • Abfallbeseitigung, Wertstoffrückgewinnung, Luftreinhaltung durch nachsorgende Umweltschutzanlagen soweit vorsorgende Umweltschutztechnologien noch nicht hinreichend verfügbar sind; • Einstellung der Produktion von umweltschädlichen Erzeugnissen und Entwicklung umweltfreundlicher Produkte; • Verlängerung der Lebensdauer der Produkte.
Umweltschutz und Absatz	• umweltfreundliche Produktgestaltung (einschließlich Verpackung); • Informationen für umweltfreundliche Produktnutzung im Ge- und Verbrauch sowie in der Entsorgung; • Verwendung von Umweltzeichen für umweltfreundliche und recyclingfähige Produkte; • umweltbezogene Preisgestaltung (Berücksichtigung der Umweltbelastung in der Preiskalkulation, Erhebung einer Entsorgungsgebühr beim Verkauf einer Ware); • ökologisch orientierte Absatzwerbung und Öffentlichkeitsarbeit durch entsprechende Umweltschutzinformationspolitik oder Zusammenarbeit mit Verbraucher- und Umweltschutzorganisationen; • Gestaltung einer ökologisch orientierten Absatzorganisation (insbesondere Verkehrskonzepte und Rücknahmesysteme).

Die eigene Rolle im Betrieb mitgestalten und den Betrieb präsentieren

LERNFELD 1

3.5 Standort des Betriebes

3.5.1 Standortwahl

Der **Standort** eines Unternehmens ist der Ort, an dem die **betriebliche Leistung erstellt** und **abgesetzt** wird (z. B. Produktionsstätten, Büros, Lager, Verkaufsläden). Wenn auch Unternehmen häufig dort entstehen, wo der Gründer ansässig ist, sollte jeder Unternehmer beachten, dass die Wahl des richtigen Standortes für die Erreichung seiner betrieblichen Ziele von entscheidender Bedeutung sein kann. Standortentscheidungen der Gründungsphase, die aktuellen Anforderungen nicht mehr entsprechen, führen häufig unter Berücksichtigung der besonderen Voraussetzungen vor Ort (z. B. Veränderung der Verkehrsanbindung) und der Unternehmensstrukturen (z. B. Unternehmenserweiterungen) zu **Standortverlagerungen**.

Je nach Art des Unternehmens ist die Bedeutung der Standortfaktoren unterschiedlich zu gewichten. Für ein Handelsunternehmen ist insbesondere die **Absatz-** und **Verkehrsorientierung** von Bedeutung. Ein Autohersteller ist z. B. auf die **Erreichbarkeit** durch **Zulieferer**, **geeignete Gewerbeflächen** und genügend **qualifizierte Arbeitskräfte** besonders angewiesen.

©Torbz-fotolia.com

Merke

Mit der **Wahl des Standortes** legt ein Unternehmen langfristig die Erfolgschancen für die Erreichung seiner Unternehmensziele fest.

3.5.2 Standortfaktoren

Da die Wahl des Standortes von so großer Bedeutung für das Unternehmen ist, müssen bei der Entscheiung für einen Standort zahlreiche Standortfaktoren geprüft werden. Sie lassen sich nach unterschiedlichen Kriterien systematisieren:

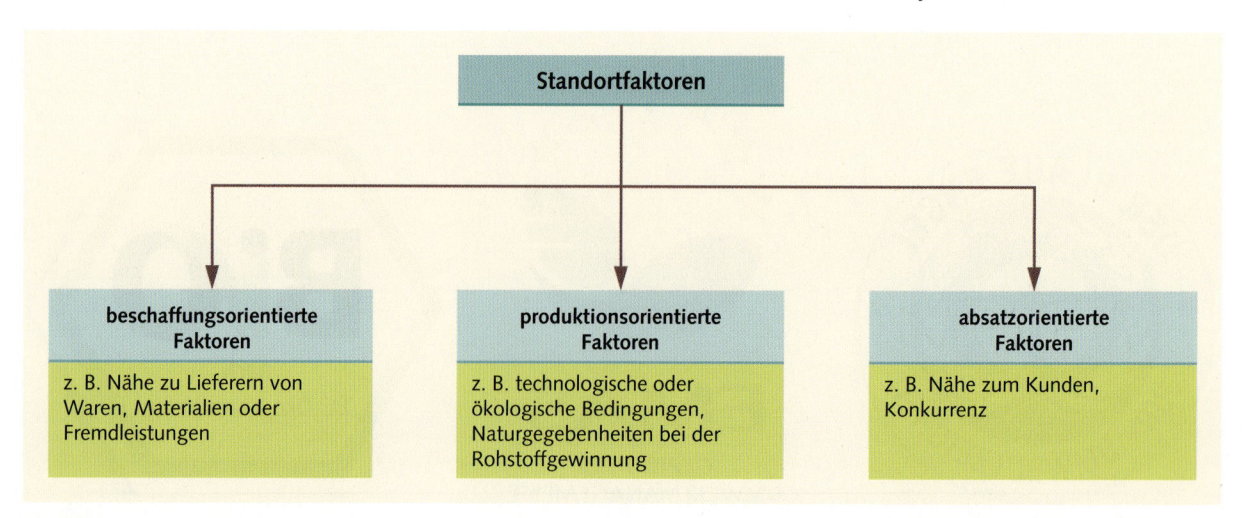

Standortfaktoren

beschaffungsorientierte Faktoren	produktionsorientierte Faktoren	absatzorientierte Faktoren
z. B. Nähe zu Lieferern von Waren, Materialien oder Fremdleistungen	z. B. technologische oder ökologische Bedingungen, Naturgegebenheiten bei der Rohstoffgewinnung	z. B. Nähe zum Kunden, Konkurrenz

Den betrieblichen Leistungsprozess beschreiben

Hinsichtlich des Standortes sind je nach Unternehmensart immer wieder die richtigen Fragen zu stellen bzw. bei sich ändernden Bedingungen neu zu stellen. Zu den bestimmenden **Standortfaktoren** (auch als **harte Faktoren** bezeichnet) im Einzelnen zählen z. B.:

Markt/Kunden

→ Erreicht man am Standort genügend Kunden?
→ Wie viel potenzielle Kunden gibt es in der Umgebung?
→ Ist man auf Laufkundschaft angewiesen?

Diese Fragen sind insbesondere für den Einzelhandel von Bedeutung.

Beispiel

Ein Apotheker sucht in der Hauptgeschäftsstraße einer Großstadt ein Ladenlokal.

Konkurrenz

→ Welche Konkurrenz befindet sich am Standort?
→ Welches Sortiment bietet die Konkurrenz an?
→ Welche Preisstrategie verfolgt die Konkurrenz?
→ Welche weiteren Serviceleistungen bietet die Konkurrenz an?

Beispiel

Eine Easy-Apo am Marktplatz wird als Selbstbediener-Apotheke für alle Artikel, die offen zugänglich sind, betrieben.

Arbeitskräfte

→ Gibt es genügend motivierte Arbeitskräfte?
→ Werden Fach- oder Führungskräfte benötigt?
→ Passt das Lohnniveau zum eigenen Unternehmen?
→ Welche Möglichkeiten der Weiter- bzw. Fortbildung können dem Personal geboten werden?

Beispiel

Ein Architekturbüro sucht Mitarbeiter, die die neu eingeführte bauteilorientierte 3D CAD Software beherrschen.

Lage

→ Ist ein zentraler Standort erforderlich?
→ Ist die Infrastruktur auf die individuellen Bedürfnisse zugeschnitten?
→ Gibt es freie Gewerbeflächen? Sind die Räumlichkeiten geeignet?
→ Gibt es Bebauungs- und Nutzungsvorschriften für Gebäude- und Grundstücke?
→ Wie hoch ist der Freizeitwert der Umgebung?

Beispiel

Die Kreativfabrik „Design 2.0" plant einen Umzug in die Werkstatträume des Wissenschaftsparks der Stadt. Im Wissenschaftspark befindet sich ein Zentrum mit einem Design-Forum für Firmen, mit Designshops und Ausstellungen. Das Zentrum ist eine Pilgerstätte für Architektur-, Kunst- und Designliebhaber.

Die eigene Rolle im Betrieb mitgestalten und den Betrieb präsentieren

LERNFELD 1

Verkehrsanbindung

→ Ist die Verkehrsanbindung für Mitarbeiter, Kunden und Lieferanten geeignet?
  → Existiert ein gutes ÖPNV-Netz?
  → Wie hoch ist das Verkehrsaufkommen auf den Anfahrtswegen?
  → Gibt es genügend Parkplätze?
  → Ist eine Anbindung an die Bahn oder einen Flughafen erforderlich?

> **Beispiel**
>
> Die Arbeitsagentur in Hamburg plant, das Jobcenter aus der Innenstadt in einen Randbezirk zu verlegen. Das neue Jobcenter hat eine U-Bahn-Anbindung und verfügt über einen eigenen Parkplatz.

Kosten

→ Wie hoch sind die Kosten für den Erwerb oder die Miete/Pacht?
→ Welcher Gewerbesteuersatz fällt an?
→ Welche Kosten fallen für die Einrichtung, Umbauten und Ausstattung an?
→ Gibt es besondere Auflagen für die Entsorgung?
→ Wie entwickeln sich die Energiekosten?
→ Können Fördermittel beantragt werden?

> **Beispiel**
>
> **Dem Standort D droht Schaden**
>
> Die steigenden Strompreise machen nicht nur den privaten Haushalten immer mehr zu schaffen, sondern auch den Industrieunternehmen. Laut einer Studie des Instituts der deutschen Wirtschaft Köln (IW) schadet diese Entwicklung dem Industriestandort Deutschland.
>
> Institut der deutschen Wirtschaft, Pressemeldung vom 28.08.2013

Neben den aufgeführten Standortfaktoren existieren eine Fülle weiterer Einflussgrößen auf die Standortentscheidung. Zu berücksichtigen sind das **Wirtschaftsklima** einer Stadt/Region, die Verfügbarkeit von **Einrichtungen der Telekommunikation** sowie die eher weichen Faktoren wie die **sozialen** und **politischen Bedingungen**, die **Umweltqualität**, das **Image**, **Traditionen** u. v. a. m.

Bewertung zur Wichtigkeit der Standortfaktoren in Mitteldeutschland

Standortfaktor	Bewertung
Breitbandanbindung (DSL-Verfügbarkeit)	3,56
Strompreise	3,51
Regionale und überregionale Verkehrsanbindung	3,42
Höhe der Gewerbe- und Grundsteuer	3,29
Gebühren für Wasser/Abwasser	3,22
Erreichbarkeit für Unternehmen	3,21
Image der Stadt	3,18
Dauer von Genehmigungsverfahren	3,12
Wohnen und Qualität des Wohnumfeldes	3,12

Die wichtigsten Standortfaktoren für Unternehmen der Region Leipzig/Halle. (Quelle: HWK/IHK zu Leipzig)

Den betrieblichen Leistungsprozess beschreiben

Während die eher **harten Faktoren** in konkreten Zahlen bewertet werden können, sind die eher **weichen Faktoren** nur sehr schwer messbar. Ihre Wertschätzung beruht häufig auf subjektiven Einschätzungen.

Standortfaktoren stehen in der Regel in Konkurrenz zueinander.

Beispiel

Die Kosten für den Erwerb von Gewerbeflächen, Gewerbesteuersatz und öffentliche Fördermittel erweisen sich als günstig, das Image und das Wirtschaftsklima der Region werden aber unterdurchschnittlich eingeschätzt.

3.6 Zusammenfassung und Aufgaben

Zusammenfassung

Leistungsprozesse in Dienst- und Sachleistungsbetrieben

Betriebe werden nach dem betrieblichen Leistungsprozess in **Dienstleistungs-** und **Sachleistungsbetriebe** eingeteilt.

Zu den **Dienstleistungsbetrieben** zählen:
- **Handelsbetriebe** (Beschaffung, Sortimentsbildung, Absatz),
- **Banken und Versicherungen** (Einlagen, Zahlungsverkehr, Finanzierung, sonstige Dienstleistungen)
- **Verkehrsbetriebe** (Transport von Personen und Gütern)

Dienstleistungen werden auch durch **Behörden** und **Betriebe der öffentlichen Verwaltung** erbracht.

Zu den **Sachleistungsbetrieben** gehören **Industriebetriebe** und **Handwerksbetriebe**.

Fertigungsverfahren

Fertigungsverfahren im Industriebetrieb unterscheidet man nach der Anzahl der Produkte in **Einzelfertigung** und **Mehrfachfertigung**.

Zur **Mehrfachfertigung** zählen **Serienfertigung**, **Sortenfertigung** und **Massenfertigung**.

Nach den **Organisationsformen der Fertigung** unterscheidet man **Werkstattfertigung**, **Fließfertigung** und **Gruppenfertigung**.

Ziele des Unternehmens

wirtschaftliche Ziele: z. B. Gewinn, Zahlungsfähigkeit, Wettbewerbsfähigkeit, Wachstum

soziale Ziele: z. B. Sicherung der Arbeitsplätze, menschenwürdige Arbeitsbedingungen, gerechte Entlohnung, Mitbestimmung

ökologische Ziele: z. B. Ressourcenschonung, Verminderung von Umweltbelastung, Recycling, umweltverträgliche Entsorgung

Zielbeziehungen

Zielharmonie: Die Ziele ergänzen sich.

Zielkonflikt: Die Ziele schließen sich gegenseitig aus.

Zieldifferenz: Die Ziele beeinflussen sich gegenseitig nicht.

Die eigene Rolle im Betrieb mitgestalten und den Betrieb präsentieren

LERNFELD 1

Funktionsbereiche des Unternehmens
Leitung/Verwaltung: Steuerung, Koordination und Überwachung; Festlegung der Unternehmensziele, Durchführung und Kontrolle; Unterstützung durch Verwaltung einschließlich Personalwesen und Buchhaltung
Beschaffung: Bereitstellung der Produktionsfaktoren: Arbeitskräfte, Betriebsmittel, Einkauf von Werkstoffen/Materialien bzw. Handelswaren
Leistungserstellung: Produktionsprogramm- und Fertigungsplanung, Produktionsdurchführung und -kontrolle, Lagerung von unfertigen und fertigen Produkten
Absatz: Verwertung der Leistung bzw. von Handelswaren mit Hilfe von Produkt-, Sortiments- und Servicepolitik, Preispolitik, Kommunikationspolitik und Distributionspolitik
Finanzierung: Versorgung mit ausreichendem Geldkapital; Anlage von Geldern

Standort
Standort: Ort, an dem die betriebliche Leistung erstellt und abgesetzt wird
Standortfaktoren: Markt/Kunden, Konkurrenz, Arbeitskräfte, Lage, Verkehrsanbindung, Kosten, Wirtschaftsklima, Telekommunikation, soziale und politische Bedingungen, Umweltqualität, Image, Traditionen…

Aufgaben

1. Prüfen Sie die folgenden Aussagen auf ihre Richtigkeit. Die Antwort ist jeweils zu begründen.

    (1) Banken und Versicherungen gehören zu den Dienstleistungsbetrieben, das Handwerk ist ein Sachleistungsbetrieb.

    (2) Dienstleistungen zur Versorgung der Bürger kann die öffentliche Verwaltung nicht bereitstellen.

    (3) Jedes Unternehmen lässt sich in folgende Funktionsbereiche gliedern: Beschaffung, Leistungserstellung und Absatz.

    (4) Unter der Überbrückungsfunktion des Handels versteht man ausschließlich die Überwindung der räumlichen Entfernung von Herstellung und Verbrauch.

    (5) Der Kapitalmarkt steht für die Abwicklung der betrieblichen Zahlungsvorgänge zur Verfügung.

    (6) Zur Mehrfachfertigung gehören die Serien- und Sortenfertigung.

    (7) Die Fließfertigung ist besonders für die Großserienfertigung geeignet.

    (8) Die betriebswirtschaftlichen Produktionsfaktoren sind die Arbeitsleistungen und Betriebsmittel, die in der Fertigung eingesetzt werden.

    (9) Maßstäbe zur Beurteilung des wirtschaftlichen Erfolgs eines Unternehmens sind die Rentabilität und die Liquidität.

Den betrieblichen Leistungsprozess beschreiben

LERNFELD 1

(10) Zielindifferenz bedeutet, dass das Erreichen bestimmter Ziele sich gegenseitig ausschließt.

(11) Bei der Verfolgung wirtschaftlicher und ökologischer Ziele besteht immer ein Zielkonflikt.

(12) Den Ort, an dem die betriebliche Leistung erstellt wird, bezeichnet man als Standort.

(13) In der Regel dominieren die beschaffungsorientierten Standortfaktoren.

2. Beschreiben Sie die Funktionsbereiche Ihres Ausbildungsbetriebs.

3. Erläutern Sie an einem Beispiel, inwieweit die Bedingungen des Absatzmarktes die betrieblichen Pläne und Entscheidungen in allen Funktionsbereichen beeinflussen.

4. Schildern Sie für ein typisches Produkt Ihres Ausbildungsbetriebs den Arbeitsablauf von der Kundenbestellung bis zum Rechnungsausgleich.

5. Machen Sie deutlich, welche Erwartungen Mitarbeiter an ihren Betrieb haben können.

6. Erläutern Sie an Beispielen Maßnahmen einer ökologisch orientierten Unternehmenspolitik.

7. Stellen Sie den Leistungsprozess Ihres Ausbildungsbetriebs dar.

8. Die Kühne & Ortmann OHG ist ein mittelständiges Unternehmen in der Elektroindustrie. Spezialisiert hat man sich auf die Montage von Schalterkästen. Für diesen Bereich legt die Abteilung Rechnungswesen der Kühne & Ortmann OHG für den Monat November folgende Zahlen vor:

Absatzmenge	Verkaufspreis	Gesamtkosten	Eigenkapital
1 250 Stück	360,00 EUR/Stk.	432 750,00 EUR	230 000,00 EUR

a) Berechnen Sie den Umsatz, den Gewinn und die Eigenkapitalrentabilität.

b) Berechnen Sie die Wirtschaftlichkeit und interpretieren Sie Ihr Ergebnis.

c) Schlagen Sie zwei Möglichkeiten vor, die Wirtschaftlichkeit zu verbessern.

9. Das XXL Fahrradcenter bietet auf einer Fläche von 6000 m² ein großes Sortiment rund ums Fahrrad: eine gigantische Auswahl an Fahrrädern, Fahrradzubehör, Fahrradbekleidung, Fahrradteilen, Fitness- und Heimsportgeräten von Standard bis High-End. Der Einzelhändler beabsichtigt, in der benachbarten Stadt im Ruhrgebiet eine Filiale zu errichten. Überlegen Sie, welche Standortfaktoren für die Neugründung der Filiale eine entscheidende Rolle spielen.

Die eigene Rolle im Betrieb mitgestalten und den Betrieb präsentieren

LERNFELD 1

4 Die Organisationsstruktur der Betriebe darstellen

4.1 Grundbegriffe und Grundsätze der betrieblichen Organisation

Organisation
= dauerhafte Regelungen

Die Erreichung und Sicherung der betrieblichen Ziele erfordert ein optimales Zusammenwirken u. a. von Mitarbeitern und Sachmitteln.

Es ist Aufgabe der **Organisation**, auf Dauer angelegte Regelungen zu schaffen, die die betrieblichen Abläufe zielorientiert steuern. Wiederkehrende Aufgaben können so zeitsparend, rationell und kostengünstig erledigt werden.

Beispiel

Die Abteilungsleitung „Einkauf" vertritt grundsätzlich die Abteilungsleitung „Lager" bei Abwesenheit.

Improvisation
= provisorische Regelungen

Im Gegensatz dazu bezeichnet die **Improvisation** die Regelung von vorübergehenden, ungeplanten oder unerwarteten Fällen.

Beispiel

Der Auslieferungsfahrer ist plötzlich erkrankt. Ein Mitarbeiter im Verkauf „Kleinmöbel" wird auf der morgendlichen Besprechung mit der Vertretung beauftragt.

Disposition
= fallweise Regelungen

In vielen Fällen müssen auch im Rahmen einer Dauerregelung einmalige Entscheidungen getroffen werden, um sich flexibel einer bestimmten Situation anzupassen. Eine solche fallweise Regelung wird **Disposition** genannt.

Beispiel

Im Lager ist heute eine umfangreiche Lieferung eingetroffen. Wie üblich erhält ein Mitarbeiter aus dem Verkauf den Auftrag, im Lager auszuhelfen.

Merke

Die Organisationsstruktur unterscheidet **unterschiedliche Organisationsgrade** (Organisation, Improvisation, Disposition) die zur Erreichung der betrieblichen Ziele aufgabenbezogen miteinander zu verbinden sind.

Organisation, Improvisation und Disposition sind gleichermaßen Bestandteil der Organisationsstruktur. Sie ergänzen einander,

→ sorgen für Stabilität und Flexibilität,

→ vermeiden Über- und Unterorganisation und

→ dienen der Wirtschaftlichkeit und Zweckmäßigkeit sowie Klarheit.

Die Organisationsstruktur der Betriebe darstellen

Im Rahmen der betrieblichen Organisation unterscheidet man die zwei Teilbereiche **Aufbau-** und **Ablauforganisation**. Die **Aufbauorganisation** schafft die Organisationsstruktur durch die Bildung organisatorischer Einheiten (z. B. Abteilungen) und Hierarchieebenen. Die **Ablauforganisation** beschreibt die Aufgabenerledigung durch die beteiligten Mitarbeiter und Sachmittel.

4.1.1 Aufbauorganisation

Die Aufbauorganisation bildet das hierarchische Gerüst eines Unternehmens (Über- bzw. Unterordnung). Eine optimale Gliederung und Ordnung im Aufbau wird durch Aufspaltung der Gesamtaufgabe in sinnvolle Haupt- und Teilaufgaben und anschließender Bündelung von zusammengehörenden Teilaufgaben zu Stellen herbeigeführt. Den Stellen und Abteilungen werden Zuständigkeiten und Verantwortung sowie Leitungsbefugnisse übertragen.

Stellen und Abteilungen werden durch **Aufgabenanalyse** und **Aufgabensynthese** gebildet.

> **Merke**
> Eine **Stelle** ist die kleinste Organisationseinheit in einem Unternehmen.

> **Merke**
> Durch Zusammenfassung von Stellen entstehen **Abteilungen**.

Analyse
Auflösung, Zergliederung eines Ganzen in seine Teile

Synthese
Zusammenfügung gleichartiger Teile

■ Stellenbildung

Nach Ermittlung der **Teilaufgaben** durch die Aufgabenanalyse werden in der Aufgabensynthese Teilaufgaben, die dem normalen Leistungsvermögen eines Mitarbeiters (Stelleninhabers) entsprechen, nach sachlichen Gesichtspunkten **zu einer Stelle gebündelt**.

> **Merke**
> Stellen, die weisungsbefugt sind, werden als **Instanzen** bezeichnet.

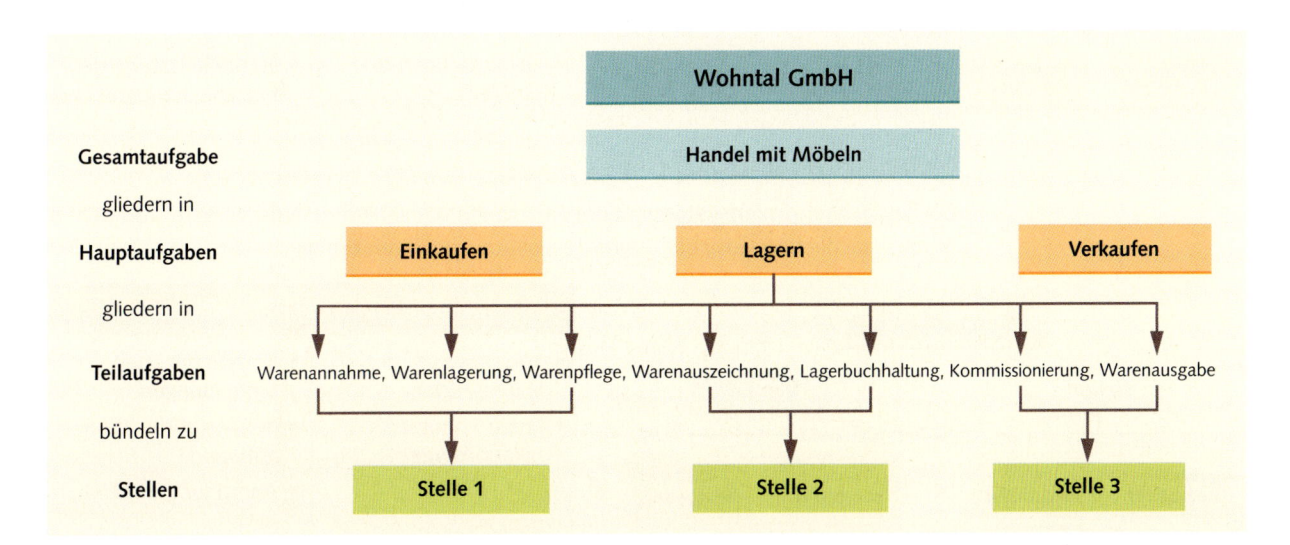

Wohntal GmbH — Handel mit Möbeln

- **Gesamtaufgabe** gliedern in
- **Hauptaufgaben**: Einkaufen | Lagern | Verkaufen
- gliedern in
- **Teilaufgaben**: Warenannahme, Warenlagerung, Warenpflege, Warenauszeichnung, Lagerbuchhaltung, Kommissionierung, Warenausgabe
- bündeln zu
- **Stellen**: Stelle 1 | Stelle 2 | Stelle 3

Die eigene Rolle im Betrieb mitgestalten und den Betrieb präsentieren

■ Abteilungsbildung

Abteilungen entstehen durch die **Zusammenfassung von mehreren Stellen** zu überschaubaren Bereichen unter einer einheitlichen Leitung. Die Abteilungsbildung kann nach unterschiedlichen Gesichtspunkten, die auch bei der Aufgabenanalyse zugrunde gelegt werden können, vorgenommen werden:

Abteilungsbildung nach

Funktion/Verrichtung:	z. B. Einkaufen, Lagern, Verkaufen
Objekten/Produkten:	z. B. Küchen, Wohnzimmer-, Schlafzimmer-, Kindermöbel
Personen:	z. B. dispositive (leitende) Arbeit, ausführende Arbeit
Phasen:	z. B. Planung, Durchführung, Kontrolle (z. B. der Produktion)

■ Leitungssysteme

Die Organisationsstruktur eines Unternehmens mit Entscheidungs- und Weisungsbefugnissen (Instanzenaufbau) wird grafisch in **Organigrammen** dargestellt. Dabei sind zu unterscheiden:

➡ **Linienstellen**, die **mit Weisungsbefugnis** vertikal in die Betriebshierarchie eingebunden sind.

➡ **Stabsstellen**, die horizontal **ohne Weisungsbefugnis** einem Aufgabenträger zugeordnet sind.

Einliniensystem

Bei einem **Einliniensystem** bekommt jede Stelle nur von der unmittelbar vorgesetzten Stelle Anweisungen.

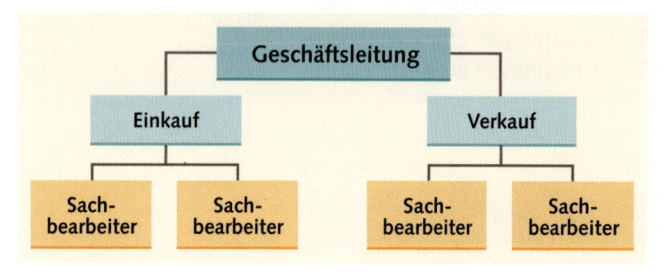

Vorteile	Nachteile
• übersichtlicher Aufbau	• starre Organisation
• klarer Dienstweg	• lange Kommunikationswege
• keine Kompetenzprobleme	• starke Belastung der Entscheidungsträger

Mehrliniensystem

Bei einem **Mehrliniensystem** hat der Mitarbeiter verschiedene Vorgesetzte, von denen er nach sachlichen Gesichtspunkten seine Anweisungen erhält.

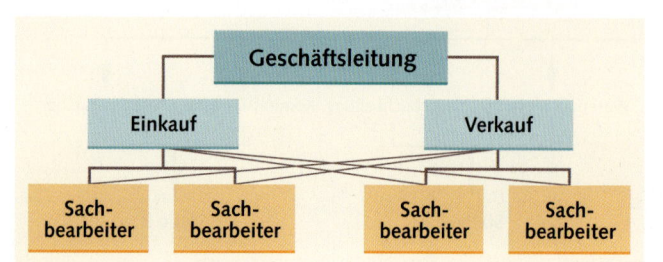

Vorteile	Nachteile
• Spezialwissen der Vorgesetzten	• Kompetenzüberschneidungen
• kurze Kommunikationswege	• hoher Koordinationsaufwand
	• Anordnungskonflikte

Stabliniensystem

Im **Stabliniensystem** beraten und unterstützen Stabsstellen mit ihrem Spezialwissen (z. B. Rechtswesen, Statistik) die Linienstellen. Stabsstellen haben jedoch **keine Weisungsbefugnis**.

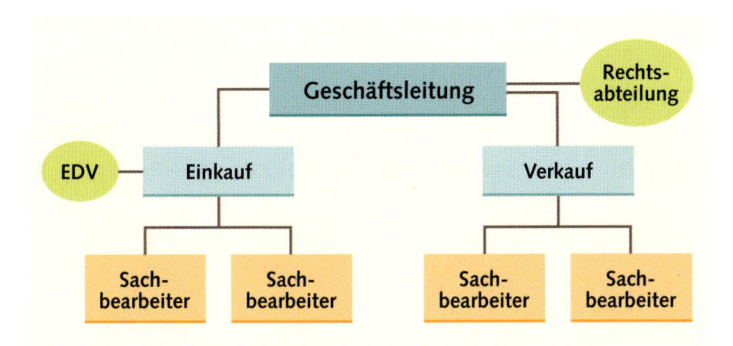

Vorteile	Nachteile
• Entlastung der Instanzen • Nutzung von Fachwissen • bessere Entscheidungen	• hohe Kosten • Akzeptanzprobleme • Trennung von Entscheidung und Entscheidungsvorbereitung

Mischformen

In größeren Unternehmen sind einfache Liniensysteme nicht geeignet, die komplexen Organsationsstrukturen und Entscheidungslinien umzusetzen. Als Mischformen sind die Spartenorganisation und die Matrixorganisation bekannt. In der **Spartenorganisation** gliedert man das Unternehmen nach Produkten/Produktgruppen (Sparten). Die Spartenorganisation ist eine Form des Einliniensystems, bei der jede Produktgruppe als eigenständiger Geschäftsbereich mit jeweils eigenen Abteilungen geführt wird. Das Strukturprinzip einer **Matrixorganisation** ist eine Kombination von Funktionen und Produkten; dabei wird die Leitungsfunktion auf zwei gleichberechtigte Instanzen verteilt. So bestimmen z. B. über den Einkauf von Produkt A gemeinsam der entsprechende Einkäufer und der jeweilige Produktmanager.

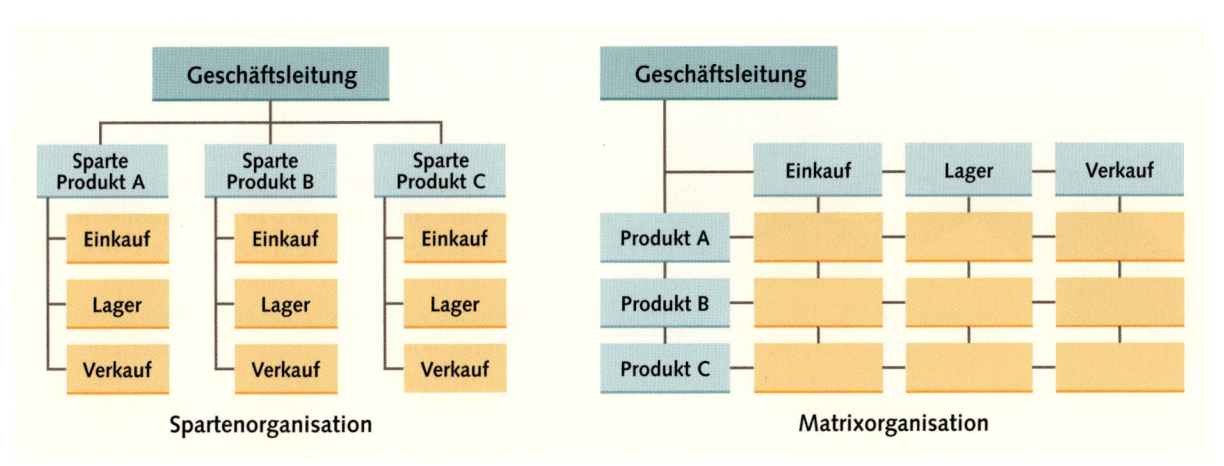

4.1.2 Ablauforganisation

Die Ablauforganisation befasst sich mit der **Strukturierung von Arbeits-/Geschäftsprozessen**. Die Erledigung von wiederkehrenden Aufgaben im Betrieb wird unter inhaltlichen, räumlichen und zeitlichen Aspekten beschrieben. Ziel der Ablauforganisation ist die effiziente, zweckmäßige und wirtschaftliche Gestaltung der Arbeitsabläufe.

Die eigene Rolle im Betrieb mitgestalten und den Betrieb präsentieren

LERNFELD 1

Die **Ablauforganisation** legt u. a. fest,
→ welche Arbeitsschritte vorgenommen werden,
→ wo diese Arbeiten erledigt werden,
→ welche Organisationseinheiten zuständig sind,
→ in welcher Reihenfolge die Tätigkeiten durchgeführt werden,
→ welche Hilfsmittel eingesetzt werden.

Beispiel

Für die Bearbeitung des Posteingangs wird folgender Arbeitsablauf festgelegt.

1. Grobsortieren der Eingangspost (Irrläufer, Privatbriefe, Geschäftspost …)
2. Öffnen der Post (Hilfsmittel)
3. Entnahme der Inhalte (Leerkontrolle)
4. Anbringen des Eingangsstempels (Ausnahmen: Urkunden, Dokumente, Verträge)
5. Eintragen ins Posteingangsbuch
6. Verteilen der Post (Fächer, Verteilermappen, Bote)

4.2 Entscheidungsbefugnisse von Mitarbeitern

Die Unternehmensleitung hat grundsätzlich das Recht und die Verantwortung, Entscheidungen zur Führung des Unternehmens zu treffen (**Geschäftsführungsbefugnis**) und Rechtsgeschäfte mit Dritten abzuschließen (**Vertretungsbefugnis**). Je nach Rechtsform des Unternehmens wird diese Führungsaufgabe vom Eigentümer, von Geschäftsführern oder Vorstandsmitgliedern wahrgenommen. Die Unternehmensleitung i. e. S. bezieht sich im Allgemeinen - zumindest in größeren Unternehmen - nur auf solche Instanzen an der Spitze des Unternehmens (Top-Management), deren Wirkungsbereich sich auf das Gesamtunternehmen erstreckt. Vielfältige Führungsaufgaben auf den nachgeordneten Führungsebenen (Middle-Management und Lower-Management) sowie die Fülle von Rechtsgeschäften auf der Ausführungsebene (z. B. Abschluss von Kaufverträgen) erfordern die Übertragung von Aufgaben auf kompetente Mitarbeiter. Diese sind mit den notwendigen **Vollmachten** auszustatten.

§§ 48 ff. HGB

Der Umfang einer Vollmacht kann vom Vollmachtgeber grundsätzlich frei bestimmt werden. Für die besonderen Erfordernisse der handelsrechtlichen Stellvertretung in der betrieblichen Praxis regelt das Handelsgesetzbuch zwei Arten von Vollmachten: **Prokura** und **Handlungsvollmacht**. Hinsichtlich des Umfangs der Handlungsvollmacht ist zu unterscheiden: **Allgemeine Handlungsvollmacht**, **Artvollmacht** und **Einzelvollmacht**.

4.2.1 Prokura

Die Prokura ist die **weitestgehende handelsrechtliche Vollmacht mit gesetzlich festgelegtem Umfang**. Sie kann nur von dem Inhaber des Handelsgeschäftes oder seinem Vertreter durch ausdrückliche Erklärung erteilt werden und ist zur Eintragung in das Handelsregister anzumelden.

§§ 48 f. HGB

Der Umfang der Prokura wird vom Gesetz jedoch eingeschränkt.

Umfang der Prokura	
nur mit besonderer Befugnis erlaubte Handlungen	gesetzlich ausgeschlossene Handlungen
• Veräußerung von Grundstücken • Belastung von Grundstücken	• Unterschreiben von Bilanzen und Steuererklärungen • Anmeldungen von Eintragungen ins Handelsregister • Aufnahme von Gesellschaftern • Erteilung von Prokura • Beantragung des Insolvenzverfahrens • Verkauf des Unternehmens

Merke

Die **Prokura** ermächtigt zu allen Arten von gerichtlichen und außergerichtlichen Geschäften und Rechtshandlungen, die der Betrieb **irgendeines** Handelsgewerbes mit sich bringt.

Eine weitere Beschränkung der Prokura ist im **Außenverhältnis** (also Dritten gegenüber) unwirksam. Die Prokura wird wirksam, sobald sie ins Handelsregister eingetragen wurde oder ein Dritter davon Kenntnis erlangt hat.

Im **Innenverhältnis** können jedoch weitere Beschränkungen hinsichtlich der selbstständigen Ausübung vereinbart werden. Entsprechend unterscheidet man folgende Arten der Prokura:

Arten der Prokura		
Einzelprokura	Gesamtprokura	Filialprokura
Der Prokurist ist ermächtigt, alle Rechtsgeschäfte allein vorzunehmen.	Rechtsgeschäfte können nur von mehreren Prokuristen gemeinschaftlich vorgenommen werden.	Die Vollmacht ist auf eine bestimmte Filiale/Niederlassung beschränkt.

Eine Beschränkung als Filialprokura ist Dritten gegenüber ausnahmsweise wirksam, wenn die Niederlassungen unter verschiedenen Firmen betrieben werden.

§ 50 HGB

Die Prokura wird im Geschäftsverkehr durch einen die Vollmacht andeutenden Zusatz zur Unterschrift deutlich gemacht: „**ppa**." (per procura). Die Prokura erlischt durch

- Widerruf,
- Aufhebung des Dienstverhältnisses,
- Auflösung des Unternehmens,
- Tod des Bevollmächtigten (nicht jedoch durch den Tod des Inhabers).

Das Erlöschen der Prokura muss ins Handelsregister eingetragen werden.

Die eigene Rolle im Betrieb mitgestalten und den Betrieb präsentieren

LERNFELD 1

4.2.2 Handlungsvollmacht

> **Merke**
>
> Die **allgemeine Handlungsvollmacht** ermächtigt zu allen Arten von Geschäften und Rechtshandlungen, die der Betrieb eines **derartigen** Handelsgewerbes **gewöhnlich** mit sich bringt.
>
> § 54 HGB

Jede andere im Betrieb eines Handelsgewerbes erteilte Vollmacht, die keine Prokura ist, wird als **Handlungsvollmacht** bezeichnet. Die Erteilung kann förmlich (durch ausdrückliche mündliche oder schriftliche Äußerung) oder formlos (durch konkludentes Handeln) erfolgen und ist nicht in das Handelsregister einzutragen.

Auch der Umfang der Handlungsvollmacht wird vom Gesetz näher umschrieben. Zur Durchführung folgender Rechtsgeschäfte ist der Handlungsbevollmächtigte nur ermächtigt, wenn ihm eine solche Befugnis ausdrücklich erteilt ist:

nur mit besonderer Befugnis erlaubte Handlungen
• Veräußerung oder Belastung von Grundstücken • Eingehen von Wechselverbindlichkeiten • Aufnahme von Darlehen • Führen von Gerichtsprozessen.

Die Handlungsvollmacht kann – im Gegensatz zur Prokura – auch Dritten gegenüber beschränkt werden. Der Dritte muss die **Beschränkung** gegen sich gelten lassen, wenn er sie kannte oder kennen musste.

Der Umfang der Handlungsvollmacht kann beliebig den Bedürfnissen des betreffenden Handelsgewerbes angepasst werden. Entsprechend unterscheidet man:

Arten der Handlungsvollmacht		
allgemeine Handlungsvollmacht oder **Generalhandlungsvollmacht**	**Arthandlungsvollmacht** oder **Teilvollmacht**	**Einzelvollmacht** oder **Spezialhandlungsvollmacht**
Ermächtigung zur Vornahme aller gewöhnlichen/branchenüblichen Rechtsgeschäfte	Ermächtigung zur Vornahme wiederkehrender Rechtsgeschäfte einer bestimmten Art/üblicher Geschäfte eines Arbeitsgebiets	Ermächtigung zur Vornahme eines bestimmten einzelnen Rechtsgeschäftes/einmalige Vornahme

Die Handlungsvollmacht wird im Geschäftsverkehr durch einen die Vollmacht andeutenden Zusatz zur Unterschrift deutlich gemacht: **„i. V."** (in Vertretung), **„i. A."** (im Auftrag).

Die Handlungsvollmacht erlischt durch
➜ Widerruf oder
➜ mit Ende des Geschäftsbetriebes.

Handlungsvollmacht

Hiermit erteilen wir, die Wohntal GmbH, Frau Franziska Leidholz mit sofortiger Wirkung Handlungsvollmacht für Tätigkeiten in der Abteilung Einkauf in unserem Unternehmen.

Die Handlungsvollmacht ist auf die in der Abteilung Einkauf auf regelmäßig vorkommende Geschäfte beschränkt.

Die Organisationsstruktur der Betriebe darstellen

LERNFELD 1

Vollmachten

Erteilungsbefugnisse	Umfang

Kaufmann lt. HGB (Inhaber oder Vertreter) → **Prokura**: **alle Arten** von gerichtlichen und außergerichtlichen Geschäften und Rechtshandlungen, die der Betrieb **irgendeines** Handelsgewerbes mit sich bringt.

Prokurist → **allgemeine Handlungsvollmacht**: alle **gewöhnlichen** (branchenüblichen) Rechtsgeschäfte eines **derartigen** Handelsgewerbes

allgemeiner Handlungsbevollmächtigter → **Artvollmacht**: **bestimmte Art** von Rechtsgeschäften (übliche Geschäfte eines Arbeitsgebietes)

Artbevollmächtigter → **Einzelvollmacht**: **einzelne** Rechtsgeschäfte

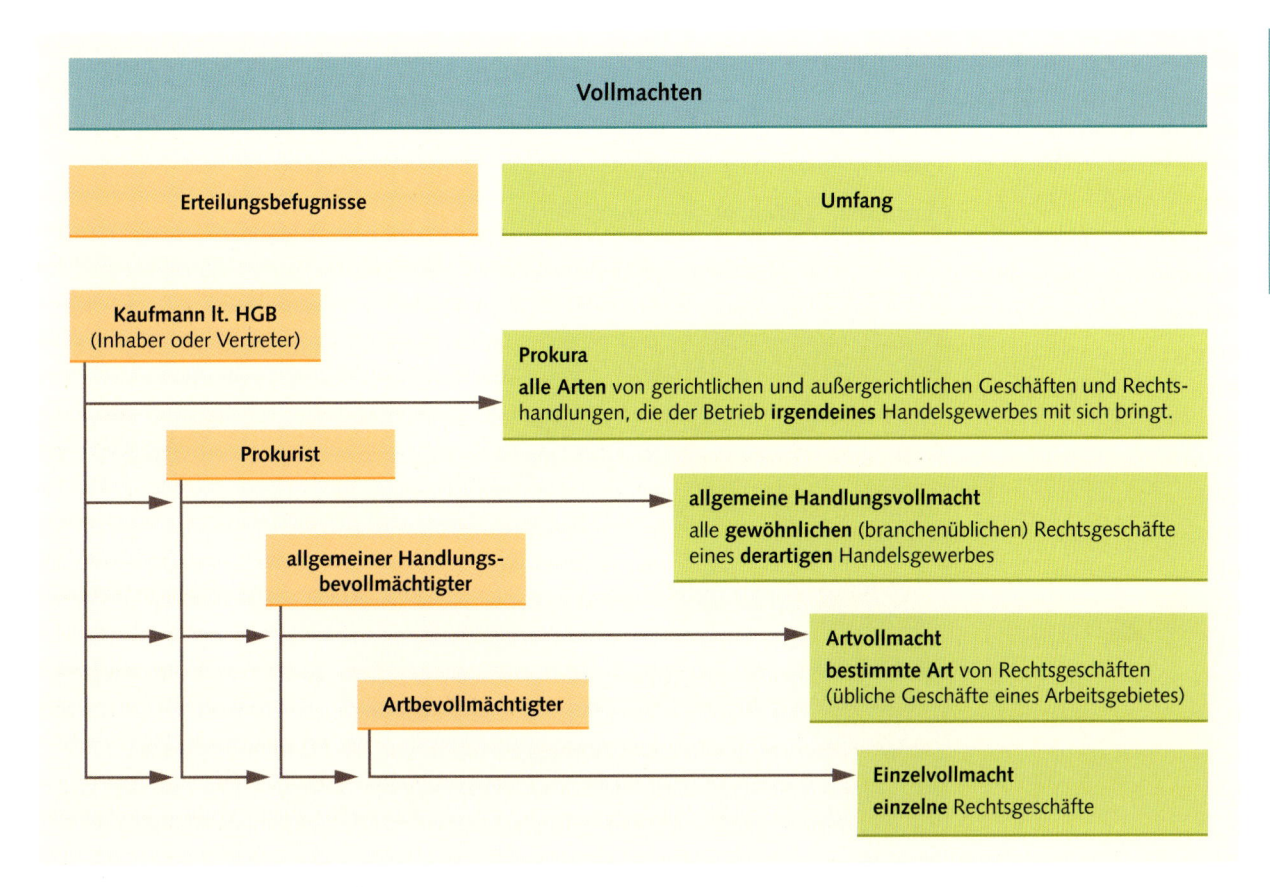

4.3 Zusammenfassung und Aufgaben

Zusammenfassung

Grundbegriffe und Grundsätze der betrieblichen Organisation

Betriebliche **Organisation** bedeutet, dauerhafte Regelungen zu schaffen, die zielorientiert die betrieblichen Abläufe steuern.

Improvisation: Regelungen von vorübergehenden, ungeplanten oder unerwarteten Fällen

Disposition: fallweise Regelung

Grundsätze der Organisation: Stabilität und Flexibilität, Vermeidung von Über- und Unterorganisation, Wirtschaftlichkeit und Zweckmäßigkeit, Klarheit

Bereiche der Organisation

Die **Aufbauorganisation** schafft eine Organisationsstruktur durch die Bildung organisatorischer Einheiten (Stellen, Abteilungen) und Hierarchieebenen (Leitungssysteme).

Die **Ablauforganisation** beschreibt die Aufgabenerledigung und strukturiert dadurch Arbeits- bzw. Geschäftsprozesse.

Die eigene Rolle im Betrieb mitgestalten und den Betrieb präsentieren

LERNFELD 1

Stellen und Abteilungen

Aufgabenanalyse und **Aufgabensynthese** führen zu Stellen- und Abteilungsbildung.

Stellen: kleinste Organisationseinheit in einem Unternehmen

Instanzen: Stellen, die weisungsbefugt sind

Abteilungen: Zusammenfassung von Stellen; Abteilungen können gebildet werden nach Funktion/Verrichtung, Objekten/Produkten, Personen, Phasen.

Leitungssysteme

Linienstellen sind **mit Weisungsbefugnis** in die Betriebshierarchie eingebunden.

Stabsstellen sind **ohne Weisungsbefugnis** einem Aufgabenträger zugeordnet.

Einliniensystem: Jede Stelle erhält Anweisungen nur von der unmittelbar vorgesetzten Stelle.

Mehrliniensystem: Mitarbeiter erhalten Anweisungen von verschiedenen Vorgesetzten.

Stabliniensystem: Stabsstellen ohne Weisungsbefugnis beraten und unterstützen mit ihrem Spezialwissen die Linienstellen.

Als Mischformen gelten die **Spartenorganisation** und die **Matrixorganisation**.

Vollmachten

Das Handelsgesetzbuch regelt zwei Arten von Vollmachten: **Prokura und Handlungsvollmacht.**

Prokura ist die weitestgehende handelsrechtliche Vollmacht mit gesetzlich festgelegtem Umfang.

allgemeine Handlungsvollmacht: Ermächtigung zur Vornahme aller gewöhnlichen/branchenüblichen Rechtsgeschäfte

Artvollmacht: Ermächtigung zur Vornahme wiederkehrender Rechtsgeschäfte einer bestimmten Art/üblicher Geschäfte eines Arbeitsgebiets

Einzelvollmacht: Ermächtigung zur Vornahme eines bestimmten, einzelnen Rechtsgeschäftes/einmalige Vornahme

Aufgaben

1. Prüfen Sie die folgenden Aussagen auf ihre Richtigkeit. Die Antwort ist jeweils zu begründen.

    (1) Aufgabe der Organisation ist es, auf Dauer angelegte Regelungen zu schaffen, die zielorientiert die betrieblichen Abläufe steuern.

    (2) Die Regelung von vorübergehenden, ungeplanten oder unerwarteten Fällen wird als Disposition bezeichnet.

Die Organisationsstruktur der Betriebe darstellen

(3) Eine Abteilung ist die kleinste Organisationseinheit in einem Unternehmen.

(4) Instanzen und Stabsstellen sind niemals weisungsbefugt.

(5) Durch die Aufgabensynthese ermittelt man die Teilaufgaben in einem Unternehmen.

(6) Bei einem Einliniensystem bekommt jede Stelle nur von der unmittelbar vorgesetzten Stelle Anweisungen.

(7) Im Mehrliniensystem sind die Vorgesetzen zur Kommunikation untereinander verpflichtet.

(8) Stabliniensysteme nutzen zur Verbesserung von Entscheidungen den Rat von Experten.

(9) Sparten- und Matrixorganisation eignen sich besonders für kleine Handwerksbetriebe.

(10) Der Prokurist darf Bilanzen und Steuererklärungen unterschreiben.

(11) Gesamtprokura bedeutet, dass Rechtsgeschäfte nur von mehreren Prokuristen gemeinschaftlich vorgenommen werden können.

(12) Mit einer Einzelvollmacht können regelmäßig wiederkehrende Rechtsgeschäfte abgeschlossen werden.

2. Erläutern Sie die Grundsätze der Organisation.

3. Unterscheiden Sie Aufbau- und Ablauforganisation.

4. Erläutern Sie die Bildung von Stellen durch Aufgabenanalyse und Aufgabensynthese anhand eines Beispiels aus Ihrem Ausbildungsbetrieb.

5. Beschreiben Sie die bekannten Leitungssysteme und erklären Sie jeweils Vor- und Nachteile.

6. Erstellen Sie ein Organigramm Ihres Ausbildungsbetriebs.

7. In der Ablauforganisation wird u. a. die Reihenfolge von Arbeitsschritten festgelegt. Skizzieren Sie die Arbeitsschritte beim Postausgang.

9. Welche Rechtsgeschäfte sind dem Prokuristen gesetzlich verboten?

10. Unterscheiden Sie: Generalhandlungsvollmacht, Arthandlungsvollmacht und Spezialhandlungsvollmacht.

11. Stellen Sie fest, wann die Erteilung der Prokura Dritten gegenüber wirksam wird.

12. Klären Sie, welche Bedeutung die Beschränkung auf eine Gesamtprokura für das Außen- und Innenverhältnis hat.

Die eigene Rolle im Betrieb mitgestalten und den Betrieb präsentieren

5 Exkurs: Den eigenen Betrieb präsentieren – Präsentationen vorbereiten, durchführen und nachbereiten

5.1 Informationen und Informationsquellen suchen und bewerten

Um den eigenen Betrieb angemessen präsentieren zu können, müssen die hierzu erforderlichen Informationen beschafft werden. Aufgrund der häufig eher im Überfluss vorhandenen Informationen ist hierbei vorab eine genauere Überlegung notwendig, um einerseits wirtschaftlich, also mit dem angemessenen Aufwand vorzugehen, zugleich aber auch zeitnah an die richtigen Informationen zu kommen. Zu bedenken ist auch, dass die beschafften Informationen auf die jeweilige Zielgruppe zugeschnitten werden müssen und in angemessener Form präsentiert werden sollen.

5.1.1 Informationsbeschaffungsstrategie

Für die zielgerichtete und planvolle Vorgehensweise ist zunächst der konkrete **Informationsbedarf** festzulegen. Es ist zu klären, für welche Zielgruppe welche Informationen mit welcher Zielsetzung beschafft werden sollen. Im Zusammenhang der Präsentation des eigenen Betriebes geht es darum,

→ die anderen Auszubildenden über den Betrieb zu informieren und
→ zu belegen, dass der eigene Betrieb richtig erkundet werden konnte.

Danach sind die in einem vertretbaren Zeitumfang zu erkundenden Informationen zu bestimmen.

Anders gesagt: Um sich bei der Informationsbeschaffung nicht zu verzetteln, sollte vorab festgelegt werden, welche Informationen benötigt werden.

Grundsätzlich kommen hierzu vor allem die folgenden Quellen in Frage:

→ **Internet** (eigene Homepage und Fremddarstellungen),
→ **Presseberichte** über den eigenen Betrieb,
→ **Prospekte** des Ausbildungsunternehmens,
→ **Expertenbefragung** (z. B. Ausbildungsleiter, Mitglied der Unternehmensleitung),
→ eigene **Umfragen**.

Insbesondere durch das **Internet** stehen heute sehr viele Informationen zur Verfügung. Diese enorme Informationsvielfalt birgt die Gefahr, dass das Wichtige von dem Unwichtigen, das Aktuelle von dem Veralteten, das Glaubwürdige von dem Unglaubwürdigen zunächst mühsam getrennt werden muss. Dabei muss dann nicht nur die jeweilige Information untersucht werden, auch die Informationsquelle ist einzuschätzen. Außerdem führt die Informationsvielfalt unter Umständen zu einem sehr hohen Zeitaufwand, der kaum noch im Verhältnis zu den erzielten Ergebnissen steht.

Exkurs: Präsentationen vorbereiten, durchführen und nachbereiten

Damit bezogen auf den eigentlichen Informationszweck die richtigen Informationen zusammengestellt werden können, sind die gesammelten Informationen zu **bewerten** und dann **gezielt auszuwählen**. Deshalb spricht man auch von einer **selektiven Informationsbeschaffungsstrategie**. Die erforderlichen und geeigneten Informationsinhalte müssen aus den Gesamtinformationen herausgelöst werden.

Merke

Eine planvolle **Informationsbeschaffungsstrategie** umfasst:
- Zielgruppe und Zielsetzung festlegen,
- benötigte Informationen identifizieren,
- Informationsquellen auswählen,
- zusammengestellte Informationen bewerten,
- Informationen für konkrete Zielsetzungen in angemessenem Umfang auswählen.

5.1.2 Elaborationsstrategie

Die Informationsrecherche führt bei dem Informanten in der Regel zu einer Anhäufung neuer, vielfach bislang unbekannter Informationen. Damit diese gesammelten Informationen mit den bisherigen eigenen Erkenntnissen in einen sinnvollen Zusammenhang gebracht und für die Präsentation gegenüber anderen aufbereitet werden können, ist eine entsprechende eigenständige Bearbeitung der Informationen erforderlich. Dieser Vorgang wird auch als **Elaborationsstrategie** bezeichnet. Dabei werden aus den zusammengestellten Informationen

- **Querverbindungen** zwischen bereits vorher Bekanntem und Neuem hergestellt,
- logische **Schlussfolgerungen** gezogen,
- **Formulierungen** in eigene Worten gefasst,
- **Medien** festgelegt, mit denen die Informationen präsentiert werden sollen.

Im Hinblick auf die Präsentation des eigenen Betriebes im schulischen Zusammenhang ist bei der Elaborationsstrategie besonders darauf zu achten, dass eine **eigenständige Präsentation** entsteht, die

- bereits vorhandene Informationen **individuell** (sachgerecht und zielgruppenadäquat) zusammenstellt und
- in eine **allgemein verständliche Sprache** „übersetzt".

Darüber hinaus sollten alle präsentierten Informationen vom Präsentierenden selbst so gut verstanden worden sein, dass er **Rückfragen** der Zuhörer selbstständig und sicher beantworten kann.

Die eigene Rolle im Betrieb mitgestalten und den Betrieb präsentieren

Die ausgewählten Informationen können dabei z. B. folgendermaßen umgesetzt werden:

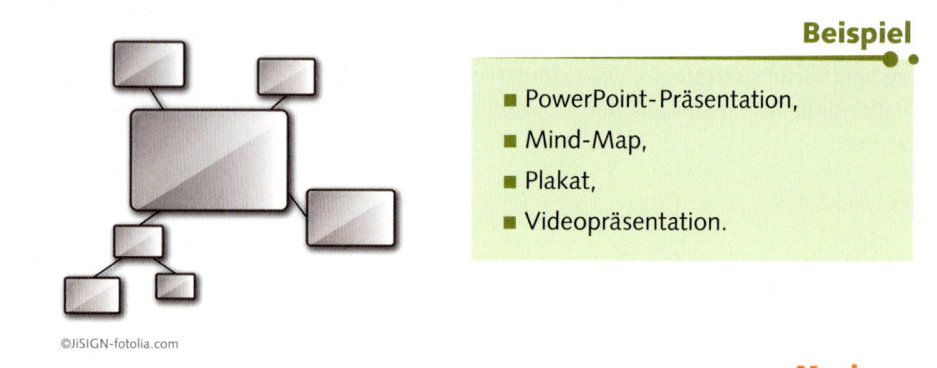

Beispiel

- PowerPoint-Präsentation,
- Mind-Map,
- Plakat,
- Videopräsentation.

Merke

Elaboration der Informationen: Umsetzung der ausgewählten Informationen in eigene Sprache und mit eigenständig gestalteten Medien.

5.2 Eine geeignete Präsentationsform wählen

Während Ihrer Ausbildung im Betrieb und in der Schule sowie bei Ihrer späteren Tätigkeit im Beruf erhalten Sie häufig den Arbeitsauftrag, Ihre Ergebnisse (z. B. eines Arbeitsprojektes oder eines Unterrichtsprojektes) zu präsentieren. Im Rahmen des Berufsschulunterrichts ist die Lernsituation „Den eigenen Betrieb präsentieren" zu bearbeiten. Sie haben sich unter Berücksichtigung der Ihnen bekannten Strategien Informationen zur Darstellung Ihres Betriebes beschafft und diese bewertet. Sie kennen den Aufbau des Betriebes, seine Stellung in der Gesamtwirtschaft, das Leistungsspektrum und seine Ziele.

Falls der Arbeitsauftrag zur Präsentation sehr allgemein und offen formuliert ist, werden Sie zuerst einige Vorüberlegungen anstellen.

→ Vor **welchem Publikum** wird die Präsentation gehalten (z. B. Lerngruppe, neue Auszubildende)? Welches ist der **Präsentationsanlass** (z. B. Ausbildungsmesse)?

→ Wie viel **Präsentationszeit** steht zur Verfügung?

→ Welche **Inhalte** sollen präsentiert werden?

→ Welche **Medien** stehen zur Verfügung? Welche **Form** der Präsentation ist geeignet (z. B. gesprochener Kurzvortrag mit oder ohne Einsatz von Medien)?

→ Wie sind **Aufbau** und **Gliederung** zu gestalten (z. B. Gestaltung des Einstiegs)?

→ Welche **Präsentationsregeln** sind zu beachten, damit die Aufmerksamkeit des Publikums erreicht wird?

Ein weiterer Aspekt, der bereits bei Ihren Vorüberlegungen eine Rolle spielen sollte, betrifft die **Bewertung** Ihrer Präsentation.

Exkurs: Präsentationen vorbereiten, durchführen und nachbereiten

5.2.1 Präsentationsformen

Merke

Die gewählte **Präsentationsform** soll geeignet sein, die erarbeiteten Inhalte in der vorgegebenen Zeit sachgerecht, verständlich, anschaulich und interessant zu übermitteln.

Dazu können prinzipiell ein **Vortrag** bzw. ein **Referat**, ein **Plakat**, eine **Broschüre** oder ein **Rollenspiel** zweckmäßig sein. Häufig werden aber Medien genutzt, die durch die Möglichkeiten der Visualisierung (z. B. Bilder, Zeichnungen) zu einem besseren Verständnis führen und als Gedächtnisstütze wirken. Der Einsatz von Medien sollte jedoch mit Bedacht gewählt werden. Es geht nicht um die Darstellung einer reinen Technikkompetenz, sondern um den sachgerechten zielorientierten Einsatz von Medien. Die soundsovielte **PowerPoint-Präsentation** erweckt vielleicht nicht mehr die Bedürfnisse und Interessen des Publikums.

■ Ausgewählte Präsentationsmedien

Wandtafel/White Board
… bis zu 30 Personen

Die Wandtafel bzw. das White Board ist (in Schulen) fast immer verfügbar, einfach zu handhaben und ermöglicht eine **dynamische Entwicklung von Sachverhalten**. Das Löschen und Korrigieren ist jederzeit möglich. Sie ist geeignet für farbige Darstellungen von Schrift und Skizzen bei entsprechender Qualität der Handschrift. Nach vollständiger Nutzung ist die Tafel wieder zu säubern, die Tafelbilder müssen abgeschrieben werden, ggf. ist eine fotografische Sicherung möglich. Die feste Montage der Tafel erfordert eine bestimmte Sitzordnung. Die Gleichzeitigkeit von Tafelanschrieb und Sprechen erschwert die Kommunikation mit dem Publikum.

Flipchart
… bis zu 30 Personen

Das Flipchart ist ein Block mit großen Papierbögen, der zur Präsentation auf einem Ständer mit einer Klemmvorrichtung angebracht wird. Flipcharts sind einfach in der Handhabung, transportierbar und flexibel aufstellbar. Es besteht die Möglichkeit zur **Entwicklung von Sachzusammenhängen während des Vortrags** und zur Aufnahme von spontanen Beiträgen. Flipchartbögen können vorbereitet werden und Ergänzungen sind leicht möglich. Erstellte Charts lassen sich gut verwahren und bei Bedarf wiederverwenden. Für die Darstellungen gibt es eine Fülle von Hilfsmitteln wie Klebepunkte, Moderationskarten, bunte Stifte u. a. m. Flipcharts eignen sich aufgrund der Größe und begrenzten Lesbarkeit eher für kleine Gruppen.

Moderationswand/Pinwand
… bis zu 30 Personen

Die Moderationswand/Pinwand ist i. d. R. eine Stellwand, die in verschiedensten Ausführungen eingesetzt werden kann (z. B. Hochformat, Querformat, Wand-Pinwand, klappbare Pinwand, Magnettafel). Ein Moderationskoffer mit unterschiedlichen Materialien (z. B. Plakate, Karten, Wolken, Pushpins/Nadeln, Stifte, Klebstoff) wird häufig genutzt, um die **Ergebnisse einer Teamarbeit zu entwickeln und darzustellen** und eine Präsentation vorzubereiten. Ergänzungen und Änderungen sind während eines Vortrags leicht möglich. Je nach Ausführung kann die Moderationswand mehr oder weniger leicht transportiert und flexibel genutzt werden.

Die eigene Rolle im Betrieb mitgestalten und den Betrieb präsentieren

... bis zu 200 Personen

Overheadprojektor/Tageslichtprojektor

Der Overheadprojektor gehört seit vielen Jahren zu der Standardausstattung in Schulen und Seminarräumen. Er projeziert eine beschreibbare, transparente Folie auf eine Leinwand oder weiße Fläche. Dabei müssen der Projektionsabstand und die Schärfe eingestellt werden. Der Projektor ist relativ einfach zu bedienen und zu transportieren, ermöglicht Blickkontakt zum Publikum und ist für größere Räume geeignet. Allerdings entsteht bei zu starkem oder ungünstigem Lichteinfall ein Verdunkelungsproblem. Die Folien können **mit eigener Handschrift** (spezielle Folienstifte: permanent oder wasserlöslich) oder **als Kopien vorbereitet** und **mit Bildern und Grafiken** ergänzt werden. Dabei ist zu beachten, dass nur wenige gut strukturierte Informationen in hinreichend großer Schrift präsentiert werden. Hinzufügungen sind während der Präsentation möglich, beeinträchtigen jedoch den Blickkontakt zum Publikum. Die vorbereiteten Folien können wiederverwendet werden.

... jede Gruppengröße

PC/Notebook/Beamer

Präsentationen in der Kombination von PC/Notebook und Beamer haben sich als wichtigstes Präsentationsmedium etabliert. Der mit dem PC/Notebook verbundene Beamer zeigt auf der Projektionsfläche die Präsentation, die mit einer Software, z. B. PowerPoint, erstellt wurde. PowerPoint ist weit verbreitet und hat sich auch in Schulen und Betrieben durchgesetzt. Die Präsentationen werden in einer **Datei gespeichert**, die **immer wieder verwendet** und problemlos **verändert** werden kann. Mit dem Programm ist eine Präsentation mit Texten, Bildern, Grafiken, Diagrammen, Filmausschnitten, Hintergrundbildern sowie mit vielen Effekten und Animationen relativ leicht zu erstellen. Das Programm bietet selbst eine Fülle von Vorlagen für die vielfältige Gestaltung der Folien. Dabei besteht aber leicht die Gefahr einer Überfrachtung von Stilelementen, Animationen und Effekten. Die Beachtung von Präsentationsregeln ist für eine gute PowerPoint-Präsentation unerlässlich.

5.2.2 Präsentationsregeln

Aufgabe einer guten Präsentation ist es, eine Kommunikation mit der **Zielgruppe** herzustellen, ihre Interessen und Bedürfnisse zu berücksichtigen, sachlich zu informieren, zu motivieren und zu überzeugen. Entscheidend dafür sind eine klare Struktur, ein logischer Aufbau, eine angemessene Visualisierung sowie der überzeugende Vortrag.

■ Aufbau und Struktur

Der grundlegende Aufbau einer Präsentation besteht immer aus A = Anfang/Einleitung, H = Hauptteil und A = Abschluss (AHA-Prinzip).

Merke

> **AHA-Prinzip**: **A** = Anfang/Einleitung, **H** = Hauptteil und **A** = Abschluss

Exkurs: Präsentationen vorbereiten, durchführen und nachbereiten

Einleitung

Der richtige Einstieg in die Präsentation ist wichtig, um Aufmerksamkeit zu erwecken, zu motivieren, Interesse hervorzurufen und zum Thema hinzuführen. Eine **positive Stimmung** zu Beginn einer Präsentation schafft Akzeptanz, gibt Sicherheit, baut Lampenfieber ab und ist mitentscheidend für den Erfolg. Neben einem ernsten, sachlichen Beginn mit einer **Begrüßung** und direkter **Vorstellung des Themas** gibt es je nach Anlass vielfältige Möglichkeiten für einen gelungenen wirkungsvollen Einstieg.

Tipps

- Beginnen Sie mit einer **aktuellen Nachricht** oder mit einem besonderen Ereignis.
- Kündigen Sie eine **Neuheit** an.
- Eröffnen Sie mit einem **Zitat**, Sprichwort oder Aphorismus.
- Starten Sie einen **humorvollen Beginn** durch Erzählen einer Anekdote oder einer witzigen Begebenheit (Vorsicht! Wirkung vorher testen!).
- Führen Sie durch **Illustrationen**, Karikaturen oder Sketche zum Thema.
- Stellen Sie eine sachliche oder provozierende **Leitfrage**.
- **Begrüßen** Sie Ihr Publikum als fachkompetente Zielgruppe.

Der Einstieg in eine Präsentation sollte möglichst kurz sein, um die Spannung und Erwartungshaltung aus der Eröffnung dynamisch in den Hauptteil zu überführen.

Hauptteil

Im Hauptteil der Präsentation wird das **eigentliche Präsentationsthema** ausführlich dargestellt. Eine Erfolg versprechende Struktur erfordert eine deutliche und nachvollziehbare Gliederung der Inhalte und einen logischen Aufbau (z. B. von der Beschreibung der Ist-Situation über die Nennung von Zielen und Problemen bis zu Lösungsvorschlägen). Der Adressat muss die **Kernbotschaft** wahrnehmen und den roten Faden stets erkennen können. Dazu sind folgende Tipps zu beachten:

Merke

Der **rote Faden** muss stets erkennbar sein.

Tipps

- Ihre **Gliederung** muss klar, zielführend und in sich logisch sein.
- Halten Sie die **Anzahl der Gliederungspunkte möglichst gering** bzw. übersichtlich.
- Wählen Sie nur Informationen, die für die Zielgruppe **bedeutsam** sind.
- **Wiederholen** Sie Kerninhalte.
- **Verstärken** Sie Kernaussagen mit einer geeigneten Visualisierung.
- Lassen Sie Unwichtiges unbedingt weg (**keine Folienschlachten!**).
- Stellen Sie den **Nutzen** für die Adressaten heraus.
- Stellen Sie Sachverhalte möglichst **einfach** dar. (KISS: Keep it short and simple!)
- Wählen Sie pro Gliederungspunkt **nur einen Sachverhalt** (Weniger ist mehr!).
- Halten Sie unbedingt den **Zeitrahmen** ein.

LERNFELD 1

Schluss

Der Schlussteil rundet die Präsentation ab. Empfehlenswert ist eine **kurze Zusammenfassung** (keine Wiederholung!) der Kernaussagen, um diese beim Zuhörer nochmals zu verstärken. Es können Schlussfolgerungen gezogen werden mit Hinweisen auf offene Fragen und einem Ausblick auf konkrete Maßnahmen, die nun zu ergreifen sind. Gegebenenfalls fordert man das Publikum auf, Fragen zu stellen, oder man eröffnet eine Diskussion. Der Dank für die Aufmerksamkeit und die Verabschiedung gehören selbstverständlich zum Schluss der Präsentation dazu. Die Schlussfloskel „Danke für Ihre Aufmerksamkeit" ist zwar allgemein üblich, aber nicht sehr professionell.

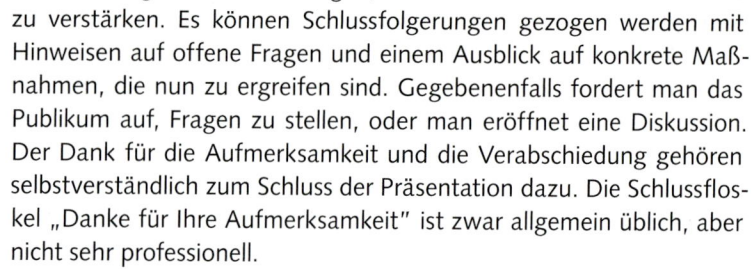

> **Tipp**
> Ein **originelles Ende** der Präsentation bleibt beim Publikum am meisten im Gedächtnis (z. B. Cartoon, Zitat).

■ Visualisierung

> **Merke**
> **Sparsamkeit** bei Texten und Effekten!

Der Einsatz von Präsentationsprogrammen bietet eine Fülle von Möglichkeiten zur Visualisierung mit **Texten, Farben, Hervorhebungen, Grafiken, Bildern, Cliparts, Animationen, Geräuschen** u. v. a. m. Voreingestellte Layouts und Design-Vorlagen unterstützen die Gestaltung der Folien. Zur Grundregel jeder Visualisierung gehört es jedoch, sparsam mit Texten und Effekten umzugehen. Eine Visualisierung muss immer zweckgebunden sein und darf die Aufmerksamkeit des Publikums nicht ablenken. Ein schlichtes und klar gestaltetes Foliendesign ist deutlich besser geeignet, den inhaltlichen Aussagen zu folgen und diese zu verstehen, als ein Übermaß an visuellen Elementen (keine fliegenden Buchstaben, keine nervenden Sounds!).

> **Merke**
> **Visualisierung** ist kein Selbstzweck!
> Entscheidend ist die **Lesbarkeit**!

> **Tipps**
> - Wählen Sie für alle Vorlagen ein **einheitliches Layout**.
> - Schaffen Sie eine **Ordnung** durch Anordnung von Zusammengehörigem (Schaffen von Sinnblöcken durch Zeichen, Rahmungen, Farbunterlegungen usw.).
> - Erstellen Sie für jede Folie eine **prägnante Titelbezeichnung** als Überschrift oder Unterschrift oder in der Mitte stehend.
> - Vermeiden Sie textlastige Folien. (Das Publikum soll sich nicht mit Lesen beschäftigen; **ganze Sätze sind ein „No-Go"**!).
> - Langweilen Sie nicht mit ständigen **Bulletpoint-Aufzählungen**.
> - Wählen Sie zur besseren Lesbarkeit eine einfache **serifenlose Schrift**.
> - Nutzen Sie **einheitliche Schriftarten**, -größen und -farben für die jeweiligen Gliederungsebenen.
> - Achten Sie auf **lesbare Schriftgrößen**.

- Verwenden Sie **kontrastreiche Farben** (Kontrast zur Hintergrundfarbe), ohne bunt zu werden.
- Setzen Sie **Farben funktionsbezogen** ein: Gleiche Farbe signalisiert gleiche Bedeutung.
- Arrangieren Sie **Text-Bild-Kombinationen**. Beide Gehirnhälften werden angesprochen und erhöhen somit die Informationsaufnahme: Die linke Gehirnhälfte speichert begriffliche Informationen, die rechte Gehirnhälfte verarbeitet bildhafte Eindrücke.
- Bild schlägt Wort: Gestalten Sie aussagekräftig, aber zweckmäßig und **sparsam mit Bildern**, Fotos, Diagrammen, Grafiken, Tabellen, Demos, Cliparts.
- **Überfordern** Sie das Publikum nicht mit visuellen Elementen, die zusätzlichen Erklärungsbedarf hervorrufen.
- **Testen Sie Ihre Präsentation**.

■ Vortrag

Die beste Visualisierung ist ohne einen gelungenen Vortrag nicht viel wert. Visualisierung und Vortrag müssen zueinander passen, die Zielgruppe ist adressatengerecht (z. B. Fachpublikum) anzusprechen. Ungeübte sind häufig nervös und haben die Befürchtung, den Text zu vergessen oder sich zu verhaspeln und beim Publikum nicht anzukommen. Eine **intensive Vorbereitung**, eine **präzise Planung** und ein **mehrmaliges Üben** sind deshalb für ein sicheres Auftreten unerlässlich. Neben einer ansprechenden sprachlichen Vortragstechnik sind auch die Körpersprache, die auch ein Ausdruck für die eigene Selbstsicherheit ist, und das Outfit für den Erfolg eines Vortrags nicht zu unterschätzen. Die folgenden Empfehlungen sind Anregungen für die Gestaltung eines guten Vortrags.

Merke
Bereiten Sie Ihren Vortrag gut vor!

Tipps

- Bereiten Sie Ihren Vortrag mit einem **Manuskript** vor (z. B. Stichworte auf Karteikarten).
- Halten Sie **Blickkontakt** zum Publikum. Reden Sie nicht zur Leinwand, zum Laptop oder zum Manuskript.
- Lernen Sie die ersten 2-3 Sätze **auswendig**.
- Sprechen Sie möglichst **frei**.
- Sprechen Sie **langsam** und **deutlich**, machen Sie Pausen.
- Vermeiden Sie lange Sätze und Füllsel („**äähm**", „**hm**").
- Tragen Sie **akzentuiert** vor (keine monotone Sprechweise).
- Achten Sie auf Ihre **Körperhaltung**. Zappeln Sie nicht und vermeiden Sie übertriebene Gesten. Stecken Sie die Hände nicht in die Hosentaschen!
- Vermeiden Sie es, **Inhalte der Folien** vorzulesen.
- **Verdecken** Sie nicht die Projektionsfläche.
- Halten Sie die **Zeitvorgaben** ein.

Die eigene Rolle im Betrieb mitgestalten und den Betrieb präsentieren

5.3 Präsentationen bewerten

Selbstverständlich werden Präsentationen durch die **Zuhörerschaft bewertet** – immer! Eine erste, spontane Bewertung geschieht quasi automatisch: Wir können gar nicht verhindern, dass wir einen (wenn auch zunächst nur diffusen) Eindruck gewinnen, ob uns die Präsentation gefallen hat oder nicht. Je nachdem, in welchem Zusammenhang die Präsentation stattgefunden hat, wird es aber Sinn machen, sie nicht nur intuitiv, sondern ausdrücklich (z. B. mittels Fragebogen) zu evaluieren. So lässt sich aus erster Hand erfahren, wie die Zielgruppe die Präsentation wahrgenommen hat, worin die Stärken der Präsentation lagen, aber auch, welchen **Verbesserungsbedarf** die Zuhörer gesehen haben.

Wenn eine Präsentation besonders wichtig ist, z. B. weil Vorgesetzte unter den Zuhörern weilen werden, empfiehlt sich ein **Probevortrag** mit anschließender Evaluation, um Zwischenbilanz ziehen und Optimierungen vornehmen zu können.

Längerfristiges Ziel ist es, Selbst- und Fremdbild abzugleichen und allmählich immer sicherer darin zu werden, schon beim Erstellen der Präsentation die wahrscheinliche Reaktion der Zuhörer/innen vorwegnehmen und berücksichtigen zu können.

5.3.1 Bewertungsmethoden

Um Präsentationen explizit zu bewerten, gibt es unterschiedliche **Evaluationsinstrumente**. Welches davon geeignet scheint, ist situativ zu entscheiden und u. a. abhängig von der zur Verfügung stehenden Zeit. Üblich sind z. B. für die **schriftliche Evaluation**:

■ Kartenabfrage

Jeder Zuhörer erhält zwei Karteikarten, eine für **positive Eindrücke**, die andere für **negative Eindrücke**. Auf jede Karte wird nur ein Aspekt notiert. Das hat zwei Vorteile: Die Zuhörer konzentrieren sich auf wesentliche Kritik, und man selbst wird von der Masse an Kritik nicht erschlagen. Wenn die Auswertung öffentlich stattfinden soll, können die Karten z. B. an eine Pinnwand geheftet, sortiert (geclustert) und besprochen werden.

■ Bewertungsbogen

Ein Bewertungsbogen gibt einen **differenzierteren Einblick** in die **Stärken** und **Schwächen** einer Präsentation. Er kann ganz unterschiedlich angelegt sein und z. B. offene Fragen, Ergänzungsfragen oder Ankreuzfragen enthalten. Weil die Auswertung schnell und leicht durchzuführen ist, beschränken sich viele Bewertungsbögen auf Ankreuzfragen: Festgelegte Kriterien werden mittels einer Skala bewertet. Im Berufsalltag ist es wahrscheinlich, dass ein vorgefertigter Bewertungsbogen eingesetzt wird, der also ohne Beteiligung der Zuhörerschaft entstanden ist. Im Kontext Schule kann gemeinsam mit der Zielgruppe überlegt werden, was den Zuhörern wichtig ist. Konsens ist wohl, dass man alle drei Bereiche evaluieren sollte, die bei Präsentationen eine Rolle spielen: **Inhalt**, **Körpersprache/Sprache**, **Optik der Medien**.

Exkurs: Präsentationen vorbereiten, durchführen und nachbereiten

Als tendenziell allgemeingültige Kriterien gelten:

- für den **Inhalt**: z. B. sachliche Richtigkeit, Verständlichkeit, Konzentration auf das Wesentliche;
- für die **persönliche Darbietung**: z. B. Auftreten (Körpersprache), Sprechweise;
- für die **optische Darbietung**: z. B. Lesbarkeit, Anschaulichkeit.

Um aussagefähige Ergebnisse zu erhalten, wird man sinnvollerweise bei der Festlegung der Kriterien eine auf die eigenen Bedürfnisse zugeschnittene **Auswahl treffen** und **Schwerpunkte** setzen müssen. Unter anderem ist also festzulegen, ob die o. g. drei Teilbereiche gleich oder unterschiedlich stark gewichtet werden sollen. Nicht zuletzt auch, damit die Zuhörer den Bogen während bzw. in kurzer Zeit nach der Präsentation ausfüllen können, sollte der Bogen (auf nicht mehr als einer Seite) konzentriert die wesentlichen Kriterien abfragen.

Bei der **Festlegung der Skala** wird häufig auf eine an Schulnoten angelehnte Einteilung von 1 (**sehr gut**) bis 6 (**ungenügend**) zurückgegriffen. Denkbar ist auch eine schlichtere Einteilung z. B. in „**trifft zu - trifft teilweise zu - trifft nicht zu**". Zu überlegen ist aber in jedem Fall, ob man der sog. „**Tendenz zur Mitte**" durch die Wahl der Skalierung entgegenwirken will. Immer wenn eine Skala eine ungerade Anzahl an Ausprägungen enthält, weist sie zwangsläufig eine Mitte auf, und Menschen neigen dazu, diese Mitte anzukreuzen, weil es sie davon befreit, sich auf die eher positive oder eher negative Seite festzulegen. Möglicherweise führen Skalierungen ohne Mitte also zu einer besseren Aussagefähigkeit.

■ Blitzlicht

Für eine spontane, ausschließlich **mündliche Evaluation** bietet sich das **Blitzlicht** an: Jeder Zuhörer gibt in einem oder ggf. zwei Sätzen eine Antwort auf eine zuvor festgelegt Frage, z. B. „Was hat Ihnen an der Präsentation besonders gut gefallen?" oder „Was hätten Sie sich anders gewünscht?". Kennzeichen des „Blitzlichtes" ist, dass die Äußerungen nicht kommentiert oder diskutiert werden. Das Blitzlicht braucht nicht weiterbearbeitet zu werden, sondern bleibt als Momentaufnahme so stehen. Damit ist es ein unaufwändiges Instrument, das eine sehr schnelle, allerdings meist wenig detaillierte Rückmeldung liefert.

5.3.2 Bewertungsregeln

Die Notwendigkeit einer ehrlichen Rückmeldung durch die Zuhörer leuchtet ein. Gleichwohl fühlen sich „die Evaluierten" häufig unwohl in ihrer Rolle, weil sie herabwürdigende Kritik befürchten, die sie als verletzend empfänden. Um das möglichst auszuschließen, sollten in der Gruppe vorab Regeln für das Feedback vereinbart werden.

■ Feedback geben

Jeder Vortrag hat Stärken! Diese **Stärken benennen** zu müssen hat gleich mehrere **positive Wirkungen**: Die Zuhörer konzentrieren sich nicht ausschließlich auf die Schwächen des Vortrags, sondern sind gezwungen, gut Gelungenes aktiv wahrzunehmen.

Tipp
Positives benennen!

Die eigene Rolle im Betrieb mitgestalten und den Betrieb präsentieren

LERNFELD 1

Zusätzlich erfährt der Feedback-Nehmer eine Würdigung seiner Leistung. Sich anerkannt zu fühlen, schafft Sicherheit. Ohne diese Grundlage wird man wenig Offenheit für negative Kritik erwarten dürfen.

Tipp

Klarstellen, dass man seine individuelle Sicht der Dinge wiedergibt!

Dazu eignen sich insbesondere Ich-Botschaften, z. B. „Ich fand…; Mir hat gefallen…; Aus meiner Sicht hat etwas gestört, dass…; Ich hätte gerne noch mehr erfahren über…"

Tipp

Ehrlich, aber nicht verletzend sein!

Das entsprechende Motto sollte lauten: „**Ich meine, was ich sage. Aber ich muss nicht alles sagen, was ich meine.**" Jede Präsentation (und jeder Präsentierende) hat Schwächen. Aber fast jeder reagiert auf negative Kritik empfindlich. Dieses Dilemma lässt sich am ehesten lösen, indem man ausdrücklich eine **Sache und nicht die Person** kritisiert, z. B. „Die langen Sätze auf den ersten Folien haben mir nicht so gut gefallen. In der Zeit, in der ich sie gelesen habe, konnte ich dem Vortrag gar nicht zuhören. Das hat mich gestört, weil ich das Thema eigentlich interessant finde." Auch hierbei punkten **Ich-Botschaften**. Du-Botschaften (z. B. „Du hast viel zu viel auf eine Folie gepackt.") werden schnell als Angriff auf die eigene Persönlichkeit gewertet, auch, wenn es „gar nicht so gemeint war".

Tipp

Konstruktiv sein, Verbesserungsvorschläge mitliefern!

Wenn man sich darauf einigt, dass mit jeder negativen Kritik ein (erster) konkreter Verbesserungsvorschlag zu unterbreiten ist, fällt es i. d. R. leichter, die Kritik anzunehmen. Günstig ist das allerdings auch, weil weniger „wahllos gemeckert" werden kann.

Tipp

Zuhören!

■ Feedback annehmen

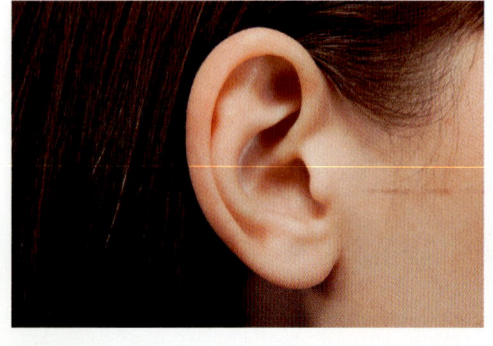

Fast jeder Präsentierende besitzt (häufig schon während des Vortrags) selbst ein Gefühl dafür, welche Teile der Präsentation warum gut oder auch weniger gut ankommen. Die **Rückmeldung** durch ein **Feedback** kann dennoch sehr hilfreich sein, weil die eigene Reflexion in einigen Punkten vielleicht zu kritisch, gelegentlich aber auch zu unkritisch ausfällt: Die Nervosität, die uns selbst beim Vortrag sehr präsent war, hat möglicherweise niemand von außen annähernd so deutlich bemerkt - oder einfach niemanden gestört. Denkbar ist aber ebenso: Die wesentlichen Erkenntnisse der präsentierten Thematik am Schluss noch einmal zusammen-

Exkurs: Präsentationen vorbereiten, durchführen und nachbereiten

zufassen schien uns unnötig, weil der Stoff ja leicht verständlich war; die Zuhörer geben uns aber ein ganz anderes Feedback; ihnen hätte die Zusammenfassung zum Schluss Sicherheit verliehen, das Wesentliche erfasst und verstanden zu haben.

> **Merke**
> Der eigene Eindruck (die **Selbstevaluation**) ist wichtig, und die Eindrücke der Zuhörer (der **Fremdevaluation**) ernst zu nehmen, kann uns nur bereichern!

Ausreden lassen ist nicht nur ein **Gebot der Höflichkeit**, sondern auch deshalb angeraten, weil niemand vorher wissen kann, was genau der andere sagen möchte. Außerdem gewinnt man so Zeit, das Gehörte auch gedanklich zu verarbeiten.

> **Tipp**
> Ausreden lassen!

Wer ein Feedback einholt, sollte wissen wollen, wie er **von anderen** wahrgenommen wird! Ist nicht wirklich klar, was der andere meint, können Nachfragen hilfreich sein. Ziel eines Feedbacks ist es damit keinesfalls, im Nachhinein die Wahrnehmung der Zuhörer durch Rechtfertigungsversuche verändern zu wollen.

> **Tipp**
> Nachfragen, aber nicht rechtfertigen!

Ein gelungenes Feedback wird viele Facetten für **Optimierungsmöglichkeiten** eröffnen. Das spricht zunächst nicht gegen die Präsentation, sondern für die Qualität des Feedbacks. Zu entscheiden ist dann, welche der kritisierten Aspekte zukünftig verbessert werden sollen. Dabei wird man sich z. B. daran orientieren, wie häufig ein Aspekt kritisiert wurde, welche Wichtigkeit man selbst der Kritik zuschreibt, und nicht zuletzt, wie groß man die Chance einschätzt, etwas tatsächlich verändern zu können.

> **Tipp**
> Bedeutsames auswählen!

> **Merke**
> Letztlich sollte klar sein: Ein **Feedback** ist ein **Angebot**, etwas darüber zu erfahren, inwieweit man seine Zielgruppe erreicht hat. Also nichts anderes als eine **Chance** dazuzulernen!

5.4 Ein Handout zur Präsentation erstellen

Zu Ihrem Vortrag gehört in der Regel auch ein Handout (hand-out: Handreichung, Handzettel, Tischvorlage) mit einem systematischen Überblick über die Inhalte der Präsentation. Handouts werden häufig vor dem Vortrag ausgehändigt, um den Zuhörern das Verständnis zu erleichtern. Sie begleiten die Präsentation, ersparen die Mitschrift, sollten aber Platz für individuelle Notizen lassen. Sie können das Handout auch erst nach dem Vortrag aushändigen, damit die Aufmerksamkeit der Zuhörer nicht durch Lesen abgelenkt wird. Das sollte jedoch vor dem Vortrag angekündigt werden, damit niemand unnötig mitschreibt. Die Frage, wann das Handout ausgeteilt werden soll, ist immer neu zu beantworten: Dürfen die Teilnehmer auf keinen Fall vorauslesen oder sind z. B. Notizen unerlässlich, um den Überblick zu wahren?

Das Handout dient auch dazu, dass sich Ihre Zuhörer nach längerer Zeit an Ihren Vortrag erinnern und die Thematik noch einmal nachvollziehen können. Es muss deshalb selbsterklärend, d. h. auch ohne den Vortrag verständlich sein.

Die eigene Rolle im Betrieb mitgestalten und den Betrieb präsentieren

LERNFELD 1

> **Merke**
> Ein **Handout** hilft Ihnen selbst, Klarheit und Struktur für Ihren Vortrag zu bekommen.

Ein gutes Handout ist aber keine bloße Wiederholung des Vortrags, sondern eine knappe Zusammenfassung der Präsentation. Es sind deshalb nur die zentralen Leitgedanken, Informationen und Zusammenhänge, die für das Verständnis Ihres Themas wichtig sind, darzustellen.

Eine vorangestellte Gliederung trägt zur Orientierung bei und lässt den roten Faden erkennen. Aus Gründen der Platzersparnis kann man zwar auf die separate Darstellung der Gliederungspunkte verzichten, sie müssen dann aber im Text deutlich voneinander abgegrenzt werden, z. B. durch entsprechende Nummerierungen. Der Umfang des Handouts ist möglichst knapp zu halten. Bei Vorträgen bis zu 10 Minuten reichen häufig 1 - 2 DIN A4 Seiten (1 Doppelseite) aus.

Die Berücksichtigung der folgenden Tipps für die Erstellung von Handouts verspricht ein gutes Ergebnis:

Tipps für ein gutes Handout

Zum Inhalt:

- Bezeichnen Sie das Handout mit Ihrem Thema und dem Titel Ihres Vortrags. Geben Sie auch das Datum an.
- Überladen Sie das Handout nicht mit Informationen; nur die wesentlichen Inhalte des Vortrags sind wichtig.
- Vermeiden Sie lange Sätze, und nutzen Sie Stichworte an geeigneter Stelle.
- Bilden Sie Themenblöcke, die Sie optisch voneinander abgrenzen.
- Es ist wichtig, die Gliederungsebenen zu beachten, gleichwertige Informationen gehören auf die gleiche Gliederungsebene.

Zur Optik:

- Gestalten Sie das Handout ansprechend und übersichtlich, z. B mit Aufzählungen, Listen, Tabellen, Grafiken, Abbildungen.
- Achten Sie auf eine gute Qualität von Fotos, Screenshots und Scans.
- Fügen Sie bei mehreren Seiten Seitenzahlen ein.

Sonstiges:

- Vergessen Sie nicht, alle Quellen anzugeben.
- Stellen Sie ausreichend Exemplare zur Verfügung.

Büroprozesse gestalten und Arbeitsvorgänge organisieren

LERNFELD 2

Das werden Sie hier lernen …

- 1 – Die Arbeitsumgebung gestalten 
- 2 – Gesundheitsgefahren erkennen und Strategien zur Bewältigung entwickeln
- 3 – Arbeitsprozesse effizient und aktiv gestalten
- 4 – Termine im Büro organisieren
- 5 – Sitzungen und Besprechungen durchführen und nachbereiten 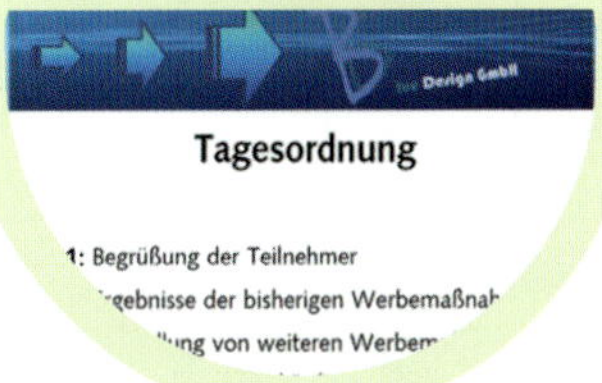
- 6 – Informationswege im Unternehmen kennen und nutzen
- 7 – Schriftstücke und Dokumente verwalten
- 8 – Kommunikationsfähigkeit im Arbeitsalltag weiterentwickeln

Büroprozesse gestalten und Arbeitsvorgänge organisieren

LERNFELD 2

1 Die Arbeitsumgebung gestalten

Die Gestaltung der Arbeitsumgebung ist für ein Unternehmen keine einfache und schnell zu treffende Entscheidung. Arbeitsabläufe und Aufgaben unterscheiden sich in jedem Unternehmen und daher muss eine individuelle Anpassung der Arbeitsumgebung auf jedes Unternehmen erfolgen. Aspekte wie die passende Büroform, gesetzliche Vorschriften, Ergonomie und Ökologie und andere Einflussfaktoren im Büro sind wichtige Gesichtspunkte, die beachtet und stetig überprüft werden müssen. Die ausgewählte Büroform könnte in der Zukunft nicht mehr passend sein, da sich in den vergangenen Jahren die Arbeitsabläufe im Büro durch den vermehrten Einsatz von digitaler Medien grundlegend verändert haben. Bei der Wahl der geeigneten Arbeitsumgebung müssen diese Veränderungen neben den oben genannten Aspekten, die in diesem Kapitel erörtert werden, berücksichtigt werden.

Merke

Durch die geeignete Wahl der Arbeitsumgebung stellt der Unternehmer die Weichen für ein gut funktionierendes Büro.

Tipp

LF13 Die Auswahl einer geeigneten Arbeitsumgebung kann von einer Projektgruppe gemeinsam erarbeitet werden.

1.1 Die verschiedenen Büroformen

Die Raumgestaltung ist abhängig vom vorhandenen Raumangebot, dem wirtschaftlichen Vorhaben des Unternehmens und den Interessen der beschäftigten Personen. Zum einen muss der vorhandene Raum wirtschaftlich, effizient und sinnvoll für das Unternehmen genutzt werden und zum anderen möchten die Beschäftigten einen angenehm gestalteten Arbeitsplatz vorfinden, um effektiv arbeiten zu können.

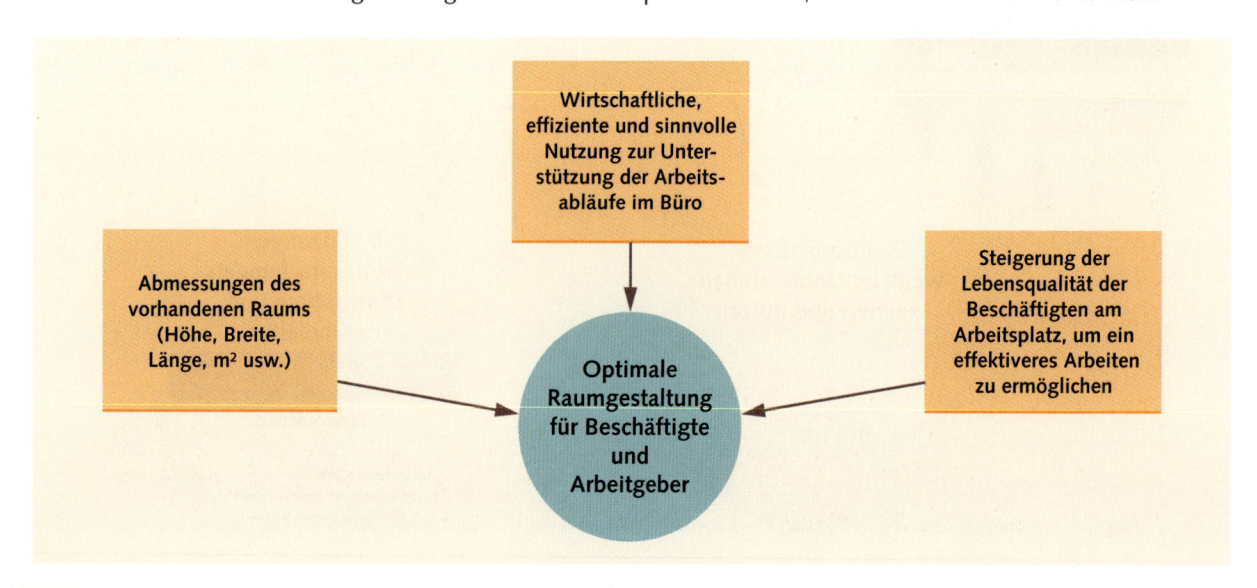

- **Abmessungen des vorhandenen Raums** (Höhe, Breite, Länge, m² usw.)
- **Wirtschaftliche, effiziente und sinnvolle Nutzung zur Unterstützung der Arbeitsabläufe im Büro**
- **Steigerung der Lebensqualität der Beschäftigten am Arbeitsplatz, um ein effektiveres Arbeiten zu ermöglichen**

→ **Optimale Raumgestaltung für Beschäftigte und Arbeitgeber**

Die Arbeitsumgebung gestalten

Um diesen Anforderungen gerecht zu werden, gibt es verschiedene Büroformen, die Vor- und Nachteile besitzen. Nachfolgend sind die gängigsten aufgelistet:

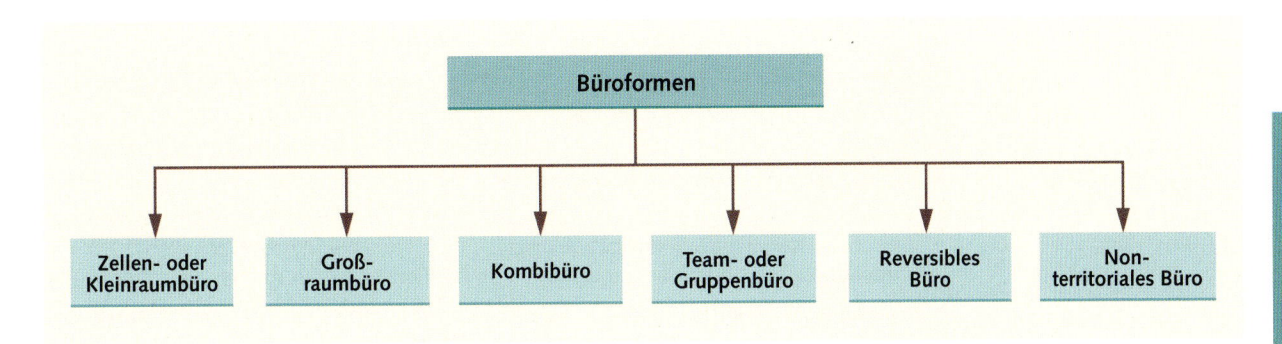

Büroformen:
- Zellen- oder Kleinraumbüro
- Großraumbüro
- Kombibüro
- Team- oder Gruppenbüro
- Reversibles Büro
- Non-territoriales Büro

1.1.1 Zellen- oder Kleinraumbüro

Ein Zellen- oder Kleinraumbüro kann je nach Größe und Einrichtung von **bis zu vier Personen** genutzt werden und ist seit Jahren die verbreitetste Büroform in Deutschland. Die einzelnen Zellen- oder Kleinraumbüros sind an **einem Flur** angeordnet. Dieses Büro ist in der Regel mit allen notwendigen Arbeitsmaterialen und technischen Geräten (Computer, Telefon, Drucker usw.) ausgestattet, um ein unabhängiges Arbeiten zu ermöglichen. Die in solch einer Büroform tätigen Personen sind vom übrigen Unternehmensbetrieb räumlich abgetrennt. Die **Kommunikation** mit anderen Kollegen erfolgt über das Telefon, E-Mail usw. Je nach Rangordnung bzw. Tätigkeitsfeld eines Mitarbeiters wird dieser in einem Ein- oder Mehrpersonenraum untergebracht.

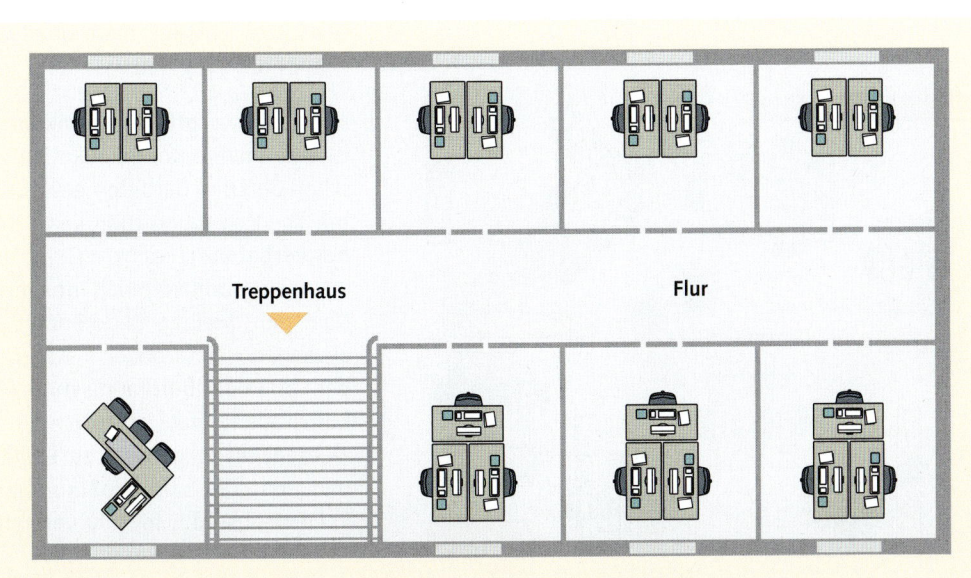

Zweibündige Anlage eines Zellen- oder Kleinraumbüros

LERNFELD 2

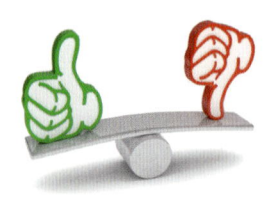

Büroprozesse gestalten und Arbeitsvorgänge organisieren

Zellen- oder Kleinraumbüro	
Vorteile	**Nachteile**
• Eine gute Kommunikation zwischen den Personen ist möglich. • Ein konzentriertes Arbeiten ist ohne größere Störungen möglich. • Vertrauliche und diskrete Gespräche sind möglich. • Die Produktivität steigt mit abnehmender Personenzahl. • Außeneinwirkungen (Sonneneinstrahlung, Temperatur usw.) sind besser regelbar. • Vertretungen können schneller koordiniert und durchgeführt werden. • Individuelle Gestaltungsmöglichkeiten der einzelnen Zellen- oder Kleinraumbüros sind möglich.	• Die Kommunikation mit Personen, die nicht im Zellen- oder Kleinraumbüro arbeiten, ist erschwert. • Es entsteht ein erhöhter Kostenfaktor für das Unternehmen. • Die Platznutzung für Zellen- oder Kleinraumbüros ist hoch. • Bei zunehmender Personendichte leidet die Konzentrationsfähigkeit des Einzelnen. • Teamarbeit ist nur mit den Personen im Raum gut, darüber hinaus ist diese erschwert. • Der Informationsfluss zu Mitarbeitern anderer Abteilungen ist gering.

1.1.2 Großraumbüro

Das Großraumbüro hat eine **Grundfläche** von mehreren hundert Quadratmetern und beinhaltet **mindestens 25 Arbeitsplätze**. Die Teilung des Raums erfolgt nicht mit Wänden bis zur Raumdecke, sondern es werden lediglich Stellwände, Schränke, Regale und Pflanzen verwendet, bei denen man meist die Möglichkeit hat, im Stehen über sie hinwegblicken zu können. Mittels dieser Trennmöglichkeiten ist eine schnelle Umgestaltung des Großraumbüros möglich und zusätzlich können je nach Bedarf auch Räume im Raum eingerichtet werden, die komplett abgeschirmt und störungsfrei sind. Zum einzelnen Arbeitsplatz gelangt man ohne vorgegebenes Wegsystem.

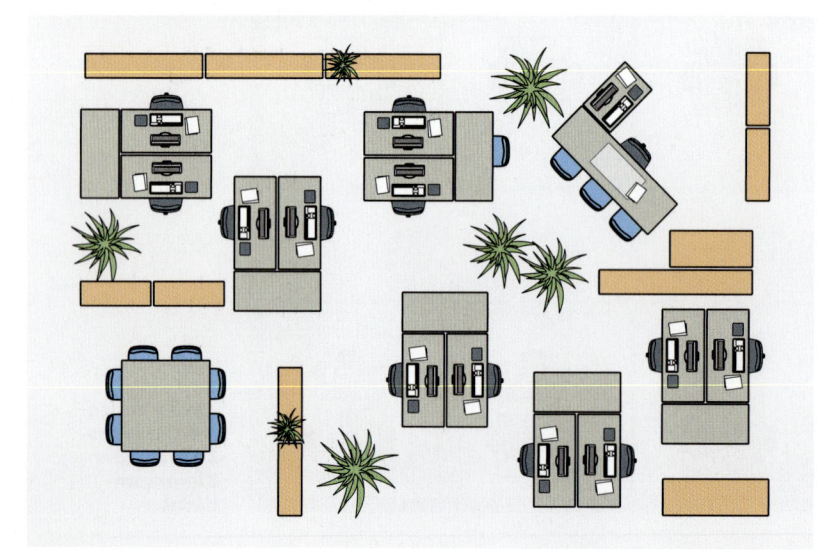

Durch dieses **offene Raumkonzept** ist eine stetige Kommunikation zwischen den Beschäftigten gewährleistet. Die Kommunikation kann nicht nur **verbal** durch direkte Gespräche erfolgen, sondern auch **nonverbal** über den direkten Blickkontakt der einzelnen Mitarbeiter. Aufgrund der Größe des Büroraums muss eine künstliche Klimatisierung eingesetzt werden. Im Gegensatz zu England und den USA sind Großraumbüros in Deutschland nicht sehr verbreitet.

Die Arbeitsumgebung gestalten

Großraumbüro	
Vorteile	**Nachteile**
• schnelle und flexible Gestaltungsmöglichkeiten • schnellerer und intensiverer Kommunikationsaustausch • schnellere Koordination und Durchführung von Vertretungen • effektive und effiziente Raumausnutzung • geringe Flächenkosten	• Störungen durch erhöhten Lärmpegel (Telefon, Durchgangsverkehr, Gespräche von Kollegen usw.) • keine Privatsphäre für die Mitarbeiter • wenige Möglichkeiten zu diskreten Gesprächen • erhöhtes Konfliktpotenzial zwischen den Mitarbeitern • Beschränkung der Kommunikation nicht nur auf das Wesentliche (Überkommunikation) • höherer Krankenstand bei den Mitarbeitern • hohe Kosten durch ständige Klimatisierung

LERNFELD 2

1.1.3 Kombibüro

Wie die Bezeichnung schon zum Ausdruck bringt, ist ein Kombibüro die **Kombination von Zellen-** oder **Kleinraumbüros** und **Großraumbüros**. Dieser Zusammenschluss der beiden Formen kombiniert die Vorteile beider Bürotypen und vermeidet gleichzeitig deren Nachteile. Das Kombibüro ist meistens nur mit Einzelarbeitsplätzen ausgestattet, die an den Außenwänden des Gebäudes platziert sind. Dadurch kann natürliches Licht zum angenehmen Arbeiten genutzt werden. Die einzelnen Büros sind durch transparente Wände getrennt und können bei Bedarf zum ungestörten Arbeiten geschlossen werden.

Inmitten der Einzelbüros findet man zentral den Gemeinschaftsbereich. Dieser Bereich dient zum einen als Kommunikationszentrale für alle Beschäftigten und zum anderen finden Arbeitsmittel (z. B. Telefaxgerät, Kopierer, Literatur) und Einrichtungen (z. B. Besprechungszone, Besucherempfang, Pausenecke), die gemeinsam genutzt werden können, ihren Platz.

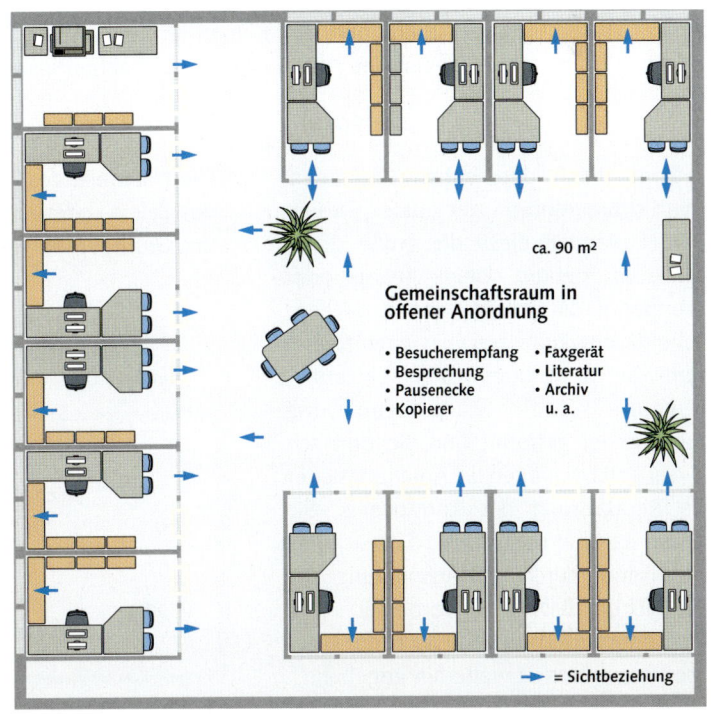

ca. 90 m²

Gemeinschaftsraum in offener Anordnung
- Besucherempfang
- Besprechung
- Pausenecke
- Kopierer
- Faxgerät
- Literatur
- Archiv
- u. a.

→ = Sichtbeziehung

Büroprozesse gestalten und Arbeitsvorgänge organisieren

Kombibüro	
Vorteile	**Nachteile**
• Ein ungestörtes und konzentriertes Arbeiten im Einzelbüro ist möglich. • Die Teamarbeit lässt sich im Gemeinschaftsbereich leicht verwirklichen. • Die Kommunikation lässt sich auf das Wesentliche beschränken und es entsteht keine Überkommunikation. • Die Privatsphäre für Mitarbeiter ist gegeben. • Vertrauliche und diskrete Gespräche sind möglich. • Die Außeneinwirkungen (Sonneneinstrahlung, Temperatur usw.) sind von jedem Mitarbeiter individuell regelbar. • Eine individuelle Gestaltungsmöglichkeit der Einzelbüros ist möglich.	• Es entsteht ein erhöhter Kostenfaktor für das Unternehmen. • Der Platzbedarf für Einzelbüros ist hoch. • Die Flexibilität ist geringer als bei einem Großraumbüro.

1.1.4 Team- oder Gruppenbüro

Das Team- oder Gruppenbüro ist die **Weiterentwicklung des Großraumbüros**. Mit dieser Form sollen die Nachteile des Großraumbüros minimiert und die Vorteile genutzt werden. Beim Team- oder Gruppenbüro werden **maximal 25 Arbeitsplätze** im Stil eines Großraumbüros eingerichtet. Dies bedeutet, dass wieder eine offene Unterteilung der einzelnen Arbeitsplätze mit Stellwänden, Schränken, Regalen und Pflanzen, wie im Großraumbüro, vorgenommen werden kann. Bei der Einrichtung des Team- oder Gruppenbüros werden Fensterfronten integriert, um das natürliche Licht und die Klimatisierung auszunutzen. Diese Form eignet sich besonders für einzelne Abteilungen (z. B. Rechnungswesen, Personalabteilung, Einkauf, Marketing).

Beispiel

Bedingt durch den hohen Lärmpegel im Großraumbüro der Blue Design GmbH wandelt diese die große Bürofläche in mehrere kleine Team- oder Gruppenbüros um. Es werden deckenhohe Trennwände aus Glas eingezogen, damit die Rechnungswesen-, Einkaufs-, Verkaufs- und Marketingabteilung voneinander getrennt sind. Schon nach kurzer Zeit bestätigen die Abteilungsleiter die Reduzierung des Lärmpegels. Sie stellen darüber hinaus fest, dass sich das Raumklima durch die Ausnutzung der natürlichen Belüftung verbessert hat. Die Kommunikation und Flexibilität eines Großraumbüros ist weiterhin gegeben.

Merke

Die Nachteile des Team- oder Gruppenbüros entsprechen dem des Zellen- oder Kleinraumbüros. Die Vorteile entsprechen dem des Großraumbüros.

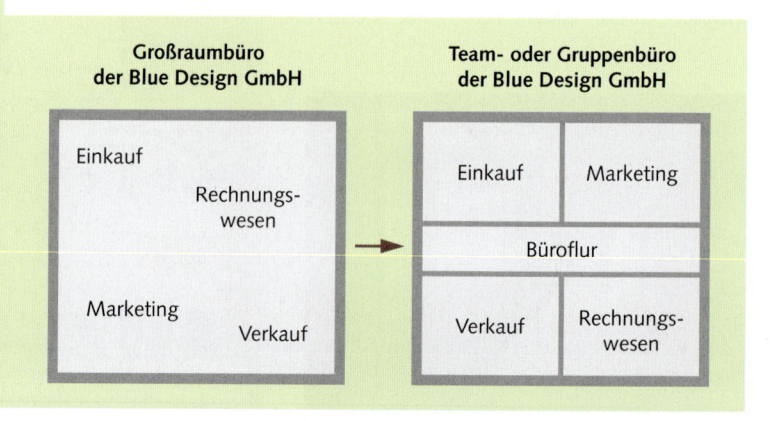

Großraumbüro der Blue Design GmbH

Einkauf	
	Rechnungswesen
Marketing	Verkauf

Team- oder Gruppenbüro der Blue Design GmbH

Einkauf	Marketing
Büroflur	
Verkauf	Rechnungswesen

Die Arbeitsumgebung gestalten

1.1.5 Reversibles Büro

In der heutigen schnelllebigen Zeit ist die Flexibilität von Unternehmen ein wichtiger Faktor. Anforderungen – technischer oder organisatorischer Natur – an ein Unternehmen können sich schnell verändern. Dies bedingt eventuell auch einer Veränderung der vorhandenen Büroform und des Büroablaufes.

Die Bedeutung des Wortes „reversibel" lautet: „rückgängig machen, umkehrbar oder wiederherstellbar". Genau dies spiegelt sich auch in einem reversiblen Büro wider. Als **Grundlage** für diese Büroform muss ein Gebäude bzw. ein großer Raum vorgefunden werden, der schnell und flexibel in ein Zellen- oder Kleinraumbüro, ein Kombibüro oder ein Team- oder Gruppenbüro mit lärmdämmenden Trennwänden umgestaltet werden kann. Es muss jedoch bei der Anschaffung von Büroeinrichtungsgegenständen auf die Mobilität geachtet werden, was mit höheren Kosten für das Unternehmen verbunden ist.

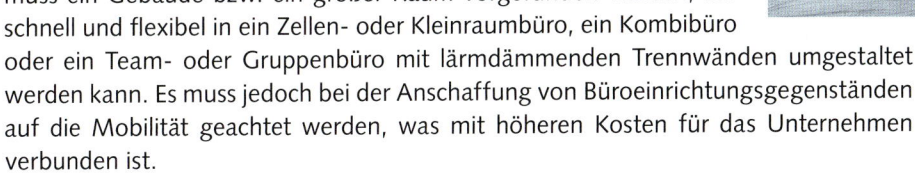

Durch die **hohe Flexibilität** kann man diese Büroform als die zukunftsträchtigste bezeichnen.

1.1.6 Non-territoriales Büro

Diese Büroart stellt **keinen eigenen Büroaufbau** dar und wird synonym auch als Desksharing, Shared Desk oder Flexible Office bezeichnet. Jede vorgestellte Büroart kann als non-territoriales Büro genutzt werden. Das Grundkonzept ist, dass die Mitarbeiter **keinen fest zugeordneten Arbeitsplatz** haben. Je nach Aufgabenbereich und Belegung der Arbeitsplätze kann sich der Mitarbeiter den passenden und benötigten Arbeitsplatz oder Besprechungsraum auswählen. Diese Mehrfachbelegung der Arbeitsplätze kann in Unternehmen mit flexiblen Arbeitszeiten, Teilzeitarbeit, Außendienstmitarbeitern, Vertriebsmitarbeitern usw. gut genutzt werden. Die geschäftlichen und persönlichen Unterlagen des Mitarbeiters werden in abschließbaren Rollcontainern, Schränken usw. untergebracht, die bei Bedarf zum jeweiligen Arbeitsplatz mitgenommen werden können.

Beispiel

Die Blue Design GmbH hat neue Aufträge erhalten. Der Geschäftsführer Matthias Blau wird zwölf neue Mitarbeiter einstellen müssen, um die Aufträge termingerecht bearbeiten zu können. Da die vorhandene Bürofläche und die Arbeitsplätze komplett ausgenutzt werden, analysiert Matthias Blau die vorherrschende Belegung der Arbeitsplätze. Dadurch ermittelt er, dass von den 20 Vertriebsmitarbeitern nur drei bis sechs gleichzeitig im Unternehmen sein müssen. Des Weiteren sind von den acht Teilzeitmitarbeitern nur maximal fünf gleichzeitig im Unternehmen tätig.

Aufgrund dieser Informationen beschließt er, das non-territoriale Büro einzuführen, um somit den neuen Mitarbeitern einen Arbeitsplatz bieten zu können, ohne weitere Büroflächen anmieten zu müssen.

Büroprozesse gestalten und Arbeitsvorgänge organisieren

1.2 Wichtige Vorschriften für die Arbeitsumgebung

Die Arbeitsumgebung in einem Betrieb zu gestalten, ist eine wichtige Aufgabe für einen Unternehmer. Die Vorschriften für die Gestaltung einer Arbeitsumgebung findet man in Gesetzen, Verordnungen, Vorschriften, staatlichen Regeln und Richtlinien.

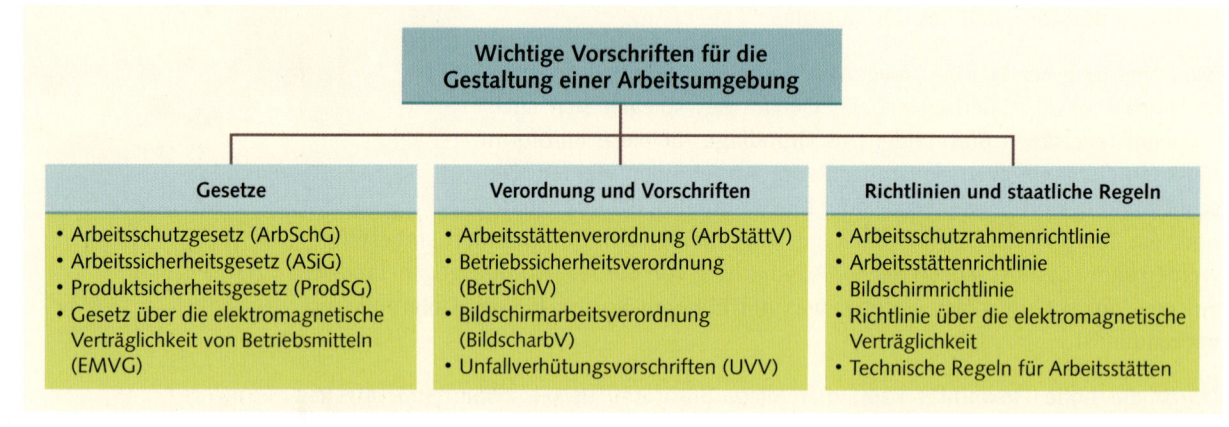

Wichtige Vorschriften für die Gestaltung einer Arbeitsumgebung

Gesetze	Verordnung und Vorschriften	Richtlinien und staatliche Regeln
• Arbeitsschutzgesetz (ArbSchG) • Arbeitssicherheitsgesetz (ASiG) • Produktsicherheitsgesetz (ProdSG) • Gesetz über die elektromagnetische Verträglichkeit von Betriebsmitteln (EMVG)	• Arbeitsstättenverordnung (ArbStättV) • Betriebssicherheitsverordnung (BetrSichV) • Bildschirmarbeitsverordnung (BildscharbV) • Unfallverhütungsvorschriften (UVV)	• Arbeitsschutzrahmenrichtlinie • Arbeitsstättenrichtlinie • Bildschirmrichtlinie • Richtlinie über die elektromagnetische Verträglichkeit • Technische Regeln für Arbeitsstätten

Nachfolgend wird im Einzelnen auf das Arbeitsschutzgesetz, auf die Arbeitsstättenverordnung, auf die technischen Regeln für Arbeitsstätten, auf die Bildschirmarbeitsverordnung und auf die Unfallverhütungsvorschriften näher eingegangen.

■ Arbeitsschutzgesetz

Das Arbeitsschutzgesetz (ArbSchG) ist die **Rechtsgrundlage** für den Arbeits- und Gesundheitsschutz in allen Unternehmen. Dieses Gesetz trat am 21. August 1996 in Kraft und setzte die EU-Richtlinien zum Arbeitsschutz um. Auf dieses Gesetz wird in den einzelnen Verordnungen und Normen immer wieder zurückgegriffen.

Das ArbSchG regelt die Rechte und Pflichten der Arbeitgeber und der Beschäftigten. Durch dieses Gesetz soll die Sicherheit und der Gesundheitsschutz der Beschäftigten gewährleistet und verbessert werden.

Die allgemeinen Grundsätze des Arbeitsschutzes finden sich in der folgenden Norm wieder:

§ 2 ArbSchG

Der Arbeitgeber hat bei Maßnahmen des Arbeitsschutzes von folgenden allgemeinen Grundsätzen auszugehen:

1. Die Arbeit ist so zu gestalten, dass eine Gefährdung für Leben und Gesundheit möglichst vermieden und die verbleibende Gefährdung möglichst gering gehalten wird;
2. Gefahren sind an ihrer Quelle zu bekämpfen;
3. bei den Maßnahmen sind der Stand von Technik, Arbeitsmedizin und Hygiene sowie sonstige gesicherte arbeitswissenschaftliche Erkenntnisse zu berücksichtigen;

4. Maßnahmen sind mit dem Ziel zu planen, Technik, Arbeitsorganisation, sonstige Arbeitsbedingungen, soziale Beziehungen und Einfluss der Umwelt auf den Arbeitsplatz sachgerecht zu verknüpfen;
5. individuelle Schutzmaßnahmen sind nachrangig zu anderen Maßnahmen;
6. spezielle Gefahren für besonders schutzbedürftige Beschäftigtengruppen sind zu berücksichtigen;
7. den Beschäftigten sind geeignete Anweisungen zu erteilen;
8. mittelbar oder unmittelbar geschlechtsspezifisch wirkende Regelungen sind nur zulässig, wenn dies aus biologischen Gründen zwingend geboten ist.

■ Arbeitsstättenverordnung und technische Regeln für Arbeitsstätten

Die Arbeitsstättenverordnung (ArbStättV) gibt **Zielvorgaben an die Betreibung von Arbeitsstätten** und wird konkretisiert durch die Technischen Regeln für Arbeitsstätten (ASR). In den ASR finden sich ausformulierte Maßnahmen hierzu. Weiterhin dienen diese als Hilfe zur Gestaltung des Arbeitsraums.

Inhalte der ASR sind z. B.:

→ ASR A1.2 Raumabmessungen und Bewegungsflächen,
→ ASR A1.6 Fenster, Oberlichter, lichtdurchlässige Wände,
→ ASR A1.8 Verkehrswege,
→ ASR V3a.2 Barrierefreie Gestaltung von Arbeitsstätten,

→ ASR A3.4 Beleuchtung,
→ ASR A3.5 Raumtemperatur,
→ ASR A3.6 Lüftung,
→ ASR A4.2 Pausen- und Bereitschaftsräume.

Beispiel zum Inhalt der ASR A1.2 Raumabmessungen und Bewegungsflächen

Als **Richtwert des Flächenbedarfs** bei der Gestaltung von Büroräumen gibt die ASR A 1.2 Raumabmessungen und Bewegungsflächen für die verschiedenen Büroformen je Arbeitsplatz an.

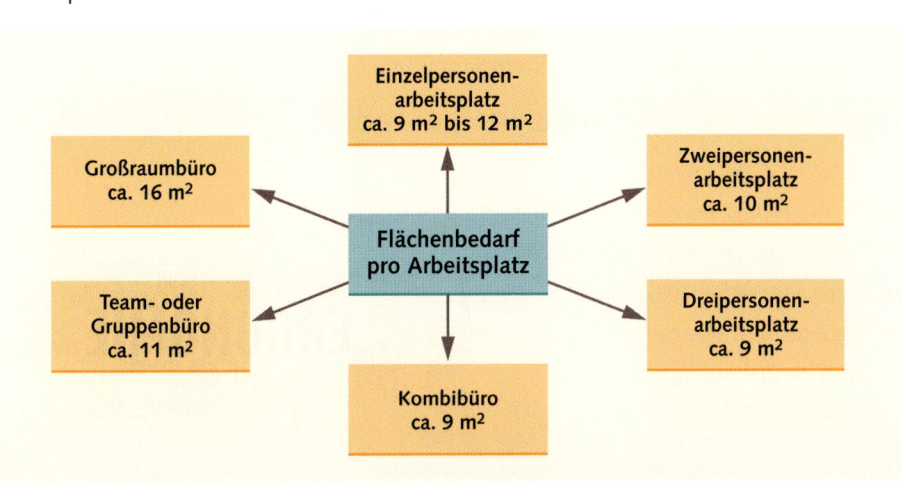

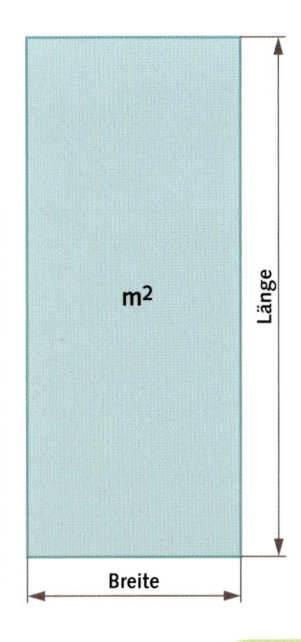

Flächenbedarf pro Arbeitsplatz:
- Großraumbüro ca. 16 m²
- Einzelpersonenarbeitsplatz ca. 9 m² bis 12 m²
- Zweipersonenarbeitsplatz ca. 10 m²
- Team- oder Gruppenbüro ca. 11 m²
- Dreipersonenarbeitsplatz ca. 9 m²
- Kombibüro ca. 9 m²

LERNFELD 2

Büroprozesse gestalten und Arbeitsvorgänge organisieren

LERNFELD 2

§ 5 ArbSchG

■ Bildschirmarbeitsverordnung

Die Bildschirmarbeitsverordnung (BildscharbV) ist die geltende Norm für die **Sicherheit und den Gesundheitsschutz bei der Arbeit an Bildschirmgeräten**. Durch die Verordnung vom 4. Dezember 1996 muss jeder Arbeitgeber die Arbeitsbedingungen in Verbindung mit § 5 ArbSchG sowie die Sicherheits- und Gesundheitsbedingungen regelmäßig ermitteln und beurteilen. Die Organisation der Arbeitsplätze muss gewährleisten, dass die tägliche Arbeit an Bildschirmgeräten regelmäßig durch andere Tätigkeiten oder Pausen unterbrochen werden kann, um die Belastungen der Beschäftigten zu senken.

Detaillierte Anforderungen an Bildschirmgeräte und Tastaturen, sonstige Arbeitsmittel, Arbeitsumgebung und das Zusammenwirken von Mensch und Arbeitsmittel werden im Anhang der BildscharbV erläutert.

©arturaliev-fotolia.com

■ Unfallverhütungsvorschriften

Die Unfallverhütungsvorschriften (UVV) der Berufsgenossenschaften **ergänzen und konkretisieren vorhandene Gesetze und Verordnungen**. Der Geltungsbereich erstreckt sich auf alle Unternehmen und gesetzlich unfallversicherte Personen. Die Regelungen dienen dem Gesundheitsschutz der Beschäftigten und zeigen auf, welche Einwirkungen und gesundheitlichen Gefahren am Arbeitsplatz vorherrschen und wie man in der täglichen Büropraxis präventiv dagegen vorgehen kann.

1.3 Ergonomische und ökologische Arbeitsumgebung

1.3.1 Ergonomische Arbeitsumgebung

Der Begriff „Ergonomie" setzt sich zum einen aus den griechischen Wörtern „ergon", was so viel bedeutet wie „Arbeit", und „nomos", was so viel bedeutet wie „Gesetz" bzw. „Regel", zusammen.

Der Nutzen einer ergonomischen Arbeitsumgebung kommt nicht nur den Beschäftigten zugute, sondern auch indirekt dem Arbeitgeber.

Merke

Unter **Ergonomie** versteht man, dass optimale Arbeitsbedingungen (z. B. Arbeitsabläufe, Umgebung) und die psychischen Fähigkeiten der Mitarbeiter in Einklang gebracht werden.

Vorteile für Beschäftigten und Arbeitgeber sind z. B.:

→ optimierte Arbeitsabläufe,
→ Verringerung des Krankenstandes,
→ Steigerung der Leistungsfähigkeit,
→ niedrigere Arbeitsbelastung,
→ besseres Betriebsklima,
→ größere Zufriedenheit bei der Arbeit.

©fotodo-fotolia.com

Die Arbeitsumgebung gestalten

■ Ergonomie am Arbeitsplatz

Aufgrund der Tatsache, dass die meiste Arbeitszeit in der täglichen Büropraxis sitzend am Computer verbracht wird und dies zu vielen gesundheitlichen Beschwerden führt, hat das richtige Sitzen, verbunden mit dem Stellplatz des Monitors, der Tastatur und der Maus, am Arbeitsplatz eine große Bedeutung.

① Der **Monitorabstand** sollte ungefähr 50 cm bis 60 cm vom Kopf betragen.

② Die **oberste Zeilenreihe** des Monitors sollte sich leicht unterhalb der Augenhöhe befinden.

③ Die **Stuhlhöhe** sollte so gewählt werden, dass sich die Beine und Arme in einem rechten Winkel befinden.

④ Die **Tischhöhe** sollte 72 cm betragen oder so angepasst werden, dass sich Maus und Tastatur auf einer Höhe mit Ellenbogen und Handflächen befinden.

⑤ Die **Füße** sollten eine feste Auflage zum Fußboden haben; auch ein Fußhocker ist eine gute Möglichkeit.

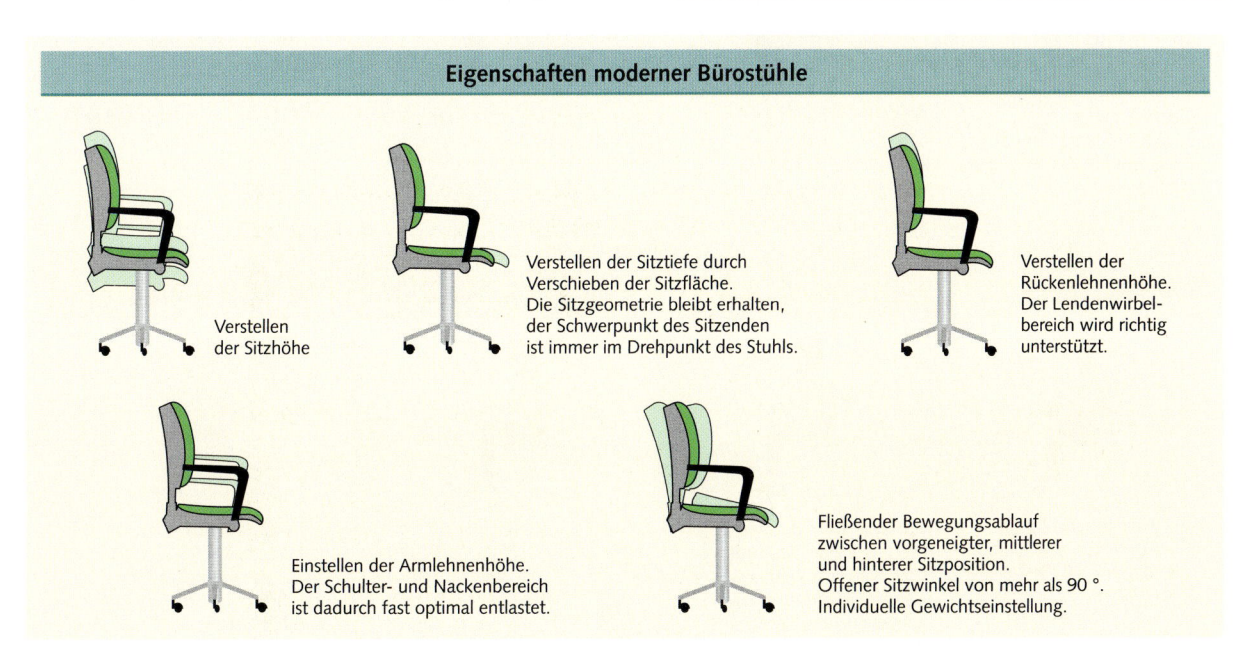

LERNFELD 2

Eigenschaften moderner Bürostühle

Verstellen der Sitzhöhe.

Verstellen der Sitztiefe durch Verschieben der Sitzfläche. Die Sitzgeometrie bleibt erhalten, der Schwerpunkt des Sitzenden ist immer im Drehpunkt des Stuhls.

Verstellen der Rückenlehnenhöhe. Der Lendenwirbelbereich wird richtig unterstützt.

Einstellen der Armlehnenhöhe. Der Schulter- und Nackenbereich ist dadurch fast optimal entlastet.

Fließender Bewegungsablauf zwischen vorgeneigter, mittlerer und hinterer Sitzposition. Offener Sitzwinkel von mehr als 90 °. Individuelle Gewichtseinstellung.

Zum ergonomischen Sitzen gehört ein moderner **Bürostuhl** mit variablen Einstellmöglichkeiten für die individuelle Anpassung an den jeweiligen Benutzer.

Der moderne Bürostuhl sollte folgende Eigenschaften besitzen:

→ verstellbare Sitzhöhe und Sitztiefe, → neigbare Rückenlehne,
→ verstellbare Rückenlehne und Armlehnen, → individuelle Gewichtseinstellung.

Wichtig ist, dass der Bürostuhl richtig für den Arbeitsplatz und vor allem für den Schreibtisch eingestellt werden kann.

Büroprozesse gestalten und Arbeitsvorgänge organisieren

LERNFELD 2

Die **Arbeitsmittel** sollten auf dem Schreibtisch so verteilt werden, dass der Arbeitnehmer jedes benötigte Arbeitswerkzeug (Tastatur, Maus, Akten, Stifte, Papier usw.) mit dem individuellen **Radius** seiner Arme erreichen kann.

Die **Tastatur** ist das bedeutendste Eingabegerät für den Computer. Diese sollte unter ergonomischen Gesichtspunkten ausgewählt werden. Wichtige Anforderungen an diese sind:

- matte, nicht spiegelnde Oberfläche,
- getrennte Einheit vom Computer,
- sich vom Untergrund abhebende Beschriftung.
- variable Neigungseinstellung,
- ausreichend Platz zur Auflage der Hände,

Das richtige Sitzen am Arbeitsplatz darf nicht unterschätzt werden. Die nachfolgende Übersicht verdeutlicht falsches und richtiges Sitzen.

Falsches und richtiges Sitzen am Arbeitsplatz

FALSCH

- Sitzhöhe zu hoch
- Sitzhöhe nicht ausgenutzt
- keine Abstützung der Lendenwirbelsäule durch die Rückenlehne

- Sitzfläche nicht ausgenutzt
- Sitzhöhe zu hoch
- Rückenlehne zu hoch
- keine Abstützung der Lendenwirbelsäule durch die Rückenlehne

- keine Abstützung der Lendenwirbelsäule durch die Rückenlehne. Rundrücken belastet Bandscheiben einseitig. Folge: schwere Beeinträchtigung, z. B. Bandscheibenvorfall
- Sitzhöhe zu hoch
- Sitzfläche nicht ausgenutzt

- Rückenlehne zu hoch und nicht dynamisch eingestellt
- Sitzhöhe zu niedrig
- Sitzfläche nicht ausgenutzt

RICHTIG

Sitzhöhe einstellen
- Sitzhöhe richtig einstellen. Unterarme parallel mit Tischfläche und Oberschenkel im Winkel von 90°
- Sitzfläche voll ausnutzen
- Rückenlehne exakt einstellen

Sitzfläche ausnutzen
- Sitzfläche voll ausnutzen. Die anatomisch geformte Sitzfläche muss ganz ausgenutzt werden, damit die Rückenlehne stützen kann
- Sitzhöhe richtig einstellen
- Rückenlehne exakt einstellen

Rückenlehne einstellen
- Lehnenhöhe exakt einstellen. Höhe der Rückenlehne so einstellen, dass auch bei wechselnder Oberkörperhaltung der Lendenwirbelbereich gestützt ist
- Sitzhöhe richtig einstellen
- Sitzfläche voll ausnutzen

Dynamisch sitzen
- Dynamisch sitzen. Dynamische Rückenlehne frei benutzbar; passt sich den unterschiedlichen Sitzhaltungen an, stützt die Lendenwirbelsäule
- Sitzhöhe richtig einstellen
- Sitzfläche voll ausnutzen

1.3.2 Ökologische Arbeitsumgebung

Neben der Ergonomie am Arbeitsplatz sollte auch der **ökologische Aspekt** im Büro berücksichtigt werden. Keineswegs stehen wirtschaftliche Gesichtspunkte gegen den ressourcenschonenden Einsatz von Einrichtungsgegenständen oder Betriebsmitteln. Nachhaltiger Gebrauch von Ressourcen beginnt schon beim Erwerb.

Die Arbeitsumgebung gestalten

Nachhaltiger und ökologischer Wegweiser für den Einkauf:
→ Auswahl von langlebigen Produkten,
→ schadstoffarme Herstellung,
→ keine bis geringe Emissionen beim Gebrauch,
→ lange Lebensdauer,
→ geringer Energieverbrauch,
→ Reparierbarkeit,
→ Wiederverwendbarkeit und Fähigkeit zum Recycling.

Verschiedene **Label** dienen der Orientierung zur ökologischen Nutzung und Herstellung.

Beschreibung	Label
Der **Blaue Engel** ist wohl das bekannteste Umweltzeichen und dient als Wegweiser für den Einkauf. Produkte werden mit diesem Label ausgezeichnet, wenn z. B. keine bedenklichen Schadstoffe verwendet werden. Zusätzlich lässt sich schnell an der Unterschrift erkennen, welche Schwerpunkte dieses Produkt berücksichtigt: schützt die Umwelt und die Gesundheit, schützt das Klima, schützt die Ressourcen und schützt das Wasser.	
Des **TCO-Prüfsiegel** bringt zum Ausdruck, dass ökologische, soziale und wirtschaftliche Belange bei IT-Produkten und deren Produktion berücksichtigt werden. Die zertifizierten Produkte erfüllen z. B. Kriterien in Bezug auf Arbeitssicherheit, Ergonomie, Emission, Produktlebensdauer, Recycling.	
Das Siegel **Geprüfte Sicherheit** (GS-Zeichen) wird von einer staatlichen Prüfstelle (z. B. TÜV, VDE) vergeben. Es kennzeichnet Produkte, die die gesetzlichen Anforderungen nach dem Produktsicherheitsgesetz erfüllen. Durch dieses Zeichen ist der Käufer sicher, dass er schadstoffarme, bruchsichere und elektrisch einwandfreie Produkte erwirbt.	
Das **QUALITY OFFICE**-Label ist ein Qualitätszeichen, das alle Kriterien einer zeitgemäßen Büroeinrichtung berücksichtigt. Durch dieses Label werden Funktion, Ergonomie und Ökologie bescheinigt. Alle Produkte, die dieses Zeichen tragen, haben grundsätzlich auch das GS-Zeichen.	

LERNFELD 2

Büroprozesse gestalten und Arbeitsvorgänge organisieren

1.4 Einflussfaktoren einer effizienten Arbeitsumgebung

Bei der Gestaltung des Arbeitsplatzes spielen **Beleuchtung**, **Akustik**, **Farben** und **Temperatur** eine wichtige Rolle. Sie beeinflussen in hohem Maß die Konzentrationsfähigkeit und damit die Leistungsfähigkeit und bestimmen nicht zuletzt das Maß an Arbeitszufriedenheit.

1.4.1 Farben in der Arbeitsumgebung

Farben nehmen Einfluss auf die Menschen in ihrer Umgebung. Gerade im Büro sollten die Farben passend ausgewählt werden. Somit kann eine passende Farbe im Büro einen eventuell bestehenden Raumnachteil (z. B. lange und schmale Räume, niedrige Decken) ausgleichen, um die Atmosphäre zu verbessern.

Beispiel

Matthias Blau, Geschäftsführer der Blue Design GmbH, muss für seinen neuen Mitarbeiter Ben Schneider ein Büro einrichten. Da zurzeit nur noch ein kleines Büro mit niedrigen Decken leer steht, möchte er es durch die richtige Farbwahl größer wirken lassen. Beim Malermeister Klecks erkundigt er sich, welche Farben am besten für das Vorhaben geeignet sind. Herr Klecks erläutert Matthias Blau, dass niedrige Räume durch weiße bzw. helle Decken größer wirken. Mit einer dunklen Farbe an der Decke würde der Raum gedrückt wirken. Matthias Blau gibt dem Malermeister Klecks den Auftrag, das Büro zu gestalten und erkundigt sich, welche Wirkungen und Beziehungen andere Farben im Büro haben.

Farben im Büro		
Farbe	Wirkung	Beziehung zum Büro
Blau	entspannend, beruhigend, kühlend, harmonisch	hilft bei der Bewältigung von Tagesstress, wirkt regenerativ, schafft Distanz
Gelb	sonnig, warm, hell, inspirierend, offen	regt die Kommunikation an, unterstützt kreative Prozesse
Grün	aktivierend, beruhigend, entspannend, sauber	unterstützt Ausdauer, Hilfsbereitschaft und Zufriedenheit
Rot	aktiv, kraftvoll, vital, leidenschaftlich, erregend	stimulierende und aktivierende Wirkung, unterstützt Aggressionen
Orange	warm, anregend, motivierend, aufbauend, gesund,	regt die Kommunikation und Geselligkeit an, energieschöpfend
Violett	kreativ, phantasievoll, modisch, unkonventionell, spirituell	regt die Kreativität an, wirkt regenerativ, unterstützt das Verantwortungsbewusstsein
Weiß	rein, sauber, unschuldig, hell, neutral, unendlich	lässt Raum für kreative Prozesse und neue Ideen, lässt das Büro größer wirken
Schwarz	sachlich, modern, seriös, nobel, elegant, formell	lässt das Büro enger wirken, kann bedrückend wirken

Merke

Farben unterstützen unterschiedliche Arbeits- und Geschäftsprozesse. Je nach Wirkung auf die Beschäftigten oder auf den Raum muss die passende Farbwahl getroffen werden.

1.4.2 Akustik im Büro

Geräusche umgeben uns ständig. Manche nehmen wir bewusst, andere unbewusst wahr. Im Büro ist eine Geräuschkulisse allgegenwärtig und kann schlecht oder gar nicht abgestellt werden.

Geräusche im Büro entstehen z. B. durch:

- Telefone, Faxgeräte,
- Computer, Drucker, Tastaturen,
- Gespräche von Kollegen,
- Lüftung, Klimaanlage,
- Radio,
- Straßenverkehr.

In der Arbeitsstättenverordnung wird im Anhang 3.7 ausgeführt, dass der **Schalldruck** im Büro so niedrig wie möglich zu halten ist. Dieser ist soweit zu reduzieren, dass keine gesundheitlichen Folgen für die Beschäftigten entstehen.

Wenn man bedenkt, dass normales Sprechen einen Geräuschpegel von 50 Dezibel verursacht und dies schon zu Konzentrationsstörungen sowie zur Beeinflussung der Leistungsfähigkeit der Beschäftigten führen kann, ist eine völlig störungsfreie Tätigkeit im Büro nur schwer möglich.

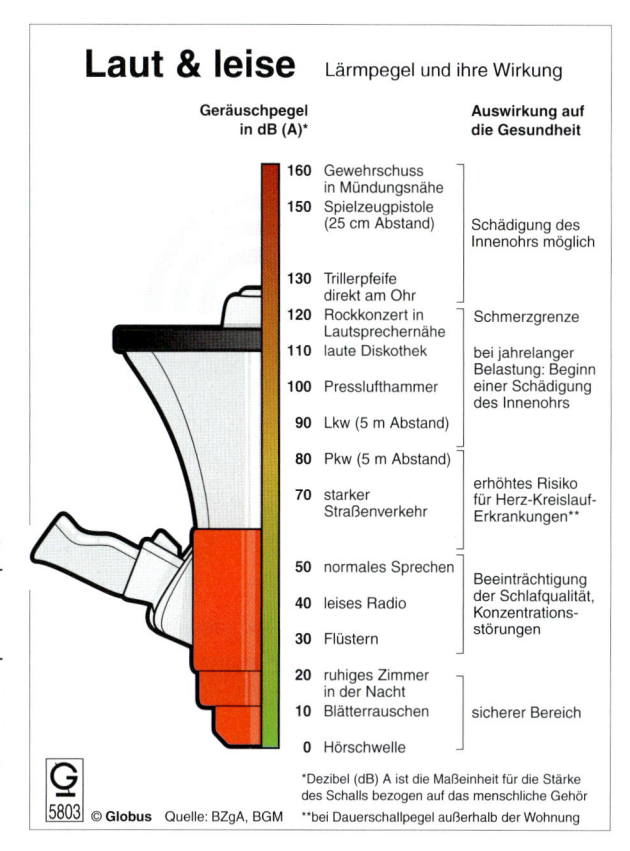

Laut & leise — Lärmpegel und ihre Wirkung

Geräuschpegel in dB (A)*		Auswirkung auf die Gesundheit
160	Gewehrschuss in Mündungsnähe	Schädigung des Innenohrs möglich
150	Spielzeugpistole (25 cm Abstand)	
130	Trillerpfeife direkt am Ohr	Schmerzgrenze
120	Rockkonzert in Lautsprechernähe	
110	laute Diskothek	bei jahrelanger Belastung: Beginn einer Schädigung des Innenohrs
100	Presslufthammer	
90	Lkw (5 m Abstand)	
80	Pkw (5 m Abstand)	erhöhtes Risiko für Herz-Kreislauf-Erkrankungen**
70	starker Straßenverkehr	
50	normales Sprechen	Beeinträchtigung der Schlafqualität, Konzentrationsstörungen
40	leises Radio	
30	Flüstern	
20	ruhiges Zimmer in der Nacht	
10	Blätterrauschen	sicherer Bereich
0	Hörschwelle	

*Dezibel (dB) A ist die Maßeinheit für die Stärke des Schalls bezogen auf das menschliche Gehör
**bei Dauerschallpegel außerhalb der Wohnung

© Globus 5803 Quelle: BZgA, BGM

Ziel ist es, den Lärm soweit wie möglich zu reduzieren und zu verhindern. Dabei muss zum einen auf die Raumbeschaffenheit und zum anderen auf technische Möglichkeiten geachtet werden.

Tipp

Möglichkeiten zur Lärmminderung im Büro:

- Einbau von Schallabschirmung zu anderen Arbeitsplätzen
- Anbringung schalldämmender Decken- und Wandverkleidungen
- Verlegung von schalldämmenden Fußbodenmaterialien
- Einbau schallisolierter Fenster
- Auswahl ruhiger technischer Geräte
- Auslagerung geräuschintensiver technischer Geräte in einen seperaten Raum

Büroprozesse gestalten und Arbeitsvorgänge organisieren

1.4.3 Licht im Büro

Büroarbeitsplätze müssen für eine effektive Arbeit gut ausgeleuchtet sein. Tageslicht ist in den Arbeitsräumen einer künstlichen Lichtquelle vorzuziehen. Die technischen Regel für Arbeitsstätten (ASR) A3.4 spezifiziert, dass Arbeitsräume mindestens zu 2 % bei Fenstern und zu 4 % bei Dachoberlichtern mit Tageslicht versorgt werden müssen. Die richtige **Farbwahl** der Räume unterstützt die Ausnutzung des Tageslichts zusätzlich. Jedoch sollten störende **Blendungen** oder **Reflexionen** von Sonneneinstrahlungen vermieden werden. Dies kann z. B. durch Jalousien und Rollos erfolgen. Durch eine parallele Anordnung der Computerbildschirme zu den Fenstern wird die Blendung weitestgehend vermieden.

Wenn das natürliche Licht nicht ausreicht, muss auf künstliche Lichtquellen zurückgegriffen werden. Um einen Maßstab zu haben, wird das Lichtvorkommen im jeweiligen Raum in „Lux" gemessen. Diese Maßeinheit gibt die Beleuchtungsstärke an.

©Rudie-fotolia.com

Die Arbeitsstätte sollte mindestens folgende Werte aufweisen:

Ort		Mindestwert in Lux
Archive	→	200
Pausenräume/Kantinen	→	200
Kopier- und Ablageräume	→	300
Empfangstheke	→	300
Büroräume/Arbeitsbereiche	→	500
Zeichenbereiche	→	750

Wenn ein Rückgriff auf künstliche Lichtquellen (Direktbeleuchtung und Indirektbeleuchtung) notwendig ist, muss auf **blendfreie** und **flimmerfreie Leuchten** zurückgegriffen werden. Zusätzlich können durch **Zweikomponentenbeleuchtungen** tageslichtähnliche Verhältnisse geschaffen werden. Mit der ersten Komponente dieser Beleuchtungsform wird an der Decke durch indirektes Licht eine Grundhelligkeit erreicht, und mit der zweiten Komponente in Form von Stehlampen oder Tischleuchten wird die geforderte und gewünschte Helligkeit erreicht. Zusätzlich kann der Unternehmer dadurch Energiekosten einsparen, da die zweite Komponente nur bei Bedarf eingeschaltet werden muss.

1.4.4 Temperatur und Luft in der Arbeitsumgebung

Die klimatischen Bedingungen in einem Raum, insbesondere im Büroraum, haben großen Einfluss auf das Wohlbefinden und die Gesundheit eines Menschen. Eine angenehme Raumtemperatur liegt zwischen 21 °C bis 22 °C (Grad Celsius).

Die Mindestwerte der Raumtemperatur für Arbeitsräume richten sich nach den Technischen Regeln für Arbeitsstätten (ASR) A3.5 und besagen:

Körperhaltung	Arbeitsbelastung		
	leichte Arbeiten (Hand- und Armarbeit) im ruhigen Stehen und Sitzen mit gelegentlichem Gehen	mittelschwere Arbeit (Hand-, Arm- und Beinarbeit) im Sitzen, Gehen und Stehen	schwere Arbeit (Hand-, Arm- und Beinarbeit) im Stehen oder Gehen
Sitzen	20 °C	19 °C	–
Stehen und Gehen	19 °C	17 °C	12 °C

Die Temperatur im Büro darf **26 °C nicht übersteigen**. Wenn Außentemperaturen über 26 °C zu verzeichnen sind, muss der Arbeitgeber dafür Sorge tragen, dass die Arbeitsumgebung durch geeignete **Sonnenschutzmaßnahmen** wieder eine angenehme Lufttemperatur erreicht. Geeignete **Sonnenschutzmaßnahmen** können in diesem Zusammenhang sein:

- Rollos und/oder Jalousien einbauen,
- Gleitzeit einführen,
- Getränke bereitstellen,
- unbenutzte elektrische Geräte ausschalten,
- in den Morgenstunden lüften,
- Bekleidungsregeln lockern,
- Klimageräte einschalten,
- Lüftungseinrichtungen nutzen.

Neben der Temperatur spielt die **relative Luftfeuchtigkeit** im Büro eine bedeutende Rolle für das Wohlbefinden am Arbeitsplatz. Luftfeuchtigkeit kann mithilfe eines Hydrometers gemessen werden und sollte in Büroräumen ungefähr zwischen 40 % und 60 % liegen. Eine einfache, jedoch auch effektive Möglichkeit, die Luftfeuchtigkeit zu beeinflussen, ist das richtige Lüften. Richtiges Lüften kann durch **Stoßlüftung** erfolgen. Stoßlüftung wird durchgeführt, indem man kurzfristig für drei bis zehn Minuten Fenster und Türen komplett öffnet und dabei einen Durchzug erzeugt. Die Technischen Regeln für Arbeitsstätten (ASR) A3.6 empfehlen, dass alle 60 Minuten in Büroräumen und alle 20 Minuten in Besprechungsräumen eine Stoßlüftung erfolgen sollte. Des Weiteren soll je nach Jahreszeit und Bedarf mit der Mindestdauer wie folgt variiert werden:

- im Sommer mindestens zehn Minuten,
- im Frühling bzw. Herbst mindestens fünf Minuten,
- im Winter mindestens drei Minuten.

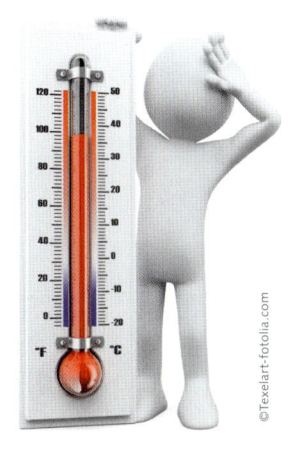

Merke

Stoßlüften ist eine wirksame Methode zur Regulierung der relativen Luftfeuchtigkeit. Kippen der Fenster reicht nicht aus.

Büroprozesse gestalten und Arbeitsvorgänge organisieren

1.5 Zusammenfassung und Aufgaben

Zusammenfassung

Die verschiedenen Büroformen

Die **optimale Raumgestaltung** lässt sich durch die Beachtung von wirtschaftlichen Gesichtspunkten, der Abmessung des Raums und der Lebensqualität der Beschäftigten ermitteln.

Die gängigsten **Büroformen** sind Zellen- oder Kleinraumbüro, Großraumbüro, Kombibüro, Team- oder Gruppenbüro, Reversibles Büro und Non-territoriales Büro.

Zellen- oder **Kleinraumbüros** sind mit allen notwendigen Arbeitsmaterialien ausgestattet und werden von bis zu vier Personen genutzt.

Je nach Rangordnung bzw. Tätigkeitsfeld wird ein Mitarbeiter in einem Ein- oder **Mehrpersonenraumbüro** untergebracht.

Großraumbüros haben mindestens 25 Arbeitsplätze und eine Grundfläche von mehreren hundert Quadratmetern.

Die **Raumteilung im Großraumbüro** erfolgt durch Stellwände, Schränke, Regale und Pflanzen. Somit ist eine unproblematische Umgestaltung des Büros jederzeit gegeben.

Das **Kombibüro** ist eine Kombination aus dem Zellen- oder Kleinraumbüro und dem Großraumbüro. Es nutzt die Vorteile und vermeidet die Nachteile beider Büroformen.

Die Weiterentwicklung des Großraumbüros ist das **Team- oder Gruppenbüro**, das mit maximal 25 Arbeitsplätzen ausgestattet ist.

Die **Ausstattung** des **Team-** oder **Gruppenbüros** entspricht dem des Großraumbüros.

Das **Reversible Büro** kann schnell durch flexible deckenhohe Trennwände in alle Büroformen umgestaltet werden.

Das **non-territoriale Büro** ist strenggenommen keine eigenständige Büroform. Hierbei werden keine festen Arbeitsplätze für die einzelnen Mitarbeiter eingerichtet, sondern von diesen ja nach Bedarf und Verfügbarkeit genutzt.

Wichtige Vorschriften zur Arbeitsumgebung

Für die **Gestaltung einer Arbeitsumgebung** gibt es Gesetze, Verordnungen, Vorschriften, staatliche Regeln und Richtlinien, die eingehalten werden müssen.

Das **Arbeitsschutzgesetz** regelt die Rechte und Pflichten des Arbeitgebers und der Beschäftigten und ist die rechtliche Grundlage für den Arbeits- und Gesundheitsschutz.

In den **Regeln für Arbeitsstätten** sind Maßnahmen zur Gestaltung des Arbeitsraums formuliert.

Die **Raumabmessung** muss je nach Büroform 9 m² – 16 m² nach den Regeln für Arbeitsstätten betragen.

Die **Bildschirmarbeitsverordnung** legt fest, dass die Arbeitsplätze so zu gestalten sind, dass die Arbeit am Bildschirm regelmäßig durch andere Tätigkeiten unterbrochen werden kann.

Die Arbeitsumgebung gestalten

Die **Unfallverhütungsvorschriften** ergänzen und konkretisieren vorhandene Gesetze und Verordnungen.

Ergonomische und ökologische Arbeitsumgebung

Das **ergonomische Sitzen** unterstützt die Leistungsfähigkeit des Beschäftigten und wirkt präventiv gegen gesundheitliche Beschwerden.

Der **nachhaltige** und der **ökologische Umgang** mit den endlichen **Ressourcen** schützt die Ökologie.

Farben können Büroformen durch die richtige Wahl positiv beeinflussen.

Durch den Erwerb ruhiger technischer Geräte, schalldämmender Materialien usw. wird die **Lautstärke** im Raum minimiert.

In Abhängigkeit vom Büroraum und der Arbeitsaufgabe müssen Mindestwerte für die **Beleuchtung** eingehalten werden.

Die **Raumtemperatur** im Büro sollte zwischen 21 °C bis 22 °C liegen und hat großen Einfluss auf das Wohlbefinden und die Gesundheit eines Menschen.

Kurzfristiges Stoßlüften (drei bis zehn Minuten) ist eine wirksame Methode zur Regulierung der relativen Luftfeuchtigkeit.

LERNFELD 2

Aufgaben

1. Prüfen und erläutern Sie folgende Aussagen auf ihre Richtigkeit.
   (1) Bei der Gestaltung der Arbeitsumgebung muss der Arbeitgeber nur seine wirtschaftlichen Interessen beachten.
   (2) Das Großraumbüro beinhaltet alle Vorteile des Zellen- oder Kleinraumbüros.
   (3) Im Zellen- oder Kleinraumbüro erhält ein Mitarbeiter je nach Rangordnung einen Ein- oder Mehrpersonenraum.
   (4) Das Großraumbüro wird in der Regel ab 20 Arbeitsplätzen verwendet.
   (5) Die Nachteile des Großraumbüros kann keine andere Büroform vermeiden.
   (6) Das non-territoriale Büro ist keine eigenständige Büroform.
   (7) Das reversible Büro ist die zukunftsträchtigste Büroform.

2. Erstellen Sie eine Übersicht über die wichtigsten Gesetze, Verordnungen und Vorschriften für die Gestaltung einer Arbeitsumgebung.

3. Erläutern Sie die Bedeutung des Arbeitsschutzgesetzes.

4. Erläutern Sie die Bedeutung der Technischen Regeln für Arbeitsstätten.

5. Erstellen Sie einen kurzen Vortrag zur Raumabmessung und zur Bewegungsfläche für Büroräume. Nutzen Sie hier auch die ASR A1.2.

6. Erläutern Sie die Ergonomie am PC-Arbeitsplatz.

7. Erläutern Sie die Bedeutung des Labels „Blauer Engel".

8. Nennen Sie fünf Geräuschquellen im Büro.

Büroprozesse gestalten und Arbeitsvorgänge organisieren

2 Gesundheitsgefahren erkennen und Strategien zur Bewältigung entwickeln

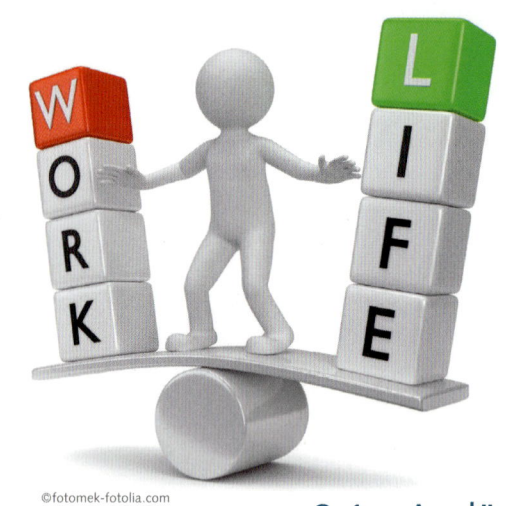

Unter Wohlbefinden am Arbeitsplatz soll keineswegs nur die **körperliche Gesundheit** eines Menschen verstanden werden. Vielmehr umschließt dieser Begriff auch die **psychische Verfassung** eines Menschen. Nicht nur die Sicherheit am Arbeitsplatz muss gewährleistet sein, um eine gesundheitliche Gefährdung der Mitarbeiter zu vermeiden, sondern auch **psychosoziale Einflüsse** (Stress, Gewalt, sexuelle Belästigungen usw.) müssen vermieden werden. Für einen Beschäftigten ist es wichtig, dass der Beruf im Einklang mit seinem Privatleben steht und eine Balance vorhanden ist.

2.1 Auslöser und Folgen von Gesundheitsgefahren im Büro

Auslöser für Gesundheitsgefahren im Büro sind **technische Gegebenheiten** (z. B. Missachtung der Unfallverhütungsvorschriften), **organisatorische Strukturen** (Arbeitsplatzgestaltung, Umgebungseinflüsse usw.), aber auch **menschliche Einflüsse**. Sie können zu Arbeitsunfällen (mangelnde Arbeitssicherheit) und **psychischen und physischen Krankheiten** führen. Dabei nehmen die physischen und psychischen Belastungen immer mehr an Bedeutung zu.

Folgen für die Arbeitnehmer und Arbeitgebern sind u. a.:

- geringere Leistungsfähigkeit,
- erhöhter Krankenstand,
- schlechtes Arbeitsklima,
- Kundenverluste,
- schlechter Arbeitsmitteleinsatz,
- Terminverschiebungen,
- erhöhtes Arbeitspensum,
- Überstunden,
- erhöhte Fehlerrate,
- steigendes Verletzungsrisiko,
- Produktionsausfall,
- Kostensteigerung.

Merke

Nur eine gemeinsame Gestaltung der Arbeitsumgebung durch Arbeitgeber und Arbeitnehmer, die aktiv und präventiv vorgehen, bekämpft und schaltet Gesundheitsgefahren aus.

2.2 Arbeitssicherheit im Büro fördern

Im Büro besteht in der Regel ein innerer Zusammenhang zwischen der Sicherheit am Arbeitsplatz und dem eigentlichen **Unfall**. Oft sind Unfälle im Büro auf den menschlichen Faktor zurückzuführen. Wenn alle Beteiligten gewisse Regeln und Maßnahmen beachten, können viele Arbeitsunfälle vermieden werden. Dazu bedarf es einer Disziplin im eigenen Handeln und auch eines wachsamen Auges, um Gefahren zu erkennen.

Unfallverhütungsvorschriften (UVV) der Berufsgenossenschaft

Sicherheit am Arbeitsplatz	
Gefahren im Büro	**Regeln und Maßnahmen**
Hindernisse in Durchgangswegen, versperrte Bewegungsflächen, lose verlegte Kabel	Gegenstände (Ordner, Unterlagen, Taschen, Verteilersteckdosen usw.) nicht auf den Boden bzw. Bewegungsflächen lagern, ordnungsgemäße Deponierung von Gegenständen in die bestehenden Ordnungssysteme (Regale, Schreibtisch, Schubladen usw.), um Stolperfallen zu vermeiden.
unebene, abgenutzte und glatte Böden	Böden mit Belägen ausstatten, die Unebenheiten ausgleichen oder die rutschunempfindlich sind.
nasse und verschmutze Flächen	Fußmatten präventiv im Eingangsbereich einsetzen, Warnschilder bei nassen Bereichen aufstellen umgehend für eine Reinigung sorgen.
offene Schubladen an Regalsystemen, Türen von Schränken, Schubladen von Schreibtischen usw.	nach dem Gebrauch von Regalen, Schränken, Schreibtischen usw. diese wieder verschließen, um Verletzungen zu vermeiden
falsche Arbeitshilfen zum Erreichen von Ordnern oder Unterlagen	geeignete Arbeitshilfen zum Erreichen von Ordnern und Akten (Leiter, Aufstiegshilfe usw.) verwenden
scharfe Kanten im Büro	wachsam und behutsam durch das Büro gehen, scharfe Kanten, wenn möglich, schon beim Kauf vermeiden oder mit Hilfsmitteln entschärfen oder abrunden
Hektik und Rennen im Büro	nicht im Büro herumrennen, um Zeit einzusparen, langsam in öffentlichen Bereichen gehen und Zusammenstöße mit Kollegen vermeiden
Stromschläge durch unerlaubte oder defekte technische Geräte	technische Geräte regelmäßig prüfen lassen, defekte Geräte vom Stromkreislauf trennen und private Geräte vor dem Gebrauch im Büro anmelden und testen lassen

LERNFELD 2

Büroprozesse gestalten und Arbeitsvorgänge organisieren

2.3 Psychische und physische Gesundheitsgefahren erkennen

2.3.1 Stress im Büro

Der Begriff **„Stress"** bedeutet im Englischen **Druck** oder **Anspannung**, der/die durch äußere Einflüsse hervorgerufen wird. Äußere Einflüsse im Büro können insbesondere sein:

- erhöhtes Arbeitspensum,
- Überstunden, Zeitdruck,
- Angst über den Verlust des Arbeitsplatzes,
- Konflikte mit Kollegen oder Vorgesetzten,
- nicht ordnungsgemäß funktionierende Technik, die das Arbeiten blockiert,
- gesundheitliche Beeinträchtigungen zum Ausführen der Arbeit,
- negative Vorkommnisse im Büro, die die Mitarbeiter enttäuschen oder verärgern,
- längere Unterbrechungen.

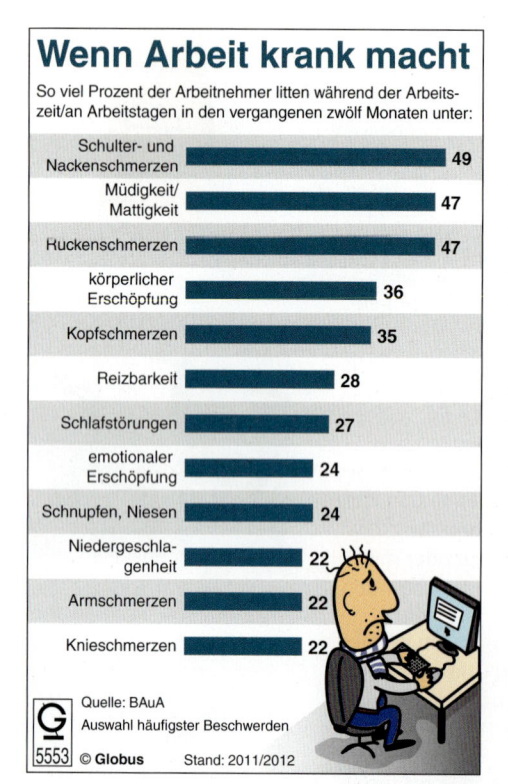

Wenn Arbeit krank macht

So viel Prozent der Arbeitnehmer litten während der Arbeitszeit/an Arbeitstagen in den vergangenen zwölf Monaten unter:

Beschwerde	Prozent
Schulter- und Nackenschmerzen	49
Müdigkeit/Mattigkeit	47
Rückenschmerzen	47
körperlicher Erschöpfung	36
Kopfschmerzen	35
Reizbarkeit	28
Schlafstörungen	27
emotionaler Erschöpfung	24
Schnupfen, Niesen	24
Niedergeschlagenheit	22
Armschmerzen	22
Knieschmerzen	22

Quelle: BAuA Auswahl häufigster Beschwerden
© Globus   Stand: 2011/2012

Die **Folge** sind psychische und physische Reaktionen, die zur Bewältigung der Arbeiten förderlich sein können, aber meistens eine negative körperliche und geistige Belastung mit sich bringen. Diese negativen Reaktionen können sein:

- Verzicht auf wichtige Pausen,
- Konzentrationsschwäche,
- Erschöpfungsgefühl, Motivationsmangel,
- gereizte Stimmung und gereiztes Verhalten,
- fehlerhafte Arbeit, ineffiziente Planung von Arbeiten,
- erhöhter Blutdruck,
- Depressionen, Kopfschmerzen,
- Schlafprobleme, Ängste, Atemprobleme.

Grundsätzlich ist jeder ab und an einem gewissen Stress am Arbeitsplatz ausgesetzt. Wichtig ist dabei, die äußeren Einflüsse richtig zu verarbeiten, sprich, den erhöhten Arbeitsaufwand oder solche Einflüsse zu bewältigen. Wenn eine Bewältigung nicht möglich ist, beginnt die Überforderung und es kann keine Erholung mehr für die Betroffenen eintreten. Hilfreich kann hier die Verwendung einer Zeitmanagement-Methode sein, um die zur Verfügung stehende Zeit effektiv zu nutzen und den Arbeitsalltag effektiv zu gestalten.

Tipp

Zum Bewältigen von erhöhtem Arbeitsaufwand und zur Einteilung von Arbeiten empfiehlt es sich, eine Methode des Zeitmanagements zu nutzen.

2.3.2 Burnout-Syndrom

Das Burnout-Syndrom ist ein **Befindlichkeitssyndrom** und keine anerkannte Krankheit. Der Begriff „Burnout" umschreibt den Zustand eines Menschen, der sich in seinem Beruf ausgebrannt, ausgelaugt, müde und lustlos fühlt. Die Arbeit wird zur Belastung und in seiner Tätigkeit fühlt er sich überfordert und überlastet. Die Effektivität und Effizienz seiner Tätigkeiten und Aufgaben nehmen ab. In der Regel werden in diesem Prozess soziale Kontakte abgebrochen, Hobbys und Freizeitaktivitäten werden nicht mehr nachgegangen und aufgegeben. Der Betroffene zieht sich nach und nach von der Außenwelt zurück und gelangt zum Nullpunkt ohne jegliche Lebensmotivation. Bei den schlimmsten Fällen ist ein erhöhtes Suizidrisiko zu verzeichnen.

Die **Ursachen** für ein Burnout-Syndrom sind vielfältig und können parallel auftreten. Einige exemplarische Ursachen sind:

- geringes positives Feedback,
- hohe Erwartungen an sich selbst,
- schlechte Arbeitsorganisation,
- Probleme und Konflikte,
- schlechte Rahmenbedingungen,
- Berufs- und Privatleben nicht abgegrenzt,
- geringer Verdienst,
- Frust, Angst,

- Stress, Arbeitsbelastung,
- Zeitdruck bei der Arbeit,
- schlechtes Arbeitsklima,
- keine Unterstützung,
- schlechte Teamarbeit,
- Versagensgefühle,
- Überlastung,
- Erschöpfung.

■ Grundsätzlicher Verlauf des Burnout-Syndroms

1. Phase	Die Betroffenen gehen übermotiviert an die Arbeit, setzen sich zu große Ziele, nehmen sich zu viel vor und können die an sich selbst gestellten Maßstäbe schwer realisieren.
2. Phase	Verzicht auf Freizeit und Privatleben; in der verbliebenen Freizeit kann der Betroffene nicht von der Arbeit loslassen. In dieser Phase kann es auch zum Konsum von entspannenden Suchtmitteln z. B. Alkohol oder Medikamenten kommen.
3. Phase	Die anhaltende Arbeitsbelastung und der Arbeitseinsatz führen zu Müdigkeit und Erschöpfung des Betroffenen. Das Arbeitsengagement wird zurückgenommen und die Anerkennung im Unternehmen sinkt.
4. Phase	Bei anhaltendem Verlauf sinkt die geistige Leistungsfähigkeit, Freizeitaktivitäten werden nicht mehr nachgegangen, private Kontakte werden abgebrochen, körperliche Beschwerden setzen ein und die Einnahme von Suchtmitteln steigt an.
5. Phase	Steigende Gleichgültigkeit und Desinteresse, kompletter Motivationsverlust und Verzweiflung.

Büroprozesse gestalten und Arbeitsvorgänge organisieren

■ Vorbeugende Maßnahmen gegen Burnout

Es ist schwierig, sich gegen Burnout zu schützen. Jedoch ist es wichtig, Maßnahmen zu kennen und einzusetzen sowie sich die Problematik des Burnout-Syndroms bewusst zu machen.

Maßnahmen gegen Burnout können sein:

- Verteilung der Arbeit,
- Organisation des Tagesablaufs,
- eigene Grenzen kennen,
- Weiterbildung,
- Privatleben und Berufsleben,
- Erfahrungsaustausch,
- Schaffen angenehmer Bedingungen,
- Analyse der eigenen Arbeit,
- regelmäßige Pausen,
- aktive Nutzung der Freizeitgestaltung.

2.3.3 Mobbing am Arbeitsplatz

Mobbing ist eine Form der **Konflikteskalation** und daher eine **Gewaltform**, die ihren Ursprung in einer ausführenden Person hat. Gewalt gegenüber Menschen im beruflichen Umfeld ist meist psychischer Natur. Der Begriff **Mobbing** wurde aus dem englischen „to mob" abgeleitet. Dies bedeutet so viel wie „anpöbeln, bedrängen und angreifen". Die allgemein anerkannte Definition von Mobbing besagt, dass eine Person über einen längeren Zeitraum hinweg von einer oder mehreren Personen belästigt, drangsaliert oder ausgegrenzt wird.

Mobbing geschieht häufig in sogenannten **Zwangsgemeinschaften**. Diese findet man meistens in der Berufswelt. Diese Gebilde können nicht ohne Weiteres oder ohne weitere Einschnitte für ein Individuum verlassen werden. Mobbing kann durch mehrere Formen zum Ausdruck kommen. Die Mobbingmöglichkeiten im beruflichen Umfeld lassen sich in drei Bereiche unterteilen.

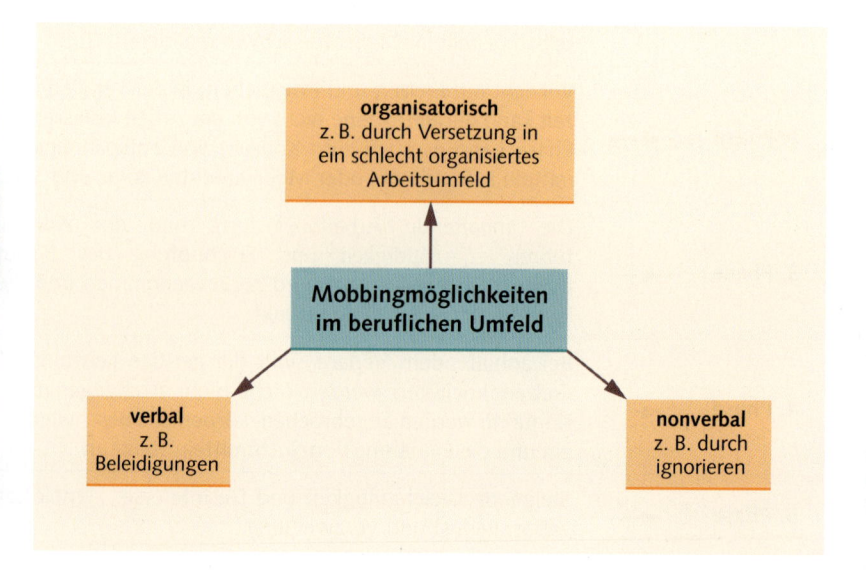

Mobbingmöglichkeiten im beruflichen Umfeld

- **organisatorisch** z. B. durch Versetzung in ein schlecht organisiertes Arbeitsumfeld
- **verbal** z. B. Beleidigungen
- **nonverbal** z. B. durch ignorieren

Gesundheitsgefahren erkennen und Strategien zur Bewältigung entwickeln

Eine gesetzliche Verankerung wie in Frankreich, Spanien oder Schweden existiert in Deutschland nicht. Dennoch ist Mobbing arbeitsrechtlich **verboten** und der jeweilige Arbeitgeber muss seiner **Fürsorgepflicht** gegenüber seinen Arbeitnehmern nachkommen. Dabei sind die Persönlichkeitsrechte in Art. 1 und Art. 2 Grundgesetz und die Gleichbehandlungspflicht in Art. 3 Grundgesetz zu beachten und zu schützen. Daneben können auch einzelne Handlungen nach dem Strafgesetzbuch (StGB) strafrechtlich verfolgt werden. Sollte ein Mobbingvorfall stattfinden, sollte man sich unbedingt professionellen Rat (z. B. Betriebsrat, Rechtsanwalt, Beratungsstellen) einholen.

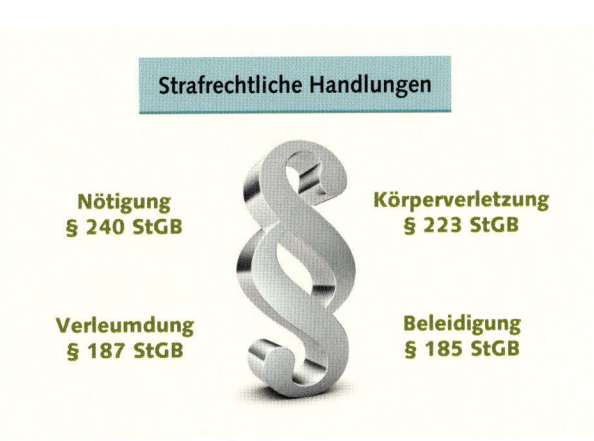

Strafrechtliche Handlungen
- Nötigung § 240 StGB
- Körperverletzung § 223 StGB
- Verleumdung § 187 StGB
- Beleidigung § 185 StGB

2.4 Maßnahmen zur Erhaltung und Förderung der Gesundheit

Maßnahmen zur Erhaltung und Förderung der Gesundheit psychischer und physischer Natur sind nicht nur Sache des jeweiligen Beschäftigten, vielmehr kann der Arbeitgeber auch Maßnahmen und Rahmenbedingen schaffen und bieten.

Grundsätzlich sollte der Beschäftigte auf ein ausgewogenes und ausgeglichenes Privat- und Berufsleben (**Work-Life-Balance**) achten. Dies bedeutet, dass ein Gleichgewicht zwischen den verschiedenen Lebensbereichen gefunden werden sollte. Der Arbeitgeber kann hier unterstützend und fördernd einwirken. Zusätzlich zieht dieser indirekt Vorteile aus einem ausgeglichenen und leistungsfähigen Mitarbeiter.

Maßnahmen des Arbeitgebers für die Erhaltung und Förderung der Gesundheit:

- Fort- und Weiterbildungen anbieten,
- Arbeitsbelastung verteilen,
- Büroausstattung,
- Arbeitssicherheit beachten,
- klare Hierarchien und Kompetenzen,
- flexible Arbeitszeiten,
- Serviceleistungen für Familien,
- ergonomische Arbeitsplätze bereitstellen,
- regelmäßige Entwicklungsgespräche,
- Austausch defekter Büroausstattung,
- effiziente Arbeitsbedingungen schaffen,
- Freiräume schaffen,
- Sensibilisierung von Führungskräften,
- offenes Ohr für alle Beschäftigten.

Maßnahmen des Beschäftigten für die Erhaltung und Förderung der Gesundheit:

- bewusste Pausen zum Abschalten einhalten,
- Treppen laufen statt Aufzug fahren,
- während der Arbeit auch mal aufstehen,
- Sitzposition ab und an wechseln,
- ausreichend trinken (mind. 1,5 Liter),
- Arbeitspläne und Tagespläne erstellen,
- Strategien gegen Stress entwickeln,
- Bewegungspausen durchführen,
- Mahlzeiten einnehmen,
- effektives Zeitmanagement nutzen,
- zu Hause frühstücken,
- realistische Ziele setzen,
- Sport treiben,
- Entspannungsphasen nutzen.

Merke

Die Gesundheit am Arbeitsplatz sollte aktiv durch Arbeitgeber und Arbeitnehmer gestaltet werden. Beide Seiten tragen zu Erhaltung und Förderung der Gesundheit bei.

Büroprozesse gestalten und Arbeitsvorgänge organisieren

2.5 Zusammenfassung und Aufgaben

Zusammenfassung

Auslöser und Folgen von Gesundheitsgefahren im Büro

Wohlbefinden am Arbeitsplatz subsumiert die **körperliche** und **psychische Gesundheit** eines Mitarbeiters.

Gesundheitsgefahren im **Büro** können durch technische Gegebenheiten, organisatorische Strukturen und menschliche Einflüsse entstehen.

Folgen von Gesundheitsgefahren für die Beschäftigten und Arbeitgeber sind:
- geringere Leistungsfähigkeit,
- erhöhter Krankenstand,
- schlechtes Arbeitsklima,
- Kundenverluste,
- schlechter Arbeitsmitteleinsatz,
- Terminverschiebungen,
- erhöhtes Arbeitspensum,
- Überstunden,
- erhöhte Fehlerrate,
- steigendes Verletzungsrisiko,
- Produktionsausfall,
- Kostensteigerung.

Gefahren im Büro

Regeln und Maßnahmen fördern die **Arbeitssicherheit** im Büro und beugen Unfällen vor.

Gefahren im Büro sind:
- Hindernisse in Durchgangswegen, versperrte Bewegungsflächen, lose verlegte Kabel,
- unebene, abgenutzte und glatte Böden,
- nasse und verschmutze Flächen,
- offene Schubladen an Regalsystemen, Türen von Schränken, Schubladen von Schreibtischen usw.,
- falsche Arbeitshilfen zum Erreichen von Ordnern oder Unterlagen,
- scharfe Kanten im Büro,
- Hektik und Rennen im Büro,
- Stromschläge durch unerlaubte oder defekte technische Geräte.

Psychische und physische Gesundheitsgefahren

Psychische Gesundheitsgefahren im Büro können **Stress**, **Burnout-Syndrom** und **Mobbing** sein.

Stress wird durch ein erhöhtes Arbeitspensum, Überstunden, Angst über den Verlust des Arbeitsplatzes, Konflikte mit Kollegen oder Vorgesetzten, Technik, die nicht funktioniert, gesundheitliche Beeinträchtigungen und negative Vorkommnisse im Büro gefördert.

Gesundheitsgefahren erkennen und Strategien zur Bewältigung entwickeln

Zur Bewältigung von erhöhtem Arbeitsaufwand und zur Einteilung von Arbeiten empfiehlt es sich eine **Methode des Zeitmanagements** zu nutzen.

Begriff **Burnout** umschreibt den Zustand eines Menschen, der sich in seinem Beruf ausgebrannt, ausgelaugt, müde und lustlos fühlt. Die Arbeit wird zur Belastung und in seiner Tätigkeit fühlt er sich überfordert und überlastet. Die Effektivität und Effizienz seiner Tätigkeiten und Aufgaben nehmen ab.

Ursachen, die zum **Burnout** führen können sind:

- geringes positives Feedback,
- hohe Erwartungen an sich selbst,
- schlechte Arbeitsorganisation,
- Probleme und Konflikte,
- schlechte Rahmenbedingungen,
- Berufs- und Privatleben nicht abgegrenzt,
- geringer Verdienst,
- Frust, Angst,
- Stress, Arbeitsbelastung,
- Zeitdruck bei der Arbeit,
- schlechtes Arbeitsklima,
- keine Unterstützung,
- schlechte Teamarbeit,
- Versagensgefühle,
- Überlastung,
- Erschöpfung.

Der grundsätzliche **Verlauf des Burnout-Syndroms** lässt sich in fünf Phasen einteilen.

Maßnahmen gegen Burnout können sein: Verteilung der Arbeit, Erfahrungsaustausch, Organisation des Tagesablaufs, angenehme Bedingungen schaffen, eigene Grenzen kennen, Analyse der eigenen Arbeit, Weiterbildung, regelmäßige Pausen, Privatleben und Berufsleben trennen und Freizeitgestaltung aktiv nutzen.

Mobbing ist eine Form der Konflikteskalation und umschreibt, dass eine Person über einen längeren Zeitraum hinweg von einer oder mehreren Personen belästigt, drangsaliert oder ausgegrenzt wird.

Mobbing im beruflichen Umfeld kann **verbal**, **nonverbal** und **organisatorisch** geschehen.

Eine **gesetzliche Verankerung** von **Mobbing** existiert in Deutschland nicht. Dennoch können einzelne Handlungen nach dem Strafgesetzbuch (StGB) strafrechtlich verfolgt werden.

Maßnahmen zur Erhaltung und Förderung der Gesundheit

Maßnahmen des **Arbeitsgebers** für die **Erhaltung** und **Förderung** der **Gesundheit**:

- Fort- und Weiterbildungen anbieten,
- Arbeitsbelastung verteilen,
- Büroausstattung warten lassen,
- Arbeitssicherheit beachten,
- klare Hierarchien und Kompetenzen schaffen,
- flexible Arbeitszeiten einführen,
- Serviceleistungen für Familien anbieten,
- ergonomische Arbeitsplätze bereitstellen,
- regelmäßige Entwicklungsgespräche führen,
- Austausch defekter Büroausstattung vornehmen,
- effiziente Arbeitsbedingungen schaffen,
- Freiräume schaffen,
- Führungskräfte sensibilisieren,
- offenes Ohr für alle Beschäftigten.

LERNFELD 2

Büroprozesse gestalten und Arbeitsvorgänge organisieren

LERNFELD 2

Maßnahmen des **Beschäftigten** für die **Erhaltung** und **Förderung** der **Gesundheit**:

- bewusste Pausen zum Abschalten,
- Treppen laufen statt Aufzug fahren,
- während der Arbeit auch mal aufstehen,
- Sitzposition ab und an wechseln,
- ausreichend trinken,
- Arbeitspläne und Tagespläne erstellen,
- Strategien gegen Stress entwickeln,
- Bewegungspausen durchführen,
- Mahlzeiten einnehmen,
- effektives Zeitmanagement,
- zu Hause frühstücken,
- realistische Ziele setzen,
- Sport treiben,
- Entspannungsphasen nutzen.

Work-Life-Balance umschreibt das Gleichgewicht zwischen dem Privat- und Berufsleben.

Die **Gesundheit am Arbeitsplatz** sollte aktiv durch **Arbeitgeber** und **Arbeitnehmer** gestaltet werden. Beide Seiten tragen zu Erhaltung und Förderung der Gesundheit bei.

Aufgaben

1. Prüfen und erläutern Sie folgende Aussagen auf ihre Richtigkeit.
   (1) Wohlbefinden am Arbeitsplatz umschreibt die körperliche Gesundheit eines Menschen.
   (2) Die drei häufigsten Beschwerden von Arbeitnehmern sind Schulter- und Nackenschmerzen, Müdigkeit und Rückenschmerzen.
   (3) Ordner oder Taschen können in den Bewegungsflächen abgestellt werden und beeinträchtigen nicht die Arbeitssicherheit.
   (4) Nach dem Gebrauch von Regalen, Schränken, Schreibtischen usw. sollen diese wieder verschlossen werden, um Verletzungen zu vermeiden.
   (5) Stühle können ohne Bedenken zum Erreichen von Ordnern in den oberen Regalfächern verwendet werden.
   (6) Technische Geräte müssen nur bei der Inbetriebnahme geprüft werden.
   (7) Das Burnout-Syndrom ist keine anerkannte Krankheit.
   (8) Mobbing am Arbeitsplatz kann nur durch verbale Äußerungen oder organisatorisch erfolgen.
   (9) Die Gesundheit am Arbeitsplatz kann nur durch den jeweiligen Beschäftigten selbst gefördert werden.
2. Nennen Sie fünf Folgen von Gesundheitsgefahren für Arbeitnehmer oder Arbeitgeber.
3. Erläutern Sie vier potenzielle Gefahren der Arbeitssicherheit im Büro und beschreiben Sie Maßnahmen gegen diese Unfallrisiken.
4. Erläutern Sie den grundsätzlichen Verlauf des Burnout-Syndroms.
5. Erläutern Sie vorbeugende Maßnahmen gegen Burnout.
6. Erläutern Sie, warum Mobbing meistens in der Berufswelt zu finden ist.
7. Erläutern Sie, wie in Deutschland gegen Mobbing gesetzlich vorgegangen werden kann.
8. Erläutern Sie, was man unter Work-Life-Balance versteht.

3 Arbeitsprozesse effizient und aktiv gestalten

Jeder kennt den Umstand, dass man Aufgaben erledigen wollte und nur noch wenig Arbeitszeit zur Verfügung steht. Umso wichtiger ist es, die vorhandene Zeit effektiv zu nutzen und zu gestalten. Manche Aufgaben und Tätigkeiten haben einen höheren Stellenwert als andere und müssen daher zeitnah oder sogar am gleichen Arbeitstag erledigt werden. Ältere Kollegen gestalten ihre Arbeitszeit meist durch ihre eigenen Erfahrungen unbewusst und setzen Prioritäten, um die anfallenden Aufgaben abzuarbeiten. Diese unbewusste Handlung wird als **Zeitmanagement** verstanden.

3.1 Zeitmanagement bei bürowirtschaftlichen Abläufen

Die richtige Zeiteinteilung ist von jedem Menschen selbst abhängig. Jeder hat andere Arbeitsgewohnheiten bzw. Routinen entwickelt. Des Weiteren geht jeder mit Stresssituationen, größerem Arbeitsaufwand oder Umwelteinflüssen unterschiedlich um.

Allgemein beinhaltet jedes funktionierende Zeitmanagement einzelne Schritte, die aneinander anknüpfen und nacheinander ablaufen. Nachfolgend wird der grundsätzliche **Ablauf** dargestellt.

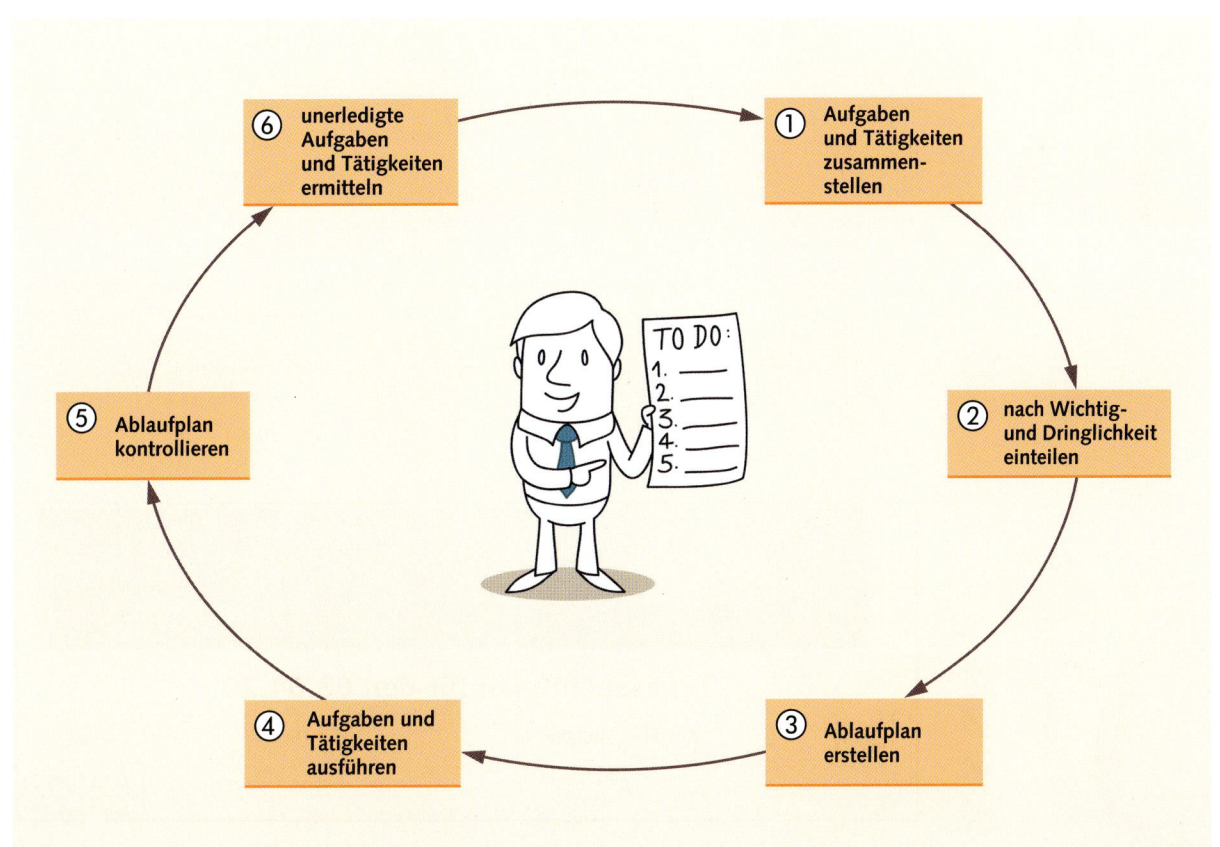

① Aufgaben und Tätigkeiten zusammenstellen
② nach Wichtig- und Dringlichkeit einteilen
③ Ablaufplan erstellen
④ Aufgaben und Tätigkeiten ausführen
⑤ Ablaufplan kontrollieren
⑥ unerledigte Aufgaben und Tätigkeiten ermitteln

Büroprozesse gestalten und Arbeitsvorgänge organisieren

LERNFELD 2

■ Arbeitsschritte des Zeitmanagements

In den einzelnen Arbeitsschritten erfolgt jeweils die Tätigkeit des Mitarbeiters.

Arbeitsschritt		Tätigkeit
①	Aufgaben und Tätigkeiten zusammenstellen	In diesem Arbeitsschritt werden die zu erledigten Tätigkeiten und Aufgaben zusammengestellt. Diese Informationen werden in Terminplänen, Terminmappen, Arbeitsmappen, eigenen Notizen usw. ermittelt.
②	nach Wichtigkeit und Dringlichkeit einteilen	Wenn alle Aufgaben und Tätigkeiten zusammengestellt sind, werden diese nach Wichtigkeit und Dringlichkeit eingeteilt. Ausschlaggebend für die Einteilung sind Termine, Fristen, Anweisungen, Zeitpläne usw.
③	Ablaufplan erstellen	Nachdem eine Rangordnung vorgenommen wurde, kann ein Ablaufplan erstellt werden. Solch ein Plan sollte möglichst mit einer entsprechenden Software, z. B. Word oder Excel, angefertigt werden, um noch nachträgliche Änderungen oder Ergänzungen vornehmen zu können. Zusätzlich sollte ein Zeitpuffer berücksichtigt werden.
④	Aufgaben und Tätigkeiten ausführen	Dieser Punkt erfordert das Fachwissen und die Kompetenz des jeweiligen Mitarbeiters, damit die Aufgaben und Tätigkeiten korrekt ausgeführt werden.
⑤	Ablaufplan kontrollieren	Nachdem die Arbeiten, soweit wie möglich, ausgeführt wurden, können die einzelnen Aufgaben oder Tätigkeiten abgehakt werden.
⑥	unerledigte Aufgaben und Tätigkeiten ermitteln	Es kommt immer vor, dass Tätigkeiten nicht erledigt wurden oder nicht erledigt werden konnten. Faktoren können sein: Arbeitszeit ist verstrichen, Urlaub, Rückfragen usw. Unerledigtes muss zusammengestellt werden, um es abzuarbeiten.

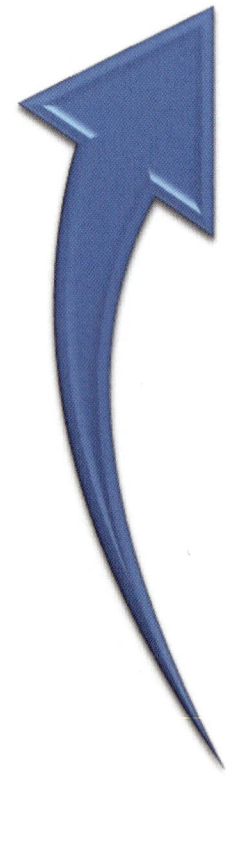

Tagesablaufplan für den 08.04.20..

Priorität Nr.	Aufgabe / Tätigkeit	Hinweis	Erledigt
1.			Ja ❏ Nein ❏
2.			Ja ❏ Nein ❏

Beispiel für eine Checkliste „Tagesablaufplan" nach Prioritäten

Arbeitsprozesse effizient und aktiv gestalten

3.2 Methoden des Zeitmanagements

Methoden des Zeitmanagements sind hilfreich bei der Zeitplanung und Zeiteinteilung sowie zum leichteren Setzen von Prioritäten. Ziele aller Zeitmanagement-Methoden sind, eine bessere, effizientere und stressfreiere Zeiteinteilung zu erreichen.

3.2.1 Pareto-Prinzip

Das Pareto-Prinzip wurde nach dem italienischen Ökonomen und Soziologen *Vilfredo Pareto* benannt. Dieser stellte fest, dass 80 % der italienischen Bevölkerung 20 % des gesamten Vermögens von Italien besitzen.

Im Umkehrschluss heißt dies, dass 20 % der italienischen Bevölkerung 80 % des gesamten Vermögens von Italien besitzen. Nach dieser Erkenntnis wurde die **80-zu-20-Regel** definiert.

Abgeleitet auf das Zeitmanagement und auf die Klassifizierung der Tätigkeiten und Aufgaben bedeutet dies, dass **20 % der eingesetzten Arbeitszeit bereits 80 % des Arbeitserfolgs erbringen**. Beim Pareto-Prinzip müssen die Arbeiten und Tätigkeiten ausfindig gemacht werden, die die 80 % des Arbeitserfolgs ausmachen. Nach der Einordnung sollten genau diese bedeutsamen Arbeiten und Tätigkeiten vorrangig ausgeführt werden. Dies soll aber keineswegs bedeuten, dass die anderen Arbeiten und Tätigkeiten auf der Strecke bleiben. Vielmehr müssen diese mit einer geringeren Priorität erledigt oder delegiert werden.

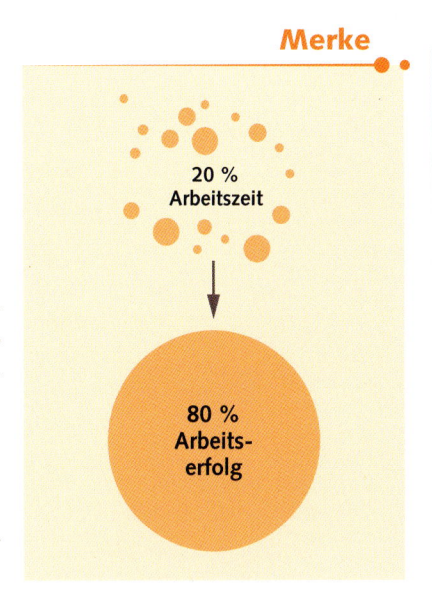

Merke

20 % Arbeitszeit → 80 % Arbeitserfolg

LERNFELD 2

3.2.2 ABC-Analyse

Die ABC-Analyse teilt die anstehenden Aufgaben und Tätigkeiten nach ihrer **Wichtigkeit** ein. Sie unterscheidet zwischen **A-**, **B-** und **C-Aufgaben**.

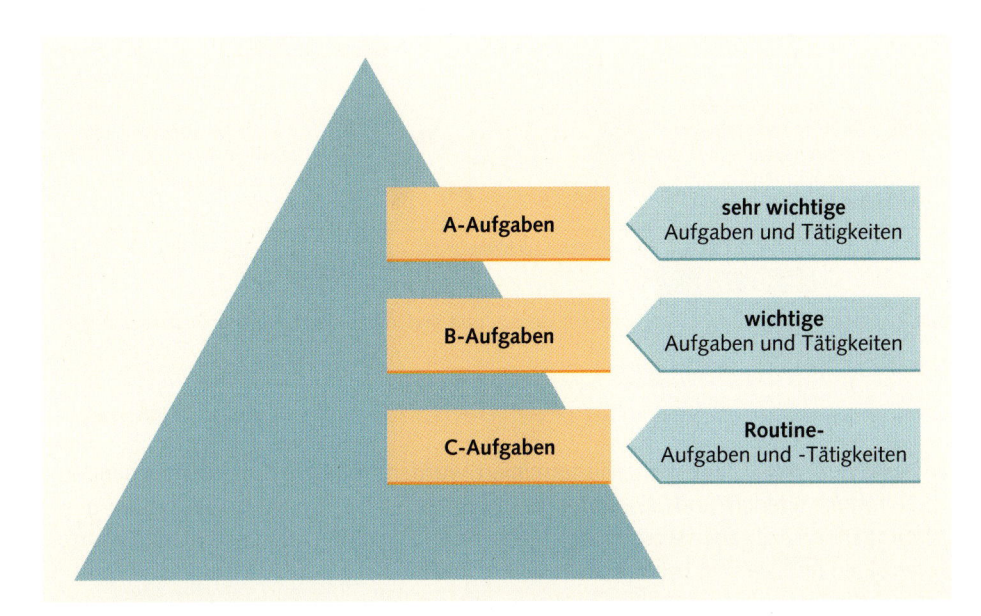

- **A-Aufgaben** — sehr wichtige Aufgaben und Tätigkeiten
- **B-Aufgaben** — wichtige Aufgaben und Tätigkeiten
- **C-Aufgaben** — Routine-Aufgaben und -Tätigkeiten

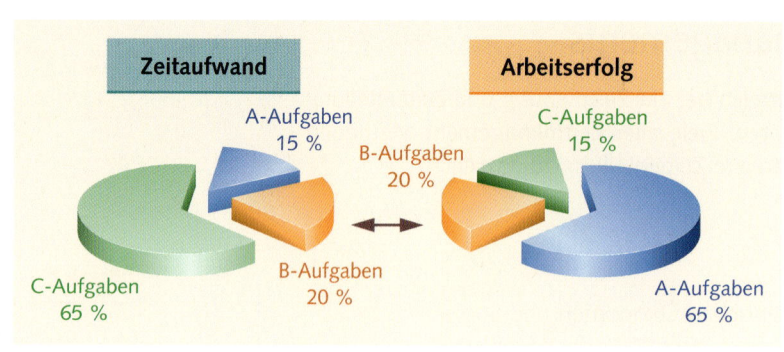

Büroprozesse gestalten und Arbeitsvorgänge organisieren

Gegenüberstellung Zeitaufwand und Arbeitserfolg bei der ABC-Analyse

Zeitaufwand:
- A-Aufgaben 15 %
- B-Aufgaben 20 %
- C-Aufgaben 65 %

Arbeitserfolg:
- C-Aufgaben 15 %
- B-Aufgaben 20 %
- A-Aufgaben 65 %

Wie schon beim Pareto-Prinzip ist der Zeitbedarf bei A-Aufgaben gering und diese Aufgaben und Tätigkeiten tragen zum Arbeitserfolg am meisten bei. Bei B-Aufgaben sind der Zeitaufwand und der Ertrag ausgewogen. Bei C-Aufgaben wird viel Zeit benötigt und diese Aufgaben und Tätigkeiten tragen zum Arbeitserfolg nur einen geringeren Beitrag bei.

3.2.3 Eisenhower Prinzip

Wie die ABC-Analyse ordnet das Eisenhower-Prinzip die offenen Arbeiten in Kategorien ein. Das Prinzip wurde nach dem 34. US-Präsidenten und General Dwight David Eisenhower benannt, der dieses Prinzip praktizierte und selbst gelehrt hatte. Zunächst werden die Aufgaben und Tätigkeiten in **wichtige und dringende Aufgaben** unterteilt und dann wiederum in insgesamt vier Kategorien eingeordnet. Nach dieser Einteilung der Aufgaben und Tätigkeiten können die Aufgaben abgearbeitet werden.

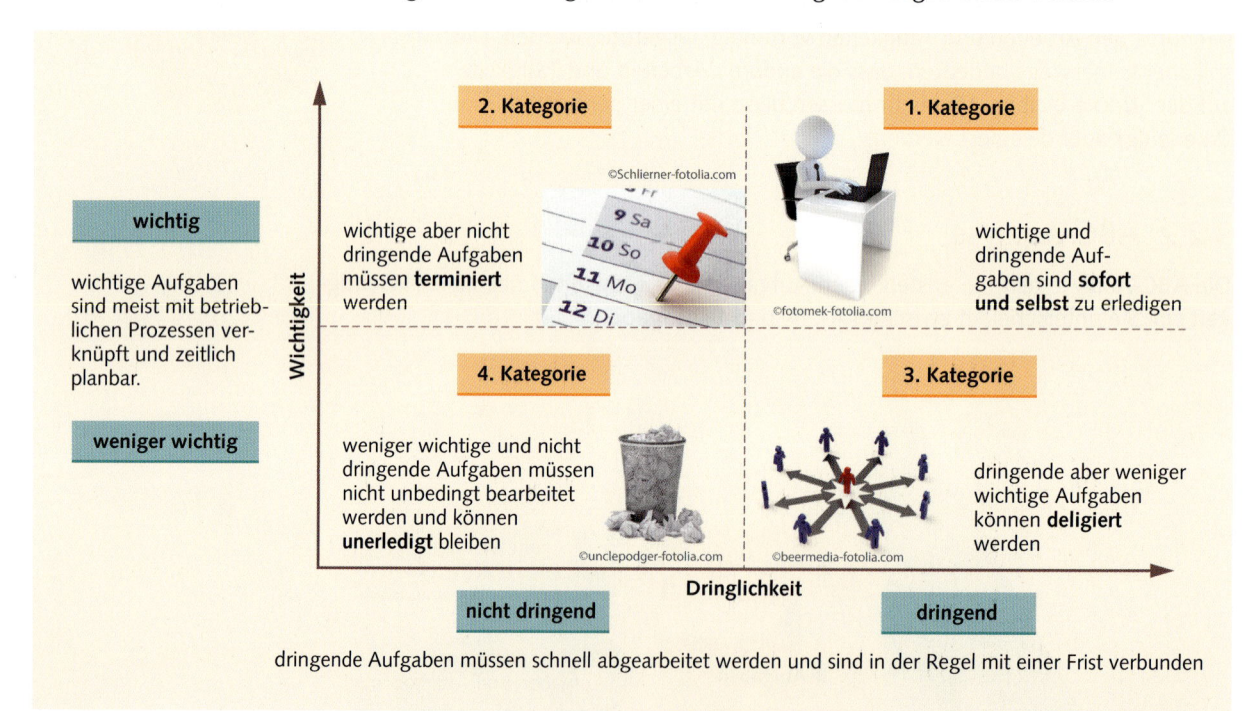

wichtig: wichtige Aufgaben sind meist mit betrieblichen Prozessen verknüpft und zeitlich planbar.

weniger wichtig

2. Kategorie: wichtige aber nicht dringende Aufgaben müssen **terminiert** werden

1. Kategorie: wichtige und dringende Aufgaben sind **sofort und selbst** zu erledigen

4. Kategorie: weniger wichtige und nicht dringende Aufgaben müssen nicht unbedingt bearbeitet werden und können **unerledigt** bleiben

3. Kategorie: dringende aber weniger wichtige Aufgaben können **deligiert** werden

nicht dringend — **dringend**

Dringlichkeit / Wichtigkeit

dringende Aufgaben müssen schnell abgearbeitet werden und sind in der Regel mit einer Frist verbunden

Merke

Aufgaben und Tätigkeiten, die terminiert wurden, müssen zum entsprechenden Zeitpunkt erledigt und ausgeführt werden, damit diese nicht zu wichtigen und dringenden Aufgaben werden. Bei delegierten Tätigkeiten sollte eine Rückmeldung erfolgen und sie sind bei Bedarf zu kontrollieren.

Arbeitsprozesse effizient und aktiv gestalten

3.2.4 SMART-Methode

Die SMART-Methode hat ihren Ursprung im Projektmanagement. Dennoch kann diese auch für reguläre Aufgaben und Tätigkeiten im Büro verwendet werden. Sie teilt die Arbeiten nicht nur in einen Zeitplan ein, sondern verlangt vielmehr eine klare Spezifizierung der zu erreichenden Ziele, um diese messbar und überprüfbar zu machen. Dabei muss auch ein klarer Termin gesetzt werden, aber keinesfalls sollen Ziele unrealistisch sein oder zu Demotivation führen.

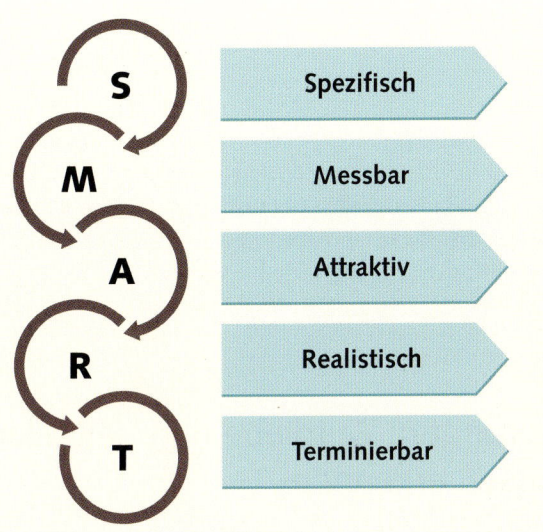

LERNFELD 2

S	**Spezifisch**	Jede Aufgabe und Tätigkeit soll so präzise und eindeutig wie möglich formuliert werden.
M	**Messbar**	Ziele müssen messbar sein, um sie prüfbar zu machen und um die Motivation zu fördern.
A	**Attraktiv**	Vom Bearbeiter sollen die Ziele akzeptiert werden und es soll attraktiv sein, diese auszuführen.
R	**Realistisch**	Ziele sollen erreichbar und möglich sein. Auf keinen Fall sollten diese zu einer Überforderung führen.
T	**Terminierbar**	Jede ausformulierte Aufgabe oder Tätigkeit muss mit einem klaren Termin verbunden werden.

3.2.5 ALPEN-Methode

Die ALPEN-Methode ist eine einfache und schnell durchführbare Methode zur Zeiteinplanung, die aber dennoch effektiv ist. In der Regel dient sie der Tagesplanerstellung und nimmt wenig Arbeitszeit in Anspruch.

A — **Aufgaben** in Checklisten, To-do-Listen oder Tagesablaufplänen notieren

L — **Länge** und Zeitaufwand für die Tätigkeit und die Aufgabe realistisch einschätzen

P — **Pufferzeiten** für die jeweilige Arbeit einplanen, um unvorhergesehene Probleme zu berücksichtigen

E — **Entscheidungen** treffen, um die jeweiligen Tätigkeiten und Aufgaben in Prioritäten einzuteilen oder zu delegieren

N — **Nachkontrolle** der Arbeiten, um nicht bearbeitete Aufgaben neu zu verteilen

Büroprozesse gestalten und Arbeitsvorgänge organisieren

In der ersten Phase der ALPEN-Methode müssen Pläne mit einzelnen Aufgaben und Tätigkeiten zusammengestellt werden. In der zweiten Phase müssen die Arbeiten mit einer realistischen Zeiteinschätzung für die Bearbeitung versehen werden. In der dritten Phase wird je nach Aufgabe jeweils ein Zeitpuffer zugeordnet, um Störungen oder unvorhergesehene Probleme zu berücksichtigen. In der vierten Phase werden Prioritäten vergeben, Tätigkeiten delegiert oder Aufgaben komplett ausgesondert.

Die letzte Phase erfolgt nach der Abarbeitung der Aufgaben und Erledigung der Tätigkeiten. Es werden die einzelnen Ausführungen kontrolliert und unbearbeitete Aufgaben ermittelt. Diese können für neue Tagespläne vorgemerkt oder durch veränderte Gegebenheiten angepasst oder komplett ausgesondert werden.

Tipp

Welche Methode für das persönliche Zeitmanagement die beste Wahl ist, kann man nur selbst herausfinden. Es empfiehlt sich alle Methoden in der täglichen Arbeit einzusetzen und sich dann für eine der Methoden zu entscheiden.

3.3 Mögliche Störungen, Zeitdiebe und Zeitfallen bei Arbeitsprozessen erkennen

Jeder noch so gute Zeitplan oder jede Einteilung der Arbeit hilft nur bedingt beim Erfüllen der gesetzten Ziele. In der täglichen Büropraxis gibt es zum einen Einflüsse von außen, die man schwer beeinflussen kann und zum anderen Zeitdiebe oder Zeitfallen, die man selbst mehr oder weniger verursacht oder bewirkt hat.

Einige **Störungen**, **Zeitdiebe** und **Zeitfallen** sind:

- Ziele zu ungenau oder falsch gesetzt,
- Prioritäten nicht richtig festgelegt,
- Unterbrechungen durch Telefonate,
- Ablenkung, Lärm, private Gespräche usw.,
- keine Organisation der Aufgaben,
- Unterlagen nicht richtig abgelegt,
- Konzentrationsschwäche durch Übermüdung,
- Ungeduld, Hast, Unvermögen usw.,
- zu großes Arbeitspensum,
- unwichtige Informationen stören die Arbeit,
- Unterbrechung durch unangemeldete Personen,
- fehlende Selbstdisziplin,
- Aufgaben wurden nicht zu Ende gebracht.

3.4 Techniken des Selbstmanagements kennenlernen

Das Einteilung von Arbeiten bzw. die Organisation von Aufgaben und Tätigkeiten ist ein wichtiger Prozess. Dennoch bedarf es einer Analyse des Selbstmanagements, um seine eigene Kompetenz und Entwicklung weiter voranzutreiben und die Effizienz zu steigern.

Unabdingbar ist es, den eigens erstellten Arbeitsplan bzw. Tagesplan zu kontrollieren. Dabei reicht es nicht aus, nur die nicht erledigten Aufgaben und Tätigkeiten zu ermitteln. Vielmehr ist es bedeutsam herauszufinden, warum diese nicht bearbeitet werden konnten. Dies kann u. a. an den bereits genannten Zeitdieben oder Zeitfallen liegen. Wichtig ist es, diese Zeitdiebe oder Zeitfallen ausfindig zu machen und in zukünftigen Planungen zu berücksichtigen.

©Gina Sanders-fotolia.com

3.4.1 Selbstkontrolle durch Selbstbeobachtung im Büro

Selbstbeobachtung ist eine Technik zur **Selbstkontrolle**. Mit dieser Technik sollen Arbeitsabläufe und die eigenen offenen oder verdeckten Verhaltensweisen erkannt werden. Grundsätzlich soll die Selbstkontrolle den Ist- mit dem Sollzustand vergleichen und die Effektivität der Arbeit nachhaltig verbessern.

Die **Dokumentation** des Ist-Zustandes sollte umfassen:

- Art der Tätigkeit,
- tatsächlicher Zeitaufwand,
- Grund für die Nichtbearbeitung,
- Uhrzeit der Bearbeitung,
- Außeneinwirkungen,
- Methode der Ausführung,
- Nutzen der Tätigkeit und Aufgabe,
- Zustand des Bearbeiters.

Nach der Dokumentation des Ist-Zustandes muss dieser mit dem gewünschten oder vorher festgelegten Soll-Zustand verglichen werden. Bei diesem Vergleich ist es wichtig, die Abweichungen festzustellen und dann die Gründe des Abweichens zu analysieren. Je genauer die Aufzeichnungen und Dokumentationen sind, umso größer kann die Selbsterkenntnis für den Betroffenen sein.

©XtravaganT-fotolia.com

Durch die Selbstbeobachtung können folgende **Erkenntnisse** gewonnen werden:

- organisatorische Mängel werden aufgedeckt,
- Bearbeitungszeiten sind zu lang,
- fehlerhafte Arbeitsabläufe werden erkannt,
- Störfaktoren können ermittelt werden.

Durch die Analyse können nicht nur Mängel ermittelt werden, sondern es kann zu Lösungsansätzen oder neuen Ideen für die zukünftige Bearbeitung kommen.

Büroprozesse gestalten und Arbeitsvorgänge organisieren

3.4.2 Zeitprotokoll als Analyseinstrument nutzen

Ein **Zeitprotokoll** dient dazu, die verwendete **Arbeitszeit** für einzelne Arbeiten **transparent** zu machen. Zunächst muss eine **Bestandsaufnahme** oder auch **Ist-Analyse** durchgeführt werden. Solch eine Bestandsaufnahme kann einen Tag oder mehrere Tage umfassen. Es empfiehlt sich, diese an mehreren Tagen durchzuführen, um Vergleichswerte zu erhalten. Diese Bestandsaufnahme muss die Uhrzeit, die Aufgabe oder Tätigkeit, den Zeitaufwand und eventuelle Vorkommnisse enthalten.

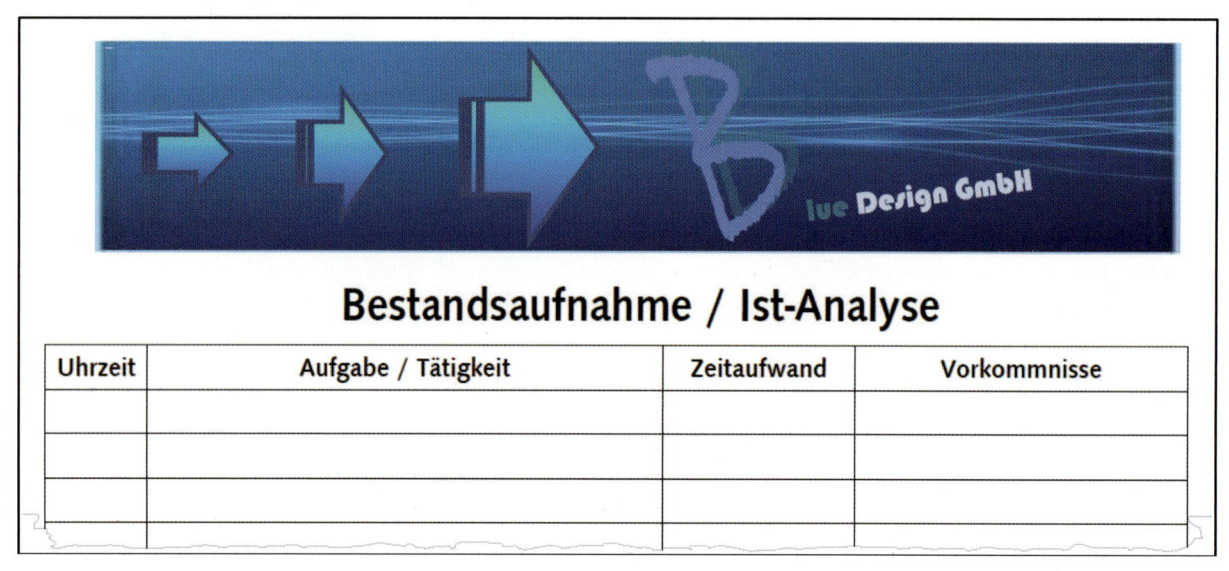

Bestandsaufnahme / Ist-Analyse

Uhrzeit	Aufgabe / Tätigkeit	Zeitaufwand	Vorkommnisse

Beispiel für einen Bestandsaufnahme/Ist-Analyse

Nach der Ist-Analyse können nun Aufgaben und Tätigkeiten ermittelt werden, die einen hohen oder niedrigen Zeitaufwand haben. Dabei ist es wichtig, sich auch die notierten Vorkommnisse anzusehen. Vielmals lassen sich dadurch Zeitdiebe und Zeitfallen erkennen. Zusätzlich können alle Arbeiten mit einer **Gewichtung** versehen werden, ob diese bedeutsam und wichtig sind oder weniger wichtig. Dabei kann man auf das Eisenhower-Prinzip zurückgreifen und diese mit den einzelnen vier Kategorien beschriften. Somit lassen sich schnell die Aufgaben und Tätigkeiten ermitteln, die eine größere oder geringere Bedeutungen haben. Im nächsten Schritt der Analyse müssen **Strategien** oder **Lösungen** gefunden werden, die zu einer Zeiteinsparung führen. Ob diese Erfolg haben, zeigt sich wiederum in der täglichen Büropaxis. Als Kontrolle kann wiederrum eine Bestandsaufnahme durchgeführt werden, um Veränderungen zu ermitteln.

3.5 Zusammenfassung und Aufgaben

Zusammenfassung

Zeitmanagement bei bürowirtschaftlichen Abläufen

Die **Arbeitszeit** im Büro ist ein vergängliches Gut und muss effektiv genutzt und gestaltet werden.

Ein funktionierendes **Zeitmanagement** beinhaltet folgende Schritte, die aneinander anknüpfen:

- Aufgaben und Tätigkeiten zusammenstellen,
- nach Wichtig- und Dringlichkeit einteilen,
- Ablaufplan erstellen,
- Aufgaben und Tätigkeiten ausführen,
- Ablaufplan kontrollieren,
- unerledigte Aufgaben und Tätigkeiten ermitteln.

Methoden des Zeitmanagements

Das **Pareto-Prinzip** besagt, dass 20 % der eingesetzten Arbeitszeit bereits 80 % des Arbeitserfolgs erbringen.

Beim Pareto-Prinzip müssen die Arbeiten und Tätigkeiten ausfindig gemacht werden, die die 80 % des Arbeitserfolgs ausmachen, damit diese vorrangig erledigt und ausgeführt werden.

Die Arbeiten, die nur 20 % des Arbeitserfolgs ausmachen, müssen mit einer geringeren Priorität erledigt oder delegiert werden.

Die **ABC-Analyse** teilt die Aufgaben und Tätigkeiten, die nach Ihrer Wichtigkeit erledigt und ausgeführt werden müssen ein. Sie unterscheidet zwischen:

➔ A-Aufgaben – sehr wichtige Aufgaben und Tätigkeiten
➔ B-Aufgaben – wichtige Aufgaben und Tätigkeiten
➔ C-Aufgaben – Routine-Aufgaben und -Tätigkeiten

Zeitbedarf der einzelnen Aufgaben bei der ABC-Analyse sind:
➔ A-Aufgaben - 15 %   ➔ B-Aufgaben - 20 %   ➔ C-Aufgaben - 65 %

Arbeitserfolg der einzelnen Aufgaben bei der ABC-Analyse sind:
➔ A-Aufgaben - 65 %   ➔ B-Aufgaben - 20 %   ➔ C-Aufgaben - 15 %

Beim **Eisenhower-Prinzip** gibt es wichtige und dringende Aufgaben. Wichtige Aufgaben sind meist mit betrieblichen Prozessen verknüpft und sind zeitlich planbar; dringende Aufgaben müssen schnell abgearbeitet werden und sind in der Regel mit einer Frist verbunden.

Das **Eisenhower-Prinzip** ordnet die offenen Arbeiten in vier Kategorien ein:

➔ 1. Kat. – wichtige und dringende Aufgaben sind sofort und selbst zu erledigen
➔ 2. Kat. – wichtige aber nicht dringende Aufgaben müssen terminiert werden
➔ 3. Kat. – dringende aber weniger wichtige Aufgaben können delegiert werden
➔ 4. Kat. – weniger wichtige und nicht dringende Aufgaben müssen nicht unbedingt bearbeitet werden und können unerledigt bleiben

Büroprozesse gestalten und Arbeitsvorgänge organisieren

LERNFELD 2

Die **SMART-Methode** teilt die Arbeiten nicht nur in einen Zeitplan ein, sondern verlangt vielmehr eine klare Spezifizierung der zu erreichenden Ziele, um diese messbar und überprüfbar zu machen. Dabei muss auch ein klarer Termin gesetzt werden, aber keinesfalls sollen Ziele unrealistisch sein oder zu Demotivation führen.

SMART bedeutet:
- **S**pezifisch – Jede Aufgabe und Tätigkeit soll so präzise und eindeutig wie möglich formuliert werden.
- **M**essbar – Ziele müssen messbar sein, um sie prüfbar zu machen und um die Motivation zu fördern.
- **A**ttraktiv – Vom Bearbeiter sollen die Ziele akzeptiert werden und es soll attraktiv sein, diese auszuführen.
- **R**ealistisch – Ziele sollen erreichbar und möglich sein. Auf keinen Fall sollten diese zu einer Überforderung führen.
- **T**erminierbar – Jede ausformulierte Aufgabe oder Tätigkeit muss mit einem klaren Termin verbunden werden.

In der ersten Phasen der **ALPEN-Methode** müssen Pläne mit einzelnen Aufgaben und Tätigkeiten zusammengestellt werden. In der zweiten Phase müssen die Arbeiten mit einer realistischen Zeiteinschätzung für die Bearbeitung versehen werden. In der dritten Phase wird je nach Aufgabe jeweils ein Zeitpuffer zugeordnet, um Störungen oder unvorhergesehene Probleme zu berücksichtigen. In der vierten Phase werden Prioritäten vergeben, Tätigkeiten delegiert oder Aufgaben komplett ausgesondert. In der fünften Phase werden die einzelnen Ausführungen kontrolliert und unbearbeitete Aufgaben ermittelt.

Störungen, Zeitdiebe und Zeitfallen bei Arbeitsprozessen

In der täglichen Büropraxis gibt es zum einen Ereignisse von außen, die man schwer beeinflussen kann, und zum anderen Zeitdiebe oder Zeitfallen, die man selbst mehr oder weniger verursacht hat.

Techniken des Selbstmanagements

Ein **Zeitprotokolle** ist eine Bestandsaufnahme und dient als Analyseinstrument, um die verwendete Arbeitszeit für einzelne Arbeiten transparent zu machen. Dadurch lassen sich Zeitdiebe und Zeitfallen erkennen.

Aufgaben

1. Prüfen und erläutern Sie folgende Aussagen auf ihre Richtigkeit.

    (1) Die Arbeitszeit effektiv zu nutzen, erlernt man in der Ausbildung.

    (2) Die zu erledigenden Aufgaben und Tätigkeiten müssen zur Einteilung der Arbeitszeit anhand von Terminplänen, Terminmappen, Arbeitsmappen und eigenen Notizen zusammengestellt werden.

    (3) Bei der Ausführung von Arbeiten kommt es nur auf die Schnelligkeit des Bearbeiters an.

(4) Das Pareto-Prinzip besagt, dass 80 % Arbeitszeit erforderlich ist, um 20 % Arbeitserfolg zu erreichen.

(5) Die ALPEN-Methode ist eine einfache und schnell durchführbare Methode zur Zeiteinplanung, die dennoch effektiv ist.

(6) Bei der Erstellung von Ablaufplänen sollen Prioritäten bei den einzelnen Aufgaben und Tätigkeiten vergeben werden.

2. Nennen und erläutern Sie die einzelnen Schritte, die jedes funktionierende Zeitmanagement hat.
3. Erstellen Sie in Word oder Excel einen Tagesablaufplan für Ihr Unternehmen.
4. Erläutern Sie, welche Aufgaben und Tätigkeiten beim Pareto-Prinzip als erstes erledigt und durchgeführt werden sollen.
5. Erläutern Sie die Einteilung der Aufgaben bei der ABC-Analyse.
6. Welcher Zusammenhang besteht beim Pareto-Prinzip und der ABC-Analyse?
7. Erläutern Sie die Einteilung der Aufgaben beim Eisenhower-Prinzip.
8. Erläutern Sie die einzelnen Stufen der SMART-Methode.
9. Erläutern Sie den Ablauf der ALPEN-Methode.
10. Nennen Sie sechs Zeitdiebe und Zeitfallen.

4 Termine im Büro organisieren

Bei der täglichen Büroarbeit ist eine gute und präzise Organisation gefragt. Nicht nur beim Ablauf von Tätigkeiten und Aufgaben, sondern auch bei der sinnvollen Planung von Terminen.

4.1 Terminarten

Allgemein bedeutet ein Termin einen Zeitpunkt, der mit einem Datum oder sogar mit einer Uhrzeit verbunden und festgelegt ist. Zu diesem Zeitpunkt soll ein Ereignis oder ein gewünschtes Ergebnis eintreten. Termine im Büro bedeuten nicht nur Besprechungen oder Gesprächstermine.

Weitere **Termine** im Büro können z. B. sein:

- Wiedervorlagetermin,
- Bestelltermin,
- Skontotermin,
- Kündigungstermin,
- Urlaubstermin,
- Ausschreibungstermin,
- Weiterbildungstermin,
- Projekttermin,
- Reparaturtermin,
- Lieferungstermin,
- Zahlungstermin,
- Antworttermin,
- Messetermin,
- Einstellungstermin,
- Gesprächstermin,
- Abgabetermin,
- Garantietermin,
- Produktionstermin.

Büroprozesse gestalten und Arbeitsvorgänge organisieren

LERNFELD 2

Tipp

Bevor man einen Termin festlegt, sollte man sich darüber im Klaren sein, um welchen Termin es sich handelt. Dabei können folgende Leitfragen behilflich sein:

- Warum soll der Termin stattfinden?
- Welcher Personenkreis nimmt an dem Termin teil?
- Zu welchem Datum und zu welcher Uhrzeit soll der Termin stattfinden?
- An welchem Ort soll der Termin stattfinden?
- Welcher Zeitrahmen wird für den Termin benötigt?
- Welches Ergebnis wird angestrebt?
- Werden Medien, Unterlagen usw. für den Termin benötigt?

Termine lassen sich einteilen in **feste Termine**, die sich regelmäßig wiederholen und in **bewegliche Termine**, die mit den festen Terminen abgestimmt werden müssen.

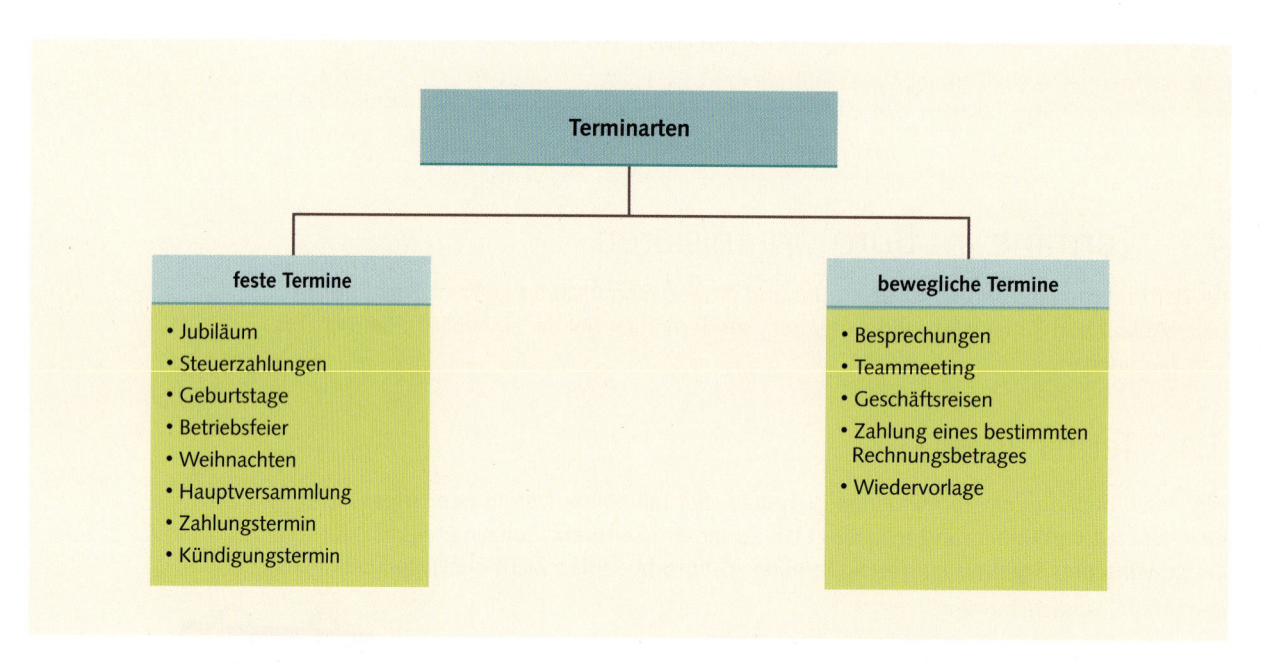

Terminarten

feste Termine
- Jubiläum
- Steuerzahlungen
- Geburtstage
- Betriebsfeier
- Weihnachten
- Hauptversammlung
- Zahlungstermin
- Kündigungstermin

bewegliche Termine
- Besprechungen
- Teammeeting
- Geschäftsreisen
- Zahlung eines bestimmten Rechnungsbetrages
- Wiedervorlage

4.2 Koordinieren und überwachen von Terminen

Auch beim Überwachen und Koordinieren von Terminen werden feste und bewegliche Termine unterschiedlich berücksichtigt. Da sich feste Termine in der Regel wiederholen, können diese längerfristig in den **Terminplänen** berücksichtigt werden. Bewegliche Termine hingegen werden kurzfristig geplant und vereinbart und müssen mit den bereits vorhandenen festen Terminen in Einklang gebracht werden. Diese sollten unmittelbar nach der Vereinbarung eingetragen bzw. fixiert werden, damit es bei weiteren Terminanfragen zu keiner Überschneidung kommt.

4.2.1 Koordinieren von Terminen

Ein Abstimmprozess von Terminen ist schwierig, z. B. wenn der Vorgesetzte einen **Terminkalender** hat und Termine von ihm selbst sowie von einer weiteren Person geplant und festgelegt werden. Häufig kommt es mit klassisch geführten Terminkalendern zu **Überschneidungen** oder der **Abstimmprozess** nimmt erhöhten Zeitaufwand in Anspruch.

Probleme in der Organisation entstehen bei:
- falsch eingetragenen oder vergessenen Terminen.
- Doppelbelegung von Terminen,
- falsch eingetrager Termindauer,
- Terminen, die nicht wahrgenommen werden können.

Durch den Einsatz von **digitalen Terminkalendern**, die sich ständig aktualisieren und somit auf dem neusten Stand sind, können solche Probleme vermieden werden. Durch diese Terminkoordination wird die Professionalität in einem Unternehmen gefördert und demzufolge werden Probleme in der Organisation weitestgehend vermieden. Freiräume werden erkannt und können mit kurzfristigen oder unangemeldeten Terminen in die Tagesplanung integriert werden. Für die Nutzer der digitalen Terminkalender entsteht eine höhere Flexibilität bei der Terminverwaltung.

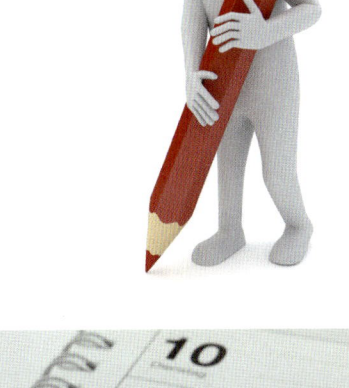

Neben dem digitalen Terminkalender gibt es noch weitere Hilfsmittel für die Terminfixierung. Diese können sein:

Art	Erläuterung
klassische Papierkalender	in Papierform geführter Kalender, z. B. Tisch-, Wand-, Buchkalender
Terminmappen	Mappe mit gekennzeichneten Trennblättern von 1 bis 31 für den laufenden Monat
Planungstafeln	Großes Kalenderformat für Wände, um Visualisierungen deutlich zu machen
Terminkarteien	Karteikasten im DIN-A4 Format, der durch Trennblätter in Monate und Tage eingeteilt ist
Terminliste	Papierliste zum Eintragen von Terminen

Tipp

Vor der letztendlichen Festlegung eines Termins müssen folgende Fragen geklärt sein:
- Ist jeder Terminteilnehmer für die Zeit verfügbar?
- Welcher Zeitraum muss für den Termin geblockt werden?
- Wird für den Termin eventuell ein Zeitpuffer benötigt?
- Ist ein Zeitfenster zum nächsten Termin offenzuhalten?
- Welche Anreisezeit wird bei dem Termin benötigt?
- Wird eine Übernachtung benötigt? Wenn ja, sind noch Unterkünfte verfügbar?
- Stehen private Termine entgegen?

Büroprozesse gestalten und Arbeitsvorgänge organisieren

4.2.2 Überwachung von Terminen

Nicht nur die Koordination von Terminen hat eine große Bedeutung im Büro. Vielmehr ist die stetige Überwachung von Terminen unabdingbar für eine gute und effiziente Terminplanung.

Der Überwachungsgrund bei einem Termin kann unterschiedlich sein und muss differenziert je nach Termin/Ereignis bearbeitet werden.

Termin/Ereignis	Überwachungsgrund
Besprechung, Meeting	Unterlagen, Raum, teilnehmende Personen usw. verfügbar und vorhanden
Geschäftsreise	Reise- und Transferunterlagen, Hotel usw. verfügbar und vorhanden
Wiedervorlage	Antwortschreiben oder Rückmeldung eingegangen, Überwachung eines Sachverhaltes usw.
Zahlungszeitpunkt	Geldbetrag pünktlich überwiesen
Projektende	Projektergebnis erreicht

Zusätzlich kann bei der Überwachung eine Auswertung des Termins/Ereignisses vorgenommen werden, um die zukünftige Terminierung und Planung zu verbessern.

Termin/Ereignis	Überwachungsgrund
Besprechung, Meeting	Wurden die Ziele und Ergebnisse erreicht? Waren alle Teilnehmer anwesend? War die geplante Zeit ausreichend?
Geschäftsreise	Waren alle Unterlagen vollständig? Waren die Hoteleigenschaften zufriedenstellend? War der Reisezeitraum ausreichend geplant?
Wiedervorlage	Konnte der Wiedervorlagegrund abgearbeitet werden? Warum ist ein neuer Termin notwendig?
Zahlungszeitpunkt	Sind weitere Geschäftsbeziehungen mit dem Kunden gewünscht? Muss der Kunde in die Rechtsabteilung abgegeben werden?
Projektende	Warum ist eine Abweichung vorhanden? War die Terminfixierung sinnvoll oder ist diese zu berichtigen?

Termine im Büro organisieren

4.3 Erstellen von Terminplänen

Termine müssen frühzeitig vorbereitet und eventuell dazugehörige Unterlagen bereitgestellt werden. Dies kann durch die Erstellung eines täglichen **Terminablaufplans** erfolgen. Durch solch eine **To-Do-Liste** kann man die täglichen Aufgaben übersichtlich darstellen und anschließend abarbeiten, überwachen und bei Bedarf auch verschieben.

Sinnvollerweise sollte diese Vorbereitung mindestens einen oder zwei Tage vor den eigentlichen Terminen erfolgen. Jedoch nicht zu früh, damit eventuelle Verschiebungen oder Änderungen nicht unberücksichtigt bleiben. Bei der Planung können zusätzlich Prioritäten bei den zu erledigenden Aufgaben gesetzt werden.

LERNFELD 2

Merke
Durch eine frühzeitige Planung können Probleme erkannt und schon im Vorfeld aus dem Weg geräumt werden.

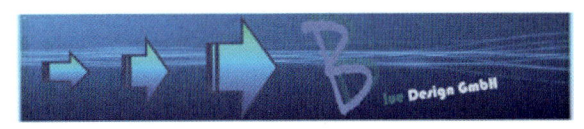

4.4 Elektronischer Terminkalender

Mit einer entsprechenden Software für die Terminplanung lassen sich viele Kriterien einer effektiven Terminplanung umsetzen. Solch eine Standardsoftware unterstützt die Terminplanung und die Erstellung von Terminplänen.

Verschiedene Programme wie z. B. Lotus Notes oder Outlook bieten Gesamtlösungen an und integrieren in ihrer Software einen Kalender, ein Terminverwaltungswerkzeug und eine E-Mail-Funktion. Daneben bieten diese Gesamtlösungen die Möglichkeit, gemeinsame Kalender für mehrere Beschäftigte (Teams, Gruppen usw.) einzurichten oder auch nur bestimmten Personen Zugriffsrechte zu gewähren.

©Kurhan-fotolia.com

Beispiel
Geschäftsführer Matthias Blau hat seinen persönlichen digitalen Terminkalender für seine Sekretärin Roswita Bentz freigegeben. Somit kann Frau Bentz jederzeit von ihrem Computer auf seinen Kalender zugreifen und Termine verwalten. Dadurch muss sie nicht ständig Herrn Blau bei seiner Arbeit unterbrechen.

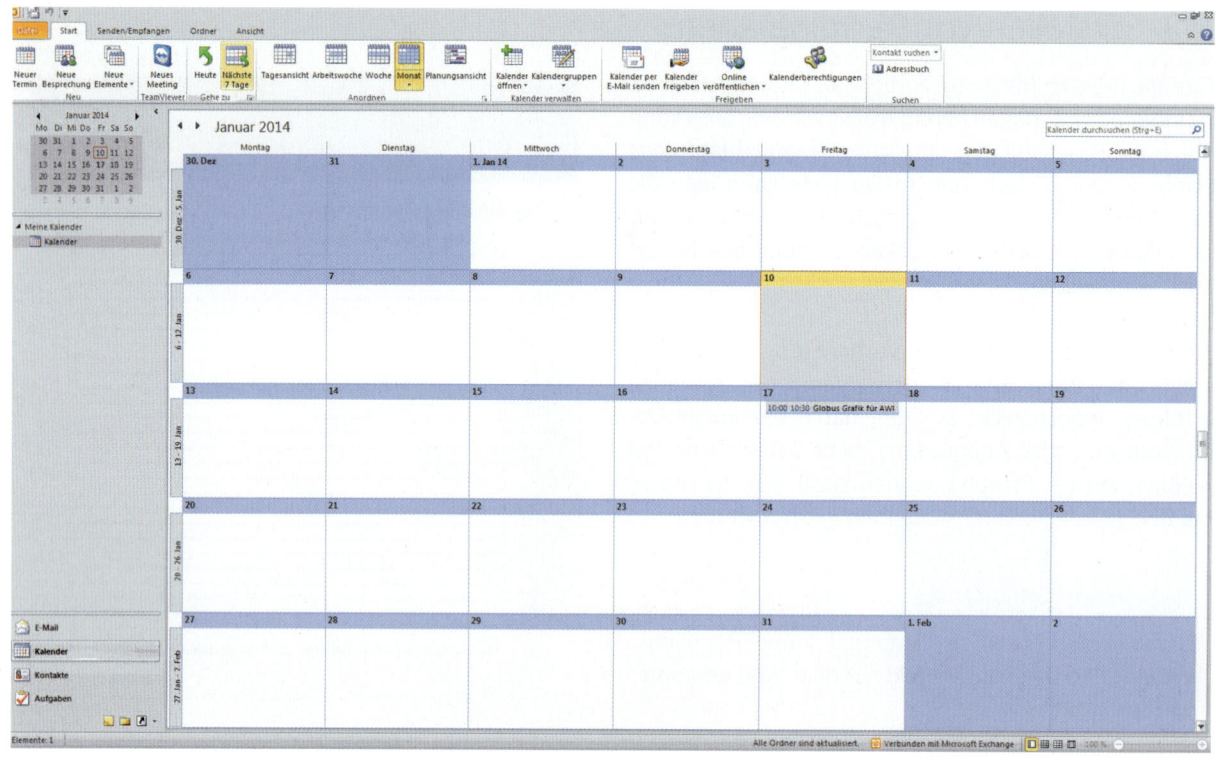

Büroprozesse gestalten und Arbeitsvorgänge organisieren

LERNFELD 2

Beispiel einer Standardsoftware mit E-Mail, Termin und Kalenderfunktion

Neben der Vernetzung von digitalen Terminkalendern und der E-Mail-Funktion bieten diese Softwareprodukte in der Regel folgende weitere **Funktionen**:

- Kontakte erstellen und verwalten,
- Termine und Terminserien am Computer eintragen und verwalten,
- Tagesaufgaben eintragen und verwalten,
- Tages-, Arbeitswochen-, Wochen-, Monats- und Planungsansicht,
- Einladungen zu Terminen, Ereignissen, Meetings usw. per E-Mail versenden,
- Erinnerungsfunktion durch akustische Signale,
- Ausdruck der Termine im Tages-, Wochen- oder Monatsformat,
- Ausdruck von Tagesablaufplänen mit Tagesaufgaben,
- Verwaltung und Zugriff mit ständigem mobilem Abgleich per Smartphone.

Termine im Büro organisieren

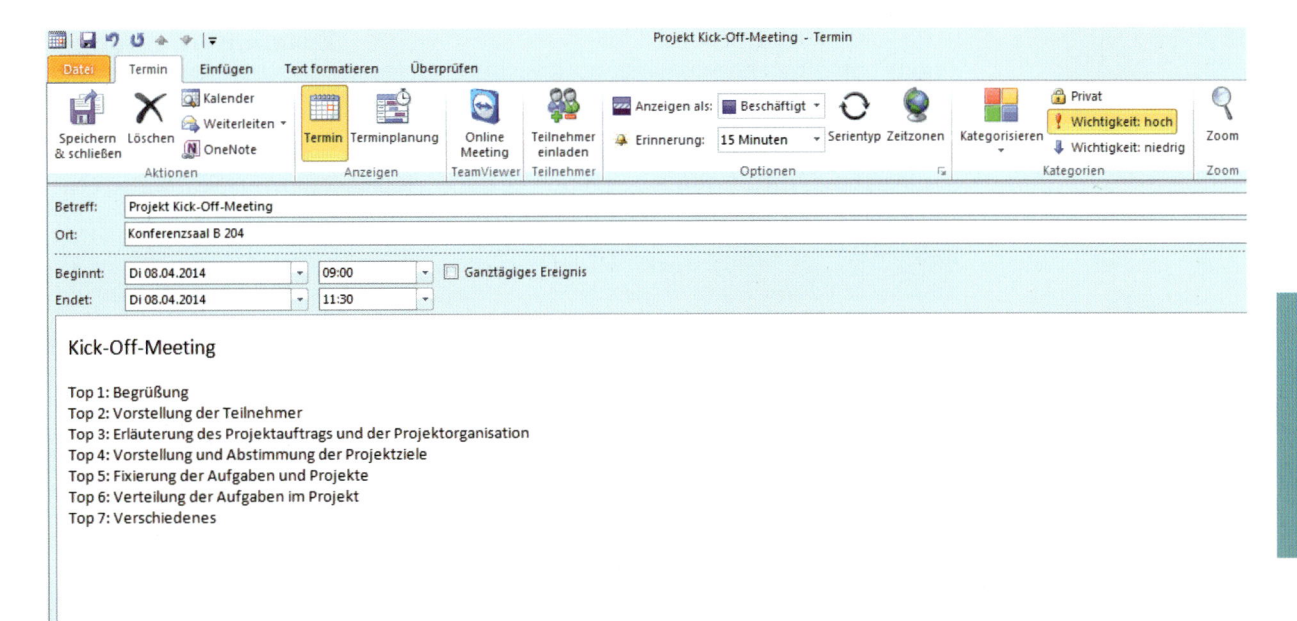

Beispiel für einen Termineintrag

Der Einsatz einer solchen Software ist aber nur dann produktiv, wenn es in jeder Situation genutzt wird. Allerdings ist der größte Kritikpunkt von solchen elektronischen Gesamtlösungen die Datensicherheit.

4.5 Zusammenfassung und Aufgaben

Zusammenfassung

Terminarten und Terminfestlegung

Ein **Termin** ist ein Zeitpunkt, der in einem Datum oder sogar mit einer Uhrzeit festgelegt ist.

Leitfragen zur **Terminfestlegung:**
- Warum soll der Termin stattfinden?
- Welcher Personenkreis nimmt an dem Termin teil?
- Zu welchem Datum und welcher Uhrzeit soll der Termin stattfinden?
- An welchem Ort soll der Termin stattfinden?

LERNFELD 2

Büroprozesse gestalten und Arbeitsvorgänge organisieren

Zusammenfassung

Terminarten und Terminfestlegung

- Welcher Zeitrahmen wird für den Termin benötigt?
- Welches Ergebnis wird angestrebt?
- Werden Medien, Unterlagen usw. für den Termin benötigt?

Koordinieren und überwachen von Terminen

Termine lassen sich unterscheiden in **feste** und **bewegliche Termine**.

Feste Termine wiederholen sich in der Regel und können längerfristig geplant werden; bewegliche Termine werden hingegen kurzfristig geplant.

Organisationsprobleme können durch falsch eingetragene oder vergessene Termine, Doppelvergabe eines Terminzeitraums, falsche Termindauer oder durch nicht eingehaltene Termine entstehen.

Hilfsmittel zur **Terminfixierung**:
- klassische Papierkalender, (Tisch-, Wand-, Buchkalender usw.),
- Terminmappen,
- Planungstafeln,
- Terminkarteien,
- Terminliste,
- digitaler Terminkalender.

Digitale Terminkalender aktualisieren sich ständig und sind somit auf dem neuesten Stand.

Die Überwachung von Terminen ist notwendig, um organisatorische Vorüberlegungen durchzuführen oder Unterlagen und Materialien bereitzustellen.

Eine Auswertung kann bei der Überwachung ausgeführt werden, um die künftigen Terminierungen und Planungen zu verbessern.

Terminpläne

Terminablaufpläne beinhalten für einen bestimmten Beschäftigten die Tagestermine und Tagesaufgaben.

Eine **Standardsoftware** für **Termine** unterstützt die Terminplanung und die Erstellung von Terminplänen.

Digitale Lösungen bieten folgende Funktionen:
- E-Mail-Funktion,
- Kontakte erstellen und verwalten,
- Termine und Terminserien am Computer eintragen und verwalten,
- Tagesaufgaben eintragen und verwalten,
- Tages-, Arbeitswochen-, Wochen-, Monats- und Planungsansicht,
- Einladungen zu Terminen, Ereignissen, Meetings usw. per E-Mail versenden,
- Erinnerungsfunktion durch akustische Signale,
- Ausdruck der Termine im Tages-, Wochen- oder Monatsformat,
- Ausdruck von Tagesablaufsplänen mit Tagesaufgaben,
- Vernetzung von digitalen Terminkalendern,
- Verwaltung und Zugriff mit ständigem mobilem Abgleich per Smartphone.

Aufgaben

1. Prüfen und erläutern Sie folgende Aussagen auf ihre Richtigkeit.
   (1) Termine im Büro sind nur Besprechungen oder Gesprächstermine.
   (2) Um einen Termin zu vereinbaren genügt es, wenn man mit den Terminteilnehmern einen gemeinsamen Zeitpunkt vereinbart, an dem alle verfügbar sind.
   (3) Bewegliche Termine müssen mit den festen Terminen abgestimmt werden.
   (4) Bei der Erstellung eines Terminablaufplans müssen nur die Termine eingetragen werden, die zu einer bestimmten Uhrzeit stattfinden.
2. Bereiten Sie einen Vortrag vor, bei dem Sie die Bedeutung der Terminüberwachung und der Terminauswertung vorstellen.
3. Erstellen Sie einen Terminablaufplan mit einem Textverarbeitungsprogramm.
4. Erläutern Sie fünf Vorteile einer Standardsoftware für die Terminplanung.
5. Erläutern Sie, wann eine elektronische Lösung sinnvoll ist und nennen Sie dabei den größten Kritikpunkt.

5 Sitzungen und Besprechungen durchführen und nachbereiten

Allgemein versteht man unter einer **Veranstaltung** ein geplantes Ereignis, an dem eine vorher bestimmbare Gruppe von Personen mit einer vorgegebene Zeit und einem vorgegebenen Ziel teilnimmt. Zwei Unterformen von Veranstaltungsarten sind **Sitzungen** und **Besprechungen**. Diese Arten von Veranstaltungen nehmen in der täglichen Büropraxis einen beträchtlichen Arbeitszeitanteil in Anspruch. Nicht nur eine gute Vorbereitung gehört zu den wichtigsten Aufgaben der Organisation, sondern es müssen auch bei der Durchführung und Nachbereitung verschiedene Punkte für ein gutes Gelingen beachtet werden.

Veranstaltungen

Sitzungen
- weniger Teilnehmer
- formeller Rahmen
- Meinungs- und Informationsaustausch zu einem vorgegebenen Thema
- Versendung der Einladungen mit den dazugehörigen Tagesordnungspunkten

Besprechungen
- kurzfristiges Zusammentreffen
- weniger formell geplant als eine Sitzung
- kein offenes Thema
- gezielte Fragen und Probleme werden geklärt
- geringer Zeitaufwand bei der Planung notwendig

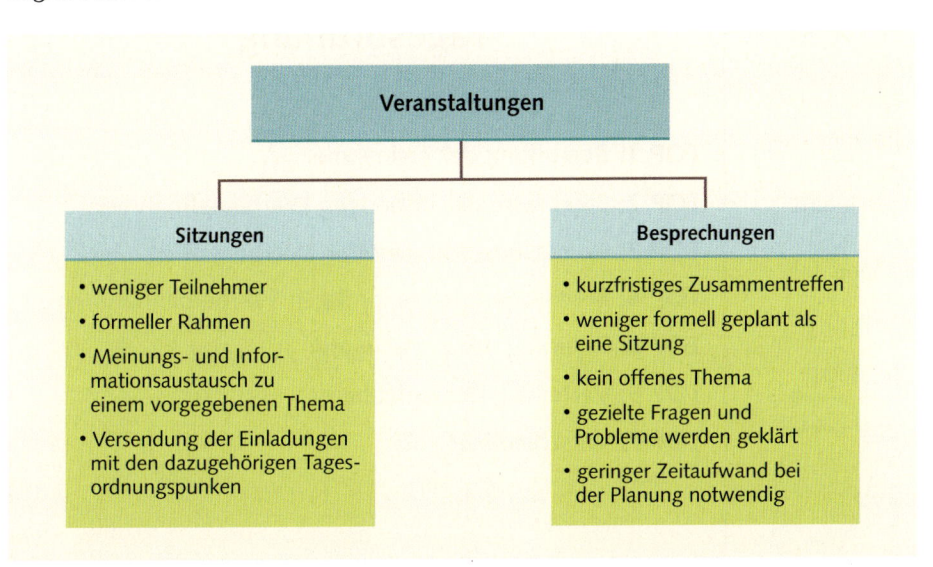

Büroprozesse gestalten und Arbeitsvorgänge organisieren

5.1 Vorbereitung von Sitzungen und Besprechungen

Die Vorbereitung einer Sitzung ist im Grunde die gleiche wie die Vorbereitung einer Besprechung, lediglich die zeitliche Vorlaufzeit zum eigentlichen Termin ist bei einer Besprechung kürzer und muss berücksichtigt werden. Es empfiehlt sich, die Vorbereitung in zwei Schritten durchzuführen. Der erste Schritt ist die **Einladung** mit den dazugehörenden Abstimmungsprozessen und der zweite Schritt ist die **Vorbereitung** vor dem eigentlichen Termin.

■ 1. Schritt

Bevor zu einer Sitzung oder Besprechung eingeladen werden kann, müssen viele Rahmenbedingungen im Vorfeld beachtet werden. Es empfiehlt sich, eine **Checkliste** zu erstellen und je nach Bedarf zu erweitern oder zu verbessern.

Vor dem Versand der Einladungen müssen folgende **Rahmenbedingungen** zwingend beachtet werden:

→ Ist der Termin (Tag, Uhrzeit usw.) für jede teilnehmende Person möglich?
→ Sind die Themen festgelegt und können als Tagesordnung fixiert werden?
→ Welcher Raum (Bestuhlung, Tische, Lichteinflüsse usw.) ist geeignet?
→ Kann eine Belegung bzw. Reservierung der Räumlichkeiten erfolgen?
→ Welche Medien (Laptop, Beamer, Flipchart, Stifte usw.) müssen beschafft oder reserviert werden?

Beispiel

Der Geschäftsführer Matthias Blau beauftragt den Auszubildenden Ulf Henning eine Tagesordnung für die Sitzung, die in fünf Wochen stattfinden soll, zu erstellen. Herr Blau erläutert Ulf, dass jeder Abteilungsleiter eingeladen wird. Das Thema der Sitzung ist die Festlegung der weiteren Werbemaßnahmen. Zusätzlich möchte er in der Sitzung die bisherigen Ergebnisse erläutern, neue Ideen vorstellen und die besten davon besprechen. Anschließend soll ein Zeitplan festlegt werden.

Tipp

Die einzelnen Tagesordnungspunkte sollten, wenn möglich, als angestrebte Zustände bzw. gewünschte Ergebnisse formuliert werden.

Tagesordnung

TOP 1: Begrüßung der Teilnehmer
TOP 2: Ergebnisse der bisherigen Werbemaßnahmen
TOP 3: Vorstellung von weiteren Werbemaßnahmen
TOP 4: Beschließen der zukünftigen Werbemaßnahmen
TOP 5: Fixierung der Zeitplanung
TOP 6: Verteilung der Aufgaben
TOP 7: Verschiedenes

Sitzungen und Besprechungen durchführen und nachbereiten

Nachdem die grundlegenden Rahmenbedingungen beachtet, der Termin festgelegt und Einladungen mit der dazugehörigen Tagesordnung versendet wurden, ist die Vorbereitung keineswegs abgeschlossen. Vielmehr müssen jetzt weitere Vorbereitungen vor dem eigentlichen Termin getroffen werden.

■ 2. Schritt

Im zweiten Schritt, der Vorbereitung für die Besprechung und Sitzung, sollten folgende Arbeiten berücksichtigt werden:

→ Rückmeldungen (Zusagen und Absagen) dokumentieren,
→ Unterlagen für die Sitzung zusammenstellen und bei Bedarf den Teilnehmern zusenden (Reihenfolge gemäß der Tagesordnungspunkte beachten),
→ Bestuhlung und Arbeitstische in den gebuchten Räumlichkeiten überprüfen und gegebenenfalls neu anordnen,
→ Medien auf Funktionalität und Kompatibilität überprüfen und bereitstellen,
→ gegebenenfalls Getränke oder Imbiss für die Veranstaltung und für die Pause bestellen,
→ Anwesenheitsliste und eventuell Namensschilder erstellen,
→ Schild „Bitte nicht stören" zum Aushang am Raum vorbereiten.

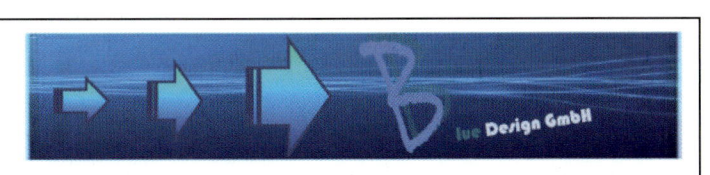

LERNFELD 2

Tipp
Die Einladungen mit Tagesordnungspunkten und eventuelle Unterlagen für die Veranstaltung können auch digital per E-Mail versendet werden.

Merke
Vorbereitungen für eine Sitzung oder Besprechung sollten immer frühzeitig getroffen und abgeschlossen werden. Somit bleibt noch genügend Zeit, um eventuelle Probleme lösen zu können.

Beispiel für eine Checkliste zur Sitzungs- und Besprechungsvorbereitung

Büroprozesse gestalten und Arbeitsvorgänge organisieren

5.2 Durchführung von Sitzungen und Besprechungen

Bevor die Teilnehmer am Tag der Sitzung oder Besprechung in Empfang genommen werden, sollten die Vorbereitungen noch einmal kontrolliert werden. Somit lassen sich überflüssige Fehler frühzeitig vermeiden.

Man sollte sich insbesondere vergewissern, ob:
- der Raum vorbereitet ist,
- die Medien zur Verfügung stehen und funktionieren,
- Unterlagen für die Veranstaltung in ausreichender Menge vorhanden sind,
- Getränke und Imbiss bereitstehen,
- die Anwesenheitsliste und eventuelle Namensschilder vorhanden sind,
- eine Beschilderung zum Veranstaltungsort notwendig ist.

Trotz einer akribisch genauen Vorbereitung kann es bei jeder Sitzung oder Besprechung zu unvorhergesehenen Vorkommnissen kommen. Natürlich ist es schwer sich auf solche Situationen vorzubereiten, aber man kann sich bereits im Vorfeld Gedanken darüber machen und eventuell Vorkehrungen treffen. Unkonventionelle und kreative Lösungen sind in solchen Situationen angeraten und erwünscht. Entscheidend ist, dass die gewünschten Ziele bzw. Ergebnisse erreicht werden können. Flexibilitäts- und Improvisationstalent sind genau in diesen Situationen gefragt und es sollten verschiedene Lösungsmöglichkeiten in Betracht gezogen werden.

Zusätzlich sollte man sich während der Sitzung oder Besprechung **Notizen** anfertigen, um bei der Nachbereitung ein **Protokoll** verfassen zu können. Je nach Protokollart müssen die Aufzeichnungen in unterschiedlichem Umfang erstellt werden. Es empfiehlt sich jedoch die Aufzeichnungen ausführlich anzufertigen, um später detaillierte Informationen über die Veranstaltung liefern zu können.

5.3 Nachbereitung von Sitzungen und Besprechungen

Die Nachbereitung einer Sitzung oder Besprechung ist ein wichtiger Faktor für weitere Veranstaltungen. Abweichungen vom Sollzustand werden deutlich und somit kann für weitere Veranstaltungen genau auf diese ungewünschten Abweichungen geachtet werden. Darüber hinaus empfiehlt es sich auch ein **Feedback** (Fragebogen, Interviews usw.) von den Teilnehmern einzufordern, um Kritikpunkte der Veranstaltung zur Verbesserung nachfolgender Veranstaltungen zu nutzen.

Des Weiteren ist ein **Protokoll** zum einen für die Dokumentation der Ergebnisse der Sitzung und Besprechung wichtig, zum anderen dient es darüber hinaus als Grundlage für Folgeveranstaltungen. Allgemein hält ein Protokoll für eine Sitzung oder Besprechung fest, was beim jeweiligen Tagesordnungspunkt besprochen oder beschlossen wurde.

Sitzungen und Besprechungen durchführen und nachbereiten

Jedes Protokoll enthält:

- Datum und Ort der Veranstaltung,
- Teilnehmer und abwesende Personen,
- eventuell ein Verzeichnis von Anlagen,
- Unterschrift des Vorsitzenden und des Protokollführers.
- Beginn und Ende der Veranstaltung,
- Tagesordnungspunkte,
- Beschlüsse der Veranstaltung,

Grundsätzlich lassen sich zwei Protokolltypen für Sitzungen und Besprechungen unterscheiden.

Häufig verwendete Protokolltypen für Sitzungen und Besprechungen

Ergebnisprotokoll	Verlaufsprotokoll
• Gestaltung meistens im Präsens • Zusammenfassung der Redebeiträge und Beschlüsse • keine Dokumentation, welche Person was geäußert hat	• Gestaltung meistens im Präsens • Redebeiträge der einzelnen Teilnehmer in indirekter Rede • genaues Dokumentieren, welche Person was geäußert hat

Protokolle garantieren, dass sich Personen, die nicht teilgenommen haben, einen Überblick verschaffen können. Das **Verlaufsprotokoll** ist eine Erweiterung des **Ergebnisprotokolls**. Bei dieser Form werden einzelnen Äußerungen genau zugeordnet. Somit lässt sich zusätzlich erkennen, welche Person welche Äußerungen, Argumente usw. vorgetragen hat.

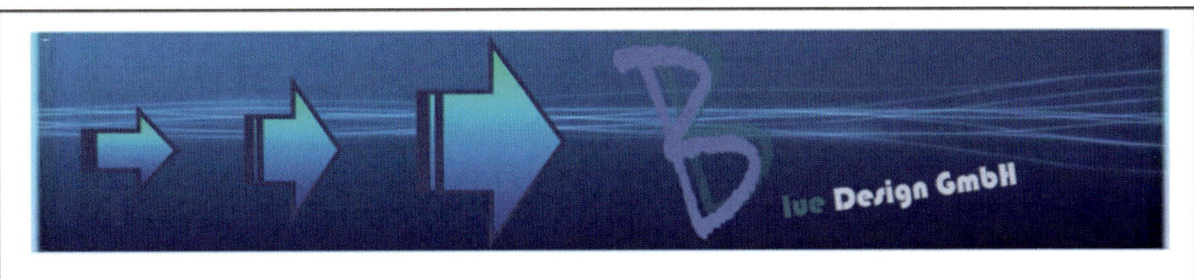

Blue Design GmbH

Protokoll

Thema	
Datum / Uhrzeit	
Veranstaltungsort	
Leiter / Vorsitzender	
anwesende Teilnehmer	
abwesende Teilnehmer	
Protokollführer	

Beispiel für einen Protokollkopf mit den wichtigsten Inhalten

LERNFELD 2

5.4 Kommunikation im Rahmen von Sitzungen und Besprechungen in einer fremden Sprache

Während der gesamten Vorbereitung, Durchführung und Nachbereitung kann es immer wieder zu Situationen kommen, bei denen fremdsprachige Teilnehmer Fragen oder Rückfragen haben. Zum einen kann es sich nur um einfache Fragen handeln, die schnell beantwortet werden können. Zum anderen müssen auch Sitzungs- und Besprechungsprotokolle übersetzt werden. Um einen professionellen Eindruck zu hinterlassen, müssen diese fehlerfrei und zügig erstellt werden.

Nachfolgend werden wichtige Fragen und einfache Auskünfte in deutscher und englischer Sprache gegenübergestellt, die als Hilfe für die tägliche Büroarbeit und zur Vorbereitung eingesetzt werden können.

Fragen und einfache Auskünfte für Sitzungen und Besprechungen	
Deutsch	**Englisch**
Sitzung	meeting; session
Besprechung	meeting; discussion
Ich möchte Sie zur Sitzung am 04.08. um 09:00 Uhr einladen.	I would like to invite you to our meeting on 4 August at 9.00 a.m.
Vielen Dank für Ihre Rückmeldung zur Besprechung.	Many thanks/Thank you for coming back to me about the meeting.
Könnten Sie mir Ihre E-Mail Adresse mitteilen, damit ich Ihnen die Unterlagen zusenden kann.	Could you please give me/let me have/know your email address.
Die Unterlagen und Tagesordnungspunkte werden in den nächsten Tagen versandt.	We'll/We will let you have/will send you all the papers and the agenda within the next few days.
Die Besprechung beginnt um 09:00 Uhr und findet im Konferenzraum statt.	The meeting will start at 9 o'clock (sharp) (and will take place) in our conference room.
Für eine Übernachtung kann ich Ihnen das Business-Hotel in Mannheim empfehlen.	For overnight accommodation I would/can recommend the Business Hotel In Mannheim./The Business Hotelin Mannheim can really be recommended for your overnight stay.
Gerne übernehme ich die Buchung des Hotels für Sie.	We/I would be pleased to do the reservation for you./Of course, we/I could book a room for you, if you like.

Sitzungen und Besprechungen durchführen und nachbereiten

Deutsch	Englisch
Welche Medien benötigen Sie für Ihren Vortrag?	What kind of media do you require/need for your presentation?/ Please let us know which media you …
Guten Morgen Herr Brown, haben Sie das Bürogebäude gut gefunden?	Good, morning Mr. Brown. I hope you had no difficulties finding us.
Darf ich Sie zum Konferenzraum begleiten?	May I take you to the conference room?/ I'll take you to the conference room, if you like.
Der Besprechungssaal B 204 ist im zweiten Stockwerk. Folgen Sie einfach der Beschilderung.	The conference room B 204 is on the second floor/on level 3 [US]. Just follow the signs.
Fahren Sie mit dem Aufzug ins zweite Stockwerk. Auf der linken Seite finden Sie den Sitzungssaal.	Just take the lift/elevator [US] to the second floor/to level 3 [US]. You'll find the conference room on the left (handside).
Darf ich Ihnen noch ein Getränk anbieten?	May I offer you something to drink./ Would you like something to drink.
Die Besprechung beginnt um 09:00 Uhr.	The meeting willl begin at 9 o'clock/at 9.00.
Gerne kopiere ich Ihnen noch die benötigten Unterlagen.	If necessary/If you like, I can make copies of your handouts/documents.
Im Vortragsraum stehen Beamer, Laptop, Flipchart, Stifte und Papier zur Verfügung.	In the conference room you'll find a beamer, a laptop, a flipchart as well as pens and paper.
Unterschreiben Sie bitte die Anwesenheitsliste.	Please sign the attendance list./ Would you sign the attendance list please.
Zwischen den Tagesordnungspunkten vier und fünf ist eine kleine Pause geplant.	We'll have a short break after point 4 of the agenda./After point 4 of the agenda there willl be a short break.
Bedienen Sie sich gerne an den Getränken.	Please help yourself, if you would like anything to drink./ The drinks are there. Just help yourself.
Kann ich Ihnen ein Taxi zum Hotel bestellen?	Can I get you a taxi to the hotel?
Das Protokoll wird Ihnen nach der Anfertigung zugesendet.	We'll send you the minutes (of the meeting) as soon as possible.

LERNFELD 2

Tipp

Neben dem Wörterbuch können auch digitale Plattformen zur Übersetzung verwendet werden.

Büroprozesse gestalten und Arbeitsvorgänge organisieren

5.5 Zusammenfassung und Aufgaben

Zusammenfassung

Vorbereitung von Sitzungen und Besprechungen

Unter einer **Veranstaltung** versteht man allgemein ein Ereignis mit einer vorgegebenen Zeit und einem vorgegebenen Ziel, an dem eine vorher bestimmbare Gruppe von Personen teilnimmt.

Zwei Unterformen von einer Veranstaltung sind **Sitzungen** und **Besprechungen**.

Vorbereitungs-, **Durchführungs-** und **Nachbereitungsphase** sind wichtige Elemente für ein gutes Gelingen einer Sitzung und Besprechung.

Bei **Sitzungen** werden mit den Teilnehmern in einem formellen Rahmen Meinungen und Informationen zu vorgegebenen Themen ausgetauscht.

Besprechungen werden in der Regel kurzfristiger geplant, sind weniger formell und weisen eine geringere Teilnehmerzahl auf als Sitzungen.

Tagesordnungspunkte können bei beiden Veranstaltungsarten erstellt werden. Jedoch sind diese fester Bestandteil bei Sitzungen.

Eine **Checkliste** erleichtert den Planungsprozess einer Veranstaltung und es kann jederzeit eine Überprüfung der einzelnen Punkte erfolgen.

Im ersten Schritt der Vorbereitungsphase werden vor allem Rahmenbedingungen für die jeweilige Veranstaltung betrachtet.

Rahmenbedingungen in der Vorbereitung sind:
- Ist der Termin (Tag, Uhrzeit usw.) für jede teilnehmende Person möglich?
- Themen sind festgelegt und können als Tagesordnung fixiert werden,
- Auswahl eines geeigneten Raums (Bestuhlung, Tische, Lichteinflüsse usw.),
- belegen bzw. Reservierung der Räumlichkeiten,
- Beschaffung oder reservieren der erforderlichen Medien (Laptop, Beamer, Flipchart, Stifte usw.),
- Rückmeldungen (Zusagen und Absagen) dokumentieren,
- Unterlagen für die Sitzung zusammenstellen und bei Bedarf den Teilnehmern zusenden (Reihenfolge gemäß der Tagesordnungspunkte beachten),
- Bestuhlung und Arbeitstische in dem gebuchten Räumlichkeiten überprüfen und gegebenenfalls neu anordnen,
- Medien auf Funktionalität und Kompatibilität überprüfen und bereitstellen,
- gegebenenfalls Getränke oder Imbiss für die Veranstaltung und für die Pause beschaffen,
- Anwesenheitsliste und eventuell Namensschilder erstellen,
- Schild „Bitte nicht stören" zum Aushang am Raum vorbereiten,

Tagesordnungspunkte sollten die Teilnehmer einer Sitzung oder Besprechung über den Verlauf der Veranstaltung informieren.

Vorbereitungen einer Sitzung und Besprechung insbesondere das Versenden der Einladungen müssen frühzeitig geschehen, um Fragen zu vermeiden.

Durchführung von Sitzungen und Besprechungen

Bevor die **Sitzung** oder **Besprechung** beginnt, sollte man sich über folgende Faktoren vergewissern:
- Ist der Raum vorbereitet?
- Stehen die Medien zur Verfügung und funktionieren sie?

Sitzungen und Besprechungen durchführen und nachbereiten

- Sind die Unterlagen für die Veranstaltung in ausreichender Menge vorhanden?
- Stehen Getränke und Imbiss bereit?
- Sind die Anwesenheitsliste und eventuelle Namensschilder vorhanden?
- Ist eine Beschilderung zum Veranstaltungsort notwendig?

Flexibilität und Kreativität sind bei unvorhergesehen Vorkommnissen gefragt, um die **Sitzungs-** oder **Besprechungsziele** sowie einen reibungslosen Ablauf zu erreichen.

Nachbereitung von Sitzungen und Besprechungen

In der **Nachbereitungsphase** einer Sitzung oder Besprechung können wichtige Erkenntnisse für weitere Veranstaltungen gewonnen werden.

Die häufig verwendeten **Protokolltypen** im Büro werden im Präsens gestaltet und sind **Ergebnis-** und **Verlaufsprotokolle**.

Ergebnisprotokolle fassen die Redebeiträge der teilnehmenden Personen und Beschlüsse zusammen. Jedoch wird nicht dokumentiert, welche Person genau, welche Äußerung vorgetragen hat.

Verlaufsprotokolle sind eine Erweiterung der Ergebnisprotokolle und geben in indirekter Rede die Redebeiträge der einzelnen Teilnehmer wieder. Somit lässt sich zusätzlich erkennen, welche Person welche Äußerung, Argumente, Einwände usw. vorgetragen hat.

Aufgaben

1. Prüfen und erläutern Sie folgende Aussagen auf ihre Richtigkeit.
   (1) Bei Sitzungen und Besprechungen gibt es keine Unterschiede.
   (2) Sitzungen und Besprechungen können gleich vorbereitet werden.
   (3) Unterlagen für die Veranstaltung können per E-Mail versendet werden.
   (4) Nachdem ein passender Raum gebucht bzw. reserviert wurde, müssen keine Vorbereitungen mehr bezüglich des Raums durchgeführt werden.
   (5) Medien müssen gebucht und auf Funktionalität und Kompatibilität vor dem Termin überprüft werden.
   (6) Checklisten zu einer Sitzung oder Besprechung unterstützen die Vorbereitungen.
   (7) Kommunikation in einer fremden Sprache ist für eine Sitzung nicht relevant.
2. Nennen und erläutern Sie zwei Arten von Veranstaltungen, die einen beträchtlichen Arbeitszeitanteil im Büro in Anspruch nehmen.
3. Erstellen Sie eine Checkliste für die Vorbereitung einer Sitzung oder Besprechung.
4. Welche Punkte sollten vor der Durchführung nochmals kontrolliert werden?
5. Wie sollten man auf unvorhergesehene Ereignisse in einer Sitzung oder Besprechung reagieren?
6. Erläutern Sie, welche Inhalte in einem Protokollkopf vorkommen müssen und erstellen Sie für Ihren Betrieb einen solchen.
7. Nennen Sie fünf typische Fragen für eine Sitzung oder Besprechung in englischer Sprache.

LERNFELD 2

Büroprozesse gestalten und Arbeitsvorgänge organisieren

6 Informationswege im Unternehmen kennen und nutzen

Tipp

Die Vorteile eines guten Informationsmanagements sind:
- Übersichtlichkeit,
- Aktualität,
- Zeitersparnis.

Informationen haben in Unternehmen eine große Bedeutung. Sie sind Grundlage des wirtschaftlichen und erfolgreichen Handels.

Jeder Mitarbeiter muss die richtige Information zum richtigen Zeitpunkt, in der richtigen Form und am richtigen Ort zur Verfügung gestellt bekommen.

→ Wie kommen Informationen in das Unternehmen?
→ Wie werden Informationen im Unternehmen bearbeitet, weitergeleitet und archiviert?
→ Wie verlassen Informationen das Unternehmen?

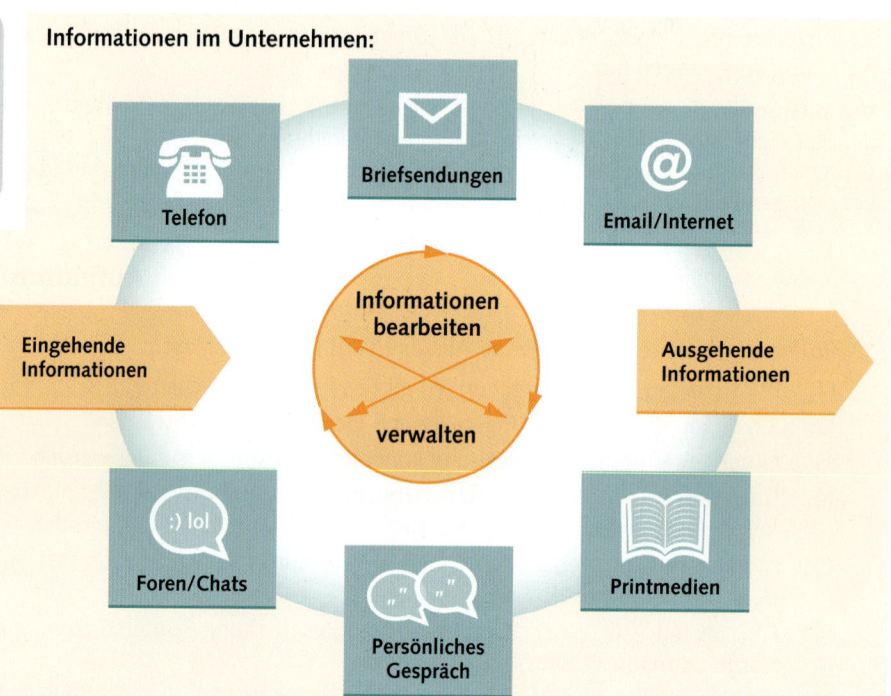

Informationen im Unternehmen:

- Telefon
- Briefsendungen
- Email/Internet
- Foren/Chats
- Persönliches Gespräch
- Printmedien

Eingehende Informationen → Informationen bearbeiten verwalten → Ausgehende Informationen

6.1 Arbeitsabläufe bei eingehenden Informationen

Merke

Ist der Empfänger der Informationen nicht bekannt oder nicht erreichbar, so müssen die eingehenden Informationen in Vertretung entgegen genommen und der Empfänger ermittelt werden.

Informationen gelangen auf den verschiedensten Wegen in Unternehmen. Neben dem **mündlichen** Eingang, üblicherweise telefonisch oder persönlich, ist der **schriftliche** Eingang von Informationen in Unternehmen üblich. Dies kann auf digitalem Weg, also beispielsweise per E-Mail, erfolgen oder auf dem Postweg.

Informationswege im Unternehmen kennen und nutzen

Wichtig bei innerbetrieblichen Informationsabläufen ist, dass keine Informationen auf dem Weg durch das Unternehmen verloren gehen.

Unternehmen:

- Empfänger bekannt → Empfänger erreicht
- Empfänger bekannt → Empfänger nicht erreicht → Information in Vertretung entgegennehmen und weiterleiten → Empfänger erreicht
- Empfänger unbekannt → Empfänger ermitteln → Empfänger erreicht
- Empfänger unbekannt → Empfänger ermitteln → Empfänger nicht erreicht → Information in Vertretung entgegennehmen und weiterleiten → Empfänger erreicht
- Empfänger unbekannt → Empfänger nicht zu ermitteln → Bei Bedarf Absender informieren

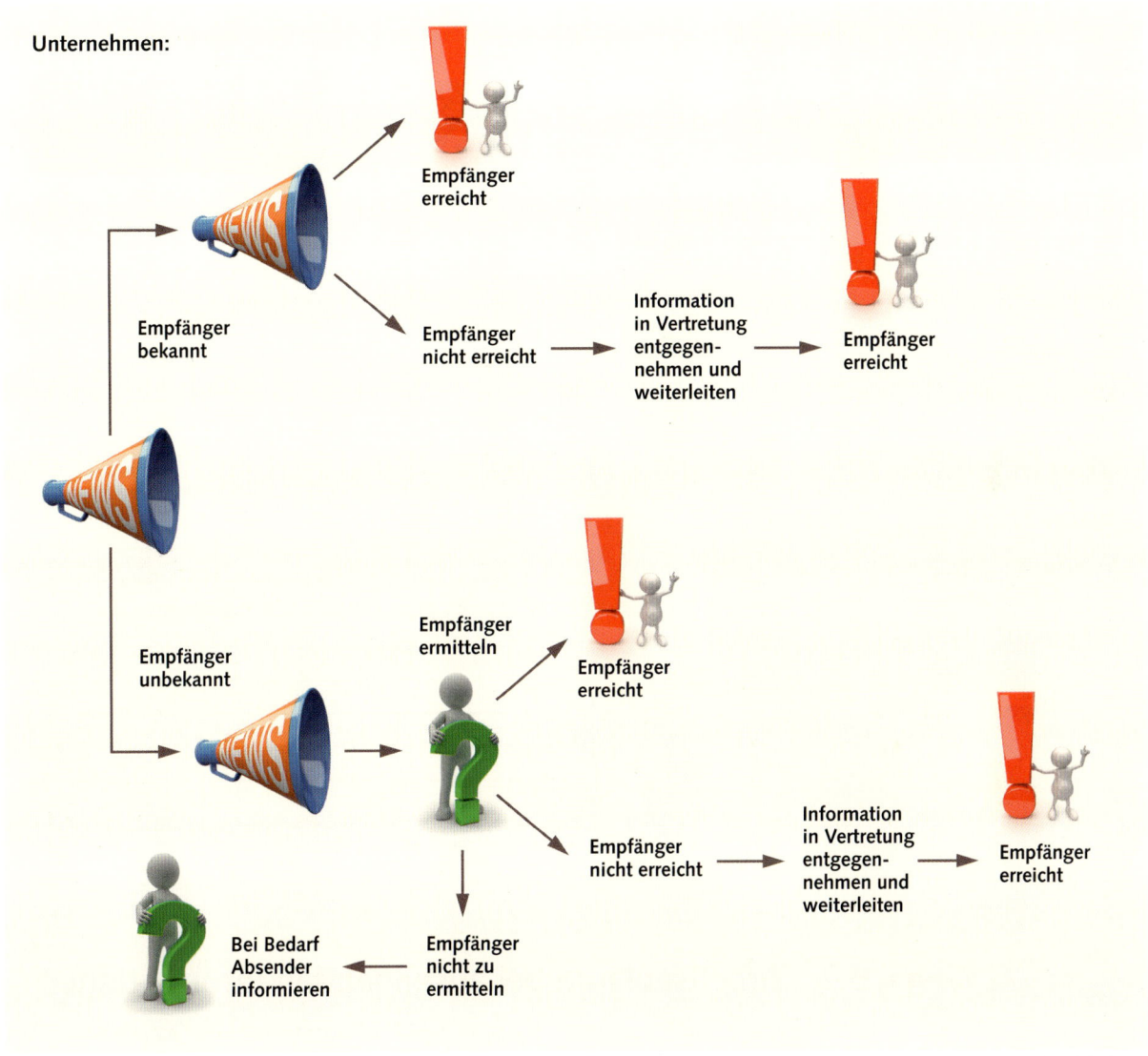

©fotomek-fotolia.com

LERNFELD 2

Telefon- und Gesprächsnotizen können in Papierform oder in digitaler Form an den Empfänger übermittelt werden. Schriftstücke müssen direkt weitergegeben werden oder in eine andere Form gebracht werden, beispielsweise gefaxt oder gescannt werden. Grundsätzlich muss der Ablauf der Informationsweitergabe mit allen Beteiligten abgestimmt beziehungsweise bekannt sein, damit keine Informationen verloren gehen.

Merke

Die Informationsweitergabe im Unternehmen muss durch Regeln (feste Arbeitsabläufe) abgesichert sein, unabhängig davon, auf welchem Weg Informationen in das Unternehmen kommen!

151

Büroprozesse gestalten und Arbeitsvorgänge organisieren

LERNFELD 2

Wenn Informationen für Dritte am Telefon übermittelt werden, ist es besonders wichtig alle Angaben für den Empfänger entgegenzunehmen und anschließend vollständig weiterzugeben.

©MEV Verlag GmbH

Merke

Auf einer **Telefonnotiz** müssen folgende Angaben enthalten sein:

Für **wen** war der Anruf?

Wer hat angerufen (Name und Telefonnummer)?

Wann war der Anruf?

Warum wurde angerufen (Nachricht)?

Welche Aufgabe (nächster Arbeitsschritt: Rückruf, Termin) ist mit dem Anruf verbunden?

Wer hat die Nachricht entgegengenommen (Rückfragemöglichkeit)?

Tipp

Vordrucke helfen, alle relevanten Informationen vollständig weiterzugeben.

Telefonnotiz

An: Frau Marx
Datum/Zeit: 06.08.2014 10.30 Uhr
Anrufer/Unternehmen: Frau Pundlad, Ingenieurbüro Pundlad
Telefon: 0621 - 7024 11 - 12

[X] Bittet um Rückruf   [ ] Ruf nochmals an
[ ] Bittet um Termin   [ ] Sonstiges

Nachricht: Frau Pundlad hat noch Abstimmungsbedarf betreff ihres neuen Briefpapiers

Angenommen von: Ulf Henning

6.2 Arbeitsabläufe bei ausgehenden Informationen

Unternehmen sind in eine Vielzahl von außerbetrieblichen Kommunikationsbeziehungen eingebunden. **Informationen** werden an Kunden, Lieferanten, Behörden und andere weitergegeben. Zumeist entscheidet der Sachbearbeiter wie er Informationen weiterleitet. Dabei muss beachtet werden:

→ Welche Informationen werden weitergegeben?
→ Ist der Absender bevollmächtigt zur Informationsweitergabe?
→ Wer bekommt die Informationen?
→ In welcher Form können die Informationen versendet werden?
→ Erfüllt die ausgewählte Form der Informationsübermittlung alle technischen und inhaltlichen Anforderungen?
→ Besitzt der Absender die Medienkompetenz, um die gewählte Übertragungstechnik anzuwenden?

Informationswege im Unternehmen kennen und nutzen

Medienkompetenz umfasst

Informationen
- finden
- auswählen
- beurteilen
- kritisieren
- reflektieren

Hörfunk · Internet · Bücher · Zeitschriften · Fernsehen

- in der Medienwelt orientieren können
- eine kritische Distanz zu Medien halten

Verschiedene Medien
- kennen
- sinnvoll nutzen
- und auswerten können

LERNFELD 2

Technische Anforderungen	→	Kann die Information in der gewählten Form übertragen werden?
Inhaltliche Anforderungen	→	Passt die ausgewählte Versandart zum Inhalt?

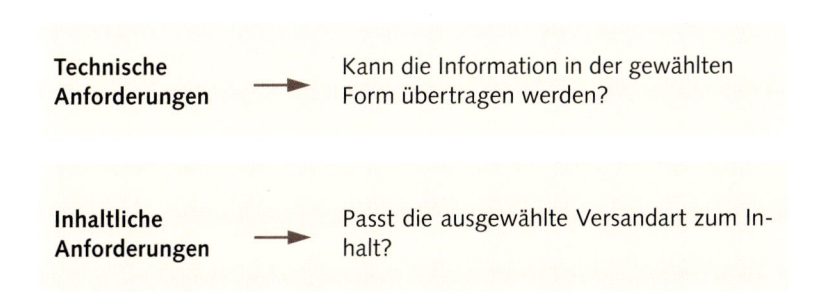

Beispiel
- Dokumente, die als Original übermittelt werden müssen, können nicht als E-Mail versendet werden.
- Fordert ein Unternehmen eine Bewerbung in digitaler Form an, sollte man keinen Postbrief versenden.

Informationen, die als **E-Mail** das Unternehmen verlassen, werden zumeist vom Sachbearbeiter selbst versandt. Werden Informationen durch Dritte weitergeleitet, kann das üblicherweise auf Programmebene kenntlich gemacht werden. Üblich ist die bei Terminorganisation für Dritte. Der Ausgangsordner eines E-Mail-Programms entspricht einem elektronischen Postausgangsbuch.

E-Mail: Elektronisches Postausgangsbuch

Sende man Informationen per **Fax**, so erstellt das Faxgerät ein Versandprotokoll.

Fax: Versandprotokoll

Tipp
Achten Sie darauf, dass die Übertragungsform zum Inhalt passt. Übermitteln Sie beispielsweise keine geheimen Informationen in öffentlichen Foren.

Eine Sonderstellung bei den Arbeitsabläufen eingehender und ausgehender Informationen im Unternehmen hat die **Postbearbeitung**.

6.3 Die Post im Unternehmen bearbeiten

6.3.1 Posteingangsbearbeitung

Die Briefpost wird dem Unternehmen durch einen **Briefträger** des jeweiligen Zustelldienstes überbracht oder aus einem **Postfach** abgeholt, das vom Unternehmen bei der Postfiliale angemietet ist.

Grundsätzlich muss man unterscheiden, ob die Postsendung einen **persönlichen Empfänger** hat oder ob der richtige Ansprechpartner erst ermittelt werden muss. Unter Berücksichtigung des **Briefgeheimnisses** kann innerhalb eines Unternehmens derjenige Mitarbeiter Post in Empfang nehmen und bearbeiten, der eine **Postvollmacht** besitzt.

Büroprozesse gestalten und Arbeitsvorgänge organisieren

LERNFELD 2

Mit Erteilung einer Postvollmacht ermächtigt die Geschäftsleitung eine oder mehrere Personen zum Empfang von Sendungen. Wird mehreren Personen eine Postvollmacht erteilt, so ist jeder Einzelne empfangsberechtigt.

Hat eine Sendung den Vermerk „eigenhändig auszuhändigen", so heißt dies, dass nur die ausdrücklich in der Adresse angeschriebene Person oder eine bevollmächtigte Person zur Entgegennahme der Postsendung berechtigt ist. „Postlagernd nachzuweisen" bedeutet, dass die abholende Person eine Postvollmacht zum Nachweis der Empfangsberechtigung benötigt.

§ 39 Postgesetz

Postsendungen sind gesetzlich durch das **Briefgeheimnis** und das **Postgeheimnis** geschützt.

Merke

Das **Postgeheimnis** schützt alle verschlossenen Sendungen, solange sich diese beim Postdienstleister befinden.

Das **Briefgeheimnis** schützt alle verschlossenen Sendungen außerhalb des Postbetreibers.

Ersatzempfänger
für gewöhnliche Sendungen sind:

→ Angehörige des Empfängers, Angehörige seines Ehegatten oder Postbevollmächtigte,

→ in der Wohnung oder im Betrieb des Empfängers angestellte Personen,

→ der Inhaber oder Vermieter der in der Anschrift angegebenen Wohnung.

Eine **besondere Postvollmacht**
ist erforderlich für

→ den Empfang von Sendungen, die dem Empfänger eigenhändig zuzustellen sind, d. h. für Briefe mit dem Vermerk „eigenhändig",

→ den Empfang postlagernder nachzuweisender Briefsendungen, Paketsendungen und Postanweisungen,

→ die Erteilung von Unter-Postvollmachten.

Bei größeren Unternehmen übernimmt die **Poststelle** die zentrale Aufgabe der Bearbeitung eingehender und ausgehender Post. Innerhalb der Poststelle wird vorsortiert und an die Geschäftsleitung, einzelne Abteilungen, Abteilungssekretariate und Mitarbeiter weitergeleitet.

Der **Arbeitsablauf der Posteingangsbearbeitung** unterteilt sich in **fünf Schritte**:

1. Vorsortieren der Eingangspost,
2. Öffnen der Eingangspost,
3. Entnahme mit Leerkontrolle,
4. Stempeln der Eingangspost,
5. Verteilen der Eingangspost.

Informationswege im Unternehmen kennen und nutzen

Die Eingangspost eines Unternehmens muss vor dem Öffnen von der zuständigen Stelle geprüft werden.

Schritt 1: Vorsortieren

Sämtliche Sendungen werden vor dem Öffnen geprüft auf:

Irrläufer erhalten, d. h. Sendungen mit fremdem Empfänger	→ zurück an Absender
Sendungen ohne Interesse	→ wegwerfen
Sendungen mit dem Vermerk „persönlich", „vertraulich", „eigenhändig"	→ ungeöffnet verteilen
Persönliche Schreiben oder Privatsendungen	→ ungeöffnet verteilen

Zum Öffnen der Post wird üblicherweise ein **Brieföffner** benutzt. Bei größerem Postaufkommen werden auch **elektrische Brieföffner** eingesetzt. Das Öffnen der Post wird vielfach erschwert durch verschiedene Sendungsformate mit unterschiedlichsten Verklebungen.

Schritt 2: Öffnen

Merke

Wird **zuerst** die **Firmenbezeichnung** genannt und dann der Personenname, so darf der Brief durch die Poststelle geöffnet werden.

Wird **zuerst** der **Personenname** genannt und dann die Firmenbezeichnung, so darf der Brief in der Poststelle nicht geöffnet werden, sondern wird ungeöffnet an den persönlich genannten Empfänger weitergegeben.

Brief darf geöffnet werden:
Schäfer Computer GmbH
Frau Marianne Mühlauer
Postfach 1344
69165 Heidelberg

Brief darf nicht geöffnet werden:
Frau Marianne Mühlauer
Schäfer Computer GmbH
Postfach 1344
69165 Heidelberg

Schritt 3: Entnahme mit Leerkontrolle

Bei der Entnahme der Post aus den Versandtaschen und Briefumschlägen ist darauf zu achten, dass der gesamte Inhalt mit allen Anlagen entnommen wird. Man prüft zuerst, ob der Umschlag tatsächlich leer ist. Anschließend vergleicht man die Anlagevermerke der Anschreiben mit den vorhandenen Anlagen.

Merke

Bei Sendungen, bei denen auf dem Umschlag wichtige Informationen vermerkt sind, wie z. B. gerichtliche Zustellvermerke, ist der Briefumschlag an den Brief zu heften.

Die entnommenen Schreiben werden jeweils mit einem Eingangsstempel versehen. Der Stempel wird auf das freie Feld des Geschäftsbriefes neben der Anschrift gesetzt.

Schritt 4: Stempeln

Auf dem Eingangsstempel können ergänzend zum aktuellen Tagesdatum Informationen enthalten sein, die den weiteren Bearbeitungsfortgang der Korrespondenz bestimmen. Eine der Unternehmensorganisation angepasste Gestaltung des Eingangsstempels kann die einzelnen Bearbeitungsschritte erleichtern.

Büroprozesse gestalten und Arbeitsvorgänge organisieren

LERNFELD 2

immer
Informationen auf dem Eingangsstempel: **aktuelles Tagesdatum**   • zur Feststellung und Dokumentation des Eingangsdatums, insbesondere bei Terminsachen   • zur Kontrolle des Bearbeitungsablaufs

Merke

Ergänzende Informationen auf dem Eingangsstempel erleichtern die nächsten Arbeitsschritte.

bei Bedarf
Bearbeitungsanweisung

Eingang am:	
2014-08-29	
Rücksprache	
Bearbeitung	
Weiterleitung	X
Ablage	

bei Bedarf
weitere Empfänger/Abteilungen

Eingang am:	20..-08-29	
um:	08:45 Uhr	
weiter an:		
CD	X	Event
Printm.		Buchh.
dig. M.		

Schritt 5: Verteilen

Von der korrekten, sofortigen und zuverlässigen Weiterleitung der Post hängt die weitere Bearbeitung einzelner Bearbeitungsvorgänge ab.

Um die Unternehmenspost an die richtigen Stellen weiterzuleiten, muss ein umfangreiches Wissen über den gesamten Aufbau des Unternehmens sowie über die Zuständigkeiten von Abteilungen und einzelnen Stellen vorhanden sein. Nur wenn diese Voraussetzungen erfüllt sind, kann die Postverteilung erfolgreich durchgeführt werden.

Problematisch wird die Weiterleitung der jeweiligen Sendung, wenn der Empfänger nicht namentlich in der Anschrift genannt ist. Bei der Postverteilung kann dann überprüft werden, ob ein **Namenskürzel** eines Sachbearbeiters im Anschreiben, in der Regel in der **Bezugszeichenzeile**, aufgeführt ist. Wenn dies nicht der Fall ist, muss über den **Sachverhalt** der Sendung, also z. B. das Thema des Betreffs, entschieden werden, an wen die Sendung zur weiteren Bearbeitung geleitet wird.

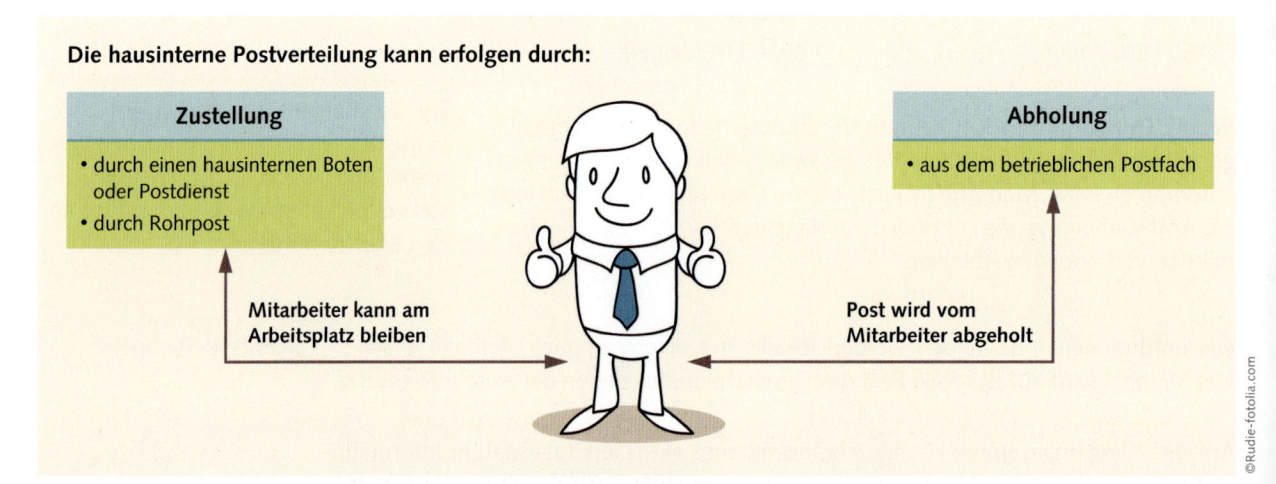

Die hausinterne Postverteilung kann erfolgen durch:

Zustellung	Abholung
• durch einen hausinternen Boten oder Postdienst • durch Rohrpost	• aus dem betrieblichen Postfach

Mitarbeiter kann am Arbeitsplatz bleiben

Post wird vom Mitarbeiter abgeholt

©Rudie-fotolia.com

Vereinfacht wird die Postverteilung, wenn die beleghafte Post gescannt und im **digitalen Postfach** für den Mitarbeiter abgelegt wird.

6.3.2 Postausgangsbearbeitung

Häufig wird die Korrespondenz von den Sachbearbeitern soweit fertig gemacht, dass die Sendungen bereits kuvertiert sind und anschließend nur noch frankiert und zum Briefkasten gebracht werden müssen. Diese Aufgaben werden dann zumeist zentral im Sekretariat oder in der Poststelle erledigt.

Zum Nachweis der versandten Ausgangspost kann ein **Postausgangsbuch** geführt werden. Darin enthalten sind die Empfänger- und Versanddaten. Mithilfe einer entsprechenden Software können solche Postausgangsdaten auch direkt beim Erstellen der Korrespondenz erfasst werden.

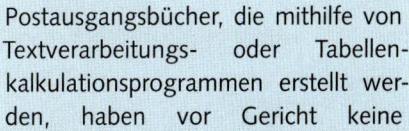

Die Bearbeitung der **Ausgangspost** besteht aus folgenden Teilschritten:

1. Unterschriftsvorbereitung,
2. Anlagenüberprüfung,
3. Falzen,
4. Kuvertieren und Verschließen,
5. Adressieren,
6. Wiegen und Frankieren.

Tipp

Postausgangsbücher, die mithilfe von Textverarbeitungs- oder Tabellenkalkulationsprogrammen erstellt werden, haben vor Gericht keine Beweiskraft, da sie nachträglich veränderbar sind.

Der Sachbearbeiter in einem Unternehmen, der seine Korrespondenz eigenverantwortlich schreibt, kann diese versandfertig machen und in die Ausgangspost geben. Wird die Korrespondenz für leitende Angestellte oder die Geschäftsleitung in einem Sekretariat geschrieben, so muss die Post diesen vor dem Versand zur **Unterschrift** vorgelegt werden. Dieser Vorgang wird üblicherweise einmal täglich durchgeführt. Die Zeiten für die Vorlage sollten abgestimmt sein. Die Schriftstücke werden in eine **Unterschriftenmappe** gelegt. Jeder Brief kommt in ein eigenes Fach der Mappe.

Schritt 1: Unterschriftsvorbereitung

Bevor ein Schriftstück versandfertig gemacht werden kann, muss überprüft werden, ob alle zur Korrespondenz gehörenden Anlagen entsprechend dem Anlagevermerk beiliegen, zum Beispiel Pläne, Zeichnungen, Schecks, Allgemeine Geschäftsbedingungen.

Schritt 2: Anlagen prüfen

Falzarten

Schritt 3: Falzen

| einfacher Falz | Zickzackfalz | Wickelfalz | Kreuzfalz | Doppelfalz |

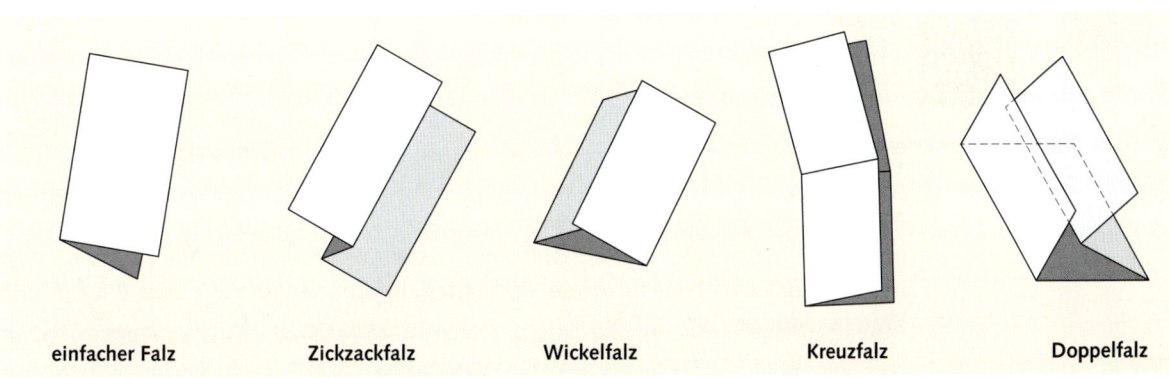

Büroprozesse gestalten und Arbeitsvorgänge organisieren

LERNFELD 2

Merke

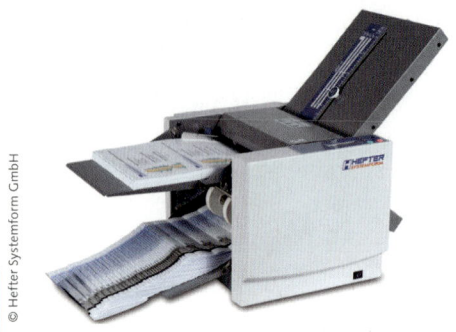

Unter Falzen versteht man das **Falten von Schriftstücken** auf eine bestimmte Größe, sodass sie in genormte Umschläge passen. Wird die Post von Hand gefalzt, so dienen dem Bearbeiter Faltmarken auf dem Briefpapier als Orientierung.

Falzmaschinen, die bei größeren Mengen von Routinepost zum Einsatz kommen, haben verstellbare Anschläge, sodass die Schriftstücke unter Berücksichtigung der Postnormen gefalzt werden können.

Schritt 4: Kuvertieren und Verschließen

Kuvertieren nennt man den Vorgang, bei dem ein Schriftstück in einen Briefumschlag eingeschoben wird. Zum Kuvertieren werden verschiedene DIN-Umschläge angeboten.

Schritt 5: Adressieren

Die einfachste Form, ein Schriftstück zu **adressieren**, ist die Verwendung eines **Fensterumschlages**. Die Beschriftung des Briefumschlages entfällt, da die auf dem Schriftstück angegebene Adresse durch ein kleines Fenster im Umschlag sichtbar wird. Wichtig ist hierbei, auf eine exakte Falzung zu achten, damit die Adresse vollständig im Fenster erscheint.

Schritt 6: Wiegen und Frankieren

Für das richtige Frankieren eines Schriftstückes ist es notwendig, seine Längen-, Breiten- und Höhenmaße sowie sein Gewicht zu kennen, da sich danach das Beförderungsentgelt berechnet.

In vielen Unternehmen wird die Briefmarke nicht "von Hand" aufgeklebt, sondern es wird eine **Frankiermaschine** eingesetzt. Mit einer Frankiermaschine werden Postentgelte, Tagesstempel, Firmenadresse und eventuell ein Werbeaufdruck gleichzeitig auf den Briefumschlag gedruckt.

Der Einsatz einer Frankiermaschine muss grundsätzlich durch die Deutsche Post AG genehmigt sein. Nur Maschinen bestimmter Anbieter dürfen in Unternehmen zur Freistempelung benutzt werden.

Mit Systemen wie dem **E-Porto** der Deutschen Post AG ist das Frankieren von Briefsendungen online direkt während des Schreibens eines Briefes möglich.

Die Möglichkeit, einen Brief mit einem **Handyporto** – einem zwölfstelligen Zahlencode, den man per SMS anfordern kann – zu frankieren, ist vor allen Dingen als mobile Lösung unterwegs von Vorteil.

Für Unternehmen, die keine Frankiermaschine zur Freistempelung ihrer Korrespondenz im Einsatz haben oder online frankieren, bieten Dienstleister wie die Deutsche Post AG den Frankier-Service für Briefe, Postkarten, Infopostsendungen sowie Bücher- und Warensendungen an.

Informationswege im Unternehmen kennen und nutzen

6.4 Auswahl zweckmäßiger Versandarten

Briefdienstleistungen

Auch nach der schrittweisen Aufhebung des Briefmonopols ist der größte Anbieter im Bereich Dienstleistungen beim Briefversand die Deutsche Post AG. Einige Anbieter konnten sich aber in den letzten Jahren auf dem Markt etablieren.

Je nach Anbieter werden vielfältige Versandarten und Versandformen angeboten. Eine Kenntnis der wichtigsten Arten und Formen ist für eine reibungslose Postausgangsbearbeitung unerlässlich.

Tipp

Verschaffen Sie sich einen Überblick über das Angebot an Briefdienstleistungen in Ihrem Arbeitsalltag. Klären Sie:

- Welche Anbieter von Briefdienstleistungen gibt es?
- Welche Leistungen und Zusatzleistungen werden jeweils angeboten?
- Zu welchem Preis werden die einzelnen Leistungen angeboten?

http://www.deutsche-post.de/de/produkte.html

Einen vollständigen Überblick über die angebotenen Leistungen geben beispielsweise entsprechende Broschüren oder können im Internet abgerufen werden.

Die Versanddienstleistungen im Briefbereich können in zwei Kategorien unterteilt werden. Neben dem nationalen Briefdienst, also dem Briefdienst im Inland, unterliegt der internationale Briefdienst anderen Konditionen, je nach Größe, Sendungsart, Zustellzeitpunkt und Zielort der Postsendung.

Besondere Briefdienstleistungen

Briefformate

Je nachdem, was versendet werden soll, kann zwischen unterschiedlichen Briefversendungsarten ausgewählt werden. Dabei kann gezielt für die Größe und das Gewicht des Inhaltes das passende Format ausgewählt werden.

Art der Versendung	Länge	Breite	Höhe	Gewicht
Standardbrief	14,0 - 23,5 cm	9,0 - 12,5 cm	bis 0,5 cm	bis 20 g
Kompaktbrief	10,0 - 23,5 cm	7,0 - 12,5 cm	bis 1,0 cm	bis 50 g
Großbrief	10,0 - 35,3 cm	7,0 - 25,0 cm	bis 2,0 cm	bis 500 g
Maxibrief	10,0 - 35,3 cm	7,0 - 25,0 cm	bis 5,0 cm	bis 1000 g

Sollte der zu versendende Inhalt nicht in die angegebenen Formate fallen, muss auf ein Päckchen ausgewichen werden. Dieses bietet größere Ausmaße und kann bis zu 2 000 g Gewicht aufweisen.

LERNFELD 2

Büroprozesse gestalten und Arbeitsvorgänge organisieren

LERNFELD 2

Deutsche Post ■ Briefdienst-Inland

Werbesendungen/ Postwurfsendung →	allgemeine Postwurfsendungen, die keinen persönlichen Empfänger haben. Es zählen auch adressierte Schreiben dazu, die in größeren Mengen versendet werden. Diese können auch Produktmuster oder Werbeartikel enthalten.
Warensendungen →	Sendung mit Proben, Mustern oder kleineren Gegenständen zu einem vergünstigten Porto.
Infobriefe →	inhaltsgleiche Werbesendungen (mindestens 50 Stück) mit identischen Abmessungen, eventuell mit Warenproben an namentlich genannte Empfänger zu ermäßigtem Entgelt.
Infopost-Sendung →	inhaltsgleiche Werbesendungen mit mindestens 4.000 Briefen bei bundesweitem Versand und 250 Briefe bei regionalem Versand. Zusätzlich müssen die Sendungen nach bestimmten Kriterien vorsortiert werden.
Büchersendungen →	ausschließlich Bücher, Broschüren, Notenblätter oder Landkarten in offenem Umschlag; Rechnungen, Überweisungsträger, Leihkarten, Buchlaufkarten und Umhüllungen für Rücksendungen dürfen beigefügt werden.
Blindensendungen →	kostenfreier Versand und Empfang von Informationen in Braille-Schrift (Blindenschrift) sowie Hörbücher für Sehbehinderte bei der Deutschen Post und anderen Anbietern.

■ Versendungsformen – zusätzliche Leistungen zu den Sendungen

Zusatzleistungen	Gegen ein zusätzliches Entgelt bieten die Postdienste verschiedene ergänzende Leistungen an. Je nach Bedarf muss man sich einen Überblick über die Angebote der jeweiligen Beförderungsunternehmen verschaffen.
Liefergarantie	Zusatzleistungen beziehen sich beispielsweise auf die Sicherheit der Beförderung oder die Art der Übergabe an den Empfänger, die Lieferzeit oder die Anschriftenüberprüfung.
Versicherung	Bei wertvollen Sendungen bieten Beförderer üblicherweise eine Versicherung der Sendung an. Hier können der Verlust oder eine Beschädigung abgesichert werden.
Einschreiben	Wenn der Absender eine Bestätigung darüber benötigt, dass seine Sendung beim Empfänger angekommen ist, kann er auf verschiedene Zusatzleistungen zurückgreifen. Man spricht bei dieser Versendungsform von **Einschreiben**.

Übergabe-Einschreiben →	Der Empfang wird durch Unterschrift des Empfängers bestätigt.
Einwurf-Einschreiben →	Die Auslieferung wird durch den Postmitarbeiter bescheinigt. Die Sendung trägt den Vermerk „Übergabe-Einschreiben" oder „Einwurf-Einschreiben".
Einschreiben mit Rückschein →	Der Empfänger unterschreibt den Rückschein bei Erhalt der Sendung. Anschließend wird der Rückschein dem Absender wieder zugestellt. Auf diesem Wege hat der Absender den schriftlichen Beweis, dass die Sendung angekommen ist.

Informationswege im Unternehmen kennen und nutzen

Viele Dienstleister bieten auch einen **Nachnahmeservice** an. Darunter versteht man eine Versand- und Zahlungsart, bei der der Empfänger die Ware beim Postzusteller bei Empfang bezahlt.

Nachnahme

Ist sich der Absender in Bezug auf die Anschrift des Empfängers nicht sicher, so kann er bei bestimmten Anbietern die Zusatzleistung der **Anschriftenprüfung** wählen. Gegen Entgelt wird die Richtigkeit von Anschriften überprüft und dem Auftraggeber rückbestätigt. In diesem Zusammenhang besteht darüber hinaus auch die Möglichkeit einer **Vorausverfügung**. Beispielsweise kann verfügt werden, dass eine Sendung nicht nachgesandt wird, wenn der Empfänger verzogen ist.

Anschriftenprüfung

Viele Dienstleister bieten auch **klimafreundliche** Zusatzprodukte und Auslieferungen an.

klimafreundlich

■ Briefdienst-International

Für das Versenden von Post ins Ausland gibt es bei der Deutschen Post AG zwei Varianten. Zum einen **Brief International**, bei dem man Briefe im flexiblen Format weltweit bis 2000 g versenden kann, und zum anderen **Briefe International zum Kilopreis**, bei denen ein gesonderter Vertrag geschlossen werden muss, für Sendungen bis zu 2000 g mit einer Mindestmenge von 500 internationalen Briefen pro Monat, um vergünstigte Preise zu erlangen. Zusätzlich können beide Versendungsarten mit dem Vermerk „PRIORITY/PRIORITAIRE/LUFTPOST" auf einem Aufkleber versehen werden, um eine verlässliche und schnelle Beförderung ins Zielland zu erreichen. Der Inhalt für die Versendung sind z. B.:

- ➜ Verträge
- ➜ Dokumente
- ➜ Waren
- ➜ Rechnungen

■ Kurier-, Express- und Paketdienstleistungen

Verschiedene Beförderungsunternehmen bieten ihren Kunden die individuelle Abwicklung der Beförderungsaufträge an. Sie bezeichnen sich als **Kurier-, Express- und Paketdienste**, auch **KEP-Dienste** genannt. Die dafür berechneten Entgelte richten sich nach

- ➜ der Art der Sendung (Paket, Päckchen),
- ➜ dem Gewicht der Sendung,
- ➜ dem Zeitraum der Beförderung zum Empfänger,
- ➜ dem Bestimmungsort (innerörtlich, regional, bundesweit, weltweit).

Die KEP-Dienste arbeiten mit eigenen Fahrzeugen oder in Kooperation mit Vertragsunternehmen des Land- und des Luftverkehrs nach folgendem System:

| Abholung der Sendung bei Auftraggeber auf Anforderung oder nach Tourenplan | Sammeln und Zusammenstellen der Sendungen in zentralen Depots | Transport zu den jeweiligen Verteilerdepots, meist über Nacht | Auslieferung an den Empfänger |

Büroprozesse gestalten und Arbeitsvorgänge organisieren

LERNFELD 2

© Hermes Europe GmbH

Bei innerörtlich oder regional abzuwickelnden Aufträgen ist in aller Regel keine Zwischensammlung in Depots vorgesehen. Hier liefert der Abholkurier die Sendung unverzüglich an den Empfänger aus.

Die Unternehmen der KEP-Dienste können aufgrund ihrer überregionalen Verflechtungen zum Teil erhebliche zeitliche Vorteile bei der Abwicklung der übernommenen KEP-Aufträge erzielen und deshalb günstige Bedingungen für die Beförderung anbieten.

Bei den meisten Anbietern kann man heute jederzeit den aktuellen Standort seiner Sendung während des Beförderungsvorgangs über das Internet feststellen. Man spricht von einer sogenannten **Sendungsnachverfolgung** (engl.: track and trace).

6.5 Zusammenfassung und Aufgaben

Zusammenfassung

Informationsbearbeitung in Unternehmen

Informationen gelangen sowohl **mündlich** als auch **schriftlich** in das Unternehmen bzw. verlassen so das Unternehmen

- die **Informationsweitergabe** im Unternehmen muss durch **feste Arbeitsabläufe (Regeln)** abgesichert sein,

- **Vordrucke** helfen, relevante Informationen vollständig weiterzugeben,

- die eingesetzten **Informations- und Kommunikationsmittel** müssen technisch einwandfrei funktionieren.

Postbearbeitung

Ein Bereich der Informationsbearbeitung im Unternehmen ist die **Postbearbeitung**.

Teilschritte bei der **Eingangspostbearbeitung:**

- Vorsortieren der Eingangspost,
- Öffnen der Eingangspost,
- Entnahme mit Leerkontrolle,
- Stempeln der Eingangspost,
- Verteilen der Eingangspost.

Teilschritte bei der **Ausgangspostbearbeitung:**

- Unterschriftsvorbereitung,
- Anlagenprüfung,
- Falzen, Kuvertieren und Verschließen,
- Adressieren,
- Wiegen und Frankieren.

Informationswege im Unternehmen kennen und nutzen

Auswahl der zweckmäßigen Versandart

Checkliste zur **Auswahl zweckmäßiger Versandarten**:

1. Welche Beförderungsunternehmen stehen im räumlichen Umfeld zur Auswahl?
2. Welche Sendungsarten werden von ihnen befördert?
3. Welche Beförderungsstrecken werden befahren – wird der gewünschte Zielort angefahren?
4. Wie hoch sind die Beförderungspreise?
5. Wie lang sind die Laufzeiten? Gibt es garantierte Laufzeiten?
6. Um wie viel Uhr ist die späteste Abholung?
7. Um wie viel Uhr ist die früheste Auslieferung?
8. Wie ist die Haftung der Beförderungsunternehmen geregelt?
9. Ist der Versand klimafreundlich?

LERNFELD 2

Aufgaben

1. Prüfen und erläutern Sie folgende Aussagen auf ihre Richtigkeit.
   (1) Informationen gelangen nur schriftlich in ein Unternehmen.
   (2) Briefe werden in der Regel durch einen Zustelldienst überbracht oder müssen aus einem Postfach abgeholt werden.
   (3) Bei der Zustellung von Sendungen ist eine besondere Postvollmacht für einen Dritten erforderlich, wenn auf der Sendung der Vermerk „eigenhändig" aufgedruckt ist.
   (4) Unter Falzen versteht man das Falten von Schriftstücken auf eine bestimmte Größe.
   (5) Zum Versenden von Briefen kann nur auf die Deutsche Post AG zurückgegriffen werden.
   (6) Zum Versenden kann nur auf einen Standardbrief, Kompaktbrief, Großbrief und Maxibrief zurückgegriffen werden.
   (7) Bei einer Büchersendung dürfen keine Rechnungen oder Überweisungsträger enthalten sein.
   (8) Wenn eine Bestätigung für den Versand benötigt wird, kann auf ein Einschreiben zurückgegriffen werden.

2. Erläutern Sie den Begriff Medienkompetenz?

3. Posteingangsstempel erleichtern den Arbeitsalltag. Begründen Sie diese Aussage.

4. Warum wird die Eingangspost bereits vor dem Öffnen geprüft?

5. Warum sollte man nach dem Öffnen und Entnehmen der Eingangspost nochmals eine Leerkontrolle durchführen?

6. Welche Falzarten sind im Geschäftsalltag üblich?

Büroprozesse gestalten und Arbeitsvorgänge organisieren

LERNFELD 2

7. a) Beschreiben Sie den Vorgang der Posteingangsbearbeitung in Ihrem Betrieb.
   b) Welche Hilfs- und Organisationsmittel werden dort eingesetzt?
8. Welchen gesetzlichen Schutz haben Sendungen der Post?
9. In welchen Fällen muss eine besondere Postvollmacht erteilt werden?
10. Erklären Sie den Ausdruck „Eigenhändig auszuhändigen".
11. Wählen Sie die richtige Versandart:
    a) Eine Einladung zur Feier eines Firmenjubiläums wird an 100 Geschäftsfreunde versendet.
    b) Ein Kündigungsschreiben ist so zu versenden, dass gegebenenfalls die rechtzeitige Auslieferung nachgewiesen werden kann.
    c) 8 000 Stück Werbeprospekte sind an alle Haushalte im Ort zu versenden.
    d) Bauzeichnungen und Berechnungen sollen möglichst schnell an das Zweigbüro in Wien versendet werden.
12. Recherchieren Sie im Internet bei der Deutschen Post AG (http://www.postag.de) die aktuellen Konditionen.
13. Nennen Sie Kriterien, nach denen sich die Entgelte bei Kurierdiensten richten.

7 Schriftstücke und Dokumente verwalten

Täglich fallen in einem Unternehmen unzählige Schriftstücke an, auf die Mitarbeiter jederzeit zurückgreifen können müssen. Beispiele sind Briefe, Verträge, Protokolle, Rechnungen und vieles mehr.

Dazu muss jeder einzelne Mitarbeiter wissen, an **welchem Ort**, in **welcher Ablage**, unter **welcher Systematik** er das benötigte Schriftstück finden kann.

Eine gute Ablage muss so aufgebaut sein, dass sich jeder Mitarbeiter nach kürzester Einarbeitungszeit darin zurechtfindet, unabhängig davon, ob es sich um eine papierhafte oder digitale Ablage handelt.

Merke

Die systematische Ablage von **Schriftstücken** wird **Registratur** genannt. Die Aufbewahrung von Geschäftskorrespondenz, Aufzeichnungen und Akten ist das Gedächtnis des Unternehmens.

Bei der systematischen Ablage von digitalen Daten spricht man von **Dokumentenmanagement**.

Schriftstücke und Dokumente verwalten

Bevor die Ablage in einem Unternehmen grundsätzlich organisiert wird, müssen folgende Fragen beantwortet werden:

Frage	Beispiele
Mit welcher Systematik bewahre ich Unterlagen auf?	Farben, Datum, Symbole, Sachgebiete
Warum bewahre ich Unterlagen auf?	gesetzliche Richtlinien, betriebliche Notwendigkeiten
Wie bewahre ich Unterlagen auf?	Karton, Ordner, Regal, Register, USB-Stick, CD, DVD
Wo bewahre ich Unterlagen auf?	Arbeitsplatz, Archiv, Keller, Tresor
Wer hat Zugang zu den Unterlagen?	alle oder ausgewählte Mitarbeiter

7.1 Ordnungssysteme

Um Informationen sachgerecht abzulegen, bieten sich verschiedene Systematiken an. Je nach abzulegenden Inhalten muss man sich für ein System entscheiden oder mehrere Systeme miteinander kombinieren und in unterschiedlichen Rangfolgen ordnen.

Häufig verwendete **Ordnungssysteme** sind:

- Ordnung nach Sachgebieten,
- alphabetische Ordnung (Namen/Orte),
- chronologische Ordnung (Zeit),
- numerische Ordnung (Zahlen),
- Ordnung nach Symbolen/Farben,
- Ordnung nach Formaten,
- Ordnung nach Mnemotechnik (Zahlen inklusive Abkürzungen).

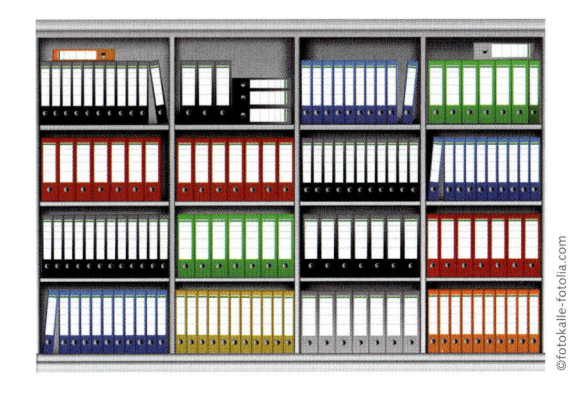

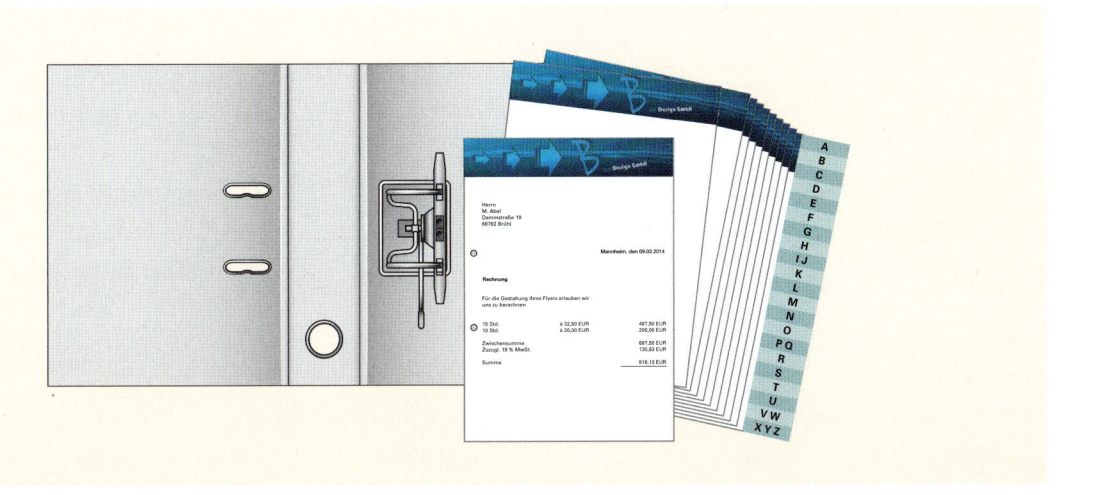

LERNFELD 2

Büroprozesse gestalten und Arbeitsvorgänge organisieren

LERNFELD 2

> **Tipp**
>
> Ablagesysteme unter Zuhilfenahme der **Mnemotechnik** können das schnelle Auffinden von Unterlagen unterstützen. Dabei werden Merkhilfen wie z. B. Zeichen, Farben oder Symbole mit der Ablagesystematik kombiniert.

Zusammenstellung der gebräuchlichsten Ordnungssysteme

Ordnung nach …		Beispiele
Sachgebieten	→	Zusammenfassung nach Stichworten oder Themenkreisen	Inhalte in Fachbüchern zeigen die Ordnung nach Sachgebieten. Projektordner
Buchstaben (Alphabet)	→	Namen oder Orte als Gliederungsbezug. Zuerst wird nach dem Anfangsbuchstaben, dann nach dem nächstfolgenden Buchstaben geordnet. Es werden auch ortsalphabetische Ordnungssysteme eingesetzt.	Kunden- und Lieferantendateien werden ohne Rücksicht auf den Geschäftssitz alphabetisch geordnet. (vgl. auch DIN Norm 5007) ortsalphabetisches Telefonbuch.
Zeit (Chronologisch)	→	Sortierung entsprechend des zeitlichen Anfalles, nach Tagen, Wochen, Monaten oder Jahren	Ein Kassenbuch wird entsprechend nach dem Datum der Zahlungsein- und -ausgänge geführt (Tag), ebenso die Zwischenablage der zu bezahlenden Eingangsrechnungen (Tag, Wochen), Gehaltsabrechnung (Monate).
Zahlen (Numerisch)	→	Nutzung von arabischen und römischen Zahlen zur Ordnung	Vergabe von Kundennummern, Lieferantennummern, Rechnungsnummern, Nummern für Mitarbeiter
Buchstaben und Zahlen (Alphanumerisch)	→	Kombination aus Zahlen und Buchstaben zur Systematisierung genutzt	Autokennzeichen deutscher Fahrzeuge
Farben	→	Farben als Orientierungshilfe	Rot: Ordner Buchhaltung Blau: Ordner Personalunterlagen
Symbolen	→	Bilder zur Identifikation von Arbeitsabläufen	grafische Programmsymbolleiste eines EDV-Programms.
Formaten	→	Sortierung nach Höhe und Breite	Ablage von Plänen

Schriftstücke und Dokumente verwalten

7.2 Gesetzliche und betriebliche Aufbewahrungsgründe

In einem Unternehmen müssen Schriftstücke und digitale Dokumente aus **gesetzlichen Gründen** und aus **betrieblichen Notwendigkeiten** aufbewahrt und abgelegt werden.

■ Betriebliche Aufbewahrungsgründe

Schriftstücke und digitale Daten sind das Ergebnis von Arbeitsabläufen. Sie sind wichtige Informationsträger und damit Grundlage für weitere Tätigkeiten. Trotzdem sollte nicht kritiklos jedes Schriftstück oder jede Datei aufbewahrt werden, die in einem Unternehmen vorliegen. Die Entscheidung über die Aufbewahrung eines Dokuments hängt von seinem Informationswert ab.

Der **Informationswert eines Dokumentes** kann wie folgt unterschieden werden:

Beispiel

- **Dokumente mit Tageswert:**
  Werbe-E-Mails, unverlangte Angebote, Einladungen, Kurzmitteilungen.

- **Dokumente mit Prüfwert:**
  eigene und fremde Angebote ohne Auftragsfolge, Mahnungen, Bewerbungen, Preislisten.

- **Dokumente mit Dauerwert:**
  Unterlagen über die Gründung des Unternehmens, die Inhaber- und Rechtsverhältnisse, langfristige Verträge, Besitzverhältnisse und Patente.

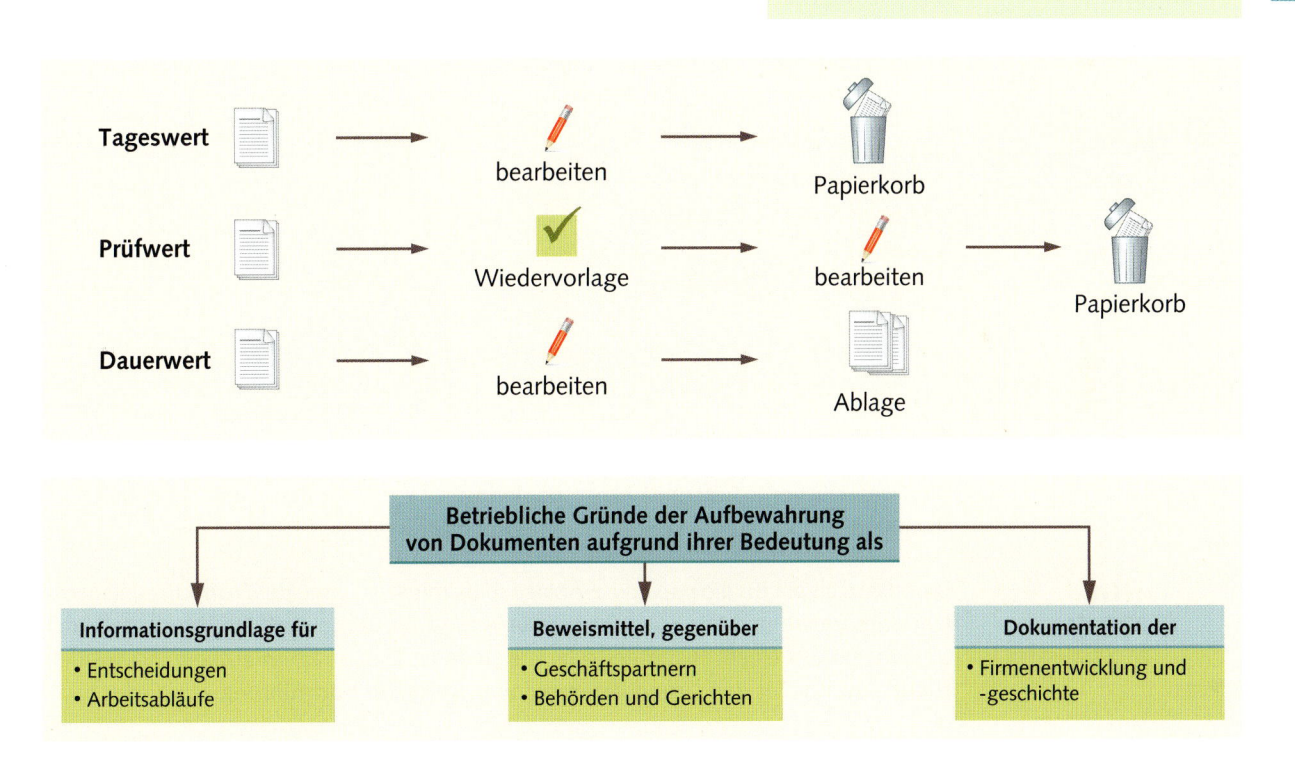

LERNFELD 2

```
Tageswert  →  bearbeiten  →  Papierkorb
Prüfwert   →  Wiedervorlage → bearbeiten → Papierkorb
Dauerwert  →  bearbeiten  →  Ablage
```

Betriebliche Gründe der Aufbewahrung von Dokumenten aufgrund ihrer Bedeutung als

Informationsgrundlage für	Beweismittel, gegenüber	Dokumentation der
• Entscheidungen • Arbeitsabläufe	• Geschäftspartnern • Behörden und Gerichten	• Firmenentwicklung und -geschichte

■ Gesetzliche Aufbewahrungsgründe

Dem Kaufmann wird die **Art der Unterlagen**, die er aufbewahren muss, sowie die **Dauer der Aufbewahrung** vorgeschrieben.

Merke

Das Handelsgesetzbuch (HGB) und die Abgabenordnung (AO) der Finanzbehörden verpflichten den Kaufmann zur Aufbewahrung von Unterlagen. Diese haben damit Gesetzeswert.

HGB §§ 257 - 261
AO § 146, 147

Büroprozesse gestalten und Arbeitsvorgänge organisieren

LERNFELD 2

Beispiel

Rechnungen über Immobilien müssen entsprechend der Abschreibungszeit aufbewahrt werden.

Je nach Wichtigkeit und Bedeutung der Unterlagen für die Besteuerung müssen sie bis zu zehn Jahre aufbewahrt werden. Die Aufbewahrungsfrist läuft jedoch nicht ab, solange die Unterlagen für Steuern von Bedeutung sind, für welche die Festsetzungsfrist noch nicht abgelaufen ist.

AO § 147, Abschnitt 3

Unterlagenart	Mindestdauer der Aufbewahrung
• Inventare • Eröffnungsbilanzen, Schlussbilanzen, GuV-Rechnung • Handelsbücher • Jahresabschlüsse • Konzernabschlüsse • Konzernlageberichte sowie die zum Verständnis notwendigen Unterlagen • Buchungsbelege, Ausgangsrechnungen, Eingangsrechnungen, Kontoauszüge …	zehn Jahre, beginnend mit dem Ende des Kalenderjahres, in dem die letzte Eintragung gemacht wurde
• empfangene Handelsbriefe • Wiedergabe abgesandter Handelsbriefe • Mails und digitale Dokumente • Faxe, Mietverträge, Arbeitsverträge, Angebote mit Auftragsfolge	sechs Jahre

Merke

Nach HGB und AO beginnt die Aufbewahrungsfrist mit dem Ende des Kalenderjahres!

Jahresabschlüsse und Eröffnungsbilanzen müssen als Original aufbewahrt werden.

■ Digitale Archivierung

Die gesetzlichen Auflagen zur **papierlosen** Archivierung sind ebenfalls im Handelsgesetzbuch und in der Abgabenordnung festgelegt.

HGB § 239 (4), § 257

Grundsätzlich gilt für die papierlose Ablage, dass mit Ausnahme der Eröffnungsbilanzen, Jahresabschlüsse und der Konzernabschlüsse alle Unterlagen auch zur Wiedergabe der Dokumente auf einem Bildträger oder auf anderen Datenträgern aufbewahrt werden können, wenn dies den **Grundsätzen ordnungsgemäßer Buchführung** entspricht.

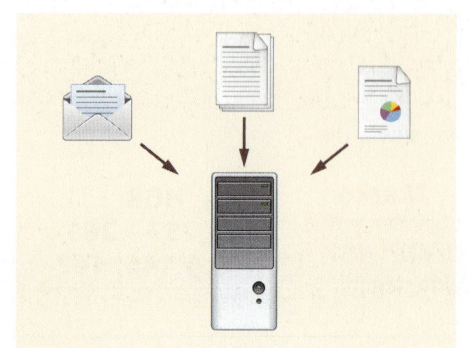

Merke

Es muss sichergestellt sein, dass die Wiedergabe oder die Daten

1. mit den empfangenen Handelsbriefen und den Buchungsbelegen bildlich und mit den anderen Unterlagen inhaltlich übereinstimmen, wenn sie lesbar gemacht werden, und

2. während der Dauer der Aufbewahrungsfrist verfügbar sind und jederzeit innerhalb einer angemessenen Frist lesbar gemacht werden können.

Schriftstücke und Dokumente verwalten

Wer aufzubewahrende Unterlagen nur in Form einer Wiedergabe auf einem Bildträger oder auf anderen Datenträgern vorlegen kann, ist verpflichtet, auf seine Kosten diejenigen Hilfsmittel zur Verfügung zu stellen, die erforderlich sind, um die Unterlagen lesbar zu machen. Soweit erforderlich, hat er die Unterlagen auf seine Kosten auszudrucken oder ohne Hilfsmittel lesbare Reproduktionen (Wiedergabe) beizubringen.

> **§§§**
> **§ 239 HGB**
> (4) [...] Bei der Führung der Handelsbücher und der sonst erforderlichen Aufzeichnungen auf Datenträgern muss insbesondere sichergestellt sein, dass die Daten während der Dauer der Aufbewahrungsfrist verfügbar sind und innerhalb angemessener Frist lesbar gemacht werden können. [...]

Digitale Daten müssen entsprechend den **Grundsätzen ordnungsmäßiger Speicherbuchführung (GoS)** weiterentwickelt und in den **Grundsätzen ordnungsgemäßer DV-gestützter Buchführungssysteme (GoBS)** und den **Grundsätzen zum Datenzugriff und zur Prüfbarkeit digitaler Unterlagen (GDPdU)** aufbewahrt werden.

> **Beispiel**
> Die Werbeagentur Blue GmbH hat ihre gesamten Buchhaltungsunterlagen digital archiviert. Wenn eine Steuerprüfung stattfindet, ist das Unternehmen verpflichtet, dem Steuerprüfer die erforderliche Soft- und Hardware zur Verfügung zu stellen, damit er die archivierten Unterlagen prüfen kann.

Insbesondere müssen folgende Anforderungen erfüllt sein:

> **Merke**
> Digitale Unterlagen müssen
> - vollständig,
> - verfahrenssicher,
> - geschützt vor Informationsverlust oder -veränderung,
> - unter Einhaltung von Aufbewahrungsfristen,
> - nachvollziehbar und dokumentiert sowie
> - prüfbar
>
> archiviert werden.

Das Handelsgesetzbuch unterscheidet hierbei zwischen

→ **empfangenen Geschäftsbriefen/Buchungsbelegen**

Diese müssen bildlich wiedergegeben werden, d. h. sie müssen bildlich und inhaltlich mit den empfangenen Schriftstücken übereinstimmen.

→ **abgesandten Geschäftsbriefen.**

Diese müssen nur inhaltlich wiedergegeben werden.

LERNFELD 2

Büroprozesse gestalten und Arbeitsvorgänge organisieren

LERNFELD 2

Gesetzliche Grundlagen der Aufbewahrung

| §§§ HGB | §§§ AO | §§§ sonstige Gesetze, z. B. BGB, ZPO |

Gesetze ergänzende Grundlagen

- Grundlagen ordnungsmäßiger Buchführung (GoB)
- Grundlagen ordnungsmäßiger Speicherbuchführung (GoS)
- Grundlagen ordnungsmäßiger DV-gestützter Buchführungssysteme (GoBS)
- Grundlagen zum Datenzugriff und zur Prüfbarkeit digitaler Unterlagen (GDPdU)

7.3 Beleghafte Ablage (Registratur)

■ Schriftgutkatalog, Ablageplan, Aktenplan

Der organisatorische Aufbau des Ablagesystems eines Unternehmens wird dokumentiert durch einen Schriftgutkatalog, einen Ablageplan und einen Aktenplan. Zuständig für die Erstellung dieser drei Hilfsinstrumente ist die Organisationsabteilung des Unternehmens.

Zu jedem Schriftstück wird angegeben,

→ warum es aufbewahrt wird (gesetzlicher oder betrieblicher Grund),
→ wie lange es aufbewahrt wird und
→ wo es aufbewahrt wird.

Merke

Im **Schriftgutkatalog** werden alle Arten von Schriftstücken aufgeführt, die in einem Unternehmen anfallen können.

Merke

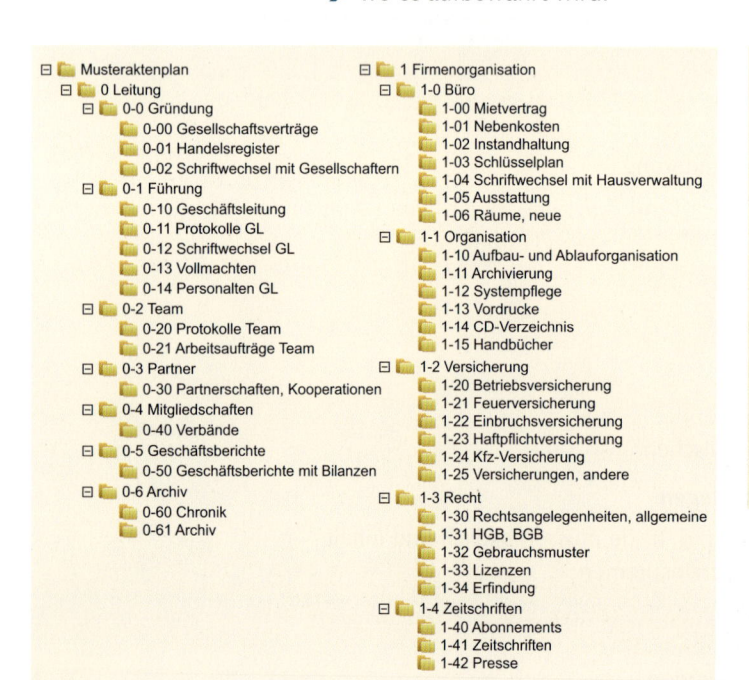

Der **Ablageplan** wird auf der Basis des Schriftgutkatalogs erstellt. Er beinhaltet Angaben über Registraturformen, angewandte Ordnungssysteme, verantwortliche Mitarbeiter, Vordrucksammlungen, geführte Teilablagen (Abteilungsablagen) und allgemeine Registraturregeln.

Der **Aktenplan** ergänzt den Schriftgutkatalog und den Ablageplan. Er zeigt auf, nach welchen sachlichen Aspekten die Schriftstücke des Unternehmens abgelegt werden.

```
📁 Musteraktenplan
  📁 0 Leitung
    📁 0-0 Gründung
      📄 0-00 Gesellschaftsverträge
      📄 0-01 Handelsregister
      📄 0-02 Schriftwechsel mit Gesellschaftern
    📁 0-1 Führung
      📄 0-10 Geschäftsleitung
      📄 0-11 Protokolle GL
      📄 0-12 Schriftwechsel GL
      📄 0-13 Vollmachten
      📄 0-14 Personalten GL
    📁 0-2 Team
      📄 0-20 Protokolle Team
      📄 0-21 Arbeitsaufträge Team
    📁 0-3 Partner
      📄 0-30 Partnerschaften, Kooperationen
    📁 0-4 Mitgliedschaften
      📄 0-40 Verbände
    📁 0-5 Geschäftsberichte
      📄 0-50 Geschäftsberichte mit Bilanzen
    📁 0-6 Archiv
      📄 0-60 Chronik
      📄 0-61 Archiv

📁 1 Firmenorganisation
  📁 1-0 Büro
    📄 1-00 Mietvertrag
    📄 1-01 Nebenkosten
    📄 1-02 Instandhaltung
    📄 1-03 Schlüsselplan
    📄 1-04 Schriftwechsel mit Hausverwaltung
    📄 1-05 Ausstattung
    📄 1-06 Räume, neue
  📁 1-1 Organisation
    📄 1-10 Aufbau- und Ablauforganisation
    📄 1-11 Archivierung
    📄 1-12 Systempflege
    📄 1-13 Vordrucke
    📄 1-14 CD-Verzeichnis
    📄 1-15 Handbücher
  📁 1-2 Versicherung
    📄 1-20 Betriebsversicherung
    📄 1-21 Feuerversicherung
    📄 1-22 Einbruchsversicherung
    📄 1-23 Haftpflichtversicherung
    📄 1-24 Kfz-Versicherung
    📄 1-25 Versicherungen, andere
  📁 1-3 Recht
    📄 1-30 Rechtsangelegenheiten, allgemeine
    📄 1-31 HGB, BGB
    📄 1-32 Gebrauchsmuster
    📄 1-33 Lizenzen
    📄 1-34 Erfindung
  📁 1-4 Zeitschriften
    📄 1-40 Abonnements
    📄 1-41 Zeitschriften
    📄 1-42 Presse
```

Schriftstücke und Dokumente verwalten

■ Standort der Ablage

Die in einem Unternehmen abzulegenden Akten und Unterlagen können nicht willkürlich in den Räumen des Unternehmens verteilt sein. Jeder Mitarbeiter sollte auf die Ablage einfachen und schnellen Zugriff haben. Allgemein gilt:

→ **Arbeitsplatzablage**: Nur ein Mitarbeiter muss zugreifen können.
→ **Abteilungsablage**: Die Mitarbeiter einer Abteilung müssen zugreifen können.
→ **Zentralablage**: Viele Mitarbeiter des Unternehmens müssen zugreifen können.

Während sich an den genannten Ablagestandorten die Unterlagen befinden, auf die regelmäßig zugegriffen werden muss, können in der Altablage oder dem Archiv die Unterlagen aufbewahrt werden, die nur in Ausnahmefällen gebraucht werden.

©Carmen Steiner-fotolia.com

	Ablagestandorte im Büro
Arbeitsplatzablage	Am Arbeitsplatz werden die Unterlagen dauerhaft abgelegt, die lediglich der jeweilige Sachbearbeiter benötigt. Außerdem befinden sich am Arbeitsplatz kurzfristig die Schriftstücke der Zwischenablage, die nach der Bearbeitung durch den Sachbearbeiter entweder zur Abteilungs-, Zentral-, Altablage oder zum Archiv weitergereicht werden.
Abteilungsablage	Benötigen mehrere Sachbearbeiter dieselben Unterlagen, müssen diese zentral in der Abteilung stehen. Für jeden Mitarbeiter sollte der Weg zu den Unterlagen so kurz wie möglich sein. Keiner sollte den anderen stören müssen, wenn er ein Formular oder einen Ordner holen will.
Zentralablage	In der Zentralablage stehen die Unterlagen, auf die viele Mitarbeiter zugreifen müssen. Zentralablagen werden in großen Unternehmen von Sachbearbeitern mithilfe elektronischer Datenverarbeitungsanlagen verwaltet.
Altablage	Aufgrund beschränkter Raumkapazitäten an Arbeitsplätzen und in Abteilungen sollten in der Altablage die Unterlagen stehen, auf die der einzelne Sachbearbeiter nur in großen Zeitabständen oder in Sonderfällen zugreifen muss. Üblicherweise ist dies bei Unterlagen der Fall, die älter als zwei Jahre sind. Sie verbleiben dort für den verbleibenden Zeitraum ihrer gesetzlichen Aufbewahrungsfristen.
Archiv	Im Archiv werden die Unterlagen und Schriftstücke aufbewahrt, die für das Unternehmen von besonderer, langfristiger Bedeutung sind. Dazu gehören insbesondere Unterlagen, die die langfristigen Entwicklungen des Unternehmens dokumentieren.

LERNFELD 2

©Texelart-fotolia.com

Zentralablage, Altablage und Archiv können in Unternehmen eine räumliche und organisatorische Einheit bilden. Die Verwaltung der Unterlagen kann wie in einer öffentlichen Bibliothek organisiert werden. Die **Verwaltung** von Archiven in Unternehmen wurde in den letzten Jahren durch die Einführung von **Strichcode-Systemen** zur Erfassung der Akten und die Benutzung von **elektronischen Lesegeräten** bei der Aus- und Rückgabe von Akten vereinfacht.

Tipp
Unterlagen, für die es weder gesetzliche noch betriebliche Aufbewahrungsgründe gibt, dürfen auch weggeworfen werden. Werden Unterlagen unnötig gesammelt, entstehen Aufwand und Kosten!

Büroprozesse gestalten und Arbeitsvorgänge organisieren

■ Ablagearten

Bei der beleghaften Ablage kann man folgende Ablagesysteme unterscheiden:

Einzelakte	Alle abgelegten Schriftstücke gehören zu einem Thema oder einer Person, beispielsweise Handelskorrespondenz mit einem Kunden, Personal- oder Gerichtsakten.
Sammelakte	Die Unterlagen verschiedener Vorgänge sind in einem Schriftgutbehälter zusammengefasst. Zur Bearbeitung eines Vorgangs wird lediglich ein Teil der Schriftstücke aus der Akte entnommen, beispielsweise die Lohnabrechnung eines Mitarbeiters, Angebote, Rechnungen.

Loseblatt-Ablage	Verschiedene Schriftstücke sind in einen Behälter (Mappe, Ablagekorb) ungeheftet eingelegt, wie bei einer Unterschriftenmappe. Die Akten dürfen nicht zu umfangreich sein.	**Vorteil:** spart Zeit beim Ablegen
Geheftete Ablage	Es werden lose Blätter in Ordnern oder Heftern abgeheftet. Es kann eine klar definierte Reihenfolge eingehalten werden.	**Vorteil:** spart Zeit beim erneuten Zugriff, schnelles chronologisches Wiederfinden

■ Formen der beleghaften Registratur

Bei der beleghaften Ablage kann man folgende Ablagesysteme unterscheiden:

→ **Liegende Registratur**
Schriftgutbehälter werden liegend in Regalen und Schränken übereinander gestapelt.

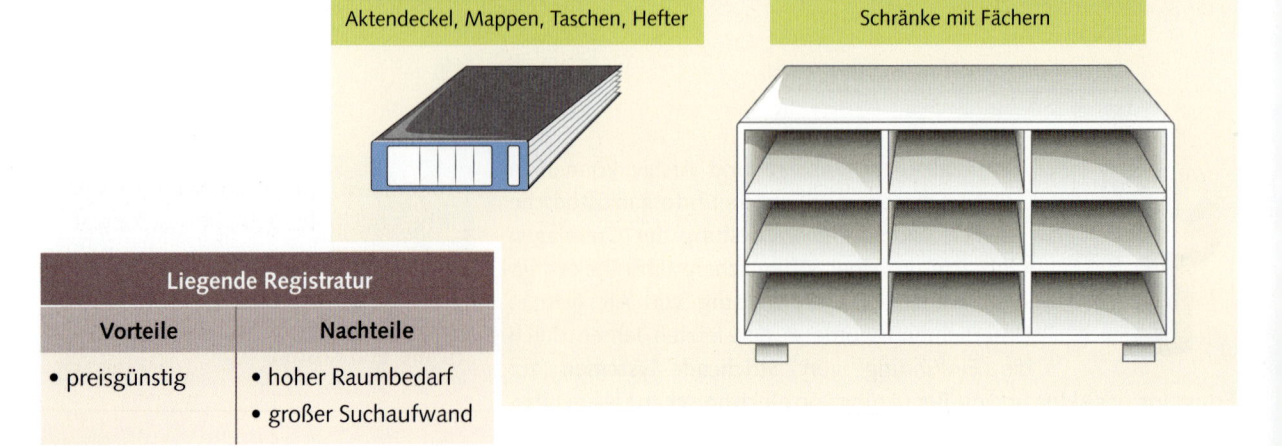

Schriftgutbehälter	Ablage
Aktendeckel, Mappen, Taschen, Hefter	Schränke mit Fächern

Liegende Registratur	
Vorteile	**Nachteile**
• preisgünstig	• hoher Raumbedarf • großer Suchaufwand

Schriftstücke und Dokumente verwalten

→ **Stehende Registratur**

Schriftgutbehälter werden stehend in Regalen und Schränken aufbewahrt.

Schriftgutbehälter	Ablage
Stehordner	Ordnerregale und -schränke

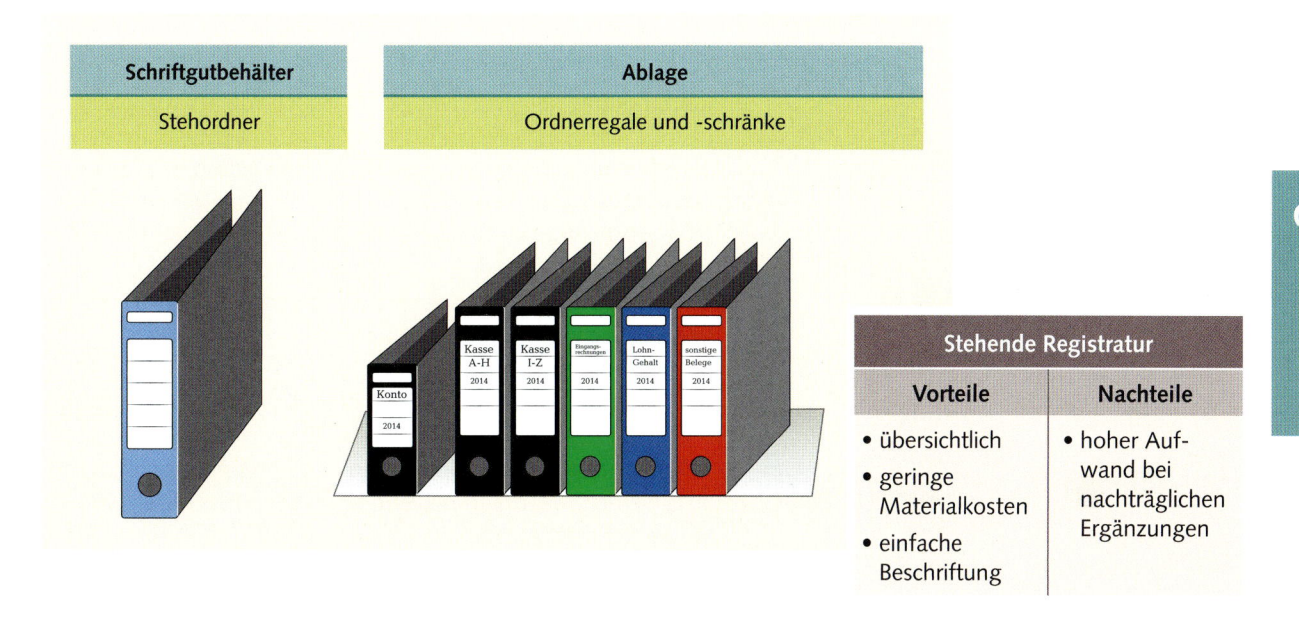

Stehende Registratur	
Vorteile	Nachteile
• übersichtlich • geringe Materialkosten • einfache Beschriftung	• hoher Aufwand bei nachträglichen Ergänzungen

LERNFELD 2

→ **Hängende Registratur** (als Pendel- oder vertikale Hängeregistratur)

Bei der **Pendelregistratur** werden die Schriftgutbehälter nach unten offen in Profilschienen nebeneinander eingehängt. Bei einer vertikalen **Hängeregistratur** sind die Schriftgutbehälter nach oben hin geöffnet.

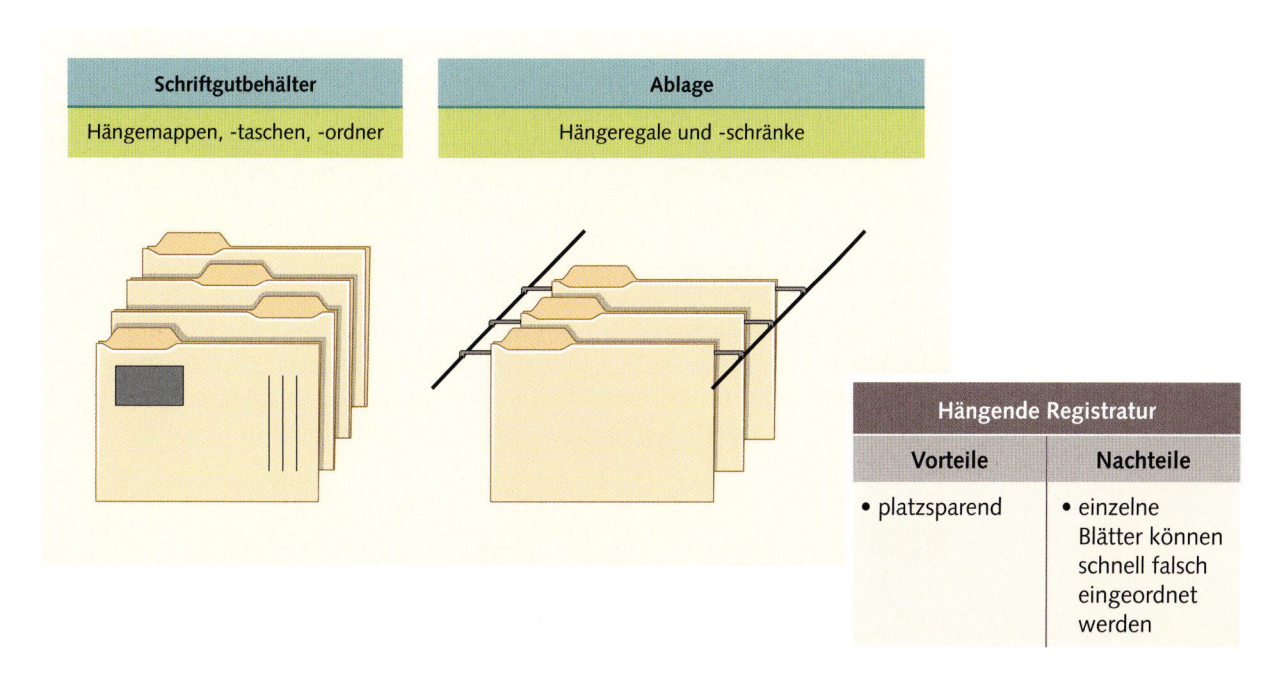

Schriftgutbehälter	Ablage
Hängemappen, -taschen, -ordner	Hängeregale und -schränke

Hängende Registratur	
Vorteile	Nachteile
• platzsparend	• einzelne Blätter können schnell falsch eingeordnet werden

Büroprozesse gestalten und Arbeitsvorgänge organisieren

LERNFELD 2

■ Sicherheitssysteme

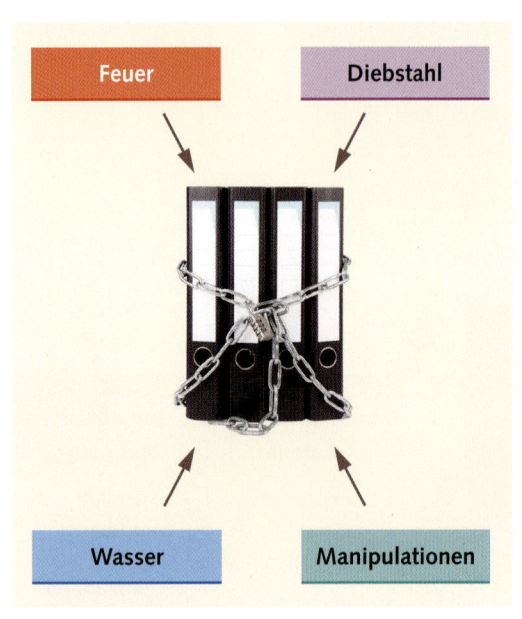

Bei der Wahl der richtigen Ablage ist die Sicherheit des Ablagegutes zu beachten. Die Gefahren, vor denen geschützt werden muss, sind vielfältig,

Zur Erhöhung der Sicherheit gibt es verschiedene Möglichkeiten.

Schriftstücke, die im Original von Bedeutung sind, z. B. Bilanzen oder Unterlagen zur Firmengründung, können durch bauliche, bzw. einrichtungstechnische Maßnahmen gesichert werden. Möglichkeiten sind der Einsatz feuerfester, abschließbarer Stahl- oder Tresortüren an den Archivräumen sowie die Verwendung von **Stahlschränken** oder **Tresoren**.

Für Schriftstücke oder digitale Daten, die auch als Kopie aufbewahrt werden können, besteht die Möglichkeit der doppelten Ablage. Dabei können Unterlagen einfach kopiert und ausgelagert werden, oder man bedient sich technischer Möglichkeiten zur papierlosen Ablage.

Gefahren: Feuer, Diebstahl, Wasser, Manipulationen
©Klaus Eppele-fotolia.com

■ Aktenvernichtung

Wenn gesetzliche Aufbewahrungsfristen abgelaufen sind oder die betrieblichen Aufbewahrungsgründe weggefallen sind, dann können die entsprechenden Schriftstücke vernichtet werden. Wichtig ist, dass dabei die Bestimmungen des Datenschutzes (Kapitel 7.6) beachtet werden und kein unberechtigter Dritter Einsicht in die Unterlagen erhält.

Eine professionelle Schriftgutvernichtung führt man mit einem **Aktenvernichter** durch. Diese Geräte sind üblicherweise elektrisch betrieben und können je nach Art der Zerkleinerung verschiedenen Sicherheitsstufen entsprechen.

DIN 66399

©Shawn Hempel-fotolia.com

7.4 Elektronische Archivierung

Unter einem **elektronischen Dokument** wird im Folgenden jede Form von Information verstanden, die in einem Datenverarbeitungssystem als **Datei** vorliegt. Das kann auch ein Dokument sein, das ursprünglich in Papierform vorlag und dann in digitale Daten verwandelt (digitalisiert) wurde. Dies erfolgt beispielsweise, wenn man ein Schriftstück einscannt.

Schriftstücke und Dokumente verwalten

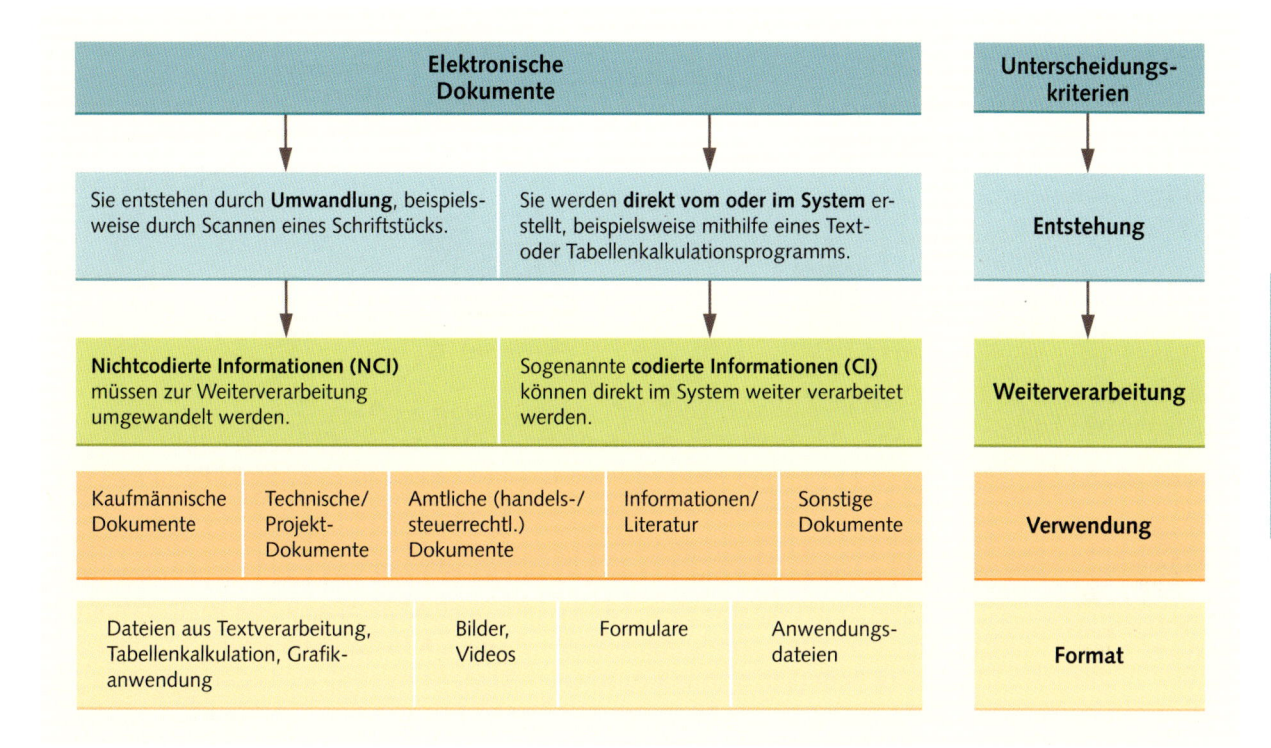

LERNFELD 2

Elektronische Dokumente		Unterscheidungskriterien
Sie entstehen durch **Umwandlung**, beispielsweise durch Scannen eines Schriftstücks.	Sie werden **direkt vom oder im System** erstellt, beispielsweise mithilfe eines Text- oder Tabellenkalkulationsprogramms.	Entstehung
Nichtcodierte Informationen (NCI) müssen zur Weiterverarbeitung umgewandelt werden.	Sogenannte **codierte Informationen (CI)** können direkt im System weiter verarbeitet werden.	Weiterverarbeitung
Kaufmännische Dokumente / Technische/Projekt-Dokumente / Amtliche (handels-/steuerrechtl.) Dokumente / Informationen/Literatur / Sonstige Dokumente		Verwendung
Dateien aus Textverarbeitung, Tabellenkalkulation, Grafikanwendung / Bilder, Videos / Formulare / Anwendungsdateien		Format

> **Merke**
> Eine Datei hat eine Anzahl von Eigenschaften, die auch im Hinblick auf die Ablage und das Wiederauffinden von Bedeutung sind. Dazu gehören unter anderem der Dateiname, die Dateiquelle (z. B. der Autor), das Datum und die Uhrzeit der Erstellung der Datei sowie ein Änderungsprotokoll, die Dateigröße und der Dateityp sowie der Ort der Ablage.

Bei der elektronischen Archivierung von beleghaften Originaldokumenten müssen diese erst umgewandelt werden, damit sie digital weiter verarbeitet werden können.

Dazu stehen folgende Hilfsmittel zur Verfügung:

Vorgang	Hilfsmittel
1. Einlesen der Papierdokumente	Lesegeräte (Scanner)
2. Aufnahme und Verarbeitung der Daten des Papierdokuments	Arbeitsplatzrechner (PC), Großrechner (Server, HOST)
3. Speichern der Daten	Speichermedien CD-ROM = READ-ONLY MEMORY (Nur Lese-Speicher) WORM = WRITE ONCE READ MANY (Schreib einmal – lese oft) MO = Magnetooptische Platte
4. Betrachten der gespeicherten Dokumente	Arbeitsplatzbildschirm Drucker

Büroprozesse gestalten und Arbeitsvorgänge organisieren

LERNFELD 2

Tipp
E-Mails, die als Handelsbrief einzustufen sind, müssen in elektronischer sowie rechtssicherer Form aufbewahrt werden. Es reicht nicht aus, E-Mails einfach nur auszudrucken und abzuheften oder die relevanten E-Mails in maschinell nicht auswertbaren Formaten (z. B. PDF-Datei) zu archivieren.

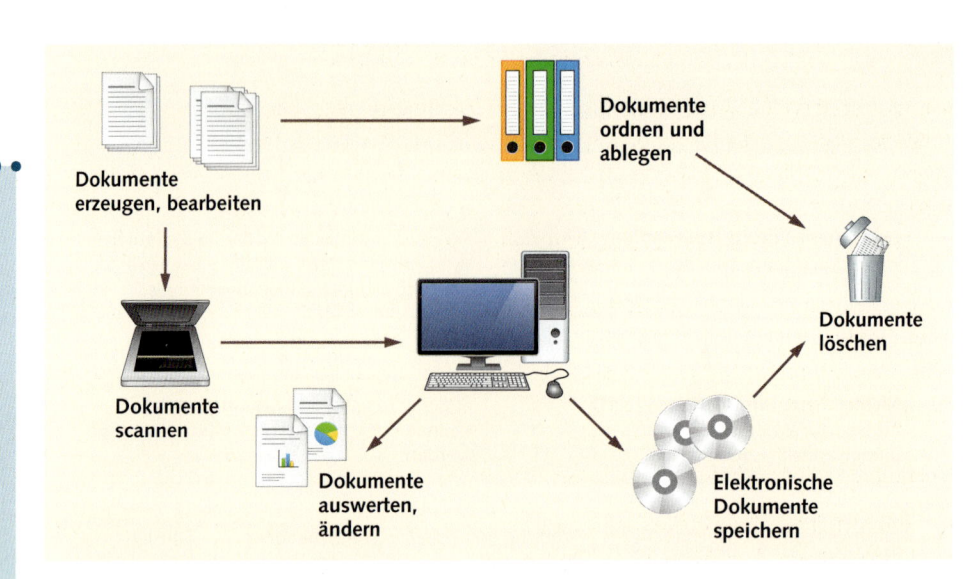

Im betrieblichen Ablauf wird dazu häufig ein **Scanner** verwendet. Ein Scanner ist ein Lesegerät zur Digitalisierung, d. h. zur Umwandlung der Daten eines Papierdokuments in digitale Daten. Dieses Lesegerät ist mit einem **Arbeitsplatzrechner** (PC) oder einem **Großrechner** (Server, Host) verbunden. Dieser Rechner ist wiederum in der Lage, die Daten aufzunehmen, zu erkennen und zu speichern.

Vor- und Nachteile der elektronischen Aufbewahrung von Dokumenten	
Vorteile	Nachteile
• Raumersparnis • Beschleunigung der Zugriffszeiten • erleichtertes Auffinden einzelner Dokumente oder Daten	• Haltbarkeit und Lebensdauer der Datenträger • Kontinuität und Kompatibilität der Archivierung

In Bezug auf Haltbarkeit und Lebensdauer fehlen bei Neuentwicklungen von Speichermedien häufig Erfahrungswerte und es hat sich wiederholt gezeigt, dass Haltbarkeitsprognosen der Hersteller zu optimistisch waren. Die stetige Weiterentwicklung von Soft- und Hardware, die für den Anwender einerseits oftmals zahlreiche Vorteile und verbesserte Anwendungsmöglichkeiten bieten, birgt andererseits die Gefahr, dass ältere und neuere Systeme im Laufe der Weiterentwicklung nicht mehr miteinander funktionieren. Als Beispiel können die anfänglich in der Datenverarbeitung verwendeten 5 1/4" und 3 1/2" Disketten genannt werden. Im Laufe der Entwicklung hat man auf diese Laufwerke bei Computern verzichtet und sie durch leistungsstärkere Speichertechniken ersetzt.

Merke
Die **elektronische Archivierung** wird als **revisionssicher** bezeichnet, wenn sie allen Anforderungen des Handelsgesetzbuches, der Abgabenordnung, den Grundsätzen ordnungsgemäßer Speicherbuchführung sowie den Grundsätzen zum Datenzugriff und zur Prüfbarkeit digitaler Unterlagen entsprechen.

Schriftstücke und Dokumente verwalten

■ Dokumentenmanagementsysteme (DMS)

Mit der steigenden Anzahl elektronischer Dokumente wachsen die Anforderungen an die **Organisation** einer elektronischen Archivierung. Wenn die Ablagesysteme von Unternehmen nicht reibungslos funktionieren, werden wichtige Arbeitsabläufe blockiert und es kann zu starken wirtschaftlichen Beeinträchtigungen kommen.

Dokumentenmanagementsysteme funktionieren im Allgemeinen datenbankgestützt. Das bedeutet, dass große Datenmengen mit schnellen Zugriffszeiten organisiert werden können. Es besteht sogar die Möglichkeit, bestimmte Daten an konkrete Arbeitsabläufe im Unternehmen zu koppeln.

> **Merke**
> **Dokumentenmanagementsysteme** sind technische Systeme, die gespeicherte Informationen verwalten, langfristig sicher und unveränderbar aufbewahren und jederzeit wieder reproduzieren können.

Vorteile von Datenmanagementsystemen (DMS):

→ Zeitvorteil durch schnelle Archivierung und schnelles Auffinden von Dokumenten,
→ Schutzmöglichkeiten vor äußeren Einflüssen,
→ optimale Organisation der Zugriffsrechte,
→ geringer Platzbedarf.

7.5 Speichermedien

Um elektronische Dokumente zu speichern, benötigt man Speichermedien. Die Entwicklungen im Bereich der digitalen Ablage sind fortlaufend.

> **Merke**
> Unter **Speichermedien** versteht man Stoffe oder Objekte, die zum Speichern von Daten und Informationen verwendet werden.

Neben der verwendeten Technik eines Speichermediums und der entsprechenden physikalischen Eigenschaften kann man noch weitere Unterscheidungen treffen.

Auswahl der entsprechenden Speichermedien:

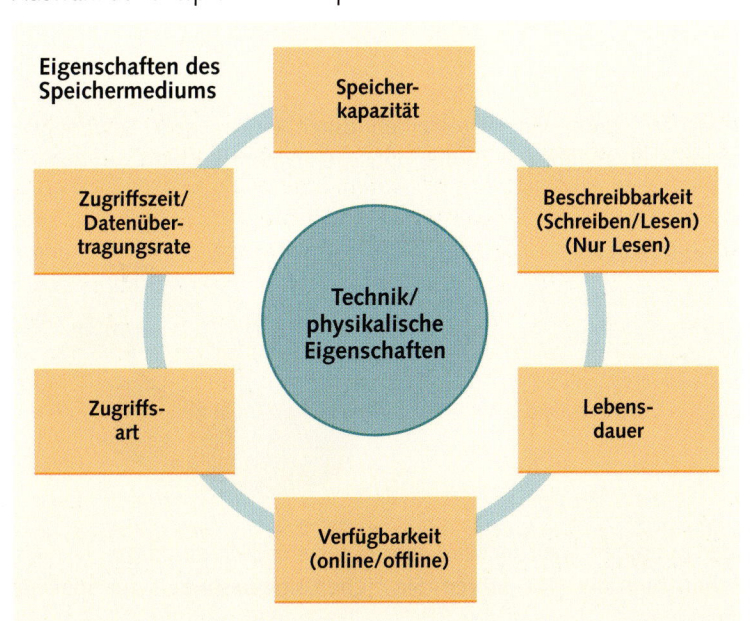

Eigenschaften des Speichermediums
- Speicherkapazität
- Beschreibbarkeit (Schreiben/Lesen) (Nur Lesen)
- Lebensdauer
- Verfügbarkeit (online/offline)
- Zugriffsart
- Zugriffszeit/Datenübertragungsrate

Technik/physikalische Eigenschaften

> **Merke**
> Je nach Art der elektronischen Datenspeicher unterscheidet man
> ■ **flüchtige** Speicherung:
> Die Daten gehen verloren, wenn die Stromzufuhr unterbrochen wird.
> ■ **permanente** Speicherung:
> Die Daten werden unveränderlich gespeichert.
> ■ **semi-permanente** Speicherung:
> Die Daten könne nach der Speicherung verändert werden.

LERNFELD 2

Büroprozesse gestalten und Arbeitsvorgänge organisieren

LERNFELD 2

■ Magnetspeicher

Zu den Magnetspeichern gehören Festplatten, Disketten und Magnetbänder.

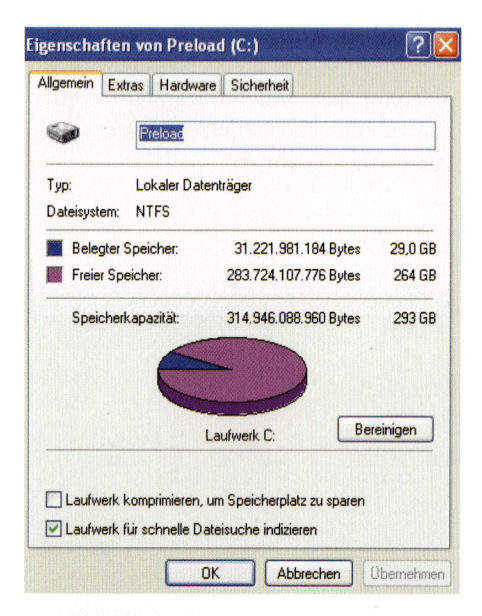

Als **interne Festplatte** wird der Kernspeicher eines Computers bezeichnet. Die Sicherung der Daten auf einer Festplatte ist dauerhaft angelegt, kann aber von Anwender überschrieben werden.

Externe Festplatten lassen sich über Schnittstellen an Computer anschließen. Ihre Vorteile liegen darin, dass sie die Speicherkapazität von PCs erweitern können, so handlich sind, dass sie bequem transportiert werden können und einen Datentransfer zwischen verschiedenen Arbeitsplätzen ermöglichen, insbesondere bei großen Datenmengen.

Eine wichtige Eigenschaft von Festplatten ist die Speicherkapazität, die durch die Anzahl der verfügbaren Bits und Bytes beschrieben wird.

Die Zugriffsgeschwindigkeit einer Festplatte wird üblicherweise als Durchschnittswert angegeben. Die tatsächliche Zugriffszeit hängt einerseits von der Umdrehungsgeschwindigkeit der mechanischen Platten ab und andererseits davon, wie weit die zu lesenden Daten tatsächlich auseinanderliegen.

Tipp

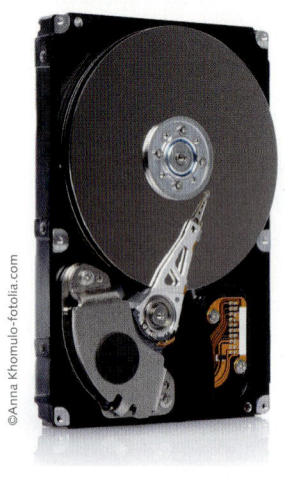

Die Arbeitsgeschwindigkeit eines Computers kann durch die Defragmentierung der Festplatte mithilfe spezieller Programme erhöht werden. Dabei werden Datenblöcke auf Speichermedien so neugeordnet, dass logisch zusammenhängende Daten aufeinanderfolgend auf dem Datenträger abgelegt werden. Auf diese Weise kann die Zugriffsgeschwindigkeit und dementsprechend auch die gesamte Arbeitsgeschwindigkeit erhöht werden.

■ Optische Speicher

Optischer Datenspeicher werden im Allgemeinen durch einen Laser beschrieben beziehungsweise zum Lesen abgetastet. Zu den optischen Datenspeichern gehören:

- Compact Disc (CD),
- Digital Versatile Disk (DVD),
- Compact Disc Read Only Memory (CD-ROM),
- Digital Versatile Disc Read Only Memory (DVD-ROM),
- High Density Digital Versatile Disk (HD-DVD),
- Blu-ray-Disc (BD).

Die Lebensdauer der optischen Speicher wird sehr unterschiedlich geschätzt. Die Angaben liegen zwischen zehn und 100 Jahren. Sie eignen sich besonders zur Speicherung großer Datenmengen.

Schriftstücke und Dokumente verwalten

■ Digitale Speicher

Digitale Speicher, Speicherkarten bzw. USB-Datenspeicher-Sticks, sind zumeist kleine, tragbare, nichtflüchtige, passive Datenträger, die verhältnismäßig große Datenmengen speichern können. Aufgrund ihrer Speicherkapazität und der guten Zugriffsgeschwindigkeit werden sie insbesondere für die Anwendung in kleineren Geräten wie Kameras und anderen mobilen Geräten wie Tablet-PCs oder Smartphones verwendet. Speichermedien sagt man eine durchschnittliche Lebensdauer von etwa **zehn Jahren** voraus. Das Risiko des tatsächlichen Verlustes oder der Zerstörung dieser Speicher ist aufgrund ihrer häufig mobilen Nutzung verhältnismäßig hoch.

©Bjoern Wylezich-fotolia.com

• 7.6 Datenschutz und Datensicherheit

Die **Datensicherung** beschäftigt sich mit dem Schutz der Daten vor Verlust, Zerstörung oder Manipulation. Bestandteil der Datensicherung ist auch der **Datenschutz**, dessen Aufgabe es ist, Daten vor dem unberechtigten Zugriff Dritter zu schützen.

> **Merke**
>
> Die **Datensicherung** hat die Aufgabe, Gefährdungen für die in einem Betrieb vorhandenen Daten abzuwehren.

Aufgaben der Datensicherung sind im Einzelnen:

→ Schutz der Daten vor Verlust oder Zerstörung (Verfügbarkeit der Daten),
→ Schutz vor unberechtigtem Zugriff auf die Daten (Vertraulichkeit der Daten),
→ Schutz der logischen Richtigkeit und Genauigkeit der Daten,
→ Schutz vor Störungen aus externen Quellen.

Datensicherungsmaßnahmen müssen in einem **ganzheitlichen Konzept** entwickelt und aufeinander abgestimmt werden. Im Einzelnen können Vorkehrungen im Bereich der Hardware, der Software, durch bauliche Maßnahmen und in der Zusammenarbeit mit Mitarbeitern getroffen werden.

LERNFELD 2

Büroprozesse gestalten und Arbeitsvorgänge organisieren

■ Datensicherungsmaßnahmen im Hardwarebereich

Maßnahme	Erläuterung
Daten-spiegelung	**1. Ausstattung der Rechner mit Spiegelungstechnik** Ein Rechner wird mit zwei Festplatten ausgestattet, auf denen die Daten identisch gespeichert werden, d.h. fällt eine Festplatte aus, ist der Datenbestand vollständig auf der zweiten Platte erhalten. Der Anwender erhält lediglich eine Systemmeldung über den Ausfall. Probleme bei der Datenverarbeitung entstehen nicht. **2. Ausstattung der DV-Anlage mit Parallelrechnern** Zwei Rechner bearbeiten gleichzeitig mit den gleichen Programmen die Daten in identischer Weise. Bei Ausfall eines Rechners kann der zweite Rechner ohne Störung weiterarbeiten.
Einsatz von Notstromaggregaten, die bei Stromausfall oder -schwankungen einspringen	Rechner können bei Stromausfall auf Batteriebetrieb umgestellt werden. Während des Batteriebetriebs bleibt mindestens genügend Zeit, um geöffnete Dateien ordnungsgemäß zu schließen und abzuspeichern.
Schreibschutz	Bei der Nutzung von Schreibschutzmechanismen wird verhindert, dass ungeplante Aufzeichnungen auf einen Datenträger (z. B. Diskette) gelangen.

■ Datensicherungsmaßnahmen im Softwarebereich

Maßnahme	Erläuterung
Passwortschutz	Das persönliche Kennwort des Anwenders muss beim Aufruf bestimmter Programme oder Arbeitsabläufe angegeben werden. Folgende Passwörter werden unterschieden: • einfache Passwörter, z.B. Namen, Adressen, Geburtsdaten • Nonsens-Passwörter, die aus unsinnigen, nur schwer merkbaren Begriffen bestehen, z.B: SYZIG • rekonstruierte Passwörter, die während des Eintippens mithilfe von Wissen über das Privatleben gebildet werden. Nachteilig bei jeder Art von Passwort ist, dass es beabsichtigt oder unbeabsichtigt weitergegeben werden kann.
Automatische Datensicherung	Eine Software ermöglicht, dass einmal täglich, wöchentlich oder monatlich automatisch Datensicherungen auf Datenträgern, z. B. Datenbändern, durchgeführt wird. Regelmäßige Datensicherungen können natürlich auch manuell durchgeführt werden. Das erfordert jedoch eine größere Arbeitsdisziplin und mehr Zeit vom Anwender.

Schriftstücke und Dokumente verwalten

■ Datensicherungsmaßnahmen im bautechnischen Bereich

Maßnahme	Erläuterung
Feuersichere Standorte für Rechner und Datenträger oder feuerhemmende Sperren	**Beispiel:** Die Bänder der täglichen Nachtsicherung können in einem feuersicheren Safe aufbewahrt werden.
Klimatisierung der Rechnerstandorte	Bei der Klimatisierung ist besonders darauf zu achten, dass Raumtemperatur und Luftfeuchtigkeit überwacht und geregelt werden.
Zugangskontrollen zum Rechenzentrum	Geschlossener Betrieb = Closed-Shop-Betrieb **Beispiel:** Das Öffnen von Türen ist nur mit Magnetkarten möglich.

■ Organisatorische Datensicherungsmaßnahmen

Maßnahme	Erläuterung
Regelmäßige Wartung	Die meisten DV-Lieferanten bieten Wartungsverträge an. Möglich sind jedoch auch Wartungen, die nur auf Abruf im Bedarfsfall erfolgen. Vorteilhaft ist die **Fernwartung**, bei der die Überwachung und Fehlerdiagnose bei Hard- und Software mithilfe der Datenfernverarbeitung über geografische Entfernungen hinweg durchgeführt werden kann.
Ein-/Auslagern	Programme und Daten werden außerhalb des Maschinenraums (Auslagern) aufbewahrt, sodass im Katastrophenfall auf die ausgelagerten Programme und Daten zurückgegriffen werden kann (Einlagern).
Generationsprinzip	Von der Anmerkung des Generationenprinzips spricht man, wenn Daten regelmäßig fortgeschrieben werden. Es besagt, dass ein Datenbestand erst dann gelöscht werden darf, wenn er „Großvaterbestand" ist, sodass immer zwei Generationen des Datenbestandes zur Verfügung stehen (**Großvater-Vater-Sohn-Prinzip**).

LERNFELD 2

■ Datensicherung durch geeignete Verhaltensmaßnahmen

Die besten Sicherungsmaßnahmen sind nutzlos, wenn der Anwender unsachgemäß handelt oder die Sicherheitsbestimmungen nicht berücksichtigt. Zum Schutz der Daten muss an das Verantwortungsbewusstsein des Einzelnen appelliert werden. Je einsichtiger den einzelnen Mitarbeitern die Notwendigkeit solcher Sicherungsmaßnahmen ist, desto sorgfältiger werden sie auf ihre Einhaltung achten.

> **Tipp**
>
> Sicherungskopien auf Datenträgern nie frei zugänglich liegen lassen.
>
> Laufende Rechner mit freien Zugangsrechten und angegebenem Passwort nicht unbeaufsichtigt lassen.

Büroprozesse gestalten und Arbeitsvorgänge organisieren

Bundesdatenschutzgesetz (BDSG) vom 20.12.1990 mit Änderungen

BDSG §§ 19, 20

■ Gesetzliche Grundlagen des Datenschutzes

Aufgabe des Datenschutzes ist der Schutz von Informationen über einen bestimmten Lebensbereich einer Person. Das **Bundesdatenschutzgesetz** schützt personengebundene Daten, die in Dateien gespeichert, verändert, gelöscht oder aus anderen Dateien übermittelt werden.

Die Person, über die Daten gespeichert werden, hat ein Recht auf

→ Auskunft über gespeicherte Daten, die sie betreffen,
→ Berichtigung ihrer Daten, wenn sie unrichtig sind,
→ Löschung der zu ihrer Person gespeicherten Daten, wenn ihre Speicherung unzulässig war, oder die ursprünglich erfüllten Voraussetzungen für die Speicherung laut Gesetz weggefallen sind.

Der Gesetzgeber nennt **zehn Sicherungsziele**. Danach sind Maßnahmen physischer, programmtechnischer bzw. organisatorischer Art zu treffen, um den Missbrauch von Daten zu verhindern.

Sicherungsziele:

Zugangskontrolle →	nur Berechtigte dürfen Zugang zu den Daten haben
Datenträgerkontrolle →	Datenträger dürfen nicht unbefugt entfernt werden
Speicherkontrolle →	keine unbefugte Eingabe, Kenntnisnahme, Veränderung oder Löschung gespeicherter personenbezogener Daten
Benutzerkontrolle →	nur Berechtigte dürfen die DV-Systeme benutzen
Zugriffskontrolle →	Zugriffsberechtigung nur für Befugte
Übermittlungskontrolle →	Übermittlung nur an Berechtigte
Eingabekontrolle →	Nachvollziehbarkeit der Eingabe
Auftragskontrolle →	Verarbeitung personenbezogener Daten nur auf Weisung des Auftraggebers
Transportkontrolle →	ordnungsgemäßer Transport ohne Zugriff Unbefugter
Organisationskontrolle →	innerbetriebliche Organisation muss den Anforderungen des Datenschutzes entsprechen

Bundesdatenschutzgesetz (BDSG)

■ Datenschutzbeauftragter

Unternehmen, die ständig mindestens fünf Personen beschäftigen und mit der automatischen Verarbeitung personenbezogener Daten beauftragt sind, haben die Verpflichtung, einen Datenschutzbeauftragten zu bestellen.

Der Beauftragte für den Datenschutz ist unmittelbar der Unternehmensleitung unterstellt. Er ist jedoch bei der Anwendung seiner Fachkunde auf dem Gebiet des Datenschutzes weisungsfrei.

In Bezug auf Behörden und öffentliche Stellen des Bundes gilt, dass jedermann sich an den Bundesbeauftragten für den Datenschutz wenden kann, wenn er der Meinung ist, bei der Verarbeitung seiner personenbezogenen Daten in seinen Rechten verletzt worden zu sein.

7.7 Zusammenfassung und Aufgaben

Zusammenfassung

Ordnungssysteme

Die systematische Ablage von Schriftstücken wird **Registratur** genannt.

Bei der systematischen Ablage von digitalen Daten spricht man von **Dokumentenmanagement**.

Schriftstücke und elektronische Dokumente können in Abhängigkeit von Inhalt, Aufbewahrungsgrund und Zugriffshäufigkeit nach verschiedenen **Ordnungssystemen** aufbewahrt werden.

Aufbewahrung von Dokumenten

Dokumente werden betrieblich bedingt als **Informationsgrundlage**, **Beweismittel** oder zur **Dokumentation** aufbewahrt.

Das **Handelsgesetzbuch** (HGB) und die **Abgabenordnung** (AO) der Finanzbehörden verpflichten den Kaufmann zur Aufbewahrung von Unterlagen. Dies umfasst auch die **digitale Archivierung**.

Beleghafte Ablage (Registratur)

Im **Schriftgutkatalog** werden alle Arten von Schriftstücken aufgeführt, die im Unternehmen anfallen.

Der **Ablageplan** beinhaltet Angaben über Registraturformen, Ordnungssysteme, Vordrucksammlungen usw.

Der **Aktenplan** zeigt die sachlichen Aspekte, nach denen die Schriftstücke abgelegt werden.

Nach dem **Standort** der **Ablage** wird unterschieden zwischen Arbeitsplatz-, Abteilungs-, Zentral-, Altablage und Archiv.

Hinsichtlich der **Formen der Registratur** lassen sich liegende, stehende und hängende Registratur unterscheiden.

Professionelle Schriftgutvernichtung erfolgt mit einem **Aktenvernichter**.

Elektronische Archivierung

Elektronische Archivierung wird als **revisionssicher** bezeichnet, wenn sie allen Anforderungen des Handelsgesetzbuchs, der Abgabenordnung usw. entspricht.

Dokumentenmanagementsysteme sind technische Systeme, die gespeicherte Informationen verwalten, sicher und unveränderbar aufbewahren und jederzeit reproduzieren können.

Bei der elektronischen Datenspeicherung unterscheidet man **flüchtige**, **permanente** und **semi-permanente Speicherung**.

LERNFELD 2

Büroprozesse gestalten und Arbeitsvorgänge organisieren

LERNFELD 2

Datenschutz und Datensicherheit

Datensicherheit hat die **Aufgabe**, Gefährdungen für die in einem Unternehmen vorhandenen Daten abzuwehren.

Datensicherungsmaßnahmen finden **Anwendung** im Hardware-, Software- sowie im bautechnischen Bereich

Aufgaben

1. Prüfen und erläutern Sie folgende Aussagen auf ihre Richtigkeit.

   (1) Eine Ablage muss so aufgebaut sein, dass sich nur die Mitarbeiter in dieser Abteilung zurechtfinden.

   (2) Informationen können sachgerecht abgelegt werden, indem man ein System der Ablage oder verschiedene Systematiken miteinander kombiniert.

   (3) Jahresabschlüsse und Eröffnungsbilanzen müssen zehn Jahre, beginnend mit dem Ende des Kalenderjahres, in dem die letzte Eintragung gemacht wurde, aufbewahrt werden.

   (4) Digitale Archivierungen sind nicht gesetzlich geregelt.

   (5) Auf die Arbeitsplatzablage muss in der Regel nur der Mitarbeiter des Arbeitsplatzes zugreifen können.

   (6) Bei der beleghaften liegenden Registratur gibt es nur einen Vorteil.

   (7) Interne und externe Festplatten gehören zur Gattung der Magnetspeichermedien.

   (8) Datensicherheit beschäftigt sich mit dem Schutz von Daten vor Verlust, Zerstörung oder Manipulation.

2. Beschreiben Sie die gängigen Ordnungssysteme der Ablage.

3. In welchen Gesetzen ist festgehalten, dass ein Kaufmann Unterlagen aufbewahren muss?

4. Welche Unterlagen müssen zwingend als Original aufbewahrt werden?

5. Welche Grundsätze müssen bei einer papierlosen Archivierung beachtet werden?

6. Nennen Sie verschiedene Formen der beleghaften Ablage. Beschreiben Sie Vor- und Nachteile.

7. Beschreiben Sie die beleghafte Ablage in Ihrem Unternehmen.

8 Kommunikationsfähigkeit im Arbeitsalltag weiterentwickeln

Für die Leistungsfähigkeit eines Unternehmens ist es von großer Bedeutung, dass die Kommunikation zwischen den Mitarbeitern gut funktioniert. Ist die Kommunikationsfähigkeit der Mitarbeiter im Unternehmen gestört, so wird immer auch der Prozess der Leistungserstellung gestört sein.

Jede Nachricht hat mindestens einen **Sender** und einen **Empfänger**:

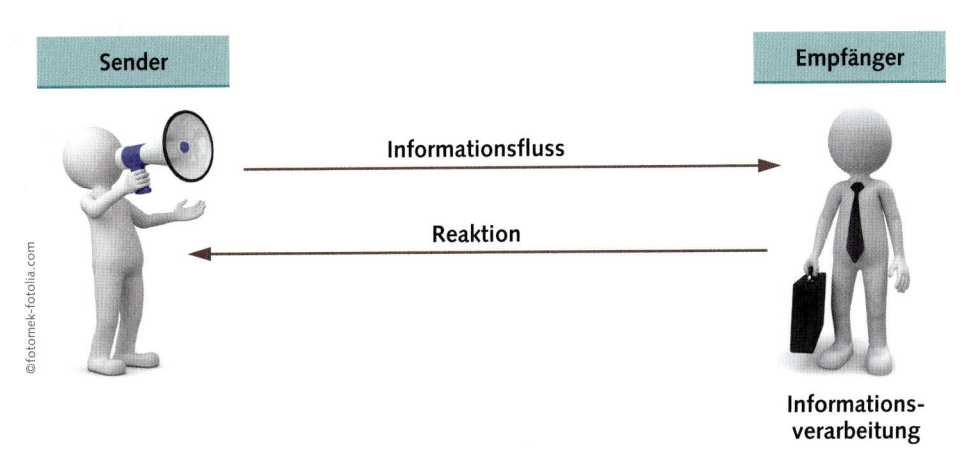

Kommunikation kann von einer Person zu einer anderen Person erfolgen (One-to-One) oder von einer Person an viele gerichtet sein (One-to-Many).

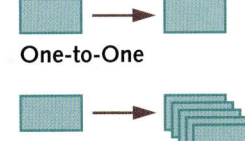

Kommunikation findet zwischen Mitarbeitern gleicher Hierarchieebenen statt	→	**horizontale Kommunikation**
Kommunikation findet zwischen Mitarbeitern verschiedener Hierarchieebenen statt	→	**vertikale Kommunikation**

Merke
Kommunikation ist die zielgerichtete Übermittlung einer Information zwischen einem Sender und einem Empfänger. Kommunikation soll zu einer Verhaltensänderung des Empfängers führen.

Eine Nachricht ist immer nur so gut, wie sie beim Empfänger ankommt. Idealerweise versteht der Empfänger das, was der Sender meint. Es kann aber durch missverstandene oder unklare Äußerungen, durch Befangenheit oder Informationsüberfrachtung der Kommunikationsaufwand erhöht werden und unter Umständen sogar zu **Fehlinformationen** führen.

Büroprozesse gestalten und Arbeitsvorgänge organisieren

Es können somit an jeder Stelle des Kommunikationsprozesses zahlreiche **Störungen** auftreten:

Ordnung nach …	Beispiele
Der Sender verschlüsselt die Information falsch.	Ein Tourist versucht in einem fremdsprachigen Land Passanten in seiner eigenen Sprache nach dem Weg zu fragen. Die Personen, die er anspricht, sprechen seine Sprache nicht. Er kann die gewünschte Auskunft nicht erhalten.
Die Übertragung der Information ist gestört.	Bei der Übermittlung eines Faxes werden die grün geschriebenen Zeilen unleserlich übertragen. Durch einen Streik der Postmitarbeiter erhält die Firma Stahlbau GmbH ihre gesamte Post mit zwei Tagen Verzögerung.
Der Empfänger entschlüsselt die Information falsch.	Der Schüler Jan Mölder hat in der Klassenarbeit den englischen Text völlig falsch übersetzt.
Der falsche Empfänger erhält die Information.	Der Briefträger steckt versehentlich den an Herrn Klemm adressierten Brief in den Briefkasten des Nachbarn.
Der Empfänger gibt eine ungenaue Bestätigung des Informationserhalts oder eine falsche Stellungnahme, um den Sender zu täuschen.	In einer mündlichen Prüfung bittet der Prüfling den Prüfer, die Frage nochmals zu wiederholen, mit dem Hinweis, er habe sie akustisch nicht verstanden. So gewinnt er Zeit und kann länger über seine Antwort nachdenken.
Der Sender versteht die rückkoppelnde Information des Empfängers falsch	An einer Kreuzung stehen zwei Fahrzeuge. Der Fahrer des ersten Fahrzeuges gewährt durch Handzeichen dem anderen die Vorfahrt. Der zweite Fahrer betätigt die Lichthupe. Beide Fahrzeuge setzen sich in Bewegung und stoßen zusammen. Während der zweite Autofahrer sich durch das Lichtzeichen bedanken wollte, glaubte der erste Fahrer, man wolle ihm die Vorfahrt signalisieren.

Ein Kommunikationsvorgang lässt sich wie folgt beschreiben:

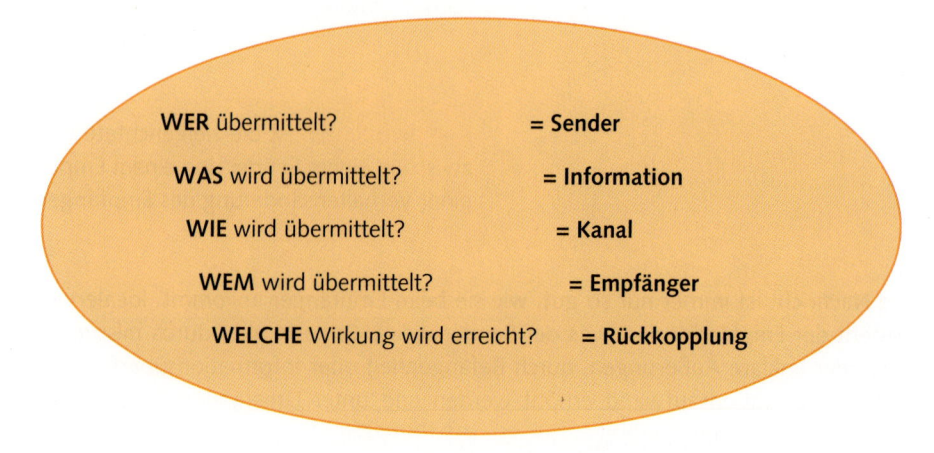

WER übermittelt? = **Sender**

WAS wird übermittelt? = **Information**

WIE wird übermittelt? = **Kanal**

WEM wird übermittelt? = **Empfänger**

WELCHE Wirkung wird erreicht? = **Rückkopplung**

Kommunikationsfähigkeit im Arbeitsalltag weiterentwickeln

Die einfachste störungsfreie Übermittlung von Information erfolgt von einem Menschen zum anderen, wenn beide zur selben Zeit am selben Ort sind. Die moderne Industriegesellschaft tauscht Informationen mithilfe moderner Kommunikationsmittel aus. Innerbetriebliche wie außerbetriebliche Kommunikation werden heute maßgeblich durch Telekommunikationsmittel unterstützt und gesteuert.

Die Kommunikation stellt somit sowohl an den Sender als auch an den Empfänger besondere Anforderungen. Das **aktive Zuhören** spielt dabei eine besondere Rolle.

Regeln für aktives Zuhören:

- ehrliches, offenes Interesse,
- Aufmerksamkeit zeigen,
- Zuhören ohne zu werten,
- Zuhören ohne Lösungsvorschläge,
- positive Körpersprache,
- nie ohne Notwendigkeit unterbrechen,
- Störfaktoren ausblenden,
- eigene Gedanken abschalten.

8.1 Verbale Kommunikation und nonverbale Kommunikation

Kommunikation kann in unterschiedlichen Formen, Informationen oder Botschaften übermitteln. Man unterscheidet hierbei zwischen verbaler und nonverbaler Informationsübermittlung.

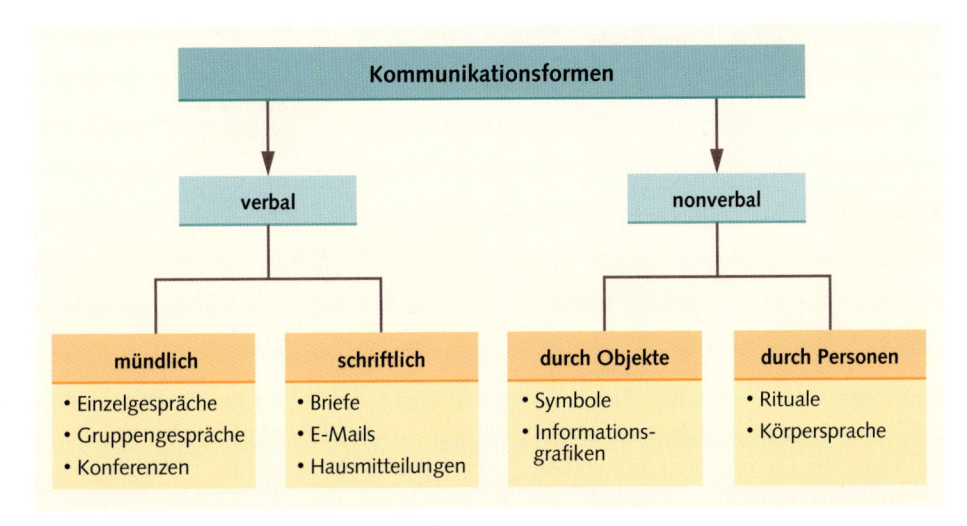

Kommunikationsformen

- **verbal**
  - **mündlich**
    - Einzelgespräche
    - Gruppengespräche
    - Konferenzen
  - **schriftlich**
    - Briefe
    - E-Mails
    - Hausmitteilungen
- **nonverbal**
  - **durch Objekte**
    - Symbole
    - Informationsgrafiken
  - **durch Personen**
    - Rituale
    - Körpersprache

LERNFELD 2

Büroprozesse gestalten und Arbeitsvorgänge organisieren

■ Verbale Kommunikation

Unter verbaler Kommunikation versteht man jede Form des Informationsaustauschs mithilfe von Laut-, Gebärden- oder Schriftsprache.

→ Die **schriftliche Informationsübermittlung** erfolgt in Unternehmen teilweise mithilfe von Vordrucken. Dies dient der Vereinfachung von Arbeitsabläufen.

→ Die **mündliche Informationsübermittlung** erfolgt persönlich oder telefonisch, in Einzel- oder Gruppengesprächen.

■ Nonverbale Kommunikation

Unter nonverbaler Kommunikation versteht man jede Form der Kommunikation, die nicht mithilfe der Sprache erfolgt.

> **Merke**
> Mündliche, verbale Kommunikation wird immer auch von nonverbaler Kommunikation begleitet.

Dazu gehören gesprächsbegleitende Aspekte wie **Körperkontakt**, **Nähe** oder **Distanz**, **Körperhaltung**, **äußere Erscheinung**, **Mimik** und **Gestik** sowie der **Blickkontakt** oder **Lautstärke** und **Tonfall** beim Sprechen. Das nichtsprachliche Verhalten des Menschen hat im Arbeitsalltag eine wichtige Bedeutung. Es kann bewusst oder unbewusst erfolgen und über viele Informationskanäle übermittelt werden.

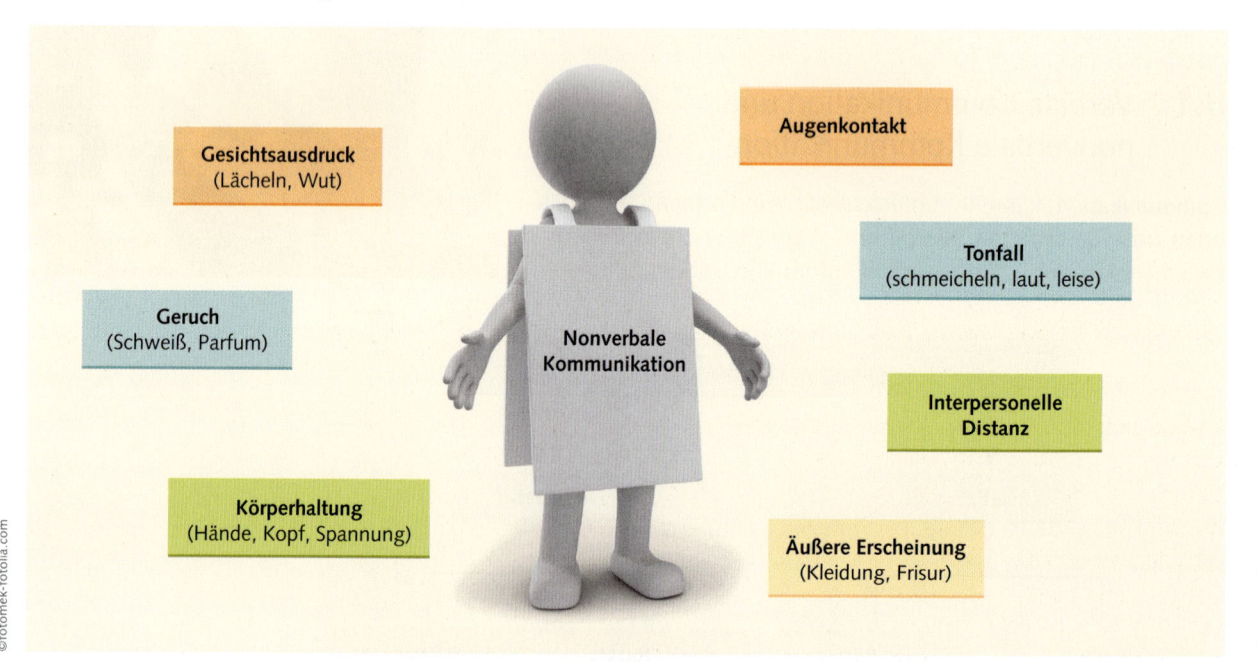

Nonverbale Kommunikation:
- Gesichtsausdruck (Lächeln, Wut)
- Augenkontakt
- Geruch (Schweiß, Parfum)
- Tonfall (schmeicheln, laut, leise)
- Körperhaltung (Hände, Kopf, Spannung)
- Interpersonelle Distanz
- Äußere Erscheinung (Kleidung, Frisur)

Nonverbale Kommunikation kann in ihrer Ausdrucksweise eindeutig für den Empfänger sein. Sie kann jedoch auch nur unterschwellig oder überhaupt nicht wahrgenommen werden. Die Fähigkeit, nonverbale Kommunikation zu verstehen, ist bei den Menschen unterschiedlich ausgeprägt.

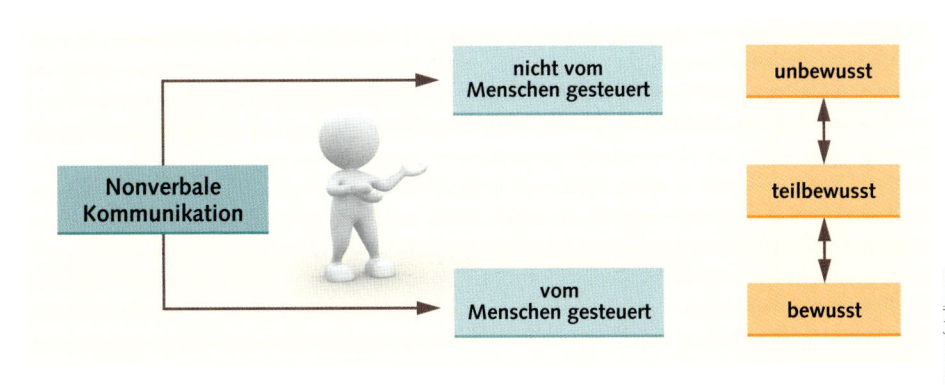

Kommunikationsfähigkeit im Arbeitsalltag weiterentwickeln

Oft senden wir Körpersignale aus, ohne uns darüber im Klaren zu sein.

Körpersignale	
unbewusste nonverbale Kommunikation	**Unbewusste Körpersignale** sind z. B. ein Lächeln, Gesten mit dem Händen beim Erzählen, zugehen auf unseren Gesprächspartner usw.
teilbewusste nonverbale Kommunikation	**Teilbewusste Körpersignale** treten bei Gefahren- oder Stresssituationen auf. Es verändert sich z. B. der Gesichtsausdruck, der Puls wird höher, man beginnt zu schwitzen. Diese Vorgänge laufen teilweise unbewusst ab, teilweise sind wir uns dessen bewusst, können sie aber mitunter nicht oder nur schwer beeinflussen.
bewusste nonverbale Kommunikation	**Bewusste Körpersignale** zeichnet sich dadurch aus, dass sie vom Menschen beeinflussbar und erlernbar sind.

Beispiel
Während der nach oben gestreckte Daumen in Deutschland eine positive Zustimmung im Sinne von „gut" oder „prima" bedeutet, heißt diese Zeichen in Australien und Nigeria nichts Gutes. Es ist eine Beschimpfung, mit der man jemanden loswerden möchte.

Merke
Bewusste nonverbale Kommunikation unterliegt kulturellen Unterschieden.

Die **räumliche Beziehung** (Distanz) zwischen Kommunikationspartnern hat eine besondere Bedeutung innerhalb der nonverbalen Kommunikation. Die notwendige **räumliche Distanz** zu einem Gesprächspartner hängt unter anderem von persönlichen Faktoren sowie der Gesprächssituation ab, sie ist jedoch auch kulturabhängig.

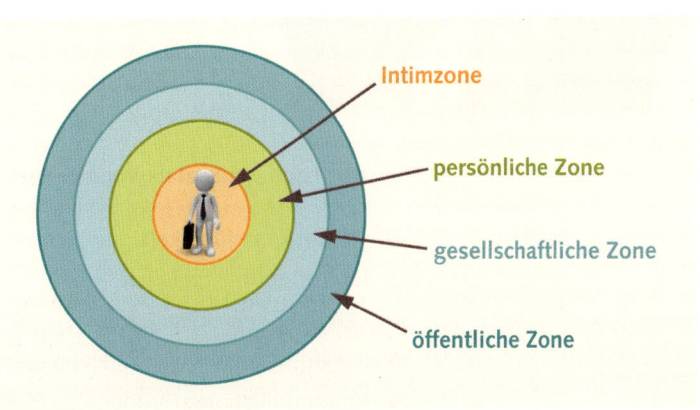

- Intimzone
- persönliche Zone
- gesellschaftliche Zone
- öffentliche Zone

LERNFELD 2

Büroprozesse gestalten und Arbeitsvorgänge organisieren

LERNFELD 2

8.2 Kommunikationsregeln

Menschliche Kommunikation besteht aus vielen gleichzeitigen Botschaften. Das „Vier-Ohren-Modell" von Friedemann Schulz von Thun – auch Nachrichtenquadrat genannt – versucht dies zu beschreiben.

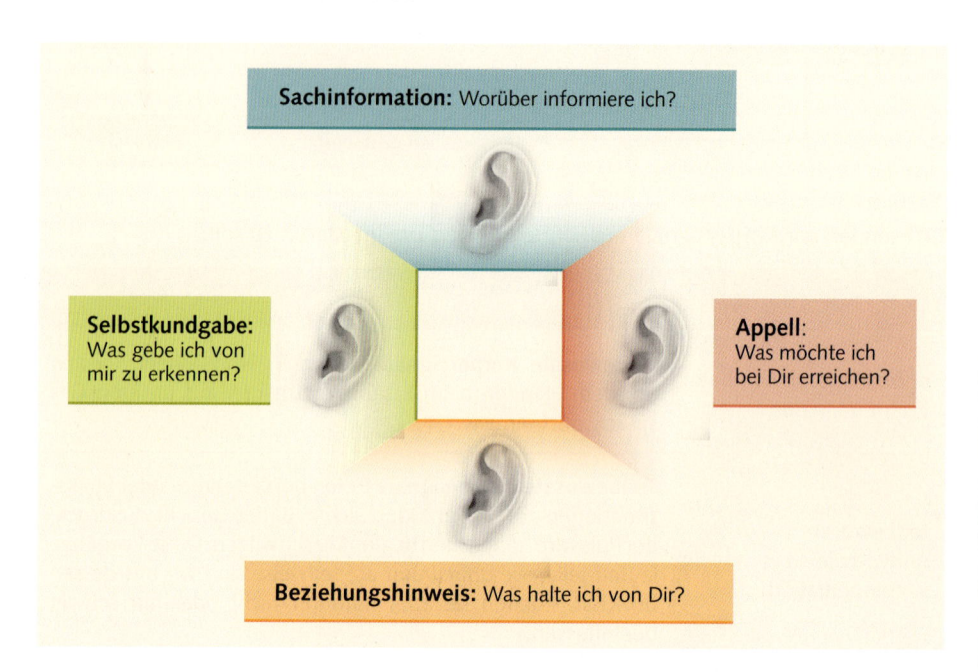

Sachinformation: Worüber informiere ich?

Selbstkundgabe: Was gebe ich von mir zu erkennen?

Appell: Was möchte ich bei Dir erreichen?

Beziehungshinweis: Was halte ich von Dir?

Damit der Empfänger alle Botschaften „hört" benötigt er vier Ohren!

Das **Vier-Ohren-Modell** zeigt, wie schnell und ungewollt an welchen Stellen Missverständnisse entstehen können. Häufig eskalieren diese und können nur im Nachhinein geklärt werden. Daher ist es wichtig, so genau und deutlich wie möglich zu kommunizieren und sich klar zu werden, auf welchem der „Vier-Ohren" man am meisten hört und am empfindlichsten ist.

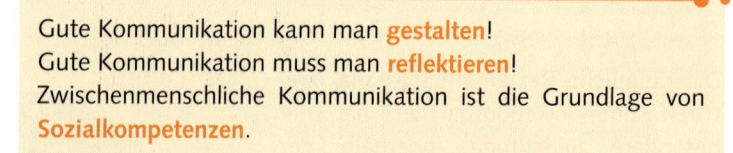

©Robert Kneschke-fotolia.com

Merke

Gute Kommunikation kann man *gestalten*!
Gute Kommunikation muss man *reflektieren*!
Zwischenmenschliche Kommunikation ist die Grundlage von *Sozialkompetenzen*.

Bestandteile von **Sozialkompetenzen** sind:

- Artikulationsfähigkeit,
- Interpretationsfähigkeit,
- Fähigkeit, alle Botschaften einer Kommunikation zu verstehen (Vier-Ohren-Prinzip),
- Kommunikationsstörungen zu erkennen und zu reflektieren,
- Kommunikationsstörungen zu verhindern.

Kommunikationsfähigkeit im Arbeitsalltag weiterentwickeln

■ Grundregeln guter nonverbaler Kommunikation

→ Halten Sie unbedingt die richtige räumliche Distanz zu Ihrem Gesprächspartner.
→ Halten Sie einen offenen Blickkontakt zu Ihrem Gesprächspartner.
→ Kontrollieren Sie Ihre Mimik.
→ Kontrollieren Sie Ihre Gesten.
→ Achten Sie auf ein passendes äußeres Erscheinungsbild.

Merke
Eine konstruktive Kommunikation beeinflusst das menschliche Miteinander immer positiv.

■ Grundregeln guter verbaler Kommunikation

→ in vollständigen Sätzen sprechen,
→ laut und deutlich reden,
→ kurz und präzise argumentieren,
→ Meinungen/Behauptungen begründen,
→ offen sprechen,
→ Ich-Botschaften übermitteln,
→ beim Thema bleiben,
→ Aggressionen vermeiden,
→ Verlegenheitswörter wie „Äh" vermeiden.

■ Grundregeln für das aktive Zuhören

→ konzentriert sein,
→ aufmerksames Zuhören durch Körpersprache,
→ nachfragen bei Unklarheiten,
→ Meinungen und Einstellungen anderer akzeptieren,
→ keine Nebentätigkeiten oder Nebengespräche ausführen.

Merke
„Man kann nicht nicht kommunizieren"
(Watzlawick 1996, 53)

8.3 Selbstbild und Selbstwirksamkeit einschätzen

■ Selbstbild

Jeder Mensch hat eine persönliche Einschätzung von sich selbst. Diese entsteht aufgrund von persönlichen Erfahrungen, eigenen Vorstellungen, der eigenen Einschätzung von persönlichen Stärken, Schwächen und Verhalten. Man spricht vom **Selbstbild**. Dieses Selbstbild wiederum beeinflusst das eigene Verhalten.

Dieses Selbstbild kann mehr oder weniger mit dem Bild übereinstimmen, dass andere von einem haben. Man spricht vom **Fremdbild**. Diese Außenwirkung hängt davon ab, wie gut man mit anderen Menschen klarkommt.

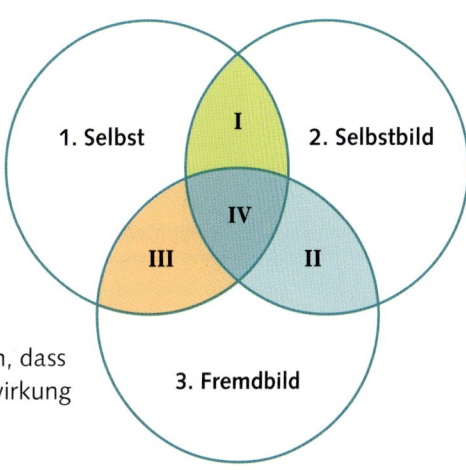

Büroprozesse gestalten und Arbeitsvorgänge organisieren

LERNFELD 2

> **Merke**
>
> Selbstbild und Fremdbild stimmen selten miteinander überein, denn sie sind das Resultat persönlicher Einschätzungen und Wahrnehmungen.

Neun Fragen zum Selbstbild:
1. Welche Eigenschaften habe ich?
2. Welche Werte sind mir wichtig?
3. Was kann ich gut?
4. Was möchte ich lernen?
5. Welche Ziele habe ich?
6. Welche Wünsche habe ich?
7. Wie sehe ich meine Körper?
8. Wo stehe ich in der Familie?
9. Welche gesellschaftliche Position habe ich?

Dadurch können **Missverständnisse** und zwischenmenschliche Konflikte entstehen.

Das **Fremdbild** wird beeinflusst durch persönliche Erfahrungen, Erwartungen oder Stimmungen des Gegenübers. Besonders schwierig ist es, wenn das Fremdbild durch Vorurteile geprägt ist.

Das Selbstbild wiederum kann von Selbstüberschätzung geprägt sein. Man schenkt gemachten Fehlern und Erfahrungen zu wenig Beachtung, bewertet die eigene Kompetenz falsch. Dies ist häufig ein Schutzmechanismus.

Das Selbstbild kann aber auch negativ sein. Man macht sich klein und glaubt nicht an seine Fähigkeiten.

Für ein **realitätsnahes Selbstbild** hilft es, sich ein paar Gedanken über sich selbst zu machen und aktiv zu lernen sich einzuschätzen. Hilfreich ist es auch, mit anderen darüber zu sprechen und sich eine Rückmeldung (Feedback) zu holen.

> **Merke**
>
> Unter **Selbstwirksamkeit** versteht man den eigenen Glauben einer Person an ihre eigenen Fähigkeiten, die eigenen künftigen Handlungen positiv zu beeinflussen und zu meistern.

Selbstkompetenz

■ Selbstwirksamkeit

Wichtig für jeden Einzelnen ist es, dass man sein eigenes Leben positiv beeinflussen kann.

Daraus erwächst die **Selbstkompetenz**, also die Fähigkeit und Bereitschaft, selbstständig und verantwortlich zu handeln, eigenes und das Handeln anderer zu reflektieren und die eigene Handlungsfähigkeit weiterzuentwickeln.

8.4 Teamarbeit im Büro nutzen

Die Aufgaben in Unternehmen sind teilweise so komplex und umfangreich, dass sie von einer Person alleine nicht bewältigt werden können. Umfassende vielschichtige Projekte können dementsprechend häufig nur durch die Zusammenarbeit mehrerer Personen zufriedenstellend erledigt werden.

Sachkompetenzen, **Selbstkompetenzen** und **Sozialkompetenzen** sind die Grundlagen der Teamarbeit.

> **Merke**
>
> Arbeiten mehrere Personen gemeinsam an einer Aufgabe mit einen definierten Ziel, spricht man von **Teamarbeit**.

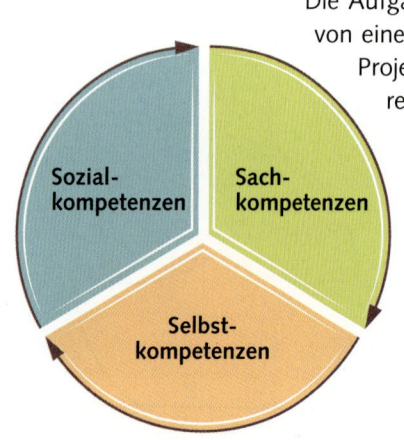

Kommunikationsfähigkeit im Arbeitsalltag weiterentwickeln

Um in einer Gruppe gut und zielgerichtet zusammenzuarbeiten, muss sich jedes Teammitglied an gewissen Regeln halten.

■ Grundregeln guter Teamarbeit

1. Es gibt für das ganze Team eine gemeinsame Zielausrichtung.
2. Die zu verfolgenden Ziele sind klar und realistisch formuliert.
3. Für die Zusammenarbeit untereinander gibt es klare Regeln.
4. Jeder hat seine Verantwortungsbereiche, einschließlich des Teamleiters.
5. Die Kommunikation untereinander ist offen und sachlich.
6. Jedes Teammitglied kann seine Stärken einbringen.
7. Die Teammitglieder unterstützen sich gegenseitig und können sich im Bedarfsfall auch gegenseitig vertreten.
8. Konflikte können offen angesprochen und gelöst werden.

Um erfolgreich im Team zu arbeiten ist es wichtig, dass alle Teammitglieder offen miteinander umgehen, die Stärken jedes einzelnen anerkennen sowie miteinander und nicht gegeneinander arbeiten. Wenn in der Zusammenarbeit die Ziele gemeinsam erreicht werden, wächst die Arbeitsleistung aller, die Motivation und Zufriedenheit des Einzelnen steigt und das Unternehmen kann erfolgreich am Markt agieren.

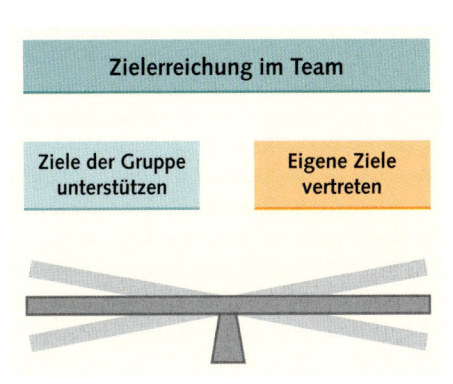

8.5 Zusammenfassung und Aufgaben

Zusammenfassung

Verbale und nonverbale Kommunikation

Kommunikation findet zwischen einem **Sender** und einem **Empfänger** statt. Sie ist die **zielgerichtete Übermittlung** einer **Information**.

Aktives Zuhören spielt dabei eine besondere Rolle.

Man unterscheidet im Arbeitsalltag zwischen **verbaler** und **nonverbaler** Kommunikation. Mündliche, verbale Kommunikation wird dabei immer von nonverbaler Kommunikation begleitet.

Die nonverbale Kommunikation kann **unbewusst**, **teilbewusst** oder **bewusst** erfolgen.

Die **räumliche Distanz** hat bei der nonverbalen Kommunikation eine besondere Bedeutung.

Kommunikationsregeln

Das „**Vier-Ohren-Modell**" von **Friedemann von Schulz von Thun** beschreibt, wie schnell und ungewollt an welchen Stellen **Missverständnisse** in der Kommunikation entstehen können. Nonverbale und verbale Kommunikation funktioniert nur, wenn jeder Einzelne **Regeln** einhält.

Das **aktiver Zuhören** spielt dabei eine große Rolle.

Büroprozesse gestalten und Arbeitsvorgänge organisieren

LERNFELD 2

Selbstbild und Selbstwirksamkeit

Jeder Mensch hat eine persönliche Einschätzung von sich selbst = **Selbstbild**.

Demgegenüber steht das **Fremdbild**. Fremdbild und Selbstbild stimmen meist nicht überein.

Unter **Selbstwirksamkeit** versteht man den eigenen Glauben einer Person an die eigenen Fähigkeiten, die eigenen Handlungen künftig zu meistern.

Teamarbeit im Büro nutzen

Arbeiten mehrere Personen an einer Aufgabe gemeinsam, spricht man von **Teamarbeit**.

Grundlagen einer gut funktionierenden Teamarbeit sind **Sach-**, **Selbst-** und **Sozialkompetenzen**. Um in einer Gruppe gut und zielgerichtet arbeiten zu können, sind **Regeln** einzuhalten.

Aufgaben

1. Prüfen und erläutern Sie folgende Aussagen auf ihre Richtigkeit.
   (1) Die Kommunikations beeinflusst die Leistungsfähigkeit eines Unternehmens nicht.
   (2) Jede Nachricht hat einen Sender und einen Empfänger.
   (3) Es können in einem Kommunikationsprozess nur wenige Störungen auftreten.
   (4) Bei einer Kommunikation werden nur verbal Informationen ausgetauscht.
   (5) Der Körper sendet unbewusste, teilbewusste und bewusste nonverbale Signale aus.
   (6) Um erfolgreich im Team zu arbeiten, bedarf es eines offenen Umgangs, miteinander nicht gegeneinander arbeiten und die Stärken und Schwächen jedes einzelnen anzuerkennen.
2. Nennen Sie die Grundregeln verbaler Kommunikation.
3. Was versteht man unter aktivem Zuhören?
4. Beschreiben Sie die Bestandteile eines Kommunikationsprozesses und nennen Sie Störungen im Kommunikationsprozess. Begründen Sie mithilfe von Beispielen.
5. Erläutern Sie Aspekte der Informationübermittlung bei unbewusster, teilbewusster und bewusster nonverbaler Kommunikation.

Kommunikationsfähigkeit im Arbeitsalltag weiterentwickeln

6. Betrachten Sie die Bilder und beschreiben Sie die Szenen. Nennen Sie mögliche Inhalte der Kommunikation. Welche gesprächsbegleitenden Aspekte sind zu beobachten?

a)

b)

c)

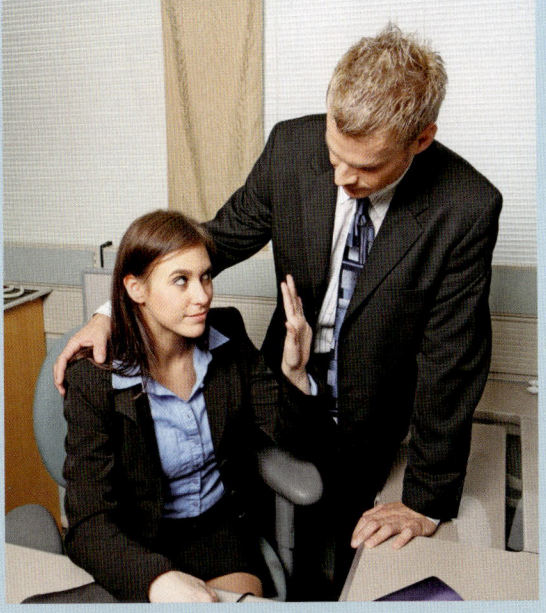

LERNFELD 2

195

Büroprozesse gestalten und Arbeitsvorgänge organisieren

LERNFELD 2

7. Recherchieren Sie Beispiele kultureller Unterschiede bei nonverbaler Kommunikation.

8. Beschreiben Sie Ihr Auftreten in der Schule und im Ausbildungsbetrieb. Überlegen Sie sich Unterschiede in beiden Bereichen und versuchen Sie diese (ausschließlich sich selbst gegenüber!!!) zu begründen.

9. Sie fahren in einem öffentlichen Verkehrsmittel. Stellen Sie sich vor, dass der Bus sehr voll ist. Ein Mitreisender starrt sie an. Beschreiben Sie Ihre Gefühle.

10. Beschreiben Sie die Merkmale eines guten Teams.

11. Warum ist es manchmal sinnvoll, Aufgaben nicht im Team zu erledigen?

12. Betrachten Sie die Karikatur und interpretieren Sie sie.

Aufträge bearbeiten

LERNFELD 3

Das werden Sie hier lernen …

1 – Den Geschäftsprozess der Auftragsbearbeitung analysieren

2 – Betriebliche Rahmenbedingungen für die Erstellung von Angeboten sondieren

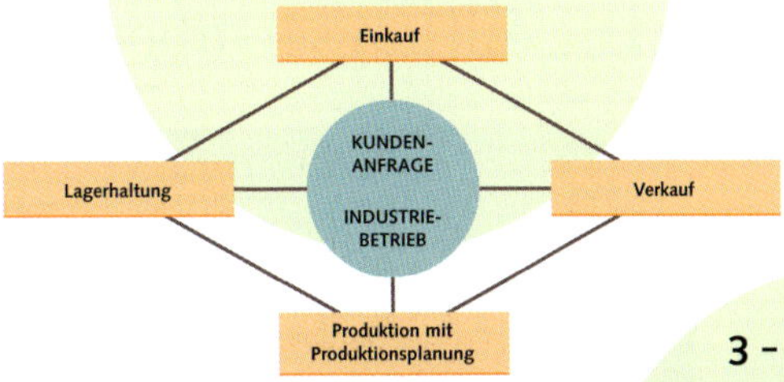

3 – Rechenarten zur Preisermittlung und Kalkulation beherrschen

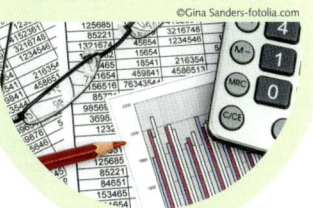

4 – Den Schriftverkehr normgerecht gestalten

5 – Schriftstücke unter Beachtung der Nachhaltigkeit vervielfältigen

6 – Betriebliche Kommunikationsmöglichkeiten nutzen

7 – Bedeutung von Qualität, Effizienz und Kundenzufriedenheit erkennen und realisieren

8 – Mit ausländischen Geschäftspartnern kommunizieren

Aufträge bearbeiten

1 Den Geschäftsprozess der Auftragsbearbeitung analysieren

1.1 Auftragsbearbeitung als Geschäftsprozess

Prozesse gibt in es in vielen Bereichen. Ein Prozess im Privatleben ist das morgendliche Aufstehen, das Frühstücken und das Fahren zur Arbeitsstelle, denn alle Vorgänge vom Aufstehen bis zum Eintreffen auf der Arbeit laufen in der Regel nahezu gleich ab.

Auch Unternehmen nutzen Prozesse für verschiedene, interne Abläufe, um z. B. einen Kundenauftrag zu erfüllen. Wichtig ist, alle Kundenaufträge durchorganisiert und zur Zufriedenheit der Kunden zu bearbeiten.

Generell gilt:
Nur wenn im Unternehmen effizient, d. h. wirtschaftlich und kundenorientiert, gearbeitet wird, ist die Zukunft des Unternehmens gesichert.

Prozesse im Unternehmen nennt man Geschäftsprozesse.
Auch die Auftragsbearbeitung ist ein Prozess für das Unternehmen.

Beispiel

Beispiele für Geschäftsprozesse im Handelsbetrieb sind:

- **Auftragsabwicklungsprozess**
  = Auftragsbearbeitung – hier werden alle Schritte geplant, um einen Kundenauftrag perfekt zu erfüllen. Ziel ist es, einen optimalen Ablauf für den Kundenauftrag, d. h. von der Bestellung bis zum Erhalt der Ware, zu erarbeiten.

- **Personalbeschaffungsprozess**
  – hier werden die Schritte geplant, wie entsprechend qualifizierte Mitarbeiter gefunden werden.

Merke

Ein Geschäftsprozess:

- ist das Ergebnis von Überlegungen, in welcher Reihenfolge man umfangreiche und sich wiederholende Tätigkeiten optimal erledigt.

- hat eine festgelegte Reihenfolge, ist wiederholbar, optimierbar und kontrollierbar.

- hat einen beschriebenen Anfang, einen organisierten Ablauf und ein festgelegtes Ende.

Den Geschäftsprozess der Auftragsbearbeitung analysieren

1.2 Rahmenbedingungen für einen reibungslosen Ablauf der Auftragsbearbeitung im Unternehmen

Ein Unternehmen ist permanent mit internen und externen Veränderungen konfrontiert. So stellen eingehende Kundenanfragen, Sonderwünsche oder umfangreiche Kundenbestellungen das Unternehmen täglich vor neue Herausforderungen, die schnell und zufriedenstellend zu bearbeiten sind.

Hierzu ist es wichtig, nach einem festgelegten Plan vorzugehen. Aber jeder Kundenauftrag hat Eigenheiten, wie z. B. die Lieferung innerhalb von drei Werktagen, oder stellt das Unternehmen durch einen notwendigen Spezialversand, z. B. Ware ist sehr empfindlich und benötigt besondere Verpackung, vor weitere Herausforderungen.

Diese Überlegungen bedeuten, dass der Weg, einen Kundenauftrag zu bearbeiten, nicht allgemein gültig ist. Einerseits ist er standardisiert, andererseits muss er eine gewisse Flexibilität aufweisen, um Besonderheiten zu berücksichtigen. Er sollte dem jeweiligen Auftrag angepasst werden. Für den einzelnen Mitarbeiter lohnt es sich folglich, kritisch zu hinterfragen, welche internen Abläufe notwendig sind, um einen Kundenauftrag erfolgreich zu bearbeiten.

Merke

Der Prozess der **Auftragsbearbeitung** wird ständig verbessert und laufend kontrolliert.

LERNFELD 3

Rahmenbedingungen für Auftragsbearbeitung im Handelsbetrieb und Industriebetrieb

Dazu ist es wichtig, stets bestimmte Rahmenbedingungen zu erfüllen. In den folgenden beiden Gliederungspunkten werden mögliche Rahmenbedingungen aus Sicht eines Handels- und Industriebetriebs erläutert. Ein Prozess unterliegt Gesetzmäßigkeiten und Rahmenbedingungen.

In einem Prozess, wie z. B. im Prozess der Auftragsbearbeitung, wird zunächst analysiert, welche Tätigkeiten in welcher Reihenfolge zu behandeln sind. Dann fasst man alle zusammengehörenden Teilschritte (= **Teilprozesse**) zusammen. Man erfasst z. B., welche einzelnen Tätigkeiten für das Schreiben eines Kundenangebots notwendig sind.

Anschließend hält man alle Erkenntnisse für alle Beteiligten (Abteilungen und Mitarbeiter) schriftlich fest. Mithilfe einer **schriftlichen Darstellung** können Prozesse jederzeit nachvollzogen und ständig verbessert werden. Alle Mitarbeiter, die an der Auftragsbearbeitung beteiligt sind, können den Prozess erkennen und für seine erfolgreiche Umsetzung sorgen.

Aufträge bearbeiten

> **Merke**
>
> Im **Handelsunternehmen** wird nicht produziert, sondern die Waren werden eingekauft und ohne weitere Verarbeitung verkauft. Kleine Handelsbetriebe mit nur wenigen Mitarbeitern bearbeiten Kundenaufträge in Teamarbeit oder durch einzelne Mitarbeiter.
>
> **Industriebetriebe** stellen eigene Produkte als Massenware (z. B. Druckerpapier) und/oder als individuell gefertigte Produkte (z. B. Spezialmaschine) her. Sie bearbeiten Kundenaufträge in unterschiedlichen Abteilungen.

Folgende Tabelle zeigt in einer Gegenüberstellung, wie Kundenaufträge im Handelsunternehmen und im Industriebetrieb bearbeitet werden können.

LERNFELD 3

Abteilung	Aktion	Handelsbetrieb	Industriebetrieb
Verkaufs-abteilung	Kundenanfrage geht ein	✓	✓
	Bonitätsprüfung, z. B.: Ist der mögliche Kunde zahlungsfähig?	✓	✓
	Prüfen auf Lieferfähigkeit, z. B.: Ist die Ware vorrätig?	✓	Zwischenprüfung Fertigung/Produktion
Fertigung/Produktion	Produktionstechnische Prüfung auf Machbarkeit bei einem Einzelprodukt (Einzelfertigung)	✗	✓
	Prüfung auf Verfügbarkeit bei Massenfertigung (sind entsprechende Mengen herstellbar)	✗	✓
	Prüfung auf Lieferfähigkeit	✗	✓
Verkaufs-abteilung	Falls Verkaufsabteilung und Fertigung O. K. geben – Angebot wird an Kunden gesendet.	✓	✓
	Falls der Kunde einen Auftrag erteilt – Vergleich des eingegangenen Kundenauftrags mit dem zuvor gesendeten Angebot – bei völliger Übereinstimmung – Kaufvertrag entsteht.	✓	✓
	Erfassen des Kundenauftrags in der Datei Kundenaufträge	✓	✓
	Erstellung eines Lieferscheines in zweifacher Ausführung (ein Exemplar für das Lager und ein Exemplar für das Rechnungswesen)	✓	✓
		Weiterleitung des Auftrags an das Lager	Weiterleitung des Auftrags an die Produktion/Fertigung

Den Geschäftsprozess der Auftragsbearbeitung analysieren

Abteilung	Aktion	Handelsbetrieb	Industriebetrieb
Fertigung/ Produktion	Organisation des Auftrags mit Planung, Steuerung und Kontrolle	✗	✓
Lager/ Disposition	Kommissionieren, d. h. Zusammenstellen aller Bestandteile des Auftrags	✗	✓
	Lagerbuchhaltung erfasst den Auftrag.	✓	✓
	Weiterleitung des Auftrags an den Versand	✓	✓
Versand an den Kunden	Durch das Unternehmen selbst, oder durch einen externen Dienstleister	✓	✓
	Weiterleitung des Auftrags an das Rechnungswesen/ Fakturierung	✓	✓
Rechnungs- wesen/ Fakturierung	Erfassen des Auftrags als Ausgangsrechnung (AR) auf dem Kundenkonto	✓	✓
	Erstellen (= fakturieren) der Ausgangsrechnung und Versand der Rechnung an den Kunden	✓	✓
	Sachliche und rechnerische Prüfung der Ausgangsrechnung	✓	✓
	Nach Prüfung und Bestätigung des Zahlungseingangs ist der Auftrag abgeschlossen.	✓	✓

Industriebetriebe bieten teilweise dem Kunden auch Waren an, die nicht selbst produziert, sondern von Lieferanten zugekauft werden. Sind diese Waren im Lager vorrätig, geht der Kundenauftrag den gleichen Weg wie für den Handelsbetrieb beschrieben.

Merke

Wie Kundenaufträge im Unternehmen genau bearbeitet werden, kann nicht allgemein beschrieben werden, denn Typ, Größe, Branche und Sortiment eines Unternehmens sind zu individuell, um allgemein gültige Aussagen zu treffen. Demnach sind auch die Prozesse unterschiedlich.

LERNFELD 3

Aufträge bearbeiten

1.3 Auswirkungen der Auftragsbearbeitung auf alle im Unternehmen beteiligten Bereiche

Wenn der Kunde plant, einen Auftrag zu erteilen (z. B. ein Produkt zu kaufen), sieht er sich am Markt einer Reihe von Lösungsanbietern gegenüber. Selbst wenn er nach Beurteilung von Preis und Qualität eines Produkts oder einer Dienstleistung einige aussortieren kann, da sie nicht seinen Vorstellungen entsprechen, bleiben doch einige Unternehmen übrig, die gute Produkte oder Dienstleistungen anbieten. Denn üblicherweise haben Unternehmen keine Monopolstellung, d. h. sie sind nicht alleiniger Anbieter.

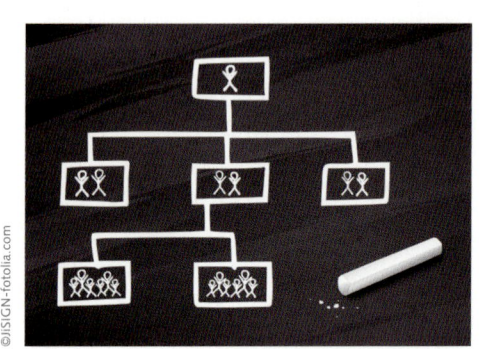

Unternehmen müssen mit ihren Angeboten den Kunden überzeugen, d. h. dessen Wünsche und Vorstellungen kennen und anschließend erfüllen. Nur wer seinen Kunden kennt, kann auf dem Markt bestehen.

Wichtig für viele Kunden sind:

- Preis,
- Schnelligkeit,
- Verlässlichkeit,
- aktuell, entscheidende Kriterien (z. B. Lieferung innerhalb von fünf Werktagen),
- Qualität.
- technische Anforderungen (z. B. Motorleistung).

> **Merke**
>
> Kennt das liefernde Unternehmen die Wünsche und Vorstellungen seiner Kunden, ist dies oft entscheidend dafür, dass der Kunde einen Auftrag erteilt.

1.3.1 Bedeutung der Auftragsbearbeitung für die Mitarbeiter

Unternehmensintern bedeutet Auftragsbearbeitung zunächst, alle Kundendaten fortlaufend zu pflegen. Besondere Anforderungen und spezielle Wünsche von Kunden müssen sorgfältig erfasst werden.

Kundenanforderungen sind u. a.:

- Spezialverpackungen,
- Warentransporte an unterschiedliche Filialbetriebe,
- bestimmte Qualitätsanforderungen an die Ware,
- Sonderwünsche bezüglich Anlieferungszeitpunkt.

Die dazu notwendigen Informationen können alle Mitarbeiter, die in direktem Kundenkontakt stehen, sammeln und erfassen. Dies sind vor allem Mitarbeiter aus dem Bereich Vertrieb, die die Aufträge entgegennehmen und regelmäßig persönlichen Kundenkontakt halten.

Erfasst werden die Daten in der **Kundenstammdatei** oder in speziellen Kundendateien der Auftragsbearbeitungssoftware.

Den Geschäftsprozess der Auftragsbearbeitung analysieren

Merke

Kundenstammdaten enthalten die wichtigsten Informationen über einen bereits bestehenden Kunden.

Dies sind z. B. Adresse, Kontoverbindung, Kontaktdaten für E-Mail, Telefon, Telefax, Ansprechpartner oder vorab vereinbarte Zahlungs- und Lieferkonditionen.

Kundenstammdaten bleiben i. d. R. über einen längeren Zeitraum unverändert.

Zudem gibt es allgemeine Kundeninformationen anhand der Kundenstruktur. Dies sind Aufzeichnungen über die Branche, Größe des Kunden in puncto Anzahl Mitarbeiter, Umsatzzahlen usw.

Tipp

Machen Sie sich als Mitarbeiter bewusst, welchen hohen Stellenwert eine optimal organisierte Auftragsbearbeitung hat.

Handeln Sie im Sinne des Kunden und Ihres Unternehmens.

Dies bedeutet: Stellen Sie den Kunden zufrieden und handeln Sie wirtschaftlich.

Noch immer gilt der Grundsatz „Der Kunde ist König!"

1.3.2 Bedeutung der Auftragsbearbeitung für die Unternehmensleitung

Ein Geschäftsprozess, wie der der Auftragsbearbeitung, ist zum Scheitern verurteilt, wenn niemand für diesen Prozess die Verantwortung übernimmt. Dies fängt bei der Unternehmensleitung an und setzt sich bei den Abteilungsleitern bis hin zum einzelnen Mitarbeiter fort. Nur wenn eine laufende Verbesserung der Auftragsabwicklung als entscheidender Erfolgsfaktor angesehen wird, sind alle Unternehmensbereiche bereit, Aufträge so optimal wie möglich zu behandeln und regelmäßig zu verbessern.

Ob der Prozess der Auftragsabwicklung erfolgreich war, hängt zum großen Teil von der Kundenzufriedenheit ab. So ist es wichtig, die Kundenzufriedenheit in regelmäßigen Abständen zu erfassen und erhaltene Daten regelmäßig auszuwerten.

Ein Beispiel zur Messung der Kundenzufriedenheit ist eine unstrukturierte, d. h. spontane, mündliche Kundenbefragung am Telefon.

Ergebnisse einer Telefonbefragung:

➔ Notizen über Zufriedenheit,

➔ Verbesserungsvorschläge,

➔ Gründe für Reklamationen.

Die Auswertung dieser Informationen kann die zukünftige Auftragsbearbeitung verbessern und Kundenzufriedenheit schaffen und stärken. Zudem können strukturierte Befragungen mithilfe von Fragebogen am Telefon oder per E-Mail erfolgen.

Beispiel

Die Unternehmensleitung kann dies z. B. in regelmäßigen Rundschreiben an alle Mitarbeiter weitergeben. Zudem können regelmäßige Seminare und Schulungen die Mitarbeiter im Bereich Auftragsbearbeitung unterstützen.

LERNFELD 3

Aufträge bearbeiten

> **Merke**
>
> Die Unternehmensleitung muss die Mitarbeiter dazu anhalten, ihren Beitrag zur Auftragsbearbeitung zu leisten.
>
> Informationen über Kunden werden gesammelt und schriftlich festgehalten, um zukünftige Aufträge besser zu bearbeiten.
>
> Die gesammelten Informationen werden meist in der Auftragsbearbeitungssoftware, z. B. in der Stammdatei des Kunden, erfasst. Sie stehen dann für neue Aufträge zur Verfügung. Unternehmensintern dienen die Informationen der laufenden Qualitätsverbesserung, z. B. für Lieferschnelligkeit oder Service.

1.4 Zusammenfassung und Aufgaben

Zusammenfassung

Auftragsbearbeitung als Geschäftsprozess

Prozesse im Unternehmen nennt man **Geschäftsprozesse.**

Ein **Geschäftsprozess** ist das **Ergebnis von Überlegungen**, die anfallenden Arbeitsschritte Schritt für Schritt zu optimieren.

Ein **Geschäftsprozess** hat eine **festgelegte Reihenfolge**, ist **wiederholbar** und **kontrollierbar**.

Ein **Geschäftsprozess** hat einen **beschriebenen Anfang**, einen **organisierten Ablauf** und ein **festgelegtes Ende**.

Rahmenbedingungen für einen reibungslosen Ablauf der Auftragsbearbeitung

Der **Prozess der Auftragsbearbeitung** wird **ständig verbessert** und **laufend kontrolliert**.

Mithilfe einer **schriftlichen Darstellung** können Prozesse nachvollzogen und ständig verbessert werden.

Im **Handelsunternehmen** wird nicht produziert, sondern die Waren werden eingekauft und ohne weitere Verarbeitung verkauft.

Industriebetriebe stellen eigene Produkte als Massenware und/oder als individuell gefertigte Produkte her.

Auswirkungen der Auftragsbearbeitung auf alle im Unternehmen beteiligten Bereiche

Relevant für eine **Angebotsentscheidung** sind für den Kunden neben dem **Preis** oftmals **Schnelligkeit** und **Verlässlichkeit**, **Qualität** und **technische Anforderungen** der Auftragsabwicklung.

Auftragsbearbeitung bedeutet unternehmensintern, alle **Kundendaten laufend zu pflegen**.

Erfasst werden die Daten in der **Kundenstammdatei**. Kundenstammdaten enthalten die wichtigsten Informationen über einen bereits bestehenden Kunden.

Die **Unternehmensleitung** muss die Mitarbeiter dazu anhalten, ihren Beitrag zur Auftragsbearbeitung zu leisten.

LERNFELD 3

Den Geschäftsprozess der Auftragsbearbeitung analysieren

Aufgaben

1. Prüfen Sie die nachfolgenden Aussagen auf ihre Richtigkeit. Die Antwort ist jeweils zu begründen.

    (1) Der Prozess der Auftragsbearbeitung muss ständig verbessert und laufend kontrolliert werden.

    (2) Prozesse gehen nach einem variablen Plan vor.

    (3) Im Auftragsabwicklungsprozess werden alle Schritte geplant, um einen Kundenauftrag perfekt zu erfüllen.

    (4) Ein Prozess hat keine festgelegte Reihenfolge.

    (5) Ein Prozess ist wiederholbar.

    (6) Auftragsbearbeitung betrifft nur die Abteilung Verkauf.

    (7) Prozesse im Unternehmen nennt man Betriebsprozesse.

    (8) Unternehmen nutzen Prozesse für die Bearbeitung externer Aufgaben.

    (9) Alle Mitarbeiter, die am Prozess der Auftragsbearbeitung beteiligt sind, sollten für dessen erfolgreiche Umsetzung sorgen.

    (10) Ein Handelsunternehmen kann bei einer bestimmten Betriebsgröße selbst als Produzent auftreten.

2. Beschreiben Sie den Begriff Geschäftsprozess.

3. Begründen Sie folgende Aussage: „Allgemein gilt: Der Prozess der Auftragsbearbeitung muss ständig verbessert und laufend kontrolliert werden."

4. Geben Sie Unterschiede zwischen einem Industriebetrieb und einem Handelsunternehmen an.

5. Erstellen Sie eine Übersicht, wie Kundenaufträge in einem Handelsbetrieb behandelt werden.

6. Erläutern Sie, warum es wichtig ist, Kundendaten fortlaufend zu pflegen.

7. Zeigen Sie, wie die Unternehmensleitung ihre Mitarbeiter bei der laufenden Verbesserung der Auftragsabwicklung unterstützen kann.

LERNFELD 3

Aufträge bearbeiten

2 Betriebliche Rahmenbedingungen für die Erstellung von Angeboten sondieren

2.1 Anfrage

Bevor es zu Geschäftsbeziehungen kommt, senden Kunden bzw. interessierte Unternehmen Anfragen. Diese werden u. U. mit identischem Inhalt gleichzeitig an mehrere Lieferanten oder Dienstleister gesendet. Anfragen dienen zur Anbahnung neuer Geschäftsbeziehungen, stellen oft eine erste Kontaktaufnahme dar und dienen der Einholung von Angeboten.

Die Bürobedarf Müngsten GmbH hat folgende Anfrage eines langjährigen Kunden erhalten.

> Sehr geehrte Damen und Herren,
>
> wir planen in der xx. Dezemberwoche dieses Jahres eine Aktionswoche. Hierzu benötigen wir fünf günstige Streifenschnitt-Aktenvernichter Ihrer Hausmarke.
> Bitte senden Sie uns ein ansprechendes Angebot zu.
> …
>
> Mit freundlichen Grüßen
> Christine Pöschl

2.1.1 Bestimmte und unbestimmte Anfrage

Grundsätzlich gibt es zwei Arten, eine Anfrage zu formulieren.

■ **Bestimmte Anfrage**

→ Da der Kunde, wie im Beispiel gezeigt, in seinem Schreiben bereits konkrete Fragen zum Artikel, zur Lieferzeit, zur Menge usw. formuliert hat, nennt man diese Art von Anfragen „bestimmte Anfragen".

→ Bestimmte Anfragen enthalten genaue Vorstellungen und Wünsche und sind für die spätere Erstellung von Angeboten sehr hilfreich.

→ Auch potenzielle Neukunden richten bestimmte Anfragen an ein Unternehmen.

Betriebliche Rahmenbedingungen für die Erstellung von Angeboten sondieren

■ Unbestimmte Anfrage

→ Zeigen bestehende Kunden oder potenzielle Neukunden hingegen zunächst Interesse an Informationsmaterial, Preislisten oder stellen allgemein formulierte Fragen bzw. bitten um einen Vertreterbesuch, spricht man von **unbestimmten** bzw. **allgemeinen Anfragen**.

> **Merke**
>
> **Bestimmte Anfragen** erkennt man an konkreten Vorstellungen und Wünschen.
>
> **Unbestimmte Anfragen** enthalten allgemein formulierte Fragen.
>
> Unbestimmte (allgemeine) Anfragen werden ebenso sorgfältig wie bestimmte Anfragen behandelt, denn auch sie haben das Ziel, ein Angebot zu senden und eine Geschäftsbeziehung anzubahnen.

2.1.2 Inhalte einer Anfrage

Damit Anfragen schnell und zielgerichtet bearbeitet werden können, sollten sie, wenn möglich, folgende **Basisinformationen** enthalten.

→ Artikelname,
→ Artikelbeschreibung,
→ Art und Beschaffenheit der Ware,
→ Fristsetzung für die Angebotsabgabe,
→ Güte der Ware (z. B. Angabe von Güteklassen und Normen),
→ Garantien,
→ Lieferdatum,
→ Mengen,
→ Preisvorstellung (z. B. „günstig"),
→ technische Erfordernisse der Ware,
→ Versandwünsche,
→ Zahlungsbedingungen.
→ Lieferbedingungen allgemein,
→ Leistungsort/Lieferort,
→ Preise,
→ Preisnachlässe,
→ Verpackungswünsche,
→ Versicherungen,

Die Auflistung der Basisinformationen ist nicht vollständig, denn sie ist stets so individuell wie die Anfrage selbst.

> **Merke**
>
> Viele Fragen und Angaben in einer Anfrage erleichtern es dem angesprochenen Unternehmen, ein gutes Angebot zu senden.
>
> Eine Möglichkeit für Rückfragen hilft schnell, auf Anforderungen und Wünsche zu reagieren.
>
> Ebenso sind Fragen nach Mustern, Proben oder Angaben zu Eigenschaften der Ware hilfreich.

LERNFELD 3

Aufträge bearbeiten

2.1.3 Rechtlicher Aspekt

Die Anfrage ist ein **formfrei gestaltetes mündliches, fernmündliches, schriftliches** oder **elektronisches** Schreiben mit der Bitte um Beantwortung der angefragten Waren oder Dienstleistungen. Formfrei bedeutet, dass der Verfasser der Anfrage den Inhalt und die Form der Darstellung beliebig gestalten kann.

Anfragen sind für Absender und Empfänger stets **unverbindlich**.

Der Absender einer Anfrage ist zu keiner Bestellung verpflichtet. Anfragen haben das Ziel, ein geeignetes und kostengünstiges Angebot zu formulieren bzw. zu erhalten. Ebenso ist der Anfragende nicht verpflichtet, eine Bestellung vorzunehmen. Sie können somit mündlich, telefonisch oder schriftlich per Fax oder E-Mail usw. erfolgen.

> **Merke**
>
> Inhalt, Art und Versendung einer Anfrage sind frei wählbar. Anfragen sind unverbindlich für Sender und Empfänger.

2.2 Prüfung anfragender Unternehmen

Kunden sind die bedeutendsten Geschäftspartner eines Unternehmens, dennoch ist es wichtig, sich vorab über deren Kreditwürdigkeit (= Bonität = Zahlungsfähigkeit) Gedanken zu machen und diese kritisch zu prüfen. Zahlungsschwache oder gar zahlungsunfähige Kunden können das eigene Unternehmen in ernsthafte Zahlungsschwierigkeiten bringen.

> **Beispiel**
>
> Ein Kunde fragt eine große Kopieranlage im Wert von 30.000,00 € an. Ist dieser Kunde nicht in der Lage diese Rechnung zu begleichen, kann dies das liefernde Unternehmen in ernste Zahlungsschwierigkeiten, z. B. gegenüber dem Hersteller der Kopieranlage, bringen.

Prüfung des möglichen Kunden auf Kreditwürdigkeit (= Bonität) erfolgt durch die Untersuchung von

bisherigem Zahlungsverhalten/-moral	Rechtsstand und Vermögensverhältnissen	Auftragsvolumen des Kunden	Image des Kunden
• Pünktlichkeit der Zahlung • Überschreitung/Unterschreitung des Zahlungsziels • unberechtigte Abzüge vom Rechnungspreis • notwendige Mahnschreiben	• Rechtsform • Art und Umfang des haftenden Vermögens • Umsatz- und Unternehmensentwicklung	Große und umsatzstarke Kundenaufträge können bei Zahlungsausfall einen großen finanziellen Schaden, bis hin zur eigenen Existenzgefährdung verursachen.	• Zuverlässigkeit • Auftreten • Persönlichkeit

LERNFELD 3

Betriebliche Rahmenbedingungen für die Erstellung von Angeboten sondieren

Merke

Je größer das Auftragsvolumen, desto intensiver die Prüfung.

Bei der Sorgfalt der Prüfung auf Kreditwürdigkeit (= Bonität) ist es meist unerheblich, ob der Kunde bereits bekannt ist, oder ob eine neue Geschäftsbeziehung eingegangen wurde, denn die Prüfung wird stets so genau wie möglich durchgeführt.

Von Vorteil ist, dass bei bereits bekannten Kunden auf eigene Erfahrungen zurückgegriffen werden kann. Kundendateien/Debitorenlisten (mit bisherigen Umsätzen, offene Posten oder Zahlungsmoral) sowie Auskünfte von Verkauf/Buchhaltung/Mahnwesen stehen zur Prüfung schnell zur Verfügung. Zur Prüfung der Aktualität sind auch hier Auskünfte von sogenannten Auskunftsstellen hilfreich.

Merke

Die SCHUFA bietet u. a. eine sogenannte Kompaktauskunft für Selbstständige und Unternehmen an. Von derzeit (Stand Sept. 2013) über 3,9 Millionen Unternehmen (Firmen aus dem Handelsregister, Kleingewerbetreibende und Freiberufler) kann eine zweiseitige Kurz-Beurteilung der Unternehmens-Zahlungsfähigkeit angefordert werden.

Hierin sind z. B. Informationen über Funktionsträger/-inhaber und deren Verflechtungen, Handelsregisterinformationen (soweit die Rechtsform die Eintragung erfordert), Bankverbindungen, Brancheninformationen und Geschäftszahlen sowie Bonitätsinformationen, insbesondere Negativ-Informationen über das bisherige Zahlungsverhalten enthalten.

Die **Prüfung der Bonität** kann anhand folgender **Checkliste** erfolgen:

Checkliste

- Unternehmen, die als Referenz des Kunden angegeben wurden
- Geschäftsfreunde
- **Bank** des anfragenden Kunden
- **Öffentliche Register** wie Handelsregister, Grundbuch, Schuldnerliste
- **Halbamtliche Stellen** wie Industrie- und Handwerkskammern
- **Gewerbsmäßige Auskunfteien und Kreditschutzorganisationen**
  Sie geben gegen entsprechende Bezahlung Auskunft.
- **SCHUFA (Schutzgemeinschaft für allgemeine Kreditsicherung)**

LERNFELD 3

Aufträge bearbeiten

2.3 Realisierbarkeit des Auftrags

Bei der Frage, ob und wie ein Auftrag bearbeitet wird, ist die Frage nach der Art des Unternehmens, d. h. liegt ein Industriebetrieb oder ein Handelsbetrieb vor, wichtig. Die im Punkt 2.2 gezeigte Prüfung der anfragenden Unternehmen wird von Industriebetrieben und Handelsbetrieben gleichermaßen durchgeführt. Gleich ist auch das Ziel, möglichst alle Wünsche des anfragenden Unternehmens zu erfüllen, ohne die eigenen Unternehmensziele sowie die Gewinnerzielung zu vernachlässigen.

Wie Industriebetriebe und Handelsbetriebe Anfragen und daraus resultierende Angebote bearbeiten können, zeigen die folgenden Gliederungspunkte.

2.3.1 Realisierbarkeit eines Auftrags aus Sicht eines Handelsbetriebs

Handelsbetriebe bearbeiten Kundenanfragen in erster Linie nach **Lieferfähigkeit**, **Lieferzeit** und **Lieferbereitschaft**. Lieferfähigkeit und Lieferzeit bedeuten, dass die angefragten Mengen an Waren bzw. Dienstleistungen in der gewünschten Zeit geliefert werden können. Lieferbereitschaft bedeutet die grundsätzliche Bereitschaft, Waren und Dienstleistungen an einen Kunden zu liefern.

Für die **Prüfung der Lieferfähigkeit** kann folgende **Checkliste** schnelle Antworten liefern. Die Beispiele beziehen sich auf die Firma Bürobedarf Müngsten GmbH.

Checkliste

1) **Sind die angefragten Waren im Sortiment?**

   Hat die Müngsten GmbH die angefragten Aktenvernichter im Sortiment?

2) **Können angefragte Waren, die nicht im Sortiment sind, rechtzeitig und in ausreichender Menge beschafft werden?**

   Die in 1) angefragten Aktenvernichter sind nicht im Sortiment. Kann die Ware rechtzeitig und in ausreichender Menge beschafft werden?

3) **Sind die angefragten Waren zum Lieferzeitpunkt in ausreichender Menge vorhanden?**

   Kann die Müngsten GmbH die Aktenvernichter rechtzeitig beschaffen?

4) **Sind die angefragten Dienstleistungen möglich?**

   Ist der von der Müngsten GmbH angebotene Lieferdienst für die Aktenvernichter möglich?

5) **Können angefragte Dienstleistungen, die nicht selbst bereitgestellt werden, anderweitig rechtzeitig organisiert werden?**

   Der Kunde, der die Aktenvernichter wünscht, benötigt zudem die Dienste eines Elektrikers. Kann die Müngsten GmbH dies organisieren?

6) **Können die in 4) und 5) beschafften Güter/Dienstleistungen zu einem adäquaten Preis beschafft/angeboten werden?**

Betriebliche Rahmenbedingungen für die Erstellung von Angeboten sondieren

Für die **Prüfung der Lieferzeit** ist folgende **Checkliste** denkbar.

Checkliste

1) Wie schnell können die angefragten Waren aus dem eigenen Sortiment bereitgestellt werden?
2) Ist die gewünschte Lieferzeit möglich?
3) Wie schnell können die angefragten Dienstleistungen bereitgestellt werden?
4) Ist die gewünschte Lieferzeit möglich?
5) Können die angefragten Dienstleistungen, die nicht selbst bereitgestellt werden, in der gewünschten Zeit angeboten werden?

Unternehmensintern stellen Kundenanfragen somit **Beziehungen zwischen** den Bereichen **Einkauf**, **Verkauf** und **Lagerhaltung** her.

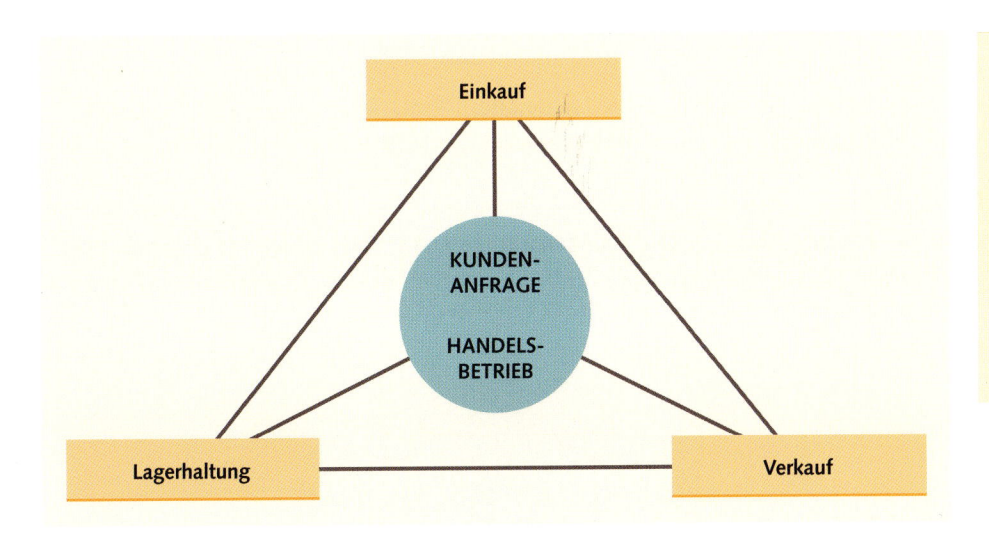

Merke

Handelsbetriebe prüfen Kundenanfragen in erster Linie nach Lieferbereitschaft und Lieferzeit. Die Unternehmensbereiche Verkauf, Einkauf und Lagerhaltung arbeiten hier eng zusammen.

Sind die Prüfungen zu Lieferfähigkeit und Lieferzeit erfolgreich umgesetzt, kann an den Kunden ein entsprechendes Angebot gesendet werden.

2.3.2 Realisierbarkeit eines Auftrags aus Sicht eines Industriebetriebs

Industriebetriebe bearbeiten **Kundenanfragen** nach Einbindung in das **Erzeugnisprogramm**, in die **Produktionsplanung** und in vorhandene **Produktionskapazitäten**.

Das Erzeugnisprogramm besteht aus dem Beschaffungsprogramm, das fremd bezogen wird, und aus dem Fertigungsprogramm, das selbst hergestellt wird.

Aufträge bearbeiten

Auch hier kann für die Prüfung folgende **Checkliste** schnelle Antworten liefern. Die Beispiele beziehen sich auf einen Hersteller für Aktenvernichter

Checkliste

1) Sind die angefragten Waren im Erzeugnisprogramm?
Kann der Hersteller die gewünschten Geräte produzieren bzw. die Geräte beschaffen?

2) Können die Waren rechtzeitig und in ausreichender Menge beschafft werden?
Wenn die Aktenvernichter beschafft werden müssen, ist dies rechtzeitig und in ausreichender Menge möglich?

3) Sind die angefragten Dienstleistungen möglich?
Kann der Hersteller die angefragte Dienstleistung, wie z. B. Lieferung und Montage der Geräte, leisten?

4) Können angefragte Dienstleistungen, die nicht selbst bereitgestellt werden, anderweitig rechtzeitig organisiert werden?
Der Hersteller bietet eine gewünschte Dienstleistung, wie z. B. Fertigung eines Einbauschranks für die Aktenvernichter, nicht an. Kann der Hersteller diese Dienstleistung anderweitig organisieren?

5) Können die in 2) und 4) beschafften Güter/Dienstleistungen zu einem adäquaten Preis beschafft/angeboten werden?

Unternehmensintern stellen Kundenanfragen an Industriebetriebe Beziehungen zwischen den Bereichen Einkauf, Verkauf, Produktion (mit Produktionsplanung) und Lagerhaltung her.

Merke
Industriebetriebe prüfen Kundenanfragen in erster Linie nach Einbindung in das Erzeugnisprogramm, in die Produktionsplanung und in vorhandene Produktionskapazitäten.

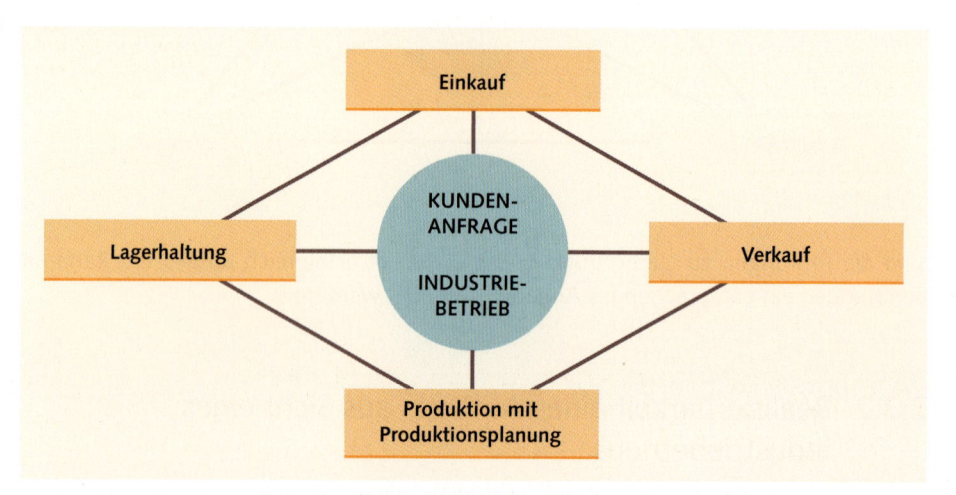

Es können aber auch unternehmenspolitische Gründe für die Durchführung eines Auftrags sprechen. Soll z. B. ein neuer oder imageträchtiger Geschäftspartner als Kunde gewonnen werden, können Aufträge auch in Anbetracht von Schwierigkeiten oder eines nicht rentablen Geschäfts durchgeführt werden.

Betriebliche Rahmenbedingungen für die Erstellung von Angeboten sondieren

2.3.3 Prüfung des Preis-Kosten-Verhältnisses

Neben den gezeigten Überlegungen ist es unumgänglich, die aktuelle Kostensituation im Unternehmen zu berücksichtigen und eine entsprechende **Preiskalkulation** vorzunehmen. Kundenaufträge sind in erster Linie dazu da, entstandene Kosten im Unternehmen, die u. a. durch Mitarbeiter, Miete oder Steuern entstehen, zu decken.

Merke

Die durch den Warenverkauf erzielten Einnahmen müssen für einen Handelsbetrieb mindestens die Beschaffungskosten bei Fremdbezug der Ware decken und bei einem Industriebetrieb mindestens die Produktionskosten bei Eigenfertigung der Ware.

Für Handelsbetriebe und Industriebetriebe gilt zudem, dass die Einnahmen die Verwaltungskosten decken und einen Gewinn erwirtschaften müssen.

Bei der Preisbildung muss das Unternehmen neben eigener Kosten- und Gewinnsituation auch die Preisgefüge der Konkurrenz im Blick haben, denn die Konkurrenz wird ebenso gute Produkte zu einem adäquaten Preis anbieten. Der Kunde wird stets vergleichen und meistens ist der Preis der Auslöser, der den Zuschlag für einen Auftrag gibt.

2.4 Angebot

Die Müngsten GmbH hat nachfolgende Anfrage (Auszug) eines Stammkunden geprüft und sendet ein entsprechendes Angebot.

> Sehr geehrte Damen und Herren,
>
> wir planen in der xx. Dezemberwoche dieses Jahres eine Aktionswoche. Hierzu benötigen wir fünf günstige Streifenschnitt-Aktenvernichter Ihrer Hausmarke.
> Bitte senden Sie uns ein ansprechendes Angebot zu.
> …
>
> Mit freundlichen Grüßen
> Christine Pöschl

Im Angebot informiert der Lieferant **rechtlich verbindlich** über alle von ihm angebotenen Leistungen. Angebote dienen zur **Vorbereitung eines Kaufvertrags**.

Die **Inhalte des Angebots** können oft nahezu identisch mit den Basisinformationen aus dem Anfrageschreiben sein und werden nur um Detailpunkte durch den Lieferanten ergänzt.

Merke

Achten Sie beim Scheiben von Angeboten auf ein **persönlich formuliertes Anschreiben**, eine **optisch ansprechende Briefgestaltung** sowie auf **sinnvolles Begleitmaterial** wie Prospekte mit Detailbeschreibungen der Ware oder legen Sie eine Visitenkarte des Ansprechpartners bei.

LERNFELD 3

Aufträge bearbeiten

Tipp

Überzeugen Sie bereits im Angebot und zeigen Sie, was im Rahmen der betrieblichen Möglichkeiten zu leisten ist!

Jedes Angebot ist die **Willenserklärung** eines Lieferanten, alle im Angebot enthaltenen Aussagen zu erfüllen. Eine **Willenserklärung** kann **mündlich**, **schriftlich** oder **durch Handeln**, z. B. Kopfnicken für „Ja", gegeben werden. Die Willenserklärung des Lieferanten ist verbindlich. Es gibt aber auch unverbindliche Angebote mit Freizeichnungsklausel, wie z. B. „Das Angebot ist freibleibend."

Der Empfänger des Angebots (= Kunde) kann diesem Angebot zustimmen. Man nennt dies **zweiseitiges** bzw. **mehrseitiges Rechtsgeschäft**, denn es sind mindestens zwei Willenserklärungen abgegeben worden. Ein Vertrag ist zustande gekommen, wenn beide Willenserklärungen übereinstimmen. Falls der Empfänger jedoch Änderungen vornimmt, ist dies wieder ein neues Angebot an den Absender.

Merke

Haben sich Absender und Empfänger über den Inhalt des Angebots geeinigt und der Kunde (Empfänger) nimmt das Angebotsschreiben an, ist ein Kaufvertrag (= zweiseitiges Rechtsgeschäft) entstanden.

Checkliste

Grundlegend sind folgende Bestandteile möglich:

- Name, Anschrift, Telefon- und Telefaxnummern, E-Mail-Adresse, Internetadresse des Anbieters
- Name und Kontaktdaten eines persönlichen Ansprechpartners beim Lieferanten
- Anschrift des Kunden
- Angaben zur Ware (Art, Beschaffenheit und Qualität)
- Menge (Mindestabnahmemenge, Höchstmenge)
- Preise und Preisnachlässe
- Lieferdatum und Lieferzeitpunkt
- Art der Verpackung und Kosten für die Verpackung, Versandart und Versandkosten
- Versicherungen (z. B. für den Transport der Ware)
- Zahlungsbedingungen
- Angaben zur Angebotsbindung (Freizeichnungsklauseln)
- Angaben zum Erlöschen des Angebots, Angaben zum Erfüllungsort, Gerichtsstand und Gefahrenübergang

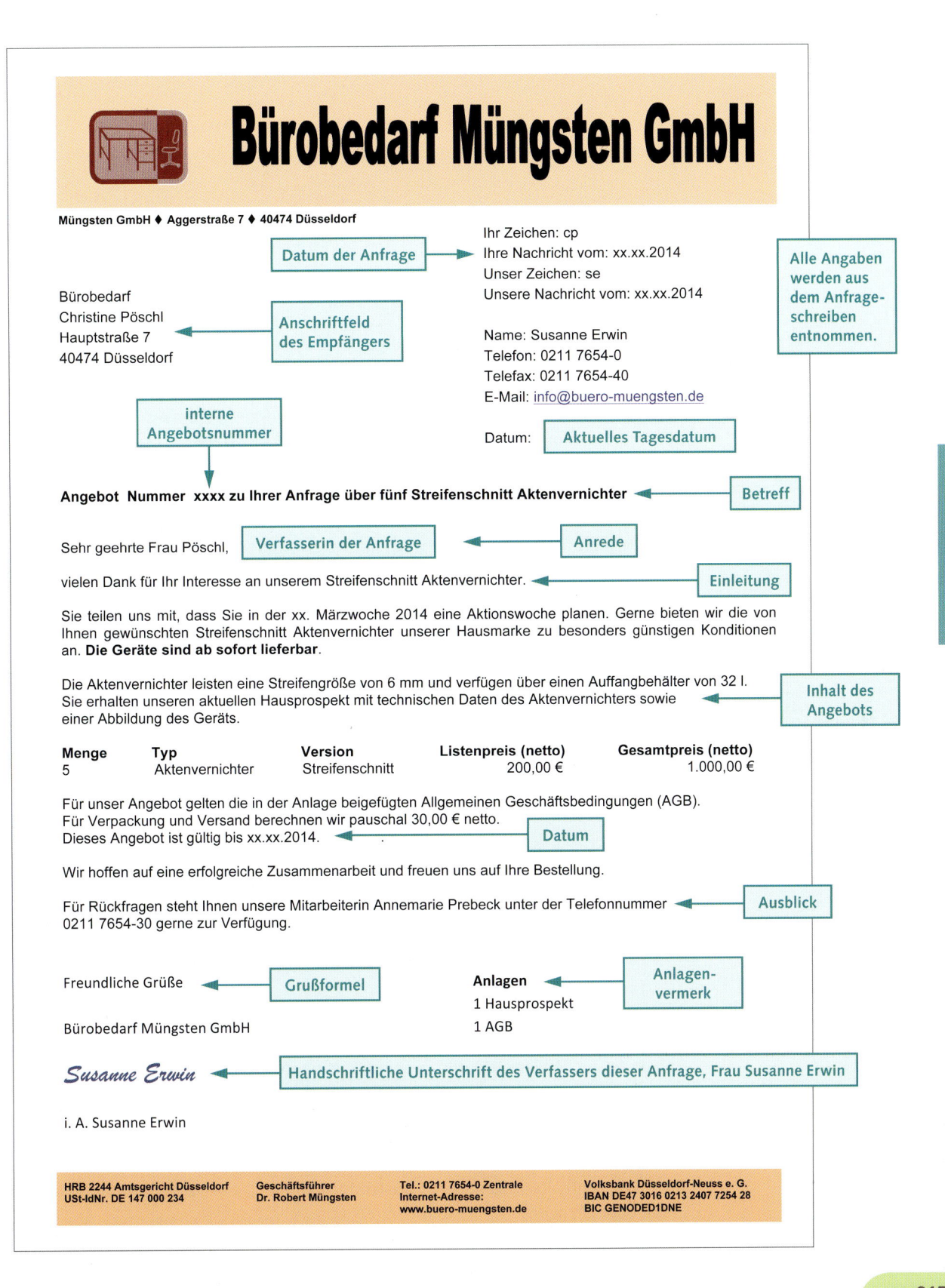

Betriebliche Rahmenbedingungen für die Erstellung von Angeboten sondieren

Bürobedarf Müngsten GmbH

Müngsten GmbH ♦ Aggerstraße 7 ♦ 40474 Düsseldorf

Bürobedarf
Christine Pöschl
Hauptstraße 7
40474 Düsseldorf

[Anschriftfeld des Empfängers]
[Datum der Anfrage]

Ihr Zeichen: cp
Ihre Nachricht vom: xx.xx.2014
Unser Zeichen: se
Unsere Nachricht vom: xx.xx.2014

Name: Susanne Erwin
Telefon: 0211 7654-0
Telefax: 0211 7654-40
E-Mail: info@buero-muengsten.de

Datum: [Aktuelles Tagesdatum]

[Alle Angaben werden aus dem Anfrageschreiben entnommen.]

Angebot Nummer xxxx zu Ihrer Anfrage über fünf Streifenschnitt Aktenvernichter ← [Betreff]

[interne Angebotsnummer]

Sehr geehrte Frau Pöschl, ← [Verfasserin der Anfrage] [Anrede]

vielen Dank für Ihr Interesse an unserem Streifenschnitt Aktenvernichter. ← [Einleitung]

Sie teilen uns mit, dass Sie in der xx. Märzwoche 2014 eine Aktionswoche planen. Gerne bieten wir die von Ihnen gewünschten Streifenschnitt Aktenvernichter unserer Hausmarke zu besonders günstigen Konditionen an. **Die Geräte sind ab sofort lieferbar.**

Die Aktenvernichter leisten eine Streifengröße von 6 mm und verfügen über einen Auffangbehälter von 32 l. Sie erhalten unseren aktuellen Hausprospekt mit technischen Daten des Aktenvernichters sowie einer Abbildung des Geräts. ← [Inhalt des Angebots]

Menge	Typ	Version	Listenpreis (netto)	Gesamtpreis (netto)
5	Aktenvernichter	Streifenschnitt	200,00 €	1.000,00 €

Für unser Angebot gelten die in der Anlage beigefügten Allgemeinen Geschäftsbedingungen (AGB).
Für Verpackung und Versand berechnen wir pauschal 30,00 € netto.
Dieses Angebot ist gültig bis xx.xx.2014. ← [Datum]

Wir hoffen auf eine erfolgreiche Zusammenarbeit und freuen uns auf Ihre Bestellung.

Für Rückfragen steht Ihnen unsere Mitarbeiterin Annemarie Prebeck unter der Telefonnummer 0211 7654-30 gerne zur Verfügung. ← [Ausblick]

Freundliche Grüße ← [Grußformel]

Bürobedarf Müngsten GmbH

Anlagen ← [Anlagenvermerk]
1 Hausprospekt
1 AGB

Susanne Erwin ← [Handschriftliche Unterschrift des Verfassers dieser Anfrage, Frau Susanne Erwin]

i. A. Susanne Erwin

HRB 2244 Amtsgericht Düsseldorf
USt-IdNr. DE 147 000 234

Geschäftsführer
Dr. Robert Müngsten

Tel.: 0211 7654-0 Zentrale
Internet-Adresse:
www.buero-muengsten.de

Volksbank Düsseldorf-Neuss e. G.
IBAN DE47 3016 0213 2407 7254 28
BIC GENODED1DNE

LERNFELD 3

2.5 Zusammenfassung und Aufgaben

Zusammenfassung

Anfragen

Anfragen dienen zur **Anbahnung neuer Geschäftsbeziehungen**, stellen oft eine **erste Kontaktaufnahme** dar und dienen der **Einholung** von **Angeboten**.

Bestimmte Anfragen erkennt man an konkreten Wünschen und Vorstellungen.

Unbestimmte Anfragen enthalten allgemein formulierte Fragen.

Unabhängig davon, ob es sich um bestimmte oder unbestimmte Anfragen handelt, Anfragen sind immer **unverbindlich**, **formfrei**, **allgemein gehalten** und **bestimmt formuliert**. Sie verfolgen einen **bestimmten Zweck**.

Prüfung anfragender Unternehmen

Die **Realisierung** des Kundenauftrags bedarf einer genauen **Prüfung**.

Die **Prüfung der Kreditwürdigkeit (= Bonität)** umfasst die Prüfung des Zahlungsverhaltens, der Zahlungsmoral, des Rechtsstands und der Vermögensverhältnisse, des Auftragsvolumens und des Image des Kunden.

Handelsbetriebe bearbeiten Kundenanfragen in erster Linie nach **Lieferfähigkeit**, **Lieferbereitschaft** und **Lieferzeit**.

Industriebetriebe bearbeiten Kundenanfragen nach der **Einbindung in das Erzeugnisprogramm**, in die **Produktionsplanung** und in die **vorhandenen Produktionskapazitäten**.

Zur Bearbeitung des Kundenauftrags gehört auch eine entsprechende **Preiskalkulation**.

Angebot

Angebote sind **rechtlich verbindlich**. Angebotsschreiben sind **formfrei** und können **mündlich**, **fernmündlich**, **schriftlich** oder **elektronisch** erfolgen.

Angebote sind **Willenserklärungen** eines Lieferanten, sein Angebot zu erfüllen.

Angebote sind eine **einseitig empfangsbedürftige Willenserklärung** und werden mit **Zugang** beim **Kunden wirksam**.

Angebote enthalten zahlreiche **Basisinformationen**, wie z. B. Produktnamen, Preise oder Mengen.

Betriebliche Rahmenbedingungen für die Erstellung von Angeboten sondieren

Aufgaben

1. Prüfen Sie die nachfolgenden Aussagen auf ihre Richtigkeit. Die Antwort ist jeweils zu begründen.

   (1) Anfragen sind immer schriftlich zu formulieren.

   (2) Anfragen sind an einen Lieferanten oder Dienstleister gerichtet.

   (3) Unbestimmte Anfragen erkennt man an allgemein formulierten Fragen, z. B. nach Prospekten.

   (4) Angebote sind rechtlich unverbindlich.

   (5) Angebote sollen den Kunden von der Leistungsfähigkeit des Lieferanten überzeugen.

   (6) Eine Bonitätsprüfung umfasst Zahlungsverhalten, Rechtsstand, Vermögensverhältnisse und Image des Kunden.

   (7) Industriebetriebe prüfen Kundenanfragen in erster Linie nach Lieferbereitschaft und Lieferzeit.

   (8) Eine Willenserklärung kann mündlich, schriftlich oder durch Handeln, z. B. Kopfnicken für „Ja", gegeben werden.

2. Erläutern Sie den Unterschied zwischen bestimmten und unbestimmten Anfragen.

3. Welche Punkte umfasst eine Bonitätsprüfung?

4. Geben Sie zwei Stellen an, die Auskünfte über die Bonität eines Kunden geben können.

5. Erklären Sie, wie Handelsbetriebe eine Kundenanfrage prüfen.

6. Zeigen Sie, wie Industriebetriebe Kundenanfragen prüfen.

7. Geben Sie mindestens fünf Inhaltspunkte eines Angebots an.

LERNFELD 3

Aufträge bearbeiten

3 Rechenarten zur Preisermittlung und Kalkulation beherrschen

3.1 Dreisatzrechnung

Neben der Prozentrechnung gehört die Dreisatzrechnung zu den regelmäßigen kaufmännischen Rechentätigkeiten. Der Dreisatz findet dabei mit geradem sowie mit ungeradem Verhältnis Anwendung.

3.1.1 Dreisatzrechnung mit geradem bzw. direktem Verhältnis

Beispiel

> Jan Bürgel, Auszubildender bei der Bürobedarf Müngsten GmbH, wird zu seiner Vorgesetzten Ingrid Berg gerufen: „Ich habe eben zwei Anfragen unserer Kunden Kleinert und Tietze erhalten. Sie wünschen die Lieferung von unterschiedlichen Mengen Kopierpapier, Aktenordnern und Collegeblöcken. Bitte berechnen Sie unsere Verkaufspreise, damit wir ein entsprechendes Angebot unterbreiten können".
>
> Die Notizen von Frau Berg zeigen auf, dass der Kunde Kleinert 6 Kartons Kopierpapier, 8 Aktenordner und 12 Collegeblöcke anfragt. Der Kunde Tietze fragt 50 Kartons Kopierpapier, 70 Aktenordner und 25 Collegeblöcke an. Die Verkaufspreise betragen 680,00 € für 40 Kartons Kopierpapier, 110,00 € für 50 Aktenordner und 15,00 € für 20 Collegeblöcke.
>
> Jan beginnt mit der Berechnung.

Dreisatz

↑ ↑

gerade
direkt

Bei der **Dreisatzrechnung** mit **geradem** bzw. **direktem Verhältnis**, auch **proportionaler Dreisatz** genannt, ändert sich die eine Größe in die gleiche Richtung wie die andere Größe, d. h. die Bezugsgrößen verhalten sich proportional zueinander. Das bedeutet für die obigen Beispiele: Wenn die Stückzahlen **steigen**, **steigen** auch die zu berechnenden Verkaufspreise. **Sinken** die Stückzahlen, **sinken** auch die zu berechnenden Verkaufspreise.

1. **Ausgangssituation**
   Um nun den Verkaufspreis des Kopierpapiers für den Kunden Kleinert zu berechnen, ist zunächst folgende Aussage wichtig: **40 Kartons Kopierpapier kosten 680,00 €**.

2. **Reduzierung auf eine Einheit**
   Es wird berechnet, welchen Verkaufspreis **ein** Karton hat. Da der Preis von 680,00 € sich auf die Menge von 40 Kartons bezieht, muss der Preis von 680,00 € durch die Menge von 40 dividiert werden. Die Division bewirkt, dass der Preis, genau wie die Menge, kleiner wird.

Kopierpapier

680,00 € für 40 Kartons

Gesucht:
Preis für 1 Karton:

$$\frac{680,00 \,€}{40 \text{ Kartons}} = 17,00 \,€$$

$$\frac{680,00 \,€}{40} = 17,00 \,€$$

Das bedeutet: 1 Karton Kopierpapier kostet 17,00 €.

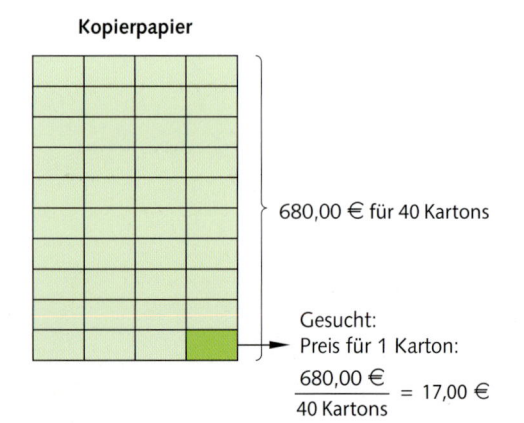

3. Vielfachheit berechnen

Nun wird der Preis für einen Karton **mit der gewünschten Menge** (6 Kartons) **multipliziert**.

17,00 € · 6 Kartons = 102,00 €

Beide Rechenschritte lassen sich zusammenfassen:

$$\frac{680,00 \text{ €}}{40} \cdot 6 = 102,00 \text{ €}$$

Kopierpapier

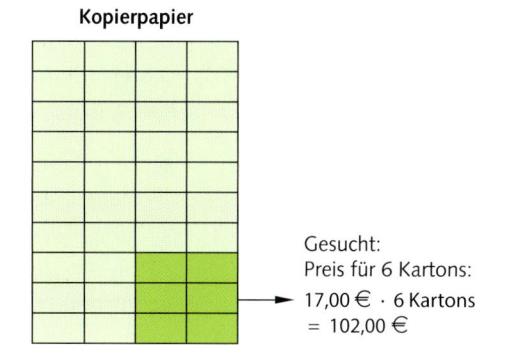

Gesucht:
Preis für 6 Kartons:
17,00 € · 6 Kartons
= 102,00 €

3.1.2 Anwendung der Dreisatzrechnung mit geradem bzw. direktem Verhältnis in einem Tabellenkalkulationsprogramm

Umfangreiches Zahlenmaterial wird zweckmäßigerweise in einer anschaulichen, aussagekräftigen Tabelle aufbereitet. Dafür sind einige Gestaltungskriterien wichtig.

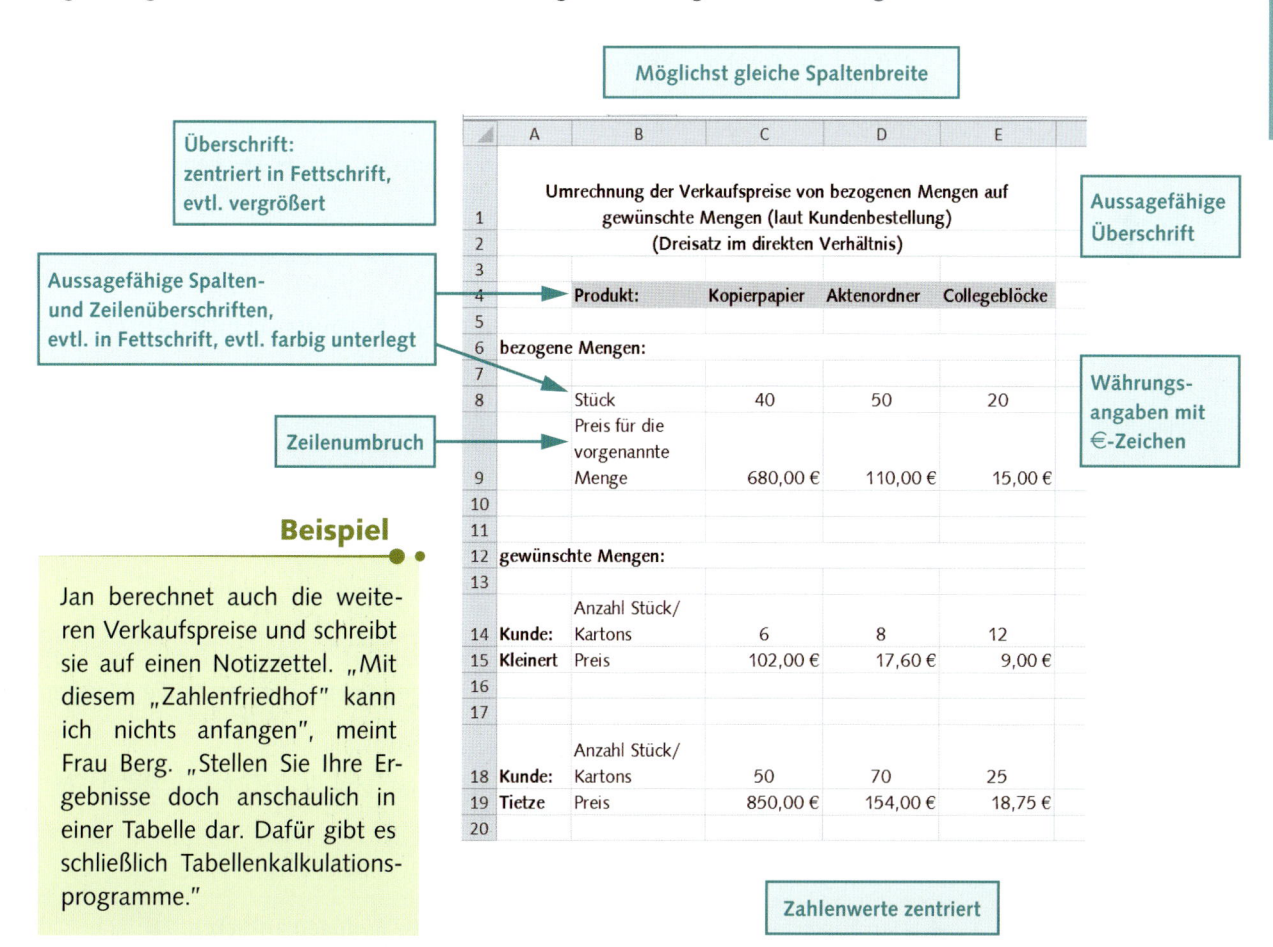

Möglichst gleiche Spaltenbreite

Überschrift: zentriert in Fettschrift, evtl. vergrößert

Aussagefähige Spalten- und Zeilenüberschriften, evtl. in Fettschrift, evtl. farbig unterlegt

Zeilenumbruch

Aussagefähige Überschrift

Währungsangaben mit €-Zeichen

	A	B	C	D	E
1		Umrechnung der Verkaufspreise von bezogenen Mengen auf gewünschte Mengen (laut Kundenbestellung)			
2		(Dreisatz im direkten Verhältnis)			
3					
4		Produkt:	Kopierpapier	Aktenordner	Collegeblöcke
5					
6	bezogene Mengen:				
7					
8		Stück	40	50	20
9		Preis für die vorgenannte Menge	680,00 €	110,00 €	15,00 €
10					
11					
12	gewünschte Mengen:				
13					
14	Kunde:	Anzahl Stück/ Kartons	6	8	12
15	Kleinert	Preis	102,00 €	17,60 €	9,00 €
16					
17					
18	Kunde:	Anzahl Stück/ Kartons	50	70	25
19	Tietze	Preis	850,00 €	154,00 €	18,75 €
20					

Zahlenwerte zentriert

Beispiel

Jan berechnet auch die weiteren Verkaufspreise und schreibt sie auf einen Notizzettel. „Mit diesem „Zahlenfriedhof" kann ich nichts anfangen", meint Frau Berg. „Stellen Sie Ihre Ergebnisse doch anschaulich in einer Tabelle dar. Dafür gibt es schließlich Tabellenkalkulationsprogramme."

Aufträge bearbeiten

> **Merke**
>
> Eine gute Tabelle bietet dem Anwender eine schnelle Einordnung der präsentierten Zahlenwerte.

■ Layout einer Tabelle

Die Handlungsschritte im Tabellenkalkulationsprogramm sind jeweils in *Kursivschrift* dargestellt.

→ Eine Tabelle hat eine aussagefähige Überschrift. Diese ist durch die Gestaltungselemente Fettschrift, zentriert und evtl. größerer Schriftgröße hervorgehoben.
(Überschrift in Feld A1 eintragen – Enter – wieder Feld A1 anklicken – Felder A1 bis E1 markieren – Im Menü „Start" das Icon [icon] *Verbinden und zentrieren; Weitere Icons: Fett:* [F] *, Schriftgröße ändern:* [Syntax ▼ 11 ▼] *)*

→ Auch alle Spalten und Zeilen haben aussagefähige Überschriften.

→ Alle Spalten haben weitestgehend die gleiche Spaltenbreite.

→ Um übergroße Spaltenbreiten zu vermeiden, werden Texte innerhalb von Feldern einem Zeilenumbruch unterworfen.
(Text vollständig in die Zelle eintragen – Enter – Gewünschte Spaltenbreite einstellen: die Maus auf die Trennlinie zwischen den Spaltenbezeichnungen platzieren – mit gedrückter linker Maustaste die Spalte verbreitern oder schmälern),

Zeilenumbruch: (Menüleiste „Start" – im Menüfeld „Ausrichtung" – Pfeil zum Öffnen des Fensters „Zellen formatieren" anklicken, Haken bei „Zeilenumbruch" setzen)

> **Tipp**
>
> Die Markierung von Tabellenbereichen wird auch genutzt für die Operationen:
>
> **Ausschneiden**
> Im Gegensatz zum Kopieren wird der markierte Inhalt nicht kopiert, sondern an eine andere Stelle in der Tabelle verschoben *(Bereich markieren – Menü Start – Ausschneiden anklicken). An der gewünschten Stelle über „Einfügen" platzieren.*
>
> **Löschen**
> Den zu löschenden Bereich markieren, Taste „Entf" auf der Tastatur drücken.

→ Währungsangaben werden formatiert, z. B. Euro mit dem €-Zeichen.

→ Zahlenwerte einheitlich formatiert darstellen

■ Nutzung der Funktionen Markieren, Kopieren, Einfügen

Bereits bei der Eingabe des Tabellengerüsts (Überschriften, Zeilen- und Spaltenbeschriftungen usw.) kann durch Nutzung der Kopierfunktion eine doppelte Eingabe von Inhalten vermieden werden. Die Tabelle zeigt, dass die Zeilen 14 und 15 (Kunde Kleinert) und 18 und 19 (Kunde Tietze) identisch sind. Folglich lassen sich die Eingaben aus den Zeilen 14 und 15 auf die Zeilen 18 und 19 kopieren. Anschließend werden die Zeilen 18 und 19 auf die Werte für den Kunden Tietze angepasst. Vorgehensweise:

→ Zunächst werden die Tabelleninhalte der Zeilen 1 bis 15 eingegeben.

→ Der Bereich der Zellen A14 bis E15 wird markiert *(Cursor auf das Feld A15 platzieren – linke Maustaste drücken – mit gedrückter Maustaste die Maus zu dem Feld E15 bewegen)*

→ Den markierten Abschnitt kopieren *(Menü Start – Kopieren* anklicken: [icon] *)*

→ Mauszeiger auf das Feld A18 platzieren.

→ Den kopierten Abschnitt einfügen *(Menü Start – Einfügen* anklicken: [icon] *)*

Rechenarten zur Preisermittlung und Kalkulation beherrschen

■ Eingabe einfacher Formeln

Im Feld C15 wird der Preis für die 6 Kartons des Kunden Kleinert berechnet. Wie aufgezeigt, lautet die Rechenformel: 680 / 40 · 6. Entsprechend lautet auch die Formel in dem Feld C15. Allerdings erfolgt keine Eingabe von Zahlenwerten, sondern der Felder, wo sich die Zahlenwerte befinden. Das bedeutet:

→ Zunächst beginnt jede Formel mit dem Gleichheitszeichen (=).

→ Der Wert 680 steht im Feld C9. Folglich ist nun C9 einzugeben. (Statt der Eingabe über die Tastatur kann das Feld C9 auch mit der Maus angeklickt werden.)

→ Nun erfolgt die Eingabe des Divisionszeichens (/).

→ Der Wert 40 steht in dem Feld C8. Folglich wird C8 eingegeben.

→ Das Multiplikationszeichen (*) wird eingegeben.

→ Schließlich wird das Feld C14 eingegeben, da dort der Wert 6 steht.

→ Die Eingabe wird durch Anklicken des ✓ Zeichens in der Eingabezeile oder durch Drücken der Return Taste abgeschlossen.

→ Die fertige Formel lautet nun: =C9/C8 * C14

■ Übertragung der Formeln mithilfe der Ausfüllfunktion

Da bereits in Feld C15 die Rechenformel steht, vermeidet die Ausfüllfunktion, dass die Formel in die Felder D15 und E15 einzugeben ist:

→ Das Feld C15 mit der Maus anklicken.

→ Das Feld ist nun mit einem Rahmen markiert. Wird die Maus an der rechten unteren Ecke des Rahmens platziert, erscheint ein fettes schwarzes Kreuz.

→ Linke Maustaste drücken und mit gedrückter Maustaste die Maus bis zum Feld E15 ziehen.

→ Maustaste loslassen. (Analog kann mit den Formeln in den Feldern C19 bis E19 verfahren werden.)

> **Merke**
>
> Nutzen Sie bei der Eingabe von Rechenformeln in das Tabellenkalkulationsprogramm so oft wie möglich die Ausfüll- bzw. Kopierfunktion.

■ Seitenansicht

Soll die fertige Tabelle gedruckt werden, ermöglicht die Seitenansicht die Anzeige des Drucklayouts. Somit werden fehlerhafte Drucke vermieden.

Menü „Seitenlayout" auswählen.

In der Menükategorie „Seite einrichten" befindet sich am rechten unteren Rand ein kleiner nach rechts unten zeigender Pfeil. Bei Anklicken öffnet sich das Fenster „Seite einrichten". Im unteren Teil des Fensters das Icon „Seitenansicht" anklicken.

LERNFELD 3

Aufträge bearbeiten

	A	B	C	D	E
1	Umrechnung der Verkaufspreise von bezogenen Mengen auf gewünschte Mengen (laut Kundenbestellung)				
2	(Dreisatz im direkten Verhältnis)				
3					
4		Produkt:	Kopierpapier	Aktenordner	Collegeblöcke
5					
6	bezogene Mengen:				
7					
8		Stück	40	50	20
9		Preis für die vorgenannte Menge	680	110	15
10					
11					
12	gewünschte Mengen:				
13					
14	**Kunde:**	Anzahl Stück/ Kartons	6	8	12
15	**Kleinert**	Preis	=C9/C8*C14	=D9/D8*D14	=E9/E8*E14
16					
17					
18	**Kunde:**	Anzahl Stück/ Kartons	50	70	25
19	**Tietze**	Preis	=C9/C8*C18	=D9/D8*D18	=E9/E8*E18
20					

■ Formelansicht

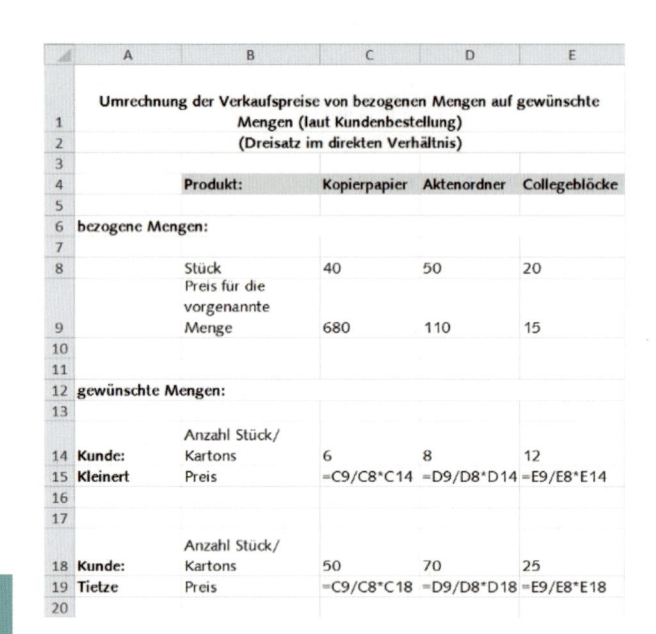

Zur Kontrolle der Rechenergebnisse ist es möglich, in einer Tabelle statt der Rechenergebnisse die eingegebenen Formeln anzuzeigen:

→ Menü „Formeln" auswählen,

→ Icon „Formeln anzeigen" anklicken,

→ (Die Formelansicht wird mit den gleichen Schritten rückgängig gemacht.)

■ Tabellenblatt (um)benennen

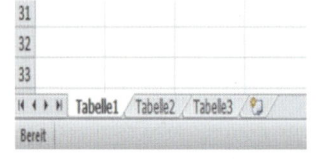

Betrachten Sie den unteren Rand der Tabellenanzeige, zeigt sich dort ggf. eine Auflistung mit den Namen „Tabelle 1", „Tabelle 2", „Tabelle 3" usw. (vgl. Abbildung), da eine Datei eines Tabellenkalkulationsprogramms mehrere Tabellen enthalten kann. Dabei sind der Name der „Tabelle 1" hell und die übrigen Namen dunkel unterlegt. Um mehrere Tabellen in einer Datei zu verwalten, ist es sinnvoll, die einzelnen Tabellenblätter mit einem Namen zu versehen. Hierfür wird die derzeit angezeigte Tabelle (Tabellenname ist hell unterlegt) mit der linken Maustaste doppelt angeklickt. Nun ist mit der Tastatur ein neuer Tabellenname eingebbar.

3.1.3 Dreisatzrechnung mit ungeradem bzw. indirektem Verhältnis

Beispiel

> Frau Berg ruft Jan Bürgel erneut zu sich. Wir haben vor einigen Wochen einem Kunden den Drucker Modell 160 SWD verkauft. Dieses Gerät druckt 16 Seiten pro Minute. Der Kunde hat häufig einen größeren Druckauftrag, den der Drucker in 27 Minuten bearbeitet. Dies dauert unserem Kunden zu lang. Zeigen Sie ihm tabellarisch auf, wie sich die Druckdauer bei unseren leistungsfähigeren Druckern ändern würde. Das Modell 180 SWD druckt 18 Seiten pro Minute; das Modell 240 SWD druckt 24 Seiten pro Minute und das Modell 360 SWD hat eine Druckleistung von 36 Seiten pro Minute.
>
> Jan beginnt zunächst mit der Berechnung der Druckdauer für das Gerät mit 18 Seiten pro Minute.

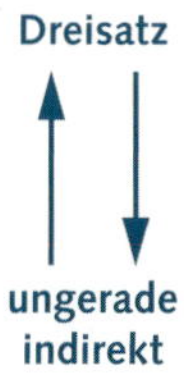

Dreisatz

↑↓

ungerade indirekt

Bei der Dreisatzrechnung mit **ungeradem** bzw. **indirektem Verhältnis**, auch **antiproportionaler Dreisatz** genannt, ändert sich die eine Größe in entgegengesetzter Richtung der anderen Größe, d. h. die Bezugsgrößen verhalten sich indirekt proportional zueinander. Dies bedeutet für das obige Beispiel: Wenn die Druckkapazität pro Minute **steigt, verringert** sich die Dauer in Minuten für den Druckauftrag. **Verringert** sich die Druckkapazität pro Minute, **erhöht** sich die Bearbeitungsdauer für den Druckauftrag. Folglich wird der Drucker mit der höchsten Leistungsfähigkeit (360 SWD mit 36 Seiten pro Minute) den Druckauftrag in der geringsten Minutenzahl ausführen.

Rechenarten zur Preisermittlung und Kalkulation beherrschen

1. Ausgangssituation

Ein Druckauftrag benötigt 27 Minuten bei einer Druckleistung von 16 Seiten pro Minute.

2. Gesamtzahl berechnen

Zunächst wird die Anzahl der zu druckenden Seiten berechnet. Da der Drucker pro Minute 16 Seiten druckt und der Auftrag in 27 Minuten bearbeitet ist, sind beide Werte zu multiplizieren.

16 Seiten · 27 Minuten = 432 gedruckte Seiten

3. Division der Gesamtzahl

Anschließend wird die Seitenzahl (432) durch die Kapazität des leistungsfähigeren Druckers (18 Seiten pro Minute) dividiert:

432 zu druckende Seiten / 18 Seiten pro Minute = 24 Minuten

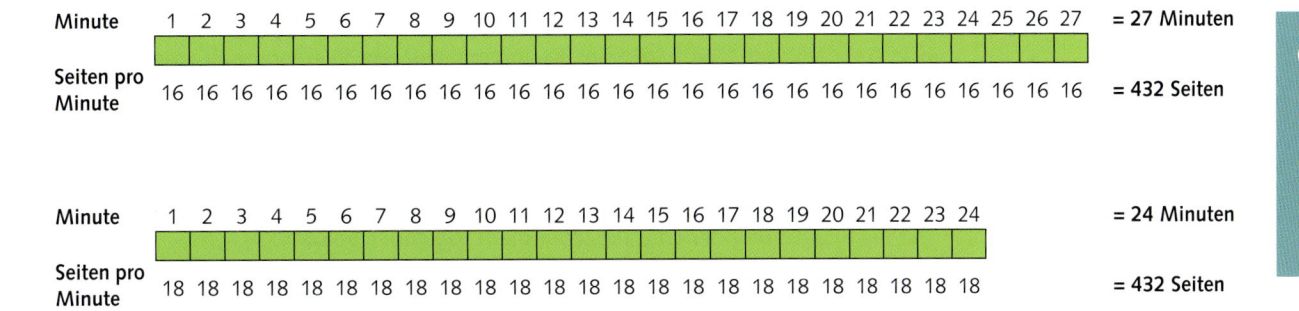

Auch diese beiden Rechenschritte lassen sich zusammenfassen:

$$\frac{16 \cdot 27}{18} = 24$$

3.1.4 Anwendung der Dreisatzrechnung mit ungeradem bzw. indirektem Verhältnis in einem Tabellenkalkulationsprogramm

Beispiel

Jan erstellt nun die Übersicht über die vier Druckermodelle in einem Tabellenkalkulationsprogramm (Normal- und Formelansicht).

	A	B	C	D	E
1	Vergleich der Dauer für einen genannten Druckauftrag für vier Druckermodelle				
2					
3					
4	Produktbezeichnung	160SWD	180SWD	240SWD	360SWD
5					
6	Leistungsfähigkeit / Seitenzahl pro Minute	16	18	24	36
7	Dauer für den genannten Druckauftrag in Minuten	27	24	18	12
8					

	A	B	C	D	E
1	Vergleich der Dauer für einen genannten Druckauftrag für vier Druckermodelle				
2					
3					
4	Produktbezeichnung	160SWD	180SWD	240SWD	360SWD
5					
6	Leistungsfähigkeit / Seitenzahl pro Minute	16	18	24	36
7	Dauer für den genannten Druckauftrag in Minuten	27	=B6*B7/C6	=C6*C7/D6	=D6*D7/E6
8					

LERNFELD 3

Aufträge bearbeiten

> **Tipp**
>
> Falls Sie bei der Erstellung von Formeln in einem Tabellenkalkulationsprogramm Schwierigkeiten haben, führen Sie zunächst die Rechenschritte manuell auf einem Blatt Papier aus.
>
> Übertragen Sie dann hilfsweise die einzelnen Zwischenrechenschritte in die Tabelle. Anschließend fassen Sie die einzelnen Formeln zu einer „Gesamtformel" zusammen.

> **Tipp**
>
> Grundsätzlich sollten Sie alle Formeln, die Sie in ein Tabellenkalkulationsprogramm eingeben, durch manuelle Berechnung prüfen. Das Programm rechnet auch mit fehlerhaften Formeln. Die fehlerhafte Berechnung ist über das Ergebnis nicht sofort ersichtlich!

3.2 Prozentrechnungen mit Nutzung eines Tabellenkalkulationsprogramms

Die Prozentrechnungen gehören zu den häufig verwendeten kaufmännischen Rechenarten. Eine Anwendung der Prozentrechnung ist die Umsatzsteuer. Die Umsatzsteuer, die umgangssprachlich auch Mehrwertsteuer genannt wird, wird auf fast alle verkauften Waren erhoben. Sie wird vom Kaufmann auf den Warenpreis für den Kunden aufgeschlagen (= addiert). Der Kunde zahlt den Kaufpreis der Ware zuzüglich der Umsatzsteuer. Die Umsatzsteuer wird dann vom Kaufmann an das Finanzamt überwiesen.

> **Beispiel**
>
> Für die Erläuterung der Umsatzsteuer dient folgendes Beispiel:
>
> Die Müngsten GmbH bietet einen Laserdrucker für 200,00 € netto an. Für diesen Preis muss noch die Umsatzsteuer berechnet werden, da der Kunde diese zusätzlich zum Preis des Produkts zahlt. Der allgemeine Umsatzsteuersatz[1] beträgt in Deutschland 19 % vom Preis des Produkts.
>
> 19 % Umsatzsteuer von 200,00 € sind $\frac{200}{100} \cdot 19 = 38,00$ €.
>
> Der Kunde hat folglich an den Kaufmann 238,00 € (200,00 € + 38,00 €) zu zahlen. Die darin enthaltene Umsatzsteuer in Höhe von 38,00 € überweist die Müngsten GmbH an das Finanzamt.

Um in den folgenden Kapiteln die einzelnen Prozentrechnungen zu erläutern, ist es notwendig, die festgelegten Größen der Prozentrechnung und des Umsatzsteuerrechts darzulegen:

	Prozentrechnung	Umsatzsteuerrecht
200,00 €	Grundwert	Nettobetrag
19 %	Prozentsatz	Umsatzsteuersatz
38,00 €	Prozentwert	Umsatzsteuerbetrag
238,00 €	vermehrter Grundwert	Bruttobetrag

---

[1] Neben dem allgemeinen Umsatzsteuersatz von 19 % gibt es auch einen ermäßigten Umsatzsteuersatz von 7 %. Dieser ermäßigte Umsatzsteuersatz wird im Wesentlichen auf Lebensmittel, Bücher und Zeitschriften erhoben.

Rechenarten zur Preisermittlung und Kalkulation beherrschen

3.2.1 Berechnung des Prozentwertes

■ Rechenweg für die Berechnung des Prozentwertes

Der Prozentwert kann auf der Grundlage des Grundwertes und des Prozentsatzes berechnet werden.

1. Ausgangssituation

Im genannten Beispiel sind bekannt:

der Grundwert 200; der Prozentsatz 19 %

Gesucht wird: Prozentwert

> **Merke**
>
> Die Berechnung des Prozentwertes entspricht dem Rechenweg der Dreisatzrechnung im geraden bzw. direkten Verhältnis.

> **Tipp**
>
> Die Prozenttaste des Taschenrechners übernimmt von der vorstehenden Berechnung die Division durch 100. Folglich ist nur einzugeben:
>
> 200 · 19; durch das anschließende Drücken der Prozenttaste wird das Ergebnis durch 100 dividiert und die Zahl 38 ausgegeben.

2. Reduzierung auf eine Einheit

Vorüberlegung:

Der Begriff Prozent (%) ist definiert als Anteile von 100. Wenn nun der Prozentsatz 19 beträgt, dann bedeutet dies, dass 19 Hundertstel (19/100) von dem Grundwert (200) zu berechnen sind.

Es wird daher zunächst ein Hundertstel des Grundwertes berechnet.
Hierfür wird der Grundwert (200) durch 100 dividiert:

$$\frac{200}{100} = 2$$

Das Ergebnis (2) ist folglich 1 % des Grundwertes.

3. Vielfachheit berechnen

Nun wird das Ergebnis der vorherigen Rechnung (2) mit dem Prozentsatz (19) multipliziert.

2 · 19 = 38

Beide Schritte lassen sich auch zusammenfassen:

$$\frac{200}{100} \cdot 19 = 38$$

Hieraus lässt sich die **allgemeine Formel** zur Berechnung des **Prozentwertes** ableiten:

$$\frac{\text{Grundwert} \cdot \text{Prozentsatz}}{100} = \text{Prozentwert}$$

Aufträge bearbeiten

■ Berechnung des Prozentwertes mit einem Tabellenkalkulationsprogramm

Beispiel

Zum Sortiment der Bürobedarf Müngsten GmbH gehört u. a. Fotokopierpapier. Es werden vier verschiedene Papiere angeboten. Der Preis für „Recycling Standard" beträgt 15,00 € je Karton, für „Recycling Hell" 16,50 € je Karton, für „Weiß normal" 17,00 € je Karton und für „Weiß Spezial" 19,00 € je Karton. Da die Kunden der Bürobedarf Müngsten GmbH primär Kaufleute sind, sind die genannten Preise Nettopreise, also ohne Umsatzsteuer.

Da gegenüber Privatkunden jedoch der Bruttopreis zu nennen ist, hat Jan Bürgel die Aufgabe erhalten, eine Liste zu erstellen, die neben dem Nettopreis die Umsatzsteuer und den Bruttopreis für alle Kopierpapiersorten ausweist. Er erstellt hierfür folgende Tabelle (Normal- und Formelansicht):

LERNFELD 3

	A	B	C	D
1	Verkaufspreise für Kopierpapier			
2				
3	Umsatzsteuersatz:	19%		
4				
5				
6	Produkt	Nettopreis	Umsatzsteuer	Bruttopreis
7				
8	Recycling Standard	15,00 €	2,85 €	17,85 €
9	Recycling Hell	16,50 €	3,14 €	19,64 €
10	Weiß Normal	17,00 €	3,23 €	20,23 €
11	Weiß Spezial	19,00 €	3,61 €	22,61 €

	A	B	C	D
1	Verkaufspreise für Kopierpapier			
2				
3	Umsatzsteuersatz:	0,19		
4				
5				
6	Produkt	Nettopreis	Umsatzsteuer	Bruttopreis
7				
8	Recycling Standard	15	=B8*$B$3	=B8+C8
9	Recycling Hell	16,5	=B9*$B$3	=B9+C9
10	Weiß Normal	17	=B10*$B$3	=B10+C10
11	Weiß Spezial	19	=B11*$B$3	=B11+C11

Merke

Ist ein Feld innerhalb einer Formel in Prozent formatiert (%), so wird das Rechenergebnis der Formel immer durch 100 dividiert.

Um die Umsatzsteuer und den Bruttopreis zu berechnen, wird die Formel zur Berechnung des Prozentwertes genutzt. Übertragen auf die Begriffe des Umsatzsteuerrechts lautet die Formel:

$$\frac{\text{Netto(preis)} \cdot \text{Umsatzsteuersatz}}{100} = \text{Umsatzsteuer}$$

In der Tabelle befinden sich die Formeln zur Berechnung der Umsatzsteuer in den Feldern C8 bis C11. Sie weisen zwei Besonderheiten auf:

■ Prozentformatierung

Die Formeln in den Feldern C8 bis C11 enthalten keine Division durch 100. Sie kann entfallen, da der Umsatzsteuersatz in Feld B3 in Prozent (%) formatiert ist.

Rechenarten zur Preisermittlung und Kalkulation beherrschen

■ Absolute Adressierung

In den Formeln taucht mehrfach ein $-Zeichen auf.

Standardmäßig „betrachtet" ein Tabellenkalkulationsprogramm alle Formeln in Beziehung zu ihren Nachbarfeldern. So lautet die Rechenformel für das Feld C8 = B8*B3. Das Tabellenkalkulationsprogramm „interpretiert" aber die Formel in Feld C8:

= (Wert 1 Feld nach links) * (Wert 1 Feld nach links und 5 Felder nach oben)

Dies wird deutlich, wenn die Formel aus dem Feld C8 in das Feld C9 übertragen wird. Es erscheint der Wert 0, da die Formel nun lautet B9 * B4. Grund ist, dass das Feld B4, ausgehend vom Feld C9 (1 Feld nach links und 5 Felder nach oben liegt). Da das Programm standardmäßig alle in den Formeln genannten Felder in Beziehung bzw. Relation zu dem Ort der Formel setzt, wird dies auch als relative Adressierung bezeichnet.

Um zu erreichen, dass das Programm von diesem Verfahren abweicht, muss das entsprechende Feld B3 in der Formel entsprechend gekennzeichnet werden. Dies geschieht durch die Ergänzung mit den beiden Dollar-Zeichen ($). Als Folge wird durch das Ausfüllen bzw. Kopieren der Formeln aus dem Feld C8 in die Felder C9 bis C11 der Feldbezug B3 nicht geändert. Dies wird als absolute Adressierung bezeichnet.

> **Merke**
>
> Die Unterscheidung relative und absolute Adressierung gibt es auch bei Wegbeschreibungen. Angenommen Sie sind in einer Stadt unterwegs und werden plötzlich nach dem Weg zum Rathaus gefragt. Die Beschreibung (erste Straße links, zweite rechts usw.) ist eine relative, denn sie ist nur von Ihrem derzeitigen Standort aus richtig. Dagegen ist der Hinweis „Hauptstr. 79" eine absolute Adressierung, denn diese Beschreibung ist innerhalb der gesamten Stadt korrekt.

3.2.2 Berechnung des Prozentsatzes

■ Rechenweg für die Berechnung des Prozentsatzes

Für die Berechnung des Prozentsatzes gilt das bekannte Beispiel.

1. Ausgangssituation

Es ist bekannt:
Grundwert: 200; Prozentwert: 38
Gesucht wird: Prozentsatz

2. Reduzierung auf eine Einheit

Auch hier ist wieder Grundlage die Überlegung, dass Prozent ein Hundertstel (1/100) des Grundwertes ist. Folglich wird wieder der Grundwert (200) durch 100 dividiert:

$$\frac{200}{100} = 2$$

Das Ergebnis (2) ist natürlich wieder 1 % des Grundwertes.

3. Vielfachheit berechnen

Der folgende Schritt basiert auf der Überlegung, dass der Prozentwert (38) das x-fache der Menge von 1 % ist. Folglich wird der Prozentwert (38) durch das Ergebnis für 1 % (2) dividiert:

$$\frac{38}{2} = 19$$

LERNFELD 3

Aufträge bearbeiten

Beide Rechenschritte lassen sich zusammenfassen.

Die Formel lautet dann: $\dfrac{38}{\frac{200}{100}}$

Diese Formel lässt sich auch vereinfachen:

Bekanntlich wird eine Formel mit einem Doppelbruch (jeweils ein Bruch im Zähler und Nenner) dadurch aufgelöst, dass der Bruch im Zähler mit dem Kehrwert (Zähler und Nenner werden vertauscht) des Bruchs im Nenner multipliziert wird. Die Formel lautet dann:

$$38 \cdot \dfrac{100}{200} \quad \text{bzw.} \quad \dfrac{38 \cdot 100}{200} = 19$$

Allgemein lautet die Formel zur Berechnung des **Prozentsatzes**:

$$\dfrac{\text{Prozentwert} \cdot 100}{\text{Grundwert}} = \text{Prozentsatz}$$

■ Berechnung des Prozentsatzes mit einem Tabellenkalkulationsprogramm

Beispiel

Für einen Kunden werden bei der Bürobedarf Müngsten GmbH vier Artikel zusammengestellt. Durch eine unvollständige Beschriftung der Lagerregale sind nur Nettopreise und die Umsatzsteuer bekannt, der zugrunde liegende Umsatzsteuersatz fehlt an der Regalbeschriftung. Auch hier erfolgt die Darstellung in einer Tabelle (Normal- und Formelansicht).

Merke

Wenn das Rechenergebnis in Prozent formatiert ist, bewirkt die Formatierung eine Multiplikation mit 100.

LERNFELD 3

	A	B	C	D
1	Zusammenstellung für Kunde XY			
2				
3				
4	Produkt	Nettopreis	Umsatz-steuer	Prozentsatz
5				
6	Locher	8,00 €	1,52 €	19%
7	Zeitschrift: "Ergonomie aktuell"	7,00 €	0,49 €	7%
8	Buch: "DIN 5008"	20,00 €	1,40 €	7%
9	Schreibtischlampe	65,00 €	12,35 €	19%

	A	B	C	D
1	Zusammenstellung für Kunde XY			
2				
3				
4	Produkt	Nettopreis	Umsatzsteuer	Prozentsatz
5				
6	Locher	8	1,52	=C6/B6
7	Zeitschrift: "Ergonomie aktuell"	7	0,49	=C7/B7
8	Buch: "DIN 5008"	20	1,4	=C8/B8
9	Schreibtischlampe	65	12,35	=C9/B9

3.2.3 Berechnung des Grundwertes

■ Rechenweg für die Berechnung des Grundwertes

Auch für die Berechnung des Grundwertes dient abermals das bekannte Beispiel.

1. Ausgangssituation

In der Ausgangslage sind also bekannt:

Prozentsatz: 19 %; Prozentwert: 38

Gesucht wird: Grundwert

Rechenarten zur Preisermittlung und Kalkulation beherrschen

2. Reduzierung auf eine Einheit

Es ist bekannt, dass 19 Hundertstel (19/100) bzw. (19 %) einem Prozentwert von 38 entsprechen.

Wird der Prozentwert (38) durch den Prozentsatz (19) dividiert, erhält man wieder den Wert für ein Hundertstel (1/100) bzw. 1 % des Grundwertes:

$$\frac{38}{19} = 2$$

3. Vielfachheit berechnen

Da das Ergebnis (2) nun ein Hundertstel (bzw. 1 %) des Grundwertes entspricht, ist im folgenden Schritt die Multiplikation mit 100 erforderlich, um den Grundwert zu erhalten:

$$2 \cdot 100 = 200$$

Die **zusammengefasste Formel** lautet folglich:

$$\frac{38}{19} \cdot 100 = 200$$

Allgemein lautet die Formel zur Berechnung des **Grundwertes**:

$$\frac{\text{Prozentwert}}{\text{Prozentsatz}} \cdot 100 = \text{Grundwert}$$

■ Berechnung des Grundwertes mit einem Tabellenkalkulationsprogramm

Beispiel

Herr Kemnade, Leiter des Fuhrparks der Bürobedarf Müngsten GmbH, hat auf Anweisung der Geschäftsleitung in den vergangenen Tagen bei einem Autozubehörhandel mehrere Kleinteile für den Fuhrpark des Unternehmens gekauft. Im Einzelnen: einen Satz Scheibenwischerblätter für 31,90 €, ein Enteisungsspray für 4,50 €, 1 l Motorenöl für 12,97 € und einen Verbandskasten für 17,85 €. Für den Kauf der Kleinteile erhielt Herr Kemnade jeweils eine Kleinbetragsrechnung. Da diese Rechnungen nur den Bruttobetrag und den Umsatzsteuersatz (hier 19 %) ausweist, muss die Umsatzsteuer noch ermittelt werden. Zur besseren Übersichtlichkeit sollen die Beträge tabellarisch aufgelistet und auch der Nettobetrag berechnet werden.

Tipp

Rechnungen bis 150,00 € brutto dürfen als Kleinbetragsrechnung (Rechnung für Kleinbetrag) ausgestellt werden. Diese Rechnungen enthalten im Wesentlichen nur die vollständigen Angaben des Lieferanten, die Menge und die Artikelbezeichnung, die Bruttobeträge, den Umsatzsteuersatz und das Ausstellungsdatum. Sie muss **keine** Angaben zum Rechnungsempfänger enthalten. **Ferner darf die separate Angabe der Nettobeträge und der Umsatzsteuer fehlen.**

LERNFELD 3

	A	B	C	D
1	Aufstellung der Kleinbetragsrechnungen			
2				
3	Umsatzsteuersatz:		19	
4				
5				
6	Produkt	Bruttopreis	Umsatzsteuer	Nettopreis
7				
8	1 Satz Scheibenwischerblätter	31,90 €	5,09 €	26,81 €
9	1 Enteisungsspray	4,50 €	0,72 €	3,78 €
10	1 l Motorenöl	12,97 €	2,07 €	10,90 €
11	1 Verbandskasten	17,85 €	2,85 €	15,00 €
12				

Tipp

Alle folgenden Erläuterungen zu den Rechenwegen beziehen sich auf den Satz Scheibenwischerblätter in Zeile 8 der Tabellen. Der Umsatzsteuersatz in Feld B3 ist ausnahmsweise **nicht** in Prozent formatiert.

229

Aufträge bearbeiten

Bei der obigen Berechnung entspricht der Nettopreis dem Grundwert. Wäre ferner die Umsatzsteuer von 5,09 € bei den Scheibenwischern bekannt, ließe sich mit dem Rechenweg

$$\frac{5{,}09}{19} \cdot 100$$

der Nettobetrag bzw. Grundwert von 26,81 € für den Satz Scheibenwischerblätter berechnen.

	A	B	C	D
1		Aufstellung der Kleinbetragsrechnungen		
2				
3	Umsatzsteuersatz:	19		
4				
5				
6	Produkt	Bruttopreis	Umsatzsteuer	Nettopreis
7				
8	1 Satz Scheibenwischerblätter	31,9	=B8/(100+$B$3)*$B$3	=B8/(100+$B$3)*1
9	1 Enteisungsspray	4,5	=B9/(100+$B$3)*$B$3	=B9/(100+$B$3)*1
10	1 l Motorenöl	12,97	=B10/(100+$B$3)*$B$3	=B10/(100+$B$3)*
11	1 Verbandskasten	17,85	=B11/(100+$B$3)*$B$3	=B11/(100+$B$3)*
12				

Abweichend von der Berechnung im vorhergehenden Abschnitt ist jedoch nicht der Prozentwert (=Umsatzsteuer) gegeben, sondern der Bruttobetrag.

Der Bruttobetrag ist wie bereits erläutert die Summe aus Nettopreis und Umsatzsteuer bzw. Grundwert (entsprechend 100 %) und dem Prozentwert (entsprechend 19 %).

Als Konsequenz muss der Bruttobetrag durch 119 statt durch 19 dividiert werden. Da ferner der Umsatzsteuersatz von 19 im Feld B3 eingetragen ist und auf diesen Bezug genommen werden soll, steht im Nenner der genutzten Formel 100+B3 (statt 119).

(Das nicht ausgewiesene Zwischenergebnis dieses Rechenschritts lautet 0,26806 und ist damit 1% des Grundwertes bzw. Nettopreises.)

Zum Erhalt des Nettopreises (Spalte D) muss anschließend mit 100 multipliziert werden. Zum Erhalt der Umsatzsteuer (Spalte C) mit 19.

Formatierung in Prozent

	A	B	C	D
1		Aufstellung der Kleinbetragsrechnungen		
2				
3	Umsatzsteuersatz:	0,19		
4				
5				
6	Produkt	Bruttopreis	Umsatzsteuer	Nettopreis
7				
8	1 Satz Scheibenwischerblätter	31,9	=B8/(1+$B$3)*$B$3	=B8/(1+$B$3)
9	1 Enteisungsspray	4,5	=B9/(1+$B$3)*$B$3	=B9/(1+$B$3)
10	1 l Motorenöl	12,97	=B10/(1+$B$3)*$B$3	=B10/(1+$B$3)
11	1 Verbandskasten	17,85	=B11/(1+$B$3)*$B$3	=B11/(1+$B$3)
12				

Auch hier soll der Umsatzsteuersatz in Feld B3 in Prozent formatiert werden. Durch die zwangsweise Division durch 100 bei der Prozentformatierung ändern sich auch bei dieser Tabelle die Formeln (hier nur Formelansicht, da die Rechenergebnisse unverändert bleiben):

Bei einem Vergleich der Formelansichten ohne und mit Prozentformatierung fällt auf, dass **der Wert im Feld B3** in der Formelansicht **ohne Prozentformatierung 19** lautet, in der **Formelansicht mit Prozentformatierung 0,19**.

Daher wird die Division nun so geändert, dass der Bruttobetrag statt wie vorher durch 119, nun durch 1,19 (1+B3) dividiert wird. Da 1,19 ein Hundertstel (1/100) des bisherigen Divisors 119 ist, lautet das Rechenergebnis 26,806 (statt wie bisher 0,26806). Es ist folglich nicht mehr 1 % des Grundwertes bzw. Nettopreises, sondern 100 % des Grundwertes bzw. Nettopreises.

Damit entfällt auch in Spalte D die bisher anschließende Multiplikation mit dem Wert 100.

Um den Wert der Umsatzsteuer in Spalte C zu erhalten, wird der berechnete Grundwert (Nettopreis) mit dem Wert 0,19 aus Feld B3 multipliziert.

3.3 Preisberechnung und Preiskalkulation von Angeboten

Beispiel

Jan Bürgel erhält eine telefonische Anfrage. Der Versicherungsagent Klaus Lohse interessiert sich für einen Multifunktionsdrucker mit den zusätzlichen Funktionen Kopieren, Scannen und Faxen. Aufgrund eines Fachberichts bittet er um ein Angebot für das Modell DKS 300. Da er das Gerät in der Sortimentsliste nicht finden kann, fragt er seine Vorgesetzte Ingrid Berg. „Kein Wunder", entgegnet sie ihm. „Das Gerät ist erst seit zwei Wochen auf dem Markt. Der Verkaufspreis muss noch kalkuliert werden."

3.3.1 Positionen der Handelskalkulation

Eine wichtige Grundlage für die Preisgestaltung und die Berechnung der Preisuntergrenze eines Artikels ist die Handelskalkulation. Die Kalkulation berücksichtigt dabei nicht nur den Einkaufspreis und den zu erzielenden Gewinn, sondern diverse weitere Faktoren. Sie ist nach folgendem Schema aufgebaut:

	Position	Beschreibung
	Listeneinkaufspreis	Preis, den der Lieferant für den zu beschaffenden Artikel berechnet.
−	Lieferantenrabatt	Rabatt als Prozentsatz, den uns der Lieferant gewährt. Er wird vom Listeneinkaufspreis abgezogen.
=	Zieleinkaufspreis	
−	Lieferantenskonto	Prozentsatz, den der Lieferant bei schneller Bezahlung gewährt. Es wird vom Zieleinkaufspreis abgezogen.
=	Bareinkaufspreis	
+	Bezugskosten	Kosten für Fracht und Verpackung, die der Lieferant berechnet. Sie werden zu dem Bareinkaufspreis addiert.
=	Bezugspreis/Einstandspreis	
+	Handlungskostenzuschlag	Prozentsatz, der die anteiligen Kosten für Miete, Personalkosten, Versicherungsprämien usw. enthält. Grundlage ist ein Prozentsatz, der zu dem Bezugspreis addiert wird.
=	Selbstkostenpreis	
+	Gewinnzuschlag	Der Gewinnzuschlag ist der Prozentsatz, der zu dem Selbstkostenpreis addiert wird.
=	Barverkaufspreis	

Tipp

Die Berechnung des Prozentsatzes für den Handlungskostenzuschlag wird in Lernfeld 10 erläutert.

Aufträge bearbeiten

+	Kundenskonto	Prozentsatz, der dem Kunden für eine schnelle Bezahlung der Rechnung gewährt wird und zu dem Barverkaufspreis addiert wird.
=	Zielverkaufspreis	
+	Kundenrabatt	Prozentsatz, der dem Kunden gewährt wird. Er wird zu dem Zielverkaufspreis addiert.
=	Listenverkaufspreis/ Nettoverkaufspreis	
+	Umsatzsteuer	Der Umsatzsteuersatz beträgt derzeit 19 % bzw. 7 %.
=	Bruttoverkaufspreis	

Die Handelskalkulation berücksichtigt:

→ Alle Kosten und Nachlässe, die bis zum Erhalt des Artikels vom Lieferanten entstehen. (Positionen vom Listeneinkaufspreis bis zum Bezugspreis/Einstandspreis)

→ Die weiteren Kosten (Handlungskostenzuschlag) und den Gewinn, die im eigenen Unternehmen entstehen. (Positionen vom Bezugs-/Einstandspreis bis zum Barverkaufspreis)

→ Die dem Kunden gewährten Nachlässe für Rabatt und Skonto. (Positionen vom Barverkaufspreis bis zum Listenverkaufspreis/Nettoverkaufspreis)

→ Die dem Kunden berechnete Umsatzsteuer. (Position vom Listenverkaufspreis/ Nettoverkaufspreis bis zum Bruttoverkaufspreis)

3.3.2 Berechnungen der Handelskalkulation

Beispiel

„Nun", meint Frau Berg zu Jan Bürgel. „Ich gebe Ihnen einmal die Prozentsätze. Den Listeneinkaufspreis und die Bezugskosten können Sie von unserem Lieferanten telefonisch erfragen. Beachten Sie aber, dass die Prozentsätze teilweise von Hundert, teilweise in Hundert berechnet werden."

Jan telefoniert mit dem Lieferanten. Er nennt ihm 220,00 € als Listeneinkaufspreis. Der vom Lieferanten gewährte Rabatt beträgt 10 %, das Skonto 2 %.

Der Handlungskostenzuschlag beträgt laut Frau Berg 30 %, der Gewinnzuschlag 25 %. Dem Kunden werden ein Skontoabzug von 3 % und ein Rabatt von 5 % gewährt.

Rechenarten zur Preisermittlung und Kalkulation beherrschen

Aufgrund der Angaben ergibt sich folgende Berechnung:

		Betrag	Rechenweg	Berechnungs-grundlage
	Listeneinkaufspreis	220,00 €		
−	Lieferantenrabatt 10 %	22,00 €	$\dfrac{220}{100} \cdot 10$	Von Hundert
=	Zieleinkaufspreis	198,00 €		
−	Lieferantenskonto 2 %	3,96 €	$\dfrac{198}{100} \cdot 2$	Von Hundert
=	Bareinkaufspreis	194,04 €		
+	Bezugskosten	15,00 €		
=	Bezugspreis/Einstandspreis	209,04 €		
+	Handlungskostenzuschlag 30 %	62,71 €	$\dfrac{209,04}{100} \cdot 30$	Von Hundert
=	Selbstkostenpreis	271,75 €		
+	Gewinnzuschlag 25 %	67,94 €	$\dfrac{271,75}{100} \cdot 25$	Von Hundert
=	Barverkaufspreis	339,69 €		
+	Kundenskonto 3 %	10,51 €	$\dfrac{339,69}{(100-3)} \cdot 3$ bzw. $\dfrac{339,69}{97} \cdot 3$	In Hundert
=	Zielverkaufspreis	350,20 €		
+	Kundenrabatt 5 %	18,43 €	$\dfrac{350,20}{(100-5)} \cdot 5$ bzw. $\dfrac{350,20}{95} \cdot 5$	In Hundert
=	Listenverkaufspreis/ Nettoverkaufspreis	368,63 €		
+	Umsatzsteuer 19 %	70,04 €	$\dfrac{368,63}{100} \cdot 19$	Von Hundert
=	Bruttoverkaufspreis	438,67 €		

Rechenweg des Lieferanten (Handels)

Rechenweg des Kunden

LERNFELD 3

Aufträge bearbeiten

3.3.3 Berechnung des Kundenskontos und des Kundenrabatts

Wie aus der Kalkulation ersichtlich, wird das Kundenskonto und der Kundenrabatt **in Hundert** (statt **von Hundert**) gerechnet, um **dem Kunden** eine bequeme Berechnung zu ermöglichen. Dem Kunden wird der Listenverkaufspreis (368,63 €) genannt. Ihm wird ein Rabatt von 5 % und ein Skonto von 3 % gewährt. Aufgrund dieser Angaben führt der Kunde folgende Berechnung durch:

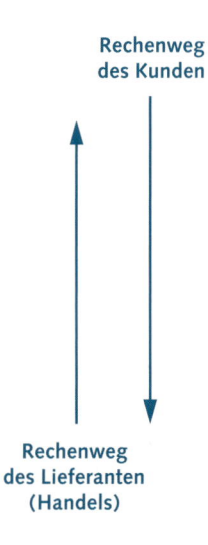

Rechenweg des Kunden ↑↓

Rechenweg des Lieferanten (Handels) ↑

		Betrag	Rechenweg	Berechnungsgrundlage
	Listeneinkaufspreis	368,63 €		
−	Lieferantenrabatt 5 %	18,43 €	$\frac{368,63}{100} \cdot 5$	Von Hundert
=	Zieleinkaufspreis	350,20 €		
−	Lieferantenskonto 3 %	10,51 €	$\frac{350,20}{100} \cdot 3$	Von Hundert
=	Bareinkaufspreis	339,69 €		

Aufgrund seiner Berechnung stellt **der Kunde** fest, dass ihn der Multifunktionsdrucker 339,69 € netto kostet, wenn er den Rabatt und das Skonto abzieht.

Vergleicht man nun diese Berechnung mit den entsprechenden Schritten der oben genannten Handelskalkulation, fällt auf, dass der Kunde „rückwärts" rechnet (vgl. jeweilige Pfeile am rechten Textrand). Dieser Rechenweg bedeutet, dass **der Kunde von Hundert** rechnet. Betrachtet man den Rechenschritt zwischen Listeneinkaufspreis und Zieleinkaufspreis ergibt sich: Basierend auf den Listeneinkaufspreis von 368,63 € (= 100 %), zieht der Kunde 5 % Rabatt ab, um den Zieleinkaufspreis von 350,20 € (= 100 % − 5 % = 95 %) zu ermitteln.

Für die **Kalkulation des Lieferanten** hat das zur Folge, dass er die Rechenschritte seines Kunden vorwegnimmt. Seine Rechenschritte bei Rabatt und Skonto basieren auf den Rechenergebnissen, die später der Kunde ermittelt. Das heißt, dass bei diesen Schritten **der Lieferant in Hundert** rechnen muss. Er kennt bei Beginn seiner Kalkulation nur den Zieleinkaufspreis (350,20 €). Dieser Preis ist 100 % − 5 % = 95 % des Listeneinkaufspreises.

Rechenweg des Lieferanten (Handels) ↑

Rechenweg des Kunden ↓

Zur Verdeutlichung dient folgender Ausschnitt aus der Handelskalkulation, der um Prozentsätze ergänzt wurde:

=	Zielverkaufspreis		350,20 €	95 %
−	Kundenrabatt 5 %		18,43 €	5 %
=	Listenverkaufspreis/Nettoverkaufspreis		368,63 €	100 %

Da der Zielverkaufspreis in der Handelskalkulation 95 % ist, erfolgt die **Berechnung des Kundenrabatts bei der Handelskalkulation des Lieferanten**:

$$\frac{350,20}{95} \cdot 5$$

Rechenarten zur Preisermittlung und Kalkulation beherrschen

Da der Listenverkaufspreis für den Kunden „sein" Listeneinkaufspreis ist, erfolgt die **Berechnung** des Kundenrabatts **durch den Kunden**:

$$\frac{368{,}63}{100} \cdot 5$$

Aus beiden Berechnungen resultiert der Kundenrabatt von 18,43 €.

3.3.4 Nutzung eines Tabellenkalkulationsprogramms zur Durchführung der Handelskalkulation

Aufgrund zahlreicher Berechnungen, die sich bei der Kalkulation weiterer Produkte wiederholen, ist es sinnvoll, für die Durchführung der Handelskalkulation ein Tabellenkalkulationsprogramm zu nutzen.

Das obige Beispiel wird in eine Tabellenkalkulation übertragen (Normal- und Formelansicht):

Beispiel

Mit einer ähnlichen Problematik war der deutsche Ingenieur Konrad Zuse (1910 – 1995) in den 1930er Jahren konfrontiert. Die Durchführung statischer Berechnungen bedeutete für ihn umfangreiche und stetig wiederkehrende Rechenarbeit, lediglich mit jeweils anderen Zahlen. Um sich diese Arbeit zu erleichtern, entwickelte er den ersten Computer.

	A	B	C
1	Handelskalkulation		
2			
3			Produkt
4			
5	Verkaufsbezeichnung:		DKS 300
6	Produktfunktionen:		Drucken, Kopieren, Scannen, Fax
7			
8	Listeneinkaufspreis		220,00 €
9	- Lieferantenrabatt	10%	22,00 €
10	= Zieleinkaufspreis		198,00 €
11	- Lieferantenskonto	2%	3,96 €
12	= Bareinkaufspreis		194,04 €
13	+ Bezugskosten	15,00 €	15,00 €
14	= Bezugspreis/Einstandspreis		209,04 €
15	+ Handlungskostenzuschlag	30%	62,71 €
16	= Selbstkostenpreis		271,75 €
17	+ Gewinnzuschlag	25%	67,94 €
18	= Barverkaufspreis		339,69 €
19	+ Kundenskonto	3%	10,51 €
20	= Zielverkaufspreis		350,20 €
21	+ Kundenrabatt	5%	18,43 €
22	= Listenverkaufspreis/Nettoverkaufspreis		368,63 €
23	+ Umsatzsteuer	19%	70,04 €
24	= Bruttoverkaufspreis		438,67 €
25			

	A	B	C
1	Handelskalkulation		
2			
3			Produkt
4			
5	Verkaufsbezeichnung:		DKS 300
6	Produktfunktionen:		Drucken, Kopieren, Scannen, Fax
7			
8	Listeneinkaufspreis		220
9	- Lieferantenrabatt	0,1	=C8*$B$9
10	= Zieleinkaufspreis		=C8-C9
11	- Lieferantenskonto	0,02	=C10*$B$11
12	= Bareinkaufspreis		=C10-C11
13	+ Bezugskosten	15	=$B$13
14	= Bezugspreis/Einstandspreis		=C12+C13
15	+ Handlungskostenzuschlag	0,3	=C14*B15
16	= Selbstkostenpreis		=C14+C15
17	+ Gewinnzuschlag	0,25	=C16*B17
18	= Barverkaufspreis		=C16+C17
19	+ Kundenskonto	0,03	=C18/(1-B19)*B19
20	= Zielverkaufspreis		=C18+C19
21	+ Kundenrabatt	0,05	=C20/(1-B21)*B21
22	= Listenverkaufspreis/Nettoverkaufspreis		=C20+C21
23	+ Umsatzsteuer	0,19	=C22*B23
24	= Bruttoverkaufspreis		=C22+C23
25			

LERNFELD 3

Aufträge bearbeiten

Alle Prozentsätze werden separat in der Spalte B aufgeführt. Bei einer später erforderlichen Neuberechnung aufgrund geänderter bzw. aktualisierter Prozentsätze ist die Eingabe der neuen Sätze in Spalte B ausreichend. Da die Texteingaben in den Feldern A8 bis A24 mit einem Rechenzeichen beginnen, sind sie als Text zu formatieren (*Markieren – rechte Maustaste – Zellen formatieren*). Andernfalls erscheint eine Fehlermeldung, da das Tabellenkalkulationsprogramm im Anschluss an ein Rechenzeichen eine Formel erwartet. Die prozentualen Berechnungen der Spalte C nehmen Bezug auf die Prozentsätze in Spalte B. Bei den Berechnungen **in Hundert** wird auch der Divisor (Zahlenwert unterhalb des Bruchstrichs) mit Bezug auf Spalte B berechnet, da dieser Wert abhängig vom Prozentsatz in Spalte B ist. Beispielsweise **würde ohne Prozentformatierung in Spalte B** die Berechnung des Kundenskontos in Feld C19 durch 100 − 3 = 97 dividiert. Würde das Kundenskonto auf 2 % geändert, müsste die Division durch 100 − 2 = 98 erfolgen.

Da in der **Spalte B die Werte in Prozent formatiert sind**, sind auch die Formeln entsprechend anzupassen. Als Konsequenz entfällt bei allen prozentualen Berechnungen mit **von Hundert** in Spalte B die Division durch 100.

Bei den Berechnungen **in Hundert** wird die Division ebenfalls angepasst. Wurde der Kundenrabatt (Feld C21) in Höhe von 18,43 € **ohne** prozentuale Formatierung durch die Formel 350,20 /95 · 5 berechnet, lautet die Berechnung **mit Prozentformatierung** 350,20 / 0,95 · 0,05.

■ Erweiterung der Handelskalkulation mit absoluter Zelladressierung

Beispiel

„So", meint Frau Berg zu Jan, „da Sie die Handelskalkulation in eine Tabellenkalkulation übertragen haben, können Sie gleich zwei weitere Geräte kalkulieren. Unser Lieferant bietet uns einen Laserdrucker mit Farbdruckmöglichkeit und einen mobilen Drucker an, die ich gerne in unser Sortiment aufnehmen möchte. Der Farblaserdrucker FL 430 hat einen Listeneinkaufspreis von 140,00 €, der mobile Drucker MODU 185 von 135,00 €. Die Lieferkonditionen sind unverändert."

Tipp

Führen Sie die Änderung in die absolute Adressierung sorgfältig durch. Bei fehlerhaften oder unvollständigen Eingaben zeigt Ihnen das Programm **trotzdem** ein Ergebnis. Dies ist jedoch falsch und nur bei manueller Kontrolle erkennbar!

Soll die Kalkulation weiterer Geräte erfolgen, zeigt sich deutlich der Nutzen eines Tabellenkalkulationsprogramms. Wie in der folgenden Abbildung ersichtlich, wird die Tabelle um die beiden Geräte erweitert. Es erfolgt jedoch nur die Eingabe der beiden Listeneinkaufspreise in Zeile 8. Alle übrigen Zahlenwerte werden durch das Programm berechnet, nachdem die Formeln aus Spalte C in die Spalten D und E kopiert wurden.

Um die Formeln entsprechend zu kopieren, ist es notwendig, alle Bestandteile der Formeln, die sich auf die Spalte B beziehen, absolut ($-Zeichen) zu setzen.

Rechenarten zur Preisermittlung und Kalkulation beherrschen

	A	B	C	D	E
1			Handelskalkulation		
2					
3			Produkt		
4					
5	Verkaufsbezeichnung:		DKS 300	FL 430	MODU 185
6	Produktfunktionen:		Drucken, Kopieren, Scannen, Fax	Drucken, Farbe	Drucken, mobiler Drucker
7					
8	Listeneinkaufspreis		220,00 €	140,00 €	135,00 €
9	- Lieferantenrabatt	10%	22,00 €	14,00 €	13,50 €
10	= Zieleinkaufspreis		198,00 €	126,00 €	121,50 €
11	- Lieferantenskonto	2%	3,96 €	2,52 €	2,43 €
12	= Bareinkaufspreis		194,04 €	123,48 €	119,07 €
13	+ Bezugskosten	15,00 €	15,00 €	15,00 €	15,00 €
14	= Bezugspreis/Einstandspreis		209,04 €	138,48 €	134,07 €
15	+ Handlungskostenzuschlag	30%	62,71 €	41,54 €	40,22 €
16	= Selbstkostenpreis		271,75 €	180,02 €	174,29 €
17	+ Gewinnzuschlag	25%	67,94 €	45,01 €	43,57 €
18	= Barverkaufspreis		339,69 €	225,03 €	217,86 €
19	+ Kundenskonto	3%	10,51 €	6,96 €	6,74 €
20	= Zielverkaufspreis		350,20 €	231,99 €	224,60 €
21	+ Kundenrabatt	5%	18,43 €	12,21 €	11,82 €
22	= Listenverkaufspreis/Nettoverkaufspreis		368,63 €	244,20 €	236,42 €
23	+ Umsatzsteuer	19%	70,04 €	46,40 €	44,92 €
24	= Bruttoverkaufspreis		438,67 €	290,60 €	281,34 €
25					

LERNFELD 3

	A	B	C	D	E
1			Handelskalkulation		
2					
3			Produkt		
4					
5	Verkaufsbezeichnung:		DKS 300	FL 430	MODU 185
6	Produktfunktionen:		Drucken, Kopieren, Scannen, Fax	Drucken, Farbe	Drucken, mobiler Drucker
7					
8	Listeneinkaufspreis		220	140	135
9	- Lieferantenrabatt	0,1	=C8*$B$9	=D8*$B$9	=E8*$B$9
10	= Zieleinkaufspreis		=C8-C9	=D8-D9	=E8-E9
11	- Lieferantenskonto	0,02	=C10*$B$11	=D10*$B$11	=E10*$B$11
12	= Bareinkaufspreis		=C10-C11	=D10-D11	=E10-E11
13	+ Bezugskosten	15	=$B$13	=$B$13	=$B$13
14	= Bezugspreis/Einstandspreis		=C12+C13	=D12+D13	=E12+E13
15	+ Handlungskostenzuschlag	0,3	=C14*$B$15	=D14*$B$15	=E14*$B$15
16	= Selbstkostenpreis		=C14+C15	=D14+D15	=E14+E15
17	+ Gewinnzuschlag	0,25	=C16*$B$17	=D16*$B$17	=E16*$B$17
18	= Barverkaufspreis		=C16+C17	=D16+D17	=E16+E17
19	+ Kundenskonto	0,03	=C18/(1-$B$19)*$B$19	=D18/(1-$B$19)*$B$19	=E18/(1-$B$19)*$B$19
20	= Zielverkaufspreis		=C18+C19	=D18+D19	=E18+E19
21	+ Kundenrabatt	0,05	=C20/(1-$B$21)*$B$21	=D20/(1-$B$21)*$B$21	=E20/(1-$B$21)*$B$21
22	= Listenverkaufspreis/Nettoverkaufspreis		=C20+C21	=D20+D21	=E20+E21
23	+ Umsatzsteuer	0,19	=C22*$B$23	=D22*$B$23	=E22*$B$23
24	= Bruttoverkaufspreis		=C22+C23	=D22+D23	=E22+E23
25					

Aufträge bearbeiten

3.3.5 Zusammenfassung und Aufgaben

Zusammenfassung

Dreisatzrechnung mit geradem bzw. direktem Verhältnis

Eine Aufgabe, die mit Dreisatzrechnung lösbar ist, beginnt meistens mit der **Aussage** über den Zusammenhang zweier Größen A und B mit Zahlenwerten.

40 Kartons Kopierpapier kosten 680,00 €.
Bei 16 Seiten pro Minute wird ein Druckauftrag in 27 Minuten ausgeführt.

Es wird gefragt, wie sich der **Zahlenwert** einer Größe B ändert, wenn sich eine Änderung der anderen Größe A auf einen (neuen) Zahlenwert ergibt.

Wie viel kosten 6 Kartons Kopierpapier?
Wie viele Minuten benötigt ein Drucker mit 18 Seiten pro Minute für den Auftrag?

Bewirkt die Änderung der ersten Größe A in eine Richtung auch die Änderung der anderen Größe B in die gleiche Richtung (wird A größer, wird auch B größer und umgekehrt): **gerades bzw. direktes Verhältnis**.

Je größer die Menge Kopierpapier (Kartons) ist, desto größer ist der Preis.

1. Schritt: Division, um eine Einheit zu berechnen

$$\frac{680,00 \text{ €}}{40 \text{ Kartons}} = 17,00 \text{ € je Karton}$$

2. Schritt: Multiplikation mit der neuen Größe

$17,00 \text{ € je Karton} \cdot 6 \text{ Kartons} = 102,00 \text{ €}$

Beide Schritte lassen sich zusammenfassen:

$$\frac{680,00 \text{ €}}{40 \text{ Kartons}} \cdot 6 \text{ Kartons} = 102,00 \text{ €}$$

Dreisatz ↑↑ gerade direkt

Dreisatzrechnung mit ungeradem bzw. indirektem Verhältnis

Bewirkt die Änderung der ersten Größe A in eine Richtung eine Änderung der Größe B in die entgegengesetzte Richtung (wird A größer, wird B kleiner und umgekehrt): **ungerades bzw. indirektes Verhältnis**.

Je größer die Seitendruckleistung pro Minute ist, desto geringer ist die Minutenzahl für den Druckauftrag.

1. Schritt: Multiplikation mit den Zahlenwerten der Anfangsaussage

$16 \text{ Seiten pro Minute} \cdot 27 \text{ Minuten} = 432 \text{ Seiten}$

2. Schritt: Division des Ergebnisses von Schritt 1 durch den geänderten Zahlenwert A

$$\frac{432 \text{ Seiten}}{18 \text{ Seiten pro Minute}} = 24 \text{ Minuten}$$

Beide Schritte lassen sich zusammenfassen:

$$\frac{16 \text{ Seiten pro Minute} \cdot 27 \text{ Minuten}}{18 \text{ Seiten pro Minute}} = 24 \text{ Minuten}$$

Dreisatz ↑↓ ungerade indirekt

Rechenarten zur Preisermittlung und Kalkulation beherrschen

Prozentrechnung

Die **Prozentrechnung** basiert auf den drei Größen: Grundwert, Prozentsatz und Prozentwert

Der **Prozentwert** wird berechnet durch die Formel: $\dfrac{\text{Grundwert} \cdot \text{Prozentsatz}}{100}$

Der **Prozentsatz** wird berechnet durch die Formel: $\dfrac{\text{Prozentwert} \cdot 100}{\text{Grundwert}}$

Der **Grundwert** wird berechnet durch die Formel: $\dfrac{\text{Prozentwert}}{\text{Prozentsatz}} \cdot 100$

Handelskalkulation

Der Verkaufspreis eines Produkts lässt sich durch die **Handelskalkulation** berechnen.

In der Handelskalkulation wird Folgendes berücksichtigt:

- vom **Lieferanten**: Bezugspreis, gewährter Rabatt, Skonto und Bezugskosten
- vom **eigenen Unternehmen**: Handlungskosten und Gewinn
- dem **Kunden gegenüber**: gewährte Rabatte und Skonto

Die Beträge werden prozentual zum Teil **von Hundert**, zum Teil **in Hundert** berechnet.

Aufgrund der umfangreichen Berechnungen ist die Nutzung eines Tabellenkalkulationsprogramms ein wichtiges Hilfsmittel.

LERNFELD 3

Aufgaben

1. Für einen Raum mit einer Fläche von 12 m² (Quadratmetern) kostet der Bodenbelag 190,80 €. Wie viel kostet der Bodenbelag für einen Raum mit 17 m²?

2. Eine Autovermietung berechnet für die Miete über 7 Tage 266,00 €. Welche Mietkosten werden bei einer Anmietung über 11 Tage berechnet?

3. Für den Anstrich eines Büroraums benötigen 4 Maler 6 Stunden. Welche Zeit benötigt der Anstrich, wenn 5 Maler eingesetzt werden?

4. Bei einem Getränkehersteller füllen 3 Abfüllmaschinen eine bestimmte Menge Flaschen in 15 Minuten ab. Um welchen Zeitraum verlängert sich der Abfüllvorgang, wenn eine Abfüllmaschine ausfällt?

Aufträge bearbeiten

5. Ein Produkt kostet 450,00 € netto (Grundwert).
   Der Umsatzsteuersatz beträgt 19 % (Prozentsatz).
   Berechnen Sie den Umsatzsteuerbetrag (Prozentwert).

6. Ein Händler gewährt auf einen Rechnungsbetrag in Höhe von 172,00 € einen Rabatt von 5 %. Wie hoch ist der Rabatt?

7. Der Umsatzsteuerbetrag (Prozentwert) für ein Produkt beträgt 98,00 €. Der Nettobetrag (Grundwert) ist 1.400,00 €.
   Welcher Umsatzsteuersatz (Prozentsatz) wurde erhoben?

8. Ein Unternehmen gewährt für ein Produkt mit einem Verkaufspreis von 12.000,00 € einen Rabatt von 360,00 €.
   Wie viel Prozent beträgt der Rabatt?

9. Eine Rechnung weist bei einem Umsatzsteuersatz von 19 % einen Umsatzsteuerbetrag von 34,20 € aus. Wie lautet der Nettobetrag?

10. Aus Kulanz erstattet ein Lieferant 117,00 €.
    Dies entspricht 15 % des Warenwertes.
    Welchen Wert hat die Ware?

11. Übertragen Sie die auf Seite 235 aufgezeigte Tabelle in ein Tabellenkalkulationsprogramm. Tragen Sie jeweils nur den Listeneinkaufspreis ein. Lassen Sie alle übrigen Werte in den Spalten C bis E durch Formeln berechnen. Überprüfen Sie Ihre Berechnungen.

    Berechnen Sie in der folgenden Aufgabe für die Produkte A, B und C jeweils den Bruttoverkaufspreis. Überprüfen Sie bei der Nutzung eines Tabellenkalkulationsprogramms stichprobenartig manuell Ihre Berechnung.

12. Bareinkaufspreise:
    Produkt A: 90,00 €, Produkt B: 260,00 €, Produkt C: 460,00 €.

    Der Lieferantenrabatt beträgt 10 %,
    das Lieferantenskonto 2 %,
    die Bezugskosten betragen 15,00 €,
    der Handlungskostenzuschlag 30 %,
    der Gewinnzuschlag 25 %,
    das Kundenskonto 3 %,
    der Kundenrabatt 5 %,
    der Umsatzsteuersatz beträgt 19 %.

LERNFELD 3

4 Den Schriftverkehr normgerecht gestalten

4.1 Normgerechte Gestaltung und Formulierung von Texten des internen und externen Schriftverkehrs

Auf den folgenden Seiten können Sie sich mit **Grundoperationen, der Zeichenformatierung, Absatzformatierung, der Gestaltung von Tabellen** und **der Dokumentenformatierung** des Textverarbeitungsprogramms vertraut machen. Zudem lernen Sie die wichtigsten Regeln für **innerbetriebliche Schreiben** und **Geschäftsbriefe nach DIN 5008** kennen.

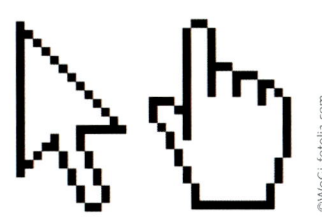

4.1.1 Grundoperationen

■ Markieren

Textverarbeitungsprogramme kennzeichnen markierte Bereiche in Texten farbig. Um schnell bestimmte Bereiche im Text zu markieren, gehen Sie wie folgt vor: Ein Doppelklick in das Wort markiert das entsprechende Wort und ein 3-facher Klick in den Text markiert den Absatz. Alternativ können Sie auch einen Abschnitt auswählen, indem Sie die linke Maustaste gedrückt halten und den gewünschten Abschnitt im Text auswählen. Ein Klick mit gedrückter **SHIFT-Taste** (Großschreibtaste) markiert ab dem Cursor bis zum Mauspfeil und ein Klick mit gedrückter **STRG-Taste** markiert den kompletten Satz.

■ Kopieren

Um Teile von **Texten** oder auch **Grafiken, Bilder** usw. zu kopieren, wird der zu versetzende Teil zunächst auf die oben beschriebene Weise markiert. Mit dem entsprechenden Kopierbefehl in der Symbolleiste oder per Tastaturkürzel (z. B. STRG + C) wird der zu kopierende Teil in der **Zwischenablage** des Textverarbeitungsprogramms abgelegt. Mithilfe des Cursors wird die neue Stelle ausgewählt, an die der kopierte Bereich gehört. Wird der Kopierbefehl erteilt, werden der Text oder die Grafik an der Stelle des Cursors eingefügt. Ein markierter Textbereich wird beim Einfügen einer Kopie aus der Zwischenablage überschrieben.

■ Ausschneiden

Diese Funktion funktioniert **wie die Kopierfunktion**. Aber statt einer Kopie wird das Markierte (Text, Grafiken, Bilder usw.) aus dem Dokument entfernt.

■ Einfügen

Der Einfügemodus ist bei den meisten Textverarbeitungsprogrammen aktiv, d. h. es können so viele Zeichen wie gewünscht eingefügt werden und der Text verschiebt sich weiter nach rechts.

Aufträge bearbeiten

■ Löschen

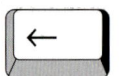

Zum Löschen von **Zeichen links** neben dem Cursor wird die **Rückschritt-Taste** gedrückt. Zum Löschen von **Zeichen rechts** neben dem Cursor dient die **Entfernen-Taste**. Um ganze Abschnitte zu entfernen, kann der entsprechende Bereich markiert und mit der Entfernen-Taste gelöscht werden.

■ Suchen und Ersetzen

Der **Suchbefehl** lässt den Bearbeiter nach **Zeichen** und **Wörtern** sowie nach **Formatierungen**, wie z. B. Zeichen- und Absatzformatierung, suchen. Das Textverarbeitungsprogramm setzt den Cursor dann durchgehend an jedes gesuchte Zeichen bis zum Ende des Textes. Zudem kann z. B. ein gesuchtes Zeichen oder eine Absatzformatierung durch ein anderes Zeichen oder eine andere Absatzformatierung ersetzt werden. Hier bietet das Textverarbeitungsprogramm die Funktion „Suchen und Ersetzen" an, die das Gesuchte entweder im ganzen Text oder nur in Textteilen austauscht.

■ Änderungen verfolgen

Textverarbeitungsprogramme sind in der Lage, nachverfolgte **Änderungen** wie etwa Überarbeitungen **anzuzeigen**. Es werden z. B. Sprechblasen verwendet, um Kommentare, Löschungen, Formatierungsänderungen und verschobene Inhalte anzuzeigen.

■ Seitenansicht

Die Funktion Seitenansicht lässt den Schreiber vor **Ausdruck** des Dokuments den Aufbau der Seite sichten und sich einen **Überblick** verschaffen.

■ Tabulator

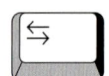

Durch Tabulatoren ist es möglich, Texte in einem Dokument an die richtige Stelle zu setzen. Die Tabulator-Funktion in Textverarbeitungsprogrammen unterstützt auch die **Erstellung** von **einfachen Tabellen**. Tabulatoren sind Markierungen im Zeilenlineal. Sie zeigen, wo sich der Cursor nach Drücken der Tabulator-Taste befindet. Drückt man die Tabulator-Taste wird der nächste Tabulatorpunkt erreicht.

■ Formatierungszeichen einblenden

Textverarbeitungsprogramme ermöglichen mit der Funktion Steuerzeichen das Ein- und Ausblenden von Formatierungszeichen. So werden dem Nutzer nur die Formatierungszeichen angezeigt, die oft verwendet werden bzw. die für ihn hilfreich sind.

4.1.2 Zeichenformatierung

■ Normgerechte Hervorhebungen

Hervorhebungen in Texten können mit Schriftart, z. B. Syntax-Roma, Wechsel der Schriftgröße von 9 auf 11, **Fettschrift**, *Kursivschrift*, GROSSBUCHSTABEN, Farben, Einrücken, Unterstreichen, Zentrieren, Anführungszeichen, usw. erfolgen. Hervorhebungen können beliebig kombiniert werden.

4.1.3 Absatzformatierung

■ Absatzformatierung

Nach DIN 5008 sind Absätze vom laufenden Text durch eine **Leerzeile** zu trennen. Eine Leerzeile entsteht durch zweimaliges Drücken der Return-Taste. Abstände zwischen zwei Absätzen können auch über den **Absatzabstand**, dies sind i. d. R. 12 Pt, eingerichtet werden.

■ Formatvorlagen verwenden/anpassen

Formatvorlagen unterstützen den Verfasser darin, **einheitliche Texte** zu gestalten sowie notwendige Umformatierungen schnell umzusetzen. Eine Formatvorlage kann z. B. die Elemente „Zeichen", „Absätze", „Rahmen", „Nummerierungen" oder „Tabelle" regeln. Ein Textverarbeitungsprogramm bietet vorgegebene Formatvorlagen an, die individuell angepasst werden können.

■ Anpassen der automatischen Aufzählung

Textverarbeitungsprogramme bieten den Service einer **automatischen Aufzählung** an. Wenn der Benutzer z. B. ein Sternchen oder die Ziffer Eins eingibt, erkennt das Programm dessen Absicht und beginnt automatisch die Nummerierung fortzuführen. Diese Funktion kann auch deaktiviert werden.

■ Absatzausrichtung

Mit dieser Funktion können **Absätze** in Texten als **Blocksatz, zentriert, links-** oder **rechtsbündig** gestaltet werden.

■ Silbentrennung

Diese Funktion im Textverarbeitungsprogramm unterstützt den Schreiber bei der **Worttrennung am Zeilenende**. Wörter werden am Zeilenende nach Sprechsilben getrennt. Einzelne Vokale am Wortanfang und Wortende werden nicht getrennt. Stehen mehrere Konsonanten zwischen den Vokalen, kommt nur der letzte Konsonant auf die neue Zeile.

■ Tabulator

Mithilfe von Tabulatoren können Absätze strukturiert werden. **Standardtabulatoren verwenden in der Regel zwischen** den jeweiligen Tabstopps einen Abstand von 1,25 cm. Der Anwender kann individuelle Tabulatorstopps setzen. Textverarbeitungsprogramme bieten z. B. **links-** und **rechtsbündige Tabulatoren** oder **Dezimaltabulatoren an**.

■ Nummerierungen und Aufzählungen

Textverarbeitungsprogramme bieten verschiedene Nummerierungen und Aufzählungsmöglichkeiten an. **Aufzählungsmöglichkeiten** sind: **Ordnungszahlen (z. B. 1, 2, 3), Kleinbuchstaben mit Nachklammer (z. B. a), b))** oder **Symbole wie Haken** oder **Punkt**. Innerhalb von Texten werden der Beginn und das Ende einer Aufzählung durch Leerzeilen gekennzeichnet.

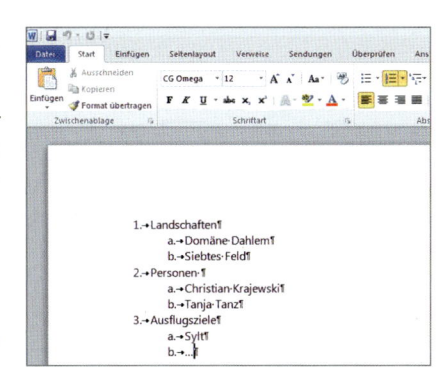

Aufträge bearbeiten

4.1.4 Gestaltung von Tabellen

Die **DIN 5008 Norm** gibt zur **Tabellengestaltung** u. a. Folgendes vor: Die Ausrichtung ist zu den Seitenrändern zentriert, Abstand von mindestens einer Leerzeile zum vorherigen und nachfolgenden Text, keine Tabellentrennung auf mehrere Seiten. Bei notweniger Tabellentrennung ist der Tabellenkopf auf der neuen Seite zu wiederholen, Tabellenüberschriften sind sinnvoll, Spaltenbezeichnungen stehen im Tabellenkopf, waagerechte und senkrechte Trennungslinien gliedern den Tabellenkopf.

4.1.5 Dokumentformatierung

■ Verwendung von Dokumentvorlagen

Eine Angebotserstellung gehört zum täglichen Arbeitsalltag eines Büromitarbeiters. Mit einer **Dokumentvorlage** muss das Schreiben aber nicht jedes Mal neu erstellt werden. Die Elemente **Seitenlayout, Schriftarten, Seitenränder** oder **Formatvorlagen** stehen bereits fest und werden einfach um die Inhalte für das Angebot ergänzt.

■ Ausrichtung

Mit der Funktion „Ausrichtung" wird ein Text auf einer Seite so abgebildet, dass er **optimal zum oberen und unteren Rand** hin **ausgerichtet** ist.

■ Ränder

Bei Seitenrändern handelt es sich um die Leerräume an den Rändern einer Seite. Im Allgemeinen werden Text und Grafiken im bedruckbaren Bereich zwischen den Seitenrändern eingefügt. Sie können bestimmte Elemente jedoch auch in den Randbereichen platzieren, z. B. Kopf- und Fußzeilen oder Seitenzahlen.

■ Kopf- und Fußzeile

Schreiber von **mehrseitigen** und **langen Dokumenten** optimieren diese mit dem Einfügen von Kopf- und Fußzeilen. Die Kopfzeile steht am oberen und die Fußzeile am unteren Randbereich eines Dokuments. In der Kopfzeile kann der Text stehen, der sich auf jeder Seite wiederholt. Wie z. B. der Name des Verfassers eines Schreibens. In der Fußzeile steht die Seitennummerierung, die sich ebenso auf jeder Seite wiederholt. Kopf- und Fußzeile müssen für jedes Dokument nur einmalig eingerichtet werden.

■ Seitennummerierung

Textverarbeitungsprogramme unterstützen die **Übersicht** Ihrer mehrseitigen Dokumente mit der Funktion „Seitenzahl". **Seitenzahlen können fortlaufend z. B. am Seitenanfang, Seitenende oder Seitenrand stehen.**

4.1.6 Innerbetriebliche Schreiben

LF 4

Innerbetriebliche Schreiben unterstützen die **interne Kommunikation** zwischen Mitarbeitern, Abteilungen und der Unternehmensleitung. Jedes Unternehmen hat bevorzugte Kommunikationsmittel wie **das persönliche Gespräch**, **das Telefongespräch** oder die **Kommunikation per E-Mail oder Fax. Schriftliche, interne Kommunikation** findet mithilfe von **innerbetrieblichen Schreiben** statt. Beispiele für innerbetriebliche Schreiben sind: z. B. **interne Mitteilungen, Rundschreiben oder Protokolle**.

4.1.7 Geschäftsbriefe nach DIN 5008

Die DIN 5008 regelt den Aufbau und die Gestaltung von Vorlagen für Geschäftsbriefe. Auch das dargestellte Angebotsschreiben der Müngsten GmbH folgt den DIN Vorgaben, die zeigen, wie der Inhalt dieses Schreibens dargestellt werden soll. Sie finden in den folgenden Zeilen eine Kurzbeschreibung der wichtigsten Inhaltspunkte (siehe Stichworte in den Pfeilen auf dem Angebotsschreiben).

→ **BRIEFKOPF:** Wie die Müngsten GmbH verwenden die meisten Unternehmen Briefvordrucke. Der Briefkopf enthält die vollständige Absenderangabe.

→ **WIEDERHOLUNG ABSENDER:** Absenderangaben werden wiederholt und vereinfachen so den Postversand, da diese Zeile im Fenster des Couverts, zusammen mit den Empfängerangaben, erscheint.

→ **ANSCHRIFTFELD MIT EMPFÄNGER:** Das Anschriftfeld ist nach DIN 5008 genau gegliedert. Es besteht aus 9 Zeilen. Die Zeilen 1, 2 und 9 sind Leerzeilen. Zeile 3 ist für postalische Vermerke wie z. B. Einschreiben oder Luftpost. Zeile 4 und 5 enthalten die Empfängerbezeichnung, Zeile 6 und 7 nehmen Straße, Hausnummer, Postfach, Postleitzahl und Bestimmungsort auf. Zeile 8 enthält das Bestimmungsland.

→ **INFORMATIONSBLOCK:** Er vereinfacht wie die Bezugszeichenzeile den kaufmännischen Schriftverkehr, denn er erfasst die vorangegangene Kommunikation in kürzester Form. Der Informationsblock ist eine Alternative zur Bezugszeichenzeile, die unter dem Anschriftfeld des Empfängers abgedruckt wird.

→ **BETREFF:** Er beschreibt so kurz wie möglich den Inhalt des Brieftextes. Das Wort „Betreff" wird nicht geschrieben.

→ **GESCHÄFTSANGABEN:** In der **Fußzeile** stehen Angaben zu Kontoverbindungen, steuerrechtlichen Vorgaben wie die Steuernummer (Steuer-Nr.), die Umsatzsteueridentifikationsnummer (USt-IdNr.), Kontoverbindungen **(Achtung: NEU sind IBAN und BIC statt Kontonummer und Bankleitzahl)**, Nummern der Hauptanschlüsse aller Kommunikationsmittel. Kapitalgesellschaften wie die Müngsten GmbH müssen zudem Rechtsform, Sitz der Gesellschaft, Registergericht des Sitzes der Gesellschaft und die Nummer, unter der die Gesellschaft in das Handelsregister eingetragen ist, angeben. Ebenso sind bei einer GmbH die Namen aller Geschäftsführer (Familienname und ein ausgeschriebener Vorname) anzugeben.

Aufträge bearbeiten

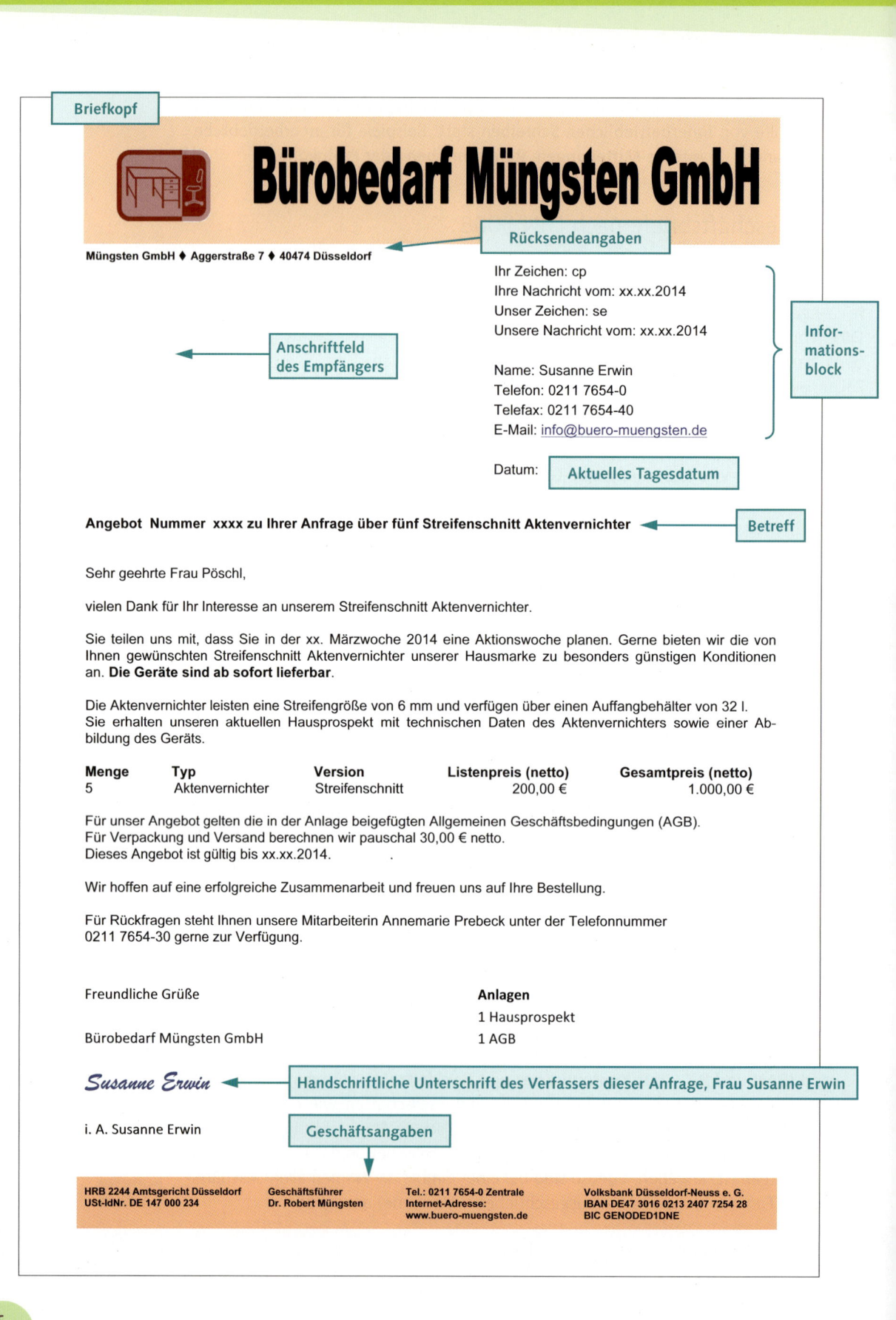

Briefkopf

Bürobedarf Müngsten GmbH

Rücksendeangaben

Müngsten GmbH ♦ Aggerstraße 7 ♦ 40474 Düsseldorf

Ihr Zeichen: cp
Ihre Nachricht vom: xx.xx.2014
Unser Zeichen: se
Unsere Nachricht vom: xx.xx.2014

Anschriftfeld des Empfängers

Name: Susanne Erwin
Telefon: 0211 7654-0
Telefax: 0211 7654-40
E-Mail: info@buero-muengsten.de

Informationsblock

Datum: **Aktuelles Tagesdatum**

Angebot Nummer xxxx zu Ihrer Anfrage über fünf Streifenschnitt Aktenvernichter ← **Betreff**

Sehr geehrte Frau Pöschl,

vielen Dank für Ihr Interesse an unserem Streifenschnitt Aktenvernichter.

Sie teilen uns mit, dass Sie in der xx. Märzwoche 2014 eine Aktionswoche planen. Gerne bieten wir die von Ihnen gewünschten Streifenschnitt Aktenvernichter unserer Hausmarke zu besonders günstigen Konditionen an. **Die Geräte sind ab sofort lieferbar.**

Die Aktenvernichter leisten eine Streifengröße von 6 mm und verfügen über einen Auffangbehälter von 32 l. Sie erhalten unseren aktuellen Hausprospekt mit technischen Daten des Aktenvernichters sowie einer Abbildung des Geräts.

Menge	Typ	Version	Listenpreis (netto)	Gesamtpreis (netto)
5	Aktenvernichter	Streifenschnitt	200,00 €	1.000,00 €

Für unser Angebot gelten die in der Anlage beigefügten Allgemeinen Geschäftsbedingungen (AGB).
Für Verpackung und Versand berechnen wir pauschal 30,00 € netto.
Dieses Angebot ist gültig bis xx.xx.2014.

Wir hoffen auf eine erfolgreiche Zusammenarbeit und freuen uns auf Ihre Bestellung.

Für Rückfragen steht Ihnen unsere Mitarbeiterin Annemarie Prebeck unter der Telefonnummer
0211 7654-30 gerne zur Verfügung.

Freundliche Grüße   **Anlagen**
                    1 Hausprospekt
Bürobedarf Müngsten GmbH   1 AGB

Susanne Erwin ← **Handschriftliche Unterschrift des Verfassers dieser Anfrage, Frau Susanne Erwin**

i. A. Susanne Erwin   **Geschäftsangaben**

HRB 2244 Amtsgericht Düsseldorf | Geschäftsführer | Tel.: 0211 7654-0 Zentrale | Volksbank Düsseldorf-Neuss e. G.
USt-IdNr. DE 147 000 234 | Dr. Robert Müngsten | Internet-Adresse: www.buero-muengsten.de | IBAN DE47 3016 0213 2407 7254 28
BIC GENODED1DNE

LERNFELD 3

Den Schriftverkehr normgerecht gestalten

4.1.8 Vordrucke/Vorlagen für handschriftliche und Online-Formulare

HANDSCHRIFTLICHE UND ONLINE-FORMULARE: Formulare werden immer dann eingesetzt, wenn das Unternehmen wiederkehrende Informationen erheben muss (z. B. Kundendaten, Personaldaten, Lieferantendaten). Das hat den Vorteil, dass die benötigten Informationen vollständig und in der gewünschten Form erfragt werden. Die Textverarbeitung kann zum einen dazu genutzt werden, Formulare zu entwickeln, die handschriftlich ausgefüllt werden können. Dies geschieht meist in der Form einer Tabelle.

Zum anderen können auch die sogenannten Online-Formulare mithilfe der Textverarbeitung erstellt werden. Online-Formulare bieten die Möglichkeit, Informationen direkt am PC einzugeben.

GESTALTUNG EINES FORMULARS: Zur Gestaltung eines Online-Formulars bietet z. B. Word 2010 grundsätzlich drei Möglichkeiten:

→ Textformularfelder (hier kann ein beliebiger Text, der aus Zeichen und Zahlen bestehen kann, eingegeben werden, z. B. Name:),

→ Kontrollkästchen-Formularfelder (enthalten Angaben, die durch Ankreuzen ausgewählt werden, z. B. ☐ ledig, ☐ verheiratet) und

→ Dropdown-Formularfelder (sie ermöglichen eine Auswahl aus bestehenden, fest vorgegebenen Alternativen, z. B. Wochentag: Montag, Dienstag, …)

Das Einfügen von Grafiken und Symbolen (z. B. ✂, ✎, ✉) ist dort sinnvoll, wo das Textverständnis unterstützt und die Eingabe erleichtert wird.

DIN-GERECHTE GESTALTUNG VON FORMULAREN: Formulare unterliegen nicht der DIN 5008, sollten sich in ihrer Gestaltung aber an den dort gesetzten Standards (siehe insbesondere Tabellengestaltung, Absatzgestaltung und Formatierung von Schriftzeichen) orientieren.

4.1.9 Programmierte Textverarbeitung

Zur effizienten Gestaltung von gleichen oder ähnlichen sowie komplizierten Sachverhalten ist der Einsatz von **Textbausteinen/Schnellbausteinen** geeignet. Sie können Texte, Grafiken, Tabellen oder Ähnliches aufnehmen (Alt-Taste und F3-Taste). Jeder Textbaustein erhält einen Namen, ein sogenanntes Kürzel, der notwendig ist, um den Inhalt des Textbausteins aufzunehmen. Durch die Eingabe dieses Kürzels und die anschließende Betätigung der F3-Taste fügt das Textverarbeitungsprogramm die gewünschte Textpassage in ein Dokument ein. Textbausteine zu einem Thema sind zumeist in einem Texthandbuch/einer Textbausteindatei (z. B. für Angebote oder Auftragsbestätigungen) zusammengefasst. Diese können nach Bedarf ergänzt und verändert werden.

Um Briefe aus Textbausteinen herzustellen, werden in der Regel **Schreibaufträge** formuliert. Diese enthalten neben den individuellen Angaben wie z. B. Name, Adresse oder Datum nur noch die entsprechenden Kürzel, die dem Texthandbuch entnommen werden. Das Schreibbüro übernimmt anhand der Kürzel die entsprechenden Textpassagen und stellt sie z. B. zu einem Geschäftsbrief zusammen.

Aufträge bearbeiten

4.2 Erstellen der erforderlichen Dokumente der Auftragsbearbeitung

Alle für die Auftragsannahme erforderlichen Dokumente werden nach DIN 5008 (Schreib- und Gestaltungsregeln für die Textverarbeitung) erstellt. Bei Unklarheiten schlagen Sie bitte die jeweiligen Regeln in der DIN 5008 nach.

Beachten Sie bei allen erforderlichen Dokumenten zudem das **unternehmenseigene Corporate Design**, d. h. verwenden Sie Briefpapier, Vordrucke, Vorlagen usw. für den Schriftverkehr mit Kunden. Mithilfe des Corporate Designs wird das Unternehmen bei allen Auftritten wiedererkannt. Das Corporate Design zieht sich wie ein roter Faden durch das Unternehmen und wird sichtbar in Broschüren, auf der Homepage, bei Präsentationen, auf Inseraten und Plakaten, auf Beschriftungen am und im Unternehmensgebäude oder bei der Berufsbekleidung der Mitarbeiter (z. B. Arbeitskittel).

4.2.1 Abgleich Kundenauftrag und Angebot

■ Kundenauftrag und Angebot stimmen überein

Ist der Kunde mit einem Angebot zufrieden, wird er einen Auftrag erteilen. Ein **Auftrag** ist die **verbindliche Zusage**, ein Produkt zu den im Angebot enthaltenen Konditionen abzunehmen und zu bezahlen. Es kommt ein **Kaufvertrag** zustande, wenn keine Veränderungen am Angebot vorgenommen werden.

Merke

Ein Auftrag ist eine verbindliche Zusage des Kunden.

Stimmen Angebot und Auftrag überein, kommt ein Kaufvertrag zustande.

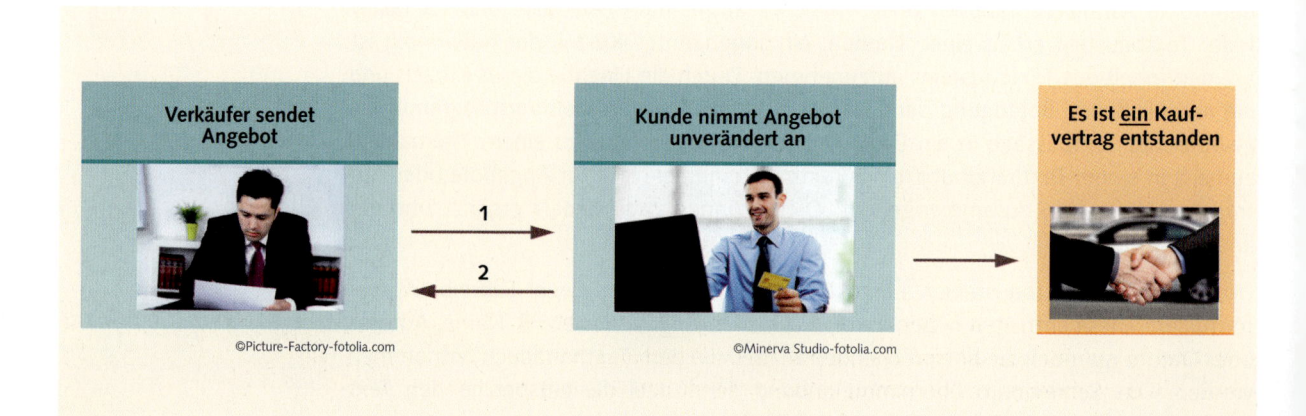

| Verkäufer sendet Angebot | Kunde nimmt Angebot unverändert an | Es ist ein Kaufvertrag entstanden |

LERNFELD 3

Durch den **Kaufvertrag** entstehen für Verkäufer und Käufer **Pflichten**.

Pflichten Verkäufer	Pflichten Käufer
Ware fehlerfrei übergeben	Ware annehmen
Eigentum an der Ware übertragen	Ware bezahlen

Merke

Oft sendet der Verkäufer zur Bestätigung des Kundenauftrags eine **Auftragsbestätigung**. Diese ist aus rechtlicher Sicht ohne Bedeutung, d. h. eigentlich nicht nötig.

■ Kundenauftrag und Angebot stimmen NICHT überein

Ist der **Verkäufer** aber **mit den Veränderungen** des Kunden **einverstanden**, wird er diese Veränderungen mit einer Auftragsbestätigung genehmigen. Ist die Auftragsbestätigung beim Kunden eingegangen und akzeptiert, ist ein **Kaufvertrag** entstanden.

Merke

Verändert der Kunde die im Angebot enthaltenen Informationen und nimmt eine Bestellung vor, kommt **kein Kaufvertrag** zustande.

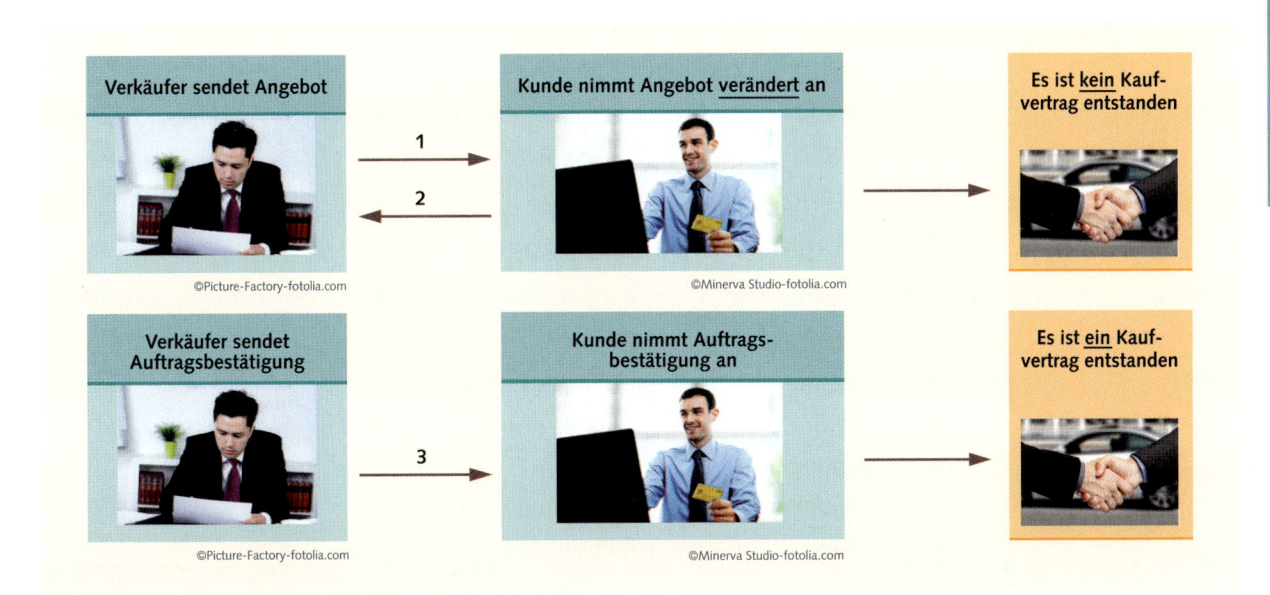

4.2.2 Auftragsbestätigung

■ Rechtlicher Aspekt einer Auftragsbestätigung

Eine Auftragsbestätigung durch den Lieferanten ist notwendig, wenn der Käufer das zuvor erhaltene Angebot in seinem Antwortschreiben (= Auftrag) abgeändert hat.

Zudem **bestätigt** der **Verkäufer** mit einer **Auftragsbestätigung** die **Annahme einer Kundenbestellung**, denn eine Bestellung erfolgt meist ohne vorherige Kundenanfrage oder ohne ein vorheriges, detailliertes Lieferantenangebot.

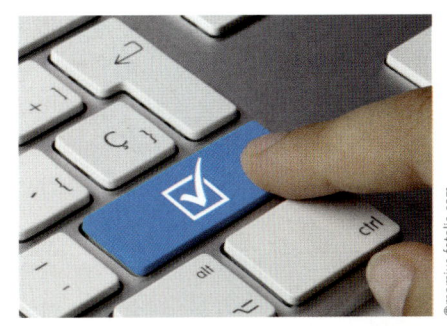

Aufträge bearbeiten

> **Tipp**
>
> Allgemeine Geschäftsbedingungen (kurz AGB) sind durch den Lieferanten vorgegebene Vertragsbedingungen, zu denen sich Kunde und Lieferant bei Vertragsabschluss verpflichten. AGBs regeln z. B. Lieferpflicht, Nachlässe oder Zahlungsbedingungen.

> **Merke**
>
> Auftragsbestätigungen werden häufig beim E-Commerce in automatisierter Form (z. B. in Form einer E-Mail) als Bestätigung für eine eingegangene Bestellung versendet.

Eine Auftragsbestätigung ist für den Lieferanten ein **verbindliches Schreiben**, in dem er sich bereit erklärt, den Auftrag bzw. die Bestellung zu den angegebenen Bedingungen durchzuführen und den Gegenstand oder die Dienstleistung zum vereinbarten Zeitpunkt zu liefern. Sie muss dem **Angebot** und der **Bestellung entsprechen**.

Eine Auftragsbestätigung wird versendet, wenn

→ eine Bestellung ohne vorheriges Angebot eingeht,
→ eine telefonische Bestellung vorliegt – um Missverständnisse zu vermeiden,
→ sich zum Angebot noch einmal eine Änderung ergibt,
→ der Kunde über die Allgemeinen Geschäftsbedingungen des Verkäufers informiert wird,
→ sich die Eigenschaften einer bestellten Ware verändert haben und der Kunde hierüber informiert wird,
→ bei erstmaliger Bestellung ein besonderer Dank an den Kunden gesendet wird.

Eine Auftragsbestätigung sollte die **rechtlichen Anforderungen** an einen **Geschäftsbrief** erfüllen.

■ Inhalt einer Auftragsbestätigung

Ein Unternehmen ist in der Formulierung und Ausgestaltung seiner Auftragsbestätigung frei.

Dennoch sind folgende Inhalte sinnvoll:

→ Kennzeichnung des Schreibens als „Auftragsbestätigung" in der Betreffzeile,
→ Kundennummer,
→ Bestellnummer und -datum des Kunden,
→ klare Angaben zu einzelnen Positionen,
→ Artikelnummer und Warenbezeichnung,
→ Menge,
→ Preis pro Einheit,
→ Mengeneinheit (kg, Stück, Blatt …),
→ Gesamtsumme des Auftrags,
→ Angaben zur Umsatzsteuer,
→ Datum der Bestellung/der Auftragserteilung,
→ Liefertermin(e) bzw. -datum,
→ Hinweis zum Zahlungsziel (z. B. 30 Tage, netto),
→ Versandart (z. B. Lkw oder Schiene),
→ abschließende Höflichkeitsformeln.

Den Schriftverkehr normgerecht gestalten

■ Form und Gestaltung einer normgerechten Auftragsbestätigung

Mit einer Auftragsbestätigung **bestätigt** der Lieferant die **Bestellwünsche** des Kunden. Es gibt **keine Vorschriften zur normgerechten Gestaltung** dieses Schreibens. Die Informationen rund um die bevorstehende Warenlieferung stehen im Vordergrund.

Tipps für das Verfassen einer Auftragsbestätigung:
→ Angabe der wichtigsten Daten,
→ kurz und knappe Formulierungen,
→ ausdrückliche Bestätigung des Auftragseingangs,
→ Hinweise zur Warenlieferung,
→ Angabe eines Ansprechpartners für Rückfragen des Kunden.

> **Tipp**
>
> Um Zeit und Kosten zu sparen, sollte jede Auftragsbestätigung nicht neu verfasst werden. Ein standardisiertes Formular ist hilfreich und schnell an die Daten des Kunden, d. h. Artikelnummer, Warenbezeichnung usw. angepasst.

4.2.3 Versand der Ware – Durchführung der Leistung

Kunden erwarten eine möglichst schnelle Warenlieferung. Für das Unternehmen stellt es oft eine Herausforderung dar, die Ware ordnungsgemäß verpackt und rechtzeitig zu versenden sowie dafür zu sorgen, dass sie pünktlich beim Kunden ist.

Entscheidungen zum Versand der Ware werden meist von der **Versandabteilung** getroffen. Diese entscheidet über Verpackung, Transportwege und Eigen- oder Fremdtransport.

■ Verpackung

Für die Verpackung der Ware ist das **Warenlager** oder die **Versandabteilung** zuständig. Es gibt drei Arten, eine Ware zu verpacken:

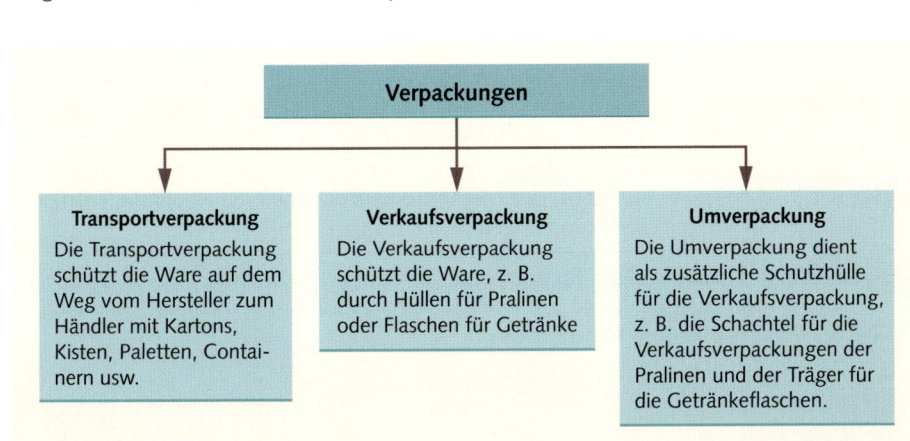

> **Merke**
>
> Die Verpackung ist so zu wählen, dass sie transportsicher, raumsparend und kostensparend ist. Zudem ist es ökologisch sinnvoll, eine wieder verwendbare oder recycelbare Verpackung zu wählen.

Verpackungen

- **Transportverpackung**
Die Transportverpackung schützt die Ware auf dem Weg vom Hersteller zum Händler mit Kartons, Kisten, Paletten, Containern usw.

- **Verkaufsverpackung**
Die Verkaufsverpackung schützt die Ware, z. B. durch Hüllen für Pralinen oder Flaschen für Getränke

- **Umverpackung**
Die Umverpackung dient als zusätzliche Schutzhülle für die Verkaufsverpackung, z. B. die Schachtel für die Verkaufsverpackungen der Pralinen und der Träger für die Getränkeflaschen.

LERNFELD 3

Aufträge bearbeiten

■ Transportwege

Die Wahl des Transportweges entscheidet darüber, über welchen Verkehrsweg die Ware zum Kunden gelangt (z. B. Straßenverkehr, Schienenverkehr, Luftverkehr, Binnenschifffahrt, Seeschifffahrt).

Für welchen Weg sich ein Unternehmen entscheidet, hängt z. B. von den Transportkosten, der Schnelligkeit, der Sicherheit und Zuverlässigkeit, dem Wert des Gutes oder auch von dessen Umweltverträglichkeit ab.

■ Eigen- oder Fremdtransport

Die **Auslieferung der Kundenaufträge** kann grundsätzlich über folgende Möglichkeiten erfolgen:

→ **Eigentransport**, d. h. durch **Einsatz eigener Fahrzeuge** des Lieferanten (Zustellung) oder des Kunden (Abholung),

→ **Fremdtransport:**
- Einschaltung von **Transportunternehmen** (KEP-Dienstleister, Eisenbahnverkehrsunternehmen, Güterkraftverkehr, Schiffsverkehr, Luftverkehr),
- Einschaltung von **Speditionsunternehmen** bzw. Logistikdienstleister als Vermittler der Transportleistung.

Die **KEP-Dienste** nehmen in letzter Zeit immer mehr zu. Die Abkürzung KEP-Dienste steht für **Kurier-, Express- und Paketdienste**. KEP-Dienstleister bieten neben der Warenbeförderung auch die Verpackung von Waren und Inkassodienste an. KEP-Unternehmen haben sich im „Bundesverband der Kurier-, Express- und Paketdienste (BIEK)" zusammengeschlossen.

Zu den bekanntesten Dienstleistern für KEP-Dienste gehören DPD, FedEx und UPS.

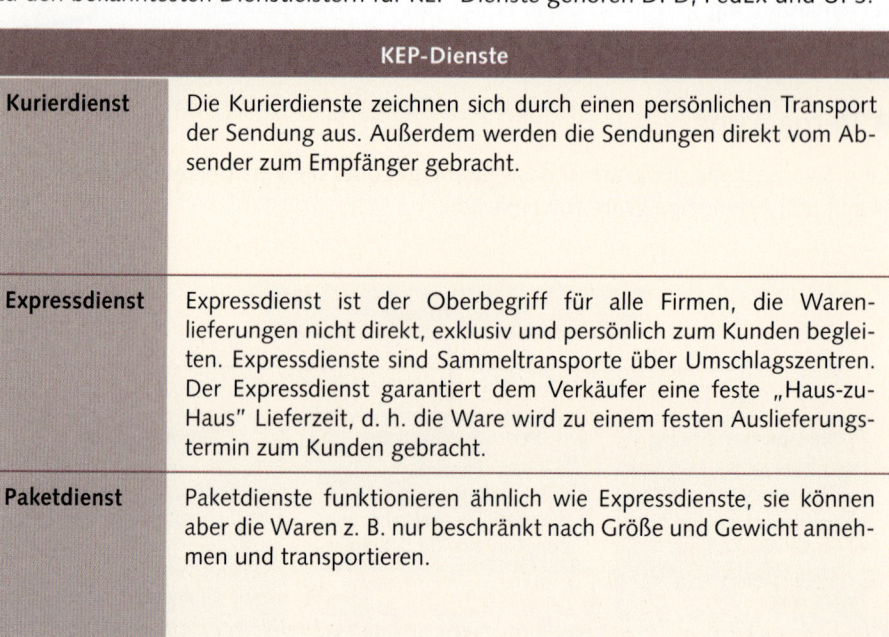

	KEP-Dienste
Kurierdienst	Die Kurierdienste zeichnen sich durch einen persönlichen Transport der Sendung aus. Außerdem werden die Sendungen direkt vom Absender zum Empfänger gebracht.
Expressdienst	Expressdienst ist der Oberbegriff für alle Firmen, die Warenlieferungen nicht direkt, exklusiv und persönlich zum Kunden begleiten. Expressdienste sind Sammeltransporte über Umschlagszentren. Der Expressdienst garantiert dem Verkäufer eine feste „Haus-zu-Haus" Lieferzeit, d. h. die Ware wird zu einem festen Auslieferungstermin zum Kunden gebracht.
Paketdienst	Paketdienste funktionieren ähnlich wie Expressdienste, sie können aber die Waren z. B. nur beschränkt nach Größe und Gewicht annehmen und transportieren.

Den Schriftverkehr normgerecht gestalten

Vorteile der KEP-Dienste sind z. B.:

Just-in-time-Lieferungen. Die Ware kann ohne Zwischenaufenthalt im Lager des Verkäufers sofort zum Kunden gebracht werden. Dies hat folgende Vorteile:

➜ Lagerkosteneinsparung für den Verkäufer,

➜ schneller Lieferservice und Pünktlichkeit, denn viele KEP-Dienste arbeiten an 365 Tagen im Jahr und 24 Stunden pro Tag,

➜ hohe Sicherheit für Verkäufer und Käufer der Ware, denn per Internet ist eine Sendungsverfolgung möglich.

> **Merke**
> Just in time bedeutet, die Ware kommt in der richtigen Menge am richtigen Ort und zum richtigen Zeitpunkt an.

4.2.4 Lieferschein

■ Rechtlicher Aspekt eines Lieferscheins

Streng genommen ist der Lieferschein wie die Rechnung ein **Geschäftsbrief**, mit dem ein externer Schriftverkehr erfolgt. Ein Lieferschein wird auch **Warenbegleitpapier** genannt, da er als Urkunde die Ware bis zum Kunden begleitet. Er gibt dem Kunden detaillierte Auskünfte über die empfangenen Waren. Alle Angaben auf dem Lieferschein müssen mit den tatsächlich gelieferten Waren übereinstimmen. Dies gilt ebenso für Inhalte von Lieferschein und Rechnung.

©Stauke-fotolia.com

> **Tipp**
> Für Lieferscheine gibt es eine eigene Norm – die DIN 4991.

> **Merke**
> Es gibt keine gesetzliche Verpflichtung für den Lieferanten, der Ware einen Lieferschein beizulegen.

> **Tipp**
> Viele Lieferscheine werden online, z. B. per E-Mail, übermittelt. Der Lieferschein sollte dann etwa zeitgleich mit der Ware oder vor der Ware eintreffen.

■ Form eines Lieferscheins

Ein **Lieferschein** ist meist ein **unternehmensindividueller Vordruck** und sollte die **rechtlichen Anforderungen** an einen **Geschäftsbrief** erfüllen.

LERNFELD 3

253

Aufträge bearbeiten

> **Merke**
>
> Besteht eine Kundenbestellung aus mehreren Paketen, kann neben dem Lieferschein eine sogenannte **Packliste** erstellt werden.
>
> Die Packliste enthält Angaben über die Art der Ware, Stückzahl, Menge, Gewicht, Anzahl der Packstücke usw.

■ Inhalt eines Lieferscheins

Ein Unternehmen ist frei in der Formulierung und Ausgestaltung seiner Lieferscheine.

Im kaufmännischen Verkehr sind folgende Angaben üblich:

(1) Absenderadresse
(2) Lieferadresse
(3) Lieferscheinnummer
(4) Kundennummer
(5) Bestellnummer und -datum
(6) Nummer der Auftragsbestätigung und Datum
(7) Lieferdatum
(8) Artikelnummer des Kunden und des Lieferanten
(9) Artikelbezeichnung
(10) bestellte Menge (= Sollmenge, d. h. bestellte Menge)
(11) gelieferte Menge (= Istmenge, d. h. erhaltene Menge)
(12) Differenz von Sollmenge und Istmenge
(13) Preis pro Einheit
(14) Versandart (Angaben über den Transporteur)
(15) Möglichkeit für Unterschrift mit Ortsangabe und Datum, um den Wareneingang zu bestätigen.

> **Merke**
>
> Verzichtet der Lieferant auf eine **Packliste**, werden die Daten der Packliste auf dem **Lieferschein** angegeben. Der Lieferschein wird dann in **dreifacher Ausfertigung** erstellt.
>
> Das **erste Exemplar** wird vom Transporteur unterschrieben.
> Er bescheinigt, dass er die Waren vollständig und unbeschadet übernommen hat.
>
> Das **zweite Exemplar** ist für den Spediteur.
> Hier unterschreibt der Kunde, dass er die Ware erhalten hat.
>
> Das **dritte Exemplar** erhält der Kunde.

■ Form und Gestaltung eines normgerechten Lieferscheins

Wie ein Lieferschein normgerecht gestaltet werden muss, ist gesetzlich nicht geregelt. Er erleichtert die Warenabgabe und Warenannahme für Lieferanten und Kunden.

Tipps für das Verfassen eines Lieferscheines:

→ Angabe der wichtigsten Daten,

→ kurze und knappe Formulierungen,

→ ausdrückliche Bestätigung der ordnungsgemäßen Warenlieferung.

4.2.5 Rechnung

■ Rechtlicher Aspekt einer Rechnung

Der Lieferant muss seine Rechnung spätestens **sechs Monate nach Warenlieferung** oder **Erbringen seiner Leistung** schreiben und versenden. Diese Regelung gilt immer, unabhängig davon, ob der Kunde ein Unternehmen oder eine Privatperson ist. Rechnungen sind wichtige **Belege** und müssen laut Gesetz **zehn Jahre lang aufbewahrt** werden. Zudem muss eine Rechnung bestimmten Anforderungen genügen, damit sie rechtsgültig ist und vom Finanzamt akzeptiert wird. Bei einer Rechnung ist nicht die Form von Bedeutung – so muss das Wort „Rechnung" nicht zwingend darauf zu finden sein – entscheidend ist der Inhalt.

§§§
§ 14 UStG
Rechnung ist jedes Dokument, mit dem über eine Lieferung oder sonstige Leistung abgerechnet wird, gleichgültig, wie dieses Dokument im Geschäftsverkehr bezeichnet wird.

Merke

Rechnungen, die in das europäische Ausland gehen, müssen eine USt-IdNr. enthalten.

■ Form einer Rechnung

Eine Rechnung muss dem **Kunden** im **Original** übergeben werden. Sie kann auf **elektronischem Wege** versendet werden, sie muss dann aber über eine **digitale Unterschrift** verfügen, damit sie rechtsgültig als Beleg vom Finanzamt anerkannt wird. Möchte ein Lieferant seine Rechnung per Fax senden, ist nur der Versand von Standard-Telefax an Standard-Telefax möglich. Wird beim Faxen Thermopapier verwendet, muss die Rechnung zusätzlich auf normalem Papier kopiert werden, damit sie für das Finanzamt und spätere Prüfungen zehn Jahre lang lesbar ist.

Tipp

In der Praxis wird die Rechnung in Originalform auf dem klassischen Postweg verschickt.

■ Inhalt einer Rechnung

Der Gesetzgeber schreibt im **§ 14 Abs. 4 UStG (Umsatzsteuergesetz)** vor, welche Inhalte eine Rechnung enthalten muss. Diese Vorschriften gelten für die Versendung der Rechnung per Post, E-Mail oder Telefax.

Rechnungsinhalte nach § 14 UStG:

→ **Rechnungsabsender** mit vollständigem Namen und Adresse,
→ **Rechnungsempfänger** mit vollständigem Namen und Adresse,
→ **Steuernummer** (vom Finanzamt erteilte Steuernummer) **oder**
→ **Umsatzsteuer-Identifikationsnummer (USt-IdNr.)**
   (vom Bundeszentralamt für Steuern erteilte Nummer),
→ **Rechnungsdatum**,
→ **Rechnungsnummer** (eine fortlaufende Nummer, wenn gewünscht mit Buchstaben zur Identifizierung der Rechnung),
→ **Für jede aufgeführte Position (Ware/Dienstleistung)**
   - Menge,
   - Bezeichnung,
   - Zeitpunkt der Lieferung,
   - Einzelpreis (netto),
   - Gesamtpreis (netto).

Tipp

Jede Rechnungsnummer darf nur einmalig und lückenlos (d. h. 1, 2, 3...) vergeben werden.

Aufträge bearbeiten

- Summe der Nettobeträge,
- Umsatzsteuer,
- Endbetrag der Rechnung,
- Hinweis falls für einzelne Rechnungspositionen nicht 19 % Umsatzsteuersatz gelten,
- Hinweis falls einzelne Rechnungspositionen umsatzsteuerfrei sind,
- Zahlungsfrist und Zahlungsbedingungen,
- Bankverbindung des Zahlungsempfängers.

Merke

Der **Lieferant** muss seine **Rechnung spätestens sechs Monate** nach Warenlieferung übergeben.

Eine **Rechnung** muss **zehn Jahre lang aufbewahrt** werden.

Eine **Rechnung** muss im **Original** dem Kunden übergeben werden.

Im **§ 14 Abs. 4 Umsatzsteuergesetz (UStG)** werden die Inhalte einer Rechnung vorgegeben.

Mögliche weitere Inhalte einer Rechnung sind:

- Auf die z. B. vorherige Bestellung hinweisen.
- Verpackung und Porto vor Ermittlung der Rechnungssumme angeben, denn beide unterliegen dem gleichen Umsatzsteuersatz wie die gesamte Rechnung.
- Ein eventueller Rabatt wird vor Berechnung der Umsatzsteuer gedruckt und abgezogen.

■ Form und Gestaltung einer normgerechten Rechnung am Beispiel einer elektronischen Rechnung per E-Mail

Als **elektronische Rechnung** bezeichnet man alle Belege, die per E-Mail, per Web-Download oder per Computer-Telefax versendet werden. Ob eine schriftliche Rechnung auf dem Postweg oder eine elektronische Rechnung per E-Mail versendet werden soll, die Pflichtangaben sind immer identisch. Für die Versendung per E-Mail gilt laut § 14 Umsatzsteuergesetz der Grundsatz: „Echtheit der Herkunft", „Unversehrtheit des Inhalts" und „Lesbarkeit der Rechnung". Übersetzt bedeutet dies, dass der Absender der Rechnung tatsächlich existiert und sich der Inhalt der Rechnung nicht ändern lassen darf und lesbar sein muss.

Eine Rechnung per E-Mail zu versenden, bietet für Unternehmen viele **Vorteile**. So kann die elektronische Bearbeitung von Ein- und Ausgangsrechnungen für Unternehmen vor allem zu deutlichen Einsparungen (z. B. bei Mitarbeitern oder Verwaltungskosten) führen.

Mögliche Übermittlungsarten für eine elektronische Rechnung:

- als **PDF** im Anhang einer E-Mail,
- als **Download** auf der Website,
- per **Übertragung** durch ein **Computer-Fax,**
- durch Datenaustausch per **EDI** (elektronischer Datenaustausch mit strukturierten Nachrichten).

Den Schriftverkehr normgerecht gestalten

Möchte ein Unternehmen **Rechnungen** per E-Mail versenden, muss der **Kunde** dem **zustimmen**. Einfacher ist es, wenn der Kunde auf diese Rechnungsmöglichkeit, z. B. im Angebot oder in den Allgemeinen Geschäftsbedingungen (sie sind meist auf der Rückseite eines Angebots aufgedruckt), hingewiesen wird. Begleicht der Kunde die elektronische Rechnung ohne seine vorherige Zustimmung, hat er diese Form anerkannt.

Inhalt der elektronischen Rechnung

Grundsätzlich gelten für die **elektronische Rechnung** (z. B. per E-Mail) die **gleichen Inhaltsvorgaben** wie für die schriftliche Rechnung (z. B. per Post).

Digitale Signatur – Echtheitsgarantie für die elektronische Rechnung

Ist der Empfänger einer elektronischen Rechnung ein Unternehmen, so ist es wichtig, die Echtheit der Rechnung nachweisen zu können. Eine Möglichkeit ist die digitale Signatur, auch **elektronische Signatur** genannt. Mit ihr wird jede Änderung an der Rechnung erkennbar. Denn im elektronischen Bereich besteht leicht die Möglichkeit, dass Daten abgefangen oder verändert werden. Die elektronische Signatur erfüllt technisch gesehen den gleichen Zweck wie die eigenhändige Unterschrift auf Papierdokumenten.

Um eine elektronische Signatur zu erstellen, benötigt der Lieferant, d. h. der Verfasser der elektronischen Rechnung, folgende Geräte:

→ ein zertifiziertes **Kartenlesegerät** mit eigener Tastatur,
→ eine **Chipkarte**,
→ ein **elektronisches Zertifikat** eines Trust Centers und
→ eine **Signatur-Software**.

Mithilfe des **Kartenlesegeräts** wird mit einer 8-stelligen PIN-Nummer ein geheimer Schlüssel von der Chipkarte für die Rechnung per E-Mail erzeugt. Der Schlüssel dient als Unterschrift für die elektronische Rechnung. Das Zertifikat enthält dann den jeweiligen öffentlichen Schlüssel, mit dem der Empfänger der Rechnung die Echtheit der Signatur prüfen kann.

Aufbewahrungsfrist für die elektronische Rechnung

Auch elektronische Rechnungen müssen **zehn Jahre** unveränderbar **aufbewahrt** werden. Der Gesetzgeber schreibt vor, dass elektronisch versendete Rechnungen auch **elektronisch** aufbewahrt werden müssen, auch E-Mails mit Rechnungsanhang. Ein alleiniger Papierausdruck genügt nicht, d. h. die Daten sind so abzuspeichern, dass sie nicht mehr geändert und auch später noch lesbar gemacht werden können.

Seit dem **Steuervereinfachungsgesetz vom 01.07.2011** ist die elektronische Signatur **nicht mehr notwendig** – das bedeutet:

→ Die Übermittlung elektronischer Rechnungen kann auf verschiedensten **Wegen** erfolgen. Sie können als E-Mail mit und ohne PDF- oder Textanhang, über Computer-Fax, über Fax-Server oder per Web-Download übermittelt werden.

> **§§§**
> **§ 14 Abs. 1 UStG**
> Eine elektronische Rechnung ist eine Rechnung, die in einem elktronischen Format ausgestellt und empfangen wird.

Aufträge bearbeiten

Merke
Rechnungen von Standard- oder Computer-Fax an Standard-Faxgeräte gelten nicht als elektronische, sondern als Papierrechnungen.

→ Der **Weg** von der Warenlieferung bis hin zur Bezahlung der Ware muss **nachvollziehbar** und **kontrollierbar sein**. Der Gesetzgeber verlangt ein innerbetriebliches Prüfsystem bzw. einen sogenannten „innerbetrieblichen Prüfpfad", d. h. es muss eine systematische Kontrolle stattfinden.

→ Für das **Versenden elektronischer Rechnungen** ist **keine digitale Signatur** mehr erforderlich, kann aber weiterhin angewendet werden.

4.2.6 Zahlungseingang überwachen

In Deutschland warten immer mehr Unternehmen aufgrund einer schlechten Zahlungsmoral vergeblich darauf, dass Kunden ausstehende Rechnungen bezahlen. Zudem gehen die Zahlungen trotz Zahlungsziel oft viel zu spät ein. Unternehmen mit vielen säumigen Kunden oder vielen Zahlungsausfällen können schnell selbst in eine schwierige finanzielle Situation geraten. So ist es unumgänglich, rechtzeitig für ein gutes Forderungsmanagement zu sorgen.

Ein **Forderungsmanagement** unternimmt alle notwendigen Maßnahmen, um **offene Rechnungen einzutreiben**. Oberstes Ziel ist die Minimierung der Forderungsausfälle und die Zahlungsbereitschaft des eigenen Unternehmens zu sichern. Zum Forderungsmanagement gehört z. B. das **Mahnwesen**. Begleicht der Kunde seine Rechnung nicht fristgerecht, erfolgt eine freundlich gehaltene schriftliche **Zahlungserinnerung** inklusive einer neuen Zahlungsfrist. Ebenso sind ein telefonischer Kontakt oder ein E-Mail-Kontakt möglich. Es sollte in jedem Fall eine Gesprächsnotiz bzw. eine Kopie der E-Mail erfolgen. Bleiben diese Maßnahmen ohne Erfolg, können eine erste Mahnung und die Androhung rechtlicher Konsequenzen bis hin zum Vollstreckungsbescheid folgen.

Möglichkeiten des Schutzes vor Zahlungsausfällen:

→ Abschluss einer **Versicherung**.
(Inlandsgeschäfte = Warenkreditversicherung, Auslandsgeschäfte = Exportkreditversicherung),

→ Inanspruchnahme eines **Factoringunternehmens** oder eines **Inkassounternehmens**,

→ Konsultieren eines **Rechtsanwalts**.

Die Versicherung ersetzt den Ausfall jedoch nicht in vollem Umfang, das Unternehmen hat in der Regel eine Selbstbeteiligung von etwa 25 % bis 30 %, denn die Versicherung übernimmt das Risiko nur zu 70 % bis 75 %. Zudem gilt es zu beachten, dass die Versicherungsprämien meistens unternehmensindividuell berechnet werden und abhängig von der Versicherungsgesellschaft und der zu versichernden Branche sind.

Da diese Leistungen sehr kostenintensiv sind, muss geklärt werden, ob der Nutzen dieser Maßnahmen deren Kosten rechtfertigt.

Merke
Ein gutes Forderungsmanagement ist für ein Unternehmen unverzichtbar und überlebensnotwendig.

Checkliste

Checkliste für die Überwachung des Zahlungseingangs:

→ Achten Sie auf eine schnelle Versendung der Kundenrechnung (Die Ware und die Rechnung verlassen bspw. gleichzeitig das Unternehmen).

→ Setzen Sie ein Zahlungsziel (z. B. zahlbar innerhalb von 7 Tagen).

→ Überwachen Sie konsequent den Zahlungseingang (z. B. ein schneller Überblick, welcher Kunde, welche Rechnung noch nicht beglichen hat, ist jederzeit möglich).

→ Setzen Sie kurze Mahnfristen (z. B. die Zahlungserinnerung und die erste Mahnung folgen in kurzem Zeitabstand).

→ Sprechen Sie persönlich mit dem säumigen Zahler.

→ Formulieren Sie Mahnschreiben freundlich und bestimmt.

→ Sind Mahnschreiben zwecklos, kündigen Sie rechtliche Schritte (z. B. Inkasso oder Mahnbescheid) an.

4.3 Formulare im internen Schriftverkehr am Beispiel Lieferschein

■ Nutzung und Vorteile von Formularen

Formulare beschleunigen und vereinfachen standardisierte Vorlagen vieler Arbeitsabläufe. Mit einem Formular werden Daten so erfasst, dass sie leichter zu sichten, zu prüfen und schnell weiterzuverarbeiten sind. Fehlerquellen werden minimiert, denn durch die vorgefertigten Felder ist für die ausfüllende Person schnell klar, welche Daten in welche Felder gehören.

Formulare gibt es z. B. auch in **elektronischer Form** als **Eingabemasken** im Internet. Hier kann der Anwender ein Formular vollständig bearbeiten und am Ende absenden. Die Formulardaten werden an einen Server übertragen und können dort verarbeitet werden.

Im digitalen Bereich können Formulare sehr unterschiedliche **Aufgaben** übernehmen:

Aufgaben	Beispiele
Sie können bestimmte, gleichartig strukturierte Auskünfte von Anwendern erkennen.	Der Kunde kann online einen Fragebogen zur Kundenzufriedenheit ausfüllen und absenden.
Sie ermöglichen Anwendern das Suchen in Datenbeständen.	Der Kunde kann auf der Homepage des Lieferanten nach verfügbaren Artikeln suchen.
Sie bieten dem Anwender die Möglichkeit zu individueller Interaktion.	Der Kunde kann aus der Produktpalette des Lieferanten etwas auswählen und sofort bestellen.

Aufträge bearbeiten

■ Der Aufbau von Formularen am Beispiel Lieferschein

Lieferscheine können als Vordruck von Druckereien gekauft oder selbst hergestellt werden. Die Vorteile von Druckereien sind möglicherweise ein professionelles Layout und eine hohe Qualität des Schriftstücks. Diesen stehen die meist höheren Kosten gegenüber. Die Überlegung, Formulare wie den Lieferschein selbst herzustellen, muss vom Unternehmen beantwortet werden. Es dürfen nicht nur die günstigen Herstellungskosten durch die unternehmenseigenen Mitarbeiter in den Vordergrund gestellt werden. Wichtig sind das Layout sowie die professionelle Darstellung.

Die Müngsten GmbH hat sich für folgenden (selbst erstellten) Lieferschein entschieden:

Tipp

Vergleichen Sie die Punkte (1) bis (15) mit den Angaben auf dem Lieferschein der Müngsten GmbH auf der nächsten Seite.

Inhaltlich folgt die Müngsten GmbH den im kaufmännischen Verkehr üblichen Angaben für Lieferscheine.

(1) Absenderadresse

(2) Lieferadresse

(3) Lieferscheinnummer

(4) Kundennummer

(5) Bestellnummer und -datum

(6) Nummer der Auftragsbestätigung und -datum

(7) Lieferdatum

(8) Artikelnummer des Kunden und des Lieferanten

(9) Artikelbezeichnung

(10) bestellte Menge (= Sollmenge, d. h. bestellte Menge)

(11) gelieferte Menge (= Istmenge, d. h. erhaltene Menge)

(12) Differenz von Sollmenge und Istmenge

(13) Preis pro Einheit

(14) Versandart (Angaben über den Transporteur)

(15) Möglichkeit für Unterschrift mit Ortsangabe und Datum, um den Wareneingang zu bestätigen.

Wichtig ist, dass die Müngsten GmbH den Lieferschein regelmäßig auf dessen Praxistauglichkeit prüft und gegebenenfalls Anpassungen vornimmt. Diese Anpassungen können z. B. durch Veränderungen im Produktsortiment entstehen.

Bürobedarf Müngsten GmbH

Müngsten GmbH ♦ Aggerstraße 7 ♦ 40474 Düsseldorf   **(1)**

(2)

Ihr Zeichen:
Ihre Nachricht vom:
Unser Zeichen:
Unsere Nachricht vom:

Name:
Telefon: 0211 7654-0
Telefax: 0211 7654-40
E-Mail: info@buero-muengsten.de

Datum:

LIEFERSCHEIN Lieferscheinnnummer **(3)**

Sehr geehrte Damen und Herren,

entsprechend Ihrer Bestellung liefern wir Ihnen vertragsgemäß folgende Ware:

Kundennummer	**(4)**		
Bestellnummer	**(5)**	Bestelldatum	**(5)**
Auftragsbestätigung	**(6)**	Datum der Auftragsb.	**(6)**
Lieferdatum	**(7)**		

Artikel-Nr.	Artikelbezeichnung	bestellte Menge	gelieferte Menge	Differenz-menge	Preis/Einheit
(8)	**(9)**	**(10)**	**(11)**	**(12)**	**(13)**

Wir bestätigen die ordnungsgemäße Lieferung per Spediteur. **(14)**

Mit freundlichen Grüßen

Bürobedarf Müngsten GmbH

i. A.

Vorname Name **(15)**

HRB 2244 Amtsgericht Düsseldorf
USt-IdNr. DE 147 000 234

Geschäftsführer
Dr. Robert Müngsten

Tel.: 0211 7654-0 Zentrale
Internet-Adresse:
www.buero-muengsten.de

Volksbank Düsseldorf-Neuss e. G.
IBAN DE47 3016 0213 2407 7254 28
BIC GENODED1DNE

LERNFELD 3

Aufträge bearbeiten

4.4 Zusammenfassung und Aufgaben

Zusammenfassung

Auftragsbestätigung

Ein **Auftrag** ist eine **verbindliche Zusage** des Kunden.

Stimmen **Angebot** und **Auftrag** **überein**, kommt ein **Kaufvertrag** zustande.

Die **Hauptpflichten** des **Verkäufers** sind die **Ware fehlerfrei** zu übergeben und dem Kunden das **Eigentum** an der Ware zu **verschaffen**.

Die **Hauptpflichten** des **Kunden** sind die **Ware anzunehmen** und zu **bezahlen**.

Verändert der **Kunde** die im **Angebot** enthaltenen Informationen und nimmt eine Bestellung vor, kommt **kein Kaufvertrag** zustande.

Ist der **Verkäufer** aber mit den **Veränderungen** des Kunden **einverstanden**, wird er diese Veränderungen mit einer **Auftragsbestätigung genehmigen**.

Ist die **Auftragsbestätigung** beim Kunden **eingegangen** und **akzeptiert**, ist ein **Kaufvertrag** entstanden.

Eine **Auftragsbestätigung wird** z. B. **versendet**, wenn eine Bestellung ohne vorheriges Angebot eingeht, eine telefonische Bestellung vorliegt oder der Kunde über die Allgemeinen Geschäftsbedingungen des Verkäufers informiert wird.

Eine **Auftragsbestätigung** sollte die **rechtlichen Anforderungen** an einen **Geschäftsbrief** erfüllen.

Versand der Ware – Durchführung der Leistung

Es gibt drei **Arten** der Verpackung: die **Transportverpackung**, die **Verkaufsverpackung** und die **Umverpackung**.

Die **Verpackung** ist so zu wählen, dass sie **transportsicher**, **raumsparend** und **kostensparend** ist.

Als **Transportwege** stehen der **Straßen-**, der **Schienen-**, der **Luftverkehr** oder die **Binnen-** oder **Seeschifffahrt** zur Verfügung.

Die **Entscheidung** für einen bestimmten **Transportweg** hängt u. a. von den Transportkosten, der Schnelligkeit, der Sicherheit, der Zuverlässigkeit oder dem Wert des Gutes ab.

Der **Eigentransport** der Ware erfolgt über eigene Fahrzeuge des Unternehmens.

Den **Fremdtransport** übernehmen z. B. KEP-Dienste, d. h. Kurier-, Express- und Paketdienste.

Neben den KEP-Diensten kann die Ware auch über eine **Spedition** versendet werden.

LERNFELD 3

Den Schriftverkehr normgerecht gestalten

Lieferschein

Ein **Lieferschein** wird auch **Warenbegleitpapier** genannt, da er als **Urkunde** die Ware bis zum Kunden begleitet.

Ein **Lieferschein** ist meist ein **unternehmensindividueller Vordruck**. Er sollte die **rechtlichen Anforderungen** an einen **Geschäftsbrief** erfüllen.

Besteht eine Kundenbestellung aus mehreren Paketen, kann neben dem Lieferschein eine sogenannte **Packliste** erstellt werden. Die Packliste enthält Angaben über die Art der Ware, Stückzahl, Menge und Gewicht, Anzahl der Packstücke usw.

Rechnung

Der Lieferant muss seine **Rechnung** spätestens **sechs Monate** nach **Warenlieferung** oder **Erbringen** seiner Leistung schreiben und versenden.

Rechnungen sind wichtige Belege und müssen laut Gesetz **zehn Jahre aufbewahrt** werden.

Eine **Rechnung** muss bestimmten Anforderungen genügen, damit sie **rechtsgültig** ist und vom **Finanzamt** akzeptiert wird.

Eine **Rechnung** muss im **Original** dem Kunden übergeben werden.

Der Gesetzgeber schreibt im **§ 14 Umsatzsteuergesetz** (UStG) vor, welche **Inhalte** eine **Rechnung** enthalten muss.

Als **elektronische Rechnung** bezeichnet man alle Belege, die per E-Mail, per Web-Download oder per Computer-Telefax versendet werden.

Für die **Versendung** einer **Rechnung per E-Mail** gilt laut § 14 UStG der **Grundsatz**: „Echtheit der Herkunft", „Unversehrtheit des Inhalts" und „Lesbarkeit der Rechnung".

Grundsätzlich gelten für **elektronische Rechnungen** die **gleichen Inhaltsvorgaben** wie für die schriftlichen Rechnungen (z. B. per Post).

Formulare

Formulare beschleunigen und **vereinfachen Arbeitsabläufe**.

Formulare gibt es auch in **elektronischer Form** als **Eingabemasken**.

LERNFELD 3

Aufträge bearbeiten

Aufgaben

1. Prüfen Sie die nachfolgenden Aussagen auf ihre Richtigkeit. Die Antwort ist jeweils zu begründen.

   (1) Stimmen Angebot und Auftrag überein, kommt ein Kaufvertrag zustande.

   (2) Die Hauptpflicht des Verkäufers ist die Ware zu übergeben.

   (3) Die Hauptpflichten des Kunden sind die Ware anzunehmen und zu bezahlen.

   (4) Ein Auftrag ist die verbindliche Zusage, ein Produkt zu den im Angebot enthaltenden Konditionen abzunehmen und zu bezahlen.

   (5) Der Verkäufer muss mit einem weiteren Schreiben die Kundenbestellung bestätigen.

   (6) Mit einer Auftragsbestätigung bestätigt der Verkäufer eine telefonische Bestellung, um Missverständnisse zu vermeiden.

   (7) Eine Auftragsbestätigung sollte die rechtlichen Anforderungen an einen Geschäftsbrief erfüllen.

   (8) Ein Lieferschein dient nur der Übersicht, was tatsächlich geliefert wurde.

   (9) Viele Lieferscheine werden online, z. B. per E-Mail, übermittelt. Der Lieferschein sollte dann etwa einen Tag später beim Kunden eintreffen.

2. Geben Sie die Hauptpflichten für Käufer und Verkäufer aus dem Kaufvertrag an.

3. Nennen Sie Gründe für den Lieferanten, eine Auftragsbestätigung zu versenden.

4. Welche Inhalte für eine Auftragsbestätigung sind sinnvoll?

5. Zeigen Sie, welche Rechnungsinhalte nach § 14 UStG anzugeben sind.

6. Erklären Sie den Begriff „elektronische Rechnung".

7. Wie können elektronische Rechnungen übermittelt werden?

8. Geben Sie an, was sich durch das Steuervereinfachungsgesetz vom 01.07.2011 für die elektronische Rechnung verändert hat.

9. Zeigen Sie, welche Aufgaben Formulare im digitalen Bereich übernehmen können.

LERNFELD 3

5 Schriftstücke unter Beachtung der Nachhaltigkeit vervielfältigen

Dokumente zu **drucken**, zu **kopieren** und zu **scannen** gehört zu häufigen Arbeitstätigkeiten im Büro.

Beim **Drucken** wird dabei ein bislang elektronisch gespeichertes Dokument auf Papier dargestellt.

Wird ein Dokument **gescannt**, geschieht der umgekehrte Prozess. Ein Papierdokument wird zu einem elektronisch gespeicherten Dokument aufbereitet.

Bei der **Kopie** wird von einem Papierdokument ein Duplikat erzeugt.

Für diese Abläufe werden separate Geräte (Drucker, Scanner, Kopierer) oder Multifunktionsgeräte eingesetzt, die alle Funktionen in einem Gerät vereinigen.

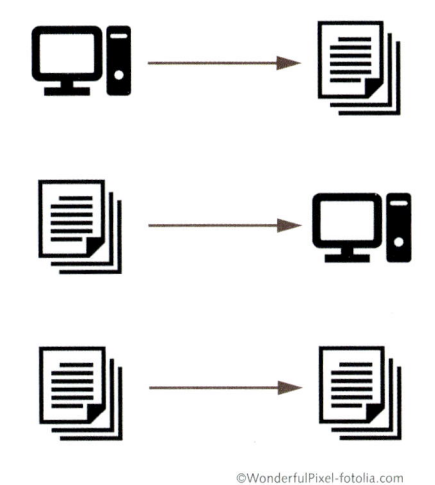

©WonderfulPixel-fotolia.com

5.1 Drucken

5.1.1 Druckerarten

Bei Druckern lassen sich technisch betrachtet vier Gerätetypen unterscheiden:

■ **Laserdrucker**

Das **gute Schriftbild** und die **hohe Druckgeschwindigkeit** (Anzahl der gedruckten Seiten pro Minute) machen sie zur häufigst eingesetzten Druckerart im Büro.

■ **Tintenstrahldrucker**

Diese Druckerart ist die **preiswerte Alternative** zum Laserdrucker. Aufgrund der **höheren Druckkosten** (Kosten pro gedruckte Seite) und der geringeren Druckgeschwindigkeit wird dieser Drucker immer öfter durch den Laserdrucker ersetzt.

■ **Nadeldrucker**

Das sehr **einfache Schriftbild**, das **laute Betriebsgeräusch** und die niedrige Druckgeschwindigkeit haben nahezu zum Verschwinden des Nadeldruckers im Büro geführt. Er wird für Spezialanwendungen jedoch weiterhin eingesetzt.

■ **Thermodrucker**

Die **kompakte Bauweise** befähigt dieses Gerät zum mobilen Drucker. Der Nachteil der höheren Druckkosten und die **mangelnde Eignung** zur Erstellung von zu **archivierenden Ausdrucken** werden hierbei akzeptiert.

> **Tipp**
>
> Der Tonerstaub eines Laserdruckers oder Kopierers ist gesundheitlich nicht unbedenklich!
>
> - Vermeiden Sie daher das Verschütten des Toners während des Wechsels der Tonerkassette.
> - Warten Sie regelmäßig Ihren Drucker, damit das Lüftungsgebläse den Tonerstaub nicht in den Büroräumen verteilt.

LERNFELD 3

Aufträge bearbeiten

Laserdrucker

Tintenstrahldrucker

Schriftbild eines Nadeldruckers

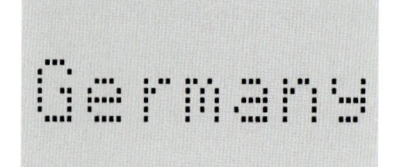

5.1.2 Druckermerkmale

Druckerart	Laserdrucker	Tintenstrahldrucker	Nadeldrucker	Thermodrucker
Anwendung	wird im Büro überwiegend als Tischdrucker oder als Standgerät, z. B. Multifunktionsdrucker, eingesetzt	im Büro nur noch gelegentlich eingesetzt, z. B. Einsatz im Außendienst als Mobildrucker	im Büro nur noch vereinzelt eingesetzt, z. B. für den Ausdruck von Quittungen oder Barverkaufsrechnungen	• vereinzelter Einsatz als Quittungs- oder Etikettendrucker • bei Banken zum Ausdruck von Kontoauszügen • im Außendienst zum Druck von Quittungen
Erstellung des Druckbildes	platziert den Toner, eine pulverartige Farbe, auf das Papier; anschließend wird der Toner durch Hitze auf dem Papier fixiert	spritzt schwarze oder farbige Tinte auf das zu bedruckende Papier auf	• einzelne Nadeln, die ein Farbband (ein mit schwarzer Farbe getränktes Textilband) auf das Papier drücken • wird auch als Impact-(Einschlag-)Drucker bezeichnet	• Ausdruck erfolgt auf hitzeempfindlichem Spezialpapier • Papier wird gezielt an Stellen, an denen schwarze Schrift erscheinen soll, erhitzt
Druckgeschwindigkeit/ Zeitaufwand zur Erstellung einer gedruckten Seite	• sehr hohe Druckgeschwindigkeit **Faustregel:** Je größer das Gerät, desto höher die Druckgeschwindigkeit! • Ausdruck von farbigen Drucken ist häufig langsamer als bei schwarz-weiß Ausdrucken	• wesentlich geringere Druckgeschwindigkeit im Vergleich zum Laserdrucker • die Druckgeschwindigkeit ist abhängig von der gewünschten Druckqualität • je höher die gewünschte Druckqualität, desto langsamer der Druck	sehr langsamer Ausdruck im Vergleich zum Laser- und Tintenstrahldrucker	variierend von akzeptabel bis schnell

Schriftstücke unter Beachtung der Nachhaltigkeit vervielfältigen

Druckerart	Laserdrucker	Tintenstrahldrucker	Nadeldrucker	Thermodrucker
Druckqualität	sehr hohe Druckqualität	• nur bei der Wahl der höchsten Druckqualität vergleichbar mit der des Laserdruckers • gedrucktes Dokument ist empfindlich gegen Feuchtigkeit und damit nicht dokumentenecht	schlechtes, einfaches Schriftbild	• akzeptables Schriftbild • Schriftbild verblasst mit der Zeit (hohe Temperaturen beschleunigen diesen Vorgang zusätzlich) • zur Archivierung ist die Erstellung einer Kopie oder eines Scans erforderlich
Betriebsgeräusch/ Emissionen	• mittlere Geräuschbelästigung durch den Lüfter und die Transportmechanik für das Papier • gesundheitsschädlicher Tonerstaub bei mangelnder Wartung	• geringe Geräuschbelästigung mit Ausnahme der Transportmechanik für das Papier	sehr lautes Betriebsgeräusch im Hochtonbereich (hohe Töne werden generell als sehr störend empfunden)	geringe bis mittlere Geräuschbelästigung
Vorteile	• geringe Druckkosten je Blatt • schneller Ausdruck • hohe Druckqualität • leiser Druckvorgang	geringere Anschaffungskosten im Vergleich zu Laserdruckern	• robuster Drucker, insbesondere bei ungünstigen Aufstellbedingungen (z. B. Erschütterungen und Schmutz) • Erstellen einer Kopie als Durchschlag möglich	• wenige mechanische Teile • sehr kompakte Bauweise möglich
Nachteile	• erhöhte Anschaffungskosten im Vergleich zu anderen Druckern • Farbdrucker im Vergleich zum Tintenstrahldrucker teurer	• höhere Druckkosten je Blatt • Verbrauchsmaterial teurer (im Vergleich zum Laserdrucker) • gedruckte Dokumente nicht wischfest	• einfaches Schriftbild • teilweise langsamer Druckvorgang • lautes Betriebsgeräusch	• Spezialpapier zum Ausdruck relativ teuer • Ausdruck ist zur Archivierung ungeeignet (bleicht aus)

5.2 Scannen

Scannen bedeutet, dass ein bislang auf **Papier vorliegendes Dokument in ein elektronisches Dokument umgewandelt** wird. Anschließend kann eine Weiterverarbeitung auf Rechnern erfolgen. Scanner gibt es als eigenständige Geräte oder als Komponente von Multifunktionsgeräten, z. B. größere Kopierer.

Aufträge bearbeiten

5.2.1 Scannerarten

Im Büro- und Verwaltungsbereich werden im Wesentlichen folgende Scannerarten eingesetzt:

■ Flachbettscanner

Bei einem **Flachbettscanner** wird das zu scannende Dokument auf ein **Vorlagenglas** gelegt. Standardmäßig haben Flachbettscanner ein Vorlagenglas zum Scannen von Dokumenten im Format DIN A4. Es gibt aber auch Flachbettscanner für andere Papierformate.

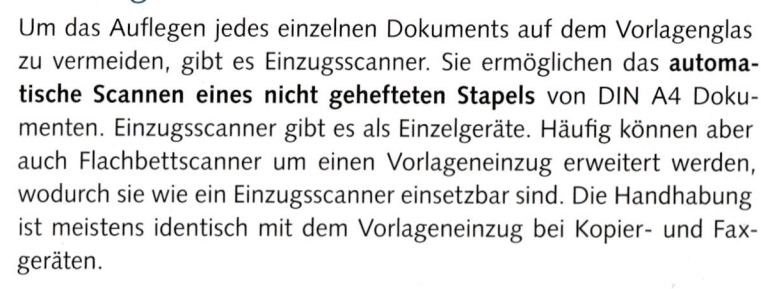

©PRILL Mediendesign-fotolia.com

■ Einzugsscanner

Um das Auflegen jedes einzelnen Dokuments auf dem Vorlagenglas zu vermeiden, gibt es Einzugsscanner. Sie ermöglichen das **automatische Scannen eines nicht gehefteten Stapels** von DIN A4 Dokumenten. Einzugsscanner gibt es als Einzelgeräte. Häufig können aber auch Flachbettscanner um einen Vorlageneinzug erweitert werden, wodurch sie wie ein Einzugsscanner einsetzbar sind. Die Handhabung ist meistens identisch mit dem Vorlageneinzug bei Kopier- und Faxgeräten.

©Konstantin Shevtsov-fotolia.com

5.2.2 Scannen von Textdokumenten

> **Merke**
>
> Je qualitativ hochwertiger Ihre Textvorlage ist, desto besser ist das neue Textdokument.

Häufig werden Textdokumente gescannt. Da ein Scanner das Dokument jedoch lediglich fotografiert, liegt zunächst das Dokument nur als bildliche Wiedergabe vor. Dies bedeutet, dass das Dokument nicht textlich verändert oder bearbeitet werden kann. Ist dies nicht beabsichtigt, wird das Dokument als pdf-Datei (Datei-Endung: .pdf) gespeichert. **Soll der Text des Dokuments in einem Textverarbeitungssystem weiterverarbeitet werden, muss eine Texterkennungssoftware (OCR-Software; OCR = Optical Character Recognition) die bildliche Vorlage umwandeln.** Dieser Vorgang funktioniert i. d. R. sehr präzise, ist aber davon abhängig, wie gut die Bildvorlage des Textdokuments ist.

5.2.3 Scannen von Bilddokumenten

Bilddokumente bzw. Fotos können ebenfalls gescannt werden. Auch hier ist eine **gute Bildvorlage von Vorteil**, auch wenn eine leistungsfähige Bildbearbeitungssoftware hilft, viele Einschränkungen bei der Bildqualität zu korrigieren. Üblicherweise werden Bilddokumente bzw. Fotos im jpeg-Dateiformat gespeichert. Die entsprechenden Bilddateien haben die Endung .jpg oder .jpeg.

5.3 Dateiformate und Schutzmechanismen für Dateien

5.3.1 Dateiformate

Jede Software/jedes Programm speichert die erstellten Dateien in einem eigenen Dateiformat. Dies ist wichtig, da die jeweilige **Software generell nur eine Datei mit dem passenden Dateiformat** öffnen kann. Selbst innerhalb einer Softwarekategorie werden die Dateien in unterschiedlichen Dateiformaten gespeichert.

So lautet beispielsweise für Textdokumente im Textverarbeitungsprogramm MS-Word das Format docx, bei Open Office Writer das Format odt. Erkennbar ist das Dateiformat an der Datei-Endung unmittelbar nach dem eigentlichen Dateinamen, d. h. nach dem eigentlichen Dateinamen folgt ein Punkt und das Dateiformat. So ist die Datei *Beispiel.docx* eine Word-Textdatei mit dem Dateinamen *Beispiel*.

■ Dateiformate für Textdokumente und Tabellen (docx, xlsx)

Wie bereits erwähnt speichert das Textverarbeitungsprogramm MS-Word Textdokumente im Dateiformat docx (bis 2007: doc) und das Tabellenkalkulationsprogramm MS-Excel Tabellendateien im Format xlsx (bis 2007: xls). Alle konkurrierenden Programme wie beispielsweise Apache OpenOffice oder Libre Office nutzten eigene Dateiformate.

■ Dateiformate für Formatvorlagen (dotx, xlsm)

Ein Textverarbeitungs- und ein Tabellenkalkulationsprogramm ermöglichen es, die erstellten Dokumente individuell zu formatieren (z. B. Schriftart und Schriftgröße). **Um die Wiederholung der jeweiligen Formateinstellungen bei jedem neuen Dokument zu vermeiden**, lassen sich Formatvorlagen festlegen und speichern. Sie werden zu Beginn eines neu zu erstellenden Dokuments aufgerufen und dienen als Grundlage. Die Dateiformate für Formatvorlagen lauten bei MS-Word dotx und bei Excel xlsm.

5.3.2 Dateiformat pdf

pdf steht für portable document format. Wie der Name schon sagt, ist pdf ein Dateiformat, das es auf allen Rechnersystemen erlaubt, Dokumente anzuzeigen. Dabei bleibt das Layout erhalten. Erzeugt wird das pdf-Dokument durch spezielle Software. **Viele Programme funktionieren derart, dass das Programm einen zusätzlichen, virtuellen Drucker einrichtet**. Zur Erzeugung eines pdf-Dokuments aus einem Textverarbeitungsprogramm wird ein Dokumentendruck gestartet, wobei statt eines realen der virtuelle Drucker ausgewählt wird. Das pdf-Dokument wird dann am Bildschirm angezeigt und kann unter einem Dateinamen gespeichert werden. Üblicherweise kann dieses Format nicht weiterverarbeitet werden. Es gibt jedoch Software, um diese Beschränkung aufzuheben. Außerdem kann mit entsprechender Software ein pdf-Dokument als Online-Formular (z. B. für die Einstellung auf einer Website) erzeugt werden.

5.3.3 Schutzmechanismen für Dateien

Im Büro werden regelmäßig Dateien erstellt oder verändert. Da die Inhalte der Dateien wichtig sind, werden Schutzmaßnahmen getroffen. Der Schutz vor Verlust ist ein Aspekt der Datensicherung. Konsequenz: Dateien sollten regelmäßig kopiert und an einem sicheren Ort verwahrt werden.

■ Leseschutz

Dateien enthalten evtl. vertrauliche Inhalte. **In diesem Fall ist zu gewährleisten, dass nur autorisierte Personen die Dateien lesen können.** Dies wird durch die Vergabe eines Kennworts ermöglicht. Um eine Word- oder Excel-Datei mit einem Kennwort zu versehen, ist die Menüfolge *Datei – Speichern unter*

Auswahl „Allgemeine Optionen" in Word.

Aufträge bearbeiten

Auswahl „Allgemeine Optionen" in Excel.

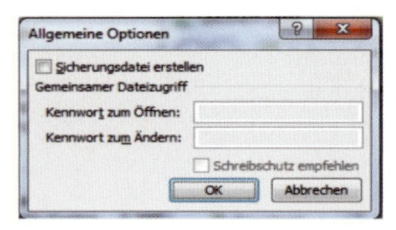

anzuklicken. In dem sich nun öffnenden Fenster gibt es die Schaltfläche *Tools*. In der dann folgenden Auswahl werden *Allgemeine Optionen* aufgerufen. Dadurch öffnet sich ein Fenster. Durch die Vergabe eines Kennworts unter *Kennwort zum Öffnen* wird sichergestellt, dass die Datei nur noch durch Eingabe des Kennworts lesbar (zu öffnen) ist.

■ Schreibschutz

Evtl. ist jedoch ausreichend, dass nicht autorisierte Personen eine Datei **zwar lesen können, eine Änderung der Inhalte jedoch ausgeschlossen ist**. Dies wird durch die Vergabe eines Kennworts unter *Kennwort zum Ändern* gewährleistet.

■ Überarbeitungsschutz

In der Hektik des Büroalltags kann es schnell passieren, dass eine wichtige Datei geändert wird. Dies ist spätestens dann ärgerlich, wenn beim nächsten Öffnen der Datei festgestellt wird, dass die ursprünglichen Inhalte überschrieben wurden. Der Überarbeitungsschutz verhindert dies. Er wird durch Anklicken der Option *Schreibschutz empfehlen* aktiviert. **Als Folge erscheint beim jeweiligen Öffnen der Datei eine Anfrage, ob die Datei generell oder nur schreibgeschützt zu öffnen ist**. Sollen die ursprünglichen Inhalte erhalten bleiben, wird die Datei mit Schreibschutz geöffnet und unmittelbar unter einem neuen Dateinamen gespeichert. Die neue Datei hat dann wieder alle Bearbeitungsmöglichkeiten.

5.4 Kopierer und kopieren

In Büros kommen Kopierer in verschiedenen Größen und Leistungsfähigkeiten zum Einsatz. **Die Spanne reicht vom kleinen (ausschließlichen) Tischkopierer bis zum Standgerät mit hoher Kopierleistung** (= Anzahl der Kopien pro Minute), mehreren Papierfächern, Schnelleinzug der Originale, die multifunktional zusätzlich als Drucker oder Scanner einsetzbar sind (vgl. auch Kapitel 5.5). Durch den Druck von digitalen Dokumenten und der Möglichkeit, Dokumente durch Scannen zu digitalisieren, ist die Bedeutung des Kopierens rückläufig.

5.4.1 Leistungsmerkmale von Kopiergeräten

Kopiergeräte können mit verschiedenen Leistungsmerkmalen ausgestattet sein:

■ Kopienanzahl

Wird regelmäßig eine große Anzahl von Kopien benötigt, ist eine hohe Anzahl von gefertigten Kopien pro Minute wichtig. Kleine Tischkopierer erstellen nur wenige Kopien pro Minute, große Kopierer teilweise über 100 Kopien pro Minute.

■ Vorlageneinzug

Ein Vorlageneinzug **erspart das einzelne Auflegen jeder Seite eines Originaldokuments auf das Vorlagenglas**. Stattdessen werden alle Seiten des Originals automatisiert abgelichtet. Teilweise ist eine Erfassung von zweiseitig bedruckten Originalen möglich.

Schriftstücke unter Beachtung der Nachhaltigkeit vervielfältigen

■ Papiergröße

Da das Format DIN A4 die Standardgröße im Büro ist, verarbeiten alle Kopierer dieses Format. Es gibt jedoch Geräte, die Kopien im Format DIN A3 ausgeben. Besitzt das Gerät ein entsprechend großes Vorlagenglas können auch Originale im Format DIN A3 abgelichtet werden.

■ Größe und Anzahl der Papierkassetten

Kleine Geräte besitzen nur eine Papierkassette, die nur wenige Blätter aufnimmt. **Größere Geräte sind mit mehreren Papierkassetten ausgestattet**, die teilweise 500 Blatt Papier und mehr aufnehmen. Folglich muss seltener Papier nachgelegt werden. Oft ist es auch möglich, Papier während des Kopierbetriebs in eine Kassette nachzulegen, die aktuell vom Gerät nicht genutzt wird.

■ Verkleinern und Vergrößern

Die meisten Kopierer bieten die Möglichkeit, beim Kopiervorgang das Original zu verkleinern oder zu vergrößern (Zoomfunktion). Damit ergibt sich die Möglichkeit, ein nicht im DIN A4 Format vorliegendes Original auf dieses Format anzupassen.

■ Ausgabefunktionen

Analog zu den Ausgabemöglichkeiten bei Druckern bieten viele Kopierer zahlreiche Ausgabemöglichkeiten:

→ doppelseitiger Ausdruck (auf Vorder- und Rückseite des Papiers),
→ Druck von zwei, vier oder mehr Originalseiten auf ein Ausdruckblatt,
→ Lochung der Kopien bei der Ausgabe,
→ Heftung der Kopien bei der Ausgabe,
→ sortierter Ausdruck.

Tipp

Es ist wichtig, sich rechtzeitig mit dem Auswahlmenü eines Druckers oder Kopierers näher zu beschäftigen. Häufig bieten die Geräte weitere Druckoptionen, die für die jeweiligen betrieblichen Erfordernisse optimal geeignet sind.

LERNFELD 3

Beispiel

Ein Original mit drei Seiten (Seiten: 1, 2 und 3) ist fünffach zu kopieren. Bei einem **unsortierten** Ausdruck erfolgt die Ausgabe: 111112222233333. Bei einem **sortierten** Ausdruck: 123123123123123.

■ Bedienerfreundlichkeit/Menüführung

Einfache Geräte besitzen nur einzelne Drucktasten zur Bedienung. Bei größeren Geräten erfolgen die Benutzereingaben über ein Display, ergänzt durch die Benutzerführung über ein Menü.

5.4.2 Kopierer als Kostenfaktor

Die Kosten für Kopiergeräte basieren auf folgenden Positionen:

■ Anschaffungskosten

Die Spannweite der Anschaffungskosten ist groß. Je mehr der zuvor genannten Leistungsmerkmale ein Gerät erfüllt, desto höher sind die Anschaffungskosten.

■ Verbrauchsmaterialien

Neben den Papierkosten zählen hierzu insbesondere die Tonerkosten. Da die eingesetzten Tonerkassetten gerätespezifisch sind, ist bei den Beschaffungskosten häufig nur eine geringe Spannweite gegeben. Eine Alternative sind eventuell wiederbefüllte Tonerkassetten.

■ Wartung und Service

Da der in Laserdruckern und Kopierern verwendete **Toner gesundheitlich bedenklich** ist und ferner während des Druck- bzw. Kopiervorgangs **Ozon (giftig)** entsteht, sollten die Geräte regelmäßig gewartet werden. Die Geräte sollten nicht so aufgestellt werden, dass das Lüftungsgebläse seine Abluft zum Arbeitsplatz ausgibt, was im nebenstehenden Bild deutlich erkennbar ist.

Tischdrucker am Arbeitsplatz.
Deutlich erkennbar ist das Lüftungsgebläse des Druckers auf der rechten Gehäuseseite.

5.5 Multifunktionsgeräte

Alle vorgenannten Optionen (Drucken, Kopieren, Scannen evtl. auch Faxen) vereinen Multifunktionsgeräte. Auch diese Geräte sind auf dem Markt als Tischgeräte oder als große Standgeräte (Foto) verfügbar. Sie sind häufig in das Unternehmensnetzwerk (vgl. Kap. 6.5) eingebunden, damit sie viele Mitarbeiter nutzen können. Neben dem im Vergleich zu der Summe von Einzelgeräten geringeren Preis, ist die Platzersparnis von großem Vorteil. Nachteil ist, dass die Multifunktionsgeräte häufig nur für einen Arbeitsschritt nutzbar sind. Somit ist eine Arbeitsteilung (Kollege A druckt, Kollege B kopiert, Kollege C scannt) nicht möglich. Der Ausfall einer Funktion führt evtl. zur Nichtverfügbarkeit aller Funktionen des Geräts. Die nebenstehende Abbildung zeigt ein Multifunktionsgerät. Im unteren Bereich sind mehrere Papierkassetten mit den Aufschriften A4, A3 erkennbar. Auf der Geräteoberseite befindet sich ein Vorlageneinzug. Auf der linken Geräteseite ist die Druckausgabe mit mehreren Fächern sichtbar. Auf der Vorderseite ist im rechten oberen Bereich das Bedienfeld mit dem Eingabedisplay zu sehen.

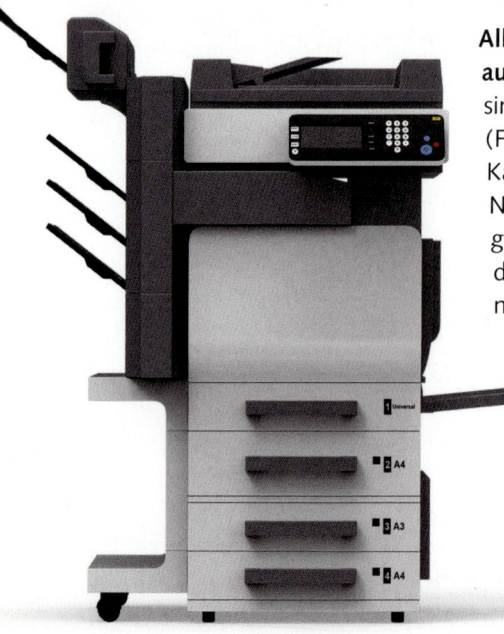

5.6 Nachhaltigkeit beim Drucken und Kopieren

In Unternehmen gewinnt der Gesichtspunkt der Nachhaltigkeit immer stärker an Bedeutung. Dies bedeutet u. a. auch die Schonung von Ressourcen.

5.6.1 Sinnvolles Drucken und Kopieren

Grundsätzlich ist es sinnvoll **zu prüfen, ob der Druck eines Dokuments notwendig ist** oder ob nicht die Anzeige am Bildschirm für den Bearbeitungsschritt ausreicht. Außerdem ist zu prüfen, ob jede Fotokopie notwendig ist.

Tipp

Nutzen Sie die Möglichkeit, Vorgänge papierlos unmittelbar am Bildschirm zu bearbeiten.

5.6.2 Recyclingpapiere

Recyclingpapiere haben im Vergleich zu weißem Büropapier den Vorteil, dass für die Herstellung ein **geringer Einsatz von Rohstoffen, Wasser und Energie** notwendig ist. Grundlage ist, dass diese Papiere teilweise oder ausschließlich aus Altpapier gefertigt werden.

Viele Behörden (z. B. Finanzämter) versenden bereits seit vielen Jahren ihre Briefpost auf dieser Papierart. Recyclingpapier ist in verschiedenen Weißegraden erhältlich. Je geringer der Weißegrad ist, desto höher ist die Ressourceneinsparung. Soll auf den Einsatz von weißem Büropapier nicht grundsätzlich verzichtet werden, ist auch eine selektive Auswahl (z. B. wichtige Vertragsdokumente auf weißem Papier, interne Mitteilungen auf Recyclingpapier) möglich.

5.6.3 Druckformate

Eine weitere Möglichkeit der Ressourceneinsparung ist die **Nutzung von papiersparenden Druckoptionen**. Standmäßig werden Dokumente einseitig gedruckt bzw. kopiert, wobei jede Seite des Dokuments (z. B. Seiten eines Textdokuments) einseitig auf einem Blatt Papier gedruckt wird. Soll für den Druck von diesem Standard eine Abweichung erfolgen, sind entsprechende Druckoptionen im Drucker bzw. Kopierermenü auszuwählen. Je nach Drucker oder Kopierer stehen folgende Optionen zu Verfügung:

Aufträge bearbeiten

Übersicht Druckoptionen	
Option	**Erläuterung**
Duplexdruck	beidseitiges bzw. doppelseitiges Bedrucken des Papiers
Mehrseitiger Druck	Mehrere Seiten eines Dokuments werden auf eine Seite gedruckt, z. B. 2 auf 1 (zwei Seiten auf eine Blattseite).
Aktuelle Seite	Druck der Seite, auf der derzeit der Cursor platziert ist
Farbdruck	Seiten werden bei Farbdruckern standardmäßig farbig gedruckt; Ausdruck kann alternativ auch schwarzweiß erfolgen.
Seiten von … bis …	Es werden nur die ausgewählten Seiten gedruckt.
Markierung	Es werden nur die markierten Textstellen gedruckt.
weitere Druckoptionen	z. B. Druck von nur geraden oder ungeraden Seiten
Schnell-/Ökonomiedruck	Option bei Tintenstrahldruckern: Ausdruck erfolgt schnell und tintensparend. Nachteil: ein evtl. schlechteres und nicht farbkräftiges Druckbild.

■ Abbruch eines Druckbefehls

Ein falsch abgesandter Druckauftrag lässt sich stoppen. Hierfür müssen **im Betriebssystem** Windows der Menüpunkt Geräte und Drucker geöffnet und der ausgewählte Drucker angeklickt werden. Dann erscheint eine Auflistung der erteilten Druckaufträge. Nach Anklicken des Auftrags mit der rechten Maustaste kann ein Befehl zum Druckabbruch ausgewählt werden. Nach dem Widerruf führt der Drucker manchmal den Druckbefehl trotzdem aus. Der Grund ist, dass viele Drucker ein Speichermodul besitzen. Die dort vorliegenden Druckaufträge werden dann weiterhin ausgeführt. Um dies zu verhindern, muss zusätzlich der Druckbefehl **am Drucker durch Drücken der Abbruchtaste** (häufig mit der Aufschrift „Cancel" oder einem aufgedruckten X gekennzeichnet) aufgehoben werden.

©Alex White -fotolia.com

5.6.4 Wechseln und Recyceln von Tonerkassetten

Toner bzw. Tonerkassetten sind Verbrauchsmaterial. Nach dem Wechseln bleibt die entleerte Tonerkassette zurück. Sie besteht aus einem massiven Kunststoffgehäuse mit einer aufwendigen Mechanik und teilweise elektronischen Bauteilen. **Daher ist die sachgerechte Entsorgung vorgeschrieben.** Eine Entsorgung kann über spezielle Unternehmen erfolgen, die diese Kassetten wieder befüllen. Die Gerätehersteller bieten auch die Rücknahme und Verwertung der Kassetten an.

©Klaus Eppele-fotolia.com

5.7 Zusammenfassung und Aufgaben

Zusammenfassung

Drucker

Grundsätzlich gibt es vier **Arten** von Druckern: **Laserdrucker**, **Tintenstrahldrucker**, **Nadeldrucker** und **Thermodrucker**.

In Unternehmen werden hauptsächlich **Laserdrucker** eingesetzt. Sie zeichnen sich durch geringe Druckkosten je Blatt und eine hohe Druckgeschwindigkeit aus.

Scanner

Gebräuchlich sind **Flachbett-** oder **Einzugsscanner**.

Da Scanner die Dokumente nur bildlich erfassen, können **Textdokumente** nach dem Scanvorgang durch eine **OCR-Software** bearbeitet werden.

Fotokopierer

Fotokopierer ermöglichen neben dem Vergrößern und Verkleinern des Originals u. a. den **ein-** oder **doppelseitigen Ausdruck** sowie den Ausdruck eines **zweiseitigen Dokuments** auf einer Seite.

Diese **Ausdruckfunktionen** bieten auch **Drucker**.

Multifunktionsgeräte

Multifunktionsgeräte vereinen Drucker, Fotokopierer, Scanner und evtl. Faxfunktion in einem Gerät.

Nachhaltigkeit

Neben der sinnvollen Auswahl von Druckoptionen trägt die Vermeidung von unnötigen Ausdrucken und die Nutzung von Recyclingpapier zur **Ressourcenschonung (Nachhaltigkeit)** bei.

Aufträge bearbeiten

Aufgaben

1. Prüfen Sie die folgenden Aussagen auf ihre Richtigkeit. Die Antwort ist jeweils zu begründen:

   (1) Bei hoher Druckauflage entstehen beim Druck über einen Laserdrucker geringere Kosten als bei Nutzung eines Tintenstrahldruckers.

   (2) Nadeldrucker werden aufgrund ihres lauten Betriebsgeräuschs und der schlechten Druckqualität kaum noch eingesetzt.

   (3) Sollen Ausdrucke mit einem Thermodrucker dauerhaft genutzt werden, sind von den Ausdrucken Fotokopien zu erstellen.

   (4) Laserdrucker und Fotokopierer sind wartungsfrei.

   (5) Je „grauer" das Recyclingpapier, desto geringer ist der Ressourcenverbrauch bei seiner Herstellung.

   (6) Tonerkassetten können über den Hausmüll entsorgt werden.

2. Beschreiben Sie die Ausstattung Ihres Ausbildungsbetriebs mit Druckern, Kopierern und Scannern.

3. In einem Handelsbetrieb mit 20 Mitarbeitern und einem angeschlossenem Ladenlokal sind regelmäßig farbige Plakate im Format DIN A3 zu erstellen. Die Unternehmensleitung hat beschlossen, hierfür einen Farblaserdrucker anzuschaffen. Der Plakatdruck soll von mehreren Mitarbeitern übernommen werden. Erläutern Sie die optimale Einbindung in das vorhandene DV-System.

4. Ein Kollege überreicht Ihnen eine Tageszeitung mit dem Hinweis, dass auf Seite vier ein wichtiger Artikel veröffentlicht ist. Der Kollege möchte mehrere Absätze des Artikels in einen Bericht einfügen, den er in den nächsten Tagen erstellen will. Schildern Sie die notwendigen Arbeitsschritte, damit dem Kollegen der Artikel in einem Textverarbeitungssystem zu Verfügung gestellt werden kann.

5. Sie erhalten eine 12-seitige Dokumentation in Papierform. Die Dokumentation ist auf DIN A4 Papier einseitig bedruckt. Sie soll in einer Konferenz mit zehn Teilnehmern jedem Teilnehmer zu Verfügung stehen. Sie werden beauftragt eine ressourcenschonende Lösung zu entwickeln.

6. In einem Betrieb soll ein neuer leistungsfähiger Kopierer oder ein Multifunktionsgerät beschafft werden. Zeigen Sie Vor- und Nachteile auf, um die Entscheidung vorzubereiten.

6 Betriebliche Kommunikationsmöglichkeiten nutzen

Die Kommunikation mit Lieferanten, Kunden und Kollegen ist eine wichtige Voraussetzung zur Abwicklung betrieblicher Geschäftsprozesse. Hierfür stehen in einem modernen Büro zahlreiche Kommunikationsmittel zur Verfügung.

6.1 Telefon

Das Telefon gehört zu den wichtigsten Kommunikationsmitteln im Unternehmen. Der Vorteil ist die direkte unmittelbare Kommunikation mit dem Gesprächspartner. Details können sofort besprochen, Fragen und Unstimmigkeiten direkt geklärt werden.

©Picture-Factory-fotolia.com

6.1.1 Telefonanschlüsse in Unternehmen

■ Einzelne Telefonnummern

Bei kleinen Unternehmen existiert häufig, wie bei einem privaten Festnetzanschluss, nur eine Telefonnummer für alle ankommenden Gespräche. Es können jedoch mehrere Telefone installiert sein, die an einer Telefonanlage angeschlossen sind. Ein Anrufer erreicht häufig zunächst den Mitarbeiter an der Zentrale des Unternehmens, der alle Gespräche entgegennimmt und ggf. weitervermittelt.

Beispiel

(mit Vorwahl)
02177 23456789
(Schreibweise gemäß DIN 5008)

■ Sammelnummer und Durchwahlmöglichkeit

Ein Telefonanschluss mit Sammelnummer ist dadurch erkennbar, dass die Telefonnummer jeweils um die Apparatnummer der einzelnen Mitarbeiter, der sogenannten Durchwahl, ergänzt wird. Deutlich wird dies durch den Bindestrich (–) nach der Sammelnummer. Die Vorteile sind:

→ Zeitersparnis, da der Anrufer den gewünschten Gesprächspartner direkt anrufen kann. Die Vermittlung über die Telefonzentrale entfällt.

→ Die Mitarbeiter können untereinander telefonieren.

Beispiel

(mit Vorwahl)
0211 7654-0
Zentrale
0211 7654-11
Durchwahl
Dr. Müngsten
(Schreibweise gemäß DIN 5008)

6.1.2 Leistungsmerkmale von Telefonanlagen

In Unternehmen werden i. d. R. Telefonanlagen eingesetzt. Die folgenden Leistungsmerkmale sind teilweise Bestandteile der installierten Telefonanlage, teilweise auch der an der Nebenstelle aufgestellten Telefonapparate:

Weitervermittlung	Ein entgegengenommener Anruf kann an eine andere Nebenstelle weitervermittelt werden.
Heranholen (Pick-up Funktion)	Klingelt an einer anderen Nebenstelle das Telefon, lässt sich der Anruf an den eigenen Telefonapparat heranholen.

Tipp

Informieren Sie immer den Gesprächspartner, falls Sie ihn weitervermitteln möchten.

Aufträge bearbeiten

Tipp

Grundsätzlich sollten Sie immer der Person den Vorrang geben, mit der Sie bereits das Gespräch führen. Sofern Sie sich jedoch **kurz** bei dem Zweitanrufer melden, sollte dies nur nach Einverständnis des ursprünglichen Gesprächspartners erfolgen.

Tipp

Sie sind verpflichtet, Ihren Gesprächspartner um Einverständnis zu bitten, wenn Sie die Freisprecheinrichtung nutzen wollen. Gründe: Datenschutz und Verschlechterung der Tonqualität.

Tipp

Vergessen Sie bei dem Hinterlassen einer Nachricht auf einem Anrufbeantworter oder einer Voice-Box nicht Ihren Namen, den des Unternehmens und Ihre Telefonnummer zu nennen.

Anrufsignalisierung	Ruft während eines Telefongesprächs eine weitere Person diese Nebenstelle an, wird dies im Display des Telefons angezeigt.
Makeln	Dies ist die Möglichkeit, zwischen zwei Telefongesprächen zu wechseln.
Anrufweiterschaltung bzw. Anrufumleitung	Durch vorheriges Eingeben einer anderen Nebenstelle oder eines Telefonanschlusses werden alle für den ursprünglichen Apparat ankommenden Anrufe auf die eingegebene Nebenstelle bzw. Telefonanschluss umgeleitet.
Konferenzschaltung	Es ist möglich, mit mehreren Gesprächspartner gleichzeitig zu telefonieren.
Rückruf bei Besetzt(-zeichen)	Wird ein Gesprächspartner angerufen und ist sein Anschluss besetzt, erfolgt automatisch ein Rückruf, sobald der Anrufer sein Gespräch beendet hat.
Nummernspeicher, Kurzwahl, Zielwahltasten	Regelmäßig gewählte Telefonnummern können im Nummernspeicher eingespeichert werden. Um einen Teilnehmer anzurufen, ist dann nur die sogenannte Kurzwahl einzugeben. Ist beispielsweise der Kunde Jacobs unter der Kurzwahl 23 hinterlegt, sind nur die Taste Kurzwahl und die Ziffernfolge 23 einzugeben. Anschließend wird automatisch die Telefonverbindung aufgebaut. Einige Telefonapparate besitzen Zielwahltasten. Sie sind für häufig gewählte Telefonnummern gedacht. Nach vorheriger Einspeicherung reicht dann für die Anwahl des Gesprächspartners ein Tastendruck.
Wahlwiederholung	Durch Drücken der entsprechenden Taste wird die vorher gewählte Rufnummer erneut gewählt.
Freisprechen	Ermöglicht das Telefonieren mit dem Gesprächspartner ohne Nutzung des Telefonhörers.
Stummschaltung	Das Mikrofon des Telefons wird ausgeschaltet, um z. B. eine Rückfrage ohne Mithören des Gesprächspartners zu ermöglichen.
Anrufbeantworter (Voice-Box)	Der Anrufer hat die Möglichkeit, dem Angerufenen eine Nachricht zu hinterlassen, sofern dieser nicht erreichbar ist.
Wartemusik	Diese hört der externe Gesprächspartner bei einer Weitervermittlung, während die Gesprächsverbindung weiterhin besteht.
Berechtigungen (Rufnummernsperre)	Nicht jede Nebenstelle hat die Berechtigung, alle Arten von Telefongesprächen zu führen. So sind bestimmte Telefonnummern, z. B. von Mehrwertdiensten (Vorwahl 0900 usw.) gesperrt. Ebenso sind Sperren möglich, die Orts-, Fern- und Auslandsgespräche betreffen.

©Peter Atkins-fotolia.com

LERNFELD 3

Betriebliche Kommunikationsmöglichkeiten nutzen

■ Telefonanlagen mit DV-Integration

In mittelständischen und großen Unternehmen werden Telefonanlagen eingesetzt, die in die Datenverarbeitung bzw. das Unternehmensnetzwerk integriert sind. **Diese Anlagen bieten zur regulären Telefonanlage weitaus mehr Möglichkeiten**, da das Verzeichnis der möglichen Gesprächspartner in einer Datenbank im Unternehmensnetzwerk geführt wird. Als Folge werden die Telefonaktivitäten auf dem Bildschirm angezeigt und unterstützt.

Beispiele:

→ Bei einem Anruf wird die Telefonnummer des Anrufers auf dem Bildschirm angezeigt. **Per Mausklick auf die Telefonnummer öffnen sich Fenster mit weiteren Daten des Anrufers**, wie vollständiger Name, Name des Unternehmens, Position, E-Mail-Adresse. Bei laufenden Prozessen (z. B. Vertragsverhandlungen) lassen sich auch alle Dokumente einblenden, die bislang zu diesem Prozess gespeichert wurden.

→ **Es lassen sich noch weitere Daten hinterlegen**, wie z. B. Informationen, dass der Ansprechpartner bedingt durch Teilzeit nur vormittags oder durch Lehrgänge derzeit mehrere Tage nicht erreichbar ist.

6.1.3 Telefongespräche führen

Ein geschäftliches Telefongespräch kann der erste Kontakt eines Kunden mit dem Unternehmen sein. Bei einigen Gesprächspartnern findet die gesamte direkte Kommunikation per Telefon statt. Das Telefon wird somit zur Visitenkarte des Unternehmens. Daher ist es wichtig, bei Telefonaten einige Grundregeln zu beachten:

Tipps für professionelles Telefonieren:

Lächeln Sie!	Psychologen haben herausgefunden, dass ein Lächeln auch bei einem Telefongespräch hörbar ist. Sie schaffen dadurch eine positive Gesprächsatmosphäre.
Gesprächsziel klären	Bevor Sie einen Gesprächspartner anrufen: Vergewissern Sie sich vorab, welches Ziel Sie mit dem Telefongespräch erreichen wollen und bereiten Sie sich vor. Nehmen Sie sich ausreichend Zeit.
Begrüßung	Begrüßen Sie jeden Anrufer freundlich. Nennen Sie den Namen Ihres Unternehmens, Ihren Vor- und Zunamen und die Begrüßung („Guten Tag" bzw. „Guten Morgen").
Namen des Gesprächspartners nennen	Notieren Sie sich den Namen des Gesprächspartners und sprechen Sie ihn im Laufe des Gesprächs mit seinem Namen an. Aber auch nicht zu häufig!
Zuhören	Hören Sie dem Anrufer zu. Vermeiden Sie es, ihn zu unterbrechen. Bleiben Sie ruhig, geduldig und höflich.

Tipp
Seien Sie sich dem Zweck Ihres Anrufs vor dem Gespräch bewusst.

Tipp
Achten Sie darauf, dass Ihre telefonische Begrüßung nicht wie automatisiert aufgesagt wirkt.

LERNFELD 3

Aufträge bearbeiten

Sprechen Sie deutlich	Passen Sie Ihre Aussprache und das Sprechtempo insbesondere dann an, falls der Gesprächspartner die verwendete (Fremd-)sprache nicht perfekt beherrscht.
Telefonnotizen anfertigen	Schreiben Sie über das Telefonat eine Notiz. Spezielle Formulare zur Telefonnotiz gewährleisten, dass wichtige Aspekte nicht vergessen werden (Name, Unternehmen, Thema, Datum, Uhrzeit, Aufgaben).
Richtiger Zeitpunkt	Klären Sie zu Beginn, ob das Telefonat zum richtigen Zeitpunkt stattfindet. Rufen Sie nur an, wenn Sie auch genügend Zeit haben.
Anrufer bei der Weitervermittlung nicht vergessen	Lassen Sie Ihren Anrufer nicht in der Warteschleife „verhungern". Vergewissern Sie sich, ob er warten möchte.
Ausländische Telefonnummern	Ausländische Telefonnummern sind in der Reihenfolge Landesvorwahl, Vorwahl der Region oder Stadt und Rufnummer gegliedert. Jedes Land hat eine internationale Vorwahl, für Deutschland lautet sie 49. **Telefonat aus Deutschland ins Ausland:** Um einen ausländischen Gesprächspartner anzurufen, muss **aus Deutschland** zunächst die Ziffernfolge 00 gewählt werden. Dann erfolgt die Landesvorwahl für das Zielland (z. B. 32 für Belgien oder 41 für die Schweiz), danach die Telefonnummer des Gesprächspartners. **Telefonat aus dem Ausland nach Deutschland:** Analog dazu muss ein ausländischer Gesprächspartner verfahren, der einen deutschen Telefonanschluss anruft. Bei international tätigen Unternehmen wird die Telefonnummer folglich auch im internationalen Format angegeben. Zum Beispiel: +49 0211 7654-0 Das + Zeichen weist darauf hin, dass in dem entsprechenden Land zunächst die Ziffernfolge für ein internationales Gespräch zu wählen ist. **Sie ist in jedem Land verschieden.** Anschließend wird die Ortsvorwahl ohne die Ziffer 0 genannt, da sie bei der Anwahl aus dem Ausland wegfällt. Die restlichen Ziffern betreffen die Rufnummer des deutschen Teilnehmers.

6.2 E-Mail

6.2.1 Funktion und Bedeutung

Die E-Mail hat eine im Geschäftsleben nicht mehr wegzudenkende Bedeutung. Dabei kommt die E-Mail einerseits zur Kommunikation zwischen Geschäftspartnern (Unternehmen) zum Einsatz, anderseits wird sie auch für die innerbetriebliche Kommunikation verwandt. Ein wesentlicher Grund hierfür ist die einfache Handhabung.

6.2.2 Normen und Signatur in geschäftlichen E-Mails

■ Externe Signatur

Für die kaufmännische Kommunikation per E-Mail an Geschäftspartner gibt es Vorschriften, die in der DIN 5008 festgelegt sind. Diese Vorschriften sind analog zu denen der Normvorschriften für Briefe, jedoch auf die Kommunikationsform E-Mail angepasst. **Entsprechend den Informationen über das absendende Unternehmen im Geschäftsbrief, muss eine Geschäfts-E-Mail bestimmte Angaben enthalten**. Diese Informationen erscheinen unterhalb der eigentlichen E-Mail und werden als **Signatur** bezeichnet. Die Mail endet mit der Grußformel („Mit freundlichen Grüßen") und dem Namen des Absenders, zweckmäßigerweise ergänzt um die Funktion des Absenders im Unternehmen. Nach einer Leerzeile folgen dann die **vorgeschriebenen** Angaben:

→ vollständiger Name des Unternehmens einschließlich Rechtsform (wie im Handelsregister eingetragen) und korrekter ladungsfähiger Anschrift,

→ Handelsregistereintrag mit Abteilung, Eintragungsnummer und Nennung des Amtsgerichts,

→ Nennung aller Geschäftsführer einer GmbH, Nennung aller Vorstände einer AG oder Genossenschaft mit Vor- und Familiennamen,

→ falls das Unternehmen einen Aufsichtsrat hat, Nennung des Aufsichtsratsvorsitzenden mit Vor- und Familiennamen.

Üblicherweise werden noch folgende Angaben aufgenommen:

→ Kommunikationsangaben: Telefon (Sammelnummer und/oder Durchwahl), Faxnummer,

→ Umsatzsteueridentifikationsnummer (USt-IdNr.) (bei einer Rechnung Pflichtangabe),

→ E-Mail Adresse des Absenders und Internetadresse des Unternehmens.

■ Interne Signatur

Bei E-Mails innerhalb eines Unternehmens kann auf die vollständige Signatur verzichtet werden. Insbesondere bei größeren Unternehmen sollte die Signatur die Angaben enthalten, die dem Empfänger informieren, von welcher Abteilung bzw. welchem Unternehmensstandort die E-Mail gesandt wurde.

Aufträge bearbeiten

6.2.3 HTML oder NurText als Nachrichtenformat

E-Mails können in zwei verschiedenen Nachrichtenformaten versandt werden. **Im Nur-Text-Format wird ausschließlich die Textnachricht ohne Formatierungen versandt. Soll die E-Mail stattdessen Formatierungen aufweisen, ist das HTML-Format notwendig.** Folglich sind E-Mails besser lesbar und entsprechen der einheitlichen Außendarstellung des Unternehmens (z. B. durch ein enthaltenes Unternehmenslogo). Nachteilig ist, dass die Darstellung der empfangenen HTML-Mail abhängig von der Software des Empfängers ist. Insofern kann sich das Layout (Erscheinungsbild) der empfangenen E-Mail von der abgesandten unterscheiden. Schließlich kann eine HTML-Mail auch Schadsoftware (Viren, Trojaner usw.) enthalten. Als Folge gibt es viele Unternehmen, die den Empfang von Mails im HTML-Format ausschließen.

Eine Gegenüberstellung der Vor- und Nachteile:

	Nur-Text	HTML
Vorteile	• für jeden Empfänger lesbar • E-Mail hat geringeres Datenvolumen	• zahlreiche Formatierungsmöglichkeiten (z. B. Aufzählungen, Listen) • Einbindung von Unternehmenslogos und Bildern möglich
Nachteile	• keine Möglichkeiten der Formatierung • keine Einbindung von Logos möglich	• E-Mail wird abhängig von der Empfängersoftware unterschiedlich dargestellt • HTML kann auch Schadsoftware enthalten

6.2.4 E-Mail-Programme

Grundsätzlich gibt es zwei Möglichkeiten, um E-Mails zu erstellen. Alle E-Mail-Anbieter ermöglichen den Zugang über ein **Webmail Portal**. Dieser Zugang hat jedoch in Unternehmen faktisch keine Bedeutung. Stattdessen werden E-Mail-Programme eingesetzt.

E-Mail-Programme haben den Vorteil, dass sie vielfältige Optionen zur Verwaltung von E-Mails bieten. Auch lassen sich mehrere E-Mail-Konten mit einem Programm verwalten. Beispiele für E-Mail-Programme sind MS-Outlook und Mozilla Thunderbird.

E-Mail-Programme bieten u. a. folgende Funktionen:

E-Mails speichern und Ordner anlegen	Empfangene E-Mails können nicht nur gespeichert werden. Sie können auch in einzurichtenden Ordnern abgelegt werden. Es gibt private (nur der Nutzer hat Zugriff) und öffentliche Ordner (mehrere Personen haben Zugriff).
Entwürfe speichern	Auch Entwürfe für E-Mails sind speicherbar.
Suchfunktionen	Um gezielt eine gespeicherte E-Mail zu finden, stehen Suchfunktionen zur Verfügung.

Betriebliche Kommunikationsmöglichkeiten nutzen

Adressverwaltung	Es kann ein Adressverzeichnis (mit Kategorien) angelegt werden, das nicht nur E-Mail-Adressen, sondern auch weitere Kommunikationsangaben (Telefon, Fax, Adresse) enthält. Ferner können Kommentare (z. B. Person ist wegen Teilzeit nur vormittags erreichbar) eingepflegt werden.
Verzögerter Versand	Erstellte E-Mails werden zu einem festgelegten späteren Termin versendet.
Empfangs- und Lesebestätigung	Beim Empfänger kann eine Empfangs- und/oder Lesebestätigung angefordert werden.
Signatur	Eine Signatur mit den Unternehmensangaben wird automatisiert allen gesendeten E-Mails beigefügt.
Terminverwaltung	Es können Termine und Erinnerungen in einem Kalender hinterlegt werden. Bei Fälligkeit werden die Termine optisch und/oder akustisch signalisiert.
Besprechungen organisieren	Zur Organisation von Besprechungen wird nach Terminsetzung und Buchung des Besprechungsorts durch den Einladenden allen Teilnehmern der Termin mit einer E-Mail mitgeteilt und in deren Terminverwaltung eingetragen. Gleichzeitig erfolgt die Aufforderung an die Teilnehmer, den Termin zu bestätigen (oder eine anderweitige Rückmeldung zu geben).
Aufgabenliste	Es lassen sich Aufgabenlisten (auch to-do-Liste genannt) erstellen, deren terminliche Einhaltung das Programm signalisiert.
Spam-Filter bzw. Junk-Filter	Eingehende E-Mails werden geprüft, ob diese Spam-Mails sind und in ein entsprechendes Postfach einsortiert. (vgl. Kapitel 6.2.9)

6.2.5 Verschlüsselung und Authentifizierung

Das Senden einer E-Mail ist vergleichbar mit dem Senden einer Postkarte. Der gewünschte Text erreicht zwar den Empfänger, jede technisch versierte Person kann diesen Text aber mitlesen. Hinzu kommt, dass es möglich ist, eine Mail mit einem vorgetäuschten Absender zu schicken.

©Amir Kaljikovic Photography-fotolia.com

■ Verschlüsselung

Grundsätzlich ist jede Mail auf dem Weg vom Sender zum Empfänger **durch Dritte lesbar**. Dies ist insbesondere für Unternehmen problematisch, da die Inhalte nicht nur persönliche Daten wie bei einer privaten E-Mail, sondern Geschäftsdaten wie Kundenlisten, Vertragsbedingungen, geplante Marketingmaßnahmen oder Forschungs- und Entwicklungsergebnisse enthalten können.

©GiZGRAPHICS-fotolia.com

Aufträge bearbeiten

Um dieses Mitlesen durch Dritte zu verhindern, können Daten verschlüsselt übertragen werden. Ein anderer gebräuchlicher Begriff hierfür ist **Kryptografie**. Bei der Verschlüsselung wird bei dem E-Mail-Versender die E-Mail mittels eines geheimen Schlüssels so verändert, dass ihr Inhalt für Dritte nicht mehr entzifferbar ist. In dieser Form wird die E-Mail dem Empfänger übermittelt. Der Empfänger, dem ebenfalls der geheime Schlüssel vorliegt, entschlüsselt die Mail und macht sie für sich lesbar.

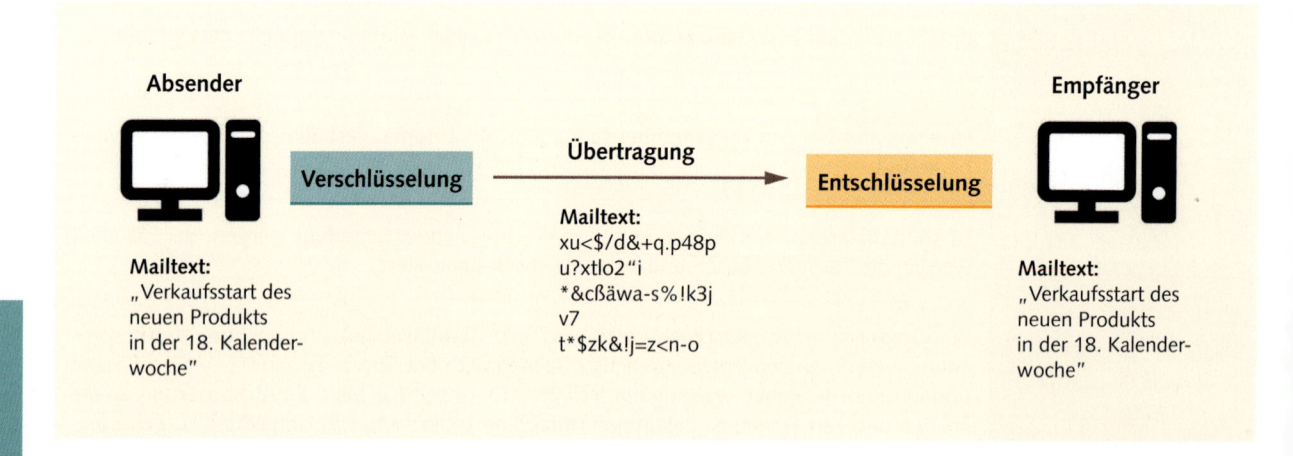

Absender

Mailtext:
„Verkaufsstart des neuen Produkts in der 18. Kalenderwoche"

Verschlüsselung → **Übertragung**

Mailtext:
xu<$/d&+q.p48p
u?xtlo2"i
*&cßäwa-s%!k3j
v7
t*$zk&!j=z<n-o

Entschlüsselung

Empfänger

Mailtext:
„Verkaufsstart des neuen Produkts in der 18. Kalenderwoche"

■ Authentifizierung (Sicherheit)

Eine weitere Problematik beim E-Mail-Versand ist die **Authentifizierung** des Absenders. Dies ist wichtig, da es relativ einfach möglich ist, in einer E-Mail einen Absender vorzutäuschen. Als Folge wird diese Möglichkeit von Kriminellen genutzt, um Nutzer mit im Text eingefügten Links auf gefälschte Webseiten zu leiten, um dort weitere kriminelle Aktivitäten (z. B. Eingabe von Passwörtern) auszuführen. Daher ist sicherzustellen, dass die empfangene Mail:

→ von dem angegebenen Absender auch tatsächlich versandt wurde,

→ der Inhalt der Mail auf dem Transportweg nicht verändert wurde (Integrität).

Diese Authentifizierung wird durch die **fortgeschrittene elektronische** bzw. die **qualifizierte elektronische Signatur** der E-Mail gewährleistet.

> **Tipp**
> Die fortgeschrittene elektronische bzw. die qualifizierte elektronische Signatur ist nicht zu verwechseln mit den Angaben zum absendenden Unternehmen in einer E-Mail. Diese wird nur als Signatur bezeichnet.

Die **Signierung** ist eine verschlüsselte Zusatzinformation, die mit der Mail versandt wird. Sie wird durch eine Signaturerstellungseinheit (Software) erzeugt. Diese Signaturerstellungseinheit wird von einer Zertifizierungsstelle herausgegeben und geprüft. Unter der Voraussetzung, dass der Empfänger ebenfalls den entsprechenden Schlüssel besitzt, kann der Empfänger die verschlüsselte Zusatzinformation identifizieren. Ist die empfangene Signatur in Ordnung, ist gewährleistet, dass die empfangene Mail mit dem übertragenen E-Mail-Inhalt unverändert vom angegeben Absender stammt.

Betriebliche Kommunikationsmöglichkeiten nutzen

Die Unterscheidung zwischen **der fortgeschrittenen elektronischen** und der **qualifizierten elektronischen Signatur** basiert darauf, dass die Zertifizierungsstelle zugelassen ist. Diese Zulassung erfolgt nach Prüfung des Bundesamts für Sicherheit in der Informationstechnik (BSI) durch die Bundesnetzagentur. Signaturen von zugelassenen Zertifizierungsstellen werden **qualifizierte elektronische Signaturen** genannt. Eine E-Mail mit einer qualifizierten elektronischen Signatur ist gleichzusetzen mit einem empfangen Brief in Papierform und mit Unterschrift.

Gesetzliche Grundlage für das Signieren von E-Mails sind im Wesentlichen das Signaturgesetz (SigG) und die Signaturverordnung (SigV).

In den meisten Unternehmen mit einem unternehmensinternen Netzwerk werden alle ausgehenden E-Mails, die das Unternehmensnetzwerk verlassen, automatisch signiert und verschlüsselt.

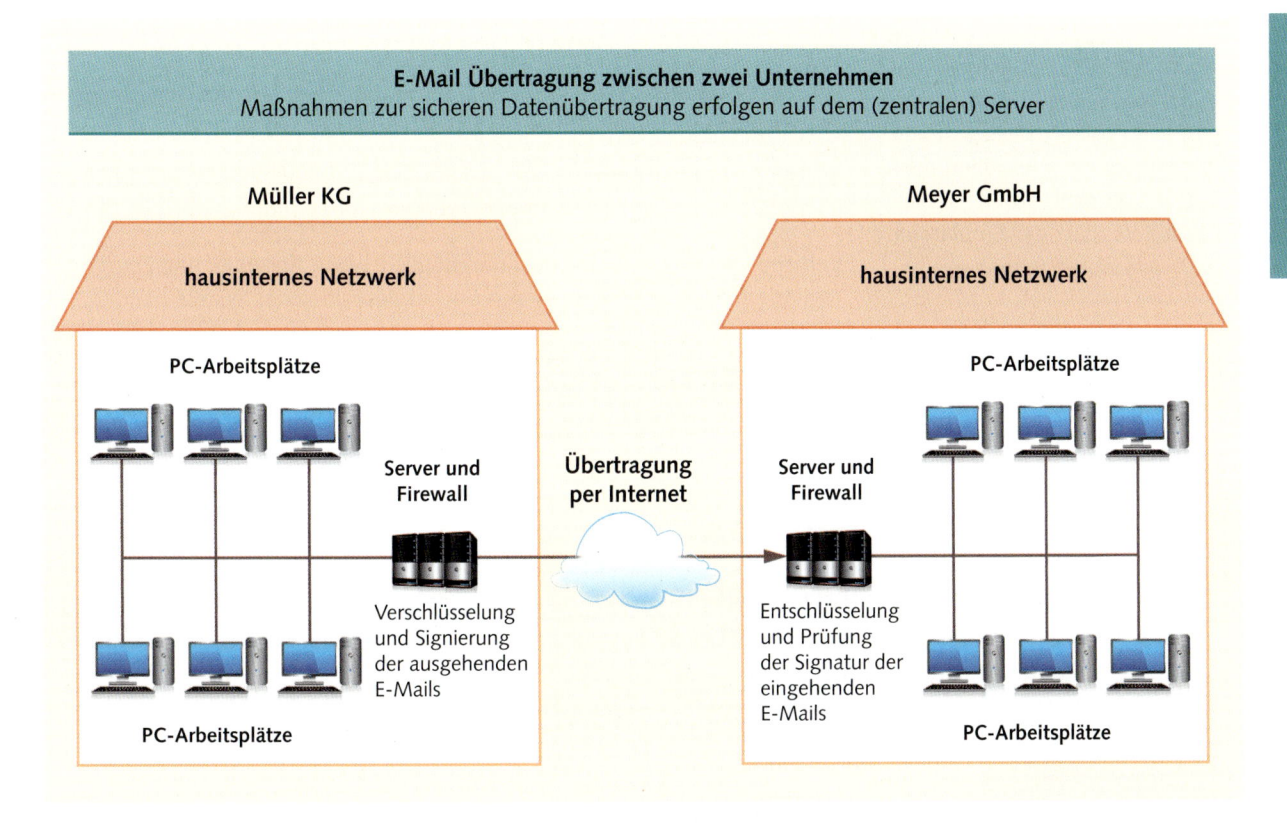

E-Mail Übertragung zwischen zwei Unternehmen
Maßnahmen zur sicheren Datenübertragung erfolgen auf dem (zentralen) Server

Müller KG — hausinternes Netzwerk
- PC-Arbeitsplätze
- Server und Firewall: Verschlüsselung und Signierung der ausgehenden E-Mails
- PC-Arbeitsplätze

Übertragung per Internet

Meyer GmbH — hausinternes Netzwerk
- PC-Arbeitsplätze
- Server und Firewall: Entschlüsselung und Prüfung der Signatur der eingehenden E-Mails
- PC-Arbeitsplätze

LERNFELD 3

In kleinen Unternehmen ist der Arbeitsplatzrechner evtl. unmittelbar mit dem Internet verbunden. In diesem Fall müssen entsprechende Maßnahmen direkt am Rechner ergriffen werden. Für gängige E-Mail-Programme gibt es entsprechende Zusatzprogramme.

Merke
Ist bei einer E-Mail Vertraulichkeit und Sicherheit wichtig, müssen entsprechende Schutzmaßnahmen ergriffen werden.

6.2.6 DE-Mail

Um **Dokumente rechtsverbindlich, fälschungssicher und vertraulich** zu versenden, wurde der Dienst DE-Mail entwickelt. Merkmale sind:

→ Die Übertragung erfolgt verschlüsselt.
→ Der Absender und der Empfänger sind eindeutig identifiziert.
→ Die versandten Nachrichten sind vor Manipulation geschützt.
→ Schadprogramme werden automatisch erkannt.
→ Der Absender erhält eine rechtsgültige Versandbestätigung, Zugangsbestätigung und Bestätigung, dass die Mail abgerufen wurde.
→ Ein Versand mit der Option „persönlich" ist möglich.

Zur Teilnahme an diesen Dienst ist **Voraussetzung**:

1. Der Nutzer meldet sich bei einer autorisierten Stelle bzw. einem DE-Mail-Anbieter an (z. B. einige reguläre E-Mail-Anbieter).
2. Der DE-Mail-Anbieter prüft die Identität des Nutzers (ähnlich der Identitätsprüfung bei der Einrichtung eines Bankkontos).
3. Nach erfolgreicher Prüfung wird der Nutzer freigeschaltet und erhält ein persönliches DE-Mail-Konto, erkennbar an der Endung: *de-mail.de*

Versand und Empfang sind aber nur möglich, wenn Absender **und** Empfänger registrierte Nutzer sind, da es sich um ein geschlossenes System handelt.

> **Tipp**
> Zu allen Fragen der Datensicherheit (und des Datenschutzes) bietet die Website des Bundesamtes für Sicherheit in der Informationstechnik (BSI) nützliche Informationen:
> www.bsi-fuer-buerger.de

> **Tipp**
> Auch wenn die E-Mail ein schnelles Kommunikationsmedium ist, sollten Sie dringende Informationen nur dann per E-Mail senden, wenn sichergestellt ist, dass der Empfänger die Nachrichten zeitnah abruft.

6.2.7 Netiquette zur E-Mail Erstellung

Unabhängig von Normen und Pflichtangaben gibt es in E-Mails einige Dinge zu beachten, die als „guter Benimm" bei der E-Mail Erstellung gelten. Werden diese Regeln nicht beachtet, führt das zwar zu keinen rechtlichen Konsequenzen, fördert aber nicht die gute Geschäftsbeziehung zum Empfänger.

■ Formulierungshinweise

Grundsätzlich sollten bei der Formulierung von E-Mails einige Dinge beachtet werden:

Abkürzungen	Mit wenigen Ausnahmen sollen keine Abkürzungen verwendet werden. Die Abkürzungen SgDuH statt „Sehr geehrte Damen und Herren", sowie MfG statt „Mit freundlichen Grüßen" wirken unhöflich.
Emoticons	Emoticons, wie zum Beispiel :-) sind in geschäftlichen E-Mails nicht zu verwenden.
Kontrolle der Rechtschreibung	Auch wenn Rechtschreibfehler in E-Mails im Vergleich zur Briefpost weniger negativ empfunden werden, sind E-Mails vor dem Versand auf Rechtschreib-, Grammatik- und Ausdrucksfehler zu kontrollieren.
Kurze und prägnante Formulierungen	Sätze in E-Mails sind kurz und prägnant zu formulieren. Statt verschachtelter Sätze sollten besser mehrere Einzelsätze formuliert werden.

Betriebliche Kommunikationsmöglichkeiten nutzen

■ Verwaltung von E-Mails

Postfachkontrolle	Kontrollieren Sie regelmäßig Ihr Postfach.
Beantwortung	Da E-Mails schnell übertragen sind, erwartet der Absender meistens eine zügige Beantwortung. Ist es Ihnen nicht möglich, dem Absender kurzfristig eine zufriedenstellende Antwort zu geben, senden Sie ihm einen Zwischenbescheid.
Kategorisierung	Um die tägliche „E-Mail-Flut" zu verwalten, kategorisieren Sie die eingehenden Mails, z. B. in sehr wichtig, wichtig, unwichtig.
Kopien (cc. und bcc.)	Senden Sie Kopien nur an Personen, für die die Kenntnisnahme wirklich wichtig ist.
Weiterleitung von E-Mails	Auch die Weiterleitungsfunktion ist sinnvoll einzusetzen: Leiten Sie E-Mails nur Personen weiter, für die die Kenntnisnahme der E-Mails eine Bedeutung hat.
Formulierung des Betreffs bei Antworten	Prüfen Sie grundsätzlich, ob bei der Beantwortung von Mails der ursprüngliche Betreff (Beispiel: „AW: AW: AW: AW: Fehlerhafte Lieferung von Brieflochern") noch aussagekräftig ist.
Empfangs- und Lesebestätigung	Nutzen Sie beide Funktionen sparsam und sinnvoll.
Kennzeichnung einer E-Mail mit hohem Wichtigkeitsgrad	Auch diese Funktion sollte selten und überlegt eingesetzt werden. Werden alle versandten E-Mails als besonders wichtig gekennzeichnet, wird der Empfänger wirklich wichtige E-Mails nicht mehr als solche wahrnehmen.
Junk-Postfach	Kontrollieren Sie regelmäßig Ihr Spam- bzw. Junk- (= Müll-)Postfach, ob es nicht doch eine wichtige E-Mail enthält. Eventuell klassifiziert das E-Mail-Programm für Sie relevante E-Mails als Spam und leitet diese automatisch dem Junk-Postfach zu.
Postfach aufräumen	Räumen Sie regelmäßig Ihr Postfach auf und löschen Sie unwichtige E-Mails.
Abwesenheit	Falls Sie einen oder mehrere Tage nicht anwesend sind, schalten Sie die Funktion Abwesenheitsnotiz ein.

LERNFELD 3

Aufträge bearbeiten

6.2.8 Anhänge

Eine wichtige Zusatzfunktion von E-Mails ist die Möglichkeit, mit der E-Mail angehängte Dateien zu übermitteln. Hierbei sollten einige Regeln beachtet werden:

> **Tipp**
>
> Antworten Sie niemals auf Spam-E-Mails. Auch wenn der Absender verspricht, Ihnen zukünftig keine Mails mehr zu senden. Für den Absender bedeutet die Rückmeldung eine aktuelle E-Mail-Adresse mit einem Nutzer, an den sich die Zusendung von weiteren Spam-Mails lohnt.

→ Wichtig ist, dass die angehängten Dateien in einem **Dateiformat** gespeichert sind, **das auch der Empfänger nutzen kann**. Verfügt der Empfänger nicht über eine entsprechende Software, kann er die erhaltenen Dateien nicht öffnen.

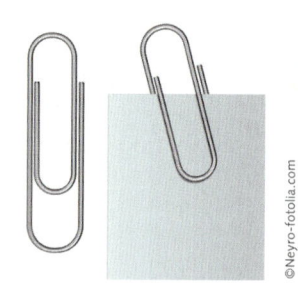

→ Senden Sie **Dateianhänge** bei einer Antwort **nur zurück**, falls Sie die angehängten Dateien **bearbeitet haben**.

→ Weiterhin können umfangreiche Dateien das Datenvolumen einer E-Mail vergrößern. **E-Mails mit großem Datenvolumen werden evtl. langsamer übertragen**. Für den Empfänger bedingen sie längere Ladezeiten.

→ Es besteht die Möglichkeit, das **Datenvolumen** der angehängten Dateien **mit entsprechenden Komprimierungsprogrammen zu vermindern** (Dateien werden gepackt). Der Empfänger muss dann zunächst die Dateien dekomprimieren (entpacken). Da es verschiedene Packformate gibt, erkundigen Sie sich vorab beim Empfänger, ob er die entsprechende Software zum Entpacken besitzt.

6.2.9 Spam

> **Merke**
>
> Wichtig ist immer ein gesundes Misstrauen E-Mails gegenüber, die ohne vorherigen Geschäftsprozess oder Kommunikation im Posteingang erscheinen.

Der Erfolg der E-Mail hat leider auch als lästiges Nebenprodukt die Spam-Mail hervorgebracht. Spam-Mails, auch Junk-Mails genannt, sind unnütze Mails, die entweder nur Werbung oder sogar Schadsoftware beinhalten. **Dabei kann im Extremfall die Schadsoftware bereits durch Öffnen der E-Mail ihre negative Wirkung entfalten.**

Um sich vor Spam-Mails zu schützen, gibt es glücklicherweise Spam-Filter (auch E-Mail-Filter genannt). Einige E-Mail-Programme wie Outlook und Thunderbird sind grundsätzlich mit einem Spam-Filter ausgestattet.

> **Tipp**
>
> Da Spam-Filter nicht immer absolut präzise arbeiten, ist es wichtig, das Spam-Postfach zu kontrollieren:
>
> - Verschieben Sie dabei die falsch einsortierten E-Mails nicht nur in Ihr Eingangspostfach, sondern kennzeichnen Sie diese auch als einwandfreie E-Mails.
>
> - Umgekehrt kennzeichnen Sie Spam-Mails in Ihrem Eingangspostfach auch als Spam-Mails.
>
> Durch diese Aktionen „lernt" der Spam-Filter und sortiert im Laufe der Zeit die eingehenden Mails noch genauer!

6.3 Fax

6.3.1 Funktionsweise

Die Funktionsweise des Fax verdeutlicht der selten gebrauchte deutsche Begriff Fernkopierer. Ein Dokument (Text, Bild usw.) wird beim Absender abgelichtet (gescannt). Diese Information wird an das Faxgerät des Empfängers übertragen. Das Gerät des Empfängers erstellt (druckt) eine Kopie des Ursprungsdokuments. Der Vorteil ist die einfache und schnelle Handhabung.

6.3.2 Nutzung in Unternehmen

In seiner ursprünglichen Form wurde das Fax unter Nutzung von jeweils einem separaten Faxgerät beim Sender und beim Empfänger übertragen. Diese Geräte konnten folglich nur Faxe senden und empfangen. Die heutigen Faxgeräte sind üblicherweise Multifunktionsgeräte. Das bedeutet, dass sie neben der Faxfunktion auch noch eine Scanner-, Drucker- und Kopierfunktion beinhalten.

Das Faxgerät wird jedoch zunehmend durch die E-Mail ersetzt. Deshalb ist es möglich, dem Empfänger per E-Mail ein Fax zu senden.

Umgekehrt kann ein Fax per E-Mail empfangen werden. Sofern es sich um Textdokumente handelt, können diese bei Empfang unmittelbar einer Texterkennung (OCR) unterzogen werden.

Insbesondere der **Faxempfang per E-Mail** ist heutzutage in vielen Unternehmen Standard, da er gegenüber dem Empfang auf einem Faxgerät **Vorteile** bietet:

→ Der **Empfang** ist unmittelbar **am Arbeitsplatz** möglich.

→ Da jedem Mitarbeiter durch eine individuelle Faxnummer das empfangene Fax bereits zugeordnet ist, **entfällt die manuelle Zuordnung** der empfangenen Faxe.

→ Da das Fax bereits elektronisch vorliegt, ist eine **Archivierung unmittelbar möglich**.

→ Auch ist die **Weiterleitung per E-Mail einfacher** als der physische Transport der ausgedruckten Faxe.

→ **Spam-Faxe** können bereits am Bildschirm erkannt und **ohne Ausdruck gelöscht** werden.

Letztlich kann die Schnelligkeit von E-Mail und Fax auch von Nachteil sein. Eine versandte E-Mail oder ein Fax **sind sofort mit allen rechtlichen und wirtschaftlichen Konsequenzen beim Empfänger**.

Tipp

Kontrollieren Sie vor dem Versand von E-Mails und Faxen sorgfältig die Richtigkeit der E-Mail-Adresse bzw. der Faxnummer!

Aufträge bearbeiten

6.4 Internet

6.4.1 WWW

Neben der E-Mail ist das WWW (World Wide Web) die bekannteste und beliebteste Anwendung im Internet. Wesentlich für die Nutzung des WWW sind:

→ **Domain-Adressierung:** Alle im Internet hinterlegten Informationen sind durch eine eindeutige Adresse (Domain) (z. B. www.europa-lehrmittel.de) aufrufbar. Diese Domain bezeichnet z. B. die Webpräsenz eines Unternehmens oder einer sonstigen Institution (Behörden, Privatpersonen).

→ **Browser:** Der Browser dient im Wesentlichen zur Darstellung der Webinhalte und zur Navigation. Bekannte Browser sind u. a. Firefox, Safari, Internet Explorer und Opera.

→ **Links:** ermöglichen den unmittelbaren Aufruf einer neuen Webseite per Mausklick.

6.4.2 Suchmaschinen

Da das Internet ein unstrukturierter weltweiter Zusammenschluss von Rechnern ist, **gibt es auch keine zentrale Institution, die alle Webinhalte verwaltet und kategorisiert. Suchmaschinen versuchen dieses Problem auszugleichen,** indem sie Großrechner einsetzen, die automatisiert das Internet durchsuchen und alle gefunden Ergebnisse bzw. Webseiten sammeln. Diese gefundenen Informationen dienen dann als Grundlage für die angezeigten Treffer, die der Nutzer auf seine Suchanfrage erhält.

Merke

Da keine Suchmaschine einen vollständigen Überblick über das Internet hat, zeigen Suchmaschinen als Ergebnis nur Inhalte an, die dieser Suchmaschine bekannt sind.

■ Arten von Suchmaschinen

Suchmaschinen lassen sich in drei Kategorien unterteilen:

→ **Allgemeine Suchmaschinen** sind nicht auf bestimmte Webinhalte spezialisiert, sondern versuchen das Internet möglichst umfassend zu durchsuchen und darzustellen. Bekannte allgemeine Suchmaschinen sind z. B. Google, Yahoo oder Fireball.

→ **Spezialsuchmaschinen** haben sich auf bestimmte Inhalte spezialisiert.

→ **Metasuchmaschinen** sind Suchmaschinen, die automatisiert mehrere Suchmaschinen mit einer Nutzereingabe abfragen z. B. Metager (https://metager.de).

■ Nutzung von Suchmaschinen

Einige Hinweise, um durch **Nutzung einer Suchmaschine** brauchbare Ergebnisse zu erzielen:

→ **Jedes Suchergebnis ist nur so gut wie die eingegebenen Suchbegriffe.** Folglich macht es Sinn, mehrere Suchanfragen mit ähnlichen Begriffen zu starten (z. B. Bürostuhl, Büroeinrichtung usw.).

→ Häufig erhält man zu einer Suchanfrage eine Vielzahl von Suchergebnissen, die quantitativ nicht bearbeitbar sind. Durch die Eingabe **mehrerer, genauer** Begriffe (z. B. *Bürostuhl Ergonomie*) entsteht eine Eingrenzung. Grundlage ist, dass die Suchmaschine **die Begriffe mit einer UND-Verknüpfung versieht**. Es werden folglich nur Ergebnisse angezeigt, die beide Suchbegriffe beinhalten.

→ Da jede Suchmaschine die Seiten als Treffer anzeigt, die der Suchmaschine bekannt sind, ist es oft sinnvoll, **den Suchbegriff in verschiedenen Suchmaschinen** oder in eine Metasuchmaschine **einzugeben**.

Betriebliche Kommunikationsmöglichkeiten nutzen

6.5 Intranet

6.5.1 Einzel- und Netzwerkarbeitsplatz

Nur im privaten Bereich oder bei Kleinstunternehmen gibt es Einzelarbeitsplätze.

Als Folge
- sind alle Anwendungen/Programme auf diesem einzelnen Rechner installiert,
- sind installierte Programme nur von diesem Arbeitsplatz/Rechner nutzbar,
- sind auf dem Rechner gespeicherte Dateien und Daten nur an diesem Arbeitsplatz verfügbar,
- können angeschlossene Peripheriegeräte wie z. B. Drucker oder Scanner nur von diesem Arbeitsplatz genutzt werden,
- müssen alle Schutzmaßnahmen (Virenscanner, Firewall) auf diesem Rechner installiert und gewartet werden, falls der Arbeitsplatz mit einem Internetzugang versehen ist.

Diese Nachteile entfallen bei einem Netzwerkarbeitsplatz. Er ist daher heute der Standard in Unternehmen.

6.5.2 Funktionsweise des Intranets

Grundlage für den Netzwerkarbeitsplatz ist das Intranet, ein unternehmensinternes nicht öffentliches Netzwerk. Hardwaremäßig besteht dieses Netzwerk aus vernetzten Arbeitsplatzrechnern und Peripheriegeräten, wie z. B. Drucker, Scanner usw. Üblicherweise hat dieses Netz einen zentralen Rechner (Server) als Mittelpunkt. Auf dem Rechner werden alle im Unternehmen genutzten Daten und Dateien gespeichert. Von hier aus gibt es einen zentralen Zugang zu Netzen außerhalb des Unternehmens. Diese Kommunikation nach außen ist aus Unternehmensinteressen (Schutz von Geschäftsgeheimnissen, Verhinderung von Schadsoftware) jedoch Beschränkungen unterworfen (Firewall). Authentifizierte Zugriffe sind jedoch möglich. Verwaltet und organisiert wird das Intranet durch einen oder mehrere Netzwerkadministratoren.

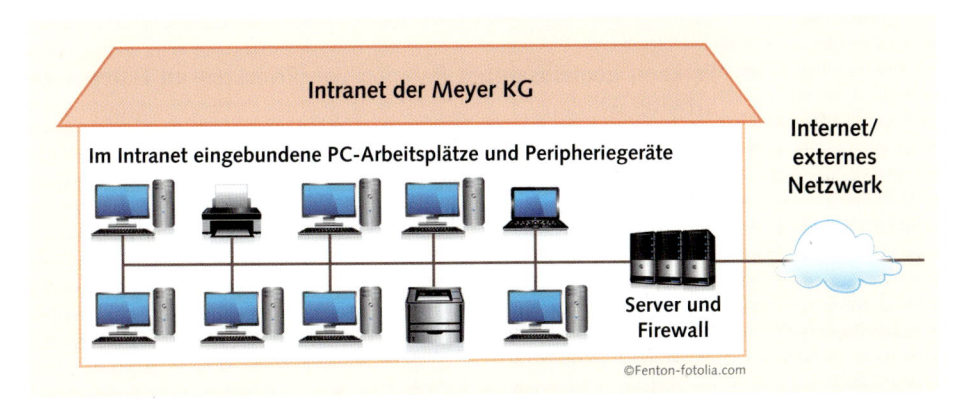

Für jeden Mitarbeiter/Nutzer wird gemäß seinen Aufgaben ein eigenes individuelles Nutzerkonto eingerichtet. **Das Konto beinhaltet individuelle Nutzungsrechte** (Programme, Dateien, Daten usw.). Sie sind abhängig vom Aufgabengebiet und der Position des Nutzers im Unternehmen.

LERNFELD 3

Aufträge bearbeiten

Beispiel

Im Intranet sind u. a. auch alle Personaldaten der Mitarbeiter gespeichert. Zu diesen Dateien/Ordnern haben nur Mitarbeiter der Personalabteilung Zugriffsrechte.

Zu diesem Konto meldet sich der Nutzer an seinem Arbeitsplatz mit seinem Namen und seinem Passwort an. Folglich kann sich der Nutzer auch an einem anderen PC-Arbeitsplatz anmelden. Nach der Anmeldung hat er **Zugriff auf die Anwendungen, Dateien und Peripheriegeräte, für die er durch die Administration freigeschaltet ist.**

Dies bedeutet u. a.:

→ Er hat Lese- und Schreibzugriff auf den persönlichen Ordner (Dateien, Daten), auf den nur er als Nutzer Zugriffsrechte hat.

→ Auf Ordner und Dateien, die von mehreren Personen oder Abteilungen gemeinschaftlich genutzt werden, hat der Nutzer eventuell nur einen Lesezugriff.

Lese- und Schreibzugriff:
Dateien können in dem Speichermedium/Ordner
- abgelegt,
- abgelegte Dateien verändert,
- gelesen/eingesehen werden.

Lesezugriff:
Dateien können in dem Speichermedium/Ordner
- nur gelesen/eingesehen werden.

→ Er kann Programme (Software) nutzen, für die er von der Administration freigeschaltet ist.

→ Er hat Zugriff und Nutzung auf eine individuelle E-Mail-Adresse. (Die E-Mail-Adresse hat üblicherweise das Muster *familien-namen-des-nutzer@unternehmensname.de*).

Die Einrichtung, Vergabe, aber auch Löschung der Nutzungsrechte erfolgt durch die Netzwerkadministration nach Vorgaben der Unternehmens- und/oder Abteilungsleitung.

🖥 ↔ 💾 Lese- und Schreibzugriff

🖥 ← 💾 nur Lesezugriff

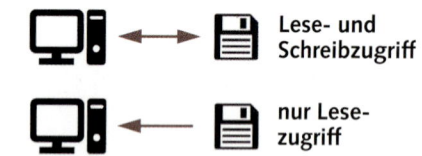

©WonderfulPixel-fotolia.com

6.5.3 Nutzung des Intranet

Die Nutzung des Intranets hat für die Mitarbeiter und das Unternehmen viele **Vorteile**:

Tipp

Durch die Personalisierung des Nutzerkontos ist der jeweilige Nutzer auch für alle Dinge verantwortlich, die mit diesem Nutzerkonto veranlasst werden. Daher beachten Sie Folgendes:

- Geben Sie niemanden das Passwort zur Einwahl in Ihr Konto.
- Wechseln Sie regelmäßig das Passwort. Das Passwort sollte den Bedingungen für sichere Passwörter entsprechen.
- Melden Sie sich jedes Mal ab, wenn Sie Ihren Arbeitsplatz, auch nur für kurze Zeit verlassen.

→ Jeder Nutzer kann sich **an jedem beliebigen Arbeitsplatz** mit seinem Nutzerkonto **anmelden**.

→ Die Teilnehmer **können untereinander kommunizieren**.

→ Der **Austausch von elektronischen Dokumenten** ist möglich. Die sonst benötigten Transportwege und der dafür notwendige Zeitaufwand entfallen.

→ Es kann **gemeinsam** im Rahmen von Projekten **an Dateien gearbeitet** werden.

→ **Hardware**, wie z. B. Drucker, Multifunktionsgeräte, **können gemeinsam genutzt** werden. Dies bedingt eine höhere Auslastung. Die Nutzung von selten genutzten Geräten (z. B. Plotter zum Druck von Konstruktionszeichnungen) wird vereinfacht.

→ Die **Datensicherung erfolgt zentral** durch die Netzwerkadministration. Damit ist gewährleistet, dass eine Datensicherung auch regelmäßig durchgeführt wird.

→ **Installation und Pflege von Programmen** (Software) wird **zentral** durch die Administration vorgenommen. Dies bedeutet Zeitersparnis, da die Pflege an jedem einzelnen Arbeitsplatz entfällt.

→ Klärung von Anwenderproblemen: Der **Administrator loggt sich direkt auf dem PC des Anwenders ein**.

Betriebliche Kommunikationsmöglichkeiten nutzen

6.6 Software

Ein Rechnersystem lässt sich unterscheiden in Hardware (Rechner, Bildschirm, Tastatur usw.) und Software (Programme). Die Software lässt sich unterteilen in das Betriebssystem und die Anwendungssoftware.

6.6.1 Betriebssystem

Das Betriebssystem ist die Grundlage, dass der Rechner die ihm übertragenen Aufgaben ausführen kann. Hierzu gehören nicht nur die interne Verwaltung des Rechners (**Steuerprogramme**) sondern auch Nutzerfunktionen, wie z. B. das Speichern, Aufrufen, Kopieren und Löschen von Dateien, Starten eines Druckauftrags usw. (**Dienstprogramme**). Dies sind Funktionen, die der Nutzer unabhängig von der genutzten Anwendung benötigt. Bekannte Betriebssysteme sind z. B. Windows und Linux.

6.6.2 Anwendungssoftware

Anwendungssoftware ist Software, **mit der der Anwender die von ihm gewünschten Aufgaben löst**. Da Anwendungssoftware die Funktionen des Betriebssystems nutzt, baut sie auf dem Betriebssystem auf. Dies bedeutet, dass jede Anwendungssoftware nur mit einem bestimmten Betriebssystem nutzbar ist. Es gibt jedoch auch Anwendersoftware, die für verschiedene Betriebssysteme verfügbar ist. Anwendungssoftware lässt sich unterteilen in Standard- und Branchensoftware.

Standardsoftware	Branchensoftware
Standardsoftware ist Software, die unabhängig von der Branche genutzt wird. **Ihr Anwendungsgebiet entspricht den Bedürfnissen einer großen Anzahl von Nutzern.** Sie wird daher nicht individuell an den Nutzer angepasst. Bekannte Beispiele sind Textverarbeitungs- und Tabellenkalkulationsprogramme sowie Programme zur Erstellung und Durchführung von Präsentationen.	Durch die Vielzahl unterschiedlicher und spezialisierter Unternehmen gibt es **Anwendungen, die spezifisch im Unternehmen bzw. der Unternehmensbranche auftreten.** Ein Hotel benötigt z. B. Software zur Reservierung und Abrechnung von Hotelzimmern; ein Architekt Software zur Konstruktion von Gebäuden und ein Einzelhandelsgeschäft Software zur Bestellung und Registrierung des Verkaufs der Produkte. **Hierfür bietet der Markt spezielle Software an**. Da diese Software somit spezifisch für die Branche ist, wird sie als Branchensoftware bezeichnet.

6.6.3 ERP-Programme

Ein Unternehmen hat eine Komplexität, die insbesondere zunimmt, je größer das Unternehmen ist. Innerhalb eines Unternehmens gibt es unterschiedliche Prozesse, die wieder untereinander in Verbindung stehen. **Für die Unternehmensleitung ist es wichtig, einen Überblick über alle Unternehmensprozesse und damit über das Unternehmen zu haben.** Dieses Ziel wird mit ERP-Software (ERP: Enterprise Resource Planning) erreicht. Sie erfasst alle Prozesse und Bereiche des Unternehmens. Als Folge stellt sie der Unternehmensleitung umfangreiche Werkzeuge zur Planung und Entscheidungsvorbereitung zu Verfügung. Bekannte ERP-Software ist SAP, ORACLE und SAGE.

LERNFELD 3

Aufträge bearbeiten

6.7 Video und Desktopkonferenzen

Die zunehmende Komplexität von Aufgaben, aber auch die Durchführung von Projekten, bedingt, dass die Mitarbeiter im Unternehmen in Teams zusammenarbeiten. Eine wichtige Voraussetzung für Projekt-/Teamarbeit ist, dass **alle Mitarbeiter über den jeweils aktuellen Projektstand informiert sind.** Hierfür **finden regelmäßig Besprechungen bzw. Konferenzen statt.** Ein Problem dabei ist die Tatsache, dass sich alle Teilnehmer zu einem bestimmten Zeitpunkt an einen bestimmten Ort treffen müssen. Bei größeren Unternehmen mit mehreren Standorten **bedingt dies ein zeitaufwendiges Anreisen der Mitarbeiter.** Die gleiche Problematik ergibt sich bei Konferenzen unter Einbindung von Kunden oder Lieferanten, die ebenfalls nicht am gleichen Standort ansässig sind. **Video- bzw. Desktopkonferenzen sind folglich eine zeit- und kostensparende Alternative.** Sie ermöglichen die Durchführung von Konferenzen, deren Teilnehmer sich an verschiedenen Standorten befinden.

Desktopkonferenz	Videokonferenz
Bei einer Desktopkonferenz werden mithilfe entsprechender Software und Netzverbindungen **alle Teilnehmer an ihren PC-Arbeitsplätzen miteinander verbunden**. Voraussetzung ist, dass der Arbeitsplatz mit einer Webcam und einem Mikrofon ausgestattet ist. Als Folge können die Teilnehmer nicht nur akustisch und bildlich miteinander kommunizieren. Da alle Teilnehmer Zugriff auf ihre Dateien und Dokumente haben, können diese gemeinsam in der Konferenz bearbeitet werden.	Der Unterschied zur Videokonferenz ist, **dass sich jeweils mehrere Mitarbeiter in einem Konferenzraum treffen**, der mit entsprechender Technik (Kameras, Mikrofone und großflächige Bildschirme) ausgestattet ist. Durch eine entsprechende Netzverbindung sind diese Mitarbeiter mit einem Konferenzraum an einem andern Ort verbunden, wo sich ebenfalls mehrere Teilnehmer aufhalten.

6.8 Wahl des richtigen Kommunikationsmittels

Aus den vorherigen Kapiteln wurde deutlich, dass es verschiedene Möglichkeiten der Kommunikation mit Geschäftspartnern gibt. Die Wahl der richtigen Kommunikationsform ist situationsabhängig. Für die Wahl können folgende Kriterien dienen:

Betriebliche Kommunikationsmöglichkeiten nutzen

■ Auswahl bezüglich der Vor- und Nachteile der Kommunikationsmittel

	Vorteile	Nachteile
Telefon	<ul><li>unmittelbare Kontaktaufnahme</li><li>sofortige Rückfragen möglich</li><li>Pflege des persönlichen Kontakts</li></ul>	<ul><li>kein Austausch von Dokumenten möglich</li><li>Präsenz beider Gesprächspartner erforderlich</li><li>Missverständnisse durch das Kommunikationsverhalten der Gesprächspartner möglich</li><li>sofern die Gesprächspartner sich in verschiedenen Zeitzonen befinden: Abstimmung der Gesprächszeit erforderlich</li></ul>
E-Mail	<ul><li>zeitversetzte Kommunikation möglich</li><li>Dokumente können mitversandt werden</li></ul>	<ul><li>keine unmittelbare Kommunikation</li><li>schriftliche Formulierung der Inhalte erforderlich</li></ul>
Fax	<ul><li>einfache Handhabung beim Austausch von Papierdokumenten</li><li>handschriftliche Ergänzungen möglich</li></ul>	<ul><li>Dokument liegt (zunächst) beim Empfänger nicht elektronisch vor</li><li>zunehmend geringere Empfängerzahl (da die E-Mail das Fax ersetzt)</li></ul>
Videokonferenz	<ul><li>Reisekosten und Ausfallzeiten der Mitarbeiter (für die Anreise) entfallen</li><li>gemeinsame Bearbeitung von Dokumenten möglich</li><li>zügigeres Arbeiten (im Vergleich zur „normalen" Konferenz)</li></ul>	<ul><li>Anschaffungskosten der notwendigen Hard- und Software</li><li>Pausen als Forum für den Austausch informeller Informationen entfallen</li></ul>

■ Auswahl bezüglich der Präferenzen der Gesprächspartner

→ Welche Kommunikationsform bevorzugt Ihr Kunde/Ansprechpartner? Kunde A klärt am liebsten alle Dinge sofort per Telefon. Kunde B stören Telefonate, weshalb er die Kommunikation per E-Mail bevorzugt.

→ Welche Kommunikationsformen gibt es bei Ihrem Ansprechpartner? Ein Kleinstunternehmen kommuniziert nur per Telefon und Fax. Ein anderes Unternehmen kommuniziert ausschließlich per E-Mail und möchte keine Faxe erhalten.

→ Kommunikation per Telefon: Wann ist die beste Erreichbarkeit? Wann empfindet der Gesprächspartner Telefonate nicht als störend?

Aufträge bearbeiten

6.9 Zusammenfassung und Aufgaben

Zusammenfassung

Telefon

Telefonanlagen besitzen zahlreiche Merkmale zur Zeitersparnis, um eine effektive Kommunikation zu ermöglichen.

Bei **dienstlichen Telefongesprächen** ist es wichtig, dem Anrufer zu vermitteln, dass das Telefonat als bedeutsam erachtet wird.

E-Mail

E-Mails sind schnell und zielgerichtet zu bearbeiten. **E-Mail-Programme** bieten zahlreiche Funktionen zur Unterstützung.

Wichtige E-Mails sind mit möglichen **Sicherheitsmaßnahmen** zu versehen.

E-Mail und Fax

Filtern Sie möglichst **Spam-Mails** und **Faxe**, bevor sie Sie erreichen. Antworten Sie niemals auf Spam-Mails.

Faxe und E-Mails sind schnelle **Medien**. Kontrollieren Sie vor dem **Versand** noch sorgfältiger die korrekte **Empfängeradresse**.

Internet

Gute Suchergebnisse einer **Internetanfrage** basieren auf der genauen Eingabe von Begriffen in Suchmaschinen.

Intranet

Im **Intranet** hat jeder Nutzer ein **Nutzerkonto** mit **individuellen Nutzungsrechten**.

Jeder **Nutzer** ist für sein **Konto** verantwortlich.

Software

Jeder Rechner benötigt ein **Betriebssystem**.

Die **Anwendungssoftware** lässt sich in **Standard-** und **Branchensoftware** unterscheiden.

Video- und Desktopkonferenz

Video- und **Desktopkonferenzen** ersparen **Reisekosten** und erhöhen die **Präsenz** am Arbeitsplatz.

Auswahl des Kommunikationsmittels

Wählen Sie das **Kommunikationsmittel** aus, das den Kommunikationserfordernissen und den Präferenzen Ihres Geschäftspartners entspricht.

Betriebliche Kommunikationsmöglichkeiten nutzen

Aufgaben

1. Prüfen Sie die folgenden Aussagen auf ihre Richtigkeit. Die Antwort ist jeweils zu begründen:
   (1) Grundsätzlich kann bei jedem Telefongespräch die Freisprecheinrichtung genutzt werden.
   (2) Wenn ein Gesprächspartner den Anrufer nicht versteht, muss dieser langsamer, deutlicher und evtl. lauter sprechen.
   (3) Während eines Telefongesprächs sollte man sich ausschließlich seinem Gesprächspartner widmen.
   (4) E-Mails sollten nur Personen in Kopie erhalten, für die der Erhalt von Nutzen ist.
   (5) Die Nutzung der Kopierfunktion in E-Mails ist für den Empfänger lästig.
   (6) Ein Fax kann auf Papier gesendet und beim Empfänger als elektronisches Dokument empfangen werden.
   (7) Metasuchmaschinen richten eine Anfrage an mehrere Suchmaschinen gleichzeitig.
   (8) Durch das Intranet hat jeder Mitarbeiter Zugriff auf alle Daten des Unternehmens.
   (9) Wenn möglich sollte die Kommunikationsform (E-Mail, Telefon oder Fax) dem Gesprächspartner angepasst werden.

2. Nach mehreren vergeblichen Telefonanrufen erreichen Sie einen Kunden telefonisch um 14:55 Uhr. Er erklärt Ihnen, dass er um 15:00 Uhr einen Termin hat. Wie verhalten Sie sich?

3. Ihnen liegt die Telefonnummer eines in Deutschland ansässigen Lieferanten in folgender Form vor: +49 2178 26543 . Welche Ziffern wählen Sie, um den Lieferanten telefonisch zu erreichen?

4. Beschreiben Sie das Telefonsystem (Apparate, Telefonnummern usw.) Ihres Ausbildungsbetriebs.

5. Nennen Sie möglichst drei Funktionen/Vorteile eines E-Mail-Programms.

6. Welche Gefahr besteht bei der Übertragung einer nicht verschlüsselten E-Mail?

7. Erläutern Sie den Begriff Authentifizierung in Zusammenhang mit dem E-Mail-Versand.

8. Warum sollte das Spam-Postfach eines E-Mail-Accounts regelmäßig kontrolliert werden?

9. Suchmaschinenbedienung ist einfach: bekannte Suchmaschine aufrufen – Suchbegriff eingeben – Treffer ansehen. Nehmen Sie zu dieser Vorgehensweise Stellung.

10. Erläutern Sie, warum heute grundsätzlich alle PC-Arbeitsplätze im Betrieb vernetzt sind.

11. Zu welcher Kategorie gehört die auf Ihrem Arbeitsplatzrechner installierte Software?

12. Warum sollten Sie auch bei einem kurzen Verlassen Ihres Arbeitsplatzes Ihren persönlichen Account sperren?

LERNFELD 3

Aufträge bearbeiten

7 Bedeutung von Qualität, Effizienz, Kundenzufriedenheit erkennen und realisieren

7.1 Qualität

Qualität ist vereinfacht dann gegeben, wenn der **Kunde zufrieden** gestellt wurde. Qualität umfasst dabei nicht nur die Produkte eines Unternehmens. Qualität zeigt sich auch in guter Beratung und gutem Service. Gute Produkte, gute Beratung und guter Service basieren dabei auf effizienten Abläufen (Prozessen).

■ Qualität als ganzheitlicher Prozess

Qualität als ganzheitlicher Prozess bedeutet, dass alle **Mitarbeiter** eines Unternehmens Bestandteil des Qualitätsziels sind und **jeder seinen Beitrag hierfür leistet**. Folglich haben, z. B. beim Prozess der Auftragsbearbeitung, alle beteiligten Mitarbeiter ihren Anteil zur Erreichung der Qualität zu leisten.

Qualität ist wichtig innerhalb des Unternehmens. Neben der Arbeitsweise der einzelnen Mitarbeiter ist **die Zusammenarbeit zwischen den Mitarbeitern oder Abteilungen eine Grundlage für die Qualität**. Die Kollegen des nächsten Arbeitsschritts können verlangen, dass ihnen gute Arbeit übergeben wird. Anderseits sollte der Kollege des vorhergehenden Arbeitsschritts gute Arbeit geleistet haben. Diese Übergabe (= Schnittstelle in einem Prozess) betrifft dabei nicht nur das Arbeitsergebnis, sondern auch mögliche Begleitinformationen (z. B. Welche Ansprechpartner gibt es auf Kunden- und Lieferantenseite und wann sind diese erreichbar?).

> **Merke**
> Jeder Mitarbeiter ist für Qualität verantwortlich.

7.2 Kundenzufriedenheit

Letztlich ist die **Qualität die Basis für die Kundenzufriedenheit**. Ein zufriedener Kunde wird wieder bei einem Unternehmen einkaufen und es möglicherweise weiterempfehlen. Die Zufriedenheit des Kunden bildet die Grundlage für den Unternehmenserfolg und trägt zur Sicherung des eigenen Arbeitsplatzes bei.

Kundenzufriedenheit ist messbar, z. B. durch eine Befragung (mündlich oder per Fragebogen) der Kunden zu den Unternehmensleistungen. Hierüber wird die **Kundenzufriedenheitsquote** ermittelt. Eine möglichst geringe **Zahl von Kundenreklamationen** ist ebenfalls ein Indikator für Kundenzufriedenheit und lässt sich über eine Kennzahl ausdrücken. Auch die Zahl der Kunden, die nach der Erstbestellung **wieder bei dem Unternehmen kaufen**, ist ein Merkmal. Schließlich sind auch **spontane Kundenäußerungen** zur Zufriedenheit (z. B. während eines Telefongesprächs) sehr wichtig und sollten von den Mitarbeitern des Unternehmens wahrgenommen und ggf. weitergegeben werden. Die **Kundenwünsche sind regelmäßig zu ermitteln** und die Möglichkeiten auf ihre Umsetzung zu prüfen.

Beispiele für Kennzahlen zur Kundenzufriedenheit:

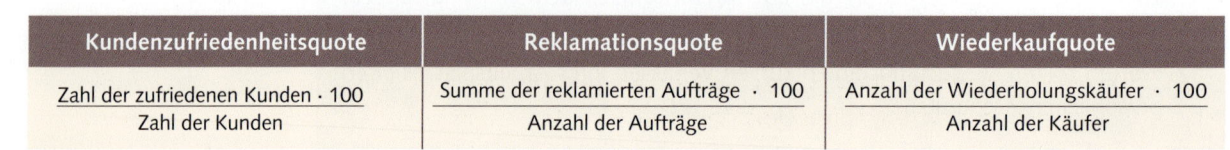

Kundenzufriedenheitsquote	Reklamationsquote	Wiederkaufquote
$\dfrac{\text{Zahl der zufriedenen Kunden} \cdot 100}{\text{Zahl der Kunden}}$	$\dfrac{\text{Summe der reklamierten Aufträge} \cdot 100}{\text{Anzahl der Aufträge}}$	$\dfrac{\text{Anzahl der Wiederholungskäufer} \cdot 100}{\text{Anzahl der Käufer}}$

LERNFELD 3

Bedeutung von Qualität, Effizienz, Kundenzufriedenheit erkennen und realisieren

■ KANO-Modell zur Kundenzufriedenheit

Kundenzufriedenheit lässt sich auch in Folgendem von dem japanischen Professor Kano entworfenen Modell darstellen:

Basismerkmale: Qualitätsmerkmale dieser Kategorie werden vom Kunden als selbstverständlich erachtet. Er spricht sie folglich bei einer Geschäftsanbahnung nicht an, geht aber davon aus, dass sie erfüllt werden. Eine Erfüllung steigert folglich nicht die Kundenzufriedenheit, eine Nichterfüllung wirkt sich dagegen für die Kundenzufriedenheit sehr negativ aus.

Leistungsmerkmale: Dem Kunden sind diese Merkmale präsent. Er spricht sie in der Phase der Geschäftsanbahnung an, da sie für ihn wichtig sind. Die Erfüllung dieser Merkmale ist für ihn der Maßstab für Kundenzufriedenheit.

Begeisterungsmerkmale: Dem Kunden sind diese Merkmale bislang nicht bewusst. Lernt er sie jedoch als Kunde kennen, ist er von ihnen und dem Unternehmen, das sie erbracht hat, begeistert. Häufig handelt es sich dabei um minimale Zusatzleistungen bezüglich des Produkts oder des Services.

■ Kontrolle von Kundenzufriedenheit und Qualität

Kundenzufriedenheit sowie das Qualitätsempfinden unterliegen einem ständigen Wandel. Ein Merkmal, das heute noch ein Begeisterungsmerkmal ist, gehört morgen zu den Leistungsmerkmalen und kann auf lange Sicht ein Basismerkmal werden.

> **Beispiel**
>
> bezogen auf einen Autohandel:
>
> **Basismerkmal:**
> Neufahrzeug wird für den Kunden zugelassen
>
> **Leistungsmerkmal:**
> Kostenloser Mietwagen als Ersatzfahrzeug bei einem Werkstattaufenthalt
>
> **Begeisterungsmerkmal:**
> Fahrzeug wird bei einem Werkstattaufenthalt bei dem Kunden abgeholt

7.3 Kritik und Selbstkritik

Ein bedeutender Faktor ist auch Kritik. Viele Personen reagieren nicht positiv, wenn sie von einer anderen Person kritisiert werden. **Positiv formulierte Kritik** (d. h. „Wie könnten Dinge verbessert werden?", statt „Dieser Sachverhalt war negativ.") **ist jedoch eine wichtige Basis, um Verbesserungen zu realisieren**. Der Zeitablauf kann bei Prozessen und Abläufen dazu führen, dass Ergebnisse, die früher noch in Ordnung waren, heute als nicht mehr optimal empfunden werden. Eine **wichtige Basis** ist hierbei auch das Zulassen von **Selbstkritik**. Durch eigene regelmäßige Reflektion der Arbeitsweise und Arbeitsergebnisse lassen sich Verbesserungsmöglichkeiten erkennen und sind damit eine Form der Eigenverantwortung des Mitarbeiters.

> **Beispiel**
>
> Eine Tasse Kaffee für den Kunden bei einem Beratungsgespräch war vor Jahrzehnten ein Begeisterungsmerkmal, ist heute aber ein Basismerkmal.

7.4 Effizienz

Das effiziente Erledigen von Aufgaben ist ebenso eine Qualitätsgrundlage. Es bedeutet, dass die zu erledigenden **Tätigkeiten zügig**, unter Beachtung aller notwendigen und Entfall aller nicht notwendigen Arbeiten, **erledigt werden. Grundlage** hierfür ist u. a. ausreichendes fachliches und organisatorisches **Wissen**, Wissen über die Details des Kundenauftrags und Beherrschung der notwendigen Arbeitsschritte. Ferner sind die organisatorischen Voraussetzungen sowie die sofortige Verfügbarkeit von Daten zum Kundenauftrag und der erforderlichen Arbeitsmittel von Bedeutung. Da die Kundenanforderungen einem ständigen Wandel unterliegen, bedürfen auch die Arbeitsschritte für einen Kundenauftrag der regelmäßigen kritischen Analyse und Anpassung an die geänderten Erfordernisse.

LERNFELD 3

Aufträge bearbeiten

7.5 Zusammenfassung und Aufgaben

Zusammenfassung

Qualität
Qualität ist ein **ganzheitlicher Prozess**, an dem alle Unternehmensteile und Mitarbeiter beteiligt sind.
Kundenzufriedenheit
Maßstab für Qualität ist die **Kundenzufriedenheit**.   Die Maßstäbe, die den Kunden zufrieden stellen, sind einem stetigen **Wandel** unterworfen.
Effizienz
Effizientes Arbeiten ist ebenfalls Grundlage für die **Kundenzufriedenheit**.

Aufgaben

1. Prüfen Sie die folgenden Aussagen auf ihre Richtigkeit. Die Antwort ist jeweils zu begründen:
   (1) Ausschließliche Basis für Qualität ist eine gute Endkontrolle, da Fehler im Geschäftsbetrieb unvermeidlich sind.
   (2) Wichtig ist, dass der Vorgesetzte zufrieden ist. Die Kundenzufriedenheit ist daher nachrangig.
   (3) Kundengespräche beinhalten häufig auch spontane Äußerungen zur Zufriedenheit des Kunden.
   (4) Kundenzufriedenheit und Qualität bedeuten ständige Selbstkritik und Reflektion, ob die derzeitigen Prozesse den Ansprüchen genügen.
   (5) Zur Kundenzufriedenheit gehört eine effektive Ausführung der Arbeiten.

2. Ermitteln Sie, welche Merkmale der Kundenzufriedenheit in Ihrem Ausbildungsbetrieb erfasst werden.

3. Überprüfen Sie, inwiefern die Leistungsmerkmale Ihres Ausbildungsbetriebs gegenüber Kunden dem KANO-Modell entsprechen.

8 Mit ausländischen Geschäftspartnern kommunizieren

Viele Unternehmen haben heutzutage Kunden- und Lieferantenkontakte in das Ausland. **Dabei gilt es zu beachten, dass es im Kontakt mit ausländischen Geschäftspartnern Verhaltensregeln gibt, die sich von den deutschen unterscheiden.**

Vor der ersten Kontaktaufnahme mit einem ausländischen Unternehmen ist es wichtig, sich über kulturelle Unterschiede für die Geschäftsbeziehung zu informieren. Die deutsche, zuweilen sehr direkte Art, Geschäfte abzuwickeln ist in vielen Ländern ungewöhnlich und wird als unhöflich empfunden. Der Gesprächsbeginn während eines Telefonats entscheidet über die erfolgreiche Fortsetzung der Kommunikation. Die nicht zielorientierte, „lockere" Unterhaltung („Small-Talk") zu Beginn eines Telefonats ist daher wichtig. Seien Sie angemessen zurückhaltend und akzeptieren Sie, dass sachliche Inhalte durch Ihren Gesprächspartner nicht ergebnisorientiert, sondern mit einigen Umwegen besprochen werden.

> **Merke**
> In vielen Ländern wird die deutsche Art, Gesprächspositionen ergebnisorientiert zu bearbeiten, als unhöflich empfunden.

8.1 Kommunikation in einer fremden Sprache

Bei einem bisher unbekannten Geschäftspartner sollten Sie versuchen, in dessen Sprache zu kommunizieren, aber nur, wenn Sie diese gut beherrschen. Andernfalls telefonieren oder schreiben Sie in Englisch. Bei fremdsprachlichen Briefen, E-Mails oder Faxen ist die sprachliche Korrektheit von großer Bedeutung. Sprachfehler wirken nicht nur unprofessionell, sondern können auch bei wichtigen Vertragsunterlagen und Absprachen fatale Auswirkungen haben, da Inhalte falsch dargestellt oder interpretiert werden können.

> **Merke**
> Falls Sie sich in der Fremdsprache nicht sicher fühlen, nutzen Sie unbedingt professionelle Hilfe wie die eines Dolmetschers oder sprachkundigen Kollegen!

8.1.1 Schriftlich kommunizieren

■ Geschäftsbrief / Business letter

Ein englischer Geschäftsbrief hat, ebenso wie ein deutschsprachiger, einen festgelegten Aufbau:

Content	Inhalt	Formulierung	Hinweise
write the letterhead	Briefkopf erstellen		
state the reference and the date	Diktatzeichen und Datum aufführen		im amerikanischen ist die Datumsreihenfolge: Monat / Tag / Jahr
write the addressee's name and postal address	Adressat und Postanschrift einfügen		
state the subject	Betreff angeben		

Aufträge bearbeiten

Content	Inhalt	Formulierung	Hinweise
use a polite salutation	Anrede, falls der Empfängername unbekannt ist	Dear Sir or Madam	= folgende Grußformel: „Yours faithfully"
	Anrede der Person, falls der Empfängername bekannt ist	Dear Mr Smith/ Dear Ms Miller	= folgende Grußformel: „Yours sincerely"
to continue with the body of the letter	mit dem Inhalt des Briefes fortfahren	e. g. We are interested in office products; Therefore please let us have/send you some literature about your current range. / Please inform us about your current range of products.	
to finish with the complementary close	mit der Grußformel schließen	Yours faithfully	bedingt eine Anrede bei der der Empfängername nicht bekannt ist: „Dear Sir/Dear Madam"
		Yours sincerely	bedingt die persönliche Anrede mit dem Empfängernamen Dear Mr Smith/ Dear Ms Miller
end the letter with your signature, stating your full name and position, possibly also your department	mit der Unterschrift, ergänzt durch den Namen des Unterschreibenden und seiner Position, den Brief abschließen		

■ Anfrage / Enquiry

Eine Anfrage (enquiry) allgemein (general) oder speziell (specific) enthält u. a. folgende Bestandteile:

Content	Inhalt
scope of supply (quantity, quality, specification of goods) Please send us a quotation for 1.000.000 sheets of copy paper.	Lieferumfang (Menge, Qualität, Spezifikationen)
bid due date Please submit your offer by 25th November.	Angebot erbeten bis zum 25. November.

Mit ausländischen Geschäftspartnern kommunizieren

■ Angebot / Offer

Bestandteile eines Angebots sind u. a.:

reference to enquiry, dated (i. e. reference number and date) We are pleased to note from your letter.	Bezug zur Anfrage (z. B. Referenznummer und Datum)
description of the goods offered including quantity and quality	Beschreibung der angebotenen Ware einschließlich Angaben zu Menge und Qualität
price and currency	Preis und Währung
VAT (value added tax)	entspricht der deutschen Umsatzsteuer
terms of payment	Zahlungsbedingungen
terms of delivery (i. e. Incoterms)	Lieferbedingungen (z. B. Incoterms)

■ Bestellung / Order

Bestandteile einer Bestellung sind u. a.:

Content	Inhalt
reference to the offer dated … (i. e. reference number and date) Thank you for your offer dated …	Bezug zum Angebot vom … (z. B. Referenznummer und Datum)
description of the goods to be ordered including quantity and quality	Beschreibung der Ware einschließlich Angaben zur Menge und Qualität

Auch hier sind Angaben zum Preis (information about the price(s) with currency), den Zahlungsbedingungen (terms of payment) und den Lieferbedingungen (terms of delivery) enthalten.

■ E-Mail

Grundsätzlich orientiert sich der Aufbau einer E-Mail an dem Aufbau eines Geschäftsbriefs, angepasst an die Form des E-Mail-Versands:

Content	Inhalt
E-mail address of the recipient	E-Mail-Adresse des Empfängers
subject	Betreff
attachment	Anhang
salutation	Grußformel

LERNFELD 3

Aufträge bearbeiten

Content	Inhalt
body of the e-mail	Inhalt
complementary close	üblich in E-Mails ist die Grußformel: Best regards
addressee	Name des Absenders
position	Position im Unternehmen
signature	Signatur mit Unternehmensangaben

8.1.2 Telefonieren / Telephone calls

Auch beim englischsprachigen Telefongespräch ist die Gesprächseinleitung bedeutsam. Hierbei helfen einige Redewendungen:

Tipp

Um für einen englischsprachigen Anruf vorbereitet zu sein, ist das vorherige Üben der entsprechenden Begrüßungssätze sinnvoll.

Sie rufen an	Sie werden angerufen
This is Jan Bürgel from Bürobedarf Müngsten, good morning.	Jan Bürgel here
	Hello, Jan Bürgel speaking.
I´m Jan Bürgel from Bürobedarf Müngsten, good afternoon.	

Da Inhalte eines Geschäftstelefonats richtig verstanden werden müssen, ist es erforderlich bei Verständnisschwierigkeiten nachzufragen:

Would you repeat this, please?	Können Sie das bitte wiederholen?
Would you spell that for me, please?	Können Sie das bitte buchstabieren?

©Picture-Factory-fotolia.com

Wichtige Inhalte sollten durch Wiederholung bestätigt werden:

Okay, delivery will be the 28th of May.	In Ordnung, die Lieferung erfolgt am 28. Mai.
Let me repeat: 250 items at 18 pounds 40 pence each.	Lassen Sie es mich wiederholen: 250 Stück zu 18,40 Pfund je Stück.

Mit ausländischen Geschäftspartnern kommunizieren

8.2 Verhaltensregeln mit ausländischen Partnern

Zur geschäftlichen Kommunikation mit europäischen Nachbarländern sind einige Verhaltensregeln nützlich. Grundsätzlich haben Pünktlichkeit und die Einhaltung von Terminen auch im Ausland einen hohen Stellenwert. Bei einem unbekannten Geschäftspartner sollten Sie zunächst in englischer Sprache kommunizieren.

Niederlande	Auch wenn viele Niederländer sehr gut deutsch sprechen, empfinden sie die erste Ansprache in deutscher Sprache als unhöflich. Beginnen Sie die Kommunikation in englischer Sprache. Ihr Gesprächspartner wird dann entscheiden, ob die Kommunikation in englischer oder deutscher Sprache fortgeführt wird.
	Grundsätzlich pflegen Niederländer einen geschäftlich eher sachlichen Umgang. Die „lockere" Unterhaltung hat nur untergeordnete Bedeutung. Der geschäftliche Kontakt ist von Ehrlichkeit und freundlichem Umgang geprägt.
Belgien	Beachten Sie, dass es drei Landesteile gibt. Der südliche Teil spricht französisch, der nördliche flämisch und ein kleiner östlicher Teil deutsch. Für den flämischen Teil gilt die gleiche Sprachregel, wie für die Niederlande. Für den wallonischen Teil sollte in französischer Sprache kommuniziert werden.
	Der Unterschied zeigt sich auch tendenziell in den geschäftlichen Gepflogenheiten. Der flämische Teil neigt eher zu den niederländischen, der wallonische eher zu den französischen Gebräuchen der Kommunikation.
	Grundsätzlich gelten die Belgier als weniger sachorientiert als die Deutschen. Die „lockere" Unterhaltung ist wichtig zur Vertrauensbildung.
Luxemburg	Unbekannten gegenüber nehmen Luxemburger zunächst eine reservierte Haltung ein, die jedoch nicht unhöflich gemeint ist. Sie zeigt, dass Vertrauen zunächst aufgebaut werden muss.
	Ähnlich wie in Deutschland gibt es zu Gesprächsbeginn nur eine „lockere" Unterhaltung. Geschäftliche Dinge werden unmittelbar und direkt angesprochen.
	Kritik wird aber indirekt geäußert.
Frankreich	Sofern Sie die Sprache ausreichend beherrschen: Kommunizieren Sie in französischer Sprache. Die Esskultur hat in Frankreich eine hohe Wertschätzung. Akzeptieren Sie, dass Ihr Ansprechpartner in der längeren Mittagspause nicht erreichbar ist.
	Die Kommunikation hat im Geschäftsleben eine hohe Bedeutung. Daher ist auch die „lockere" Unterhaltung wichtig, wobei Privates meistens ausgespart wird.
	Die Art der direkten deutschen Kommunikation ist unüblich. Insbesondere Kritik wird indirekt geäußert.
Schweiz	In der Schweiz wird auf eine sehr gute Planung Wert gelegt. Daher ist vor Gesprächen und Verhandlungen eine gute Vorbereitung wichtig.
	Versuchen Sie nicht den schweizerischen Dialekt zu sprechen.

LERNFELD 3

Aufträge bearbeiten

Österreich	Für die Geschäftsanbahnung haben persönliche Sympathien eine bedeutende Rolle. Folglich ist die „lockere" Unterhaltung zu Gesprächsbeginn wichtig. Auch für die dauerhafte Geschäftspflege sind persönliche Kontakte bedeutsam.
	Kritik wird nur indirekt geäußert.
	Hierarchien sind in Österreich sehr ausgeprägt. Daher sind Personen mit ihren korrekten Titeln (z. B. Doktor (Dr.) oder Professor (Prof.)) zu begrüßen.
Tschechien	In Tschechien steht die Person im Mittelpunkt. Die „lockere" Unterhaltung dient letztlich dem Aufbau einer persönlichen Beziehung und damit als Basis für geschäftliche Kontakte. Auch informelle Themen werden gern auf dieser Ebene kommuniziert.
	Die Anrede von Personen erfolgt grundsätzlich mit ihren Titeln (Doktor, Professor).
	Kritik wird nur indirekt geäußert.
Polen	Persönliche Beziehungen sind in Polen die Basis zum Aufbau guter geschäftlicher Kontakte. Daher ist zum Kennenlernen und Vertrauensaufbau die „lockere" Unterhaltung sehr wichtig. Dabei können auch private Themen angesprochen werden.
	Die Kommunikation ist eher indirekt. Viele Informationen ergeben sich aus Andeutungen oder vorsichtigen Formulierungen.
	Die Ansprache von Personen erfolgt mit Nennung der Titel (z. B. Doktor, Professor).
Dänemark 	Dänen sind sehr stark sachorientiert. Die „lockere" Unterhaltung hat im Zweifel keine Bedeutung und geschäftliche Dinge werden unmittelbar und direkt angesprochen. Folglich ist auch die Kommunikation insgesamt direkt. Es dominieren klare Botschaften. Eventuell werden während der Geschäftsanbahnung auch Hintergrundinformationen thematisiert, die die beabsichtigten geschäftlichen Projekte umfassend ausleuchten.
Großbritannien	In Großbritannien haben Beziehungen große Bedeutung und dienen als Basis für erfolgreiche Geschäfte. Folglich ist die „lockere" Unterhaltung sehr wichtig, um eine gute geschäftliche Atmosphäre herzustellen. Die deutsche Eigenart, direkt und unmittelbar geschäftliche Dinge anzusprechen, wird im Zweifel als unhöflich empfunden.
	Der Kommunikationsstil ist sehr indirekt. Bitten und Wünsche werden im Konjunktiv („could you" usw.) geäußert. Auch Kritik wird entsprechend artikuliert.
	Die Kommunikation erfolgt schwerpunktmäßig per Telefon. E-Mail und Brief haben dafür im Vergleich zu Deutschland eine geringere Bedeutung.
	Zur britischen Höflichkeit gehört es, den Gesprächspartner unbedingt ausreden zu lassen. Folglich werden Einwände nicht geäußert, während der Gesprächspartner spricht.
	Grundsätzlich wird auf eine sehr höfliche Kommunikation Wert gelegt. Das bedeutet, dass man sich im Vergleich zu Deutschland häufiger bedankt („Thanks") oder entschuldigt („Sorry"). Auch das Wort „please" wird wesentlich häufiger als das deutsche „Bitte" eingesetzt.
	Beachten Sie unbedingt die Maßangaben in Verträgen und Unterlagen bzw. ergänzen Sie die Zahlenangaben um die entsprechenden Einheiten. Somit werden Missverständnisse, z. B. Längenangaben in Inches statt Zentimeter, vermieden.
USA 	Die Kommunikation ist grundsätzlich sehr zielorientiert, auch wenn Gespräche häufig mit einer lockeren Unterhaltung beginnen. Diese lockere Form ist zum Teil trügerisch. Hierarchien haben eine hohe Bedeutung. Die fehlende Unterscheidung in der Anrede zwischen „Du" und „Sie" erschwert zusätzlich eine richtige Einschätzung der Gesprächssituation. Eine gute Gesprächsvorbereitung wird sehr geschätzt. Ebenso sind Zuverlässigkeit und Pünktlichkeit sehr wichtig. Es wird erwartet, dass Telefonanrufe und E-Mails sehr zeitnah beantwortet werden.

Mit ausländischen Geschäftspartnern kommunizieren

8.3 Zusammenfassung und Aufgaben

Zusammenfassung

Kommunikation in fremder Sprache bzw. in Englisch

Analog zur deutschen **schriftlichen Kommunikation** enthalten auch englischsprachige Dokumente Inhalte in einer festgelegten Reihenfolge.

Eine **Anfrage** (inquiry), eine **Angebot** (offer) und eine **Bestellung** (order) haben bestimmte Bestandteile.

Um auf **englischsprachige Telefonate** vorbereitet zu sein, ist die Beherrschung von gängigen **Formulierungen** sinnvoll.

Verhaltensregeln mit ausländischen Partnern

Die **geschäftlichen Verhaltensregeln** der europäischen Nachbarn unterscheiden sich teilweise von den unsrigen.

Die deutsche Art, bei Gesprächen die **Sachthemen** sofort und zu Beginn zu thematisieren, gilt bei vielen **ausländischen Geschäftspartnern** als unhöflich.

Aufgaben

1. Prüfen Sie die folgenden Aussagen auf ihre Richtigkeit. Die Antwort ist jeweils zu begründen:

   (1) Im Geschäftsleben ist es wichtig, Gespräche effektiv und zeitsparend zu führen. Daher sollte bei Besprechungen auf die „lockere" Unterhaltung verzichtet werden.

   (2) Grundsätzlich sollten bei Gesprächen mit ausländischen Geschäftspartnern keine persönlichen Erlebnisse bezüglich des Herkunftslandes des Gesprächspartners thematisiert werden.

   (3) Bei internationalen Vertragsverhandlungen ist es wichtig, die Kommunikation in der jeweiligen Fremdsprache gut zu beherrschen.

   (4) Mit Geschäftspartnern aus der deutschsprachigen Schweiz sollte man nur in Hochdeutsch kommunizieren, auch wenn man Redewendungen des Schweizer Dialekts beherrschen sollte.

   (5) Es ist ratsam, Gespräche mit niederländischen Geschäftspartnern in englischer Sprache zu beginnen, sofern man nicht die niederländische Sprache beherrscht.

   (6) Im Ausland wird kein hoher Wert auf Pünktlichkeit und Termineinhaltung gelegt.

   (7) In Großbritannien wird auf eine höfliche Ausdrucksweise Wert gelegt.

Aufträge bearbeiten

2. Formulieren Sie einen englischsprachigen Geschäftsbrief. Absender sind Sie als Mitarbeiter der Büro Müngsten GmbH. Empfänger ist Miller & Son Ltd, P. O. Box 12441, London SE1 7RT, Great Britain. Sie bedanken sich für die erhaltene Bestellung über 100 Locher (hole punch) und sagen den Versand in den nächsten Tagen zu.

3. Ihr Telefon klingelt. Laut Display ist es ein Anrufer aus Großbritannien. Ergänzen Sie die Auslassungen entsprechend:

   - Sie melden sich entsprechend
       → „…"

   - „Hello, this is Steve Johnson calling from Brighton. Could I please speak to Mr. Müngsten?"

   - Herr Dr. Müngsten ist nicht im Büro. Sie fragen nach, ob der Anrufer eine Mitteilung hinterlassen möchte.
       → „…"

   - „Thank you. That would be very kind. Would you please tell Mr. Müngsten that I called and kindly ask him to call me back as soon as possible."

   - Sie haben den Namen des Anrufers nicht verstanden und bitten ihn, den Namen zu buchstabieren.
       → „…"

   - „Yes, of course. My name ist Johnson, J O H N S O N. Steve Johnson."

   - Sie wiederholen die Buchstabierung, um den Namen korrekt zu notieren.
       → „…"

   - „Yes, that´s right. And my number is 00 44 for England – 1273 thats the area code for Brighton, and than 245 682."

   - Sie entschuldigen sich, dass Sie nicht sicher sind, ob Sie die Telefonnummer richtig notiert haben. Sie wiederholen daher die Telefonnummer.
       → „…"

   - „That´s quite correct. And tell Mr. Müngsten please to call me back when he comes in again."

   - Sie sagen dies dem Anrufer zu.
       → „…"

   - „I thank you for your kind support. Goodbye."

   - „Goodbye."

Sachgüter und Dienstleistungen beschaffen und Verträge schließen

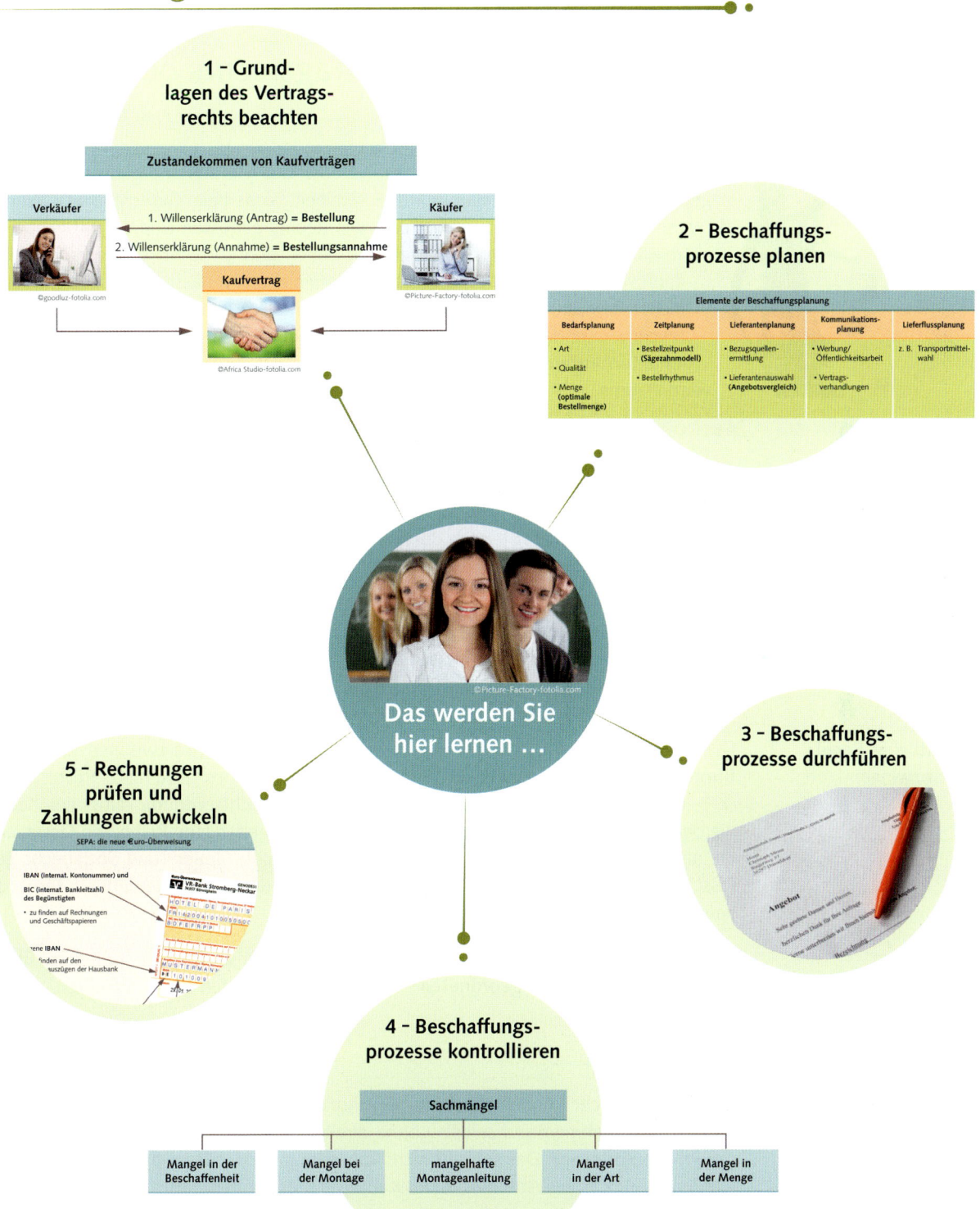

1 – Grundlagen des Vertragsrechts beachten

Zustandekommen von Kaufverträgen

Verkäufer — 1. Willenserklärung (Antrag) = **Bestellung** → Käufer
Verkäufer ← 2. Willenserklärung (Annahme) = **Bestellungsannahme** — Käufer

Kaufvertrag

2 – Beschaffungsprozesse planen

Elemente der Beschaffungsplanung

Bedarfsplanung	Zeitplanung	Lieferantenplanung	Kommunikationsplanung	Lieferflussplanung
• Art • Qualität • Menge (optimale Bestellmenge)	• Bestellzeitpunkt (Sägezahnmodell) • Bestellrhythmus	• Bezugsquellenermittlung • Lieferantenauswahl (Angebotsvergleich)	• Werbung/Öffentlichkeitsarbeit • Vertragsverhandlungen	z. B. Transportmittelwahl

Das werden Sie hier lernen …

3 – Beschaffungsprozesse durchführen

4 – Beschaffungsprozesse kontrollieren

Sachmängel

- Mangel in der Beschaffenheit
- Mangel bei der Montage
- mangelhafte Montageanleitung
- Mangel in der Art
- Mangel in der Menge

5 – Rechnungen prüfen und Zahlungen abwickeln

SEPA: die neue €uro-Überweisung

- IBAN (internat. Kontonummer) und BIC (internat. Bankleitzahl) des Begünstigten
- zu finden auf Rechnungen und Geschäftspapieren
- eigene IBAN finden auf den Auszügen der Hausbank

LERNFELD 4

Sachgüter und Dienstleistungen beschaffen und Verträge schließen

1 Grundlagen des Vertragsrechts beachten

1.1 Rechtsordnung

Alle Beziehungen, über die das Zusammenleben der Menschen organisiert ist, sind geprägt durch Wertvorstellungen (z. B. Freiheit, Sicherheit, Gerechtigkeit). Wenn diese Wertvorstellungen in die Form des Rechts gegossen sind (z. B. Recht auf freie Entfaltung der Persönlichkeit, auf Leben und körperliche Unversehrtheit), dann werden sie als Ordnung des Zusammenlebens verlässlicher. Es kommt nun nicht mehr alleine darauf an, dass die Mitmenschen die Werte teilen und anerkennen, sondern es entsteht ein **Anspruch auf Beachtung** der entsprechenden **Verhaltensanforderungen**, der grundsätzlich mit Zwangsmitteln durchgesetzt werden kann.

> **Merke**
>
> Die **Rechtsordnung** ist die Gesamtheit aller allgemein verbindlichen Regeln für die Gestaltung menschlichen Zusammenlebens, den Schutz des Einzelnen und den Ausgleich unterschiedlicher Interessen mit friedlichen Mitteln.

Auf diese Weise können Interessenkonflikte, die im Zusammenleben der Menschen auftreten, nach bestimmten Regeln zuverlässig und möglichst gerecht gelöst werden. Die Freiheit des Einzelnen muss geschützt werden, erfährt jedoch dort ihre Grenzen, wo sie missbraucht wird (Machtmissbrauch).

Die Rechtsordnung umfasst zwei große Teilbereiche – das **öffentliche Recht** und das **Privatrecht**.

■ Öffentliches Recht

öffentliches Recht: meist zwingend

Das **öffentliche Recht** ist der Rechtsbereich, der das Verhältnis zwischen **Staat** und **Bürgern** regelt. Dazu gehört das Strafrecht, durch welches bestimmte Rechtsgüter (z. B. Leben, Gesundheit, Vermögen), aber auch die Rechtsordnung selbst geschützt werden sollen. Für das staatliche Handeln als solches gelten eine Reihe von Gesetzen, die als Staats- und Verfassungsrecht, Verwaltungsrecht, Steuer- und Sozialrecht gefasst werden können. Man kann auch das immer bedeutsamer werdende internationale Recht (Völkerrecht, Europarecht) hier zuordnen.

Im öffentlichen Recht sind die **Rechtsbeziehungen** insbesondere zwischen **übergeordneten** und **untergeordneten** Trägern von Rechten und Pflichten meist **zwingend** geregelt.

■ Privatrecht

Privatrecht: grundsätzlich nachgiebig

Im **privaten Recht** können die Einzelnen ihre persönlichen und wirtschaftlichen Interessen wahrnehmen und selbst – ohne direkte Staatseingriffe – regeln (Grundsatz der Privatautonomie). Das schließt nicht aus, dass auch der Staat privatrechtlich tätig werden kann, z. B. bei Abschluss eines Kaufvertrages zur Beschaffung von Computern für eine Schule.

Grundlagen des Vertragsrechts beachten

Die Handlungen im Privatrecht nennt man **Rechtsgeschäfte**. Die wichtigste allgemeine Rechtsgrundlage ist das **Bürgerliche Gesetzbuch (BGB)** mit Nebengesetzen (z. B. Wohnungseigentumsgesetz, Produkthaftungsgesetz). Daneben gibt es eine Reihe von „Sonderregelungen", die ergänzend gelten können (insbesondere z. B. Handels- und Gesellschaftsrecht). Hier finden sich z. B. privatrechtliche Bestimmungen

→ für **Kaufleute** allgemein im **HGB**, für Kapitalgesellschaften im **AktG** und **GmbHG**,

→ für die Zahlung mit Scheck im **ScheckG**.

Im Privatrecht stehen sich die **Rechtssubjekte gleichrangig** gegenüber. Das Privatrecht ist grundsätzlich **nachgiebiges Recht**, d. h., gesetzliche Regelungen können durch die Beteiligten einvernehmlich abgeändert werden.

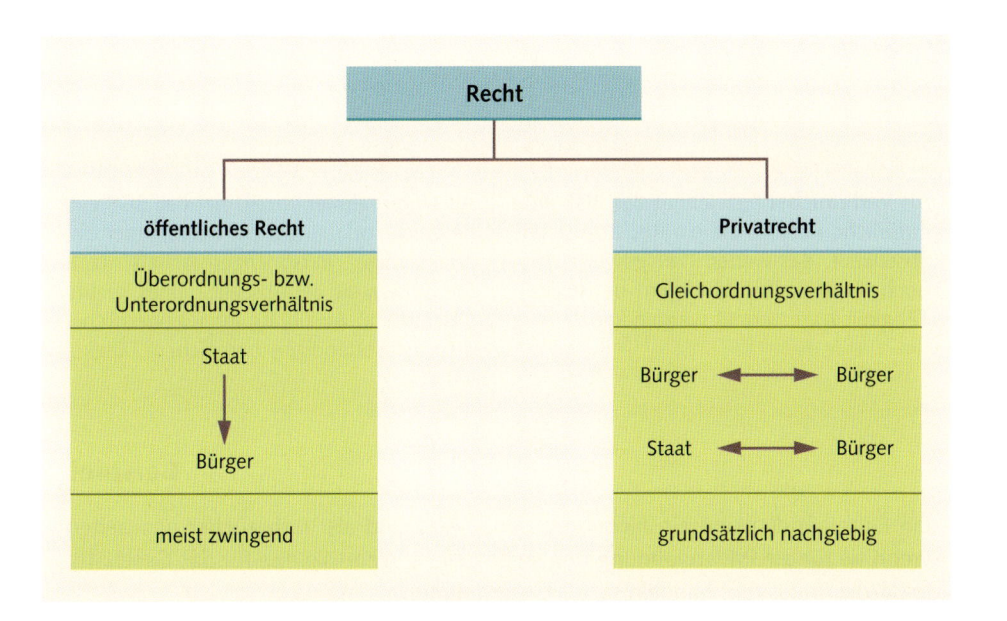

```
                          Recht
                 ┌──────────┴──────────┐
          öffentliches Recht        Privatrecht

       Überordnungs- bzw.        Gleichordnungsverhältnis
       Unterordnungsverhältnis

             Staat                 Bürger ←→ Bürger
               ↓
             Bürger                 Staat ←→ Bürger

          meist zwingend         grundsätzlich nachgiebig
```

1.2 Rechtssubjekte – Rechts- und Geschäftsfähigkeit

■ Rechtssubjekte

Die Ausübung und Wahrnehmung von Rechten ist nur durch Rechtssubjekte möglich. Dazu gehören natürliche und juristische Personen.

Merke

Alle Träger von Rechten und Pflichten werden als **Rechtssubjekte** bezeichnet. Man unterscheidet **natürliche** und **juristische Personen**.

LERNFELD 4

311

Sachgüter und Dienstleistungen beschaffen und Verträge schließen

```
                          Rechtssubjekte
                          /           \
     natürliche Personen              juristische Personen
       (alle Menschen)
     • als Individuum                 • des Privatrechts
     • als Mehrheit von Individuen      (z. B. GmbH, AG, e. V.)
       (z. B. Miteigentümer)          • des öffentlichen Rechts
                                        (z. B. Länder, Gemeinden,
                                        Kammern)

         Verbraucher                      Unternehmer
     (natürliche Person)          (natürliche oder juristische Person
                                  oder rechtsfähige Personengesellschaft)
```

Verbraucher	Unternehmer
Als **Verbraucher** bezeichnet das BGB jede natürliche Person, die ein Rechtsgeschäft abschließt, das weder ihrer gewerblichen noch ihrer selbstständigen beruflichen Tätigkeit zugerechnet werden kann.	Als **Unternehmer** bezeichnet das BGB eine natürliche oder juristische Person oder eine rechtsfähige Personengesellschaft (z. B. OHG, KG), die bei Abschluss eines Rechtsgeschäfts in Ausübung ihrer gewerblichen oder selbstständigen beruflichen Tätigkeit handelt.

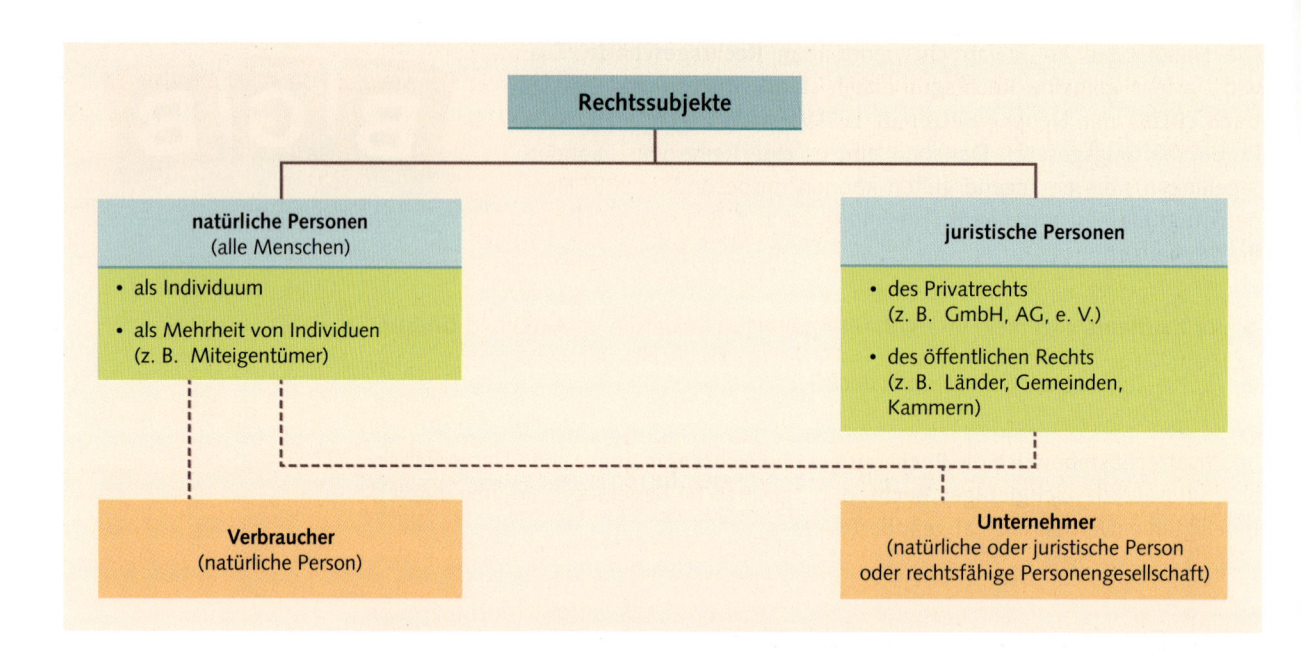

§ 13 BGB

§ 14 BGB

Beispiel

Ein Einzelhändler und ein niedergelassener Arzt sind als **Verbraucher** anzusehen, wenn sie für die Privatwohnung Regale bestellen. Wenn sie dies für das Geschäftslokal/die Praxis tun, handeln sie als **Unternehmer.**

■ Rechtsfähigkeit

Merke

Rechtsfähigkeit ist die Fähigkeit von natürlichen und juristischen Personen, Träger von Rechten und Pflichten zu sein.

Grundsätzlich ist nur der **Mensch als natürliche Person** Träger von Rechten und Pflichten und damit rechtsfähig. Die Rechtsordnung erkennt die Rechtsfähigkeit unter bestimmten Voraussetzungen aber auch **juristischen Personen** zu.

Dazu gehören u. a.

→ im Sinne des **Privatrechts** Kapitalgesellschaften und Genossenschaften, eingetragene Vereine, private Stiftungen (z. B. Stiftung Volkswagenwerk);

→ im Sinne des **öffentlichen Rechts** Körperschaften wie Bund, Länder und Gemeinden oder z. B. Kammern, Anstalten (z. B. öffentlich-rechtliche Rundfunkanstalten) und öffentlich-rechtliche Stiftungen (z. B. Deutsche Studienstiftung).

LERNFELD 4

Grundlagen des Vertragsrechts beachten

Beginn und Ende der Rechtsfähigkeit	
natürliche Personen	Bei **natürlichen Personen** beginnt die Rechtsfähigkeit grundsätzlich mit der Vollendung der Geburt und endet mit dem Tod.
juristische Personen des Privatrechts	Bei **juristischen Personen des Privatrechts** beginnt die Rechtsfähigkeit insbesondere mit der Gründung bzw. der Eintragung in das entsprechende öffentliche Register (z. B. Handelsregister, Vereinsregister) und endet mit der Löschung in diesen Registern.
juristische Personen des öffentlichen Rechts	**Juristische Personen des öffentlichen Rechts** erlangen die Rechtsfähigkeit durch staatliche Verleihung. Die Rechtsfähigkeit endet mit der Auflösung.

■ Geschäftsfähigkeit

Dass eine Person rechtsfähig ist, heißt nicht zwangsläufig, dass sie auch immer in der Lage ist, ihren Willen selbstverantwortlich zum Ausdruck zu bringen. Dazu gehört bei natürlichen Personen in der Regel ein bestimmtes Lebensalter und ein gewisses Maß an geistiger Reife. Juristische Personen können nur durch Menschen handeln, die als „Organe" oder „gesetzliche Vertreter" zu bezeichnen sind. Von der Rechtsfähigkeit ist deshalb die Geschäftsfähigkeit zu unterscheiden.

Merke

Geschäftsfähigkeit ist die Fähigkeit, Rechtsgeschäfte selbstständig und wirksam abschließen zu können.

Die **Geschäftsfähigkeit** ist insbesondere vom Lebensalter abhängig.

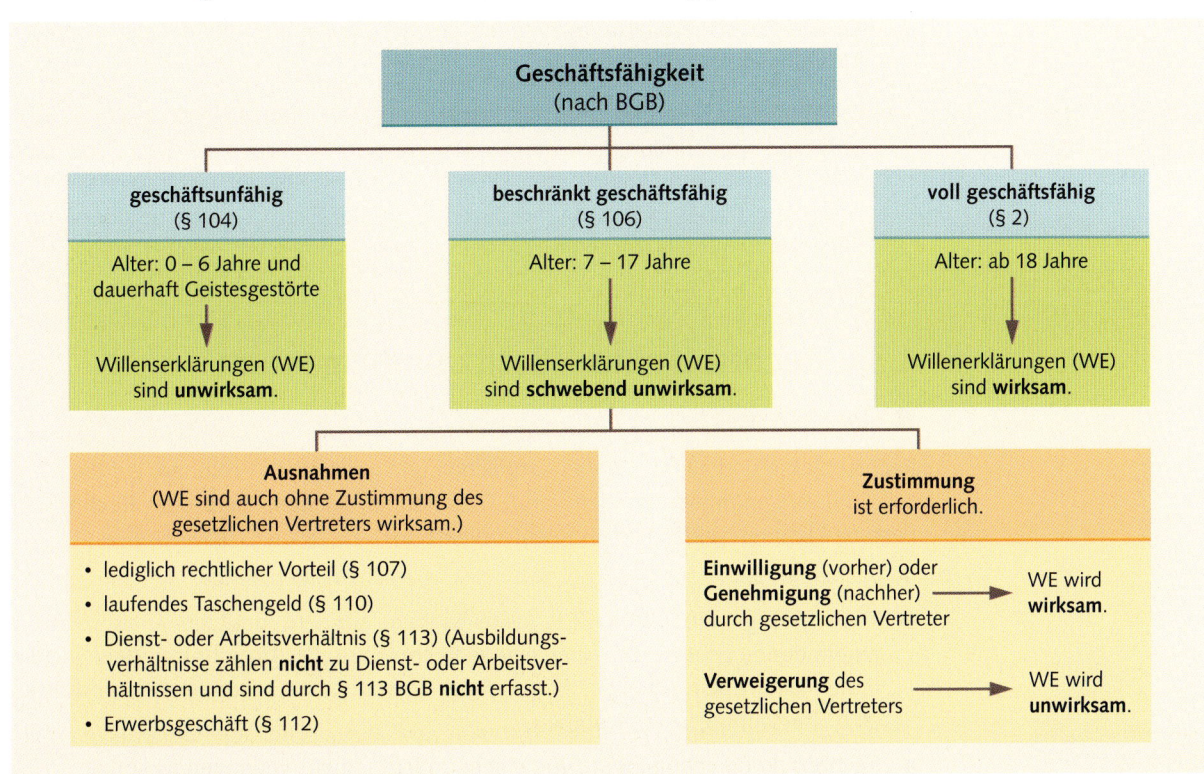

Geschäftsfähigkeit (nach BGB)

- **geschäftsunfähig (§ 104)**
  - Alter: 0 – 6 Jahre und dauerhaft Geistesgestörte
  - Willenserklärungen (WE) sind **unwirksam**.

- **beschränkt geschäftsfähig (§ 106)**
  - Alter: 7 – 17 Jahre
  - Willenserklärungen (WE) sind **schwebend unwirksam**.
  - **Ausnahmen** (WE sind auch ohne Zustimmung des gesetzlichen Vertreters wirksam.)
    - lediglich rechtlicher Vorteil (§ 107)
    - laufendes Taschengeld (§ 110)
    - Dienst- oder Arbeitsverhältnis (§ 113) (Ausbildungsverhältnisse zählen **nicht** zu Dienst- oder Arbeitsverhältnissen und sind durch § 113 BGB **nicht** erfasst.)
    - Erwerbsgeschäft (§ 112)
  - **Zustimmung** ist erforderlich.
    - **Einwilligung** (vorher) oder **Genehmigung** (nachher) durch gesetzlichen Vertreter → WE wird **wirksam**.
    - **Verweigerung** des gesetzlichen Vertreters → WE wird **unwirksam**.

- **voll geschäftsfähig (§ 2)**
  - Alter: ab 18 Jahre
  - Willenerklärungen (WE) sind **wirksam**.

Sachgüter und Dienstleistungen beschaffen und Verträge schließen

Beispiel

nichtig / unwirksam	■ Ein 6-jähriges Kind darf rechtlich gesehen zwar die Willenserklärung der Mutter (als Bote) übermitteln, z. B. Brötchen zu kaufen, aber nicht aus eigenem Antrieb vom Wechselgeld noch Süßigkeiten erstehen.
schwebend unwirksam	■ Ein 16-jähriger Jugendlicher braucht zum Kauf eines Blu-ray-Players grundsätzlich die Zustimmung der Eltern. Hat er den Blu-ray-Player ohne Einwilligung der Erziehungsberechtigten (z. B. von gespartem Geld) gekauft, so ist der Kauf zunächst schwebend unwirksam. Nur wenn die Eltern die Genehmigung geben, wird der Vertrag wirksam. Verweigern die Eltern die Genehmigung, so ist der Kauf unwirksam, der Händler muss das Gerät zurücknehmen und den Kaufpreis erstatten.
wirksam (Taschengeld)	■ Kann der Jugendliche den Blu-ray-Player von seinem laufenden Taschengeld bezahlen, ist seine Willenserklärung wirksam.
wirksam (rechtlicher Vorteil)	■ Schenkt Tante Frieda der 16-jährigen Nicola 500,00 EUR, so können die Eltern die Annahme des Geschenks nicht untersagen, weil mit dieser Schenkung ausschließlich ein rechtlicher Vorteil verbunden ist. Allerdings können sie z. B. verlangen, dass das Geld gespart wird. Wird das Geld aber mit der Auflage verbunden, jeden Sonntag der Tante Frieda eine Stunde vorzulesen, so besteht rechtlich eine Verpflichtung, und die Eltern müssten zustimmen.
wirksam (Arbeitsverhältnis)	■ Der 17-jährige Leon hat mit Zustimmung seiner Eltern eine Stelle als Helfer in einer Pizzeria angenommen. Nach zwei Wochen kündigt er ohne Zustimmung seiner Eltern und wechselt zu einer anderen Pizzeria. Die Kündigung und der neue Arbeitsvertrag sind wirksam, da Leon aufgrund der ersten Zustimmung für alle Rechtsgeschäfte im Rahmen des Arbeitsverhältnisses der gestatteten Art voll geschäftsfähig ist.
wirksam (Erwerbsgeschäft)	■ Die 17-jährige Svenja eröffnet mit Zustimmung ihrer Eltern eine Mode-Boutique. Aufgrund von Zahlungsschwierigkeiten weigert sie sich, eine Rechnung zu bezahlen mit dem Hinweis, ihre Eltern hätten dem Einkauf nicht zugestimmt. Svenja muss aber zahlen, da mit Zustimmung der Eltern zum Betrieb der Boutique Svenja für alle Rechtsgeschäfte in diesem Rahmen voll geschäftsfähig ist.

1.3 Rechtsobjekte – Besitz und Eigentum

■ **Rechtsobjekte**

Rechtsobjekte sind alle Güter von natürlichen und juristischen Personen, auf die rechtlich Einfluss genommen werden kann. Dies können **Sachen**, **Tiere** oder **Rechte** sein. Personen können selbst niemals Rechtsobjekte sein.

→ **Sachen** im Sinne des Gesetzes sind nur körperliche Gegenstände.

→ **Tiere** sind gemäß § 90a BGB keine Sachen, sondern besitzen – als schmerzempfindende Lebewesen – eine eigene Rechtsnatur. Die Vorschriften über Sachen finden eine entsprechende Anwendung, soweit keine besonderen Vorschriften (z. B. Tierschutzgesetz) bestehen.

→ **Rechte** sind Berechtigungen, von einem anderen etwas verlangen zu können.

Grundlagen des Vertragsrechts beachten

Die **Rechtsobjekte** lassen sich u. a. folgendermaßen einteilen:

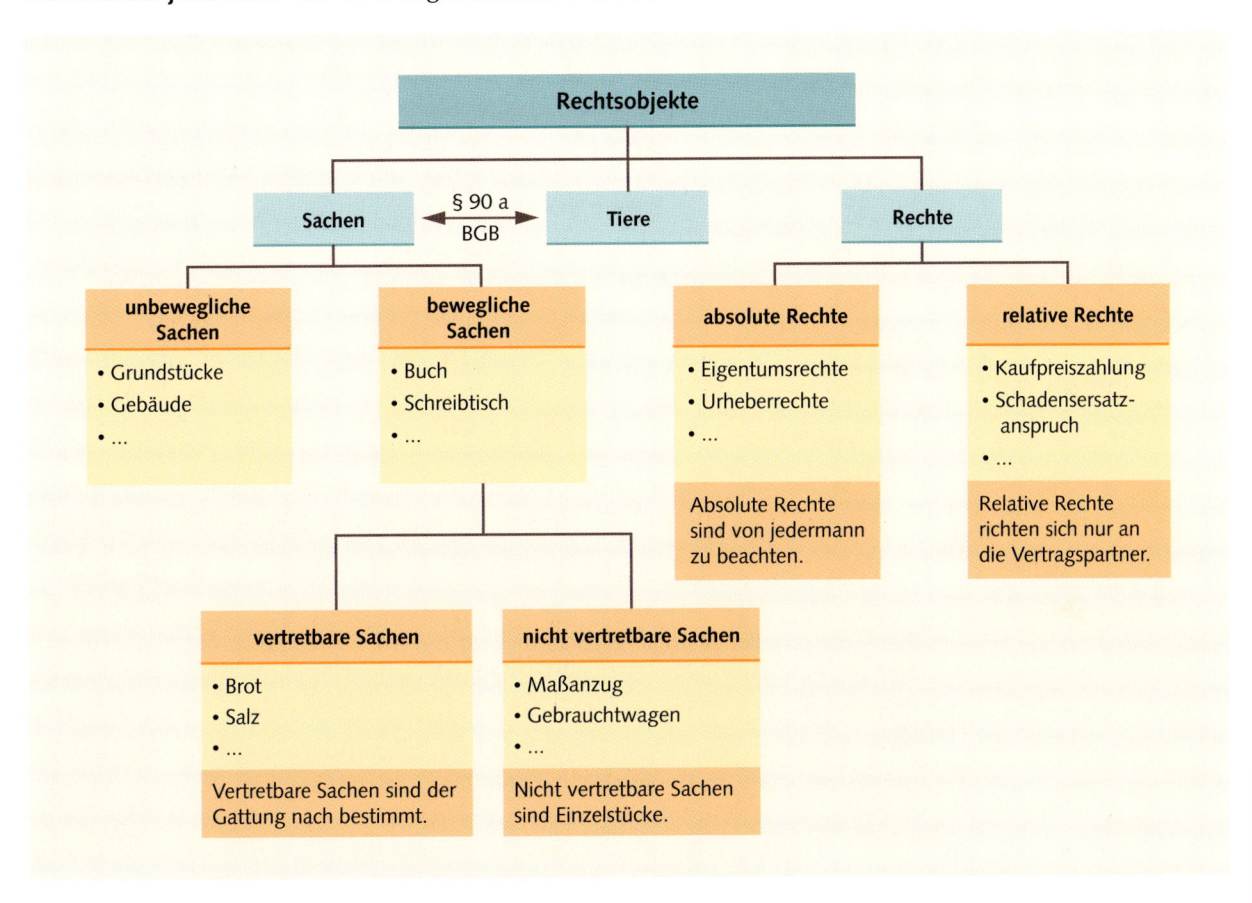

```
                          Rechtsobjekte
         ┌──────────────────────┼──────────────────────┐
      Sachen  ←§ 90a BGB→     Tiere                 Rechte
    ┌────┴────┐                              ┌────────┴────────┐
unbewegliche  bewegliche                absolute Rechte    relative Rechte
  Sachen        Sachen
• Grundstücke • Buch                    • Eigentumsrechte  • Kaufpreiszahlung
• Gebäude     • Schreibtisch            • Urheberrechte    • Schadensersatz-
• ...         • ...                     • ...                anspruch
                                                           • ...
                                        Absolute Rechte    Relative Rechte
                                        sind von jedermann richten sich nur an
                                        zu beachten.       die Vertragspartner.
              ┌────────┴────────┐
        vertretbare Sachen  nicht vertretbare Sachen
        • Brot              • Maßanzug
        • Salz              • Gebrauchtwagen
        • ...               • ...
        Vertretbare Sachen sind der    Nicht vertretbare Sachen
        Gattung nach bestimmt.         sind Einzelstücke.
```

■ Besitz und Eigentum

Rechte von Rechtssubjekten an Sachen können insbesondere durch Besitz oder Eigentum beschrieben werden.

Merke

Besitz ist definiert als **tatsächliche** Verfügungsgewalt über eine Sache (z. B. „Ich habe … und darf benutzen."). — **§ 845 BGB**

Eigentum wird definiert als **rechtliche** Verfügungsgewalt über eine Sache (z. B. „Mir gehört … und ich darf darüber verfügen, es verkaufen oder verschenken."). — **§ 903 BGB**

Eigentumsübertragung

Die **Übertragung des Eigentums** an **beweglichen Sachen** erfolgt grundsätzlich durch **Einigung** zwischen den Beteiligten und **Übergabe** der Sache. — **§ 929 BGB**

Die **Übertragung** des Eigentums an **unbeweglichen Sachen** erfolgt unter verschärften Formvorschriften durch **Einigung vor dem Notar** (Auflassung) und **Eintragung ins Grundbuch**. — **§ 311b BGB**

LERNFELD 4

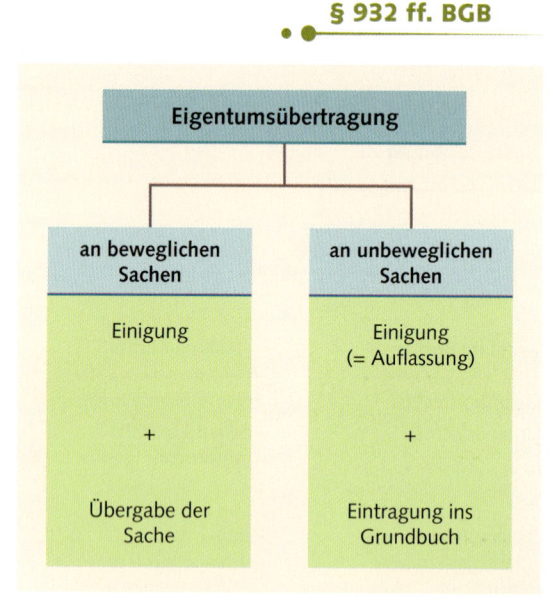

Sachgüter und Dienstleistungen beschaffen und Verträge schließen

§ 932 ff. BGB

```
        Eigentumsübertragung
         /              \
an beweglichen      an unbeweglichen
   Sachen              Sachen
   
  Einigung          Einigung
                    (= Auflassung)
     +                  +
  Übergabe der      Eintragung ins
    Sache            Grundbuch
```

Gutgläubiger Eigentumserwerb

Grundsätzlich kann nur der Eigentümer das Eigentum übertragen. In bestimmten Fällen kann man allerdings das Eigentum an einer Sache auch von einem Nicht-Eigentümer erwerben, z. B. wenn man diesen unter Berücksichtigung der Umstände als Eigentümer ansehen kann (**gutgläubiger Erwerb des Eigentums**).

Wirtschaftlich bedeutsam ist dies z. B., wenn eine Person im Geschäft Ware kauft, die dem Verkäufer unter Eigentumsvorbehalt geliefert wurde. Der Käufer handelt „gutgläubig", weil er vermuten darf, dass der Verkäufer Eigentümer der Ware ist.

Bei **gestohlenen oder sonst abhanden gekommenen** (verlorenen) **Sachen** gibt es allerdings grundsätzlich keinen gutgläubigen Eigentumserwerb. Eine Ausnahme gilt allerdings insbesondere für **Geld**, da es sonst seine Funktion (inbesondere als Tauschmittel) einbüßen würde.

Beispiel

Kauft ein Juwelier gestohlenen Schmuck an, muss er ihn dem ursprünglichen Eigentümer (nicht dem Verkäufer!) zurückgeben. Es liegt kein gutgläubiger Eigentumserwerb vor.

Bezahlt man im Geschäft mit auf der Straße gefundenem Geld, geht das Eigentum am Geldschein vom Finder (Nicht-Eigentümer) an das Geschäft über. Es handelt sich hier um einen gutgläubigen Eigentumserwerb.

1.4 Rechtsgeschäfte

1.4.1 Begriff und Arten der Rechtsgeschäfte

■ Begriff

Tagtäglich werden von Personen Rechtsgeschäfte getätigt, ohne dass sie sich dessen immer bewusst werden.

Beispiel

Der Kauf im Supermarkt, das Mieten einer Wohnung, die Aufnahme von Krediten, der Abschluss eines Arbeitsvertrages, das Ausleihen eines Buches oder das Einsteigen in einen Bus stellen Rechtsgeschäfte dar, durch welche die Beziehungen zwischen den Rechtssubjekten und zu den Rechtsobjekten geregelt werden.

Voraussetzung für das Zustandekommen solcher Rechtsgeschäfte sind eine oder mehrere **Willenserklärungen**. Hierzu gehört, dass die beteiligten Personen ihren unbedingten Willen erklären, eine Rechtsfolge herbeizuführen. An diese Erklärung sind sie grundsätzlich gebunden!

Grundlagen des Vertragsrechts beachten

Beispiel

Ein Arbeitsvertrag begründet z. B. als Rechtsfolge die Pflichten, pünktlich zur Arbeit zu erscheinen sowie das vereinbarte Entgelt zu zahlen.

■ Arten von Rechtsgeschäften

Nach der Anzahl der notwendigen Willenserklärungen unterscheidet man einseitige und mehrseitige Rechtsgeschäfte.

Arten von Rechtsgeschäften	
einseitige Rechtsgeschäfte	mehrseitige Rechtsgeschäfte
Einseitige Rechtsgeschäfte enthalten nur **eine Willenserklärung**, die schon bei Abgabe wirksam sein kann (Testament) oder erst nach Empfang durch die betreffende Person wirksam wird (Kündigung).	**Mehrseitige Rechtsgeschäfte** (Verträge) kommen durch mindestens **zwei übereinstimmende Willenserklärungen** zustande und begründen in der Regel beiderseitige Verpflichtungen (Ausnahmen: z. B. Schenkung, Bürgschaft).

Beispiel

Beim Kaufvertrag z. B. hat der Verkäufer grundsätzlich die Verpflichtung, dem Käufer die Sache zu übergeben (Besitz) und ihm das Eigentum an der Sache zu verschaffen. Der Käufer verpflichtet sich, den Kaufpreis zu zahlen und die Sache abzunehmen.

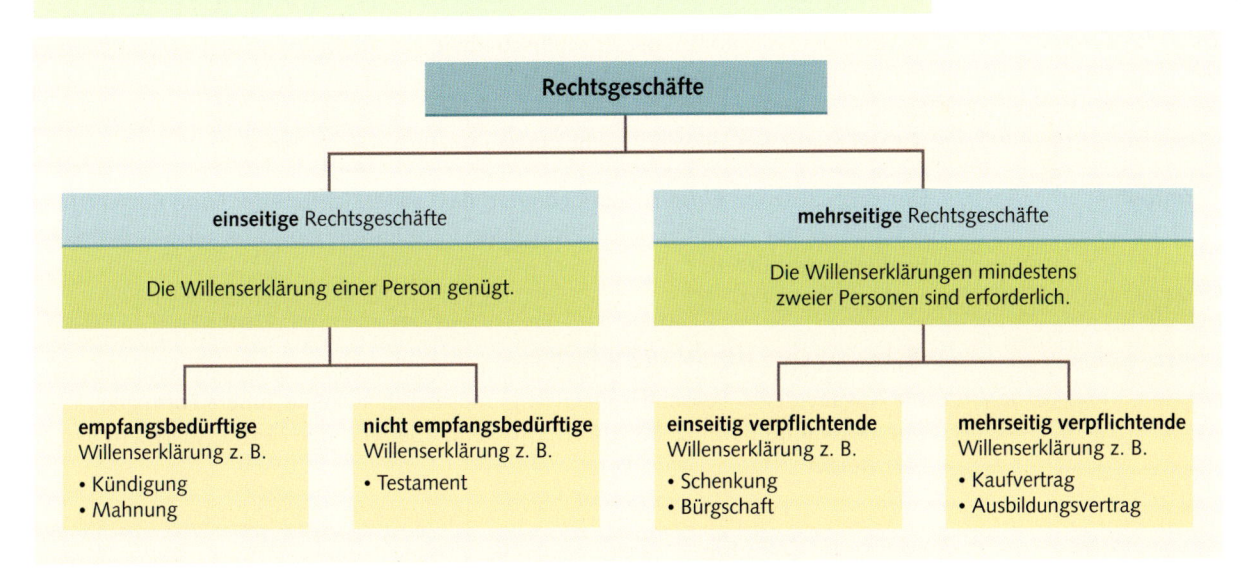

Rechtsgeschäfte

einseitige Rechtsgeschäfte
Die Willenserklärung einer Person genügt.

- **empfangsbedürftige** Willenserklärung z. B.
  - Kündigung
  - Mahnung
- **nicht empfangsbedürftige** Willenserklärung z. B.
  - Testament

mehrseitige Rechtsgeschäfte
Die Willenserklärungen mindestens zweier Personen sind erforderlich.

- **einseitig verpflichtende** Willenserklärung z. B.
  - Schenkung
  - Bürgschaft
- **mehrseitig verpflichtende** Willenserklärung z. B.
  - Kaufvertrag
  - Ausbildungsvertrag

LERNFELD 4

1.4.2 Grundsätze der Vertragsfreiheit und Form der Rechtsgeschäfte

■ Grundsätze der Vertragsfreiheit

Die Rechtsordnung geht grundsätzlich davon aus, dass in Vertragsverhandlungen zwei Partner in fairer Weise einen Interessenausgleich suchen. Sie hat deshalb die Vertragsfreiheit geschaffen, die folgende Grundsätze vorsieht:

Sachgüter und Dienstleistungen beschaffen und Verträge schließen

```
                    Grundsätze der Vertragsfreiheit
          ┌────────────────────┼────────────────────┐
  Gestaltungsfreiheit    Abschlussfreiheit       Formfreiheit
```

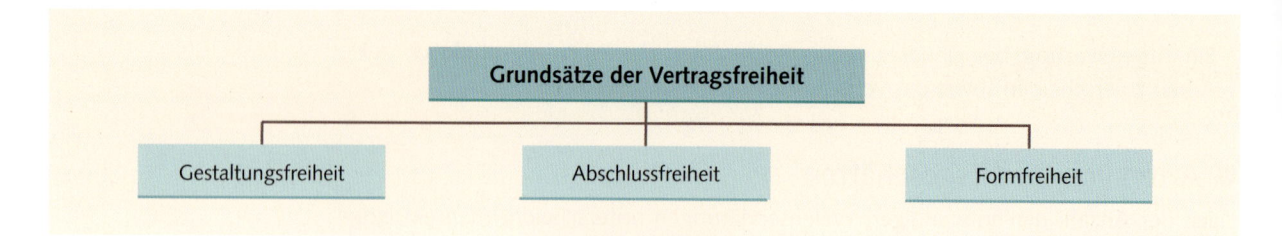

Das Ziel der **Vertragsfreiheit** – die Selbstverwirklichung der Person – kann jedoch nur dort erreicht werden, wo annähernd wirtschaftliches Gleichgewicht herrscht. Ist eine Person auf die Leistung einer anderen angewiesen und hat sie kaum Ausweichmöglichkeiten, so besteht die Gefahr der Benachteiligung des wirtschaftlich und sozial Schwächeren insbesondere über die **Gestaltungsfreiheit**,

Gestaltungsfreiheit
d. h. die Möglichkeit der Festlegung von Vertragsbedingungen. Ist ein Verhandlungsgleichgewicht auch nicht annähernd gegeben, so ist der Gesetzgeber herausgefordert, den Schwächeren zu schützen (vgl. z. B. Nichtigkeit und Anfechtbarkeit von Willenserklärungen, Regelungen zum Verbrauchsgüterkauf und weitere Verbraucherschutzbestimmungen, Arbeitsschutzbestimmungen, Wettbewerbsrecht).

Abschlussfreiheit
Insbesondere das Prinzip der **Abschlussfreiheit**, der Freiheit, sich den Vertragspartner frei wählen zu können, soll gewährleisten, dass keiner benachteiligt werden kann. Der Einzelne muss grundsätzlich das Recht und die Möglichkeit haben, den Vertragspartner zu suchen, dessen Angebot seinen Vorstellungen entspricht.

Formfreiheit
Der Grundsatz der **Formfreiheit** bedeutet, dass es hinsichtlich der Form des Vertragsabschlusses nur ausnahmsweise zwingende Vorschriften gibt, z. B. um vor übereilter Bindung zu schützen.

■ Form der Rechtsgeschäfte

Die Abgabe der Willenserklärungen ist grundsätzlich an **keine äußere Form** gebunden. Eine bestimmte Form (z. B. Schriftform) kann aber von den Vertragspartnern vereinbart werden.

```
                  Äußerungsformen von Willenserklärungen
       ┌────────────────────────┬────────────────────────┐
 ausdrückliche Äußerung    schlüssiges Handeln       bloßes Schweigen
 • mündlich (auch         • z. B. Einsteigen in      • z. B. übliche Geschäfte
   telefonisch)             den Bus                     unter Kaufleuten
 • schriftlich (auch      • z. B. Automatenkauf      • Billigung bei Kauf
   elektronisch)                                       auf Probe
```

LERNFELD 4

Grundlagen des Vertragsrechts beachten

In besonderen Fällen schreibt das Gesetz eine **bestimmte äußere Form** bei der Abgabe von Willenserklärungen vor. Dies geschieht insbesondere auch zum Schutz der Vertragspartner **bei wichtigen Rechtsgeschäften**. Die Formerfordernisse haben den Zweck, vor übereiltem Geschäftsabschluss zu bewahren und dienen der Beweissicherung. In besonders strenger Form gilt dies z. B. bei Grundstücksübertragungen oder Eheverträgen.

Grundsätzlich sind folgende gesetzliche Formvorschriften zu beachten:

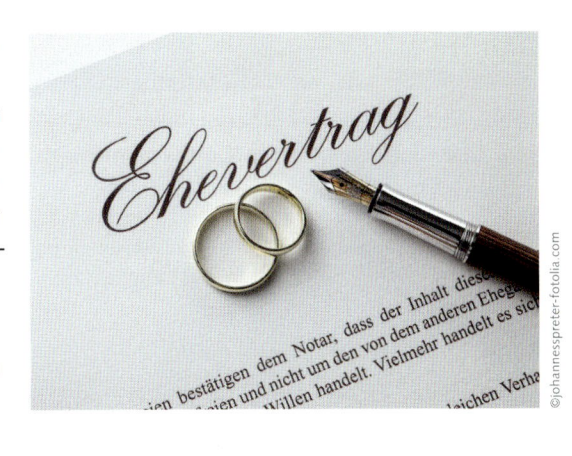

Gesetzliche Formvorschriften nach BGB

Schriftform (§ 126)
Urkunde mit eigenhändiger Unterschrift

z. B. Kündigung eines Mietverhältnisses (§ 623 BGB)

öffentliche Beglaubigung (§ 129)
Beglaubigung der Unterschrift unter einer schriftlichen Erklärung

z. B. Antrag auf Eintragung in das Handelsregister (§ 12 HGB), Ausschlagung einer Erbschaft (§ 1945 BGB)

notarielle Beurkundung (§ 128)
Abgabe einer Erklärung vor dem Notar, Abfassung einer Urkunde und Erläuterung durch den Notar, Unterschrift in Anwesenheit des Notars

z. B. Schenkungsversprechen (§ 518 BGB), Ehevertrag (§ 1410 BGB), Erbvertrag (§ 2276 BGB), Grundstücksverkauf oder -übertragung (§ 311b BGB)

1.4.3 Nichtigkeit und Anfechtbarkeit von Rechtsgeschäften

Obwohl beim Abschluss von Verträgen die Vertragsfreiheit gilt, kann nicht jedes beliebige Rechtsgeschäft voll gültig abgeschlossen werden. Es können Willensmängel vorliegen.

Rechtsgeschäfte können aus verschiedenen Gründen **nichtig** oder **anfechtbar** sein.

■ Nichtige Rechtsgeschäfte

Merke

Nichtigkeit bedeutet, dass ein Rechtsgeschäft aufgrund einer gesetzlichen Vorschrift **von Anfang an unwirksam** ist, d. h., es wird so getan, als sei das Rechtsgeschäft nie zustande gekommen (keine Rechtswirkungen).

LERNFELD 4

Sachgüter und Dienstleistungen beschaffen und Verträge schließen

Nichtige Rechtsgeschäfte		Beispiel	§§ BGB
Geschäftsunfähigkeit	Die Willenserklärung wird von einem Geschäftsunfähigen abgegeben.	Ein fünfjähriges Kind kauft eine Tüte Süßigkeiten. Ein Botenauftrag liegt nicht vor.	105, I
Scheingeschäft	Eine Willenserklärung wird zum Schein abgegeben.	Ein Grundstückseigentümer, der sein Grundstück verkauft, trägt in der notariellen Urkunde einen niedrigeren Preis ein, damit Grunderwerbsteuer gespart wird.	117
Scherzgeschäft	Eine Willenserklärung wird zum Scherz abgegeben.	Jemand bietet sein neues Auto für „'n Appel und 'n Ei" an.	118
vorübergehende Unzurechnungsfähigkeit	Eine Willenserklärung wird im Zustand vorübergehender geistiger Unzurechnungsfähigkeit abgegeben.	Ein Betrunkener tauscht im Vollrausch sein neues Smartphone gegen eine Flasche Schnaps.	105, II
Formverstoß	Das Rechtsgeschäft verstößt gegen Formvorschriften.	Der Kauf eines Grundstücks wird auf einem Bierdeckel vertraglich vereinbart. Es findet nachträglich keine Auflassung und Eintragung im Grundbuch statt.	125
Gesetzesverstoß	Das Rechtsgeschäft verstößt gegen gesetzliche Vorschriften.	Ein Dealer betreibt Drogenhandel.	134
Sittenwidrigkeit	Das Rechtsgeschäft verstößt gegen die guten Sitten.	Ein Kreditvermittler verlangt Wucherzinsen.	138

■ Anfechtbare Rechtsgeschäfte

Merke

Anfechtbarkeit bedeutet, dass ein Rechtsgeschäft **rückwirkend** durch einen Einwand für **unwirksam** erklärt werden **kann**.

Rechtsgeschäfte, die aufgrund eines **Irrtums** oder **falscher Übermittlung** anfechtbar sind, müssen **unverzüglich nach Entdeckung** angefochten werden.

Beispiel

Ein Aktionär kauft in der Hoffnung auf steigende Kurse Aktien, der Kurs fällt jedoch (= **Motivirrtum**).

Rechtsgeschäfte, die aufgrund einer **Täuschung** oder **widerrechtlichen Drohung** zustande kommen, sind **innerhalb eines Jahres nach Entdeckung** bzw. Wegfalls der Zwangslage anzufechten.

In beiden Fällen gilt, dass eine Anfechtung ausgeschlossen ist, wenn **10 Jahre** seit Abgabe der Willenserklärung verstrichen sind.

Nicht anfechtbar sind Rechtsgeschäfte, bei denen ein **Irrtum im Motiv** zu Grunde liegt.

Grundlagen des Vertragsrechts beachten

Anfechtungsgründe		Beispiel	§§ BGB
Inhaltsirrtum	Der Erklärende weiß, was er sagt, aber er weiß nicht, was das Gesagte bedeutet.	Der Besteller glaubt, ein Dutzend seien 10 Stück.	119, I
Erklärungsirrtum	Der Erklärende wollte das, was er sagt oder tut, gar nicht sagen oder tun (versprechen, verzeigen, verschreiben).	In einem Angebot wird der Preis einer Ware irrtümlich mit 74,00 EUR statt mit 740,00 EUR angegeben.	119, I
Eigenschaftsirrtum	Der Erklärende weiß, was er sagt, aber er hat eine falsche Vorstellung von der betreffenden Sache oder Person.	Ein Antiquitätenhändler verkauft das Original eines Gemäldes in dem Glauben, es sei eine Kopie.	119, II
Übermittlungsirrtum	Eine Willenserklärung ist durch eine andere Person/Sache falsch übermittelt worden.	Ein Bote übermittelt ein Angebot (z. B. Preisangabe) falsch.	119, II
arglistige Täuschung	Die Willenserklärung wurde durch arglistige Täuschung erschlichen.	Ein Autoverkäufer verkauft einen Gebrauchtwagen als unfallfrei, obwohl er genau weiß, dass das Fahrzeug einen Unfallschaden hatte.	123
widerrechtliche Drohung	Die Willenserklärung wurde widerrechtlich durch Drohung erzwungen.	Der Verkauf eines Grundstücks kommt durch eine Erpressung zustande.	123

1.5 Wichtige Vertragsarten im Überblick

Das nachfolgende Schaubild zeigt einen Überblick über wichtige Vertragsarten im Wirtschaftsleben.

Vertragsart	Vertragspartner und Inhalt	§§ BGB
Kaufvertrag	Käufer und Verkäufer einigen sich auf den **Kauf** von Sachen oder Rechten **gegen Entgelt**.	433 – 449
Verbrauchsgüterkauf	**Verbraucher** kauft vom **Unternehmer** eine **bewegliche Sache**.	474 – 479
Werkvertrag	Unternehmer und Besteller einigen sich auf die **erfolgsgerichtete** Herstellung eines Werkes **gegen Entgelt**.	631 – 651
Werklieferungsvertrag	Unternehmer verpflichtet sich, **gegen Entgelt** ein Werk aus **einem vom Besteller zu beschaffenden Stoff** herzustellen.	651
Leihvertrag	Verleiher und Leiher einigen sich auf die Überlassung von Sachen zum Gebrauch **ohne Entgelt**. Für den Leiher besteht eine Verpflichtung zur **Rückgabe derselben Sache**.	598 – 606
Mietvertrag	Vermieter und Mieter einigen sich auf die **Überlassung von Sachen** zum Gebrauch **gegen Entgelt**.	535 – 580

LERNFELD 4

Sachgüter und Dienstleistungen beschaffen und Verträge schließen

Vertragsart	Vertragspartner und Inhalt	§§ BGB
Pachtvertrag	Verpächter und Pächter einigen sich auf die **Überlassung von Sachen** zum Gebrauch **gegen Entgelt** und dem **Recht zum Ziehen von Früchten**.	581 – 534
Schenkungsvertrag	Schenker und Beschenkter einigen sich auf die **unentgeltliche Zuwendung** von Sachen oder Rechten.	516 – 534
Darlehensvertrag (Kreditvertrag)	Darlehensgeber und Darlehensnehmer einigen sich auf die zeitlich befristete oder unbefristete, **entgeltliche oder unentgeltliche** Überlassung von Geld oder anderen vertretbaren Sachen. Der Darlehensnehmer verpflichtet sich zur **Rückgabe gleichartiger, aber anderer Sachen**.	488 – 498 607 – 609
Dienstvertrag (Arbeitsvertrag)	Arbeitgeber und Arbeitnehmer einigen sich auf die **Leistung von Diensten gegen Entgelt**. Es besteht **keine Erfolgsgarantie**.	611 – 630

1.6 Kaufvertrag als Rechtsgeschäft

1.6.1 Zustandekommen von Kaufverträgen

§ 311 BGB

§ 130 BGB

Das Zustandekommen von Kaufverträgen setzt (wie jeder Vertrag) **zwei übereinstimmende Willenserklärungen** voraus: **Antrag** (= 1. Willenserklärung) und **Annahme** (= 2. Willenserklärung). Die Willenserklärungen sind grundsätzlich bindend, es sei denn,

→ die **Bindung** wurde **ausgeschlossen** oder **befristet**,
→ der Vertrag konnte noch **rechtzeitig widerrufen** werden,
→ der Antrag wurde **nicht rechtzeitig angenommen**.

Willenserklärung	Erklärungen
a) Besonderheiten beim Antrag	
Bindung ausschließen	**Freizeichnungsklauseln** schließen eine Bindung punktuell aus, z. B. Preis freibleibend, solange der Vorrat reicht, unverbindlich.
Bindung befristen	**Zeitliche Befristungen** begrenzen die Dauer einer rechtlichen Bindung, z. B. gültig bis zum 18.05. ...
Widerruf	Ein Widerruf ist nur wirksam, wenn er **spätestens gleichzeitig mit dem Antrag** eintrifft. Beispiel: Ein durch Brief zugesandter Antrag kann gegebenenfalls durch Telefon, Telefax oder E-Mail rechtzeitig widerrufen werden.
b) Besonderheiten bei der Annahme	
Annahmefristen	Unter **Anwesenden** muss die Annahme erfolgen, solange die Unterredung (auch telefonisch) dauert. Unter **Abwesenden** muss die Annahme erfolgen, wie unter regelmäßigen Umständen eine Antwort erwartet werden kann. Für eine rechtzeitige Annahme sind zu berücksichtigen: Transportwege (Antrag, Annahme), Überlegungsfrist, Zeit für die Erstellung der Mitteilung. Wird ein Antrag verspätet oder abgeändert angenommen, so gilt dies als **neuer Antrag**.

Grundlagen des Vertragsrechts beachten

Dem Antrag geht in manchen Fällen eine **Anfrage** voran, in der Personen oder Unternehmen sich über die Leistungen möglicher Vertragspartner informieren. Im Gegensatz zum Antrag hat die Anfrage grundsätzlich **keine rechtsbindende Wirkung** bezogen auf einen Vertragsabschluss. Sie stellt lediglich eine Bitte um Information dar.

Beim Abschluss eines Kaufvertrages können Antrag und Annahme sowohl vom Käufer als auch vom Verkäufer ausgehen.

■ Antrag durch den Verkäufer (Angebot)

Geht der Antrag vom Verkäufer aus, so spricht man von einem Angebot.

Merke

> Das **Angebot** ist eine an eine **bestimmte** Person oder Personengruppe gerichtete Willenserklärung, eine Leistung zu erbringen (z. B. Waren unter bestimmten Bedingungen zu liefern).

Anzeigen in Zeitungen, Prospekte und **Schaufensterauslagen** sind rechtlich gesehen **keine Angebote**, da sie an keine bestimmte Person/Personengruppe gerichtet sind. Sie stellen lediglich Kaufaufforderungen dar und sind **grundsätzlich unverbindlich**.

Je nachdem, ob dem Angebot eine Anfrage vorausging, ist zu unterscheiden:

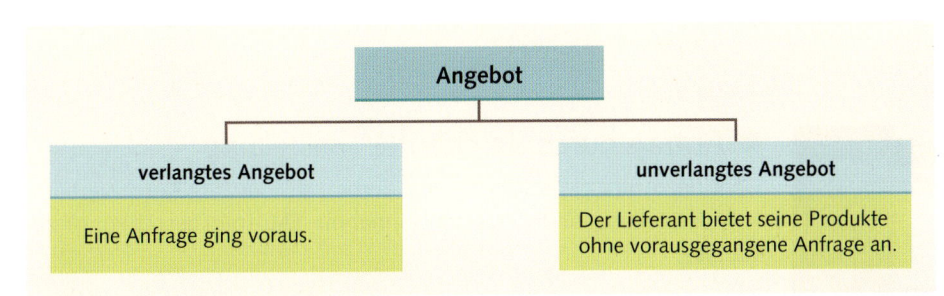

```
                    Angebot
                   /       \
         verlangtes Angebot   unverlangtes Angebot
         Eine Anfrage ging    Der Lieferant bietet seine Produkte
         voraus.              ohne vorausgegangene Anfrage an.
```

Erfolgt auf das Angebot des Verkäufers (Antrag) eine entsprechende Bestellung seitens des Käufers (Annahme), so kommt der Kaufvertrag zustande, da zwei übereinstimmende Willenserklärungen vorliegen.

Zustandekommen von Kaufverträgen

Verkäufer → 1. Willenserklärung (Antrag) = Angebot → Käufer
Verkäufer ← 2. Willenserklärung (Annahme) = Bestellung ← Käufer

→ **Kaufvertrag** ←

LERNFELD 4

Sachgüter und Dienstleistungen beschaffen und Verträge schließen

Eine zusätzliche **Auftragsbestätigung** seitens des Verkäufers ist zwar oft üblich, aber hier rechtlich ohne Bedeutung.

§ 151 BGB

Der Antrag kann auch durch **Zusendung unbestellter Ware** erfolgen. In diesem Fall liegt ein verbindliches Angebot des Verkäufers vor. Die Annahme eines solchen Antrags erfolgt durch:

- **ausdrückliche Erklärung** der Annahme (schriftlich oder mündlich),
- **schlüssiges Handeln** (Bezahlung der Ware, Gebrauch der Ware).

Reagiert der Empfänger nicht, so gilt das Stillschweigen

- von einer **Privatperson** gegenüber Kaufleuten grundsätzlich als **Ablehnung**,
- unter **Kaufleuten** als **Annahme**, sofern bereits **eine Geschäftsbeziehung** besteht.

Besteht **unter Kaufleuten** eine Geschäftsbeziehung, so hat der Empfänger eine **Ablehnung** unverzüglich mitzuteilen und die Ware zur Verfügung zu stellen.

Beispiel

Ein Unternehmen, das Druckerzeugnisse vertreibt, sendet Monika Müller unverlangt ein Dutzend Weihnachtskarten zu. Monika Müller kann diesen Antrag annehmen, indem sie die Karten bezahlt. Eine Verpflichtung dazu besteht nicht.

Unverlangt zugesandte Ware darf der Empfänger (sofern er Verbraucher ist) ohne Bezahlung und ohne Pflicht zur Aufbewahrung nutzen. Dadurch trägt der Verkäufer (vom Gesetzgeber gewollt) das Risiko des Totalverlustes, wenn er unaufgefordert Ware an Privatpersonen schickt.

■ Antrag durch den Käufer (Bestellung)

Geht der Antrag vom Käufer aus, kommt der Vertrag durch verbindliche Bestellung und Bestellungsannahme (Auftragsbestätigung) zustande.

Zustandekommen von Kaufverträgen

Verkäufer ← 1. Willenserklärung (Antrag) = **Bestellung** — Käufer

Verkäufer — 2. Willenserklärung (Annahme) = **Bestellungsannahme** → Käufer

Kaufvertrag

LERNFELD 4

1.6.2 Kaufvertrag als Verpflichtungs- und Erfüllungsgeschäft

Durch den Kaufvertrag werden zunächst die **Pflichten** für Verkäufer und Käufer festgelegt (Verpflichtungsgeschäft).

Im Rahmen betrieblicher Planungs- und Entscheidungsprozesse sind die Marktbeziehungen zu Lieferanten und zu Kunden auf eine verlässliche Basis zu stellen, um die Existenz der Unternehmung zu sichern. Die Bindung an die durch Kaufverträge festgeschriebenen Pflichten schafft zunächst einmal die notwendige Planungssicherheit, um unternehmerisch tätig sein zu können.

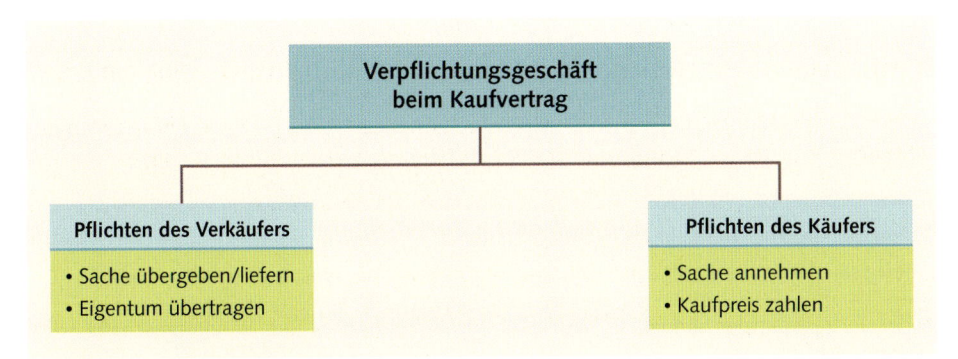

Verpflichtungsgeschäft beim Kaufvertrag

- **Pflichten des Verkäufers**
  - Sache übergeben/liefern
  - Eigentum übertragen
- **Pflichten des Käufers**
  - Sache annehmen
  - Kaufpreis zahlen

Werden die vertragstypischen Pflichten beim Kaufvertrag von den Vertragspartnern erfüllt, so erlischt das **Verpflichtungsgeschäft** durch das **Erfüllungsgeschäft** (Verfügungsgeschäft).

§ 433 BGB
§ 362 BGB

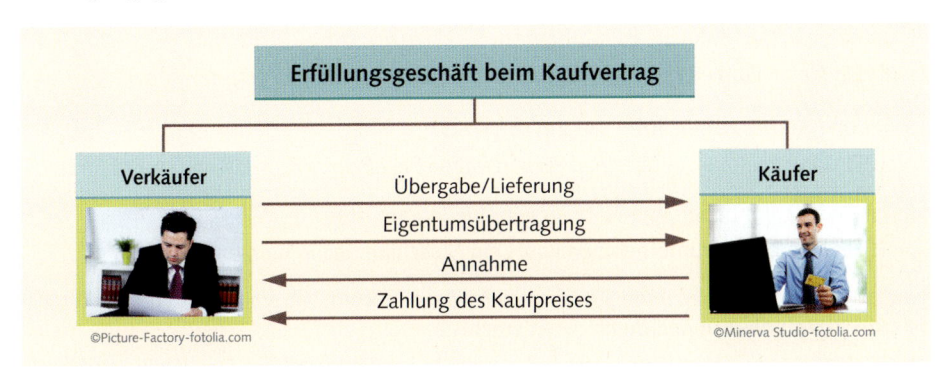

Erfüllungsgeschäft beim Kaufvertrag

Verkäufer → Übergabe/Lieferung → Käufer
Verkäufer → Eigentumsübertragung → Käufer
Verkäufer ← Annahme ← Käufer
Verkäufer ← Zahlung des Kaufpreises ← Käufer

Häufig fallen Verpflichtungs- und Erfüllungsgeschäft zusammen (z. B. bei Einkäufen des täglichen Lebens), ohne dass wir uns bewusst sind, mehrere Rechtsgeschäfte zu tätigen.

Beispiel

Wer in einer Bäckerei Brot kauft, geht folgende Rechtsgeschäfte ein:

1. **Verpflichtungsgeschäft**: Verpflichtung zur Übergabe des Brotes und Übertragung des Eigentums (seitens des Verkäufers) sowie Verpflichtung zur Annahme des Brotes und Zahlung des Kaufpreises (seitens des Käufers).
2. **Erfüllungsgeschäft**: die tatsächliche Übergabe des Brotes und Übertragung des Eigentums (Verkäufer) sowie die Annahme des Brotes und Zahlung des Kaufpreises (Käufer).

Sachgüter und Dienstleistungen beschaffen und Verträge schließen

Dennoch ist es wichtig, zwischen Verpflichtungs- und Erfüllungsgeschäft zu unterscheiden. Kommt z. B. eine Person ihren Verpflichtungen aus einem Vertrag nicht nach, so muss sie mit Rechtsfolgen rechnen, insbesondere damit, dass der Vertragspartner Ansprüche geltend macht.

1.7 Kaufvertragsarten

Kaufverträge spielen im Geschäftsleben eine herausragende Rolle. Insbesondere wegen ihrer unterschiedlichen Rechtswirkungen werden sie besonders genau unterschieden und definiert.

■ Kaufvertragsarten nach der Rechtsstellung und dem Sitz der Vertragspartner

Kaufvertragsarten	Erläuterung/Beispiel
bürgerlicher Kauf	Beide Vertragspartner handeln als Nichtkaufleute. **Beispiel:** Frau Müller verkauft ihren gebrauchten Pkw an ihre Nachbarin.
einseitiger Handelskauf	Einer der Vertragspartner handelt als Kaufmann (für ihn gehört es zum Handelsgeschäft), der andere nicht. **Beispiel:** Ein Antiquitätenhändler kauft „von privat" eine alte Uhr.
insbesondere **Verbrauchsgüterkauf**	Verbraucher kauft vom Unternehmer eine bewegliche Sache. **Beispiel:** Ein Lehrer kauft Bücher in einer Buchhandlung.
zweiseitiger Handelskauf	Beide Vertragspartner handeln als Kaufleute. **Beispiel:** Ein Einzelhändler kauft beim Großhändler Ware für seinen Betrieb.
Platzkauf	Verkäufer und Käufer haben ihren Sitz am selben Ort. **Beispiel:** Ein Unternehmen kauft einen Firmenwagen bei einem ortsansässigen Autohändler.
Distanzkauf	Verkäufer und Käufer haben ihren Sitz an verschiedenen Orten. **Beispiel:** Ein Hamburger Unternehmen kauft ein Maschinenteil in Bremen.
Versendungskauf	Verkäufer und Käufer haben ihren Sitz an verschiedenen Orten. Der Verkäufer verschickt die Ware auf Wunsch des Kunden durch einen Frachtführer. **Beispiel:** Hans Meier (Münster) kauft bei einem Moselwinzer Wein. Der Wein wird auf Wunsch von Meier per Spedition geliefert.

■ Kaufvertragsarten nach Art, Güte und Beschaffenheit

Kaufvertragsarten	Erläuterung/Beispiel
Gattungskauf	Die Ware ist nicht individuell bestimmt (eine vertretbare Sache). Der Käufer kann nur Waren mittlerer Art und Güte erwarten. **Beispiel:** Das Gartenbauamt lässt sich 500 Rotbuchensetzlinge und 20 Schubkarren liefern.
Stückkauf	Die Ware ist individuell bestimmt (keine vertretbare Sache). **Beispiel:** Es wird ein Kaufvertrag über einen bestimmten Gebrauchtwagen abgeschlossen.

LERNFELD 4

Grundlagen des Vertragsrechts beachten

Kaufvertragsarten	Erläuterung/Beispiel
Kauf auf Probe	Der Käufer bestellt eine Ware, um sie auf ihre Eignung zu überprüfen. Ist er mit der Ware nicht zufrieden, so kann er sie zurückgeben und ist nicht zur Zahlung des Kaufpreises verpflichtet. Entscheidend ist seine Billigung; ggf. ist eine Frist zu beachten. **Beispiel:** Ein Teppich wird bestellt und geliefert; gefällt er im neuen Umfeld nicht, kann er zurückgegeben werden.
Kauf zur Probe	Der – ganz „normale" – Kauf wird zunächst zu Testzwecken über eine kleine Menge abgeschlossen. Ein Recht zur Rückgabe besteht nicht. Bei Gefallen wird ein größerer Auftrag in Aussicht gestellt (unverbindlich). **Beispiel:** Für einen Raum wird ein Teppichboden gekauft; bei Bewährung wird ein Anschlussauftrag für weitere Räume in Aussicht gestellt.
Kauf nach Probe	Der Käufer bestellt eine Ware, die dem zugesandten Muster bzw. einer früher gelieferten Ware entspricht. **Beispiel:** Für ein Büro wird Teppichboden nach einem zuvor gelieferten Muster bestellt.
Spezifikationskauf	Der Käufer bestimmt zunächst die Warenart und die Menge. Innerhalb einer bestimmten Frist hat er das Recht, die Ware nach Form, Farbe und Ausstattung genauer zu bestimmen. **Beispiel:** Ein Unternehmen bestellt einen neuen Firmenwagen. Die Farbe und Extras werden später festgelegt.
Kauf in Bausch und Bogen (Ramschkauf)	Die gesamte Warenmenge wird zu einem Pauschalpreis erworben. Der Käufer hat weder ein Auswahlrecht noch die Möglichkeit, Qualitätsmängel zu reklamieren. **Beispiel:** Ein Aufkäufer erwirbt bei einer Geschäftsaufgabe die gesamte Liefermenge an Aktenordnern.

■ Kaufvertragsarten nach den Lieferbedingungen

Kaufvertragsarten	Erläuterung/Beispiel
Terminkauf	Der Liefertermin wird mehr oder weniger genau festgelegt. **Beispiel:** Lieferung in der 36. Woche; Lieferung innerhalb von 60 Tagen; Lieferung bis Anfang (01.), Mitte (15.) oder Ende (letzter Tag) des Monats (§ 192 BGB)
Fixkauf/ Zweckkauf	Der Liefertermin wird kalendermäßig genau festgelegt. Es darf weder früher noch später geliefert werden. Ergibt sich der genaue Termin aus dem Verwendungszweck (z. B. Hochzeitsbuffet), spricht man von einem Zweckkauf. **Beispiel:** Lieferung am 12.12.20.. **Beispiel:** Lieferung des Brautstraußes zum Tag der Hochzeit 11:00 Uhr
Kauf auf Abruf	Der Käufer kann die Lieferung in Teilmengen innerhalb eines vereinbarten Zeitraums abrufen. In der Regel wird auch der Rhythmus (Mengen und Zeitpunkte) vereinbart, in dem abgerufen wird. **Beispiel:** Eine Druckerei kauft 5 Mio. Blatt Papier und ruft kleinere Mengen monatlich beim Lieferanten ab.

LERNFELD 4

Sachgüter und Dienstleistungen beschaffen und Verträge schließen

Kaufvertragsarten	Erläuterung/Beispiel
Sofortkauf Handkauf = Sofortkauf im Ladengeschäft des Verkäufers	Die Ware ist sofort zu liefern und sofort zu bezahlen (Zug-um-Zug-Geschäft). **Beispiel:** Kauf von Lebensmitteln im Supermarkt
Streckengeschäft	Der Verkäufer lässt die Ware direkt von seinem Lieferanten (z. B. Hersteller) an seine Kunden liefern. Das Lager des Verkäufers wird nicht berührt. **Beispiel:** Ein Kunde kauft im Baumarkt ein Gartenhaus. Die Lieferung erfolgt direkt vom holländischen Hersteller zum Kunden.

■ Kaufvertragsarten nach den Zahlungsbedingungen

Kaufvertragsarten	Erläuterung/Beispiel
Kauf gegen Vorkasse	Der gesamte Kaufpreis (oder ein Teil) ist vor Lieferung zu entrichten. **Beispiel:** Die maßgeschneiderte Einbauküche wird erst nach Erhalt einer Anzahlung von 50 % des Kaufpreises geliefert.
Barkauf	Die Ware ist sofort bar zu bezahlen. **Beispiel:** Barzahlung bei Kauf von Lebensmitteln im Supermarkt
Zielkauf	Die Zahlung muss bis zum Ablauf einer festgelegten Zahlungsfrist (Zahlungsziel) erfolgen. **Beispiel:** Zahlungsziel 30 Tage
Kommissionskauf	Die Waren werden im eigenen Namen, aber auf fremde Rechnung verkauft. **Beispiel:** Eine Second-Hand-Boutique verkauft gebrauchte „Edelklamotten" auf Kommission, also in ihrem Namen, d. h.: Die Namen der „Lieferer" (der ursprünglichen Besitzer) bleiben unbekannt. Aber sie verkauft auf Rechnung der „Lieferer", d. h.: Der Lieferer trägt das Absatzrisiko; was nicht verkauft wird, nimmt er zurück.
Teilzahlungskauf (Ratenkauf/ Abzahlungskauf)	Bei Warenlieferung leistet der Käufer in der Regel eine Teilzahlung bei Übergabe der Ware und verpflichtet sich, den Restbetrag in mindestens zwei gleichbleibenden Raten zu zahlen. **Beispiel:** Ein Kunde kauft ein neues Fernsehgerät für 1 850,00 EUR. Er zahlt 350,00 EUR sofort an. Die Restsumme begleicht er in 24 Monatsraten zu 62,50 EUR.
Ratenlieferungskauf	Es findet ein Kauf zusammengehöriger Sachen mit vereinbarten Teillieferungen statt, die jeweils zu bezahlen sind, oder eine regelmäßige Lieferung gleichartiger Sachen oder Verpflichtung zum wiederkehrenden Bezug von Sachen. **Beispiel:** Ein Kunde kauft als Set 24 Sammlertassen mit monatlicher Lieferung von 2 Tassen. Ebenso: Zeitschriftenabonnement, Buchclub-Abonnement.

Grundlagen des Vertragsrechts beachten

1.8 Besondere Regelungen für den Abschluss des Kaufvertrages

1.8.1 Allgemeine Geschäftsbedingungen

Das grundsätzliche Prinzip der Vertragsfreiheit wird in der Wirklichkeit oft eingeschränkt. In ihren **Allgemeinen Geschäftsbedingungen (AGB)** legen Unternehmen vorab wesentliche Bestandteile eines Vertrages einseitig fest, um nicht bei jedem Vertragsabschluss alle Einzelheiten erneut verhandeln zu müssen. Der Vertragspartner soll sich dann generell mit den AGB einverstanden erklären.

> **Merke**
>
> **Allgemeine Geschäftsbedingungen** sind alle für eine Vielzahl von Verträgen vorformulierten Vertragsbedingungen, die eine Vertragspartei der anderen Vertragspartei stellt.

Insbesondere können die Allgemeinen Geschäftsbedingungen sich beziehen auf:

- Regelungen zur Lieferpflicht und zur Lieferzeit,
- Bestimmungen zu Preisen und Nachlässen,
- Regelungen zu Zahlungsbedingungen und Zahlungsverzug,
- Handhabung des Warenversands (Mittel, Risiken, Kosten),
- Regelungen zur Wahrnehmung von Rechten des Käufers bei Vertragsstörungen,
- Eigentumsvorbehalt des Verkäufers,
- Erfüllungsort und Gerichtsstand.

Allgemeine Geschäftsbedingungen liegen nicht vor, soweit die Vertragsbedingungen im Einzelnen ausgehandelt werden (individuelle Absprachen). Werden individuelle Absprachen getroffen, so haben diese Vorrang vor den AGB.

Individuelle Absprachen haben Vorrang!

§ 305, I BGB

Zwar erleichtern die AGB den Vertragsabschluss, doch setzen wirtschaftlich starke Unternehmen mit diesem Instrument ihre Interessen gegenüber Verbrauchern, aber auch gegenüber wirtschaftlich schwächeren Unternehmen durch.

In den Regelungen des BGB zu den AGB kommt ein **Schutzgedanke** gegenüber Privatpersonen besonders deutlich zum Ausdruck. Allgemeine Geschäftsbedingungen werden grundsätzlich nur wirksam, wenn

Schutz von Privatpersonen

- der Verkäufer auf seine AGB **hinweist** (ausdrücklich oder durch einen deutlich sichtbaren Aushang),
- der Käufer die Gelegenheit hat, den Inhalt der Allgemeinen Geschäftsbedingungen zur **Kenntnis** zu nehmen,
- der Käufer sein **Einverständnis** gegeben hat (ausdrücklich oder durch schlüssiges Handeln).

LERNFELD 4

Sachgüter und Dienstleistungen beschaffen und Verträge schließen

Wichtige Vorschriften zur Einbeziehung Allgemeiner Geschäftsbedingungen in den Vertrag	
Individuelle Vertragsabreden (auch mündlich – allerdings mit Beweisproblemen) haben Vorrang vor den Allgemeinen Geschäftsbedingungen.	§ 305b BGB
Auslegungsunterschiede gehen zu Lasten des Verwenders der Allgemeinen Geschäftsbedingungen. **Überraschende und mehrdeutige Klauseln** sind unwirksam. **Beispiel:** Mit der Buchung eines EDV-Kurses wird laut AGB ein PC erworben. Der PC muss nicht gekauft werden.	§ 305c BGB
Rechtsfolgen bei Unwirksamkeit: Ist eine Klausel unwirksam, so bleibt der Vertrag im Übrigen wirksam. Der Inhalt des Vertrages richtet sich dann in diesem Punkt nach den gesetzlichen Vorschriften.	§ 306 BGB
Inhaltskontrolle: Bestimmungen in den Allgemeinen Geschäftsbedingungen sind **unwirksam**, wenn sie den Vertragspartner des Verwenders entgegen den Geboten von Treu und Glauben **unangemessen benachteiligen**.	§ 307 BGB
Grundsätzlich unwirksam sind u. a. folgende Klauseln: • **Rücktrittsvorbehalt:** jederzeit vom Vertrag zurücktreten zu dürfen; • **Änderungsvorbehalt:** die versprochene Leistung willkürlich ändern zu dürfen; • **kurzfristige Preiserhöhung:** Preiserhöhungen innerhalb von 4 Monaten vorzunehmen; • **Verkürzung der Gewährleistungspflichten:** Reklamationen von Verbrauchern beispielsweise nur innerhalb von 14 Tagen anzuerkennen; • **Beschränkung der gesetzlichen Gewährleistungsrechte:** z. B. Festlegung auf Nachbesserung bei Ausschluss des Rechtes zur Minderung oder Ausschluss des Rechtes zum Rücktritt bei fehlgeschlagener Nachbesserung.	§ 308 BGB (mit Wertungsmöglichkeit) § 309 BGB (ohne Wertungsmöglichkeit) (Wertungsmöglichkeit bedeutet, dass ein Bewertungsspielraum vorhanden ist.)

1.8.2 Fernabsatzverträge und elektronischer Geschäftsverkehr

Die Merkmale von Fernabsatzverträgen und elektronischem Geschäftsverkehr sind weitgehend identisch. Eine Differenzierung ist dennoch erforderlich, da die Vertragspartner unterschiedliche oder zusätzliche Pflichten zu erfüllen haben bzw. Rechte in Anspruch nehmen können.

So kommt es insbesondere darauf an, ob die Vertragspartner als **Unternehmer** oder **Verbraucher** handeln. Z. B. kann nur bei einem Vertrag zwischen einem Unternehmer und einem Verbraucher widerrufen werden. Handelt der Anbieter privat, also nicht in Ausübung einer gewerblichen oder selbstständigen Tätigkeit, ist ein **Widerrufsrecht** nicht gegeben.

©Marco Drux-fotolia.com

Grundlagen des Vertragsrechts beachten

Voraussetzungen	
Fernabsatzverträge	**elektronischer Geschäftsverkehr**
Lieferung von Waren oder die Erbringung von Dienstleistungen	Lieferung von Waren oder die Erbringung von Dienstleistungen
Vertragspartner: (ausschließlich) Unternehmer – Verbraucher	**Vertragspartner:** Unternehmer – Verbraucher Unternehmer – Unternehmer
Vertragsabschluss unter **Einsatz von Fernkommunikationsmitteln** (z. B. Briefe, Kataloge, Telefonanrufe, E-Mails sowie Kontakte über Internet) Telemedien sind keine Voraussetzung. Der Offline-Handel, z. B. klassischer Versandhandel, ist genauso betroffen wie der Online-Handel. Vertrag muss ausschließlich **im Rahmen eines für Fernabsatz organisierten Vertriebs- und Dienstleistungssystems** stattfinden (z. B. aufgrund eines Kataloges bei einem Versandhaus). Die Vertriebsform darf nicht nur gelegentlich genutzt werden.	Vertragsabschluss **ausschließlich unter Einsatz von Telemedien/elektronischen Medien** (z. B. Webshops, Online-Auktionshäuser, Angebote von Mediatheken der Rundfunkveranstalter) Es kommt darauf an, dass der Kunde die Information zum Zweck einer Bestellung **individuell elektronisch** abrufen kann. (Nicht anwendbar ist die Vorschrift auf Standardbriefe und telefonische Vertragsanbahnung, ebenso wenig auf Telefax und E-Mail-Verwendungen, die sich an eine unbestimmte Zahl von möglichen Kunden wenden.)

■ Pflichten bei Fernabsatzverträgen

Für Fernabsatzverträge gelten speziell geregelte **Informationspflichten** des Unternehmers. Diese betreffen u. a.

→ die Identität des Unternehmens,

→ wesentliche Merkmale der Ware oder Dienstleistung,

→ Preis – einschließlich aller Preisbestandteile und gegebenenfalls entstehender Kosten,

→ Einzelheiten zu Lieferung und Zahlung,

→ Widerrufs- oder Rückgaberecht.

Fernabsatzverträge: Unternehmer ↔ Verbraucher → Nutzung von Fernkommunikationsmitteln bei entsprechendem Vertriebssystem → besondere Informationspflichten des Unternehmers, u. a. Belehrungspflicht → **Widerrufs- oder Rückgaberecht** (aber möglicherweise Ersatzpflicht bei Wertminderung)

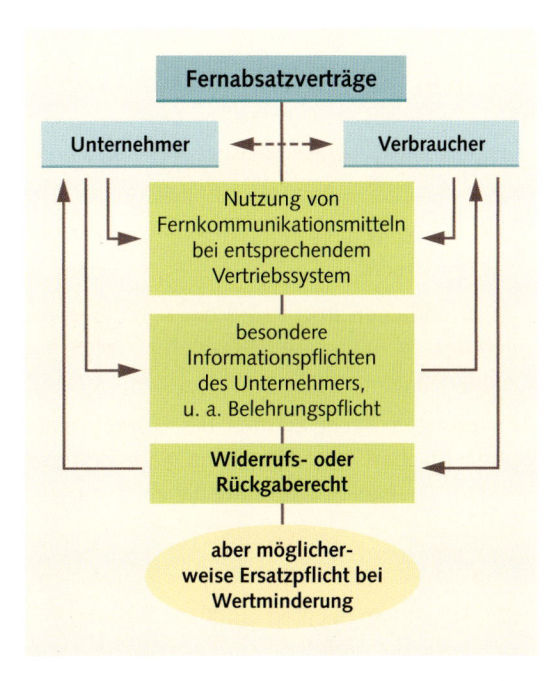

§ 312c BGB
§ 312d BGB
§ 356 BGB

14 TAGE WIDERRUFSRECHT

Anstelle des Widerrufsrechts kann dem Verbraucher auch ein Rückgaberecht eingeräumt werden. Bei einem Widerrufsrecht kann der Käufer den Widerruf in Textform oder durch Rücksendung der Ware ausüben. Bei einem Rückgaberecht kann dieses Recht nur durch Rücksendung ausgeübt werden.

Sachgüter und Dienstleistungen beschaffen und Verträge schließen

Der Verbraucher kann den Widerruf schriftlich oder durch Rücksendung der Ware (in bestimmten Fällen, z. B. bei sehr großen Waren, durch ein Rücknahmeverlangen) erklären. Eine Begründung ist nicht erforderlich. Die **Widerrufsfrist beträgt 14 Tage**. Diese beginnt grundsätzlich mit dem Zeitpunkt der – erforderlichen – Belehrung über das Widerrufsrecht, bei der Lieferung von Waren nicht vor dem Tag des Wareneingangs beim Empfänger.

■ Pflichten im elektronischen Geschäftsverkehr

§ 312g BGBB

Ein stetig wachsender Anteil des Handels findet durch den elektronischen Geschäftsverkehr statt – insbesondere als eCommerce über das Internet. Der Gesetzgeber gibt dem Unternehmer dazu eine Reihe von Pflichten auf, z. B.:

→ technische Mittel zur Erkennung und Korrektur von Eingabefehlern zur Verfügung stellen;
→ Informationen zur Erkennung und Berichtigung von Eingabefehlern vor Abgabe der Vertragserklärung bereitstellen;
→ die Speicherung des Vertragstextes nach dem Vertragsschluss ermöglichen;
→ den Zugang einer Bestellung unverzüglich auf elektronischem Wege bestätigen;
→ auf die Möglichkeit hinweisen, die Vertragsbestimmungen einschließlich der Allgemeinen Geschäftsbedingungen bei Vertragsschluss abzurufen und in wiedergabefähiger Form zu speichern.

Sofern der Kunde ein Verbraucher ist, besteht in der Regel ein Widerrufs- oder Rückgaberecht (entsprechend Fernabsatzverträgen).

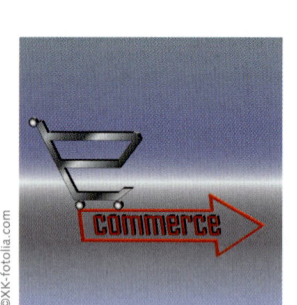

1.9 Zusammenfassung und Aufgaben

Zusammenfassung

Rechtsordnung

Die Rechtsordnung umfasst zwei große Teilbereiche – das **öffentliche Recht** und das **Privatrecht**.

Im **öffentlichen Recht** sind die Rechtsbeziehungen insbesondere zwischen übergeordneten und untergeordneten Trägern von Rechten und Pflichten meist zwingend geregelt.

Im **privaten Recht** können die Einzelnen als Gleichgeordnete ihre persönlichen und wirtschaftlichen Interessen wahrnehmen und autonom – ohne direkte Staatseingriffe – regeln (Grundsatz der Privatautonomie).

Rechtsfähigkeit und Geschäftsfähigkeit

Alle Träger von Rechten und Pflichten werden als **Rechtssubjekte** bezeichnet. Man unterscheidet **natürliche** und **juristische Personen**.

Rechtsfähigkeit: Fähigkeit, Träger von Rechten und Pflichten zu sein

Geschäftsfähigkeit: Fähigkeit, Rechtsgeschäfte selbstständig und wirksam abschließen zu können

Grundlagen des Vertragsrechts beachten

Stufen der Geschäftsfähigkeit

geschäftsunfähig: Alter 0 – 6 Jahre; Willenserklärungen sind unwirksam (nichtig).

beschränkt geschäftsfähig: Alter 7 – 17 Jahre; Willenserklärungen sind schwebend unwirksam.

voll geschäftsfähig: Alter ab 18 Jahre; Willenserklärungen sind wirksam.

Besitz und Eigentum

Rechtsobjekte sind alle Güter von natürlichen und juristischen Personen, auf die rechtlich Einfluss genommen werden kann (Sachen, Tiere, Rechte).

Besitz: tatsächliche Verfügungsgewalt über eine Sache

Eigentum: rechtliche Verfügungsgewalt über eine Sache

Rechtsgeschäfte

Willenserklärungen sind Voraussetzung für das Zustandekommen von Rechtsgeschäften.

Nach der Anzahl der Willenserklärungen unterscheidet man **einseitige** (empfangsbedürftige/nicht empfangsbedürftige) und **mehrseitige** (einseitig/mehrseitig verpflichtende) **Rechtsgeschäfte**.

Willenserklärungen können durch **ausdrückliche Äußerungen** und in bestimmten Fällen durch **schlüssiges Handeln** und **bloßes Schweigen** vorgenommen werden.

Die **Vertragsfreiheit** sieht folgende Grundsätze vor:
Abschlussfreiheit, Gestaltungsfreiheit und **Formfreiheit**.

Nichtigkeit und Anfechtbarkeit von Rechtsgeschäften

Nichtigkeit bedeutet, dass ein Rechtsgeschäft aufgrund einer gesetzlichen Vorschrift **von Anfang an unwirksam** ist: z. B. Scheingeschäft, Formverstoß, Gesetzesverstoß, Sittenwidrigkeit.

Anfechtbarkeit bedeutet, dass ein Rechtsgeschäft **rückwirkend** durch einen Einwand für **unwirksam** erklärt werden kann: Inhalts-, Erklärungs-, Eigenschafts- und Übermittlungsirrtum, arglistige Täuschung, widerrechtliche Drohung.

Zustandekommen von Kaufverträgen

Ein **Kaufvertrag** kommt durch zwei übereinstimmende Willenserklärungen zustande: Die 1. Willenserklärung heißt **Antrag**, die 2. Willenserklärung heißt **Annahme**.

Die **Willenserklärungen** sind grundsätzlich **bindend**. Die Bindung kann aber **ausgeschlossen** oder **befristet** sein.

Ein **rechtzeitiger Widerruf** muss spätestens gleichzeitig mit dem Eintreffen des Antrags beim Vertragspartner eingehen.

LERNFELD 4

Sachgüter und Dienstleistungen beschaffen und Verträge schließen

Ein **Antrag unter Anwesenden** ist so lange bindend, wie die Unterredung (auch telefonisch) dauert. Ein **Antrag unter Abwesenden** ist so lange bindend, wie unter regelmäßigen Umständen eine Antwort erwartet werden kann.

Das **Angebot** ist eine an eine bestimmte Person oder Personengruppe gerichtete Willenserklärung, Waren unter bestimmten Bedingungen zu liefern oder eine Leistung zu erbringen.

Ein **Kaufvertrag** kommt **ausgehend vom Verkäufer** durch ein Angebot und eine Bestellung zustande, **ausgehend vom Käufer** durch eine Bestellung und eine Bestellungsannahme.

Kaufvertragsarten und besondere Regelungen für den Abschluss des Kaufvertrages

Kaufvertragsarten werden unterschieden nach der Rechtsstellung und dem Sitz der Vertragspartner, nach Art, Güte und Beschaffenheit sowie nach Lieferungs- und Zahlungsbedingungen.

In den **Allgemeinen Geschäftsbedingungen (AGB)** legen Unternehmen wesentliche Bestandteile eines Vertrages einseitig fest, um nicht bei jedem Vertragsabschluss alle Einzelheiten erneut verhandeln zu müssen.

Bei **Fernabsatzverträgen** findet der Vertragsabschluss unter Einsatz von Fernkommunikationsmitteln statt (z. B. Briefe, Telefonanrufe, E-Mails). Telemedien sind keine Voraussetzung. Vertragspartner: ausschließlich Unternehmer – Verbraucher.

Elektronischer Geschäftsverkehr ist ausschließlich bei Einsatz von Telemedien gegeben. Vertragspartner: Unternehmer – Verbraucher; Unternehmer – Unternehmer.

Für **Fernabsatzverträge** und den **elektronischen Geschäftsverkehr** gelten speziell geregelte Informationspflichten des Unternehmers.

Aufgaben

1. Prüfen Sie die nachfolgenden Aussagen auf ihre Richtigkeit. Die Antwort ist jeweils zu begründen.
   (1) Öffentliches Recht und Privatrecht sind in der Regel zwingend.
   (2) Sowohl Rechtssubjekte als auch Rechtsobjekte sind rechtsfähig.
   (3) Die Fähigkeit, Rechtsgeschäfte selbstständig und wirksam abschließen zu können, ist u. a. vom Lebensalter abhängig.
   (4) Der Besitzer einer Sache ist auch immer deren Eigentümer.
   (5) Für das Zustandekommen von Verträgen sind mindestens zwei übereinstimmende Willenserklärungen erforderlich.
   (6) Unter Abschlussfreiheit versteht man die Möglichkeit, die Form des Vertragsabschlusses frei zu wählen.
   (7) Die Bindung an eine Willenserklärung kann beschränkt werden.
   (8) In besonderen Fällen schreibt der Gesetzgeber Formvorschriften für das Zustandekommen von Rechtsgeschäften vor.

(9) Wird eine Willenserklärung nur zum Scherz abgegeben, so ist das Rechtsgeschäft nichtig.

(10) Der Antrag zum Abschluss des Kaufvertrages ist in jedem Fall als Angebot zu bezeichnen.

(11) Angebote sind immer verbindlich.

(12) Beim Kaufvertrag unterscheidet man das Verpflichtungs- und das Erfüllungsgeschäft.

(13) Den Kauf eines Maßanzuges nennt man Gattungskauf.

(14) Wichtige Vorschriften des BGB schützen den Käufer vor einem Missbrauch der AGB durch den Verkäufer.

2. Ordnen Sie die folgenden Vorgänge dem öffentlichen Recht bzw. dem Privatrecht zu:
   - Verschicken eines Gewerbesteuerbescheides,
   - Abschluss eines Mietvertrages zwischen der Stadt und einem Gewerbebetrieb,
   - Haftanordnung gegen einen Kaufmann,
   - Kauf von Aktien durch eine Privatperson,
   - Bauvorschriften in einem Wohngebiet.

3. Begründen Sie, warum es sinnvoll ist, privatrechtliche Beziehungen weitgehend ohne staatliche Eingriffe zu regeln.

4. Erläutern Sie darauf bezogen, warum die mit einer solchen Privatautonomie verbundene Freiheit für den weniger informierten oder wirtschaftlich schwächeren Vertragspartner zu Nachteilen führen kann.

5. Beurteilen Sie folgende Fälle zur Geschäftsfähigkeit unter rechtlichen Aspekten:

   a) Der 17-jährige Marcel arbeitet als Hilfsarbeiter mit Einwilligung seiner Eltern „auf dem Bau". Da es ihm dort nicht gefällt, kündigt er und beginnt eine Hilfstätigkeit in einem Fitness-Studio.

   b) Die 17-jährige Leonie eröffnet mit Einwilligung ihrer Eltern und mit vormundschaftlicher Genehmigung einen Computershop. Als sie einen Freund als Verkäufer einstellt, sind ihre Eltern dagegen.

   c) Die 16-jährige Julia kauft sich ohne Wissen ihrer Eltern ein Smartphone. Sie zahlt von ihrem Taschengeld 50,00 EUR an. Den Rest von 220,00 EUR will sie in vier Raten zahlen.

   d) Der 10-jährige Sven erhält als Geschenk von seinen Großeltern einen Hund und 1000,00 EUR in bar. Die Eltern sind dagegen.

   e) Die 5-jährige Katrin kauft sich von ihrem Taschengeld Eis und isst es auf. Die Eltern verlangen vom Verkäufer den vollen Kaufpreis zurück.

Sachgüter und Dienstleistungen beschaffen und Verträge schließen

6. Überprüfen Sie, ob die Formvorschriften jeweils beachtet wurden:

    a) Der Vermieter kündigt fernmündlich dem Mieter die Wohnung.

    b) Ein Widerruf beim Verbrauchsgüterkauf erfolgt per Fax.

    c) Verkäufer und Käufer schließen einen schriftlichen Vertrag über den Kauf eines Grundstücks.

7. Bestimmen Sie, welche Vertragsarten angesprochen werden:

    a) Pia und Anke planen einen gemeinsamen Winterurlaub. Anke ruft im Hotel Sonnenalp an und bucht für eine Woche ein Doppelzimmer.

    b) Pia hat sich etwas Besonderes zum Apres-Ski an der Eisbar ausgedacht. In der „Wollkiste" lässt sie sich einen handgestrickten Pullover nach eigenem Muster anfertigen.

    c) Damit Anke auch für alle Fälle einen „Notgroschen" hat, steckt ihr der Vater noch etwas Geld zu, das Anke aber vereinbarungsgemäß zurückzahlen muss.

    d) Anke besorgt sich im Sporthaus für den Urlaub ein Snowboard für 20,00 EUR „Leihgebühr" pro Tag.

    e) Vor Ort erwirbt Anke einen Skipass für eine Woche.

8. Bei einem Vertragsabschluss weist der Hersteller von Fahrradträgern den Einzelhändler auf die Gültigkeit seiner Allgemeinen Geschäftsbedingungen hin.

    a) Erläutern Sie, was man allgemein unter den AGB versteht.

    b) Nennen Sie Regelungen, auf die sich die AGB insbesondere beziehen.

    c) Erklären Sie wesentliche Bestimmungen des BGB zur Einbeziehung Allgemeiner Geschäftsbedingungen in den Vertrag.

    d) Nennen Sie Beispiele für unwirksame Klauseln.

9. Unterscheiden Sie „Fernabsatzverträge" und „elektronischen Geschäftsverkehr" anhand folgender Merkmale

    a) Vertragsabschluss

    b) Vertragspartner

    c) Pflichten

LERNFELD 4

2 Beschaffungsprozesse planen

2.1 Aufgaben, Ziele und Gegenstand der Beschaffungsplanung

Jede Unternehmung zeichnet sich dadurch aus, dass sie Sachgüter oder Dienstleistungen erstellt, die sie am Markt absetzen will. Dazu müssen sich die Sach- und Dienstleistungsbetriebe ihrerseits versorgen mit allem, was für ihren Leistungserstellungsprozess erforderlich ist.

Merke

Zentrale Aufgabe des **Beschaffungswesens** ist die Versorgung der Unternehmung mit Beschaffungsobjekten.

Ökonomisches Ziel der Unternehmung muss es demnach sein, diese Versorgung sicherzustellen – und das auf möglichst **wirtschaftliche** Weise. Allerdings sind dabei auch **ökologische** und **soziale**, **rechtliche** und **politische** Rahmenbedingungen zu berücksichtigen.

Darüber hinaus ist aber auch zu gewährleisten, dass die Beschaffungsobjekte tatsächlich so bereitgestellt werden, wie dies für den Leistungserstellungsprozess erforderlich ist.

Beschaffungsobjekte müssen

- in der erforderlichen **Art**, **Qualität** und **Menge**,
- zum richtigen **Zeitpunkt**,
- am richtigen **Ort**,
- zum angestrebten **Preis**,

zur Verfügung stehen.

Zugleich sind Möglichkeiten der Kostensenkung zu berücksichtigen, die auch in die Verhandlungen über Preise und Konditionen einfließen. Mögliche Lieferanten sind zu ermitteln und unter Abwägen vielfältiger Gesichtspunkte zu prüfen, aber auch zu beeinflussen. Unter dem Gesichtspunkt der Wirtschaftlichkeit ist festzulegen, wie intensiv die Beschaffungsaktivitäten durchgeführt werden sollen (z. B. Suche nach Lieferanten, Angebotseinholung und -vergleich, Vertragsverhandlungen). Zumindest auf kürzere Sicht ist dabei von geltenden Vorentscheidungen auszugehen: Entscheidungen über **Eigenfertigung oder Fremdbezug** und über **Beschaffungsprinzipien** (z. B. Vorratshaltung).

Entscheidet sich eine Unternehmung, bestimmte Teilleistungen nicht selbst herzustellen, sondern als Vorprodukt zu beziehen, so ändert sich auch die Beschaffungsaufgabe (für Betriebsmittel und Materialien, aber z. B. auch für Dienst- und Arbeitsleistungen).

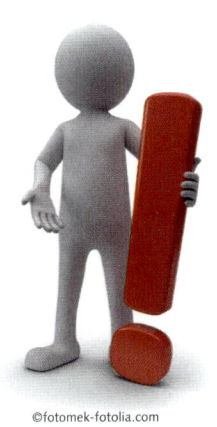

Eigenfertigung oder Fremdbezug

Sachgüter und Dienstleistungen beschaffen und Verträge schließen

Beispiel

Gibt z. B. eine Fahrradfabrik die eigene Rahmenproduktion auf, so entfällt eine Produktionsstätte mit ihren Betriebsmitteln und Arbeitsplätzen; statt Rohre sind jetzt vorgefertigte Rahmen zu beschaffen. Vielleicht entschließt man sich sogar, einen bestimmten Radtyp als Handelsware fertig zu beziehen, um das Verkaufsprogramm abzurunden. Nicht nur die Anbieter können dann andere sein, sondern auch die Beschaffungsmärkte.

Gegenstand der Beschaffungsplanung

Vorentscheidungen

Eigenfertigung oder Fremdbezug	Beschaffungsprinzipien
	• Vorratshaltung • Just-in-Time • Einzelbeschaffung im Bedarfsfall

Elemente der Beschaffungsplanung

Bedarfsplanung	Zeitplanung	Lieferantenplanung	Kommunikations-planung	Lieferflussplanung
• Art • Qualität • Menge (optimale Bestellmenge)	• Bestellzeitpunkt (**Sägezahnmodell**) • Bestellrhythmus	• Bezugsquellen-ermittlung • Lieferantenauswahl (**Angebotsvergleich**)	• Werbung/ Öffentlichkeitsarbeit • Vertrags-verhandlungen	z. B. Transportmittel-wahl

Abstimmungsentscheidungen

Intensität der Beschaffungsaktivitäten (**ABC-Analyse**)

Beschaffungsprinzipien Eine zweite Vorentscheidung betrifft die Beschaffungsprinzipien. Für die Bereitstellung der Einsatzgüter gibt es drei grundsätzliche Möglichkeiten:

➔ **Vorratshaltung**
Es wird ein Vorrat an Gütern auf Lager gehalten. Dies kommt insbesondere bei regelmäßig benötigten Gütern infrage.

➔ **Einsatzsynchrone Beschaffung (Just-in-Time)**
Die Güter werden erst genau zu dem Zeitpunkt geliefert, zu dem sie eingesetzt werden. Eine eigene Lagerhaltung entfällt damit für diese Güter. Das Just-in-Time Verfahren stellt höchste Ansprüche an die eigene Planung, insbesondere der Produktion und des betriebsinternen Materialflusses, sowie an die Zuverlässigkeit der Lieferanten und die Fehlerfreiheit der gelieferten Güter. Die Lagerkosten können stark reduziert werden, allerdings steigt das Versorgungsrisiko.

→ **Einzelbeschaffung im Bedarfsfall**
Z. B. werden Teile für eine Spezialanfertigung erst nach Auftragserteilung beschafft. Ein Problem liegt in der aufwändigeren Zeitplanung. Der Transportkostenanteil kann erheblich steigen. Andererseits entstehen fast keine Lagerkosten.

Das Prinzip der Vorratshaltung steht in den folgenden Ausführungen im Vordergrund.

2.2 Beschaffungsobjekte

Beschaffung im weiteren Sinne umfasst die Versorgung der Unternehmung mit allen benötigten Beschaffungsobjekten: Informationen, Güter (Sachgüter, Dienstleistungen), Arbeitsleistungen, Rechte und Finanzmittel. Im engeren Sinne betrifft die Beschaffungsaufgabe die Bereitstellung von Materialien, Handelswaren und Dienstleistungen.

■ Materialien

Hierzu gehören **Werkstoffe**, die in Form von Roh-, Hilfs- und Betriebsstoffen für die betriebliche Leistungserstellung erforderlich sind, sowie vorgefertigte **fremdbezogene Teile**.

Werkstoffe		
Rohstoffe	Hilfsstoffe	Betriebsstoffe
Hauptbestandteile des fertigen Produkts (auf einer relativ geringen Verarbeitungsstufe), z. B. Holz bei Möbeln	**Nebenbestandteile** des fertigen Produkts (auf relativ geringer Verarbeitungsstufe), z. B. Klebstoffe oder Lack bei Möbeln	Keine Bestandteile des fertigen Produktes (dienen der Herstellung), z. B. Brennstoff für eine Trocknungsanlage

Teile haben dagegen einen vergleichsweise hohen Grad an vorausgegangener Be- oder Verarbeitung und werden nahezu unverändert in ein neues Produkt einbezogen, z. B. Beschläge für einen Schrank.

■ Handelswaren

Wie Teile weisen auch die Handelswaren i. d. R. einen hohen Grad an vorausgegangener Verarbeitung auf. Allerdings gehen sie nicht in ein neues Produkt ein, sondern **werden vorwiegend unverändert weiterverkauft**. Dies ist typisch für Handelsbetriebe. Aber auch im Industriebetrieb werden Handelswaren eingesetzt, um das eigene Verkaufsprogramm abzurunden.

■ Dienstleistungen

Während Materialien und Handelswaren zu den Sachgütern gehören, sind Dienstleistungen als **immaterielle Güter** charakterisiert. Eine Dienstleistung ist im Wesentlichen eine Arbeitsleistung, z. B. als Transportleistung, Reinigungsdienst, Wachdienst oder EDV-Systembetreuung. Sie kann grundsätzlich von eigenständigen Dienstleistern am Markt angeboten oder von Beschäftigten des eigenen Betriebs erbracht werden.

Sachgüter und Dienstleistungen beschaffen und Verträge schließen

2.3 Bedarfsplanung nach Art, Qualität und Menge

2.3.1 Bedarfsermittlung nach Art und Qualität

Die Bedarfsermittlung soll in einer vorausschauenden Rechnung den möglichst exakten Bedarf an Waren und Materialien hinsichtlich der Art und Qualität für einen bestimmten Planungszeitraum ermitteln. Im **Handelsbetrieb** orientiert sich die Auswahl der Ware direkt an der Nachfrage der Kunden, von der die Gestaltung des Sortiments unmittelbar abhängig ist. Im **Herstellungsbetrieb** ist die Art der Güter durch die Sicherung der Produktionsbereitschaft für das jeweilige Produktionsprogramm bestimmt, das letztlich ebenfalls die Kundennachfrage berücksichtigen muss.

Bei der Überlegung, welche Warenart beschafft werden soll, kann der Handelsbetrieb z. B. **Artikeldateien**, **Liefererdateien** oder **Absatzstatistiken** auswerten. Die hieraus gewonnenen Daten geben Auskunft über die Nachfrage im Zeitablauf, so z. B. auch über Nachfrageschwankungen zu bestimmten Zeiten.

Die Bedarfsermittlung darf sich jedoch nicht nur auf die Verbrauchswerte der Vergangenheit beziehen, sondern muss die Ergebnisse der **Marktforschung** mit einbeziehen. Informationen über zukünftige Nachfragewünsche können u. a. durch Markt- und Messeberichte, Berichte über volkswirtschaftliche Entwicklungen, Informationen der Kammern und Verbände, Berichte von Handelsreisenden und Handelsvertretern gewonnen werden.

Darüber hinaus sind von Produktionsbetrieben insbesondere auch technologische Entwicklungen zu beobachten und gegebenenfalls aufzugreifen (z. B. im Hinblick auf neue Materialien mit Konsequenzen für den Fertigungsprozess oder neue Fertigungsverfahren mit Konsequenzen für die zu beschaffenden Materialien).

2.3.2 Mengenplanung

Grobziel der Mengenplanung bei Vorratshaltung ist es, die benötigten Waren und Materialien zu jedem Zeitpunkt in ausreichender Anzahl zur Verfügung stellen zu können.

Merke

Die **Liefer- bzw. Produktionsfähigkeit** der Unternehmung muss jederzeit gewährleistet sein.

Allerdings kann der **zukünftige Bedarf** für einen bestimmten Zeitraum letztlich nur **geschätzt** werden, da vielfältige Faktoren die Absatz- bzw. Produktionsmenge in der Zukunft verändern können. Eine Entscheidung unter Unsicherheit ist zu treffen.

Anhaltspunkt für zukünftig benötigte Mengen kann die Absatzentwicklung vergangener Perioden sein (Absatzstatistik).

Jedoch können weitere Faktoren den Absatz in der Zukunft ändern, z. B.:

- Einflüsse der **Jahreszeiten** und **Witterungsverhältnisse** (Saisonwaren, Sportartikel),
- Änderung der allgemeinen **Wirtschaftslage** (Konjunktur),
- Wandlungen im **Geschmack** (Modewaren),
- **Geschäftseröffnungen** (Konkurrenz),
- **politische Ereignisse** (Krisen, Hamsterkäufe),
- Änderung des **Kundenkreises** und des **Einkommens** der Kunden (Lohnerhöhung, Kurzarbeit, Weihnachtsgratifikationen).

Ist die insgesamt benötigte Menge z. B. pro Jahr abgeschätzt, so muss festgelegt werden, wie oft und damit auch wie viel jeweils bestellt werden soll. Dabei ist zu berücksichtigen, dass Kosten nicht nur in Zusammenhang mit der Liefermenge, sondern auch für jede Bestellabwicklung anfallen.

■ Einflussfaktor Lagerkosten

Zunächst könnte es sinnvoll erscheinen, die Lagerbestände grundsätzlich möglichst hoch zu halten, um die Liefer- bzw. Produktionsfähigkeit in jedem Fall zu sichern.

Jedoch ist zu bedenken,

- dass hohe Lagervorräte viel **Kapital binden** (Kapitalbindungskosten),
- die **Zahlungsfähigkeit belasten** (Liquiditätsverringerung),
- das **Lagerrisiko erhöhen** (Verderb, Bruch …) und
- erhebliche weitere **Lagerkosten verursachen**.

In der Tendenz bedeutet dies: Das Lager ist mengenmäßig möglichst klein zu halten. Das spart Lagerkosten und erhöht die Wirtschaftlichkeit.

■ Einflussfaktor Bestellkosten

Jede Bestellung verursacht Kosten für die Bestellabwicklung. Dadurch steigen die Kosten (z. B. Bezugs- und Verwaltungskosten) mit der Anzahl der Bestellungen.

In der Tendenz bedeutet dies, möglichst wenige Bestellvorgänge auszulösen, um die insgesamt anfallenden Bestellkosten niedrig zu halten.

Merke

> **Lagerkosten** und **Bestellkosten** entwickeln sich gegenläufig.
>
> Bei **vielen, mengenmäßig kleinen Bestellungen** sinken die Lagerkosten, aber die gesamten Bestellkosten steigen.
>
> **Wenige, mengenmäßig große Bestellungen** minimieren die Bestellkosten, aber die Lagerkosten steigen.

■ Optimale Bestellmenge

In einer an Wirtschaftlichkeit orientierten Beschaffungsplanung muss also diejenige Bestellmenge ermittelt werden, bei der die Gesamtkosten für den Planungszeitraum am niedrigsten sind.

Sachgüter und Dienstleistungen beschaffen und Verträge schließen

Merke

Die **optimale Bestellmenge** ist dort gegeben, wo die Summe aus Bestellkosten und Lagerkosten ein Minimum erreicht.

Excel-Übung in der Lernsituation

	A	B	C	D	E	F	G
1			Die optimale Bestellmenge festlegen				
4	Bestellmenge	Zahl der	Bestell-kosten je	gesamte	durchschn.	durchschn.	Gesamtkosten
5	in Stück	Bestellungen	Bestellung	Bestellkosten	Lagerbestand	Lagerkosten	
7	6000 Stück	1	50,00 €	50,00 €	3000 Stück	2.700,00 €	2.750,00 €
8	1200 Stück	5	50,00 €	250,00 €	600 Stück	540,00 €	790,00 €
9	1000 Stück	6	50,00 €	300,00 €	500 Stück	450,00 €	750,00 €
10	750 Stück	8	50,00 €	400,00 €	375 Stück	337,50 €	737,50 €
11	600 Stück	10	50,00 €	500,00 €	300 Stück	270,00 €	770,00 €
12	500 Stück	12	50,00 €	600,00 €	250 Stück	225,00 €	825,00 €
14	Bankzinssatz		10 %				
15	EK-Preis je						
16	Stück		9,00 €				

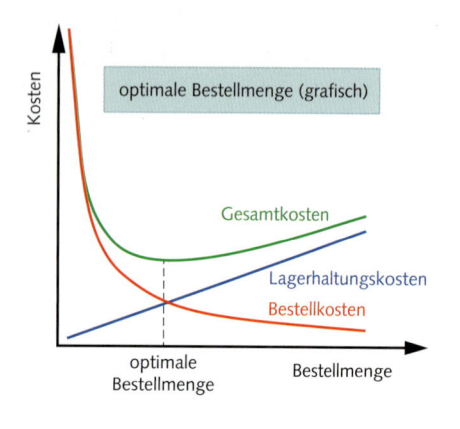

In der **Praxis** trifft die Planung einer optimalen Bestellmenge in der Regel auf größere Schwierigkeiten. Es sind weit mehr Faktoren zu berücksichtigen, als im Modell unterstellt werden, z. B.:

→ Die Lagermengen müssen der Lagerkapazität entsprechen.
→ Ein gleichmäßiger Lagerabgang ist selten gewährleistet.
→ Kostenansätze ändern sich im Zeitablauf, z. B. führen veränderte Einstandspreise zu veränderten Lagerkosten.
→ Besonderheiten auf dem Beschaffungsmarkt müssen berücksichtigt werden, z. B. Lieferverzögerungen, Mengenrabatte, Verpackungseinheiten.
→ Technologischer Fortschritt ist einzuplanen.
→ Die Lagerfähigkeit der Ware ist zu beachten.

2.3.3 Zeitplanung

Bei der Vorratshaltung soll eine sorgfältige Zeitplanung dafür sorgen, dass zu jedem Zeitpunkt Waren und Materialien in ausreichender Anzahl zur Verfügung stehen.

In der Regel vergehen einige Tage zwischen dem Bestelltermin und der Lieferung. Zwischenfälle können diesen Zeitraum verlängern und unvorhergesehene Lagerabgänge den Bestand zusätzlich außerplanmäßig verkleinern.

Beschaffungsprozesse planen

In jedem Fall muss die Bestellung so rechtzeitig erfolgen, dass Liefer- bzw. Produktionsbereitschaft gewährleistet wird, sonst drohen Umsatzverluste und längerfristig orientieren sich Kunden hin zur Konkurrenz.

Für unvorhergesehene Ereignisse (z. B. Lieferschwierigkeiten des Lieferanten aufgrund eines defekten Lkw) sind entsprechende Reserven (**Mindestbestand/eiserner Bestand**) einzuplanen, die im Normalfall nicht angegriffen werden. Es ist jedoch darauf zu achten, dass die Lagermengen nicht unverhältnismäßig ausgeweitet werden.

Merke

Mindestbestand

Mindestbestand = durchschnittlicher Tagesverbrauch · Sicherheitsfaktor (in Tagen)

Der **Sicherheitsfaktor** kann nicht berechnet werden, sondern ist von der persönlichen Risikobereitschaft des Unternehmers abhängig. Der risikobereite Unternehmer, der ggf. Produktionsausfall in Kauf nimmt, wird den Sicherheitsfaktor kleiner ansetzen als der risikoscheue Unternehmer, der die Produktionsbereitschaft in jedem Fall sichern will.

Damit im Normalfall der Mindestbestand nicht angegriffen wird, muss rechtzeitig eine neue Bestellung aufgegeben werden. Dabei ist zu berücksichtigen, dass bis zur Lieferung die täglichen Verbrauchs- bzw. Verkaufsmengen zur Verfügung stehen sollen.

Bestellrhythmusverfahren	Bestellpunktverfahren
Beim Bestellrhythmusverfahren werden die **Bestellungen nach vorher festgelegten Zeitintervallen** vorgenommen. Der Bestand wird nur in bestimmten Zeitabständen (z. B. Wochen/Quartale) überprüft. Das Verfahren eignet sich insbesondere bei gleichmäßigem Materialverbrauch.	Beim Bestellpunktverfahren werden die **Bestandsveränderungen laufend kontrolliert**. Erreichen die Lagermengen den festgelegten **Meldebestand**, muss neu bestellt werden.

Die Meldebestand lässt sich folgendermaßen errechnen:

Merke

Meldebestand

Meldebestand = Mindestbestand +
durchschnittlicher Tagesverbrauch · Lieferzeit in Tagen)

Die Bestellmenge muss den Bestand berücksichtigen, der maximal eingelagert werden soll. Dieser **Lagerhöchstbestand** ist insbesondere abhängig von

Höchstbestand

→ der Lagerkapazität,
→ der Lagerfähigkeit der Güter,
→ von weiteren Bedingungen des Absatz- und Beschaffungsmarktes
→ sowie von der optimalen Bestellmenge.

Beispiel

Eine Unternehmung rechnet mit einem Sicherheitszuschlag von 3 Tagen. Je Tag werden durchschnittlich 6 Stück verkauft. Die Lieferzeit beträgt 4 Tage.

Mindestbestand = 6 Stück/Tag · 3 Tage = 18 Stück
Meldebestand = 18 Stück + (6 Stück/Tag · 4 Tage) = 42 Stück

LERNFELD 4

Sachgüter und Dienstleistungen beschaffen und Verträge schließen

Wird der Höchstbestand z. B. durch die optimale Bestellmenge und den Mindestbestand auf 90 Stück festgelegt, so kann folgende Grafik, die aufgrund ihres Aussehens auch als **Sägezahnmodell** bezeichnet wird, den Zusammenhang verdeutlichen.

Das Sägezahnmodell zeigt den Zusammenhang zwischen Mindest-, Melde- und Höchstbestand.

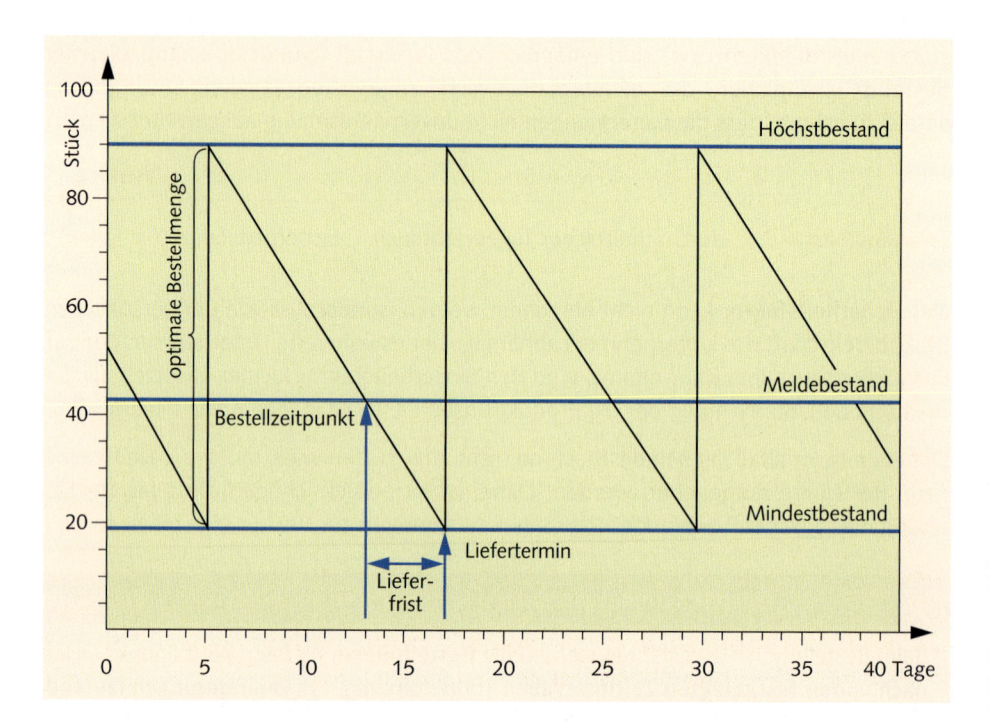

2.4 Ermittlung und Auswahl von Lieferanten

■ Bezugsquellen

Voraussetzung für eine Lieferantenauswahl ist zunächst eine **Bezugsquellenermittlung**. Das Unternehmen verfügt durch seine Lieferantendatei in der Regel über eine Anzahl von Lieferanten, mit denen es teilweise schon länger zusammenarbeitet. So ergeben sich aus der Lieferantendatei Hinweise auf die Bezugsquellen von regelmäßig benötigten Artikeln. Oft lassen sich dort auch Hinweise auf andere lieferfähige Produkte finden.

Beispiel

Datensatz aus einer Lieferantendatei

Alpina Velo GmbH, Industriepark 16, 48143 Münster, Tel.: 0251 589487-0, www.Alpvel.com					
Gegenstand	Artikelnummer	Angebot am		Einzelpreis je Mengeneinheit	Lieferungs- und Zahlungsbedingungen	Erfahrungen
Alpina Giro D	2134...	07.06.	M	ab 34,95 EUR	für alle frei Haus; 10 Tage 2 % Skonto oder 30 Tage netto	pünktlicher, überaus korrekter Lieferant, beste Garantieabwicklung
Alpina Giro H	2245...	07.06.	K	ab 35,95 EUR		
Alpina Giro K	2367...	04.07.	V	ab 26,95 EUR		
K = Katalog; M = Mustermappe; V = Vertreter					

In einer nach Lieferanten geordneten Datei werden u. a. alle lieferbaren Artikel (-gruppen) eines Lieferanten erfasst. Ein Unternehmen kann dann bei einer Sortimentsausweitung, -veränderung oder -ergänzung auf diese unternehmensinternen Informationen zurückgreifen.

Trotzdem kann es notwendig sein, neue **Bezugsquellen** zu ermitteln, z. B. wenn alte Lieferanten ausfallen, Preise sich ändern, neue Waren bzw. Materialien gebraucht werden. In diesen Fällen müssen **externe Informationsquellen** genutzt werden. Hierzu zählen u. a.:

→ persönliche Kontakte,
→ Besuche auf Messen und Ausstellungen,
→ Gespräche mit Vertretern,
→ Fachzeitschriften und Wirtschaftszeitungen,
→ Beschaffungskataloge
   (z. B. ABC der deutschen Wirtschaft oder Wer liefert was?),
→ Branchenverzeichnisse (z. B. Gelbe Seiten),
→ Internetplattformen.

Neben dem elektronischen Internethandel zwischen Unternehmen und Verbraucher, der als **B2C** (Business-to-Consumer) bezeichnet wird, werden **B2B** (Business-to-Business) Internetplattformen zunehmend wichtiger für Unternehmen. Der weltweite Handel im Internet auch zwischen Unternehmen steigt von Jahr zu Jahr. Insbesondere das Aufkommen von virtuellen Marktplätzen gibt dem B2B-Handel einen deutlichen Schub.

■ Kriterien für die Lieferantenauswahl

Die Preisplanung hat einen Beitrag zur Wirtschaftlichkeit der Beschaffung zu leisten. Kostensenkungen durch günstigere Einkaufsbedingungen führen bei unverändertem Verkaufspreis zu einer höheren Gewinnspanne.

Tipp
Im Einkauf liegt der halbe Gewinn.

Eine wichtige Grundlage der Lieferantenauswahl ist der **Angebotsvergleich**, der **quantitative** (rechnerische) und **qualitative** (nicht-rechnerische) Gesichtspunkte enthält.

Neben dem reinen Preisvergleich, bei dem Lieferantpreise über die Berechnung des Bezugs- oder Einstandspreises vergleichbar gemacht werden, sind oft zusätzliche Kriterien weit wichtiger als ein besonders günstiger Preis. Zu berücksichtigen sind z. B. folgende Fragen:

→ Welche Vereinbarungen werden über **Lieferzeit/-termin** getroffen?
→ Sind die **Allgemeinen Geschäftsbedingungen** des Lieferers **akzeptabel**?
→ Garantiert der Lieferant eine gleichbleibende **Qualität**?
→ Wie **problemlos** wird die Bestellung **abgewickelt**?
→ Welche **Garantie- bzw. Serviceleistungen** bietet der Lieferant?
→ Wie erfolgt der **Transport**?
→ Welche **Verpackungsmaterialien** werden benutzt?

Sachgüter und Dienstleistungen beschaffen und Verträge schließen

Die Gestaltung dieser Einkaufskonditionen und Liefererleistungen ist bei den Vertragsverhandlungen und Beschaffungsentscheidungen ebenso zu berücksichtigen wie günstige Einkaufspreise. Auf der Grundlage der verfügbaren Informationen werden potenzielle Lieferanten bewertet und ausgewählt. Geschäftsbeziehungen mit neuen Lieferanten bergen zunächst ein gewisses Maß an Unsicherheit. Eine verantwortungsvolle Lieferantenauswahl wird sich deshalb auch auf zuverlässige Geschäftsbeziehungen mit bekannten Lieferern stützen.

Eine besondere Überlegung gilt zudem der **Festlegung der Zahl der Lieferanten**. Werden mehrere Bezugsquellen für einen Artikel favorisiert, ergibt sich eine größere **Unabhängigkeit** von den einzelnen Lieferanten. Bevorzugt man nur wenige große Lieferanten, können oft **Preisvorteile** (Mengenrabatte, Boni) geltend gemacht werden.

Über Preise und sonstige Konditionen (z. B. Lieferungs- und Zahlungsbedingungen, Zusatzleistungen, Garantien) muss in der Regel verhandelt werden. Dabei kommt es insbesondere auch auf eine gelungene Gestaltung der Beziehungen zu Lieferanten (Kommunikationsplanung) an.

2.5 Planung der Beschaffungskommunikation und des Lieferflusses

■ Kommunikationsplanung

Vertragsverhandlungen

Die Kommunikation mit Lieferanten umfasst die für die Beschaffung notwendigen Informationen (z. B. was, wieviel, wann bezogen werden soll). Darüber hinaus werden aber auch werbende und meinungsbildende Informationen (z. B. Größe der Unternehmung, Bonität, ökologische und soziale Verantwortung) transportiert.

Den Kern der Beschaffungskommunikation bilden die **Vertragsverhandlungen**. Deren Planung umfasst z. B. die Auswahl der Verhandlungsführer, die Wahl von Ort und Zeit (Zeitpunkt, Dauer) sowie die Gestaltung des Verhandlungsablaufs (Verhandlungsstrategie).

Im Anschluss an die Beschaffungsentscheidung ist eine „Lieferantenpflege" erforderlich (z. B. Einhaltung von Absprachen, Reaktionen auf Störungen bei der Vertragserfüllung).

Beschaffungsprozesse planen

■ Lieferflussplanung

Auch die Steuerung des Lieferflusses ist an den Zielen der Wirtschaftlichkeit und der Sicherheit orientiert. Eine Rolle spielen dabei z. B. die Häufigkeit von (Teil-)Lieferungen, die Wahl der Transportmittel (Lkw, Bahn, Flugzeug) und Transportwege, die Belieferungsgeschwindigkeit und die Festlegung von Anlieferungsorten. Zu berücksichtigen sind auch die räumliche Verteilung der Lieferanten (z. B. Inland, Ausland) und gegebenenfalls der Rücktransport von Leergut. Häufig werden für die Lieferflussplanung Rahmenverträge vereinbart, in denen zwischen den Vertragspartnern festgelegt wird, welche Produkte in welchen Mengen zu welchen Zeitpunkten geliefert werden. Neben den **wirtschaftlichen Zielen** gewinnen bei der Organisation der Lieferflussplanung zunehmend auch **ökologische Aspekte** an Bedeutung.

2.6 Intensität der Beschaffungsentscheidung

Der Aufwand, der für die Bestimmung optimaler Bestellmengen oder die Durchführung von Angebotsvergleichen mit anschließenden Vertragsverhandlungen zu betreiben ist, rechnet sich unter dem Gesichtspunkt der Wirtschaftlichkeit nicht immer. Für die erforderliche **Kosten-Nutzen-Abwägung** kann als Hilfsmittel die **ABC-Analyse** eingesetzt werden. Dabei geht man von der Überlegung aus, dass die eingelagerten Materialien und Handelswaren einen unterschiedlichen Anteil am Lagerbestandswert haben. Häufig entfällt ein hoher Gesamtwert auf eine kleine Anzahl der zu beschaffenden Güter. Andere Güter, die in großen Mengen gelagert werden, können wertmäßig relativ unbedeutend sein.

ABC-Analyse

Die ABC-Analyse untersucht die Güter nach **Menge** und **Wert** und teilt sie nach ihrer Bedeutung ein in:

	A-Güter	B-Güter	C-Güter
Mengen-anteil	Alle A-Güter zusammen stellen mengenmäßig einen geringen Anteil (z. B. 15 %) des Lagerbestandes dar.	Bei ihnen fallen Mengen- und Wertanteil nicht extrem auseinander.	Alle C-Güter zusammen machen häufig einen großen Anteil an der Gesamtmenge (z. B. 60 %) aus.
Wertanteil	Ihr Anteil am Wert des Gesamtlagerbestandes ist jedoch vergleichsweise hoch (z. B. 60 %).		Ihr Anteil am Wert des Gesamtlagerbestandes ist aber gering und liegt oft nur bei etwa 10 %.

LERNFELD 4

Sachgüter und Dienstleistungen beschaffen und Verträge schließen

Beispiel

Eine Unternehmung hat im letzten Jahr 8 verschiedene Rohstoffe in unterschiedlichen Mengen beschafft (vgl. Tabelle). Die jeweiligen Werte pro Materialnummer betragen:

Materialnummer	Menge	Wert in EUR	Materialnummer	Menge	Wert in EUR
10101	8000 Stück	42209	10105	5250 Stück	146292
10102	3250 Stück	567474	10106	5000 Stück	363572
10103	5250 Stück	202583	10107	5750 Stück	102406
10104	8250 Stück	29088	10108	9250 Stück	27649

Auswertung mittels ABC-Analyse

Rang	Mat.-Nr.	Beschaffungswert in EUR		Wertanteil in Prozent		Mengenanteil in Prozent		Mat.-gruppe
		einzeln	kumuliert	einzeln	kumuliert	einzeln	kumuliert	
1	10102	567474 EUR	567474 EUR	38,31 %	38,31 %	6,50 %	6,50 %	A
2	10106	363572 EUR	931046 EUR	24,54 %	62,85 %	10,00 %	16,50 %	A
3	10103	202583 EUR	1133629 EUR	13,68 %	76,53 %	10,50 %	27,00 %	B
4	10105	146292 EUR	1279921 EUR	9,88 %	86,41 %	10,50 %	37,50 %	B
5	10107	102406 EUR	1382327 EUR	6,91 %	93,32 %	11,50 %	49,00 %	B
6	10101	42209 EUR	1424536 EUR	2,85 %	96,17 %	16,00 %	65,00 %	C
7	10104	29088 EUR	1453624 EUR	1,96 %	98,13 %	16,50 %	81,50 %	C
8	10108	27649 EUR	1481273 EUR	1,87 %	100,00 %	18,50 %	100,00 %	C

Materialgruppe	Mengenanteil in Prozent	Wertanteil in Prozent
A	16,50 %	62,85 %
B	32,50 %	30,47 %
C	51,00 %	6,68 %

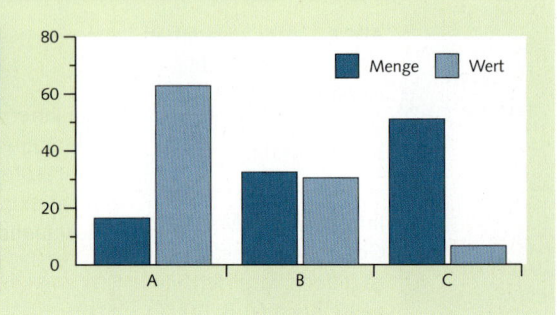

LERNFELD 4

Beschaffungsprozesse planen

Die genaue Grenze zwischen A-, B- und C-Gütern hat jedes Unternehmen nach seinen jeweiligen Besonderheiten zu ziehen. Denkbar ist sogar, dass in manchen Fällen der Wertanteil eines Beschaffungsobjektes auch nicht zentrales Kriterium ist (z. B. bei Beschaffungsengpässen).

Die Erkenntnisse einer ABC-Analyse helfen, das Wesentliche vom Unwesentlichen zu unterscheiden und **Schwerpunkte zielgerichtet zu setzen**, um die Beschaffung wirtschaftlicher zu gestalten.

A-Güter	Die **A-Güter** sollen bei der Beschaffung und Lagerhaltung besondere Beachtung erfahren. Der **Beschaffungsaufwand wird verstärkt** auf wenige, hochwertige Waren gelegt, für die intensiv mit den Lieferanten verhandelt und Lieferantenpflege betrieben wird. Da wertvolle Waren grundsätzlich **hohe Lagerkosten** verursachen, ist die optimale Bestellmenge zu berücksichtigen und Lagerkontrolle und Warenpflege werden aufwändiger betrieben. Bei A-Gütern lohnen sich deshalb auch Bemühungen um verbrauchssynchrone Anlieferungen (Just-in-Time) besonders.
C-Güter	Für **C-Güter** (günstige Massenware) hingegen sind die **Verfahren zu vereinfachen**. Die Bestellmenge kann grob geschätzt, die Lagerhaltung einfach gehalten werden. Der Sicherheitsbestand darf großzügig bemessen sein.
B-Güter	Der Aufwand für die **B-Güter** wird – je nach ihrer individuellen Bedeutung – zwischen diesen beiden Gruppen liegen.

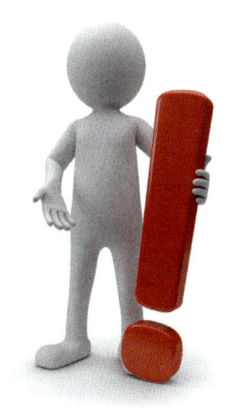

2.7 Zusammenfassung und Aufgaben

Zusammenfassung

Aufgaben, Ziele und Gegenstand der Beschaffungsplanung

Beschaffungsobjekte müssen

- in der erforderlichen **Art, Qualität** und **Menge**,
- zum richtigen **Zeitpunkt**,
- am richtigen **Ort**,
- zum angestrebten **Preis**

zur Verfügung stehen.

Vorentscheidungen über **Fremdbezug oder Eigenfertigung** und über **Beschaffungsprinzipien** (z. B. Vorratshaltung) sind erforderlich.

Elemente der Beschaffungsplanung: Bedarfsplanung, Zeitplanung, Lieferantenplanung, Kommunikationsplanung, Lieferflussplanung

Beschaffungsobjekte

Materialien (Roh-, Hilfs- und Betriebsstoffe sowie Teile)

Handelswaren und **Dienstleistungen** (z. B. Transportleistungen, Reinigungsdienst, Wachdienst, EDV-Systembetreuung)

LERNFELD 4

Sachgüter und Dienstleistungen beschaffen und Verträge schließen

Bedarfsplanung

Bedarfsermittlung nach Art und Qualität: Im **Handelsbetrieb** orientiert sich die Auswahl der zu beschaffenden Ware direkt an der Nachfrage der Kunden; im **Herstellungsbetrieb** ist die Art der Güter, die beschafft werden sollen, durch das jeweilige Produktionsprogramm und die Sicherung der Produktionsbereitschaft bestimmt.

Faktoren der Mengenplanung:
- hauptsächlich Absatz- bzw. Produktionsmenge, außerdem z. B.
- Lagerkosten und Bestellkosten,
- Jahreszeiten, Wirtschaftslage, Wandlungen im Geschmack, Konkurrenz, politische Ereignisse, Änderung des Kundenkreises und des Einkommens der Kunden

Die **optimale Bestellmenge** ist dort gegeben, wo die Summe aus Bestell- und Lagerkosten ein Minimum erreicht.

Zeitplanung

Mindestbestand = durchschnittlicher Tagesverbrauch × Sicherheitsfaktor (in Tagen)

Meldebestand = Mindestbestand + (durchschnittlicher Tagesverbrauch × Lieferzeit/Tage)

Bestellrhythmusverfahren: Bestelltermine werden nach vorher festgelegten Zeitintervallen vorgenommen. Das Verfahren eignet sich insbesondere bei gleichmäßigem Materialverbrauch.

Bestellpunktverfahren: Bestandsveränderungen werden laufend kontrolliert; bei Erreichen des Meldebestandes muss neu bestellt werden.

Ermittlung und Auswahl von Lieferanten

Bezugsquellen: interne Unternehmensdaten (z. B. Liefererdatei), externe Informationsquellen (z. B. Messen, Ausstellungen, Fachzeitschriften, Beschaffungskataloge und Branchenverzeichnisse), Internet (B2C- und B2B-Plattformen)

Kriterien für die Lieferantenauswahl:
- **quantitatives** Kriterium: Bezugspreis/Einstandspreis
- **qualitative** Kriterien: Qualität der Ware, Lieferzeit/-termin, AGB, Bestellabwicklung, Garantie- bzw. Serviceleistungen, Transport, Verpackung …

Die **ABC-Analyse** untersucht die Güter nach Menge und Wert und teilt sie nach ihrer Bedeutung ein, um Aktivitäten auf das Wesentliche zu lenken.

Alle **A-Güter** zusammen stellen mengenmäßig einen geringen, aber wertmäßig einen hohen Anteil des Lagerbestandes dar. Alle **C-Güter** zusammen machen häufig einen großen Mengenanteil, aber einen geringen Wertanteil aus. Bei **B-Gütern** fallen Mengen- und Wertanteil nicht extrem auseinander.

LERNFELD 4

Beschaffungsprozesse planen

Aufgaben

1. Prüfen Sie die nachfolgenden Aussagen auf ihre Richtigkeit. Die Antwort ist jeweils zu begründen.

    (1) Zu den Vorentscheidungen der Beschaffungsplanung zählen allein die Entscheidungen über Vorratshaltung oder Just-in-Time Beschaffung.

    (2) Als Beschaffungsobjekte sind nur Sachgüter aufzufassen.

    (3) Die Bedarfsplanung stützt sich ausschließlich auf die Verbrauchswerte der Vergangenheit.

    (4) Die optimale Bestellmenge wird von den Bestell- und Lagerkosten beeinflusst.

    (5) Die Höhe des Eisernen Bestandes (Mindestbestand) ist auch von den Ergebnissen einer ABC-Analyse abhängig.

    (6) Bei Erreichen des Mindestbestandes muss eine Bestellung aufgegeben werden.

    (7) Internetplattformen sind ein geeignetes Medium für die Bezugsquellenermittlung.

    (8) Kriterium für die Lieferantenauswahl ist immer nur der reine Preisvergleich.

2. Beschreiben Sie für Ihren Ausbildungsbetrieb die notwendigen Beschaffungsobjekte.

3. Erstellen Sie einen systematischen Überblick über die Entscheidungsinstrumente der Beschaffungsplanung.

4. Bestimmen Sie tabellarisch die optimale Bestellmenge für folgende Situation: Jahresbedarf 1500 Stück; mögliche Anzahl der Bestellungen 1, 2, 4, 6, 10, 15; Bestellkosten je Bestellung 10,00 EUR; Einkaufspreis je Stück 2,00 EUR; Zinssatz 9 %.

5. Erklären Sie, wie der Meldebestand ermittelt wird.

6. Bestimmen Sie den Mindestbestand, den Meldebestand, den Bestellzeitpunkt und den Bestellrhythmus sowie die Bestellmenge unter folgenden Bedingungen:
    - aktueller Bestand: 78 Stück,
    - Höchstbestand: 120 Stück,
    - durchschnittlicher Verkauf pro Tag: 6 Stück,
    - Lieferzeit ab Bestellung: 5 Tage,
    - Mindestbestand: durchschnittlicher Absatz von 5 Tagen.

7. Erläutern Sie, welche Kriterien bei einer Lieferantenauswahl berücksichtigt werden sollten.

LERNFELD 4

Sachgüter und Dienstleistungen beschaffen und Verträge schließen

3 Beschaffungsprozesse durchführen

3.1 Beschaffungsanlässe

Der Beschaffungsprozess kann grundsätzlich durch zwei verschiedene Situationen ausgelöst werden:

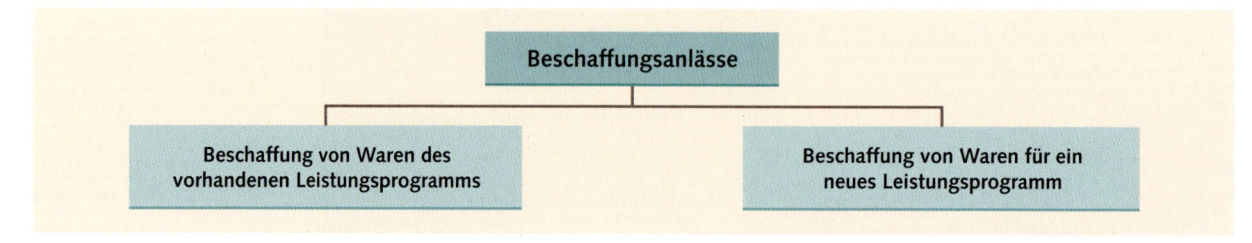

```
                    Beschaffungsanlässe
                   /                    \
   Beschaffung von Waren des      Beschaffung von Waren für ein
   vorhandenen Leistungsprogramms  neues Leistungsprogramm
```

■ Beschaffung von Waren des vorhandenen Leistungsprogramms

Wenn ein Artikel aus dem Leistungsprogramm seinen Meldebestand erreicht, muss der Bestellvorgang ausgelöst werden. In diesem Fall kann fast immer auf bereits im Unternehmen vorhandene Daten zurückgegriffen werden. Die Arbeitsabläufe sind grundsätzlich branchen- bzw. betriebsabhängig, weisen in der Regel aber folgende typische Arbeitsschritte auf:

Bestellschein				
Artikel-Nr.	Artikel	Bestand	Höchstbestand	Bedarf

→ **Warenbestandskontrolle** anhand der Artikeldatei,
→ **Warenbedarfsmeldung** bei Erreichen des Meldebestands an Disposition/Einkauf,
→ **Mengenplanung** unter Berücksichtigung von optimaler Bestellmenge, Höchst- und Mindestbestand,
→ **Ermitteln von Lieferanten** anhand der Liefererdatei.

■ Beschaffung von Waren für ein neues Leistungsprogramm

Ein Artikel, der normalerweise nicht im Leistungsprogramm enthalten ist, soll aufgrund einer Sortimentserweiterung neu aufgenommen bzw. für einen Kunden einmalig eingekauft werden. In dieser Situation müssen Informationen und Daten neu beschafft werden.

Die erforderlichen Arbeiten im Funktionsbereich Beschaffung werden dann nicht intern durch das Erreichen eines Grenzwertes im Lager, sondern durch den Funktionsbereich Absatz ausgelöst.

→ **Sortimentsentscheidung** zur Aufnahme neuer Waren,
→ **Annahme eines Kundenauftrags** nach Überprüfen der Lieferwilligkeit und Lieferfähigkeit,
→ **Mengenplanung** unter Berücksichtigung von optimaler Bestellmenge, Höchst- und Mindestbestand,
→ **Bezugsquellenermittlung** (interne und externe Informationsquellen).

Sind die Entscheidungen zur Beschaffung von Waren gefallen, kann nach Anfragen und Angebotseinholung der Bestellvorgang ausgelöst werden.

LERNFELD 4

©motorradcbr-fotolia.com

3.2 Anfrage

Der Beschaffungsprozess beginnt i. d. R. mit der Anfrage. Dies gilt insbesondere bei erstmaliger Beschaffung von Waren. Aber auch bei der Beschaffung von Waren des Leistungsprogramms müssen oft Lieferbedingungen bzw. Lieferzeiten und Sonderkonditionen wie unterschiedliche Rabatte angefragt werden. Die Anfrage hat grundsätzlich **keine rechtsbindende Wirkung** bezogen auf einen möglichen Vertragsabschluss. Sie will lediglich Informationen einholen.

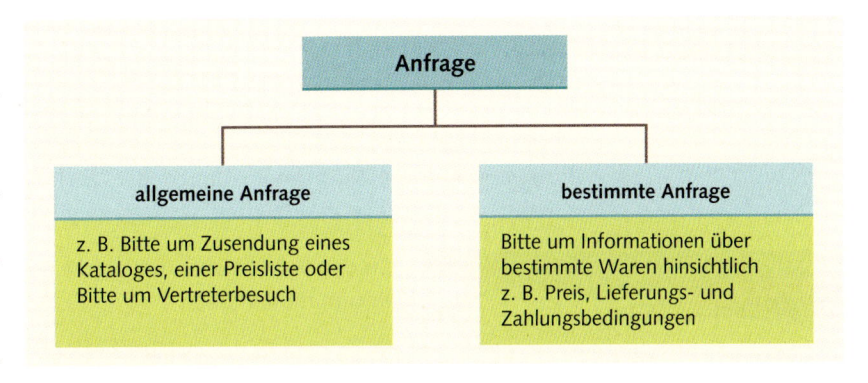

```
                    Anfrage
                   /       \
      allgemeine Anfrage    bestimmte Anfrage
      
  z. B. Bitte um Zusendung eines    Bitte um Informationen über
  Kataloges, einer Preisliste oder  bestimmte Waren hinsichtlich
  Bitte um Vertreterbesuch          z. B. Preis, Lieferungs- und
                                    Zahlungsbedingungen
```

Anfragen können **schriftlich** per Brief oder Mail bzw. **telefonisch** erfolgen. Erfolgt die Anfrage schriftlich per Brief, sind die DIN-Vorschriften für das Erstellen des Schriftstückes zu beachten.

Textverarbeitung

Fax	
Absender: Radmarkt Reif KG Das Kaufhaus rund ums Rad Schlossgraben 30 45657 Recklinghausen Fon: 02361 2409-1 Fax: 02361 24101	*Radmarkt Reif KG* *Das Kaufhaus rund ums Rad*
An: Alpina Velo GmbH Frau Helmig	Datum: 01.05.20.. Unser Zeichen: p14
Anfrage nach Fahrradhelmen	
Sehr geehrte Frau Helmig, für die Seniorinnen und Senioren unseres ortsansässigen Fahrradclubs benötigen wir bis zum 12. des Monats 40 Fahrradhelme der Marke Alpina Giro, Farben weiß und schwarz, Größen 52 - 57 bzw. 56 - 62. Bitte unterbreiten Sie uns kurzfristig ein Angebot mit Angaben zu Preisen und Ihren Lieferungs- und Zahlungsbedingungen. Berücksichtigen Sie angesichts der Kundengruppe bitte auch preislich günstige Alternativen. Wir freuen uns, bald von Ihnen zu hören. Mit freundlichen Grüßen *i. A. Pelzig* (Pelzig)	

LERNFELD 4

Sachgüter und Dienstleistungen beschaffen und Verträge schließen

3.3 Angebot

Käufer und Verkäufer sollten im Angebot die wesentlichen Vertragsbedingungen festlegen, um einen möglichst reibungslosen Ablauf von Warenbeschaffung bzw. Warenabsatz zu gewährleisten.

Sachverhalte, die im Angebot nicht im Einzelnen aufgeführt sind, werden durch die Allgemeinen Geschäftsbedingungen der Vertragspartner oder – soweit nicht vorhanden – durch die gesetzlichen Bestimmungen geregelt.

Zu den wesentlichen Inhalten eines Angebots gehören Informationen über:

- Art, Güte und Beschaffenheit der Ware,
- Preis und Menge der Ware,
- Lieferungsbedingungen,
- Zahlungsbedingungen und Eigentumsvorbehalt,
- Erfüllungsort und Gerichtsstand.

3.3.1 Inhalte des Angebots

■ Art, Güte und Beschaffenheit der Ware

§ 243 BGB

Die angebotene Warenart wird durch den handelsüblichen Namen bestimmt. Enthält das Angebot des Lieferers keine Angabe über die Güte der Ware, so ist **nach gesetzlicher Regelung Ware mittlerer Güte** zu liefern. Güte und Beschaffenheit der Ware können aber vertraglich festgelegt werden z. B. durch:

- Muster und Proben,
- Waren- und Gütezeichen,
- Abbildungen, Beschreibungen,
- Güteklassen,
- Herkunft, Jahrgang,
- Angabe von Zusammensetzung der Waren.

■ Preis und Menge

Der im Angebot genannte Preis bezieht sich auf eine bestimmte Mengeneinheit. Beinhaltet das Angebot **keine Mengenangabe**, so gilt der angegebene Preis der Ware für die **jeweils handelsübliche Menge**.

Die Menge kann z. B. bestimmt sein durch:

- gesetzliche Maßeinheiten (z. B. m, kg, l),
- handelsübliche Verpackungseinheiten (z. B. Paletten, Kisten, Ballen).

LERNFELD 4

Zusätzlich kann der Lieferer sein Angebot entsprechend seiner Absatzziele steuern über

→ Höchstmengen (bei sehr günstigen Angeboten),
→ Mindestmengen bzw. Mindermengenzuschläge (bei Kleinbestellungen),
→ Preisnachlässe (Rabatte, Boni, Skonti).

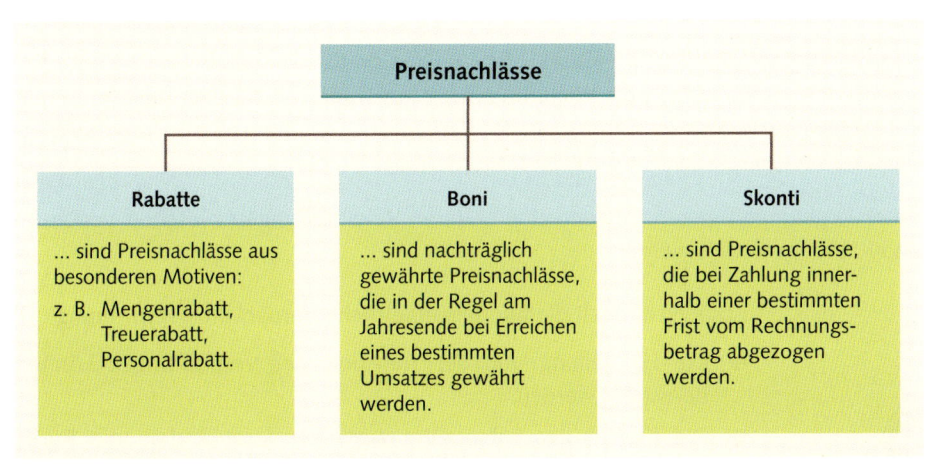

Preisnachlässe

- **Rabatte**
  ... sind Preisnachlässe aus besonderen Motiven:
  z. B. Mengenrabatt, Treuerabatt, Personalrabatt.

- **Boni**
  ... sind nachträglich gewährte Preisnachlässe, die in der Regel am Jahresende bei Erreichen eines bestimmten Umsatzes gewährt werden.

- **Skonti**
  ... sind Preisnachlässe, die bei Zahlung innerhalb einer bestimmten Frist vom Rechnungsbetrag abgezogen werden.

Insbesondere beim Verbrauchsgüterkauf gewinnen Preisnachlässe über verschiedene Pay-back-Verfahren zunehmend an Bedeutung.

■ Lieferungsbedingungen

Hinsichtlich der Lieferungsbedingungen können unterschieden werden:

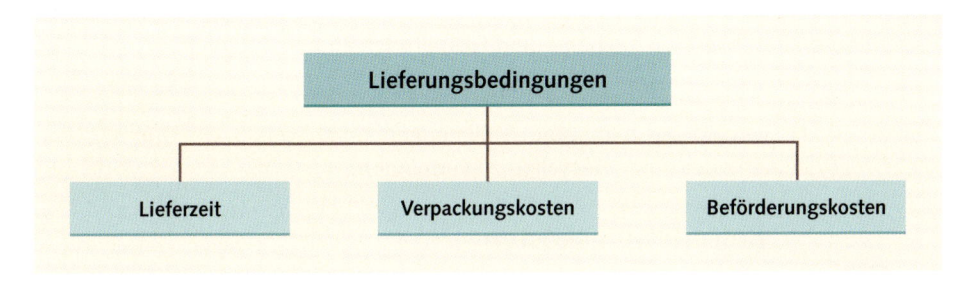

Lieferungsbedingungen
- Lieferzeit
- Verpackungskosten
- Beförderungskosten

Lieferzeit

Ist eine Zeit für die Leistung weder bestimmt noch den Umständen zu entnehmen, so kann der Gläubiger die Leistung **sofort verlangen**, der Schuldner sie **sofort bewirken**. Diese gesetzliche Regelung kann durch vertragliche Vereinbarungen ersetzt werden.

§ 271 BGB

Beispiel

Für ein neues Bürogebäude werden Einrichtungsgegenstände bestellt. Eine Lieferzeit wird nicht vereinbart. Damit kann der Käufer die Lieferung **sofort verlangen**. Hat der Verkäufer die Büromöbel nicht lagermäßig vorrätig, sollte er also einen späteren Liefertermin vereinbaren.

Sachgüter und Dienstleistungen beschaffen und Verträge schließen

Beispiel

Ebenso kann der Verkäufer die **Lieferung sofort bewirken**. Wünscht der Käufer einen späteren Liefertermin, z. B. weil erst noch Teppichboden verlegt werden muss, ist die vertragliche Einigung auf einen späteren Liefertermin notwendig, z. B. Lieferung Ende März, Lieferung am 22.07.20..

§ 448 BGB

Verpackungskosten

Die Kosten der **Schutz-** und **Versandverpackung** trägt der **Käufer**, Kosten für die **Verkaufsverpackung** gehen zu Lasten des **Verkäufers**. Der angegebene Preis der Ware bezieht sich grundsätzlich auf das Nettogewicht der Ware.

Diese Regelungen gelten, soweit keine anderen Vereinbarungen zwischen Verkäufer und Käufer getroffen werden.

Zusätzlich regelt die **bundeseinheitliche Verpackungsverordnung**:

→ Die Herstellung und der Transport der Verpackungen können berechnet werden.
→ Die Kosten der Entsorgung werden erfasst und in die Preise eingerechnet.

Nach dieser Verordnung sind für Transportverpackungen, Umverpackungen und Verkaufsverpackungen

→ **Rücknahmeverpflichtungen** für Industrie und Handel festgeschrieben sowie
→ **Verwertungsverpflichtungen** festgelegt worden.

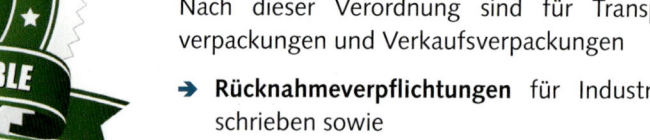

Wie die Unternehmen dieser Verpflichtung nachkommen und wer die Kosten tatsächlich zu tragen hat, bleibt weitgehend dem Gestaltungsrahmen innerhalb der Vertragsfreiheit überlassen.

Ziel ist es, die verpackungsbedingten Müllmengen durch verstärkte Nutzung von Mehrwegsystemen oder durch Recycling zu vermindern.

Beförderungskosten

Die Verteilung der Beförderungskosten auf Käufer und Verkäufer richtet sich grundsätzlich nach dem **Erfüllungsort** – Warenschulden sind Holschulden.

Platzkauf	Befinden sich Verkäufer und Käufer am **gleichen Ort**, so gilt als gesetzliche Regelung, dass der Käufer die gesamten Beförderungskosten ab der Warenübergabe zu tragen hat.
Distanzkauf	Sorgt der Verkäufer für die Versendung an einen **anderen Ort**, so hat er die Anfuhrkosten bis zur Versandstation zu tragen. Dem Käufer können alle weiteren Kosten in Rechnung gestellt werden.

LERNFELD 4

Darüber hinaus sind auch folgende vertragliche Vereinbarungen gebräuchlich:

Beförderungs-bedingungen	Verkäufer	Rollgeld	Verlade-kosten	Fracht	Entlade-kosten	Rollgeld	Käufer
ab Fabrik, ab Lager, ab Werk (gesetzliche Regelung bei Platzkauf)	Bereitstellung durch Verkäufer	Der Käufer übernimmt alle Beförderungskosten.					
ab hier, ab Bahnhof hier, unfrei (gesetzl. Regelung bei Distanzkauf)	Der Verkäufer übernimmt die Anfuhrkosten bis zur Versandstation.		Der Käufer übernimmt Verlade-, Fracht-, Entlade- und Zustellkosten.				
frei Waggon	Der Verkäufer übernimmt Anfuhrkosten und Verladekosten.			Der Käufer übernimmt Fracht-, Entlade- und Zustellkosten.			
frei Bahnhof dort, frachtfrei, frei dort	Der Verkäufer übernimmt Anfuhr-, Verlade- und Frachtkosten.				Der Käufer übernimmt Entlade- und Zustellkosten.		
frei Haus, frei Lager, frei Werk	Der Verkäufer übernimmt alle Beförderungskosten bis in den gesicherten Verfügungsbereich des Käufers.						Einlagerung durch Käufer
frei Keller, frei Lagerplatz, frei Regal	Der Verkäufer übernimmt alle Beförderungskosten bis in den vom Käufer bestimmten Einlagerungsort.						

■ Zahlungsbedingungen und Eigentumsvorbehalt

Zahlungsbedingungen regeln den **Zahlungszeitpunkt** und enthalten mögliche **Preisnachlässe** für vorzeitige Zahlung oder auch Zuschläge z. B. für Mindermengen.

Wird keine Vereinbarung getroffen, so kann der Gläubiger nach der gesetzlichen Regelung die Zahlung **sofort verlangen**. Vereinbarungen über den Zahlungszeitpunkt sind abhängig vom Umfang des Geschäftes und von der Zahlungsfähigkeit (Bonität) des Kunden. Folgende Zahlungsbedingungen können vereinbart werden:

©Edler von Rabenstein-fotolia.com

Zahlungsbedingungen

- **Zahlung vor Lieferung**
  - Vorauszahlung
  - Anzahlung
- **Zahlung bei Lieferung**
  - Barzahlung
  - Teilzahlung (bei Teillieferung)
- **Zahlung nach Lieferung**
  - Zahlungsziel
  - Ratenzahlung

Sachgüter und Dienstleistungen beschaffen und Verträge schließen

Zur Sicherung des Zahlungseingangs bei Zielverkäufen (z. B. Zahlung innerhalb von 14 Tagen abzüglich 2 % Skonto oder 30 Tage netto) werden in den Allgemeinen Geschäftsbedingungen häufig Formulierungen folgender Art aufgenommen:

„Alle Lieferungen erfolgen unter **Eigentumsvorbehalt**", d. h., die Ware bleibt bis zur vollständigen Bezahlung Eigentum des Verkäufers.

Dieser **einfache Eigentumsvorbehalt erlischt**, wenn **die Ware an einen gutgläubigen Dritten verkauft**, wenn sie **verarbeitet** oder **verbraucht** oder mit einer unbeweglichen Sache **fest verbunden** wird. Aus diesem Grund werden häufig folgende Arten des Eigentumsvorbehalts in den Vertrag aufgenommen:

Arten des Eigentumsvorbehalts	
erweiterter Eigentumsvorbehalt	verlängerter Eigentumsvorbehalt
Der Eigentumsvorbehalt erstreckt sich bis zur **Begleichung aller Forderungen** des Verkäufers auf **alle von ihm gelieferten Waren** – auch auf bereits bezahlte.	Eine **Verarbeitung** der gelieferten Ware führt zur **Übereignung** der neu entstandenen Sache. Ein Weiterverkauf der gelieferten Ware bewirkt die **Abtretung** der Dritten gegenüber entstandenen Forderung.

■ Erfüllungsort und Gerichtsstand

§ 269 BGB

Für den Erfüllungsort gilt entweder die gesetzliche Regelung oder eine vertragliche Regelung; er kann sich auch aus der „Natur" des Schuldverhältnisses (z. B. Verbrauchsort bei der Lieferung von Zement) ergeben. Grundsätzlich kann nur **unter Kaufleuten** ein **anderer (einheitlicher) Gerichtsstand** vertraglich vereinbart werden.

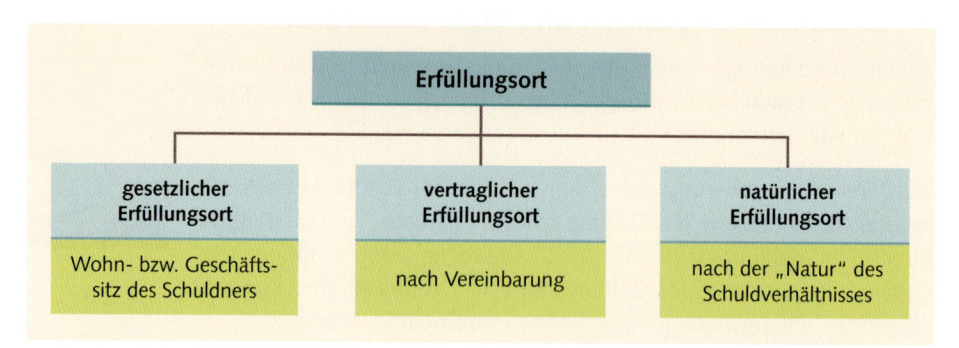

```
                    Erfüllungsort
        ┌───────────────┼───────────────┐
   gesetzlicher    vertraglicher    natürlicher
   Erfüllungsort   Erfüllungsort    Erfüllungsort
   
   Wohn- bzw. Geschäfts-   nach Vereinbarung   nach der „Natur" des
   sitz des Schuldners                         Schuldverhältnisses
```

Gesetzliche Regelungen für die Waren- und Geldschuld, den Gefahrenübergang und den Gerichtsstand

Der Erfüllungsort ist der Ort, an dem der jeweilige Schuldner seine Leistung ordnungsgemäß zu erfüllen hat.

→ **Waren- und Geldschuld:** Der Erfüllungsort für die **Warenschuld** ist grundsätzlich der **Wohn- oder Geschäftssitz des Verkäufers**. Der Erfüllungsort für die **Geldschuld** ist der **Wohn- oder Geschäftssitz des Käufers**.

→ **Gefahrenübergang:** Am Erfüllungsort geht die **„Gefahr"** – die Haftung für die Ware bei zufälliger Verschlechterung oder Untergang – **vom Verkäufer auf den Käufer** über.

Merke

Warenschulden sind **Holschulden**. Geldschulden sind **Schickschulden**.

→ **Gerichtsstand:** Bei Streitigkeiten zwischen Verkäufer und Käufer, die sich aus dem Vertrag ergeben, ist nach gesetzlicher Regelung das **Gericht** zuständig, in **dessen Bezirk der Erfüllungsort** liegt.

Bedeutung des Erfüllungsortes	Der Erfüllungsort liegt beim Verkäufer.	Der Erfüllungsort liegt beim Käufer.
... für die Waren- und Geldschuld	**bei Platzkauf:** Der Verkäufer stellt zum vertraglich vereinbarten Zeitpunkt die **Waren** an **seinem Wohn- bzw. Geschäftssitz** bereit. Der Käufer hat die Ware abzuholen, Kosten und Risiken des Transports gehen zu seinen Lasten. **bei Distanzkauf:** Der Verkäufer hat zudem die **Transportkosten bis zur ersten Versandstation** zu tragen.	Käufer muss die **Zahlung** zum vereinbarten Zeitpunkt an **seinem Wohn- bzw. Geschäftssitz** veranlassen (z. B. Überweisung). Der Käufer trägt jedoch auch die Kosten der Zahlung und die Verlustgefahr (ggf. Übergang auf die beauftragte Bank). Die Überweisungsdauer muss er nicht berücksichtigen.
... für den Gefahrenübergang	colspan bei Versendungskauf	
	mit Transportunternehmen: mit Auslieferung an den Frachtführer	**mit eigenem LKW:** mit Übergabe an den Käufer **als Verbrauchsgüterkauf:** Die Ware reist immer auf Gefahr des Verkäufers (z. B. beim Versandhandel).
	colspan bei Platzkauf	
	mit Übergabe der Ware im **Geschäft des Verkäufers**	mit Übergabe der Ware **beim Käufer**
Gerichtsstand	bei Streitigkeiten um die **Warenschuld:** zuständiges Gericht am Sitz des Verkäufers	bei Streitigkeiten um die **Geldschuld:** zuständiges Gericht am Sitz des Käufers

Nichtkaufleute (Verbraucher) können grundsätzlich aus Kaufverträgen nur bei dem für **ihren Wohnsitz zuständigen Gericht** verklagt werden.

3.3.2 Angebotsvergleich

Der Angebotsvergleich dient der Vorbereitung einer Kaufentscheidung durch Bewertung von quantitativen Faktoren, die sich in Geldeinheiten berechnen lassen, und qualitativen Faktoren, die über ein Punktbewertungsverfahren miteinander verglichen werden.

■ Quantitativer Angebotsvergleich

Beim quantitativen (rechnerischen) Angebotsvergleich werden Einkaufspreise mittels einer Bezugskalkulation verglichen. Ausgehend vom Listeneinkaufspreis wird unter Berücksichtigung von Preisnachlässen und Bezugskosten der Bezugs- oder Einstandspreis ermittelt.

Sachgüter und Dienstleistungen beschaffen und Verträge schließen

	A	B	C	D	E	F	G
1	Angebotsvergleich (quantitativ)						
2							
3			Römer e. K.		Keller GmbH		Alpina Velo GmbH
4							
5	Einzelpreis		29,95 €		39,95 €		34,95 €
6	Menge		40 Stück		40 Stück		40 Stück
7	Bezugskalkulation						
8	Listeneinkaufspreis		1.198,00 €		1.598,00 €		1.398,00 €
9	– Lieferrabatt	10%	119,80 €	15%	239,70 €	20%	279,60 €
10	= Zieleinkaufspreis		1.078,20 €		1.358,30 €		1.118,40 €
11	– Lieferskonto	2%	21,56 €	3%	40,75 €	3%	33,55 €
12	= Bareinkaufspreis		1.056,64 €		1.317,55 €		1.084,85 €
13	+ Bezugskosten		45,00 €	1%	13,58 €		- €
14	= Einstands- oder Bezugspreis		1.101,64 €		1.331,13 €		1.084,85 €
15							
16							

	A	B	C	D	E	F	G
1	Angebotsvergleich (quantitativ)						
2							
3			Römer e. K.		Keller GmbH		Alpina Velo GmbH
4							
5	Einzelpreis		29,95		39,95		34,95
6	Menge		40		40		40
7	Bezugskalkulation						
8	Listeneinkaufspreis		=C5*C6		=E5*E6		=G5*G6
9	– Lieferrabatt	0,1	=C8*B9	0,15	=E8*D9	0,2	=G8*F9
10	= Zieleinkaufspreis		=C8-C9		=E8-E9		=G8-G9
11	– Lieferskonto	0,02	=C10*B11	0,03	=E10*D11	0,03	=G10*F11
12	= Bareinkaufspreis		=C10-C11		=E10-E11		=G10-G11
13	+ Bezugskosten		45	0,01	=E10*D13		0
14	= Einstands- oder Bezugspreis		=C12+C13		=E12+E13		=G12+G13
15							
16							

LERNFELD 4

■ Qualitativer Angebotsvergleich (Nutzwertanalyse)

Neben dem reinen Preisvergleich spielen beim Angebotsvergleich meist noch weitere, nicht quantifizierbare Kriterien eine Rolle. Eine Nutzwertanalyse kann helfen, die unterschiedlichen Kriterien vergleichbar zu machen und die subjektive Gewichtung und Bewertung der qualitativen Aspekte nachvollziehbar zu dokumentieren.

Nutzwertanalyse (Verfahrensweise)

➜ Es werden zunächst die **Kriterien festgelegt**, die verglichen werden sollen.

➜ Anschließend werden die Kriterien gemäß ihrer Bedeutung **gewichtet**, z. B. in Prozent.

Beschaffungsprozesse durchführen

→ Nun werden die einzelnen Kriterien bei jedem Lieferanten mit **Punkten** z. B. auf einer Skala von eins bis sechs **bewertet** (höchste Punktzahl = beste Bewertung).

→ Das **Produkt aus Punktzahl und Gewichtung** ergibt den Wert des einzelnen Kriteriums bei jedem Lieferanten.

→ Der Lieferant mit der **höchsten Summe** aus allen Einzelwerten erfüllt die insgesamt geforderten Kriterien am besten.

Beispiel

Angebotsvergleich (qualitativ)

Kriterium	Wertigkeit (%)	Römer e.K.	Faktor	Wert	Alpino Velo GmbH	Faktor	Wert	Keller GmbH	Faktor	Wert
Qualität	25	gut	5	125	ausgezeichnet	6	150	keine Aussage	3	75
Lieferzeit Liefertermin	30	4 Tage unpünktlich	2	60	2 Tage pünktlich	5	150	2 Tage keine Erfahrung	4	120
Bestellungsabwicklung	15	zufriedenstellend	3	45	gut	5	75	keine Erfahrung	3	45
Garantie Service	20	problemlos befriedigend	3	60	problemlos gut	4	80	keine Erfahrung	3	60
Transportverpackung	10	eigener Lkw Palette, Folie	3	30	eigener Lkw Euro-Palette	4	40	in Folie Rücknahme	5	50
Gesamtwerte	100			320			495			350

Wertigkeit
Wie wichtig ist das Kriterium?
sehr wichtig   kaum wichtig
100 % .... 1 %

Faktor
Wie gut erfüllt das Angebot das Kriterium?
voll   teilweise   kaum
6 .... 3 1

Wert
Welche Gesamtpunktzahl erzielt das Angebot?

3.4 Bestellung

Hat man sich für ein Angebot entschieden, wird die benötigte Ware bestellt und ein entsprechender Vermerk in die Einkaufsdatei eingetragen.

Für das Bestellwesen werden i. d. R. computergestützte **Warenwirtschaftssysteme** genutzt. Sie erfassen in einem geschlossenen Kreislauf alle Stufen des Warenflusses von der Disposition bis zum Verkauf und dienen so der mengen- und wertmäßigen Kontrolle und Steuerung des Warenflusses. Anhand der gespeicherten Daten aus Verkauf und Lagerbestand ermittelt das Warenwirtschaftssystem einen **Bestellvorschlag**.

LERNFELD 4

©Trobz-fotolia.com

Sachgüter und Dienstleistungen beschaffen und Verträge schließen

LERNFELD 4

Radmarkt Reif KG — Das Kaufhaus rund ums Rad

Radmarkt Reif KG, Schlossgraben 30, 45657 Recklinghausen

Alpina Velo GmbH
Frau Helmig
Industriepark 16
48143 Münster

Ihr Zeichen: he
Ihre Nachricht vom: 02.05.20..
Unser Zeichen: pe
Unsere Nachricht vom: 01.05.20..

Name: Sandra Pelzig
Telefon: 02361 2409-33
Telefax: 02361 2409-58
E-Mail: info@radmarkt-reif.de

Datum: 04.05.20..

Bestellung

Sehr geehrte Frau Helmig,

vielen Dank für die schnelle Zusendung des erbetenen Angebotes.

Nach Rücksprache mit den Mitgliedern des Fahrradclubs möchten wir folgende Helme bestellen:

28 Fahrradhelme „Velo Alpina Giro" in der Farbe matt schwarz, Größe 56 – 62,
12 Fahrradhelme „Velo Alpina Giro" in der Farbe weiß, Größe 52 – 57

zum Preis von 27,12 EUR/Stück zuzüglich Umsatzsteuer.

Die Lieferungs- und Zahlungsbedingungen haben wir Ihren AGB entnommen. Entsprechend erwarten wir Ihre Lieferung innerhalb der nächsten 7 Tage frei Haus.

Besten Dank für die gute Zusammenarbeit!

Radmarkt Reif KG

Sandra Pelzig

i. A. Sandra Pelzig

Handelsregister: HRA 1222
USt.-IdNr.: DE14627991
Erfüllungsort und Gerichtsstand: Recklinghausen

Homepage:
www.radmarkt-reif.com

Bankverbindung
Sparkasse Vest Kto. 170642
IBAN DE45 4265 0100 0000 1706 42
BIC WELADED1REK

Die Bestellung ist, wie auch das Angebot, an keine Formvorschrift gebunden. Sie kann mündlich (auch telefonisch) oder schriftlich per Brief oder Fax und auch in elektronischer Form abgegeben werden. Zu den wesentlichen **Angaben in der Bestellung** gehören Informationen über

→ Art, Güte und Beschaffenheit der Ware,
→ Preis und Menge der Ware,
→ Lieferungsbedingungen und
→ Zahlungsbedingungen.

Mit der **verbindlichen Bestellung** kommt zwischen Käufer und Verkäufer ein rechtlich bindender Vertrag zustande, sofern Angebot und Bestellung inhaltlich übereinstimmen.

Außerdem wird ein rechtswirksamer Vertrag durch das Angebot und die Bestellung nur dann begründet, wenn die Bestellung **rechtzeitig** erfolgt:

Ein **mündlich** oder **fernmündlich** übermitteltes Angebot (unter Anwesenden) ist sofort anzunehmen.

Ein **schriftlich** oder **elektronisch** zugesandtes Angebot (unter Abwesenden) darf auf vergleichbarem Weg unter Einbeziehung einer angemessenen Überlegenszeit bestätigt werden.

Ein **verspätet angenommenes Angebot** gilt ebenso wie eine **inhaltliche Abänderung** als **neuer Antrag**, sodass der Kaufvertrag nur durch eine entsprechende zweite übereinstimmende Willenserklärung zustande kommen kann. Es sind zwei Fälle zu unterscheiden:

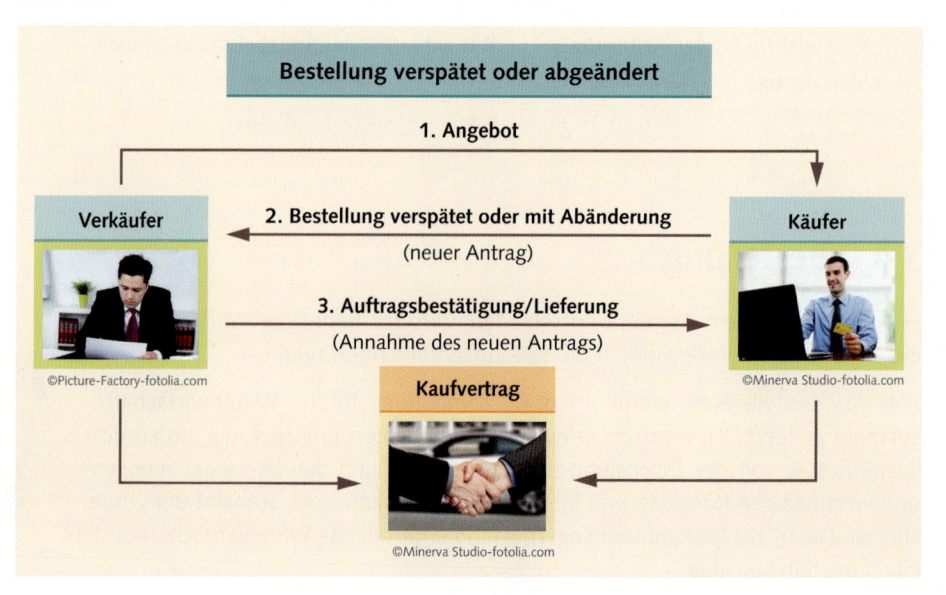

Bestellung verspätet oder abgeändert

Verkäufer → 1. Angebot → Käufer
Verkäufer ← 2. Bestellung verspätet oder mit Abänderung (neuer Antrag) ← Käufer
Verkäufer → 3. Auftragsbestätigung/Lieferung (Annahme des neuen Antrags) → Käufer

Kaufvertrag

362

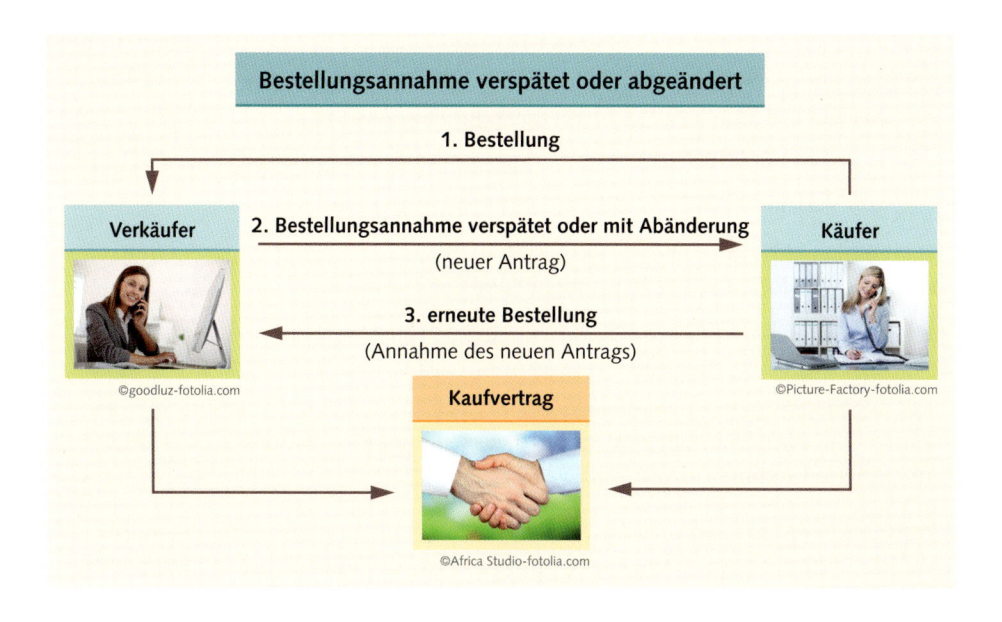

Beschaffungsprozesse durchführen

Bestellungsannahme verspätet oder abgeändert

Verkäufer → 1. Bestellung → Käufer
Verkäufer ← 2. Bestellungsannahme verspätet oder mit Abänderung (neuer Antrag) → Käufer
Verkäufer ← 3. erneute Bestellung (Annahme des neuen Antrags) — Käufer
→ Kaufvertrag ←

3.5 Zusammenfassung und Aufgaben

Zusammenfassung

Arbeitsablauf bei der Beschaffung	
Beschaffung von Waren des bisherigen Leistungsprogramms	**Beschaffung von Waren eines neuen Leistungsprogramms**
- Warenbestandskontrolle anhand der Artikeldatei - Warenbedarfsmeldung bei Erreichen des Meldebestands an Disposition/Einkauf - Mengenplanung (optimale Bestellmenge, Höchst- und Mindestbestand festlegen) - Ermitteln von Lieferanten anhand der Einkaufsdatei oder - Anfragen erstellen, Angebote einholen	- Entscheidung zur Aufnahme neuer Waren bzw. Materialien in das Sortiment oder - Annahme eines Kundenauftrags nach Überprüfen der Lieferwilligkeit und Lieferfähigkeit - Mengenplanung - Bezugsquellenermittlung (interne und externe Informationsquellen) - Anfragen erstellen, Angebote einholen
- Angebotsvergleich (quantitativ und qualitativ) - Lieferer auswählen und Bestellvorschlag erstellen unter Berücksichtigung von z. B. Mindestbestellmengen, Rabatten, Lieferungsbedingungen, Sonderkonditionen (automatische Belegerstellung im Warenwirtschaftssystem) - Versenden der Bestellung (Vermerk in der Einkaufsdatei)	

LERNFELD 4

Sachgüter und Dienstleistungen beschaffen und Verträge schließen

Anfragen

Die Anfrage hat grundsätzlich **keine rechtsbindende Wirkung**.

allgemeine Anfrage: Bitte um Zusendung z. B. eines Kataloges, einer Preisliste oder Bitte um Vertreterbesuch

bestimmte Anfrage: Einholen von Informationen über bestimmte Waren hinsichtlich z. B. Preis, Lieferungs- und Zahlungsbedingungen

Inhalte des Angebots

Art, **Güte** und **Beschaffenheit** der Ware: Kennzeichnung durch Muster und Proben, Waren- und Gütezeichen, Abbildungen, Beschreibungen, Güteklassen, Herkunft, Jahrgang, Zusammensetzung der Waren

Preis bezogen auf eine Mengeneinheit: z. B. gesetzliche Maßeinheit, handelsübliche Verpackungseinheiten oder (ohne Mengenangabe) auf die handelsübliche Menge

Preisnachlässe:

- **Rabatte:** Preisnachlässe aus besonderen Motiven, z. B. Mengenrabatt, Treuerabatt, Personalrabatt
- **Boni:** nachträglich gewährte Preisnachlässe bei Erreichen eines bestimmten Umsatzes
- **Skonti:** Preisnachlässe bei Zahlung innerhalb einer bestimmten Frist

Lieferungsbedingungen:

- **Lieferzeit:** Gläubiger kann Leistung sofort verlangen, Schuldner sie sofort bewirken (gesetzliche Regelung).
- **Verpackungskosten:** Kosten der Schutz- und Versandverpackung gehen zu Lasten des Käufers, Kosten für die Verkaufsverpackung zu Lasten des Verkäufers.
- **Beförderungskosten:** Verkäufer trägt die Anfuhrkosten bis zur Versandstation, Rest übernimmt Käufer (gesetzliche Regelung); unterschiedliche vertragliche Vereinbarungen: z. B. ab Werk, frachtfrei, frei Haus

Zahlungsbedingungen: Zahlung soll erfolgen

- **vor** der Lieferung (Vorauszahlung, Anzahlung),
- **bei** Lieferung (Barzahlung, Teilzahlung),
- **nach** der Lieferung (mit Zahlungsziel, Ratenzahlung).

Eigentumsvorbehalt (EV):

- **einfacher** EV: erlischt bei Weiterverarbeitung oder Verkauf der Sache an einen gutgläubigen Dritten.
- **erweiterter** EV: erstreckt sich auf alle vom Verkäufer gelieferten Waren.
- **verlängerter** EV: bei Weiterverarbeitung Übereignung der neu entstandenen Sache bzw. bei Weiterverkauf Abtretung der Forderung gegenüber Dritten.

Erfüllungsort und Gerichtsstand

- Gesetzlicher Erfüllungsort für die **Warenschuld** ist der Wohn- oder Geschäftssitz des Verkäufers: Warenschulden sind Holschulden.

- Gesetzlicher Erfüllungsort für die **Geldschuld** ist der Wohn- oder Geschäftssitz des Käufers: Geldschulden sind Schickschulden.

- Am Erfüllungsort geht die „**Gefahr**" – die Haftung für die Ware bei zufälliger Verschlechterung oder Untergang – vom Verkäufer auf den Käufer über.

- Bei Streitigkeiten zwischen Verkäufer und Käufer, die sich aus dem Vertrag ergeben, ist nach gesetzlicher Regelung das **Gericht** zuständig, in dessen Bezirk der Erfüllungsort liegt.

Angebotsvergleich

quantitativer Angebotsvergleich: Ermittlung des Einstandspreises (Bezugspreises) unter Berücksichtigung von Rabatten, Skonti und Bezugskosten

qualitativer Angebotsvergleich: Vergleich von qualitativen Faktoren (z. B. Service) durch Nutzwertanalyse

Aufgaben

1. Prüfen Sie die folgenden Aussagen auf ihre Richtigkeit. Die Antwort ist jeweils zu begründen.

   (1) Die Absatzplanung bestimmt wesentlich die Beschaffungsplanung.

   (2) Enthält das Angebot des Lieferers keine Angabe über die Güte der Ware, so ist nach gesetzlicher Regelung Ware mittlerer Güte zu liefern.

   (3) Skonti sind Preisnachlässe, die bei Kauf größerer Mengen gewährt werden.

   (4) Fehlt eine vertragliche Regelung über die Lieferzeit und den Zahlungszeitpunkt, so kann der jeweilige Gläubiger die Leistung sofort verlangen.

   (5) Durch den Eigentumsvorbehalt kann sich ein Verkäufer vor Zahlungsausfällen schützen, aber es ist kein absoluter Schutz.

   (6) Der Erfüllungsort ist bedeutsam für die Übernahme der Beförderungskosten, falls darüber keine vertragliche Vereinbarung erfolgt ist.

   (7) Kommt es zu Streitigkeiten aus einem Kaufvertrag, so kann der Verkäufer den Käufer stets bei dem zuständigen Gericht seines Wohnortes (Firmensitzes) verklagen.

   (8) Um quantitative Kriterien von Angeboten vergleichbar zu machen, kann man als Verfahren die Nutzwertanalyse anwenden.

   (9) Ein mündlich oder fernmündlich übermitteltes Angebot ist eine Woche gültig.

   (10) Bestellungen sind immer in Schriftform vorzunehmen.

Sachgüter und Dienstleistungen beschaffen und Verträge schließen

2. Unterscheiden Sie Rabatt, Bonus und Skonto.

3. Nennen Sie die gesetzlichen Regelungen für die Erfüllung des Kaufvertrages, wenn keine vertraglichen Vereinbarungen getroffen wurden hinsichtlich Art, Güte und Beschaffenheit der Ware sowie des Zeitpunktes von Lieferung und Zahlung.

4. Ordnen Sie zu, ob Käufer oder Verkäufer nach der gesetzlichen Regelung die jeweiligen Verpackungskosten zu tragen haben:
   a) Kosten der Versandverpackung,
   b) Kosten der Verkaufsverpackung.

5. Erklären Sie die Beförderungsbedingungen „unfrei", „frachtfrei" und die gesetzliche Regelung für den Platzkauf bzw. den Distanzkauf.

6. Bei der Versendung von Waren vom Hersteller in Duisburg zum Großhändler in Hamburg fallen folgende Kosten an:

Rollgeld: Hersteller – Bahnhof Duisburg 20,00 EUR	Verladekosten: 20,00 EUR
Fracht: 100,00 EUR	Entladekosten: 30,00 EUR
Rollgeld: Bahnhof Hamburg – Großhändler 15,00 EUR	

Welchen Kostenanteil hat der Großhändler (Käufer) bei Vereinbarung der folgenden Beförderungsbedingungen zu übernehmen:

unfrei, frachtfrei, frei Bahnhof dort, ab hier, ab Werk, bei gesetzlicher Regelung, frei Waggon

7. Erläutern Sie, welche Kriterien bei einem Angebotsvergleich berücksichtigt werden sollten.

8. Führen Sie einen rechnerischen Angebotsvergleich unter folgenden Bedingungen durch:

   Angebot A: Listeneinkaufspreis 620,00 EUR/Stück, Liefererrabatt 10 %, Skonto 3 %, Lieferung frei Haus;

   Angebot B: Listeneinkaufspreis 530,00 EUR/Stück, Skonto 2 %, Bezugskosten 32,80 EUR;

   Angebot C: Bezugspreis 500,00 EUR/Stück.

9. Neben dem reinen Preisvergleich spielen beim Angebotsvergleich meist noch weitere nicht quantifizierbare Kriterien eine Rolle. Nennen Sie qualitative Kriterien und bringen diese in eine Reihenfolge gemäß ihrer Bedeutung.

10. Erläutern Sie, welche Rechtswirkung eine inhaltlich abgeänderte Bestellung auf ein Angebot hat.

4 Beschaffungsprozesse kontrollieren

Zur Kontrolle im Beschaffungsprozess von der Disposition und Bestellung über den Wareneingang bis zur Lagerung können entsprechende Module von Warenwirtschaftssystemen genutzt werden wie z. B. Artikel-, Lager- und Liefererdatei. Zudem werden Bestellvorschläge, Faxvordrucke für Bestellungen und Lieferermahnungen computergestützt generiert.

4.1 Bestellüberwachung und Wareneingangskontrolle

Im Rahmen der **Bestellüberwachung** wird zunächst geprüft, ob die Bestellung ordnungsgemäß ausgeführt worden ist. Erfolgt auf eine Bestellung eine Auftragsbestätigung, ist diese hinsichtlich der vereinbarten Konditionen zu prüfen. Die Bestellung wird in der Einkaufsdatei/Datei für offene Bestellungen vermerkt. Die Eintragung unterstützt die folgenden Kontrollen:

→ **Terminkontrolle:** Wurde die Sache zum vereinbarten Zeitpunkt geliefert?
→ **Lieferstatus:** Sind bereits Teillieferungen erfolgt?
→ **Kontrolle der Lieferung:** Wurde die Sache in der richtigen Menge und Qualität geliefert?
→ **Mahnung:** Ist eine Mahnung erforderlich bzw. wann wurde zuletzt gemahnt?
→ **Unter- bzw. Überdeckung:** Führen ungeplante Verkäufe/Entnahmen zu veränderten Bedarfen?

Bei der **Wareneingangskontrolle** prüft die Warenannahme die eingehende Warensendung. Zunächst wird (noch in Anwesenheit des Lieferers) die **Anzahl** der gelieferten Stücke mit den Begleitpapieren verglichen und die **Anschrift** und **äußerliche Unversehrtheit** der Packstücke kontrolliert. Unstimmigkeiten sind zu vermerken und vom Anlieferer zu bestätigen.

Die Waren sind sodann **unverzüglich**, d. h. ohne schuldhafte Verzögerung zu prüfen, damit die Rechte aus einer mangelhaften Lieferung (Schlechtleistung) nicht verloren gehen. Die Prüfung erstreckt sich auf **Art, Menge, Beschaffenheit** und **Güte**. Grundlage für die Prüfung können Angaben des Angebotes, der Bestellung, des Lieferscheins sowie Proben oder Muster sein. Das Ergebnis der Warenprüfung wird der Einkaufsabteilung (Disposition) mitgeteilt, damit hier ggf. unverzüglich eine Mängelrüge erstellt werden kann. Einwandfrei gelieferte Ware wird in der Artikeldatei erfasst und sachgemäß eingelagert.

4.2 Bestandskontrollen und Lagerhaltung

Die mengen- und wertmäßige Bestandsentwicklung wird laufend durch die Erfassung von Zu- und Abgängen in der Lagerbuchhaltung kontrolliert.

Sachgüter und Dienstleistungen beschaffen und Verträge schließen

Radmarkt Reif KG				
Artikelnummer:	17284			Suchen
Artikel:	Fahrradhelm Alpina Giro			
Kurzbezeichnung:	AlpGi	Farbe:	schwarz	
Warengruppe:	Sicherheit	Material:	GfK	
Mindestbestand:	15 Stück	Lagerort:	Zubehör A15b	
Meldebestand:	25 Stück	Einkaufspreis:	34,95 €	
Höchstbestand:	60 Stück	Rabatt:	20 %	
aktueller Bestand:	20 Stück			
Lieferer:	70105 Alpina Velo GmbH			

Bestellungen:

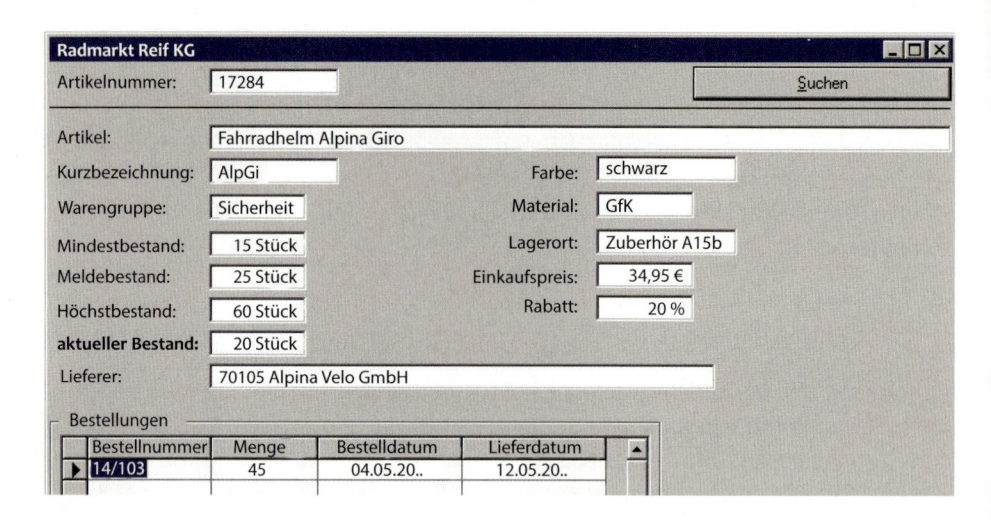

Bestellnummer	Menge	Bestelldatum	Lieferdatum
14/103	45	04.05.20..	12.05.20..

Die so ermittelten Sollbestände weichen aber durch Lagerverluste oder fehlerhafte Aufzeichnungen häufig von den Istbeständen ab. Deshalb muss mindestens einmal im Jahr zu einem beliebigen Zeitpunkt eine körperliche Inventur durch Zählen, Messen, Wiegen, Schätzen und Bewerten durchgeführt werden.

4.2.1 Aufgaben der Lagerhaltung, Lagerarten, Lagerorganisation

■ Aufgaben der Lagerhaltung

Die betriebliche Lagerhaltung hat die Aufgabe, die **Produktions- und Lieferbereitschaft** einer Unternehmung zu **sichern** – und dies **auf wirtschaftliche Art und Weise**.

Beschaffungsmarkt → Lagerhaltung sichert Produktion und Absatz → Absatzmarkt

zeitlicher und räumlicher Ausgleich

→ Da Herstellung und Verwendung der Güter sowohl hinsichtlich des Zeitpunktes als auch des Ortes i. d. R. auseinanderfallen, sorgt eine Lagerhaltung nach dem Prinzip der Vorratshaltung für den zeitlichen und räumlichen Ausgleich (Zeitüberbrückung, Raumüberbrückung).

Ausgleich von Unregelmäßigkeiten auf dem Beschaffungsmarkt

→ Unregelmäßigkeiten auf dem Beschaffungsmarkt (z. B. Witterungseinflüsse, Streik, Lieferschwierigkeiten) können überbrückt werden.

Einkaufsvorteile

→ Die Lagerhaltung ermöglicht es, Einkaufsvorteile (z. B. in Form von Mengenrabatten oder Sonderangeboten) wahrzunehmen.

Umformungs- und Reifeprozess

→ Häufig findet während der Lagerung ein Umformungs- bzw. Reifungsprozess statt (z. B. Sekt, Käse, Holz).

Beschaffungsprozesse kontrollieren

■ Lagerarten

Industrie und Handel stellen für die Aufgaben der Lagerhaltung unterschiedliche Lagerarten zur Verfügung:

Lagerarten im industriellen Bereich	**Materiallager:** Werkstoffe, Teile
	Handlager: Werkstoffe am Arbeitsplatz
	Zwischenlager: unfertige Erzeugnisse
	Versandlager: Fertigprodukte, Handelswaren
Lagerarten im Handelsbetrieb	**Verkaufslager:** Waren im Verkaufsraum
	Reservelager: Vorratslager
	Ausstellungslager: Präsentation von Ausstellungsstücken

Weitere Lagerarten lassen sich unterscheiden z. B. nach Bauart (**offenes** oder **geschlossenes** Lager) oder Eigentumsverhältnissen (**Eigen-** oder **Fremdlager**).

■ Lagerorganisation

Zentrales oder dezentrales Lager

Je nach Standort kann die Lagerhaltung zentral oder dezentral organisiert sein.

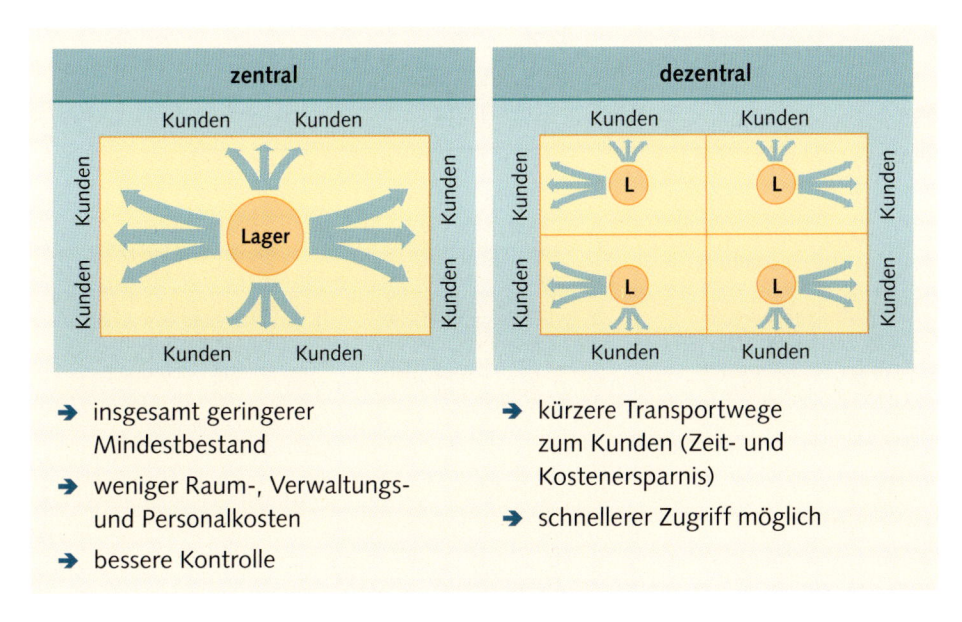

zentral
- → insgesamt geringerer Mindestbestand
- → weniger Raum-, Verwaltungs- und Personalkosten
- → bessere Kontrolle

dezentral
- → kürzere Transportwege zum Kunden (Zeit- und Kostenersparnis)
- → schnellerer Zugriff möglich

Feste (systematische) Lagerplatzzuordnung

Von systematischer Lagerhaltung spricht man, wenn jedem Artikel sein fester Lagerplatz zugeordnet wird, der immer für diesen reserviert ist. Der Vorteil liegt in der einfachen Bestimmbarkeit des Lagerortes und bei entsprechender Anordnung der Lagerplätze im schnellen Zugriff auf Artikel, die häufig ein- und ausgelagert werden.

LERNFELD 4

Freie (chaotische oder dynamische) Lagerplatzzuordnung

Wird jedem Artikel nach bestimmten Regeln irgendein freier Lagerplatz zugeordnet, spricht man von chaotischer bzw. dynamischer Lagerhaltung. Der freie Lagerplatz wird (jedesmal neu) durch ein EDV-System bestimmt, das auch den späteren Zugriff gewährleistet. Vorteile dieser Lagerplatzzuordnung liegen in der besseren Ausnutzung des Lagerplatzes und damit in der Reduzierung von Lagerraum und Lagerkosten.

4.2.2 Wirtschaftlichkeit der Lagerhaltung

■ Kosten der Lagerhaltung

Zwischen Wareneingang und Warenverkauf fallen im Lager Kosten für die Bereitstellung und Bereithaltung der Waren an. Die Senkung dieser Kosten stellt ein wichtiges Potenzial für die Wirtschaftlichkeit der Lagerhaltung dar.

Die Kosten der Lagerhaltung umfassen Kosten der **Leitung** und **Disposition**, des **Ein-** und **Auslagerns** und der **eigentlichen Lagerung**. Einige Kosten werden als fixe Kosten bezeichnet. **Fixe Kosten** sind Kosten, die über einen längeren Zeitraum unverändert bleiben, also von der Menge und dem Wert der eingelagerten Waren für einen bestimmten Zeitraum unabhängig sind (z. B. Miete eines Lagerraums). Andere Kosten sind durch die Lagermenge bzw. den Wert der eingelagerten Waren beeinflussbar. Diese Kosten werden **variable Kosten** genannt (z. B. Zinsen für das im Lager gebundene Kapital).

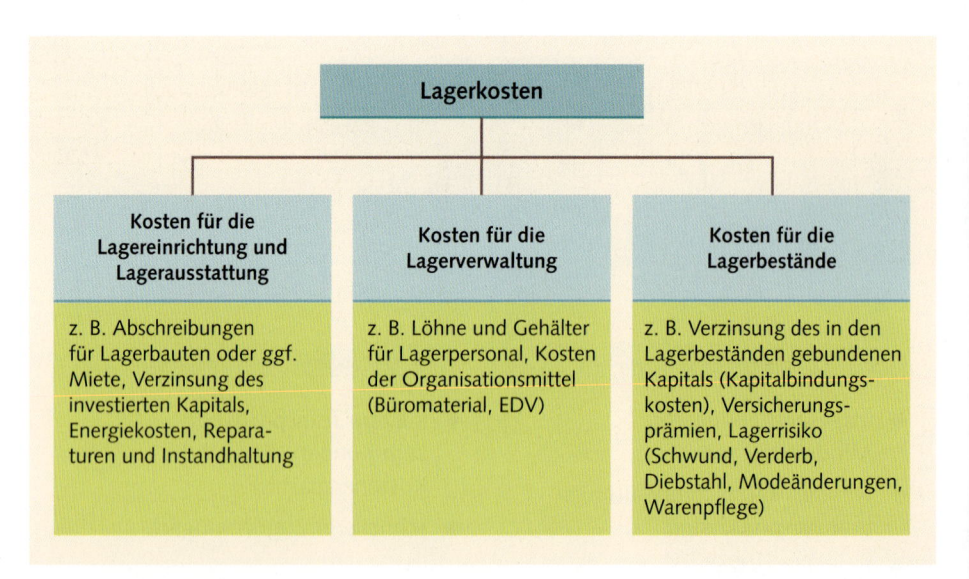

Lagerkosten		
Kosten für die Lagereinrichtung und Lagerausstattung	Kosten für die Lagerverwaltung	Kosten für die Lagerbestände
z. B. Abschreibungen für Lagerbauten oder ggf. Miete, Verzinsung des investierten Kapitals, Energiekosten, Reparaturen und Instandhaltung	z. B. Löhne und Gehälter für Lagerpersonal, Kosten der Organisationsmittel (Büromaterial, EDV)	z. B. Verzinsung des in den Lagerbeständen gebundenen Kapitals (Kapitalbindungskosten), Versicherungsprämien, Lagerrisiko (Schwund, Verderb, Diebstahl, Modeänderungen, Warenpflege)

■ Lagerkennzahlen

optimaler Lagerbestand

Die Lagerbestände sollten nicht zu hoch und nicht zu niedrig sein. **Hohe Lagerbestände** binden Liquidität und verursachen hohe Kosten, z. B. führen sie zu höheren Lagerzinsen sowie vermehrt zu Schwund, Verderb und Diebstahlrisiko. Sehr **niedrige Lagerbestände** gefährden die Produktions- und Lieferbereitschaft, erhöhen die Bestellkosten und erfordern u. U. eilige, kostspielige Bestellungen.

Beschaffungsprozesse kontrollieren

Mithilfe der **Lagerkennzahlen** können die Bestände **mengen-** und **wertmäßig** überwacht werden, um die Lagerhaltung zu optimieren.

> **Merke**
> Ein **optimaler Lagerbestand** liegt vor, wenn bei minimalen Kosten die angestrebte Liefer- und Produktionsbereitschaft gegeben ist.

Wichtige Lagerkennziffern:
- durchschnittlicher Lagerbestand
- Umschlagshäufigkeit
- durchschnittliche Lagerdauer
- Lagerzinssatz

Lagerkennziffer	Bedeutung	Berechnung
durchschnittlicher Lagerbestand	Der durchschnittliche Lagerbestand gibt an, **wie viel Kapital im Durchschnitt in einem Jahr durch die gelagerten Sachgüter gebunden ist.** Grundlagen für die Ermittlung des durchschnittlichen Lagerbestandes sind die Angaben der Inventur. Es ist sinnvoll und üblich, die Mengen mit den Einstandspreisen zu bewerten, um den durchschnittlichen Lagerbestand in Euro zu erfassen.	Der durchschnittliche Lagerbestand wird folgendermaßen ermittelt: $$\frac{\text{Anfangsbestand} + \text{Endbestand}}{2}$$ Aussagefähiger wird die Kennziffer, wenn man in die Berechnung mehrere Endbestände einbezieht (z. B. Quartalsendbestände oder Monatsendbestände). $$\frac{\text{Anfangsbestand} + 12 \text{ Monatsendbestände}}{13}$$
Umschlagshäufigkeit	Die Umschlagshäufigkeit gibt an, **wie oft der durchschnittliche Lagerbestand in einem Jahr umgesetzt wurde.** Grundlage für die Berechnung der Umschlagshäufigkeit ist neben dem durchschnittlichen Lagerbestand der Material- bzw. Wareneinsatz.	$$\frac{\text{Wareneinsatz}}{\varnothing \text{ Lagerbestand}}$$ Berechnung des Wareneinsatzes (jeweils in **EUR**): Warenanfangsbestand + Warenzugänge − Warenendbestand = Wareneinsatz
durchschnittliche Lagerdauer	Die durchschnittliche Lagerdauer ermittelt, **wie viele Tage zwischen Eingang und Ausgang der Waren/Materialien liegen.** Zur Berechnung wird die Umschlagshäufigkeit benötigt.	$$\frac{360}{\text{Umschlagshäufigkeit}}$$

LERNFELD 4

Sachgüter und Dienstleistungen beschaffen und Verträge schließen

Lagerkennziffer	Bedeutung	Berechnung
Lagerzinssatz	Der Lagerzinssatz gibt an, **wie viel Prozent Zinsen für einen Lagerumschlag** angesetzt werden müssen. Das im Lager gebundene Kapital verursacht Kosten, weil es nicht zinsbringend angelegt werden kann bzw. über Kredite finanziert wird. Zur Berechnung des Lagerzinssatzes benötigt man einen Jahreszinssatz, der sich in der Regel aus einer marktüblichen Verzinsung ergibt.	$\dfrac{\text{Jahreszinssatz} \cdot \varnothing \text{ Lagerdauer}}{360}$ oder $\dfrac{\text{Jahreszinssatz}}{\text{Umschlagshäufigkeit}}$

Beispiel

Beträgt die durchschnittliche Lagerdauer 72 Tage und unterstellt man einen Jahreszinssatz von 8 %, so können die Lagerzinsen bei einem durchschnittlichen Lagerbestand von 18 000,00 EUR folgendermaßen ermittelt werden:

$$\text{Lagerzinssatz} = \frac{8\,\% \cdot 72}{360} = 1{,}6\,\%$$

Die **pro Lagerumschlag** entstehenden **Lagerzinsen** betragen dann 288,00 EUR (1,6 % von 18 000,00 EUR).

Beurteilung der Kennzahlen

Die Wirtschaftlichkeit der Lagerhaltung wird in hohem Maße vom Lagerumschlag bestimmt. Je höher die Umschlagshäufigkeit ist, desto geringer

→ ist der Kapitalbedarf,

→ ist das Lagerrisiko (Schwund, Verderb),

→ ist die Lagerdauer,

→ sind die Kosten für die Lagerhaltung (Zinsen, Verwaltungskosten).

Auch die Liquidität und Rentabilität können durch eine Erhöhung der Umschlagshäufigkeit verbessert werden. Diese Aussage gilt jedoch nur in bestimmten Grenzen, die sich aus dem Ziel der Lieferbereitschaft und der Entwicklung der Beschaffungskosten ergeben. Eine – im Vergleich zu Durchschnittswerten der Branche bzw. ähnlich strukturierten Vergleichsbetrieben – extrem höhere Umschlagshäufigkeit lässt die Vermutung zu, dass die Lieferbereitschaft stark eingeschränkt ist bzw. hohe Beschaffungskosten in Kauf genommen werden. Marktstellung und Ertragslage der Unternehmung insgesamt, damit auch Rentabilität und Liquidität, können durch eine isolierte Betrachtung der Lagerhaltung gefährdet werden.

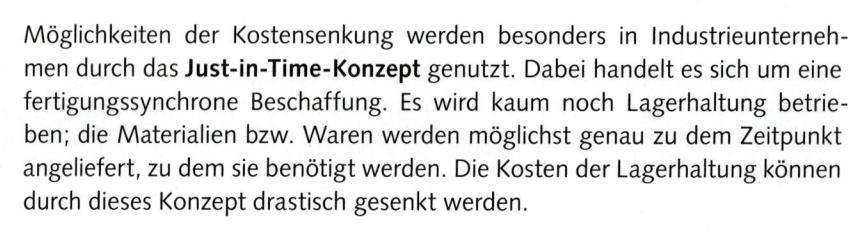

Möglichkeiten der Kostensenkung werden besonders in Industrieunternehmen durch das **Just-in-Time-Konzept** genutzt. Dabei handelt es sich um eine fertigungssynchrone Beschaffung. Es wird kaum noch Lagerhaltung betrieben; die Materialien bzw. Waren werden möglichst genau zu dem Zeitpunkt angeliefert, zu dem sie benötigt werden. Die Kosten der Lagerhaltung können durch dieses Konzept drastisch gesenkt werden.

4.3 Kaufvertragsstörungen bei der Beschaffung

Die Überwachung der Vertragserfüllung im Beschaffungsbereich ist eine wichtige Kontrollaufgabe. Anhand von terminlichen und sachlichen Eingangskontrollen kann festgestellt werden, ob der Vertragspartner seine Pflichten ordnungsgemäß erfüllt. Entspricht die Vertragserfüllung nicht den Vereinbarungen, so treten Störungen in der Erfüllung des Kaufvertrages auf. Diese können sowohl vom Verkäufer (mangelhafte Lieferung, Lieferungsverzug) als auch vom Käufer (Zahlungsverzug, Annahmeverzug) ausgehen.

4.3.1 Mangelhafte Lieferung (Schlechtleistung)

Die mangelhafte Lieferung ist eine der häufigsten Vertragsstörungen. Aufgrund des Kaufvertrages hat der Verkäufer für eine mangelfreie Lieferung zu sorgen.

Die Sache ist frei von **Sachmängeln**, wenn sie bei Gefahrenübergang die vereinbarte Beschaffenheit hat.

Die Sache ist frei von **Rechtsmängeln**, wenn Dritte in Bezug auf die Sache keine oder nur die im Kaufvertrag übernommenen Rechte gegen den Käufer geltend machen können.

> **Merke**
> Der Verkäufer hat dem Käufer die Sache frei von Sach- und Rechtsmängeln zu übergeben.

> **Beispiel**
> Beispiel für einen **Sachmangel**: Das Display des neuen Smartphones weist sichtbare Kratzer auf.
>
> Beispiel für einen **Rechtsmangel**: Der Verkäufer ist nicht Eigentümer der Sache.

Liegen Mängel vor, so kann der Käufer gegenüber dem Verkäufer bestimmte Rechte geltend machen. Die Rechte und Pflichten für Kaufverträge im Rahmen von Beschaffungsvorgängen sind den allgemeinen Regelungen der §§ 433 ff. BGB zu entnehmen. Die gesetzliche Gewährleistung tritt jedoch nicht ein für Mängel, die der Käufer bei Vertragsabschluss kannte.

§ 433 ff. BGB

■ Arten der Mängel

Nach den allgemeinen Regelungen des BGB können **Sachmängel** und **Rechtsmängel** unterschieden werden. Eine Systematisierung lässt sich auch im Hinblick auf die Arten von Mängeln und ihre Erkennbarkeit vornehmen.

Arten der Sachmängel

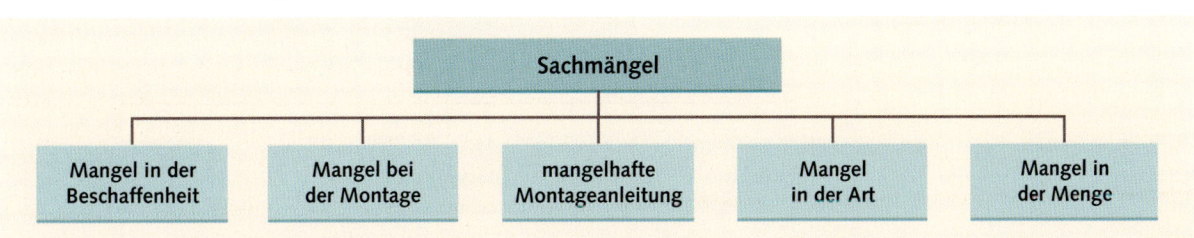

```
                        Sachmängel
   ┌───────────┬───────────┬───────────┬───────────┐
Mangel in der  Mangel bei  mangelhafte  Mangel       Mangel in
Beschaffenheit der Montage Montageanleitung in der Art der Menge
```

Sachgüter und Dienstleistungen beschaffen und Verträge schließen

Sachmängel liegen vor,

→ wenn die tatsächliche **Beschaffenheit** einer Sache bei Gefahrenübergang von der vertraglich vereinbarten oder der erwartbaren oder der (durch Werbung) zugesagten Beschaffenheit abweicht.

→ wenn die vereinbarte **Montage** durch den Verkäufer unsachgemäß durchgeführt wird.

→ wenn die **Montageanleitung** mangelhaft ist (sog. Ikea-Klausel). Wird die Montage trotz mangelhafter Anleitung fehlerfrei durchgeführt, liegt kein Sachmangel vor.

→ wenn der Verkäufer eine **andere Sache** liefert (**Mangel in der Art**/Falschlieferung).

→ wenn er eine **zu geringe Menge** liefert (Mangel in der Quantität/**Zu-wenig-Lieferung**).

Sachmängel im Hinblick auf die Erkennbarkeit

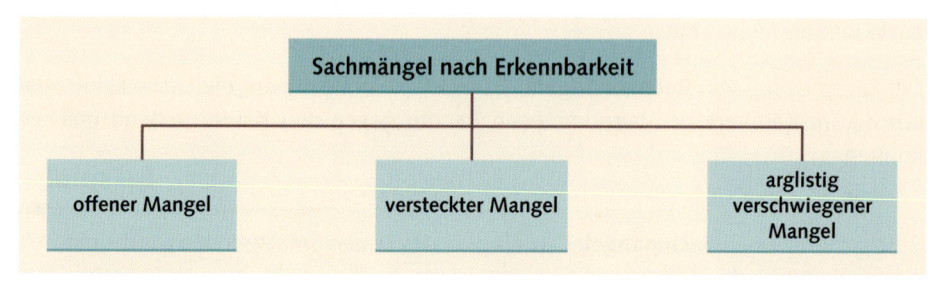

```
            Sachmängel nach Erkennbarkeit
           ┌──────────────┼──────────────┐
    offener Mangel   versteckter Mangel   arglistig
                                         verschwiegener
                                         Mangel
```

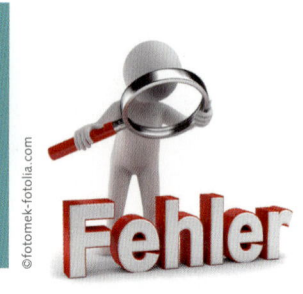

→ **Offene Mängel** sind bei sachkundiger Überprüfung sofort zu erkennen, z. B. unsauberes Dekor im Porzellan. Sind Mängel auch für einen Laien unmittelbar zu erkennen, so spricht man von **offensichtlichen Mängeln**.

→ **Versteckte Mängel** sind nicht sofort, sondern erst zu einem späteren Zeitpunkt ersichtlich, z. B. Materialfehler.

→ **Arglistig verschwiegene Mängel** sind versteckte Mängel, die vom Lieferer absichtlich verschwiegen werden, um daraus Vorteile zu ziehen, z. B. Unfallschaden wird vom Verkäufer eines Gebrauchtwagens verheimlicht.

■ Pflichten des Käufers

Damit die Rechte aus der Mängelhaftung geltend gemacht werden können, muss der Käufer – insbesondere bei Beschaffungsvorgängen als Handelskauf – bestimmte Pflichten erfüllen.

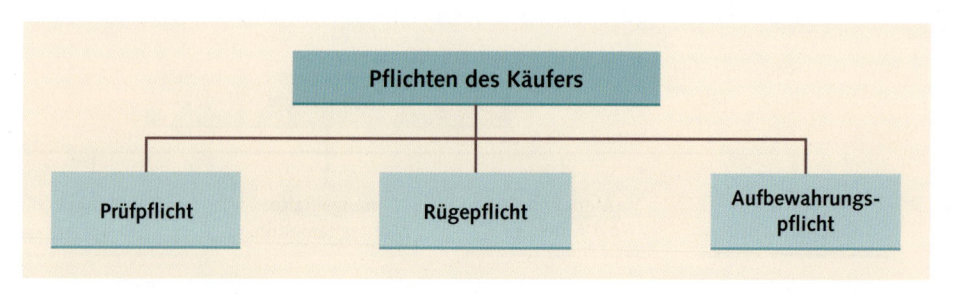

```
              Pflichten des Käufers
        ┌──────────────┼──────────────┐
   Prüfpflicht     Rügepflicht    Aufbewahrungs-
                                     pflicht
```

Beschaffungsprozesse kontrollieren

	Zweiseitiger Handelskauf	Einseitiger Handelskauf als Verbrauchsgüterkauf
Prüfpflicht	Zu prüfen ist **unverzüglich** nach der Ablieferung; unverzüglich heißt „ohne schuldhaftes Verzögern".	Zu prüfen ist **innerhalb der gesetzlich festgelegten Gewährleistungsfrist von 2 Jahren**. Die Gewährleistungsfrist bei **gebrauchten** Gegenständen kann bis auf 1 Jahr reduziert werden.
Rügepflicht	Zu rügen sind • **offene Mängel** unverzüglich nach Lieferung, sonst ist Genehmigung erteilt. • **versteckte Mängel** unverzüglich nach Entdeckung, spätestens 2 Jahre nach Lieferung, sonst ist Verjährung eingetreten.	Zu rügen ist **innerhalb von 2 Jahren nach Lieferung**, sonst ist Verjährung eingetreten. Mit Ablauf der Gewährleistungsfrist verjähren bei beweglichen Sachen die Ansprüche aus mangelhafter Lieferung.
	Arglistig verschwiegene Mängel sind **innerhalb von 3 Jahren nach Entdeckung** des Mangels zu rügen, sonst ist Verjährung eingetreten. Die Verjährungsfrist beginnt mit dem Ende des Jahres, in dem der Mangel entdeckt wurde.	
Aufbewahrungspflicht	Beim **Platzkauf** kann der Käufer die beanstandete Ware auf Kosten des Verkäufers sofort **zurückschicken**. Beim **Distanzkauf** ist der Käufer grundsätzlich verpflichtet, die beanstandete Ware **ordnungsgemäß aufzubewahren**, um unnötige Transportkosten zu vermeiden. Sie muss dem Verkäufer zur Verfügung gestellt werden, d. h., der Verkäufer kann entscheiden, was damit geschehen soll (z. B. Abholung und Weiterleitung an einen anderen Käufer in der Nähe). Jenseits dieser gesetzlichen Regelung können vertraglich andere Vereinbarungen getroffen werden.	

Merke

Zeigt sich beim **Verbrauchsgüterkauf** innerhalb von sechs Monaten seit Gefahrenübergang ein Sachmangel, so wird vermutet, dass die Sache bereits bei Gefahrenübergang mangelhaft war (**Umkehrung der Beweislast**). Gegebenenfalls muss der Verkäufer beweisen, dass die Ware nicht mit Mängeln behaftet war.

Verbrauchsgüterkauf:

Verkäufer = Unternehmer

Käufer = Verbraucher

Kaufgegenstand = bewegliche Sache

■ Gesetzliche Rechte des Käufers

Der Käufer kann bei mangelhafter Lieferung die gesetzlichen Rechte in Anspruch nehmen. Der Verkäufer einer Sache haftet allerdings nicht,

§ 442 BGB

→ wenn der Käufer bei Vertragsabschluss den Mangel kannte.

→ wenn dem Käufer der Mangel infolge grober Fahrlässigkeit unbekannt geblieben ist. (**Ausnahme:** Der Verkäufer hat den Mangel arglistig verschwiegen oder eine Garantie für die Beschaffenheit der Sache übernommen.)

Sachgüter und Dienstleistungen beschaffen und Verträge schließen

Radmarkt Reif KG — Das Kaufhaus rund ums Rad

Radmarkt Reif KG, Schlossgraben 30, 45657 Recklinghausen

Alpina Velo GmbH
Frau Helmig
Industriepark 16
48143 Münster

Ihr Zeichen: he
Ihre Nachricht vom: 02.05.20..
Unser Zeichen: pe
Unsere Nachricht vom: 01.05.20..

Name: Sandra Pelzig
Telefon: 02361 2409-33
Telefax: 02361 2409-58
E-Mail: info@radmarkt-reif.de

Datum: 10.05.20..

Reklamation

Sehr geehrte Frau Helmig,

heute haben wir Ihre Lieferung von 40 Fahrradhelmen der Marke Velo Alpina Giro in den Farben weiß und matt schwarz erhalten. Danke für die zügige Lieferung.

Allerdings beinhaltet die Warenlieferung 12 weiße Helme in der falschen Größe: Statt der bestellten Größen 52 – 57 wurde die Größe 56 – 62 geliefert.

Wir bitten um schnellstmögliche Nachlieferung der Helme in der korrekten Größe.

Bitte teilen Sie uns auch mit, wie wir mit den Helmen der falschen Größe verfahren sollen.

Mit freundlichen Grüßen

Radmarkt Reif KG

Sandra Pelzig

i. A. Sandra Pelzig

Handelsregister: HRA 1222
USt.-IdNr.: DE14627991
Erfüllungsort und Gerichtsstand: Recklinghausen

Homepage:
www.radmarkt-reif.com

Bankverbindung
Sparkasse Vest Kto. 170642
IBAN DE45 4265 0100 0000 1706 42
BIC WELADED1REK

Beschaffungsprozesse kontrollieren

Im Falle einer berechtigten Mängelrüge steht bei der Inanspruchnahme von Rechten an erster Stelle die **„Nacherfüllung"**, gegebenenfalls in Verbindung mit „einfachem" Schadensersatz.

§ 280 BGB

Beispiel

Ein Verbraucher kauft eine Wohnzimmerwand. Es wird Lieferung frei Haus und Montage der Wand durch den Lieferanten vereinbart. Eine Woche nach Lieferung und Montage stürzt ein Teil der Wand zusammen und zerstört u. a. die HiFi-Anlage. Es stellt sich heraus, dass der Monteur entgegen den Angaben des Herstellers eine nicht ausreichend dimensionierte Befestigung gewählt hatte. „Es wird schon halten", war seine Aussage. Neben der Nacherfüllung (korrekter Aufbau der Wohnzimmerwand) ist auch der entstandene Schaden (zerstörte HiFi-Anlage) zu ersetzen.

§ 475 BGB

Die weiteren Rechte sind **nachrangige Rechte**. Das bedeutet, dass vor Inanspruchnahme der weiteren Rechte dem Verkäufer unbedingt das **Recht zur Nacherfüllung** eingeräumt werden muss. Dabei steht dem Käufer grundsätzlich ein Wahlrecht zwischen Nachbesserung und Neulieferung zu, allerdings nur, wenn seine Wahl für den Verkäufer nicht unzumutbar bzw. unmöglich ist.

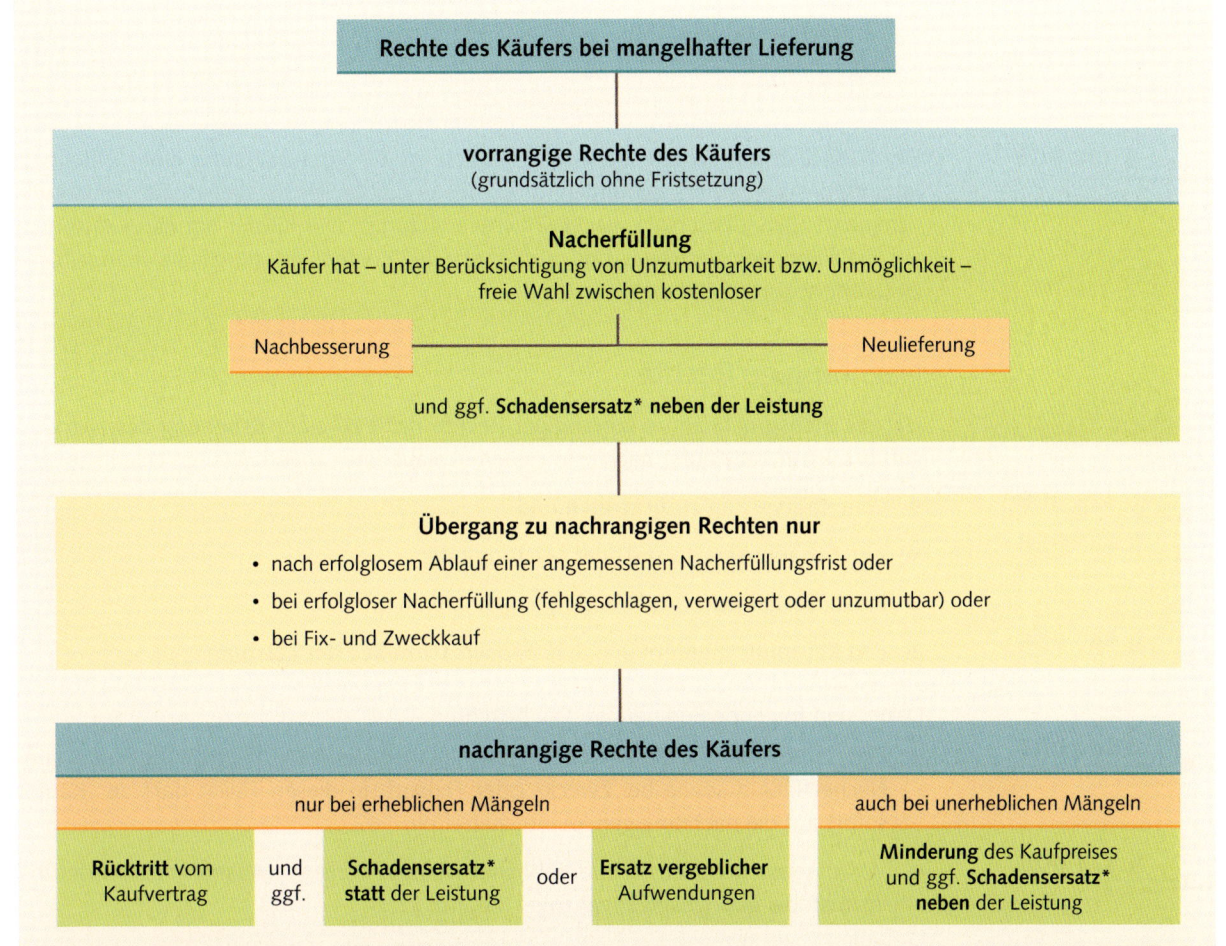

Rechte des Käufers bei mangelhafter Lieferung

vorrangige Rechte des Käufers
(grundsätzlich ohne Fristsetzung)

Nacherfüllung
Käufer hat – unter Berücksichtigung von Unzumutbarkeit bzw. Unmöglichkeit – freie Wahl zwischen kostenloser

| Nachbesserung | Neulieferung |

und ggf. **Schadensersatz*** neben der Leistung

Übergang zu nachrangigen Rechten nur
- nach erfolglosem Ablauf einer angemessenen Nacherfüllungsfrist oder
- bei erfolgloser Nacherfüllung (fehlgeschlagen, verweigert oder unzumutbar) oder
- bei Fix- und Zweckkauf

nachrangige Rechte des Käufers

nur bei erheblichen Mängeln	auch bei unerheblichen Mängeln
Rücktritt vom Kaufvertrag und ggf. **Schadensersatz* statt** der Leistung oder **Ersatz vergeblicher Aufwendungen**	**Minderung** des Kaufpreises und ggf. **Schadensersatz* neben** der Leistung

* Voraussetzungen für das Recht auf Schadensersatz sind grundsätzlich ein nachweisbarer Schaden und Verschulden des Verkäufers.

LERNFELD 4

Sachgüter und Dienstleistungen beschaffen und Verträge schließen

Vorrangige Rechte

Der Käufer kann als Nacherfüllung nach seiner Wahl

- die kostenlose Beseitigung des Mangels (Nachbesserung) oder
- die kostenlose Lieferung einer mangelfreien Sache verlangen (Neulieferung, § 439 BGB) und
- gegebenenfalls Schadensersatz neben der Leistung

verlangen.

§ 439, III BGB
§ 275 BGB

Auf ein **Verschulden** des Verkäufers kommt es bei der Nacherfüllung **nicht** an. Dieser kann jedoch die vom Käufer gewählte Art der Nacherfüllung **verweigern**, wenn sie **unverhältnismäßig hohe Kosten** verursachen würde (Unzumutbarkeit) bzw. **Unmöglichkeit** vorliegt.

Verweigert der Verkäufer beide Arten der Nacherfüllung oder ist die **Nacherfüllung fehlgeschlagen** oder unzumutbar, so kann der Käufer auf die **nachrangigen Rechte** zurückgreifen.

> **Merke**
>
> Eine Nachbesserung gilt in der Regel nach einem zweiten erfolglosen Versuch als fehlgeschlagen.

§ 280 BGB

Der Anspruch auf **Schadensersatz** ist jedoch an die **Voraussetzung einer Pflichtverletzung** des Verkäufers gebunden, d. h., der Verkäufer leistet schuldhaft nicht so wie vereinbart (Schadensersatz wegen Pflichtverletzung). Der Käufer hat dann Anspruch auf Erfüllung des Vertrages **und** auf Ersatz der Kosten, die durch die mangelhafte Lieferung verursacht wurden.

Nachrangige Rechte

Hat die Inanspruchnahme vorrangiger Rechte nicht zu einer Behebung des Mangels geführt, kann der Käufer nach erfolglosem Ablauf einer angemessenen Nachfrist

§ 323 BGB
§ 281 BGB

- vom Kaufvertrag **zurücktreten** und
- ggf. **Schadensersatz statt der Leistung** oder
- **Ersatz vergeblicher Aufwendungen** verlangen oder

§ 441 BGB

- den **Kaufpreis mindern** und **Schadensersatz neben der Leistung** verlangen.

Dabei sind folgende Bedingungen zu beachten:

§ 440 BGB

- Eine **Fristsetzung entfällt** bei fehlgeschlagener, verweigerter oder unzumutbarer Nacherfüllung sowie bei Zweck- oder Fixkauf. In diesen Fällen darf der Käufer sofort auf die nachrangigen Rechte zugreifen.

§ 323 BGB

- Voraussetzung ist, dass ein **erheblicher Mangel** vorliegt. (**Ausnahme:** Minderung ist auch bei geringfügigem Mangel möglich.)
- Schadensersatz kann grundsätzlich nur bei **nachweisbarem Schaden** und **Verschulden** des Verkäufers verlangt werden.

LERNFELD 4

	unerheblicher Mangel	erheblicher Mangel
kein Verschulden des Verkäufers	Minderung	Rücktritt
Verschulden des Verkäufers	Minderung und ggf. Schadensersatz neben der Leistung	Rücktritt und ggf. Schadensersatz statt der Leistung oder Ersatz vergeblicher Aufwendungen

■ Produkthaftung

Im Zeitalter moderner Vertriebssysteme wird eine Ware nur in seltenen Fällen direkt beim Hersteller gekauft. Vertragliche Ansprüche entstehen daher im Regelfall nur durch den Kaufvertrag zwischen Verkäufer und Käufer. Das Produkthaftungsgesetz erweitert diese Haftung. Es besagt, dass auch der Hersteller direkt für Schäden haftet, die durch Fehler des Produktes an Personen oder Sachen verursacht werden. Ein Verschulden muss den Hersteller dabei nicht treffen. Es reicht für die Produkthaftung aus, wenn das Produkt nicht dem Standard entspricht, der allgemein berechtigterweise erwartet werden kann.

Produkthaftungsgesetz
- Groß- und Einzelhändler
- Importeur
- Zulieferer
- Hersteller

Beispiel

Die Bremsanlage eines Fahrzeuges muss der Größe des Wagens angepasst sein. Babyspielzeug darf nicht abfärben, scharfe Kanten haben oder so klein sein, dass es verschluckt werden könnte.

Der Geschädigte kann sich mit seinen Ansprüchen nicht nur an den eigentlichen Hersteller wenden, sondern es haften auch der Zulieferer, der Importeur, der Großhändler und der Einzelhändler.

Wird ein Produkt nicht von einem Hersteller alleine gefertigt (z. B. in der Autoindustrie), haftet derjenige, in dessen Aufgabenbereich das Fehlverhalten fällt. Kann der Ersatzpflichtige nicht ermittelt werden, so können alle Beteiligten gemeinsam zur Haftung herangezogen werden.

Merke

Gewährleistung: gesetzliche Mängelhaftung

Garantie: freiwillige Selbstverpflichtung

Kulanz: freiwillige Leistung

■ Garantie

Mit einer Garantieerklärung verpflichtet sich der Hersteller oder Lieferant freiwillig über die gesetzlichen Rechte hinaus. Garantieerklärungen müssen für den Verbraucher einfach und verständlich abgefasst sein. Sie müssen einen Hinweis auf die gesetzlichen Rechte (mit Hinweis, dass diese durch die Garantie nicht eingeschränkt werden) sowie insbesondere Angaben wie die Dauer, den räumlichen Geltungsbereich und Namen und Anschrift des Garantiegebers enthalten. Ein Verbraucher kann Mitteilung in Textform verlangen. Die Nichterfüllung einer dieser Anforderungen entbindet nicht von der Wirksamkeit der Garantieverpflichtung.

TRONIK*PROFI*   Werksgarantie

GARANTIEURKUNDE FÜR Blu-ray-PLAYER

weltweite Werksgarantie

TRONIK*PROFI* räumt Ihnen als Eigentümer des Gerätes eine Garantie für die Dauer von

drei Jahren

ab Datum der Inbetriebnahme ein.

In diesem Zeitraum werden an dem Gerät festgestellte Mängel oder Fabrikationsfehler vom TRONIK*PROFI* Werkskundendienst kostenlos behoben. Die gesetzlichen Rechte des Verbrauchers werden durch diese Garantie nicht eingeschränkt.

Tronik PROFI, PLZ 70173 Stuttgart, Am Wall 12

LERNFELD 4

Sachgüter und Dienstleistungen beschaffen und Verträge schließen

4.3.2 Lieferungsverzug (Nicht-Rechtzeitig-Lieferung)

Der Kaufvertrag verpflichtet den Verkäufer auch, die bestellten Waren zur rechten Zeit am rechten Ort zu übergeben. Liefert er nicht rechtzeitig, so gerät er unter bestimmten Voraussetzungen in Lieferungsverzug.

Merke

Lieferungsverzug liegt vor, wenn der Verkäufer schuldhaft nicht oder nicht rechtzeitig leistet.

■ Voraussetzungen des Lieferungsverzugs

Um festzustellen, ob ein Lieferer in Verzug gerät, müssen zunächst die Voraussetzungen für das Vorliegen dieser Leistungsstörung geprüft werden.

Voraussetzungen	Erläuterungen
Fälligkeit der Lieferung (§§ 271, 286 BGB) Die Lieferung muss **fällig** sein, d. h. vom Käufer verlangt werden können. Der Schuldner hat **nicht** oder **nicht rechtzeitig** geleistet. Zu unterscheiden ist, ob die Fälligkeit erst **mit** oder bereits **ohne Mahnung** gegeben ist.	**Mahnung erforderlich** Grundsätzlich muss die Lieferung vom Käufer bei oder nach Eintritt der Fälligkeit angemahnt werden. Der Verzug beginnt dann mit dem Tag der Zustellung der Mahnung. **Eine Mahnung ist nicht erforderlich,** • wenn die Lieferung **kalendermäßig bestimmt ist** (z. B. Fixkauf: Lieferung am 22.07.) oder kalendermäßig **bestimmbar** ist (z. B. Lieferung in der 7. Kalenderwoche). Weder bestimmt noch bestimmbar ist z. B. eine Lieferung mit der Vereinbarung: Lieferung ab Mitte August, Lieferung sofort. • bei **Zweckkauf**, d. h., die Lieferung ist nach einem bestimmten Ereignis für den Käufer bedeutungslos (z. B. normalerweise Feuerwerkskörper nach Silvester). • bei **Selbstinverzugsetzung** des Verkäufers, d. h., der Verkäufer verweigert ernsthaft und endgültig die Leistung. • aus **besonderen Gründen** unter Abwägung der beiderseitigen Interessen. Der Verzug beginnt in diesen Fällen mit der Fälligkeit der Lieferung.
Verschulden des Schuldners (§§ 276, 278 BGB) Der Schuldner hat das Unterbleiben der Leistung zu vertreten, wenn insbesondere ein **Verschulden** des Lieferers oder seines Erfüllungsgehilfen vorliegt. Verschulden ist grundsätzlich gegeben bei **Fahrlässigkeit** oder **Vorsatz**.	**Fahrlässigkeit** liegt vor, wenn der Lieferer die den Umständen nach **angemessene Sorgfalt außer Acht** lässt, z. B. eine wichtige geschäftliche Terminplanung fehlerhaft vornimmt. **Vorsatz** liegt vor, wenn **mit Absicht eine rechtswidrige Handlung vorgenommen** und Schaden bewusst in Kauf genommen wird. Dies ist der Fall, wenn z. B. ein Einzelstück nach Vertragsabschluss einem anderen verkauft wird, da man einen höheren Preis erzielen kann.

Liegt **Unmöglichkeit der Leistung** vor, so besteht **kein Lieferungsverzug** (§ 275 BGB). Der Schuldner kommt also grundsätzlich nicht in Verzug, solange die Leistung infolge eines Umstands unterbleibt, den er nicht zu vertreten hat (z. B. Flutkatastrophe, Streik). Gleichwohl kann der Gläubiger dann nach anderen Paragraphen des BGB Schadensersatz statt der Leistung verlangen.

Rechte des Käufers bei Lieferungsverzug

Wenn die Voraussetzungen erfüllt sind, kann der Käufer wahlweise folgende Rechte geltend machen:

Rechte des Käufers bei Lieferungsverzug	
ohne Nachfrist	**mit Nachfrist** (entfällt bei: Fixkauf, Zweckkauf, Selbstinverzugsetzung)
• Bestehen auf **Erfüllung des Vertrages** und/oder • **Schadensersatz** wegen verspäteter Lieferung (Verzögerungsschaden verlangen)	• **Rücktritt** vom Vertrag und/oder • **Schadensersatz** statt der Lieferung bzw. • **Ersatz vergeblicher Aufwendungen**

Eine grundsätzlich zu setzende **Nachfrist** gilt als **angemessen**, wenn der Lieferer noch die Möglichkeit der Warenlieferung hat, ohne die Ware erst produzieren oder beschaffen zu müssen.

Rechte des Käufers	Erläuterungen
Erfüllung des Vertrages	Der Käufer **besteht auf** – verspäteter – **Lieferung** (Erfüllung des Vertrages). Dieses Recht wird er in Anspruch nehmen, wenn er die Ware nicht dringend benötigt und sie anderweitig nicht günstiger oder vielleicht überhaupt nicht beschaffen kann.
Erfüllung des Vertrages und Schadensersatz (§§ 280, 286 BGB)	Der Käufer **besteht auf** – verspäteter – **Lieferung** (Erfüllung des Vertrages). Der Lieferer hat ihm jedoch darüber hinaus auch den durch die Verzögerung entstandenen **Schaden zu ersetzen**. **Beispiel:** Ein Schaden entsteht durch Produktionsausfall, weil die Materialien nicht rechtzeitig geliefert werden.
Rücktritt vom Vertrag (§ 323 BGB)	Der Käufer kann vom Vertrag zurücktreten. Voraussetzung ist grundsätzlich, dass er dem Lieferer nach Eintritt des Lieferungsverzuges eine **angemessene Nachfrist** gesetzt hat. Der Käufer muss dabei erklären, dass er die Annahme der Leistung nach Ablauf der Frist ablehnt. **Beispiel:** Sind entsprechende Leistungen inzwischen von anderen Anbietern günstiger zu beziehen, so wird der Käufer nicht mehr auf Erfüllung des Vertrages bestehen, sondern zurücktreten und einen neuen Kaufvertrag mit dem günstigeren Lieferer abschließen.
Schadensersatz statt der Leistung (§ 281 BGB) bzw. **Ersatz vergeblicher Aufwendungen**	Der Käufer kann auch **Schadensersatz statt der Leistung** bzw. **Ersatz vergeblicher Aufwendungen** geltend machen. Voraussetzung ist auch in diesem Fall, dass er dem Lieferer zuvor eine **angemessene Nachfrist** gesetzt hat. **Beispiel:** Ist die Nachfrist abgelaufen, kann der Käufer bei einem anderen Lieferer einen **Deckungskauf** vornehmen und einen eventuellen Mehrpreis dem in Verzug geratenen Lieferer in Rechnung stellen (**Schadensersatz statt der Leistung**) bzw. z. B. die Kosten für unbrauchbar gewordene Werbeprospekte geltend machen (**Ersatz vergeblicher Aufwendungen**).

Sachgüter und Dienstleistungen beschaffen und Verträge schließen

■ Schadensberechnung

Durch Schadensersatz soll der Geschädigte wieder so gestellt werden, wie er zuvor gestellt war. Die Entschädigung erfolgt meistens in Geld. Der Käufer muss den Schaden jedoch durch eine Schadensberechnung nachweisen. Man unterscheidet folgende Möglichkeiten:

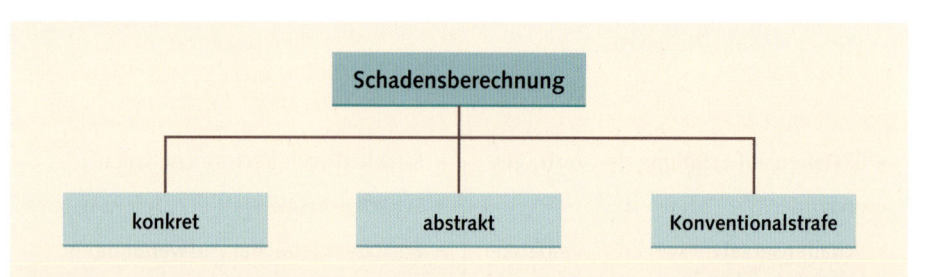

```
                    Schadensberechnung
                    /       |        \
              konkret    abstrakt   Konventionalstrafe
```

Schadens-berechnung	Erläuterungen
konkrete Schadens-berechnung	Hat der Käufer z. B. einen Deckungskauf vorgenommen, für den er einen höheren Preis bezahlen musste, so ist der **Schaden** anhand der Rechnung **tatsächlich zu bestimmen**. Der Mehrpreis kann als konkreter Schaden geltend gemacht werden.
abstrakte Schadens-berechnung	Häufig ist es schwierig, den Schaden exakt festzustellen, z. B. wenn aufgrund einer Nichtlieferung ein Auftrag nicht ausgeführt werden konnte, Gewinn entgangen ist oder eine Rufschädigung erfolgte. Solche abstrakten Schäden führen nicht selten zu **gerichtlichen Auseinandersetzungen**.
Konventional-strafe	Um Streitigkeiten bei der Schadensermittlung zu vermeiden, kann im Kaufvertrag die Zahlung einer **Vertragsstrafe** (Konventionalstrafe) vereinbart werden. Tritt der Lieferungsverzug ein, so ist die vorher vertraglich festgelegte Geldsumme fällig – eine entsprechende konkrete Schadenshöhe muss grundsätzlich nicht belegt werden.

■ Haftung des Schuldners während des Lieferungsverzugs

§ 287 BGB

Der **Schuldner (Lieferer)** hat während des Verzugs jede Fahrlässigkeit zu vertreten. Er ist auch für die während des Verzugs durch Zufall eintretenden Schäden **verantwortlich**, es sei denn, dass der Schaden auch bei rechtzeitiger Leistung eingetreten sein würde.

4.3.3 Annahmeverzug

Der Kaufvertrag verpflichtet die Vertragspartner die jeweils ordnungsgemäß angebotene Leistung des anderen anzunehmen. Damit der Schuldner (Verkäufer) seine Leistung erfüllen kann, ist er auf die Mitwirkung des Gläubigers (Käufers) angewiesen. Nimmt der Käufer die ordnungsgemäß bereitgestellte Leistung nicht an, so liegt Annahmeverzug vor. Da also der Käufer als Gläubiger die Mitwirkung bei der Vertragserfüllung unterlässt, spricht man von Gläubigerverzug.

Beschaffungsprozesse kontrollieren

Der Verkäufer bietet seine Leistung ordnungsgemäß an, wenn er

→ zur rechten Zeit,

→ am rechten Ort,

→ die richtige Ware,

→ mangelfrei

bereitstellt.

■ Voraussetzungen

Daraus ergeben sich die Voraussetzungen, die geprüft werden müssen, um festzustellen, ob Annahmeverzug (als Gläubigerverzug) vorliegt.

Voraussetzungen	Erläuterungen
Fälligkeit der Lieferung (§§ 271, 2 BGB) Fälligkeit bezeichnet den **Zeitpunkt**, zu dem der **Gläubiger** (hier: Käufer) **die Leistung verlangen** kann, der Schuldner (hier: Verkäufer) die **Leistung bewirke**n kann (z. B. ein vereinbarter Liefertermin).	Allerdings kann es zu der Situation kommen, dass der Schuldner bereits zu einer Zeit leisten darf, zu der der Gläubiger die Leistung noch nicht verlangen darf. Dann ergibt sich aus der Vertragsverbindung ein Abstimmungserfordernis, das den beiderseitigen Interessen genügen kann. **Beispiel:** Es wurde Lieferung in der 15. Kalenderwoche vereinbart. Die Leistung kann zu Wochenbeginn erfolgen, aber erst am Ende der Woche verlangt werden.
Tatsächliches Anbieten (§ 296 BGB) Tatsächliches Anbieten bedeutet, dass der Gläubiger gleichsam nur noch „**zugreifen**" und annehmen muss. Nur im Ausnahmefall – z. B. wenn der Gläubiger bereits erklärt hat, dass er nicht annehmen wird, – genügt ein **wörtliches Anbieten** der Leistung.	Ein Anbieten ist jedoch entbehrlich, wenn die Leistung an eine vom Gläubiger vorzunehmende Handlung gebunden ist, die nach dem Kalender bestimmt ist und vom Gläubiger nicht rechtzeitig vorgenommen wird. **Beispiel:** Im Kaufvertrag wurde vereinbart, dass der Käufer dem Antiquitätenhändler bis zum 20.10.20.. einen Transportbehälter für die kostbare Bodenvase zur Verfügung stellt. Der Käufer stellt diesen nicht fristgerecht zur Verfügung. Ein tatsächliches Anbieten ist deshalb entbehrlich.
Nichtannahme der Leistung (§ 299 BGB) Nichtannahme der Leistung führt unter diesen Voraussetzungen grundsätzlich – und zwar auch **ohne Verschulden** – **zum Annahmeverzug**.	Lediglich für den Fall, dass eine Leistungszeit unbestimmt bzw. der Schuldner zu vorzeitiger Leistung berechtigt ist, tritt bei vorübergehender Annahmeverhinderung ein Verzug nur dann ein, wenn die Leistung eine angemessene Zeit vorher angekündigt wurde. **Beispiel:** Ein Möbelhaus liefert ohne vorherige Ankündigung die Möbel, die vereinbarungsgemäß „in den nächsten Tagen" geliefert werden sollten. Der Käufer tätigt zurzeit seine Einkäufe. **Annahmeverzug liegt nicht vor**, da eine tagelange ständige Anwesenheit unzumutbar ist. **Beispiel:** Angenommen, die Möbellieferung war frühzeitig für den Nachmittag ab 14:00 Uhr angekündigt. Wegen Straßensperrungen aufgrund von Hochwasser erreicht der Käufer seine Wohnung erst um 15:00 Uhr. Der Möbelwagen ist bereits wieder abgefahren. **Annahmeverzug liegt vor**, obwohl den Käufer kein Verschulden trifft.

LERNFELD 4

Sachgüter und Dienstleistungen beschaffen und Verträge schließen

■ Rechtsfolgen von Annahmeverzug

§ 300 BGB

Tritt Annahmeverzug ein, so ist der **Schuldner** (hier: Verkäufer) zwar grundsätzlich nicht von seiner Leistungspflicht befreit, er **haftet** aber nur noch **für grobe Fahrlässigkeit** (also für ein Verhalten, das die Sorgfaltsgebote in schwerwiegender Weise verletzt: z. B. Alkohol im Straßenverkehr) und **Vorsatz**. Es bestehen damit Haftungserleichterungen. Die **Gefahr für den zufälligen Untergang** der Ware trägt nun der Gläubiger (hier: Käufer).

Beispiel

> Auf dem Rücktransport wird der Auslieferungsfahrer des Möbelhauses in einen Verkehrsunfall verwickelt, bei dem die Serienmöbel zu Bruch gehen.
>
> (1) Der Kunde war in Annahmeverzug und dem Fahrer kann allenfalls leichte Fahrlässigkeit vorgeworfen werden: Der Kunde haftet und muss die Möbelrechnung bezahlen; der Verkäufer ist von seiner Leistungspflicht befreit.
>
> (2) Der Kunde war in Annahmeverzug und dem Fahrer kann grobe Fahrlässigkeit nachgewiesen werden: Der Verkäufer ist von seiner Leistungspflicht nicht befreit, er haftet.
>
> (3) Der Kunde war nicht in Annahmeverzug: Der Verkäufer ist von der Leistungspflicht nicht befreit, er haftet bzw. trägt auch die Gefahr des zufälligen Untergangs.

■ Rechte des Käufers bei Annahmeverzug

§§ 293 ff. BGB

Bevor sich der Verkäufer für die Wahrnehmung eines Rechts entscheidet, wird er unter wirtschaftlichen Gesichtspunkten prüfen, ob eine Verständigung mit dem Käufer sinnvoll und möglich ist (z. B. kulante Rücknahme im Interesse langjähriger bzw. zukunftsträchtiger Geschäftsbeziehungen oder bei anderweitiger, günstigerer Veräußerungschance). Ein **Rücktrittsrecht** des Verkäufers **ergibt sich** aus dem Gläubigerverzug nicht.

§ 373 HGB

Wird eine einvernehmliche Regelung nicht gefunden, so hat der Verkäufer beim (ein- und zweiseitigen) Handelskauf grundsätzlich wahlweise die folgenden Rechte aus Gläubigerverzug:

Rechte des Verkäufers aus Annahmeverzug

- Ersatz von Mehraufwendungen
- Hinterlegung der Ware
- Selbsthilfeverkauf
  - öffentliche Versteigerung
  - freihändiger Verkauf

ggf. Klage auf
- Abnahme
- Ersatz von Mehraufwendungen
- Erstattung von Mindererlös
- Schadensersatz statt der Leistung oder
- Ersatz des Vermögensschadens

(ggf. Erstattung von Mindererlös)

LERNFELD 4

Beschaffungsprozesse kontrollieren

Rechte	Erläuterungen
Ersatz von Mehraufwendungen (§ 304 BGB)	Der Verkäufer kann Ersatz von Mehraufwendungen verlangen, die er z. B. für das **erfolglose Anbieten** (Transportkosten) sowie für die **Aufbewahrung und Erhaltung der Ware** (Lagerkosten) machen musste – also nur von tatsächlichen und erforderlichen Mehraufwendungen (z. B. kann Miete, die für den Raum hätte erzielt werden können, in dem der Verkäufer die Ware aufbewahrt, nicht gefordert werden).
	Will der Verkäufer auf Einhaltung des Vertrages (Abnahme der Leistung) bestehen, so muss er dies gegebenenfalls auf dem Klageweg per Klage auf Abnahme durchsetzen.
Hinterlegung der Ware (§ 373 I HGB)	Hinterlegt der Verkäufer die Ware in einem öffentlichen Lagerhaus oder in sonst sicherer Weise (z. B. bei einem Geschäftsfreund), so kann er sich dadurch von seiner **Leistungspflicht befreien**. Kosten und Gefahr hat der Käufer zu tragen.
Selbsthilfeverkauf (§ 373 II HGB)	Durch einen Selbsthilfeverkauf kann der Verkäufer in vielen Fällen schneller zu seinem Geld (oder zumindest einem erheblichen Teil) kommen. Dabei ist zu beachten: • Der Verkauf ist in Form einer **öffentlichen Versteigerung** durchzuführen. • Dem Käufer ist eine **Frist** zu **setzen** und die **Versteigerung anzudrohen**. Handelt es sich um **verderbliche Sachen** und ist Gefahr im Verzug, so können Androhung und Fristsetzung unterbleiben. Man bezeichnet dies als **Notverkauf**. • Der Verkäufer muss über **Ort und Zeit der Versteigerung** benachrichtigt werden. Käufer und Verkäufer können bei der Versteigerung mitbieten. • Dem Käufer ist das **Ergebnis der Versteigerung** mitzuteilen. Ein eventueller Mindererlös gegenüber dem vereinbarten Kaufpreis geht zu Lasten des Käufers; entsprechend erhält er einen etwaigen Mehrerlös.

4.4 Zusammenfassung und Aufgaben

Zusammenfassung

Bestellüberwachung und Wareneingangskontrolle

Terminkontrolle mittels EDV-Warenwirtschaftssystem

1. Prüfung (sofort): Prüfen der eingegangenen Sendung
(Anschrift, Vergleich Lieferschein – Bestellung, Beschädigung an der Verpackung)

2. Prüfung (unverzüglich): Prüfen der Ware auf Mängel

Kontrollmeldung an Disposition, ggf. Mängelrüge

Lagerhaltung

Aufgaben der Lagerhaltung: Produktions- und Lieferbereitschaft sichern, Zeitüberbrückung, Raumüberbrückung, Unregelmäßigkeiten auf dem Beschaffungsmarkt ausgleichen, Einkaufsvorteile nutzen, Umformungs- bzw. Reifungsprozess ermöglichen

Lagerarten:
- Industrie: Materiallager, Handlager, Zwischenlager
- Handel: Versandlager, Verkaufslager, Reservelager, Ausstellungslager
- offenes oder geschlossenes Lager
- Eigen- oder Fremdlager

LERNFELD 4

Sachgüter und Dienstleistungen beschaffen und Verträge schließen

LERNFELD 4

Lagerorganisation:
systematische oder chaotische Lagerplatzzuordnung, zentrales oder dezentrales Lager

Kosten der Lagerhaltung:
Lagereinrichtung und Lagerausstattung, Lagerverwaltung, Lagerbestände/Kapitalbindung

Lagerkennziffern:
- durchschnittlicher Lagerbestand = z. B. $\dfrac{AB + EB}{2}$
- durchschnittliche Lagerdauer = $\dfrac{360}{\text{Umschlagshäufigkeit}}$
- Umschlagshäufigkeit = $\dfrac{\text{Wareneinsatz}}{\text{ø Lagerbestand}}$
- Lagerzinssatz = $\dfrac{\text{Jahreszinssatz}}{\text{Umschlagshäufigkeit}}$

mangelhafte Lieferung

Arten der Mängel:
- Sachmängel (Beschaffenheit, Montage, Montageanleitung, Art, Quantität),
- Rechtsmängel
- Mängel nach der Erkennbarkeit (offene, versteckte, arglistig verschwiegene Mängel)

Pflichten des Käufers: Prüfpflicht, Rügepflicht, Aufbewahrungspflicht

Rechte des Käufers:
- vorrangige Rechte (Nachbesserung oder Neulieferung, ggf. Schadensersatz)
- nachrangige Rechte (Rücktritt vom Vertrag und ggf. Schadensersatz statt der Leistung oder Ersatz vergeblicher Aufwendungen; Minderung des Kaufpreises und ggf. Schadensersatz neben der Leistung)

Produkthaftung: Für Produktschäden haften Hersteller, Zulieferer, Importeur, Groß- und Einzelhändler.

Gewährleistung: gesetzliche Mängelhaftung, **Garantie:** freiwillige Selbstverpflichtung, **Kulanz:** freiwillige Leistung

Lieferungsverzug

Voraussetzungen:
- Fälligkeit, Mahnung (Mahnung kann in bestimmten Fällen entfallen.)
- Verschulden des Verkäufers

Rechte des Käufers:
- Erfüllung des Vertrages und ggf. Schadensersatz (ohne Nachfrist)
- Rücktritt vom Vertrag und/oder Schadensersatz (mit Nachfrist)

Schadensberechnung:
konkret (z. B. Deckungskauf), **abstrakt** (z. B. Rufschädigung), **Konventionalstrafe** (nach Vereinbarung)

Annahmeverzug

Voraussetzungen:
Fälligkeit der Leistung, Nichtannahme der Leistung, tatsächliches Anbieten

Rechtsfolgen: Haftung des Verkäufers nur bei grober Fahrlässigkeit oder Vorsatz

Rechte des Verkäufers:
Ersatz von Mehraufwendungen, ggf. Klage auf Abnahme oder Selbsthilfeverkauf, Hinterlegung der Ware

Beschaffungsprozesse kontrollieren

Aufgaben

1. Prüfen Sie die folgenden Aussagen auf ihre Richtigkeit. Die Antwort ist jeweils zu begründen.
   (1) Eingehende Waren sind sofort auf Mängel zu überprüfen.
   (2) Die Lagerhaltung sorgt für einen zeitlichen Ausgleich von Herstell- und Verwendungszeitpunkt der Güter.
   (3) Der durchschnittliche Lagerbestand kann aus den vier Quartalsendbeständen errechnet werden.
   (4) Eine erhöhte Umschlagshäufigkeit führt bei gleichem Kapitaleinsatz zu einem höheren Gesamtgewinn.
   (5) Niedrige Lagerkosten erhöhen die Konkurrenzfähigkeit.
   (6) Der Käufer darf bei Lieferung einer mangelhaften Ware nur dann Schadensersatz fordern, wenn eine Pflichtverletzung des Verkäufers vorliegt.
   (7) Das Überschreiten eines vereinbarten Liefertermins führt zum Eintritt des Lieferungsverzugs.
   (8) Bei einem Fixkauf kann der Käufer im Falle eines Lieferungsverzugs ohne Nachfristsetzung vom Vertrag zurücktreten.
   (9) Bei Annahmeverzug als Gläubigerverzug haftet der Käufer auch für Schäden durch Zufall.

2. Schildern Sie die Arbeiten beim Wareneingang in Ihrem Ausbildungsbetrieb. Zeigen Sie an Beispielen, welche Mängel bei der gelieferten Ware auftreten können.

3. Beschreiben Sie unterschiedliche Lagerarten anhand konkreter Beispiele.

4. Die Lagerleitung wird beauftragt, Daten für eine Wirtschaftlichkeitskontrolle aufzubereiten. Der Materialzugang (Kunststoffplatten) betrug in der Abrechnungsperiode 1 464 000,00 EUR, der Anfangsbestand 156 000,00 EUR und der Endbestand 140 000,00 EUR.
   a) Ermitteln Sie den Material- bzw. Wareneinsatz und die Umschlagshäufigkeit.
   b) Unterbreiten Sie Vorschläge zur Verbesserung der Umschlagshäufigkeit.
   c) Ermitteln Sie die durchschnittliche Lagerdauer.
   d) Erläutern Sie, wie sich eine Verringerung der durchschnittlichen Lagerdauer auf den Kapitaleinsatz und den Gewinn auswirkt.
   e) Ermitteln Sie den Lagerzinssatz und die Lagerzinsen für 1 200 Kunststoffplatten, die für 10,00 EUR pro Stück eingekauft werden und eine Lagerdauer von 50 Tagen besitzen (Jahreszinssatz 10 %).

5. Erklären Sie, warum die Pflichten des Käufers bei einer mangelhaften Lieferung für Handelskauf und Verbrauchsgüterkauf unterschiedlich geregelt sind.

6. Stellen Sie fest, unter welchen Bedingungen der Käufer bei mangelhafter Lieferung die nachrangigen Rechte in Anspruch nehmen kann.

7. Erläutern Sie die Rechte des Käufers beim Lieferungsverzug, und finden Sie dazu jeweils ein Beispiel aus Ihrem beruflichen Alltag.

8. Überlegen Sie, ob es gerechtfertigt ist, dass der Mehrerlös beim Selbsthilfeverkauf dem Käufer zusteht.

LERNFELD 4

Sachgüter und Dienstleistungen beschaffen und Verträge schließen

5 Rechnungen prüfen und Zahlungen abwickeln

Der Beschaffungsvorgang wird mit Begleichen der erhaltenen Rechnung abgeschlossen. Vor Veranlassung der entsprechenden Zahlung wird die Eingangsrechnung zunächst überprüft.

5.1 Rechnungsprüfung

Jede Eingangsrechnung ist in **sachlicher** und **rechnerischer** Hinsicht zu prüfen.

Bei der sachlichen Prüfung vergleicht man die Positionen der Rechnung mit der Bestellung und mit dem Wareneingang anhand des Lieferscheins. Zu beachten sind dabei insbesondere die **Art der Ware**, die **Menge** und der **Einzelpreis**.

Bei der rechnerischen Prüfung kontrolliert man die Richtigkeit des **Gesamtpreises**, des **Rabatts** und der **Umsatzsteuer**.

Bei der Rechnungsprüfung wird festgestellt, dass ein Gesamtpreis falsch berechnet wurde.

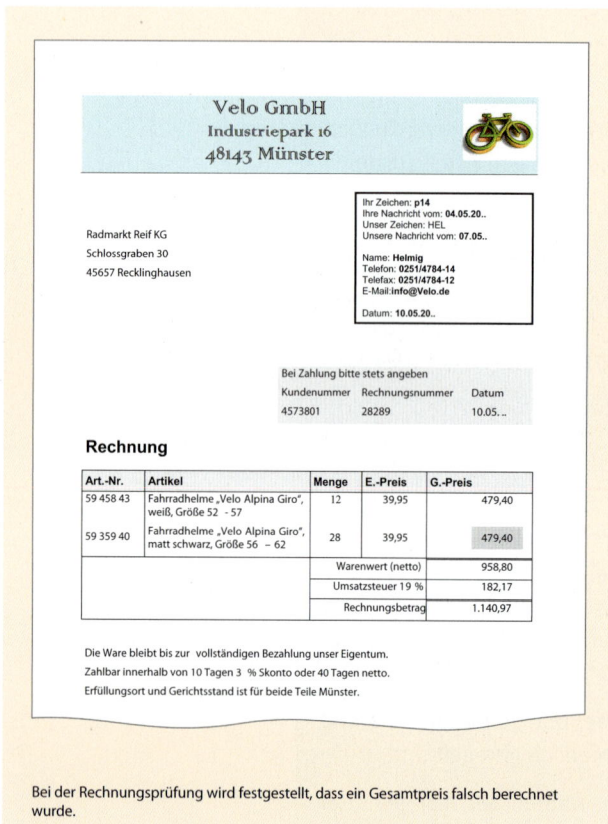

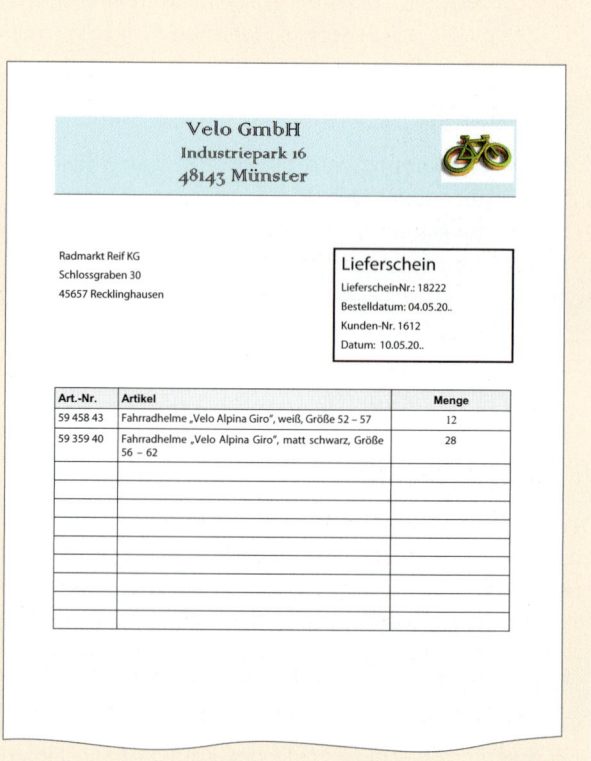

Ist die Rechnung einwandfrei, erfolgt die **Rechnungsfreigabe** und die Rechnung wird zur **Zahlung** angewiesen. Sollten jedoch bei der Rechnungsprüfung Fehler festgestellt werden, so sind diese zunächst mit dem Lieferer zu klären.

5.2 Zahlungsabwicklung

5.2.1 Zahlungsmittel, Zahlungsarten und Träger des Zahlungsverkehrs

■ Zahlungsmittel

Zahlungen können mit Bargeld, Buchgeld und Geldersatzmitteln durchgeführt werden.

Zahlungsmittel	Beispiel	Erläuterungen
Bargeld	Banknoten und Münzen	• Banknoten: gesetzliche Annahmepflicht in unbeschränkter Höhe • Münzen: gesetzliche Annahmepflicht nur in beschränkter Anzahl (höchstens 50 Münzen bei einer einzelnen Zahlung)
Buchgeld	Giroeinlagen (Sichtguthaben) bei Kreditinstituten	• Grundlage für den halbbaren und bargeldlosen Zahlungsverkehr (z. B. Barscheck, Überweisung) • sowie für moderne Verfahren der Zahlungsabwicklung unter Einsatz von Elektronik (z. B. Electronic Cash, Homebanking)
Geldersatzmittel	z. B. Schecks, Kreditkarten, Girokarten	• Annahme ist zustimmungsbedürftig. • Erfüllung der Zahlungsverpflichtung erst mit Gutschrift beim Gläubiger

■ Zahlungsarten

Der Zahlungsverkehr hat sich in den letzten Jahren dynamisch entwickelt und neue Möglichkeiten für die Abwicklung von Zahlungen hervorgebracht. Insbesondere die Fortschritte in der Informations- und Nachrichtentechnik haben den elektronischen Zahlungsverkehr zu einem bedeutenden Faktor neben den traditionellen Zahlungsarten der Barzahlung, halbbaren und bargeldlosen Zahlung gemacht.

Das Girokonto ist die Voraussetzung, um am halbbaren oder bargeldlosen sowie am elektronischen Zahlungsverkehr teilnehmen zu können. Girokonten können bei allen Kreditinstituten eröffnet werden.

©Tatjana Balzer-fotolia.com

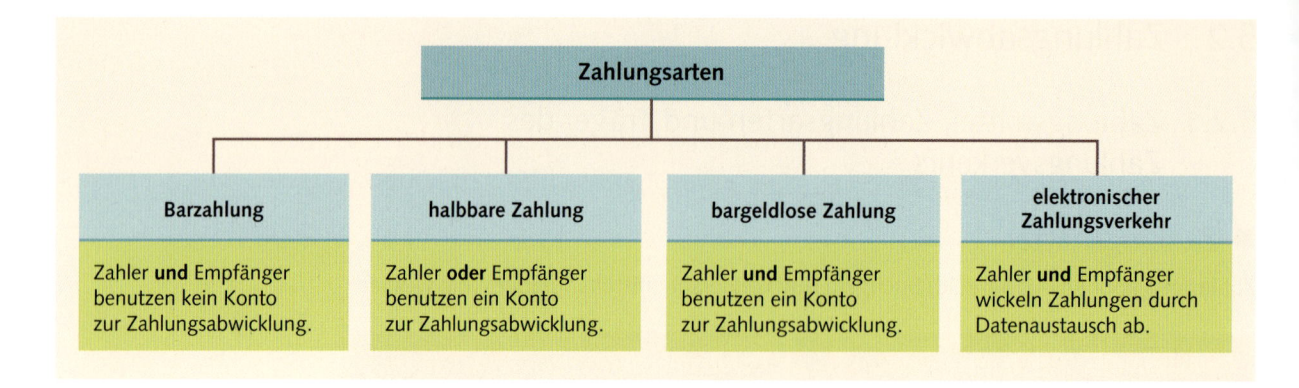

Sachgüter und Dienstleistungen beschaffen und Verträge schließen

```
                            Zahlungsarten
        ┌──────────────┬──────────────┬──────────────┐
    Barzahlung    halbbare Zahlung  bargeldlose    elektronischer
                                     Zahlung      Zahlungsverkehr
```

Barzahlung	halbbare Zahlung	bargeldlose Zahlung	elektronischer Zahlungsverkehr
Zahler **und** Empfänger benutzen kein Konto zur Zahlungsabwicklung.	Zahler **oder** Empfänger benutzen ein Konto zur Zahlungsabwicklung.	Zahler **und** Empfänger benutzen ein Konto zur Zahlungsabwicklung.	Zahler **und** Empfänger wickeln Zahlungen durch Datenaustausch ab.

5.2.2 Formen der Barzahlung

■ Zahlung mit Bargeld

Die **Barzahlung** erfolgt entweder persönlich oder durch die Einschaltung eines Boten bzw. der Post. In jedem Fall zahlt der Zahler mit Banknoten oder Münzen und der Empfänger erhält Bargeld.

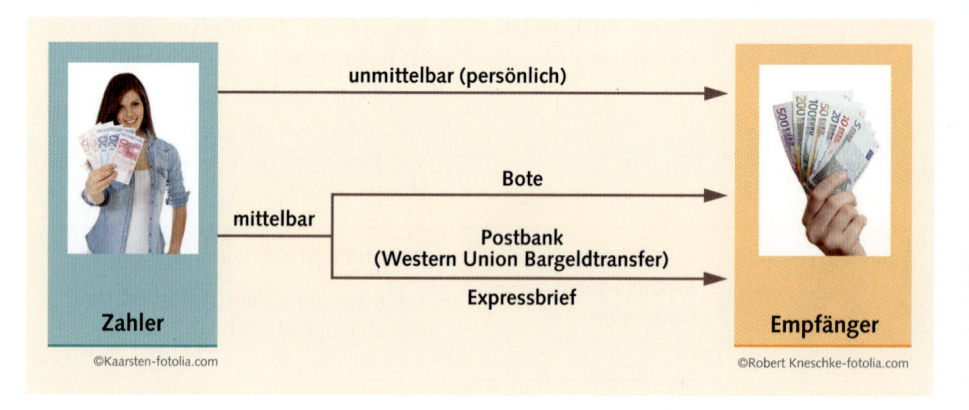

Zahler → unmittelbar (persönlich) → **Empfänger**

mittelbar:
- Bote
- Postbank (Western Union Bargeldtransfer)
- Expressbrief

Die Barzahlung ist vor allem im Einzelhandel (z. B. Lebensmittel, Schreibwaren, Zeitschriften), im Dienstleistungsbereich (z. B. Schlüsseldienst, Reinigungen, Friseur, Freizeiteinrichtungen), im Verkehrsgewerbe (z. B. Bus, Bahn, Taxi) und beim Automatengeschäft (außer Tabakwaren) noch üblich.

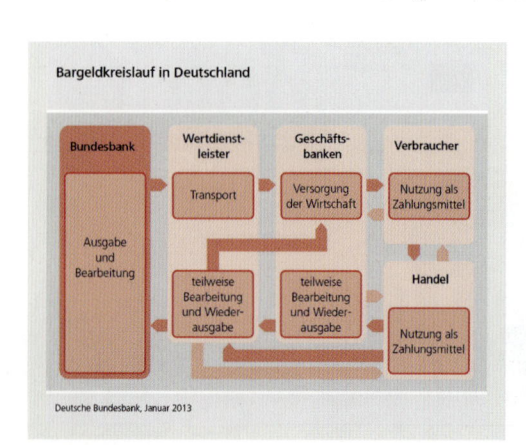

Die Vorteile der Barzahlung liegen in der einfachen Erledigung, wenn Schuldner und Gläubiger in persönlichem Kontakt stehen. Deshalb ist sie in einigen Branchen die verbreitetste Zahlungsart. Dennoch ist bei der Barzahlung ein deutlicher Rückgang zugunsten der bargeldlosen Zahlung sowie des elektronischen Zahlungsverkehrs zu verzeichnen.

Als Nachweis der Zahlung wird vom Zahlungsempfänger im Allgemeinen ein Kassenbeleg, eine Quittung oder ein Vermerk auf der Rechnung ausgestellt. Der Zahlungspflichtige kann einen Beleg als Beweismittel verlangen (§ 368 BGB).

Rechnungen prüfen und Zahlungen abwickeln

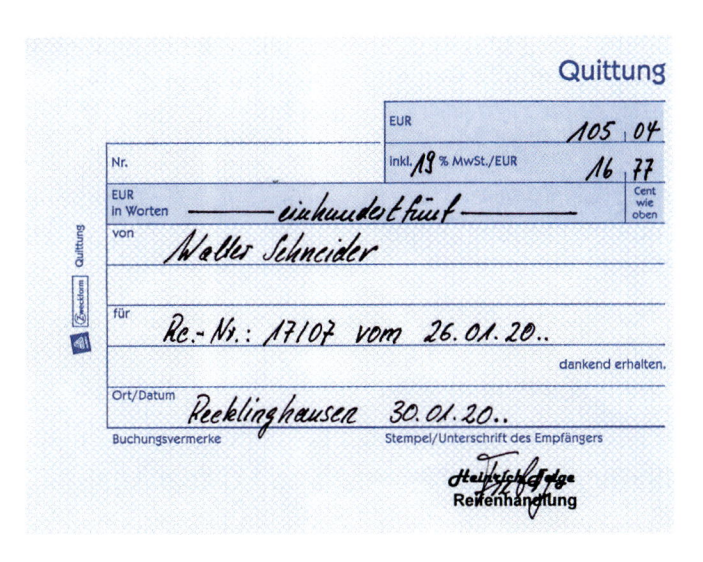

■ Versenden von Bargeld

Wenn eine persönliche Übergabe des Geldbetrages nicht möglich ist, können als mittelbare Barzahlung auch der **Western Union Service** oder der **Expressbrief** genutzt werden.

Western Union Bargeldtransfer

Für Kunden, die zur Zahlungsabwicklung kein Bankkonto nutzen möchten oder keines besitzen, bietet sich der Bargeldtransfer über den Finanzdienstleister Western Union Financial Services GmbH an. Der Service ist an Western Union Vertriebsstandorten wie z. B. in allen Postbank Finanzcentern und vielen Partnerfilialen der Deutschen Post möglich. Bargeldtransfers können innerhalb Deutschlands, aber auch international durchgeführt werden.

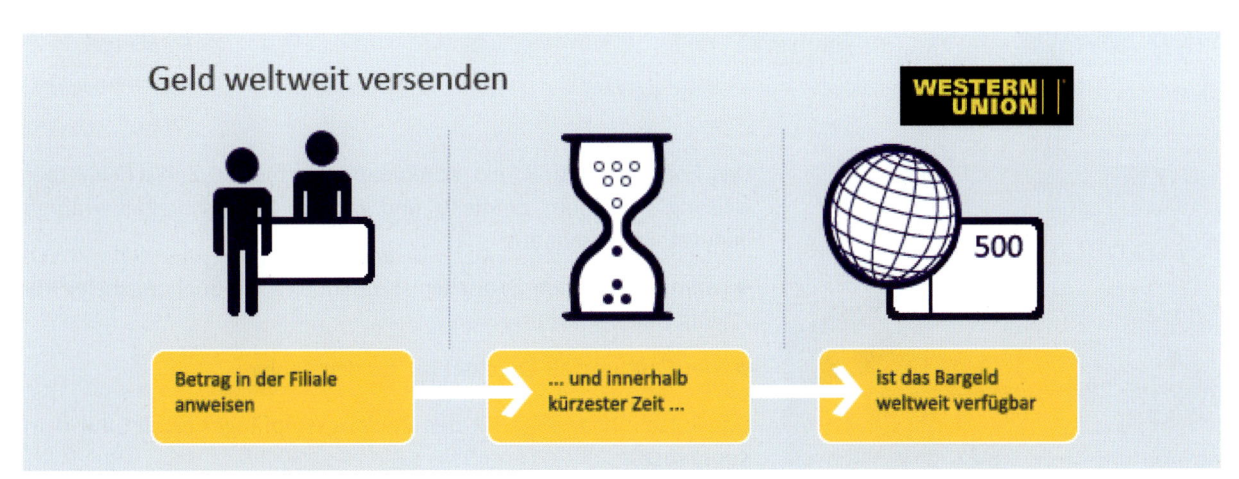

So funktioniert die Versendung:

→ Der Zahler füllt das Western Union Sendeformular aus, stellt den Betrag zuzüglich einer Gebühr am Postbankschalter oder einer Postfiliale zur Verfügung und erhält als Beleg eine Durchschrift sowie eine Referenznummer, die er dem Empfänger mitteilt.

Sachgüter und Dienstleistungen beschaffen und Verträge schließen

Tipp

Nutzen Sie den Service nicht bei Internet-Auktionen. Bargeldtransfers eignen sich ausschließlich für den Versand an Menschen, die Sie persönlich kennen. Es gibt weder einen Käuferschutz noch eine Qualitätsgarantie für die Waren.

→ Am Ort des Empfängers wird der Betrag durch einen Agenten von Western Union (z. B. einer Postbankfiliale) bar ausgezahlt.

→ Hierzu muss sich der Empfänger in geeigneter Weise ausweisen (z. B. durch Personalausweis) und die Referenznummer benennen. Die Auszahlung erfolgt in der jeweiligen Landeswährung bzw. in US-Dollar oder anderen verfügbaren Währungen.

Expressbrief

Im **Expressbrief** können Bargeld und andere Wertgegenstände versandt werden. Bei dieser Art der Zahlung haftet die Post im Falle des Verlustes für den tatsächlich entstandenen Schaden, höchstens aber bis zu 500,00 EUR.

5.2.3 Halbbare Zahlung durch Zahlschein und Postnachnahme

■ Zahlschein

Verfügt der Zahlungsempfänger über ein Girokonto bei einem Geldinstitut, kann der Zahler mittels Zahlschein bei einem beliebigen Geldinstitut einen Betrag bar einzahlen, und der Empfänger erhält eine Gutschrift auf seinem Konto.

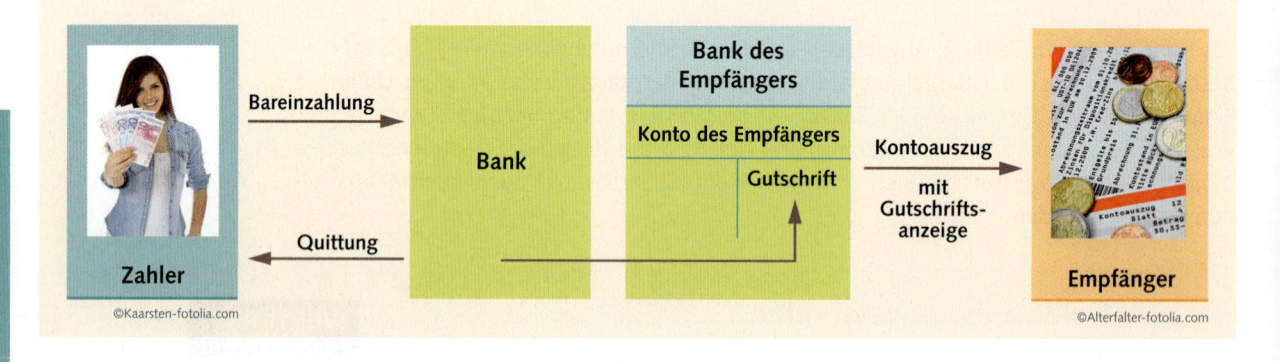

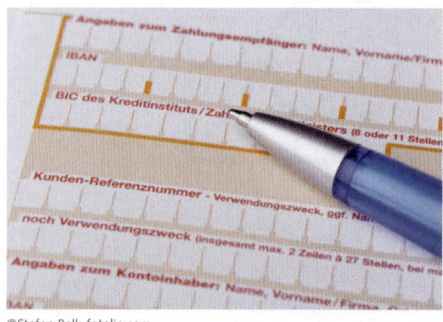

Das Formular (i. d. R. ein Kombinationsformular „Zahlschein/Überweisung") ist meist zweiteilig und wird im Durchschreibeverfahren benutzt. Es besteht aus

→ dem eigentlichen Zahlschein/Kassenbeleg als Buchungsbeleg für das Geldinstitut und

→ der Quittung als Durchschlag für den Zahler.

Die Gutschriftsanzeige für den Zahlungsempfänger erfolgt auf dem Kontoauszug.

Der Zahlschein wird von Zahlern benutzt, die über **kein eigenes Girokonto verfügen**. Oft wird das Kombiformular aber auch von Unternehmen zusammen mit der Rechnung an den Kunden verschickt. Dabei sind Anschrift und Kontoverbindung des Zahlungsempfängers sowie der Zahlungsbetrag bereits vorgedruckt. Dies hat für den Zahlungsempfänger den Vorteil, dass der Betrag auch auf das von ihm gewünschte

Konto eingezahlt wird. Kreditinstitute nehmen unterschiedlich hohe Gebühren für die Zahlung mittels Zahlschein, die in jedem Fall wesentlich höher als die Gebühren von Überweisungen beim bargeldlosen Zahlungsverkehr liegen.

■ Postnachnahme

Die Post bietet eine besondere Form der halbbaren Zahlung an, die häufig von Versandhäusern genutzt wird. Unternehmen verschicken jeden Tag tausende von Paketen und Päckchen und können sich nicht immer auf den Zahlungswillen ihrer Kunden verlassen. Daher werden diese Pakete auch als **Postnachnahme** verschickt. Nachnahmesendungen liefert der Paketzusteller nur gegen Zahlung des Rechnungsbetrages aus. Mittels Zahlschein wird der vom Paketzusteller entgegengenommene Betrag dann dem Konto des Zahlungsempfängers gutgeschrieben.

Als Nachnahmesendungen können Briefe bis zu einem Wert von 1600,00 EUR und Expresspakete bis zu einem Wert von 5 000,00 EUR verschickt werden. Die Gebühren für die Postnachnahme unterliegen (anders als die Gebühren für Postwertzeichen) der Umsatzsteuerpflicht.

©Deutsche Post

5.2.4 Bargeldlose Zahlung durch Überweisung

Der bargeldlose Zahlungsverkehr wurde in der Vergangenheit nach überwiegend unterschiedlichen nationalen Standards gestaltet. Das Projekt **SEPA (Single Euro Payments Area – Einheitlicher Euro-Zahlungsverkehrsraum)** hat die Vereinheitlichung des bargeldlosen Zahlungsverkehrs in Europa zum Ziel. Ab August 2014 gelten einheitliche Regelungen für Euro-Zahlungen in den 28 EU-Staaten und in Island, Liechtenstein, Norwegen sowie Monaco, San Marino und der Schweiz. Damit wird der bargeldlose Zahlungsverkehr innerhalb der Teilnehmerländer erleichtert und kostengünstiger. Es bestehen keine Unterschiede mehr zwischen nationalen und grenzüberschreitenden Zahlungen. Mit SEPA werden einheitliche Verfahren und Standards in Europa eingeführt, mit denen **Überweisungen**, **Lastschriften** und **Kartenzahlungen** genau so effizient, kostengünstig und sicher abgewickelt werden können wie nationale Zahlungen.

©Coloures-Pic-fotolia.com

SEPA – neuer Standard im EURO-Zahlungsverkehrsraum

Eine wichtige Neuerung für Bankkunden ist die maximal **34-stellige IBAN** (International Bank Account Number), welche die Angabe der Kontonummer ersetzt. Hierdurch kann jedes Konto in Europa eindeutig identifiziert werden. Die **deutsche IBAN** besteht aus **22 Stellen**.

Bis Ende Januar 2016 muss bei grenzüberschreitenden SEPA-Zahlungen auch die **BIC** (Bank Identifyer Code) anstelle der ehemaligen Bankleitzahl angegeben werden, danach genügt die alleinige Angabe der IBAN. BIC (auch als Swift-Code bezeichnet) ist eine **international gültige Bankleitzahl** mit **acht** oder **elf** Stellen. Die ersten vier Stellen bezeichnen die Bank. Darauf folgen die Länderkennung und eine zweistellige Orts-/Regionalangabe. Die letzten drei Stellen können frei bleiben oder für Filialbezeichnungen genutzt werden.

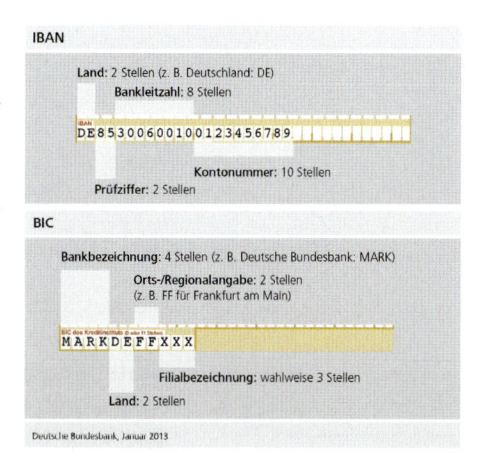

IBAN
Land: 2 Stellen (z. B. Deutschland: DE)
Bankleitzahl: 8 Stellen
DE85 3006 0010 0123 4567 89
Kontonummer: 10 Stellen
Prüfziffer: 2 Stellen

BIC
Bankbezeichnung: 4 Stellen (z. B. Deutsche Bundesbank: MARK)
Orts-/Regionalangabe: 2 Stellen (z. B. FF für Frankfurt am Main)
MARKDEFFXXX
Filialbezeichnung: wahlweise 3 Stellen
Land: 2 Stellen

Deutsche Bundesbank, Januar 2013

Sachgüter und Dienstleistungen beschaffen und Verträge schließen

SEPA - Überweisung

■ Ablauf der Zahlung durch Überweisung

Bargeldlose Zahlungen mithilfe von Überweisungen erfolgen durch Umbuchung eines Geldbetrages von einem Konto auf ein anderes durch Vermittlung eines Kreditinstitutes.

Der Zahler erteilt seinem kontoführenden Geldinstitut den Auftrag, zu Lasten seines Kontos einen bestimmten Geldbetrag dem Konto des Zahlungsempfängers gutzuschreiben.

Für die SEPA-Überweisung verwendet er dazu ein meist zweiteiliges Formular (Überweisungsauftrag) im Durchschreibeverfahren. Das Formular besteht aus

→ dem eigentlichen Überweisungsauftrag (Buchungsbeleg für das Geldinstitut) und
→ der Quittung (Durchschlag für den Zahler).

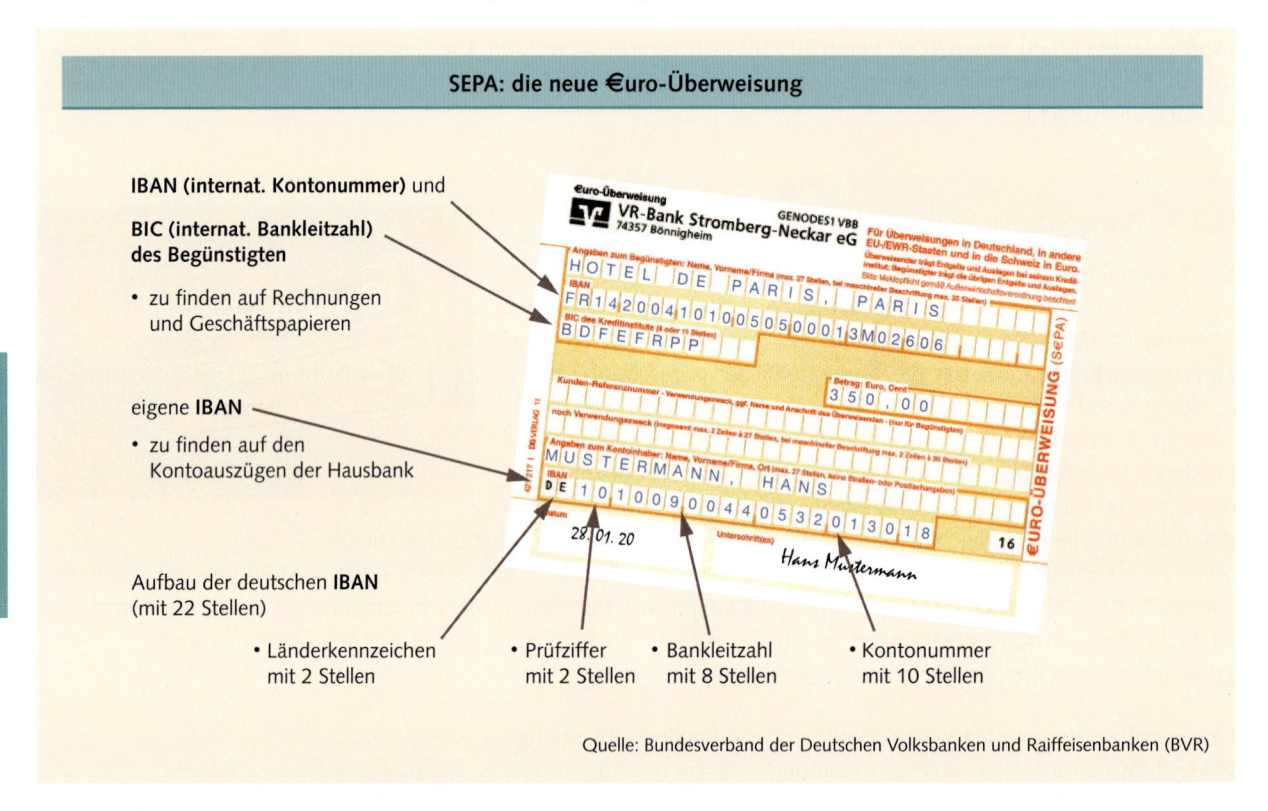

SEPA: die neue €uro-Überweisung

- **IBAN** (internat. Kontonummer) und
- **BIC** (internat. Bankleitzahl) des Begünstigten
  - zu finden auf Rechnungen und Geschäftspapieren
- eigene **IBAN**
  - zu finden auf den Kontoauszügen der Hausbank
- Aufbau der deutschen **IBAN** (mit 22 Stellen)
  - Länderkennzeichen mit 2 Stellen
  - Prüfziffer mit 2 Stellen
  - Bankleitzahl mit 8 Stellen
  - Kontonummer mit 10 Stellen

Quelle: Bundesverband der Deutschen Volksbanken und Raiffeisenbanken (BVR)

Die Banken stellen ihren Kunden einheitliche, elektronisch lesbare Vordrucke zur Verfügung. Üblicher ist es aber heute, mithilfe von **Terminals** oder **Online-Banking** Überweisungen aufzugeben.

Dem Zahlungsempfänger wird die Gutschrift auf seinem Kontoauszug angezeigt.

Die Ausführung der Überweisung ist am einfachsten, wenn Zahler und Zahlungsempfänger ihr Konto bei demselben Institut haben. Es handelt sich dann um ein **einstufiges Verfahren**, bei dem die Beträge einfach umgebucht werden. Das Konto des Auftraggebers wird entsprechend belastet, dem Empfänger wird der Betrag gutgeschrieben.

Rechnungen prüfen und Zahlungen abwickeln

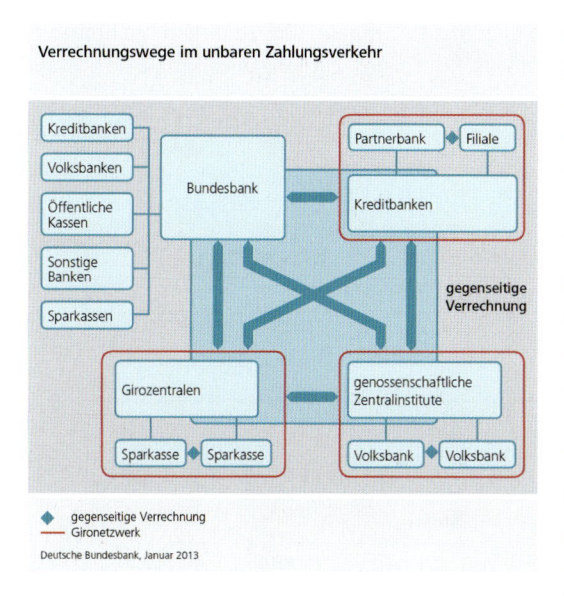

Bei dem **zweistufigen Verfahren** haben die betroffenen unterschiedlichen Kreditinstitute über ihr eigenes Gironetzwerk Kontoverbindung untereinander. Die Beträge werden dann gegenseitig verrechnet.

Bestehen diese Verbindungen nicht, so müssen die Beträge in einem **mehrstufigen Verfahren** über die hauseigenen Zentralen zwischen den verschiedenen Gironetzen verrechnet werden.

Durch die gut ausgebaute Kommunikation der Kreditinstitute untereinander können die Zahlungsvorgänge zügig und einfach ablaufen.

5.2.5 Sonderformen des Überweisungsverkehrs

Die Kreditinstitute bieten im Überweisungsverkehr Sonderformen an.

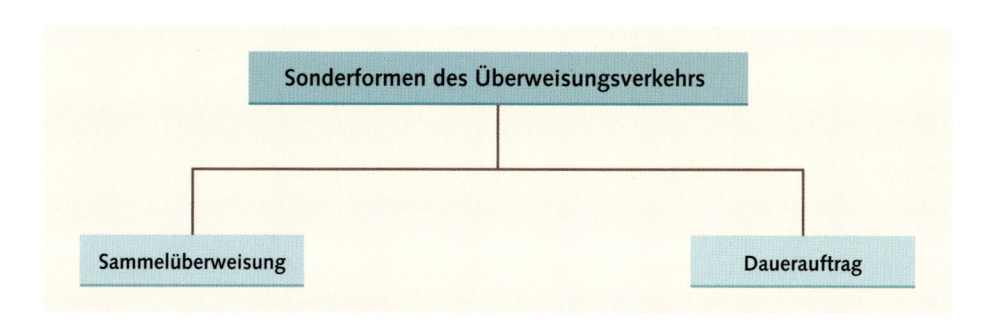

■ Sammelüberweisung

Die Sammelüberweisung ermöglicht die Zusammenfassung mehrerer Einzelüberweisungen eines Kontoinhabers an unterschiedliche Zahlungsempfänger. Mit einer **SEPA-Sammelüberweisung** kann mit einer einzigen Datei, die Überweisungen an unterschiedliche Banken im SEPA-Raum enthält, ein Konto pauschal belastet werden. So spart dieses Verfahren Arbeit und Zeit sowie Geld, da die Buchungsgebühr nur für einen Posten erhoben wird.

SEPA unterstützt die bisher bekannte **beleghafte Form** der Sammelüberweisung nicht mehr.

SEPA-Sammelüberweisung

> **Merke**
>
> Für SEPA-Sammelüberweisungen muss eine **elektronische Einreichung** erfolgen.

■ Dauerauftrag

Der **SEPA-Dauerauftrag** ist geeignet für Zahlungen, die **regelmäßig wiederkehren** und **in ihrer Höhe gleich sind** (z. B. Miete, Zins- und Tilgungszahlungen, Ratenzahlungen).

SEPA-Dauerauftrag

Sachgüter und Dienstleistungen beschaffen und Verträge schließen

Der Zahlungspflichtige beauftragt sein Geldinstitut, regelmäßig zu einem bestimmten Termin einen feststehenden Betrag auf das Konto des Zahlungsempfängers zu überweisen. Der Dauerauftrag kann jederzeit vom Auftraggeber widerrufen werden.

Dauerauftrag

Ausführung	erste Ausführung	letztmals
monatlich	01.08.2014	

Empfänger: VERMIETER MUSTERMANN

IBAN: DE49 3706 0000 0000 0000 00
BIC: GENODED1SPKP
Kreditinstitut: MUSTERMANN BANK
Betrag: 680,00 EUR
Verwendungszweck: MIETE
Verwendungszweck: Mieter Wohnung 2 Parterre

5.2.6 Lastschriftverfahren

Das Lastschriftverfahren bietet sich an, wenn Zahlungen mit **unterschiedlichen** Beträgen regelmäßig oder unregelmäßig geleistet werden müssen (z. B. Telefongebühren, Grundbesitzabgaben, Strom- und Wasserabrechnung).

Die SEPA-Verordnung hat auch zu Neuerungen im Lastschriftverkehr geführt. Dank einheitlicher Standards können mit SEPA-Lastschriften in allen Teilnehmerländern Forderungen in Euro auch grenzüberschreitend eingezogen werden.

Es können grundsätzlich zwei Formen des SEPA-Lastschriftverfahrens unterschieden werden:

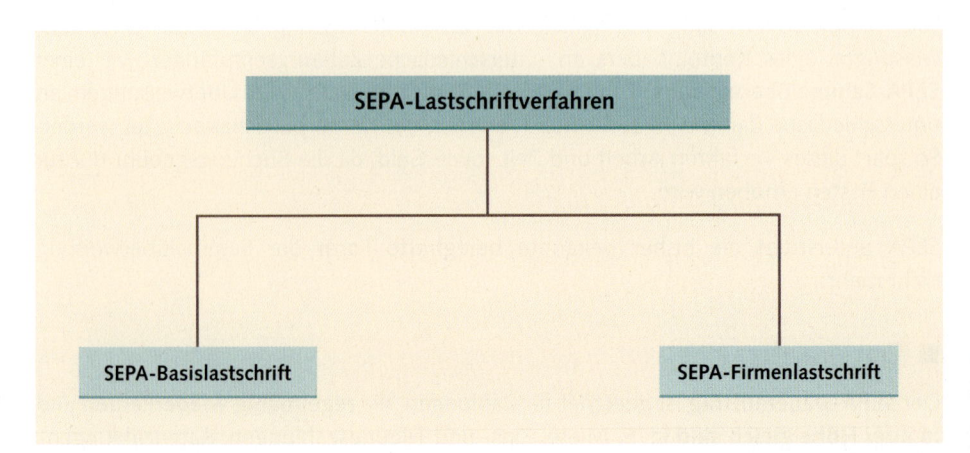

```
             SEPA-Lastschriftverfahren
              /                    \
   SEPA-Basislastschrift      SEPA-Firmenlastschrift
```

Rechnungen prüfen und Zahlungen abwickeln

Die **SEPA-Firmenlastschrift** (SEPA Business to Business Direct Debit) ist ausschließlich für den Verkehr mit Geschäftskunden vorgesehen.

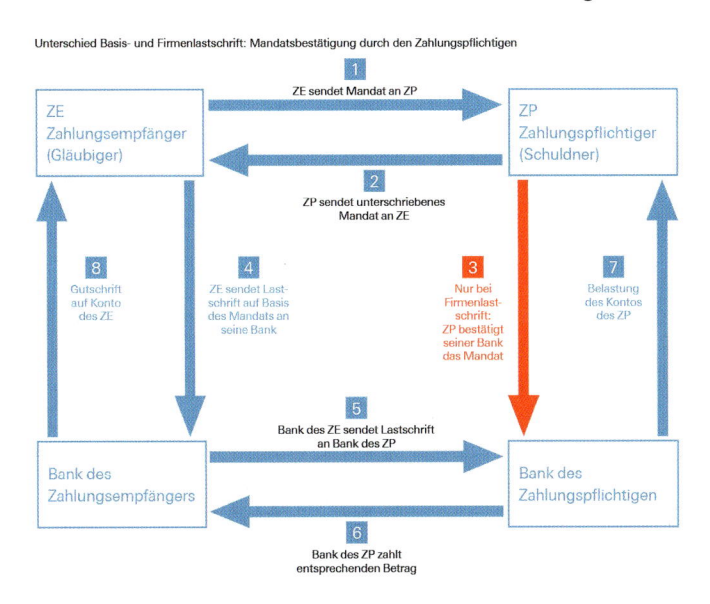

Unterschied Basis- und Firmenlastschrift: Mandatsbestätigung durch den Zahlungspflichtigen

1. ZE sendet Mandat an ZP
2. ZP sendet unterschriebenes Mandat an ZE
3. Nur bei Firmenlastschrift: ZP bestätigt seiner Bank das Mandat
4. ZE sendet Lastschrift auf Basis des Mandats an seine Bank
5. Bank des ZE sendet Lastschrift an Bank des ZP
6. Bank des ZP zahlt entsprechenden Betrag
7. Belastung des Kontos des ZP
8. Gutschrift auf Konto des ZE

ZE Zahlungsempfänger (Gläubiger)
ZP Zahlungspflichtiger (Schuldner)

Quelle: Deutsche Bundesbank

MUSTER GMBH, ROSENWEG 2, 00000 IRGENDWO

Gläubiger-Identifikationsnummer DE99ZZZ05678901234
Mandatsreferenz 987543CB2

SEPA-Lastschriftmandat

Ich ermächtige die Muster GmbH, Zahlungen von meinem Konto mittels Lastschrift einzuziehen. Zugleich weise ich mein Kreditinstitut an, die von der Muster GmbH auf mein Konto gezogenen Lastschriften einzulösen.

Hinweis: Ich kann innerhalb von acht Wochen, beginnend mit dem Belastungsdatum, die Erstattung des belasteten Betrages verlangen. Es gelten dabei die mit meinem Kreditinstitut vereinbarten Bedingungen.

_____
Vorname und Name (Kontoinhaber)

_____
Straße und Hausnummer

_____
Postleitzahl und Ort

_____
Kreditinstitut (Name und BIC)

DE __|____|____|____|____|__
IBAN

_____
Datum, Ort und Unterschrift

Bei dem neuen europäischen Zahlungsinstrument wird zur Kennzeichnung des Kontos und des Zahlungsempfängers neben IBAN und BIC eine sogenannte **Gläubigeridentifikationsnummer** benötigt, die von der Deutschen Bundesbank an Lastschrifteinreicher vergeben wird.

Voraussetzung für den Einzug von Lastschriften mit einem **festen Fälligkeitsdatum** ist das **Lastschriftmandat**.

Darunter versteht man

→ die **Zustimmung des Zahlers** gegenüber dem Zahlungsempfänger zum Einzug fälliger Forderungen und
→ die **Weisung an die Bank/Zahlstelle** zur Belastung seines Kontos.

SEPA-Basislastschriften **mit** einem **gültigen Mandat** können bis zu **8 Wochen** nach Belastung ohne Angabe von Gründen zurückgegeben werden, **ohne gültiges Mandat** sogar bis zu **13 Monaten**. Der belastete Betrag wird dem Konto des Zahlers gebührenfrei wieder gutgeschrieben.

Merke

SEPA-Lastschriftverfahren
- Nutzung in allen Teilnehmerländern für Forderungen in €
- exaktes Fälligkeitsdatum
- IBAN und BIC zur Kennzeichnung der Konto- und Bankverbindung
- SEPA-Lastschriftmandat für den Einzug
- Transparenz durch Lastschriftmandat und Gläubiger-Identifikationsnummer des Einreichers
- Erstattungsanspruch von 8 Wochen (bei gültigem Mandat) bzw. 13 Monaten (bei ungültigem Mandat)

LERNFELD 4

Sachgüter und Dienstleistungen beschaffen und Verträge schließen

5.2.7 Halbbare und bargeldlose Zahlung mit Scheck

Schecks sind **nicht** von der **SEPA-Verordnung** erfasst und unterliegen damit weiterhin den nationalen Regelungen.

Merke

> Der **Scheck** ist eine **Urkunde**, mit welcher der **Kontoinhaber sein Geldinstitut** (die bezogene Bank) anweist, bei Sicht (Vorlage des Schecks) aus **seinem Guthaben** einen **bestimmten Geldbetrag** an den **Scheckinhaber** zu zahlen.

Ein Scheck darf nur ausgestellt werden, wenn der Aussteller auf seinem Konto über ein Guthaben in Höhe des Scheckbetrages verfügt oder wenn ihm sein Geldinstitut einen entsprechenden Kredit (Dispositionskredit/Kontokorrentkredit) eingeräumt hat.

Nur Kontoinhaber können mittels Scheck bezahlen. Der Zahlungsempfänger kann einen Barscheck beim bezogenen Kreditinstitut vorlegen und das Geld bar abholen oder Schecks bei seiner Bank einreichen und seinem Konto gutschreiben lassen. Er kann einen Scheck auch als Zahlungsmittel an Dritte weitergeben.

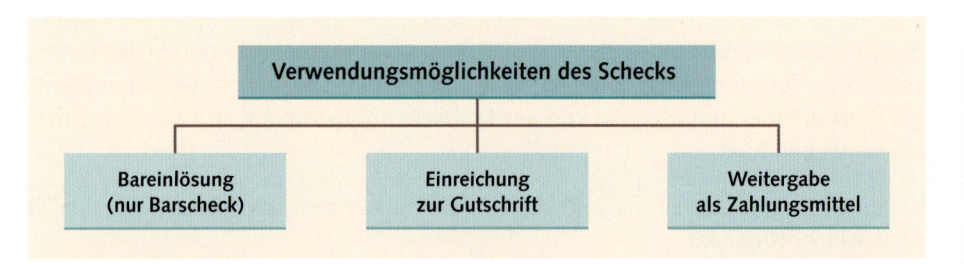

Verwendungsmöglichkeiten des Schecks
- Bareinlösung (nur Barscheck)
- Einreichung zur Gutschrift
- Weitergabe als Zahlungsmittel

Art. 1 ScheckG

Um Zahlungsvorgänge durchführen zu können, bekommt der Scheckaussteller von seinem Kreditinstitut genormte Scheckformulare, welche die **gesetzlichen** und **kaufmännischen Bestandteile** enthalten. Die **gesetzlichen Bestandteile** sind nach dem Scheckgesetz zwingend vorgeschrieben. Fehlt ein gesetzlicher Bestandteil, ist der Scheck ungültig. Die **kaufmännischen Bestandteile** erleichtern nur die kaufmännische Abwicklung des Scheckverkehrs.

gesetzliche Bestandteile	kaufmännische Bestandteile
(1) Bezeichnung des Wortes „Scheck" im Text der Urkunde	(1) Schecknummer
(2) Angabe des Zahlungsortes	(2) Kontonummer des Ausstellers
(3) Name des Bezogenen (Geldinstitut des Zahlers)	(3) Bankleitzahl
	(4) Wiederholung des Betrages in Ziffern
(4) Anweisung, eine bestimmte Geldsumme zu zahlen (in Worten)	(5) Name des Schecknehmers
	(5) Überbringerklausel
(5) Ort und Tag der Ausstellung des Schecks	(6) Codierzeile (Angabe in maschinenlesbarer Schrift)
(6) Unterschrift des Ausstellers	

LERNFELD 4

Die **Überbringerklausel** ermächtigt das bezogene Kreditinstitut, den Betrag ohne Prüfung dem Vorleger auszuzahlen bzw. seinem Konto gutzuschreiben. Eine Streichung dieser Klausel gilt als **nicht erfolgt** und ist damit unwirksam.

■ Scheckarten

Nach der **Einlösungsmöglichkeit** unterscheidet man den **Barscheck** und den **Verrechnungsscheck**, nach der **Übertragbarkeit** den **Order-** und den **Inhaberscheck**.

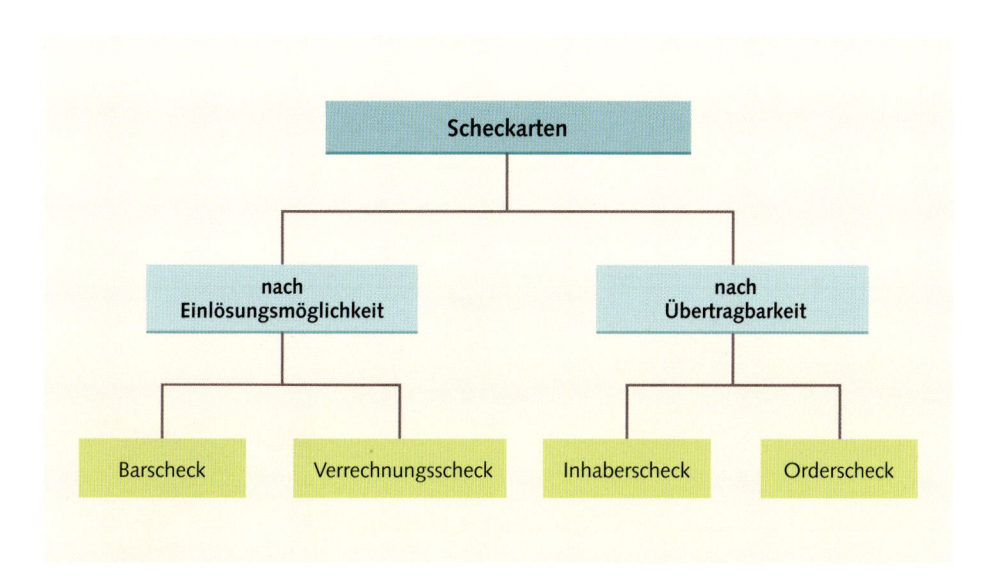

```
                        Scheckarten
                  ┌──────────┴──────────┐
                  nach                  nach
          Einlösungsmöglichkeit    Übertragbarkeit
              ┌─────┴─────┐         ┌─────┴─────┐
          Barscheck  Verrechnungs- Inhaber-  Orderscheck
                      scheck       scheck
```

Scheckarten	Erläuterungen
Barscheck	Der Barscheck gehört zum **halbbaren Zahlungsverkehr**. Der Scheckbetrag wird dem Vorleger bar von dem bezogenen Kreditinstitut ausgezahlt. Es ist besondere Vorsicht geboten, da die Bank nicht prüfen muss, ob der Scheckvorleger auch der Scheckberechtigte ist.
Verrechnungsscheck	Ein Verrechnungsscheck wird dem Einreicher auf seinem Konto gutgeschrieben, er kann nicht bar eingelöst werden. Der Verrechnungsscheck gehört somit zum **bargeldlosen Zahlungsverkehr**. Er enthält auf der Vorderseite in der linken oberen Ecke den Vermerk „**Nur zur Verrechnung**". Der Verrechnungsscheck ist besonders sicher, da der Zahlungsweg des Scheckeinzugs nachverfolgt werden kann.
Inhaberscheck	Durch die **Überbringerklausel** auf den Scheckformularen wird der Scheck zu einem **Inhaberpapier**. Das bezogene Kreditinstitut zahlt den Scheckbetrag an **jeden Vorleger** (Inhaber) aus. Die Weitergabe (Eigentumsübertragung) erfolgt dabei durch Einigung und Übergabe.
Orderscheck	Der Orderscheck ist ein geborenes **Orderpapier** und das Eigentum kann nur durch ein **Indossament** auf einen Dritten übertragen werden. Bei Einlösung müssen die Scheckberechtigung des Vorlegers und die Ordnungsmäßigkeit des Indossaments geprüft werden. Orderschecks finden insbesondere Verwendung bei sehr hohen Beträgen und im Auslandszahlungsverkehr. Sie sind durch den Aufdruck „Orderscheck" als solche gekennzeichnet.

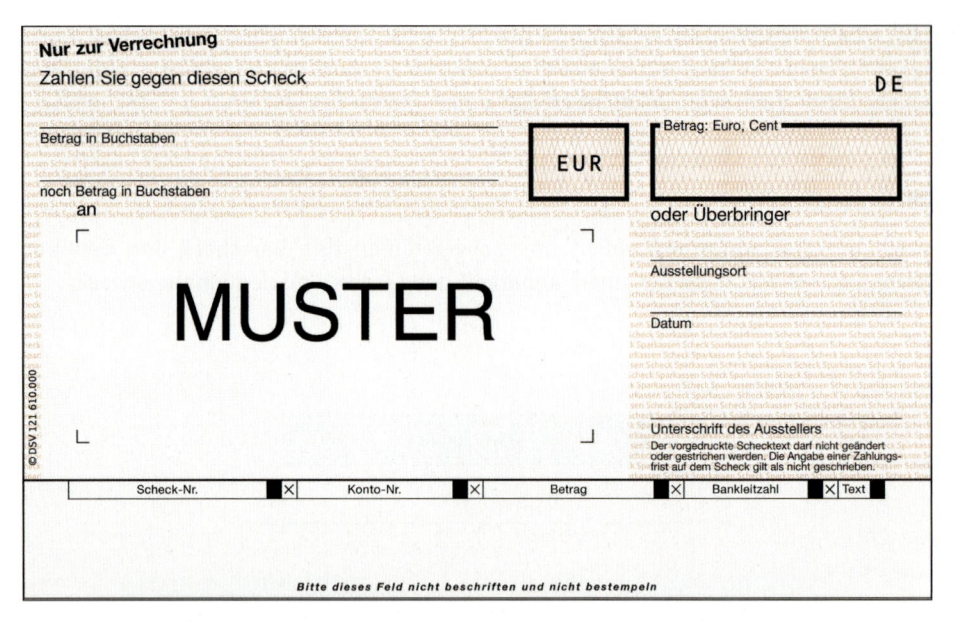

Sachgüter und Dienstleistungen beschaffen und Verträge schließen

Scheckvordruck (Muster)

Felder: Nur zur Verrechnung · Zahlen Sie gegen diesen Scheck · DE · Betrag in Buchstaben · Betrag: Euro, Cent · EUR · noch Betrag in Buchstaben · oder Überbringer · an · Ausstellungsort · Datum · Unterschrift des Ausstellers

Der vorgedruckte Schecktext darf nicht geändert oder gestrichen werden. Die Angabe einer Zahlungsfrist auf dem Scheck gilt als nicht geschrieben.

Scheck-Nr. × Konto-Nr. × Betrag × Bankleitzahl × Text

Bitte dieses Feld nicht beschriften und nicht bestempeln

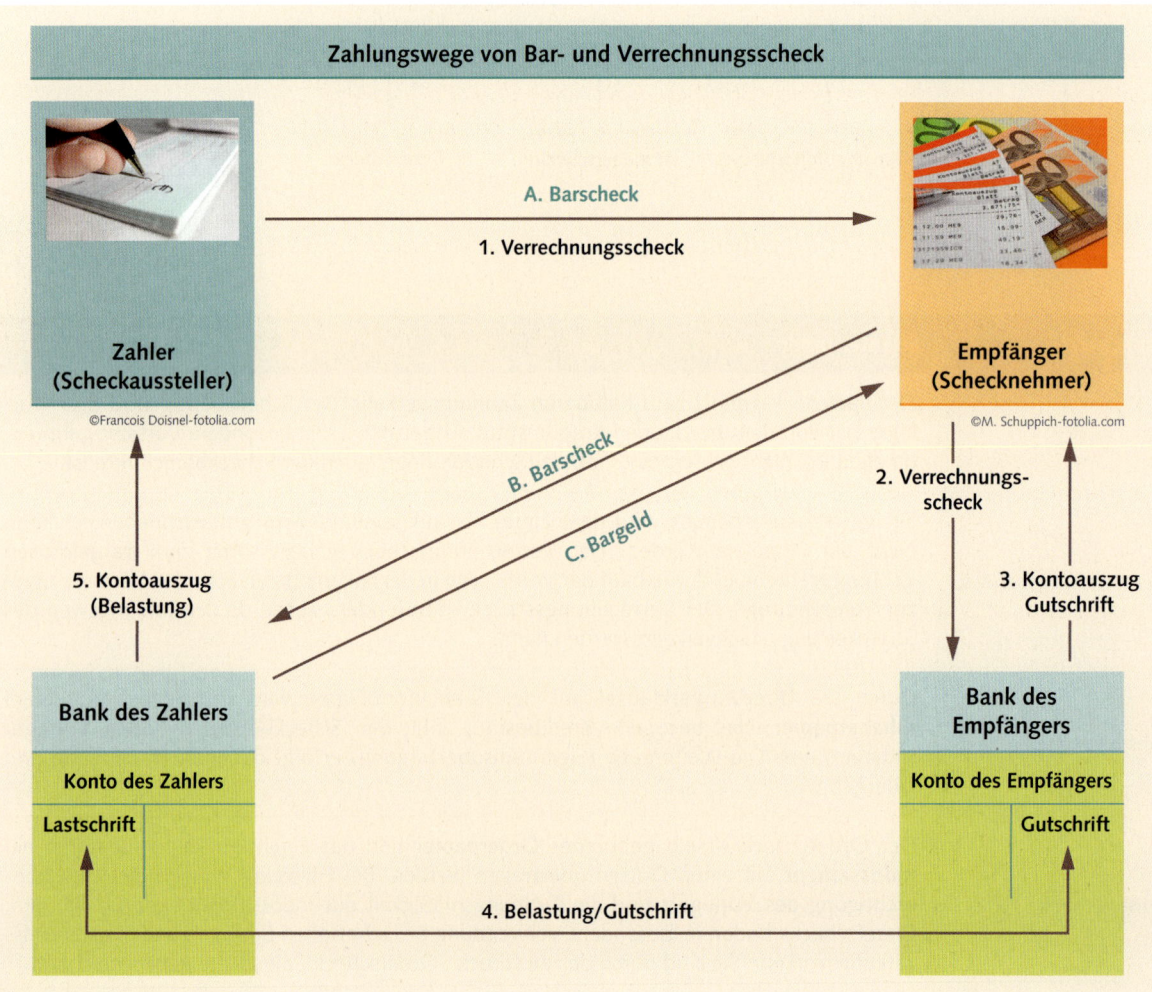

LERNFELD 4

Zahlungswege von Bar- und Verrechnungsscheck

- Zahler (Scheckaussteller) → Empfänger (Schecknehmer): **A. Barscheck** / **1. Verrechnungsscheck**
- Empfänger → Bank des Zahlers: **B. Barscheck**
- Bank des Zahlers → Empfänger: **C. Bargeld**
- Empfänger → Bank des Empfängers: **2. Verrechnungsscheck**
- Bank des Empfängers → Empfänger: **3. Kontoauszug Gutschrift**
- Bank des Zahlers → Zahler: **5. Kontoauszug (Belastung)**
- Bank des Zahlers ↔ Bank des Empfängers: **4. Belastung/Gutschrift**

Konto des Zahlers: Lastschrift
Konto des Empfängers: Gutschrift

Einlösung des Schecks

Mit einem besonderen Scheck-Einlieferungsformular werden Verrechnungsschecks bei dem eigenen Kreditinstitut zum Einzug und zur Gutschrift eingereicht. Auf dem Verrechnungsweg zieht die Bank den Betrag bei dem Kreditinstitut des Scheckausstellers (Zahlungspflichtigen) ein. Die Gutschrift erfolgt mit dem Vermerk E. v. (Eingang vorbehalten), d. h., es erfolgt eine Rückbelastung, wenn der Zahlungseingang ausbleibt.

Für die Vorlage von Schecks sind Vorlegungsfristen zu beachten:

→ **8 Tage** für im **Inland** ausgestellte Schecks,
→ **20 Tage**, wenn Ausstellungsort und Zahlungsort sich in **demselben Erdteil** befinden,
→ **70 Tage**, wenn Ausstellungsort und Zahlungsort sich in **verschiedenen Erdteilen** befinden.

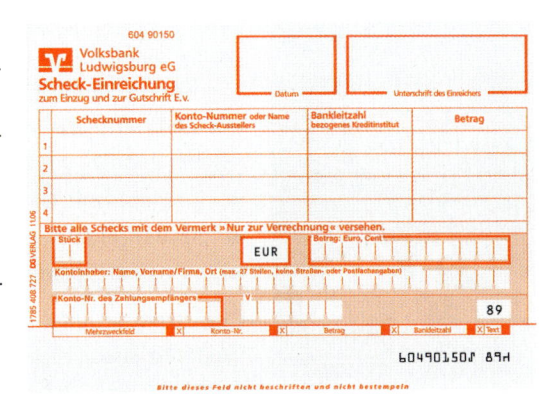

Die Vorlegungsfrist beginnt mit dem Zeitpunkt der Ausstellung. Ist sie abgelaufen, sind die Kreditinstitute zur Einlösung von Schecks berechtigt, aber nicht verpflichtet. Nach Ablauf der Vorlegungsfrist kann der Zahlungspflichtige mit einem Scheckwiderruf die Einlösung des Schecks verhindern. Wird ein Scheck **vordatiert**, so kann er schon vor dem Ausstellungsdatum vorgelegt werden und muss dann vom bezogenen Kreditinstitut eingelöst werden, da der Scheck bei Sicht einzulösen ist.

Merke

Geht ein Scheck verloren, sollte man den **Scheckverlust** umgehend dem Kreditinstitut mitteilen und den Scheck sperren lassen. Für die Folgen einer missbräuchlichen Verwendung von Schecks übernimmt die Bank keine Haftung.

5.2.8 Elektronischer Zahlungsverkehr

Nach der **SEPA-Verordnung** soll auch der elektronische Zahlungsverkehr europaweit einheitlich geordnet werden. Allerdings macht Deutschland von Übergangsbestimmungen Gebrauch, sodass das in Deutschland verbreitete elektronische Lastschriftverfahren (ELV) noch bis 2016 genutzt werden kann.

Der **elektronische Zahlungsverkehr** läuft grundsätzlich bargeldlos ab. Dieses geschieht in verschiedenen Formen **mit Karte** und **ohne Karte**.

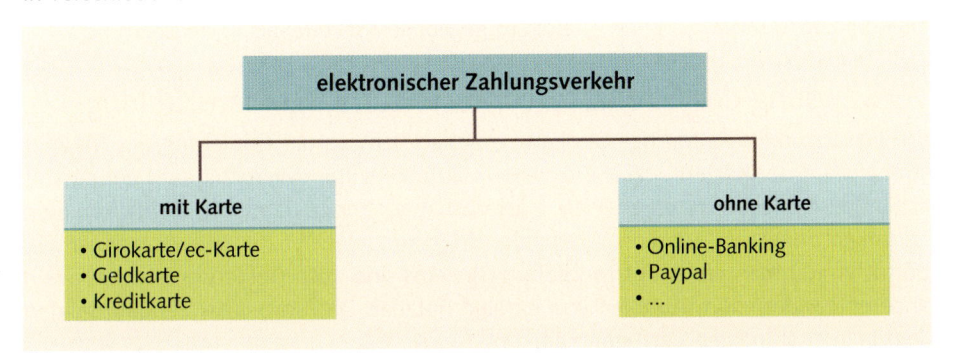

```
                elektronischer Zahlungsverkehr
                    /                    \
              mit Karte                ohne Karte
           • Girokarte/ec-Karte      • Online-Banking
           • Geldkarte               • Paypal
           • Kreditkarte             • ...
```

Sachgüter und Dienstleistungen beschaffen und Verträge schließen

Bar oder mit Karte?
So bezahlen die Verbraucher in Deutschland
Angaben in Prozent des Umsatzes

- Bargeld: 53,1 %
- Giro-/EC-Karte mit Geheimzahl: 20,9
- Überweisung: 8,2
- Giro-/EC-Karte mit Unterschrift: 7,4
- Kreditkarte: 7,4
- Internet-Bezahlverfahren (Paypal u.a.): 1,7
- Sonstiges*: 1,3

*einschl. Geldkarte
Quelle: Deutsche Bundesbank, Stand 2011

■ Elektronischer Zahlungsverkehr mit Karte

Der Siegeszug der Plastikkarten ist nicht mehr aufzuhalten. Noch vor einem Jahrzehnt spielte das Bargeld eine herausragende Rolle. Doch die modernen Kommunikationstechniken und Plastikkarten machen Banknoten und Münzen häufig überflüssig. Karten sind mittlerweile die weltweit am meisten verbreitete Zahlungsform. Sie können flexibel genutzt werden, z. B.

→ für **Electronic Cash**,
→ zur **Bargeldauszahlung** und
→ für das **elektronische Lastschriftverfahren**.

Girokarten können zusätzlich mit einer **Geldkarten-Funktion** ausgestattet sein. Des Weiteren lassen sich autorisierte **Kreditkarten**, wie z. B. die Mastercard, nutzen, bei denen die weitere Bearbeitung der Zahlung aber nach anderen Modalitäten erfolgt als bei der Girokarte.

Electronic Cash – Zahlung mit Girokarte/ec-Karte

Das kartengesteuerte Zahlungssystem Electronic Cash gewinnt im täglichen Zahlungsverkehr zumindest bei Beträgen ab ca. 25,00 EUR immer mehr an Bedeutung. In Geschäften, Warenhäusern oder bei Tankstellen können Girokarten-/ec-Kartenbesitzer diesen Service nutzen. Wie üblich wird an der Kasse der Rechnungsbetrag ermittelt. Als Zahlungsmittel dienen verschiedene Karten der deutschen Kreditinstitute (z. B. girocard, BankCard ec, SparkassenCard). In vielen Ländern gibt es ähnliche Systeme. Sie sind über das **Maestro-Zahlungssystem** miteinander verknüpft. Dadurch kann ein deutscher Urlauber z. B. auch in spanischen Geschäften mit „elektronischem Geld" bezahlen.

Die Markenrechte am ec-Verfahren bzw. am ec-Logo hat MasterCard erworben. Banken ersetzen deshalb alle ec-Karten durch Girokarten (girocards).

Electronic Cash beschert den Verbrauchern erhebliche Vorteile. Es ist bequem und sicher, wenn man beim Umgang mit Girokarten die Regeln beachtet, und man ist für Liquidität nicht auf Bargeld angewiesen. Vorteil des Händlers ist, dass er unmittelbar Sicherheit über den Zahlungseingang hat, weil die Zahlung auf beiden Seiten sofort (online) verbucht wird. Allerdings trägt er die vergleichsweise hohen Kosten dieser Zahlungsart.

Regeln/Ablauf von Electronic Cash	Autorisierung
• Einschieben der Karte in das Terminal und Eingabe der PIN in eine Eingabetastatur	• Überprüfung der PIN und des Guthabens/Kredits in Sekundenschnelle
• Verfügung nur innerhalb des von der Bank eingeräumten finanziellen Rahmens	• bei positiver Prüfung Autorisierung der Zahlung, sonst Ablehnung
• sofortige Gutschrift auf dem Konto des Händlers, sofortige Belastung auf dem Konto des Zahlers	• keine Autorisierung bei mehrmals hintereinander falsch eingegebener PIN oder bei Kartensperrung

Verwendung der Girokarte/ec-Karte zur Bargeldauszahlung

Die Einsatzmöglichkeiten der Girokarte ergeben sich aus der Codierung des Magnetstreifens auf der Kartenrückseite bzw. dem aufgebrachten Microchip und der persönlichen Identifikationsnummer (PIN). Karteninhaber können damit alle Geldautomaten im Inland benutzen, auch die Automaten fremder Geldinstitute (teilweise gegen Gebühr). Im Rahmen des Maestro-Zahlungssystems sind auch Geldautomaten in vielen anderen Ländern zum Abholen von Bargeld nutzbar. Der Vorteil der Geldautomaten liegt in ihrer ständigen Verfügbarkeit.

LERNFELD 4

Rechnungen prüfen und Zahlungen abwickeln

Die Bargeldauszahlung wird durch eine akustische oder optische Bedienerführung unterstützt:

→ Einschieben der Karte in den Geldautomaten,
→ Eingabe der PIN in die Eingabetastatur,
→ Auszahlungsbetrag auf dem Tastenfeld oder Bildschirm wählen,
→ Karte entnehmen,
→ Geld entnehmen.

Bei **Verlust** einer **Girokarte/ec-Karte** hilft in den meisten Fällen die Servodata GmbH in Frankfurt, der fast alle Geldinstitute angeschlossen sind. Sie ist rund um die Uhr unter der **Telefonnummer 116 116** erreichbar. Diese „Feuerwehr", die von allen deutschen Geldinstituten eingerichtet wurde, lässt die betreffende Bankkarte sofort sperren. Der Karteninhaber muss dazu seine persönlichen Daten, Namen und (wenn möglich) Bankleitzahl seines Geldinstitutes sowie seine Kontonummer angeben. Für den Fall der Fälle sollte man diese Informationen also möglichst auf einem Zettel oder im Handy griffbereit haben.

Tipp

- Karte niemals unbeaufsichtigt liegen lassen!
- Karte niemals Dritten überlassen!
- Karte vor Beschädigungen schützen!
- PIN einprägen und vernichten!
- Karte und PIN niemals zusammen aufbewahren!
- PIN nur verdeckt eingeben!

Elektronisches Lastschriftverfahren (ELV) mit der Girokarte/ec-Karte

Weite Teile des Handels akzeptieren die Girokarte als Zahlungsmittel auch **ohne PIN**. Karte und Unterschrift genügen für die Abwicklung dieser bargeldlosen Zahlung.

Ablauf des Verfahrens an der Kasse:

→ Einschieben der Karte in das Terminal,
→ Eingabe des Rechnungsbetrages und Druck einer Einzugsermächtigung für den Händler und eines Quittungsbelegs für den Kunden,
→ Unterschrift des Kunden auf der Einzugsermächtigung.

Ablauf des weiteren Verfahrens:

→ Abruf der Daten aller im Terminal gespeicherten Karten-Lastschriftaufträge von einem Zentralrechner zu einem festen Zeitpunkt (z. B. täglich oder wöchentlich),
→ Weiterleitung der Daten an die Bank des Händlers zum Einzug.

Der Vorteil des ELV liegt in den niedrigen Kosten der Abwicklung für den Händler; sein Nachteil ist das Ausfallrisiko bei mangelnder Bonität bzw. betrügerischer Absicht des Kunden.

LERNFELD 4

Sachgüter und Dienstleistungen beschaffen und Verträge schließen

Ablauf des elektronischen Lastschriftverfahrens (ELV)

Kaufvertrag und Vereinbarung über Kartenzahlung

1. Ausweis durch Girokarte und Unterschrift

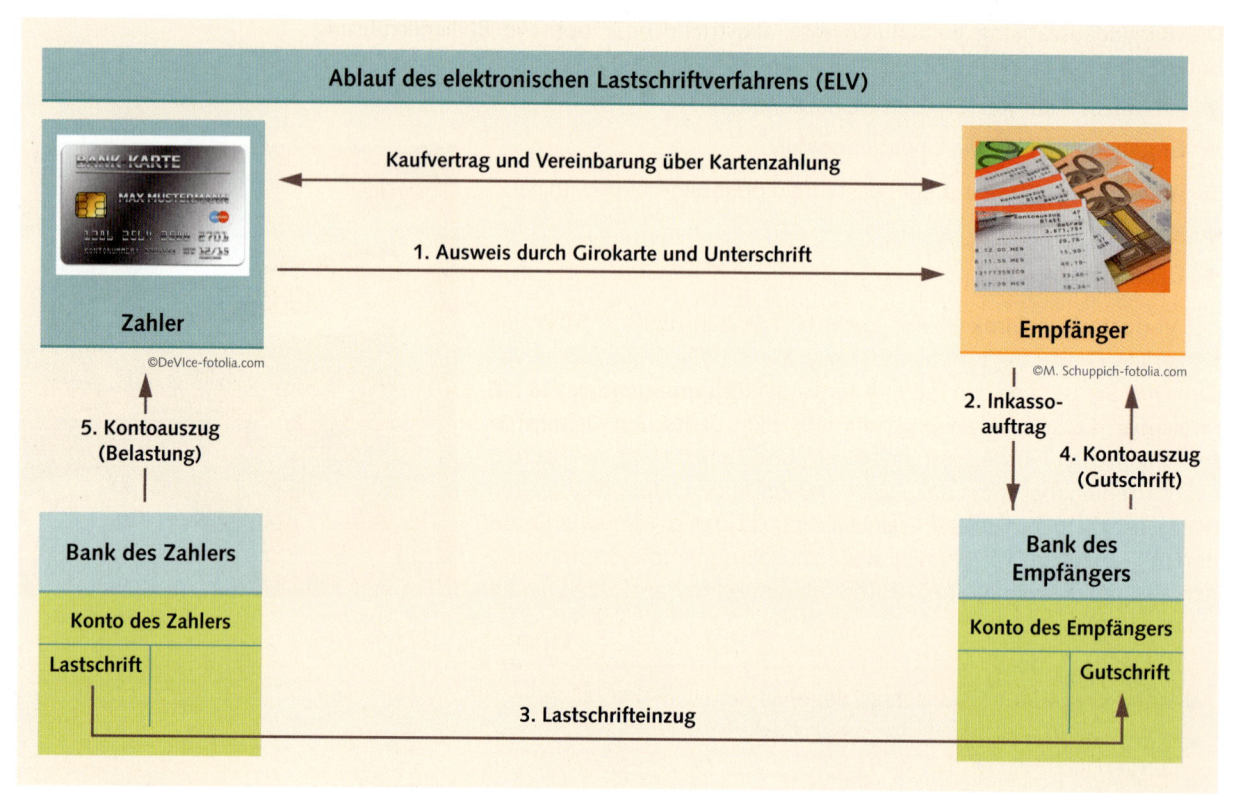

Zahler — Empfänger

5. Kontoauszug (Belastung)
2. Inkassoauftrag
4. Kontoauszug (Gutschrift)

Bank des Zahlers — Bank des Empfängers
Konto des Zahlers — Konto des Empfängers
Lastschrift — Gutschrift

3. Lastschrifteinzug

Geldkarte

Eine Verringerung der Kosten und eine Verkürzung des Bedienungsvorgangs an der Kasse wurde von dem Einsatz eines Computer-Chips auf der Bankkarte erwartet.

Der **Mikrochip** ist das Herzstück von Geldkarten. Auf dem Chip kann gegen Kontobelastung ein bestimmtes Guthaben (maximal 200,00 EUR) gespeichert werden, das sich durch jeden Einsatz – z. B. bargeldloser Kauf, Nutzung von Parkautomaten, Kauf von Fahrkarten – verringert. Ist das Guthaben aufgebraucht, kann ein neuer Betrag z. B. vom kontoführenden Geldinstitut gespeichert werden. Die Geldkarte muss beim Zahlungsvorgang nicht mehr per Datenleitung von der kontoführenden Bank geprüft werden. Diese Zahlungsart ist europaweit unter dem Namen „Clip" bekannt und wird in Deutschland insbesondere zum Kauf von Tabakwaren an Automaten verwendet, da der Automat so die Altersbegrenzung prüfen kann.

Plastikgeld auf dem Vormarsch
Zahl der in Deutschland umlaufenden Kreditkarten
jeweils am Jahresende in Millionen

1985	'88	'91	'94	'97	2000	'02	'04	'06	2008
1,14	2,31	5,96	10,25	14,25	17,96	20,73	21,35	22,85	24,65

davon entfielen am Jahresende 2008 auf:
MasterCard 49,9 %, VISA 43,8, Diners Club International 0,4, American Express 5,9

Quelle: Source Informationsdienst — dpa·11748

Kreditkarte

Kreditkarten sind ein beliebtes Zahlungsmittel, das in den letzten Jahren in der ganzen Welt stark an Bedeutung gewonnen hat. Die Zahl der gegen unterschiedliche Gebühren ausgegebenen Karten steigt ebenso wie die der ausgebenden Unternehmen und die der Akzeptanzstellen. Neben den Banken sind z. B. Autohersteller oder -clubs, Warenhäuser und Reiseveranstalter, Fluggesellschaften und Tankstellen-Betreiber als Kreditkartenanbieter auf dem Markt.

Im sogenannten **Co-Branding** arbeiten Unternehmen und Kreditkartenanbieter zusammen, wobei das „Plastik-Viereck" dann zusätzlich das Markenzeichen (englisch: brand) des Partners, zum Beispiel eines Autoherstellers, enthält. Auf diese Weise soll vor allem die Kundenbindung verstärkt werden.

Führende Kreditkartenanbieter sind z. B. **MasterCard, VISA** und **American Express**.   Kreditkartenanbieter

Wer die Kreditkarte nutzen will, kann sie gegen eine Jahresgebühr u. a. bei seinem Geldinstitut oder direkt bei der Kreditkartenorganisation beantragen. Die Kreditkarte gilt häufig für 3 Jahre und zu ihrem Service gehören zurzeit:

→ die Möglichkeit, beim **Einkaufen** z. B. im Einzelhandel oder an Tankstellen sowie in Hotels in Deutschland und auf Reisen weltweit bargeldlos zu bezahlen;

→ die Nutzungsmöglichkeit an **Geldautomaten** zur Bargeldauszahlung im In- und Ausland – nur in Zusammenhang mit einer PIN;

→ verschiedene **Versicherungsleistungen** unter der Voraussetzung, dass die Kreditkarte zur Zahlung der jeweiligen Leistung, z. B. Inanspruchnahme eines Verkehrsmittels, benutzt wurde;

→ die Möglichkeit zur Zahlung im **Internet** bei Online-Händlern unter Angabe der Kreditkartennummer, des Verfalldatums und der Kartenprüfnummer.

Bei der Zahlung mit Kreditkarte werden von dem jeweiligen Vertragsunternehmen (Verkäufer) die Daten der Karte elektronisch von einem Online-Terminal erfasst, das einen Zahlungsbeleg sowie eine Kopie für den Kreditkarteninhaber erstellt. In seltenen Fällen kommt auch heute noch ein Prägegerät zum Einsatz, das die Daten auf ein Belegdoppel überträgt. Der Kunde muss nur den Zahlungsbeleg unterschreiben, erhält das Belegdoppel, und die Zahlung ist erfolgt. Das Vertragsunternehmen rechnet mit der Kreditkartenorganisation ab: Es erhält eine Gutschrift über den Kaufbetrag abzüglich eines bestimmten Prozentsatzes an Gebühren. Für den Kreditkartenkunden wird keine Gebühr fällig. Sein Girokonto wird erst einige Zeit nach dem Kauf belastet. Die späte Belastung gewährt somit auch einen **Zinsnutzen**. Bei **Verlust**, **Diebstahl** oder **Missbrauch** der Karte schützt eine rechtzeitige Meldung vor Schaden.

■ Elektronischer Zahlungsverkehr ohne Karte

Online-Banking

Alle Geldinstitute nutzen die Möglichkeiten des **Internets**, um ihren Kunden eine elektronische Kontoführung zu ermöglichen. Online-Banking erspart dem Kunden nicht nur Zeit, sondern bietet oft auch günstigere Konditionen. Mit der elektronischen Kontoführung wird eine Überweisung zu einer Angelegenheit von wenigen Minuten am **heimischen PC**, am **Smartphone** oder an anderen **elektronischen Endgeräten**. Außerdem bekommt der Bankkunde bei den Postengebühren häufig Rabatte.

Sachgüter und Dienstleistungen beschaffen und Verträge schließen

Das Angebot, das Geldinstitute ihren Kunden im Online-Banking zur Verfügung stellen, ist ausgesprochen vielfältig. Dazu gehören z. B.:

Das Online-Banking: Leistungsangebot

- Abfrage des Kontostandes,
- Anzeige der gebuchten Umsätze,
- Überweisungsaufträge,
- Sammelüberweisungen,
- Auslandsüberweisungen,
- Lastschrifteinzug,
- Dauerauftragseinrichtungen,
- Dauerauftragsänderungen,
- Schecksperre,
- Abfrage Überziehungskredit,
- Bestellung von Formularen,
- Spargeschäft, Depotgeschäft.

Funktionsweise von Online-Banking

Die elektronische Kontoführung setzt einen Internetanschluss voraus. Dazu stehen unterschiedliche Verfahren zur Verfügung. Besonders verbreitet ist das Verfahren mit **PIN** und **TAN**. Der Nutzer erhält neben einer Benutzerkennung (meist ist die entsprechende Kontonummer in der Kennung enthalten) zur Legitimation eine **persönliche Identifikationsnummer (PIN)**.

Mit der Benutzerkennung und der PIN erhält der Teilnehmer Zugriff auf seine Bankdaten und kann das Online-Banking-Angebot seiner Bank nutzen.

Will der Nutzer eine Geldtransaktion (z. B. eine Überweisung) ausführen, muss er zur Sicherheit eine vom Geldinstitut mitgeteilte **Transaktionsnummer (TAN)** eingeben. Sie ersetzt die Unterschrift auf dem Papierbeleg. Die TAN gilt jeweils nur für einen einzigen Vorgang und ist nach der Transaktion verbraucht.

Online-Banking wird zum Standard

EU-Ranking: Top 10

Anteil der Personen, die das Internet in den vergangenen drei Monaten für Online-Banking genutzt haben, nach Ländern:

1. Finnland — 66%
2. Niederlande — 65%
3. Schweden — 57%
4. Dänemark — 57%
5. Estland — 53%
6. Luxemburg — 46%
7. Belgien — 35%
8. Deutschland — 35%
9. Frankreich — 32%
10. Österreich — 30%

25% EU-Durchschnitt

Quelle: BITKOM auf Basis von Eurostat, Personen zwischen 16 und 74 Jahren

Geldinstitute versorgen ihre Online-Banking-Teilnehmer auf unterschiedliche Weise mit TANs. Dabei steht die Sicherheit der Übermittlung an erster Stelle. Gültige TANs in „fremden Händen" können zu schwerwiegendem finanziellen Verlust führen, da ein Dritter Verfügungsmacht über das Konto erhält, falls ihm auch die PIN bekannt ist.

Bisher verschickten Kreditinstitute iTAN-Listen, und bei jeder Transaktion wurde der Nutzer aufgefordert, eine bestimmte iTAN einzugeben (z. B. die 14. TAN der Liste).

Das Verfahren gilt inzwischen als unsicher, da viele TANs über einen längeren Zeitraum evtl. nicht verbraucht werden und aktiv (gültig) sind. Daher nutzen viele Kreditinstitute inzwischen Verfahren, bei denen die TAN für den Zahlungsvorgang nur wenige Sekunden vor dem Überweisungsvorgang erzeugt wird und mit der Überweisung verbraucht ist.

Wichtig ist, dass die Übermittlung der TAN über einen zweiten „Kanal" erfolgt; die aufgebaute Internetverbindung zur Bank ist dabei „tabu".

So besteht z. B. die Möglichkeit, sich die notwendige TAN per SMS unabhängig vom Zahlungsvorgang im Internet auf ein Handy schicken zu lassen. Das Verfahren gilt als weitgehend sicher.

Als derzeit sicherstes Verfahren für die Erzeugung einer TAN gilt der **Tangenerator**. Das kleine Gerät ist mit LED-Dioden auf der Rückseite ausgestattet und erzeugt über ein wechselndes Strichcodefeld auf dem Bildschirm bei eingesteckter Girokarte eine TAN, die dann für den aktuellen Zahlungsvorgang Gültigkeit hat.

PayPal

Internet-Zahlweisen haben in den letzten Jahren rasant an Bedeutung gewonnen, wie z. B. **PayPal** mit weltweit zurzeit über 123 Millionen Nutzern, davon alleine 12 Millionen in Deutschland. PayPal ist ein **Online-Bezahlsystem** für Zahlungen im Online-Handel.

PayPal-Mitglieder müssen zunächst ein PayPal-Benutzerkonto beantragen und ihr Bankkonto oder ihre Kreditkartendaten mit dem PayPal-Konto verknüpfen. Diese Daten werden von PayPal verifiziert. Dazu wird eine Testüberweisung auf das angegebene Konto vorgenommen und ein 4-stelliger Zahlencode übermittelt. Der Kunde findet den Code auf seinem Kontoauszug und gibt die vier Ziffern auf der PayPal-Website an. Erst dann ist sein Konto verifiziert und kann genutzt werden.

Funktionsweise von PayPal

Für die Abwicklung des Zahlungsvorgangs benötigt PayPal schon vorher Guthaben vom Kunden auf dem Benutzerkonto oder es bucht den Zahlungsbetrag vom Bankkonto oder der Kreditkarte des Kunden ab.

Das PayPal-System funktioniert folgendermaßen:
→ Der Verkäufer bietet im Internet eine Ware an.
  Verkäufer und Käufer schließen einen Kaufvertrag ab.
→ PayPal zieht vom Käufer das Geld per Lastschrift ein.
→ PayPal informiert den Verkäufer, dass das Geld da ist.
→ Der Verkäufer verschickt die Ware an den Käufer.
→ PayPal leitet das Geld an den Verkäufer weiter.

PayPal wirbt für sicheres Bezahlen im Internet. Dazu dienen der **PayPal-Käuferschutz** und der **PayPal-Verkäuferschutz**, die unter bestimmten Bedingungen in folgenden Fällen greifen können:

Sachgüter und Dienstleistungen beschaffen und Verträge schließen

Käuferschutz	Verkäuferschutz
• Der Verkäufer hat den Artikel nicht versendet. • Der Artikel weicht erheblich von der Artikelbeschreibung ab.	• Käufer gibt Lastschriften zurück, hat keine Kontodeckung. • Käufer veranlasst Rückbuchung bei Kreditkartenzahlungen. • Käufer beschwert sich unberechtigt.

Der **Käufer** kann sich mit einer Beanstandung direkt an PayPal wenden und eine Klärung beantragen. Über PayPal kann der Käufer selbst zunächst Kontakt zum Verkäufer aufnehmen, um Missverständnisse zu klären. Sollte es zu keiner einvernehmlichen Lösung kommen, kann der **Käufer** die Klärung PayPal übertragen.

In Fällen, in denen der **Verkäufer** eine nicht vertragsgemäße Erfüllung des Käufers beanstandet (z. B. grundlose Bemängelung der Lieferung), stellt der Verkäufer PayPal alle Informationen dazu zur Verfügung (z. B. Versandnachweis), um zu ermöglichen, dass PayPal eine Klärung herbeiführt.

5.3 Zusammenfassung und Aufgaben

Zusammenfassung

Rechnungsprüfung
sachliche Prüfung: Art der Ware, Menge, Einzelpreis **rechnerische Prüfung**: Gesamtpreis, Rabatt, Umsatzsteuer
Zahlungsmittel und Zahlungsarten
Zahlungsmittel - gesetzliche Zahlungsmittel: Banknoten und Münzen - Buchgeld - Geldersatzmittel: Schecks, Girokarten und Kreditkarten **Zahlungsarten** - Barzahlung - halbbare Zahlung - bargeldlose Zahlung - elektronischer Zahlungsverkehr
Formen der Barzahlung
Zahlung **unmittelbar persönlich** besonders im Einzelhandel und Dienstleistungsbereich; Kassenbeleg oder Quittung als Beleg Zahlung **mittelbar durch Boten** oder **Versenden mit Western Union** oder Expressbrief (Haftung der Post bis höchstens 500,00 EUR)

Rechnungen prüfen und Zahlungen abwickeln

Halbbare Zahlung durch Zahlschein und Postnachname

Zahlung mit Zahlschein:
Bareinzahlung bei Kreditinstitut; Gutschrift auf dem Konto des Empfängers

Postnachnahme: Auslieferung von z. B. Paketen durch Postzusteller nur gegen Zahlung der Rechnung; Betrag wird dem Konto des Empfängers gutgeschrieben.

Bargeldlose Zahlung durch Überweisung

SEPA-Verordnung regelt den Überweisungsverkehr einheitlich nach internatio-nalen Standards für die Teilnehmerländer.

IBAN (ehemalige Kontonummer) und **BIC** (ehemalige Bankleitzahl) dienen der Identifizierung eines Kontos im internationalen Zahlungsverkehr.

Ablauf einer Überweisung: Auftrag des Zahlers an sein kontoführendes Geldinstitut, einen bestimmten Geldbetrag von seinem Konto auf das Konto des Empfängers zu übertragen. Dazu stellt das Geldinstitut einheitliche, elektronisch lesbare Vordrucke zur Verfügung. Überweisungen können auch online angewiesen werden.

Der **Dauerauftrag** ist geeignet für Zahlungen, die regelmäßig und in gleicher Höhe wiederkehren.

Die **Sammelüberweisung** ist geeignet für mehrere Einzelüberweisungen eines Kontoinhabers an unterschiedliche Zahlungsempfänger.

Lastschriftverfahren

Das **Lastschriftverfahren** ist geeignet für Zahlungen, die auch mit unterschiedlichen Beträgen oder unregelmäßigen Zahlungszeitpunkten anfallen.

Unterscheidung nach **Basislastschrift** (Rückgabe ohne Angabe von Gründen bis zu 8 Wochen bzw. 13 Monaten möglich) und **Firmenlastschrift**

Voraussetzungen für den Einzug von Lastschriften: **Gläubigeridentifikationsnummer** (vergeben durch die Deutsche Bundesbank); gültiges **Lastschriftmandat** (belegt die Zustimmung des Zahlers zum Einzug fälliger Forderungen und die Weisung an die Bank zur Belastung des Kontos.)

Halbbare und bargeldlose Zahlung mit Scheck

Verwendungsmöglichkeiten des Schecks:
- Barabhebung (nur Barscheck)
- Einreichung zur Gutschrift
- Weitergabe als Zahlungsmittel

Scheckarten:
- nach Einlösungsmöglichkeit: **Barscheck – Verrechnungsscheck**
- nach Übertragbarkeit: **Inhaberscheck – Orderscheck**

LERNFELD 4

Sachgüter und Dienstleistungen beschaffen und Verträge schließen

Einlösung von Bar- bzw. Verrechnungsscheck:
- Der **Barscheck** gehört zum halbbaren Zahlungsverkehr. Der Scheckbetrag wird dem Vorleger bar von dem bezogenen Kreditinstitut ausgezahlt.
- Der **Verrechnungsscheck** wird dem Einreicher auf seinem Konto gutgeschrieben. Der Verrechnungsscheck gehört zum bargeldlosen Zahlungsverkehr.

Elektronischer Zahlungsverkehr

mit Karte: Girokarte, Geldkarte, Kreditkarte
ohne Karte: Online-Banking, Paypal, …

Elektronischer Zahlungsverkehr mit Karte

Electronic Cash:
Die Girokarte wird zur Zahlung bei einer Akzeptanzstelle (z. B. Händler, Tankstelle) genutzt. Der Zahler steckt seine **Karte** ins Terminal und gibt seine **PIN** ein. Das System autorisiert die Zahlung. Der Betrag wird unmittelbar dem Konto des Händlers gutgeschrieben und dem Konto des Kunden belastet.

Bargeldauszahlung mit Karte:
Bargeldauszahlung an Geldautomaten (z. T. auch bei Einzelhandelsketten) mittels Karte und PIN

Elektronisches Lastschriftverfahren (ELV):
Zahlung z. B. im Einzelhandel **mit Karte ohne PIN**: Der Quittungsbeleg wird vom Kunden unterschrieben und gilt als Ermächtigung für den Händler zum Lastschrifteinzug.

Zahlung mit Geldkarte:
Auf der Karte wird ein bestimmtes Guthaben z. B. vom kontoführenden Geldinstitut gespeichert, das sich durch jeden Einsatz verringert.

Zahlung mit Kreditkarte:
Kreditkarten können bei Kreditkartenanbietern (z. B. MasterCard, VISA) erworben werden und bei zahlreichen Akzeptanzstellen im Handel, auf Reisen, bei Tankstellen usw. zur Zahlung genutzt werden. Der Zahlungsvorgang geschieht durch elektronische Erfassung im Terminal. Der Kunde unterschreibt den Zahlungsbeleg, die Kreditkartenorganisation rechnet mit dem Händler und dem Kunden ab. Kreditkartenzahlungen sind inzwischen auch im Online-Handel weit verbreitet.

Elektronischer Zahlungsverkehr ohne Karte

Online-Banking:
- Voraussetzung: Internetanschluss
- Zugriff auf Konto z. B. mit Benutzererkennung durch PIN
- Veranlassung einer Geldtransaktion z. B. mit TAN

PayPal:
- Online-Bezahlsystem mit Käufer- und Verkäuferschutz für Zahlungen im Online-Handel

Rechnungen prüfen und Zahlungen abwickeln

Aufgaben

1. Prüfen Sie die folgenden Aussagen auf ihre Richtigkeit. Die Antwort ist jeweils zu begründen.
   (1) Zur Rechnungsfreigabe genügt die sachliche Prüfung der Eingangsrechnung.
   (2) Als gesetzliches Zahlungsmittel gelten nur Banknoten, die in jeder Höhe angenommen werden müssen.
   (3) Die Barzahlung hat im Wirtschaftsleben immer noch die größte Bedeutung.
   (4) Eine Zahlung mit Scheck kann sowohl eine halbbare als auch eine bargeldlose Zahlung darstellen.
   (5) Der Zahlschein ist eine halbbare Zahlungsart, die nur die Postbank anbietet.
   (6) Mit dem Barscheck kann bezahlt werden, wenn der Zahlungsempfänger kein Konto hat.
   (7) Für die Teilnahme am bargeldlosen Zahlungsverkehr müssen jeweils Zahler und Zahlungsempfänger ein Konto haben.
   (8) Die SEPA-Verordnung gilt ausschließlich für bargeldlose Zahlungen im Inland.
   (9) Einzelüberweisungen werden mit einem zweiteiligen Überweisungsvordruck bei dem kontoführenden Geldinstitut des Zahlers veranlasst.
   (10) SEPA-Sammelüberweisungen können in beleghafter oder elektronischer Form erfolgen.
   (11) Der Dauerauftrag eignet sich für Zahlungen in unterschiedlicher Höhe bzw. bei nicht regelmäßig wiederkehrenden Zahlungszeitpunkten.
   (12) Durch Datenträgeraustausch kann die Abwicklung des Zahlungsverkehrs sowohl beim Zahler als auch beim Zahlungsempfänger rationalisiert werden.
   (13) Ein Verrechnungsscheck wird dem Konto des Vorlegers gutgeschrieben.
   (14) Unter Electronic Cash versteht man sowohl Zahlungen mit einer Girokarte und PIN-Nummer als auch Zahlungen mit einer Kreditkarte.
   (15) Das Online-Banking ermöglicht es, Bankgeschäfte auch außerhalb der Geschäftszeiten vom Wohn- bzw. Geschäftssitz zu tätigen.

2. Geben Sie typische Zahlungsvorgänge Ihres Ausbildungsbetriebs an, und wählen Sie die dafür geeigneten Zahlungsarten aus.

3. Erklären Sie, welche Bedeutung die SEPA-Verordnung für den bargeldlosen Zahlungsverkehr hat.

4. Beschreiben Sie die Formen des SEPA-Lastschriftverfahrens.

5. Unterscheiden Sie: Zahlschein und Überweisung; Barscheck und Verrechnungsscheck.

6. Zeigen Sie Vorteile, aber auch Nachteile von Electronic Cash an Beispielen auf.

7. Schildern Sie den Ablauf einer Zahlung mit Kreditkarte.

LERNFELD 4

Sachgüter und Dienstleistungen beschaffen und Verträge schließen

8. Beschreiben Sie, welche wichtigen Regeln beim Umgang mit der Girocard zu beachten sind, damit der Einsatz der Karte sicher ist.

9. Erörtern Sie, welche Zahlungsmöglichkeiten bei der Rationalisierung des Zahlungsverkehrs in Ihrem Ausbildungsbetrieb eine Rolle spielen könnten.

10. In jedem Haushalt treten eine Vielzahl von Zahlungsvorgängen auf. Schlagen Sie für folgende Beispiele jeweils begründet geeignete Zahlungsarten vor:
    - monatliche Mietzahlung für die Wohnung
    - Strom- und Gasrechnung alle zwei Monate
    - Versenden von 100,00 EUR Bargeld an das Patenkind zum Geburtstag
    - Privatrechnung des Zahnarztes
    - Benzinrechnung über 70,00 EUR an der benachbarten Tankstelle
    - Kfz-Steuer einmal im Jahr
    - Rechnung des Autohändlers über 4 500,00 EUR für einen Gebrauchtwagen.

11. Die folgende Übersicht zeigt, dass die bevorzugten Zahlweisen beim Einkaufen im Internet noch die traditionellen Zahlweisen sind. Allerdings gibt es immer mehr moderne Online-Zahlweisen, die für das Internet entwickelt wurden.

Online-Shopping: Die meisten zahlen per Lastschrift

BITKOM WebMonitor mit forsa – Anteil der Deutschen, der beim Einkaufen im Internet eine bestimmte Bezahlmethode nutzt (Mehrfachnennungen möglich)

Top 5: Bezahlmethode im Web
1. per Lastschrift * — 38 %
2. per Rechnung — 29 %
3. per Kreditkarte — 20 %
4. per Nachnahme — 17 %
5. per Online-Zahlungssysteme — 11 %

Quelle: BITKOM/forsa; Basis Deutsche über 14 Jahre   * inkl. Überweisungen

a) Erklären Sie das Online-Bezahlsystem PayPal.

b) Recherchieren Sie, was man unter „giropay" versteht, und beschreiben Sie das Verfahren.

Marketing zur Akquirierung und Bindung von Kunden planen

Kunden akquirieren und binden

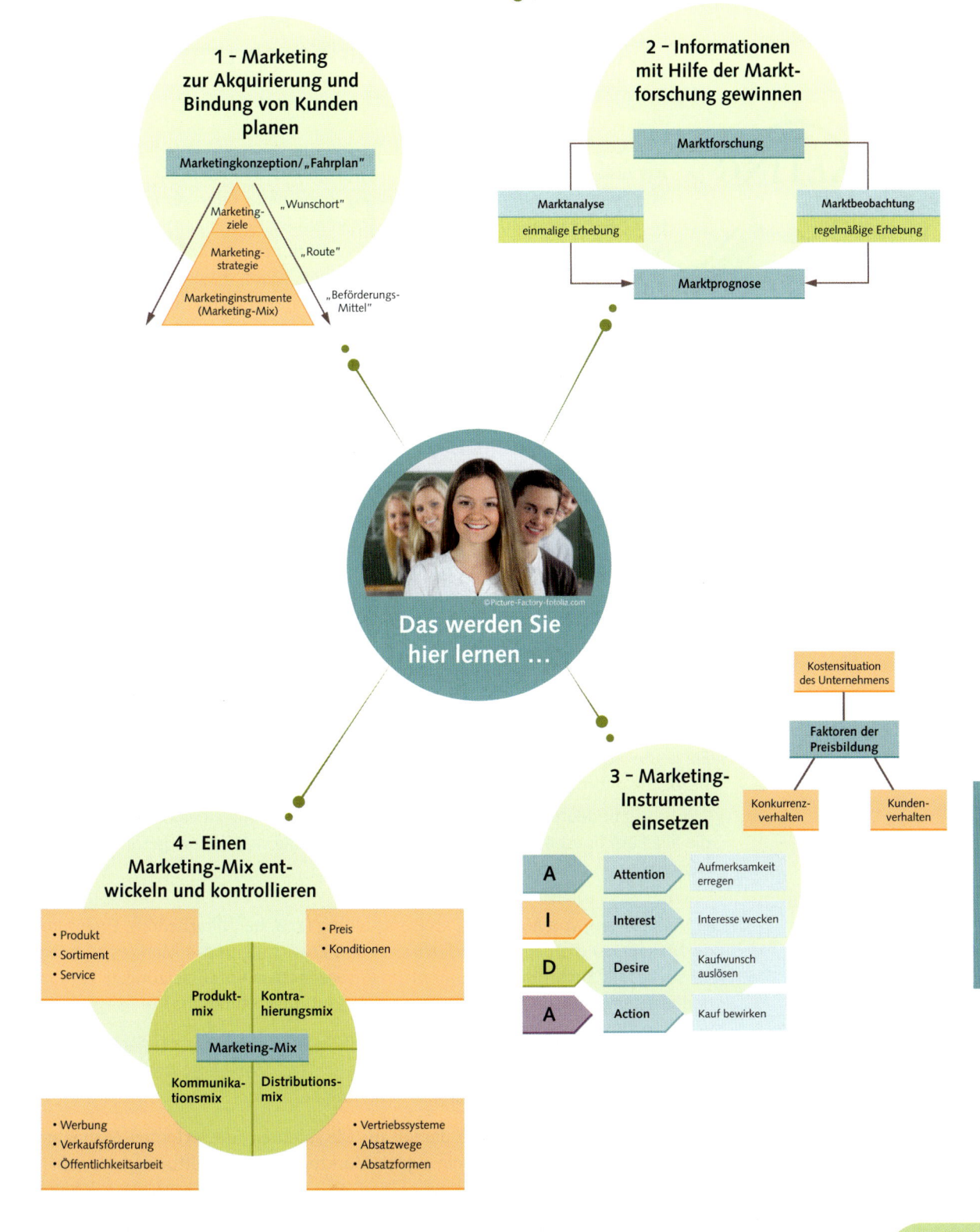

1 – Marketing zur Akquirierung und Bindung von Kunden planen

Marketingkonzeption/„Fahrplan"
- Marketingziele – „Wunschort"
- Marketingstrategie – „Route"
- Marketinginstrumente (Marketing-Mix) – „Beförderungsmittel"

2 – Informationen mit Hilfe der Marktforschung gewinnen

Marktforschung
- Marktanalyse – einmalige Erhebung
- Marktbeobachtung – regelmäßige Erhebung
- Marktprognose

Das werden Sie hier lernen …

© Picture-Factory-fotolia.com

3 – Marketing-Instrumente einsetzen

Faktoren der Preisbildung:
- Kostensituation des Unternehmens
- Konkurrenzverhalten
- Kundenverhalten

- **A** – Attention – Aufmerksamkeit erregen
- **I** – Interest – Interesse wecken
- **D** – Desire – Kaufwunsch auslösen
- **A** – Action – Kauf bewirken

4 – Einen Marketing-Mix entwickeln und kontrollieren

Marketing-Mix:
- Produktmix
- Kontrahierungsmix
- Kommunikationsmix
- Distributionsmix

Produktmix:
- Produkt
- Sortiment
- Service

Kontrahierungsmix:
- Preis
- Konditionen

Kommunikationsmix:
- Werbung
- Verkaufsförderung
- Öffentlichkeitsarbeit

Distributionsmix:
- Vertriebssysteme
- Absatzwege
- Absatzformen

LERNFELD 5

# Kunden akquirieren und binden

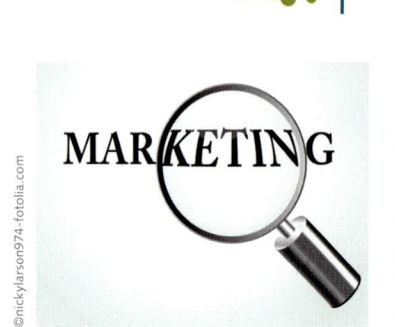

1 Marketing zur Akquirierung und Bindung von Kunden planen

Der Begriff **Marketing** wird häufig mit unterschiedlichen Bedeutungen verwendet: „Telefonmarketing" z. B. kann situativ bedeuten, dass man mit mehr oder weniger aufdringlicher Werbung über neue oder verbesserte Produkte (z. B. Anbieter von Telefon- oder Internetdienstleistungen) konfrontiert wird, Auskunft geben soll über die Zufriedenheit mit seiner Kfz-Werkstatt oder über Lesegewohnheiten. „Marketinganstrengung" kann meinen, dass ein Ladenhüter nun mal wirklich an den Mann oder die Frau gebracht werden muss.

Für Unternehmen auf den heutigen wettbewerbsintensiven Märkten bedeutet Marketing, dass die **gesamte Denk- und Handlungsweise** (Unternehmensführung unter Marketingaspekten) konsequent auf die gegenwärtigen und zukünftigen Bedürfnisse und Anforderungen der Märkte ausgerichtet wird. Marketing wird damit zu einer Grundstrategie der Unternehmensführung: Es werden

→ alle Funktionsbereiche wie z. B. Beschaffung, Produktion, Finanzierung und Personal sowie

→ die gesamte wirtschaftliche, rechtliche, kulturelle, technische und ökologische Umwelt

in die Gestaltung von marktbezogenen Aktivitäten einbezogen, um Kunden akquirieren bzw. binden zu können. Dazu sind Informationen notwendig, die insbesondere durch Marktforschung bereitgestellt werden.

Merke

Ein heute weitgehend akzeptiertes Marketingverständnis lässt sich unternehmensbezogen so formulieren:

Marketing bedeutet die bewusst marktorientierte Führung eines Unternehmens, in die alle Funktionsbereiche eingebunden sind und die sich auf die gesamte Umwelt bezieht.

internes Marketing

Die Verankerung von Marketing als Denkhaltung (z. B. bei Mitarbeitern, Eigentümern und Managern), sich an den Bedürfnissen und Erwartungen des Marktes zu orientieren, sowie die Schaffung der unternehmensbezogenen Voraussetzungen für marktorientierte Entscheidungen bezeichnet man als **internes Marketing**.

externes Marketing

Das auf die gesamte Unternehmensumwelt (z. B. Konkurrenz, Lieferanten, Staat, Öffentlichkeit und insbesondere Kunden) gerichtete Marketing zur Umsetzung der Unternehmensziele wird als **externes Marketing** bezeichnet.

Es kommt beim Marketing also darauf an, alle internen und externen Maßnahmen aufeinander abzustimmen, um die eigene Marktposition im Wettbewerb zu erhalten und zu verbessern.

LERNFELD 5

Marketing zur Akquirierung und Bindung von Kunden planen

internes Marketing: Mitarbeiter, Eigentümer, Manager ↔ Unternehmen

externes Marketing: Unternehmen ↔ Kunden, Konkurrenz, Lieferanten, Staat, Öffentlichkeit, Interessengruppen

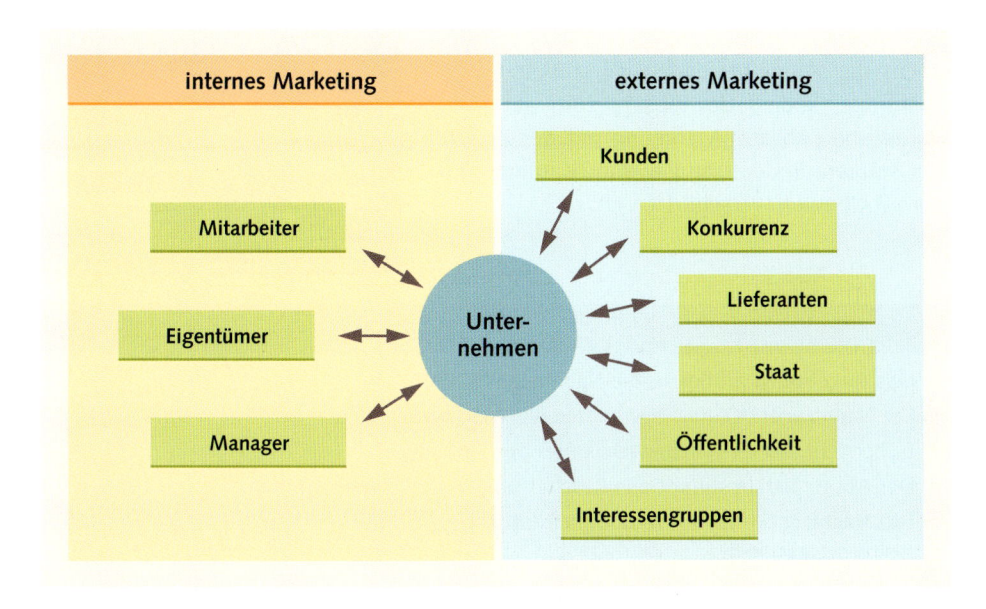

1.1 Marketing im Wandel der Zeit

Das Verständnis von Marketing ist dem Wandel unterworfen: Es ist Spiegel sich verändernder Marktverhältnisse und gesellschaftlicher Entwicklungen. Im Mittelpunkt des Interesses stand zunächst allein der Verbraucher. Dann rückte der Handel in den Vordergrund (Rolle des „Türöffners" beim Zugang zum Verbraucher). Dabei prägte sich eine zunehmende Konkurrenzorientierung aus („Ringen um Wettbewerbspositionen"). Im Laufe der Zeit gewannen immer mehr auch Bezüge zur natürlichen und sozialen Umwelt an Bedeutung (Aufnahme von Ansprüchen an ökologische und soziale Verträglichkeit).

1.1.1 Wandel von Verkäufermärkten zu Käufermärkten

Von herausragender Bedeutung ist dabei der Wandel von **Verkäufermärkten** zu **Käufermärkten**. In der Zeit nach dem Zweiten Weltkrieg war das Angebot an Waren und Dienstleistungen i. d. R. knapp. Der „Engpass" lag eher bei der Steigerung von Angebotsmöglichkeiten als auf der Nachfrageseite. Insofern bestimmten maßgeblich die Verkäufer das Marktgeschehen (Verkäufermarkt). In einer solchen Situation stellen Bemühungen um den Absatz grundsätzlich kein herausragendes Problem dar. Es geht vorrangig darum, knappe Güter auf den Markt zu bringen. Dabei kommt es i. d. R. zu steigenden Preisen.

Verkäufermarkt

Merkmale des Verkäufermarktes

- Die Nachfrage ist größer als das Angebot (N > A).
- Die Anbieter (Verkäufer) bestimmen das Marktgeschehen.
- Es herrscht geringer Wettbewerb unter den Anbietern.
- Die Produktions- bzw. Einkaufsmöglichkeiten bestimmen den Absatzplan.
- Absatzmarktforschung ist nicht oder nur in geringem Umfang nötig.

Kunden akquirieren und binden

Im Verlauf der weiteren Wirtschaftsentwicklung wuchs das Angebot tendenziell stärker als die Nachfrage, sodass der Absatz zum „Engpass" wurde und (Absatz-)Marketing mit der Zeit immer stärkere Bedeutung gewann (Käufermarkt). Der Wettbewerb verschärfte sich.

Käufermarkt

Merkmale des Käufermarktes

- Das Angebot ist größer als die Nachfrage (A > N).
- Die Nachfrager (Käufer) bestimmen das Marktgeschehen.
- Es herrscht starker Wettbewerb unter den Anbietern.
- Der Absatzplan bestimmt den Beschaffungs- und Produktionsplan.
- Das Nachfrageverhalten wird immer kritischer z. B. im Hinblick auf Preis, Nutzen, Umweltverträglichkeit.
- Marktforschung wird zunehmend zur zentralen Aufgabe und zur Grundlage von Marketingkonzeptionen, durch die das Unternehmen insgesamt gesteuert wird.

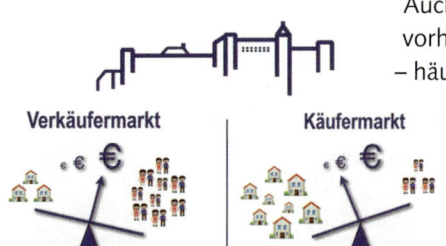

Auch wenn in einer marktwirtschaftlichen Wirtschaftsordnung Käufermärkte vorherrschen, so sind durch gezielte Einschränkungen oder Fehlplanungen – häufig vorübergehend – auf Teilmärkten Verkäufermärkte möglich.

Beispiel

In Großstädten wie Hamburg und München ist die Immobiliennachfrage größer als das Angebot mit der Folge von Preissteigerungen.

1.1.2 Marketingkonzepte im Wandel der Zeit

Das Marketing entwickelt sich über veränderte Problemstellungen. Die Marktanbieter müssen ihre Marketingaktivitäten den jeweiligen Marktverhältnissen (Verkäufer-/Käufermärkte) anpassen. Stand anfangs eher ein logistischer Aspekt (Verteilung) im Vordergrund, so gewannen Marketing-Instrumente zur Förderung des Absatzes (Marketing-Mix) mit der Zeit an Gewicht. Dabei entwickelte sich das Marketingverständnis zunehmend zu einer marktorientierten Konzeption der Unternehmensführung unter Berücksichtigung aller internen und externen Beziehungen.

Outbound Marketing

Beim klassischen Marketing findet die Kommunikation z. B. über TV, Radio oder Printprodukte vom Unternehmen zum Kunden statt („one-to-one" Kommunikation). Es wird auch als **Outbound Marketing** bezeichnet.

Inbound Marketing

Das Internet als Informations- und Kommunikationsmedium hat eine neue Form des Marketings hervorgebracht. Das sogenannte **Inbound Marketing** ist interaktiv („two-way" Kommunikation) und zielt darauf ab, sich von Kunden über z. B. Suchmaschinen oder Social Media (Facebook, Twitter, Google) finden zu lassen und die Kunden an die Marke zu binden.

Marketing zur Akquirierung und Bindung von Kunden planen

Merke

Social Media:

Begriff:
Soziale Medien dienen der – häufig profilbasierten – Vernetzung von Benutzern und deren Kommunikation und Kooperation über das Internet.

Ziele und Merkmale:
Mithilfe von sozialen Medien kann man sich austauschen. Man kann sich als Unternehmen mit Kunden vernetzen, zum Zweck des Marketings, der Marktforschung, des Kundensupports und -feedbacks.
(Quelle: Gabler Wirtschaftslexikon)

Anmerkung: profilbasiert = auf das individuelle Nutzerprofil zugeschnitten

Marketingkonzepte im Wandel der Zeiten		
Phasen	**Trends**	**Merkmale**
50er-Jahre	Produktions- und Distributionsorientierung	• Streben nach Massenfertigung • Verteilung von knappen Gütern
60er-Jahre	Verkaufsorientierung	• Orientierung an Verbraucherbedürfnissen • gezielter Einsatz von Marketinginstrumenten (Marketing-Mix)
70er-Jahre	Marktorientierung	• wachsende Marktbedeutung des Handels • Ausbau des handelsgerichteten Marketings (vertikales Marketing: über den Handel zum Verbraucher)
80er-Jahre	Wettbewerbs-orientierung	• gesättigte Märkte; zunehmender Konkurrenzkampf; Verdrängungswettbewerb • Marktpositionierung des Unternehmens bzw. seiner Produkte durch Marketing, Schaffung von Wettbewerbsvorteilen (strategisches Marketing)
90er-Jahre	Integriertes marktorientiertes Marketingkonzept	• funktionsübergreifende Sichtweise des Marketings innerhalb des Unternehmens • ganzheitliches Marketingkonzept: Betrachtung unter Einbeziehung von Konkurrenten, Öffentlichkeit, Staat (gesellschaftlicher Wertewandel, Freizeit- und Ökologieorientierung)
2000er-Jahre	vernetztes Beziehungsmarketing	• Veränderung der Kommunikationsbeziehungen zwischen Käufer und Verkäufer (Internet als Hauptmedium von Kommunikation und Transaktion: Einfachheit und Effizienz von Suchmaschinen/Portalen) • Steigerung der Wettbewerbsintensität (Globalisierungstendenzen) bei Erhöhung der Markttransparenz • verändertes Konsumentenverhalten (anspruchsvoller, selbstbewusster, aber uneinheitlich und weniger kalkulierbar); Netzwerk-Marketing zum Aufbau von strategischen Netzwerken (Zusammenschluss von lokalen, regionalen bis hin zu globalen Allianzen zur Sicherung der Wettbewerbspositionen)

LERNFELD 5

Kunden akquirieren und binden

1.2 Marketingkonzeption

Die weitere Entwicklung von Marketingkonzepten macht deutlich, dass die Anforderungen an Marketingentscheidungen immer stärker gewachsen sind. Ohne einen **schlüssigen, ganzheitlichen Handlungsplan** ist es nicht möglich, Marketing erfolgreich zu konzipieren, zu gestalten und zu kontrollieren. Unternehmen entwickeln dafür **Konzeptionen** (Pläne), mit deren Hilfe sich ihre Vorstellungen umsetzen lassen.

Dabei spielen Informationen eine immer größere Rolle. Der Marketinginformationsbedarf einer Unternehmung ist deshalb grundsätzlich auf alle Ebenen der Marketingkonzeption (Ziele, Strategien, Instrumenteneinsatz) gerichtet.

1.2.1 Bausteine einer Marketingkonzeption

Marketingkonzeption
- Ziele
- Strategien
- Instrumente

Eine **Marketingkonzeption** enthält Bausteine auf unterschiedlichen Konzeptionsebenen:

➔ Es sind (Marketing-)Ziele zu formulieren, die vom Unternehmen angestrebt werden (z. B. hinsichtlich Marktanteil, Erschließung von Märkten).

➔ Geeignete Strategien zur Realisierung dieser Ziele sind zu wählen (z. B. Qualitätsführerschaft, Preiskampf).

➔ Marketinginstrumente zur Umsetzung der Strategie sind festzulegen (z. B. Werbekampagne, Sondermodelle).

Man kann dies mit einer Reiseplanung vergleichen, bei der man sich über den Wunschort klar wird (Ziel), dann eine Route auswählt (Strategie) und schließlich ein passendes Beförderungsmittel festlegt (Instrument).

Der Planungs- und Entwicklungsprozess, der zu einer Marketingkonzeption führt, ist „dynamisch" und durch vielfältige Rückkoppelungen und Durchläufe gekennzeichnet. Auch wenn Marketingkonzeptionen eher langfristig angelegt sind, so ist es für gute Erfolgschancen doch erforderlich, auf aktuelle Veränderungen der Unternehmens- bzw. Marktsituation flexibel zu reagieren.

■ Marketingziele

Die Marketingziele sind in das Zielsystem der Unternehmung unter Berücksichtigung wirtschaftlicher, sozialer und ökologischer Dimensionen einzubinden und auf Kompatibilität zu überprüfen.

Beispiel

Hat sich eine Handelskette dem Umweltschutz verpflichtet, sollten keine Einwegverpackungen angeboten und beworben werden.

Marketing zur Akquirierung und Bindung von Kunden planen

Neben den **ökonomischen** (quantitativen) Zielen sind auch die **außerökonomischen** (qualitativen) Ziele für das Marketing bedeutsam.

Marketingziele sind so präzise zu formulieren, dass ihre Zielerreichung später hinreichend kontrolliert werden kann: konkret, erreichbar und messbar. Dazu kann z. B. die Zielgruppe angegeben werden oder ein Zeitpunkt.

Marketingziele

- ökonomische
  - Gewinn
  - Umsatz
  - Marktanteile
  - Wachstum
- außerökonomische
  - Image
  - Kundenzufriedenheit
  - Markentreue
  - Vertrauen
  - Bekanntheitsgrad
  - Corporate Identity

Beispiel

Die Markgraf Brunnen GmbH, regionaler Getränkehersteller von Mineralwasser, Limonaden und Säften, stellt **allen Stammkunden im Laufe von 6 Wochen** ihr neues Produkt vor: **Markgraf BioFair**.

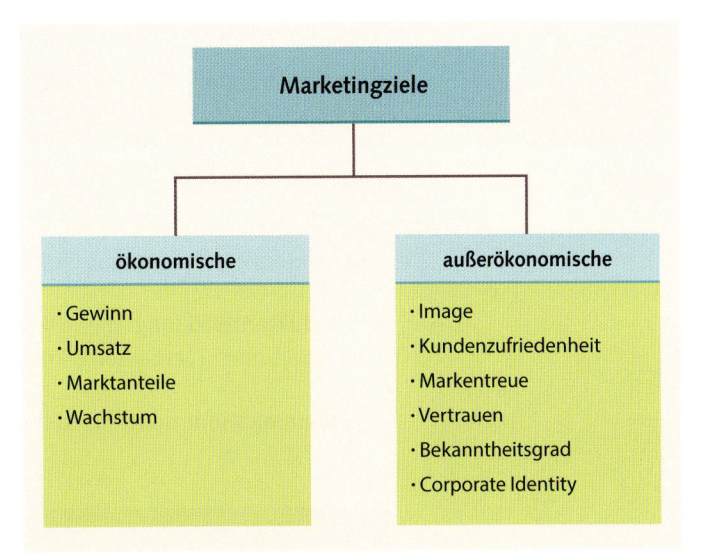

Bei quantitativen Zielen ist der Zielerreichungsgrad genau zu bezeichnen (z. B. Zuwachs in %).

Beispiel

Die Markgraf Brunnen GmbH setzt sich zum Ziel, für die Marke Markgraf BioFair einen **Umsatz** von 250 000,00 EUR im ersten Jahr zu erreichen.

Insofern ist ausgehend von den allgemeinen Unternehmenszielen (z. B. Wachstum) das Marketingziel zu formulieren (z. B. Sortimentserweiterung durch eine neue Produktlinie) und über Teilziele zu präzisieren (z. B. Information der Stammkunden).

■ Marketingstrategien

Marketingstrategien umfassen langfristige Verhaltenspläne, auf welche Weise die Marketingziele am Markt durch Auswahl, Gewichtung und Ausgestaltung der absatzpolitischen Instrumente realisiert werden sollen.

Grundlegende Marketingstrategien sind u. a.:

Wachstumsstrategien
Formen von Marketingstrategien, die auf ein Wachsen des Umsatzes/Absatzes oder des Marktanteils gerichtet sind

Marktsegmentierungsstrategien
Ansprache von Käufergruppen durch Aufteilung des Gesamtmarktes nach bestimmten Merkmalen

Wettbewerbsstrategien
Formen von Marketingstrategien, die auf die Erlangung von Wettbewerbsvorteilen gerichtet sind

Preispolitische Strategien
Einsatz unterschiedlicher Preisniveaus zur Positionierung eines Produktes am Markt

LERNFELD 5

Kunden akquirieren und binden

Wachstumsstrategien

Hat ein Unternehmen ein Wachstumsziel festgelegt, so stehen als Wachstumsstrategien vier Produkt-Markt-Kombinationen zur Verfügung:

→ **Marktdurchdringung:** stärkere Durchdringung des Marktes mit vorhandenen Produkten auf vorhandenen Märkten,

→ **Marktentwicklung:** neue Märkte für vorhandene Produkte,

→ **Produktentwicklung:** neue Produkte für bestehende Märkte durch z. B. Quasi-Innovationen (verbesserte Produkte) oder echte Innovationen,

→ **Diversifikation:** neue Produkte für neue Märkte.

Märkte / Produkte	vorhandene Produkte	neue Produkte
vorhandene Märkte	**Marktdurchdringung** z. B. Verdrängung der Wettbewerber, Gewinnung von Neukunden, Erhöhung der Produktverwendung	**Produktentwicklung** z. B. Quasi-Innovationen (verbesserte Produkte) und echte Innovationen
neue Märkte	**Marktentwicklung** z. B. Erschließung von Zusatzmärkten, Internationalisierung	**Diversifikation** z. B. Aufbau neuer Handelsbeziehungen für innovative Produkte

Analyseraster für Wachstumsstrategien nach Ansoff

Marktsegmentierungsstrategien

Vor allem aus Kostengründen ist es notwendig, das Marketing möglichst genau auf die gewünschte Zielgruppe auszurichten. Dabei wird der Gesamtmarkt in Segmente aufgeteilt, z. B. nach folgenden Kriterien:

→ **geografisch:** Land oder Region,

→ **demografisch:** Alter, Geschlecht, Familienstand, Einkommen, Bildung etc.,

→ **psychografisch:** sozialer Status, Persönlichkeitstyp,

→ **verhaltensabhängig:** Intensität der Produktnutzung, Nutzungsgewohnheiten.

Marketing zur Akquirierung und Bindung von Kunden planen

Zielgruppen durch Marktsegmentierung

wohlhabende Zielgruppen

junge, sportliche Zielgruppe

Wettbewerbsstrategien

Mit der gewählten Wettbewerbsstrategie positioniert sich ein Unternehmen im Wettbewerb gegenüber der Konkurrenz entweder durch günstige Preise oder besondere Produkte:

→ **Kostenführerschaft:** niedrigere Kosten als die Konkurrenz; günstigere Preise,

→ **Produktdifferenzierung:** Abheben der eigenen Produkte von Konkurrenzprodukten.

Preispolitische Strategien

Bei der Preispolitik ist zu entscheiden, mit welchem Preis ein Produkt auf dem Markt angeboten wird und wie er sich im Zeitablauf verändern soll. Dazu können 6 Grundstrategien mit unterschiedlichen Prinzipien verfolgt werden:

→ **Hochpreisstrategie:** langfristig hoher Preis aufgrund von Qualität, Exklusivität, Design, Image und anderer Alleinstellungsmerkmale,

→ **Niedrigpreisstrategie (Promotionspreisstrategie):** dauerhaft niedriger Preis bei Produkten mit durchschnittlicher Qualität für preisbewusste Käufer,

→ **Skimming-Strategie:** hoher Preis in der Einführungsphase; sukzessives Senken des Preises,

→ **Penetrationsstrategie:** niedriger Preis und so schnell wie möglich hohes Absatzvolumen,

→ **Preiskonstanz:** konstanter Preis ohne Rücksicht auf Marktveränderungen,

→ **Preisflexibilität:** flexible Reaktion auf veränderte Markt-, Kosten- oder Wettbewerbsbedingungen.

LERNFELD 5

Kunden akquirieren und binden

■ Marketinginstrumente

Nach Festlegung der Marketingziele und -strategien sind unter Berücksichtigung der Marktanalyse geeignete Instrumente für eine absatzorientierte Marketingkampagne auszuwählen. Die Instrumente sind in einem Marketing-Mix optimal aufeinander abzustimmen. Als klassische Elemente des Marketing-Mix haben sich (nach McCarthy) folgende Instrumente etabliert:

→ Produkt-, Sortiments- und Servicepolitik,
→ Preis- und Konditionenpolitik,
→ Distributionspolitik,
→ Kommunikationspolitik.

(Zu Details vgl. Kapitel 3 „Marketinginstrumente einsetzen" und Kapitel 4 „Einen Marketing-Mix entwickeln und kontrollieren".)

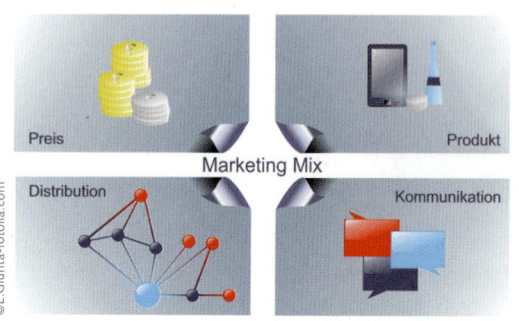

1.3 Marketinginformationsbedarf und Situationsanalyse

Die Realisierung einer Marketingkonzeption kann nur unter Beachtung der innerbetrieblichen und außerbetrieblichen Bedingungen gewährleistet werden. Deshalb erfordert ihre Festlegung eine fundierte **Situationsanalyse** der internen Unternehmenssituation sowie möglichst der gesamten Unternehmensumwelt einschließlich der Kundenbedürfnisse.

Marketinginformationen betreffen in erster Linie die Außenbeziehungen der Unternehmen zu **Abnehmern** und **Zulieferern** sowie zur **Konkurrenz** und auch die **Umweltbezüge** der Unternehmen (z. B. zu Staat, Interessengruppen, Öffentlichkeit). Entsprechend werden Analysen mit unterschiedlichen Schwerpunkten durchgeführt:

■ Marktanalyse

Bei einer **quantitativen Marktanalyse** werden die Marktgrößen mengen- und wertmäßig erfasst, um eine fundiertere Einschätzung der eigenen Marktstellung vornehmen zu können. Als Marktgrößen unterscheidet man das **Marktpotenzial**, das **Marktvolumen** und den **Marktanteil**.

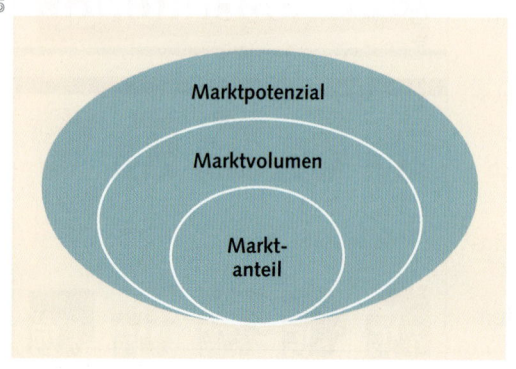

→ Unter **Marktpotenzial** versteht man die maximale Aufnahmefähigkeit eines Marktes für eine Sach- oder Dienstleistung.

→ Als **Marktvolumen** wird die tatsächliche Absatzmenge aller Anbieter bezeichnet.

→ Der **Marktanteil** ist der realisierte prozentuale Anteil eines Unternehmens am Marktvolumen.

Marketing zur Akquirierung und Bindung von Kunden planen

■ Kundenanalyse

Für den Betrieb ist es wirtschaftlich nur sinnvoll, solche Güter und Dienstleistungen anzubieten, die auch am Markt verkauft werden können. Das gesamte Leistungsprogramm wird deshalb auf die Bedürfnisse des Marktes abgestimmt. Dazu müssen die Wünsche und Bedürfnisse der Kunden laufend erkundet werden. Anhand konkreter Fragestellungen können Hinweise über die Kundenstruktur sowie das Kunden- und Kaufverhalten analysiert werden, z. B.:

→ Wer sind die derzeitigen bzw. zukünftigen Kunden?
→ Wie sieht die genaue Kundenstruktur aus (z. B. Alter, Geschlecht)?
→ Welche Kunden sind besonders „wertvoll" (wichtige und weniger wichtige Kunden)?
→ Welche Erwartungen haben die Kunden (z. B. an Qualität, Sortiment)?
→ Wie zufrieden sind die Kunden?

■ Konkurrenzanalyse

Ihr Ziel ist es, die Konkurrenten hinsichtlich ihrer Produkte, Stärken und Schwächen besser einschätzen zu können und diese Informationen für die eigene Marketingstrategie zu nutzen. Bedeutsame Informationen über die Stellung der Konkurrenten im Wettbewerb sind z. B.:

→ Wie viele und welche relevanten Mitanbieter gibt es insgesamt?
→ Welches sind die wichtigsten Wettbewerber?
→ Mit welchen Strategien positionieren sich die Wettbewerber am Markt?
→ Welche Marketinginstrumente setzen sie ein?
→ Was sind die Stärken und Schwächen der Konkurrenten?

■ Unternehmensanalyse

Fundierten Marketingentscheidungen wird eine Analyse der gegenwärtigen und zukünftigen Unternehmenssituation vorausgehen. Dabei können unterschiedlichste Aspekte in den Fokus genommen werden, z. B. Mitarbeiter, Marktanteile, Finanzlage, Produktivität, Kostensituation, Forschung und Entwicklung, Standortqualität. Wichtige Fragen hierbei sind z. B.:

→ Wie ist unsere Marktstellung im Rahmen des Wettbewerbs zu bewerten?
→ Wie sind unsere Mitarbeiterpotenziale einzuschätzen?
→ Wie stellen sich unsere Finanzlage und die Kostensituation dar?
→ Wie gut ist unsere Standortqualität?
→ Wie zweckmäßig ist unsere Absatzorganisation?

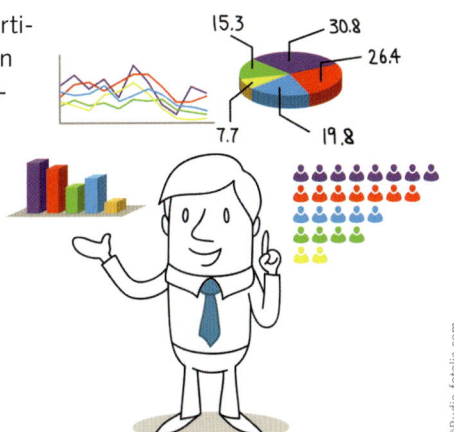

Kunden akquirieren und binden

SWOT-Analyse

Die **SWOT-Analyse** ist ein wichtiges Instrument zur Entwicklung von Marketingstrategien, bei der sowohl die interne Analyse des eigenen Unternehmens betrachtet wird als auch die externe Analyse der Unternehmensumwelt mit einbezogen wird. Sie setzt sich aus den folgenden Elementen zusammen:

SWOT - Analyse		
interne Einflussfaktoren	Strengths S Stärken	Weakness W Schwächen
externe Einflussfaktoren	Opportunities O Chancen	Threats T Risiken

Aus der Stärken/Schwächen- und Chancen/Risiko-Analyse können

→ die Ausgangssituation für die Formulierung von Marketingzielen geklärt,

→ die Herausforderungen an die Marketingstrategie eingeschätzt und

→ die Instrumente für das weitere Vorgehen beleuchtet werden.

Matrix einer SWOT-Analyse (schematisches Beispiel)

	Stärken • Qualität • Preis-Leistungsverhältnis • Design	**Schwächen** • Vertrieb • Funktionalität • Umweltorientierung • unrentable Produktionsstätte
Chancen • Wirtschaftssituation • demografische Veränderungen • neue Trends	Stärken einsetzen, um Chancen optimal zu nutzen. **Beispiel:** Entwicklung eines kleinen SUVs auf der Basis eines erfolgreichen PKWs	An Schwächen arbeiten, um Chancen zu nutzen. **Beispiel:** Entwicklung von sparsamen Motoren
Risiken • neue Konkurrenz • gesetzliche Auflagen • Veränderung des Kundenverhaltens	Stärken einsetzen, um Risiken zu minimieren. **Beispiel:** Eingehen eines Joint-Ventures mit einem japanischen Hersteller	An Schwächen arbeiten, um Risiken zu beherrschen. **Beispiel:** Schließung einer unrentablen Produktionsstätte

LERNFELD 5

Marketing zur Akquirierung und Bindung von Kunden planen

1.4 Zusammenfassung und Aufgaben

Zusammenfassung

Marketingbegriff

Marketing bedeutet die bewusst marktorientierte Führung eines Unternehmens, in die alle Funktionsbereiche eingebunden sind und die sich auf die gesamte Umwelt bezieht.

Internes Marketing bezieht sich auf die Verankerung von Marketing als Denkhaltung (z. B. bei Mitarbeitern, Eigentümern und Managern) sowie auf die Schaffung der unternehmensbezogenen Voraussetzungen für marktorientierte Entscheidungen.

Externes Marketing ist auf die gesamte Unternehmensumwelt (z B. Konkurrenz, Lieferanten, Staat, Öffentlichkeit und insbesondere Kunden) gerichtet.

Marketing im Wandel der Zeit

Merkmale des Verkäufermarktes:
- Die Nachfrage ist größer als das Angebot (N > A).
- Die Anbieter (Verkäufer) bestimmen das Marktgeschehen.
- Es herrscht geringer Wettbewerb unter den Anbietern.
- Die Produktions- bzw. Einkaufsmöglichkeiten bestimmen den Absatzplan.
- Absatzmarktforschung ist nicht oder nur in geringem Umfang nötig.

Merkmale des Käufermarktes:
- Das Angebot ist größer als die Nachfrage (A > N).
- Die Nachfrager (Käufer) bestimmen das Marktgeschehen.
- Es herrscht starker Wettbewerb unter den Anbietern.
- Der Absatzplan bestimmt den Beschaffungs- und Produktionsplan.
- Das Nachfrageverhalten wird immer kritischer z. B. im Hinblick auf Preis, Nutzen, Umweltverträglichkeit.
- Marktforschung wird zunehmend zur zentralen Aufgabe und zur Grundlage von Marketingkonzeptionen, durch die das Unternehmen insgesamt gesteuert wird.

Marketingkonzepte im Wandel der Zeiten:

- 50er-Jahre   → Produktions- und Distributionsorientierung
- 60er-Jahre   → Verkaufsorientierung
- 70er-Jahre   → Marktorientierung
- 80er-Jahre   → Wettbewerbsorientierung
- 90er-Jahre   → integriertes marktorientiertes Marketingkonzept
- 2000er-Jahre → vernetztes Beziehungsmarketing

LERNFELD 5

Kunden akquirieren und binden

Marketingkonzeption

Marketingkonzeption
Handlungsplan zur Planung, Umsetzung und Kontrolle von Marketingentscheidungen

Bausteine einer Marketingkonzeption

Marketingziele:
- ökonomische (z. B. Gewinn, Umsatz)
- außerökonomische (z. B. Image, Kundenzufriedenheit)

Marketingstrategien:
- Wachstumsstrategien
- Marktsegmentierungsstrategien
- Wettbewerbsstrategien
- preispolitische Strategien

Marketinginstrumente:
- Produkt-, Sortiments- und Servicepolitik
- Preis- und Konditionenpolitik
- Distributionspolitik
- Kommunikationspolitik

Marketinginformationsbedarf und Situationsanalyse

Marketinginformationsbedarf über:
- externe Unternehmensumwelt
- interne Unternehmenssituation

Situationsanalyse:
- Marktanalyse
- Konkurrenzanalyse
- Kundenanalyse
- Unternehmensanalyse

SWOT-Analyse: Instrument zur Entwicklung von Marketingstrategien (Stärken/Schwächen und Chancen/Risiko)
- interne Einflussfaktoren: S = Strenghts (Stärken) + W = Weakness (Schwächen)
- externe Einflussfaktoren: O = Opportunities (Chancen) + T = Threats (Risiken)

Aufgaben

1. Prüfen Sie folgende Aussagen auf ihre Richtigkeit. Die Antwort ist jeweils zu begründen.
   (1) Marketingentscheidungen beziehen sich ausschließlich auf den Funktionsbereich „Absatz" eines Unternehmens.
   (2) Die Verankerung von Marketing als Denkhaltung bei Mitarbeitern bezeichnet man als internes Marketing.

LERNFELD 5

Marketing zur Akquirierung und Bindung von Kunden planen

(3) Heutige Marketing-Konzepte gehen in der Regel von einer Marktsituation aus, die man als „Käufermarkt" bezeichnen kann.
(4) Preissenkungen sind typische Merkmale von Verkäufermärkten.
(5) Social Media Marketing wird auch als Outbound Marketing bezeichnet.
(6) Vernetztes Beziehungsmarketing war ein Trend der 80er Jahre.
(7) Image und Kundenzufriedenheit sind quantitative Marketingziele.
(8) Marktdurchdringung ist eine Form der Marktsegmentierungsstrategie.
(9) Die Kundenanalyse ist eine wesentliche Voraussetzung zur Realisierung einer Marketingkonzeption.
(10) Die SWOT-Analyse ist ein wichtiges Instrument zur ausschließlich internen Analyse des eigenen Unternehmens.

2. a) Weisen Sie anhand der jeweiligen Kriterien nach, dass für Pkws zur Zeit ein Käufermarkt besteht, für günstigen Wohnraum in München-City aber zur Zeit ein Verkäufermarkt herrscht.

   b) Begründen Sie, warum Unternehmen auf Käufermärkten besondere Marketing-Anstrengungen unternehmen müssen.

3. Nennen Sie jeweils Zielgruppen des internen und externen Marketings.

4. Erklären Sie an einem Beispiel, was man unter einer Marktsegmentierungsstrategie versteht.

5. a) Beschreiben Sie präzise zwei Marketingziele Ihres Ausbildungsbetriebes: ein ökonomisches und ein außerökonomisches Marketingziel.

   b) Erläutern Sie, mit welcher Marketingstrategie die genannten Ziele umgesetzt werden sollen.

   c) Ordnen Sie der bevorzugten Marketingstrategie passende Marketinginstrumente zu.

6. Bezeichnen Sie zu den folgenden strategischen Maßnahmen die jeweilige Marketingstrategie:
   - Erlangung von Wettbewerbsvorteilen durch Kostenführerschaft,
   - Positionierung am Markt durch Skimming-Strategie,
   - Aufteilung nach geografischen Merkmalen,
   - Marktwachstum durch Diversifikation,
   - gezielte Ansprache von Käufergruppen nach demografischen Merkmalen.

7. Ein Automobilhersteller wirbt mit dem Slogan:
   „Der neue ..... Dinge hinterfragen. Dinge ändern. Neue Intelligenz."
   Erörtern Sie, welche Marketingstrategie der Automobilhersteller verfolgt.

8. Überlegen Sie, welche Marketinginformationen für Ihren Ausbildungsbetrieb wichtig sind. Formulieren Sie jeweils 3 Fragestellungen für die Kundenanalyse, die Konkurrenzanalyse und die eigene Unternehmensanalyse.

9. Ermitteln Sie im Rahmen einer SWOT-Analyse für das Leistungsprogramm Ihres Ausbildungsbetriebes interne Stärken/Schwächen und externe Chancen/Risiken, und leiten Sie daraus konkrete Maßnahmen ab.

LERNFELD 5

Kunden akquirieren und binden

2 Informationen mithilfe der Marktforschung gewinnen und auswerten

2.1 Gegenstand der Marktforschung und Marktforschungsprozess

Nach der **Art der Informationsgewinnung** wird zwischen Markterkundung und Marktforschung unterschieden. Ist die Informationsgewinnung eher zufällig und unsystematisch, bezeichnet man dieses Vorgehen als **Markterkundung**. Um **Marktforschung** handelt es sich dann, wenn bei der Informationsgewinnung planvoll, systematisch und gemäß anerkannter Standards vorgegangen wird.

Merke

Marktforschung ist die **systematische Sammlung, Analyse und Interpretation von Daten** über Märkte **mit wissenschaftlichen Methoden** zum Zweck der Informationsgewinnung für Marketingentscheidungen.

2.1.1 Gegenstand der Marktforschung

Marktforschung soll Informationen bereitstellen,

→ die Aussagen über Hintergründe, Motive und Einstellungen im Zusammenhang mit dem jetzigen und voraussichtlich zukünftigen Nachfrageverhalten

→ sowie die Marktentwicklung (z. B. Umsetzung technologischer Entwicklungen)

als Einschätzung zulassen. Im Vordergrund stehen dabei die **Kundenanalyse**, die **Konkurrenzanalyse** und die **Analyse der eigenen Marktstellung**.

Die folgenden Beispiele, die gegebenenfalls als konkrete Fragestellungen für die jeweilige Marktforschungsaufgabe zu formulieren sind, können Gegenstand der Marktforschung sein und Aufschluss über den Einsatz und die Wirkung der marketingpolitischen Instrumente geben. Sie sind den Marketinginstrumenten zugeordnet.

Gegenstand der Marktforschung	
Produkt-, Sortiments- und Servicepolitik	**Kommunikationspolitik**
• Erwartungen und Wünsche der Verbraucher bezogen auf Produkte und Service • Geschmackswert und Gebrauchswert der Produkte • Verwendungsmöglichkeiten, Haltbarkeit und Lagerfähigkeit, Handhabung und Bedienungskomfort • Umweltverträglichkeit • substitutive oder komplementäre Beziehungen zu anderen Produkten	• Leistungsvermögen der Absatzwerbung • Auswahl von Werbemitteln und Beurteilung der Wirksamkeit von Werbemaßnahmen • Möglichkeiten der gemeinsamen Werbung, nach Branchen, Zeit, Sortiments-, Orts- oder Gebietskriterien • Qualität der Beratung beim persönlichen Verkauf • Erfolg von Maßnahmen zur Verkaufsförderung • Auswirkungen von Öffentlichkeitsarbeit und Sponsoring

LERNFELD 5

Informationen mithilfe der Marktforschung gewinnen und auswerten

Gegenstand der Marktforschung	
Preis- und Konditionenpolitik • Preisniveau und Preisstaffelung • Preis ähnlicher oder gleicher Produkte • Lieferungs- und Zahlungsbedingungen • Verhalten der Verbraucher bei Preis- oder Konditionenänderung	**Distributionspolitik** • Überprüfung der Leistungsfähigkeit der Vertriebspolitik • Zentralisierung oder Dezentralisierung des Vertriebs • Entwicklung alternativer oder zusätzlicher Absatzformen • Entscheidung über direkte oder indirekte Absatzwege

2.1.2 Marktforschungsprozess

Der Marktforschungsprozess vollzieht sich nach der Analyse der Ausgangsbedingungen in der Regel in unterschiedlichen Schritten. Je nach Marktforschungsaufgabe können diese vielfältig aufeinander abgestimmt sein. Häufig werden Marktforschungsinstitute beauftragt, den gesamten Prozess der Marktforschung unterstützend zu begleiten oder selbstständig durchzuführen.

Als Orientierungsrahmen können folgende zentrale Schritte, die aufeinander aufbauen, beschrieben werden.

Schritte im Marktforschungsprozess	Beispiele
Problemformulierung →	**Fragestellung, die durch die Marktforschung beantwortet werden soll:** • Erwartungen und Wünsche der Verbraucher an ein Produkt • Verhalten der Verbraucher bei Preisänderungen
Wahl des Untersuchungsdesigns →	**Festlegungen zum Konzept der Untersuchung:** • Dauer der Untersuchung • Zielgruppe • Erhebungsmethoden
Datenerhebung →	**Durchführung der Erhebung mit:** • Marktanalyse oder Marktbeobachtung • Sekundär- oder Primärforschung • betriebsinternen oder betriebsexternen Quellen • Befragung, Beobachtung, Experiment oder Panel
Datenauswertung →	**Aufbereitung der Daten und aussagekräftige Darstellung:** • Übertragung in EDV-gestützte Programme • Darstellung in Diagrammen, Schaubildern
Ergebnisinterpretation →	**Analyse der Ergebnisse im Hinblick auf die Fragestellung:** • Herausfiltern von Kernaussagen • Ableitung von Konsequenzen für anstehende Entscheidungen
Kommunikation der Ergebnisse →	**Darstellung der Ergebnisse für Entscheider:** • Präsentation • Forschungsbericht

Kunden akquirieren und binden

2.2 Methoden der Marktforschung

Grundsätzlich müssen vor der Erhebung von Marktforschungsdaten der Umfang und die erforderliche Zuverlässigkeit, das heißt die Quantität und Qualität des Informationsbedarfs bestimmt werden. Bei allen Marktforschungsaufgaben stellt sich die Frage, auf welche Art und Weise diese Informationen beschafft werden sollen. Dabei sind auch die Kosten der Informationsbeschaffung zu berücksichtigen.

Durch punktuelle **Marktanalyse** und durch die periodische **Marktbeobachtung** wird versucht, Schlüsse auf Absatzchancen zu ziehen. Ergebnis dieses Verfahrens ist die **Marktprognose** (Aussagen über zukünftige Marktentwicklungen). Das Marktrisiko soll dadurch gemindert werden.

Marktanalyse
= zeitpunktorientiert

Marktbeobachtung
= zeitraumorientiert

Marktprognose
= zukunftsorientiert

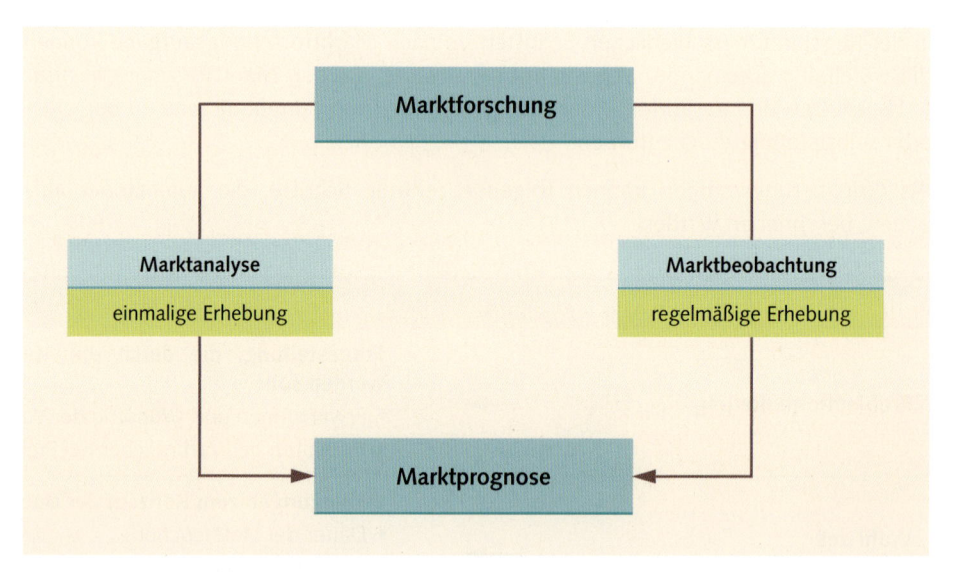

```
                    Marktforschung
                          |
        ┌─────────────────┴─────────────────┐
   Marktanalyse                        Marktbeobachtung
   einmalige Erhebung                  regelmäßige Erhebung
        └─────────────────┬─────────────────┘
                    Marktprognose
```

Weiterhin kann man die Methoden der Marktforschung nach der Art der Datenerhebung und Informationsgewinnung in **Sekundärforschung (Desk Research)** und **Primärforschung (Field Research)** unterscheiden. Ihnen sind jeweils bestimmte Quellen oder Verfahren zugeordnet.

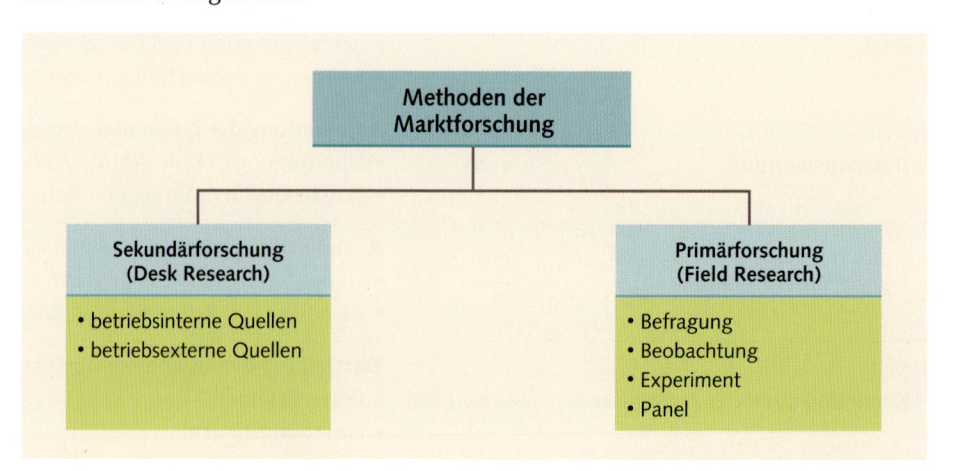

Desk Research
„Schreibtischforschung":
Sammlung ohne Erhebung neuer Daten

Field-Research
„Feldforschung":
Sammlung mit primärstatistischen Erhebungen

LERNFELD 5

```
                Methoden der
                Marktforschung
                      |
        ┌─────────────┴─────────────┐
   Sekundärforschung          Primärforschung
   (Desk Research)            (Field Research)
   • betriebsinterne Quellen  • Befragung
   • betriebsexterne Quellen  • Beobachtung
                              • Experiment
                              • Panel
```

Informationen mithilfe der Marktforschung gewinnen und auswerten

2.2.1 Sekundärforschung

Merke

Die **Sekundärforschung** stützt sich auf **bereits vorhandenes Datenmaterial**, das in der Vergangenheit für andere Problemlösungen als Entscheidungsgrundlage erstellt oder zusammengetragen wurde.

Tipp

erst Sekundärforschung
↓
dann Primärforschung

Schon allein aus **Kostengründen** ist es zweckmäßig, die Möglichkeiten der Sekundärforschung zu nutzen. Häufig wird durch die Auswertung des vorhandenen Materials der Informationsbedarf hinreichend gedeckt. Außerdem kann diese Auswertung für eine eventuell folgende Primärforschung als Ausgangsmaterial oder als Vorbereitung genutzt werden.

Nachteil der Sekundärforschung ist, dass die Daten oftmals veraltet und gegebenenfalls nicht passgenau sind. Außerdem hat auch die Konkurrenz Zugriff zumindest auf die betriebsexternen Quellen.

Das Material wird zunächst aus **betriebsinternen** und, falls erforderlich, aus **betriebsexternen** Quellen erhoben.

Betriebsinterne Quellen der Sekundärforschung sind Informationen aus statistischen Datensammlungen oder aus der Kostenrechnung sowie bereits erstellte Dokumentationen aus sonstigen Informationsquellen, die im Unternehmen regelmäßig oder für einen aktuellen Anlass erhoben worden sind.

Betriebsinterne Quellen der Sekundärforschung		
Statistik	**Kostenrechnung**	**sonstige Informationsquellen**
• Anfragenstatistik • Angebotsstatistik • Auftragseingangsstatistik • Umsatzstatistik • Messestatistik • Reklamationsstatistik	Kosten nach: • Produkten • Produktgruppen • Kunden • Kundengruppen • Verkaufsgebieten	• Kundendatei • Lagerstatistik • Lieferantendatei • allgemeines Berichtswesen • Messeberichte • Kassenberichte

Betriebsexterne Quellen der Sekundärforschung sind zumeist Veröffentlichungen, die von Institutionen und Medienunternehmen entweder für die Allgemeinheit oder für bestimmte Interessengruppen zur Unterstützung ihrer Mitglieder veröffentlicht wurden. Sie sind daher für die Unternehmen als Informationsquelle verhältnismäßig leicht zugänglich. Als bedeutsamstes Medium erweist sich inzwischen das Internet (Wikipedia, Portale, Webseiten).

LERNFELD 5

Kunden akquirieren und binden

Betriebsexterne Quellen der Sekundärforschung	
Datenquellen	**Anbieter**
• Statistisches Jahrbuch • Fachbücher und Fachzeitschriften • Preislisten • Kataloge • Prospekte • Nachschlagewerke aller Art • Testberichte • Internet	• Wirtschaftsinstitute • Behörden/Staat • Verbände • Interessengemeinschaften • Gewerkschaften • Arbeitgeberverbände • Kammern • Auskunfteien

Beispiel

Bayern ist Brauereien-Land
Brauereien in Deutschland nach Bundesländern

- Bayern: 623
- Baden-Württemberg: 185
- Nordrhein-Westfalen: 131
- Hessen: 72
- Rheinland-Pfalz / Saarland: 71
- Niedersachsen / Bremen: 68
- Sachsen: 57
- Berlin / Brandenburg: 48
- Thüringen: 32
- Mecklenburg-Vorpommern: 23
- Schleswig-Holstein / Hamburg: 20
- Sachsen-Anhalt: 19

Deutschland: 1.349

Quelle: Statistisches Bundesamt / statista / ZEIT ONLINE

Tipp

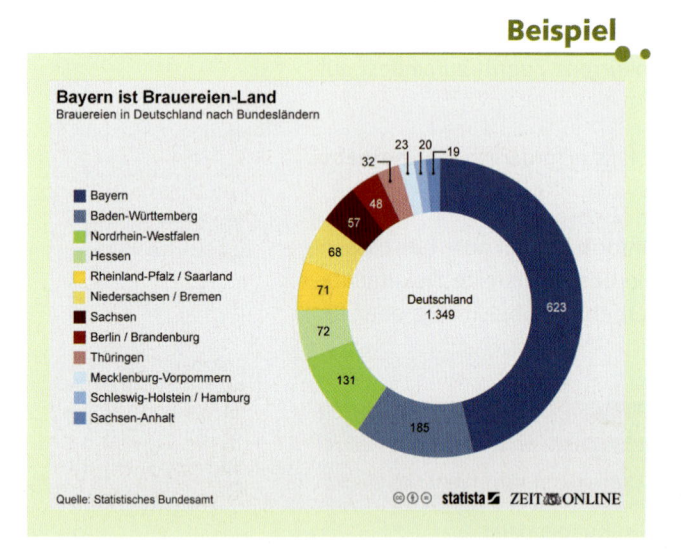

Betriebsexterne Quellen für Studien und Statistiken:

Statistisches Bundesamt
http://www.destatis.de/

Statistische Ämter des Bundes und der Länder
http://www.statistik-portal.de/Statistik-Portal/

Statista – Statistik für alle
http://de.statista.org

Internationales Statistisches Institut
http://isi.cbs.nl/

GfK – Gesellschaft für Konsumforschung
http://www.gfk.com

Werben & Verkaufen
http://www.wuv.de/studien/

Media & Marketing
http://www.mediaundmarketing.de/studiendatenbank/index.php

2.2.2 Primärforschung

Wenn Quellen der Sekundärforschung nicht vorhanden sind oder nicht ausreichen, ist eine Primärerhebung notwendig, um die Marktforschungsfragen zu klären.

Merke

Unter **Primärforschung** versteht man die **Sammlung, Analyse und Interpretation von neuen, noch nicht vorhandenen Daten**.

Sie ist zwar insgesamt aufwändiger und kostenintensiver, hat jedoch den **Vorteil** der Aktualität und Exklusivität für konkrete Fragestellungen. Man unterscheidet je nach Betrachtungsgegenstand unterschiedliche Arten der Datenerhebung, die mit den Methoden der Primärforschung kombiniert werden:

Informationen mithilfe der Marktforschung gewinnen und auswerten

Arten der Datenerhebung		
Betrachtungsgegenstand	Erhebung	Beispiel
Bezugszeitraum der Datenerhebung	• einmalig/punktuell • regelmäßig/periodisch	• Befragung • Panel
Umfang der Datenerhebung	• Vollerhebung • Teilerhebung	• Erhebung aller infrage kommenden Daten • Erhebung nur zu einem bestimmten Prozentsatz
Forschungsmethode	• qualitative Erhebung • quantitative Erhebung	• Käuferverhalten • Marktanteile

In der Primärforschung werden die folgenden 4 Methoden angewandt:

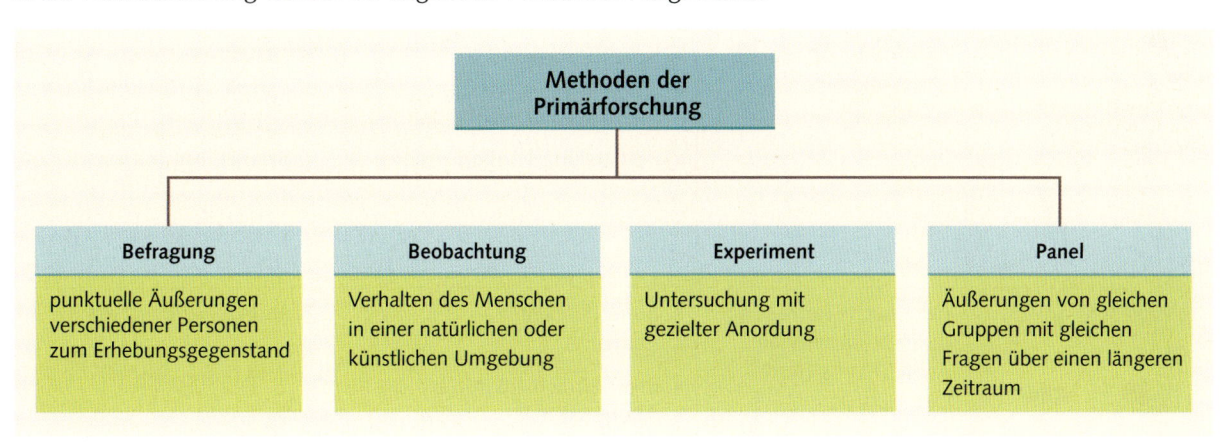

Methoden der Primärforschung

- **Befragung**: punktuelle Äußerungen verschiedener Personen zum Erhebungsgegenstand
- **Beobachtung**: Verhalten des Menschen in einer natürlichen oder künstlichen Umgebung
- **Experiment**: Untersuchung mit gezielter Anordung
- **Panel**: Äußerungen von gleichen Gruppen mit gleichen Fragen über einen längeren Zeitraum

■ Befragung

Für eine Befragung kommen für die Marktforschung neben anderen möglichen Informationsträgern vor allem Zulieferer, Zwischenhändler, Experten und Konsumenten in Betracht. Durch gezielte, systematische Fragestellungen sollen die Befragten i. d. R. einmalig Auskunft geben z. B. über:

→ das bisherige Verhalten,

→ das geplante zukünftige Verhalten,

→ Gewohnheiten,

→ Wünsche, Motive und Einstellungen.

Befragungen können schriftlich oder mündlich vorgenommen werden. Zunehmend gewinnen Online- und Telefonbefragungen an Bedeutung. Sie gelten als vergleichsweise schnell und kostengünstig. Häufig werden Befragungen auch mit einem Anreiz versehen (z. B. Preisausschreiben), um einen repräsentativen (aussagefähigen) Rücklauf zu sichern.

©cirquedesprit-fotolia.com

LERNFELD 5

Kunden akquirieren und binden

Allerdings sind die Vorschriften im Rahmen des Verbraucherschutzes zu berücksichtigen, z. B.:

→ Die Anonymität des Befragten ist strikt zu wahren.

→ Bei Einholen der Einwilligung ist auf den Zweck und die Freiwilligkeit der Befragung in angemessener Weise hinzuweisen.

→ Bei Ablehnung ist eine nochmalige Kontaktaufnahme nicht zulässig.

→ Anrufe zu Werbe- oder Verkaufszwecken sind unzulässig, wenn keine Vertragsbeziehung besteht.

Formen der Befragung	Merkmale	Vorteile	Nachteile
mündlich	persönliche Befragung durch Interview („unter vier Augen")	• hoher Rücklauf • weniger Missverständnisse durch zusätzliche Erläuterungen • Feststellung von Reaktionen	• zeitaufwändig • kostenintensiv • Beeinflussung durch Interviewer möglich
telefonisch	persönliche Befragung durch telefonischen Anruf (häufig durch Call-Center)	• hoher Rücklauf • schnell • mehr Ehrlichkeit durch Anonymität	• geringe Bereitschaft • nur wenige und kurze Fragen möglich • Verhalten nicht beobachtbar
schriftlich	Einsatz von Fragebögen (häufig „Serienfragebögen" mit Zustellung durch Post)	• relativ kostengünstig • einfache Organisation • besseres Durchdenken der Fragen • gute Dokumentation • Anonymität	• geringe Rücklaufquote • hoher Aufwand für Teilnehmer • keine Erläuterungen möglich
online	anonyme Befragung über das Internet	• kostengünstig • einfache Auswertung durch Software • schnelle Erhebung • größere Stichproben möglich	• Internet/E-Mail erforderlich • ggf. Mehrfachteilnahme möglich

LERNFELD 5

Informationen mithilfe der Marktforschung gewinnen und auswerten

■ Beobachtung

Eine Beobachtung von Verhalten ist in manchen Fällen leichter, einfacher, schneller und kostengünstiger durchzuführen als eine Befragung. Dazu werden **Beobachtungspersonen** oder **technische Geräte** (z. B. elektronische Kassensysteme oder Videoaufnahmen) eingesetzt. Möglich ist dabei auch die **Selbstbeobachtung**, indem Personen gewonnen werden, die über einen gewissen Zeitabschnitt zum Beispiel bestimmte Verhaltensweisen oder Gewohnheiten aufzeichnen. Zu unterscheiden ist auch zwischen **verdeckter Beobachtung**, ohne dass die Beobachteten informiert sind, und **offener Beobachtung**, bei der die Beobachteten darüber Bescheid wissen, ohne dass es aber zu einem Kontakt mit dem Beobachter kommt. Sind die Versuchspersonen informiert, ist allerdings spontanes, unbewusstes Verhalten beeinträchtigt.

Bei einer **Feldbeobachtung** findet die Beobachtung in einer „natürlichen" Umgebung der Versuchspersonen statt (z. B. im Supermarkt oder Fitness-Center), während bei der **Laborbeobachtung** die Erforschung unter „kontrollierten" Bedingungen (z. B. Geschmackstest) stattfindet.

> **Merke**
> Persönlichkeitsrechte sind bei der Beobachtung zu wahren!

Feldbeobachtung

Laborbeobachtungen

Beobachtung	
Vorteile	Nachteile
• keine Beeinflussung der beobachteten Personen • unverfälschtes Verhalten (bei verdeckter Beobachtung) • unabhängig von Auskunftsbereitschaft (bei verdeckter Beobachtung) • objektiver als Befragung	• zeitlich aufwändig • viele Tatbestände nicht beobachtbar (z. B. Kaufmotive) • Beschränkung auf das Wahrnehmbare • Fehlbarkeit des Beobachters (z. B. stärkerer Einfluss des ersten Eindrucks)

Neben Verhaltensweisen und Gewohnheiten können auch Reaktionen auf Veränderungen des Einsatzes marktpolitischer Instrumente beobachtet werden. So kann zum Beispiel festgehalten werden, wie und mit welchem Prozentsatz Verbraucher auf ein Werbemittel reagieren. Wünsche, Motive und Einstellungen sind mit diesem Verfahren allerdings nicht erfassbar.

Beispiel

Verhalten eines Kunden im Supermarkt:
- Wie sieht der Laufweg des Kunden aus?
- Wo bleibt der Kunde wie lange stehen?
- Welche Produkte werden entnommen, wieder zurückgestellt bzw. in den Einkaufskorb gelegt.

Kunden akquirieren und binden

■ Experiment

Beim Experiment handelt es sich in der Marktforschung meistens um einen Test mit einer gezielten Anordnung von Untersuchungen, die wiederum als Feld- bzw. Laborversuche durchgeführt werden.

Beispiel

Der Preis (unabhängige Variable) einer Ware wird gesenkt oder erhöht, die Auswirkung auf das Kaufverhalten (abhängige Variable) festgestellt.

Experimente sind gekennzeichnet durch die Einflussnahme auf i. d. R. eine unabhängige Variable, um die Wirkung auf eine abhängige Variable festzustellen. Damit können Ursache-Wirkungszusammenhänge aufgedeckt werden.

Anforderungen an Messungen:
- Reliabilität (Verlässlichkeit)
- Validität (Gültigkeit)

Das Ergebnis muss

→ **verlässlich**, d. h. unabhängig von einem einmaligen Vorgang sein **(Reliabilität)**,

→ es muss **gültig** sein, d. h. den Sachverhalt tatsächlich wiedergeben, der ermittelt werden sollte **(Validität)**.

Experiment	
Vorteile	Nachteile
• Feststellung von Ursache-Wirkungszusammenhängen • standardisierte Bedingungen	• relativ hohe Kosten und hoher Zeitaufwand • fragwürdige Verallgemeinerung der unter Laborbedingungen erzielten Ergebnisse

Supermarkt-Experiment:
Forscher empfehlen Steuer auf ungesunde Lebensmittel

Was bringt Verbraucher dazu, gesündere Lebensmittel zu kaufen? Im Experiment haben Forscher eine klare Antwort gefunden:

Nur eine Verteuerung ungesunder Produkte hat Erfolg, Preissenkungen bei gesunden Lebensmitteln führten dagegen wider Erwarten zu noch mehr Fett und Zucker im Einkaufswagen.

©Robert Kneschke-fotolia.com

Supermarkteinkauf:
Sind ungesunde Produkte teurer, werden sie weniger gekauft.

Quelle: SpiegelOnline, 25.02.2010

Am häufigsten werden **Markt-, Preis-, Geschmacks- oder Qualitätstests** durchgeführt. Durch einen Preistest will man z. B. herausfinden, wie und in welchem Maße der Verbraucher auf eine Preisänderung reagiert.

Der Test kann sich auf einen **begrenzten Personenkreis**, eine **bestimmte Zeitspanne** oder auch auf ein **Verkaufsgebiet** richten. Die Ergebnisse des Tests, die nur einen Ausschnitt beleuchten, werden auf die Gesamtheit hochgerechnet. Man erhofft sich dadurch gesicherte Annahmen über die Auswirkungen bestimmter Maßnahmen.

Informationen mithilfe der Marktforschung gewinnen und auswerten

■ Panel

Ein Panel ist eine über **einen längeren Zeitraum gleichbleibende repräsentative Teilauswahl** von Erhebungseinheiten (z. B. Personen, Betriebe), die in **regelmäßigen Abständen** zum **gleichen Untersuchungsgegenstand** befragt bzw. beobachtet wird, um von der Auswahl auf die Gesamtheit zu schließen. Um Repräsentativität zu gewährleisten, ist die Zusammensetzung der Teilnehmergruppe so zu wählen, dass die Ergebnisse für die Grundgesamtheit verallgemeinerbar sind. Ein Panel stellt keine eigene Erhebungsmethode dar, sondern kann als besondere Form der Verknüpfung von Experiment und Befragung bzw. Beobachtung aufgefasst werden.

Mit modernen Technologien (z. B. Scanner, Messgeräte mit Speicher) kann die Datenerfassung elektronisch erfolgen.

Beispiel

Panel von Fernsehzuschauern zur Ermittlung der Einschaltquote.

Die gebräuchlichsten Panels beziehen sich auf Einzelpersonen, Haushalte, Versicherungen, Banken, Händler und Industriebetriebe. Die Mitglieder eines **Haushaltspanels** zum Beispiel zeichnen wie in einem sehr ausführlichen Haushaltsbuch alle Einnahmen und Ausgaben auf. Dadurch wird ein genauer Überblick über die Verbrauchsausgaben nach dem Zeitpunkt, der Verwendung und der Höhe gewonnen. Die Auswertung erlaubt dann Aussagen über Verbrauchergewohnheiten und deren Veränderungen.

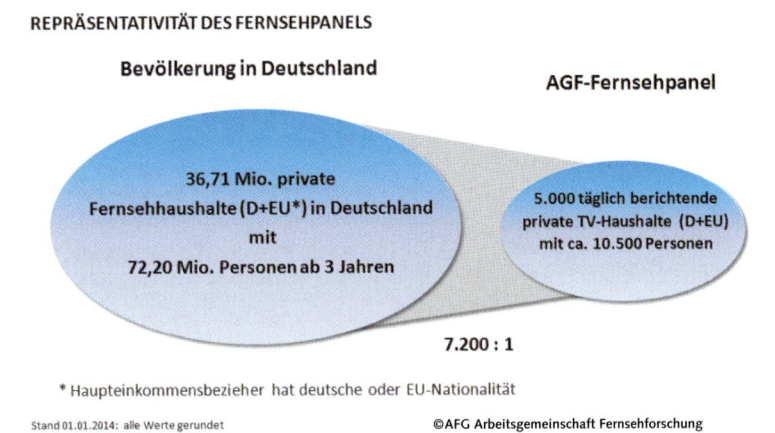

REPRÄSENTATIVITÄT DES FERNSEHPANELS

Bevölkerung in Deutschland

36,71 Mio. private Fernsehhaushalte (D+EU*) in Deutschland mit 72,20 Mio. Personen ab 3 Jahren

AGF-Fernsehpanel

5.000 täglich berichtende private TV-Haushalte (D+EU) mit ca. 10.500 Personen

7.200 : 1

* Haupteinkommensbezieher hat deutsche oder EU-Nationalität

Stand 01.01.2014: alle Werte gerundet © AGF Arbeitsgemeinschaft Fernsehforschung

Panel	
Vorteile	Nachteile
• relativ schnelle Informationsgewinnung • Veränderungen von Marktverhalten im Zeitablauf sichtbar • standardisierte Bedingungen	• hoher Aufwand für Teilnehmerbetreuung • Grad der Marktabdeckung (ggf. nicht repräsentativ aufgrund geringer Teilnahmebereitschaft) • „Panelsterblichkeit" – Verlassen des Panels (z. B. durch Krankheit, Umzug); Ersatz durch „Reserve" mit gleichen Merkmalen nötig

LERNFELD 5

Kunden akquirieren und binden

2.2.3 Erstellung eines Fragebogens

Fragebögen müssen so eindeutig und verständlich formuliert sein, dass ihre Fragen von jedem so verstanden werden, wie sie von der Untersuchung her gemeint sind (Validität). Bei unverständlichen Fragen besteht die Gefahr, dass sie falsch interpretiert werden, es zu einer Antwortverweigerung kommt oder eine Tendenz zur Mitte bevorzugt wird. Eine übersichtliche Gliederung des Fragebogens, Einfachheit, Kürze und Klarheit der Fragen sind Grundanforderungen der stilistischen und sprachlichen Gestaltung. Entsprechend sind z. B. unbekannte Begriffe zu vermeiden und die vorgegebenen Auswahlantworten müssen logisch und sinnvoll sein.

■ Checkliste für die Erstellung eines Fragebogens

Eine effiziente Erstellung eines Fragebogens erfordert einen strukturierten Ablauf. Die Festlegung der Ziele (z. B. in einem Brainstorming) hat entscheidenden Einfluss auf die Gestaltung und den Ablauf einer Fragebogenaktion bis hin zur Auswertung. Grundlegende Erarbeitungsschritte können sein:

- Ziele der Befragung festlegen (z. B. Kundenzufriedenheit feststellen),
- Teilnehmer auswählen (z. B. Stammkunden),
- Erhebungsumfang bestimmen (z. B. zufällige Auswahl von 20 % aller Stammkunden),
- Fragebogendesign planen (z. B. Kombination von offenen und geschlossenen Fragen, Skalierung, Antwortmöglichkeiten, Layout),
- Fragen entwerfen.

■ Aufbau eines Fragebogens

Die Konstruktion eines Fragebogens erfordert eine besondere Sorgfalt, da im Regelfall die Befragten keine Rückfragen stellen können. Den Befragten sind in klarer Form folgende Botschaften zu vermitteln:

- freundliche Aufforderung (Anrede) der Teilnehmer zur Teilnahme mit Angabe der benötigten Zeit,
- Ziele des Fragebogens,
- Erläuterungen zur Bearbeitung (ggf. Rücksendetermin),
- Hinweis auf Geheimhaltung der Daten,
- Verwendungszweck der Auswertung,
- Dank für die Teilnahme.

Informationen mithilfe der Marktforschung gewinnen und auswerten

■ Fragetypen und Darstellungsmöglichkeiten

Bei der Entwicklung eines Fragebogens kann man auf eine Vielzahl von Fragetypen und Darstellungsmöglichkeiten zurückgreifen. Deshalb ist vor der Erstellung zunächst zu klären, welche Informationen erhoben und wie die Antworten verwendet werden sollen. Außerdem muss der Zeitaufwand für die Auswertung berücksichtigt werden. Auch ist der Einsatz unterschiedlicher Fragetypen zur Auflockerung eines Fragebogens zu erwägen. Als Fragetypen kommen insbesondere offene, halboffene und geschlossene Fragen in Betracht.

„Wenn du eine weise Antwort verlangst, musst du vernünftig fragen."
Johann Wolfgang von Goethe

„Dem guten Frager ist schon halb geantwortet."
Friedrich Nietzsche

Offene und halboffene Fragen

Offene Fragen überlassen es dem Teilnehmer, ohne vorgegebene Antwortalternativen seine Einstellung, Wahrnehmung oder Beurteilung frei zu formulieren. Sie stellen höhere gedankliche (kognitive) Anforderungen an die Befragten, erfordern einen höheren Zeitaufwand und sollten deshalb eher in geringem Maße eingesetzt werden. Häufig stellen sie den Abschluss einer Befragung dar, um den Teilnehmer noch einmal selbst zu Wort kommen zu lassen.

„Der Fragebogen muss klug sein, nicht der Interviewer."
Elisabeth Noelle-Neumann

Antworten auf offene Fragen sind i. d. R. nicht quantifizierbar und häufig nur schwer vergleichbar. Ihre Auswertung erfordert einen hohen Aufwand durch Sammlung, Interpretation und Bündelung der Aussagen (Clustering). Deshalb werden Fragen häufig auch so gestellt, dass nur wenige Antworten möglich sind. Man spricht dann von **halboffenen** Fragen. Als weitere Variante kann ein unvollständiger Satz vorgegeben werden, den die Befragten eigenständig sinnvoll ergänzen.

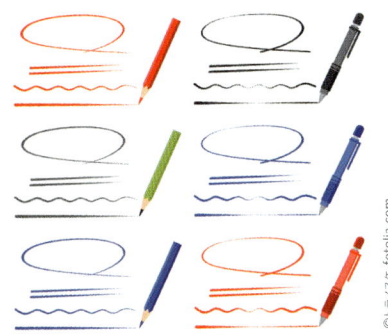

Beispiel

Die Markgraf Brunnen GmbH hat ihre Stammkunden zur Präsentation einer neuen Produktlinie eingeladen. Alle Teilnehmer erhalten einen Fragebogen zur Beurteilung der Veranstaltung. Mögliche Fragen könnten sein:

offene Fragen:

Was hat Ihnen an der Veranstaltung gefallen?

Was hat Ihnen an der Veranstaltung nicht gefallen?

Was haben Sie bei der Veranstaltung vermisst?

Was fanden Sie bei der Veranstaltung überflüssig?

Welche weiteren Anmerkungen/Anregungen möchten Sie zu der Veranstaltung machen?

halboffene Fragen:

Wie sind Sie auf die Veranstaltung aufmerksam geworden?

Welchen Wochentag bevorzugen Sie für die Durchführung der Veranstaltung?

Welches sind Ihre zwei Lieblingsgeschmacksrichtungen?

unvollständiger Satz:

Ich habe an der Veranstaltung teilgenommen, weil …

Mir gefällt/gefällt nicht an dem neuen Produkt, dass …

LERNFELD 5

Geschlossene Fragen

Geschlossene Fragen geben alle Antwortmöglichkeiten vor. Deshalb ist bei der Erstellung sorgfältig darauf zu achten, dass die wesentlichen Antwortkategorien erfasst sind, damit der Befragte auch seine zutreffende Antwort geben kann. Bei geschlossenen Fragen mit **„Einfachnennung"** ist immer nur eine Antwortvergabe möglich, d. h., dass sich die Antworten logisch ausschließen (ja/nein; sehr zufrieden/zufrieden/unzufrieden). Bei Fragen mit **„Mehrfachnennung"** können mehrere oder alle zutreffend sein.

Ein Vorteil geschlossener Fragen liegt in der einfacheren Beantwortung, wodurch die Motivation und Bereitwilligkeit zur Teilnahme gefördert wird. Zudem lassen sich die Antworten besser vergleichen, die Auswertung kann schneller und weniger aufwändig als bei offenen Fragen erfolgen.

Beispiel

Frage mit Einfachnennung:

War Ihnen unsere neue Produktlinie schon vorher bekannt?

○ ja   ○ nein

Frage mit Mehrfachnennung:

Welche Werbemittel empfehlen Sie für das neue Getränk?

○ Anzeige   ○ Zeitungsbeilage   ○ Plakat   ○ Werbebrief   ○ Rundfunkspot

Darstellungsmöglichkeiten

Zur Darstellung von geschlossenen Fragen bieten sich unterschiedliche Möglichkeiten an: z. B. Tabelle/Matrix, Skala, Polaritätsprofil, Rangliste. Dabei gibt man eine bestimmte Anzahl von Abstufungen vor. Die Anzahl der Abstufungen sollte so bemessen sein, dass differenzierte Einschätzungen möglich sind. Erfahrungsgemäß ist es nicht sinnvoll, mehr als sieben Kategorien vorzugeben.

Entscheidet man sich für eine gerade Anzahl an Abstufungen, muss sich der Befragte für eine positive oder negative Tendenz entscheiden, sodass es zu einer falschen Angabe führt, wenn er eher eine neutrale Einstellung hat. Bei einer ungeraden Anzahl von Abstufungen gibt es den Nachteil der „Uneindeutigkeit" des mittleren Wertes. Einerseits kann es sein, dass der Befragte tatsächlich keine Tendenz hat, andererseits ist nicht auszuschließen, dass die Frage nicht verstanden wurde, der Befragte keine Meinung dazu hat oder sich damit nicht auseinandersetzen möchte.

Informationen mithilfe der Marktforschung gewinnen und auswerten

Tabelle:

Wie zufrieden sind Sie mit der Veranstaltung?						
	sehr zufrieden	zufrieden	eher zufrieden	kaum zufrieden	unzufrieden	keine Antwort
Wie bewerten Sie den Informationsgehalt der Veranstaltung?	○	○	○	○	○	○
Wie beurteilen Sie die Präsentationen?	○	○	○	○	○	○

Skala:

Wie bewerten Sie den zeitlichen Rahmen für die Veranstaltung? Bewerten Sie auf der Skala nach Schulnoten, ob Sie den Zeitrahmen für angemessen halten.						
	1	2	3	4	5	
angemessen	○	○	○	○	○	nicht angemessen

Polaritätsprofil:

Wie bewerten Sie die Eigenschaften des neuen Produktes für junge Käufer?						
	sehr	eher	weder, noch	eher	sehr	
minderwertig	○	○	○	○	○	hochwertig
langweiliges Design	○	○	○	○	○	ansprechendes Design
fade Geschmacksnote	○	○	○	○	○	spritzige Geschmacksnote
künstlich	○	○	○	○	○	natürlich

Rangliste:

Bitte bewerten Sie die Werbemittel für die Einführung der neuen Produktlinie nach ihrer Wichtigkeit? Ordnen Sie die Ziffern 1 (wichtig) bis 5 (weniger wichtig) zu.				
Anzeige ____	Plakat ____	Rundfunkspot ____	Zeitungsbeilage ____	Werbebrief ____

LERNFELD 5

Kunden akquirieren und binden

■ Online-Fragebögen

Die handschriftlich auszufüllenden Fragebögen werden mehr und mehr von Online-Fragebögen verdrängt. Sie lassen sich dann nicht nur einfach per E-Mail verschicken, sondern auch direkt am PC ausfüllen und übermitteln. Word 2010 bietet die Möglichkeit, solche Formulare zu erstellen.

Online-Formulare enthalten Steuerelemente. Zur Verfügung stehen u. a. Textfelder (Nur-Text), Kontrollkästchen zum Ankreuzen, Kombinationsfelder (ausrollende Liste, aus der ein Eintrag ausgewählt werden kann) und Datumsauswahl (Wahl eines Datums anhand eines aufklappbaren Kalenders).

Steuerelemente einfügen

Mit folgenden Schritten können Sie Online-Formulare erstellen:

Schritt 1: Setzen Sie den Cursor an eine gewünschte Stelle im Dokument.

Schritt 2: Gehen Sie auf Entwicklertools – Steuerelemente und wählen das entsprechende Steuerelement aus, z. B.:

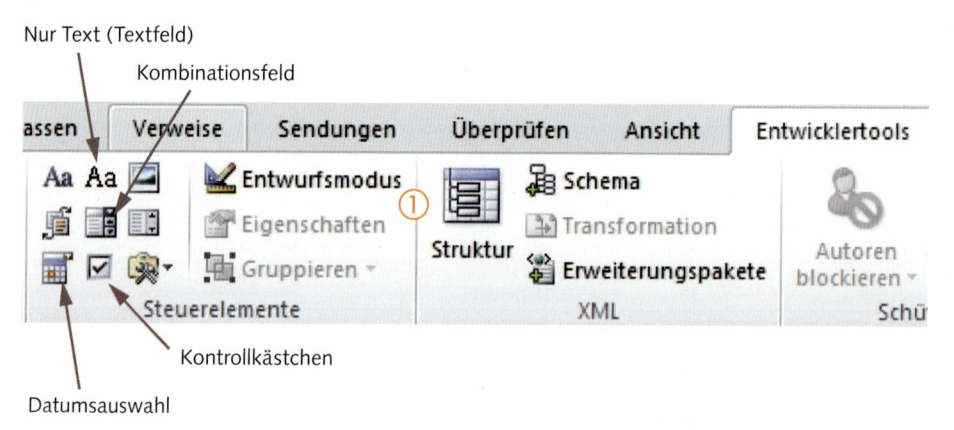

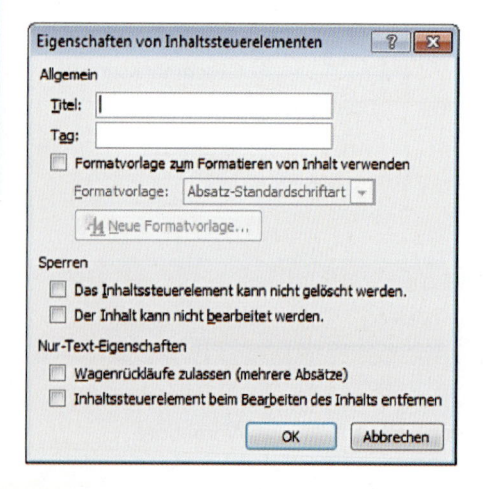

Schritt 3: Sie können das Element formatieren und anpassen, wenn Sie den **Entwurfsmodus** ① aktivieren.

Schritt 4: Aktivieren Sie unter Entwicklertools – Steuerelemente das Symbol Eigenschaften. Es öffnet sich ein Dialogfeld. Hier können Sie die Eigenschaften Ihres Steuerelements bestimmen.

Beispiel für das **Dialogfeld Nur-Text**:

Unter Titel können Sie, (müssen Sie aber nicht) einen Titel eingeben. Der Text erscheint im Beschriftungsfeld des Steuerelements.

Beispiel für das **Dialogfeld Kombinationsfeld:**

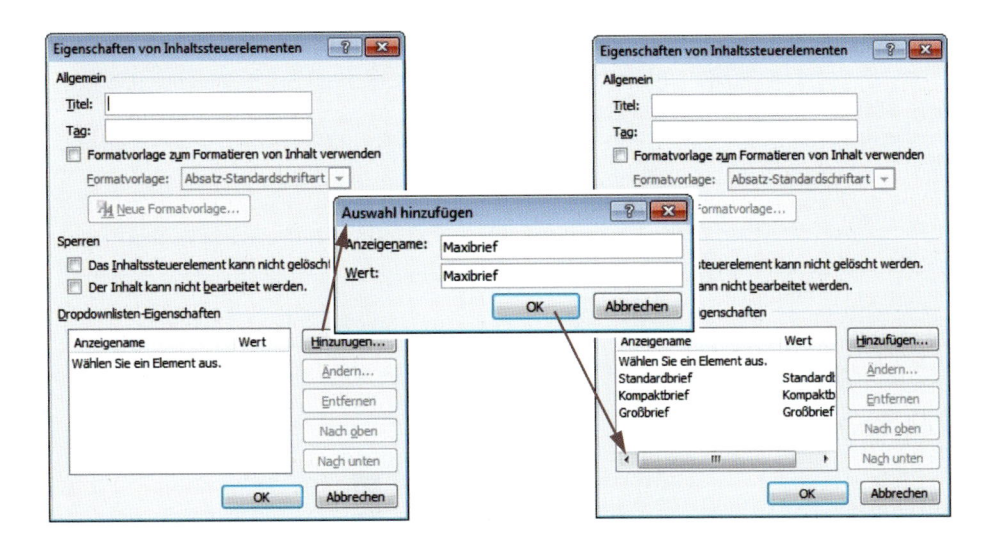

Um die Liste des Kombinationsfeldes zu füllen, klicken Sie auf den Button **Hinzufügen**. Es öffnet sich das Dialogfeld **Auswahl hinzufügen**. In **Anzeigename** geben Sie einen Listeneintrag ein, den Sie bestätigen. Wiederholen Sie den Schritt für alle Einträge.

Schritt 5: Deaktivieren Sie den Entwurfsmodus wieder. (Wichtig!) Nur so können Sie Ihr Formular vor Veränderungen schützen, wenn es von den Anwendern genutzt wird.

Um eine Manipulation durch Anwender gezielt auszuschließen, können Sie die Bearbeitungsmöglichkeiten weiter einschränken. Gehen Sie dafür über die Registerkarte Entwicklertools – Schützen – Bearbeitung einschränken. Es öffnet sich ein entsprechendes Dialogfenster.

2.2.4 Datenauswertung und Darstellung der Marktforschungsdaten

Zur Kommunikation von Marktforschungsdaten werden diese in Marktforschungsberichten und Präsentationen anschaulich aufbereitet. Dazu eignen sich z. B. Diagramme, die Daten übersichtlich, einfach und wirkungsvoll visualisieren. Neben dem Einsatz von spezieller Software bietet Excel verschiedene Standard-Diagrammtypen (z. B. Balken-, Linien-, Kreisdiagramme) zur Auswahl an.

Kunden akquirieren und binden

Beispiel

Evaluation der Veranstaltung durch Teilnehmer						
	sehr zufrieden	zufrieden	eher zufrieden	kaum zufrieden	unzufrieden	keine Antwort
Wie bewerten Sie den Informationsgehalt der Veranstaltung?	8	6	4	3	1	1
Wie beurteilen Sie die Präsentationen?	5	10	5	1	1	1

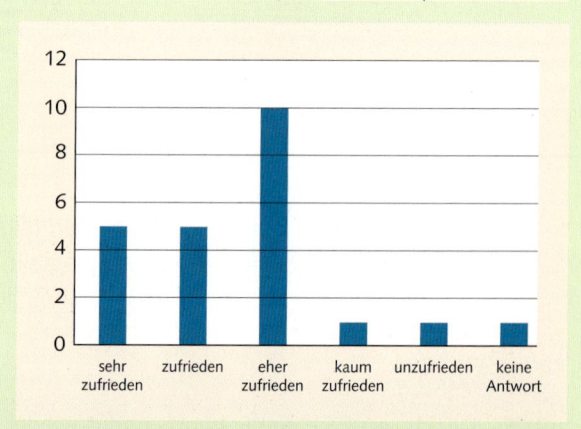

Informationsgehalt der Veranstaltung

- sehr zufrieden
- zufrieden
- eher zufrieden
- kaum zufrieden
- unzufrieden
- keine Antwort

Bewertung des zeitlichen Rahmens der Veranstaltung auf einer Skala nach Schulnoten durch Teilnehmer						
	1	2	3	4	5	
angemessen	8	6	2	4	3	nicht angemessen

Beispiel

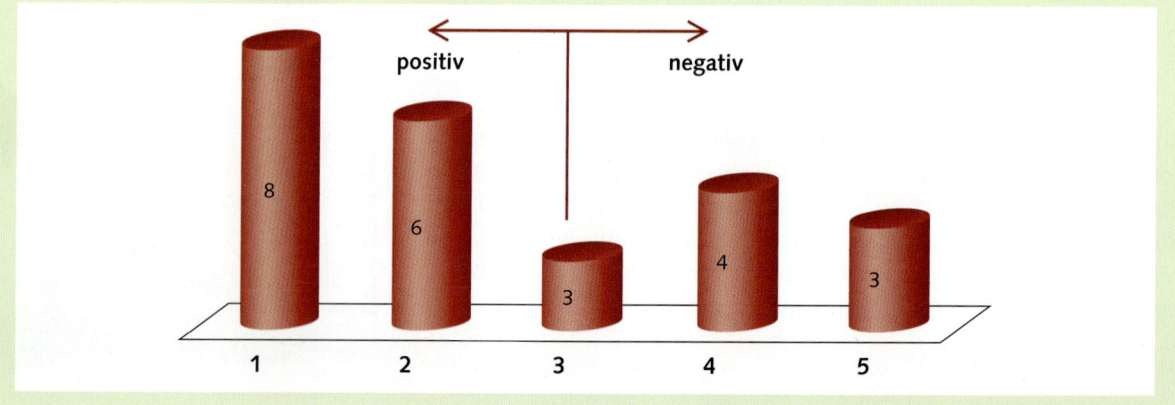

positiv ← → negativ

1	2	3	4	5
8	6	3	4	3

LERNFELD 5

444

Informationen mithilfe der Marktforschung gewinnen und auswerten

Beispiel

Bewertung von Produkteigenschaften durch zwei teilnehmende Gruppen						
	sehr	eher	weder, noch	eher	sehr	
minderwertig						hochwertig
langweiliges Design						ansprechendes Design
fade Geschmacksnote						spritzige Geschmacksnote
künstlich						natürlich

Beispiel

Bewertung von Werbemitteln nach ihrer Wichtigkeit
1 (wichtig) bis 5 (weniger wichtig)

Rang	Anzeige	Plakat	Rundfunk	Zeitungsbeilage	Werbebrief
1	4	2	3	6	8
2	7	3	2	4	8
3	7	8	3	2	4
4	3	6	7	6	2
5	2	4	8	5	1

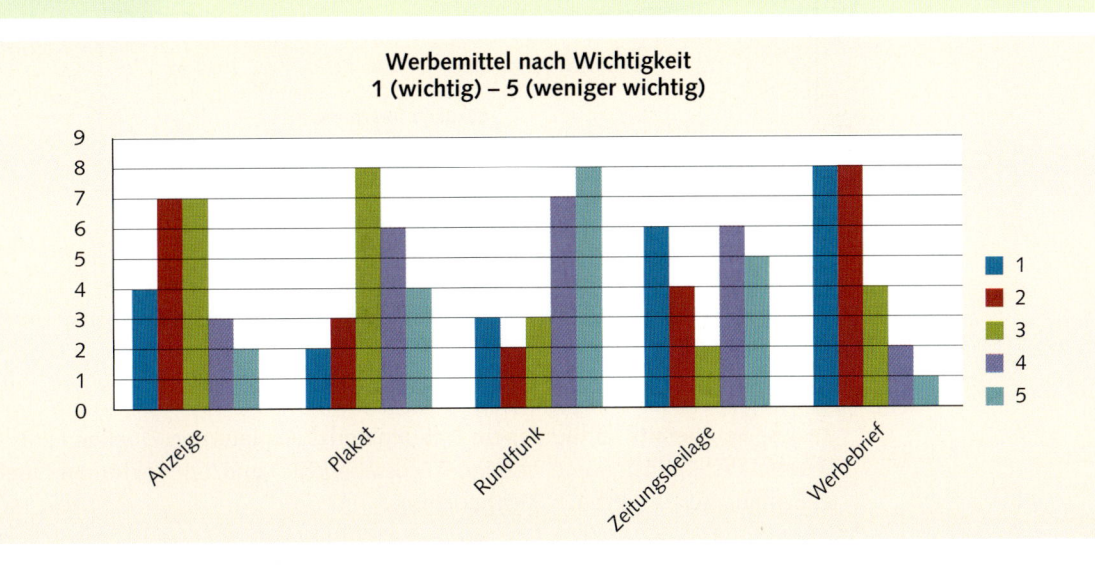

Werbemittel nach Wichtigkeit
1 (wichtig) – 5 (weniger wichtig)

LERNFELD 5

445

2.3 Zusammenfassung und Aufgaben

Zusammenfassung

Gegenstand der Marktforschung

Marktforschung ist die **systematische Sammlung, Analyse und Interpretation von Daten** über Märkte **mit wissenschaftlichen Methoden** zum Zweck der Informationsgewinnung für Marketingentscheidungen.

Marktforschungsprozess:

- Problemformulierung → Fragestellung, die durch die Marktforschung beantwortet werden soll
- Wahl des Untersuchungsdesigns → Festlegungen zum Konzept der Untersuchung
- Datenerhebung → Durchführung der Erhebung
- Datenauswertung → Aufbereitung der Daten und aussagekräftige Darstellung
- Ergebnisinterpretation → Analyse der Ergebnisse im Hinblick auf die Fragestellung
- Kommunikation der Ergebnisse → Darstellung der Ergebnisse für Entscheider

Methoden der Marktforschung

Übersicht:

Methoden der Marktforschung
- Marktanalyse (einmalige Erhebung)
- Marktbeobachtung (regelmäßige Erhebung)

- betriebsinterne Quellen | betriebsexterne Quellen
- Sekundärforschung
- Primärforschung: Befragung | Beobachtung | Experiment | Panel
- Marktprognose

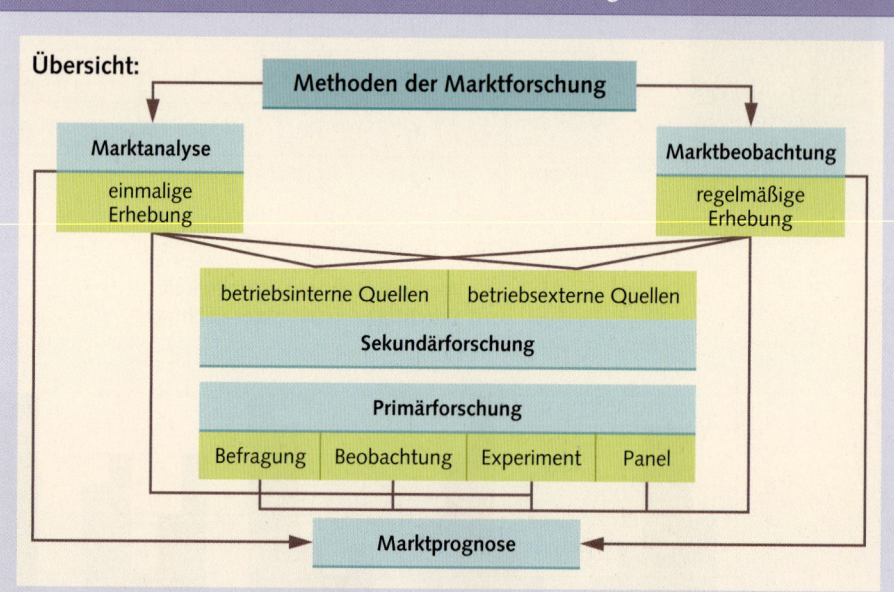

Sekundärforschung

Analyse von **bereits vorhandenem Datenmaterial** aus **internen Quellen** (z. B. Angebotsstatistik, Kostenberechnungen, Messeberichte) und/oder **externen Quellen** (z. B. statistisches Jahrbuch, Testberichte).

Informationen mithilfe der Marktforschung gewinnen und auswerten

Primärforschung: Erhebung neuer Daten

Arten der Datenerhebung		
Bezugszeitraum	Umfang	Forschungsmethode
• einmalig/punktuell • regelmäßig/periodisch	• Vollerhebung • Teilerhebung	• qualitativ • quantitativ

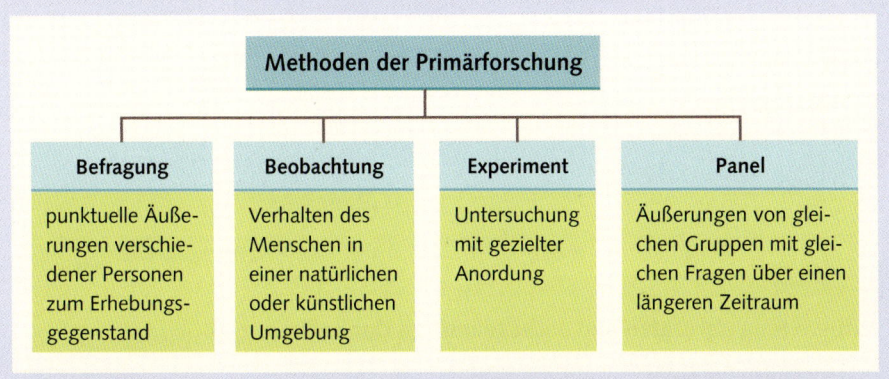

Methoden der Primärforschung

Befragung	Beobachtung	Experiment	Panel
punktuelle Äußerungen verschiedener Personen zum Erhebungsgegenstand	Verhalten des Menschen in einer natürlichen oder künstlichen Umgebung	Untersuchung mit gezielter Anordung	Äußerungen von gleichen Gruppen mit gleichen Fragen über einen längeren Zeitraum

Formen der Befragung:
- mündlich
- schriftlich
- telefonisch
- online

Formen der Beobachtung:
- Feldbeobachtung
- Laborbeobachtung

Vor- und Nachteile von Sekundär- und Primärforschung

	Sekundärforschung	Primärforschung
Vorteil	• kostengünstig • zeitsparend	• aktuell • passend zu Fragestellung
Nachteil	• veraltet • nicht passgenau	• aufwändig • kostenintensiv

Erstellung eines Fragebogens

Checkliste:
- Ziele der Befragung festlegen (z. B. Kundenzufriedenheit feststellen)
- Teilnehmer auswählen (z. B. Stammkunden)
- Erhebungsumfang bestimmen (z. B. zufällige Auswahl von 20 % aller Stammkunden)
- Fragebogendesign planen (z. B. Kombination von offenen und geschlossenen Fragen, Skalierung, Antwortmöglichkeiten, Layout)
- Fragen entwerfen

LERNFELD 5

Kunden akquirieren und binden

Aufbau:
- freundliche Aufforderung (Anrede) der Teilnehmer zur Teilnahme mit Angabe der benötigten Zeit
- Ziele des Fragebogens
- Erläuterungen zur Bearbeitung (ggf. Rücksendetermin)
- Hinweis auf Geheimhaltung der Daten
- Verwendung der Auswertung
- Dank für die Teilnahme

Fragetypen:
- offene Fragen
- halboffene Fragen
- geschlossene Fragen

Darstellungsmöglichkeiten:
- Tabelle
- Skala
- Polaritätsprofil
- Rangliste

Datenauswertung und Darstellung der Marktforschungsdaten

Aufbereitung der Daten und aussagekräftige Darstellung, z. B.:
- Übertragung in EDV-gestützte Programme
- Darstellung in Diagrammen, Schaubildern
- Aufbereitung in Marktforschungsberichten und Präsentationen

Beispiele für Diagramme:

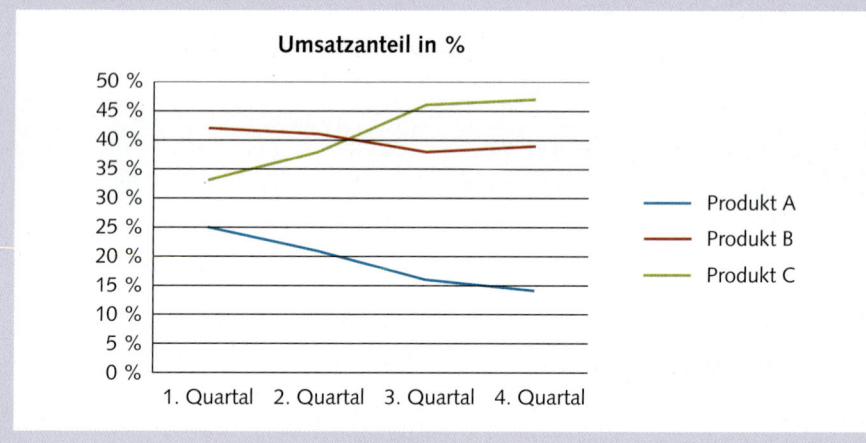

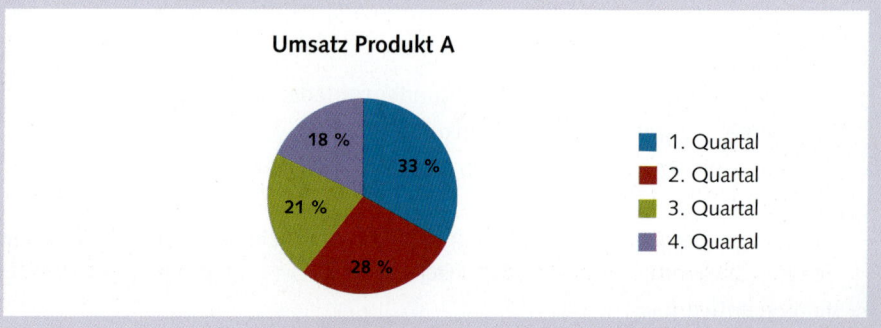

Umsatzanteil in %

(Liniendiagramm: Produkt A, Produkt B, Produkt C über 1. bis 4. Quartal)

Umsatz Produkt A

- 1. Quartal: 33 %
- 2. Quartal: 28 %
- 3. Quartal: 21 %
- 4. Quartal: 18 %

Informationen mithilfe der Marktforschung gewinnen und auswerten

Aufgaben

1. Prüfen Sie folgende Aussagen auf ihre Richtigkeit. Die Antwort ist jeweils zu begründen.
   (1) Marktforschung bezieht sich ausschließlich auf die systematische Sammlung von Kundendaten.
   (2) Nach der Datenerhebung und Datenauswertung endet regelmäßig der Marktforschungsprozess.
   (3) Die Begriffe „Marktforschung" und „Markterkundung" sind gleichbedeutend.
   (4) Marktforschung als Sekundärforschung bezieht sich auf betriebsinterne Quellen.
   (5) Nur wenn Quellen der Sekundärforschung nicht vorhanden sind oder nicht ausreichen, ist eine Primärforschung notwendig, um die Marktforschungsaufgabe zu lösen.
   (6) Befragungen, die Werbezwecken dienen, sind grundsätzlich unzulässig, wenn keine Vertragsbeziehung besteht.
   (7) Eine Beobachtung zu Marktforschungszwecken im Supermarkt bezeichnet man als Feldforschung.
   (8) Im Experiment können Ursache-Wirkungszusammenhänge durch Einflussnahme auf die abhängige Variable aufgedeckt werden.
   (9) Das Erforschen von Fernsehgewohnheiten kann als Panel bezeichnet werden.
   (10) Befragungen mit geschlossenen Fragen sollten immer eine ungerade Anzahl von Antwortmöglichkeiten haben.

2. Unterscheiden Sie „Marktanalyse" und „Marktbeobachtung".

3. Erläutern Sie, warum man die Sekundärforschung auch als „Desk-Research" bezeichnet.

4. a) Unterscheiden Sie die Arten der Datenerhebung nach dem Umfang.
   b) Beschreiben Sie jeweils ein Anwendungsbeispiel.

5. Ordnen Sie folgende Sachverhalte den Methoden der Primärforschung zu:
   - Eine Fernsehforschung umfasst im Jahr 5 500 repräsentativ ausgewählte deutsche Haushalte mit rund 12 000 Personen.
   - Eine Supermarkt-Kette testet die Auswirkungen einer Preissenkung bei Milchprodukten auf die Nachfrage.
   - Ein Einzelhändler erfasst das Kaufverhalten an der Kasse bei „Quengelware".
   - Ein Call-Center ermittelt die Kundenzufriedenheit für ein Zeitschriftenabonnement.

LERNFELD 5

Kunden akquirieren und binden

6. Ein Getränkehersteller hat sich im Zusammenhang mit einer Sortimentserweiterung für die Sekundärforschung und nicht für die Primärforschung entschieden.

    a) Erklären Sie mögliche Gründe, die zur Entscheidung für die Sekundärforschung geführt haben.

    b) Erläutern Sie im Rahmen der Sekundärforschung zwei Möglichkeiten, mit denen festgestellt werden kann, ob das neue Produkt Marktchancen hat.

7. a) Formulieren Sie zwei geschlossene und eine offene Frage zur Beurteilung des Schwierigkeitsgrades und des Zeitumfangs einer Klassenarbeit.

    b) Führen Sie die Befragung für eine Klassenarbeit durch, und stellen Sie das Ergebnis aussagekräftig in einem Diagramm dar.

8. Im Rahmen eines Wahlkurses sind Schülerinnen und Schüler als „Mitarbeiter" im Weltladen ihrer Schule tätig. Sie haben die Aufgabe, den jährlich stattfindenden Marktforschungsprozess vorzubereiten. Dabei geht es insbesondere um das Erscheinungsbild und um das Produktangebot des Weltladens. Konkretisieren Sie dazu die folgenden Schritte des Marktforschungsprozesses:

    - Problemformulierung,
    - Wahl des Untersuchungsdesigns,
    - Datenerhebung,
    - Ergebnisinterpretation,
    - Kommunikation der Ergebnisse.

9. Ein Geschmackstest für Soft-Drinks wird mit Personen unterschiedlichen Geschlechts und unterschiedlicher Altersgruppen durchgeführt.

    Stellen Sie die folgende Verteilung der Testperson anschaulich in unterschiedlichen Diagrammen dar:

Alter	16 – 25	26 – 35	36 – 45	46 – 55	56 – 65	66 – 75
männlich	80	140	90	105	70	40
weiblich	120	110	80	90	60	40
gesamt	200	250	170	195	130	80

LERNFELD 5

3 Marketinginstrumente einsetzen

3.1 Produkt-, Sortiments- und Servicepolitik

Neue Produkte und Produktvielfalt sind kennzeichnende Merkmale moderner Märkte. Was als neues Produkt bezeichnet werden kann, bestimmt der Markt, das heißt: Neu ist, was Verbraucher als neu akzeptieren. Auf gesättigten Märkten wird es immer schwieriger, im Wettbewerb um die Gunst des Kunden zu bestehen. Aufbauend auf den Erkenntnissen der Marktforschung werden Produkte und Leistungsangebote mit dem Ziel entwickelt, die Kundenbedürfnisse möglichst genau und umfassend zu befriedigen, um daraus Gewinn zu ziehen.

> **Merke**
>
> Die **Produkt-, Sortiments- und Servicepolitik** umfasst alle Maßnahmen eines Unternehmens, das gesamte Angebot marktgerecht zu gestalten.

Maßnahmen und Entscheidungen im Rahmen der Produkt-, Sortiments- und Servicepolitik wirken sich auf die anderen Bereiche des Unternehmens aus: Sie haben z. B. wesentlichen Einfluss auf den Umsatz, die Kosten und die Wettbewerbsfähigkeit. Das Risiko hoher Verluste kann durch eine gute Produkt-, Sortiments- und Servicepolitik gemindert werden. In der Regel ist das Image des Unternehmens vom Markterfolg seiner Produkte abhängig.

An die Stelle der Produktpolitik und der Gestaltung des Absatzprogramms bei Industrieunternehmen tritt bei Handelsunternehmen die Sortimentspolitik, für die gleiche Überlegungen angestellt werden müssen. Für Hersteller wie für Händler gewinnen Serviceleistungen (Kundendienst) eine immer größere Bedeutung.

3.1.1 Produktpolitik

Die Produkte und ihre Zusammenstellung in einem Produkt- oder Absatzprogramm müssen den sich ständig wandelnden Umweltbedingungen – insbesondere Marktbedingungen – angepasst werden, wenn die Unternehmensziele erreicht werden sollen. Für die Produktpolitik stellt sich als zentrale Frage, **ob**, **wann** und **in welcher Weise** Produkte bzw. das Absatzprogramm verändert werden sollen.

> **Merke**
>
> Unter **Produktpolitik** versteht man die marktgerechte **Entwicklung** und **Veränderung** von Produkten.

■ **Produktgestaltung**

Die Ergebnisse der Marktforschung können Hinweise auf die optimale Gestaltung eines Produktes geben. Einerseits sind die Bedürfnisse der Zielgruppe, die durch den Konsum oder Gebrauch an sich resultieren, zu befriedigen, andererseits auch die Bedürfnisse, die sich aus der Bedeutung, der Symbolträchtigkeit, der Marke eines Produktes ergeben. Im Kern muss bei der Gestaltung eines Produktes der **Grundnutzen** erkennbar sein, der im Normalfall vom Käufer erwartet wird.

Kunden akquirieren und binden

Da sich heutzutage viele Produkte hinsichtlich der Funktions- und Gebrauchseigenschaften (Grundnutzen) kaum unterscheiden, ist für den Markterfolg eines Produktes insbesondere der **Zusatznutzen**, (z. B. besondere Eigenschaften, Qualität, Image) von Bedeutung. Entscheidend ist dabei die subjektive Wahrnehmung des Konsumenten.

Beispiel

Der Grundnutzen von Bio-Produkten liegt im Konsum von z. B. Gemüse und Früchten. Qualität, Unterstützung naturnaher Landwirtschaft und insbesondere der Aspekt einer gesunden Ernährung könnten als Zusatznutzen wahrgenommen werden.

Neben den zwingend erforderlichen Produkteigenschaften in der gewünschten **Qualität** zeigt sich der Wert eines Produktes in der Wahrnehmung der Kunden insbesondere auch in der Gestaltung der Produktumgebung. Kein noch so qualitativ hochwertiges Produkt wird ohne ein gelungenes **Design** (z. B. Form und Farbe), eine starke **Marke** (z. B. Name, Symbol, Logo) und eine werbewirksame **Verpackung** erfolgreich sein.

■ Qualität

Die **Qualität** eines Produktes wird durch Merkmale festgelegt, die Anforderungen, Bedürfnisse und Erwartungen des Konsumenten widerspiegeln. Dazu zählen z. B.:

- Verarbeitung,
- Ausstattung,
- Zusammensetzung,
- Jahrgang,
- Umweltfreundlichkeit,
- Lieferfähigkeit,
- Beratung,

- Verwendbarkeit,
- Lebensdauer,
- Herkunft,
- Güteklasse,
- Sicherheit,
- Zuverlässigkeit,
- Servicequalität.

März 2014
PLATZ 1 FÜR NOMOS GLASHÜTTE
Internationale Messe BASELWORLD 2014: Model Ahoi ist Armbanduhr des Jahres und auch Tetra 27 Karat gewinnt.

■ Design

Das **Design** eines Produktes hat die Aufgabe, durch gefälliges Äußeres die Kaufbereitschaft des Verbrauchers zu beeinflussen. Design macht das Produkt erst marktfähig und grenzt es von der Konkurrenz ab. Bei der Gestaltung eines Produktdesigns sind vielfältige produktions- und kundenbezogene Anforderungen zu beachten, wie z. B.

- Produktionsmöglichkeiten,
- Funktionalität,
- Ästhetik,

- Kostenaspekte,
- Benutzerfreundlichkeit,
- Ergonomie.

LERNFELD 5

Marketinginstrumente einsetzen

■ Marke

Die **Marke** (engl. brand) ist der Name eines Produktes in Verbindung mit allen Kennzeichen (z. B. Logo, Symbol, Abbildungen, Zeichen), die geeignet sind, die eigenen Produkte von denjenigen anderer Unternehmen zu unterscheiden. Die Marke kann auch das gesamte Unternehmen sein (z. B. Unternehmen: VW; Produkt: Golf). Mit der Marke profiliert sich der Anbieter am Markt; sie löst beim Konsumenten bestenfalls positive Reaktionen wie Vertrauen, Verbundenheit und positives Lebensgefühl aus. Sie trägt dazu bei, dass der Kunde der Marke treu bleibt, und verschafft dem Anbieter einen preispolitischen Spielraum. Mit gut positionierten **Eigenmarken** zu häufig deutlich niedrigeren Preisen als große Herstellermarken heben sich Handelsunternehmen von der Konkurrenz ab.

§ 3 MarkenG

Beispiele für Eigenmarken:
Tip - Real,
GUT & GÜNSTIG - EDEKA,
Ja - Rewe,
Balea - dm

Beispiel

Bekannte Marken mit Kennzeichen: Mercedes-Stern, Gelb der Post, Flaschenform und Schriftzug von Coca-Cola, Streifen von Adidas, T der Telekom, Logo DB der Deutschen Bahn, Logo E von EDEKA, angebissener Apfel von Apple.

Die Entwicklung einer Marke wird als **Branding** bezeichnet. Mit der Wertschätzung eines Brands sind z. B. folgende Leistungsmerkmale verbunden:

- Aufmachung,
- Bekanntheitsgrad,
- Kultstatus,
- Internationalität,
- Qualität,
- Prestige,
- Werthaltung,
- Trend.

© Deutsche Bank,
DB AG,
EDEKA Zentrale AG & Co. KG,
Deutsche Telekom

Best Global Brands 2013: Rang 1: Apple – Rang 10: Toyota

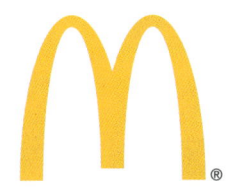

Quelle: Stern.de, 30. September 2013
© Apple, Google, Coca-Cola Deutschland, IBM Deutschland, Microsoft Deutschland, GE Germany, McDonald's Deutschland Inc., Intel, Toyota

LERNFELD 5

453

Kunden akquirieren und binden

■ Verpackung

Der **Verpackung** kommt eine besondere Bedeutung zu. Sie kann unterteilt werden in die eigentliche **Verpackung als Behältnis**, in **werbende Umverpackung** und in schützende **Transportverpackung**. Oft lassen sich alle drei Funktionen auf ein Behältnis reduzieren. Dies entspricht der ökologischen Forderung nach Müllvermeidung. Die Verpackung muss sowohl den Anforderungen des Handels als auch der Verbraucher sowie den rechtlichen Bestimmungen genügen. Außerdem dient die Verpackung als Fläche für gesetzlich vorgeschriebene und ggf. darüber hinausgehende Produktkennzeichnung und Produktinformation; nicht zuletzt beeinflusst sie die Imagebildung.

Ziel der Verpackungspolitik ist es, die Aufmerksamkeit der Konsumenten auf das Produkt zu lenken, Bedürfnisse zu wecken und zum Kauf anzuregen. Die Verpackung muss die Marke repräsentieren.

Gestaltungsgesichtspunkte sind z. B.:

- → bedarfsgerechte Einheiten,
- → Funktionalität,
- → Sicherheit,
- → Haltbarkeit,
- → Originalität,
- → Lagerfähigkeit,
- → Transportfähigkeit,
- → Ökologie,
- → Präsentationswirkung,
- → Emotionalität.

■ Produktlebenszyklus

Neue Produkte werden entwickelt und in das Absatzprogramm aufgenommen; vorhandene Produkte werden gezielt verändert (erneuert), gegebenenfalls aber auch aus dem Absatzprogramm genommen. Produkte haben offenbar eine begrenzte „Lebensdauer" am Markt. Diese kann relativ lang sein und eher langsamen Änderungen unterliegen (z. B. eine Reihe von Investitionsgütern oder Medikamenten) oder aber grundsätzlich kurz und auf schnelle Veränderung angelegt sein (z. B. Modeartikel).

Beispiel

Produktlebenszyklus

Golf I	1974 – 1983
Golf II	1983 – 1991
Golf III	1991 – 1997
Golf IV	1997 – 2003
Golf V	2003 – 2008
Golf VI	2008 – 2012
Golf VII	seit 2012

Marketinginstrumente einsetzen

Das **Modell des Produktlebenszyklus** stellt die Entwicklung des mit einem Produkt zu erzielenden **Umsatzes** bzw. **Umsatzzuwachses** und **Gewinns** dar. Dabei werden typische „Phasen" unterschieden, denen man Maßnahmen der Produktpolitik zuordnen kann.

Der Verlauf dieses Produktlebenszyklus hat **Modellcharakter**. In der Wirtschaftswirklichkeit hat jedes Produkt seinen individuellen „Lebenslauf". Die Phasen können unterschiedlich lang sein; einige Produkte durchlaufen nicht alle Phasen, weil sie frühzeitig vom Markt genommen werden müssen.

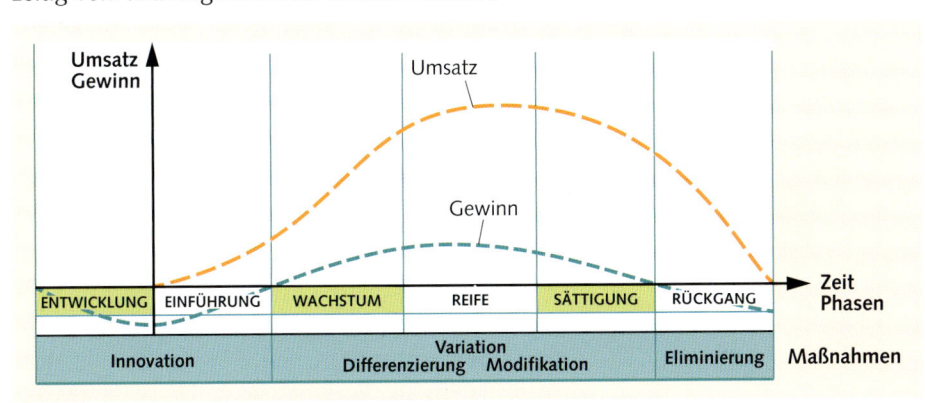

Produktlebenszyklus in grafischer Modelldarstellung

Produkte werden so frühzeitig und grundlegend differenziert, dass die Produktlebenszyklen ineinander übergehen oder sich überlappen, damit Umsatz bzw. Gewinn auf hohem Niveau annähernd gleich bleiben können (z. B. Golf I – Golf VII). Außerdem beziehen sich die Maßnahmen der Produktpolitik nicht nur auf einzelne Produkte, sondern beeinflussen das gesamte Angebot des Unternehmens. (z. B. Polo, Golf, Passat, Tiguan).

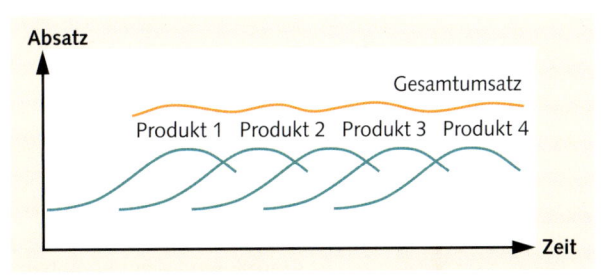

Produktlebenszyklus in verbal-schematischer Darstellung	
Phasen	**Maßnahmen**
Einführungsphase Die Bearbeitung von Kaufwiderständen steht im Vordergrund. Die Umsätze sind noch gering, aber steigend. Gewinne werden noch nicht erzielt.	**Produktinnovation** Neue Produkte werden am Markt eingeführt. Gegebenenfalls sind „Kinderkrankheiten" abzustellen.
Wachstumsphase Die Nachfrage verstärkt sich, die Umsätze steigen stark, Gewinne erreichen das Maximum. **Reifephase** Bei gesicherter Marktstellung steigt der Umsatz langsamer und strebt dem Maximum zu; der Gewinn nimmt ab. **Sättigungsphase** Der Umsatz sinkt, der Gewinn geht weiter zurück bis zum Eintritt in die Verlustzone.	**Produktvariation** Veränderungen des Produkts werden vorgenommen, um das Produkt unterscheidbar zu machen gegenüber der Konkurrenz und im eigenen Angebot. • Produktmodifikationen und • Produktdifferenzierungen werden vorgenommen. (Überlegungen zur Produktdiversifikation sind „angesagt".)
Rückgangsphase Die Umsätze sinken weiter; bleibt das Produkt auf dem Markt, entstehen Verluste.	**Produkteliminierung** Das Produkt wird aus dem Produktionsprogramm genommen.

LERNFELD 5

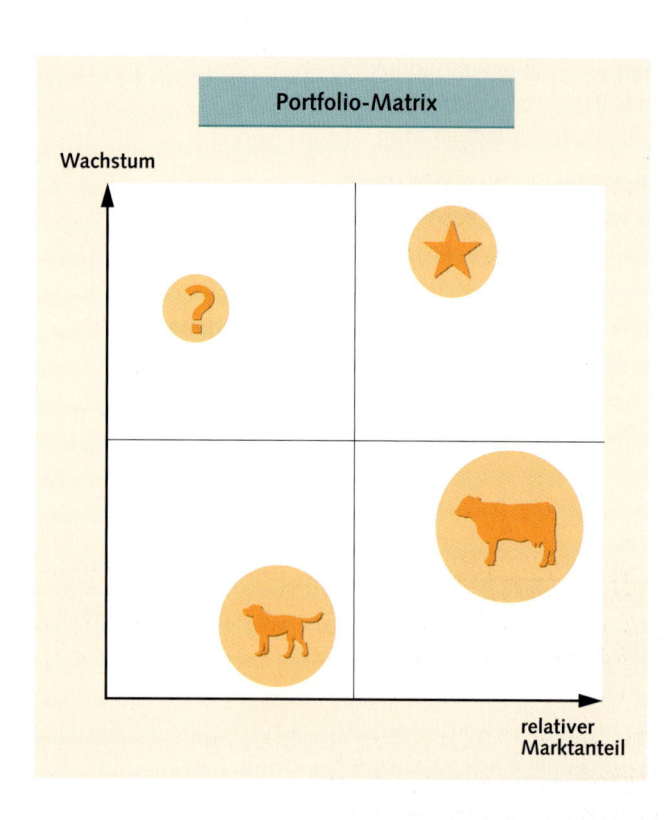

Kunden akquirieren und binden

■ Portfolio-Matrix

Eng an das Produktlebenszyklus-Modell angelehnt ist die **Portfolio-Matrix** der Boston-Consulting-Group. Diese Portfolio-Matrix stellt eine ausgewählte, unter Marketinggesichtspunkten interessante Produktpalette in Abhängigkeit von ihrem Marktwachstum und ihrem relativen Marktanteil grafisch dar. Dabei wird unterstellt, dass beide Größen Auskunft über die Marktchancen der Produkte geben können: Je geringer das Lebensalter eines Produktes, desto deutlicher wird die Chance auf ein hohes **Marktwachstum** gesehen. Der **relative Marktanteil** (Verhältnis des eigenen Marktanteils zu dem der in den Blick genommenen Konkurrenten) soll Auskunft darüber geben, inwieweit durch einen Vorsprung an Erfahrung ein relativer Kostenvorteil (und damit ein vermehrter Gewinn- und Geldzufluss) besteht. Die **Kreisgröße** symbolisiert den Umsatz, der mit dem einzelnen Produkt erreicht wird.

Die Felder dieser Matrix lassen sich folgendermaßen charakterisieren:

$$\text{relativer Marktanteil} = \frac{\text{eigener Marktanteil} \times 100}{\text{Marktanteil größter Konkurrent}}$$

? Fragezeichen (Questions Marks)

Fragezeichen sind potenzielle Nachwuchsprodukte, die bei hohem Marktwachstum (noch) einen geringen relativen Marktanteil ausmachen. Zur Erreichung eines hohen Marktanteils sind erhebliche Investitionen in das Marketing erforderlich; ein Unternehmen kann also nur wenige Fragezeichen fördern; die anderen sind zügig zu eliminieren.

★ Sterne (Stars)

Sterne werden auch als Zukunftsprodukte bezeichnet, da sie mit einem hohen relativen Marktanteil und deutlichem Marktwachstum ausgestattet sind. Sie werfen Gewinne ab und sollten zur Sicherung des Unternehmenswachstums ausgebaut bzw. mindestens gehalten werden. Dazu ist es i. d. R. erforderlich, in sie zu investieren.

Milchkühe (Cash Cows)

Milchkühe finden sich in Märkten mit geringem Wachstum, in denen das Unternehmen einen hohen relativen Marktanteil besitzt. Entsprechend sind sie im Markt bekannt, Investitionen in das Marketing können gering gehalten werden und wären aufgrund der geringen Wachstumschancen auch nicht lohnenswert. Die finanziellen Überschüsse, die diese Milchkühe abwerfen, können zur weiteren allgemeinen Entwicklung des Unternehmens genutzt werden.

Arme Hunde (Poor Dogs)

Arme Hunde als alte Produkte ohne Wachstumschancen und ohne nennenswerten Marktanteil sind Schwachstellen eines Unternehmens. Investitionen lohnen nicht mehr, die Produkte sollten grundsätzlich vom Markt genommen werden.

LERNFELD 5

Marketinginstrumente einsetzen

■ Maßnahmen der Produktpolitik

Produktinnovation

Merke

Unter **Produktinnovation** versteht man die Entwicklung von Produkten und ihre Neueinführung auf dem Markt.

Untersuchungen zeigen, dass Umsatz- und Gewinnzuwächse häufig nur noch mit neuen oder neu gestalteten Produkten zu erzielen sind, die den Kundenbedürfnissen entsprechen. Deshalb ist die Entwicklung neuer Produkte für das Unternehmenswachstum und die Sicherung der Position im Wettbewerb von großer Bedeutung.

Anstöße zu produktpolitischen Maßnahmen können sich z. B. ergeben aus:

→ Änderungen in der Zusammensetzung und der Zahl der Nachfrager oder Änderungen der Verbrauchergewohnheiten, des Geschmacks und des Bedarfs,

→ Maßnahmen der Konkurrenz,

→ vorhandenen oder drohenden Schwankungen der Wirtschaftsentwicklung,

→ fortschreitender technischer und gesellschaftlicher Entwicklung sowie Änderungen rechtlicher Regelungen.

Die Produktentwicklung unterscheidet zwischen der technischen Entwicklung und der Entwicklung der Produktgestaltung (z. B. Form, Farbe, Verpackung). Die technische Entwicklung ist nicht nur auf die einwandfreie Funktionsfähigkeit des Produktes gerichtet, sondern auch auf eine Verbesserung von Verwendbarkeit und Lebensdauer als Qualitätsmerkmale. Die Produktgestaltung bezieht sich auf die Festlegung von z. B. Form, Farbe, Namen, Verpackung.

Beispiel

Produktinnovationen bei Mobiltelefonen:
- Möglichkeit, von überall zu telefonieren
- Verschicken von Kurznachrichten (SMS-Funktion)
- Farbdisplays
- Kamerafunktionen (Fotos, Videos)
- Sprachfunktionen
- mobile Nutzung des Internets

Bei der Produktentwicklung ist zu klären:

→ Welche materiellen, technischen, gestalterischen und ökologischen Eigenschaften soll ein Produkt haben?

→ Soll das neue Produkt sich mehr oder weniger an schon vorhandene eigene oder fremde Produkte anlehnen oder sich deutlich davon unterscheiden?

LERNFELD 5

Kunden akquirieren und binden

→ Wird das Produkt einer überschaubar kleinen Gruppe von Spezialkunden angeboten oder muss es die Wünsche einer möglichst breiten Käuferschicht erfüllen?

→ Soll das Produkt nur einmal oder in einer Vielzahl von Ausführungen (Typen, Qualitäten, Größen, Mustern, Farben und Formen) produziert und verkauft werden?

Produktvariation als Modifikation oder Differenzierung

Merke

Produktvariation umfasst **alle Veränderungen der Produkte**, die zur Anpassung an den Markt vorgenommen werden.

**Für alle, die mehr wollen.
Die CUP Sondermodelle.**

©Volkswagen Aktiengesellschaft

Die Produktvariation kann das Ausgangsprodukt ersetzen oder die Produktlinie bereichern. Durch **Produktmodifikation** entsteht eine Variante, die das ursprüngliche Produkt ersetzt (z. B. „Nachfolgetyp" bei Automobilen).

Bei Varianten des Ausgangsprodukts, die nebeneinander bestehen, handelt es sich um **Produktdifferenzierung** (z. B. Kfz-Typ kommt nach einiger Zeit auch mit Dieselmotor, als Cabrio, in Sonderausstattungsversionen auf den Markt).

Beispiel

Ein Automobilhersteller bietet ein Auto der Kompaktklasse mit einem Sonderausstattungspaket mit z. B. Leichtmetallrädern und Fahrkomfortpaket.

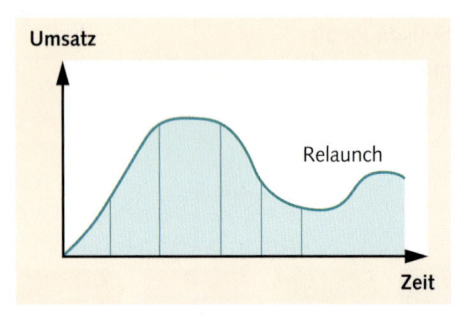

Die Maßnahmen dienen insbesondere dazu, die Produkte unterscheidbar zu machen – gegenüber Konkurrenzprodukten oder eigenen früheren Produkten beziehungsweise im Hinblick auf unterschiedliche Zielgruppen/Verwendungssituationen. Produktvariationen dienen dem Zweck, das Produkt den gewandelten Kundenanforderungen anzupassen. Modeprodukte unterliegen dementsprechend einer besonders schnellen Variation. Umfangreiche Produktvariationen, die i. d. R. zu einer Verlängerung des Produktlebenszyklus führen, bezeichnet man auch als **Relaunch**.

Produkteliminierung

Wenn – gegebenenfalls trotz aufwändiger Marketingaktivitäten, z. B. durch Produktveränderungen und Werbeanstrengungen – Produkte nur noch in geringem Umfang (z. B. sinkender Umsatz, sinkender Marktanteil) verkauft werden können, sind sie veraltet. Aufgabe ist es, früh den Zeitpunkt zu erkennen, zu dem das Produkt vom Markt genommen werden muss, um drohende Verluste zu vermeiden.

Merke

Unter **Produkteliminierung** versteht man die **Herausnahme von Produkten** aus dem Angebotsprogramm.

Hier schließt sich der Kreis, denn spätestens zu diesem – besser zu einem früheren – Zeitpunkt müssen über Produktinnovation marktfähige Produkte zur Verfügung stehen.

LERNFELD 5

Marketinginstrumente einsetzen

Beispiel
Fotoapparate mit herkömmlichen Filmen finden keine Käufer mehr. Sie werden durch digitale Fotoapparate ersetzt.

Produktdiversifikation

Die Produktdiversifikation bemüht sich nicht um Sortenvielfalt (Produktdifferenzierung), sondern um die Ausweitung des Leistungsprogramms durch **Artenvielfalt**. Es werden andersartige Produkte in das Produktangebot aufgenommen, die mit dem bisherigen Programm mehr oder weniger in Zusammenhang stehen. Dabei können die gleichen Absatzwege auf schon beschickten Märkten genutzt werden oder das Unternehmen beschreitet neue Absatzwege auf neuen Märkten. Durch die Ausweitung der angebotenen Produktpalette soll das Marktrisiko gesenkt werden.

Merke
Als **Produktdiversifikation** wird die gezielte **Ausweitung der Produktpalette um andersartige Produkte** auf verwandten oder neuen Märkten bezeichnet.

Die Diversifikation kann auf drei Ebenen vorgenommen werden:

→ Aktivität auf gleicher Ebene = **horizontale Diversifikation**: Erweiterung des Leistungsprogramms durch Produkte, die in einem unmittelbaren Zusammenhang mit dem bisherigen Produktionsprogramm stehen (z. B. Konfitüre/Honig, Fahrräder/Spinning-Räder),

→ Aktivität auf vor- oder nachgelagerten Ebenen = **vertikale Diversifikation**: Integration vor- und/oder nachgelagerter Produkte in das Produktionsprogramm (z. B. Bekleidungsstoffe/Konfektion),

→ Aktivität auf zuvor nicht bearbeiteten Ebenen = **laterale Diversifikation**: Neue Produkte, die nicht unmittelbar in einem Zusammenhang mit dem bisherigen Leistungsprogramm stehen, werden in das Produktionsprogramm aufgenommen. Die Vermarktung dieser Produkte geschieht auf bisher nicht beschickten, neuen Märkten (z. B. Konfektion/Parfum, Zigaretten/Schuhe).

GESCHÄFTSBEREICHE Nahrungsmittel
Alles über die Dr. Oetker Markenartikel, den Dr. Oetker Food Service, die Martin Braun-Gruppe und das FrischeParadies. > mehr

GESCHÄFTSBEREICHE Bier und alkoholfreie Getränke
Die Radeberger Gruppe versteht sich als Bewahrer deutscher Bierkultur: Mit einem klaren Bekenntnis zur Regionalität. > mehr

GESCHÄFTSBEREICHE Sekt, Wein und Spirituosen
Die Henkell & Co.-Gruppe zählt zu den führenden Anbietern von Sekt, Wein und Spirituosen in Europa. > mehr

GESCHÄFTSBEREICHE Schifffahrt
Die Hamburg Süd zählt zu den 20 größten Containerreedereien der Welt. > mehr

GESCHÄFTSBEREICHE Bank
Das Bankhaus Lampe hat ihren Stammsitz in Bielefeld. > mehr

GESCHÄFTSBEREICHE Weitere Interessen
Der Bereich umfasst Unternehmen aus der chemischen Industrie, dem Verlagswesen sowie der Luxushotelbranche. > mehr

Dr. August Oetker KG
Oetker-Gruppe

Quelle: oetker-gruppe.de

LERNFELD 5

459

Kunden akquirieren und binden

Ökologische Aspekte produktpolitischer Entscheidungen

Als ökologieorientierte produktpolitische Maßnahmen können z. B. Anstrengungen gelten, die darauf gerichtet sind,

→ Rohstoffe im weitesten Sinn („Reichtum der Natur") sparsamer zu verwenden bzw. seltenere Rohstoffe durch reichlicher vorhandene zu ersetzen;

→ Abfälle zu reduzieren (z. B. auch durch Erhöhung der Nutzungsdauer) bzw. im Hinblick auf bessere Verträglichkeit (z. B. natürliche Abbaubarkeit) und Wiederverwertbarkeit (z B. Austausch von Modulen, Recyclingfähigkeit) zu verändern;

→ die gesamte Produktion und den Güterfluss auch unter diesen Gesichtspunkten zu organisieren und zu kontrollieren („Ökobilanzen").

3.1.2 Sortimentspolitik

Die Überlegungen insbesondere zur Diversifikation gelten auch für die **Sortimentspolitik**, die sich vornehmlich auf den Handel bezieht. Das **Sortiment** umfasst die Summe aller Artikel, die von Handelsunternehmen angeboten werden.

Merke

Ziel der **Sortimentspolitik** ist es, durch die bedarfsgerechte Zusammenstellung des Sortiments die geplanten Umsätze und Gewinne zu erreichen.

Hinsichtlich der qualitativen und quantitativen Zusammensetzung des Sortiments kann nach **Sortimentstiefe** (Anzahl unterschiedlicher Artikel innerhalb einer Artikelgruppe) und **Sortimentsbreite** (Anzahl unterschiedlicher Artikelgruppen) differenziert werden.

	Sortimentsbreite: Anzahl Artikelgruppen	Sortimentstiefe: Anzahl Artikel innerhalb einer Artikelgruppe
Fachgeschäft: schmales und tiefes Sortiment	**schmal** – wenige	**tief** – viele
Warenhaus: breites und flaches Sortiment	**breit** – viele	**flach** – wenige

Beispiel

Eine Buchhandlung hat z. B. ein recht schmales Sortiment, sie führt fast ausschließlich eine Artikelgruppe, nämlich Bücher. Dafür besitzt sie ein sehr tiefes Sortiment, nämlich unterschiedlichste Bücher (z. B. Koch-, Schul-, Kinderbücher).

LERNFELD 5

Marketinginstrumente einsetzen

Zusammensetzung und Umfang des Sortiments werden durch verschiedene Einflussgrößen bestimmt. Beispiele dafür sind: die Verkaufs- und Lagerfläche, das zur Verfügung stehende Kapital, der Bedarf des angesprochenen Kundenkreises, das Sortiment der Konkurrenz insgesamt beziehungsweise das Sortiment räumlich benachbarter Handelsunternehmen, die Betriebsform.

Sortimente werden nicht beliebig zusammengestellt, sondern sind zwecks besserer Orientierung an einem Gesichtspunkt oder an einer Kombination von mehreren Gesichtspunkten ausgerichtet, z. B.

→ am **Verwendungsanlass**: Freizeit, Einrichtung, Bürobedarf, Sport,

→ an **Käufergruppen**: Bioladen, Brautmoden, Elektronik, Fanartikel,

→ an der **Preislage**: Discounter, Delikatessen, Niedrigpreis-Textil, Edelboutique,

→ am **Material der Waren**: Eisenwaren, Lederwaren, Lebensmittel, Textilien.

3.1.3 Servicepolitik

Zu den eigentlichen Produktleistungen werden von Händlern und Herstellern häufig zusätzliche Leistungen angeboten; dies sind die sogenannten Kundendienstleistungen (Service). Es genügt in vielen Fällen nicht mehr, zum Beispiel technische Geräte zu verkaufen, sie müssen auch eingerichtet, gewartet und gegebenenfalls repariert werden. Einige Produkte erfüllen ohne die entsprechende Zusatzleistung (z. B. Speicherkarte für die Kamera) erst gar nicht ihren Zweck. In vielen Handwerksbetrieben steht die Servicefunktion sogar im Vordergrund: Als Fachbetrieb für „Anschlüsse" liefert z. B. ein Gas- und Elektroinstallationsbetrieb auch die entsprechenden Geräte und berät in Fragen von Energieeinsparmöglichkeiten. Insbesondere der Einzelhandel räumt teilweise Serviceaspekten herausragende Bedeutung ein:

Serviceaspekt	Beispiel
Minderung des Beschaffungsaufwandes des Kunden	Bestell- und Lieferservice
Information	Planungshilfen, Beratung, „Gewusst-wie"-Broschüren und Veranstaltungen
Vermeidung von Nutzungsschwierigkeiten	Installations- und Anpassungsleistungen von Hard- und Softwareanbietern, Kundentelefon/Hotline
Erhaltung	Wartung, Reparatur
Minderung des Kaufrisikos	Garantie, Umtauschrecht, „Geld-zurück-Garantie"
Finanzierungsservice	Zahlungsziel, Kundenkredit

LERNFELD 5

Kunden akquirieren und binden

Muss-Leistungen
Soll-Leistungen
Kann-Leistungen

Kundendienstleistungen können vor, während und nach dem Kauf notwendig sein und angeboten werden. Einige Dienstleistungen sind kostenlos, andere hingegen werden berechnet. Sie können gesetzlich vorgeschriebene Leistungen, sog. **„Muss-Leistungen"** (z. B. Rücknahme von Batterien) beinhalten, erfolgen insbesondere aber freiwillig, wobei man zwischen üblicherweise erwarteten **„Soll-Leistungen"** (z. B. TÜV-Service der Autohändler) und so noch nicht erwarteten **„Kann-Leistungen"** (z. B. Fachvorträge im Heimwerkermarkt) unterscheiden kann.

| vor dem Kauf | z. B. • Beratung, • Angebot |
| nach dem Kauf | z. B. • Wartung, • Reparatur |

Nach dem Zeitpunkt der Kundendienstleistung unterscheidet man Leistungen

→ vor dem Kauf **(Pre-Sales-Service)**,

→ nach dem Kauf **(After-Sales-Service)**.

Zu den Kundendienstleistungen zählen auch Einkaufserleichterungen, individuelles Entgegenkommen und nicht zuletzt Freundlichkeit und Hilfsbereitschaft. Alle Kundendienstleistungen haben einen mehr oder weniger großen Beratungsanteil. Einer guten **Beratung** kommt deshalb besondere Bedeutung zu. Die Kaufbereitschaft, die Kundentreue und Kundenzufriedenheit sind wesentlich davon abhängig. Eine gelungene Beratung erfordert nicht nur technische Kenntnisse und Fähigkeiten, sondern auch soziale und kommunikative Fähigkeiten.

Kundendienstleistungen:
Fachgeschäft – hoch
Warenhaus – mittel
Discounter – gering

Bei **Dienstleistern** (z. B. für medizinische Versorgung oder soziale Betreuung, bei Finanzdienstleistern oder Verkehrsdienstleistern) ist im Rahmen der Produkt- und Sortimentspolitik zu bestimmen, welche konkreten Leistungen in welcher Ausgestaltung und Kombination angeboten werden sollen. Auch hier lassen sich Kernleistungen (z. B. Zugfahrt von A nach B) um weitere Services über eine längere Leistungskette ergänzen (z. B. als Reisekette: Abhol- und Bring-Service für Personen und Gepäck, Bereitstellung von Hilfen für Gepäcktransport, Versorgungsmöglichkeiten bei Reiseantritt, während der Fahrt und bei Rückkehr, Informations- und Entspannungsangebote).

3.1.4 Zusammenfassung und Aufgaben

Zusammenfassung

Produktpolitik

Unter **Produktpolitik** versteht man die marktgerechte **Entwicklung** und **Veränderung** von Produkten.

Produktgestaltung

Bei der Produktgestaltung ist neben dem Grundnutzen (Funktions- und Gebrauchseigenschaften) insbesondere der Zusatznutzen für den Markterfolg bedeutsam. Dazu zählen insbesondere:

- Qualität
- Design
- Image/die Marke
- Verpackung mit Produktkennzeichnung und Produktinformation.

LERNFELD 5

Marketinginstrumente einsetzen

Produktlebenszyklus

Das Modell des Produktlebenszyklus stellt Entwicklungen des mit einem Produkt zu erzielenden Umsatzes bzw. Umsatzzuwachses und Gewinns in der Zeit dar. Dabei werden typische „Phasen" unterschieden, denen man Maßnahmen der Produktpolitik zuordnen kann.

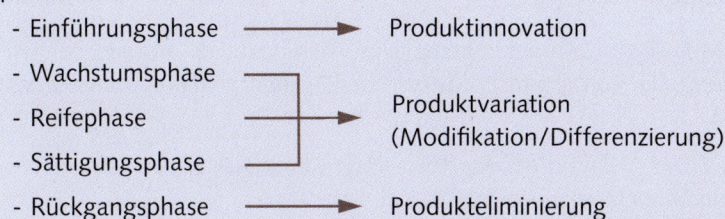

- Einführungsphase → Produktinnovation
- Wachstumsphase ┐
- Reifephase ──→ Produktvariation (Modifikation/Differenzierung)
- Sättigungsphase ┘
- Rückgangsphase → Produkteliminierung

Portfolio-Matrix

Die Portfolio-Matrix stellt zur Analyse von Marktchancen Produkte in Abhängigkeit von ihrem Marktwachstum und ihrem relativen Marktanteil dar.

- Fragezeichen (Question Marks) =
  Nachwuchsprodukte mit hohem Marktwachstum und geringem Marktanteil

- Sterne (Stars) =
  Zukunftsprodukte mit hohem Marktanteil und deutlichem Marktwachstum

- Milchkühe (Cash Cows) =
  bekannte Produkte mit geringem Marktwachstum und hohem Marktanteil

- Arme Hunde (Poor Dogs) =
  alte Produkte ohne Marktwachstum und ohne nennenswerten Marktanteil

Maßnahmen der Produktpolitik:
- Produktinnovation
- Produktvariation (Modifikation oder Differenzierung)
- Produkteliminierung
- Produktdiversifikation

Sortiments- und Servicepolitik

Ziel der **Sortimentspolitik** ist es, durch die geeignete Zusammenstellung des Sortiments die geplanten Umsätze und Gewinne zu erreichen.

- Sortimentstiefe (tief/flach) =
  Anzahl unterschiedlicher Artikel innerhalb einer Artikelgruppe

- Sortimentsbreite (breit/schmal) =
  Anzahl unterschiedlicher Artikelgruppen

Im Rahmen der **Servicepolitik** werden von Händlern und Herstellern neben den eigentlichen Produktleistungen häufig zahlreiche zusätzliche Kundendienstleistungen (Service) angeboten (z. B. Beratung, Finanzierung).

LERNFELD 5

Kunden akquirieren und binden

Aufgaben

1. Prüfen Sie folgende Aussagen auf ihre Richtigkeit. Die Antwort ist jeweils zu begründen.

   (1) Qualität, Image und Design gehören zum Grundnutzen eines jeden Produktes.

   (2) Das Modell des „Produktlebenszyklus" beschreibt die Phasen der Entwicklung, die von jedem Produkt in der Realität genau so durchlaufen werden.

   (3) Cash Cows stellen in der Portfolio-Matrix Produkte mit hohem Wachstum und hohem relativen Marktanteil dar.

   (4) Die Begriffe „Produktdifferenzierung" und „Produktdiversifikation" bezeichnen unterschiedliche Maßnahmen der Produktpolitik.

   (5) Ein Fachgeschäft ist durch ein breites und tiefes Sortiment gekennzeichnet.

   (6) Die Rücknahme von Batterien ist im Handel eine freiwillige Kundendienstleistung.

2. Skizzieren Sie das Modell „Produktlebenszyklus", und erläutern Sie folgende Begriffe und Vorgänge (möglichst anhand selbst gewählter Beispiele):

   • Produktinnovation,

   • Produktvariation,

   • Produkteliminierung.

3. Suchen Sie Beispiele für Produkte mit atypischem Lebenszyklus (z. B. „Flops" oder „Dauerbrenner"). Skizzieren Sie deren Produktlebenszyklen.

4. Verpackung hat viele Gesichter!

   • Unterscheiden Sie Verpackungen nach deren Funktionen: Behältnis, Umverpackung, Transportverpackung. Nennen Sie auch Beispiele.

   • Erklären Sie besondere Anforderungen dieser Verpackungen im Hinblick auf:

   - besondere Produkteigenschaften (z. B. Schutzfunktion),

   - Präsentation und werbende Wirkung,

   - Vermeidung von Verschwendung und Umweltbelastungen.

5. Erläutern Sie, warum ein falsch zusammengestelltes Sortiment den Unternehmenserfolg beeinträchtigt. Berücksichtigen Sie dabei folgende Aussagen: Ein „Untersortiment" verärgert die Kunden, ein „Übersortiment" verursacht unnötige Kosten.

LERNFELD 5

Marketinginstrumente einsetzen

3.2 Preis- und Konditionenpolitik

Die Preis- und Konditionenpolitik sind weitere marketingpolitische Instrumente. Sie müssen ihren Beitrag zur Erreichung der Unternehmensziele in einem wirkungsvollen Zusammenspiel mit allen anderen Maßnahmen einbringen.

3.2.1 Marktpreisbildung im Modell

Der Preis ist ein wesentlicher Bestimmungsfaktor für das Käuferverhalten. Jede preispolitische Maßnahme und insbesondere jede Preisänderung wirkt sich direkt oder indirekt auf den Umsatz und den Gewinn aus. Inwieweit ein Unternehmen aktiv Preispolitik betreiben kann, hängt im Wesentlichen von der Marktsituation ab. Dabei orientiert sich die Preisbildung an **Modellen der Preistheorie**, die Hinweise und Erklärungen zur Festlegung von Preisen je nach **Markttypus** und **Marktform** liefern.

Wir alle kennen konkrete Märkte (z. B. Wochenmarkt oder Flohmarkt) bzw. haben zumindest schon davon gehört (z. B. Fischmarkt, Großmarkt, Waren- und Wertpapierbörsen). Volkswirtschaftlich versteht man unter **Markt** allgemein jedes **Aufeinandertreffen** von **Nachfrage** und **Angebot**, bezogen auf ein Gut/eine Gütergruppe. Aus diesem Aufeinandertreffen entsteht grundsätzlich der Preis des Gutes.

Es gibt verschiedene Gesichtspunkte zur Unterscheidung von Märkten. Üblich sind im Zusammenhang mit der Preisbildung die folgenden Einteilungen:

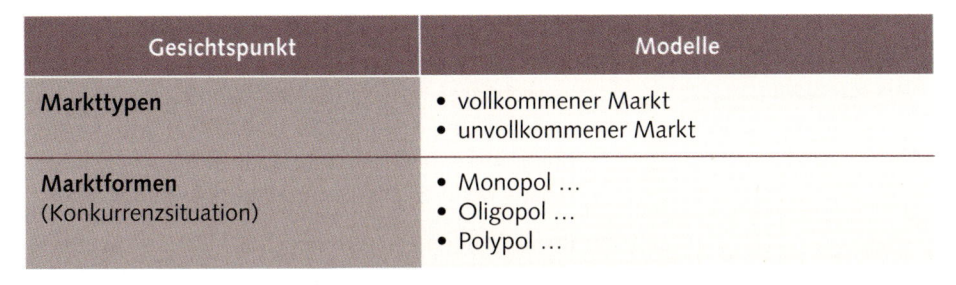

Gesichtspunkt	Modelle
Markttypen	• vollkommener Markt • unvollkommener Markt
Marktformen (Konkurrenzsituation)	• Monopol … • Oligopol … • Polypol …

Markttypen und Marktformen haben entscheidenden Einfluss auf die Möglichkeiten der Preisgestaltung und werden bei den folgenden Modellen zur Preisbildung näher erläutert.

■ Modell der Marktpreisbildung durch Angebot und Nachfrage

Eine **Modellkonstruktion**, von der Aussagen über betriebliche Preisbildungsprozesse erwartet werden, erfordert eine Beschränkung auf Gesichtspunkte, die im Vordergrund der Betrachtung stehen. Wenn alle Einflussgrößen, die sich gleichzeitig und in unterschiedlicher Richtung ändern können, berücksichtigt werden, lässt sich keine Erkenntnis mehr aus den vielfältigen Zusammenhängen ableiten. Für ein einfaches Modell zur Marktpreisbildung werden deshalb **Modellannahmen** getroffen, die in der Realität kaum anzutreffen sind.

> **Merke**
>
> **Modelle** werden gebildet für **bestimmte Zwecke**. Sie **vereinfachen die komplexe Realität** dadurch, dass sie aus der Vielzahl von Einflussgrößen einige herausgreifen und von anderen bewusst absehen **(Abstraktion)**.

LERNFELD 5

Kunden akquirieren und binden

Für diese Modellkonstruktion setzt man zunächst alle Einflussfaktoren konstant (unverändert) bis auf einen: den **Preis des Gutes**.

Bei normalem Verhalten der Marktteilnehmer werden hinsichtlich der **Preis-Mengen-Kombinationen** folgende plausible Annahmen getroffen:

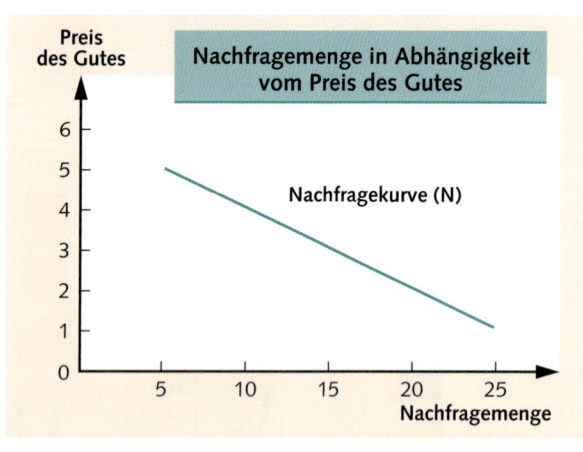

Nachfrager:

→ Bei sinkendem Preis wird die Nachfragemenge vermutlich steigen und bei steigendem Preis die Nachfragemenge zurückgehen. Denn zum einen werden die bisherigen Nachfrager bei niedrigerem Preis in der Regel geneigt sein, mehr von dem Gut zu kaufen; zum anderen wird das Gut für neue Nachfrager interessant.

→ Bei höherem Preis werden Nachfrager den Konsum des Gutes in der Regel einschränken, zum anderen werden sie eher geneigt sein, auf andere Güter auszuweichen.

Merke

Je **niedriger** der **Preis**, desto **größer** die **Nachfragemenge**.

Je **höher** der **Preis**, desto **geringer** die **Nachfragemenge**.

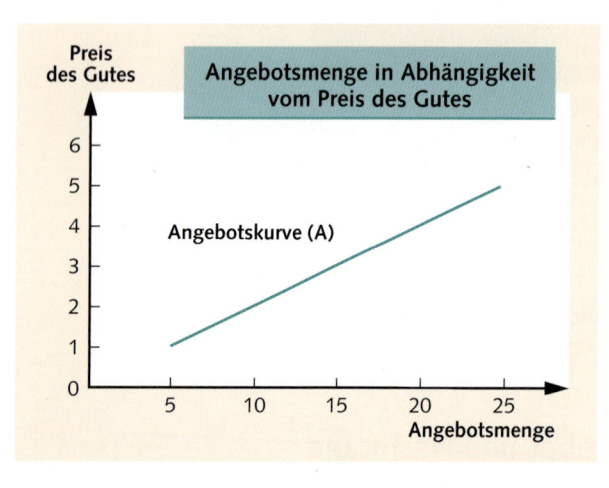

Anbieter:

→ Bei steigenden Preisen wird das Angebot eines bestimmten Gutes aufgrund der dann höheren Gewinnchancen insgesamt attraktiver: Es motiviert das einzelne Unternehmen zu einer Erhöhung der Produktion des betreffenden Gutes und zieht darüber hinaus weitere Anbieter an, dieses Gut anzubieten.

→ Bei sinkenden Preisen wird das Angebot aufgrund der dann geringeren Gewinnchancen insgesamt unattraktiver und die Anbieter werden die Angebotsmenge senken bzw. ganz auf das Angebot dieses Gutes verzichten. Ihre Kosten übersteigen jetzt zum Teil die Erlöse, und sie scheiden deshalb von diesem Markt aus. Deshalb gilt hier:

Merke

Je **höher** der **Preis**, desto **größer** die **Angebotsmenge**.

Je **niedriger** der Preis, desto **geringer** die **Angebotsmenge**.

Treffen nun eine Vielzahl von Nachfragern und Anbietern mit ihren (unterschiedlichen) Preisvorstellungen zusammen, ergibt sich im Marktmodell in einem sehr vereinfachten Beispiel folgende Marktlage:

Marketinginstrumente einsetzen

Preis	1,00	2,00	3,00	4,00	5,00
Nachfragemenge	20	15	10	5	0
Angebotsmenge	0	5	10	15	20

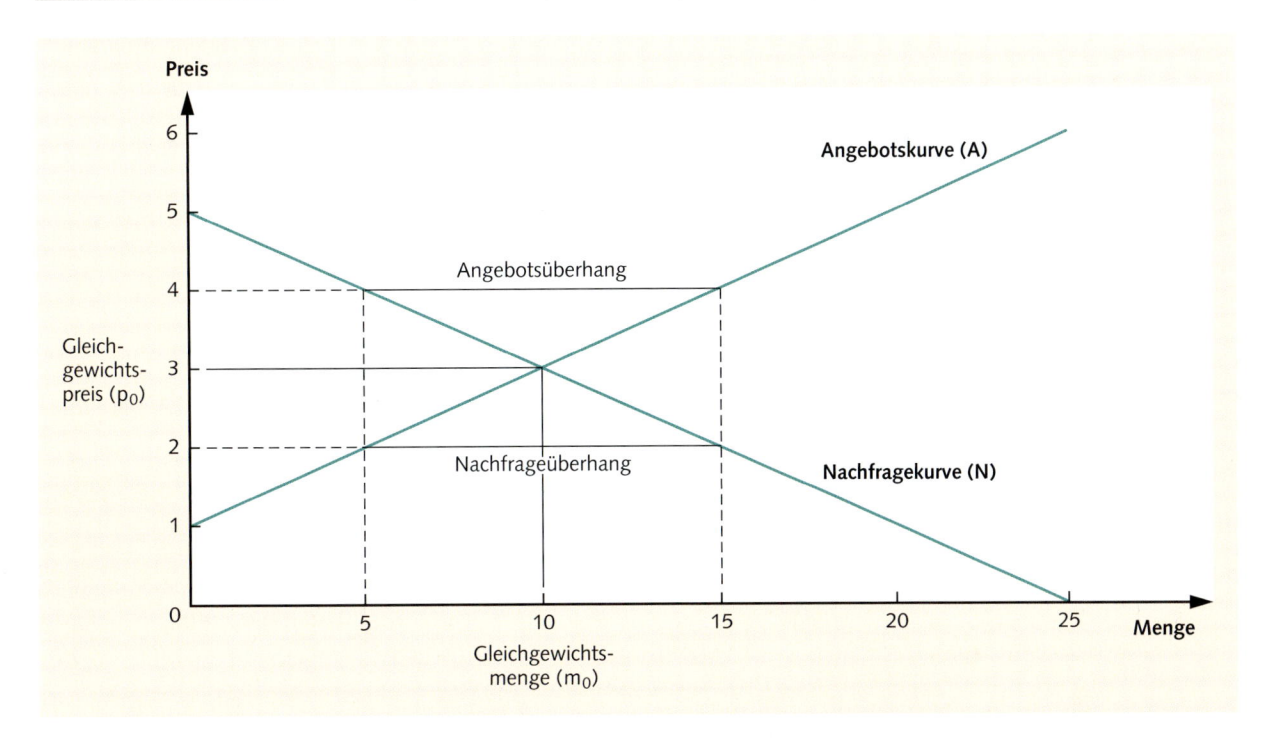

Situation bei der Preisvorstellung von 4,00 EUR

Die Anbieter würden bei diesem Preis 15 Stück verkaufen wollen, aber zu diesem Preis werden nur 5 Stück nachgefragt (Absatz: 5 Stück). Es besteht eine Nachfragelücke bzw. ein **Angebotsüberhang**. Müssen oder wollen die Anbieter ihre Ware loswerden (z. B. geringe Lagerfähigkeit), so werden sie sich gegenseitig unterbieten, der Preis fällt (Ungleichgewicht in Form eines **„Käufermarktes"**: vorteilhaft für den Käufer).

Angebotsüberhang

Situation bei der Preisvorstellung von 2,00 EUR

Die Nachfrager würden zu diesem Preis 15 Stück kaufen wollen, aber nur 5 Stück werden zu diesem Preis angeboten (Absatz: 5 Stück). Es besteht eine Angebotslücke bzw. ein **Nachfrageüberhang**. In der Regel werden die Nachfrager in dieser Situation sich gegenseitig überbieten, der Preis steigt (Ungleichgewicht in Form eines **„Verkäufermarktes"**: vorteilhaft für den Verkäufer).

Nachfrageüberhang

Situation bei einem Preis von 3,00 EUR

Durch Unterbietungskonkurrenz der Anbieter oder Überbietungskonkurrenz der Nachfrager bildet sich der **Gleichgewichtspreis** von 3,00 EUR. Zu diesem Preis stimmen die Nachfragemenge (10 Stück) und die Angebotsmenge (10 Stück) überein und die zugehörige Gleichgewichtsmenge (Marktversorgung) ist größer als in allen anderen Situationen. Der Markt wird geräumt.

Gleichgewichtspreis

LERNFELD 5

Kunden akquirieren und binden

Dies heißt aber nicht, dass zum Gleichgewichtspreis alle Nachfrager und Anbieter zum Zug gekommen sind. Ein Nachfrager, der den Preis von 3,00 EUR nicht zahlen kann oder will, geht leer aus. Ein Anbieter, der zu 3,00 EUR nicht verkauft, bleibt auf der Ware sitzen.

Andererseits hat ein Nachfrager, der mit einer Preisbewilligungsbereitschaft von 4,00 EUR auf den Markt gekommen ist, allen Grund zur Freude: Er erhält das Gut zum Gleichgewichtspreis billiger als erwartet, erzielt somit eine **„Konsumentenrente"**.

Umgekehrt kann sich ein Anbieter freuen, dessen Kalkulation einen Mindestpreis von 2,00 EUR ergibt. Er erzielt zum Gleichgewichtspreis einen Zusatzgewinn, eine **„Produzentenrente"**.

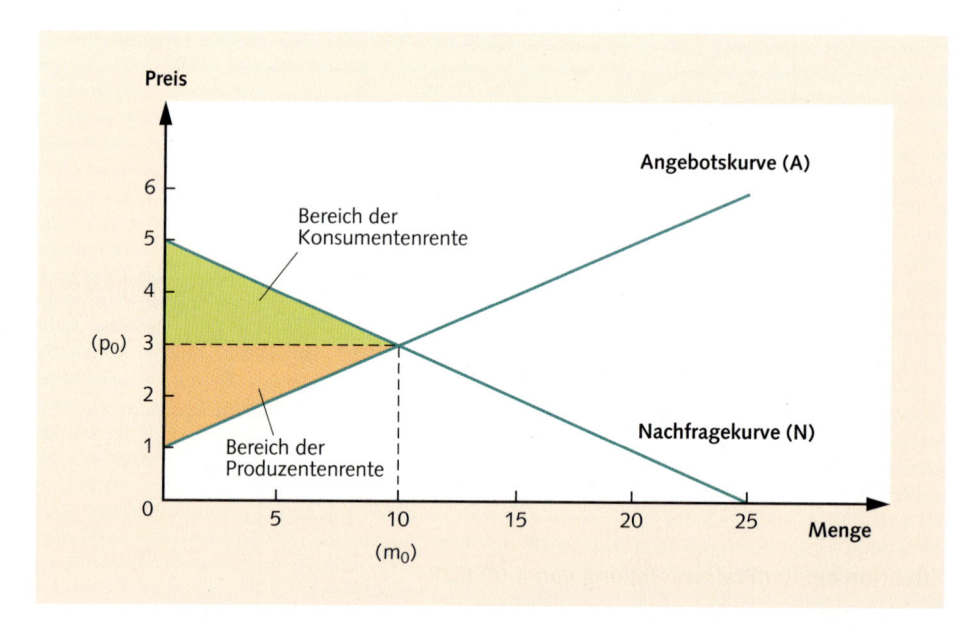

Zusammenfassend kann deshalb festgestellt werden:

Preissituation	Marktsituation und -verhalten
Preis oberhalb des Gleichgewichtspreises	• Angebotsüberhang (A > N) • Tendenz zur Preissenkung • Käufermarkt
Gleichgewichtspreis	• Angebot (A) = Nachfrage (N) • Gleichgewichtssituation • keine Preisveränderungen
Preis unterhalb des Gleichgewichtspreises	• Nachfrageüberhang (N > A) • Tendenz zur Preiserhöhung • Verkäufermarkt

LERNFELD 5

Marketinginstrumente einsetzen

■ Preisbildung bei vollständiger Konkurrenz

Bei (wissenschaftlichen) Erklärungen zur Preisbildung wird zunächst von einem Markt ausgegangen, auf dem **alle Marktteilnehmer nach rein wirtschaftlichen Überlegungen handeln** und dazu auch in der Lage sind. Diesen Markttypen bezeichnet man als **vollkommenen Markt**.

Modell des vollkommenen Marktes bzw. der vollständigen Konkurrenz

Das **Modell des vollkommenen Marktes** widerspricht fast vollständig der Realität von Kaufentscheidungen, womit sich die Frage stellt, was es bezwecken soll. Zur Erklärung wird zunächst anhand einer Beispielsituation das Kaufverhalten auf einem realen Markt betrachtet, der als **unvollkommener Markt** bezeichnet wird:

Beispiel

Der Gebrauchtwagenkauf

Ein Mitarbeiter im Ausbildungsbetrieb, der in Dortmund wohnt, möchte sich einen Gebrauchtwagen kaufen. Samstags sucht er im Gebrauchtwagenmarkt der „Ruhr-Nachrichten" ein günstiges Angebot. Unter den Anzeigen, die sich auf das Stadtgebiet Dortmund beziehen, findet er auf Anhieb zwei Angebote, die ihm interessant erscheinen. Beide Fahrzeuge sind 2010 gebaut und zugelassen worden, 60 000 km gelaufen und unterscheiden sich auch sonst durch Farbe und Ausstattung nicht. Sie kosten jeweils 12 500,00 EUR bei gleichen Zahlungsbedingungen.

Wenig später sieht der Mann am Bahnhofskiosk in der „Süddeutschen Zeitung" durch Zufall, dass ein ähnlicher Gebrauchtwagen in München für 12 400,00 EUR angeboten wird. Dennoch nimmt er zunächst Kontakt zu den beiden Dortmunder Anbietern auf und entscheidet sich nachmittags für das zweite Angebot, das ihm von einer überaus netten Dame unterbreitet worden ist. Am nächsten Tag wird dieses Entscheidungsverhalten von Arbeitskollegen kopfschüttelnd kritisiert, warum er sich nicht über eine Gebrauchtwagenbörse im Internet informiert habe.

Die dargestellte Beispielsituation schildert eine durchaus realistische und damit auch sehr differenzierte und komplexe Entscheidungssituation. So verbergen sich in diesem Beispiel eine Reihe von realistischen Verhaltensweisen und Marktbedingungen:

→ Informationen nur in zwei Zeitungen und die Internetbörse nicht genutzt;

→ Beeinflussung durch die „nette" Anbieterin;

→ keine Entscheidung für das München-Angebot (zu hohe Reise- und Transportkosten);

→ offensichtlich kein Vergleich der beiden Fahrzeuge aus Dortmund.

Werden nun die „Fehler"/Einflussgrößen der Beispielsituation in konstruktive Merkmale umgewandelt, ergeben sich für den sogenannten **vollkommenen Markt**, die folgenden Bedingungen:

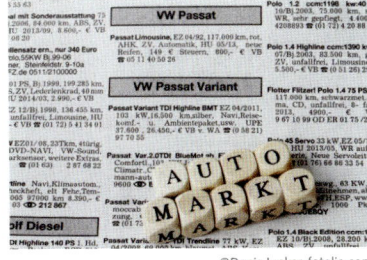

LERNFELD 5

469

Kunden akquirieren und binden

Bedingungen des vollkommenen Marktes	
Merkmale	**Erläuterungen**
Markttransparenz (vollständige Marktübersicht)	Der Nachfrager/Anbieter besitzt Kenntnis über alle Informationen.
keine persönlichen Präferenzen (Bevorzugungen)	Eine Nachfrage-/Angebotsentscheidung wird nicht aufgrund persönlicher Beziehungen beeinflusst.
keine räumlichen Differenzierungen	Alle Angebote und Nachfragen befinden sich an einem Punkt (theoretisch: München liegt in Dortmund und umgekehrt), sodass keine Entfernungen zu berücksichtigen sind (Punktmarkt).
keine zeitlichen Differenzierungen	Aufgrund des Punktmarktes sind keine zeitlichen Verzögerungen zu berücksichtigen, und Anbieter reagieren ohne Zeitbedarf sofort auf das Nachfrageverhalten und umgekehrt.
Homogenität der Güter	Alle Güter sind gleichartig.

Der Aktienmarkt erfüllt annähernd die Bedingungen des vollkommenen Marktes.

Stehen sich auf dem vollkommenen Markt eine große Anzahl von Anbietern und Nachfragern gegenüber, handelt es sich auch um eine **vollständige Konkurrenz**.

Sind alle diese Bedingungen erfüllt, spricht man von einem **vollkommenen Markt** bzw. **vollständiger Konkurrenz**, wird gegen eine oder mehrere Bedingungen verstoßen, sprechen wir von einem **unvollkommenen Markt**.

Merke
Bei **vollständiger Konkurrenz** ist der **Marktanteil** des einzelnen Anbieters bzw. Nachfragers **so unbedeutend**, dass keiner die Marktpreisbildung beeinflussen kann.

Merke
Auf dem vollkommenen Markt gibt es für ein Gut nur **einen** Preis. Der Anbieter hat **keinen preispolitischen Spielraum**. Er kann lediglich seine **Angebotsmenge** variieren (Mengenanpasser).

Im Modell des vollkommenen Marktes kann es für ein Gut nur **einen** Preis geben. Würde ein Anbieter seinen Preis erhöhen, verlöre er seine gesamte Nachfrage, denn es wird davon ausgegangen, dass der Nachfrager, der keine Präferenzen und die vollständige Marktübersicht hat, sich für das preisgünstigste Angebot entscheidet. Umgekehrt könnte der Anbieter bei einer Preissenkung die Gesamtnachfrage, die sich dann auf ihn konzentriert, nicht bedienen. Alle Marktteilnehmer können nur zum Marktpreis, auf den sie keinen Einfluss haben, kaufen bzw. verkaufen.

Dieser Sachverhalt zeigt sich nochmals in der folgenden Darstellung durch Zusammenführen der Angebots- und Nachfragekurve.

Annahme: Die Verschiebung der Nachfragekurve nach rechts sei durch eine Einkommenserhöhung verursacht.

Marketinginstrumente einsetzen

In der modellhaften Darstellung des Gesamtmarktes wurden die folgenden Annahmen unterstellt:

→ Alle Güter des betrachteten Produktes unterscheiden sich nicht in Qualität und Beschaffenheit (homogene Güter).

→ Falls sich eine der Größen verändert (Erhöhung des Einkommens und dadurch ausgelöst die Ausweitung der Nachfrage), verfügen alle Marktteilnehmer (Nachfrager und Anbieter) unverzüglich und zeitgleich über alle neuen Informationen.

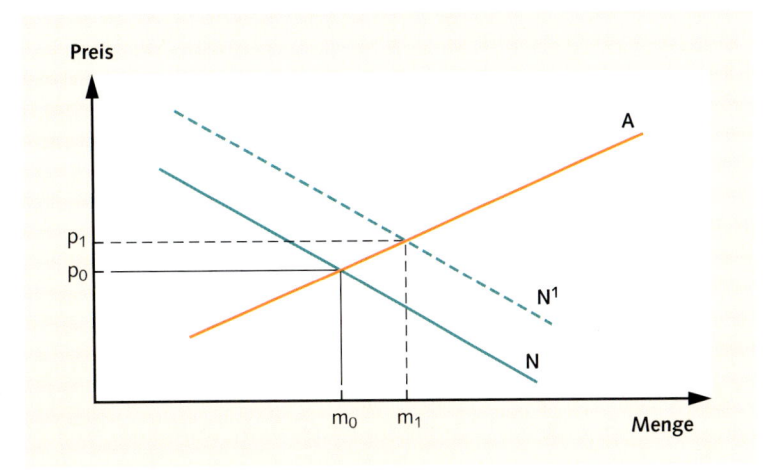

→ Die Erhöhung des Gleichgewichtspreises von p_0 nach p_1 ergibt sich sprunghaft und ohne Zeitbedarf, sodass kein längerfristiger Anpassungsprozess stattfindet. (Einen Anstieg der Nachfrage können die Anbieter ohne Zeitbedarf durch zusätzliche Produkte bedienen.)

Aus diesen beispielhaften Formulierungen wird ersichtlich, dass die Modellvorstellung auf der Annahme basiert, dass wir von einem vollkommenen Markt ausgehen.

Bedeutung des Modells für die betriebliche Preispolitik

Obwohl das Modell des vollkommenen Marktes realitätsferne Annahmen unterstellt, liefert es wertvolle Erkenntnisse für die betriebliche Preisbildung. Seine Bedeutung liegt in der Umkehrung der Annahmen, die so einen Spielraum für preispolitische Maßnahmen eröffnen.

Merke
Existieren auf einem Markt für ein Gut **Preisunterschiede**, so sind diese auf **Marktunvollkommenheiten** zurückzuführen.

Beispiel
Ein Anbieter möchte aktiv **Preispolitik** betreiben. Auf einem vollkommenen Markt ist dies nicht möglich, also muss er **Marktunvollkommenheiten** schaffen. In Umkehrung der Bedingungen des vollkommenen Marktes könnte er folgende Maßnahmen treffen, um sich von der Konkurrenz abzusetzen:

- bessere Information durch geeignete Werbung und besondere Hinweise auf die Qualität eines Gutes,
- besonders freundliches Bedienungspersonal,
- Angebot mit unterschiedlichen Preisen je nach Region,
- schnellere Belieferung als Konkurrenten,
- veränderte Gestaltung der Waren durch Verpackungen.

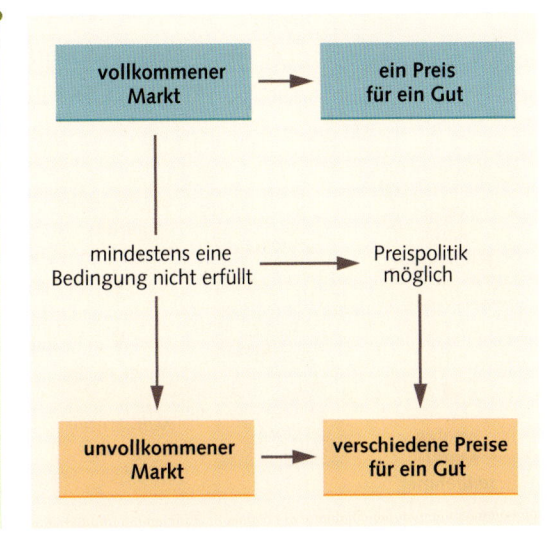

LERNFELD 5

471

Kunden akquirieren und binden

■ Preisbildung bei unvollständiger Konkurrenz

Die Möglichkeiten der Preisbildung sind nicht nur von der Beschaffenheit des Markttyps (vollkommen bzw. unvollkommen) abhängig, sondern insbesondere auch von der Anzahl der Marktteilnehmer sowohl auf der Anbieter- als auch auf der Nachfrageseite.

Zur Erklärung soll wiederum eine Beispielsituation betrachtet werden:

Beispiel

Mountainbike oder PC?

Ein Mitarbeiter im Ausbildungsbetrieb hat als Prämie eine Geldsumme erhalten: insgesamt 500,00 EUR. Er überlegt nun, welchen Konsumwunsch er sich damit am besten erfüllen könnte: ein tolles Mountainbike, gegenwärtiger Preis ca. 750,00 EUR, oder einen leistungsfähigen PC, zurzeit ca. 550,00 EUR. Sein Problem: Er hat davon gehört, dass sich in den nächsten Monaten die Preise für beide Produkte erheblich verändern könnten. Da er aber noch einige Monate sparen muss, um den Gesamtbetrag zusammenzuhaben, versucht er, eine Prognose zu erstellen, wie sich die Märkte und damit die Preise entwickeln werden.

Ihm liegen die folgenden Informationen vor: PC-Markt: Zu den zahlreichen Anbietern drängen weitere Anbieter aus Südostasien. Mountainbike-Markt: In der jüngeren Vergangenheit sind die Preise aufgrund starker Konkurrenzkämpfe leicht gesunken. Allerdings sind durch diese Konkurrenzkämpfe lediglich zwei Anbieter übrig geblieben – Bike-Man und Bike-Mind. Zudem hat Bike-Mind den bevorstehenden Aufkauf von Bike-Man angekündigt.

In den Beispielüberlegungen geht es in erster Linie um die Anzahl der Anbieter und deren Veränderung:

→ Auf dem PC-Markt wird sich voraussichtlich die Anzahl der Anbieter erhöhen. Dadurch kann unterstellt werden, dass sich die Wettbewerbssituation verschärft und eine Tendenz für Preissenkungen ausgelöst werden könnte.

→ Auf dem Mountainbike-Markt stellt sich die umgekehrte Situation dar: Möglicherweise wird von zwei Anbietern aufgrund der Übernahme nur noch ein Anbieter auf dem Markt übrig bleiben. Die Wettbewerbssituation würde beträchtlich eingeschränkt, da dieser einzige Anbieter weitgehend die Preise bestimmen könnte, was vermutlich zu einer Preiserhöhungstendenz führen würde.

In beiden Beispielen wird die Anzahl der Anbieter zur Hauptgrundlage der Argumentation, sodass man davon ausgehen kann, dass Marktpreise auch ganz erheblich durch die Anzahl der Marktteilnehmer bestimmt werden. (Denn umgekehrt könnte ähnlich auch für die Nachfrageseite argumentiert werden.) Dabei kann unterstellt werden, dass die Einflussnahme auf den Marktpreis mit der wachsenden Marktmacht (Beispiel: Mountainbike-Markt) zunimmt.

LERNFELD 5

Marktformen

Wenn die verschiedenen Märkte nach diesem Prinzip der Anzahl der Marktteilnehmer unterschieden werden, erfolgt die Einteilung üblicherweise nach den folgenden Größenklassen: **einer, wenige, viele**.

Durch die Kombination (Anbieter/Nachfrager) dieser Größenklassen ergibt sich das folgende Schema:

Anbieter \ Nachfrager	viele	wenige	einer
viele	Polypol	Angebotsoligopol	Angebotsmonopol
wenige	Nachfrageoligopol	Oligopol	Angebotsmonopol mit oligopolistischer Nachfrage
einer	Nachfragemonopol	Nachfragemonopol mit oligopolistischem Angebot	Monopol

einer (griech.: monos)
→ Monopol

wenige (griech.: oligos)
→ Oligopol

viele (griech.: polys)
→ Polypol

Die Begriffsbildung in diesem Marktformenschema geht dabei von der Marktseite aus, die jeweils die größere Marktmacht besitzt, also über die geringere Anzahl der Marktteilnehmer verfügt, z. B.:

→ viele Anbieter/wenige Nachfrager: Hier geht die Begriffsbildung demnach von der Nachfrageseite aus, da es dort weniger Marktteilnehmer als auf der Angebotsseite gibt = Nachfrageoligopol.

→ ein Anbieter/viele Nachfrager: Hier geht die Begriffsbildung demnach von der Angebotsseite aus, da es dort weniger Marktteilnehmer als auf der Nachfrageseite gibt = Angebotsmonopol.

Preisbildung in unterschiedlichen Marktformen bei unvollkommener Konkurrenz

Im **Polypol** (z. B. Einzelhändler, Börse) stehen sich viele Nachfrager und viele Anbieter mit jeweils kleinen Marktanteilen gegenüber. Es ist uns bereits bekannt, dass unter den Voraussetzungen des vollkommenen Marktes die Anbieter den Marktpreis nicht beeinflussen können. In der Realität liegen aber fast immer unvollkommene Märkte vor. Gelingt es dem Anbieter, sich durch Präferenzen (z. B. Produktdifferenzierungen) von der Konkurrenz abzusetzen, so verschafft er sich zumindest einen kleinen preispolitischen Spielraum.

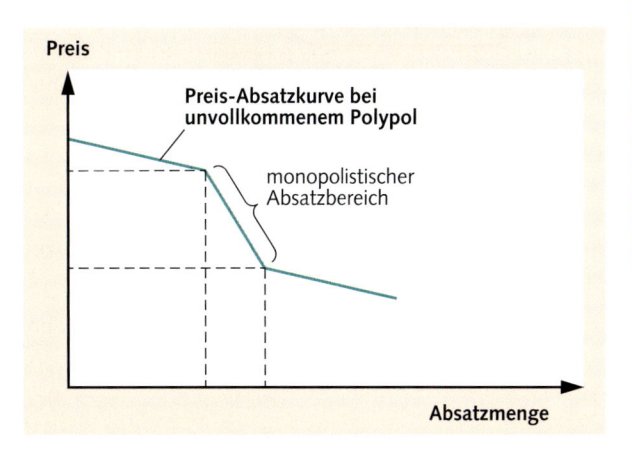

Der Zusammenhang von Verkaufspreis und Absatzmenge lässt sich anschaulich durch die Preis-Absatz-Kurve verdeutlichen.

Kunden akquirieren und binden

→ Innerhalb eines bestimmten Bereichs (Preisklasse), kann er seinen Preis variieren, ohne befürchten zu müssen, dass die Nachfrage in größerem Umfang sinkt. Man bezeichnet diesen Bereich auch als **„monopolistischen Absatzbereich"**.

→ Erhöht er den Preis über diesen Bereich hinaus, muss er mit einem starken Absatzrückgang rechnen bzw. bei einer Senkung des Preises unter diesen Bereich mit einer deutlichen Nachfrageerhöhung.

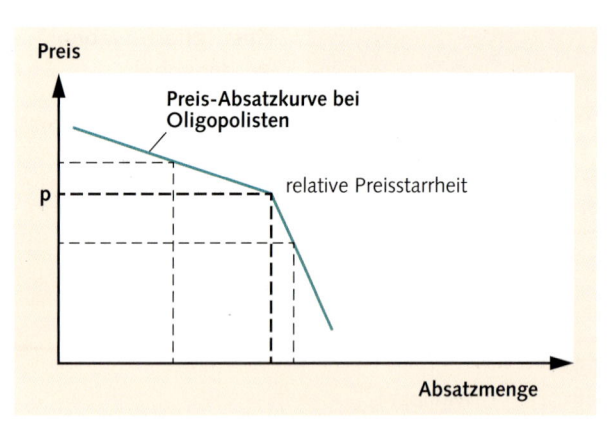

In einem **Oligopol** herrscht Wettbewerb zwischen wenigen Anbietern, die um viele (z. B. Benzinmarkt) oder wenige (z. B. Markt für Verkehrsflugzeuge) Nachfrager konkurrieren. Betreibt ein Oligopolist Preispolitik, muss er damit rechnen, dass seine Mitbewerber darauf reagieren.

→ Senkt er seinen Preis, ziehen die übrigen Anbieter nach. Er wird seinen Absatz kaum steigern, jedoch muss er mit Umsatzeinbußen rechnen.

→ Erhöht er seinen Preis, so verliert er seine Kunden, wenn die anderen nicht nachziehen.

Typisch für Oligopole ist eine **relative Preisstarrheit**. Die Preise bleiben über einen längeren Zeitraum konstant, bzw. durch Parallelverhalten kommt es zu gleichförmigen Preisveränderungen.

Der **Monopolist** ist alleiniger Anbieter und kann seinen Preis aufgrund des fehlenden Wettbewerbs beliebig nach seinem eigenen Ermessen festsetzen. Er muss allerdings damit rechnen, dass Kunden ihre Nachfrage einschränken, wenn der Preis zu stark angehoben wird. Es ist naheliegend, dass der Monopolist seinen Preis so wählt, dass er einen maximalen Gewinn erzielt, d. h. die Differenz zwischen Gesamterlös und Gesamtkosten am größten ist.

Reine Monopole sind heutzutage in der Marktwirtschaft kaum anzutreffen. Auch ehemalige staatliche Monopol-Unternehmen wie Post und Bahn müssen sich mittlerweile dem Wettbewerb stellen. Aufgrund der starken Marktstellung mit dem Betriebssystem Windows wird Microsoft häufig als Quasi-Monopol angeführt.

3.2.2 Betriebliche Preispolitik

Die Preispolitik befasst sich mit Entscheidungen und Maßnahmen, die Preisvorstellungen am Markt durchsetzen sollen. Dabei sind alle Handelsstufen bis zum Endverbraucher einbezogen.

Daraus ergeben sich folgende Aufgabenstellungen:

→ Einordnung des bestehenden und zukünftigen Leistungsprogramms in eine untere, mittlere oder obere Preisklasse,

→ Änderung der Preise für vorhandene Produkte oder Produktgruppen,

→ unterschiedliche Preissetzung (Preisdifferenzierung) für ein Produkt auf verschiedenen Märkten (Marktsegmentierung),

→ vertikale Preisbindung durch Einflussnahme oder Bestimmung der Preise auf den einzelnen Stufen des Handels (Großhandel, Einzelhandel),
→ Absicherung der eigenen Preispolitik durch Orientierung an der Konkurrenz.

Die Aufgabenstellungen richten sich auf Einzelleistungen bzw. Einzelprodukte, auf Teilbereiche des Leistungsprogramms oder auch auf das Gesamtangebot.

■ Preisbildung

Die Preisfestlegung ist von verschiedenen Einflussfaktoren abhängig. Neben den Zielsetzungen der Unternehmenspolitik und der Marketingpolitik sowie den bestehenden staatlichen Preisvorschriften sind aus einer Vielzahl von weiteren Einflüssen unternehmensintern insbesondere die Kosten von Bedeutung, als unternehmensexterne Faktoren sind das Konkurrenz- und das Kundenverhalten wesentlich.

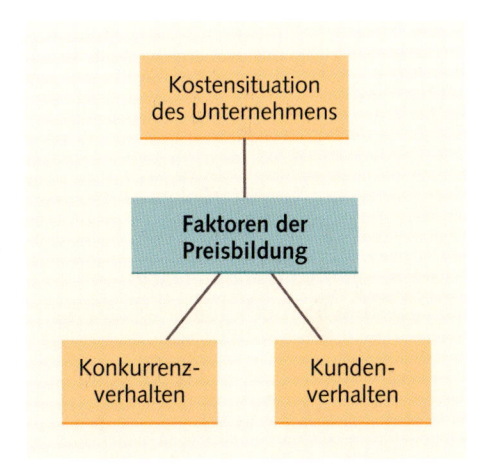

Entsprechend dieser Einflussfaktoren lassen sich folgende Arten der Preisbildung unterscheiden:

→ **kostenorientierte** Preisbildung
   - auf Vollkostenbasis mittels **Kalkulationsschema**,
   - auf Teilkostenbasis mittels **Deckungsbeitragsrechnung**,
→ **konkurrenzorientierte** Preisbildung,
→ **kundenorientierte** (nachfrageorientierte) Preisbildung.

Kostenorientierte Preisbildung

Langfristig soll jede Preissetzung grundsätzlich so erfolgen, dass die entstehenden Kosten gedeckt werden. Der Preis wird anhand der unternehmensspezifischen Kostensituation ermittelt. Grundlage der Preisforderungen auf Kostenbasis sind die **Selbstkosten**; rechnet man den kalkulierten **Gewinn** hinzu, so erhält man den Verkaufspreis.

Zur Preisermittlung dient das Kalkulationsschema, bei dem **alle Kosten** berücksichtigt werden. Es handelt sich also um eine Preisermittlung auf Basis einer **Vollkostenrechnung**.

Die folgende Abbildung zeigt vereinfacht (ohne Preisabzüge) das Kalkulationsschema für Produktionsbetriebe bzw. Handelsbetriebe:

Kalkulationsschema			
Produktionsbetrieb		**Handelsbetrieb**	
Materialkosten	80,00 EUR	Bareinkaufspreis	420,00 EUR
+ Fertigungskosten	150,00 EUR	+ Bezugskosten	20,00 EUR
= Herstellkosten	230,00 EUR	= Bezugspreis	440,00 EUR
+ Vw-/Vt-Gemeinkosten	120,00 EUR	+ Handlungskosten	280,00 EUR
= Selbstkosten	350,00 EUR	= Selbstkosten	720,00 EUR
+ Gewinnzuschlag 20 %	70,00 EUR	+ Gewinnzuschlag 25 %	180,00 EUR
= Barverkaufspreis	420,00 EUR	= Barverkaufspreis	900,00 EUR

Kunden akquirieren und binden

> **Merke**
>
> **Fixe Kosten** sind Kosten, die **unabhängig von der Ausbringungsmenge** anfallen. Die fixen Kosten pro Stück nehmen mit sinkender Ausbringungsmenge zu, bei steigender Ausbringungsmenge ab.
>
> **Variable Kosten** fallen in Abhängigkeit von der Ausbringungsmenge an.

Dieses Verfahren ist wegen seiner Einfachheit beliebt, reicht aber für eine optimale Preispolitik nicht aus.

In der Kalkulation auf Basis der Vollkostenrechnung werden alle Kosten auf die Produkte verteilt. Dazu zählen neben den **variablen Kosten** (z. B. Bezugspreis für ein Stück, Materialkosten) auch die **fixen Kosten**, die unabhängig von der produzierten bzw. bereitgestellten Menge anfallen (z. B. Personalkosten der Verwaltung, Miete). Sinkt die produzierte Menge, so steigt der Anteil der fixen Kosten pro Mengeneinheit; umgekehrt sinkt der Anteil der fixen Kosten pro Mengeneinheit.

> **Beispiel**
>
> - Bei einem **Umsatzrückgang** müsste der **Preis** für ein Gut aufgrund der gestiegenen Kosten pro Mengeneinheit **erhöht** werden. Das hätte zur Folge, dass sich der **Umsatzrückgang** noch weiter verstärken würde.
> - Bei einer **steigenden Nachfrage** verringern sich die Kosten pro Mengeneinheit. Der **Preis müsste gesenkt** werden. Preiserhöhungsspielräume blieben ungenutzt.

> **Merke**
>
> Der **Deckungsbeitrag** zeigt, welcher Beitrag zur Deckung der fixen Kosten übrig bleibt.

Der so ermittelte Preis ist nicht marktgerecht. Die **Teilkostenrechnung (Deckungsbeitragsrechnung)** geht deshalb vom erzielbaren Marktpreis aus und verteilt im Gegensatz zur Vollkostenrechnung nicht die kompletten Kosten auf die Produkte. Es werden zunächst nur die variablen Kosten berücksichtigt.

Kurzfristig könnte ein Unternehmen sein Produkt zu einem **Preis** anbieten, der mindestens die **variablen Kosten** deckt. Die fixen Kosten werden außer Acht gelassen, da diese auch ohne Verkäufe bestehen und insofern kurzfristig nicht verändert werden können. Es würde allerdings ein Verlust in Höhe der fixen Kosten anfallen. Jeder Preis unterhalb der variablen Kosten vergrößert den Verlust, jeder Preis oberhalb der variablen Kosten leistet einen Beitrag zur Deckung der fixen Kosten.

> **Merke**
>
> **Kurzfristige Preisuntergrenze:** Verkaufspreis = variable Stückkosten
> Der Deckungsbeitrag ist gleich Null. Es entsteht ein Verlust in Höhe der fixen Kosten.

Langfristig kann eine Unternehmung sich jedoch nur am Markt behaupten, wenn mindestens alle Kosten (variable und fixe Kosten) gedeckt sind (= langfristige Preisuntergrenze) und darüber hinaus die Umsatzerlöse noch zu einem Gewinn beitragen.

> **Merke**
>
> **Langfristige Preisuntergrenze:**
> Verkaufspreis = variable Stückkosten + fixe Stückkosten
> Der Deckungsbeitrag deckt gerade die fixen Kosten. Der Gewinn beträgt Null.

LERNFELD 5

Verkaufspreis
− variable Kosten
= Deckungsbeitrag eines Produkts

Marketinginstrumente einsetzen

Beispiel

In einem Handelsbetrieb liegen für unterschiedliche Produkte folgende Daten vor:

Produkt A:
Absatzmenge 100, Verkaufspreis/Stück 50,00 EUR, Bezugspreis/Stück 30,00 EUR

Produkt B:
Absatzmenge 140, Verkaufspreis/Stück 40,00 EUR, Bezugspreis/Stück 40,00 EUR

Produkt C:
Absatzmenge 120, Verkaufspreis/Stück 45,00 EUR, Bezugspreis/Stück 50,00 EUR

Die fixen Kosten betragen insgesamt für alle drei Produkte 1000,00 EUR.

Deckungsbeitrag für ein Stück (Stückrechnung)			
	Produkt A	**Produkt B**	**Produkt C**
Verkaufspreis/Stück	50,00 EUR	40,00 EUR	45,00 EUR
− variable Kosten/Stück	30,00 EUR	40,00 EUR	50,00 EUR
= Deckungsbeitrag/Stück	20,00 EUR	0,00 EUR	− 5,00 EUR

Das Ergebnis der Deckungsbeitragsrechnung als Stückrechnung zeigt, welche Produkte einen positiven Beitrag zur Deckung der fixen Kosten leisten. Während Produkt A zur Deckung der fixen Kosten beiträgt, liegt Produkt B an der kurzfristigen Preisuntergrenze und Produkt C verringert mit jedem Verkauf einen Gewinn bzw. erhöht einen Verlust.

Deckungsbeitrag für den Gesamtumsatz (Periodenrechnung)				
	Produkt A	**Produkt B**	**Produkt C**	**Gesamtbeträge**
Umsatzerlöse	5 000,00 EUR	5 600,00 EUR	5 400,00 EUR	16 000,00 EUR
− variable Gesamtkosten	3 000,00 EUR	5 600,00 EUR	6 000,00 EUR	14 600,00 EUR
= Deckungsbeitrag pro Produkt	2 000,00 EUR	0,00 EUR	− 600,00 EUR	1 400,00 EUR
− fixe Gesamtkosten				1 000,00 EUR
= Unternehmensergebnis				400,00 EUR

Obwohl mit allen Produkten insgesamt ein Gewinn erzielt wird, zeigt das Ergebnis der Deckungsbeitragsrechnung,

→ dass Produkt A alleine zum positiven Erfolg beiträgt,
→ der Preis für das Produkt C zu niedrig liegt und den Gewinn vermindert,
→ dass Produkt B gerade die variablen Kosten deckt, somit weder zu einem geringeren noch besseren Unternehmensergebnis führt.

Kunden akquirieren und binden

Die Deckungsbeitragsrechnung liefert damit Entscheidungshilfen für preispolitische Maßnahmen in Abstimmung mit den weiteren Marketinginstrumenten:

→ Zur Absatzsteigerung könnte der Preis von Produkt A gesenkt werden.

→ Unter Abwägung des Absatzrisikos wird der Preis von Produkt B vorsichtig erhöht.

→ Eine Sortimentsbereinigung führ zur Eliminierung von Produkt C.

Konkurrenzorientierte Preisbildung

Auf Märkten mit sehr ähnlichen oder gleichartigen (homogenen) Gütern ist der Entscheidungsspielraum für die Preisfestlegung häufig sehr gering oder gar nicht vorhanden. Hier sind sogenannte **Branchenpreise vorherrschend**, an denen die Preisforderungen auszurichten sind. Dabei herrscht die Erkenntnis vor, dass Preiskämpfe zu ruinösem Wettbewerb führen können. Deshalb wird häufig **keine aktive Preispolitik** betrieben.

Wenn Unternehmen ihre Preisforderungen an einen marktbeherrschenden Anbieter anpassen, spricht man von einer Anpassung an die **dominierende Preisführerschaft**. Die freiwillige Anpassung an die Preisforderungen von wenigen, etwa gleich starken Mitbewerbern, wie wir sie zum Beispiel vom Mineralölmarkt her kennen, entspricht der **Preisführerschaft im Gleichklang**. Ziel dabei ist es, Preiskämpfe zu vermeiden, die bei derartigen Marktverhältnissen nicht zu gewinnen sind. Die Preisführerschaft wechselt unter den Marktanbietern.

Gleichwohl kann es unter Konkurrenzorientierung zu **Preiskämpfen** von lokaler, regionaler oder überregionaler Bedeutung kommen: etwa wenn einige (freie) Tankstellen „ausscheren", ein (ausländischer) Handelskonzern seine Position am (deutschen oder europäischen) Markt verstärken will oder auf stagnierenden Märkten ein Hersteller im Kampf um die Erhaltung von Marktanteilen zum Mittel aggressiver Rabattgewährung greift.

Kundenorientierte (nachfrageorientierte) Preisbildung

Die Preisbildung muss in erster Linie am Markt ausgerichtet werden. Neben den Mitbewerbern sind die Nachfrager, die durch ihre Reaktion und ihr Verhalten das Marktgeschehen weitgehend beeinflussen, der wichtigste Orientierungspunkt, an dem sich alle preispolitischen Maßnahmen messen lassen müssen.

psychologische Preisgestaltung

Entscheidend für das Kaufverhalten ist das vom Käufer wahrgenommene Preis-Leistungsverhältnis. Deshalb versuchen Anbieter, durch **psychologische Effekte** den Absatz positiv zu beeinflussen. Dazu zählt die Orientierung an Preisschwellen: Übersteigt der Preis eine emotionale Preisbarriere, sinkt die Kaufbereitschaft. Preise, deren Zahlenfolge unterhalb von „glatten" Preisen (z. B. 1,99 EUR statt 2,00 EUR) liegen oder abfallende Zahlen darstellen (z. B. 1243,00 EUR statt 1234,00 EUR), werden als deutlich günstiger empfunden.

Über alle theoretischen Überlegungen hinaus, die Reaktionen der Käufer auf preispolitische Maßnahmen zu ergründen, gibt in vielen Fällen der Preistest die besten Anhaltspunkte für die Preisgestaltung im Rahmen der Marketingpolitik. Beim Preis-Reaktionstest werden Käufern alternative Preishöhen vorgegeben und sie werden danach befragt, ob sie die einzelnen Preise als angemessen, zu hoch oder zu niedrig einschätzen.

Weder bei der konkurrenzorientierten, noch bei der kundenorientierten Preisbildung kann auf kostenrechnerische Daten verzichtet werden. In einer sogenannten **„Misch- oder Ausgleichskalkulation"** versuchen die Unternehmen deshalb häufig, Kostengesichtspunkte einzubeziehen. Durch niedrige Verkaufspreise bei bestimmten Produkten will man z. B. Lagerbestände senken oder das Lager räumen, Aktivitäten der Konkurrenz begegnen oder zuvorkommen. Ein Ausgleich soll oft durch erhöhte Gewinnspannen bei anderen Waren erzielt werden. Die oftmals höheren Kosten ökologieorientierter Produkte lassen sich nicht immer ohne weiteres am Markt durchsetzen. In diesem Fall ist z. B. auch eine ökologisch ausgerichtete Mischkalkulation möglich.

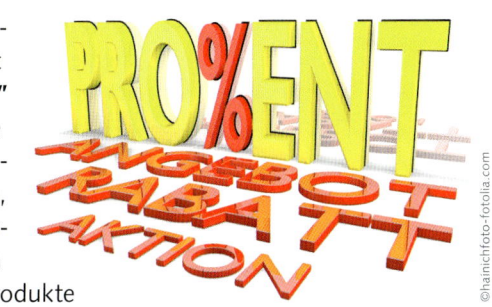

■ Preisdifferenzierung

Die Preisdifferenzierung nutzt (neben der eigentlichen Preisgestaltung) zusätzliche Möglichkeiten, um das vorhandene Marktpotenzial auszuschöpfen. Dabei geht man von der Tatsache aus, dass die Nachfrager unterschiedliche Nachfrageverhalten und Konsumgewohnheiten haben, die durch ihre individuellen und gesellschaftlich bedingten Lebenssituationen geprägt sind.

Die Konsumgewohnheiten, der Bedarf und die Nachfrage unterscheiden sich z. B. nach

→ Gebieten,

→ Verwendungszweck,

→ regionalen Gebräuchen und Gegebenheiten,

→ Käuferschichten,

→ Tages- und Jahreszeiten,

→ Berufsgruppen,

→ Lebensalter.

Aufgrund dieser Gegebenheiten werden Teilmärkte gebildet.

Merke

Preisdifferenzierung bedeutet, dass Anbieter für **„gleiche" Produkte** oder Dienstleistungen von unterschiedlichen Kunden bzw. zu unterschiedlichen Zeiten oder an verschiedenen Orten **unterschiedliche Preise** fordern.

Dies ist an folgende **Voraussetzungen** gebunden:

→ Möglichkeit der **Teilung von Märkten** in abgrenzbare Segmente: Die Nachfrager müssen sich in Gruppen einteilen lassen, also nach sachlichen, räumlichen, zeitlichen oder personellen Merkmalen unterscheiden lassen, z. B. in Haushalte und Wiederverkäufer, nach Preisbewusstsein und Geltungsstreben.

Formen der Preisdifferenzierung: zeitlich, personell, nach Verwendungszweck, mengenmäßig, sachlich, räumlich

Kunden akquirieren und binden

→ **Abgrenzung der Marktsegmente** untereinander: Ein Handel derjenigen Abnehmer, die niedrigere Preise zu zahlen haben, mit den Abnehmern, die höhere Preise entrichten, muss unterbunden sein (mangelnde Markttransparenz oder Verbote).

→ **Anpassung** an die spezifische **Konkurrenzsituation** des Marktsegments: Abweichende Preisforderungen müssen sich aufgrund der Machtverhältnisse gegenüber den Mitbewerbern und Kunden realisieren lassen (Marktmacht).

Formen der Preisdifferenzierung	Beispiele
räumliche Preisdifferenzierung	unterschiedliches Preisniveau für gleiche Güter auf unterschiedlich gegliederten Gebietsmärkten wie Stadt/Land; Inland/Ausland (z. B. Energie, Medikamente)
zeitliche Preisdifferenzierung	günstige Preise in absatzschwachen Zeiten (z. B. Wochenendtarife bei der Bahn, Frühbucherrabatte bei Reisen) Preiserhöhungen in nachfragestarken Zeiten (z. B. Benzinpreise zu Beginn der Urlaubszeit)
personelle Preisdifferenzierung	Preisnachlässe aufgrund des Alters, des Berufs- oder Familienstandes (z. B. Preisnachlass für Rentner/Familientarife)
sachliche Preisdifferenzierung (nach Produktvarianten)	unterschiedliche Preise für Produkte mit identischem Grundnutzen für Ansprüche verschiedener Käufergruppen: Produkte in Standard-, Billig- und Luxusausführungen (z. B. Bücher, Fernseher, Bioprodukte, fairer Handel)
mengenmäßige Preisdifferenzierung (nach Nachfragemengen)	preisgünstiges Angebot für Nachfrager von Großverpackungseinheiten (z. B. Kantinen, Behörden, Einkaufsgenossenschaften)
Preisdifferenzierung nach Verwendungszweck	unterschiedliche Preise je nach Verwendungszweck (z. B. Mineralöl als Dieselkraftstoff für Motoren und als Heizöl)

Beispiel

Preisdifferenzierung bei Pkws

- **räumlich**: geringerer Preis in anderen europäischen Ländern (z. B. wegen höherer Umsatzsteuer)
- **zeitlich**: Preisnachlässe am Ende des Lebenszyklus
- **personell**: Preisnachlass für Schwerbehinderte
- **nach Produktvariation**: Preisbündelung für Sondermodelle mit unterschiedlichen Ausstattungsvarianten (Gesamtpreis ist günstiger als Grundpreis plus einzelne Ausstattung.)
- **nach Nachfragemengen**: Sonderrabatte für Autovermieter

3.2.3 Konditionenpolitik

Die **Konditionenpolitik** ergänzt die Preispolitik durch die Gestaltung kundenfreundlicher Bedingungen. Sie befasst sich mit Vereinbarungen, zu welchen Bedingungen ein Unternehmen seine Leistungen anbietet. Durch Zuschläge bzw. Abschläge beeinflusst sie indirekt den festgelegten Preis und verfolgt damit das Ziel, die Zufriedenheit der Kunden zu stärken und ihre Kaufbereitschaft zu fördern. Preis- und Konditionenpolitik im Zusammenhang werden auch als **Kontrahierungspolitik** (Kontrahierungsmix) bezeichnet.

Kontrahierungspolitik:
- Preispolitik
- Konditionenpolitik

> **Merke**
> Unter **Konditionenpolitik** werden alle Vereinbarungen zusammengefasst, die außer dem Preis Gegenstand von Verhandlungen zum Vertragsabschluss sein können.

Man kann diese Konditionen z. B. einteilen als:

- Rabatte,
- Zahlungsbedingungen/Absatzkredite,
- Lieferungsbedingungen,
- Garantien und Kulanz.

■ Rabatte

Durch die Rabattpolitik kann der festgesetzte Preis herabgesetzt werden. Es steht ein Instrument zur Verfügung, das insbesondere zwischen Hersteller und Handel wirkungsvoll zur Preisdifferenzierung eingesetzt werden kann, zunehmend aber auch bezogen auf den Endverbraucher Bedeutung gewinnt.

> **Merke**
> **Rabatte** sind sofort gewährte Preisnachlässe, die der Verkäufer dem Käufer aus „besonderem Anlass" gewährt.

Zwischen Hersteller und Händlern ist seit langem der Fantasie zur Festlegung von Rabattarten und -höhen kaum eine Grenze gesetzt. Meist werden solche Rabatte von „verhandlungsstarken" Großabnehmern gefordert, z. B. als

- Mengenrabatt in Abhängigkeit vom Auftragswert (ggf. als Staffelrabatt bei zunehmenden Mengen),
- Treuerabatt für langjährige Kunden,
- Saisonrabatt zu unterschiedlichen Jahreszeiten,
- Sonderrabatt bei besonderen Anlässen (z. B. Geschäftsjubiläum),
- Wiederverkäuferrabatt für den weiteren Verkauf (z. B. für den Einzelhandel),
- Einführungsrabatt bei Produkteinführung bzw. Sortimentsneubildung,
- Bonus als nachträglicher Preisnachlass für das Erreichen eines bestimmten Umsatzes.

Kunden akquirieren und binden

■ Zahlungsbedingungen/Absatzkredite

Mit der Festlegung der **Zahlungsbedingungen** wird über den Zeitpunkt der Zahlung verhandelt. Längere Zahlungsfristen, die Gewährung von Skonti oder attraktive Finanzierungsangebote können ausschlaggebend sein, warum sich ein Kunde für ein Produkt entscheidet.

> **Merke**
>
> **Zahlungsbedingungen** regeln Art und Weise sowie den Zeitpunkt der Zahlung unter Berücksichtigung von Preisnachlässen für vorzeitige Zahlung.

Zahlungen mit Zahlungsziel sind in der Regel mit dem Einräumen von Skonto bei vorzeitiger Zahlung verbunden (z. B. Zahlung innerhalb von 10 Tagen unter Abzug von 2 % Skonto oder 30 Tage netto). Bei Lieferung mit Zahlungsziel erhält der Käufer einen Kredit. Solche Absatzkredite können nicht nur vom Verkäufer selbst eingeräumt werden (z. B. Gewährung einer Zahlungsfrist), sondern sie werden auch häufig vermittelt (z. B. Finanzierung über eine „Hausbank" beim Autokauf).

Das Einräumen oder Vermitteln von Absatzkrediten (auch Teilzahlungen, Ratenzahlungen) ist geeignet, zusätzliche Kaufanreize zu geben. Es soll potenzielle Kunden zum – früheren – Kauf veranlassen.

■ Lieferungsbedingungen

Bei der Vereinbarung von **Lieferungsbedingungen** ist zu verhandeln, welchen Anteil der Liefer- und Verpackungskosten vom Käufer bzw. Verkäufer zu tragen sind. Das Ergebnis dieser Verhandlungen wirkt sich unmittelbar auf die Höhe des vom Käufer letztlich zu entrichtenden Bezugspreises aus.

> **Merke**
>
> **Lieferungsbedingungen** regeln, welchen Anteil der Liefer- und Verpackungskosten die Vertragspartner jeweils zu tragen haben.

Weitere spezifische Vereinbarungen zu Lieferbedingungen (z. B. kurze Lieferzeiten, Regelungen zur Eigentumsübertragung und Übergabe der Produkte, Regelungen bei Beschädigungen) tragen zur Gestaltung kundenfreundlicher Konditionen bei.

■ Garantien und Kulanz

Mit **Garantieversprechen**, die über die gesetzlichen Gewährleistungsfristen hinausgehen, verbessern sich die Konditionen für den Käufer. Bei der Vergabe von z. B. „lebenslanger Garantie" sollen Käufer dazu veranlasst werden, auch vergleichsweise höhere Preise wegen des Zusatznutzens „Garantie" zu akzeptieren. Auch **Kulanzzusagen** (z. B. Abholung im Garantiefall, großzügige Rücktrittsrechte) können den Ausschlag über eine Kaufentscheidung geben.

> **Merke**
>
> **Garantien** sind *freiwillige Selbstverpflichtungen*, die über die *gesetzlichen Pflichten* zu Gewährleistungen hinausgehen. **Kulanz** ist ein fallweises, freiwilliges Entgegenkommen.

3.2.4 Zusammenfassung und Aufgaben

Zusammenfassung

Marktpreisbildung im Modell

Unter **Preispolitik** versteht man Maßnahmen der Preisbildung zwecks Absatzförderung. Sie orientieren sich an Modellen der Preistheorie in Abhängigkeit von **Markttypen** (vollkommener/unvollkommener Markt) und **Marktformen** (Monopol, Oligopol, Polypol).

Marktpreisbildung auf dem Gesamtmarkt

Eine Modellkonstruktion über betriebliche Preisbildungsprozesse geht von folgenden Modellannahmen aus:

- Alle Einflussgrößen werden konstant gesetzt bis auf den Preis.
- Bei **sinkendem Preis** steigt die Nachfragemenge; bei steigendem Preis geht die Nachfragemenge zurück.
- Bei **steigendem Preis** steigt die Angebotsmenge; bei sinkendem Preis geht die Angebotsmenge zurück.
- Beim **Gleichgewichtspreis** stimmen Nachfragemenge und Angebotsmenge überein.

Preisbildung bei vollständiger Konkurrenz/Modell des vollkommenen Marktes

Auf dem vollkommenen Markt gibt es für ein Gut nur einen Preis. Der Anbieter hat **keinen preispolitischen Spielraum**. Er kann lediglich seine Angebotsmenge variieren (**Mengenanpasser**). Dazu müssen folgende Bedingungen erfüllt sein:

- Markttransparenz (vollständige Marktübersicht)
- keine persönlichen Präferenzen (Bevorzugungen)
- keine räumlichen Differenzierungen
- keine zeitlichen Differenzierungen
- Homogenität der Güter

Existieren auf einem Markt für ein Gut **Preisunterschiede**, so sind diese auf **Marktunvollkommenheiten** zurückzuführen. Hier kann das Marketing ansetzen.

Preisbildung bei unvollständiger Konkurrenz

Preisbildung ist abhängig von der Anzahl der Marktteilnehmer sowohl auf der Anbieter- als auch auf der Nachfrageseite (Marktform).

Kunden akquirieren und binden

- **Polypol** = viele Anbieter, viele Nachfrager:
  aktive Preispolitik durch Schaffung von Präferenzen möglich

- **Oligopol** = wenige Anbieter, wenige Nachfrager:
  gleichförmige Preisbildung durch Parallelverhalten

- **Monopol** = ein Anbieter, ein Nachfrager:
  maximaler Gewinn als Maßstab für die Preisgestaltung

Betriebliche Preispolitik

Die **betriebliche Preisbildung** ist von verschiedenen Einflussfaktoren abhängig:

- **kostenorientierte** Preisbildung nach Vollkostenrechnung

- Ermittlung von **Preisuntergrenzen** nach Deckungsbeitragsrechnung (DB = Umsatzerlöse – variable Kosten)

- **konkurrenzorientierte** Preisbildung zur Vermeidung von Preiskämpfen mit ruinösem Wettbewerb

- **kundenorientierte** Preisgestaltung mit psychologischen Effekten zur Beeinflussung des Käuferverhaltens

Preisdifferenzierung als zusätzliche Möglichkeit der Preisgestaltung bedeutet, dass Anbieter für „gleiche" Produkte oder Dienstleistungen von unterschiedlichen Kunden bzw. zu unterschiedlichen Zeiten oder an verschiedenen Orten unterschiedliche Preise fordern.

Formen der Preisdifferenzierung:

- zeitlich
- personell
- mengenmäßig
- räumlich
- sachlich
- nach Verwendungszweck

Konditionenpolitik

Die **Konditionenpolitik** ergänzt die Preispolitik durch die Gestaltung kundenfreundlicher Konditionen, z. B.

- Rabatte (z. B. Mengenrabatt, Treuerabatt, Saisonrabatt, Jubiläumsrabatt, Wiederverkäuferrabatt, Einführungsrabatt)

- Zahlungsbedingungen/Absatzkredite (z. B. Zahlung unter Abzug von Skonto, Zahlungsziel, Teilzahlung, Ratenanzahlung)

- Lieferungsbedingungen (z. B. Lieferkosten, Verpackungskosten, Lieferzeit)

- Garantien (freiwillige Selbstverpflichtungen) und Kulanz (fallweises, freiwilliges Entgegenkommen)

Marketinginstrumente einsetzen

Aufgaben

1. Prüfen Sie folgende Aussagen auf ihre Richtigkeit. Die Antwort ist jeweils zu begründen.

    (1) Die Höhe der Nachfrage nach einem Produkt hängt ausschließlich vom Preis ab.

    (2) Je niedriger der Preis eines Gutes, desto größer ist das Angebot.

    (3) Im Marktgleichgewicht (Gleichgewichtspreis) erhalten alle Nachfrager das gewünschte Produkt.

    (4) Eine vollständige Marktübersicht ist das alleinige Kriterium für das Vorhandensein eines vollkommenen Marktes.

    (5) Auf dem vollkommenen Markt gibt es keinen preispolitischen Spielraum.

    (6) Existieren auf einem Markt wenige Anbieter und wenige Nachfrager, spricht man von einem Polypol.

    (7) Auf einem oligopolistischen Markt kommt es bei der Preisfestlegung häufig zu einem Parallelverhalten der Anbieter.

    (8) Bei konkurrenz- und kundenorientierter Preisbildung kann man auf Kostenüberlegungen verzichten.

    (9) Der „Preis-Reaktionstest" ist ein wichtiges Verfahren der Informationsbeschaffung für die Preispolitik.

    (10) Kulanz ist eine freiwillige Selbstverpflichtung, die über gesetzliche Garantien hinausgeht.

2. Erläutern Sie, welche Modellannahmen bei der Marktpreisbildung unterstellt werden.

3. Skizzieren Sie im Marktmodell die Angebots- und die Nachfragemenge in Abhängigkeit vom Preis, und ordnen Sie folgende Begriffe zu: Gleichgewichtspreis, Gleichgewichtsmenge, Angebotsüberhang, Nachfrageüberhang, Konsumentenrente, Produzentenrente.

4. Stützen Sie die Behauptung, dass der Börsenhandel wesentliche Merkmale des vollkommenen Marktes aufweist.

5. Bestimmen Sie jeweils die Anzahl (einer, wenige, viele) der Marktteilnehmer bei folgenden Marktformen: Angebotsmonopol, Nachfrageoligopol, Polypol.

6. Erläutern Sie, was man bei der Preisbildung im Polypol unter dem monopolistischen Absatzbereich versteht.

7. Ermitteln Sie bei einer kostenorientierten Preisbildung den Barverkaufspreis: Einkaufspreis 1200,00 EUR Gewinnzuschlag 40 %, Handlungskosten 60 %.

8. Unterscheiden Sie fixe und variable Kosten.

9. Erklären Sie an einem Beispiel mit Hilfe der Deckungsbeitragsrechnung, wo die langfristige und die kurzfristige Preisuntergrenze liegen.

LERNFELD 5

Kunden akquirieren und binden

10. a) Die Vollkostenrechnung liefert für die drei Produktgruppen eines Unternehmens folgende Daten:

	A	B	C	gesamt
Nettoverkaufserlöse	500 000,00	260 000,00	620 000,00	1 380 000,00
– gesamte Kosten	380 000,00	300 000,00	530 000,00	1 210 000,00
Gewinn	120 000,00	– 40 000,00	90 000,00	170 000,00

Welche Sortimentsentscheidung müsste aufgrund des Ergebnisses getroffen werden?

b) Die Deckungsbeitragsberechnung liefert folgende Daten:

	A	B	C	gesamt
Nettoverkaufserlöse	500 000,00	260 000,00	620 000,00	1 380 000,00
– variable Kosten	280 000,00	230 000,00	500 000,00	1 010 000,00
Deckungsbeitrag	220 000,00	30 000,00	120 000,00	370 000,00
– fixe Kosten				200 000,00
Gewinn				170 000,00

Überprüfen Sie Ihre Entscheidung zur Aufgabe a) anhand der Ergebnisse der Deckungsbeitragsrechnung.

11. a) Erklären Sie den Begriff „Preisdifferenzierung".
    b) Um welche Art von Preisdifferenzierung handelt es sich in folgenden Fällen:
    - Auf einer Insel können die Einheimischen im Lebensmittelgeschäft preisgünstiger einkaufen als die Urlauber.
    - Zu Beginn der Reisesaison steigen die Preise an den Tankstellen.
    - Ein Reisender kommt am Sonntag zurück und kauft in einem Geschäft auf dem Bahnhofsgelände die notwendigen Lebensmittel ein. Dabei stellt er fest, dass die Preise deutlich höher liegen als in einem in der Nähe liegenden Feinkosthaus – obwohl beide Geschäfte vom selben Inhaber betrieben werden.
    - Rentner und Schüler erhalten eine Preisermäßigung beim Eintritt in das Gartenschau-Gelände.
    - An Autobahntankstellen werden höhere Kraftstoffpreise verlangt als an anderen Tankstellen.
    - „Im Dutzend billiger."
    - Ein Pkw wird als Sondermodell „Cup" mit einem bestimmten Ausstattungspaket und in drei Farben zu einem niedrigeren Preis verkauft als bei entsprechender Order aus dem regulären Angebot.

12. Definieren Sie die Begriffe Bonus, Rabatt und Skonto.

13. Unterscheiden Sie Gewährleistung und Garantie.

LERNFELD 5

3.3 Kommunikationspolitik

Die Kommunikationspolitik ist ein weiteres Element der Marketinginstrumente. Sie beschäftigt sich mit der Frage, wie der Markt über die Leistungen des Unternehmens verkaufsfördernd und imagebildend informiert werden kann. Ziel ist die Beeinflussung und Steuerung von Konsumgewohnheiten, Einstellungen, Erwartungen, Meinungen und Verhaltensweisen bei Marktteilnehmern (z. B. Kunden, Lieferanten) und sonstigen Anspruchsgruppen (z. B. Öffentlichkeit, Staat).

Merke

Unter **Kommunikationspolitik** wird allgemein eine Informationsübermittlung verstanden, die das Ziel hat, Erwartungen, Einstellungen und Verhalten zu beeinflussen.

Um die Ziele der Kommunikationspolitik zu erreichen, können im Wesentlichen klassische und moderne Instrumente eingesetzt werden.

Instrumente der Kommunikationspolitik			
Absatzwerbung	**Verkaufsförderung**	**Öffentlichkeitsarbeit**	**moderne Instrumente**
Informationen über Produkte zur Beeinflussung des Kaufverhaltens	Förderung der am Verkaufsprozess Beteiligten (Händler, Verkäufer, Verbraucher)	Maßnahmen zur Stärkung des Ansehens und Vertrauens	Direkt-Marketing, Social-Media-Werbung, Event-Marketing

3.3.1 Absatzwerbung

Die Werbung ist ein wichtiger Schwerpunkt der Kommunikationspolitik. Mit einer gezielten Werbebotschaft sollen Kaufanreize potenzielle Kunden zum Kauf veranlassen.

Merke

Die **Absatzwerbung** umfasst alle Maßnahmen, mit denen die Unternehmung Interesse weckt, informiert, motiviert und Verhalten beeinflusst mit der Absicht, direkt oder indirekt den Absatz von Sachgütern oder Dienstleistungen zu begünstigen.

■ Ziele und Grundsätze der Absatzwerbung

Ziele der Absatzwerbung

Die Werbeziele beziehen sich auf

→ das Erlangen, Erhalten und Erhöhen des Bekanntheitsgrades von Produkten oder von Unternehmen,   **Bekanntheit**

→ die Information über Einsatzmöglichkeiten, Funktionen, Nutzen und Kosten des Produktes,   **Wissen**

→ die Stärkung des Vertrauens in ein Produkt, das Sortiment oder das Unternehmen,   **Image**

→ die Förderung und Unterstützung der Absatzchancen zur Erhöhung des Umsatzes, z. B. in bestimmten Regionen oder zu bestimmten Zeiten.   **Käuferverhalten**

Kunden akquirieren und binden

Die konkrete Formulierung von Werbezielen kann immer nur bezogen auf bestimmte Zielgruppen erfolgen. Man kann bereits vorhandene Käuferschichten (z. B. Erstausstatter von Wohnungen mit ökologischem Bewusstsein und Sicherheitsansprüchen) oder neue Käuferschichten (z. B. bei Einführung eines Büromöbelprogramms für Geschäftsleute bei einem Möbeldiscounter) anzielen.

Grundsätze der Absatzwerbung

Die **Werbebotschaft** muss die jeweilige **Zielgruppe** ansprechen (z. B. Basisausstattung für die Küche: günstig, modern, erweiterbar für junge Familien bzw. für Geschäftskunden: Kauf auf Rechnung und Vermittlung von Service für das Aufstellen der Möbel; sie kann sich grundsätzlich eher an den **Verstand** oder an **Gefühle** wenden. Sie muss wahrgenommen und verarbeitet werden, eine positive Stimmung erzeugen und den Konsumenten zum Handeln veranlassen.

Die Werbewirkung wird häufig mit der AIDA-Formel beschrieben:

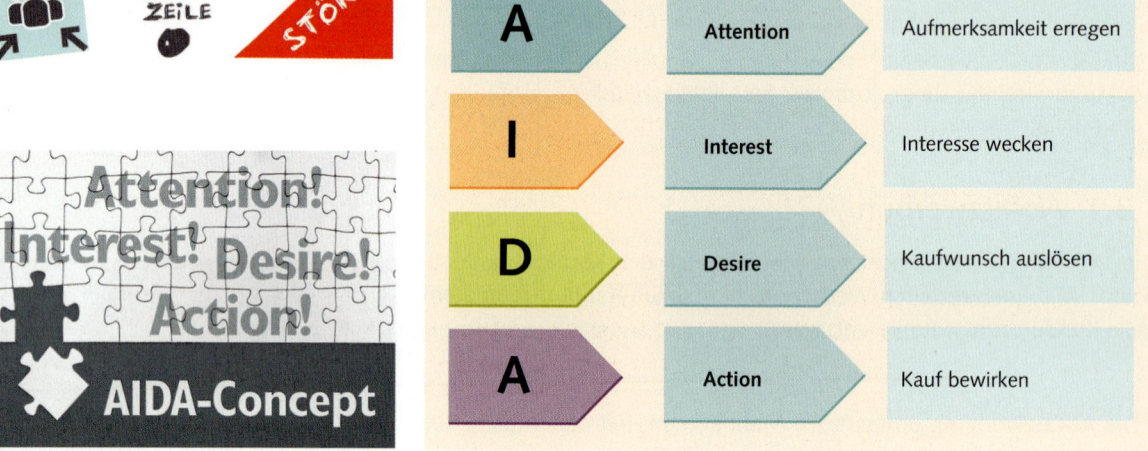

A	Attention	Aufmerksamkeit erregen
I	Interest	Interesse wecken
D	Desire	Kaufwunsch auslösen
A	Action	Kauf bewirken

Weiterhin sind **Werbewirksamkeit, Werbeklarheit, Werbewahrheit** und **Wirtschaftlichkeit** Anforderungen, die an eine gute Werbung gestellt werden.

→ **Werbewirksamkeit**: Damit die Werbung ihre Wirkung nicht verfehlt, muss sie sich von der Konkurrenz durch Originalität abheben. Die Nachfrager sollen durch geeignete Werbeinhalte und Werbemittel zu einem den Marketingzielen entsprechenden Verhalten veranlasst werden.

→ **Werbeklarheit**: Die Werbebotschaft soll leicht verständlich, schnell erfassbar, übersichtlich, unmissverständlich und eindeutig sein. Sie darf nicht erklärungsbedürftig sein und muss sich nachhaltig einprägen lassen. Gelegentlich wird von diesem Grundsatz zugunsten der Originalität abgewichen.

→ **Werbewahrheit**: Die Werbeaussagen sollen der Wahrheit entsprechen, sie sollen sachlich richtig informieren. Irreführende Angaben sind nach dem Gesetz gegen den unlauteren Wettbewerb (UWG) verboten.

Marketinginstrumente einsetzen

→ **Wirtschaftlichkeit:** Werbewirksamkeit, Werbeerfolg und Werbekosten müssen in einem vertretbaren Verhältnis stehen, damit die Wirtschaftlichkeit der Werbung gewährleistet ist. Der Erfolg einer Werbekampagne lässt sich in der Praxis allerdings schwer messen, da das Kaufverhalten vielen weiteren Einflussgrößen unterliegt (z. B. aktuelles Budget, Stimmung, Wetter).

„50 % bei der Werbung sind immer rausgeworfen. Man weiß aber nicht, welche Hälfte das ist"
Henry Ford

Bekannte und beliebte Werbesprüche

1. Nichts ist unmöglich.
2. Damit Sie auch noch morgen kraftvoll zubeißen können.
3. Umparken im Kopf.
4. Come in an find out.
5. Für das Beste im Mann.
6. Und läuft. Und läuft. Und läuft.
7. Er hat überhaupt nicht gebohrt.
8. Have a break, have a ...
9. Ruf` doch mal an.
10. Vorsprung durch Technik.
11. Geiz ist geil.
12. Ich bin doch nicht blöd.
13. ... macht Kinder froh.
14. Das Auto.
15. Wohnst du noch oder lebst du schon?
16. It`s cool man.
17. Think different.
18. Alle reden vom Wetter. Wir nicht.
19. Quadratisch. Praktisch. Gut.
20. Wir geben Ihrer Zukunft ein Zuhause.
21. Dahinter steckt immer ein kluger Kopf.
22. Gute Preise. Gute Besserung.
23. Mach mal Pause.
24. Da werden Sie geholfen!
25. Große Marken, kleine Preise.

1. Toyota
2. Blend a med
3. Opel
4. Douglas
5. Gillette
6. VW
7. Colgate
8. KITKAT
9. Deutsche Telekom
10. Audi
11. Saturn
12. MediaMarkt
13. Haribo
14. VW
15. Ikea
16. Milka Lila Pause
17. Apple
18. Deutsche Bahn
19. Ritter Sport Schokolade
20. LBS Bausparkasse
21. Frankfurter Allgemeine Zeitung
22. Ratiopharm
23. Coca Cola
24. Auskunft/Hotline 11880
25. dm

ratiopharm
Gute Preise. Gute Besserung.

© ratiopharm GmbH

■ Formen der Absatzwerbung

Die Vielfalt möglicher Formen der Absatzwerbung lässt sich unter den folgenden Gesichtspunkten systematisieren.

Unterscheidungs-gesichtspunkte	Formen	Erläuterungen
Ziele der Werbung	Einführungswerbung	Kunden sollen für ein neues Produkt geworben werden.
	Expansionswerbung	Umsätze oder Marktanteile sollen gesteigert werden.
	Erinnerungswerbung	Bekanntheitsgrad, Image und Kundenstamm sollen erhalten werden.
Gegenstand der Werbung	Produktwerbung	Einzelprodukte sind Gegenstand der Werbung.
	Sortimentswerbung	Das Gesamtsortiment oder Teilsortimente stehen im Mittelpunkt der Werbung.
	Firmenwerbung	Der Bekanntheitsgrad und die Leistungsfähigkeit der Unternehmung als Ganzes sollen besonders gesteigert werden.

LERNFELD 5

Kunden akquirieren und binden

Unterscheidungs-gesichtspunkte	Formen	Erläuterungen
Zahl der Werbenden	Einzelwerbung	Ein Anbieter wirbt für seine Produkte.
	Kollektivwerbung	Mehrere Anbieter werben gemeinsam für ihr Leistungsangebot.
Zahl der Umworbenen	Direktwerbung	Die Werbung ist auf bestimmte, adressierte Personen gerichtet.
	Massenwerbung	Abgrenzbare, aber anonyme Kundengruppen werden zielgerichtet umworben, z. B. über Zeitungen, Zeitungsbeilagen, Wurfsendungen, Fernsehspots.
nach der Werbebotschaft	informative Werbung	Informationen über z. B. Eigenschaften, Preis, Nutzen werden gegeben (rationale Werbung).
	suggestive Werbung	Es stehen Leitbilder im Vordergrund, die glauben machen sollen, dass der Besitz oder Gebrauch eines Produktes tiefer liegende Wünsche und Sehnsüchte wie Freiheit, Zuneigung und Anerkennung erfüllt (emotionale Werbung).
Art des Unternehmens	Herstellerwerbung	Die Werbung geht vom Hersteller aus, Händler und/oder Verbraucher sind Ziel der Werbeaktionen.
	Handelswerbung	Die Werbung geht vom Händler aus. Zielgruppen sind Verbraucher.

■ Werbemittel und Werbeträger

Die Entscheidung für eine bestimmte Werbeform ist auch für die Auswahl der Werbemittel und Werbeträger bedeutsam. So werden die Autohändler einer Stadt/Straße in der Regel nicht in überregionalen Zeitungen und Zeitschriften, Rundfunk und Fernsehprogrammen werben – wohl aber möglicherweise in Regionalbeiträgen oder im Regionalfunk/-fernsehen.

Werbemittel und **Werbeträger** sind eng miteinander verbunden, denn die Auswahl des Werbeträgers wird wesentlich durch das Werbemittel bestimmt. Auf Werbemitteln (z. B. Anzeigen, Plakate) ist die Werbebotschaft platziert, die durch Werbeträger (z. B. Zeitungen, Litfasssäulen) zu den Konsumenten getragen wird. Werbemittel und Werbeträger sind nicht immer trennscharf voneinander zu unterscheiden, z. B. kann ein Prospekt sowohl Werbemittel als auch Werbeträger sein.

Die folgende Auflistung zeigt Beispiele gebräuchlicher Werbemittel mit möglichen Werbeträgern:

Werbemittel	Werbeträger	Werbemittel	Werbeträger
Plakat	Litfasssäule, Plakatwände	Firmenaufdruck	Einkaufstüte/-tasche
Hörfunkspot, Fernsehspot	Radio, Fernsehen	Werbefilme	Kino
		Warenauslage	Schaufenster
Anzeige	Zeitungen, Zeitschriften	Webseiten, Pop-Ups	Internet
Werbebriefe	Briefsendung	Mailings	Internet

Werbung in Deutschland
Werbeeinnahmen der Medien 2013:
26,7 Milliarden Euro (+ 2,0 % gegenüber 2012)

davon		Veränderung gegenüber 2012 in Prozent
Fernsehen	12,0 Mrd. €	+ 5,7
Zeitungen	4,6	- 7,6
Publikumszeitschriften	3,5	-1,0
Internet	3,0	+ 3,5
Radio	1,6	+ 3,6
Plakate u. a.	1,5	+ 11,0
Fachzeitschriften	0,4	- 3,7
Kino	0,1	- 2,1

Quelle: Nielsen © Globus 6190

Marketinginstrumente einsetzen

■ Gestaltung eines Werbebriefs als Serienbrief

Ein professionell gestalteter Werbebrief erzielt Aufmerksamkeit bei den Umworbenen und löst positive Reaktionen aus. Sein grundlegendes Ziel ist es, Umsätze zu steigern oder bei angespannter Marktlage zumindest zu stabilisieren. Dazu kann ein Umwerben des Kundenstamms oder von Neukunden beitragen.

Aufgrund seines guten Preis-Leistungsverhältnisses stellt der **Werbebrief** ein **kostengünstiges**, **effektives Werbemittel** dar. Als Serienbrief kann er computerbasiert an viele Empfänger versendet werden.

Da an alle Stammkunden der gleiche Text verschickt werden soll, entscheidet sich die Markgraf Brunnen GmbH für einen Serienbrief. Nur die Anschrift, die Anrede und eine geschlechtsspezifische Bezeichnung im Text sind variabel. Der endgültige Serienbrief an die drei beispielhaften Kunden sieht folgendermaßen aus:

Beispiel

Die Markgraf Brunnen GmbH bewirbt bei ihren Stammkunden als Produktneuheit eine ökologisch produzierte und fair gehandelte Orangenlimonade.

LERNFELD 5

Kunden akquirieren und binden

Vorgehensweise

Ein Serienbrief besteht aus zwei Dateien, die zusammengeführt werden. Die **Datenquelle** enthält alle **variablen Angaben**, das **Hauptdokument** den eigentlichen Brieftext.

Es ist sinnvoll, die Datenquelle vorab zu erstellen und zu speichern. Wenn Sie dann den Seriendruck (Kartenreiter: Sendungen) starten, können Sie (unter Empfänger auswählen – Vorhandene Liste verwenden ...) auf die vorhandene Datenquelle zugreifen.

Beispiel für Datenquelle in Word oder Excel:

Geschlecht	Vorname	Name	...
m	Manfred	Müller	...
w	Eva-Maria	Troikas	...
w	Shemije	Devisic	...

← Seriendruckfeld
← 1. Datensatz
← 2. Datensatz
← 3. Datensatz

In Zeile 1 der Datenquelle werden Spaltenüberschriften (z. B. Vorname und Name) festgelegt, die im Hauptdokument als Seriendruckfelder eingefügt werden. Ab Zeile 2 werden in der Datenquelle die sogenannten Datensätze erfasst. Für jeden **Datensatz** wird eine Zeile verwendet.

Der eigentliche Brieftext wird als Hauptdokument in Word erstellt. Dazu öffnen Sie den Geschäftsbriefvordruck und erstellen den gewünschten Text. Die variablen Angaben werden als stellvertretende Seriendruckfelder (Kartenreiter: Sendungen, Felder schreiben und einfügen, Seriendruckfelder einfügen) in das Hauptdokument eingefügt. Word ersetzt die Seriendruckfelder beim Druck der Briefe automatisch durch Informationen aus der sogenannten Datenquelle (= Datenbank in Word, Excel oder Access) oder einer Outlook-Kontaktliste (gehen Sie über „Empfänger auswählen – Outlook-Kontakte auswählen").

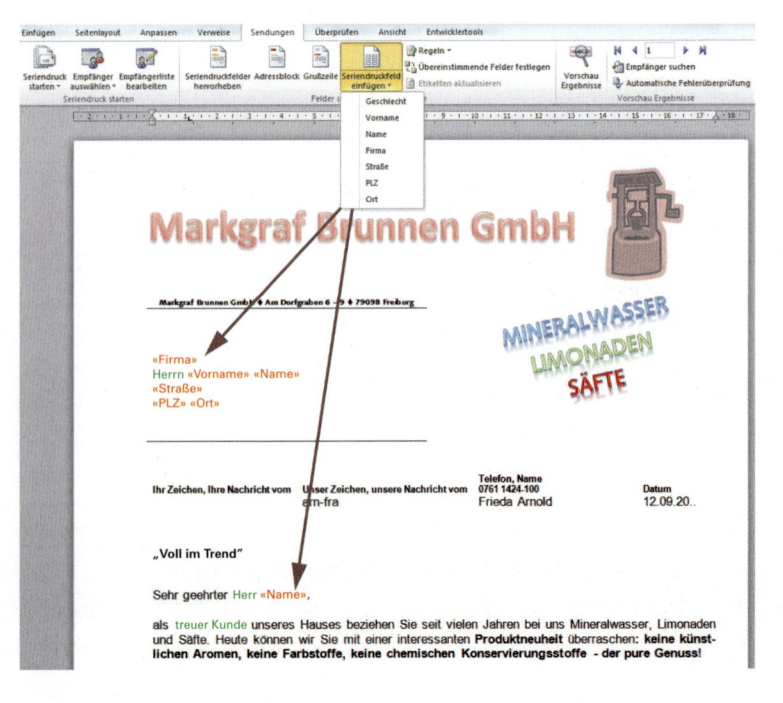

LERNFELD 5

Marketinginstrumente einsetzen

Für eine rationelle Bearbeitung der Anrede im Hauptdokument wird mit der Bedingung „Wenn-dann-sonst" gearbeitet.

In unserem Beispiel ist die Anrede in der Anschrift (wahlweise Herrn/Frau) und die Anrede im Brieftext (wahlweise geehrter Herr/geehrte Frau) so bearbeitet.

Wählen Sie den Menüpunkt Sendungen – Felder schreiben und einfügen – Regeln – Wenn-dann-sonst. Wählen Sie unter Feldname „Geschlecht" ①, als Vergleich geben Sie „gleich" ② ein. Ihr Vergleichskriterium ist „m" ③. Sollte sich „m" für männlich im entsprechenden Datenfeld befinden (→ Dann), wird automatisch der Text „Herrn" ④ eingefügt. In allen anderen Fällen (→ Sonst) wird „Frau" ⑤ eingefügt.

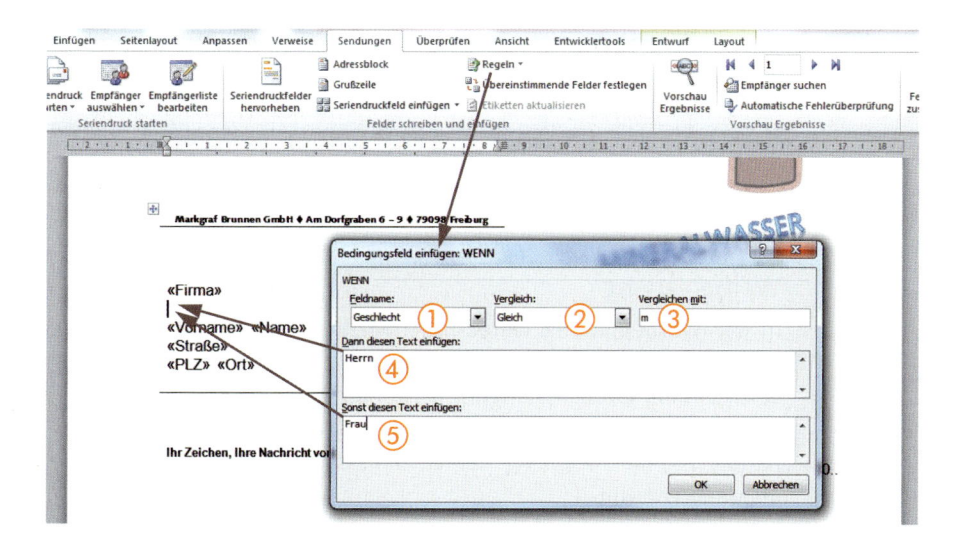

Zusammenfassung

Zusammenfassung der Serienbriefbearbeitung

- Datenquelle öffnen (im entsprechenden Verzeichnis die Datenquelle auswählen) oder eine neue Datenquelle erstellen.
- Geschäftsbriefvordruck öffnen.
- Geschäftsbrief mit Datenquelle verbinden (Sendungen – Seriendruck starten – Empfänger auswählen).
- Seriendruckfelder für die Anschrift einfügen. Für die Anrede eine Bedingung formulieren.
- Info-Block bzw. Bezugszeichenzeile im Geschäftsbriefvordruck normgerecht ausfüllen.
- Betreff formulieren und normgerecht gestalten.
- Anrede (mit Bedingung) im Text erstellen.
- Nach der Anrede den Brieftext erfassen bzw. formulieren. Auf normgerechte Absatzgestaltung und Randausgleich achten.
- Evtl. weitere Seriendruckfelder einfügen.
- Fertigen Brief als Hauptdokument (Word-Datei) speichern.
- Seriendruck an alle Empfänger über „Fertig stellen und zusammenführen" anfertigen.
- Druck eines einzelnen Datensatzes: Datensatz auswählen und einen normalen Dokumentendruck einleiten.

LERNFELD 5

Kunden akquirieren und binden

„Wenn Sie einen Dollar in Ihr Unternehmen stecken wollen, so müssen Sie einen weiteren bereithalten, um das bekannt zu machen."
Henry Ford

■ Werbeetat und Werbeplanung

Für Planung und Durchführung von einzelnen Werbemaßnahmen ist häufig der Werbeetat die ausschlaggebende Richtgröße.

Werbeetat

Der Werbeaufwand muss in einem wirtschaftlich sinnvollen Verhältnis zu den Werbezielen stehen. Die Praxis hat aber in der Regel keine oder nur ungenügende Anhaltspunkte für die ursächlichen Wirkungsverhältnisse von Werbeaufwand und Werbeerfolg.

Aufgrund der Werbeforschung vermutet man, dass bis zu 80 % des Werbeerfolgs durch 20 % des eingesetzten Werbeaufwands erzielt werden.

Die besonders erfolgreichen Teile zu ermitteln, um mit geringeren Werbekosten den annähernd gleichen Erfolg zu erzielen, fällt aber schwer. Deshalb werden andere Orientierungen gesucht, an denen die Höhe des Werbeetats auszurichten ist.

Werbeplanung

In der **Werbeplanung** werden alle Maßnahmen des gesamten Planungsprozesses für eine Werbemaßnahme koordiniert. Die Planung erfolgt unter Berücksichtigung eines definierten Werbeetats, der – nach Berechnung der voraussichtlichen Kosten für die Gesamtmaßnahme – eine Verteilung der Geldmittel für die einzelnen Werbeaktionen vorsieht.

Die Planung von konkreten Maßnahmen wird dabei durch zentrale Fragestellungen angeleitet. Diese Fragestellungen können nicht in einer strengen Reihenfolge abgearbeitet werden, sie sind „vernetzt" und fordern eine entsprechende Bearbeitung (z. B. Berücksichtigung von „Rückwirkungen").

Werbeplanung		
Fragestellungen	**Zielgrößen**	**Erläuterungen/Beispiele**
Wofür soll geworben werden?	Bestimmung des **Werbeobjektes**	Produkt, Produktgruppen, Unternehmen
Wozu (Ziel) soll geworben werden?	Festlegung von **Werbezielen** entsprechend den Marketingzielen	Steigerung des Bekanntheitsgrades, Imagewerbung
Wer soll mit der Werbung angesprochen werden?	Bestimmung des **Streukreises**	Zielpersonen/Zielgruppen, z. B. Senioren, junge Väter, Besserverdienende

LERNFELD 5

Marketinginstrumente einsetzen

Werbeplanung		
Fragestellungen	**Maßnahmen**	**Erläuterungen/Beispiele**
Welche Themen sind geeignet, die Aufmerksamkeit der Zielpersonen zu gewinnen?	Formulierung der **Werbebotschaft**	Produktinformationen, Imagebildung durch markante Slogans
Mit **welchem Medium** soll die Werbung verbreitet werden?	Auswahl der **Werbeträger**	Printmedium, Fernsehen, Radio
Welche Variante soll innerhalb des Werbeträgers genutzt werden?	Auswahl der **Werbemittel**	Anzeige, Zeitungsbeilage, Plakat, Katalog, Werbebrief (als Varianten des Werbeträgers Printmedium)
Wann, **wie oft** und **wie lange** soll geworben werden?	Bemessung der **Streuzeit**	Zeitabschnitt und Intensität der Absatzwerbung, z. B. Saison, Gelegenheitswerbung
Wo soll geworben werden?	Festlegung des **Streugebietes**	Werbegebiet, z. B. Bayern

■ Werbeerfolgskontrolle

Nach Durchführung einer Werbeaktion soll die Werbeerfolgskontrolle darüber Aufschluss geben, ob die Werbemaßnahme den gewünschten Erfolg erzielt hat. Maßstab sind die bereits in der Werbeplanung festgelegten Sollwerte (Werbeziele).

Die Werbeerfolgskontrolle ist in der Praxis schwierig, weil kaum nachvollziehbar ist, welche Maßnahmen sich wie, in welchem Zeitraum und in welcher Höhe in der jeweiligen Situation ausgewirkt haben. Andere Ereignisse, die z. B. von Gesetzesänderungen oder Wirtschaftsentwicklungen (Konjunktur, Konkurrenz), von Wertewandel oder abrupten Verhaltensänderungen der Konsumenten oder von der Werbung der Konkurrenz ausgehen, sind kaum zu quantifizieren. Sie wirken jedoch auf den Werbeerfolg.

In der Werbeerfolgskontrolle lassen sich nur solche Tatbestände messen, die zuvor als realistisch fassbare Ziele formuliert wurden. Solche Ziele sind z. B.

→ Umsatzsteigerung von 5 % in den nächsten sechs Monaten,

→ Steigerung der Kundenkontakte auf der Frühjahrsmesse um 100 Kunden,

→ Erhöhung des Artikelumsatzes auf 8 % vom Gesamtumsatz,

→ Erlangen der Marktführerschaft für den neu einzuführenden Artikel innerhalb von 2 Jahren,

→ Erhalten des Marktanteils angesichts einer Werbeoffensive der Konkurrenz.

$$\text{Werbeerfolg (Werberendite)} = \frac{\text{Umsatzsteigerung} \times 100}{\text{Werbekosten}}$$

Vergleichszahlen erhält man dazu aus eigenen oder externen Statistiken, Aufzeichnungen oder aus der Branchenberichterstattung.

Einige Werbeziele richten sich auf Einstellungsänderung der Verbraucher; diese Ziele sind nicht in Zahlen zu messen. Die dadurch auch nicht in Zahlen messbaren Auswirkungen können durch Meinungsumfragen und Imageanalysen im Rahmen der Marktforschung untersucht werden.

Kunden akquirieren und binden

3.3.2 Verkaufsförderung (Sales Promotion)

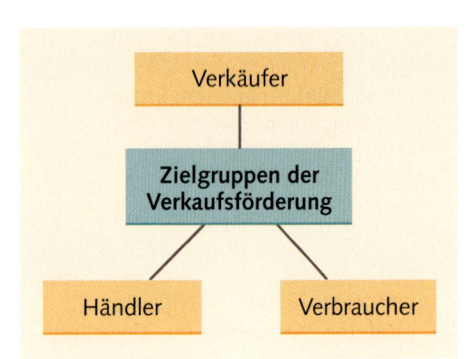

Die Verkaufsförderung nimmt im Rahmen der Kommunikationspolitik neben der Werbung einen immer wichtigeren Platz ein. Der Kosten-Nutzen-Vergleich scheint hier besser messbar und effektiver zu sein als bei anderen Maßnahmen zur Steigerung des Absatzes.

Merke

Unter **Verkaufsförderung** (Sales Promotion) versteht man alle Maßnahmen zur Förderung und Unterstützung der am Verkaufsprozess Beteiligten. Es geht darum, die Bedingungen des Verkaufs oder der Vertragsverhandlungen positiv zu beeinflussen.

Die Verkaufsförderung erstreckt sich vornehmlich auf drei Gruppen:

■ Verkäuferpromotion

Der Verkäufer muss sich als hilfreicher Vermittler der Kundenwünsche verstehen. Deshalb werden Maßnahmen getroffen, um die Leistungsfähigkeit der Mitarbeiter, die im direkten Kontakt mit dem Kunden stehen, zu verstärken.

Beispiel

Schulungen für Verkäufer vermitteln absatzfördernde Kenntnisse und Fertigkeiten; Muster, Proben und Prospekte werden bereitgestellt und Prämien- bzw. Provisionssysteme aufgebaut.

■ Händlerpromotion

Die Hersteller sind bemüht, ihre Produkte in die Regale der Händler zu bringen. Dass Händler bzw. Handelsketten die Produkte kaufen gelingt eher, wenn zu den Produkten umfangreiche Unterstützungsleistungen für die Händler angeboten werden.

Beispiel

Es werden Informations- und Schulungsveranstaltungen für den Händler durchgeführt, Werbematerialen zur Verfügung gestellt und gesonderte Preis- und Lieferkonditionen bzw. Alleinvertriebsrechte angeboten.

■ Verbraucherpromotion

Die Absatzwerbung versucht im Allgemeinen, den Kunden an die Ware heranzuführen. Verbraucherpromotion verfolgt in erster Linie den umgekehrten Weg, sie bringt die Ware direkt mit den Kunden in Kontakt.

Beispiel

Waren werden im Lebensmittelbereich an Probierständen angeboten. Die Gebrauchsanweisung ist besonders verständlich formuliert. Oder: Es wird versucht, Kaufanreize durch Preisausschreiben, Verlosungen und Werbegeschenke zu schaffen.

Marketinginstrumente einsetzen

3.3.3 Öffentlichkeitsarbeit (Public Relations)

Die **Öffentlichkeitsarbeit** ist als absatzpolitisches Instrument in die Kommunikationspolitik eingebunden und soll die Absatzwerbung zur Gewinnung von Vertrauen und Wohlwollen verstärken. Sie wird auch als **Imagewerbung** bezeichnet.

Merke

Unter **Öffentlichkeitsarbeit** (Public Relations) sind alle Maßnahmen zu verstehen, die das Ansehen des Unternehmens und das Vertrauen in dieses als Ganzes und in das jeweilige Betätigungsfeld in der Öffentlichkeit stärken und pflegen.

Mit der Öffentlichkeitsarbeit bemüht sich das Unternehmen z. B. um den Einsatz für den Umweltschutz über sein eigenes Leistungsangebot hinaus.

Etabliert hat sich auch ein gesellschaftliches Engagement, das sich z. B. in Unterstützung von Vereinen, Schulen oder durch karitative Spenden zeigen kann.

Die **Firmenwerbung** ist von der **Öffentlichkeitsarbeit** nicht immer leicht zu unterscheiden. Doch gilt allgemein, dass bei der Öffentlichkeitsarbeit die Firma zwar häufig genannt wird, ihr Absatzziel aber bewusst in den Hintergrund tritt.

Pfizer Forschungsförderung 2014: Neue Forschungsansätze im Bereich Rheumatologie gesucht

Bereits zum achten Mal schreibt die Pfizer Pharma GmbH die Förderpreise für den Bereich Rheumatologie aus. Interessierte Forschungsgruppen sind aufgerufen, sich mit Projekten bis zum 1. Mai 2014 zu bewerben.

Die besten Forschungsprojekte, die mit bis zu 60 000 Euro gefördert werden, werden durch ein unabhängiges internationales Expertengremium in einem anonymen Verfahren ermittelt.

Um das Ansehen über die Produktleistungen des Unternehmens hinaus zu fördern oder zu stärken, werden nicht nur die Verbraucher angesprochen, sondern auch einzelne Personen oder Personengruppen, Vereinigungen und Institutionen, die in irgendeiner Weise in Verbindung zum Unternehmen stehen. Dazu zählen z. B. Konkurrenzunternehmen, Zulieferer, Kapitalgeber, Behörden, Kammern, Verbände, Vereine, Parteien.

Eine weitere Gruppe sind die eigenen Mitarbeiter, die über die Öffentlichkeitsarbeit Anerkennung, Motivation und Sozialprestige erlangen können, aber als Mitglied des Unternehmens auch selbst großen Einfluss auf das öffentliche Ansehen des Unternehmens haben.

Zu den Maßnahmen der Öffentlichkeitsarbeit zählen damit unter anderem:

- Förderung des Gemeinwohls durch Spenden oder Stiftungen: Mögliche Empfänger sind z. B. Vereine, Hilfefonds aller Art, Sportförderung, Bildungswesen, Forschung, Umweltschutz, Kunst, Politik.

- Pressearbeit: Berichte und Reportagen über Unternehmensentwicklung, Sozial- und Umweltengagement sowie Förderprogramme und Fördereinrichtungen.

Kunden akquirieren und binden

Beispiel

„Das ist Öffentlichkeitsarbeit pur"

Seit 1984 werden Besucher durch das Volkswagen-Werk geführt – Zwei Millionen Gäste seit dem Jahr 2000

Wolfsburger Nachrichten

→ Öffnung des Unternehmens: Informationen durch Betriebsbesichtigungen, Ausstellungen, Jubiläumsfeiern, Vorträge, Vorführungen, Bildungs- und Fortbildungsveranstaltungen aus dem Tätigkeitsbereich des Unternehmens oder darüber hinaus, Beteiligung an Veranstaltungen der Berufsschule, bei Stadtteilfesten.

Im Überschneidungsbereich von Firmenwerbung und Öffentlichkeitsarbeit ist Sponsoring angesiedelt.

■ Sponsoring

Sponsoring meint ein **Vertragsverhältnis** zwischen einer Unternehmung auf der einen und einer Einrichtung, einem Verein oder auch einer Person auf der anderen Seite, von denen das Unternehmen eine Werbewirksamkeit (Imagewerbung) erwartet.

Sport und **Kultur** sind bisher die am stärksten etablierten Betätigungsfelder, in denen die Unternehmen mit ihren Geldern Werbekraft kaufen.

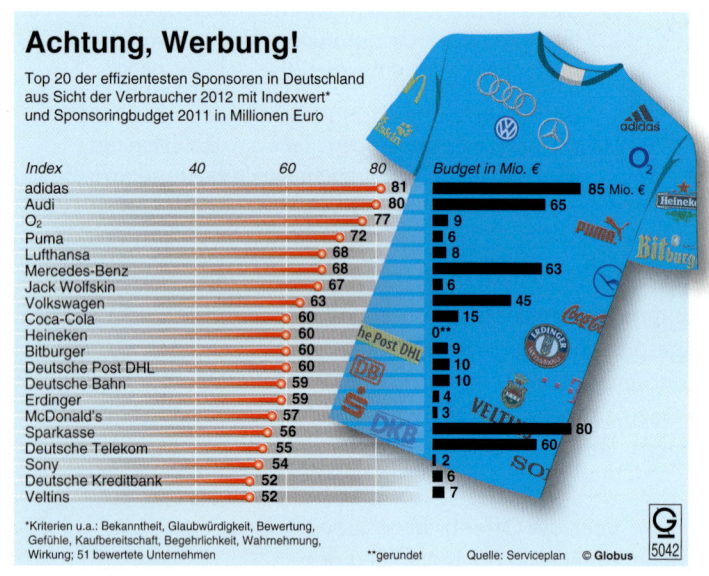

So setzen Autohersteller z. B. auf Fußball, Tennis oder Segeln. Neben dem Sportsponsoring ist auch das Kultursponsoring besonders beliebt. (z. B. Fernsehsender sponsort die „Internationalen Filmfestspiele" in Berlin. Zunehmend spielt auch die Ethik in Form von Öko- und Soziosponsoring eine Rolle, wodurch die Unternehmen umweltbewusstes und soziales Engagement beweisen (wollen). Im Zusammenhang von Öko-Sponsoring – das eine offene Identifikation von Sponsor und Gesponsertem voraussetzt – haben sich inzwischen sogar schon folgenreiche und tragfähige Kooperationen zwischen Unternehmen und Umweltschutzorganisationen ausgebildet (z. B. Umweltschutzorganisation WWF und Krombacher Regenwaldprojekt).

Achtung, Werbung!

Top 20 der effizientesten Sponsoren in Deutschland aus Sicht der Verbraucher 2012 mit Indexwert* und Sponsoringbudget 2011 in Millionen Euro

Unternehmen	Index	Budget in Mio. €
adidas	81	85 Mio. €
Audi	80	65
O₂	77	9
Puma	72	6
Lufthansa	68	8
Mercedes-Benz	68	63
Jack Wolfskin	67	6
Volkswagen	63	45
Coca-Cola	60	15
Heineken	60	0**
Bitburger	60	9
Deutsche Post DHL	60	10
Deutsche Bahn	59	10
Erdinger	59	4
McDonald's	57	3
Sparkasse	56	80
Deutsche Telekom	55	60
Sony	54	2
Deutsche Kreditbank	52	6
Veltins	52	7

*Kriterien u.a.: Bekanntheit, Glaubwürdigkeit, Bewertung, Gefühle, Kaufbereitschaft, Begehrlichkeit, Wahrnehmung, Wirkung; 51 bewertete Unternehmen   **gerundet   Quelle: Serviceplan   © Globus 5042

Damit die Maßnahmen auch den beabsichtigten **Werbeerfolg** erzielt, werden in zunehmendem Maße Kontrolluntersuchungen über die Werbewirksamkeit in Öffentlichkeitsarbeit und Sponsoring durchgeführt.

Insbesondere **im regionalen Bereich** ist bei der Öffentlichkeitsarbeit und beim Sponsoring auch die **persönliche Repräsentanz** von erheblicher Bedeutung (z. B. Mitgliedschaft von Firmenrepräsentanten in Vereinen, Förderkreisen, persönliches Überreichen von Spendenschecks oder Pokalen).

3.3.4 Moderne Marketinginstrumente der Kommunikationspolitik

Die Vielfalt von Marketingmaßnahmen erfordert eine optimale Nutzung der Marketinginstrumente, damit die Streuverluste gering bleiben und das Marketingbudget gezielt eingesetzt wird. Die Auseinandersetzung mit modernen Marketinginstrumenten für einen gezielten Einsatz wird deshalb immer wichtiger.

■ **Direkt Marketing (Direct Marketing)**

Unter **Direkt Marketing** versteht man eine Form der Kommunikationspolitik, die durch die gezielte individuelle Ansprache von Kunden gekennzeichnet ist. Unternehmen nutzen die persönliche Kundenansprache in Verbindung mit einer Aufforderung bzw. Bitte zur Antwort, um durch einen kontinuierlichen Dialog bessere Kenntnisse über ihre Kunden zu gewinnen und die Kundenbindung von Bestandskunden zu festigen.

Beispiel

Ein Getränkehersteller informiert in einem Werbebrief alle Stammkunden über eine Produktneuheit und lädt zu einer Präsentation mit Verkostung ein.

Durch den persönlichen Kontakt können auch Informationen zu speziellen Bedürfnissen von potenziellen Kunden erworben und erfolgreich zur Neukundengewinnung eingesetzt werden.

Beispiel

Ein Hersteller für Medizintechnik hat ein neues, verschleißfreies Hüftgelenk (Endoprothese) entwickelt. Alle Chefärzte von Spezialkliniken erhalten ein Probe-Exemplar mit Informationen und der Bitte zur Vereinbarung eines Termins mit einem Außendienstmitarbeiter.

Die **Vorteile** des Direkt Marketings liegen in der Vermeidung von Streuverlusten und der Möglichkeit einer eindeutigen Erfolgskontrolle der Maßnahmen. Entscheidend ist, dass die Zielgruppe genau identifiziert ist und die Werbemaßnahme adäquat ausgewählt wird.

Für jedes Projekt die passende Zielgruppe!

Für das Direkt Marketing bieten sich vielfältige Maßnahmen an, die insbesondere entsprechend den Merkmalen der Zielgruppe (z. B. Verbraucher, Händler) ausgewählt werden. Dazu zählen u. a.:

➜ Telefonwerbung,
➜ E-Mail-Werbung,
➜ APP-Werbung,
➜ persönlich adressierte Werbebriefe,
➜ Zusendung von Warenproben,
➜ Terminvereinbarungen eines Vertreters.

Kunden akquirieren und binden

■ Social Media Werbung

Social Media Werbung steht für eine Form des Online-Marketings, die zur Vermarktung von Produkten und zur Öffentlichkeitsarbeit soziale Netzwerke (z. B. Facebook, Twitter, Xing, MySpace) und Plattformen (z. B. youtube) im Internet einsetzt. Sie stellt eine effektive und kostengünstige Maßnahme der Kommunikationspolitik dar.

Mit Hilfe sozialer Netzwerke können sich Unternehmen und Kunden vernetzen und miteinander kommunizieren, wobei der Kunde – wie bei klassischen Maßnahmen des Direktmarketings – als individuelle Persönlichkeit wahrgenommen wird. Beiträge von Unternehmen werden kommentiert, mit anderen Nutzern ausgetauscht und mit einem Feedback beantwortet. Beteiligte sind gleichzeitig Sender und Empfänger. Leiten Nutzer eine Botschaft weiter, verbreitet sich diese in kurzer Zeit wie ein „Virus" im Internet: Man bezeichnet diesen Vorgang deshalb auch mit dem Begriff **„Virales Marketing"**.

Mit über 80 Mio. Fans zählt Coca-Cola zu den größten Facebook-Seiten weltweit.

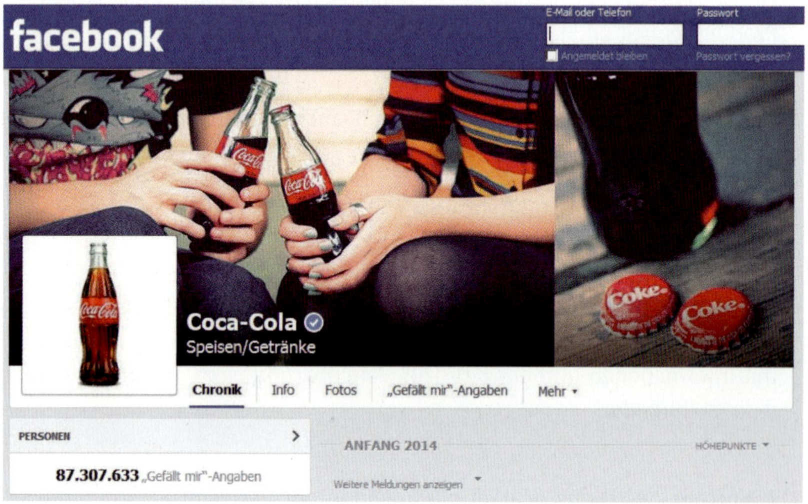

Beispiel

Eine Unternehmung richtet auf Facebook eine ansprechende Unternehmensseite ein. Besucher können mit einem Klick auf den Button „Gefällt mir" Fan werden. Diese sogenannten „Likes" erscheinen auf den Startseiten ihrer „Freunde" und führen dadurch zu einer Verbreitung der Botschaft.

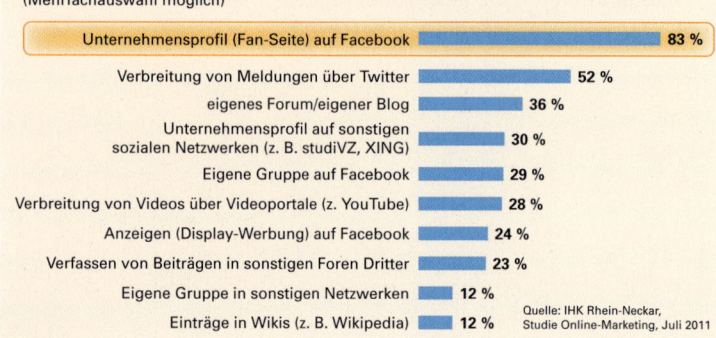

Die Bewertung der Nutzer wirkt sich stark auf das Image einer Unternehmung aus. Meinungen, auch negative, können sich unkontrolliert ausbreiten. Es ist deshalb wichtig, dass Beiträge von Unternehmen aktuell und zielgruppenbezogen eingestellt werden, Kritik mit den Kunden konstruktiv kommuniziert und zu Verbesserungen genutzt wird.

Viele Händler nutzen ein Unternehmensprofil auf Facebook zur Bewerbung ihres Online-Angebots

Wie nutzen Sie soziale Netzwerke zur Bewerbung Ihres Online-Angebots? (Mehrfachauswahl möglich)

Unternehmensprofil (Fan-Seite) auf Facebook	83 %
Verbreitung von Meldungen über Twitter	52 %
eigenes Forum/eigener Blog	36 %
Unternehmensprofil auf sonstigen sozialen Netzwerken (z. B. studiVZ, XING)	30 %
Eigene Gruppe auf Facebook	29 %
Verbreitung von Videos über Videoportale (z. YouTube)	28 %
Anzeigen (Display-Werbung) auf Facebook	24 %
Verfassen von Beiträgen in sonstigen Foren Dritter	23 %
Eigene Gruppe in sonstigen Netzwerken	12 %
Einträge in Wikis (z. B. Wikipedia)	12 %

Quelle: IHK Rhein-Neckar, Studie Online-Marketing, Juli 2011

LERNFELD 5

Marketinginstrumente einsetzen

Internet-Nutzer verwenden häufig Suchmaschinen (z. B. google), um auf Webseiten aufmerksam zu werden. Unternehmen nutzen diese Vorgehensweise für ihre Marketing-Aktivitäten, indem sie mittels einer **Suchmaschinenoptimierung (SEO = Search Engine Optimization)** die eigene Webseite auf einem vorderen Platz positionieren. Durch die bessere Platzierung erreichen sie eine Steigerung der Seitenbesucher, stärken ihr Image und verschaffen sich auf diese Weise Wettbewerbsvorteile.

■ Event-Marketing

Unter Event-Marketing (auch Live-Marketing oder Live-Kommunikation) versteht man die systematische Planung und Durchführung von **Veranstaltungen mit einem hohen Erinnerungswert** zur Imagebildung und zur Verkaufsförderung von Produkten und Dienstleistungen. Dazu eigenen sich z. B. Messen, Verkaufsveranstaltungen und Pressekonferenzen. Typisch für ein Event-Marketing sind aber neben den **informierenden Anteilen** insbesondere auch die **unterhaltenden und erlebnisorientierten Ereignisse**. Dabei handelt es sich häufig um Rahmenprogramme mit Inszenierungen aus Sport, Kultur und Showbusiness, die zu Jubiläen, Neueröffnungen, Produktvorstellungen, Tagen der offenen Tür, Mitarbeiterfesten, Jahresauftakt-Meetings, Stadtfesten u. v. a. m. veranstaltet werden. Event-Marketing ist immer zielgruppenbezogen, z. B.

→ unternehmensinterne Events (z. B. Schulungen, Seminare) für Mitarbeiter,
→ unternehmensexterne Events (z. B. Roadshows, Sportveranstaltungen) für Kunden.

Event-Marketing ist in das Gesamtkonzept der Marketing-Kommunikation eingebunden und zielt insbesondere auf die Emotionalisierung der Kunden für die Unternehmung bzw. für die Marke. Es fällt durch seine Ungewöhnlichkeit und Einzigartigkeit auf und ermöglicht so besondere Aufmerksamkeits- und Erinnerungswerte. Die aktive Einbeziehung in das Geschehen vermittelt ein gutes Gefühl, Begeisterung und Zufriedenheit und verstärkt so die **emotionale Bindung der Kunden** an das Unternehmen.

Beispiel

Red Bull ist eine der bekanntesten Marken mit einem unvergleichlichen Event-Marketing. Der Brausehersteller veranstaltet immer wieder überraschende Events mit einer eigenen Sportwelt, mit denen der Energy-Drink in Szene gesetzt und die Marke erlebbar gemacht wird. Bekannt sind z. B. die Red Bull Flugtage: „Red Bull verleiht Flügel." Seit Jahren dominiert der Red Bull Rennstall die Formel 1. Der größte Coup des Unternehmens war aber der weltweit verfolgte Stratosphärensprung des Österreichers Baumgartner aus 39 km Höhe.

Kunden akquirieren und binden

3.3.5 Grenzen der Werbefreiheit

Allgegenwärtigkeit, Fülle und Vielfältigkeit von Werbung führen dazu, dass Unternehmen sich immer ausgefallenere und auffälligere Werbekampagnen einfallen lassen (müssen), damit Konsumenten sie überhaupt wahrnehmen. Werbemaßnahmen mit falschen, provozierenden, aggressiven, sexistischen oder extrem schockierenden Inhalten scheinen grenzenlos zu sein und stoßen nicht selten an rechtliche und ethische Grenzen bzw. überschreiten sie.

Die Einhaltung rechtlicher Regeln und moralischer Standards werden durch das **Wettbewerbsrecht** begrenzt und vom **Deutschen Werberat** als freiwillige Kontrollinstanz der Unternehmen überwacht.

Die gemeinnützige Verbraucherschutzorganisation Foodwatch lässt jedes Jahr die größte Werbelüge bestimmen und verleiht den Negativpreis „Goldener Windbeutel".

→ Regelungen des Wettbewerbsrechts (z. B. UWG) haben den Zweck, ungerechtfertigte Ungleichgewichte im wirtschaftlichen Wettbewerb zu verhindern und den Verbraucher gegen Irreführungen und Täuschungen zu schützen.

→ Der Deutsche Werberat befasst sich mit Beschwerden über Werbemaßnahmen, die zwar rechtlich nicht zu beanstanden sind, aber aus ethischer Sicht als verletzend empfunden werden (können).

■ Gesetz gegen den unlauteren Wettbewerb (UWG)

Das Gesetz dient dem Schutz der Mitbewerber, der Verbraucher sowie der sonstigen Marktteilnehmer vor unlauteren geschäftlichen Handlungen. Es schützt zugleich das Interesse der Allgemeinheit an einem unverfälschten Wettbewerb.

Merke

§ 3 UWG

> **Generalklausel:** „Unlautere geschäftliche Handlungen sind unzulässig, wenn sie geeignet sind, die Interessen von Mitbewerbern, Verbrauchern oder sonstigen Marktteilnehmern spürbar zu beeinträchtigen." (§ 3 UWG)

§ 4 UWG

§ 4 Unlautere Handlungen

§ 4 UWG beschreibt in allgemeiner Form Handlungen, die im Sinne von § 3 als unlauter gelten. Dazu zählen u. a.:

→ Beeinträchtigung der Entscheidungsfreiheit durch unsachliche Beeinflussung,

→ Ausnutzung von Unerfahrenheit oder Zwangslagen,

→ Verkaufsförderung durch Preisnachlässe, Geschenke oder Gewinnspiele mit unklaren Bedingungen,

→ Herabsetzung von Konkurrenten durch unwahre Behauptungen,

→ Nachahmung eines Mitbewerbers.

Marketinginstrumente einsetzen

> **Beispiel**
>
> Ein Unternehmen verschickt Werbematerial mit der Aufforderung, den beigefügten Zahlungsbeleg zu begleichen.
>
> Ein Unternehmen wirbt mit hohen Preisnachlässen wegen Geschäftsaufgabe, obwohl eine Geschäftsaufgabe nicht beabsichtigt ist.

§ 5 Irreführungsverbot

§ 5 UWG

„Unlauter handelt auch, wer eine irreführende geschäftliche Handlung vornimmt. Eine geschäftliche Handlung ist irreführend, wenn sie unwahre Angaben oder sonstige zur Täuschung geeignete Angaben enthält."

Die Angaben betreffen Art, Ausführung, Zusammensetzung, Herkunft von Waren, Herabsetzung von Preisen.

> **Beispiel**
>
> Ein Fahrradhändler wirbt mit einer Preissenkung. Der ursprüngliche Preis wurde nur für eine unangemessen kurze Zeit gefordert.

Dazu zählt auch **Lockvogelwerbung**. Von Lockvogelwerbung spricht man, wenn günstige Waren, die im Rahmen eines Sonderverkaufs angeboten werden, nicht in angemessener Menge zur Befriedigung der zu erwartenden Nachfrage vorgehalten werden.

Hinweis: Die Rechtsprechung zur Warenbevorratung ist uneinheitlich. Als Richtwert können zwei Tage angenommen werden, andernfalls muss der Verkäufer die Angemessenheit nachweisen.

> **Beispiel**
>
> Ein Lebensmittel-Discounter bietet E-Bikes zu einem Sonderpreis von 699,00 EUR an. Es stehen aber nur 2 Räder zum Verkauf zur Verfügung.

§ 6 Vergleichende Werbung

§ 6 UWG

„Vergleichende Werbung ist jede Werbung, die einen Mitbewerber oder die von einem Mitbewerber angebotenen Waren oder Dienstleistungen erkennbar macht."

> **Beispiel**
>
> **Verbotene vergleichende Werbung**
>
> Ein Möbelhändler wirbt in der Tageszeitung: „Kaufen Sie bei uns. Unser Mitbewerber kann nur heiße Luft. Keine Beratung, keinen Service."

Vergleichende Werbung ist aber unter bestimmten Voraussetzungen erlaubt. Sie ist z. B. zulässig, wenn der Vergleich sich auf Waren oder Dienstleistungen für den gleichen Bedarf oder dieselbe Zweckbestimmung bezieht, nachprüfbare und typische Eigenschaften miteinander verglichen werden, der Preisvergleich keine Verwechslungsgefahr birgt und der Mitbewerber nicht herabgesetzt wird.

LERNFELD 5

Kunden akquirieren und binden

§ 7 UWG

§ 7 Unzumutbare Belästigung

„Belästigungen gegen den erkennbaren Willen des Marktteilnehmers sind unzulässig.".

Beispiel

§ 8 UWG

Es ist verboten, Werbung in den Briefkasten zu legen, wenn ein deutlicher Hinweis dies verbietet: „Keine Werbung!"

§ 9 UWG

Werbeanrufe gegenüber einem Verbraucher ohne dessen vorherige ausdrückliche Einwilligung sind nicht erlaubt.

Wer vorsätzlich oder fahrlässig gegen das UWG verstößt, ist den Mitbewerbern zum Ersatz des daraus entstehenden Schadens verpflichtet. Weiterhin kann er zur Unterlassung gezwungen werden.

■ Werberat

Der **Deutsche Werberat** ist eine 1972 **freiwillig gegründete Institution** der werbenden Wirtschaft, des Handels, der Medien, der Agenturen, der Forschung sowie der Werbeberufe. Er hat die Aufgabe, ordnend einzugreifen, wenn Werbemaßnahmen, die nicht gegen die Wettbewerbsbestimmungen verstoßen, von Verbrauchern z. B. als anstößig, herabwürdigend, diskriminierend oder religiös verletzend empfunden werden und daher unerwünscht sind. Darüber hinaus entwickelt er **grundsätzliche Verhaltensregeln** zum verantwortungsvollen Umgang mit Werbung für spezielle Bereiche (z. B. Kinder, Lebensmittel, Alkohol, Glücksspiele).

Privatpersonen, gesellschaftliche Gruppierungen oder auch politische Instanzen können sich mit Beschwerden an den Werberat wenden; er kann aber auch von sich aus tätig werden, wenn er Missstände feststellt, und schaltet bei vermuteten **Rechtsverstößen** rechtsverfolgende Instanzen ein (z. B. Zentrale zur Bekämpfung unlauteren Wettbewerbs oder eine Staatsanwaltschaft).

Bei einer **Beanstandung** wendet sich der Werberat aber zunächst an das werbende Unternehmen mit der Aufforderung, die Kampagne entweder aus der Öffentlichkeit zu nehmen oder sie entsprechend abzuändern. Zeigt diese Aufforderung keine Wirkung, erteilt der Werberat eine öffentliche Rüge über die Berichterstattung der Massen-medien. Diese empfindliche Sanktion aufgrund der Prangerwirkung ist jedoch sehr selten, da die Unternehmen in der Regel schon der ersten Aufforderung Folge leisten.

Kritisierte Werbemaßnahmen: Werberat setzt sich durch

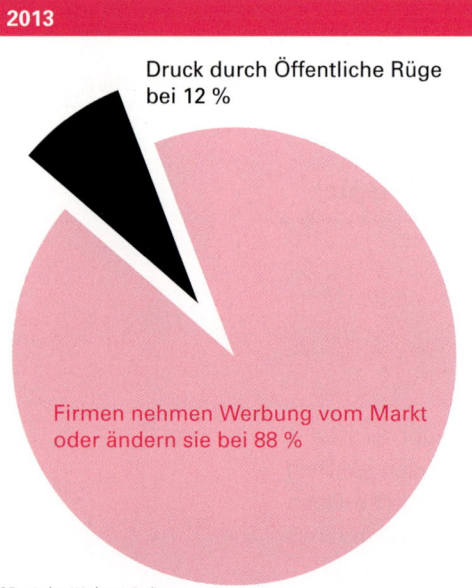

2013

Druck durch Öffentliche Rüge bei 12 %

Firmen nehmen Werbung vom Markt oder ändern sie bei 88 %

©Deutscher Werberat, Berlin

Marketinginstrumente einsetzen

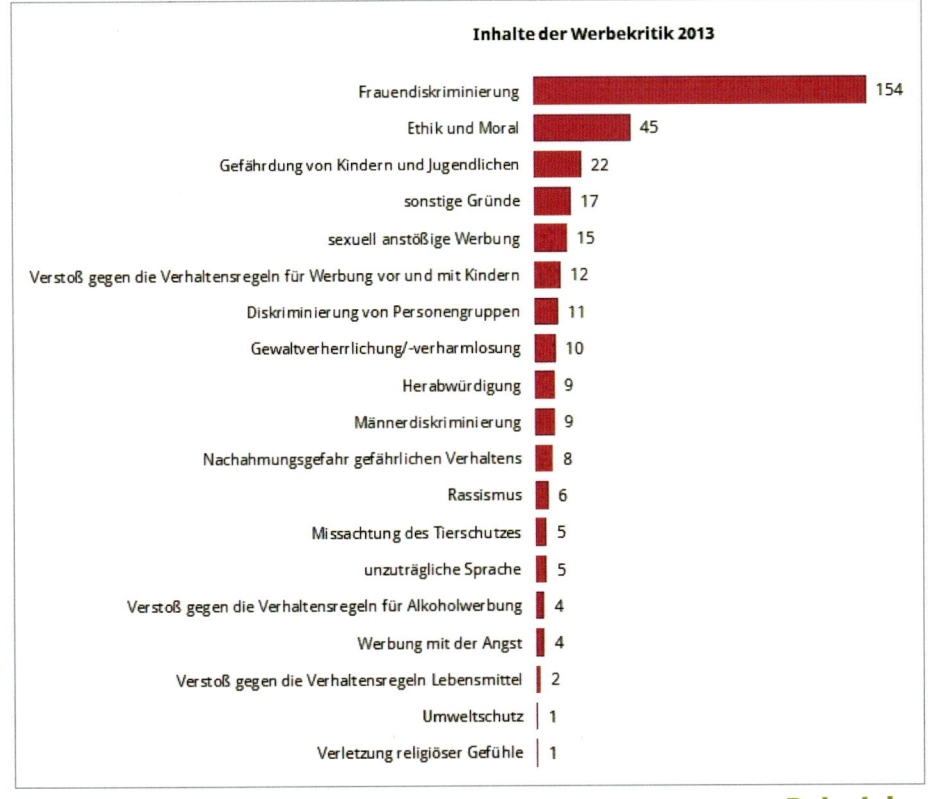

Inhalte der Werbekritik 2013

Kategorie	Anzahl
Frauendiskriminierung	154
Ethik und Moral	45
Gefährdung von Kindern und Jugendlichen	22
sonstige Gründe	17
sexuell anstößige Werbung	15
Verstoß gegen die Verhaltensregeln für Werbung vor und mit Kindern	12
Diskriminierung von Personengruppen	11
Gewaltverherrlichung/-verharmlosung	10
Herabwürdigung	9
Männerdiskriminierung	9
Nachahmungsgefahr gefährlichen Verhaltens	8
Rassismus	6
Missachtung des Tierschutzes	5
unzuträgliche Sprache	5
Verstoß gegen die Verhaltensregeln für Alkoholwerbung	4
Werbung mit der Angst	4
Verstoß gegen die Verhaltensregeln Lebensmittel	2
Umweltschutz	1
Verletzung religiöser Gefühle	1

©Deutscher Werberat, Berlin

Beispiel

Ausgewählte Beschwerdefälle aus 40 Jahren Werberat

1970er: Anzeigenwerbung für ein Automobil: „Ich träumte, ich hätte mit dem neuen Opel Manta dem Champion den Grand Prix abgejagt." Das schüre Raserei auf den Straßen. Der Hersteller stellte die Werbung nach Beanstandung durch den Werberat ein.

1980er: In einem Werbekatalog für Autozubehör war eine halbnackte Frau, kniend inmitten von Autozubehörteilen. Der Anzeigentext beschränkte sich auf die Überschrift: „Verschleißteile". Es kamen viele Proteste. Der Werberat: frauendiskriminierend.

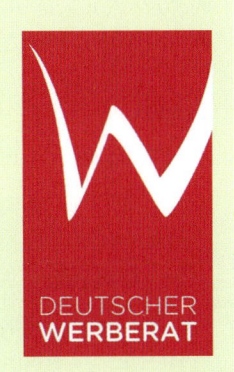

1990er: „Lieber einen Vogel in der Anzeige als ein Tauber vor dem Radio" – Werbespruch eines Radiosenders, der wegen Diskriminierung gehörloser Mitmenschen eingestellt wurde.

2000er: Gezielt doppeldeutig war der werbende Text in einem Möbelhausprospekt „Wir nehmen Ihre 'Alte' in Zahlung und schicken sie in die Wüste" – eine Eintauschaktion gebrauchter Möbel gegen neue. Groß abgebildet war neben dem Text eine ältere Frau neben einer Sitzgarnitur. Diskriminierung älterer Menschen, befand der Werberat. Der Prospekt wurde zurückgezogen.

Quelle: werberat.de/beschwerdefaelle-aus-40-jahren

LERNFELD 5

Kunden akquirieren und binden

3.3.6 Zusammenfassung und Aufgaben

Zusammenfassung

Marktpreisbildung im Modell

Die **Absatzwerbung** umfasst alle Maßnahmen, mit denen die Unternehmung Interesse weckt, informiert, motiviert und Verhalten beeinflusst mit der Absicht, direkt oder indirekt den Absatz von Sachgütern oder Dienstleistungen zu begünstigen.

Ziele:

- Erlangen, Erhalten und Erhöhen des Bekanntheitsgrades (Bekanntheit)
- Information über Einsatzmöglichkeiten, Funktionen, Nutzen und Kosten des Produktes (Wissen)
- Stärkung des Vertrauens (Image)
- Förderung und Unterstützung der Absatzchancen (Käuferverhalten)

Grundsätze:

AIDA-Formel:

- A = Attention (Aufmerksamkeit erregen)
- I = Interest (Interesse wecken)
- D = Desire (Kaufwunsch auslösen)
- A = Action (Kauf bewirken)

Weitere Anforderungen:
Werbewirksamkeit, **Werbeklarheit**, **Werbewahrheit** und **Wirtschaftlichkeit**

Formen:

- Einführungswerbung, Expansionswerbung, Erinnerungswerbung
- Produktwerbung, Sortimentswerbung, Firmenwerbung
- Einzelwerbung, Kollektivwerbung
- Direktwerbung, Massenwerbung
- informative, suggestive Werbung
- Herstellerwerbung, Handelswerbung

Werbemittel: eigentliche Werbebotschaft (z. B. Plakat)

Werbeträger: Träger der Werbebotschaft (z. B. Litfasssäule)

Werbeetat, Werbeplanung und Werbeerfolgskontrolle

Orientierungsgrößen für den Werbeetat:

- Finanzlage
- Konkurrenz
- Branche
- Werbeziele

LERNFELD 5

Marketinginstrumente einsetzen

Elemente der Werbeplanung:

- Werbeobjekt
- Werbebotschaft
- Werbemittel
- Streuzeit
- Werbeziele
- Werbeträger
- Streukreis
- Streugebiet

Werbeerfolg: i. d. R. nur bei realistisch fassbaren Zielen messbar (z. B. Werbekosten im Verhältnis zu Umsatzsteigerungen)

Verkaufsförderung (Sales Promotion)

Unter **Verkaufsförderung** (Sales Promotion) versteht man alle Maßnahmen zur Förderung und Unterstützung der am Verkaufsprozess Beteiligten:

- **Verkäuferpromotion**: Maßnahmen zur Steigerung der Leistungsfähigkeit der Verkäufer mit direktem Kundenkontakt (z. B. Schulungen)

- **Händlerpromotion**: besondere Unterstützungsangebote für die Händler (z. B. Informationsveranstaltungen, Werbematerial)

- **Verbraucherpromotion**: Maßnahmen, mit denen die Ware in Kontakt mit den Käufern gebracht wird (z. B. Probierstände)

Öffentlichkeitsarbeit (Public Relations)

Unter **Öffentlichkeitsarbeit** (Public Relations) sind alle Maßnahmen zu verstehen, die das Ansehen des Unternehmens und das Vertrauen in dieses als Ganzes und in das jeweilige Betätigungsfeld in der Öffentlichkeit stärken und pflegen:

- Förderung des Gemeinwohls durch Spenden oder Stiftungen,
- Pressearbeit (z. B. Sozial- und Umweltengagement),
- Öffnung des Unternehmens (z. B. Betriebsbesichtigungen).

Sponsoring meint ein Vertragsverhältnis zwischen einem Unternehmen auf der einen und einer Einrichtung, einem Verein oder auch einer Person auf der anderen Seite, von denen das Unternehmen eine Werbewirksamkeit (Imagewerbung) erwartet, z. B.:

- Öko- und Sozialsponsoring,
- Sportsponsoring,
- Kultursponsoring.

LERNFELD 5

Kunden akquirieren und binden

Moderne Marketinginstrumente der Kommunikationspolitik

Unter **Direkt Marketing** versteht man eine Form der Kommunikationspolitik, die durch die gezielte individuelle Ansprache von Kunden gekennzeichnet ist.

Maßnahmen z. B.:

- Telefonwerbung
- persönlich adressierte Werbebriefe
- E-Mail-Werbung
- APP-Werbung
- Zusendung von Warenproben
- Terminvereinbarungen eines Vertreters

Social Media Werbung steht für eine Form des Online-Marketings, die zur Vermarktung von Produkten und zur Öffentlichkeitsarbeit soziale Netzwerke und Plattformen im Internet einsetzt, z. B.:

- Facebook
- Twitter
- Xing
- MySpace
- YouTube
- Google (mit Suchmaschinenoptimierung)

Unter **Event-Marketing** versteht man Veranstaltungen mit einem hohen Erinnerungswert zur Imagebildung und zur Verkaufsförderung, z. B.:

- unternehmensinterne Events für Mitarbeiter (z. B. Schulungen, Seminare an besonderen Orten)
- unternehmensexterne Events für Kunden (z. B. Roadshows, Sportveranstaltungen)

Grenzen der Werbefreiheit

Gesetz gegen den unlauteren Wettbewerb (UWG)

Das Gesetz dient dem Schutz der Mitbewerber, der Verbraucher sowie der sonstigen Marktteilnehmer.

- Unzulässigkeit von unlauteren Handlungen (z. B. Herabsetzung von Konkurrenten durch unwahre Behauptungen)
- Irreführungsverbot (z. B. unwahre Angaben über Herkunft der Ware)
- vergleichende Werbung (bei Herabsetzung des Mitbewerbers verboten, bei Preisvergleichen ohne Verwechslungsgefahr erlaubt)
- unzumutbare Belästigung (z. B. Werbeanrufe ohne Einwilligung)

Werberat

Der **Deutsche Werberat** hat die Aufgabe, ordnend einzugreifen, wenn Werbemaßnahmen, die nicht gegen die Wettbewerbsbestimmungen verstoßen, von Verbrauchern z. B. als anstößig, herabwürdigend, diskriminierend oder religiös verletzend empfunden werden und daher unerwünscht sind.

Marketinginstrumente einsetzen

Aufgaben

1. Prüfen Sie folgende Aussagen auf ihre Richtigkeit. Die Antwort ist jeweils zu begründen.

    (1) Werbeziele sind vornehmlich auf den Bekanntheitsgrad von Produkten ausgerichtet.

    (2) Bei der Firmenwerbung stehen Einzelprodukte als Gegenstand der Werbung im Vordergrund.

    (3) Die Begriffe „Werbemittel" und „Werbeträger" haben die gleiche Bedeutung.

    (4) Der Werbeetat orientiert sich ausschließlich an der Finanzlage.

    (5) Unter dem Streukreis eines Werbeplans versteht man die Zielpersonen bzw. Zielgruppen der Werbemaßnahme.

    (6) Der Werbeerfolg einer Werbemaßnahme ist i. d. R. eindeutig messbar.

    (7) Öffentlichkeitsarbeit ist auch unter dem Begriff „Sales Promotion" bekannt.

    (8) Firmenwerbung, Verkaufsförderung und Öffentlichkeitsarbeit einer Unternehmung lassen sich nicht immer klar voneinander abgrenzen.

    (9) E-Mail-Werbung ist eine Form des Direkt Marketings.

    (10) Unternehmen nutzen für Werbemaßnahmen verstärkt soziale Netzwerke.

    (11) Das UWG schützt nur Verbraucher, nicht Unternehmer.

    (12) Der Werbeslogan eines Herstellers von PCs empfiehlt: „Drei Dinge soll man nicht verleihen. Freundin, Auto und den X." Dieser Slogan ist unter wettbewerbsrechtlichen Gesichtspunkten unbedenklich.

2. Erklären Sie die AIDA-Formel, und nennen Sie zwei weitere Grundsätze der Absatzwerbung.

3. Bestimmen Sie jeweils, um welche Form der Werbung es sich handelt:
    - Kunden sollen für ein neues Produkt geworben werden.
    - Die Werbung ist auf bestimmte, adressierte Personen gerichtet.
    - Die Werbung geht vom Händler aus.
    - Bekanntheitsgrad, Image und Kundenstamm sollen erhalten werden.

4. Beschreiben Sie für eine Werbemaßnahme Ihres Ausbildungsbetriebes die Werbemittel und Werbeträger.

5. Unterscheiden Sie die folgenden Begriffe eines Werbeplans: Streukreis, Streuzeit und Streugebiet.

6. Erläutern Sie, wie man Werbeerfolg messen kann.

LERNFELD 5

Kunden akquirieren und binden

7. Schildern Sie Maßnahmen von Sales-Promotion in Ihrem Ausbildungsbetrieb.

8. Finden Sie heraus, von welchen Unternehmen Ihr Lieblingsverein (z. B. Bundesliga Fußball) gesponsert wird.

9. Nennen Sie konkrete Beispiele für Maßnahmen des Direkt Marketings.

10. Erklären Sie im Zusammenhang mit Social Media Werbung die Begriffe „Virales Marketing" und „Suchmaschinenoptimierung".

11. Prüfen Sie, ob in den folgenden Fällen ein Verstoß gegen Wettbewerbsbestimmungen vorliegt:

    - Werbeaussage eines Anbieters: „Kaufen Sie das Original, nicht die Kopie".
    - Durch Anzeigenkampagne herausgestellte Sonderangebote, die nur für einen Montag von 8:00 Uhr bis 8:30 Uhr gelten.
    - Preisausschreiben mit einem Kassenbon als Teilnahmelos.
    - Unaufgeforderte werbende Telefonanrufe.
    - Werbung eines Elektrogeräte-Händlers mit dem Slogan: „**WIR** liefern nicht nur frei Haus, **WIR** stellen Ihre Geräte auch auf und schließen sie an – natürlich kostenfrei für Sie."

12. Erläutern Sie, welche Maßnahmen der Werberat bei diskriminierender Werbung ergreifen kann.

13. Beanstandungen über Werbemaßnahmen werden häufig dem Deutschen Werberat vorgelegt. Nehmen Sie eine Einschätzung vor, wie der Deutsche Werberat die folgenden Beschwerdefälle beurteilt hat.

    a) „Wir können alles, außer Hochdeutsch." Diese Werbung für den Wirtschaftsstandort Baden-Würtemberg stuften Kritiker aus der Bevölkerung als Verunglimpfung der deutschen Sprache ein.

    b) Grammatikalisch falsch ist der Satz in einem Werbespot eines Dienstleisters im Telekommunikationssektor „Da werden Sie geholfen".

    c) TV-Spot eines Kreditinstituts: Ein seriös gekleideter Mann springt von der Brücke; es sieht nach Selbstmord offensichtlich wegen finanzieller Nöte aus – bis am Schluss deutlich wird, dass es ein Bungee-Springer ist.

    d) In einem Kinospot eines Elektronikfachmarkts flüstert ein alter Mann auf dem Sterbebett dem herbeigeeilten Priester ins Ohr: „Bei XY gibt es Sonderangebote."

    e) Ein HiFi-Geschäft versprach: „Wenn Sie Ihre Stereoanlage bei uns kaufen, sparen Sie genug Geld, um sich vor Freude sinnlos zu betrinken."

Marketinginstrumente einsetzen

3.4 Distributionspolitik

Die Distributionspolitik befasst sich mit Entscheidungen über Vertriebswege von Produkten oder Dienstleistungen. Deshalb wird sie häufig auch als **Vertriebspolitik** bezeichnet. Die Distributionspolitik hat somit die Aufgabe, alle Maßnahmen vorzubereiten und vorzunehmen, um die räumliche und zeitliche Distanz zwischen Anbieter und Verwender zu überbrücken.

Im Zusammenhang mit den anderen Marketinginstrumenten leistet die Distributionspolitik einen Beitrag zur Vermarktung und Präsentation, indem sie durch eine hohe Verfügbarkeit dafür sorgt, dass der Käufer das **gewünschte Produkt zur richtigen Zeit am richtigen Ort** erwerben kann.

Hauptaufgaben sind Entscheidungen über **Absatzwege** und **Absatzformen**. Die Entscheidungen sind nicht getrennt voneinander zu treffen, sie sind voneinander abhängig und beeinflussen sich gegenseitig.

Mit der **Organisation des Vertriebssystems** wird darüber entschieden, ob die Produkte von einem Ort oder von verschiedenen Orten aus zum Verkauf angeboten werden, ob also zentraler oder dezentraler Absatz stattfindet.

> **Merke**
>
> **Distributionspolitik** umfasst alle Entscheidungen, die den Weg eines Produktes bis zum Ort des Gebrauchs oder Verbrauchs betreffen.

■ Zentraler Absatz

Zentral erfolgt der Absatz grundsätzlich, wenn der **Verkauf von einem Standort aus** – durch die Geschäftsleitung selbst oder durch eine (zentrale) Verkaufsabteilung – vorgenommen wird, z. B. Lieferung ab Fabrik. Diese Organisationsform wird häufig bezogen auf Großkunden oder bei einzelnen Aufträgen mit großem Volumen angewandt. Beispiele hierfür sind Investitionsgüter oder Staatsaufträge über Rüstungsgüter.

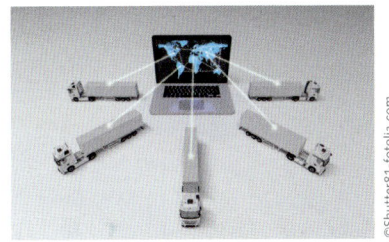

■ Dezentraler Absatz

Dezentral erfolgt der Absatz grundsätzlich, wenn der **Verkauf von mehreren Standorten aus** vorgenommen wird, um die Vielzahl der Verbraucher oder Anwender zu erreichen.

3.4.1 Absatzformen und Absatzorgane

Die richtige Wahl der Absatzform ist wesentliche Voraussetzung für den Absatzerfolg. Absatzformen lassen sich grundsätzlich untergliedern in unternehmenseigene und unternehmensfremde. Den Absatzformen können **Absatzorgane** zugeordnet werden, die den Vertrieb der Produkte auf dem Weg zum Käufer vollziehen. Dabei sind die rechtliche Stellung und die wirtschaftliche Abhängigkeit der Absatzorgane letztlich ausschlaggebend für die Einflussmöglichkeiten des Herstellers.

→ **Unternehmenseigene Absatzorgane** gehören dem Unternehmen an und sind **weisungsgebunden**.

→ **Unternehmensfremde Absatzorgane** treten entweder als rechtlich selbstständige Absatzmittler oder als rechtlich selbstständige Handelsbetriebe auf und sind insofern **nicht weisungsgebunden**. Sie sind grundsätzlich **wirtschaftlich unabhängig**.

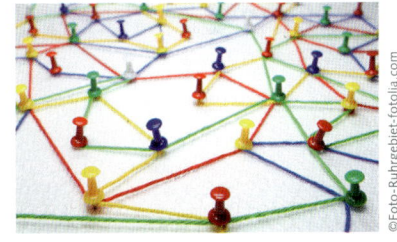

LERNFELD 5

Kunden akquirieren und binden

Allerdings ist diese Unterscheidung nicht immer trennscharf: Als Sonderformen gelten solche Absatzorgane, die sich nicht eindeutig zuordnen lassen. Sie werden auch als **„quasi-unternehmenseigene" Absatzform** bezeichnet, weil sie zwar rechtlich selbstständig sind, ein solches Erscheinungsbild aber **nicht** abgeben und wirtschaftlich an den Hersteller gebunden sind.

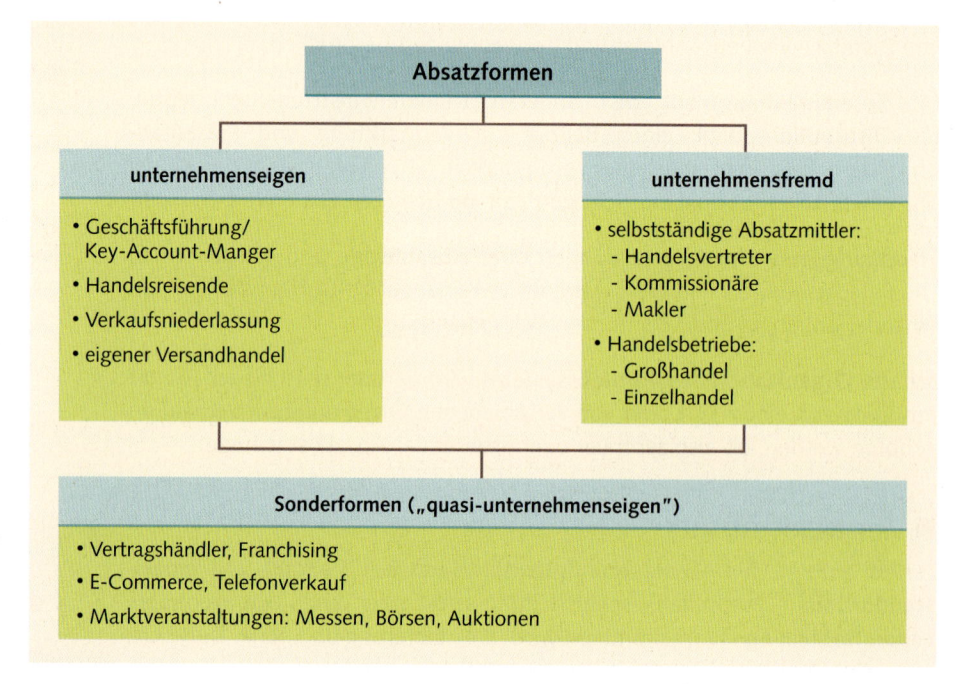

```
                        Absatzformen
           ┌────────────────┴────────────────┐
      unternehmenseigen                unternehmensfremd
  • Geschäftsführung/            • selbstständige Absatzmittler:
    Key-Account-Manger             - Handelsvertreter
  • Handelsreisende                - Kommissionäre
  • Verkaufsniederlassung          - Makler
  • eigener Versandhandel        • Handelsbetriebe:
                                   - Großhandel
                                   - Einzelhandel
           └────────────────┬────────────────┘
          Sonderformen („quasi-unternehmenseigen")
  • Vertragshändler, Franchising
  • E-Commerce, Telefonverkauf
  • Marktveranstaltungen: Messen, Börsen, Auktionen
```

■ Unternehmenseigene Absatzformen

Geschäftsführung/Key-Account-Manager

Mitglieder der **Geschäftsführung** oder eine zentrale Verkaufsabteilung übernehmen häufig dann den Verkauf, wenn es sich um Aufträge mit großem Volumen handelt, was zum Beispiel in der Investitionsgüterindustrie der Fall ist.

Als **Key-Accounts** werden die wichtigsten Kundengruppen bezeichnet. Sogenannte Key-Account-Manger mit hoher Kompetenz in Kommunikation und Verhandlungsgeschick betreuen insbesondere Großkunden mit hohem Kundenwert.

Handelsreisende

Handelsreisende sind Angestellte des Unternehmens, die entweder als Handlungsgehilfen ohne Abschlussvollmacht Verträge vermitteln oder – mit **Abschlussvollmacht** ausgestattet – Geschäfte für das Unternehmen abschließen. Werden die Aufträge zunächst nur vermittelt, kommt das Geschäft erst durch Auftragsbestätigung zustande.

Handelsreisende erhalten ein **Gehalt (Fixum)**, das im Einzelfall durch umsatzbezogene **Prämien** oder **Provisionen** ergänzt wird.

Marketinginstrumente einsetzen

Verkaufsniederlassung

Verkaufsniederlassungen oder Verkaufsbüros werden von Großunternehmen eingerichtet, um ohne Zwischenhandel ein großes Verkaufsgebiet abdecken zu können. Verkaufsniederlassungen werden gelegentlich auch vom Versandhandel eingerichtet, z. B. die Verkaufsniederlassungen von Neckermann Reisen. Als neuer Trend ist die zunehmende Verbreitung von **Factory Outlets** zu verzeichnen.

Eigener Versandhandel

In manchen Fällen vertreibt der Hersteller seine Produkte direkt über einen eigenen **Versandhandel**. Aufgrund von Katalogen, Prospekten, Anzeigen (gedruckt oder im Internet) oder durch Vermittlung eines Vertreters werden die Waren bestellt und durch Transportdienste zugestellt.

■ Unternehmensfremde Absatzformen

Absatzmittler

Handelsvertreter sind **selbstständige Kaufleute**, die in **fremdem Namen** und für **fremde Rechnung** ständig damit betraut sind, für andere Unternehmen Verträge abzuschließen oder zu vermitteln. Der Handelsvertreter erhält für seine Dienste, die er unter Sorgfaltspflicht, Benachrichtigungspflicht sowie Schweigepflicht ausübt, eine **Provision** auf den Absatz- oder Umsatzerfolg. Handelsvertreter können für mehrere Unternehmen tätig sein (Mehr-Firmenvertreter). Wird er dagegen nur für ein Unternehmen tätig (Ein-Firmenvertreter), so ist er mehr den unternehmenseigenen Absatzformen zuzuordnen.

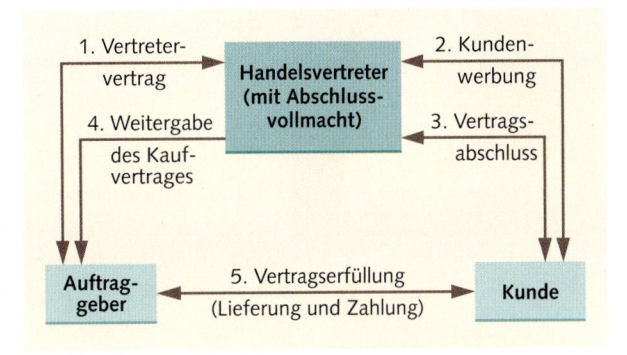

Handelsvertreter, die nicht mit einer **Abschlussvollmacht** ausgestattet sind, können Verträge nur vermitteln. Damit ein gültiger Vertrag zustande kommt, ist dann eine Willenserklärung des Auftraggebers (z. B. Auftragsbestätigung) erforderlich.

Kommissionäre verkaufen oder kaufen als selbstständige Kaufleute Waren im **eigenen Namen** und **für fremde Rechnung** (§ 383 HGB ff.). In manchen Fällen betreibt der Kommissionär auch ein Auslieferungslager (Kommissionslager). Er ist an die Weisungen des Lieferanten gebunden. Der Verkaufskommissionär kann nicht verkaufte Waren an den Auftraggeber (Kommittent) zurückgeben. Er erhält eine **umsatzabhängige Provision** vom Auftraggeber.

Ein **Handelsmakler** ist nicht ständig für ein Unternehmen tätig. Er wird **von Fall zu Fall** sowohl vom Verkäufer als auch Käufer beauftragt, **in fremdem Namen** und für **fremde Rechnung** tätig zu werden. Er wird sowohl vom Verkäufer als auch Käufer beauftragt, Geschäfte zu vermitteln. Hierfür erhält er einen **Maklerlohn (Courtage)**.

Kunden akquirieren und binden

■ Handelsbetriebe

Zu den Handelsbetrieben zählen als selbstständige Unternehmen der **Großhandel** und der **Einzelhandel** in seinen unterschiedlichen Organisationsformen – einschließlich der selbstständigen Versandhandelsunternehmen. Sie handeln **im eigenen Namen** und **für eigene Rechnung**.

■ Sonderformen („quasi-unternehmenseigene" Absatzformen)

Neben den eindeutig unternehmenseigenen und eindeutig unternehmensfremden Absatzformen bestehen eine Reihe von Sonderformen, die nicht dazu gehören.

Vertragshändler

Vertragshändler sind **selbstständige Kaufleute**, die in **wirtschaftlicher Abhängigkeit** zu einem anderen Unternehmen Waren **im eigenen Namen** und auf **eigene Rechnung** verkaufen. Einem Vertragshändler wird neben der Absatzfunktion oft noch der Kundendienst, die Lagerhaltung, der Reparaturdienst, die Systemberatung und -betreuung übertragen. Vertragshändler gelten als „quasi-unternehmenseigene" Absatzform. Sie verpflichten sich häufig durch Vertrag, die Marketingkonzeption des Herstellers umzusetzen. Es entsteht nicht selten nach außen hin der **Eindruck eines Filialsystems**. Im Autohandel kann man dies noch deutlich feststellen. Bei Brauereien/Gaststätten ist die Bindung nach außen meist weniger erkennbar (deshalb aber nicht unbedingt weniger wirksam bezogen auf die wirtschaftliche Abhängigkeit). Ein weiteres Beispiel für verbreiteten Vertragshändlerstatus ist der Mineralölhandel/Benzinabsatz.

Franchising

Das Franchising ist eine aus den USA stammende Absatzform, bei der der Vertrieb über einen **rechtlich selbstständigen Unternehmer** erfolgt. Das Betriebsfranchising ist eines von vielen Franchising-Systemen. Der Hersteller überträgt den Absatz seiner Produkte oder Dienstleistungen an den Franchisenehmer, der durch starke vertragliche Bindung ein fertiges und oft schon erfolgreiches Absatzsystem mit Warenzeichen, Symbolen, Namen, Marken etc. bis hin zur Gestaltung der Verkaufsräume übernimmt. Dafür hat er eine monatliche Franchise-Gebühr zu entrichten. Für den Betrachter entsteht der **Eindruck eines perfekten Filialsystems**.

Franchisegeber sind in der Regel bereits gut bekannte Handelsmarken mit einem erprobten Geschäftskonzept.

Beispiel

Bekannte Weltmarken sowie wichtige deutsche Unternehmen sind mit dem Franchise-Konzept am Markt etabliert: z. B. McDonald`s, Burger King, Pizza Hut, Subway, Vodafone, Yves Rocher, Jack Wolfskin, Hertz, Schülerhilfe, Fressnapf, Apollo Optik, Sunpoint, Bäckereien von Kamps, Backwerk u. v. a. m.

Deutsche Franchisewirtschaft auf einen Blick

	2003	2013	Wachstum
Mitarbeiter	390.000	525.300	+ 35 %
Franchisenehmer	43.000	76.500	+ 78 %
Franchisegeber	830	994	+ 20 %
Umsatz (Mrd. Euro)	25,0	62,8	+ 151,2 %

Branchenverteilung
- Dienstleistung 45 %
- Handwerk 11,7 %
- Hotel/Gastronomie 18,3 %
- Handel 25 %

Quelle: Deutscher Franchise-Verband e.V. | www.franchiseverband.com

E-Commerce

Unter **E-Commerce** (elektronischer Handel) versteht man das „Online-Shopping" bzw. den „Verkauf von Waren und Dienstleistungen über das Internet". Internet-Nutzer können per E-Commerce im World Wide Web überall auf der Welt einkaufen. Zwischen Anbieter und Interessenten besteht die Möglichkeit zu einem Informationsaustausch über die Ware und weitere Kaufvertragsbedingungen, um eine Kaufentscheidung vorzubereiten. Kunden suchen sich aus dem elektronischen Angebot im Internet ein Produkt aus, nehmen online eine Bestellung als Antrag zum Abschluss eines Kaufvertrages vor und zahlen die Rechnung über das Netz.

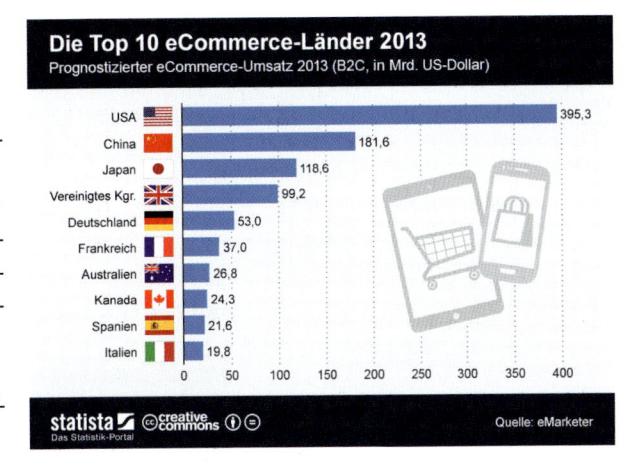

Die Top 10 eCommerce-Länder 2013
Prognostizierter eCommerce-Umsatz 2013 (B2C, in Mrd. US-Dollar)

Land	Umsatz
USA	395,3
China	181,6
Japan	118,6
Vereinigtes Kgr.	99,2
Deutschland	53,0
Frankreich	37,0
Australien	26,8
Kanada	24,3
Spanien	21,6
Italien	19,8

Quelle: eMarketer

Der elektronische Geschäftsverkehr ist eine zunehmend wichtiger werdende Absatzform, die in Deutschland im Jahre 2013 bereits einen Umfang von ca. 40 Milliarden EUR Umsatz erreicht hat. Insbesondere das Aufkommen von virtuellen Marktplätzen gibt dem elektronischen Handel einen deutlichen Schub. Man unterscheidet insbe-sondere folgende Businessmodelle:

→ **B2B / Business-to-Business:** Kommunikation und Geschäftsbeziehungen zwischen mindestens zwei Unternehmen,

→ **B2C / Business-to-Consumer:** Kommunikation und Geschäftsbeziehungen zwischen Verbrauchern und Unternehmen,

→ **C2C / Consumer-to-Consumer:** Kommunikation und Geschäftsbeziehungen zwischen mindestens zwei Verbrauchern.

Der Schwerpunkt des E-Commerce liegt im B2C- und im B2B-Handel.

Telefonverkauf

Der **Telefonverkauf** ist eine Form des Direktmarketings. Durch das Direktmarketing können alle Zwischeninstanzen vom Hersteller bis zum Verbraucher ausgeschaltet werden. Der Kontakt zwischen Anbieter und Abnehmer lässt sich intensiver, oft auch kostengünstiger und effektiver gestalten. Diese Form findet sich neben der ursprünglichen Anwendung bei Investitionsgütern und Bauprojekten inzwischen auch im Konsumgüterbereich (z. B. bei Haushaltsgeräten, Kosmetika, Versicherungen und Tiefkühlkost aller Art) und im Dienstleistungsbereich (z. B. Bankgeschäfte).

Marktveranstaltungen

Marktveranstaltungen sind auch dadurch gekennzeichnet, dass sie keine ständigen Einrichtungen darstellen, sondern von Zeit zu Zeit in festen oder zeitlich unterschiedlichen Abständen stattfinden. Solche Marktveranstaltungen sind **Messen, Börsen, Auktionen** und **Verkaufsausstellungen** unterschiedlichster Art. Sie können sich direkt an den Endverbraucher wenden oder indirekt z. B. über den Handel.

Kunden akquirieren und binden

3.4.2 Absatzwege

Merke

Die **Absatzwege** zeigen die möglichen Wegführungen bis zum Endverbraucher oder Verwender auf. Ausgangspunkt ist dabei üblicherweise der Hersteller.

Der Hersteller oder auch ein Wiederverkäufer muss aus der Menge möglicher Absatzwege denjenigen Absatzweg festlegen, der die spezifischen Gegebenheiten des Marktes, der Produkte und der Verbrauchererwartungen am besten berücksichtigt.

Es lassen sich dann grundsätzlich zwei Formen unterscheiden: **direkter** und **indirekter** Absatz.

Direkter Absatz	Indirekter Absatz
Von **direktem Absatz** (Direktverkauf, Direktvertrieb) spricht man, wenn das Produkt oder die Dienstleistung unmittelbar an den Konsumenten oder Verwender verkauft wird bzw. wenn der Hersteller ein hohes Maß an wirtschaftlicher Einflussnahme auf den Absatzmittler geltend machen kann.	Um **indirekten Absatz** handelt es sich immer dann, wenn der Hersteller bei mehreren Instanzen auf dem Weg zum Kunden keinen unmittelbaren Einfluss auf das letzte Glied des Absatzweges ausüben kann bzw. darf.

■ Wahl der Absatzwege

Die Entscheidung über einen Absatzweg ist von einer Vielzahl von Faktoren abhängig. Produkte des täglichen Bedarfs (z. B. Lebensmittel) werden in der Regel auf dem indirekten Absatzweg vertrieben. Aber: Möchte sich z. B. ein Hersteller mit einer Premium Marke eines Produktes, das normalerweise vom Handel angeboten wird, vom allgemeinen Standard abheben, so könnte er einen direkten Absatzweg wählen (z. B. Vorwerk Staubsauger, DELL Computer, eigener Hofladen). Auch für erklärungsbedürftige Produkte in einem hohen Preissegment ist eher der direkte Absatzweg geeignet (z. B. Industrieroboter).

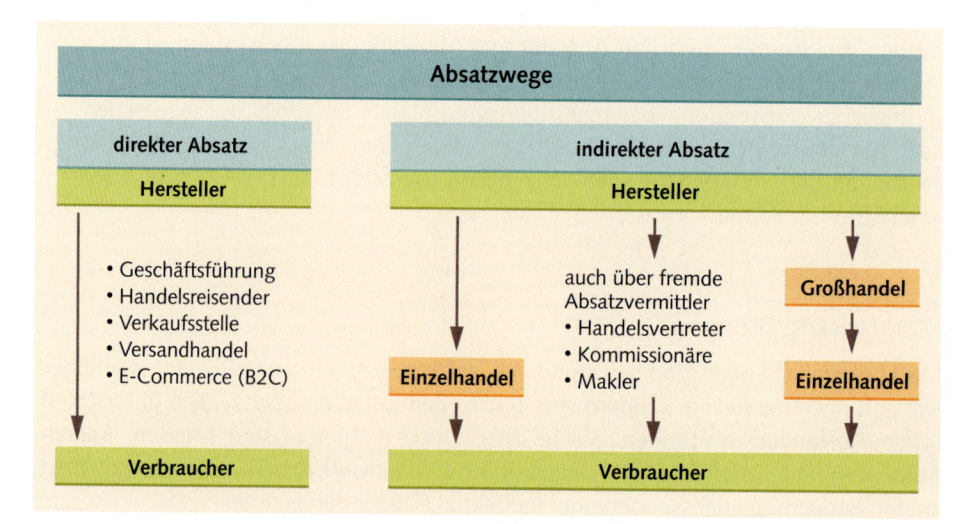

Absatzwege

direkter Absatz
- Hersteller
  - Geschäftsführung
  - Handelsreisender
  - Verkaufsstelle
  - Versandhandel
  - E-Commerce (B2C)
- Verbraucher

indirekter Absatz
- Hersteller
  - auch über fremde Absatzvermittler
    - Handelsvertreter
    - Kommissionäre
    - Makler
  - → Einzelhandel
  - → Großhandel → Einzelhandel
- Verbraucher

Weiterhin sind die Bedingungen beim Hersteller zu berücksichtigen – wie z. B. die grundlegende Marketingkonzeption, die Erfahrung mit der Vertriebsorganisation oder das Budget. Auch die Einkaufsgewohnheiten der Konsumenten sind relevant (z. B. wachsende Bedeutung der Käufe im Internet).

Eine Entscheidung für einen Absatzweg ist nicht zuletzt von den jeweiligen Vor- und Nachteilen abhängig.

Absatzwege	Vorteile	Nachteile
direkter Absatz	• Kundenkontakt und Kundennähe • Kontrolle über Preisgestaltung • zuverlässige Kundenberatung	• keine vollständige Abdeckung des Marktes • hohe Kosten der Vertriebsorganisation
indirekter Absatz	• Nutzung der Absatzfunktionen des Handels (z. B. Raum- und Zeitüberbrückung, Sortimentsbildung) • kleine eigene Vertriebsorganisation (niedrige Vertriebskosten)	• niedrigere Verkaufspreise, Provisionszahlungen • geringerer Einfluss auf Marktauftritt/ Marketingmaßnahmen • kein direkter Kundenkontakt

Je nach Kunden- und Produktgruppen entscheiden sich Unternehmen auch für eine Kombination der Absatzwege. Während Verbraucher Produkte über den Handel beziehen, werden Firmenkunden direkt vom Hersteller beliefert.

3.4.3 Zusammenfassung und Aufgaben

Zusammenfassung

Distributionspolitik

Distributionspolitik umfasst alle Entscheidungen, die den Weg eines Produktes bis zum Ort des Gebrauchs oder Verbrauchs betreffen.

Vertriebssysteme:
- **zentraler Absatz**: Anbieten der Leistung über eine einheitliche Verkaufsstelle
- **dezentraler Absatz**: Anbieten der Leistung über eine räumlich verteilte Mehrzahl von Verkaufsstellen

Kunden akquirieren und binden

Absatzformen:

- **unternehmenseigene Absatzformen:** Geschäftsführung, Handelsreisende, eigene Verkaufsniederlassungen, eigener Versandhandel
- **unternehmensfremde Absatzformen:** Handelsvertreter, Kommissionäre, Makler, Großhandel, Einzelhandel
- **Sonderformen** („quasi-unternehmenseigen"): Vertragshändler, Franchising, E-Commerce („Online-Shopping"), Telefonverkauf, Marktveranstaltungen

Absatzwege:

- **direkter Absatz:** unmittelbarer Verkauf an den Kunden (Vorteil z. B. Kundennähe)
- **indirekter Absatz:** Verkauf an den Verbraucher über mehrere Instanzen ohne unmittelbaren Einfluss des Herstellers (Vorteil z. B. Nutzung von Know-how der weiteren Instanzen)

Aufgaben

1. Prüfen Sie folgende Aussagen auf ihre Richtigkeit. Die Antwort ist jeweils zu begründen.

   (1) Beim indirekten Absatz hat der Hersteller ein hohes Maß an wirtschaftlicher Einflussnahme auf alle Instanzen bis zum Verbraucher.

   (2) In der Vertriebspolitik fallen „zentraler Absatz", „direkter Absatz" und „betriebseigener Absatz" nicht immer zusammen.

   (3) Vertragshändler und Franchisenehmer gelten als „unternehmenseigene" Absatzform.

   (4) Wenn eine Unternehmung Handlungsreisende einsetzt, bedeutet das, dass es sich immer um einen direkten Absatz handelt. Setzt sie Handelsvertreter ein, so handelt es sich grundsätzlich um einen indirekten Absatz.

2. Erläutern Sie die Absatzwege und Absatzformen Ihres Ausbildungsbetriebes.

3. Erörtern Sie Gesichtspunkte für eine Entscheidung zwischen Handelsreisendem und Handelsvertreter.

4. Stellen Sie fest, welchen Umfang der elektronische Geschäftsverkehr (E-Commerce) in Deutschland aktuell erreicht hat.

4 Einen Marketing-Mix entwickeln und kontrollieren

Bei der Vielfalt der Marketinginstrumente ist unter Berücksichtigung der Markt- und Wettbewerbssituation eine möglichst **effektive** und **kostengünstige** Kombination zur Erreichung der Absatzziele zu entwickeln.

Merke

Unter **Marketing-Mix** versteht man die Kombination der Marketinginstrumente, die ein Unternehmen zur Erreichung seiner Marketingziele einsetzt.

4.1 Elemente des Marketing-Mix

Auf der Ebene der Marketinginstrumente lassen sich verschiedene Entscheidungs- bzw. Gestaltungsbereiche unterscheiden, die insgesamt aufeinander abzustimmen sind (Marketing-Mix). Dabei umfasst jeder Bereich wiederum Teilbereiche, die sinnvoll aufeinander bezogen werden müssen:

→ **Produktmix**: Produkt-, Sortiments- und Servicepolitik
→ **Kontrahierungsmix**: Preis- und Konditionenpolitik,
→ **Kommunikationsmix**: Werbung, Verkaufsförderung, Öffentlichkeitsarbeit,
→ **Distributionsmix**: Vertriebssysteme, Absatzwege, Absatzformen

Das 4P-Modell des Marketing-Mix
- Product
- Price
- Promotion
- Place

Allerdings lassen sich nicht alle Problem- bzw. Gestaltungsanforderungen hinreichend eindeutig einem Segment des Marketing-Mix zuordnen.

Kunden akquirieren und binden

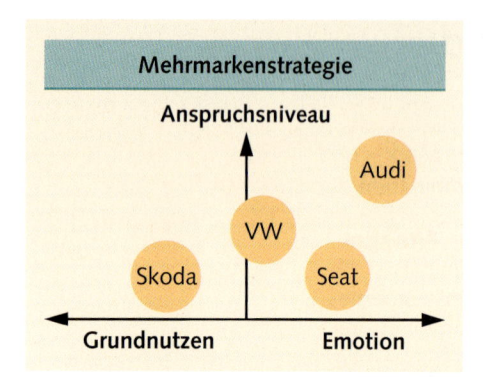

So wird die Markenpolitik zwar häufig dem Produktmix zugerechnet, aber die damit verbundene Vorstellung, dass sich die Marke allein aus einem Merkmalbündel der Produkte ergibt, ist verengt. Stellt man den Gesichtspunkt einer besonderen Vermarktungsproblematik heraus, so treten neben produktpolitische Aspekte (z. B. Qualität, Aufmachung) auch Distributionsaspekte (z. B. Exklusivität des Händlernetzes bei einer „Spitzenmarke") und insbesondere Kommunikationsaspekte (z. B. Markenauftritt, Bekanntheit und Image). Die Positionierung einer Marke gibt dabei grundsätzlich einen Preiskorridor vor und schränkt z. B. Spielräume für Rabatte und Finanzierungskonditionen ein. **Markenpolitik** kann deshalb als **„mixübergreifend"** gelten.

Im Überschneidungsbereich von Kommunikations- und Produktpolitik ist z. B. die Innen- und Außengestaltung von Läden bzw. Geschäftsstellen als „Produkt" im zweiten Sinne angesiedelt: einheitliches Erscheinungsbild, angenehme Atmosphäre, Kundenführung und -information, Servicestandards (z. B. Einkaufswagen) und Serviceangebote (z. B. „Bringdienst"), Kundenklingel zur Anforderung weiterer Kassenöffnung.

4.2 Kombination der Marketinginstrumente

Bei der Abstimmung der Marketinginstrumente ist es wichtig, die optimale Kombination zu finden: Passt ein Instrument nicht zu den anderen oder wird es vom Markt nicht angenommen, ist der gesamte Erfolg einer Marketingkampagne gefährdet.

Beispiel

> Ein Hersteller einer Kosmetiklinie wählt Produktverpackungen aus kompostierbaren Bio-Kunststoffen mit einer gräulichen Oberfläche, die von der Zielgruppe „junge Frauen unter 30" nicht angenommen werden. Der Fehler liegt in der Produktgestaltung.

Singles kaufen mehr
Alleinlebende haben die höchsten Konsumausgaben pro Kopf. Nach einer Analyse der Bundeszentrale für politische Bildung belaufen diese sich in 2014 auf 1 461,00 EUR pro Monat.

Besondere Bedeutung für einen maßgeschneiderten Marketing-Mix kommt dabei der Zielgruppenanalyse mit der Identifizierung von Zielgruppensegmenten zu. Anhaltspunkte können objektive Merkmale oder ähnliche Bedürfnisse einer Gruppe sein: z. B. Männer, Frauen, Kinder; Alte, Junge; Wohlhabende, Durchschnittsverdiener; Bestandskunden, Neukunden. Auch Größe und Wachstumschancen sind Kriterien zur Beurteilung von Kundensegmenten.

Einen Marketing-Mix entwickeln und kontrollieren

Weiterhin ist zu beachten, dass die Marketinginstrumente auf verschiedene Produktgruppen unterschiedlich wirken. So hat z. B. die Preisgestaltung im Lebensmittelhandel sowie bei weiteren Produkten des täglichen Bedarfs eine hervorgehobene Bedeutung. Handelt es sich dabei um „Frischware", steht eher die Distribution im Vordergrund. Bei Autos wiederum kommt es insbesondere auf die Produktpolitik an.

Beispiel

Ein Hersteller von Mineralwasser stellt für seine Premium Marke einen Marketing-Mix vor:

Marketingaktivitäten	Elemente des Marketing-Mix
Produktpolitik	**Innovation:** Premium-Marke **Produktgestaltung:** modern gestylte Glasflaschen in den Größen 0,33 und 1,0 Liter **Produktvariation:** stilles Wasser, Medium, Classic; Einführung weiterer Geschmacksrichtungen **Sortiment:** zwei weitere Produktlinien **Garantie:** Qualitäts-Zertifikate **Kundendienstleistung:** Bestell- und Lieferservice
Preispolitik	**Preisstrategie:** Einordnung in eine obere Preisklasse aufgrund von Qualität **Preisdifferenzierung:** Einheitspreise im gesamten Absatzgebiet **Konditionen:** Einführungs- und Mengenrabatte, grundsätzlich Zahlungsziele
Kommunikationspolitik	**Werbung:** Werbebriefe für Hotels und Restaurants, Anzeigen in Fachpublikationen des Gaststättengewerbes **Verkaufsförderung:** Produktpräsentationen **Öffentlichkeitsarbeit:** Veranstaltung von Kunstauktionen, Sponsoring von Golfturnieren
Distributionspolitik	**Vertriebssystem:** zentraler Absatz vom Hersteller **Absatzwege:** direkte Belieferung von Hotels und Restaurants, indirekter Absatz über Getränkehandel **Absatzform:** eigene Belieferung der Abnehmer nach Bestellung (schriftlich, telefonisch, E-Mail, Internet)

4.3 Marketing-Controlling

Die Wirksamkeit und Wirtschaftlichkeit einer durchgeführten Marketingkampagne ist zu kontrollieren und gegebenenfalls zu verändern und zu optimieren. Es ist wichtig zu wissen, ob die Höhe und Verteilung des Budgets effektiv und effizient waren und die richtigen Marketingmaßnahmen gewählt wurden. Eine besondere Schwierigkeit besteht darin, dass sich der Erfolg der meisten Maßnahmen erst zu einem deutlich späteren Zeitpunkt herausstellt.

Effektivität:
Wirksamkeit der Marketingmaßnahmen - oder: „Die richtigen Dinge tun."

Effizienz:
Wirtschaftlichkeit der Marketingmaßnahmen - oder: „Die Dinge richtig tun."

LERNFELD 5

Kunden akquirieren und binden

Das Marketing-Controlling stellt notwendige Informationen zur Verfügung. Diese beziehen sich z. B. auf

→ Umsatzsteigerungen für einzelne Produkte,
→ Umsatzanteil am Gesamtmarkt,
→ Zufriedenheit der Kunden,
→ Bekanntheit der Marke,
→ Einhaltung des Werbebudgets,

→ Produktqualität,
→ Web-Controlling (User-Frequenz),
→ Anzahl der Kunden,
→ Anteil der Neukunden,
→ Analyse der Kundenstruktur,

→ Image beim Kunden,
→ Reaktionen auf Werbemaßnahmen,
→ Analyse von Verkaufsgebieten,
→ Servicequalität,
→ Verkaufsanteil E-Commerce.

Die Informationen geben Hinweise für alle strategischen und operativen Entscheidungen. **Strategisches Marketing** betrifft die **langfristige Ausrichtung** der Marketingaufgabe. Es gibt die Richtung mit der Entwicklung einer Marketingkonzeption vor, während das **operative Marketing** sich mit der **konkreten Umsetzung** dieser Vorgaben beschäftigt.

→ Im **strategischen Marketing-Controlling** werden dann z. B. die Marketingziele und Marketingstrategien, die Marktposition, das Marktportfolio und der Lebenszyklus zur Sicherung zukünftiger Erfolgspotenziale analysiert.

→ Im **operativen Marketing-Controlling** wird dagegen der zielgerichtete Einsatz aller Marketing-Instrumente (Marketing-Mix), die sich auf den konkreten Verkauf bzw. auf den Vertragsabschluss richten, betrachtet.

Zur Informationsgewinnung dienen unterschiedliche Instrumente wie z. B.

→ die SWOT-Analyse: Stärken-/Schwächen-Analyse,
→ Scoring Modelle: Nutzwertanalysen (Gewichtung und Vergleich unterschiedlicher Bewertungskriterien),
→ Portfolioanalyse: Zusammenhang von Marktwachstum und relativem Marktanteil,
→ Lebenszyklusanalyse: Phasen der Umsatzentwicklung,
→ Frühwarnsysteme: Prognosen über zukünftige Entwicklungen, Warnsignale.

Für messbare Ziele (z. B. Umsatz, Deckungsbeitrag, Kosten) kann die Zielerreichung mit unterschiedlichen Kennzahlen ermittelt werden. Dazu eignen sich

→ Soll-Ist-Vergleiche: Vergleich mit Planwerten,
→ Zeitvergleiche: Vergleich mit Werten aus vorherigen Perioden,
→ Branchenvergleiche: Vergleich mit Marktdaten relevanter Unternehmen der Branche,
→ Benchmarking: Vergleich mit Best-Practice Beispielen.

Marketing-Kampagne
↓
Informationen/Daten
- Messung
- Analyse

↓
Entscheidungen
- strategisch
- operativ

↓
Maßnahmen

4.4 Zusammenfassung und Aufgaben

Zusammenfassung

Marketing-Mix

Abstimmung der Marketinginstrumente im Marketing-Mix:
- **Produktmix**: Produkt-, Sortiments- und Servicepolitik
- **Kontrahierungsmix**: Preis- und Konditionenpolitik
- **Kommunikationsmix**: Werbung, Verkaufsförderung, Öffentlichkeitsarbeit
- **Distributionsmix**: Vertriebssystem, Absatzwege, Absatzformen

Marketing-Controlling

Aufgabe des Markteing-Controllings:
Kontrolle der Wirksamkeit und Wirtschaftlichkeit von Marketingmaßnahmen:
- Bereitstellung von Information durch Messung und Analyse von Daten
- operative und strategische Entscheidungen zur Optimierung von Marketingmaßnahmen

Instrumente, z. B.:
- SWOT-Analyse
- Portfolioanalyse
- Nutzwertanalyse
- Lebenszyklusanalyse

Aufgaben

1. Prüfen Sie folgende Aussagen auf ihre Richtigkeit. Die Antwort ist jeweils zu begründen.
   (1) Im Marketing-Mix werden alle Marketing-Instrumente aufeinander bezogen.
   (2) Unter dem Kommunikationsmix versteht man die Verkaufsförderung und die Öffentlichkeitsarbeit.
   (3) Beim Verkauf von Brot hat die Distributionspolitik eine herausragende Bedeutung.
   (4) Das strategische Marketing-Controlling bezieht sich insbesondere auf Entscheidungen zur Preispolitik.

2. a) Beschreiben Sie Elemente eines Marketing-Mix für ein ausgewähltes Produkt bzw. eine Dienstleistung Ihres Ausbildungsbetriebes.

   b) Erörtern Sie, welche Informationen Sie für eine Bewertung von Marketingmaßnahmen für das ausgewählte Produkt benötigen.

   c) Schlagen Sie entsprechende Instrumente zur Informationsgewinnung vor und erläutern Sie diese.

Kunden akquirieren und binden

3. Im Rahmen des Marketing-Ziels „Neukundengewinnung und -bindung" versendet ein Garten- und Baucenter Werbebriefe an alle Landschaftsgärtner in einem Umkreis von 50 km. Überlegen Sie, mit welchen Kennzahlen der Werbeerfolg gemessen werden kann.

4. Kreuzworträtsel Marketing

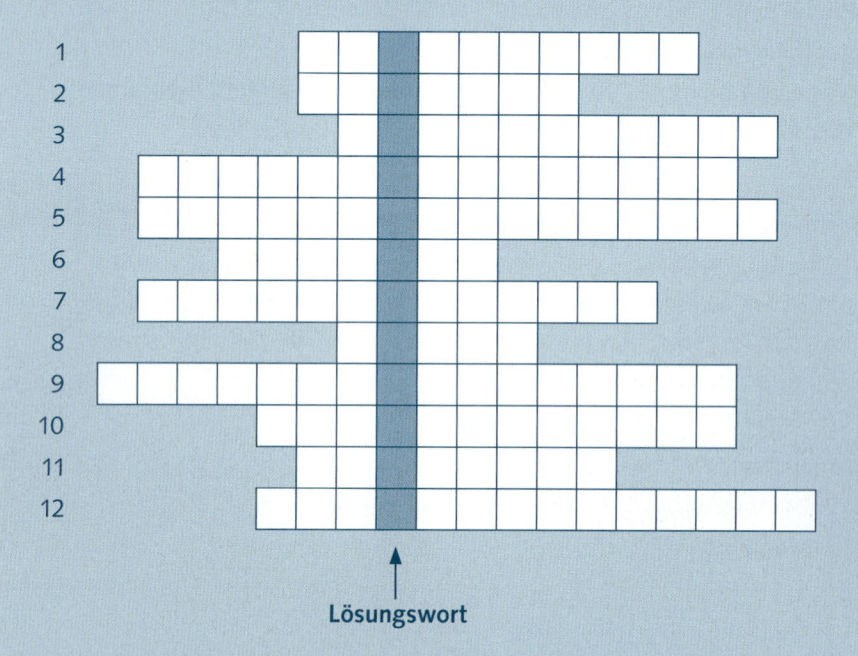

↑ Lösungswort

1 Methode der Primärforschung
2 Instrument der Kommunkationspolitik
3 Werbebriefe mit identischem Text an unterschiedliche Empfänger
4 Wachstumsstrategie
5 Absatzmittler, selbstständiger Kaufmann
6 Marktform mit vielen Anbietern
7 Preisstrategie
8 Sortiment mit wenigen Artikelgruppen
9 Matrix der Boston-Consulting-Group
10 Instrument zur Entwicklung von Marketing-Strategien
11 Marktform mit wenigen Anbietern
12 Systematische Sammlung, Analyse und Interpretation von Daten

Grundlagen des betrieblichen Rechnungswesens kennenlernen

Werteströme erfassen und beurteilen

Das werden Sie hier lernen …

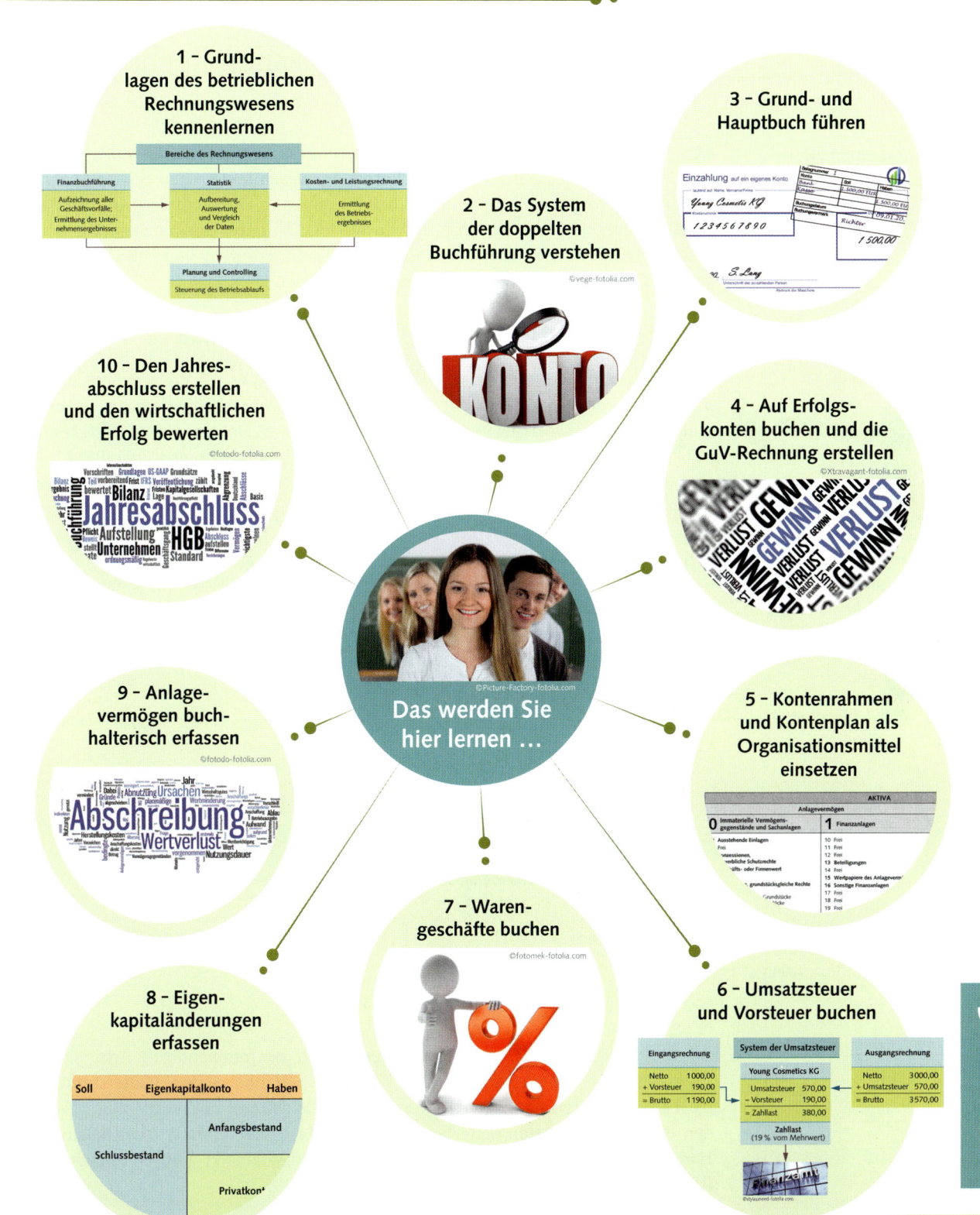

- 1 – Grundlagen des betrieblichen Rechnungswesens kennenlernen
- 2 – Das System der doppelten Buchführung verstehen
- 3 – Grund- und Hauptbuch führen
- 4 – Auf Erfolgskonten buchen und die GuV-Rechnung erstellen
- 5 – Kontenrahmen und Kontenplan als Organisationsmittel einsetzen
- 6 – Umsatzsteuer und Vorsteuer buchen
- 7 – Warengeschäfte buchen
- 8 – Eigenkapitaländerungen erfassen
- 9 – Anlagevermögen buchhalterisch erfassen
- 10 – Den Jahresabschluss erstellen und den wirtschaftlichen Erfolg bewerten

LERNFELD 6

Werteströme erfassen und beurteilen

1 Grundlagen des betrieblichen Rechnungswesens kennenlernen

Aufgaben des Rechnungswesens:
- Dokumentation
- Information
- Kontrolle und Planung

Eine zentrale Aufgabe der Unternehmensführung ist die optimale Verwirklichung der Unternehmensziele. Das **betriebliche Rechnungswesen** leistet dazu einen Beitrag, indem es **alle Vorgänge** in den Funktionsbereichen eines Unternehmens **wertmäßig erfasst** (dokumentiert), aufbereitet und auswertet. Die dabei gewonnenen Ergebnisse dienen der Information über den Ist-Zustand, der Überprüfung von getroffenen Maßnahmen und zur Vorbereitung zukünftiger Entscheidungen.

1.1 Werteströme und Geschäftsprozesse

Allen im Rechnungswesen erfassten Geschäftsprozessen liegen **Werteströme** in Form von **Güter-** und **Geldströmen** zugrunde, die in einer wechselseitigen Abhängigkeit zueinander stehen. Die damit verbundenen Aufgaben (z. B. Einkauf und Verkauf) können nur dann optimal gelöst werden, wenn ausreichende **Informationen** über den Absatz- und Beschaffungsmarkt vorhanden sind und eine sinnvolle Kommunikation untereinander stattfindet.

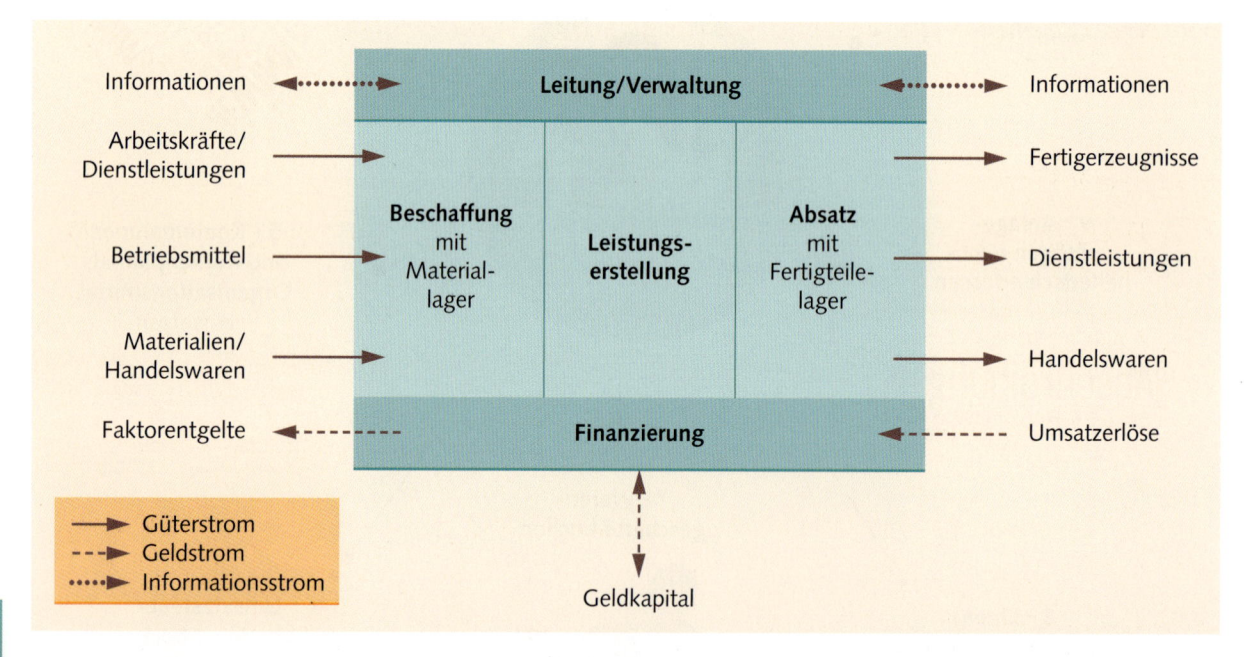

Der Beschaffungsmarkt stellt den Unternehmen die notwendigen Arbeitskräfte/Dienstleistungen, Betriebsmittel und Materialien/Handelswaren **(Güterstrom)** für die Leistungserstellung gegen Faktorentgelte **(Geldstrom)** zur Verfügung. Die mit den Produktionsfaktoren erstellten Leistungen **(Fertigerzeugnisse, Dienstleistungen, Handelswaren → Güterstrom)** werden auf dem Absatzmarkt zum erzielbaren Preis **(Umsatzerlöse → Geldstrom)** verkauft.

LERNFELD 6

Grundlagen des betrieblichen Rechnungswesens kennenlernen

Da Einnahmen und Ausgaben nicht zeitgleich erfolgen, ist es **Aufgabe der Finanzierung**, ständig für ausreichendes Geldkapital zu sorgen bzw. für frei werdende Gelder Anlagemöglichkeiten zu suchen.

Merke

Bei der betrieblichen Leistungserstellung steht jedem **Güterstrom** ein **Geldstrom** gegenüber.

1.1.1 Werteströme und Geschäftsfälle

Geld- und **Güterbewegungen verändern** ständig die **Vermögens-** und **Schuldenwerte** eines Unternehmens und können zum Erfolg beitragen.

Alle diese Veränderungen werden im Rechnungswesen als **Geschäftsfälle** (auch: Geschäftsvorfälle) bezeichnet.

Merke

Ein **Geschäftsfall** spiegelt betriebliche Prozesse wider, die wert- und mengenmäßig zu einer Änderung der Vermögens- und/oder Finanzierungsverhältnisse und gegebenenfalls zu einem Erfolg führen.

Obwohl die Betriebsarten, in denen Kaufleute für Büromanagement tätig sind, in der Erbringung von Sach- oder Dienstleistungen sehr unterschiedlich sind, gibt es viele Geschäftsvorgänge, die unabhängig vom Betriebstyp in allen Unternehmen vorkommen, z. B.:

→ Unternehmen kaufen und verkaufen Waren und Dienstleistungen.
→ Sie nehmen Kredite auf und zahlen Zinsen.
→ Mitarbeiter erhalten Löhne bzw. Gehälter.
→ Investitionen in Anlagen dienen dem Produktionsprozess.
→ Aufwendungen für das Marketing sichern die absatzpolitischen Ziele.
→ Gewinne werden besteuert.

Geschäftsfälle lassen sich grundsätzlich in **zwei Arten** einteilen: Einige führen zu einer Veränderung von Vermögens- und/oder Schuldenwerten, andere tragen auch zum Erfolg des Unternehmens bei.

■ Geschäftsfälle ohne Auswirkung auf den Erfolg

Beispiel

1. Die Young Cosmetics KG investiert 20 000,00 EUR in ein neues Lagersystem. Der Lieferant gewährt ein großzügiges Zahlungsziel. **Folge:** Das **Vermögen** im Anlagenbereich steigt, gleichzeitig steigen auch die **Schulden**.
2. Die Rechnung wird nach 30 Tagen mit Banküberweisung bezahlt. **Folge:** Die **Schulden** sinken, gleichzeitig sinkt der Bestand auf dem Bankkonto und damit das **Vermögen**.

LERNFELD 6

Werteströme erfassen und beurteilen

Grundlage jeglicher Geschäftstätigkeit und Voraussetzung für die Leistungserstellung ist eine Ausstattung des Unternehmens mit z. B. **Gebäude**, Betriebs- und Geschäftsausstattung (**BGA**) und **Maschinen**.

Zum Vermögensbereich gehören aber auch **Vorräte**, die entweder als **Handelswaren** direkt weiterverkauft werden oder als **Roh-, Hilfs- und Betriebsstoffe** (RHB) zur Weiterverarbeitung zwischengelagert sind, sowie **Forderungen** (z. B. gegenüber Kunden) und Bestände an **Zahlungsmitteln**.

Kapital:
- Eigenkapital
- Fremdkapital

Vermögen:
- Gebäude
- BGA
- Maschinen
- Vorräte (Handelswaren/RHB)
- Forderungen
- Zahlungsmittel (Bank/Kasse)

Die Anschaffung dieser **Vermögensgegenstände** erfordert finanzielle Mittel, d. h., das notwendige **Kapital** muss zur Verfügung gestellt werden: z. B. **Eigenkapital** durch Eigentümer oder **Fremdkapital** durch Kreditinstitute. Diese Vorgänge sind für den Leistungsprozess zwingend erforderlich, führen aber nicht unmittelbar zum Erfolg des Unternehmens, denn durch die Anschaffung von Vermögen und Bereitstellung von Kapital entstehen weder Gewinne noch Verluste.

> **Merke**
>
> **Wertzugänge** bzw. **Wertabgänge**, die ausschließlich zu einer Veränderung des **Vermögens** und/oder **Kapitals** führen, verändern den **Erfolg** des Unternehmens **nicht**.

■ Geschäftsfälle mit Auswirkung auf den Erfolg

> **Beispiel**
>
> 1. Die Young Cosmetics KG kauft Handelswaren ein und bezahlt diese bar. **Folge:** Der **Aufwand** für die Handelswaren führt zu einer Auszahlung und damit zu einer Verringerung des **Vermögens** (Bankkonto); gleichzeitig verringert der Aufwand den Erfolg.
>
> 2. Die Young Cosmetics KG verkauft die Handelswaren an Kunden zu einem höheren Preis. Die Kunden zahlen bar. **Folge:** Der **Ertrag** (Umsatzerlös) aus dem Verkauf führt zu einer Erhöhung des **Vermögens** (Bankkonto); gleichzeitig mehrt der Ertrag den Erfolg.

Gesamtleistung (Erträge)
− Vorleistungen (Aufwendungen)
= **Wertschöpfung (Erfolg)**

Die Beispiele zeigen, dass die Vorgänge bei der Leistungserstellung durch die dort stattfindende **Wertschöpfung** den **Erfolg** des Unternehmens beeinflussen können. Übernommene Leistungen (Vorleistungen) führen zu **Aufwendungen** und abgesetzte Leistungen zu **Erträgen**. Der Wert, um den die Erträge die Aufwendungen übersteigen, stellt die vom Unternehmen erbrachte Wertschöpfung (Erfolg) dar.

> **Merke**
>
> **Wertzugänge** und **Wertabgänge** bei der **Leistungserstellung** beeinflussen als **Aufwand** und **Ertrag** den **Erfolg** des Unternehmens.

■ Werteströme und Geschäftsfälle

Um feststellen zu können, wodurch dem Unternehmen ein **Wertzugang** und wodurch ihm ein **Wertabgang** entsteht, sind drei Bereiche grundsätzlich voneinander zu unterscheiden: **Vermögen**, **Kapital** und **Leistungsbereich**.

LERNFELD 6

Grundlagen des betrieblichen Rechnungswesens kennenlernen

Bereich 1: Wertzugänge/Wertabgänge von Vermögen

Eine **Mehrung des Vermögens** (z. B. Erwerb eines LKW) stellt einen **Wertzugang** dar, eine **Minderung des Vermögens** (z. B. Verkauf eines Grundstücks) einen **Wertabgang**.

Bereich 2: Wertzugänge/Wertabgänge von Kapital

Eine **Mehrung des Kapitals** stellt grundsätzlich einen **Wertabgang** dar, denn – so der „Hintergedanke" – eine Vermehrung der Schulden mindert den Unternehmenswert. Das Fremdkapital besteht aus kurz- oder langfristigen Schulden an Lieferanten bzw. Kreditinstitute. Im Prinzip ist das Eigenkapital aber ebenso (von den Eigentümern) geliehenes Kapital, das spätestens bei Auflösung des Unternehmens zurückzuzahlen ist, und insofern handelt es sich auch dabei um Schulden im weiteren Sinne.

Entsprechend ist jede **Minderung des Kapitals** als **Wertzugang** zu verstehen: Die Schulden gehen zurück, das Unternehmen gewinnt dadurch an Wert.

> **Merke**
>
> Das Eigenkapital wird als langfristige „Schulden" an den Eigentümer aufgefasst, das allerdings erst bei Auflösung des Unternehmens an diesen zurückfällt.
>
> Eine Zunahme des Eigenkapitals ist deshalb genauso ein Wertabgang wie die Zunahme von Schulden.

Bereich 3: Wertzugänge/Wertabgänge von Leistungen im Leistungsbereich

Gehen Leistungen (z. B. als Arbeitsleistung der Angestellten) zu **(input)**, entsteht im Unternehmen ein **Wertzugang**. In der Finanzbuchhaltung wird ein **Leistungszugang** als Aufwand gespiegelt. **Aufwendungen** repräsentieren deshalb **Wertzugänge**.

Gehen Leistungen (z. B. als Verkauf von Waren) ab **(output)**, entsteht im Unternehmen ein **Wertabgang**. Einen **Leistungsabgang** spiegelt die Finanzbuchhaltung als Ertrag. **Erträge** repräsentieren deshalb **Wertabgänge**.

> **Merke**
>
> Aufwendungen = Wertzugänge
>
> Erträge = Wertabgänge

> **Merke**
>
> **Wertzugänge** entstehen durch
> - Mehrungen des Vermögens
> - Minderungen des Kapitals
> - Aufwendungen für den Leistungsprozess (z. B. Einkauf von Waren und sonstigen Leistungen).
>
> **Wertabgänge** entstehen durch
> - Minderungen des Vermögens
> - Mehrungen des Kapitals
> - Erträge beim Absatz von Leistungen (z. B. Verkauf von Waren und sonstigen Leistungen).

> **Tipp**
>
> In Kapitel 2, wenn das System der doppelten Buchführung eingeführt ist, werden Sie die einfache und immer gültige Buchungsregel verstehen:
>
> **Wertzugänge** führen zu einer **Soll-Buchung**.
>
> **Wertabgänge** führen zu einer **Haben-Buchung**.

Die Überlegungen zu den Wertveränderungen in den drei Bereichen machen deutlich,

→ dass **Wertzugänge** und **Wertabgänge** sich in der Summe stets wertmäßig entsprechen und

→ ein Geschäftsfall **mindestens zwei Wertvorgänge** verursacht: Es findet immer mindestens ein Wertzugang und ein Wertabgang statt.

LERNFELD 6

Werteströme erfassen und beurteilen

Geschäftsfälle in den Bereichen eines Unternehmens (Beispiele)		
Geschäftsfälle	Wertzugang im Bereich ...	Wertabgang im Bereich ...
Anschaffung eines Schreibtisches auf Ziel (Rechnung)	**Vermögen:** Mehrung der Betriebs- und Geschäftsausstattung	**Kapital:** Mehrung der Verbindlichkeiten
Bezahlung der Rechnung mit einer Banküberweisung	**Kapital:** Minderung der Verbindlichkeiten	**Vermögen:** Minderung des Bankkontos
Aufnahme eines Kredites bei der Bank	**Vermögen:** Mehrung des Bankkontos	**Kapital:** Mehrung der Darlehensschulden
Einzahlung der Tageskasse auf das Bankkonto	**Vermögen:** Mehrung des Bankkontos	**Vermögen:** Minderung des Kassenbestandes
Umwandlung einer Verbindlichkeit gegenüber Lieferer in ein Bankdarlehen	**Kapital:** Minderung der Verbindlichkeiten	**Kapital:** Mehrung der Darlehensschulden
Mietzahlung für angemietete Lagerräume durch Banküberweisung	**Leistungsbereich:** Wertzugang durch Einkauf einer Leistung (Nutzungsrecht für Lagerhalle)	**Vermögen:** Minderung des Bankkontos
Eingang einer Provision auf dem Bankkonto	**Vermögen:** Mehrung des Bankkontos	**Leistungsbereich:** Wertabgang durch Verkauf einer Leistung (Vermittlung eines Geschäfts)
Zahlung von KFZ-Versicherung für Firmenwagen vom Bankkonto	**Leistungsbereich:** Wertzugang durch Einkauf einer Leistung (Anspruch auf Versicherungsleistung)	**Vermögen:** Minderung des Bankkontos
Einkauf von Waren auf Ziel (Waren gehen ohne Zwischenlagerung in den Verkauf)	**Leistungsbereich:** Wertzugang durch Einkauf einer Leistung (Bereitstellung von Waren für den Leistungsprozess)	**Kapital:** Mehrung der Verbindlichkeiten
Barverkauf von Waren	**Vermögen:** Mehrung des Kassenbestandes	**Leistungsbereich:** Wertabgang durch Verkauf einer Leistung (Waren)

Grundlagen des betrieblichen Rechnungswesens kennenlernen

Die Zusammenhänge fasst das folgende Schaubild zusammen:

```
                    Young Cosmetics KG
Vermögenszugang                                     Kapitalzugang
                                                    (Schuldenzugang)
= Wertzugang    →   Vermögen        Kapital     ←   = Wertabgang

                    • Anlagevermögen • Eigenkapital
                    • Umlaufvermögen • Fremdkapital   Kapitalabgang
Vermögensabgang                                       (Schuldenabgang)
= Wertabgang    ←                                 →   = Wertzugang

                    Leistungsbereich z. B.

Input (≙ Aufwand)                                    Output (≙ Ertrag)
= Wertzugang    →   - Einkauf von Waren  - Verkauf von Waren  →  = Wertabgang
                    - Mietaufwendungen   - Provisionserträge
```

1.1.2 Werteströme und Belege

Die Erfassung von Veränderungen der Werteströme darf gemäß gesetzlicher Vorschriften und kaufmännischer Erfordernisse nur auf der Grundlage von Belegen erfolgen. Der **Beleg** ist das Dokument, das Auskunft gibt über die **Art des Geschäftsfalls** (Wertzugang und Wertabgang), die **Höhe des Betrags** in EUR und den **Zeitpunkt**. Die Belege sind **Beweis** für die Richtigkeit und Vollständigkeit der Geschäftsbuchführung.

■ Werteströme am Beispiel der Rechnung

Anhand der **Rechnung**, einer der **häufigsten Belege** im Rechnungswesen, können exemplarisch die unterschiedlichen Werteströme aufgezeigt werden.

→ Die **Eingangsrechnung** stellt einen Fremdbeleg für die erhaltene Leistung (Wertzugang = Güterstrom) dar. Dafür fordert der Lieferer den Rechnungsbetrag (Wertabgang = Geldstrom).

→ Die **Ausgangsrechnung** (Eigenbeleg) zeigt den entgegengesetzten Geschäftsprozess. Für die erbrachte Leistung (Wertabgang = Güterstrom) wird das entsprechende Entgelt gefordert (Wertzugang = Geldstrom).

Eingangsrechnungen für Lieferungen und Leistungen stellen aus Sicht des buchenden Unternehmens **Verbindlichkeiten** dar. Der Lieferer (Gläubiger) wird im Rechnungswesen auch als **Kreditor** bezeichnet (lat. „credere" = „glauben"); er räumt bis zur Begleichung der Rechnung einen Kredit ein.

Ausgangsrechnungen bedeuten dagegen **Forderungen** aus Lieferungen und Leistungen an den Käufer (Schuldner). Dieser wird im Rechnungswesen auch als **Debitor** bezeichnet (lat. „debere" = „schulden"); er schuldet dem buchenden Unternehmen die Zahlung bis zum Ausgleich der Rechnung.

Nach sachlicher und rechnerischer Prüfung eines Belegs wird dieser zur weiteren Erfassung den konkreten Wertepositionen zugeordnet (z. B. „Forderungen" und „Umsatzerlöse" bei Ausgangsrechnungen; „Verbindlichkeiten" und „Aufwendungen für Handelswaren" bei Eingangsrechnungen). Später bezeichnen wir jede Werteposition als **Konto** (z. B. Forderungskonto).

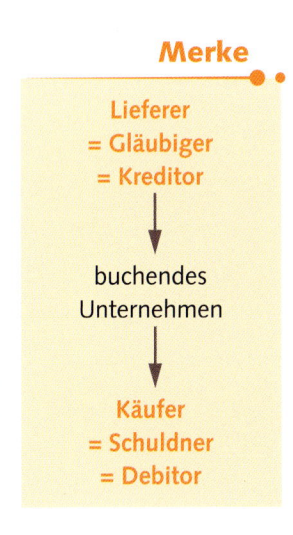

Merke

Lieferer
= Gläubiger
= Kreditor
↓
buchendes Unternehmen
↓
Käufer
= Schuldner
= Debitor

Werteströme erfassen und beurteilen

■ Belegarten

Man unterscheidet nach der Herkunft zwischen **Fremdbelegen** und **Eigenbelegen**:

→ **Fremdbelege** (externe Belege) erhält das Unternehmen von seinen Geschäftspartnern. Dazu zählen z. B. Eingangsrechnungen, Bankbelege (Kontoauszüge), Quittungen, empfangene Schecks und Handelsbriefe.

→ **Eigenbelege** (interne Belege) erstellt das Unternehmen selbst. Dazu zählen z. B. Ausgangsrechnungen, Gehaltslisten, Materialentnahmescheine, Reisekostenabrechnungen und Umbuchungen.

Gehaltsliste - Monat Februar

Young Cosmetics KG
Mittlere Str. 30
01070 Dresden

Name, Vorname	Bruttogehalt	Steueranteil	AN-Anteil zur SV	Gesamtabzüge	Nettobezüge/ Auszahlung	AG-Anteil zur SV
Krüger, Sophia	2 100,00 EUR	238,15 EUR	434,18 EUR	672,33 EUR	1 427,67 EUR	394,28 EUR
Genau, Gisela	1 600,00 EUR	322,56 EUR	330,80 EUR	653,36 EUR	946,64 EUR	300,40 EUR
Richter, Monika	1 550,00 EUR	78,91 EUR	320,47 EUR	399,38 EUR	1 150,62 EUR	291,02 EUR
Schneider, Christoph	1 500,00 EUR	93,75 EUR	310,13 EUR	403,88 EUR	1 096,12 EUR	281,63 EUR
Neubert, Stephanie	1 500,00 EUR	96,30 EUR	313,88 EUR	410,18 EUR	1 089,82 EUR	281,63 EUR
Alisa Lindner	620,00 EUR	0,00 EUR	128,19 EUR	128,19 EUR	491,81 EUR	116,41 EUR
Summe	**8 870,00 EUR**	**829,67 EUR**	**1 837,65 EUR**	**2 667,32 EUR**	**6 202,68 EUR**	**1 665,37 EUR**

Grundlagen des betrieblichen Rechnungswesens kennenlernen

Ein **Not-** oder **Ersatzbeleg** als besondere Form des Eigenbelegs ist auszustellen, wenn ein Fremdbeleg als Originalbeleg nicht zu erhalten war oder wenn er verloren gegangen ist.

1.2 Aufgabenbereiche des betrieblichen Rechnungswesens

Der Beschaffung, Dokumentation und Auswertung von Daten und Informationen dienen unterschiedliche Teilbereiche des Rechnungswesens. Zu unterscheiden sind insbesondere die **Finanzbuchführung** (auch Geschäftsbuchhaltung oder nur Buchhaltung genannt) als **externes Rechnungswesen** und die **Kosten- und Leistungsrechnung** als **internes Rechnungswesen**.

→ Die **Finanzbuchführung** ist die lückenlose Aufzeichnung aller Geschäftsfälle einer Rechnungsperiode anhand von Belegen zur Ermittlung des Unternehmensergebnisses. Sie verschafft nicht nur dem Unternehmen selbst einen Überblick über die wirtschaftliche Situation, sondern gibt unter Berücksichtigung gesetzlicher Vorschriften auch anderen Interessenten (z. B. Finanzamt, Eigentümer, Banken, weitere Kapitalgeber und Mitarbeiter) einen Einblick z. B. in die Vermögens- und Ertragslage.

→ Die **Kosten- und Leistungsrechnung** ist eine innerbetriebliche Angelegenheit und nicht an gesetzliche Vorgaben gebunden. Sie bereinigt das Unternehmensergebnis um betriebsfremde, periodenfremde und außerordentliche Werteströme und ermittelt so das Betriebsergebnis. Damit lässt sich die Wirtschaftlichkeit des betrieblichen Leistungsprozesses überwachen.

LERNFELD 6

Werteströme erfassen und beurteilen

Merke

Finanzbuchführung = externes Rechnungswesen

Kosten- und Leistungsrechnung = internes Rechnungswesen

Ergänzt werden die beiden Teilbereiche des Rechnungswesens durch die **Statistik**, die sich insbesondere mit der Aufbereitung, Auswertung und dem Vergleich von betrieblichen Daten mittels Kennziffern, Übersichten, Diagrammen und Schaubildern befasst. Diese liefern dem Unternehmen wertvolle Erkenntnisse für betriebliche Entscheidungen.

Die im Rechnungswesen ermittelten Werte sind Grundlage des Teilbereichs **Planung und Controlling**, der einen Beitrag zur Aufstellung betrieblicher Pläne (z. B. Beschaffungsplan, Absatzplan) und zur Steuerung des gesamten Unternehmensablaufs leistet.

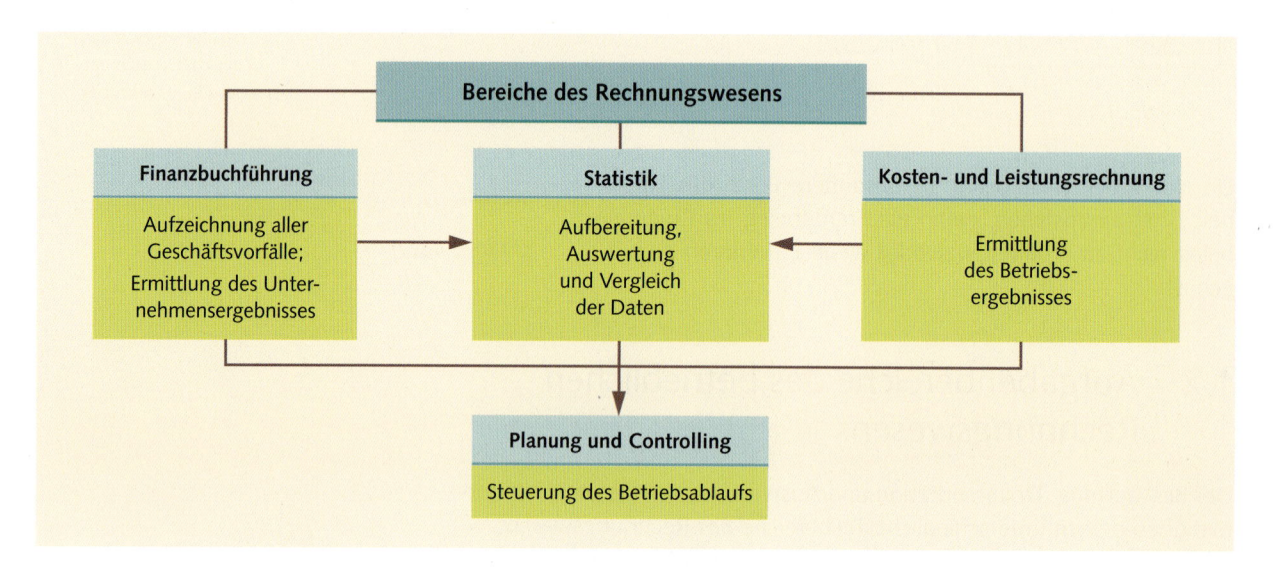

Bereiche des Rechnungswesens

- **Finanzbuchführung**: Aufzeichnung aller Geschäftsvorfälle; Ermittlung des Unternehmensergebnisses
- **Statistik**: Aufbereitung, Auswertung und Vergleich der Daten
- **Kosten- und Leistungsrechnung**: Ermittlung des Betriebsergebnisses
- **Planung und Controlling**: Steuerung des Betriebsablaufs

1.3 Die kaufmännische Buchführungspflicht

Neben den **Eigentümern** und den **Mitarbeitern** (interne Adressaten) sind auch Personen und Institutionen außerhalb des Unternehmens (externe Adressaten) an einer ordnungsgemäßen Aufzeichnung aller Vorgänge interessiert. Dazu zählen insbesondere **Kreditgeber**, die Rückzahlungen (Tilgungen) und Zinszahlungen erwarten, sowie der **Staat** bzw. das **Finanzamt** mit dem Anspruch auf einwandfreie Unterlagen zur Berechnung der Steuern. Deshalb regeln **Gesetze** und **Verordnungen** die Buchführung.

§§§

Handelsrechtliche Vorschriften:
- Handelsgesetzbuch (HGB)

Steuerrecht zur Buchführung:
- Abgabenordnung (AO)
- Umsatzsteuergesetz (UStG)
- Einkommensteuergesetz (EStG)
- Körperschaftsteuergesetz (KStG)
- Gewerbesteuergesetz (GewStG)

Rechtsformspezifische Vorschriften:
- Aktiengesetz (AktG)
- GmbH-Gesetz (GmbHG)
- Genossenschaftsgesetz (GenG)

LERNFELD 6

Grundlagen des betrieblichen Rechnungswesens kennenlernen

■ Gesetzliche Vorschriften

Grundlegende gesetzliche Bestimmungen zur Buchführung für Kaufleute enthalten das **Handelsgesetzbuch** (HGB), das **Steuerrecht** und **rechtsformspezifische Vorschriften**.

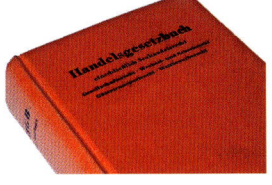

> **§ 238 I HGB**
> Jeder **Kaufmann** ist verpflichtet, Bücher zu führen und in diesen seine Handelsgeschäfte und die Lage seines Vermögens nach den Grundsätzen ordnungsmäßiger Buchführung ersichtlich zu machen.

Aufgrund der Buchführungspflicht nach Steuerrecht verpflichtet die Abgabenordnung als allgemeines Steuergesetz zudem auch alle **gewerblichen Unternehmer**, die keine Kaufleute sind, sowie **Land- und Forstwirte** zur Buchführung. Einzelkaufleute und gewerbliche Unternehmer einschließlich Land- und Forstwirte sind jedoch bei **Umsätzen unter 500 000,00 EUR** und einem **Gewinn unter 50 000,00 EUR** von der **Buchführungspflicht befreit**.

■ Grundsätze ordnungsgemäßer Buchführung (GoB)

Die Grundsätze ordnungsgemäßer Buchführung (GoB) stellen ein System von Regeln dar, die bei der Ausübung von Buchführungsarbeiten zu beachten sind. Die Buchführung entspricht diesen **Regeln**, wenn sie so beschaffen ist, dass sich

→ ein **sachverständiger Dritter** (z. B. Steuerberater, Betriebsprüfer des Finanzamtes)

→ innerhalb **angemessener Zeit** (abhängig vom Umfang der Buchführung)

→ einen **Überblick** über die **Geschäftsfälle** und über die **wirtschaftliche Lage** des Unternehmens

verschaffen kann.

Diese allgemeinen Vorgaben werden durch folgende Grundsätze nach Handelsgesetzbuch und Abgabenordnung präzisiert (Beispiele):

Grundsätze ordnungsgemäßer Buchführung (GoB)	
Grundsatz	**Erläuterung**
Klarheit, Übersichtlichkeit und Nachprüfbarkeit (formeller Grundsatz)	• Die Aufzeichnungen und Bücher sind in einer lebenden Sprache zu führen. Für Abkürzungen, Ziffern, Buchstaben und Symbole ist die Bedeutung genau festzulegen. • Steuererklärungen und Jahresabschlüsse sind in deutscher Sprache einzureichen. • Eine Eintragung oder Aufzeichnung darf nicht so verändert werden, dass der ursprüngliche Inhalt nicht mehr nachprüfbar oder erkennbar ist. Deshalb sind Radieren, Rasieren, Überkleben, Löschen, Bleistifteintragungen nicht erlaubt. • Unbeschriebene Zwischenräume sind durch sogenannte Buchhalternasen auszufüllen, um nachträgliche Eintragungen auszuschließen. • Die Aufzeichnungen und Bücher sind in der Bundesrepublik Deutschland entsprechend den gesetzlichen Vorschriften aufzubewahren.

LERNFELD 6

Werteströme erfassen und beurteilen

Grundsätze ordnungsgemäßer Buchführung (GoB)	
Grundsatz	**Erläuterung**
Vollständigkeit, Rechtzeitigkeit und **Richtigkeit** (materieller Grundsatz)	• Die Eintragungen in den Büchern und Aufzeichnungen sind vollständig, wahrheitsgemäß, rechtzeitig und geordnet vorzunehmen. • Es dürfen keine Belege und Buchungen fehlen. Die Aufzeichnungen sind lückenlos und zeitlich geordnet zu führen. • Die Buchungen und Bücher müssen mit dem ursprünglichen Inhalt der Belege übereinstimmen; sie müssen wahr sein. • Kasseneinnahmen und Kassenausgaben sind täglich aufzuzeichnen. • Die Buchungen sind zeitgerecht vorzunehmen, d. h., zwischen Geschäftsfall und Buchung darf nur eine kurze Zeit liegen.

■ Gesetzliche Aufbewahrungsfristen

Jeder Kaufmann ist verpflichtet, die Unterlagen der Buchführung geordnet und unter Einhaltung gesetzlicher Fristen aufzubewahren. Diese Aufbewahrungspflicht dient zur Sicherung der Verfügbarkeit von Buchführungsunterlagen

→ für Prüf- und Beweiszwecke,
→ für die Besteuerung und
→ bei Rechtsstreitigkeiten.

Aufbewahrungsfristen

10 Jahre
- Bücher der Buchführung
- Inventare
- Eröffnungsbilanzen
- Jahresabschlüsse
- Lageberichte
- Buchungsbelege

6 Jahre
- empfangene Handelsbriefe (z. B. Angebote)
- Kopien/Zweitschriften abgesandter Handelsbriefe (z. B. Bestellungen)

Die gesetzlichen Aufbewahrungsfristen betragen zehn und sechs Jahre, wobei alle **bedeutenden Buchführungsunterlagen** generell **zehn Jahre** aufzubewahren sind. Aufgrund ihrer besonderen Bedeutung müssen Jahresabschlüsse (Bilanz und Gewinn- und Verlustrechnung) und Eröffnungsbilanzen in **Papierform** ausgedruckt aufbewahrt werden. Andere Buchführungsunterlagen und Belege können auf einem **digitalen Speichermedium** (z. B. CD, Server) aufbewahrt werden, wenn die spätere Datenwiedergabe mit den Buchungsbelegen und Handelsbriefen bildlich und inhaltlich übereinstimmt.

Die Unterlagen müssen
→ während der Dauer der Aufbewahrungsfrist jederzeit verfügbar sein,
→ unverzüglich lesbar gemacht werden können.

© Angelika Bentin-fotolia.com

Merke
Die **Aufbewahrungsfrist** beginnt mit dem **Ende des Kalenderjahres**, in dem der Vorgang entstanden ist.

Beispiel
Die Buchhaltung der Young Cosmetics KG erhält von einem Lieferanten am 06.02.2015 noch eine Rechnung für das vergangene Jahr. Die Rechnung wird am 08.02.2015 gebucht und am gleichen Tag bezahlt.
Beginn der Aufbewahrungspflicht: 31.12.2015 (24:00 Uhr)
Ende der Aufbewahrungspflicht: 31.12.2025 (24:00 Uhr)

1.4 Die Bilanz als Dokumentation von Vermögen und Kapital

Die Buchführung kommt ihrer Verpflichtung zur Dokumentation der Vermögens- und Finanzlage unter Berücksichtigung der gesetzlichen Vorschriften durch eine zusammenfassende Darstellung zu bestimmten Zeitpunkten (i. d. R. zum Geschäftsjahresende) nach. Die Überlegungen zu den Wertbewegungen haben gezeigt, dass das gesamte Vermögen wertmäßig genau der Summe aus Fremdkapital und Eigenkapital entspricht.

Die Gegenüberstellung von Vermögen und Kapital wird deshalb als **Bilanz** bezeichnet (italienisch: bilancia = Waage). Diese Waage befindet sich definitionsgemäß immer im Gleichgewicht.

§§§
§ 242 HGB
(1) Der Kaufmann hat zu Beginn seines Handelsgewerbes und für den Schluss eines jeden Geschäftsjahrs einen das Verhältnis seines Vermögens und seiner Schulden darstellenden Abschluss (Eröffnungsbilanz, Bilanz) aufzustellen.

■ Inhalt und Aufbau der Bilanz

Die Bilanz ist grundsätzlich in **Kontenform** zu erstellen. Die linke Seite wird als **Aktivseite** (Aktiva) bezeichnet und gliedert das Vermögen in **Anlage-** und **Umlaufvermögen**. Die rechte Seite wird als **Passivseite** (Passiva) bezeichnet und gliedert das Kapital in **Eigen-** und **Fremdkapital**. Das Eigenkapital ergibt sich aus der Differenz zwischen Vermögen und Schulden.

Die Bilanz dokumentiert

→ auf der **Aktivseite** die **Verwendung des Kapitals** (Mittelverwendung) und
→ auf der **Passivseite** die **Quellen des Kapitals** (Mittelherkunft).

Eigenkapital und Fremdkapital ergeben zusammen das zur Finanzierung des Vermögens benötigte Kapital.

Das folgende Schaubild zeigt schematisch die Zusammenhänge:

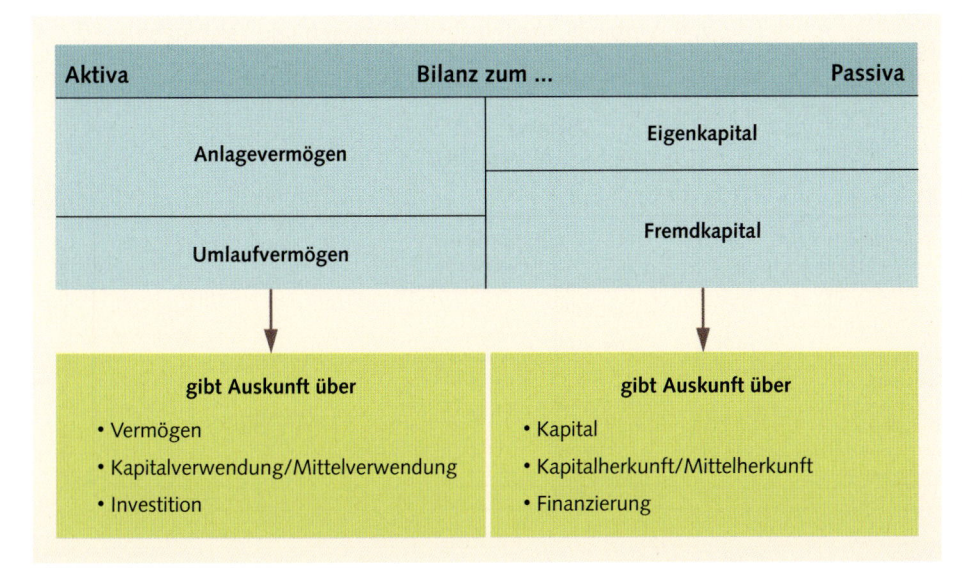

Aktiva	Bilanz zum ...	Passiva
Anlagevermögen		Eigenkapital
Umlaufvermögen		Fremdkapital
gibt Auskunft über		**gibt Auskunft über**
• Vermögen • Kapitalverwendung/Mittelverwendung • Investition		• Kapital • Kapitalherkunft/Mittelherkunft • Finanzierung

Werteströme erfassen und beurteilen

Aus der wertmäßigen Übereinstimmung von Aktiva und Passiva ergeben sich verschiedene Bilanzgleichungen:

Bilanzgleichungen	
Grundgleichung	Summe der Aktiva = Summe der Passiva bzw. Vermögen = Kapital
abgeleitete Bilanzgleichungen (Beispiele)	Eigenkapital = Vermögen − Fremdkapital Fremdkapital = Vermögen − Eigenkapital Vermögen = Eigenkapital + Fremdkapital

■ Gliederungsprinzip der Bilanz

Die Anordnung der **Vermögensposten** erfolgt nach **steigender Liquidität (Flüssigkeit)**.

Beispiel
Betriebsgrundstücke dienen dem Unternehmen langfristig. Eine Veräußerung bedarf einer notariellen Beurkundung.

Zuerst werden die Vermögensposten aufgeführt, die tendenziell schwieriger in Geld umzuwandeln sind.

Beispiel
Forderungen aus Lieferungen und Leistungen sind i. d. R. nach wenigen Tagen fällig und führen zu Zahlungseingängen.

Im Anschluss folgen die Vermögensposten, die prinzipiell leichter (bzw. schneller) in flüssige Mittel verwandelt werden können.

Das **Kapital** ist nach **Dringlichkeit der Rückzahlung (steigender Fälligkeit)** geordnet.

Beispiel
Eigenkapital steht dem Unternehmen i. d. R. am langfristigsten zur Verfügung, da es erst bei Auflösung des Unternehmens zurückgezahlt wird.

Nach dem Eigenkapital werden langfristige Schulden zuerst aufgeführt (z. B. Darlehen). Danach folgen die kurzfristigen Schulden (z. B. Verbindlichkeiten aus Lieferungen und Leistungen).

Bilanz
Young Cosmetics KG Dresden
zum 31.12.20..

Aktiva		Passiva	
A. Anlagevermögen		A. Eigenkapital	144.800,00 EUR
1. Grundstücke und Gebäude	115.000,00 EUR	B. Fremdkapital	
2. Maschinen und Anlagen	8.000,00 EUR	I. Langfristige Schulden	
3. Fuhrpark	34.000,00 EUR	1. Hypothekenschulden	76.500,00 EUR
4. Betriebs- und Geschäftsausstattung	40.000,00 EUR	2. Darlehen	34.000,00 EUR
B. Umlaufvermögen		II. Kurzfristige Schulden	
1. Vorräte (Handelswaren)	48.000,00 EUR	1. Verbindlichkeiten a. L. u. L.	16.000,00 EUR
2. Forderungen a. L. u. L.	17.000,00 EUR	2. Sonstige Verbindlichkeiten	700,00 EUR
3. Kasse	300,00 EUR		
4. Bankguthaben	9.700,00 EUR		
	157.000,00 EUR		272.000,00 EUR

Ordnung nach steigender Liquidität → (Aktiva)
Ordnung nach steigender Fälligkeit → (Passiva)

Dresden, den 28. April 20.. *Samia Lang*

Grundlagen des betrieblichen Rechnungswesens kennenlernen

■ Unterzeichnung der Bilanz

Die Bilanz ist mit **Ort** und **Datum** zu versehen und zu unterzeichnen:

→ bei einem Einzelunternehmen durch den Inhaber,
→ bei der OHG durch alle Gesellschafter,
→ bei der KG durch alle persönlich haftenden Gesellschafter (Komplementäre),
→ bei der GmbH durch alle Geschäftsführer,
→ bei der AG durch alle Mitglieder des Vorstandes.

Eine Delegierung der Unterschriftsleistung an Dritte (Prokurist, Steuerberater, Wirtschaftsprüfer, Familienangehörige) ist nicht statthaft.

•• 1.5 Zusammenfassung und Aufgaben

Zusammenfassung

Werteströme und Geschäftsprozesse

Aufgaben des Rechnungswesens:
- Dokumentation
- Information
- Kontrolle und Planung

Die betriebliche Leistungserstellung erfordert **Güter-** und **Geldströme**.

Güterströme führen Betriebsmittel, Arbeitskräfte, Handelswaren und andere notwendige Vorräte zum Betrieb hin. Nach betrieblicher Leistungserstellung verlassen Güterströme in Form von Fertigerzeugnissen, Handelswaren oder Dienstleistungen den Betrieb.

Entgegengesetzt zum Güterstrom verläuft der **Geldstrom** (z. B. Zahlungseingänge für den Verkauf von Waren, Zahlungsausgänge für den Einkauf von Waren).

Informations- und **Kommunikationssysteme** unterstützen die optimale Verwirklichung der betrieblichen Ziele.

Geschäftsfälle spiegeln betriebliche Prozesse wider, die wert- und mengenmäßig zu einer Änderung der Vermögens- und/oder Finanzierungsverhältnisse und gegebenenfalls zu einem Erfolg führen.

Ein Geschäftsfall verursacht **mindestens einen Wertzugang und einen Wertabgang**, die einander wertmäßig entsprechen.

LERNFELD 6

Werteströme erfassen und beurteilen

Werteströme und Belege

Wertzugänge und Wertabgänge von Güter- und Geldströmen werden anhand von **Belegen** dokumentiert.

Eingangsrechnungen führen zu **Verbindlichkeiten**.
Ausgangsrechnungen bewirken **Forderungen**.

Fremdbelege (externe Belege) gehen dem Unternehmen von außen zu, **Eigenbelege** (interne Belege) erstellt es selbst.

In der **Buchhaltung** eines Betriebes erfolgt die wertmäßige Erfassung (Kontierung) aller Belege.

Es gilt der Grundsatz: **Keine Buchung ohne Beleg**!

Aufgabenbereiche des betrieblichen Rechnungswesens

Die **Finanzbuchführung** als **externes Rechnungswesen** ist für die lückenlose, zeitlich und sachlich geordnete Aufzeichnung aller Geschäftsfälle zuständig. Unter Berücksichtigung **gesetzlicher Vorschriften** erhalten sowohl **interne** als auch **externe Interessenten** Einblick z. B. in die Vermögens- und Ertragslage des Unternehmens.

Die **Kosten- und Leistungsrechnung** ist nicht an gesetzliche Vorgaben gebunden und damit **als internes Rechnungswesen** eine innerbetriebliche Angelegenheit. Sie ermöglicht u. a. eine Kontrolle der Wirtschaftlichkeit.

Die **Statistik** vergleicht betriebliche Daten mittels **Kennziffern**, **Übersichten** und **Grafiken** und liefert so Entscheidungsgrundlagen.

Planung und **Controlling** unterstützen die Steuerung des gesamten Unternehmensablaufs durch Aufstellen betrieblicher Pläne.

Kaufmännische Buchführungspflicht

Jeder **Kaufmann** ist verpflichtet, Bücher zu führen. Er hat jährlich zum Ende des Geschäftsjahres eine Bilanz aufzustellen.

Kaufleute haben unterschiedliche **gesetzliche Vorschriften** zu beachten: handelsrechtliche (z. B. HGB), steuerrechtliche (z. B. AO) und rechtsformspezifische (z. B. AktG) Vorschriften.

Es sind die **Grundsätze ordnungsgemäßer Buchführung** (GoB) einzuhalten, z. B.
- Grundsatz der Klarheit, der Übersichtlichkeit und Nachprüfbarkeit und
- Grundsatz der Vollständigkeit, Rechtzeitigkeit und Richtigkeit.

Die **Aufbewahrung der Buchführungsunterlagen** erfolgt
- für alle bedeutenden Unterlagen (z. B. Buchungsbelege, Bilanzen) 10 Jahre und
- für alle nachrangigen Belege (z. B. Kopien von Angeboten, Bestellungen) 6 Jahre.

Eröffnungsbilanzen und Jahresabschlüsse sind in **Papierform** aufzubewahren.

Die **Aufbewahrungsfrist** beginnt stets mit dem Ende des Kalenderjahres (31.12., 24:00 Uhr).

LERNFELD 6

Grundlagen des betrieblichen Rechnungswesens kennenlernen

Bilanz als Dokumentation von Vermögen und Kapital

Die **Bilanz** ist eine kurzgefasste **wertmäßige** Darstellung von **Vermögen** und **Kapital** des Unternehmens in **Kontenform**.

Die linke Bilanzseite nennt man **Aktiva**. Sie stellt das **Vermögen** (Anlagevermögen und Umlaufvermögen) dar, in das investiert wurde, und zeigt so die Mittelverwendung. Ordnungskriterium der Aktiva ist die steigende Liquidität.

Die rechte Bilanzseite nennt man **Passiva**. Sie zeigt das Kapital (Eigenkapital und Fremdkapital), das zur Finanzierung dient, und klärt so die Mittelherkunft. Ordnungskriterium der Passiva ist die steigende Fälligkeit.

Beide Bilanzseiten sind wertmäßig gleich **(bilancia = Waage)**.

Aufgaben

1. Prüfen Sie folgende Aussagen auf ihre Richtigkeit. Die Antwort ist jeweils zu begründen.

   (1) Güter- und Geldströme können sich wertmäßig unterscheiden.

   (2) Wertzugänge und Wertabgänge sind stets erfolgswirksam.

   (3) Die Lieferanten eines Unternehmens sind dessen Gläubiger. Man bezeichnet sie als Debitoren.

   (4) Die Finanzbuchführung beschäftigt sich insbesondere mit der Aufbereitung, Auswertung und dem Vergleich von Unternehmensdaten.

   (5) Das Handelsgesetz verpflichtet Kaufleute, nach den Grundsätzen ordnungsgemäßer Buchführung Bücher zu führen.

   (6) Bilanzen und Handelsbriefe müssen 10 Jahre aufbewahrt werden.

   (7) Belege dürfen auf digitalen Datenträgern gespeichert werden.

   (8) Das in der Bilanz ausgewiesene Eigenkapital gibt Auskunft über die Mittelherkunft, das Fremdkapital über die Mittelverwendung.

   (9) Das Eigenkapital in der Bilanz kann auch als Differenz von Vermögen und Fremdkapital aufgefasst werden.

   (10) Die Aktivseite einer Bilanz gibt Auskunft über die Kapitalquellen.

   (11) Die Passivseite einer Bilanz ist nach abnehmender Fälligkeit geordnet.

   (12) Die Bilanz muss vom Eigentümer oder ersatzweise vom Prokuristen unterschrieben werden.

2. Nennen Sie Beispiele für den Güterstrom eines Betriebes, und stellen Sie jeweils fest, ob er einen Wertzugang oder einen Wertabgang bewirkt.

3. Nennen Sie Beispiele für den Geldstrom eines Betriebes, und stellen Sie jeweils fest, ob er einen Wertzugang oder einen Wertabgang bewirkt.

4. Erklären Sie, welche Werteströme mit einer Eingangsrechnung und welche Werteströme mit einer Ausgangsrechnung verbunden sind.

LERNFELD 6

Werteströme erfassen und beurteilen

5. Erklären Sie die Unterschiede zwischen der Finanzbuchführung und der Kosten- und Leistungsrechnung.

6. Nennen Sie fünf Gesetze, die bei der Erstellung der Buchführung beachtet werden müssen.

7. Erläutern Sie die folgenden Grundsätze ordnungsgemäßer Buchführung: Klarheit, Übersichtlichkeit und Nachprüfbarkeit.

8. Erklären Sie, warum es für die Buchführung einheitliche Grundsätze gibt.

9. Geben Sie den Beginn und das Ende der Aufbewahrungsfrist einer Rechnung mit dem heutigen Datum an.

10. Geben Sie für folgende Unterlagen die Aufbewahrungsfrist an. Entscheiden Sie dabei auch, ob eine Aufbewahrung ausschließlich auf Datenträgern erlaubt ist:
    - Eingangsrechnungen,
    - Bilanzen,
    - Lieferscheine,
    - Kontoauszüge,
    - Angebotsbriefe.

11. Stellen Sie verschiedene Bilanzgleichungen auf. Verwenden Sie dabei die Begriffe: Kapital, Eigenkapital, Fremdkapital, Vermögen, Anlagevermögen, Umlaufvermögen.

12. a) Beschreiben Sie den Aufbau einer Bilanz und die Gliederungsprinzipien für die Aktiv- und Passivposten.

    b) Geben Sie für die folgenden Bilanzpositionen an, ob sie den Aktiva oder Passiva zuzuordnen sind: Fuhrpark, Bank, Verbindlichkeiten, Forderungen, Darlehen, Eigenkapital, Betriebs- und Geschäftsausstattung.

    c) Begründen Sie, warum in der Bilanz das Eigenkapital vor dem Fremdkapital aufgeführt wird und die Vorräte vor den Forderungen stehen müssen.

13. a) Ermitteln Sie die Höhe des Eigenkapitals:

Anlagevermögen	77 500,00 EUR
Umlaufvermögen	112 500,00 EUR
Fremdkapital	98 000,00 EUR

    b) Ermitteln Sie die Höhe des Fremdkapitals:

Anlagevermögen	235 000,00 EUR
Umlaufvermögen	178 500,00 EUR
Eigenkapital	205 900,00 EUR

Das System der doppelten Buchführung anwenden

2 Das System der doppelten Buchführung verstehen

Die Bilanz stellt eine Momentaufnahme der Lage des Unternehmens am Abschlussstichtag dar. In der Praxis ändern eine Vielzahl von Werteströmen/Geschäftsfällen die Werte der einzelnen Bilanzpositionen täglich.

2.1 Die Änderung der Bilanz durch Werteströme/Geschäftsfälle

Jeder Geschäftsfall weist bezüglich der **Änderung von Aktiv- und Passivposten** und der **Wirkung auf die Bilanzsumme** bestimmte Merkmale auf.

Die folgende Übersicht zeigt die unterschiedlichen Arten der **Bilanzveränderung**. Dabei wird zunächst die vereinfachende Annahme getroffen, dass ausschließlich **erfolgsunwirksame Werteströme** vorliegen. Aus der Erkenntnis, dass alle Geschäftsfälle mindestens **zwei Positionen** der Bilanz verändern und die **Summe** der **Vermögensseite** (Aktivseite) **wertmäßig** immer der **Summe** der **Schuldenseite** (Passivseite) **entspricht**, folgt:

©DOC RABE Media-fotolia.com

Es gibt prinzipiell vier Möglichkeiten von Wertveränderungen in der Bilanz.

	Möglichkeiten von Wertveränderungen		
Geschäftsfälle/ Werteströme	Bilanzpositionen	Wertveränderungen	Art der Bilanzveränderung
Wir zahlen 200,00 EUR aus der Geschäftskasse auf unser Bankkonto ein.	Bank Kasse	Aktivposten/Mehrung + Aktivposten/Minderung –	Aktivtausch
Wir wandeln eine Lieferschuld (Verbindlichkeiten aus Lieferungen und Leistungen) in ein einjähriges Darlehen um.	Darlehen Verbindlichkeiten	Passivposten/Mehrung + Passivposten/Minderung –	Passivtausch
Wir kaufen einen Lkw auf Ziel.	Fuhrpark Verbindlichkeiten	Aktivposten/Mehrung + Passivposten/Mehrung +	Aktiv-Passiv-Mehrung
Wir bezahlen eine offene Rechnung mit Banküberweisung.	Bank Verbindlichkeiten	Aktivposten/Minderung – Passivposten/Minderung –	Aktiv-Passiv-Minderung

LERNFELD 6

Werteströme erfassen und beurteilen

Diese vier Grundfälle weisen folgende Merkmale auf:

Arten der Bilanzveränderung	
Aktivtausch	**Passivtausch**
Die Wertveränderung betrifft **nur** die **Aktivseite**. Ein Aktivposten nimmt zu, ein anderer nimmt in gleichem Maße ab. Die **Bilanzsumme** bleibt **unverändert**.	Die Wertveränderung betrifft **nur** die **Passivseite**. Ein Passivposten nimmt zu, ein anderer nimmt in gleichem Maße ab. Die **Bilanzsumme** bleibt **unverändert**.
Aktiv-Passiv-Mehrung	
Die Wertveränderung betrifft die **Aktivseite und** die **Passivseite**. Aktiv- und Passivposten **nehmen** in gleichem Maße **zu**. Die **Bilanzsumme** wird dadurch **erhöht** (Bilanzverlängerung).	
Aktiv-Passiv-Minderung	
Die Wertveränderung betrifft die **Aktivseite und** die **Passivseite**. Aktiv- und Passivposten **nehmen** in gleichem Maße **ab**. Die **Bilanzsumme** wird dadurch **verringert** (Bilanzverkürzung).	

2.2 Erfassen der Werteströme auf Konten

Jeder Geschäftsfall ändert die Höhe von einzelnen Bilanzpositionen. Aus diesem Grunde wäre eigentlich nach jedem Geschäftsfall die Bilanz zu ändern. Es ist offensichtlich, dass diese Vorgehensweise zu aufwändig und nicht praktikabel ist. Deshalb werden (ausgehend von dem jeweiligen Anfangsbestand) die Veränderungen für alle Bilanzpositionen getrennt aufgezeichnet.

■ Konten der Bilanz

Die Buchhaltung erfasst in der Praxis alle Geschäftsfälle auf sogenannten „**Konten**". D. h., für jede Bilanzposition muss ein eigenes Konto eingerichtet und geführt werden. Ausgehend von den beiden Seiten der Bilanz (Aktiva/Passiva) werden die Konten unterschieden in

→ **Vermögenskonten/Aktivkonten (aktive Bestandskonten)** und

→ **Kapitalkonten/Passivkonten (passive Bestandskonten).**

Zu Beginn des Geschäftsjahres werden diese Konten mit dem jeweiligen **Anfangsbestand** eröffnet. Durch Erfassen (Buchen) der Geschäftsfälle im Laufe des Geschäftsjahres verändern sich ständig die Werte der Konten. Erst am Ende des Geschäftsjahres wird für jedes Bestandskonto der **Schlussbestand** ermittelt.

Der Vorteil der Buchung auf Konten besteht darin, dass die Bilanz nicht nach jedem Geschäftsfall geändert werden muss. Erst am Ende einer Rechnungsperiode (z. B. Monat, Quartal, Jahr) erfolgt die Aufstellung einer (Zwischen-) Bilanz.

Das System der doppelten Buchführung anwenden

Die linke Seite eines Kontos wird mit dem Begriff **„Soll"** (S), die rechte Seite mit dem Begriff **„Haben"** (H) bezeichnet.

Soll	Konto	Haben

■ Buchungsregeln

Nach festgelegten Buchungsregeln werden alle **Wertzugänge im Soll** und alle **Wertabgänge im Haben** gebucht.

→ **Vermögenskonten (Aktivkonten):**
Anfangsbestand und Mehrungen als Wertzugänge stehen auf der **Sollseite**, Minderungen als Wertabgänge und Schlussbestand auf der **Habenseite**.

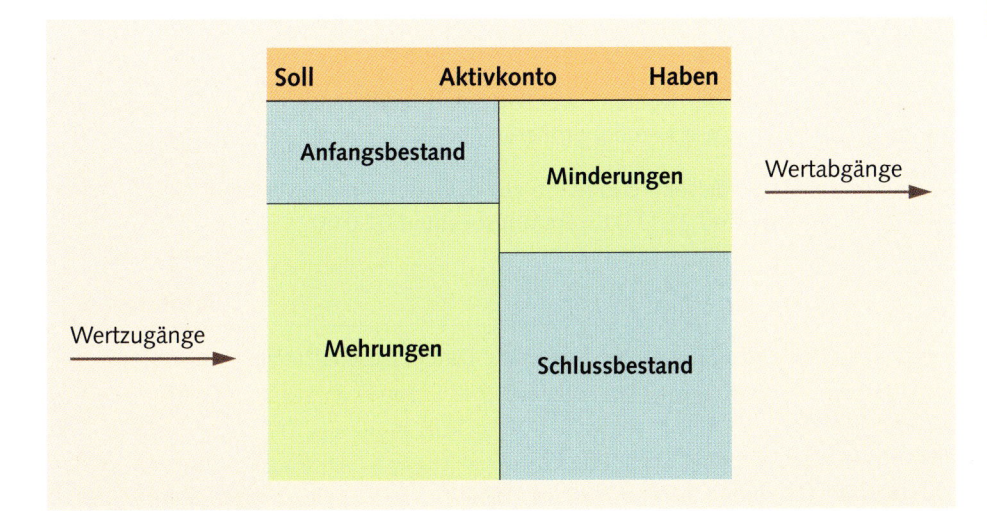

Merke

Wertzugänge führen zu einer **Soll-Buchung**.

Wertabgänge führen zu einer **Haben-Buchung**.

Soll	Aktivkonto	Haben
Anfangsbestand		Minderungen
Mehrungen		Schlussbestand

Wertzugänge → / Wertabgänge →

→ **Kapitalkonten (Passivkonten):**
Anfangsbestand und Mehrungen als Wertabgänge stehen auf der **Habenseite**, Minderungen als Wertzugänge und Schlussbestand auf der **Sollseite**.

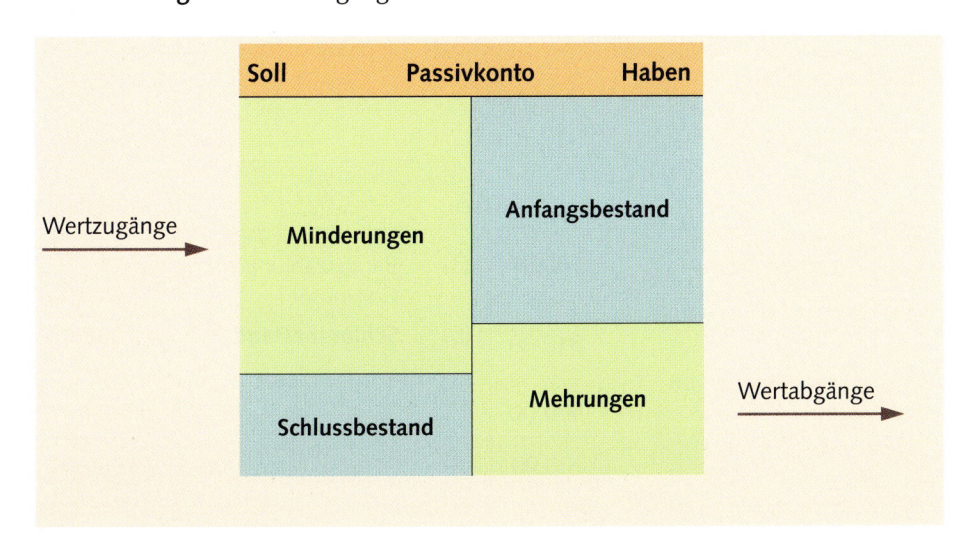

Soll	Passivkonto	Haben
Minderungen		Anfangsbestand
Schlussbestand		Mehrungen

Wertzugänge → / Wertabgänge →

LERNFELD 6

Werteströme erfassen und beurteilen

Wertveränderungen auf Bestandskonten

Wert-veränderung	Kontenart	Aktivkonten/ Vermögenskonten	Passivkonten/ Kapitalkonten
Wertzugänge		Mehrung des Vermögens	Minderung des Kapitals (= Minderung der Schulden)
Wertabgänge		Minderung des Vermögens	Mehrung des Kapitals (= Mehrung der Schulden)

Tipp

Vier Schritte zum Schlussbestand:

1. Ermitteln Sie die wertmäßig größere Kontenseite.
2. Reservieren Sie auf der wertmäßig kleineren Kontenseite eine Zeile für den Schlussbestand.
3. Berechnen Sie auf der wertmäßig größeren Kontenseite die Summe, und übertragen Sie diese Summe auf die wertmäßig kleinere Seite.
4. Ermitteln Sie den Schlussbestand als verbleibende Differenz auf der wertmäßig kleineren Seite.

Die **Schlussbestände der Konten** werden durch **Saldieren** ermittelt. Der **Saldo** entspricht der Differenz zwischen der größeren und der kleineren Kontenseite.

Der Schlussbestand dieser Periode ist zugleich der **Anfangsbestand** der nächsten Periode: Schlussbestand 31.12.01 = Anfangsbestand 01.01.02.

Beispiel 1

Auf dem **Aktivkonto** „Kasse" sind folgende Daten/Geschäftsfälle einzutragen:

(1) Anfangsbestand 560,00 EUR

(2) Ein Kunde zahlt eine Rechnung bar 840,00 EUR
Kasse: Aktivkonto/Mehrung (Wertzugang) ⟶ Soll

(3) Kauf eines Computers bar 610,00 EUR
Kasse: Aktivkonto/Minderung (Wertabgang) ⟶ Haben

(4) Abhebung vom Bankkonto und Einzahlung in Kasse 500,00 EUR
Kasse: Aktivkonto/Mehrung (Wertzugang) ⟶ Soll

(5) Schlussbestand ??? EUR

Merke

Nicht vermeidbare Leerräume auf den Konten werden durch eine sogenannte „**Buchhalternase**" entwertet.

Soll		Kasse			Haben
(1)	Anfangsbestand	560,00	(3)	Barauszahlung für Computer	610,00
(2)	Bareinzahlung von Kunde	840,00	(5)	Schlussbestand	1290,00
(4)	Bareinzahlung von Bank	500,00			
		1900,00			1900,00

LERNFELD 6

Das System der doppelten Buchführung anwenden

Beispiel 2

Auf dem **Passivkonto** „Verbindlichkeiten aus Lieferungen und Leistungen" sind folgende Geschäftsfälle einzutragen:

(1) Anfangsbestand   600,00 EUR

(2) Erhalt einer Eingangsrechnung (ER) für Schreibtischstuhl   280,00 EUR
    Verbindlichkeiten: Passivkonto/Mehrung (Wertabgang) ⟶ **Haben**

(3) Begleichen einer Eingangsrechnung (ER) durch Überweisung 400,00 EUR
    Verbindlichkeiten: Passivkonto/Minderung (Wertzugang) ⟶ **Soll**

(4) Schlussbestand   ??? EUR

Soll		Verbindlichkeiten[1]			Haben
(3)	Begleichen der ER	400,00	**(1)**	**Anfangsbestand**	**600,00**
(4)	**Schlussbestand**	**480,00**	(2)	Erhalt der ER	280,00
		880,00			880,00

2.3 Exkurs: Eine kleine Geschichte der Buchführung

Um die Zusammenhänge und die Bedeutung der doppelten Buchführung zu verstehen, ist es ratsam, einen Blick in die historische Entwicklung der Buchführung zu werfen.

Die **Buchhaltung** erfolgte im 19./20. Jahrhundert in **fest gebundenen Büchern**, dem **Grundbuch** und dem **Hauptbuch**. Die insofern naheliegende Bezeichnung als Buchführung ist bis heute erhalten geblieben.

Die Wiege der Buchführung reicht bis ins 12./13. Jahrhundert zurück und ist nachweisbar mit den oberitalienischen Handelsstädten am Mittelmeer, vorrangig Genua, verbunden. Im „Muster von Genua" aus dem Jahre 1340 werden bereits Grund- und Hauptbuch erwähnt. Es gibt **keinen Erfinder** der Buchführung. Die Regeln und Gebote bildeten sich über die Jahrhunderte heraus. Der italienische Mathematiker und Franziskaner-Mönch Lucas Pacioli (1445 – 1517) veröffentlichte als Erster eine zusammenfassende Schrift zur **doppelten Buchführung** unter dem Namen „Summa de arithmetica".

©laguna35-fotolia.com

Die Bezeichnungen der beiden Seiten eines Kontos auf der linken Seite mit dem Begriff **„Soll"** und auf der rechten Seite mit dem Begriff **„Haben"** sind geschichtlich mit ihrem Ursprung aus Italien zu erklären. Die Begriffe haben heute keine sachliche Bedeutung mehr.

Die Seiten der Konten wurden ursprünglich mit „deve dare" = „soll geben" und „deve avere" = „soll haben" bezeichnet. Durch Wegfall des Begriffes „geben" auf der linken Seite und Wegfall des Begriffes „soll" auf der rechten Seite ergaben sich die heute noch gültigen Bezeichnungen.

---

[1] Der Begriff „Verbindlichkeiten" bezeichnet stets Verbindlichkeiten aus Lieferungen und Leistungen (a. L. u. L.).

LERNFELD 6

Werteströme erfassen und beurteilen

2.4 Buchen auf Bestandskonten

Bisher haben wir bei den Geschäftsfällen nur jeweils **ein** Konto in den Blick genommen. Jeder Geschäftsfall verändert jedoch mindestens **zwei** Positionen der Bilanz.

2.4.1 Das Prinzip der doppelten Buchführung

Aufgrund der Festlegung, dass **Wertzugänge im Soll** und **Wertabgänge im Haben** gebucht werden, ergeben sich folgende, allgemein gültige **Regeln für jede Buchung**:

→ Jeder Geschäftsfall wird **doppelt** erfasst und berührt mindestens zwei Konten.

→ Es erfolgt mindestens **eine Buchung** im **Soll** und mindestens **eine Buchung** im **Haben**.

→ Die **Summe der Sollbuchungen** entspricht der **Summe der Habenbuchungen**.

Die bisher auf **einem** Konto gebuchten Geschäftsfälle werden folglich durch eine Buchung auf **einem Gegenkonto** vervollständigt.

Beispiel 1

Geschäftsfall: Kauf eines Computers bar	610,00 EUR
Kasse: Aktivkonto/Minderung (Wertabgang)	⟶ Haben

Durch den Geschäftsfall wird noch eine weitere Bilanzposition verändert:
Die Betriebs- und Geschäftsausstattung (BGA) erhöht sich um den gleichen Wert.
Daraus folgt:

BGA: Aktivkonto/Mehrung (Wertzugang)	⟶ Soll

Soll	BGA	Haben		Soll	Kasse	Haben
Mehrung 610,00						Minderung 610,00

Wertzugang	Wertabgang		Wertzugang	Wertabgang

Aktivtausch

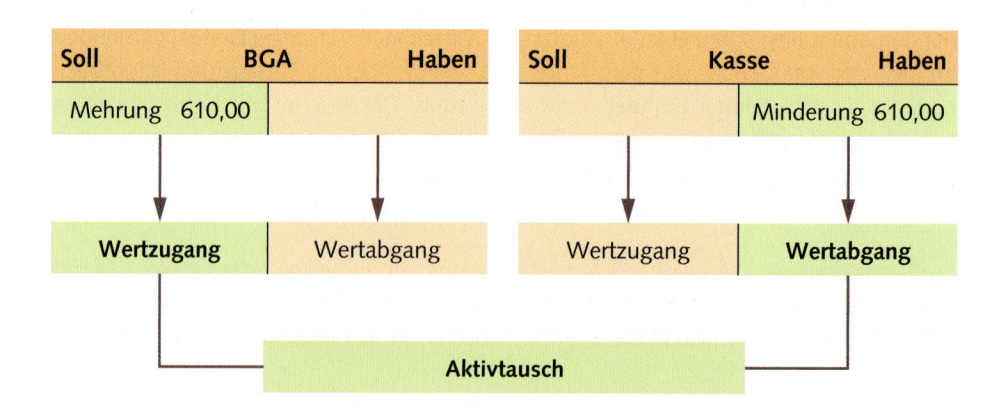

Der Geschäftsfall des Beispiels 1 ist nun auf den beiden betroffenen Konten vollständig erfasst (gebucht). Es handelt sich **jeweils** um **Aktivkonten** und somit um einen **Aktivtausch**. Der Wertzugang wurde auf der Sollseite des Kontos „Betriebs- und Geschäftsausstattung" und der Wertabgang auf der Habenseite des Kontos „Kasse" gebucht.

Das System der doppelten Buchführung anwenden

Beispiel 2

Geschäftsfall: Zahlung einer Eingangsrechnung (ER)
durch Überweisung 400,00 EUR

Verbindlichkeiten: Passivkonto/Minderung (Wertzugang) ⟶ Soll

Als weitere Bilanzposition verändert sich das Bankkonto:

Bank: Aktivkonto/Minderung (Wertabgang) ⟶ Haben

Soll	Bank	Haben	Soll	Verbindlichkeiten	Haben
		Minderung 400,00		Minderung 400,00	
	Wertzugang	Wertabgang		Wertzugang	Wertabgang

Aktiv-Passiv-Minderung

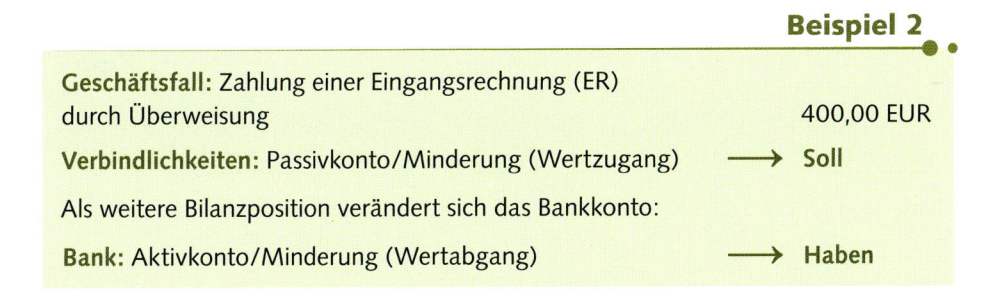

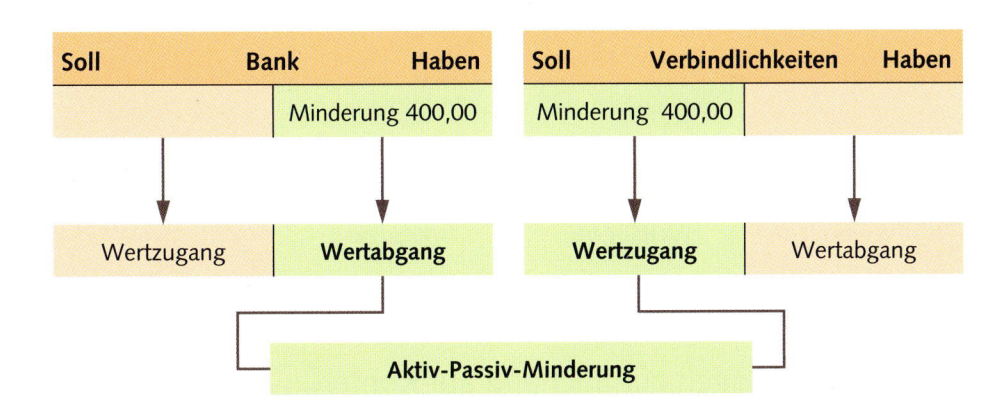

Im zweiten Beispiel ist jeweils ein Aktiv- und ein Passivkonto betroffen. Wiederum wurde der **Wertzugang** (als Minderung der Verbindlichkeiten) auf der **Soll-Seite** gebucht, der **Wertabgang** (als Minderung des Vermögens) auf dem Bankkonto auf der **Haben-Seite** erfasst.

2.4.2 Buchungsregeln

Die Überlegungen zur Erfassung der Werteströme, zur Einführung von Konten und zum Prinzip der doppelten Buchführung bilden die Grundlage für eine ordnungsgemäße Buchführung. Die Buchführungsregeln sind von allen Unternehmen einzuhalten. Die Regeln bilden **ein in sich geschlossenes Regelwerk** mit Festlegungen, was auf der Soll-Seite und was auf der Haben-Seite zu stehen hat.

■ Buchungsregeln: kurz und bündig

Die Buchungsregeln zu Wertzugang und Wertabgang bleiben immer gleich: Wertzugänge ins Soll, Wertabgänge ins Haben! **Aktivkonten** und **Passivkonten** sind **spiegelverkehrt**, d. h., was auf Aktivkonten im „Soll" gebucht wird, gehört bei Passivkonten ins „Haben".

→ **Mehrungen** auf **Aktivkonten** sind Wert**zu**gänge. ⟶ Soll
  Mehrungen auf **Passivkonten** sind Wert**ab**gänge. ⟶ Haben

→ **Minderungen** auf **Aktivkonten** sind Wert**ab**gänge. ⟶ Haben
  Minderungen auf **Passivkonten** sind Wert**zu**gänge. ⟶ Soll

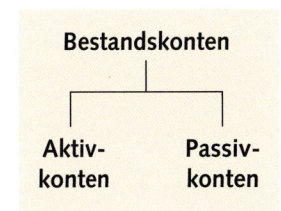

Bestandskonten
├ Aktivkonten
└ Passivkonten

Werteströme erfassen und beurteilen

Tipp

Bestandskonten haben ihre Anfangsbestände und Mehrungen auf der Seite, auf der sie in der Bilanz stehen. Die Minderungsbuchungen und die Schlussbestände stehen auf der gegenüberliegenden Seite.

Merke

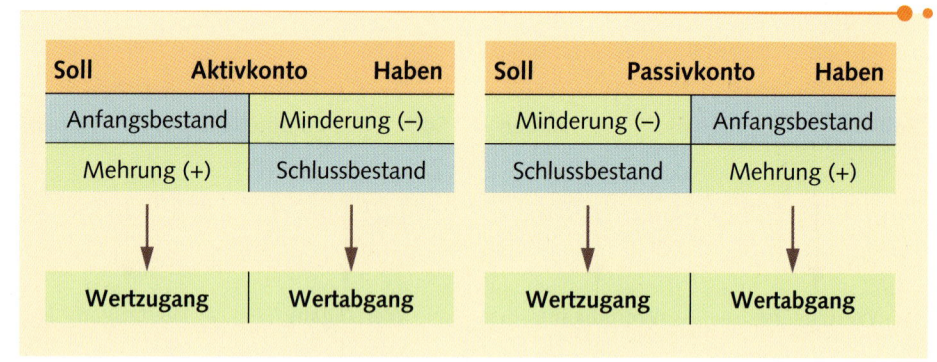

Soll	Aktivkonto	Haben	Soll	Passivkonto	Haben
Anfangsbestand	Minderung (−)		Minderung (−)	Anfangsbestand	
Mehrung (+)	Schlussbestand		Schlussbestand	Mehrung (+)	
↓	↓		↓	↓	
Wertzugang	Wertabgang		Wertzugang	Wertabgang	

■ Vorüberlegungen zur Buchung auf Konten

Vor jeder Buchung eines Geschäftsfalles sind folgende Überlegungen notwendig:

1. Welche **Konten** werden durch den Geschäftsfall angesprochen (z. B. Bank, Kasse)?
2. Um welche **Kontenart** handelt es sich (Aktivkonto/Passivkonto)?
3. Welche **Wertveränderungen** ergeben sich:
   Entsteht durch die Mehrung/Minderung ein Wertzugang oder ein Wertabgang?
4. Auf welcher **Kontoseite** wird nach den Buchungsregeln gebucht?

Beispiel

	Vorüberlegung		Buchungsregel	
Geschäftsfall	Konten	Kontenart Mehrung/Minderung	Wertveränderung	Kontoseite
Kauf eines Pkw auf Ziel	Fuhrpark Verbindlichkeiten	Aktivkonto/Mehrung Passivkonto/Mehrung	Wertzugang → Wertabgang →	Soll Haben
Kunde zahlt Ausgangsrechnung durch Banküberweisung	Bank Forderungen[1]	Aktivkonto/Mehrung Aktivkonto/Minderung	Wertzugang → Wertabgang →	Soll Haben
Umwandlung einer Verbindlichkeit in ein Darlehen	Verbindlichkeiten Darlehen	Passivkonto/Minderung Passivkonto/Mehrung	Wertzugang → Wertabgang →	Soll Haben

Die Beispiele zeigen, dass nach den Buchungsregeln Mehrungen oder Minderungen auf Bestandskonten sowohl im Soll als auch im Haben erfasst sein können. Das hängt davon ab, ob die Mehrungen/Minderungen Wertzugänge oder Wertabgänge bewirken.

---

[1] Der Begriff „Forderungen" bezeichnet stets Forderungen aus Lieferungen und Leistungen (a. L. u. L.).

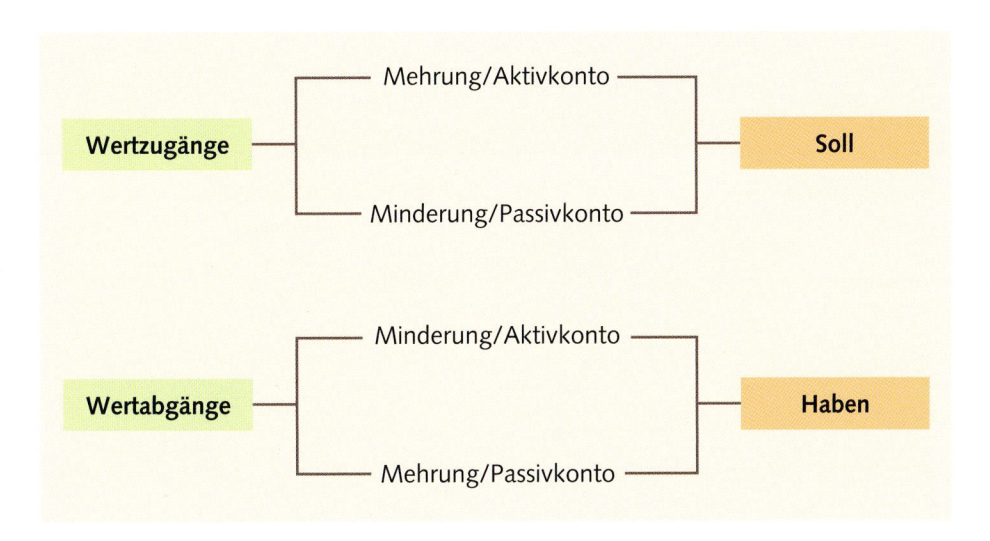

```
Wertzugänge ─┬─ Mehrung/Aktivkonto ────┬─ Soll
             └─ Minderung/Passivkonto ─┘

Wertabgänge ─┬─ Minderung/Aktivkonto ──┬─ Haben
             └─ Mehrung/Passivkonto ───┘
```

2.5 Zusammenfassung und Aufgaben

Zusammenfassung

Änderung der Bilanz durch Werteströme

Geschäftsfälle lösen Werteströme aus, die zu **Bilanzveränderungen** führen. Jeder Geschäftsfall verändert **mindestens zwei Bilanzposten**.

Es existieren vier Grundformen von Bilanzveränderungen:
- Aktivtausch
- Passivtausch
- Aktiv-Passiv-Mehrung
- Aktiv-Passiv-Minderung.

Erfassen der Werteströme auf Konten

In der Buchhaltung werden alle Geschäftsfälle des laufenden Jahres auf separaten **Konten** erfasst. Die Konten werden geführt als
- Vermögenskonten/aktive Bestandskonten (Aktivkonten),
- Kapitalkonten/passive Bestandskonten (Passivkonten).

Die linke Seite eines Kontos wird mit „**Soll**" bezeichnet, die rechte Seite mit „**Haben**".

Das Prinzip der doppelten Buchführung

Jeder Geschäftsfall wird **doppelt** erfasst: Es entsteht immer ein Wertzugang und ein Wertabgang.

Es erfolgt mindestens eine **Soll**- und eine **Haben-Buchung**.

Wertzugänge werden im **Soll**, **Wertabgänge** im **Haben** gebucht.

Die **Summe** aller **Soll-Buchungen** ist gleich der **Summe** aller **Haben-Buchungen**.

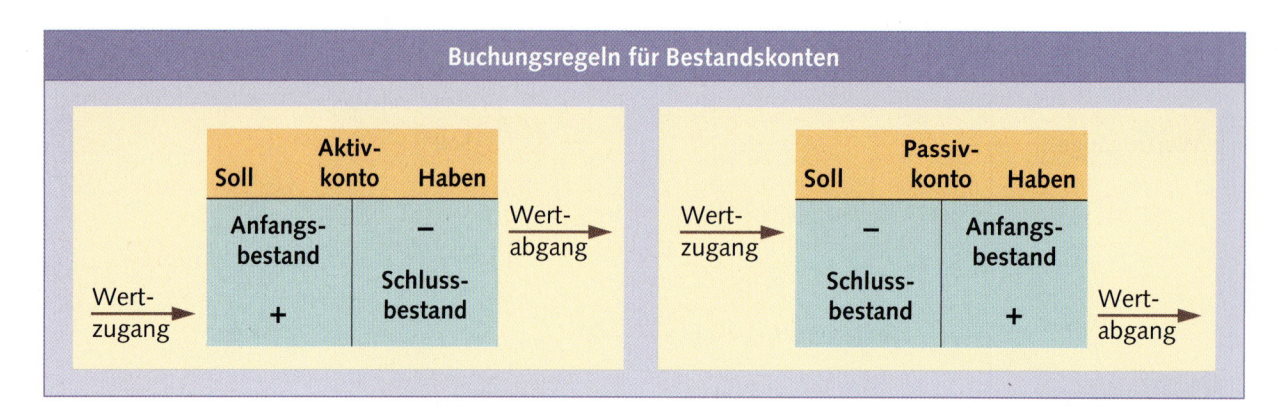

Werteströme erfassen und beurteilen

Buchungsregeln für Bestandskonten

	Aktivkonto	
Soll		Haben
Anfangsbestand +	–	Schlussbestand

Wertzugang → ← Wertabgang

	Passivkonto	
Soll		Haben
– Schlussbestand	Anfangsbestand +	

Wertzugang → ← Wertabgang

Aufgaben

1. Prüfen Sie folgende Aussagen auf ihre Richtigkeit. Die Antwort ist jeweils zu begründen.

   (1) Alle Werteströme tragen zum Erfolg des Betriebes bei.
   (2) Bei einem Aktivtausch nehmen beide Aktivposten zu.
   (3) Bei einem Passivtausch erfolgt keine Änderung der Bilanzsumme.
   (4) Bei einer Aktiv-Passiv-Mehrung nimmt ein Aktivposten zu und ein Passivposten nimmt um den gleichen Betrag ab.
   (5) Bei einer Aktiv-Passiv-Minderung nehmen Aktiv- und Passivposten gleichmäßig ab.
   (6) Das Prinzip der doppelten Buchführung besagt, dass auf einem Konto im Soll und auf einem Gegenkonto im Haben gebucht wird.
   (7) Bei aktiven Bestandskonten wird der Anfangsbestand im Soll gebucht und bei passiven Bestandskonten im Haben.
   (8) Bei passiven Bestandskonten steht der Schlussbestand (Saldo) im Haben.

2. Beschreiben Sie, welche Vorüberlegungen einer Buchung vorausgehen.

3. Nennen Sie die Buchungsregeln für aktive und passive Bestandskonten.

4. Stellen Sie für die aufgeführten Geschäftsfälle fest, auf welchen Konten und auf welcher Kontenseite (Soll/Haben) jeweils zu buchen ist. Bestimmen Sie auch die Art der Bilanzveränderung.

   a) Kauf eines Lkw auf Ziel
   b) Aufnahme eines Darlehens
   c) Kauf von BGA gegen Bankscheck
   d) Umwandlung von Verbindlichkeiten in ein Darlehen
   e) Verkauf eines Pkw auf Ziel
   f) Kunde begleicht eine Rechnung über das Bankkonto
   g) Begleichung einer Verbindlichkeit mit Banküberweisung

5. Ermitteln Sie für die folgenden Veränderungen auf den Konten die zu Grunde liegenden Geschäftsfälle. Bezeichnen Sie auch die jeweilige Bilanzveränderung.

   a) BGA: Minderung; Kasse: Mehrung
   b) Bankdarlehen: Mehrung; Verbindlichkeiten: Minderung
   c) Verbindlichkeiten: Minderung; Bank: Minderung

3 Grund- und Hauptbuch führen

Ein erfahrener Buchhalter wird die Vorüberlegungen, auf welchen Konten und auf welcher Seite zu buchen ist, in der Praxis nur gedanklich vollziehen. Das Ergebnis teilt er in einer knappen **Buchungsanweisung** mit, die als **Buchungssatz** bezeichnet wird. Die Auflistung aller Buchungssätze nennt man Grundbuch.

3.1 Buchungssatz (Grundbuch)

Der **Buchungssatz** ist die **kurzgefasste Anweisung** für die Erfassung des Geschäftsfalls in der Finanzbuchführung. Er enthält die Kontenbezeichnungen und die Beträge der Soll- und Habenseite. Da es in jedem Buchungssatz immer mindestens zwei Konten mit jeweils einer Buchung im Soll und einer Buchung im Haben gibt, die wertmäßig einander entsprechen, hat man folgende Vereinbarung getroffen:

→ Das Konto, auf dem die Buchung im **Soll** erfolgt, wird **zuerst** genannt.

→ **Danach** wird das Konto genannt, auf dem die Buchung im **Haben** erfolgt.

→ Zur eindeutigen Unterscheidung wird zwischen Soll-Buchung und Haben-Buchung das Wörtchen **„an"** gesetzt.

→ Ein **Buchungssatz** lautet also stets: „Konto mit Sollbuchung" an „Konto mit Habenbuchung".

Der vollständige Buchungssatz ist noch um die Beträge ergänzt.

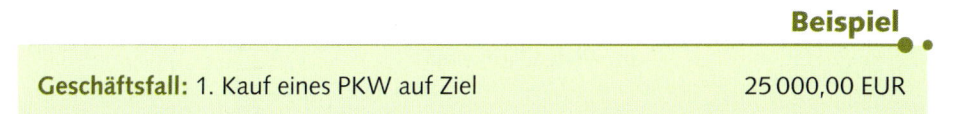

Merke

Soll an Haben

Beispiel

| Geschäftsfall: 1. Kauf eines PKW auf Ziel | 25 000,00 EUR |

Vorüberlegung:

Nr.	Konten	Kontenart/ Mehrung oder Minderung	Wertveränderung	Kontoseite
1	Fuhrpark	Aktivkonto/Mehrung	Wertzugang →	Soll
	Verbindlichkeiten	Passivkonto/Mehrung	Wertabgang →	Haben

Buchung:

Nr.	Buchungssatz	Beträge Soll	Beträge Haben
1	Fuhrpark	25 000,00	
	an Verbindlichkeiten		25 000,00

Werteströme erfassen und beurteilen

■ Der einfache Buchungssatz

Ein Geschäftsfall, der auf **genau zwei Konten** mit je einer Soll- und einer Habenbuchung erfasst wird, erfordert nur einen **einfachen Buchungssatz**.

Beispiel

Geschäftsfälle:
1. Ausgleich einer Liefererrechnung durch Banküberweisung — 5 000,00 EUR
2. Kauf eines Lagerregals auf Ziel — 800,00 EUR

Vorüberlegung:

Nr.	Konten	Kontenart/ Mehrung oder Minderung	Wertveränderung	Kontoseite
1	Verbindlichkeiten	Passivkonto/Minderung	Wertzugang →	Soll
	Bank	Aktivkonto/Minderung	Wertabgang →	Haben
2	BGA	Aktivkonto/Mehrung	Wertzugang →	Soll
	Verbindlichkeiten	Passivkonto/Mehrung	Wertabgang →	Haben

Buchung:

Nr.	Buchungssatz	Beträge Soll	Beträge Haben
1	Verbindlichkeiten	5 000,00	
	an Bank		5 000,00
2	BGA	800,00	
	an Verbindlichkeiten		800,00

■ Der zusammengesetzte Buchungssatz

In der Praxis sind oftmals **zusammengesetzte Buchungssätze** notwendig, um einen Geschäftsfall zu erfassen. Dabei wird auf mehr **als zwei Konten** gebucht.

Beispiel

Geschäftsfälle:
1. Ausgleich einer Liefererrechnung (Eingangsrechnung)
   - durch Banküberweisung — 4 000,00 EUR
   - und Barzahlung — 1 000,00 EUR
2. Ein Kunde begleicht eine Ausgangsrechnung
   - durch Banküberweisung — 2 500,00 EUR
   - und Barzahlung — 1 500,00 EUR

Grund- und Hauptbuch führen

Vorüberlegung:

Nr.	Konten	Kontenart/ Mehrung oder Minderung	Wertveränderung	Kontoseite
1	Verbindlichkeiten	Passivkonto/Minderung	Wertzugang →	Soll
	Bank	Aktivkonto/Minderung	Wertabgang →	Haben
	Kasse	Aktivkonto/Minderung	Wertabgang →	Haben
2	Bank	Aktivkonto/Mehrung	Wertzugang →	Soll
	Kasse	Aktivkonto/Mehrung	Wertzugang →	Soll
	Forderungen	Aktivkonto/Minderung	Wertabgang →	Haben

Buchung:

Nr.	Buchungssatz			Beträge Soll	Beträge Haben
1	Verbindlichkeiten			5 000,00	
		an	Bank		4 000,00
		an	Kasse		1 000,00
2	Bank			2 500,00	
	Kasse			1 500,00	
		an	Forderungen		4 000,00

■ Vorkontierung der Belege für die Buchung

Buchungssätze werden aufgrund von **Belegen** gebildet, anhand derer die Richtigkeit der Buchung überprüfbar ist.

> **Merke**
> „Keine Buchung ohne Beleg!"

Nach einer sachlichen und rechnerischen Prüfung der Belege werden diese nach Belegarten vorsortiert (z. B. Eingangsrechnungen oder Ausgangsrechnungen). Jeder Beleg erhält eine laufende Nummer und einen Vermerk mit den beteiligten Konten und Beträgen. Dieser Vermerk wird mittels eines **Kontierungsstempels** auf dem Beleg angebracht.

Dem Kontierungsvermerk ist zu entnehmen, auf welchem Konto welcher Betrag im Soll und auf welchem Konto welcher Betrag im Haben gebucht werden soll.

LERNFELD 6

Werteströme erfassen und beurteilen

3.2 Grundbuch und Hauptbuch

Nach den Grundsätzen ordnungsgemäßer Buchführung (GoB) ist eine **zeitliche** und **sachliche** Gliederung aller Geschäftsfälle in Büchern vorzunehmen.

Im **Grundbuch** (Synonyme: Journal, Primanota) werden alle Geschäftsfälle in **zeitlicher Reihenfolge** (chronologisch) lückenlos erfasst, sodass ein schnelles Auffinden und Überprüfen eines Geschäftsfalles sichergestellt ist. In das Grundbuch gehören das Datum, die Beleg-Nr., der Buchungssatz und die Beträge.

Grundbuch				
Datum	Beleg-Nr.	Buchungssatz	Beträge	
			Soll	Haben
09.01.20..	1	Bank	1 500,00	
		an Kasse		1 500,00

Allerdings lässt sich dem Grundbuch nicht der jeweilige Stand des Vermögens und des Kapitals entnehmen. Deshalb werden alle Geschäftsfälle nach **sachlichen Gesichtspunkten** auch auf sogenannten T-Konten (Sachkonten) erfasst. Dies erfolgt im **Hauptbuch**. Das Grundbuch bildet die Grundlage für die Buchungen im Hauptbuch.

Merke

Im **Grundbuch** werden Geschäftsfälle **zeitlich** (chronologisch) als Buchungssätze erfasst.

Im **Hauptbuch** werden Geschäftsfälle **sachlich geordnet** auf **T-Konten** erfasst.

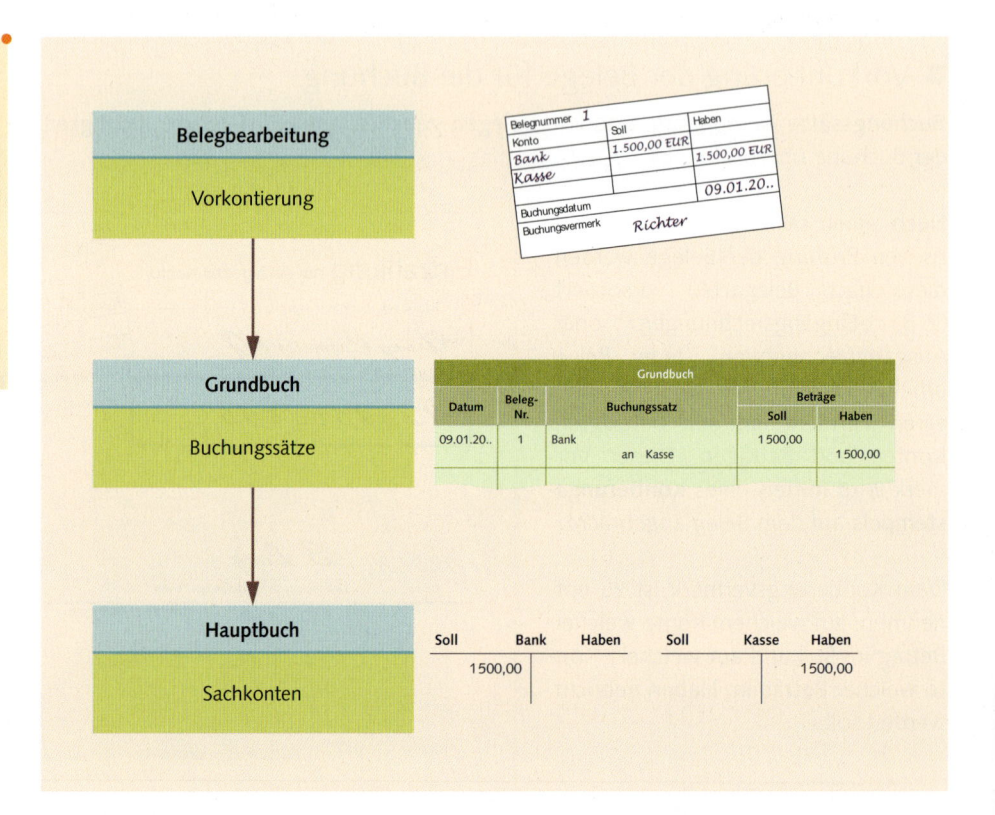

3.3 Eröffnung und Abschluss der Bestandskonten

Die doppelte Erfassung aller Geschäftsfälle auf Bestandskonten entspricht erst vollständig den Buchungsregeln und Vorschriften der GoB, wenn

→ die **Anfangsbestände** aus der Eröffnungsbilanz auf die jeweiligen Aktiv- und Passivkonten **gebucht** werden,

→ die durch Saldieren ermittelten **Schlussbestände** in die Schlussbilanz **gebucht** werden.

Dann ist nach den festgelegten Buchführungsregeln **jeder** Buchungsvorgang in doppelter Weise erfasst.

3.3.1 Eröffnungsbilanzkonto

Für die Eröffnung der Bestandskonten ist deshalb die vereinfachende Vorgehensweise der bloßen Übertragung der Anfangsbestände aufzugeben und ein entsprechender Buchungssatz zu bilden. Dazu wird ein Gegenkonto benötigt. Dieses Konto wird als **Eröffnungsbilanzkonto (EBK)** bezeichnet.

Nach den Buchungsregeln werden die **Anfangsbestände (AB)** auf **aktiven Bestandskonten** im **Soll** gebucht, auf **passiven Bestandskonten** im **Haben**.

Für das **Eröffnungsbilanzkonto** als Gegenkonto zu den Bestandskonten ergibt sich dann z. B. folgendes Bild:

Soll		Eröffnungsbilanzkonto		Haben
Eigenkapital	AB	Gebäude		AB
Darlehen	AB	Fuhrpark		AB
Verbindlichkeiten	AB	BGA		AB
		Waren		AB
		Forderungen		AB
		Kasse		AB
		Bank		AB
	Summe			Summe

Merke

Aktive Bestandskonten stehen im Eröffnungsbilanzkonto auf der Habenseite.

Passive Bestandskonten stehen im Eröffnungsbilanzkonto auf der Sollseite.

Werteströme erfassen und beurteilen

Der allgemeine Buchungssatz für die **Eröffnung** der **Aktivkonten** lautet:

> Aktivkonto
>   an Eröffnungsbilanzkonto (EBK)

Der allgemeine Buchungssatz für die **Eröffnung** der **Passivkonten** lautet:

> Eröffnungsbilanzkonto (EBK)
>   an Passivkonto

Diese Überlegungen machen deutlich, dass das **Eröffnungsbilanzkonto** das **Spiegelbild** der **Eröffnungsbilanz** darstellt. Es wird allein aus Gründen des in sich geschlossenen Regelwerkes der doppelten Erfassung aller Buchungsvorgänge benötigt und gilt deshalb als Hilfskonto. Das Eröffnungsbilanzkonto kann als „Vermittler" zwischen Eröffnungsbilanz und den einzelnen Bestandskonten aufgefasst werden. Die Werte des Eröffnungsbilanzkontos werden aus dem Schlussbilanzkonto des Vorjahres übernommen.

Merke

> Das **Eröffnungsbilanzkonto** (EBK) ist das **Gegenkonto** zur Buchung der Anfangsbestände in die Bestandskonten.

Nach Eröffnung der Bestandskonten kann mit der weiteren Erfassung der laufenden Geschäftsfälle begonnen werden.

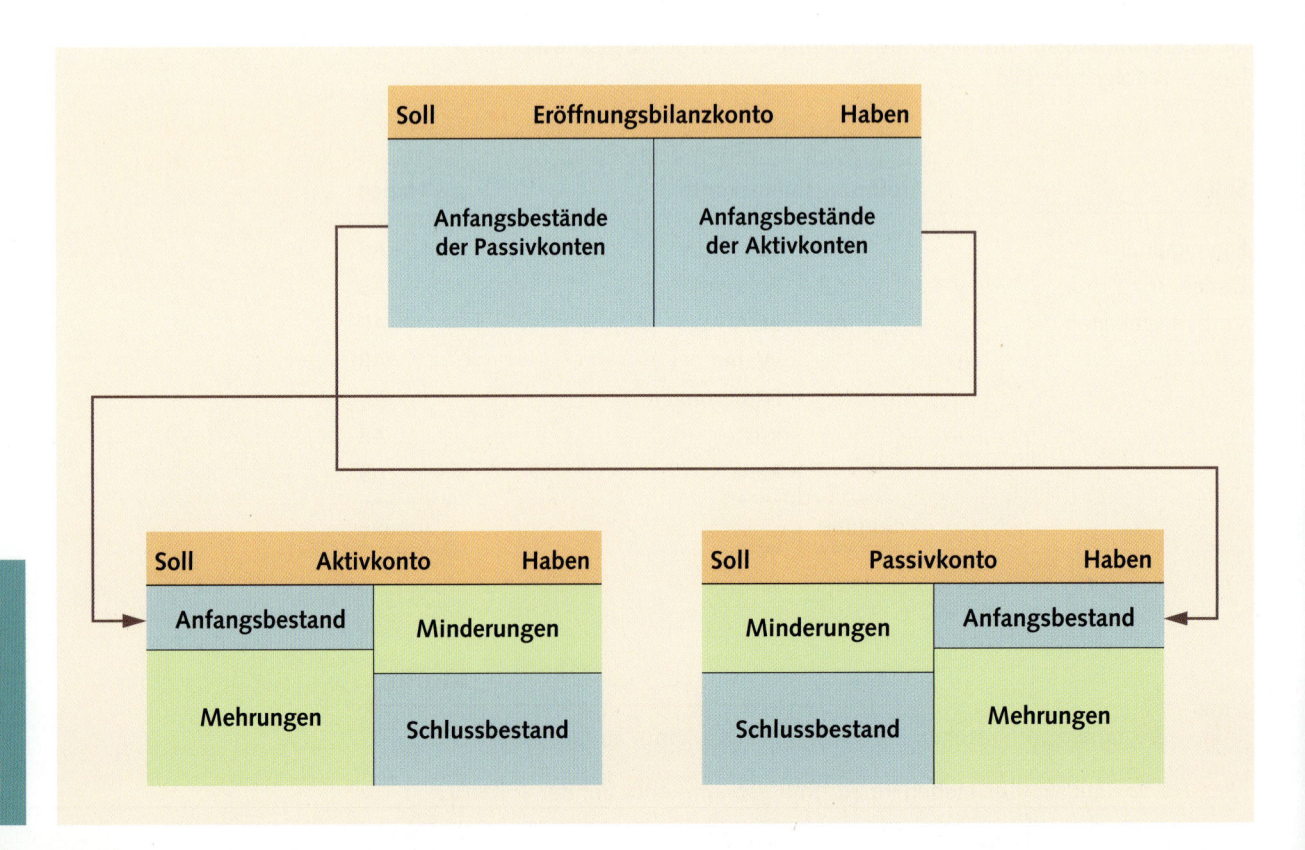

Soll	Eröffnungsbilanzkonto	Haben
Anfangsbestände der Passivkonten		Anfangsbestände der Aktivkonten

Soll	Aktivkonto	Haben
Anfangsbestand		Minderungen
Mehrungen		Schlussbestand

Soll	Passivkonto	Haben
Minderungen		Anfangsbestand
Schlussbestand		Mehrungen

LERNFELD 6

Grund- und Hauptbuch führen

3.3.2 Schlussbilanzkonto

Nach Eröffnung der Bestandskonten und Erfassung aller „laufenden" Geschäftsfälle im Grund- und Hauptbuch sind die Konten am Ende der Rechnungsperiode (z. B. zum Jahresende) abzuschließen. Dazu wird ein Konto benötigt, das die Gegenbuchung für die Schlussbestände der Bestandskonten aufnimmt.

Dieses Konto bezeichnet man als **Schlussbilanzkonto** (SBK). Die Schlussbestände (SB) der **Aktivkonten** stehen im Schlussbilanzkonto auf der **Sollseite** und die Schlussbestände der **Passivkonten** auf der **Habenseite**. Damit ergibt sich für das Schlussbilanzkonto folgendes Bild:

Schlussbilanz
Schlussbilanzkonto

Soll	Schlussbilanzkonto		Haben
Gebäude	SB	Eigenkapital	SB
Fuhrpark	SB	Darlehen	SB
BGA	SB	Verbindlichkeiten	SB
Waren	SB		
Forderungen	SB		
Kasse	SB		
Bank	SB		
	Summe		Summe

> **Merke**
>
> **Aktive Bestandskonten** stehen im **Schlussbilanzkonto** auf der **Sollseite**.
>
> **Passive Bestandskonten** stehen im **Schlussbilanzkonto** auf der **Habenseite**.

Der allgemeine Buchungssatz für den **Abschluss** der **Aktivkonten** lautet:

    Schlussbilanzkonto (SBK)
              an   Aktivkonto

Der allgemeine Buchungssatz für den **Abschluss** der **Passivkonten** lautet:

    Passivkonto
          an   Schlussbilanzkonto (SBK)

> **Merke**
>
> Das **Schlussbilanzkonto** (SBK) ist das **Gegenkonto** für den **Abschluss** der **Bestandskonten**.

Bei korrekter Anwendung aller Buchungsregeln ist das **Schlussbilanzkonto „von alleine"** wertmäßig ausgeglichen. Eine Differenz zwischen Soll- und Habenseite des Schlussbilanzkontos belegt, dass beim Buchen (mindestens) ein Fehler unterlaufen ist, der selbstverständlich zu suchen und zu korrigieren ist.

LERNFELD 6

Werteströme erfassen und beurteilen

Soll	Aktivkonto	Haben
Anfangsbestand	Minderungen	
Mehrungen	Schlussbestand	

Soll	Passivkonto	Haben
Minderungen	Anfangsbestand	
Schlussbestand	Mehrungen	

Soll	Schlussbilanzkonto	Haben
Schlussbestände der Aktivkonten	Schlussbestände der Passivkonten	

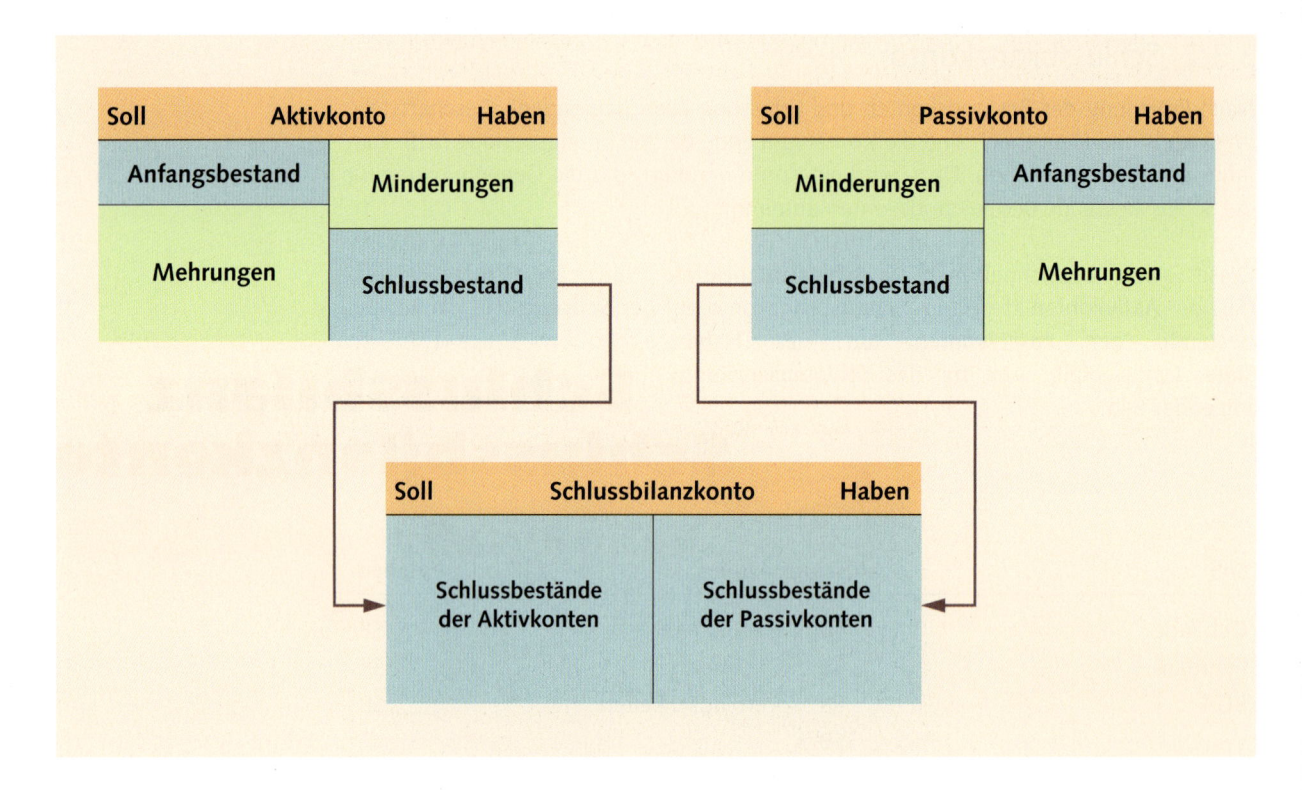

3.3.3 Vom Eröffnungsbilanzkonto zum Schlussbilanzkonto

Das Regelwerk der Buchführung führt stets zu ausgewogenen Konten. Damit ist es stabil, aber fehlerintolerant.

In der Praxis kann es aus unterschiedlichen Gründen (z. B. Verderb, Diebstahl) vorkommen, dass die **Sollwerte** der Buchführung nicht mit den tatsächlichen **Istwerten** des Unternehmens übereinstimmen.

Der Gesetzgeber sieht vor, dass die tatsächlichen **Istwerte** mindestens einmal im Jahr durch eine Bestandsaufnahme (**Inventur**) ermittelt werden. Die Ergebnisse dieser Bestandsaufnahme werden in der **Schlussbilanz** dokumentiert.

Die **Schlussbilanz** steht aus diesem Grund **außerhalb** des **geschlossenen Systems der Buchführung**. Das **Schlussbilanzkonto** dagegen stellt das Ergebnis aller im Kontensystem der Buchführung erfassten **Sollwerte** dar.

Entsprechen die Sollwerte der Buchführung im Schlussbilanzkonto nicht den Istwerten der Schlussbilanz, so sind die Differenzen durch **Korrekturbuchungen** auszugleichen.

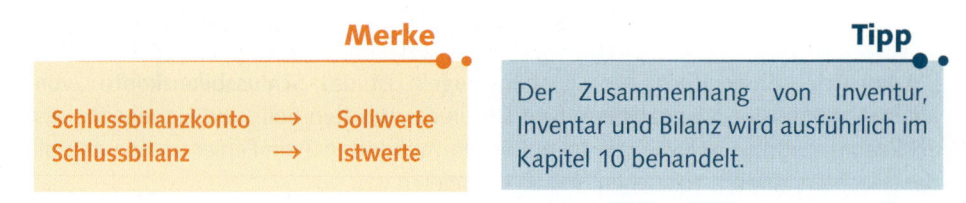

Merke

Schlussbilanzkonto → Sollwerte
Schlussbilanz → Istwerte

Tipp

Der Zusammenhang von Inventur, Inventar und Bilanz wird ausführlich im Kapitel 10 behandelt.

LERNFELD 6

Grund- und Hauptbuch führen

Die folgende schematische Darstellung zeigt noch einmal die **Zusammenhänge** vom **Eröffnungsbilanzkonto** über die **Erfassung der Geschäftsfälle auf Bestandskonten** bis zum **Schlussbilanzkonto**.

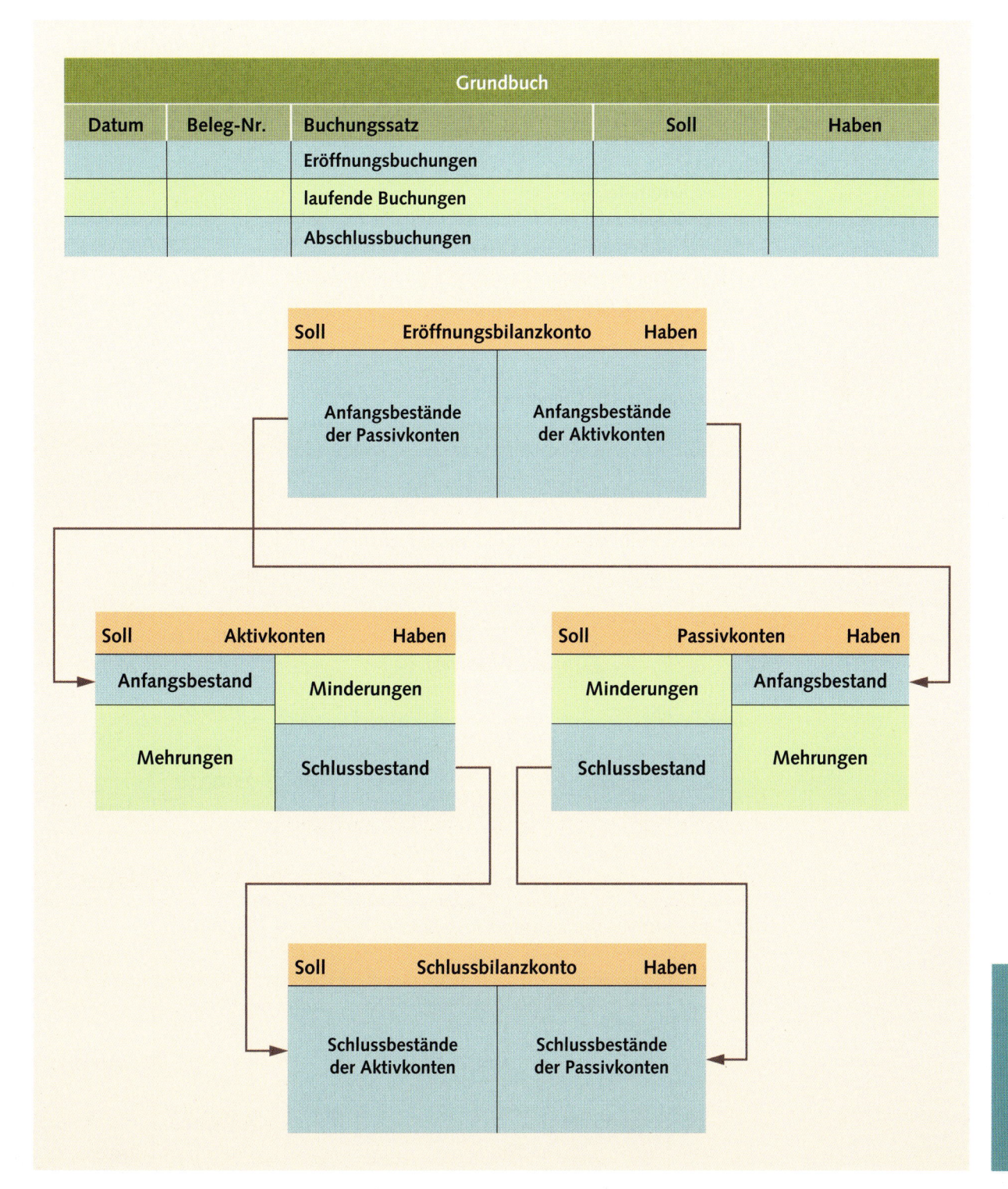

Grundbuch				
Datum	Beleg-Nr.	Buchungssatz	Soll	Haben
		Eröffnungsbuchungen		
		laufende Buchungen		
		Abschlussbuchungen		

Soll	Eröffnungsbilanzkonto	Haben
Anfangsbestände der Passivkonten		Anfangsbestände der Aktivkonten

Soll	Aktivkonten	Haben		Soll	Passivkonten	Haben
Anfangsbestand		Minderungen		Minderungen		Anfangsbestand
Mehrungen		Schlussbestand		Schlussbestand		Mehrungen

Soll	Schlussbilanzkonto	Haben
Schlussbestände der Aktivkonten		Schlussbestände der Passivkonten

LERNFELD 6

Werteströme erfassen und beurteilen

Vollständiger Buchungsgang mit Grundbuch und Hauptbuch:

Beispiel

Anfangsbestände:

Gebäude	100 000,00 EUR	Kasse	1 000,00 EUR
Fuhrpark	40 000,00 EUR	Bank	19 000,00 EUR
BGA	35 000,00 EUR	Eigenkapital	140 000,00 EUR
Waren	30 000,00 EUR	Darlehen	80 000,00 EUR
Forderungen	20 000,00 EUR	Verbindlichkeiten	25 000,00 EUR

Geschäftsfälle:
1. Ein Kunde zahlt eine bereits gebuchte Rechnung bar — 3 000,00 EUR
2. Wir kaufen einen Geschäftswagen auf Ziel — 25 000,00 EUR
3. Wir überweisen die monatliche Tilgungsrate für ein Darlehen — 2 000,00 EUR
4. Wir zahlen Geld aus der Tageskasse auf das Bankkonto — 1 500,00 EUR

Buchungssätze im Grundbuch:

Beleg-Nr.	Buchungssatz	Soll	Haben
	Eröffnungsbuchungen (schematisch):		
	Aktivkonten	245 000,00	
	an EBK		245 000,00
	EBK	245 000,00	
	an Passivkonten		245 000,00
1	Kasse	3 000,00	
	an Forderungen		3 000,00
2	Fuhrpark	25 000,00	
	an Verbindlichkeiten		25 000,00
3	Darlehen	2 000,00	
	an Bank		2 000,00
4	Bank	1 500,00	
	an Kasse		1 500,00
	Abschlussbuchungen (schematisch):		
	SBK	268 000,00	
	an Aktivkonten		268 000,00
	Passivkonten	268 000,00	
	an SBK		268 000,00

LERNFELD 6

Grund- und Hauptbuch führen

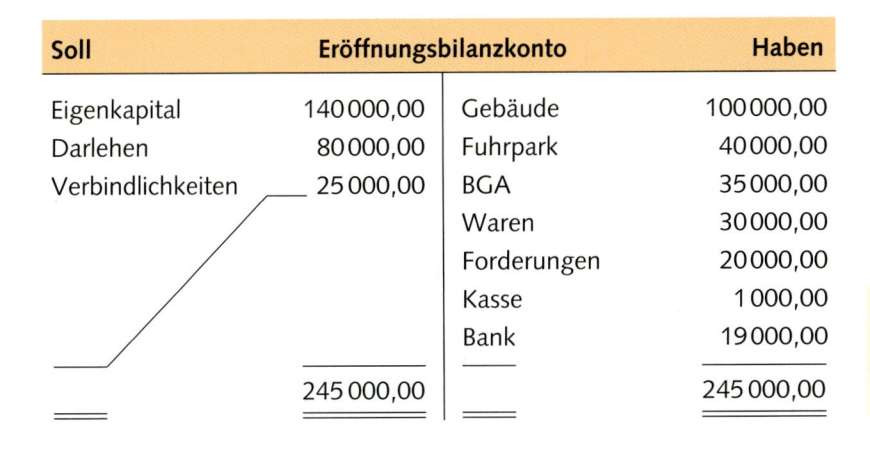

Hauptbuch		
Soll — Eröffnungsbilanzkonto — **Haben**		
Eigenkapital	140 000,00	Gebäude 100 000,00
Darlehen	80 000,00	Fuhrpark 40 000,00
Verbindlichkeiten	25 000,00	BGA 35 000,00
		Waren 30 000,00
		Forderungen 20 000,00
		Kasse 1 000,00
		Bank 19 000,00
	245 000,00	245 000,00

Merke: Bei Eintragungen im Hauptbuch ist vor jedem Betrag das Gegenkonto anzugeben.

Soll	Gebäude	Haben
EBK	100 000,00	SBK 100 000,00
	100 000,00	100 000,00

Soll	Fuhrpark	Haben
EBK	40 000,00	SBK 65 000,00
Vbk	25 000,00	
	65 000,00	65 000,00

Soll	BGA	Haben
EBK	35 000,00	SBK 35 000,00
	35 000,00	35 000,00

Soll	Waren	Haben
EBK	30 000,00	SBK 30 000,00
	30 000,00	30 000,00

Soll	Forderungen	Haben
EBK	20 000,00	Ka 3 000,00
		SBK 17 000,00
	20 000,00	20 000,00

Soll	Kasse	Haben
EBK	1 000,00	BGA 1 500,00
Fo	3 000,00	SBK 2 500,00
	4 000,00	4 000,00

Soll	Bank	Haben
EBK	19 000,00	Darl. 2 000,00
Ka	1 500,00	SBK 18 500,00
	20 500,00	20 500,00

Soll	Eigenkapital	Haben
SBK	140 000,00	EBK 140 000,00
	140 000,00	140 000,00

Soll	Darlehen	Haben
Ba	2 000,00	EBK 80 000,00
SBK	78 000,00	
	80 000,00	80 000,00

Soll	Verbindlichkeiten	Haben
SBK	50 000,00	EBK 25 000,00
		Fuhrp 25 000,00
	50 000,00	50 000,00

Soll	Schlussbilanzkonto	Haben
Gebäude	100 000,00	Eigenkapital 140 000,00
Fuhrpark	65 000,00	Darlehen 78 000,00
BGA	35 000,00	Verbindlichkeiten 50 000,00
Waren	30 000,00	
Forderungen	17 000,00	
Kasse	2 500,00	
Bank	18 500,00	
	268 000,00	268 000,00

LERNFELD 6

Werteströme erfassen und beurteilen

3.4 Zusammenfassung und Aufgaben

Zusammenfassung

Buchungssatz

Alle Belege erhalten vor der eigentlichen Buchung einen **Kontierungsvermerk** mit laufender Belegnummer, den im Soll bzw. Haben beteiligten Konten und Beträgen.

Der Buchungssatz ist eine **kurzgefasste Anweisung** für die Erfassung eines Geschäftsfalls im System der Buchführung.

Ein **einfacher Buchungssatz** besteht aus **einer Soll-** und **einer Haben-Buchung** mit den entsprechenden Beträgen.

Bei einem **zusammengesetzten Buchungssatz** wird auf mehr als zwei Konten gebucht. Zu beachten ist dann, dass die Summe der Soll-Buchungen der Summe der Haben-Buchungen entspricht.

Grundbuch und Hauptbuch

Im System der Buchführung wird jeder Geschäftsfall
zeitlich (chronologisch) geordnet im **Grundbuch** als **Buchungssatz** und
sachlich geordnet im **Hauptbuch** auf **T-Konten** erfasst.

Bei der Buchung auf Sachkonten wird vor dem Betrag das **Konto der Gegenbuchung**, mindestens jedoch die **laufende Nummer** des Geschäftsfalls angegeben, um eine Zuordnung von Geschäftsfall und Buchung auf dem Sachkonto zu ermöglichen.

Eröffnungsbilanzkonto und Schlussbilanzkonto

Das **Eröffnungsbilanzkonto** (EBK) ist ein Hilfskonto für die Buchung der **Anfangsbestände** auf aktiven und passiven Bestandskonten.

Die entsprechenden allgemeinen Buchungssätze zur Eröffnung von Aktiv- und Passivkonten lauten:

- **Aktivkonto an EBK** und
- **EBK an Passivkonto**.

Durch seine Funktion als Gegenkonto für die Anfangsbestände aller Bestandskonten zeigt das **Eröffnungsbilanzkonto** ein **Spiegelbild der Eröffnungsbilanz**.

Am Jahresende werden alle **Schlussbestände** (Salden) der Bestandskonten auf das **Schlussbilanzkonto (SBK)** gebucht.

Die entsprechenden allgemeinen Buchungssätze für den Abschluss von Aktiv- und Passivkonten lauten:

- **SBK an Aktivkonto** und
- **Passivkonto an SBK**.

Grund- und Hauptbuch führen

Aufgaben

1. Prüfen Sie folgende Aussagen auf ihre Richtigkeit. Die Antwort ist jeweils zu begründen.

   (1) Das Eröffnungsbilanzkonto ist ein Hilfskonto und dient der Eröffnung der passiven Bestandskonten.

   (2) Doppelte Buchführung bedeutet, dass mindestens auf einem Konto im Soll und einem Gegenkonto im Haben gebucht wird.

   (3) Das Grundbuch stellt die Sachkonten dar und das Hauptbuch die Buchungssätze.

   (4) Bei aktiven und passiven Bestandskonten wird der Anfangsbestand jeweils im Soll gebucht.

   (5) Im Schlussbilanzkonto stehen die Salden der aktiven Bestandskonten im Haben und die Salden der passiven Bestandskonten im Soll.

   (6) Das Schlussbilanzkonto dokumentiert die Istwerte am Ende des Geschäftsjahres.

2. Beschreiben Sie die Schritte und Vorüberlegungen, die zu einem ordnungsgemäßen Buchungssatz führen.

3. Erklären Sie den Aufbau eines vollständigen Eröffnungsbilanzkontos.

4. Buchen Sie die folgenden Geschäftsfälle im Grundbuch:

1.	Wir zahlen auf unser Geschäftskonto bar ein	150,00 EUR
2.	Ein Kunde zahlt über das Postbankkonto eine Ausgangsrechnung	700,00 EUR
3.	Wir begleichen eine Eingangsrechnung über unser Geschäftskonto	600,00 EUR
4.	Wir verkaufen eine gebrauchte Computeranlage auf Ziel	2 500,00 EUR
5.	Wir kaufen eine Maschine auf Ziel	4 500,00 EUR
6.	Wir erwerben ein bebautes Grundstück über Darlehen auf Ziel	100 000,00 EUR 15 000,00 EUR
7.	Wir kaufen einen Bürocomputer mit Drucker auf Ziel	2 000,00 EUR
8.	Ein Kunde begleicht eine Rechnung durch Banküberweisung	3 000,00 EUR
9.	Wir wandeln eine Lieferschuld (Verbindlichkeit) in ein Darlehen um	10 000,00 EUR
10.	Wir zahlen eine Eingangsrechnung durch Banküberweisung durch Barzahlung	5 000,00 EUR 2 000,00 EUR

LERNFELD 6

Werteströme erfassen und beurteilen

5. Überlegen Sie, welche Geschäftsfälle durch die folgenden Buchungssätze abgebildet werden.

1. Verbindlichkeiten an Bank
2. Bank an Darlehen
3. Kasse an Bank
4. Forderungen an Fuhrpark
5. Fuhrpark an Verbindlichkeiten
6. Postbank an Bank
7. BGA an Verbindlichkeiten
   an Kasse
8. Kasse
   Bank an Forderungen

6. Erstellen Sie einen vollständigen Geschäftsgang mit Grundbuch und Hauptbuch.

a) Eröffnen Sie die Konten im Grundbuch und im Hauptbuch.

b) Buchen Sie die Geschäftsfälle zuerst im Grundbuch, und erfassen Sie die Buchungen dann im Hauptbuch.

c) Schließen Sie die Konten im Grundbuch und im Hauptbuch ab.

I. Anfangsbestände:

Grundstücke	175 000,00 EUR	Forderungen	7 000,00 EUR
Geschäftsbauten	45 000,00 EUR	Kasse	500,00 EUR
Maschinen	60 000,00 EUR	Postbank	7 500,00 EUR
Fuhrpark	80 000,00 EUR	Bank	10 000,00 EUR
Büroausstattung	25 000,00 EUR	Eigenkapital	? EUR
Waren	30 000,00 EUR	Darlehen	150 000,00 EUR

II. Geschäftsfälle:

1. Verkauf einer gebrauchten Maschine auf Ziel	5 000,00 EUR
2. Kauf eines neuen Pkw, mit Darlehen finanziert	25 000,00 EUR
3. Bankabhebung für die Geschäftskasse	2 000,00 EUR
4. Banküberweisung vom Kunden zum Ausgleich einer Rechnung	2 000,00 EUR
5. Tilgung eines Bankdarlehens	3 000,00 EUR
6. Barverkauf eines gebrauchten Computers	200,00 EUR
7. Verkauf eines Grundstückes gegen Bankscheck	50 000,00 EUR

4 Auf Erfolgskonten buchen und die Gewinn- und Verlustrechnung erstellen

Alle bisherigen Geschäftsfälle haben das Eigenkapital in seiner Höhe nicht verändert. Denn allein durch die Umschichtung von Vermögen und Kapital können keine **Gewinne** erzielt werden. Der Unternehmer (Eigenkapitalgeber) ist aber besonders an einem Gewinn interessiert: Er stellt sein Kapital zur Verfügung und erwartet dafür eine **Kapitalmehrung (Verzinsung)**, für seine Tätigkeit im Unternehmen erwartet er eine **Entlohnung** und für sein Risiko eine **Risikoprämie**. Gewinne sind darüber hinaus **Grundlage für Investitionen** und zentrales Kriterium für den Markterfolg.

Im Geschäftsleben sind deshalb vor allem die Geschäftsfälle von Bedeutung, die **erfolgswirksam** sind, d. h. das **Eigenkapital erhöhen** oder **mindern**.

4.1 Erfolgskonten

Mehrungen auf dem Eigenkapitalkonto werden als **Erträge**, Minderungen als **Aufwendungen** bezeichnet.

Das folgende Schaubild zeigt einige Beispiele für erfolgswirksame Vorgänge und verdeutlicht deren Auswirkung auf das Eigenkapital.

Soll	Eigenkapital	Haben
Minderungen durch z. B.		Anfangsbestand
Aufwendungen für Handelswaren		
Löhne und Gehälter		Mehrungen durch z. B.
Zinsaufwendungen		Umsatzerlöse für Handelswaren
Mietaufwendungen		Umsatzerlöse für eigene Erzeugnisse
Aufwendungen für Energie		Mieterträge
Steuern		Zinserträge
...		Provisionserträge
		...
Schlussbestand		

Alle Aufwendungen und Erträge könnten direkt auf dem Eigenkapitalkonto gebucht werden. Das hätte den Nachteil, dass bei einer i. d. R. großen Anzahl von erfolgswirksamen Geschäftsfällen

- das **Eigenkapitalkonto unübersichtlich** würde und
- die **Quellen des Erfolgs nicht** hinreichend **erkennbar** wären.

Werteströme erfassen und beurteilen

Deshalb erfolgt **keine direkte Buchung** der erfolgswirksamen Geschäftsfälle auf dem **Eigenkapitalkonto**, sondern eine Erfassung auf **Unterkonten** des Eigenkapitals. Gemäß ihrer Erfolgswirksamkeit werden diese Konten als **Aufwands-** und **Ertragskonten** bezeichnet. Aufwands- und Ertragskonten bilden gemeinsam die **Erfolgskonten**.

> **Merke**
>
> Aufwands- und Ertragskonten sind Unterkonten des Eigenkapitalkontos. Sie werden gemeinsam auch als Erfolgskonten bezeichnet.

Erfolgskonten haben grundsätzlich **keine Anfangsbestände**, da der Erfolg eines Unternehmens jährlich neu ermittelt wird. Aufwendungen und Erträge dürfen nicht miteinander verrechnet werden.

Das folgende Schaubild zeigt die Zusammenhänge:

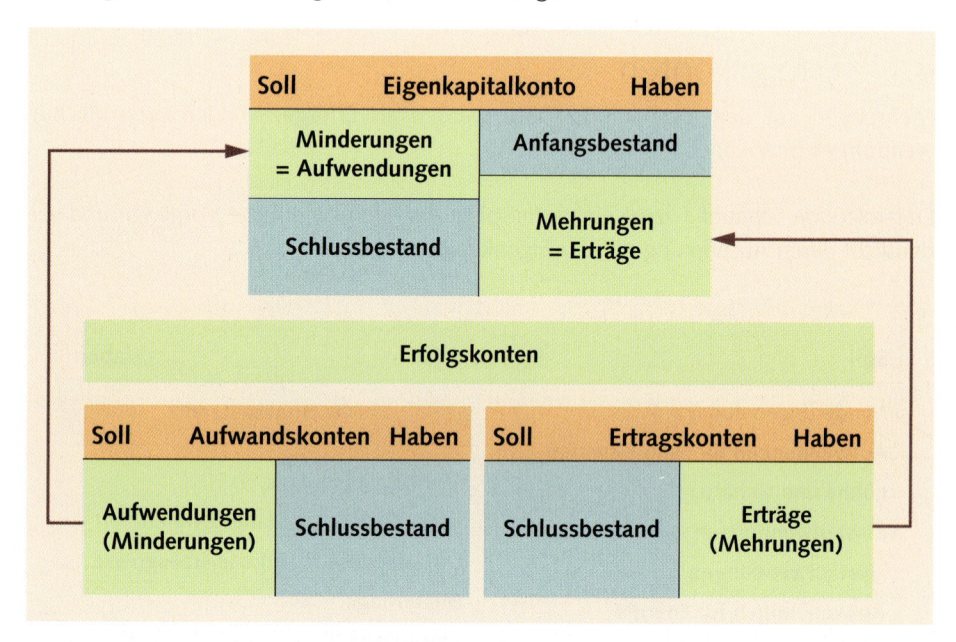

Soll	Eigenkapitalkonto	Haben
Minderungen = Aufwendungen		Anfangsbestand
Schlussbestand		Mehrungen = Erträge

Erfolgskonten

Soll	Aufwandskonten	Haben	Soll	Ertragskonten	Haben
Aufwendungen (Minderungen)		Schlussbestand	Schlussbestand		Erträge (Mehrungen)

■ Buchen auf Erfolgskonten

Aufwendungen werden durch einen **Input** in den **Leistungsbereich** des Unternehmens verursacht. Durch diesen Input entsteht dem Unternehmen ein Wertzugang. **Aufwendungen** repräsentieren deshalb **Wertzugänge**.

Erträge zeigen, welcher **Output** den **Leistungsbereich** verlässt. Durch den Output entsteht dem Unternehmen ein Wertabgang. **Erträge** repräsentieren deshalb **Wertabgänge**.

> **Merke**
>
> - **Aufwendungen** werden im **Soll** gebucht.
> - **Erträge** werden im **Haben** gebucht.

Als Unterkonten des Eigenkapitalkontos gelten für die Erfolgskonten die Buchungsregeln für passive Bestandskonten. Das bedeutet, dass

→ alle **Aufwendungen** (Minderungen des Eigenkapitals/Wertzugänge) im **Soll** gebucht werden und

→ alle **Erträge** (Mehrungen des Eigenkapitals/Wertabgänge) im **Haben** erfasst werden.

LERNFELD 6

Auf Erfolgskonten buchen und die Gewinn- und Verlustrechnung erstellen

Eine Buchung auf einem Erfolgskonto führt gleichzeitig zu einer Veränderung auf (mindestens) einem Bestandskonto (doppelte Buchführung).

Beispiel

Geschäftsfälle:
1. Wir kaufen Büromaterial (z. B. Papier) bar — 200,00 EUR
2. Wir zahlen Miete durch Banküberweisung — 800,00 EUR
3. Wir verkaufen Waren
   auf Ziel — 1 500,00 EUR
   und gegen Barzahlung — 150,00 EUR

Vorüberlegung:

Nr.	Konten	Kontenart Mehrung oder Minderung	Wertveränderung	Kontoseite
1	Aufwendungen für Büromaterial	Aufwandskonto/Mehrung	Wertzugang →	Soll
	Kasse	Aktivkonto/Minderung	Wertabgang →	Haben

Grundbuch

Beleg-Nr.	Buchungssatz	Beträge Soll	Beträge Haben
1	Aufwendungen für Büromaterial	200,00	
	an Kasse		200,00
2	Mietaufwand	800,00	
	an Bank		800,00
3	Forderungen	1 500,00	
	Kasse	150,00	
	an Umsatzerlöse		1 650,00

■ Abschluss der Erfolgskonten

Nach Buchung aller erfolgswirksamen Geschäftsfälle auf den jeweiligen Aufwands- und Ertragskonten müssen die Schlussbestände aller Erfolgskonten wieder dem Eigenkapitalkonto zugeführt werden. Aus Gründen der Übersichtlichkeit werden jedoch zunächst alle Salden der Erfolgskonten auf ein **Sammelkonto** gebucht. Dieses Konto wird als **Gewinn- und Verlustkonto** (GuV-Konto) bezeichnet.

Der allgemeine Buchungssatz für den **Abschluss der Aufwandskonten** lautet:

> GuV
>   an Aufwandskonto

Der allgemeine Buchungssatz für den **Abschluss der Ertragskonten** lautet:

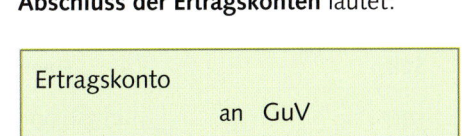

> Ertragskonto
>   an GuV

Auch das Gewinn- und Verlustkonto muss abgeschlossen werden: Es ergibt sich entweder ein Saldo im Soll (= Gewinn) oder ein Saldo im Haben (= Verlust). Der **Saldo des Gewinn- und Verlustkontos** wird auf das **Eigenkapitalkonto** gebucht.

Werteströme erfassen und beurteilen

Der allgemeine Buchungssatz für den **Abschluss des GuV-Kontos** bei einem **Gewinn** lautet:

> GuV an Eigenkapital

Der allgemeine Buchungssatz für den **Abschluss des GuV-Kontos** bei einem **Verlust** lautet:

> Eigenkapital an GuV

Beispiel

Das Beispiel zeigt das Hauptbuch mit Abschluss der Erfolgskonten für o. g. Geschäftsfälle.

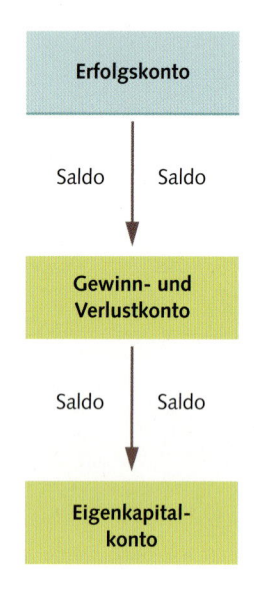

Erfolgskonto → Saldo → **Gewinn- und Verlustkonto** → Saldo → **Eigenkapitalkonto**

Soll	Büromaterial		Haben
Kasse	200,00	GuV	200,00
	200,00		200,00

Soll	Mietaufwand		Haben
Bank	800,00	GuV	800,00
	800,00		800,00

Soll	Umsatzerlöse		Haben
GuV	1 650,00	Fo/Ka	1 650,00
	1 650,00		1 650,00

Soll	Gewinn- und Verlustkonto		Haben
Büromaterial	200,00	Umsatzerlöse	1 650,00
Mietaufwand	800,00		
Eigenkapital (Gewinn)	650,00		
	1 650,00		1 650,00

Soll	Eigenkapital		Haben
SBK	140 650,00	Anfangsbestand	140 000,00
		GuV	650,00
	140 650,00		140 650,00

Auf Erfolgskonten buchen und die Gewinn- und Verlustrechnung erstellen

4.2 Überblick: Das System der doppelten Buchführung mit Bestands- und Erfolgskonten

Bestands- und Erfolgskonten im Hauptbuch

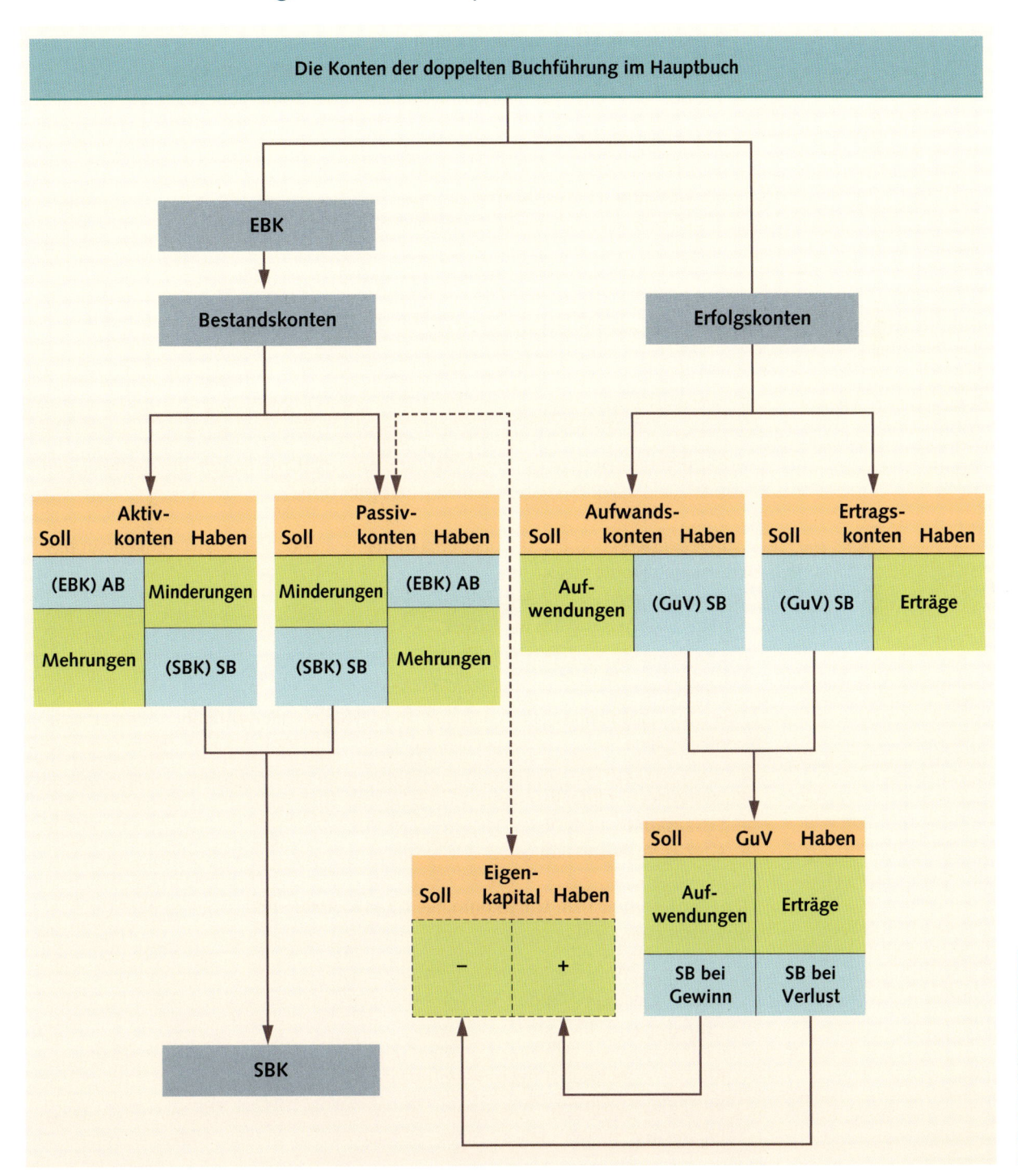

```
Die Konten der doppelten Buchführung im Hauptbuch
```

EBK → Bestandskonten

Erfolgskonten

Aktivkonten
Soll	Haben
(EBK) AB	Minderungen
Mehrungen	(SBK) SB

Passivkonten
Soll	Haben
Minderungen	(EBK) AB
(SBK) SB	Mehrungen

Aufwandskonten
Soll	Haben
Aufwendungen	(GuV) SB

Ertragskonten
Soll	Haben
(GuV) SB	Erträge

Eigenkapital
Soll	Haben
−	+

GuV
Soll	Haben
Aufwendungen	Erträge
SB bei Gewinn	SB bei Verlust

SBK

LERNFELD 6

Werteströme erfassen und beurteilen

■ **Vorgehensweise zur buchhalterischen Erfassung von Geschäftsfällen auf Bestands- und Erfolgskonten**

1. **Vorbereitung:** Buchungssätze im Grundbuch bilden

2. **Durchführung:**
   2.1 Konten im Hauptbuch einrichten
   2.2 Anfangsbestände auf die Bestandskonten buchen (eintragen)
   2.3 Buchungssätze für die Geschäftsfälle auf die Konten übertragen

3. **Abschluss der Konten:**
   3.1 Alle Erfolgskonten über GuV abschließen
   3.2 GuV über EK abschließen
   3.3 EK und alle anderen Bestandskonten über SBK abschließen

4.3 Zusammenfassung und Aufgaben

Zusammenfassung

Erfolgskonten

Erfolgskonten (Aufwands- und Ertragskonten) sind **Unterkonten** des Kontos **Eigenkapital**. Erfolgskonten haben **keinen Anfangsbestand**.

Aufwendungen und Erträge bucht man entsprechend ihrer Auswirkungen auf das Eigenkapitalkonto, also:
Aufwendungen (EK-Minderungen) **im Soll** und
Erträge (EK-Mehrungen) **im Haben**.

Gewinn- und Verlustkonto

Das GuV-Konto nimmt die Schlussbestände (Salden) aller Aufwands- und Ertragskonten auf.

Buchung der Schlussbestände:
- **Ertragskonto an GuV**
- **GuV an Aufwandskonto**

Das GuV-Konto ist ein **Unterkonto des Eigenkapitalkontos** und wird über dieses abgeschlossen.

- Erträge > Aufwendungen = Gewinn
  Buchung des GuV-Saldos:

  GuV an EK

- Erträge < Aufwendungen = Verlust
  Buchung des GuV-Saldos:

  EK an GuV

Auf Erfolgskonten buchen und die Gewinn- und Verlustrechnung erstellen

Aufgaben

1. Prüfen Sie folgende Aussagen auf ihre Richtigkeit. Die Antwort ist jeweils zu begründen.
   (1) Auf Erfolgskonten werden Geschäftsfälle gebucht, die das Vermögen betreffen.
   (2) Erfolgsbuchungen mindern oder erhöhen das Eigenkapital.
   (3) Die Unterkonten des Eigenkapitals nennt man Aufwands- und Erfolgskonten.
   (4) Aufwendungen und Erträge werden miteinander verrechnet.
   (5) Durch Aufwendungen erfolgt eine Minderung des Eigenkapitals.
   (6) Aufwands- und Ertragskonten werden über das Eigenkapitalkonto abgeschlossen.
   (7) Die Salden der Aufwandskonten stehen im Haben des GuV-Kontos und die Salden der Erträge stehen im Soll des GuV-Kontos.
   (8) Der Anfangsbestand auf einem Aufwandskonto steht immer im Soll.

2. Bilden Sie die Buchungssätze für folgende Geschäftsfälle:

1.	Barkauf von Büromaterial	50,00 EUR
2.	Überweisung unseres Mieters für die Büromiete	400,00 EUR
3.	Lastschrift unseres Energieversorgers	120,00 EUR
4.	Eingang der Rechnung für die Reparatur des Kopierers	45,00 EUR
5.	Verkauf von Waren auf Ziel	450,00 EUR
6.	Unsere Provisionszahlung an Handelsvertreter	200,00 EUR
7.	Barzahlung von Postgebühren	15,00 EUR
8.	Banküberweisung der Löhne und Gehälter	5 000,00 EUR
9.	Tilgung eines Darlehens	1 000,00 EUR
	und Zinszahlung durch Banküberweisung	250,00 EUR
10.	Verkauf von Waren gegen Bankscheck	300,00 EUR
	und Barzahlung	30,00 EUR

3. Buchen Sie die folgenden Geschäftsfälle im Grundbuch. Führen Sie im Hauptbuch nur die Erfolgskonten, und schließen Sie diese über das GuV-Konto bis zum Eigenkapital ab.

1.	Lohn- und Gehaltsüberweisung	5 800,00 EUR
2.	Abbuchung der Zinszahlung für ein Darlehen	300,00 EUR
3.	Provisionsertrag für die Vermittlung eines Auftrages, bar	450,00 EUR
4.	Barverkauf von Waren	1 500,00 EUR
5.	Kauf von Büromaterial auf Ziel	350,00 EUR
6.	Verkauf von Waren auf Ziel	8 500,00 EUR
7.	Banküberweisung für eine bereits gebuchte Eingangsrechnung	2 000,00 EUR
8.	Überweisung eines offenen Rechnungsbetrages durch einen Kunden	500,00 EUR

LERNFELD 6

Werteströme erfassen und beurteilen

5 Kontenrahmen und Kontenplan als Organisationsmittel einsetzen

Für die Buchung der Geschäftsfälle stehen als Organisationsmittel der **Kontenrahmen** und der **betriebliche Kontenplan** zur Verfügung. Sie sind der Leitfaden zur **einheitlichen Erfassung** aller Werteströme und ermöglichen dadurch **Zeit-** und **Betriebsvergleiche**.

Industriekontenrahmen (IKR) – Auszug für den Schulgebrauch

AKTIVA

Anlagevermögen		Umlaufvermögen	
0 Immaterielle Vermögensgegenstände und Sachanlagen	**1** Finanzanlagen	**2** Umlaufvermögen und aktive Rechnungsabgrenzung	
00 Ausstehende Einlagen	10 Frei	20 Roh-, Hilfs- und Betriebsstoffe	
01 Frei	11 Frei	2000 Rohstoffe/Fertigungsmaterial	
02 Konzessionen, gewerbliche Schutzrechte	12 Frei	2001 Bezugskosten	
03 Geschäfts- oder Firmenwert	13 Beteiligungen	2002 Nachlässe	
04 Frei	14 Frei	2010 Vorprodukte/Fremdbauteile	
05 Grundstücke, grundstücksgleiche Rechte und Bauten	15 Wertpapiere des Anlagevermögens	2011 Bezugskosten	
0500 Unbebaute Grundstücke	16 Sonstige Finanzanlagen	2012 Nachlässe	
0510 Bebaute Grundstücke	17 Frei	2020 Hilfsstoffe	
0530 Betriebsgebäude	18 Frei	2021 Bezugskosten	
06 Frei	19 Frei	2022 Nachlässe	
07 Technische Anlagen und Maschinen		2030 Betriebsstoffe	
0720 Anlagen und Maschinen der Materialbearbeitung, -verarbeitung		2031 Bezugskosten	
0790 Geringwertige Anlagen und Maschinen		2032 Nachlässe	
		21 Unfertige Erzeugnisse	
		2100 Unfertige Erzeugnisse	
		22 Fertige Erzeugnisse und Waren	

Neben dem **Industriekontenrahmen**, der im Folgenden verwendet wird, gibt es in der Wirtschaft weitere spezielle Kontenrahmen (z. B. Großhandelskontenrahmen, DATEV Standardkontenrahmen SKR 03/04).

Der **Kontenrahmen** bildet das Grundgerüst für eine betriebsindividuelle Anpassung in Form eines Kontenplans. Der **Kontenplan** enthält nur genau die Konten, die tatsächlich im Unternehmen geführt werden.

Merke

Der **Kontenrahmen** ist ein allgemeines, auf die Branche bezogenes Organisationsmittel für die Kontierung von Geschäftsfällen.

Der **Kontenplan** ist ein nach betriebsindividuellen Gesichtspunkten angepasster Kontenrahmen.

5.1 Der Aufbau des Industriekontenrahmens

Der Grundaufbau jedes Kontenrahmens ist gleich. Nach dem dekadischen System (Zehnersystem) enthält jeder Kontenrahmen **zehn Kontenklassen** (Kontenklasse 0 bis Kontenklasse 9).

Kontenklassen des Industriekontenrahmens für die Finanzbuchführung
(ohne Kontenklasse 9: Kosten- und Leistungsrechnung)

Bestandskonten	Erfolgskonten	Konten der Ergebnisrechnung
Kontenklassen 0 - 4	Kontenklassen 5 - 7	Kontenklasse 8

| Aktivkonten: Kontenklassen 0,1,2 | Passivkonten: Kontenklassen 3,4 | Ertragskonten: Kontenklasse 5 | Aufwandskonten: Kontenklassen 6,7 | Eröffnungs- und Abschlusskonten | Gewinn- und Verlustkonto |

Kontenrahmen und Kontenplan als Organisationsmittel einsetzen

Im Industriekontenrahmen bilden die **Kontenklassen 0 - 8** das Ordnungssystem für die Finanzbuchführung, die **Kontenklasse 9** übernimmt diese Aufgabe für die **Kosten- und Leistungsrechnung**. Die Reihenfolge der Kontenklassen richtet sich im Industriekontenrahmen nach der Gliederung der Bilanz und GuV-Rechnung (**Abschlussgliederungsprinzip**).

Jede **Kontenklasse** gliedert sich in **Kontengruppen** (maximal 10 je Kontenklasse), **Kontenuntergruppen (Kontenart)** und **Konten (Kontenunterart)**. Zur eindeutigen Unterscheidungen sind jeder Ebene unterschiedlich viele Ziffern zugeordnet.

Aufbau des IKR am Beispiel der Kontenklasse 2		
Aufbau des IKR		Beispiel (Kontenklasse 2)
Kontenklasse ↓	einstellig	2 Umlaufvermögen
Kontengruppe ↓	zweistellig	28 Flüssige Mittel
Kontenuntergruppe (Kontenart) ↓	dreistellig	280 Guthaben bei Kreditinstituten
Konto (Kontenunterart)	vierstellig	Im betrieblichen Kontenplan werden die Konten i. d. R. vierstellig geführt. 2800 Guthaben bei „Sparbank"

Jeder Geschäftsfall wird durch mindestens eine **vierstellige Kontennummer** im Soll und eine vierstellige Kontennummer im Haben abgebildet. Eine solche Kontierung unterstützt z. B.

- **die einheitliche**, **vergleichbare** und **numerische Zuordnung** der Geschäftsfälle,
- **die rechnerische Aufbereitung** für die **GuV-Rechnung** und **Bilanz**,
- laufende **innerbetriebliche Auswertungen**,
- die Möglichkeit von **außerbetrieblichen Kontrollen** (z. B. Bank, Finanzamt),
- die Durchführung von **Zeitvergleichen** und **Betriebsvergleichen/Branchenvergleichen** (Benchmarking).

Eine **elektronische Buchführung** ist ohne Kontenplan nicht möglich.

Werteströme erfassen und beurteilen

Überblick: Die Kontenklassen des IKR			
Konten-klasse	Bezeichnung	Bestands-/Erfolgskonten	Beispiel mit Kontonummer
0	Immaterielle Vermögensgegenstände und Sachanlagen	Aktivkonten	0840 Fuhrpark
1	Finanzanlagen	Aktivkonten	1500 Wertpapiere des Anlagevermögens
2	Umlaufvermögen und aktive Rechnungsabgrenzung	Aktivkonten	2400 Forderungen aus Lieferungen und Leistungen
3	Eigenkapital und Rückstellungen	Passivkonten	3000 Eigenkapital
4	Verbindlichkeiten und passive Rechnungsabgrenzung	Passivkonten	4400 Verbindlichkeiten aus Lieferungen und Leistungen
5	Umsatzerlöse und sonstige Erträge	Ertragskonten	5100 Umsatzerlöse für Waren
6	Betriebliche Aufwendungen	Aufwandskonten	6200 Löhne
7	Weitere Aufwendungen	Aufwandskonten	7030 Kraftfahrzeugsteuer
8	Ergebnisrechnungen	Eröffnungs- und Abschlusskonten	8010 Schlussbilanzkonto
9	Kosten- und Leistungsrechnung	vorgesehen für Rechnungskreis II	9300 Kostenstellen

5.2 Zusammenfassung und Aufgaben

Zusammenfassung

Kontenrahmen und Kontenplan

Der **Kontenrahmen** stellt eine geordnete **Übersicht aller Konten** einer Branche dar. Er ist ein **Leitfaden** für die ordnungsgemäße und einheitliche Kontierung von Geschäftsfällen.

Der **betriebliche Kontenplan** ist die **betriebsindividuelle** Ausgestaltung des Kontenrahmens.

Aufgrund der einheitlichen Anwendung von **Kontennummern** können innerbetriebliche **Zeitvergleiche** und außerbetriebliche **Kontrollen** von Dritten (Finanzamt, Kreditinstitute, Behörden) vorgenommen werden.

LERNFELD 6

Kontenrahmen und Kontenplan als Organisationsmittel einsetzen

Industriekontenrahmen (IKR)

Der Industriekontenrahmen ist nach dem **Abschlussgliederungsprinzip** geordnet.

Der Kontenrahmen beinhaltet **10 Kontenklassen** mit **10 Kontengruppen**, **Kontenuntergruppen** und **Konten**.

Jede Kontennummer ist vierstellig und wie folgt aufgebaut:
0840 Fuhrpark
→ Kontenklasse
→ Kontengruppe
→ Kontenuntergruppe (Kontenart)
→ Konto

Jeder Geschäftsfall wird mit mindestens einer **vierstelligen Kontennummer** im Soll und einer vierstelligen Kontennummer im Haben im Buchungssystem erfasst.

Aufgaben

1. Prüfen Sie folgende Aussagen auf ihre Richtigkeit. Die Antwort ist jeweils zu begründen.

   (1) Der Kontenrahmen stellt eine Systematik von Konten zur ordnungsmäßigen und einheitlichen Buchung aller Geschäftsfälle dar.

   (2) In der Buchhaltung eines Betriebes sind stets ein Kontenrahmen und ein Kontenplan einzusetzen.

   (3) Der Industriekontenrahmen (IKR) sieht für die Finanzbuchführung 10 Kontenklassen vor.

   (4) Im Industriekontenrahmen gibt es 10 Kontenklassen (Kontenklasse 0 bis Kontenklasse 10) mit mindestens 10 Kontengruppen.

   (5) Büromaterial wird auf dem Konto 0870 gebucht.

2. Ordnen Sie den folgenden Positionen die vierstellige Kontennummer des IKR zu.

   a) Bank
   b) Forderungen
   c) Umsatzsteuer
   d) Vorsteuer
   e) Löhne und Gehälter
   f) Gewinn- u. Verlustkonto
   g) Aufwendungen für Handelswaren
   h) Kasse
   i) Fuhrpark
   j) Verbindlichkeiten
   k) Eigenkapital
   l) Umsatzerlöse
   m) Aufwendungen für Büromaterial

3. Buchen Sie im Grund- und im Hauptbuch von der Eröffnungsbilanz bis zur Schlussbilanz. Stellen Sie dazu die Eröffnungs- und die Schlussbilanz zum 31.12. auf, und ermitteln Sie jeweils die Höhe des Eigenkapitals. Buchen Sie unter Verwendung der Kontennummern des IKR.

LERNFELD 6

Werteströme erfassen und beurteilen

I. Anfangsbestände:

0500	Unbebaute Grundstücke	80 000,00 EUR
0510	Bebaute Grundstücke	102 000,00 EUR
0840	Fuhrpark	45 000,00 EUR
0870	Büromöbel und sonstige Geschäftsausstattung	31 000,00 EUR
2280	Waren (Handelswaren)	35 000,00 EUR
2400	Forderungen	77 000,00 EUR
2800	Bank	12 000,00 EUR
2850	Postbank	6 500,00 EUR
2880	Kasse	1 500,00 EUR
4200	Kurzfristige Bankverbindlichkeiten	120 000,00 EUR
4250	Langfristige Bankverbindlichkeiten	100 000,00 EUR
4400	Verbindlichkeiten	40 000,00 EUR

II. Geschäftsfälle

1. Wir verkaufen Handelswaren — 2 000,00 EUR
2. Wir überweisen eine Provision per Bank für die Vermittlung eines Auftrages — 3 500,00 EUR
3. Die Bank belastet uns mit Zinsen — 900,00 EUR
4. Wir bezahlen eine Lieferantenrechnung durch Banküberweisung — 11 000,00 EUR
5. Wir zahlen eine Werbeanzeige bar — 110,00 EUR
6. Lastschrift für Telefon- und Faxnutzung wird abgebucht — 350,00 EUR
7. Wir begleichen eine Reparaturrechnung für den Kopierer per Postbank — 400,00 EUR
8. Kfz-Steuer für die Geschäftswagen wird per Lastschrift abgebucht — 1 500,00 EUR
9. Ein Kunde zahlt per Banküberweisung — 8 000,00 EUR
10. Wir verkaufen Handelswaren bar — 500,00 EUR auf Ziel — 15 000,00 EUR
11. Wir erhalten eine Eingangsrechnung der Reinigungsfirma — 850,00 EUR
12. Wir heben Geld vom Bankkonto ab und legen es in die Geschäftskasse — 2 000,00 EUR
13. Ein Kunde zahlt eine Ausgangsrechnung bar — 3 500,00 EUR
14. Wir tilgen ein Darlehen bar — 4 000,00 EUR
15. Wir verkaufen ein unbebautes Grundstück gegen Bankscheck — 20 000,00 EUR
16. Wir erhalten Zinsen auf unser Postbankkonto — 300,00 EUR

LERNFELD 6

6 Umsatzsteuer und Vorsteuer buchen

Die **Umsatzsteuer**, auch „**Mehrwertsteuer**" genannt, ist eine Gemeinschaftssteuer, die sowohl Bund und Ländern als auch Gemeinden zugute kommt. Sie gehört mit einem Anteil von etwa einem Drittel am gesamten Steueraufkommen zu den bedeutenden Einnahmequellen des Staates.

Der **Umsatzsteuer unterliegen** (§ 1 UStG)

- alle **Umsätze aus Waren** und **Leistungen** (Güter, Dienstleistungen) eines Unternehmers gegen Entgelt,
- **Entnahmen von Waren für private Zwecke** (Eigenverbrauch) oder **private Nutzung** von **betrieblichem Vermögen**,
- **Wareneinfuhren aus Drittländern**,
- **innergemeinschaftliche Erwerbe**.

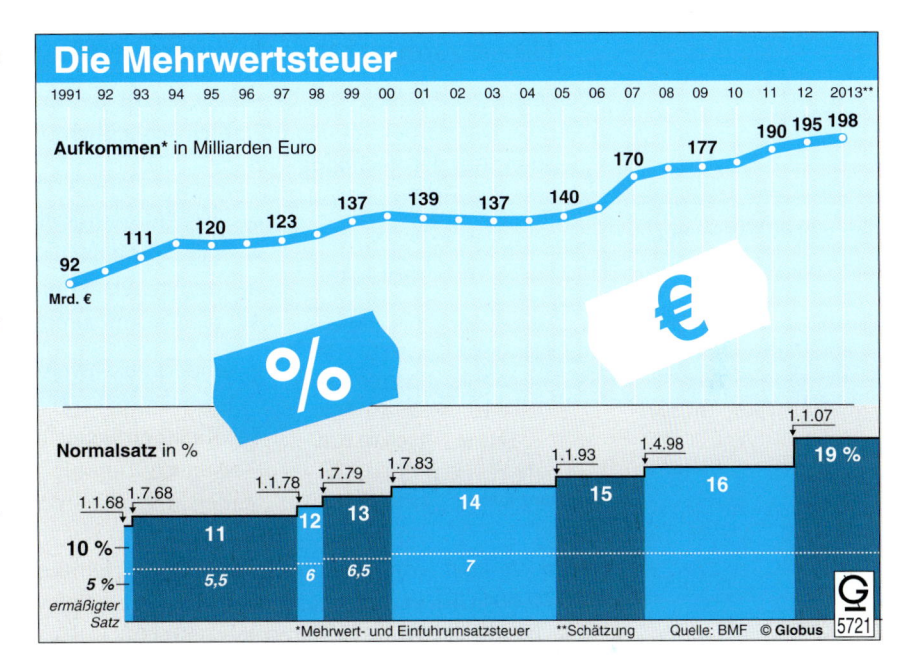

Beim Bezug von Waren aus dem Ausland muss das importierende deutsche Unternehmen die Umsatzsteuer an das deutsche Finanzamt zahlen.

Von der **Steuerpflicht befreit** sind z. B. Warenausfuhren, Umsätze im Geld- und Kapitalverkehr, Umsätze der Binnenschifffahrt und Umsätze aus Vermietung und Verpachtung von Grundstücken und Gebäuden sowie Standardleistungen (Briefmarken) für die Beförderung von Ansichtskarten, Briefen, Einschreiben und Päckchen.

Besteuerungsgrundlage sind die vereinbarten Entgelte. Werden diese durch Nachlässe vermindert, ist die berechnete Umsatzsteuer zu korrigieren.

Der **Verbraucher** entrichtet beim **Kauf** die **Umsatzsteuer**. Dabei spielt seine persönliche Leistungsfähigkeit – anders als z. B. bei der Lohn- und Einkommensteuer – grundsätzlich keine Rolle. Allerdings hat der Gesetzgeber für die wichtigsten Güter des täglichen Lebens einen geringeren Steuersatz vorgesehen.

Der **Regelsteuersatz** für Lieferungen und sonstige Leistungen beträgt **19 %**. Dem **ermäßigten Steuersatz** von **7 %** unterliegen nur einige ausgewählte Waren, z. B. viele Lebensmittel, lebende Pflanzen und Tiere sowie Bücher (vgl. Anlage 2 zum Umsatzsteuergesetz: Liste der dem ermäßigten Steuersatz unterliegenden Gegenstände). Auch bestimmte Leistungen (z. B. Hotelübernachtungen oder Essen zum Mitnehmen) werden durch den ermäßigten Steuersatz von 7 % begünstigt.

> **Tipp**
> Der ermäßigte Steuersatz von 7 % gilt z. B. für:
> Backwaren, Bücher, Eier, Gewürze, Milch, Milchgetränke, Mineralwasser, Schokolade, Speisesalz, Tee, Wurstwaren.

Werteströme erfassen und beurteilen

6.1 Das System der Umsatzsteuer

Das Unternehmen hat als Steuerschuldner die von Kunden eingenommene Umsatzsteuer an das Finanzamt abzuführen. Die **wirtschaftliche Belastung trägt** jedoch der **Endverbraucher**.

■ Umsatzsteuer, Vorsteuer und Umsatzsteuerzahllast/Vorsteuerüberhang

Bemessungsgrundlage der Umsatzsteuer ist das Entgelt **ohne** Umsatzsteuer (Nettobetrag). Der Käufer hat den Betrag **einschließlich** Umsatzsteuer (Bruttobetrag) zu begleichen. Auf der **Rechnung** sind

> Sehr geehrte Frau Schwarz,
>
> vielen Dank für Ihren Auftrag vom 20..-12-02. Wir lieferten Ihnen
>
> | Anzahl | Artikelbezeichnung | Einzelpreis | Gesamtpreis |
> |---|---|---|---|
> | 10 | Schminkkoffer „Glamour" | 135,00 EUR | 1350,00 EUR |
> | 30 | Creme „Exotic" | 40,00 EUR | 1200,00 EUR |
> | 10 | Körpermilch „Sinne" | 45,00 EUR | 450,00 EUR |
> | | gesamt | | 3000,00 EUR |
> | | + 19 % USt | | 570,00 EUR |
> | | **Rechnungsbetrag** | | **3570,00 EUR** |

→ das Entgelt für die Leistung (netto),
→ der Umsatzsteuerbetrag,
→ der Steuersatz und
→ die Gesamtsumme (brutto)

gesondert auszuweisen.

Bei **Kleinbetragsrechnungen** bis **150,00 EUR** darf der Preis auch nur als Gesamtsumme mit Angabe des Steuersatzes (7 % oder 19 %) angegeben werden.

Beim Verkauf von Leistungen erstellt ein Unternehmen eine **Ausgangsrechnung** (3 570,00 EUR). Es erhält von seinen Kunden ein Entgelt für die Leistung (3 000,00 EUR) und für die anteilige Umsatzsteuer (570,00 EUR). Die **Umsatzsteuer** (570,00 EUR) muss das Unternehmen an das Finanzamt abführen.

Beim Einkauf von Leistungen erhält ein Unternehmen eine **Eingangsrechnung** (z. B. 1 190,00 EUR). Es hat ein Entgelt für die Leistung (1 000,00 EUR) und ebenso für den Umsatzsteueranteil (190,00 EUR) zu bezahlen. Unternehmen sollen die Steuerlast aber nicht tragen. Deshalb wird die von Unternehmen gezahlte Umsatzsteuer (= **Vorsteuer**) vom Finanzamt erstattet.

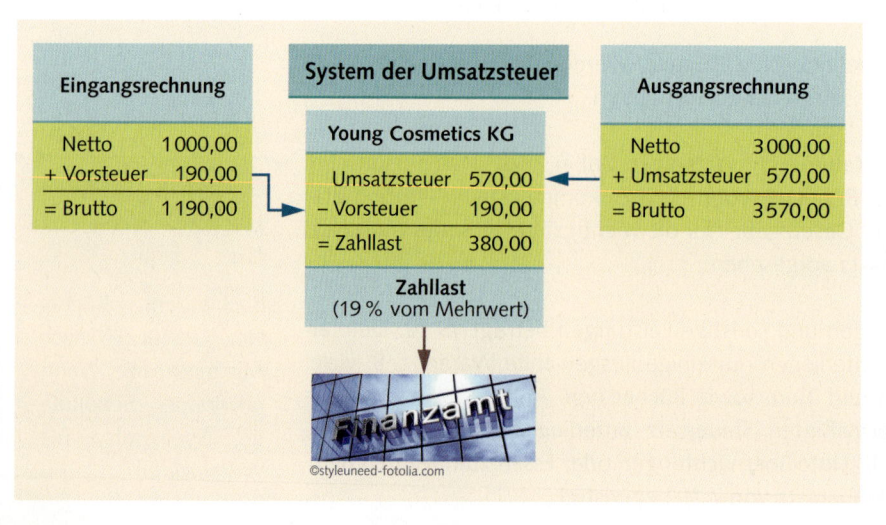

> **Tipp**
>
> Als **Vorsteuer** wird die auf Eingangsrechnungen ausgewiesene Umsatzsteuer bezeichnet.

Vorsteuerabzugsberechtigt ist ein Unternehmen nicht nur beim Einkauf von Waren, die weiterveräußert werden, sondern auch für erworbene Güter und Leistungen, die im eigenen Unternehmen in den Leistungsprozess eingehen (z. B. Anschaffung von Büroausstattung). Im Ergebnis bewirkt der Vorsteuerabzug damit, dass **Unternehmen alle Leistungen**, die in den Leistungsprozess eingehen, **ohne Umsatzsteuerbelastung** erwerben.

System der Umsatzsteuer

Eingangsrechnung		Young Cosmetics KG		Ausgangsrechnung	
Netto	1000,00	Umsatzsteuer	570,00	Netto	3000,00
+ Vorsteuer	190,00	– Vorsteuer	190,00	+ Umsatzsteuer	570,00
= Brutto	1190,00	= Zahllast	380,00	= Brutto	3570,00

Zahllast (19 % vom Mehrwert) → Finanzamt

LERNFELD 6

Umsatzsteuer und Vorsteuer buchen

Um unnötige Geldströme zwischen Finanzamt und Unternehmen zu vermeiden, wird die eingenommene Umsatzsteuer (Verbindlichkeit gegenüber dem Finanzamt) mit der gezahlten Vorsteuer (Forderung an das Finanzamt) bereits im Unternehmen verrechnet.

Die Zahllast (380,00 EUR) entspricht damit 19 % des vom Unternehmen geschaffenen Mehrwerts von 2 000,00 EUR.

Damit ergibt sich folgendes **System**:

→ Jeder **Verkauf** führt bei Unternehmen zu einer **Einnahme von Umsatzsteuer** (und damit zu einer Steuerschuld/Verbindlichkeit gegenüber dem Finanzamt).

→ Jeder **Einkauf** führt bei Unternehmen zu **einer Zahlung von Vorsteuer** (und damit zu einer Forderung an das Finanzamt).

©vege-fotolia.com

Merke

Eingangsrechnung	→	Vorsteuer (Forderung an das Finanzamt)
Ausgangsrechnung	→	Umsatzsteuer (Verbindlichkeit an das Finanzamt)

Die Umsatzsteuer-Schuld wird mit der Vorsteuer-Forderung verrechnet.

→ Ist die Umsatzsteuer größer als die Vorsteuer, muss diese **Zahllast** an das Finanzamt **überwiesen** werden.

→ Ist die Vorsteuer größer als die Umsatzsteuer **(Vorsteuerüberhang)**, erstattet das Finanzamt den zu viel geleisteten Betrag.

Merke

Zahllast:
Umsatzsteuer > Vorsteuer

Vorsteuerüberhang:
Vorsteuer > Umsatzsteuer

Somit entsteht dem Unternehmen aus der Einnahme von Umsatzsteuer und aus der Zahlung von Vorsteuer **kein Aufwand**. Die Umsatzsteuer ist aus **Unternehmenssicht** ein **durchlaufender Posten**.

Die **Steuerlast trägt** allein der **Endverbraucher**: Er bezahlt den Bruttoverkaufspreis, bekommt die darin enthaltene Umsatzsteuer aber nicht vom Finanzamt zurück.

Beispiel

Die Young Cosmetics KG kauft Waren im Wert von **2 000,00 EUR** (netto).
Die Vorsteuer beträgt **380,00 EUR**. Zu zahlen sind entsprechend 2 380,00 EUR.

Die Ware wird zu einem Preis von **4 500,00 EUR** (netto) weiterverkauft.
Die anteilige Umsatzsteuer beträgt **855,00 EUR**.
Eingenommen werden entsprechend 5 355,00 EUR.

Die Zahllast ergibt sich aus der Differenz von Umsatzsteuer und Vorsteuer:

	Umsatzsteuer	855,00 EUR
−	Vorsteuer	380,00 EUR
=	**Zahllast**	**475,00 EUR**

Auf dieser Umsatzstufe wurde ein Mehrwert von 2 500,00 EUR geschaffen:

	Verkauf (netto)	4 500,00 EUR
−	Einkauf (netto)	2 000,00 EUR
=	**Mehrwert**	**2 500,00 EUR**

Die Zahllast (475,00 EUR) entspricht genau der Steuer vom Mehrwert (19 % von 2 500,00 EUR).

LERNFELD 6

Werteströme erfassen und beurteilen

Eingangsrechnung

Duftstoffe Anneliese Kaiser e. Kfr.
Naturkosmetik

Duftstoffe A. Kaiser e. Kfr. • Bachgasse 15 • 55543 Bad Kreuznach

Young Cosmetics KG
Mittlere Straße 30
01070 Dresden

Anschrift: Bachgasse 15, 55543 Bad Kreuznach
Telefon: 0671 123456
Telefax: 0671 123459
E-Mail: duftstoffe@t-online.de
Bankverbindung: Postbank Bad Kreuznach
IBAN: DE60 7601 0085 0234 4567 89
BIC: PBNKDEFFXXX
Unser Zeichen: KA.2367
Name: Frau Kaiser
Datum: 20..-01-04

Rechnungs-Nr.: 2367

Artikel-Nr.	Bezeichnung	Menge	Einzelpreis in EUR	Gesamtpreis in EUR
24670	Parfüm „ELBE" 60 ml	100 St.	20,00	2.000,00
	19 % Umsatzsteuer			380,00
	Rechnungsbetrag (brutto)			2.380,00

Zahlungsbedingungen: ohne Abzüge zahlbar bis 04.02.20..

Inhaberin Anneliese Kaiser
Amtsgericht Bad Kreuznach
HRA 1223
USt-IdNr.: DE123456780

Ausgangsrechnung

Rechnung — **Young Cosmetics KG**
Mittlere Str. 30, 01070 Dresden

Young Cosmetics KG • Mittlere Str. 30 • 01070 Dresden

Beauty and more KG
Am Hafen 100
20200 Hamburg

Telefon: 0351 99999
Telefax: 0351 999998
E-Mail: info@young-cosmetics.de
Internet: www.young-cosmetics.de
USt-IdNr.: DE999999999
Rechnungsnr.: 14-00173
Liefer-/Leistungsdatum: 20..-01-16
Rechnungsdatum: 20..-01-17

Sehr geehrte Damen und Herren,

vielen Dank für Ihren Auftrag vom 20..-01-03. Wir lieferten Ihnen

Anzahl	Artikelbezeichnung	Einzelpreis	Gesamtpreis
100	Parfüm „ELBE" 60 ml	45,00 EUR	4.500,00 EUR
	gesamt		**4.500,00 EUR**
	+ 19 % USt		855,00 EUR
	Rechnungsbetrag		**5.355,00 EUR**

Zahlungsbedingungen: zahlbar bis 17.02.20..
Abzug von 3 % Skonto bei Zahlung innerhalb 14 Tagen

Sparbank Dresden
IBAN: DE60 9000 8000 1234 5678 90
BIC: STDDDE81XXX
Amtsgericht Dresden
HRA 451

■ Umsatzsteuervoranmeldung

Das Unternehmen hat bis zum 10. Tag nach Ablauf eines Voranmeldezeitraums (in der Regel spätestens am 10. Tag des Folgemonats) dem Finanzamt eine **Umsatzsteuervoranmeldung** nach amtlich vorgeschriebenem Vordruck auf elektronischem Wege zu übermitteln. Bei nicht fristgerechter Einreichung sind Verspätungszuschläge und bei nicht fristgerechter Zahlung Säumniszuschläge fällig.

In jedem Voranmeldezeitraum wird aus der vereinnahmten Umsatzsteuer und der gezahlten Vorsteuer die **Zahllast** ermittelt, die als Vorauszahlung auf die Jahressteuerschuld zu leisten ist. Übersteigt die gezahlte Vorsteuer die vereinnahmte Umsatzsteuer ergibt sich ein **Vorsteuerüberhang**, der auf Antrag vom Finanzamt erstattet wird. Vorsteuerüberhänge entstehen z. B. bei Saisongeschäften oder Neugründungen des Unternehmens, wenn durch Einkäufe für Lagerbestände bereits viel Vorsteuer angefallen ist, aber noch kein Verkauf (und damit keine Einnahme von Umsatzsteuer) stattgefunden hat. Gleiches gilt für Unternehmen mit hohen Exporten: Exporte sind umsatzsteuerbefreit, ein Zufluss von Umsatzsteuer fehlt entsprechend.

Am Jahresende wird unter Anrechnung der bereits geleisteten Zahlungen bzw. erhaltenen Erstattungen eine **Umsatzsteuer-Jahreserklärung** erstellt.

6.2 Buchhalterische Erfassung der Umsatzsteuer

Das System der Umsatzsteuer hat gezeigt, dass sich die **Zahllast** bzw. der **Vorsteuerüberhang** aus der **Umsatzsteuer der Ausgangsrechnungen** abzüglich der **Vorsteuer der Eingangsrechnungen** ergibt. Daraus folgt:

→ Die **Umsatzsteuer bei Eingangsrechnungen (Vorsteuer)** stellt eine **Forderung** des Unternehmens gegenüber dem Finanzamt dar. Sie wird deshalb auf einem Forderungskonto (Aktivkonto) mit der Bezeichnung **„Vorsteuer"** gebucht.

→ Die **Umsatzsteuer bei Ausgangsrechnungen** stellt eine **Verbindlichkeit** gegenüber dem Finanzamt dar. Sie wird deshalb auf einem Verbindlichkeitenkonto (Passivkonto) mit der Bezeichnung **„Umsatzsteuer"** gebucht.

> **Merke**
>
> Das Konto **2600 Vorsteuer** ist ein **Aktivkonto**.
>
> Das Konto **4800 Umsatzsteuer** ist ein **Passivkonto**.

Die Konten Umsatzsteuer und Vorsteuer

Die Buchungen auf den Konten erfolgen nach den bekannten Buchungsregeln der Bestandskonten:

→ **Vorsteuer** bei Eingangsrechnungen (Mehrung der Forderungen/Wertzugang) **im Soll** des Kontos Vorsteuer,

→ **Umsatzsteuer** bei Ausgangsrechnungen (Mehrung der Verbindlichkeiten/Wertabgang) **im Haben** des Kontos Umsatzsteuer.

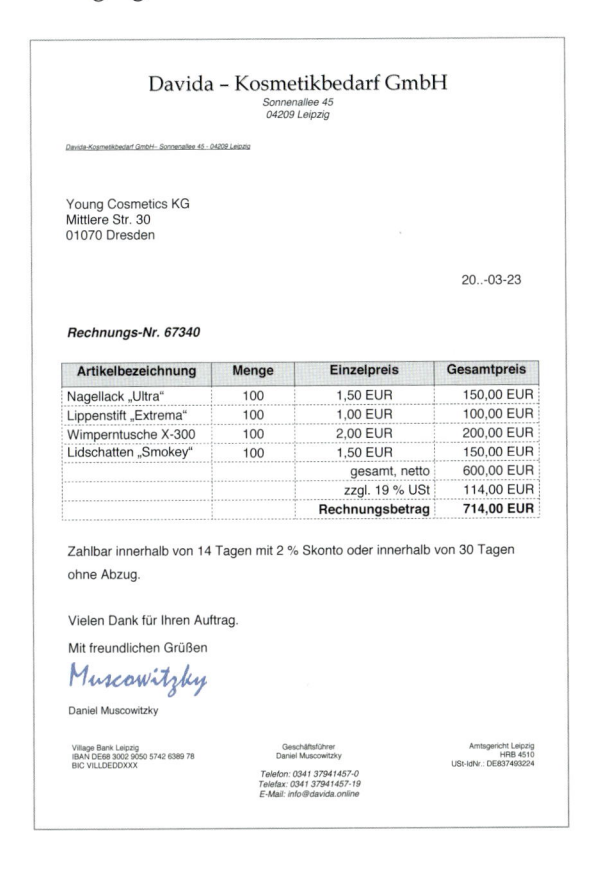

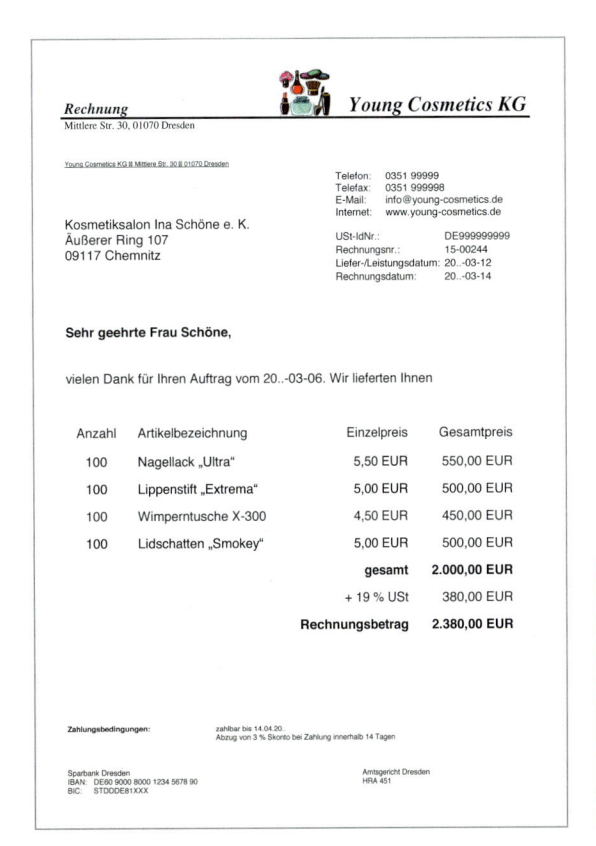

Davida – Kosmetikbedarf GmbH
Sonnenallee 45
04209 Leipzig

Davida-Kosmetikbedarf GmbH·· Sonnenallee 45 · 04209 Leipzig

Young Cosmetics KG
Mittlere Str. 30
01070 Dresden

20..-03-23

Rechnungs-Nr. 67340

Artikelbezeichnung	Menge	Einzelpreis	Gesamtpreis
Nagellack „Ultra"	100	1,50 EUR	150,00 EUR
Lippenstift „Extrema"	100	1,00 EUR	100,00 EUR
Wimperntusche X-300	100	2,00 EUR	200,00 EUR
Lidschatten „Smokey"	100	1,50 EUR	150,00 EUR
		gesamt, netto	600,00 EUR
		zzgl. 19 % USt	114,00 EUR
		Rechnungsbetrag	714,00 EUR

Zahlbar innerhalb von 14 Tagen mit 2 % Skonto oder innerhalb von 30 Tagen ohne Abzug.

Vielen Dank für Ihren Auftrag.

Mit freundlichen Grüßen

Muscowitzky

Daniel Muscowitzky

Village Bank Leipzig
IBAN DE68 3002 9050 5742 6389 78
BIC VILLDEDDXXX

Geschäftsführer
Daniel Muscowitzky

Telefon: 0341 37941457-0
Telefax: 0341 37941457-19
E-Mail: info@davida.online

Amtsgericht Leipzig
HRB 4510
USt-IdNr.: DE837493224

Rechnung
Mittlere Str. 30, 01070 Dresden

Young Cosmetics KG

Young Cosmetics KG § Mittlere Str. 30 § 01070 Dresden

Kosmetiksalon Ina Schöne e. K.
Äußerer Ring 107
09117 Chemnitz

Telefon: 0351 99999
Telefax: 0351 999998
E-Mail: info@young-cosmetics.de
Internet: www.young-cosmetics.de

USt-IdNr.: DE999999999
Rechnungsnr.: 15-00244
Liefer-/Leistungsdatum: 20..-03-12
Rechnungsdatum: 20..-03-14

Sehr geehrte Frau Schöne,

vielen Dank für Ihren Auftrag vom 20..-03-06. Wir lieferten Ihnen

Anzahl	Artikelbezeichnung	Einzelpreis	Gesamtpreis
100	Nagellack „Ultra"	5,50 EUR	550,00 EUR
100	Lippenstift „Extrema"	5,00 EUR	500,00 EUR
100	Wimperntusche X-300	4,50 EUR	450,00 EUR
100	Lidschatten „Smokey"	5,00 EUR	500,00 EUR
		gesamt	2.000,00 EUR
		+ 19 % USt	380,00 EUR
		Rechnungsbetrag	2.380,00 EUR

Zahlungsbedingungen: zahlbar bis 14.04.20..
Abzug von 3 % Skonto bei Zahlung innerhalb 14 Tagen

Sparbank Dresden
IBAN: DE60 9000 8000 1234 5678 90
BIC: STODDE81XXX

Amtsgericht Dresden
HRA 451

LERNFELD 6

Werteströme erfassen und beurteilen

Die Young Cosmetics KG erfasst die **Eingangsrechnung** wie folgt:

Grundbuch			
Nr.	Buchungssatz	Beträge Soll	Beträge Haben
1	6080 Aufwendungen f. Handelswaren (HW) 2600 Vorsteuer an 4400 Verbindlichkeiten	600,00 114,00	 714,00

2	2400 Forderungen
	    an 5100 Umsatzerlöse f. HW
	    an 4800 Umsatzsteuer
		2 380,00	
			2 000,00
			380,00

Soll	4400 Verbindlichkeiten	Haben		Soll	2400 Forderungen	Haben
	6080/2600	714,00		5100/4800	2 380,00	

Soll	6080 Aufwendungen f. HW	Haben		Soll	5100 Umsatzerlöse f. HW	Haben
4400	600,00				2400	2 000,00

Soll	2600 Vorsteuer	Haben		Soll	4800 Umsatzsteuer	Haben
4400	114,00				2400	380,00

■ Buchhalterische Ermittlung der Zahllast

Im **Regelfall** ergibt sich eine **Zahllast** an das Finanzamt. Die erzielten Umsatzerlöse des Betriebes sind dann in der Geschäftsperiode höher als die Aufwendungen für die eingekauften Waren und die bezogenen Leistungen.

Merke

Die **buchhalterische Ermittlung einer Zahllast** (bzw. eines Vorsteuerüberhangs) erfolgt grundsätzlich in zwei Schritten:

1. Das **saldenmäßig kleinere** Konto wird über das **saldenmäßig größere** Konto abgeschlossen.
2. Das verbleibende (saldenmäßig größere) Konto wird über Bank bzw. SBK abgeschlossen. Es weist als **Saldo** die **Zahllast** (bzw. den Vorsteuerüberhang) aus.

Umsatzsteuer und Vorsteuer buchen

Bei einer **Zahllast** weist das Konto „Vorsteuer" den kleineren Saldo aus. Eine buchhalterische Ermittlung der Zahllast erfordert deshalb zunächst den **Abschluss** des Kontos „**Vorsteuer**" über das Konto „**Umsatzsteuer**". Der **Saldo** beim Abschluss des **Umsatzsteuerkontos** entspricht dann der **Zahllast**. Diese wird innerhalb der vorgesehenen Frist an das Finanzamt überwiesen.

Nr.	Buchungssätze zur Ermittlung und Überweisung der Zahllast	Beträge Soll	Haben
1	4080 Umsatzsteuer	114,00	
	an 2600 Vorsteuer		114,00
2	4080 Umsatzsteuer	266,00	
	an 2800 Bank		266,00

> **Tipp**
>
> Vorüberlegung: Welches Konto ist saldenmäßig kleiner?
>
> | Soll | Vorsteuer | Haben | Soll | Umsatzsteuer | Haben |
> |---|---|---|---|---|---|
> | 114,00 | | | | | 380,00 |
>
> **saldenmäßig kleiner!**

Soll	2600 Vorsteuer	Haben	Soll	4800 Umsatzsteuer	Haben
4400	114,00	4800 114,00	2600 114,00	2400	380,00
	114,00	114,00	2800 266,00		
			380,00		380,00

Beim Jahresabschluss ist die **Zahllast** i. d. R. noch nicht an das Finanzamt überwiesen. Sie stellt eine Verbindlichkeit dar und ist zu **passivieren**. In diesem Fall bildet das Schlussbilanzkonto das Gegenkonto für die Abschlussbuchung des Kontos „Umsatzsteuer".

Buchungssatz zur Passivierung der Zahllast am 31.12.	Beträge Soll	Haben
4080 Umsatzsteuer	114,00	
an 8010 SBK		114,00

■ Vorsteuerüberhang

Im Ausnahmefall kann in einer Abrechnungsperiode die gezahlte **Vorsteuer** höher als die vereinnahmte **Umsatzsteuer** sein. In diesem Fall ergibt sich der kleinere Saldo auf dem Konto „**Umsatzsteuer**", das entsprechend über das Konto „Vorsteuer" abzuschließen ist. Der Abschlusssaldo im Konto „Vorsteuer" zeigt dann die Höhe des **Vorsteuerüberhangs**, der vom Finanzamt zu erstatten ist.

Werteströme erfassen und beurteilen

Beispiel

Die Summe aller Buchungen auf dem Umsatzsteuerkonto beträgt 12 000,00 EUR; die Summe aller Buchungen auf dem Vorsteuerkonto beträgt 15 000,00 EUR.

Nr.	Buchungssätze zur Ermittlung und Erstattung des Vorsteuerüberhangs	Beträge Soll	Beträge Haben
1	4080 Umsatzsteuer an 2600 Vorsteuer	12 000,00	12 000,00
2	2800 Bank an 2600 Vorsteuer	3 000,00	3 000,00

Soll	2600 Vorsteuer		Haben		Soll	4800 Umsatzsteuer		Haben
4400	15 000,00	4800	12 000,00		2600	12 000,00	2400	12 000,00
		2800	3 000,00			12 000,00		12 000,00
	15 000,00		15 000,00					

Beim Jahresabschluss ist diese Forderung i. d. R. noch nicht beglichen. Ein **Vorsteuerüberhang** ist deshalb entsprechend zu **aktivieren**.

Buchungssatz zur Aktivierung des Vorsteuerüberhangs am 31.12.	Beträge Soll	Beträge Haben
8010 SBK an 2600 Vorsteuer	3 000,00	3 000,00

6.3 Zusammenfassung und Aufgaben

Zusammenfassung

Das System der Umsatzsteuer

Die **Umsatzsteuer (Mehrwertsteuer)** ist eine Gemeinschaftssteuer. Der Besteuerung unterliegen z. B. **Umsätze** aus Waren und Leistungen.

Es werden Umsätze mit dem **Regelsteuersatz von 19 %**, dem **ermäßigten Steuersatz von 7 %** und Umsätze mit **Steuerbefreiungen** (z. B. Warenausfuhren) unterschieden.

Die Umsatzsteuer wird vom **Endverbraucher** getragen.

Das Unternehmen zahlt Vorsteuer an seine Vorlieferanten und behält die von seinen Kunden gezahlten Umsatzsteuerbeträge ein. Diese Umsatzsteuer wird saldiert mit den Vorsteuerbeträgen der Eingangsrechnungen. Der Saldo aus vereinnahmter Umsatzsteuer und geleisteter Vorsteuer ergibt i. d. R. die **Umsatzsteuer-Zahllast**, die an das Finanzamt abzuführen ist. In Ausnahmefällen entsteht ein **Vorsteuer-**

überhang, der vom Finanzamt erstattet wird. Dadurch ist die Umsatzsteuer für das Unternehmen ein **durchlaufender Posten (erfolgsneutral)**.

Bis zum **10. des Folgemonats** ist eine Umsatzsteuervoranmeldung zu erstellen und die Zahlung an das zuständige Finanzamt auf elektronischem Weg zu überweisen.

Die Buchung von Umsatzsteuer und Vorsteuer

Die **Umsatzsteuer** stellt eine **Verbindlichkeit** gegenüber dem Finanzamt dar.
Die Umsatzsteuer-Mehrung (Wertabgang) wird im **Haben** gebucht.

Die **Vorsteuer** stellt eine **Forderung** gegenüber dem Finanzamt dar.
Die Vorsteuer-Mehrung (Wertzugang) wird im **Soll** gebucht.

Im Regelfall ist die **Umsatzsteuer größer** als die Vorsteuer **(Zahllast)**.
Die **Abschlussbuchungen** lauten dann:

1. Umsatzsteuer an Vorsteuer
2. a) Umsatzsteuer an SBK (bei Passivierung der Zahllast) oder
   b) Umsatzsteuer an Bank (bei Überweisung der Zahllast)

Im Ausnahmefall ist die **Vorsteuer größer** als die Umsatzsteuer **(Vorsteuerüberhang)**.
Die **Abschlussbuchungen** lauten dann:

1. Umsatzsteuer an Vorsteuer
2. a) SBK an Vorsteuer (bei Aktivierung des Vorsteuerüberhangs)
   oder
   b) Bank an Vorsteuer (bei Erstattung des Vorsteuerüberhangs).

Aufgaben

1. Prüfen Sie folgende Aussagen auf ihre Richtigkeit. Die Antwort ist jeweils zu begründen.

   (1) Eine Erhöhung der Umsatzsteuer belastet den Gewinn des Unternehmens.

   (2) Ist die vereinnahmte Umsatzsteuer größer als die abziehbare Vorsteuer, entsteht eine Zahllast.

   (3) Der Zeitpunkt der Überweisung der monatlichen Zahllast an das Finanzamt kann durch die Buchhaltung des Betriebes selbst bestimmt werden.

   (4) Der Abschluss des Kontos „Umsatzsteuer" erfolgt über das Schlussbilanzkonto mit dem Buchungssatz: SBK an Umsatzsteuer.

   (5) Ist die gezahlte Vorsteuer größer als die vereinnahmte Umsatzsteuer, erfolgt eine Erstattung des Vorsteuerüberhangs durch das Finanzamt.

   (6) Umsätze aus Vermietung und Verpachtung sind mit dem ermäßigten Steuersatz von 7 % umsatzsteuerpflichtig.

Werteströme erfassen und beurteilen

2. In einem Betrieb sind im Monat Dezember folgende Geschäftsfälle zu berücksichtigen. Alle Vorgänge werden über das Bankkonto beglichen.

   Aufgaben zu a), b) und c):

   1. Buchen Sie die Geschäftsfälle im Grundbuch. Unterstellen Sie, dass auf Ziel ge- bzw. verkauft wird, sofern keine andere Angabe vorliegt.
   2. Stellen Sie die Konten Umsatzsteuer und Vorsteuer im Hauptbuch dar.
   3. Schließen Sie die Konten Umsatzsteuer und Vorsteuer im Hauptbuch ab.
   4. Bilden Sie die Abschlussbuchungssätze für diese beiden Konten im Grundbuch.
   5. Geben Sie jeweils an, ob sich eine Zahllast oder ein Vorsteuerüberhang ergibt.

a) Kauf eines PKW (netto)	15 000,00 EUR
Kauf von Büromaterial (brutto)	595,00 EUR
Verkauf von Waren (brutto)	14 280,00 EUR
Reparatur des Kopierers (brutto)	142,80 EUR
Verkauf von Waren (brutto)	26 180,00 EUR
Lastschrift für Telekommunikation (netto)	750,00 EUR
Werbungskosten (netto)	1 500,00 EUR
b) Einkauf von Waren (netto)	25 000,00 EUR
Kauf von Büromaterial (brutto)	1 785,00 EUR
Verkauf von Waren (brutto)	4 760,00 EUR
Energierechnung (brutto)	190,40 EUR
Verkauf von Waren (brutto)	7 140,00 EUR
Verkauf von Waren (brutto)	26 180,00 EUR
Einkauf von Fachbüchern (netto)	400,00 EUR
Kauf von Geschäftsausstattung (netto)	11 000,00 EUR
c) Kauf einer neuen PC-Anlage (netto)	7 000,00 EUR
Verkauf von Waren (brutto)	23 800,00 EUR
Internetrechnung (brutto)	47,60 EUR
Verkauf von Waren (brutto)	10 115,00 EUR
Einkauf von Fachbüchern (netto)	200,00 EUR
Rechnung des Steuerberaters (netto)	3 500,00 EUR

3. Die Young Cosmetics KG feiert Firmenjubiläum. Es werden eingekauft:
   - Fingerfood für 80,00 EUR netto,
   - Getränke für 180,00 EUR netto,
   - Kekse und Schokolade für 42,80 EUR brutto,
   - Luftballons, Laternen und Gartenfackeln für 35,70 EUR brutto.

   a) Welcher Betrag muss insgesamt bezahlt werden?
   b) Wie hoch sind der Umsatzsteuer-Betrag und der Nettobetrag?

7 Warengeschäfte buchen

In Handelsunternehmen kommt den Warengeschäften eine besondere Bedeutung für die Erreichung der wirtschaftlichen Ziele zu. Den **Aufwendungen für Waren** stehen die **Umsatzerlöse aus Warenverkäufen** gegenüber. Die Differenz aus dem i. d. R. höheren Verkaufspreis und dem niedrigeren Einkaufspreis wird als **Rohgewinn** bezeichnet.

> **Merke**
>
> Umsatzerlöse (Nettoverkaufserlöse)
> − Aufwendungen für Waren (Wareneinsatz)
> = Rohgewinn

Waren, die nicht verkauft wurden, verbleiben im Lager. Der Lagerbestand wird mindestens einmal im Jahr durch eine körperliche Bestandsaufnahme (Inventur) festgestellt (weitere Informationen zur Inventur s. Kapitel 10).

Für Buchungen im Einkaufs- und Verkaufsbereich einschließlich der Lagerhaltung werden **drei Konten** benötigt - zwei Erfolgskonten und ein Bestandskonto:

→ **6080 Aufwendungen für Handelswaren** (Aufwandskonto),
→ **5100 Umsatzerlöse für Handelswaren** (Ertragskonto) und
→ **2280 Handelswaren** (Aktivkonto).

Die Buchführung kennt zwei unterschiedliche Verfahren zur **Erfassung der Wareneinkäufe**. Dabei orientiert sie sich an den Geschäftsprozessen des jeweiligen Betriebes.

→ Beim **bestandsorientierten** Verfahren werden der Anfangsbestand und alle Wareneingänge zunächst auf dem Warenbestandskonto „2280 Handelswaren" im Soll erfasst. Am Jahresende wird der Schlussbestand der noch vorhandenen Lagervorräte im Haben erfasst. Der im laufenden Geschäftsjahr tatsächlich entstandene Aufwand für Handelswaren (Wareneinsatz) ergibt sich aus dem Saldo von Anfangsbestand und Wareneingängen einerseits und Warenschlussbestand andererseits.

→ Beim **aufwandsorientierten** Verfahren werden die Wareneinkäufe grundsätzlich sofort als Aufwand erfasst. Diesem Verfahren liegt der Gedanke zugrunde, dass Lagerhaltung mit hohen Kosten verbunden ist und Waren deshalb weitgehend erst bei Bedarf geliefert werden (Just-in-Time Konzept). Lieferung und Verbrauch (Aufwand) fallen dann theoretisch zusammen.

Im Folgenden wird nur das für Kaufleute für Büromanagement relevante aufwandsorientierte Verfahren dargestellt.

7.1 Die aufwandsorientierte Buchung des Wareneinkaufs

Zunächst werden alle **Wareneinkäufe** pauschal als **Aufwand** erfasst und somit auf dem Konto „6080 Aufwendungen für Handelswaren" im Soll gebucht. Entsprechend muss zum Bilanzstichtag festgestellt werden, ob diese Annahme, dass alle eingekauften Waren in den Leistungsprozess eingegangen sind, also verkauft wurden, korrekt war. Dazu ist im Konto „2280 Handelswaren" zu prüfen, ob sich der Lagerbestand verändert hat. Drei Varianten können hier eintreffen:

1. Der **Schlussbestand** ist **gleich** dem **Anfangsbestand**. Dann sind tatsächlich alle in der Abrechnungsperiode eingekauften Waren auch abgesetzt (in den Leistungsprozess eingebracht) worden. Eine Korrektur des beim Einkauf erfassten Warenaufwandes ist nicht erforderlich.

Werteströme erfassen und beurteilen

In der Regel wird in der Praxis aber einer der beiden anderen Fälle vorkommen.

2. Der Schlussbestand ist höher als der Anfangsbestand **(Bestandsmehrung)**: Das bedeutet, dass (entgegen der ursprünglichen Annahme) doch nicht alle Waren, die eingekauft wurden, auch verkauft worden sind. Diese Waren befinden sich noch im Lager, sie sind also fälschlicherweise als Aufwand erfasst worden. Die zuvor gebuchten **Aufwendungen** müssen deshalb um die Bestandsmehrung **gekürzt** werden.

3. Der Schlussbestand ist niedriger als der Anfangsbestand **(Bestandsminderung)**: Das zeigt, dass neben den eingekauften Waren zusätzliche Waren dem Lager entnommen und verkauft wurden. Das Einbringen des Lagerbestandes in den Leistungsprozess muss als Aufwand erfasst werden. Die **Aufwendungen** sind entsprechend um die Bestandsminderung zu **erhöhen**.

> **Merke**
>
> Aufwendungen für Handelswaren
> + Bestandsminderungen
> oder
> − Bestandsmehrungen
> _____
> = Wareneinsatz

Im Hauptbuch sieht das folgendermaßen aus:

Bestandsmehrung (Schlussbestand > Anfangsbestand)

Soll	2280 Handelswaren	Haben
Anfangsbestand		Schlussbestand
Bestandsmehrung		

Soll	6080 Aufwendungen f. HW	Haben
Wareneinkäufe		Wareneinsatz
		Korrektur des Aufwandes

Buchungssatz:
(Umbuchung der Bestandsmehrung)
2280 Handelswaren
    an   6080 Aufwendungen f. HW

Bestandsminderung (Schlussbestand < Anfangsbestand)

Soll	2280 Handelswaren	Haben
Anfangsbestand		Schlussbestand
		Bestandsminderung

Soll	6080 Aufwendungen f. HW	Haben
Wareneinkäufe		Wareneinsatz
Erfassen des zusätzlichen Aufwandes		

Buchungssatz:
(Umbuchung der Bestandsminderung)
6080 Aufwendungen f. HW
    an   2280 Handelswaren

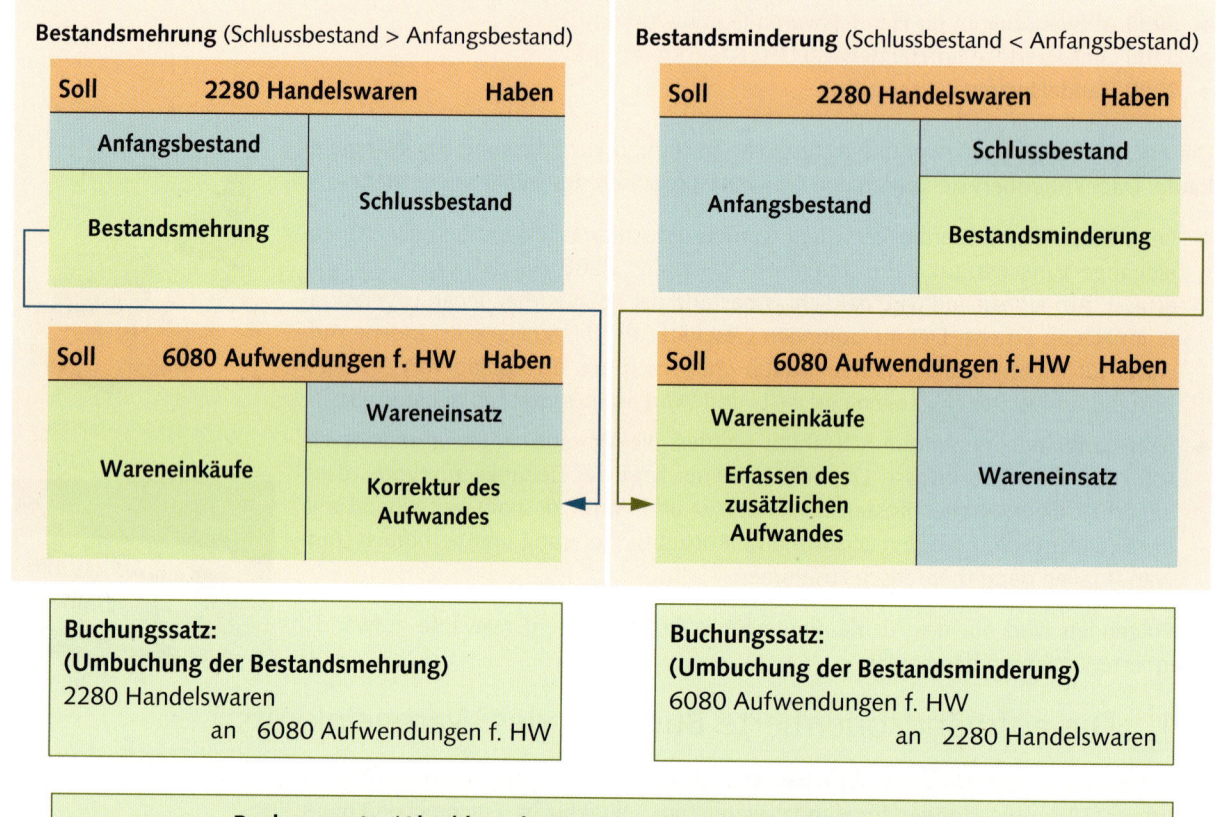

Buchungssatz: (Abschluss des Kontos „6080 Aufwendungen f. HW")
8020 GuV
    an   6080 Aufwendungen f. HW

> **Merke**
>
> Der Saldo des Kontos „6080 Aufwendungen für HW" geht ins Gewinn- und Verlustkonto und zeigt den **Wareneinsatz**. D. h., in die Gewinn- und Verlustrechnung gehen durch Berücksichtigung von Veränderungen des Lagerbestandes nur die **tatsächlichen Aufwendungen** ein.

Buchung einer Bestandsmehrung

Beispiel

Geschäftsfälle:
1. Anfangsbestand an HW: 500 Stück zu je 20,00 EUR — 10 000,00 EUR
2. Wareneinkäufe auf Ziel (netto): 800 Stück zu je 20,00 EUR — 16 000,00 EUR
3. Warenverkäufe auf Ziel (netto): 700 Stück zu je 30,00 EUR — 21 000,00 EUR
4. Schlussbestand an HW: 600 Stück zu je 20,00 EUR — 12 000,00 EUR
5. Bestandsmehrung: 100 Stück zu je 20,00 EUR — 2 000,00 EUR
6. Abschluss der Erfolgskonten (6080 und 5100) — ? EUR

Kontendarstellung (nur Warenkonten und GuV):

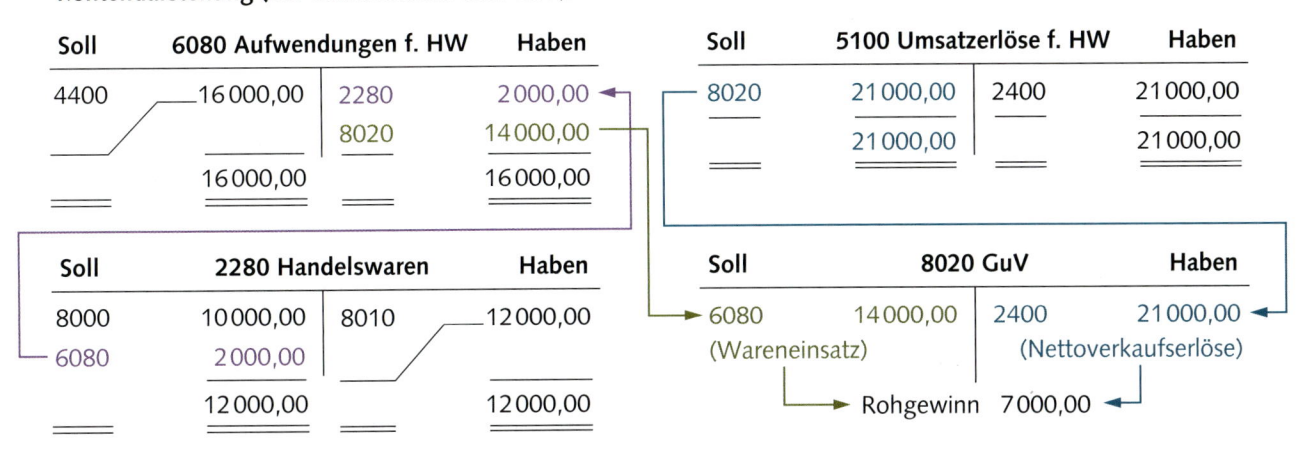

Soll	6080 Aufwendungen f. HW		Haben
4400	16 000,00	2280	2 000,00
		8020	14 000,00
	16 000,00		16 000,00

Soll	5100 Umsatzerlöse f. HW		Haben
8020	21 000,00	2400	21 000,00
	21 000,00		21 000,00

Soll	2280 Handelswaren		Haben
8000	10 000,00	8010	12 000,00
6080	2 000,00		
	12 000,00		12 000,00

Soll	8020 GuV		Haben
6080	14 000,00	2400	21 000,00
(Wareneinsatz)		(Nettoverkaufserlöse)	
Rohgewinn	7 000,00		

Das Konto „6080 Aufwendungen f. HW" zeigt, dass der beim Wareneinkauf gebuchte Aufwand (16 000,00 EUR) um den Betrag der Bestandsmehrung (2 000,00 EUR) korrigiert wurde. Tatsächlich ist ein **Wareneinsatz** von 14 000,00 EUR entstanden. Der **Rohgewinn** (Nettoverkaufserlöse – Wareneinsatz) beträgt 7 000,00 EUR.

Nr.	Buchungssatz	Soll	Haben
1	2280 Handelswaren	10 000,00	
	an 8000 EBK		10 000,00
2	6080 Aufwendungen f. HW	16 000,00	
	2600 Vorsteuer	3 040,00	
	an 4400 Verbindlichkeiten		19 040,00
3	2400 Forderungen	24 990,00	
	an 5100 Umsatzerlöse f. HW		21 000,00
	an 4800 Umsatzsteuer		3 990,00
4	8010 SBK	12 000,00	
	an 2280 Handelswaren		12 000,00
5	2280 Handelswaren	2 000,00	
	an 6080 Aufwendungen f. HW		2 000,00
6	8020 GuV	14 000,00	
	an 6080 Aufwendungen f. HW		14 000,00
	5100 Umsatzerlöse f. HW	18 000,00	
	an 8020 GuV		18 000,00

Werteströme erfassen und beurteilen

■ Buchung einer Bestandsminderung   **Beispiel**

Geschäftsfälle:

1.	Anfangsbestand an HW: 500 Stück zu je 20,00 EUR	10 000,00 EUR
2.	Wareneinkäufe auf Ziel (netto): 400 Stück zu je 20,00 EUR	8 000,00 EUR
3.	Warenverkäufe auf Ziel (netto): 600 Stück zu je 30,00 EUR	18 000,00 EUR
4.	Schlussbestand an HW: 300 Stück zu je 20,00 EUR	6 000,00 EUR
5.	Bestandsminderung: 200 Stück zu je 20,00 EUR	4 000,00 EUR
6.	Abschluss der Erfolgskonten (6080 und 5100)	? EUR

Kontendarstellung (nur Warenkonten und GuV):

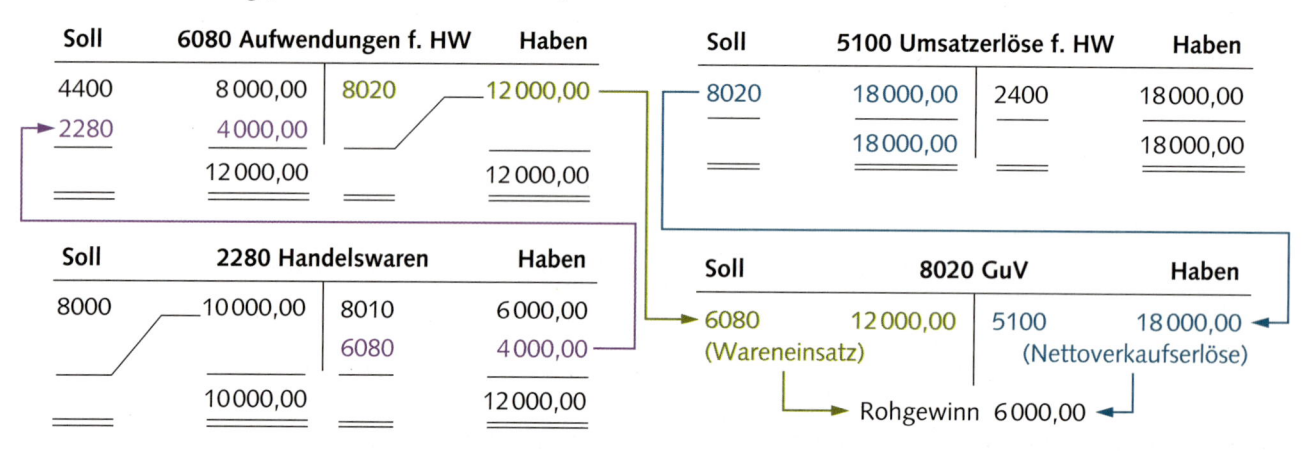

Soll	6080 Aufwendungen f. HW		Haben
4400	8 000,00	8020	12 000,00
2280	4 000,00		
	12 000,00		12 000,00

Soll	5100 Umsatzerlöse f. HW		Haben
8020	18 000,00	2400	18 000,00
	18 000,00		18 000,00

Soll	2280 Handelswaren		Haben
8000	10 000,00	8010	6 000,00
		6080	4 000,00
	10 000,00		12 000,00

Soll	8020 GuV		Haben
6080 (Wareneinsatz)	12 000,00	5100 (Nettoverkaufserlöse)	18 000,00
→ Rohgewinn	6 000,00		

Das Konto „Aufwendungen f. HW" zeigt, dass zusätzlich zu den Wareneinkäufen (8 000,00 EUR) auch die Bestandsminderung (4 000,00 EUR) als Aufwand erfasst wird. Damit ergibt sich ein **Wareneinsatz** von 12 000,00 EUR. Der **Rohgewinn** (Nettoverkaufserlöse – Wareneinsatz) beträgt 6 000,00 EUR.

Nr.	Buchungssatz	Beträge Soll	Beträge Haben
1	2280 Handelswaren an 8000 EBK	10 000,00	10 000,00
2	6080 Aufwendungen f. HW 2600 Vorsteuer an 4400 Verbindlichkeiten	8 000,00 1 520,00	9 520,00

3	2400 Forderungen
	       an 5100 Umsatzerlöse f. HW
	       an 4800 Umsatzsteuer
		21 420,00	18 000,00
			3 420,00

4	8010 SBK an 2080 Handelswaren	6 000,00	6 000,00
5	6080 Aufwendungen f. HW an 2280 Handelswaren	4 000,00	4 000,00

6	8020 GuV
	       an 6080 Aufwendungen f. HW
	5100 Umsatzerlöse f. HW
	       an 8020 GuV
		12 000,00
		
		18 000,00
			12 000,00
			
			18 000,00

LERNFELD 6

7.2 Warenrücksendungen und Skonti im Einkauf und Verkauf

Beim Einkauf und Verkauf von Waren sind Besonderheiten wie z. B. **Rücksendungen** und **nachträgliche Nachlässe** in Form von Skonti buchhalterisch gesondert zu erfassen.

7.2.1 Warenrücksendungen

Falschlieferungen oder mangelhafte Lieferungen können zu Rücksendungen von Waren sowohl im Einkauf als auch im Verkauf führen. Eine Rücksendung bewirkt eine Gutschrift und erfordert eine Korrektur der ursprünglichen Buchung.

Die Rücknahme bzw. Rückgabe wird in der Buchhaltung durch eine **Stornobuchung** (Korrekturbuchung) dokumentiert: Durch **Umkehrung des ursprünglichen Buchungssatzes** werden alle zuvor beteiligten Positionen korrigiert.

Rücksendungen an Lieferer

Ursprünglicher Buchungssatz bei Wareneinkauf:

6080 Aufwendungen f. HW
2600 Vorsteuer
   an 4400 Verbindlichkeiten

Buchungssatz für Rücksendung an Lieferer:

4400 Verbindlichkeiten
   an 6080 Aufwendungen f. HW
   an 2600 Vorsteuer

Rücksendungen von Kunden

Ursprünglicher Buchungssatz bei Warenverkauf:

2400 Forderungen
   an 5100 Umsatzerlöse f. HW
   an 4800 Umsatzsteuer

Buchungssatz für Rücksendung von Kunden:

5100 Umsatzerlöse f. HW
4800 Umsatzsteuer
   an 2400 Forderungen

■ Warenrücksendungen an Lieferer

Beispiel

Auf eine bereits gebuchte **Eingangsrechnung** über 1 000,00 EUR (netto) wird ein Nachlass von 100,00 EUR gewährt, weil 10 % der **Ware** versteckte Mängel aufweisen und an den Lieferer **zurückgesendet** werden.

Durch eine Umkehrbuchung sind die Aufwendungen für Handelswaren und die Vorsteuer jeweils um 10 % zu korrigieren, auch die Verbindlichkeiten vermindern sich entsprechend.

Buchungssatz bei Wareneinkauf	Beträge	
	Soll	Haben
6080 Aufwendungen f. HW	1 000,00	
2600 Vorsteuer	190,00	
an 4400 Verbindlichkeiten		1 190,00

Werteströme erfassen und beurteilen

Buchungssatz bei Warenrücksendung an Lieferer	Beträge	
	Soll	Haben
4400 Verbindlichkeiten	119,00	
an 6080 Aufwendungen f. HW		100,00
an 2600 Vorsteuer		19,00

Soll	6080 Aufwendungen f. HW		Haben		Soll	4400 Verbindlichkeiten		Haben
4400	1 000,00	4400	100,00		6080/2600	119,00	6080/2600	1 190,00

Soll	2600 Vorsteuer		Haben
4400	190,00	4400	19,00

■ Warenrücksendungen von Kunden

Beispiel

Auf eine bereits gebuchte **Ausgangsrechnung** über 2 000,00 EUR (netto) erteilen wir unserem Kunden aufgrund einer Falschlieferung eine Gutschrift von 20 %. Die Ware wurde bereits zurückgesandt.

Durch eine Umkehrbuchung sind die Umsatzerlöse für HW und die Umsatzsteuer jeweils um 20 % zu korrigieren, auch die Forderungen vermindern sich entsprechend.

Buchungssatz bei Warenverkauf	Beträge	
	Soll	Haben
2400 Forderungen	2 380,00	
an 5100 Umsatzerlöse f. HW		2 000,00
an 4800 Umsatzsteuer		380,00

Buchungssatz bei Warenrücksendung von Kunden	Beträge	
	Soll	Haben
5100 Umsatzerlöse f. HW	400,00	
4800 Umsatzsteuer	76,00	
an 2400 Forderungen		476,00

Soll	2400 Forderungen		Haben		Soll	5100 Umsatzerlöse f. HW		Haben
5100/4800	2 380,00	5100/4800	476,00		2400	400,00	2400	2 000,00

Soll	4800 Umsatzsteuer		Haben
2400	76,00	2400	380,00

LERNFELD 6

7.2.2 Skonti

Skonti sind **nachträgliche Preisnachlässe**, die bei Zahlung innerhalb einer bestimmten Frist vom Rechnungsbetrag abgezogen werden. Die Inanspruchnahme von Skonto **vermindert** den **ursprünglichen Zahlungsbetrag** und damit die Aufwendungen im Einkaufsbereich bzw. die Umsatzerlöse im Verkaufsbereich. Die Skontogewährung wird zunächst auf den jeweiligen **Unterkonten**

- „6082 Nachlässe" bei **Einkauf** bzw.
- „5101 Erlösberichtigungen" bei **Verkauf**

gebucht. Mit der Überweisung des Rechnungsbetrages unter Abzug von Skonto erfolgt auch ein Ausbuchen der Verbindlichkeiten bzw. Forderungen und eine Korrektur des Steuerbetrages in entsprechender Höhe.

Zum Schluss sind die Unterkonten abzschließen:

- „6082 Nachlässe" über „6080 Aufwendungen f. HW" und
- „5101 Erlösberichtigungen" über „5100 Umsatzerlöse f. HW".

> **Tipp**
> Zu beachten ist, dass bei der Erfassung von Skonti gleichzeitig mit der Korrekturbuchung der Zahlungsausgleich stattfindet.

Liefererskonto

Ursprünglicher Buchungssatz bei Wareneinkauf:
6080 Aufwendungen f. HW
2600 Vorsteuer
    an 4400 Verbindlichkeiten

Buchungssatz für die Zahlung an Lieferer unter Abzug von Skonto:
4400 Verbindlichkeiten
    an 2080 Bank
    an 6082 Nachlässe
    an 2600 Vorsteuer

Abschluss des Kontos „Nachlässe":
6082 Nachlässe
    an 6080 Aufwendungen f. HW

Kundenskonto

Ursprünglicher Buchungssatz bei Warenverkauf:
2400 Forderungen
    an 5100 Umsatzerlöse f. HW
    an 4800 Umsatzsteuer

Buchungssatz für die Zahlung vom Kunden unter Abzug von Skonto:
2080 Bank
5101 Erlösberichtigungen
4800 Umsatzsteuer
    an 2400 Forderungen

Abschluss des Kontos „Erlösberichtigungen":
5100 Umsatzerlöse f. HW
    an 5101 Erlösberichtigungen

Bei dem dargestellten Verfahren handelt es sich um das sogenannte **Nettoverfahren**: Die entsprechende Korrektur der Steuer wird jeweils **direkt** auf dem **Steuerkonto** vorgenommen.

Werteströme erfassen und beurteilen

■ Liefererskonto

Beispiel

Wir bezahlen eine bereits gebuchte **Eingangsrechnung** über 2 000,00 EUR (netto) unter Abzug von 2 % Skonto.

	Rechnungsbetrag	Nachlass (2 %)	Überweisungsbetrag
netto	2 000,00	– 40,00	1 960,00
Vorsteuer	380,00	– 7,60	372,40
brutto	2 380,00	– 47,60	2 332,40

Die Tabelle zeigt in übersichtlicher Form die Korrekturbeträge für Warenwert und Vorsteuer sowie den noch verbleibenden Überweisungsbetrag für den Ausgleich der Rechnung.

Buchungssatz zur Überweisung an Lieferer mit Skontoabzug	Beträge	
	Soll	Haben
4400 Verbindlichkeiten	2 380,00	
an 2800 Bank		2 332,40
an 6082 Nachlässe		40,00
an 2600 Vorsteuer		7,60

Buchungssatz zum Abschluss des Kontos „Nachlässe"	Beträge	
	Soll	Haben
6082 Nachlässe	40,00	
an 6080 Aufwendungen f. HW		40,00

Soll	6080 Aufwendungen f. HW	Haben		Soll	6082 Nachlässe	Haben
4400	2 000,00	6082	40,00	6080	40,00	4400	40,00

Soll	2600 Vorsteuer	Haben		Soll	4400 Verbindlichkeiten	Haben
4400	380,00	4400	7,60	2800/…	2 380,00	6080	2 380,00

Soll	2800 Bank	Haben
		4400	2 332,40

LERNFELD 6

Warengeschäfte buchen

■ Kundenskonto

Beispiel

Ein Kunde zahlt eine bereits gebuchte **Ausgangsrechnung** über 4 000,00 EUR (netto) unter Abzug von 3 % Skonto.

	Rechnungsbetrag	Erlösberichtigung (3 %)	Überweisungsbetrag
netto	4 000,00	– 120,00	3 880,00
Vorsteuer	760,00	– 22,80	737,20
brutto	4 760,00	– 142,80	4 617,20

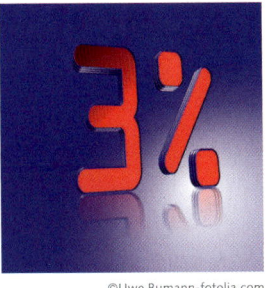

©Uwe Bumann-fotolia.com

Die Tabelle zeigt in übersichtlicher Form die Korrekturbeträge für Warenwert und Umsatzsteuer sowie den noch verbleibenden Überweisungsbetrag für die Zahlung des Kunden.

Buchungssatz zur Überweisung von Kunden mit Skontoabzug	Beträge	
	Soll	Haben
2800 Bank	4 617,20	
5101 Erlösberichtigungen	120,00	
4800 Umsatzsteuer	22,80	
an 2400 Forderungen		4 760,00

Buchungssatz zum Abschluss des Kontos „Erlösberichtigungen"	Beträge	
	Soll	Haben
5100 Umsatzerlöse f. HW	120,00	
an 5101 Erlösberichtigungen		120,00

Soll	5100 Umsatzerlöse f. HW	Haben		Soll	5101 Erlösberichtigungen	Haben
5101	120,00	2400	4 000,00	2400	120,00	5100	120,00

Soll	4800 Umsatzsteuer	Haben		Soll	2400 Forderungen	Haben
2400	22,80	2400	760,00	5100/4800	4 760,00	2800/…	4 760,00

Soll	2800 Bank	Haben
2400	4 617,20	

LERNFELD 6

Werteströme erfassen und beurteilen

7.3 Zusammenfassung und Aufgaben

Zusammenfassung

Erfassung von Einkauf und Verkauf auf Warenkonten

Die Buchungen beim Einkauf und Verkauf von Waren erfordern drei Warenkonten:
- **6080 Aufwendungen für Handelswaren** (Aufwandskonto)
- **5100 Umsatzerlöse für Handelswaren** (Ertragskonto)
- **2280 Handelswaren** (Aktivkonto)

Zusätzlich ist die Vorsteuer/Umsatzsteuer zu erfassen.

Beim **aufwandsorientierten** Verfahren wird jeder Einkauf von Waren direkt auf dem Konto „6080 Aufwendungen für Handelswaren" gebucht. Eine Veränderung der Lagerbestände wird erst zum Geschäftsjahresende festgestellt. Waren, die nicht verkauft wurden, führen als **Bestandsmehrung** dann letzlich zu einer Korrektur (Minderung) des zuvor erfassten Aufwands für Handelswaren. Waren, die für einen zusätzlichen Verkauf dem Lager entnommen wurden, sorgen als **Bestandsminderung** für eine Nacherfassung von Aufwand für Handelswaren.

Bestandsveränderungen bei aufwandsorientierter Buchung

Ist der **Schlussbestand** an Waren **kleiner** als der **Anfangsbestand** an Waren, handelt es sich um eine **Bestandsminderung**. Die Bestandsminderung **erhöht** die **Aufwendungen** für Handelswaren bzw. den tatsächlichen Wareneinsatz und wird bei Abschluss des Kontos „2280 Handelwaren" auf dem Gegenkonto „6080 Aufwendungen für Handelswaren" im Soll erfasst:

6080 Aufwendungen f. HW   an   2280 Handelswaren

Ist der **Schlussbestand** an Waren **größer** als der **Anfangsbestand** an Waren, handelt es sich um eine **Bestandsmehrung**. Die Bestandsmehrung **mindert** die **Aufwendungen** für Handelswaren bzw. den tatsächlichen Wareneinsatz. Die Bestandsmehrung wird bei Abschluss des Kontos „2280 Handelswaren" auf dem Gegenkonto „6080 Aufwendungen für Handelswaren" im Haben erfasst.

2280 Handelswaren   an   6080 Aufwendungen f. HW

Rohgewinn = Nettoverkaufserlöse – Wareneinsatz

Der Saldo, der sich auf dem Konto „6080 Aufwendungen für Handelswaren" ergibt, ist der **Wareneinsatz**: Er zeigt, welcher Warenwert (zu Einstandspreisen) tatsächlich für den Verkauf eingesetzt wurde.

Der Verkauf von Waren erfolgt in einem Handelsbetrieb i. d. R. zu einem Preis, der über dem Einkaufspreis liegt.

Die Differenz zwischen den **Nettoverkaufserlösen** (Saldo des Kontos „5100 Umsatzerlöse f. HW") und dem Wareneinsatz bezeichnet man als **Rohgewinn**.

Warengeschäfte buchen

Buchung von Rücksendungen und Skonti

Wareneinkauf:
Der Wareneinkauf wird auf dem Konto „6080 Aufwendungen f. HW" im Soll gebucht.

Buchung der **Eingangsrechnung für Waren**:
6080 Aufwendungen f. HW
2600 Vorsteuer an 4400 Verbindlichkeiten

Für **Rücksendungen** an den Lieferer wird eine **Stornobuchung** erstellt; der ursprüngliche Buchungssatz wird umgekehrt:

4400 Verbindlichkeiten an 6080 Aufwendungen f. HW
 an 2600 Vorsteuer

Nachträgliche Nachlässe im Einkauf (z. B. **Lieferenskonti**) werden bei Rechungsausgleich auf dem Unterkonto **„6082 Nachlässe"** im Haben gebucht.

4400 Verbindlichkeiten
 an 2800 Bank
 an 6082 Nachlässe
 an 2600 Vorsteuer

Das Unterkonto „6082 Nachlässe" ist über das Konto „6080 Aufwendungen f. HW" abzuschließen.

6082 Nachlässe an 6080 Aufwendungen f. HW
Diese Buchung zeigt, dass Nachlässe von Lieferern die Aufwendungen f. HW mindern.

Warenverkauf:
Ein Warenverkauf führt zu Umsatzerlösen. Der Zugang der Umsatzerlöse erfolgt durch eine Buchung auf dem Konto **„5100 Umsatzerlöse f. HW"** im Haben.

Buchung der **Ausgangsrechnung für Waren**:
2400 Forderungen an 5100 Umsatzerlöse f. HW
 an 4800 Umsatzsteuer

Rücksendungen vom Kunden werden durch eine **Stornobuchung** berücksichtigt; der ursprüngliche Buchungssatz wird umgekehrt:

5100 Umsatzerlöse f. HW
4800 Umsatzsteuer an 2400 Forderungen

Die Buchung von Nachlässen im Verkauf (z. B. **Kundenskonti**) erfolgt auf dem Unterkonto **„5101 Erlösberichtigungen"** im Soll:

2800 Bank
5101 Erlösberichtigungen
4800 Umsatzsteuer an 2400 Forderungen

Das Konto „5101 Erlösberichtigungen" ist über das Konto „5100 Umsatzerlöse f. HW" abzuschließen.

5100 Umsatzerlöse f. HW an 5101 Erlösberichtigungen
Die Buchung zeigt, dass Nachlässe an Kunden die Umsatzerlöse schmälern.

LERNFELD 6

Werteströme erfassen und beurteilen

Aufgaben

1. Prüfen Sie folgende Aussagen auf ihre Richtigkeit. Die Antwort ist jeweils zu begründen.

   (1) Der Bestand an Handelswaren gehört zum Vermögen eines Betriebes und zwar zum Anlagevermögen.

   (2) Bei dem aufwandsorientierten Verfahren werden die Wareneinkäufe direkt auf dem Konto „Aufwendungen für Handelswaren" gebucht.

   (3) Ein Minderbestand ergibt sich, wenn der Schlussbestand an Handelswaren größer ist als der entsprechende Anfangsbestand.

   (4) Der Rohgewinn ist die Differenz zwischen Umsatzerlösen und Wareneinkauf.

   (5) Die Wareneinkäufe plus Bestandsmehrung ergeben den Wareneinsatz.

   (6) Skonto ist ein nachträglicher Preisnachlass für vorzeitige Zahlung.

   (7) Erhaltene Skonti (Liefererskonti) erhöhen die Aufwendungen für Handelswaren.

   (8) Gutschriften für an den Lieferer zurückgesandte Waren werden auf dem Konto „Aufwendungen für Handelswaren" im Soll gebucht.

   (9) Liefererskonti werden auf dem Konto „6082" im Soll gebucht.

   (10) Gewährte Skonti (Kundenskonti) werden auf dem Konto „6082" im Haben gebucht.

   (11) Für Rücksendungen von Kunden wird ein Umkehrbuchungssatz gebildet. Der Betrag für die zurückgesandte Ware wird auf dem Konto „5100 Umsatzerlöse für Handelswaren" im Haben gebucht.

   (12) Alternativ zur aufwandsorientierten Buchung von Wareneinkäufern ist auch eine bestandsorientierte Buchung von Wareneinkäufern möglich. Beide Verfahren führen aber zu unterschiedlichen Ergebnissen.

2. Die Bilanz weist am 31. Dezember folgende Bestände aus:

0800 Geschäftsausstattung	80 000,00 EUR
2280 Waren	220 000,00 EUR
2400 Forderungen	55 000,00 EUR
2800 Bank	70 000,00 EUR
2880 Kasse	25 000,00 EUR
3000 Eigenkapital	? EUR
4400 Verbindlichkeiten	260 000,00 EUR

   II. Geschäftsfälle

1. Wareneinkauf auf Ziel (netto)	5 000,00 EUR
2. Kunden zahlen Rechnungen mit Banküberweisung	30 000,00 EUR
3. Warenverkauf auf Ziel (netto)	25 000,00 EUR

LERNFELD 6

4. Abbuchung der Telefongebühren (netto)   180,00 EUR

5. Warenverkauf bar (netto)   10 000,00 EUR

6. Kauf einer Scannerkasse gegen Rechnung (brutto)   13 920,00 EUR

7. Kauf von Fachbüchern bar (netto, 7 % USt)   180,00 EUR

8. Gehaltszahlung per Banküberweisung   3 000,00 EUR

Der zum 31. Dezember durch Inventur ermittelte Warenbestand beträgt 215 000,00 EUR.

a) Ermitteln Sie die Höhe des Eigenkapitals.

b) Buchen Sie alle Geschäftsfälle im Grundbuch.

c) Stellen Sie die Konten „2280 Warenbestand", „6080 Aufwendungen f. HW", „5100 Umsatzerlöse f. HW" und „8020 GuV" im Hauptbuch dar.

d) Schließen Sie die Konten im Hauptbuch ab, und führen Sie das Grundbuch für die Umbuchung der Bestandsveränderung und für die Abschlussbuchungen.

e) Ermitteln Sie den Wareneinsatz und den Rohgewinn.

3. Buchen Sie aus der Sicht der Young Cosmetics KG die folgenden Geschäftsfälle:

a) Die KG kauft Kosmetikartikel im Wert von 20 000,00 EUR (netto) auf Ziel ein.

b) Nach Sichtung der gelieferten Kosmetikartikel stellt die Chefeinkäuferin der Young Cosmetics KG unerwartete Qualitätsmängel fest. Daraufhin werden Waren im Nettowert von 2 000,00 EUR an den Lieferer zurückgesandt.

c) Der restliche Rechnungsbetrag wird unter Abzug von 3 % Skonto über Bank beglichen.

4. Buchen Sie aus der Sicht der Young Cosmetics KG die folgenden Geschäftsfälle:

a) Die Young Cosmetics verkauft an die Wellness-Oase Berlin Kosmetikwaren auf Ziel im Wert von 4 224,50 EUR (brutto).

b) Die Wellness-Oase sendet der Young Cosmetics KG beschädigte Artikel im Wert von 3 570,00 EUR (brutto) zurück.

c) Die Wellness-Oase überweist unter Inanspruchnahme von 2 % Skonto den restlichen Rechnungsbetrag auf das Bankkonto der Young Cosmetics KG.

Werteströme erfassen und beurteilen

8 Eigenkapitaländerungen erfassen

Neben den erfolgswirksamen Geschäftsfällen mit Außenstehenden, die zu Aufwendungen und Erträgen führen, bewirken auch **Privateinlagen** und **Privatentnahmen** des Unternehmers oder der Gesellschafter eine **Änderung des Eigenkapitals**.

Ebenso wie die Aufwendungen und Erträge werden auch diese Vorgänge auf einem **Unterkonto des Eigenkapitalkontos** gebucht, um die Ordnungsmäßigkeit und Übersichtlichkeit zu garantieren. Das entsprechende Unterkonto bezeichnet man als **Privatkonto**.

8.1 Eigenkapitaländerungen durch Privateinlagen und Privatentnahmen

Auf dem Privatkonto werden **Privateinlagen** und **Privatentnahmen** gebucht. Sie sind **erfolgsneutral**, betreffen also nicht den über Aufwands- und Ertragskonten ermittelten Erfolg des Unternehmens, **verändern** jedoch das **Eigenkapital**.

> **Merke**
> Privatentnahmen vermindern das Eigenkapital.

■ Privatentnahmen

Der Unternehmer (in der Einzelunternehmung und in Personengesellschaften) erhält nicht wie seine Mitarbeiter monatliche Lohn- und Gehaltszahlungen, sondern ihm steht der Gewinn am Ende des Geschäftsjahres zu. Im Vorgriff darauf entnimmt er seinem Betrieb Geld oder Gegenstände bzw. betriebliche Leistungen für seinen persönlichen Lebensunterhalt. Dadurch **sinkt** das **Eigenkapital**.

Beispiel
- Barentnahmen oder Abhebungen vom Geschäftskonto für private Zwecke (z. B. Bezahlung privater Ausgaben)
- Überweisung privater Rechnungen vom Geschäftskonto (z. B. für Golfclub oder private Urlaubsreise)
- Entnahme von Waren und/oder Inanspruchnahme von betrieblichen Leistungen für private Zwecke

> **Merke**
> Privateinlagen erhöhen das Eigenkapital.

■ Privateinlagen

Der Unternehmer kann dem Betrieb aber auch Geld oder Wirtschaftsgüter aus dem privaten Bereich zuführen. Diese Privateinlagen führen zu einer **Erhöhung** des **Eigenkapitals**.

Beispiel
- Bareinlagen oder Überweisungen vom Privat- auf das Geschäftskonto (z. B. Einzahlung von Lottogewinnen oder Erbschaften, Überweisung der Einkommensteuer-Erstattung auf das Geschäftskonto)
- Einlage von Sachwerten (z. B. Grundstücke, Fahrzeuge, Maschinen, Werkzeug) aus dem Privatvermögen in das Betriebsvermögen

Eigenkapitaländerungen erfassen

■ Buchungen auf dem Privatkonto

Privateinlagen erhöhen das Eigenkapital, Privatentnahmen entziehen dem Unternehmen Eigenkapital. Da das Privatkonto (3001) ein Unterkonto des Eigenkapitalkontos (3000) ist, gelten für beide die gleichen Buchungsregeln.

> **Merke**
>
> Auf dem Privatkonto werden
> - **Privatentnahmen im Soll** und
> - **Privateinlagen im Haben** gebucht.

Grundsätzlich sind am Geschäftsjahresende zwei Fälle zu unterscheiden:

→ Hat das Unternehmen in Summe mehr Privateinlagen als Privatentnahmen getätigt, wird das Eigenkapital durch den Saldo des Privatkontos gemehrt.

→ Umgekehrt: Übersteigen die Privatentnahmen des Jahres die Privateinlagen, wird das Eigenkapital durch den Saldo des Privatkontos gemindert.

Die Eigenkapital-Mehrung bzw. Eigenkapital-Minderung wird buchhalterisch erfasst, indem zum **Ende des Geschäftsjahres** das **Privatkonto** über das **Eigenkapitalkonto** abgeschlossen wird.

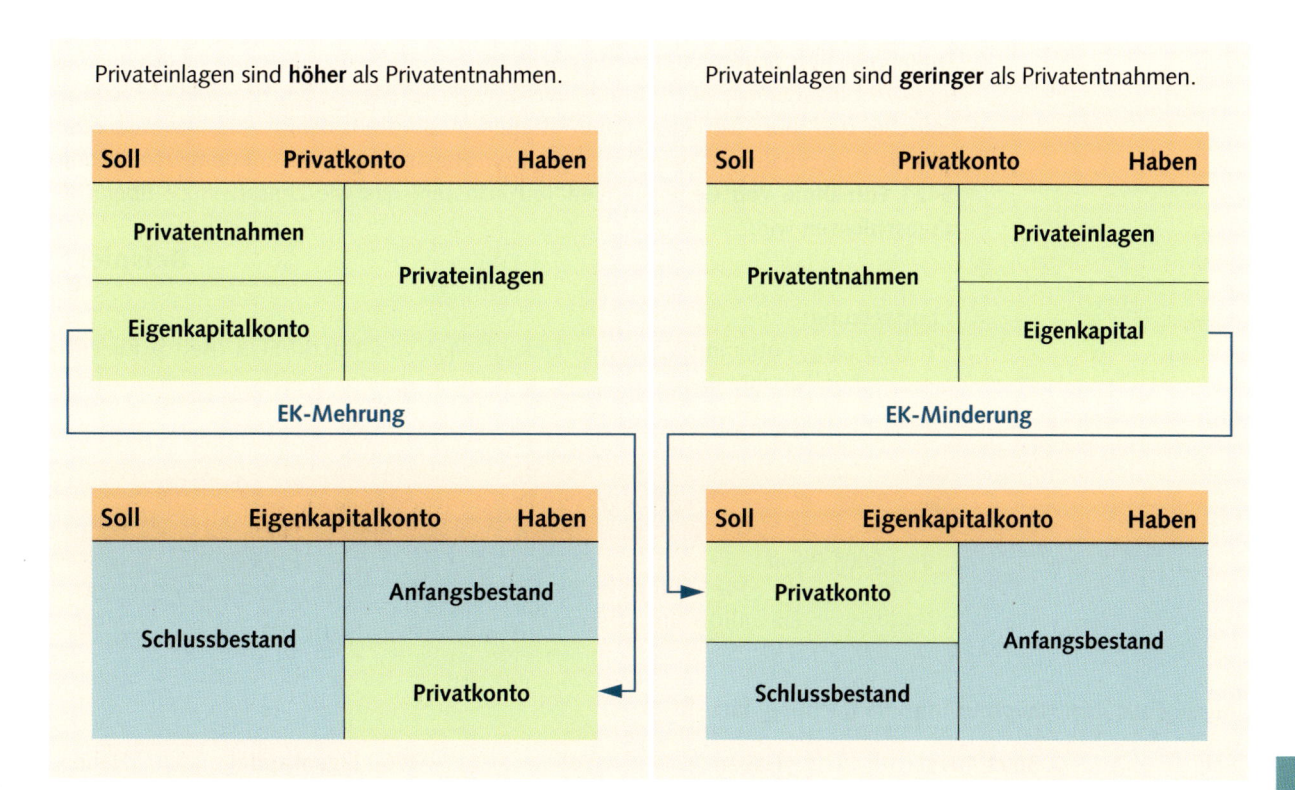

Privateinlagen sind **höher** als Privatentnahmen.

Soll	Privatkonto	Haben
Privatentnahmen		Privateinlagen
Eigenkapitalkonto		

EK-Mehrung

Soll	Eigenkapitalkonto	Haben
		Anfangsbestand
Schlussbestand		Privatkonto

Buchungssatz zum Geschäftsjahresende bei EK-Mehrung:

3001 Privat
        an 3000 Eigenkapital

Privateinlagen sind **geringer** als Privatentnahmen.

Soll	Privatkonto	Haben
Privatentnahmen		Privateinlagen
		Eigenkapital

EK-Minderung

Soll	Eigenkapitalkonto	Haben
Privatkonto		Anfangsbestand
Schlussbestand		

Buchungssatz zum Geschäftsjahresende bei EK-Minderung:

3000 Eigenkapital
        an 3001 Privat

LERNFELD 6

Werteströme erfassen und beurteilen

Beispiel

Anfangsbestand Eigenkapital: 40 000,00 EUR

Geschäftsfälle:
1. Die Gesellschafterin der Young Cosmetics KG, Samia Lang, entnimmt für eine private Urlaubsreise 1 200,00 EUR vom Geschäftskonto.
2. Frau Lang legt nach ihrer Urlaubsreise 300,00 EUR in die Geschäftskasse zurück.

Beleg
Mittlere Straße 30, 01070 Dresden — Young Cosmetics KG

USt-Ident.Nr.: DE 999999999
Entnahmedatum: 20..-08-13

Ich bestätige die Entnahme von 1.200,00 EUR vom Geschäftskonto der Young Cosmetics KG für private Zwecke (Urlaubsreise).

Dresden, 15.08. 20..   Samia Lang
Ort, Datum   Unterschrift

Nr.	Buchungssatz		Beträge Soll	Beträge Haben
1	3001 Privat		1 200,00	
	an	2880 Kasse		1 200,00
2	2880 Kasse		300,00	
	an	3001 Privat		300,00

Entnahmen von Waren für private Zwecke bezeichnet man als **Eigenverbrauch**, der wie reguläre Umsatzerlöse der Umsatzsteuer unterliegt. Hier ist der Unternehmer Endverbraucher und muss die Umsatzsteuer tragen. Anstatt auf dem Konto „Umsatzerlöse" sind die Entnahmen zum **Anschaffungs- bzw. Herstellungspreis** auf dem Ertragskonto **„5421 Entnahme von Gegenständen"** zu erfassen, das wie Umsatzerlöse **über GuV abgeschlossen** wird.

Beispiel

Fortsetzung:
3. Frau Lang entnimmt Waren im Einkaufswert von 120,00 EUR (netto) für ein Geschenk an ihre Freundin.

Nr.	Buchungssatz		Beträge Soll	Beträge Haben
3	3001 Privat		142,80	
	an	5421 Entnahme von Gegenständen		120,00
	an	4800 Umsatzsteuer		22,80

Auszug aus dem Hauptbuch für die Buchungssätze 1 - 3

Soll	3001 Privat	Haben		Soll	3000 Eigenkapital	Haben
2280 1 200,00	2880	300,00	→	3001	1 042,80	EBK 40 000,00
5421/4800 142,80	3000	1 042,80		8010	38 957,20	
1 342,80		1 342,00			40 000,00	40 000,00

Das Hauptbuch zeigt, dass das Eigenkapital durch die Privatentnahmen und Privateinlagen insgesamt um 1 042,80 EUR gesunken ist.

8.2 Erfolgsermittlung durch Eigenkapitalvergleich

Zusammenfassend kann festgestellt werden, dass die Entwicklung des Eigenkapitals von **erfolgswirksamen** und **erfolgsunwirksamen** Geschäftsfällen abhängt:

→ **Aufwendungen und Erträge** sind erfolgswirksam. Sie führen zu einem Gewinn oder Verlust und damit zu einer **Mehrung** oder **Minderung des Eigenkapitals**.

→ **Privatentnahmen und Privateinlagen** führen ebenfalls zu einer **Mehrung** oder **Minderung des Eigenkapitals**. Sie sind jedoch erfolgsneutral.

Unter Beachtung dieser Zusammenhänge kann der **Erfolg eines Unternehmens** nicht nur im Gewinn- und Verlustkonto, sondern auch durch einen Eigenkapitalvergleich ermittelt werden.

Bei der Ermittlung des unternehmerischen Erfolgs (Gewinn/Verlust) ist zunächst die **Eigenkapitaländerung** festzustellen.

Dann werden die getätigten **Privatentnahmen addiert**, denn diese sind am Ende des Geschäftsjahres nicht mehr im Eigenkapital vorhanden, wurden aber dennoch zuvor vom Unternehmen erwirtschaftet.

Privateinlagen müssen dagegen von der Eigenkapitaländerung **subtrahiert** werden, da sie das Eigenkapital gemehrt haben, die Eigenkapital-Mehrung allerdings nicht auf unternehmerischen Erfolg zurückzuführen ist.

Durch dieses Vorgehen wird die **Erfolgsneutralität** von privaten Entnahmen und privaten Einlagen gewährleistet.

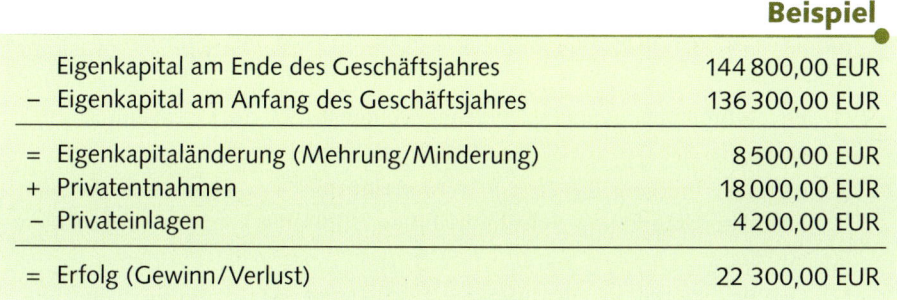

Beispiel

Eigenkapital am Ende des Geschäftsjahres	144 800,00 EUR
− Eigenkapital am Anfang des Geschäftsjahres	136 300,00 EUR
= Eigenkapitaländerung (Mehrung/Minderung)	8 500,00 EUR
+ Privatentnahmen	18 000,00 EUR
− Privateinlagen	4 200,00 EUR
= Erfolg (Gewinn/Verlust)	22 300,00 EUR

8.3 Zusammenfassung und Aufgaben

Zusammenfassung

Privatkonto

Privatentnahmen und Privateinlagen sind Werteströme und werden deshalb in der Buchhaltung erfasst.

Sowohl **Privatentnahmen** als auch **Privateinlagen** sind **erfolgsneutral**.

Sie **mindern** oder **erhöhen** allerdings das **Eigenkapital**.

Werteströme erfassen und beurteilen

Das **Privatkonto** (3001) ist ein **Unterkonto** des **Eigenkapitalkontos** (3000). Gebucht wird wie auf dem Eigenkapitalkonto:

- **Privatentnahmen** (EK-Minderung) **im Soll**
- **Privateinlagen** (EK-Mehrung) **im Haben**

Das Privatkonto wird über das **Eigenkapitalkonto** abgeschlossen.

Eine **Entnahme von Waren für private Zwecke** stellt für das Unternehmen außerdem einen Ertrag dar, der auf dem Unterkonto „5421 Entnahme von Gegenständen" gebucht wird. Das Ertragskonto „5241 Entnahme von Gegenständen" wird über das GuV-Konto abgeschlossen. Der **Eigenverbrauch** unterliegt der **Umsatzsteuer**.

Erfolgsermittlung durch Eigenkapitalvergleich

Der Erfolg des Unternehmens kann durch **Eigenkapitalvergleich** unter Berücksichtigung von **Privateinlagen** und **Privatentnahmen** wie folgt ermittelt werden:

    Eigenkapital am Ende des Geschäftsjahres
− Eigenkapital am Anfang des Geschäftsjahres
―――――――――――――――――――――――――――
= Eigenkapitaländerung (Mehrung/Minderung)
+ Privatentnahmen
− Privateinlagen
―――――――――――――――――――――――――――
= **Erfolg** (Gewinn/Verlust)

Aufgaben

1. Prüfen Sie folgende Aussagen auf ihre Richtigkeit. Die Antwort ist jeweils zu begründen.
   (1) Privatentnahmen und Privateinlagen werden im Soll des Eigenkapitalkontos gebucht.
   (2) Bei der Ermittlung des Erfolgs werden auf der Grundlage der bilanziellen Eigenkapitaländerung Privatentnahmen subtrahiert und Privateinlagen addiert.
   (3) Das Privatkonto ist ein Unterkonto des Eigenkapitals und wird über das Gewinn- und Verlustkonto abgeschlossen.
   (4) Wird die Hotelrechnung für eine Geschäftsreise des Unternehmers vom Geschäftskonto beglichen, handelt es sich um eine Privatentnahme.
   (5) Entnimmt der Unternehmer Waren für private Zwecke, ist dieser Vorgang als Aufwand zu buchen.

2. Das Eigenkapital eines Betriebes beträgt 200 000,00 EUR. Buchen Sie die folgenden Geschäftsfälle. Führen Sie die Konnten „3001 Privat" und „3000 Eigenkapital" im Hauptbuch.
   a) Der Unternehmer entnimmt der Geschäftskasse für eine Urlaubsreise   3 000,00 EUR

LERNFELD 6

b) Das Finanzamt überweist die
   Einkommensteuererstattung auf das Geschäftskonto   1 500,00 EUR

c) Der Unternehmer überführt seinen Privat-PKW
   in das Betriebsvermögen   20 000,00 EUR

d) Eine private Spende wird vom Geschäftskonto
   an den örtlichen Sportclub überwiesen   1 000,00 EUR

e) Der Unternehmer entnimmt Waren aus dem
   Unternehmen (netto)   500,00 EUR

3. Ermitteln Sie die Höhe des Erfolgs.

   a) Eigenkapital am Ende des Geschäftsjahres   1 111 300,00 EUR
      Privateinlagen   12 700,00 EUR
      Privatentnahmen   97 200,00 EUR
      Eigenkapital am Anfang des Geschäftsjahres   1 258 900,00 EUR

   b) Eigenkapital am Anfang des Geschäftsjahres   223 100,00 EUR
      Anlagevermögen am Ende des Geschäftsjahres   209 200,00 EUR
      Umlaufvermögen am Ende des Geschäftsjahres   187 000,00 EUR
      Fremdkapital am Ende des Geschäftsjahres   99 000,00 EUR
      Privatentnahmen   68 300,00 EUR
      Privateinlagen   39 600,00 EUR

4. Ermitteln Sie die Höhe des Eigenkapitals am Ende des Geschäftsjahres.

   a) Eigenkapital am Anfang des Geschäftsjahres   73 600,00 EUR
      Gewinn des Geschäftsjahres   48 200,00 EUR
      Privatentnahmen   18 600,00 EUR
      Privateinlagen   3 400,00 EUR

   b) Gewinn des Geschäftsjahres   34 700,00 EUR
      Anlagevermögen am Anfang des Geschäftsjahres   190 000,00 EUR
      Umlaufvermögen am Anfang des Geschäftsjahres   205 600,00 EUR
      Fremdkapital am Anfang des Geschäftsjahres   166 000,00 EUR
      Privatentnahmen   70 400,00 EUR
      Privateinlagen   23 000,00 EUR

Werteströme erfassen und beurteilen

9 Anlagevermögen buchhalterisch erfassen

Ein Unternehmen benötigt für den Vertrieb von Waren oder für die Produktion von eigenen Leistungen und Erzeugnissen, die es auf dem Markt anbietet, ein entsprechendes Anlagevermögen. Dazu zählen u. a. Grundstücke, Betriebsgebäude, Maschinen und Anlagen, Fuhrpark und Betriebs- und Geschäftsausstattung.

Das Anlagevermögen wird zum Zeitpunkt der Anschaffung mit den **Anschaffungskosten aktiviert**, d. h., es wird auf den entsprechenden Aktivkonten (z. B. Fuhrpark) als Mehrung erfasst. **Ein Aufwand entsteht zum Anschaffungszeitpunkt nicht**. Im Laufe der Nutzung verlieren die Anlagegüter aber i. d. R. an Wert. Damit der aktuelle Wert auf dem Anlagenkonto richtig dargestellt wird, ist die **Wertminderung** jeweils am Jahresende buchhalterisch als **Aufwand** zu erfassen.

©fischer-cg.de-fotolia.com

9.1 Ermittlung der Anschaffungskosten

Anschaffungskosten sind Zahlungen, die geleistet werden, um einen Vermögensgegenstand zu erwerben und das Wirtschaftsgut in einen betriebsbereiten Zustand zu versetzen.

Neben dem eigentlichen **Einkaufspreis** sind **Anschaffungsnebenkosten** (z. B. Transportkosten, Transportversicherung, Verpackung), gegebenenfalls **nachträgliche Anschaffungskosten** (z. B. Zubehörteile, Um- und Einbauten) und **Preisminderungen** (z. B. durch Mängelrügen oder Skonti) zu berücksichtigen.

Nicht zu den Anschaffungskosten zählen Kosten des laufenden Betriebes (z. B. Energiekosten, Finanzierungskosten, Wartung).

Merke

§ 255, I HGB

Die Anschaffungskosten für Anlagegüter werden mit folgenden Nettowerten berechnet:

    Einkaufspreis (Anschaffungspreis)
+ Anschaffungsnebenkosten
+ nachträgliche Anschaffungskosten
− Anschaffungspreisminderungen

= Anschaffungskosten

Beispiel

Anschaffung einer Büroausstattung:

Einkaufspreis (netto) (10 Tage 2 %, 30 Tage netto Kasse)	6 500,00 EUR
Transport (Barzahlung)	200,00 EUR
Montage (Barzahlung)	100,00 EUR

LERNFELD 6

Anlagevermögen buchhalterisch erfassen

Nr.	Buchung von Einkaufspreis, Transport und Montage	Beträge Soll	Beträge Haben
1	0870 BGA 2600 Vorsteuer an 4400 Verbindlichkeiten	6 500,00 1 235,00	7 735,00
2	0870 BGA 2600 Vorsteuer an 2880 Kasse	300,00 57,00	357,00

Durch Rechnungsausgleich unter Abzug von Skonto vermindern sich die Anschaffungskosten. Entsprechend sind Überweisungsbetrag und Vorsteuer zu korrigieren.

	Rechnungsbetrag	Nachlass (2 %)	Überweisungsbetrag
netto	6 500,00	– 130,00	6 370,00
Vorsteuer	1 235,00	– 24,70	1 210,30
brutto	7 735,00	– 154,70	7 580,30

Buchung des Rechnungsausgleichs unter Abzug von Skonto	Beträge Soll	Beträge Haben
4400 Verbindlichkeiten an 2800 Bank an 0870 BGA an 2600 Vorsteuer	7 735,00	7 580,30 130,00 24,70

Tipp

Das Konto „6082 Nachlässe" darf nur für Nachlässe auf Handelswaren genutzt werden.

Nachlässe für Gegenstände des **Anlagevermögens** sind direkt **im Haben des** entsprechenden **Aktivkontos zu erfassen.**

Berechnung der Anschaffungskosten:

	Einkaufspreis (Anschaffungspreis)	6 500,00 EUR
+	Anschaffungsnebenkosten	300,00 EUR
–	Anschaffungspreisminderungen	130,00 EUR
=	Anschaffungskosten	6 670,00 EUR

Soll	0870 BGA		Haben
4400	6 500,00	4400	130,00
2880	300,00	8010	6 670,00
	6 800,00		6 800,00

Soll	4400 Verbindlichkeiten		Haben
2800/…	7 735,00	0870/2600	7 735,00
	7 735,00		7 735,00

Soll	2600 Vorsteuer		Haben
4400	1 235,00	4400	24,70
2880	57,00		

Soll	2800 Bank		Haben
		4400	7 580,30

Soll	2880 Kasse		Haben
		0870/2600	357,00

LERNFELD 6

Werteströme erfassen und beurteilen

9.2 Abschreibung von Sachanlagen

Die meisten Gegenstände des Anlagevermögens unterliegen im Laufe ihrer Nutzungsdauer einer **Wertminderung**. **Gründe** für den Wertverlust sind z. B.:

- Abnutzung durch **Gebrauch** (z. B. Motorverschleiß),
- **natürlicher Verschleiß** (z. B. Materialermüdung, Korrosion),
- **technischer Fortschritt** (Veralten, Ablösung durch Neuentwicklungen).

> **Merke**
>
> Die **Abschreibung** ist das Verfahren, mit dem die Anschaffungskosten auf die Nutzungsdauer verteilt und die jährliche Wertminderung buchmäßig erfasst wird.

Die Wertminderung muss buchhalterisch erfasst werden, damit die Schlussbilanz die tatsächlichen Werte des Anlagevermögens ausweist. Um die Wertminderung zu berechnen, werden die **Anschaffungskosten** auf die **Nutzungsdauer** verteilt.

Jeweils zum Jahresende wird die anteilige Wertminderung auf dem Aufwandskonto **„6520 Abschreibungen auf Sachanlagen"** im Soll erfasst; die Gegenbuchung findet auf dem Anlagenkonto (Aktivkonto) im Haben statt.

In der Finanzbuchführung sind **Abschreibungen Aufwendungen**, die über das Gewinn- und Verlustkonto (GuV) abgeschlossen werden und demzufolge zu einer Verringerung des Erfolgs führen.

> **Merke**
>
> **Abschreibungen** sind **Aufwand** und wirken **erfolgsmindernd**.

Die angenommene Nutzungsdauer beeinflusst somit den Erfolg (Gewinn/Verlust) des Unternehmens: Eine **kürzere Nutzungsdauer** führt zu höheren jährlichen Abschreibungen (Aufwendungen) und damit zu einer **höheren Gewinnminderung**.

Da wiederum der Gewinn die wesentliche Größe für die Berechnung der zu entrichtenden Gewinnsteuern darstellt, hat die Finanzverwaltung ein Interesse an Regulierung: Sie legt für die Nutzungsdauer von Anlagegütern **amtliche Abschreibungstabellen** (sogenannte AfA-Tabellen: **A**bsetzung **f**ür **A**bnutzung) fest, die die anzusetzende Nutzungsdauer grundsätzlich regeln.

Amtliche Abschreibungstabelle (Auszug)	
Anlagegüter	**Nutzungsdauer**
Pkw	6
Lkw	9
Büromöbel	13
Kopiergeräte	7
Drucker, Scanner	3
PC	3
Kassen	6
Kreditkartenleser	8

9.2.1 Berechnung der Abschreibung

Das Handelsgesetz schreibt vor, dass bei Vermögensgegenständen des **Anlagevermögens**, deren **Nutzung zeitlich begrenzt** ist, die Anschaffungskosten um **planmäßige Abschreibungen** zu vermindern sind. Im **Abschreibungsplan** werden die Anschaffungskosten auf die Nutzungsdauer lt. AfA-Tabelle verteilt.

§ 255, III HGB

Für die wertmäßige Verteilung der Anschaffungskosten stehen unterschiedliche Berechnungsmethoden zur Verfügung, z. B. die lineare und die degressive Abschreibung.

→ **Lineare Abschreibung**: Bei dieser Methode werden die **Anschaffungskosten gleichmäßig auf** die **Nutzungsjahre** laut AfA-Tabelle verteilt.

→ **Degressive Abschreibung**: Bei dieser Methode wird jährlich ein **bestimmter Prozentsatz vom** jeweils aktuellen **Buchwert** des Vermögensgegenstandes abgeschrieben. Dadurch werden die ersten Jahre der Nutzung stärker belastet, denn mit sinkendem Buchwert sinkt auch der Abschreibungsbetrag pro Jahr der Nutzungsdauer. Die degressive Abschreibung entspricht damit eher der tatsächlichen Wertminderung. Mit der degressiven Abschreibung können aufgrund der höheren Abschreibungsbeträge in den ersten Jahren erhebliche Steuervorteile in Anspruch genommen werden. Deshalb erlaubt der Gesetzgeber die degressive Abschreibung nicht ständig, sondern nur in Zeiten abflauender Konjunktur zur Wachstumsförderung. Laut Steuerrecht darf die degressive Abschreibung seit dem 01.08.2008 (Ausnahmen: 2009 und 2010) nicht mehr angewendet werden.

■ Berechnung der linearen Abschreibung

Anschaffungswert und **Nutzungsdauer** bestimmen die Höhe des jährlichen linearen Abschreibungsbetrages, da die Anschaffungskosten gleichmäßig auf die Nutzungsjahre zu verteilen sind.

Merke

$$\text{Abschreibungsbetrag (in EUR)} = \frac{\text{Anschaffungskosten}}{\text{Nutzungsdauer}}$$

$$\text{Abschreibungssatz (in Prozent)} = \frac{100}{\text{Nutzungsdauer}}$$

Beispiel

Anschaffung eines Pkws mit Anschaffungskosten von 36 000,00 EUR; laut AfA-Tabelle wird der Pkw über 6 Jahre linear abgeschrieben.

$$\text{Abschreibungsbetrag} = \frac{36\,000,00 \text{ EUR}}{6 \text{ Jahre}} = 6\,000,00 \text{ EUR/Jahr}$$

$$\text{Abschreibungssatz} = \frac{100\,\%}{6 \text{ Jahre}} = 16,67\,\%/\text{Jahr}$$

LERNFELD 6

Werteströme erfassen und beurteilen

Die folgende Tabelle zeigt die Verteilung der Anschaffungskosten auf die Nutzungsjahre und die Auswirkung der jährlichen Abschreibung auf den Buchwert (Schlussbestand in der Bilanz) am Ende jeden Nutzungsjahres.

Abschreibungsplan	
Anschaffungskosten	36 000,00 EUR
− Abschreibung Ende 1. Jahr	6 000,00 EUR
= Buchwert Ende 1. Jahr	30 000,00 EUR
− Abschreibung Ende 2. Jahr	6 000,00 EUR
= Buchwert Ende 2. Jahr	24 000,00 EUR
− Abschreibung Ende 3. Jahr	6 000,00 EUR
= Buchwert Ende 3. Jahr	18 000,00 EUR
− Abschreibung Ende 4. Jahr	6 000,00 EUR
= Buchwert Ende 4. Jahr	12 000,00 EUR
− Abschreibung Ende 5. Jahr	6 000,00 EUR
= Buchwert Ende 5. Jahr	6 000,00 EUR
− Abschreibung Ende 6. Jahr	6 000,00 EUR
= Buchwert Ende 6. Jahr	0,00 EUR

Wird das Anlagegut am Ende der Nutzungsdauer lt. AfA-Tabelle noch weiter genutzt, so ist dies i. d. R. nicht mehr in der Bilanz, aber in einer Anlage zur Buchführung, dem sogenannten „Anlagengitter", ersichtlich.

■ Zeitanteilige Abschreibung

Bisher wurde unterstellt, dass das Anlagegut zu Beginn des Jahres gekauft wird und somit im ersten Nutzungsjahr vollständig zur Verfügung steht. Das ist unrealistisch: Unternehmen tätigen während des gesamten Geschäftsjahres Anschaffungen, sodass lt. § 7 EStG zeitanteilig mit vollen Monaten abgeschrieben werden muss. Beim Kauf ist der **Monat der Anschaffung** voll zu berücksichtigen.

Beispiel

Ein Pkw mit Anschaffungskosten von 36 000,00 EUR wird am 20. April des Jahres gekauft. Laut AfA-Tabelle wird der Pkw über 6 Jahre linear abgeschrieben. Der Abschreibungsbetrag pro Jahr beträgt damit 6 000,00 EUR.

Anlagevermögen buchhalterisch erfassen

Im **ersten Nutzungsjahr** wird die **zeitanteilige Abschreibung** für 9 Monate berücksichtigt:

$$\text{Abschreibungsbetrag} = \frac{6\,000{,}00\text{ EUR} \times 9\text{ Monate}}{12\text{ Monate}} = 4\,500{,}00\text{ EUR}$$

Merke

Für den **Kaufmonat** ist **abzuschreiben**, für den **Verkaufmonat** ist **nicht abzuschreiben**.

Die am Ende verbleibende Abschreibung für 3 Monate wird im 7. Nutzungsjahr nachgeholt. Die gesamte Nutzungsdauer beträgt weiterhin 6 Jahre.

		1. April						30. März	
Nutzungsjahr		1	2	3	4	5	6	7	
AfA-Betrag		4 500	6 000	6 000	6 000	6 000	6 000	1 500	

(6 Jahre)

Der Abschreibungsplan unseres Beispiels ändert sich wie folgt:

Abschreibungsplan	
Anschaffungskosten	36 000,00 EUR
− Abschreibung Ende 1. Jahr	4 500,00 EUR
= Buchwert Ende 1. Jahr	21 500,00 EUR
− Abschreibung Ende 2. Jahr	6 000,00 EUR
= Buchwert Ende 2. Jahr	25 500,00 EUR
− Abschreibung Ende 3. Jahr	6 000,00 EUR
= Buchwert Ende 3. Jahr	19 500,00 EUR
− Abschreibung Ende 4. Jahr	6 000,00 EUR
= Buchwert Ende 4. Jahr	13 500,00 EUR
− Abschreibung Ende 5. Jahr	6 000,00 EUR
= Buchwert Ende 5. Jahr	7 500,00 EUR
− Abschreibung Ende 6. Jahr	6 000,00 EUR
= Buchwert Ende 6. Jahr	1 500,00 EUR
− Abschreibung Ende 7. Jahr	1 500,00 EUR
= Buchwert Ende 7. Jahr	0,00 EUR

©Jonnystockphoto-fotolia.com

Wertströme erfassen und beurteilen

9.2.2 Buchung der Abschreibungen

Die buchhalterische Erfassung der Abschreibungen erfolgt am Jahresende auf dem Aufwandskonto **„6520 Abschreibungen auf Sachanlagen"** im Soll. Die Gegenbuchung findet auf dem entsprechenden Anlagenkonto (Aktivkonto) im Haben statt und mindert damit den Wert des Anlagegutes.

Beispiel

Der Pkw aus dem vorherigen Beispiel wird auf Ziel gekauft und am Ende des 1. Jahres zeitanteilig mit 4 500,00 EUR abgeschrieben.

Buchung des Kaufs	Beträge	
	Soll	Haben
0840 Fuhrpark	36 000,00	
2600 Vorsteuer	6 840,00	
an 4400 Verbindlichkeiten		42 840,00

Buchung der Abschreibung	Beträge	
	Soll	Haben
6520 Abschreibung a. S.	4 500,00	
an 0840 Fuhrpark		4 500,00

Nr.	Abschluss der Konten	Beträge	
		Soll	Haben
1	8010 SBK	31 500,00	
	an 0840 Fuhrpark		31 500,00
2	8020 GuV	4 500,00	
	an 6520 Abschreibungen a. S.		4 500,000

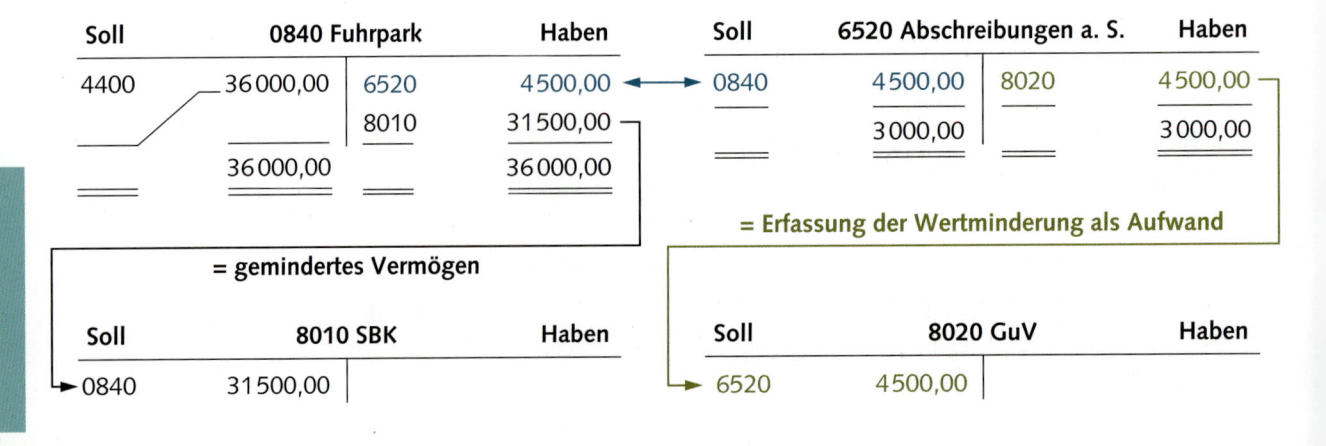

Soll	0840 Fuhrpark		Haben		Soll	6520 Abschreibungen a. S.		Haben
4400	36 000,00	6520	4 500,00	← →	0840	4 500,00	8020	4 500,00
		8010	31 500,00			3 000,00		3 000,00
	36 000,00		36 000,00					

= gemindertes Vermögen

= Erfassung der Wertminderung als Aufwand

Soll	8010 SBK	Haben		Soll	8020 GuV	Haben
0840	31 500,00			6520	4 500,00	

Das Hauptbuch zeigt, dass die Erfassung der **Abschreibung** zu einer Aufwandsmehrung im Gewinn- und Verlustkonto und damit zu einer **Gewinnminderung** führt und gleichzeitig der **Buchwert** des Pkws (Schlussbestand im SBK) angepasst/**vermindert** wurde.

9.3 Verkauf von gebrauchtem Anlagevermögen

Gebrauchtes Anlagevermögen, z. B. gebrauchte Maschinen und Anlagen, Fahrzeuge und Betriebs- und Geschäftsausstattung wird bei Neuanschaffung i. d. R. verkauft.

Der Verkauf dieser Anlagegüter kann **zum Restbuchwert**, **über Restbuchwert** (also **mit Gewinn**) oder **unter Restbuchwert** (also **mit Verlust**) erfolgen.

Um den Verkauf von gebrauchten Anlagegütern buchen zu können, ist es notwendig,

- die **zeitanteilige Abschreibung** zu erfassen und den **Restbuchwert** im Zeitpunkt des Verkaufs zu ermitteln und
- den **Veräußerungsgewinn** bzw. **Veräußerungsverlust** zu bestimmen.

Beim Verkauf eines gebrauchten Anlagegutes sind folgende Buchungen vorzunehmen:

- **Buchung der zeitanteiligen Abschreibung** bis zum Zeitpunkt des Verkaufs,
- **Buchung des Verkaufs**,
- **Umbuchung des Restbuchwertes mit** Erfassen von **Buchgewinn** oder **Buchverlust**.

Der **Verkaufserlös** wird nicht direkt auf dem Anlagenkonto gebucht, sondern wegen der Erfassung der Umsatzsteuer beim Verkauf zunächst auf dem Ertragskonto „5410 sonstige Erlöse".

Anschließend werden die dort erfassten Nettoerlöse auf die endgültigen Konten verteilt:

- der **Buchwert** geht auf das **Anlagenkonto**,
- **Buchgewinne** fließen dem Konto „**5460 Erträge aus Vermögensabgang**" zu bzw.
- **Buchverluste** gehen zu Lasten des Kontos „**6960 Verluste aus Vermögensabgang**".

> **Merke**
> Bei der zeitanteiligen Abschreibung wird der **Verkaufmonat nicht mitberechnet**.

■ Verkauf zum Buchwert

Beispiel

Verkauf eines Pkw am 06. Juni 20.. zum Buchwert.

Der Buchwert am 01. Januar 20.. beträgt 20.000,00 EUR, die Abschreibung 6 000,00 EUR pro Jahr.

Buchwert am 01. Januar	20 000,00 EUR	
− zeitanteilige Abschreibung für 5 Monate	2 500,00 EUR	(6 000,00 : 12 × 5)
= Buchwert am 06. Juni 20..	17 500,00 EUR	

Grundsätzlich ist bei jedem Verkauf zunächst die anteilige AfA zu erfassen.

Werteströme erfassen und beurteilen

Buchung der zeitanteiligen Abschreibung	Beträge	
	Soll	Haben
6520 Abschreibung a. S.	2 500,00	
an 0840 Fuhrpark		2 500,00

Buchung des Verkaufs zum Buchwert	Beträge	
	Soll	Haben
2400 Forderungen	20 825,00	
an 5410 sonstige Erlöse		17 500,00
an 4800 Umsatzsteuer		3 325,00
anschließende Umbuchung		
5410 sonstige Erlöse	17 500,00	
an 0840 Fuhrpark		17 500,00

■ Verkauf über Buchwert (mit Buchgewinn)

Beispiel

Der Pkw mit einem Buchwert von 17 500,00 EUR am 06. Juni 20.. wird zu 19 000,00 EUR verkauft. Die zeitanteilige Abschreibung ist bereits erfasst.

Buchung des Verkaufs mit Buchgewinn	Beträge	
	Soll	Haben
2400 Forderungen	22 610,00	
an 5410 sonstige Erlöse		19 000,00
an 4800 Umsatzsteuer		3 610,00
anschließende Umbuchung		
5410 sonstige Erlöse	19 000,00	
an 0840 Fuhrpark		17 500,00
an 5460 Erträge a. Vermögensabg.		1 500,00

■ Verkauf unter Buchwert (mit Buchverlust)

Beispiel

Der Pkw mit einem Buchwert von 17 500,00 EUR am 06. Juni 20.. wird zu 15 000,00 EUR verkauft. Die zeitanteilige Abschreibung ist bereits erfasst.

Buchung des Verkaufs mit Buchverlust	Beträge	
	Soll	Haben
2400 Forderungen	17 850,00	
an 5410 sonstige Erlöse		15 000,00
an 4800 Umsatzsteuer		2 850,00
anschließende Umbuchung		
5410 sonstige Erlöse	15 000,00	
6960 Verluste a. Vermögensabg.	2 500,00	
an 0840 Fuhrpark		17 500,00

9.4 Zusammenfassung und Aufgaben

Zusammenfassung

Anschaffungskosten von Anlagegütern

Gegenstände des Anlagevermögens werden mit den tatsächlichen **Anschaffungskosten** auf dem jeweiligen Aktivkonto im Soll erfasst (aktiviert). Im Zeitpunkt der Anschaffung entsteht damit ein **Vermögenszuwachs**, aber **kein Aufwand**.

Anschaffungskosten sind Zahlungen, die geleistet werden, um einen **Vermögensgegenstand** zu **kaufen** und das Wirtschaftsgut in einen **betriebsbereiten Zustand** zu versetzen.

Sie setzen sich zusammen aus folgenden **Netto**werten:

    Einkaufspreis (Anschaffungspreis)

+ Anschaffungsnebenkosten (z. B. Transportkosten, Transportversicherung)

+ nachträgliche Anschaffungskosten (z. B. Zubehörteile, Um- und Einbauten)

− Kaufpreisminderungen (z. B. Skonto)

= Anschaffungskosten

Die Anschaffungskosten sind Bemessungsgrundlage für die Abschreibung.

Abschreibung auf Sachanlagen

Abschreibungen **erfassen** den **Werteverlust** des Anlagevermögens.

Die Buchung der Abschreibung erfolgt im **Soll** auf dem Aufwandskonto „**6520 Abschreibung auf Sachanlagen**". Abschreibungen erhöhen damit die Aufwendungen und mindern den Gewinn.

Die Gegenbuchung erfolgt im **Haben** auf dem **Aktivkonto** des jeweiligen **Anlagegutes** (z. B. Fuhrpark) und erfasst so die Minderung des Vermögens.

Buchung der Abschreibung am Geschäftsjahresende:

6520 Abschreibung a. S.   an   0840 Fuhrpark

Für die **Abschreibung** in der Finanzbuchführung wird die **Nutzungsdauer** von Anlagegütern durch amtliche **Abschreibungstabellen** (AfA-Tabellen) der Finanzverwaltung festgelegt.

Die **lineare** Abschreibungsmethode führt zu **gleichbleibenden Abschreibungsbeträgen**:

$$\text{jährlicher Abschreibungsbetrag in EUR} = \frac{\text{Anschaffungskosten}}{\text{Nutzungsdauer}}$$

$$\text{Abschreibungssatz in \%} = \frac{100}{\text{Nutzungsdauer}}$$

Im Jahr der Anschaffung erfolgt eine **zeitanteilige (monatsgenaue)** Abschreibung; für den **Kaufmonat** ist bereits **abzuschreiben**.

Werteströme erfassen und beurteilen

Verkauf von gebrauchtem Anlagevermögen

Der Verkauf von gebrauchten Anlagegütern führt i. d. R. zu einem Buchgewinn oder Buchverlust.
 	
  Verkaufserlös (netto)
– Restbuchwert
―――――――――――
= Buchgewinn/Buchverlust
 	
Um den **Restbuchwert** zum Verkaufszeitpunkt festzustellen, muss zeitanteilig abgeschrieben werden.
Für den Verkaufmonat darf nicht mehr abgeschrieben werden.
 	
Buchung der zeitanteiligen Abschreibung:
 	
6520 Abschreibung a. S.   an   0840 Fuhrpark
 	
Buchung des Verkaufs:
 	
2400 Forderungen   an   5410 sonstige Erlöse
                                       an   4800 Umsatzsteuer
 	
Umbuchung bei Verkauf zum Buchwert:
 	
5410 sonstige Erlöse   an   Konto Anlagegut
 	
Umbuchung bei Verkauf über Buchwert:
 	
5410 sonstige Erlöse   an   Konto Anlagegut
                                       an   5460 Erträge a. Vermögensabg.
 	
Umbuchung bei Verkauf unter Buchwert:
 	
5410 sonstige Erlöse
6960 Verluste a. Vermögensabg.
                                       an   Konto Anlagegut

Aufgaben

1. Prüfen Sie folgende Aussagen auf ihre Richtigkeit. Die Antwort ist jeweils zu begründen.
   - (1) Skonti verändern die Anschaffungskosten von Anlagegütern nicht.
   - (2) Alle Anlagegüter müssen planmäßig abgeschrieben werden.
   - (3) Die Anschaffungskosten zuzüglich der jährlichen Betriebskosten sind die Bemessungsgrundlage für die Abschreibung.
   - (4) Durch Abschreibung wird die Wertminderung eines Anlagegutes als Aufwand erfasst.
   - (5) Abschreibungen führen zu einer Erhöhung der Steuerlast.
   - (6) Die Nutzungsdauer eines Anlagegutes wird den amtlichen Abschreibungstabellen der Finanzverwaltung entnommen.
   - (7) Es ist stets der Jahresbetrag abzuschreiben.
   - (8) Der lineare jährliche Abschreibungsbetrag errechnet sich aus dem Einkaufspreis geteilt durch die Nutzungsdauer des Wirtschaftsgutes.
   - (9) Monatsgenaue Abschreibung bedeutet, dass für den Verkaufsmonat, nicht aber für den Kaufmonat abzuschreiben ist.

LERNFELD 6

(10) Der Restbuchwert entspricht den Anschaffungskosten minus Abschreibungsbeträgen.

(11) Bei Verkauf eines gebrauchten Anlagegutes mit Buchgewinn liegt der Restbuchwert im Zeitpunkt des Verkaufs über dem Verkaufserlös.

2. Die Young Cosmetics KG kauft am 12.11. des Jahres eine neue Geschäftsausstattung zum Bruttorechnungspreis von 59 500,00 EUR. Die Rechnung wird unter Abzug von 3 % Skonto bezahlt. Für die Bezahlung wird ein Darlehen bei der Sparbank Dresden aufgenommen. Die Finanzierungskosten für den Kredit belaufen sich im ersten Jahr auf 1 300,00 EUR.

   a) Ermitteln Sie die tatsächlichen Anschaffungskosten der Geschäftsausstattung.
   b) Buchen Sie die Anschaffung der Geschäftsausstattung auf Ziel.
   c) Buchen Sie die Bezahlung der Anschaffung über Darlehen.
   d) Ermitteln und buchen Sie die Abschreibung der Geschäftsausstattung für das Jahr der Anschaffung, wenn die Nutzungsdauer 13 Jahre beträgt.
   e) Ermitteln Sie zum 31.12. des 1. Nutzungsjahres den Restbuchwert für die Geschäftsausstattung.

3. Die Young Cosmetics KG kauft zwecks schnellerer Auslieferung am 3. April einen Kleinwagen von einem befreundeten Autohaus. Im Zusammenhang mit dem Kauf des PKW liegen folgende Angaben vor:

Nutzungsdauer des Fahrzeuges:	6 Jahre
Listeneinkaufspreis (netto):	10 000,00 EUR
Firmenlogo und Sonderausstattung (netto):	300,00 EUR

   Im Januar des Folgejahres wird der PKW mit einer Anhängerkupplung für 500,00 EUR (netto) versehen.

   a) Ermitteln Sie die tatsächlichen Anschaffungskosten des Fahrzeuges im Anschaffungsjahr.
   b) Buchen Sie den Kauf des Fahrzeugs gegen Bankscheck.
   c) Ermitteln und buchen Sie die lineare Abschreibung für das erste Nutzungsjahr.
   d) Ermitteln Sie den Restbuchwert am Ende des ersten Nutzungsjahres.
   e) Ermitteln Sie den Restbuchwert des Fahrzeuges am Ende des zweiten Nutzungsjahres.

4. Die Young Cosmetics KG verkauft im August eine gebrauchte Kassenanlage für 595,00 EUR (brutto). Die Nutzungsdauer der Anlage beträgt laut AfA-Tabelle 8 Jahre. Die Anlage wurde bereits über 5 Jahre linear abgeschrieben. Der Restbuchwert der Anlage beträgt am 01. 01. des 6. Jahres noch 1 500,00 EUR.

   a) Ermitteln Sie die Anschaffungskosten.
   b) Buchen Sie die Abschreibung des Verkaufsjahres.
   c) Buchen Sie den Verkauf der Anlage (inklusive Umbuchung).
   d) Ermitteln Sie die Höhe des Buchgewinns bzw. Buchverlustes.
   e) Buchen Sie den Restbuchwert aus.

Werteströme erfassen und beurteilen

5. Die Young Cosmetics KG erwirbt am 15. August fünf neue Laptops zum Listenpreis von je 1 100,00 EUR (netto). Gleichzeitig werden die passenden Laptop-Taschen, fünf Stück zum Gesamtpreis von 238,00 EUR (brutto), gekauft. Als guter Kunde erhält die Young Cosmetics KG auf den gesamten Einkauf einen Skontoabzug von 3 %.

Die betriebsgewöhnliche Nutzungsdauer für PC-Technik beträgt 3 Jahre.

a) Buchen Sie den Einkauf der Laptops und Laptop-Taschen auf Ziel.
b) Buchen Sie die Bezahlung der Laptops und Laptop-Taschen unter Inanspruchnahme des Skontoabzuges.
c) Ermitteln Sie den Abschreibungsbetrag und den Buchwert am Ende des ersten Jahres.

10 Den Jahresabschluss erstellen und den wirtschaftlichen Erfolg bewerten

Die bisherigen Darstellungen haben gezeigt, dass das **Kontensystem der doppelten Buchführung** eine in sich **geschlossene Einheit** bildet, die bei Einhaltung des Regelwerkes fehlerfrei funktioniert. Das Schlussbilanzkonto z. B. weist die Werte aus, die aufgrund der Anfangsbestände und Werteveränderungen als Schlussbestand vorhanden sein sollten **(Sollwerte)**. Aufgrund von Unregelmäßigkeiten wie z. B. Diebstahl, Verderb, Beschädigungen oder auch Berechnungsfehlern stimmen die tatsächlichen Werte **(Istwerte)** aber nicht immer mit den Sollwerten überein.

Der Istbestand an Vermögen und Schulden ist deshalb nach gesetzlichen Vorschriften mindestens einmal im Jahr mittels Inventur zu erheben, zu dokumentieren und mit den Sollwerten zu vergleichen. **Differenzen** zwischen Soll- und Istwerten werden buchhalterisch ausgeglichen.

Das Handelsgesetzbuch verpflichtet jeden Kaufmann

vgl. § 240 HGB

- bei der **Gründung** seines Handelsgewerbes,
- für den **Schluss eines jeden Geschäftsjahres**,
- bei **Aufgabe** der **Geschäftstätigkeit** und
- bei **Verkauf** des Unternehmens

sein **Vermögen** und seine **Schulden** genau zu verzeichnen.

Das Verfahren zur Ermittlung der tatsächlichen Bestände **(Istwerte)** wird als **Inventur** bezeichnet. Als Ergebnis der Inventur entsteht das **Inventar**, ein ausführliches Bestandsverzeichnis, das die Mengen und Werte ausweist. Die **Bilanz** nimmt nur die Werte des Inventars in Kurzform auf und dient der Information von internen und externen Interessenten.

10.1 Inventur

Bei der Inventur werden alle Vermögensteile und Schulden mengen- und wertmäßig aufgenommen, d. h., alle körperlichen Vermögensgegenstände sowie nicht körperliches Vermögen (z. B. Forderungen) und alle Schulden sind zu erfassen und zu dokumentieren.

Merke

> Die **Inventur** ist die **mengen- und wertmäßige** Bestandsaufnahme aller **Vermögensteile** und aller **Schulden** eines Unternehmens zu einem bestimmten **Zeitpunkt**.

10.1.1 Durchführung der Inventur und Inventurarten

Inventurarbeiten sind grundsätzlich mit hohem personellen und zeitlichen **Aufwand** verbunden. Es bedarf deshalb einer guten Vorbereitung und Organisation der Inventur. Für die praktische Abwicklung ist es ratsam, einen Inventurleiter einzusetzen. Dieser erstellt spezielle Anweisungen und Ablaufpläne, aus denen ersichtlich ist, in welchen Zeiträumen welche Bestände und betrieblichen Gegenstände zu erfassen sind. Unter Umständen ist eine Teilschließung von Unternehmensbereichen und der Einsatz zusätzlicher Arbeitskräfte notwendig.

■ **Körperliche Inventur**

Die Inventur der **körperlichen Vermögensgegenstände** erfordert zwei Arbeitsschritte:

→ Zunächst sind alle Handelswaren (in Produktionsunternehmen auch Roh-, Hilfs- und Betriebsstoffe, unfertige Erzeugnisse und Fertigerzeugnisse) sowie alle anderen körperlichen Vermögensgegenstände des Betriebes (z. B. Maschinen, Fahrzeuge, Betriebs- und Geschäftsausstattung) durch eine **körperliche Bestandsaufnahme** in Art, Menge und Beschaffenheit aufzunehmen. Das erfolgt je nach Art der Gegenstände durch **Zählen**, **Messen** und **Wiegen** und gegebenenfalls auch durch **Schätzen** (z. B. bei großen Mengen mit geringem Wert).

→ Nach der mengenmäßigen Aufnahme sind die Gegenstände zu **bewerten**, d. h. ihr Wert in EUR ist zu ermitteln.

Young Cosmetics KG				Datum:		
Inventur-Aufnahmeliste Nr.:				Abteilung/Lager:		
Warengruppe:						
Körperliche Aufnahme durchgeführt:				Bewertung durchgeführt:		
Nr.	Bezeichnung	Artikel-Nr.	Menge	Einstandspreis	Wertabschläge	Wert gesamt

LERNFELD 6

Werteströme erfassen und beurteilen

■ Buchinventur

Nicht jedes Vermögen des Betriebes kann körperlich erfasst werden. Der Wert der nicht körperlichen Vermögensposten (z. B. Forderungen, Bankguthaben) und des Fremdkapitals (z. B. Verbindlichkeiten, Darlehen) muss den Büchern (Konten) entnommen werden. Eine **Buchinventur** erfasst entsprechend nur die **Buchwerte**. Diese können aber über Bankbelege, Rechnungen oder Verträge nachgewiesen werden.

10.1.2 Inventurverfahren/Inventurvereinfachungsverfahren

Für die **zeitliche Abwicklung** der Inventur kann sich das Unternehmen für folgende Inventurverfahren (häufig auch als Inventurvereinfachungsverfahren bezeichnet) entscheiden:

→ **Stichtagsinventur** (zeitnahe Inventur),

→ **verlegte Inventur** (vor- oder nachverlegte Inventur),

→ **permanente Inventur** („laufende" Inventur).

Alle Inventurverfahren besitzen sowohl Vor- als auch Nachteile. Zu beachten ist: Je weiter die Zeitspanne für die körperliche Bestandsaufnahme vom Bilanzstichtag entfernt ist, umso fehleranfälliger sind die Mengen- und Wertangaben, mit denen bis zum Stichtag fortgeschrieben oder zurückgerechnet werden muss.

Inventur-verfahren	Merkmale	Zu- und Abgänge	Vorteile	Nachteile
Stichtags-inventur	Bestandsaufnahme innerhalb einer Frist von **10 Tagen vor** und bis zu **10 Tagen nach** dem Bilanzstichtag	mengen- und wertmäßige Fortschreibung und Rückrechnung	zeitliche Nähe zum Abschlussstichtag, geringe Fehlerquote	starke Zeitbegrenzung, hoher personeller Aufwand, ggf. Betriebsunterbrechungen
verlegte Inventur	Bestandsaufnahme innerhalb von **3 Monaten vor** und bis zu **2 Monaten nach** dem Bilanzstichtag	nur wertmäßige Fortschreibung und Rückrechnung	freie Zeiteinteilung, kaum zusätzlicher personeller Aufwand, meist keine Schließung notwendig	ggf. höhere Fehlerquote aufgrund von Fortschreibung und Rückrechnung
permanente Inventur	„laufende" Inventur mittels Warenwirtschaftssystem, aber: einmal **jährlich** eine **körperliche Bestandsaufnahme** erforderlich	permanente Aufzeichnung aller Zu- und Abgänge	tägliche Verfügbarkeit der Sollbestände, freie Zeiteinteilung bei der körperlichen Inventur, keine Schließung des Geschäftsbetriebes notwendig, geringe Fehlerquote	Warenwirtschaftssystem erforderlich
Stichproben-inventur	Die sogenannte **Stichprobeninventur** ist ein Verfahren zur Optimierung der dargestellten Inventurverfahren. Anhand von Stichproben wird mit Hilfe mathematisch-statistischer Methoden auf den Bestand hochgerechnet. So lässt sich Zeit einsparen, und Ungenauigkeiten beim Zählen großer Mengen können vermieden werden.			

Den Jahresabschluss erstellen und den wirtschaftlichen Erfolg bewerten

Wertfortschreibungen bzw. Wertrückrechnungen werden anhand von Belegen oder Aufzeichnungen vorgenommen.

Beispiel

Inventur **vor** dem Bilanzstichtag		Inventur **nach** dem Bilanzstichtag	
Wertfortschreibung:		**Wertrückrechnung:**	
Bestand am Tag der Inventur (01.10.)	32 800 EUR	Bestand am Aufnahmetag (20.02.)	43 600 EUR
Wert der Zugänge (01.10. – 31.12.)	58 300 EUR	Wert der Abgänge (01.01. – 20.2.)	22 800 EUR
Wert der Abgänge (01.10. – 31.12.)	76 300 EUR	Wert der Zugänge (01.01. – 20.2.)	15 200 EUR
Berechnung:		**Berechnung:**	
Bestand am Tag der Inventur (01.10.)	32 800 EUR	Bestand am Aufnahmetag (20.02.)	3 600 EUR
+ Wert der Zugänge (01.10. – 31.12.)	58 300 EUR	– Wert der Zugänge (01.01. – 20.2.)	15 200 EUR
– Wert der Abgänge (01.10. – 31.12.)	76 300 EUR	+ Wert der Abgänge (01.01. – 20.2.)	22 800 EUR
= Bestand am 31.12.	14 800 EUR	= Bestand am 31.12.	51 200 EUR

10.2 Das Inventar

Nachdem die körperliche Bestandsaufnahme und die Buchinventur durchgeführt sind, werden alle Vermögensposten und Schulden (Fremdkapital) in einem Bestandsverzeichnis, dem **Inventar**, systematisch geordnet. Die Aufstellung des Inventars erfolgt in **Staffelform**. Im Inventarverzeichnis erscheinen **Mengenangaben** sowie **Einzel-** und **Gesamtwerte**. Die Differenz zwischen Vermögen und Schulden (Fremdkapital) zeigt das **Reinvermögen (Eigenkapital)**.

Das Inventar ist übersichtlich gegliedert und besteht aus drei Teilen:

A. Vermögen

B. Schulden (Fremdkapital)

C. Reinvermögen (Eigenkapital)

Merke

> Das **Inventar** stellt das Ergebnis der Inventur in einem ausführlichen **Bestandsverzeichnis** aller Vermögenswerte und Schulden (Fremdkapital) dar. Die Auflistung erfolgt in **Staffelform**.

Die Ordnung der einzelnen Posten des Inventars entspricht den **Gliederungsprinzipien** der Bilanz:

→ **Vermögen:** Ordnung nach steigender **Liquidität** (Flüssigkeit der Mittel),

→ **Schulden (Fremdkapital):** Ordnung nach steigender **Fälligkeit** (Dringlichkeit der Rückzahlung).

Wertströme erfassen und beurteilen

Young Cosmetics KG

Inventar zum 31.12.20..

	Einzelwert (EUR)	Gesamtwert (EUR)
A. Vermögen		
I. Anlagevermögen		
1. Grundstücke und Bauten	115 000,00	
2. Maschinen und Anlagen	8 000,00	
3. Fuhrpark		
PKW 1	14 000,00	
PKW 2	20 000,00	
4. Betriebs- und Geschäftsausstattung		
Verwaltung lt. Inventurliste	10 000,00	
Verkauf lt. Inventurliste	18 000,00	
Lager lt. Inventurliste	12 000,00	197 000,00
II. Umlaufvermögen		
1. Handelswaren		
Warengruppe I	12 000,00	
Warengruppe II	30 500,00	
Warengruppe III	5 500,00	
2. Forderungen a. L. u. L.	17 000,00	
3. Kassenbestand	300,00	
4. Bankguthaben		
Sparbank Dresden	8 500,00	
Postbank	1 200,00	75 000,00
Summe des Vermögens		**272 000,00**
B. Schulden (Fremdkapital)		
I. Langfristige Schulden		
1. Hypothekenschulden	76 500,00	
2. Darlehen	34 000,00	110 500,00
II. Kurzfristige Schulden		
1. Verbindlichkeiten a. L. u. L.	16 000,00	
2. Sonstige Verbindlichkeiten	700,00	16 700,00
Summe der Schulden		**127 200,00**
C. Reinvermögen (Eigenkapital)		
Summe Vermögen		272 000,00
- Summe Schulden (Fremdkapital)		127 200,00
= Reinvermögen (Eigenkapital)		**144 800,00**

Den Jahresabschluss erstellen und den wirtschaftlichen Erfolg bewerten

10.3 Zusammenhang zwischen Buchführung und Bilanz

Nachdem die Inventur durchgeführt und das Inventar erstellt ist, wird die **Bilanz** – ausgehend von den Werten des Inventars – aufgestellt. Sie ist eine **kurzgefasste, wertmäßige Darstellung** von Vermögen und Kapital in Kontenform (s. auch Kapitel 1.4).

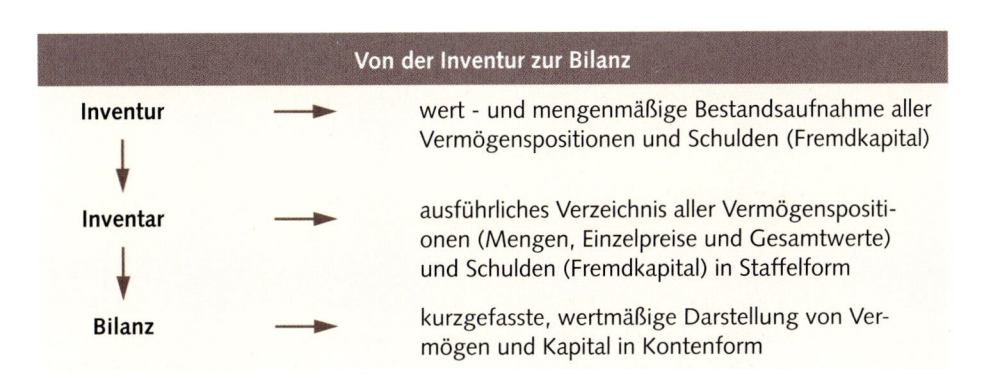

Von der Inventur zur Bilanz		
Inventur	→	wert- und mengenmäßige Bestandsaufnahme aller Vermögenspositionen und Schulden (Fremdkapital)
Inventar	→	ausführliches Verzeichnis aller Vermögenspositionen (Mengen, Einzelpreise und Gesamtwerte) und Schulden (Fremdkapital) in Staffelform
Bilanz	→	kurzgefasste, wertmäßige Darstellung von Vermögen und Kapital in Kontenform

Der Zusammenhang zwischen Inventur, Inventar und Bilanz verdeutlicht, dass die Bilanz am Ende des Geschäftsjahres die tatsächlich vorhandenen Werte aufzeigt. Die **Bilanz** als Dokumentation der Istwerte von Vermögen und Schulden steht damit **außerhalb des geschlossenen Systems** der Buchführung.

Die Ergebnisse der in sich geschlossenen Buchführung sind darauf zu überprüfen, ob sie den tatsächlichen Beständen entsprechen.

Stimmen die **Sollwerte** der Buchführung mit den in der Inventur ermittelten **Istwerten** nicht überein, so entstehen **Inventurdifferenzen**. Die Ursachen dafür können vielfältig sein:

→ Ein **zu hoher Sollwert** (Buchbestand) entsteht z. B. durch nicht erfasste Warenabgänge (Diebstahl, Ausbuchung vergessen, …).

→ Ein **zu niedriger Sollwert** (Buchbestand) entsteht z. B. durch nicht erfasste Warenzugänge (Einbuchung von Wareneingang oder Kundenretouren vergessen, …).

Inventurdifferenzen sind in Art, Menge und Wert aufzuklären. Ist eine Aufklärung nicht möglich, muss die Buchhaltung korrigiert werden, denn **maßgeblich** sind die durch **Inventur** ermittelten Bestände. Der Buchbestand (Sollwert) ist an den Istbestand anzupassen. Dies führt bei einem Minderbestand zu außerordentlichen Aufwendungen und bei einem Mehrbestand zu außerordentlichen Erträgen.

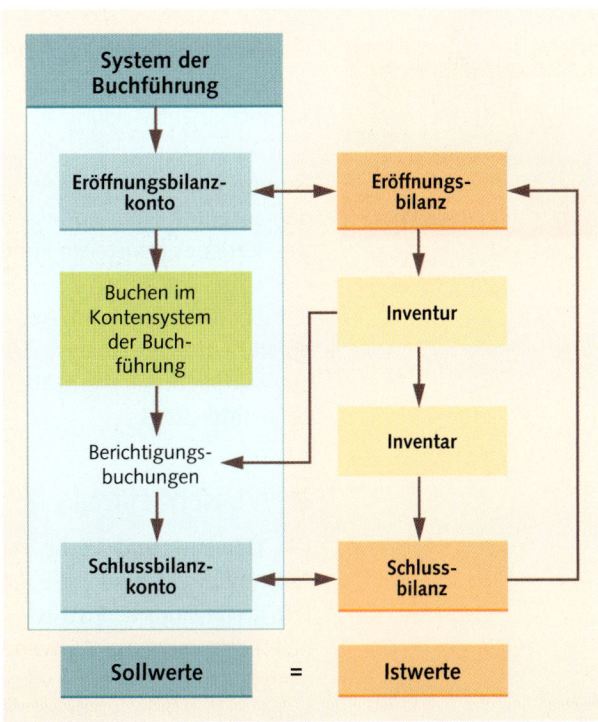

LERNFELD 6

Werteströme erfassen und beurteilen

Beispiel

1. In der Kasse ergibt sich ein Fehlbetrag von 100,00 EUR.
2. Beim Warenbestand ergibt sich ein Überschuss von 160,00 EUR.

Die Differenzen zum Buchbestand können nicht aufgeklärt werden.

Merke

Der Buchbestand ist an den Istbestand anzupassen.

Nr.	Berichtigungsbuchungen	Beträge	
		Soll	Haben
1	6960 Verluste aus Vermögensabg. an 2880 Kasse	100,00	100,00
2	2280 Handelswaren an 5430 sonstige Erträge	160,00	160,00

Nach Durchführung der Berichtigungsbuchungen weisen alle Konten die Istbestände aus. **Schlussbilanzkonto** und **Schlussbilanz** sind dann wertmäßig **identisch**. Die **Schlussbilanz** am **Ende des Geschäftsjahres** ist gleichzeitig die **Eröffnungsbilanz** des **folgenden Geschäftsjahres**.

10.4 Bewertung des wirtschaftlichen Erfolgs

Der **Jahresabschluss** in Form von **Bilanz** und **Gewinn- und Verlustrechnung** ist Grundlage für die Analyse und Auswertung der betrieblichen Werteströme. Aufbereitete Daten von Bilanz und Gewinn- und Verlustrechnung zeigen die **Vermögens-**, **Finanz-** und **Erfolgslage** des Geschäftsjahres.

Die **Entscheidungsträger des Betriebes** (Eigentümer) erhalten Informationen zu betrieblichen Stärken und Schwächen und treffen notwendige Entscheidungen für die zukünftige Entwicklung auf Basis gesicherter Daten.

Externe Interessenten wie Banken, Lieferanten, Gläubiger und Finanzbehörden werden aufgrund einer umfassenden Bilanzanalyse ebenfalls die wirtschaftliche Situation des Betriebes beurteilen können.

Betriebswirtschaftliche Auswertungen können in vielfältiger Weise erfolgen (z. B. durch Kennziffernanalyse, Statistiken, Bilanzbericht und Lagebericht). Alle Auswertungen werden durch das aufbereitete Datenmaterial der Finanzbuchführung erst möglich bzw. unterstützt.

■ Wirtschaftlichkeit

Die **Gewinn- und Verlustrechnung** mit allen Aufwendungen und Erträgen weist als Ergebnis den Erfolg (Gewinn/Verlust) des Unternehmens aus. Das **Gewinn- und Verlustkonto** beinhaltet aber nicht nur Aufwendungen und Erträge, die im engeren Sinne mit der betrieblichen Leistungserstellung verbunden sind, sondern auch neutrale Aufwendungen und Erträge, die nicht in direktem Zusammenhang mit der betrieblichen Hauptaufgabe stehen.

Den Jahresabschluss erstellen und den wirtschaftlichen Erfolg bewerten

Für die Berechnung der Wirtschaftlichkeit kommen nur die betrieblichen Aufwendungen **(Kosten)** und betrieblichen Erträge **(Leistungen)** in Betracht und werden zueinander ins Verhältnis gesetzt.

> **Merke**
>
> Die **Wirtschaftlichkeit** gibt an, welche Leistungen (z. B. in Form von Umsatzerlösen) pro eingesetztem Euro Kosten erzielt werden.

> **Merke**
>
> Wirtschaftlichkeit
>
> $= \dfrac{\text{Leistungen}}{\text{Kosten}}$

Das Ergebnis sollte **größer als 1** sein, andernfalls übersteigen die Kosten die Leistungen.

> **Beispiel**
>
> Die Leistungen (betrieblichen Erträge) betragen 286 462,03 EUR,
> die Kosten (betrieblichen Aufwendungen) 263 512,07 EUR.
>
> Wirtschaftlichkeit $= \dfrac{286\,462{,}03\ \text{EUR}}{263\,512{,}07\ \text{EUR}} = 1{,}09$
>
> Das Ergebnis der Wirtschaftlichkeit besagt, dass auf 1,00 EUR Kosten ein Erlös von 1,09 EUR und damit ein Gewinn von 0,09 EUR entfällt.

■ Rentabilität

Die **Rentabilität** ist eine weitere wichtige Kennzahl zur Bewertung des wirtschaftlichen Erfolgs. Unter Rentabilität wird das prozentuale Verhältnis des Gewinns zu einer Bezugsgröße (z. B. zum eingesetzten Kapital) verstanden. Die benötigten Werte entstammen der Bilanz (z. B. Eigenkapital und Gesamtkapital) und der Gewinn- und Verlustrechnung (z. B. Gewinn).

In Abhängigkeit vom betrachteten Kapital kann die Rentabilität als Eigenkapitalrentabilität oder als Gesamtkapitalrentabilität berechnet werden.

Die **Eigenkapitalrentabilität** gibt Auskunft darüber, ob und in welcher Höhe sich das eingesetzte Eigenkapital verzinst hat. Als Berechnungsgrundlage wird üblicherweise das durchschnittlich eingesetzte Eigenkapital zugrunde gelegt, bei fehlenden Daten auch das Eigenkapital am Anfang des Geschäftsjahres. Das Ergebnis kann mit alternativen marktgängigen Finanzanlagen (z. B. Bankzinsen) verglichen werden, um so einschätzen zu können, ob sich die Investition des Eigenkapitals in das Unternehmen gelohnt hat.

©textune-fotolia.com

> **Beispiel**
>
> Gewinn am Ende des Geschäftsjahres 22 300,00 EUR
> Eigenkapital am Anfang des Geschäftsjahres 136 300,00 EUR
> Eigenkapital am Ende des Geschäftsjahres 144 800,00 EUR
>
> Eigenkapitalrentabilität $= \dfrac{22\,300{,}00\ \text{EUR} \times 100}{140\,550{,}00\ \text{EUR}} = 15{,}8\ \%$
>
> Das Ergebnis der Eigenkapitalrentabilität besagt, dass sich das durchschnittlich eingesetzte Eigenkapital mit 15,8 % verzinst hat bzw. dass auf 1,00 EUR Eigenkapital 0,16 EUR (gerundet) Gewinn entfallen.

> **Merke**
>
> Eigenkapitalrentabilität
>
> $= \dfrac{\text{Gewinn} \times 100}{\text{ø Eigenkapital}}$

LERNFELD 6

Werteströme erfassen und beurteilen

Die **Gesamtkapitalrentabilität** gibt die Verzinsung des gesamten Kapitals (Eigen- und Fremdkapital) an. Bei der Berechnung sind dann neben dem in der GuV ausgewiesenen Gewinn auch die Fremdkapitalzinsen zu berücksichtigen: Denn die Fremdkapitalzinsen wurden ebenso erwirtschaftet, sind aber bereits als Zinsaufwand abgeflossen und deshalb im ausgewiesenen Gewinn nicht mehr enthalten.

Merke

Gesamtkapitalrentabilität

$$= \frac{(\text{Gewinn} + \text{FK-Zinsen}) \times 100}{\varnothing\ \text{EK} + \varnothing\ \text{FK}}$$

Beispiel

Gewinn am Ende des Geschäftsjahres	22 300,00 EUR
gezahlte Fremdkapitalzinsen	12 600,00 EUR
durchschnittlich gebundenes Eigenkapital	98 500,00 EUR
durchschnittlich gebundenes Fremdkapital	200 000,00 EUR

$$\text{Gesamtkapitalrentabilität} = \frac{(22\,300{,}00 + 12\,600{,}00)\ \text{EUR} \times 100}{298\,500{,}00\ \text{EUR}}$$

$$= 11{,}69\ \%$$

Das Ergebnis der Gesamtkapitalrentabilität besagt, dass sich das Gesamtkapital mit 11,69 % verzinst hat bzw. dass auf 1,00 EUR Kapitaleinsatz 0,12 EUR (gerundet) Gewinn entfallen.

■ Bilanzkennziffern

Um eine umfassende Aussage über die Lage von Vermögen und Finanzkraft des Betriebes zu ermöglichen, ist es ratsam, weitere Kennziffern in die Analyse einzubeziehen. Dazu zählen vorrangig **horizontale** und **vertikale Bilanzkennziffern**, in denen Aktivposten bzw. Passivposten zueinander ins Verhältnis gesetzt werden.

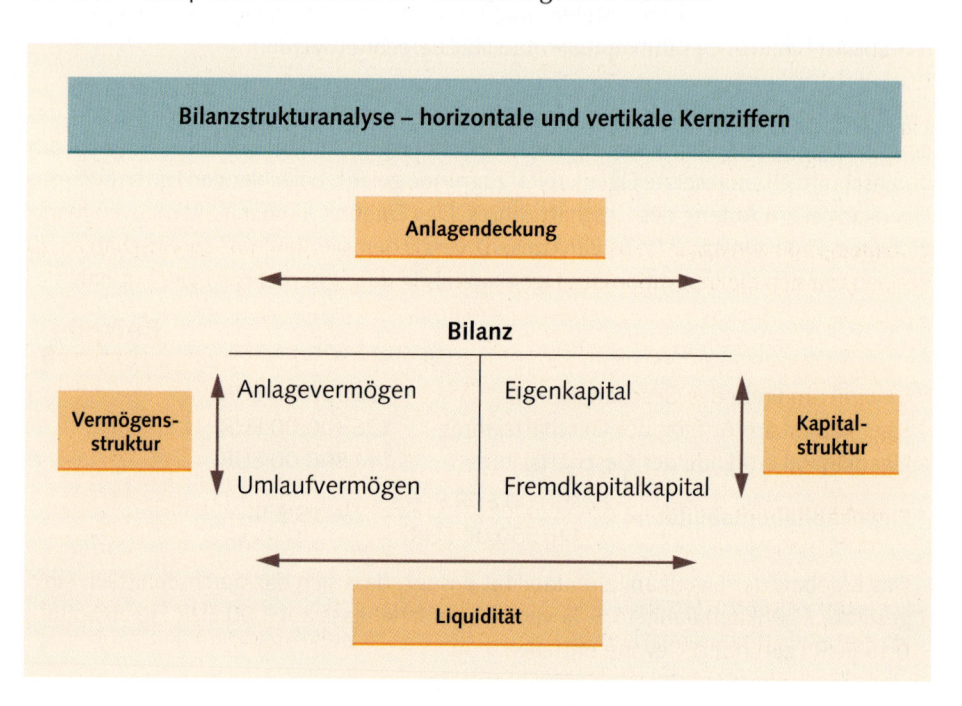

Bilanzstrukturanalyse – horizontale und vertikale Kernziffern

Anlagendeckung

Bilanz

| Vermögensstruktur | Anlagevermögen | Eigenkapital | Kapitalstruktur |
| | Umlaufvermögen | Fremdkapitalkapital | |

Liquidität

LERNFELD 6

Den Jahresabschluss erstellen und den wirtschaftlichen Erfolg bewerten

Liquidität

Als **horizontale Bilanzkennziffer** gibt die **Liquidität** Auskunft über die Zahlungsfähigkeit des Unternehmens. Für die Barliquidität **(Liquidität 1. Grades)** werden die Vermögenspositionen flüssige Mittel (Bank und Kasse) zum kurzfristigen Fremdkapital (Verbindlichkeiten) ins Verhältnis gesetzt. Das Ergebnis zeigt, wie viel Prozent der kurzfristigen Verbindlichkeiten unmittelbar (aus Bank und Kasse) beglichen werden können.

Für eine ausreichende Liquiditätslage sollte mindestens die **Liquidität 2. Grades** die kurzfristigen Verbindlichkeiten decken, d. h. den Wert von 100 % erreichen. Das bedeutet: Bank- und Kassenbestand müssen zusammen mit den ausstehenden Forderungen ausreichen, um die kurzfristigen Verbindlichkeiten zu begleichen.

> **Merke**
> Liquidität 1. Grades
> $$= \frac{\text{flüssige Mittel} \times 100}{\text{kurzfristiges Fremdkapital}}$$

> **Merke**
> Liquidität 2. Grades
> $$= \frac{(\text{flüssige Mittel} + \text{Forderungen}) \times 100}{\text{kurzfristiges Fremdkapital}}$$

Anlagendeckung

Der **Deckungsgrad I** als **weitere horizontale Kennziffer** zeigt, inwieweit das Anlagevermögen durch Eigenkapital gedeckt ist. Eigenkapital steht dem Unternehmen zeitlich unbegrenzt zur Verfügung, muss also nicht im laufenden Betrieb zurückgezahlt werden, während Kredite von den Gläubigern gekündigt werden können. Wird das Anlagevermögen zu 100 % vom Eigenkapital abgedeckt, ist die Betriebsbereitschaft des Unternehmens gesichert.

> **Merke**
> Deckungsgrad I
> $$= \frac{\text{Eigenkapital} \times 100}{\text{Anlagevermögen}}$$

Eigenkapitalquote/Fremdkapitalquote (Kapitalstruktur)

Die **vertikalen Kennziffern** zur Kapitalstruktur geben an, zu welchem Prozentsatz das Unternehmen mit Eigenkapital bzw. Fremdkapital ausgestattet ist.

> **Merke**
> Eigenkapitalquote
> $$= \frac{\text{Eigenkapital} \times 100}{\text{Gesamtkapital}}$$

> **Merke**
> Fremdkapitalquote
> $$= \frac{\text{Fremdkapital} \times 100}{\text{Gesamtkapital}}$$

Fremdkapital schmälert den Erfolg durch Zinsaufwendungen und belastet die Liquidität durch Zins- und Tilgungszahlungen. Weiterhin besteht eine Abhängigkeit von Kreditgebern, die i. d. R. einen Nachweis über die Kreditverwendung fordern.
Ein hohes Maß an **Eigenkapital** (Haftungskapital) stabilisiert das Unternehmen und lässt einen Spielraum für weitere Kreditaufnahmen.

Anlagenintensität (Vermögensstruktur)

Auf der Aktivseite der Bilanz gibt die **vertikale Kennziffer Anlagenintensität** Auskunft über den Anteil des Anlagevermögens am Gesamtvermögen.

Eine hohe Anlagenintensität vermindert die Anpassungsfähigkeit des Unternehmens an Kapazitätsschwankungen, da es hohe Abschreibungen und i. d. R. auch Zinsbelastungen als Fixkosten verkraften muss.

> **Merke**
> Anlagenintensität
> $$= \frac{\text{Anlagevermögen} \times 100}{\text{Gesamtvermögen}}$$

Werteströme erfassen und beurteilen

10.5 Zusammenfassung und Aufgaben

Zusammenfassung

Zusammenhang von Inventur, Inventar und Bilanz

Die **Inventur** ist die **mengen-** und **wertmäßige Bestandsaufnahme** aller Vermögensteile und Schulden.

Inventurverfahren:

- Stichtagsinventur/zeitnahe Inventur
  (ab 10 Tage vor und bis 10 Tage nach Bilanzstichtag)
- verlegte Inventur (ab 3 Monate vor und bis 2 Monate nach Bilanzstichtag)
- permanente Inventur

Inventurarten:

- körperliche Inventur
- Buchinventur

Das **Inventar** ist ein **geordnetes Verzeichnis** aller Vermögensteile (Mengen, Einzel- und Gesamtwerte) und Schulden in **Staffelform**:

    A. Vermögen
−   B. Schulden (Fremdkapital)
=   C. Reinvermögen (Eigenkapital)

Die **Bilanz** ist die kurzgefasste, wertmäßige Darstellung von Vermögen und Kapital in Kontenform.

Zusammenhang von Buchführung und Bilanz

Die **Bilanz** weist am Ende des Geschäftsjahres die durch Inventur ermittelten **Istwerte** von Vermögen und Kapital aus.

Im **geschlossenen Konten-System der Buchführung** werden die **Sollwerte** ermittelt.

Bei **Abweichungen** von Soll- und Istwerten (z. B. aufgrund von nicht ausgebuchtem Verderb, Diebstahl) sind die **Sollwerte** durch Berichtigungsbuchungen zu **korrigieren**.

Schlussbilanzkonto und **Schlussbilanz** entsprechen einander am Ende des Geschäftsjahres wertmäßig.

Auswertung und Analyse durch Erfolgs- und Bilanzkennziffern

Erfolgskennziffern:

Wichtige Bewertungskriterien für den Erfolg des Betriebes sind die **Wirtschaftlichkeit** und die **Rentabilität**.

$$\text{Wirtschaftlichkeit} = \frac{\text{Leistungen}}{\text{Kosten}}$$

Ein Ergebnis größer als 1 zeigt an, dass Gewinn erwirtschaftet wird.

LERNFELD 6

Den Jahresabschluss erstellen und den wirtschaftlichen Erfolg bewerten

$$\text{Eigenkapital-Rentabilität} = \frac{\text{Gewinn} \times 100}{\emptyset \text{ Eigenkapital}}$$

$$\text{Gesamtkapital-Rentabilität} = \frac{(\text{Gewinn} + \text{FK-Zinsen}) \times 100}{\emptyset \text{ EK} + \emptyset \text{ FK}}$$

Die **Rentabilität** gibt Auskunft über die Verzinsung des eingesetzten Kapitals (Eigenkapital bzw. Gesamtkapital).

Bilanzkennziffern:

$$\text{Liquidität 1. Grades} = \frac{\text{flüssige Mittel} \times 100}{\text{kurzfristiges Fremdkapital}}$$

$$\text{Liquidität 2. Grades} = \frac{(\text{flüssige Mittel} + \text{Forderungen}) \times 100}{\text{kurzfristiges Fremdkapital}}$$

Die **Liquidität** gibt Auskunft darüber, zu welchem Prozentsatz kurzfristige Verbindlichkeiten durch die flüssigen Mittel (Bank und Kasse) kurzfristig beglichen werden können. Die Liquidität 2. Grades sollte nicht unter 100 % liegen.

$$\text{Deckungsgrad I} = \frac{\text{Eigenkapital} \times 100}{\text{Anlagevermögen}}$$

Die **Anlagendeckung** gibt an, inwieweit die Finanzierung des Anlagevermögens durch Eigenkapital gesichert ist.

$$\text{Eigenkapitalquote} = \frac{\text{Eigenkapital} \times 100}{\text{Gesamtkapital}}$$

$$\text{Fremdkapitalquote} = \frac{\text{Fremdkapital} \times 100}{\text{Gesamtkapital}}$$

Die **Kapitalstruktur** eines Unternehmens gibt an, in welchem Maße das Unternehmen mit Eigenkapital bzw. Fremdkapital ausgestattet ist.

$$\text{Anlagenintensität} = \frac{\text{Anlagevermögen} \times 100}{\text{Gesamtvermögen}}$$

Die **Anlagenintensität** zeigt, welchen Anteil das Anlagevermögen am Gesamtvermögen hat, und gibt damit einen Hinweis auf die Anpassungsfähigkeit des Unternehmens.

Werteströme erfassen und beurteilen

Aufgaben

1. Prüfen Sie folgende Aussagen auf ihre Richtigkeit. Die Antwort ist jeweils zu begründen.

   (1) Jeder Kaufmann hat regelmäßig eine Inventur durchzuführen.

   (2) Die Inventur ist die wertmäßige Bestandsaufnahme aller Vermögensteile und Schulden (Fremdkapital).

   (3) Die mengenmäßige Bestandsaufnahme einer Inventur besteht aus Zählen, Messen und Wiegen.

   (4) Die Stichtagsinventur hat am Bilanzstichtag stattzufinden.

   (5) Bei der verlegten Inventur kann die körperliche Bestandsaufnahme bis zu zwei Monate vor und drei Monate nach dem Bilanzstichtag erfolgen.

   (6) Die Aufstellung eines Inventars ist bei einer ordnungsgemäß durchgeführten Inventur nicht notwendig.

   (7) Die Bilanz wird in Staffelform aufgestellt, wobei Angaben als Einzel- und Gesamtwerte erfolgen.

   (8) Das Reinvermögen errechnet sich aus Anlagevermögen plus Umlaufvermögen plus Schulden (Fremdkapital).

   (9) Für die Berechnung der Wirtschaftlichkeit benötigt man Angaben zum Eigenkapital.

   (10) Bei der Berechnung der Gesamtkapitalrentabilität wird der Gewinn ins Verhältnis zum Gesamtkapital gesetzt.

2. Zählen Sie Vermögensteile eines Betriebes auf, die

   a) einer körperlichen Inventur,
   b) ausschließlich einer Buchinventur

   unterliegen.

3. Erläutern Sie Vor- und Nachteile der permanenten Inventur.

4. Beschreiben Sie den zeitlichen und sachlichen Zusammenhang zwischen Bilanz, Inventar und Inventur.

5. Ordnen Sie die Begriffe Inventur, Inventar und Bilanz den folgenden Aussagen zu:

   a) geordnetes Verzeichnis aller Vermögensgegenstände und Schulden (Fremdkapital) in Staffelform,

   b) kurzgefasste wertmäßige Darstellung von Vermögen und Kapital in Kontenform,

   c) wert- und mengenmäßige Bestandsaufnahme aller Vermögensteile und Schulden (Fremdkapital).

6. Im Zeitraum vom 23. Dezember bis zum 10. Januar des Folgejahres erfolgt in der Young Cosmetics KG (Bilanzstichtag 31. Dezember) die jährliche Inventur. Es werden von der Inventurleiterin am 23. Dezember zu folgenden Artikeln Daten aufgenommen:

Artikel	Stück	Einkaufspreis/Stück
Körpermilch „Wolke"	17	12,20 EUR
Körperlotion „Sinne"	11	17,50 EUR
Parfum „Citrus"	21	19,90 EUR

Bis zum 10. Januar des Folgejahres sind noch folgende Vorgänge angefallen:

Datum	Stück	Stück
24. Dezember	Verkauf Körpermilch „Wolke" Verkauf Körperlotion „Sinne" Lieferung Körpermilch „Wolke"	2 5 5
27. Dezember	Verkauf Parfum „Citrus" Verkauf Körperlotion „Sinne"	1 2
28. Dezember	Lieferung Körpermilch „Wolke" Lieferung Körperlotion „Sinne"	3 3
29. Dezember	Verkauf Parfum „Citrus" Verkauf Körperlotion „Sinne"	1 3

a) Welches Inventurverfahren hat das Unternehmen genutzt?

b) Welcher Bestand ergibt sich jeweils für die Kosmetikprodukte „Wolke", „Sinne" und „Citrus" zum Bilanzstichtag am 31. Dezember?

7. Ermitteln Sie

   a) die Höhe des Anlagevermögens und des Eigenkapitals:

Vermögen	266 000,00 EUR
Umlaufvermögen	370 000,00 EUR
Fremdkapital	147 000,00 EUR

   b) die Höhe des Umlaufvermögens und des Eigenkapitals:

Gesamtkapital	1 121 000,00 EUR
Anlagevermögen	467 000,00 EUR
Fremdkapital	659 000,00 EUR

   c) die Höhe des Umlaufvermögens und des Fremdkapitals:

Bilanzsumme	4 267 322,00 EUR
Anlagevermögen	2 518 423,00 EUR
Fremdkapital	3 001 452,00 EUR

Werteströme erfassen und beurteilen

8. Die Young Cosmetics KG hat zum 31. Dezember des Jahres folgende Bestände ermittelt. Erstellen Sie das Inventar!

Posten	Einzelwerte (EUR)	Gesamtwerte (EUR)
Anlagevermögen		
Bebautes Grundstück		240 000,00
1 PKW Geschäftsleitung		17 500,00
1 PKW Vertriebsleiter		10 000,00
Betriebs- und Geschäftsausstattung		87 000,00
Umlaufvermögen		
Handelswaren:		
50 Creme „Exotic"	53,00	
50 Geschenkset „Furore"	50,00	
300 Körperlotion „Sinne"	17,50	
100 Parfüm „Elbe"	25,00	
100 Körpermilch „Wolke"	12,20	
100 Parfüm „Citrus"	19,90	
30 Schminkkoffer "Glamour"	39,99	
200 Deo-Spray „Modern"	5,00	
Forderungen a. L. u. L.:		
Firma Schwarz, Hannover		10 500,00
Kosmetiksalon Schöne, Chemnitz		2 940,00
Mode und Kosmetik, Leipzig		2 800,00
Zeit-für-Mich Salon, Hamburg		6 400,00
Wellness-Oase, Berlin		4 400,00
Kassenbestand:		350,00
Bankguthaben:		
Postbank Dresden		2 200,00
Sparbank Dresden		41 000,00
Bank 2100 Berlin		6 600,00

Posten	Einzelwerte (EUR)	Gesamtwerte (EUR)
Schulden (Fremdkapital)		
Darlehensschulden:		
Sparbank Dresden		115 000,00
Volksbank Berlin		40 000,00
Verbindlichkeiten a. L. u. L.:		
Beautychemie GmbH, Köln		15 500,00
Duftstoffe, Bad Kreuznach		8 700,00
Kosmetik Großhandel, München		13 000,00
Weingut Keller, Meißen		100,00

Den Jahresabschluss erstellen und den wirtschaftlichen Erfolg bewerten

9. Erstellen Sie anhand des Inventars (Aufgabe 8) die Bilanz zum 31. Dezember für die Young Cosmetics KG Dresden (Gesellschafterin Samia Lang) auf.

10. Ermitteln Sie die Eigenkapital- und die Gesamtkapitalrentabilität der Young Cosmetics KG, wenn der Gewinn 52 000,00 EUR und die Zinsaufwendungen des Jahres 18 000,00 EUR betragen. Interpretieren Sie Ihre Ergebnisse.

11. Berechnen Sie aus den Werten der Bilanz (Aufgabe 9) die folgenden Bilanzkennziffern und interpretieren Sie die Ergebnisse.
    - Liquidität 1. Grades, Liquidität 2. Grades,
    - Deckungsgrad I,
    - Eigenkapitalquote, Fremdkapitalquote,
    - Anlagenintensität.

Sachwortverzeichnis

A

Abbauboden 43
ABC-Analyse 125, 347
Ablage 164
Ablageart 172
Ablageplan 170
Ablage (Registratur) .... 170 f.
   -, beleghafte 170
   -, Standort 171
Ablauforganisation 73
Absatz 62
   -, dezentraler 511
   -, direkter .... 516 f.
   -, indirekter .... 516 f.
   -, zentraler 511
Absatzform 511
Absatzformatierung 243
Absatzmittler 513
Absatzorgan 511
Absatzweg 516
Absatzwerbung .... 487 ff.
   -, Formen 489
   -, Grundsatz 487
   -, Ziel 487
Abschlussfreiheit 318
Abschreibungsbetrag 611
Abschreibungssatz 611
Abschreibung von Sachanlagen .... 610 ff.
   -, zeitanteilige 612
Abteilung 73
Abteilungsbildung 74
Adressierung, absolute 227
A-Güter 347
AIDA-Formel 488
Aktenplan 170
Aktenvernichtung 174
Aktivkonto .... 544 f.
Aktiv-Passiv-Mehrung 544
Aktiv-Passiv-Minderung 544
Aktivseite 537
Aktivtausch 544
Akustik 109

ALPEN-Methode 127
Anbauboden 43
Anfechtbarkeit 319
Anfrage .... 206 ff., 302, 353
   -, allgemeine 353
   -, bestimmte 206, 353
   -, Inhalte 207
   -, rechtlicher Aspekt 208
   -, unbestimmte 206
Angebot 213, 248, 303, 323, 354
   -, Inhalt 354
Angebotsvergleich .... 359 f.
   -, qualitativer 360
   -, quantitativer 359
Anhang, Email 288
Anlagendeckung 629
Anlagenintensität 629
Anlagevermögen 537, 608
Annahmeverzug 382
Anschaffungskosten 608
Anwendungssoftware 293
Anzahlung 357
Arbeit 45
   -, ausführende 45
   -, leitende 45
Arbeitsproduktivität 60
Arbeitsprozess 123
   -, Störung 128
Arbeitsschutzgesetz 102
Arbeitssicherheit 115
Arbeitsstätten, technische Regel 103
Arbeitsstättenverordnung 103
Arbeitsumgebung 96, 108
   -, ergonomisch 104
   -, ökologische 106
   -, wichtige Vorschriften 102
Arbeitszeitgesetz 27
Archivierung .... 168 ff.
   -, digital 168
   -, elektronisch 174
Arthandlungsvollmacht 78
Artvollmacht 76
Aufbauorganisation 73

Sachwortverzeichnis

Aufbewahrung, gesetzlich ... 170
Aufbewahrungsfrist ... 536
Aufbewahrungsgrund ... 167
-, betrieblich ... 167
-, gesetzlich ... 167
Aufbewahrungspflicht ... 374
Aufgabenanalyse ... 73
Aufgabensynthese ... 73
Auftragsbearbeitung ... 198
-, Rahmenbedingung ... 199
Auftragsbestätigung ... 249 f.
-, Inhalt ... 250
-, rechtlicher Aspekt ... 249
Auftrag, Realisierbarkeit ... 210
Aufwandskonto ... 568 f.
Aufwendung ... 528, 567
Ausbildung, duale ... 15
ausbildungsbegleitende Hilfen (abH) ... 28
Ausbildungsberufsbild ... 17
Ausbildungsnachweis ... 20
Ausbildungsordnung ... 16
Ausbildungsplan ... 20
Ausbildungsrahmenplan ... 18
Ausbildungsverhältnis ... 25
-, Beendigung ... 25
-, Verkürzung ... 25
-, Verlängerung ... 25
Ausbildungsvertrag ... 22
Ausfüllfunktion ... 221
Ausgabefunktion ... 271
Ausgangspost ... 157
ausländischen Geschäftspartner, Kommunikation ... 301
Authentifizierung (Sicherheit) ... 284

B

Bargeld ... 389
Barkauf ... 328
Barliquidität ... 60
Barscheck ... 399
Barzahlung ... 357, 390
Beamer ... 86
Bedarf ... 35, 40
Bedarfsermittlung ... 340
Bedarfsplanung ... 340
Bedürfnisse ... 34
-, immaterielle ... 34
-, materielle ... 34
Bedürfnispyramide nach Maslow ... 35
Beförderungskosten ... 355 f.
Befragung ... 433
Beleg ... 531
Belegart ... 532
Belgien ... 305
Beobachtung ... 433, 435
Beratungshilfen ... 28
Berichtsheft ... 20
Berufsausbildung ... 14
-, Förderung ... 30
Berufsbildungsgesetz ... 16
Berufsgenossenschaft ... 28
Beschaffung ... 62
-, einsatzsynchrone ... 338
Beschaffungsanlass ... 352
Beschaffungsentscheidung, Intensität ... 347
Beschaffungskommunikation ... 346
Beschaffungsobjekt ... 337, 339
Beschaffungsplanung ... 337
Beschaffungsprinzip ... 338
Beschaffungsprozess ... 337
Besprechung ... 141 ff.
-, Durchführung ... 144
-, Nachbereitung ... 144
-, Vorbereitung ... 142
Bestandskonto ... 544
-, Abschluss ... 557
-, Eröffnung ... 557
Bestandskontrolle ... 367
Bestandsmehrung ... 590 f.
Bestandsminderung ... 590, 592
Bestellkosten ... 341
Bestellmenge, optimale ... 341
Bestellpunktverfahren ... 343
Bestellrhythmusverfahren ... 343
Bestellüberwachung ... 367
Bestellung ... 303, 324, 361

Sachwortverzeichnis

Betriebsmittel 45
Betriebsrat 28
Betriebsstoff 339
Betriebssystem 293
Bewertungsbogen 90
Bewertungsregeln 91
Bezugsquelle 344
B-Güter 347
Bilanz .... 537 ff., 620
  -, Aufbau 537
  -, Gliederungsprinzip 538
  -, Inhalt 537
  -, Unterzeichnung 539
Bilanzkennziffer 628
Bildschirmarbeitsverordnung 104
Blitzlicht 91
Bonus 355
Branchensoftware 293
Briefdienst .... 160 f.
  -, Inland 160
  -, International 161
Briefdienstleistung 159
Briefformate 159
Briefgeheimnis 153
Browser 290
Buchen auf Bestandskonten 548
Buchführung, Grundsätze ordnungsgemäßer .. 168, 535
Buchführungspflicht 534
Buchgeld 389
Buchinventur 622
Buchungsregel 545, 549
Buchungssatz .... 553 f.
  -, einfacher 554
  -, zusammengesetzter 554
Burnout-Syndrom .... 117 f.
  -, Maßnahmen 118
  -, Ursache 117
  -, Verlauf 117
Büroform .... 96 f.
Büro .... 96 ff.
  -, non-territorial 97, 101
  -, reversibel 97, 101

Bürostuhl 105
Business letter 301

C

C-Güter 347

D

Dänemark 306
Darlehensvertrag 322
Dateiformate 268
Datenauswertung 443
Datenschutz 179
  -, gesetzliche Grundlage 182
Datenschutzbeauftragter 182
Datensicherheit 179
Datensicherungsmaßnahme 180
Dauerauftrag 395
Deckungsbeitrag 477
Deckungsbeitragsrechnung 476
DE-Mail 286
Desk Research 430
Desktopkonferenz 294
Dienstleistung 339
Dienstleistungsbetrieb 55
Dienstvertrag 322
Digitale Signatur 257
Direkt Marketing (Direct Marketing) 499
Disposition 72
Distanzkauf 326
Distanz, räumliche 189
Distributionsmix 519
Distributionspolitik 429, 511
Dokument 164
Dokumentenmanagement 164
Dokumentenmanagementsysteme 177
Dokumentformatierung 244
Domain-Adressierung 290
Dreisatzrechnung .... 218 ff.
  -, direkte .... 218 f.
  -, gerade .... 218 f., 222
  -, indirekte .... 222 f.
  -, Tabellenkalkulationsprogramm 219, 223
  -, ungerade 223

Sachwortverzeichnis

Drucken 265
Drucker 265
Druckformat 273
Druck, mehrseitiger 274
Duplexdruck 274
Durchwahlmöglichkeit 277

E

E-Commerce 515
Effizienz 299
Eigenbeleg 532
Eigenkapital 537
Eigenkapitaländerung 602
Eigenkapitalquote 629
Eigenkapitalrentabilität 60, 627
Eigentransport 252
Eigentumserwerb, gutgläubiger 316
Eigentumsübertragung 315
Eigentumsvorbehalt .... 357 f.
   -, erweiterter 358
   -, verlängerter 358
Einzelbeschaffung 339
Einzelfertigung 58
Einzelprokura 77
Einzelvollmacht 76, 78
Einzugsscanner 268
Eisenhower Prinzip 126
Elaborationsstrategie 83
Electronic Cash 402
elektronische Rechnung, Aufbewahrungsfrist 257
E-Mail 281, 303
E-Mail-Programm 282
EMAS 64
Enquiry 302
Entscheidungsbefugnisse 76
Erfolgsermittlung durch Eigenkapitalvergleich 605
Erfolgskonto 567
   -, Abschluss 569
Erfüllungsgeschäft 325
Erfüllungsort 358
   -, gesetzlicher 358
   -, natürlicher 358
   -, vertraglicher 358
Ergebnisprotokoll 145

Ergonomie 105
Eröffnungsbilanzkonto 557, 560
ERP-Programme 293
Ersatzbeleg 533
Ertrag 528, 567
Ertragskonto .... 568 f.
Erwerbsarbeit 43
Evaluationsinstrumente 90
Event-Marketing 501
Existenzbedürfnis 34
Experiment 433, 436
Export 50
Exportüberschuss 51
Expressdienst 252
Expressdienstleistung 161

F

Fachkompetenz 14
Falzarten 157
Falzmaschine 158
Farben 108
Fax 289
Feedback .... 91 f.
Feldbeobachtung 435
Fernabsatzvertrag .... 330 f.
Fertigungsverfahren 58
Field-Research 430
Filialprokura 77
Finanzbuchführung 533
Finanzierung 62
Fixkauf 327
Flachbettscanner 268
Fließfertigung 59
Flipchart 85
Forderungsmanagement 258
Formelansicht 222
Formfreiheit 318
Formular 259
   -, Aufbau 260
Fragebogen 438
   -, Aufbau 438
   -, Checkliste für die Erstellung 438
   -, Fragetypen 439

Sachwortverzeichnis

Franchising 514
Frankreich 305
Fremdbeleg 532
Fremdkapital 537
Fremdkapitalquote 629
Fremdtransport 252
Funktionsbereich 63
   -, betrieblicher 63
   -, Zusammenwirken 63

G

Garantie 379
Gattungskauf 326
Gebrauchsgut 37
Geldersatzmittel 389
Geldkapital 45
Geldkarte 404
Geldstrom 526
Generalhandlungsvollmacht 78
Gerichtsstand 358
Gesamtkapitalrentabilität 627
Gesamtprokura 77
Geschäftsbedingungen, allgemeine 329
Geschäftsbrief 301
   -, DIN 5008 245
Geschäftsfähigkeit 313
Geschäftsfall 527, 543
Geschäftsprozess 198, 526
Geschäftsverkehr, elektronischer 330, 331
Gesetz gegen den unlauteren Wettbewerb (UWG) .. 502
Gesprächsnotiz 151
Gestaltungsfreiheit 318
Gesundheitsgefahr .... 114 ff.
   -, physische 116
   -, psychische 116
Gewährleistung 379
Gewerbeaufsichtsamt 28
Gewerkschaften 28
Gewinn- und Verlustrechnung 567
Gläubigeridentifikationsnummer 397
Großbritannien 306
Großraumbüro .... 97 ff.

Grundbuch 553, 556
Grundsätze ordnungsgemäßer Buchführung (GoB) .. 535
Grundwert 228
Gruppenbüro 97, 100
Gruppenfertigung 59
Güterstrom 526
Güter 37
   -, heterogene 37
   -, homogene 37
   -, immaterielle 37
   -, inferiore 37
   -, komplementäre 37
   -, materielle 37
   -, substitutive 37
   -, superiore 37

H

Handel 55
Handelskalkulation 231
Handelskauf 326
   -, einseitiger 326
   -, zweiseitiger 326
Handelsreisender 512
Handelsunternehmen 200
Handelsware 339
Handlungskompetenz 14
Handlungsvollmacht .... 76 ff.
   -, allgemeine 76, 78
Handwerksbetriebe 58
Handwerkskammer 28
Hängeregistratur 173
Hauptbuch 553, 556
Haushalte, private 46
Hilfsstoff 339
Höchstbestand 343

I

Importe 50
Importüberschuss 51
Improvisation 72
Individualbedürfnisse 34
Industriebetriebe 58, 200

Sachwortverzeichnis

Industriekontenrahmen 574
Industrie- und Handelskammer 28
Information 150
Informationsbeschaffungsstrategie 82
Informationsstrom 526
Informationswege 150
Inhaberscheck 399
Instanz 73
Interessenvertreter 28
Internet 290
Intranet .... 291 f.
 -, Nutzung 292
Inventar 620, 623
Inventur .... 620 ff.
 -, permanente 622
 -, verlegte 622
Inventurart 621
Inventurdifferenz 625
Inventurvereinfachungsverfahren 622
Inventurverfahren 622

J

Jahresabschluss 620
Jugendarbeitsschutzgesetz 25
Jugend- und Auszubildendenvertretung 28
Just-in-time-Lieferung 253

K

KANO-Modell 299
Kapital 528
Kartenabfrage 90
Kauf .... 326 f.
 -, auf Abruf 327
 -, auf Probe 327
 -, bürgerlicher 326
 -, gegen Vorkasse 328
 -, in Bausch und Bogen 327
 -, nach Probe 327
 -, zur Probe 327
Kaufvertrag .... 321 f.
Kaufvertragsarten 326
Kaufvertragsstörung 373

Käufermarkt 415
KEP-Dienst 161
Kleinraumbüro .... 97 f.
Kollektivbedürfnis 34
Kombibüro 97, 99
Kommissionskauf 328
Kommunikation 146, 185
 -, nonverbal 187
 -, Störung 186
 -, verbal 187
Kommunikationsfähigkeit 185
Kommunikationsmittel, Vor- und Nachteile 295
Kommunikationsmix 519
Kommunikationsplanung 346
Kommunikationspolitik 428, 487
Kommunikationsregeln 190
Kompetenz, kommunikative 14
Konditionenpolitik 429, 465
 -, Garantien und Kulanz 482
 -, Lieferungsbedingungen 482
 -, Rabatt 481
 -, Zahlungsbedingungen/Absatzkredite 482
Konkurrenzanalyse 423
Konsumgut 37
Kontengruppe 575
Kontenklasse .... 574 f.
Kontenplan 574
Kontenrahmen 574
Kontenuntergruppe 575
Kontierungsstempel 555
Konto der Bilanz 544
Kontrahierungsmix 519
Kopierer 270
Kostenrechnung 533
Kreditinstitute 56
Kreditkarte 404
Kreislaufstrom 47
Kritik 299
Kulanz 379
Kundenanalyse 423
Kundenanforderungen 202
Kundenauftrag 248
Kundendienstleistung 462

641

Sachwortverzeichnis

Kundenrabatt 234
Kundenskonto 234, 597
Kundenstammdatei 202
Kundenstammdaten 203
Kundenzufriedenheit 298
Kundenzufriedenheitsquote 298
Kurierdienst 252
Kurierdienstleistung 161

L

Label 107
Laborbeobachtungen 435
Lagerart .... 368 f.
Lager 369
 -, dezentrales 369
 -, zentrales 369
Lagerbestand .... 370 f.
 -, durchschnittlicher 371
 -, optimaler 370
Lagerdauer, durchschnittliche 371
Lagerhaltung 367
 -, Aufgabe 368
 -, Kosten 370
Lagerhaltungsfunktion 55
Lagerkennzahl 370
Lagerkennziffer 371
Lagerkosten 341, 370
Lagerorganisation .... 368 f.
Lagerplatzzuordnung .... 369 f.
 -, feste 369
 -, freie 370
Lagerzinssatz 371
Laserdrucker 266
Lastschriftmandat 397
Lastschriftverfahren 396
 -, elektronisches 403
Leihvertrag 321
Leistungserstellung 62
Leistungsrechnung 533
Leitungssystem 74
Leitung/Verwaltung 62
Lernkompetenz 14

Lesegerät 171
Leseschutz 269
Licht 110
Lieferantenauswahl 345
Liefererskonto 596
Lieferflussplanung 347
Lieferschein 259
 -, Form 253
 -, Inhalt 254
 -, rechtlicher Aspekt 253
Lieferung, mangelhafte 373
Lieferungsbedingung 355
Lieferungsverzug .... 380 ff.
 -, Rechte des Käufers 381
 -, Voraussetzung 380
Lieferzeit 355
Linienstelle 74
Liquidität 60, 629
Luft, Beschaffenheit 111
Luxemburg 305
Luxusbedürfnisse 34

M

Magnetspeicher 178
Mahnwesen 258
Makeln 278
Mängel 373
Mangelhafte Lieferung 377
 -, nachrangige Rechte 377
 -, vorrangige Rechte 377
Marketing .... 414 ff.
 -, externes 414
 -, Inbound 416
 -, internes 414
 -, Outbound 416
Marketing-Controlling 521
Marketinginformationsbedarf 422
Marketinginstrument 422, 451
 -, Kombination 520
Marketingkonzept .... 416 f.
Marketingkonzeption 418
Marketing-Mix 519

Sachwortverzeichnis

Marketingstrategie 419
Marketingziel 418
Marktanalyse 422, 430
Marktanteil 422
Marktbeobachtung 430
Marktformen 473
Marktforschung 428
  -, Methoden 430
Marktforschungsdaten, Darstellung 443
Marktforschungsprozess .... 428 f.
Marktpotenzial 422
Marktpreisbildung im Modell 465
Marktprognose 430
Marktsegmentierungsstrategie 420
  -, demografisch 420
  -, geografisch 420
  -, psychografisch 420
  -, verhaltensabhängig 420
Marktveranstaltung 515
Marktvolumen 422
Massenfertigung 59
Maßnahmen der Produktpolitik 457
  -, Produktinnovation 457
  -, Produktdiversifikation 459
  -, Produkteliminierung 458
  -, Produktvariation 458
Material 339
Matrixorganisation 75
Maximalprinzip 40
Mehrliniensystem 74
Mehrwertsteuer 579
Meldebestand 343
Mengenplanung 340
Metasuchmaschine 290
Methodenkompetenz 14
Mietvertrag 321
Mindestbestand 343
Minimalprinzip 40
Mobbing 118
Modell des vollkommenen Marktes 469
Moderationswand/Pinwand 85
Multifunktionsgerät 272

N

Nachfrage 35
Nachhaltigkeit 273
Nadeldrucker 266
Netiquette, E-Mail 286
Netzwerkarbeitsplatz 291
Nichtigkeit 319
Niederlande 305
Notbeleg 533
Notebook 86
Nutzungsrecht 291
Nutzwertanalyse 360

O

Offer 303
Öffentlichkeitsarbeit (Public Relations) 497
Öko-Audit 64
Oligopol 474
Online-Banking 405
Online-Formular 247
Online-Fragebogen 442
Order 303
Orderscheck 399
Ordnungssystem 165
Organigramm 74
Organisation 72
  -, Grundbegriff der betrieblichen 72
  -, Grundsatz der betrieblichen 72
Organisationsform der Fertigung 58
Organisationsstruktur 72
Österreich 306
Overheadprojektor 86

P

Pachtvertrag 322
Paketdienst 252
Paketdienstleistungen 161
Panel 433, 437
Pareto-Prinzip 125
Passivkonto .... 544 f.
Passivtausch 544
PayPal 407

Sachwortverzeichnis

PC 86
pdf 269
Pendelregistratur 173
Personalwesen 63
Pick-up Funktion 277
Planungstafel 135
Platzkauf 326
Polen 306
Polypol 473
Portfolio-Matrix 456
Post 153
Postausgangsbearbeitung 157
Posteingangsbearbeitung 153
 -, Arbeitsablauf 154
Postgeheimnis 154
Postnachnahme .... 392 f.
Postverteilung 156
Postvollmacht 154
PowerPoint-Präsentation 85
Präsentationsform 84
Präsentationsmedien 85
Präsentationsregeln 86
Preisbildung 473, 475
 -, bei unvollständiger Konkurrenz 472
 -, bei vollständiger Konkurrenz 469
 -, konkurrenzorientierte 478
 -, kostenorientierte 475
 -, kundenorientierte 478
 -, nachfrageorientierte 478
Preisdifferenzierung .... 479 f.
 -, mengenmäßige 480
 -, nach Verwendungszweck 480
 -, personelle 480
 -, räumliche 480
 -, sachliche 480
 -, zeitliche 480
Preisnachlass 355
Preispolitik 429, 465
 -, betriebliche 471, 474
Preispolitische Strategie 421
 -, Hochpreisstrategie 421
 -, Niedrigpreisstrategie 421

-, Penetrationsstrategie 421
-, Preisflexibilität 421
-, Preiskonstanz 421
-, Skimming-Strategie 421
Preisuntergrenze 476
 -, kurzfristige 476
 -, langfristige 476
Primärbedürfnis 35
Primärforschung 430, 432
Prinzip der doppelten Buchführung 548
Prinzip, ökonomisches 40
Privateinlage 602
Privatentnahme 602
Privatrecht .... 310 f.
Probezeit 24
Produkthaftung 379
Produktion 41
Produktionsfaktor Boden 41
Produktionsfaktor Arbeit 41
Produktionsfaktor Kapital 41
Produktionsfaktoren ....41 ff.
 -, betriebswirtschaftliche 45
Produktionsgut 37
Produktionsprozess 41
Produktivität 41, 60
Produktlebenszyklus 454
Produktmix 519
Produktpolitik 428, 451
 -, Design 452
 -, Marke 453
 -, Produktgestaltung 451
 -, Qualität 452
 -, Verpackung 454
Prokura 76
Protokoll 144
Prozentformatierung 226
Prozentrechnung 224
Prozentsatz 227
Prozentwert 225
Prüfpflicht 374
Prüfung, gestreckte 20
Prüfungsanforderungen .... 20 f.

Sachwortverzeichnis

Q
Qualität 298

R
Rabatt 355
Ratenlieferungskauf 328
Ratenzahlung 357
Raumgestaltung 96
Rechnung .... 255 ff.
  -, elektronische 256
  -, Form 255
  -, Inhalt 255
  -, normgerechte 256
  -, rechtlicher Aspekt 255
Rechnungsprüfung 388
Recht, öffentliches .... 310 f.
Rechtsfähigkeit 312
Rechtsgeschäft 316
  -, anfechtbares 320
  -, einseitiges 317
  -, nichtiges 319
  -, mehrseitiges 317
Rechtsobjekt 314
  -, Besitz 314
  -, Eigentum 314
Rechtsordnung 310
Rechtssubjekt .... 311 f.
Recyclingpapier 273
Referat 85
Registratur 164
  -, beleghaft, Form 172
  -, hängend 173
  -, liegend 172
  -, stehend 173
Reklamationsquote 298
Rentabilität 60, 627
Rohstoff 339
Rügepflicht 374

S
Sachleistungsbetrieb 55, 58
Sachmängel .... 373 f.
  -, arglistig verschwiegener Mangel 374

  -, Art 373
  -, Beschaffenheit 373
  -, Menge 373
  -, Montage 373
  -, Montageanleitung 373
  -, offener Mangel 374
  -, versteckter Mangel 374
Sägezahnmodell 344
Sammelnummer 277
Sammelüberweisung 395
Scannen 267
Scannerarten 268
Schattenwirtschaft 43
Scheck 398
  -, Verwendungsmöglichkeit 398
Scheckart 399
Schenkungsvertrag 322
Schlussbilanzkonto .... 559 f.
Schreibschutz 270
Schriftgutkatalog 170
Schriftstücke verwalten 164
Schriftverkehr, externer 241
Schuldenkonto 545
Schülervertretung (SV) 28
Schweiz 305
Seitenansicht 221
Sekundärbedürfnisse 35
Sekundärforschung .... 430 f.
Selbstbeobachtung 129
Selbstbild 191
Selbstkompetenz 14
Selbstkontrolle 129
Selbstkritik 299
Selbstmanagement, Techniken 129
Selbstwirksamkeit 191
Sendungsnachverfolgung 162
SEPA 393
SEPA-Basislastschrift 396
SEPA-Firmenlastschrift .... 396 f.
Serienfertigung 59
Servicepolitik 428, 451, 461
Sicherheitssystem 174
Signatur 281

Sachwortverzeichnis

Sitzung .... 141 ff.
   -, Durchführung 144
   -, Nachbereitung 144
   -, Vorbereitung 142
Skonto 355, 595
   -, Einkauf 593
   -, Verkauf 593
SMART-Methode 127
Social Media Werbung 500
Sofortkauf 328
Software 293
Sortenfertigung 59
Sortimentsfunktion 55
Sortimentspolitik 428, 451, 460
Sozialkompetenz 14, 190
Spam 288
Spartenorganisation 75
Speicher .... 178 f.
   -, digitaler 179
   -, optischer 178
Speichermedien 177
Spezialhandlungsvollmacht 78
Sponsoring 498
Staat im Wirtschaftskreislauf 49
Stabliniensystem 75
Stabsstelle 74
Standardsoftware 293
Standort 66
Standortboden 43
Standortfaktoren 67
Standortwahl 66
Stellenbildung 73
Stichprobeninventur 622
Stichtagsinventur 622
Streckengeschäft 328
Stress 116
Stückkauf 326
Suchmaschine 290
SWOT-Analyse 424
System der doppelten Buchführung 543

T

Tabelle 244
Tabellenblatt (um)benennen 222
Tageslichtprojektor 86
Tarifvertrag 29
Teamarbeit 192
   -, Grundregel 193
Teambüro 97, 100
Teilvollmacht 78
Teilzahlung 357
Teilzahlungskauf 328
Telefon 277
Telefonanlage, Leistungsmerkmal 277
Telefongespräch führen 279
Telefonieren 304
Telefonnotiz 151
Telefonnummer, ausländische 280
Telefonverkauf 515
Telephone calls 304
Temperatur 111
Termin .... 133 ff.
   -, beweglicher 134
   -, fester 134
   -, Überwachung 136
Terminablaufplan 137
Terminart 133
Terminkalender .... 135 ff.
   -, digitaler 135
   -, elektronischer 137
Terminkartei 135
Terminkauf 327
Terminliste 135
Terminmappe 135
Terminplan 134
Textverarbeitung 247
   -, Grundoperationen 241
Thermodrucker 266
Tintenstrahldrucker 266
Tonerkassette 274
Transportverpackung 251
Transportweg 252
Tresor 174
Tschechien 306

Sachwortverzeichnis

U

Überarbeitungsschutz 270
Überbrückungsfunktion 55
Überweisung 393
Umlaufvermögen 537
Umsatzsteuer .... 579 f., 583
   -, System 580
Umsatzsteuerzahllast 580
Umsatzsteuervoranmeldung 582
Umschlagshäufigkeit 371
Umverpackung 251
Umweltmanagement 64
Unfallverhütungsvorschrift 104
Unternehmen 46
Unternehmensanalyse 423
Unternehmer 312
Unternehmung, Funktionsbereiche 62
Unterschriftenmappe 157

V

Veranstaltung 141
Verbraucher 312
Verbrauchsgut 37
Verkäufermarkt 415
Verkaufsförderung (Sales Promotion) 496
   -, Händlerpromotion 496
   -, Verbraucherpromotion 496
   -, Verkäuferpromotion 496
Verkaufsniederlassung 513
Verkaufsverpackung 251
Verkehrsbetriebe 57
Verlaufsprotokoll 145
Vermittlungs- und Beratungsfunktion 55
Vermögen 528
Vermögenskonto 545
Verpackung 251
Verpackungskosten 355
Verpflichtungsgesetz 325
Verrechnungsscheck 399
Versand 251

Versandarten 159
Versandhandel, eigener 513
Verschlüsselung 283
Versendungsform 160
Versendungskauf 326
Versicherungen 56
Vertragsarten 321
Vertragsfreiheit 317
Vertragshändler 514
Verwaltung, öffentliche 55, 57
Videokonferenz 294
Vier-Ohren-Modell 190
Virales Marketing 500
Visualisierung 88
Volkswirtschaft, evolutorische 46
Vollmachten 76
Vorauszahlung 357
Vordruck 247
Vorkontierung 555
Vorlage 247
Vorlageneinzug 270
Vorratshaltung 338
Vorsteuer 579, 583
Vorsteuerüberhang 580, 585
Vortrag 85

W

Wachstumsstrategie 420
   -, Diversifikation 420
   -, Marktdurchdringung 420
   -, Marktentwicklung 420
   -, Produktentwicklung 420
Wandtafel 85
Wareneingangskontrolle 367
Wareneinkauf 589
Warenrücksendung .... 593 f.
   -, Kunde 594
   -, Lieferer 593
Weiterbildungsangebote 31
Werbebrief als Serienbrief 491
Werbeerfolgskontrolle 495

Sachwortverzeichnis

Werbeetat 494
Werbefreiheit 502
Werbemittel 490
Werbeplanung 494
Werberat 504
Werbeträger 490
Werklieferungsvertrag 321
Werkstattfertigung 59
Werkstoffe 45
Werkvertrag 321
Wertabgang .... 528 f.
Wertestrom 526, 531, 543
Wertschöpfung 528
Wertveränderungen auf Bestandskonten 546
Wertzugang .... 528 f.
Wettbewerbsstrategie 421
    -, Kostenführerschaft 421
    -, Produktdifferenzierung 421
White Board 85
Wiederkaufquote 298
Wirtschaften 38
Wirtschaftlichkeit 60, 626
Wirtschaftskreislauf .... 46 ff.
    -, einfacher 48
    -, erweiterter 48
Work-Life-Balance 119
WWW 290

Z

Zahllast 584
Zahlschein 392
Zahlung 390
    -, bargeldlose 390
    -, halbbare 390
Zahlungsarten 389
Zahlungsbedingung 357
Zahlungseingang 258
Zahlungserinnerung 258
Zahlungsmittel 389
Zahlungsverkehr .... 389 ff.
    -, elektronischer 390, 401
    -, Träger 389
Zahlungsziel 357
Zeichenformatierung 242
Zeitmanagement .... 123 ff.
    -, Arbeitsschritte 124
    -, Methoden 125
Zeitplanung 342
Zeitprotokoll 130
Zellenbüro .... 97 f.
Zielharmonie 62
Zielindifferenz 62
Zielkauf 328
Zielkonflikt 62
Ziele .... 60 f.
    -, ökologische 61
    -, soziale 60
    -, wirtschaftliche 60
Zivilisationsbedürfnisse 34
Zoomfunktion 271
Zuhören, aktives 187
Zweckkauf 327